THE INTERNATIONAL HANDBOOK OF PUBLIC FINANCIAL MANAGEMENT

公共财政管理国际手册

[美] 理查德·艾伦
[美] 理查德·海明　编
[英] 巴里·H. 波特

财政部政策研究室　组织编译

中国财经出版传媒集团
中国财政经济出版社

First published in English under the title
The International Handbook of Public Financial Management edited by Richard Allen, Richard Hemming and Barry Potter
Selection, introduction and editorial content © Richard Allen, Richard Hemming and Barry H. Potter 2013
Foreword © Vito Tanzi 2013
Remaining Chapters © Contributors 2013
This edition has been translated and published under licence from Palgrave Macmillan, part of SPRINGER Nature Limited.

图书在版编目（CIP）数据

公共财政管理国际手册/（美）理查德·艾伦，（美）理查德·海明，（英）巴里·H.波特编；财政部政策研究室组织编译.——北京：中国财政经济出版社，2021.10

书名原文：The International Handbook of Public Financial Management

ISBN 978-7-5095-9522-0

Ⅰ.①公… Ⅱ.①理… ②理… ③巴… ④财… Ⅲ.①公共财政—财政管理—手册 Ⅳ.①F810.2-62

中国版本图书馆CIP数据核字（2020）第001580号

著作权合同登记号：01-2019-6116

责任编辑：孙　腾　　　　　　责任校对：徐艳丽

公共财政管理国际手册
GONGGONG CAIZHENG GUANLI GUOJI SHOUCE

中国财政经济出版社 出版
URL：http://www.cfeph.cn
E-mail：cfeph@cfemg.cn
（版权所有　翻印必究）
社址：北京市海淀区阜成路甲28号　邮政编码：100142
营销中心电话：010-88191522
天猫网店：中国财政经济出版社旗舰店
网址：https://zgczjjcbs.tmall.com
北京富生印刷厂印刷　各地新华书店经销
成品尺寸：210mm×285mm　16开　42印张　980 000字
2021年11月第1版　2021年11月北京第1次印刷
定价：168.00元
ISBN 978-7-5095-9522-0
（图书出现印装问题，本社负责调换，电话：010-88190548）
本社质量投诉电话：010-88190744
打击盗版举报热线：010-88191661　QQ：2242791300

序　言

本书是第一本具有全球视野的综合性财政管理手册，这一版是对2015年版的更新。本书共38章，由36位作者合作完成，涵盖了财政管理主要环节和领域的方方面面，包括制度和法律框架，预算对资源的配置，预算执行管理，政府收入管理，资产和债务处置，以及会计和财政报告等。我感到非常高兴和骄傲的是这本浩瀚巨著能翻译成中文，也希望中文版能像英文原版一样取得成功。

国际货币基金组织（IMF）财政事务部的前处长Vito Tanzi先生在英文版前言中指出，由于20世纪国家的作用显著增强（因此公共支出也大量增加），世界金融危机使公众注意到遵守纪律、透明和灵活弹性的财政政策及公共机构（有时候甚至是私营机构）的作用等诸多原因，财政管理的实用性近年来有所增加。真实可信的预算是制定和执行好的财政政策的关键所在，正如Vito Tanzi先生指出的，也需要考虑复杂关系和宏观财政政策、税收及支出政策、收入管理及预算管理之间的协同配合。对这些关系的讨论本书很多章节都有描述。

关键信息之一是所讨论问题的普遍性。本书引述了国际良政和全世界公共财政管理的最新发展。甚至可以这样说，自本书首次出版后，财政管理的重要性进一步增强了。财政政策可持续、财政整合和财政规则高效的重要性无论如何强调都不为过，而所有这些都以强大的财政管理系统为基础。作为一种让政治家对财政和预算决策负责的手段，人们对财政管理与腐败之间的关键联系，以及财政透明度重要性的兴趣越来越大。国际会计和财务报告准则在全球的使用越来越广泛。很多国家的主要基础设施缺口昭示了公共投资管理机制强大的重要性，并催生了IMF公共投资管理评价诊断工具。其他引人注目的政策问题，如自然资源的财政管理、环境预算编制和社会性别预算编制，突出地显示在决策者的关注范围内。与此同时，很不幸的是许多国家在改善预算、会计和财务报告的基本要素方面的进展缓慢，使本书所传达的信息和指导比以往任何时候都更具相关性。

对中国和其他发展中国家及新兴市场经济体来说，这本书的主题一样重要，甚至更重要，因为这些国家对公共财政管理系统进行改革时借鉴了本书的观点和建议。中国的预算制度实际上很复杂，规划过程和预算制定之间的关系也很复杂，这与中国作为发展中大国的情况是相匹配的。中国的决策是高度分散的，上下级政府间相互影响，这也正是本书讨论的一个话题。

本书涵盖了财政管理的各个领域，并将与政府官员及其顾问在有效利用公共资源进行决策的相关内容作为重点，因此对于在不同层级预算机构和政府工作的中国决策者、从业者和学者来说，本书应该是一份宝贵的资源。毫无疑问，本书的使用者将发现，中国财政管理制度的改进可以进一步提高许多领域的财政绩效。

Richard Allen

感谢世界银行贷款"现代财政制度与国家治理"技术援助项目下"经济中长期发展相关问题研究"子项目对本书翻译的资助！

目 录

前言	xxi
致谢	xxiii
撰稿人简介	xxiv
缩略语	xxxi

引言：公共财政管理的含义、内容和目标   1

理查德·艾伦、理查德·海明和巴里·H.波特

为什么本手册具有针对性和重要性	1
什么是公共财政管理	2
公共财政管理是如何演变的	2
本书的关键问题和主题	4
本书的结构	7

第 I 部分　制度与法律框架

引言	9

1 公共财政管理的宏观经济框架   12

理查德·海明

财政政策与公共财政管理	12
财政赤字的宏观经济结果	14
债务可持续性	17
财政目标制与调整	19
反周期的财政政策	21
推行财政纪律的方法	23
宏观财政管理与公共财政管理	24
结论	25
参考文献	26

2 有效实施财政规则对公共财政管理的要求   27

安娜·科尔巴乔，特雷莎·特尔-米纳西安

什么是财政规则	27

財政規則的目標 30
有效实施财政规则需要哪些公共财政管理条件 32
预算编制与财政规则一致 32
强大的预算执行、会计和报告 35
外部审查 37
执行和纠正机制 38
超国家财政规则 40
结论 42
参考文献 43

3 公共财政和预算制度的法律框架 46

伊恩·利纳特

与预算制度有关的法律的目标各不相同 47
法律背景下的跨国差异 47
不同的政治安排 49
立法机关的预算授权和行政机关的预算职责 50
预算制度法律的健全原则 51
预算制度法的范围和内容应是什么 52
年度支出拨款的性质、类型和持续时间 55
预算执行和控制 56
政府账目、向立法机关和外部审计报告 57
财政责任法和财政稳定法 58
结论 59
参考文献 60

4 财政制度的设计：公共财政管理改革的政治经济学 61

约阿希姆·魏纳，保罗·德·伦齐奥

理论观点 61
潜在的权衡和陷阱 64
制度工程的限制 66
结论 68
参考文献 69

5 中央财政部门的作用、职责、组织结构与演变 72

理查德·艾伦，菲利普·克劳斯

中央财政部门的概念 72
中央财政部门是如何随着时间发展演化的 74

中央财政部门的组织结构	76
中央财政部门是否变得更加集中了	78
不同的中央财政部门结构对财政的影响	80
如何增强中央财政部门	81
参考文献	83

6 立法机关在预算过程中的作用 — 85

伊恩·利纳特

宪法和法律对议会预算编制的制约	86
议会参与预算流程的关键日期	88
立法机关应该审核、批准什么	90
向立法机关提供财政信息	92
立法机关需要在预算编制上得到怎样的支持	93
培养立法机关的预算监督能力	94
结论	97
参考文献	98

7 评估和比较公共财政管理制度的质量:理论、历史与证据 — 100

保罗·德·伦齐奥

公共财政管理制度的理论研究与特征描述:原则、政策与过程	100
预算原则	101
预算政策	102
预算流程	103
定义公共财政管理制度的质量	104
比较历史视角下的预算系统和预算改革	105
经合组织国家过去和近期预算改革概述	106
发展中国家的预算改革	108
衡量公共财政管理制度的质量	110
结论	112
网站、资源和数据库	113
参考文献	114

第 II 部分 资源配置

引言 — 119

8 预算的覆盖范围和分类 — 122

丹尼尔·托马西

预算及其覆盖范围	122

预算分类体系	127
规划分类	137
结论	142
参考文献	143

9 政策制定和预算流程 — 145

杰克·戴蒙德

作为政策文件的预算	145
预算制度的制度结构所施加的制约因素	147
将政策转化为预算的实际问题	148
公共财政管理改革被视为提高政策针对性的举措	151
更具政策针对性的预算的关键特征	153
转向更加分权的管理方式	156
改善发展中国家预算的政策针对性	157
参考文献	162

10 中期支出框架 — 163

詹姆斯·布鲁比和理查德·海明

一些关于中期支出框架的事实	163
中期支出框架是否有效	164
关键设计问题	166
中期支出框架和预算流程	167
中期支出框架和公共财政管理改革	170
一些国家的经验	173
结论	174
参考文献	175

11 绩效预算 — 176

马克·罗宾逊

什么是绩效预算	176
规划预算	177
规划预算的相关性	181
较新的绩效预算机制有多大用处	183
单位成本和整个政府层面预算	184
奖金拨款	185
预算挂钩绩效目标	186
整个政府层面绩效预算的实施和排序	186

发展中国家的绩效预算	188
绩效预算和财政政策挑战	188
结论和通用指南	189
参考文献	190

12 财政联邦制和政府间财政关系 — 192

杰米·博埃克斯和罗伊·凯利

财政联邦制	193
财政联邦制和公共财政管理相互作用	195
财政联邦制和公共财政管理——政府间财政制度管理	196
财政联邦制和公共财政管理——地方公共财政的内部管理	200
一些结论性意见	203
参考文献	204

第Ⅲ部分 预算执行管理

引言	207

13 预算执行流程 — 209

丹尼尔·托马西

预算执行周期	210
关键支持系统	213
管理拨款	215
拖欠问题	220
预算制度和预算执行责任	222
结论	226
参考文献	227

14 采购的作用 — 228

阿方索·桑切斯

采购对公共财政管理的影响	229
公共采购的现代概念	234
采购改革——进展和挑战	236
发展中国家采购改革的挑战	237
第一代系统表现不佳	238
从修复系统到改造文化	240
民间团体对良好采购的关注	240
第二代改革	241
结论和建议	242

参考文献 244

15 公共部门工资管理 245
比尔·蒙克斯

立法背景 247
工资战略和预算编制 247
工资计算 250
工资总额、预算执行和合规 252
工资总额合规 253
工资后会计核算 254
工资审计 255
用于工资管理的信息技术软件应用程序 256
结论 257
参考文献 258

16 国库职能和国库单一账户 259
迈克·威廉姆斯

预算执行 260
年度拨款和承诺控制 260
现金流量预测 261
国库单一账户 262
国库单一账户：问题和选择 264
国库单一账户和支付系统 266
银行的报酬 267
国库单一账户结构和会计问题 268
实用指导 269
附件16A：成功的预测的特点 270
参考文献 272

17 内部控制和内部审计 273
杰克·戴蒙德

内部控制在公共财政管理中的重要性 274
内部审计的作用 275
国际标准对发展中国家的针对性 277
内部审计职能发展战略 279
内部审计职能的战略愿景 280
为内部审计提供正确的监管框架 280

确定内部审计职能的组织结构　　281

　　重构工作实践　　282

　　加强部级内部审计　　284

　　对内部审计师任务的明确和一致的定义　　284

　　成立审计委员会　　284

　　对内部审计系统的外部审查　　286

　　商定与外部审计有关的职责划分　　286

　　精心制订的工作计划　　286

　　参考文献　　288

18　预算外资金管理　　289

　　理查德·艾伦

　　预算外资金应该如何分类　　290

　　建议的预算外资金分类法　　291

　　为什么存在预算外资金　　292

　　预算外资金造成的潜在问题　　296

　　加强预算外资金管理的方法　　297

　　结论和建议　　299

　　参考文献　　300

第Ⅳ部分　政府财政收入管理

　　引言　　301

19　公共财政管理视角下的税制设计　　304

　　格雷厄姆·格伦迪，理查德·海明

　　从税收理论到税收政策　　304

　　税制设计和财政收入　　310

　　财政稳定　　312

　　解释税收占GDP比率的差异　　313

　　税收和增长　　314

　　税式支出　　314

　　结论和通用指南　　316

　　参考文献　　316

20　财政收入预测　　317

　　格雷厄姆·格伦迪

　　财政收入预测的目的和重要性　　317

　　财政收入计量、估计和增长的基本概念　　318

税收的决定因素 319
税收分析和税式支出 322
财政收入增长 322
预测模型的类型 323
模型对主要税种的应用 325
收入预测的组织 328
参考文献 329

21 高效的财政收入管理 330

理查德·海菲尔德

为什么财政收入管理效率很重要 330
制度框架 331
税务机关的组织 336
行政法律框架 338
治理体系 341
财政收入管理、业务流程和现代信息技术系统的部署 345
人力资源管理 347
结论和指南 348
参考文献 349

22 海关管理 350

卢克·德·沃尔夫

海关监管和清关程序 351
海关管理 354
结论和通用指南 359
参考文献 360

23 使用者收费 361

巴里·H.波特

针对私人消费者的使用者收费——原则 361
对私人消费者的使用者收费——实用性 364
对私人消费者的使用者收费——设定收费 366
对私人消费者的使用者收费——公共财政管理处理方法 368
使用者收费——公共部门对公共部门收费 370
结论和通用指南 371
参考文献 373

24 不可再生资源收入管理 — 374

罗兰多·奥索斯基

为什么不可再生资源的财政收入不同 — 374

资源出口国的短期稳定和长期可持续性 — 375

需要加强公共财政管理系统 — 377

中期支出框架帮助应对风险和长期挑战 — 378

资源类基金 — 381

财政规则 — 385

预算中的资源价格 — 388

主要建议 — 390

参考文献 — 392

25 通过国家制度管理外国援助 — 396

威廉·A.阿伦

《巴黎宣言》及其实施情况概述 — 397

管理外国援助：目前的安排 — 400

将国家制度用于投资项目 — 401

公共财政管理改革在援助管理中的核心作用 — 403

结论和对各国和发展伙伴的指导 — 405

参考文献 — 405

第V部分 负债与资产管理

引言 — 407

26 公共部门资产负债表的编制和使用 — 409

肯·沃伦

公共部门资产负债表的演变 — 409

编制资产负债表过程中的挑战 — 410

创建初始资产负债表 — 413

解释资产负债表 — 413

政府会计师必须克服的障碍 — 416

结论 — 419

参考文献 — 419

27 公共投资管理以及政府和社会资本合作 — 420

吉姆·布鲁比、凯·凯泽和金在亨

公共投资管理 — 420

一些公共投资管理挑战　　422
　　政府和社会资本合作　　425
　　结论　　430
　　参考文献　　430

28　财政风险管理　　433
穆雷·皮特里

　　财政风险管理的目标　　434
　　财政风险的分类和程度　　435
　　财政风险的程度　　436
　　关于管理财政风险的概念框架　　437
　　建立财政风险背景和识别财政风险　　438
　　分析风险　　439
　　预防财政风险　　440
　　风险缓释的具体技术　　442
　　债务管理方面的风险　　442
　　金融部门风险　　443
　　担保所产生的风险　　443
　　对冲和保险　　444
　　自然灾害产生的风险　　444
　　公共投资支出的风险　　445
　　将自留风险纳入财政分析和预算　　445
　　财政风险的披露　　446
　　监测、审查和沟通风险　　449
　　结论和通用指南　　450
　　参考文献　　452

29　主权财富基金　　455
乔恩·希尔兹

　　什么是主权财富基金　　455
　　主权财富基金的财政相关性　　458
　　政府关于主权财富基金的目标　　459
　　主权财富基金管理的财政和宏观经济政策影响　　461
　　制定主权财富基金的运作规则　　462
　　主权财富基金的管理和治理　　463
　　替代性制度方法　　464
　　报告主权财富基金的财政状况　　465

关于主权财富基金良好公共财政管理实践的结论和指南　　466

参考文献　　467

30　评估政府的非债务负债　　469

彼得·S.海勒

政府义务和超出正式债务义务的财政风险暴露范围　　469

政府义务选择中的"更硬性"形式债务和非债务是什么　　470

选择的核心：进入更软非债务负债和推定预算承诺的世界　　471

政府非债务负债范围的开口端　　475

考虑政府资产　　477

对政府债务和推定义务的经验估计　　478

结论和通用指南　　483

参考文献　　484

31　债务管理和现金管理　　486

迈克·威廉姆斯

什么是债务管理　　486

债务管理中良好实践的特点　　488

债务管理融资业务　　494

政府现金管理　　497

结论和指南　　501

参考文献　　503

32　国有企业的财务管理与监督　　504

理查德·艾伦和桑杰·瓦尼

国有企业的定义　　504

国有企业的战略、经济和社会作用　　505

国有企业运营产生的财政风险　　507

加强国有企业的法律和监管框架　　510

政府在监管和管理国有企业中的作用　　512

董事会的作用　　513

财政规划、报告和透明度　　515

对国有企业的外部监督　　517

监测国有企业的绩效　　518

结论　　519

参考文献　　520

第Ⅵ部分　公共财政的会计、报告和监督

引言 ... 521

33　加强财政透明度 ... 524

大卫·希尔德

透明度的概念化 ... 525

监督与透明度的关联 ... 531

财政监督 ... 532

外部财政监督真正能实现什么 ... 537

关于加强财政透明度的建议 ... 539

参考文献 ... 543

34　政府会计准则和政策 ... 547

陈立齐和张琦

政府会计：总体框架 ... 547

政府会计准则和政策简述 ... 550

权责发生制财务会计的发展 ... 556

确保会计质量 ... 558

结论 ... 560

关于向权责发生制会计过渡的建议 ... 561

附录：《国际公共部门会计准则》及相关材料 ... 563

参考文献 ... 564

35　政府财务报告准则和实践 ... 567

陈立齐和许云霄

政府财务报告概述 ... 567

基本财务报表 ... 571

补充报表和披露 ... 575

与预算相关的报告 ... 578

组成部分报告 ... 581

统计报告 ... 583

结论和政策建议 ... 586

参考文献 ... 590

36　政府财政管理信息系统 ... 592

威廉·多罗斯基和乔安娜·沃特金斯

概念和定义 ... 592

自动化的好处 596
　　启动财政管理信息系统项目 597
　　背景考虑因素 598
　　技术考虑因素 600
　　监测财政管理信息系统项目的成功情况 603
　　结论 604
　　参考文献 605

37 外部审计 607
大卫·尚德
　　外部审计的作用和性质 607
　　外部审计的其他特点 608
　　与内部审计的关系 610
　　外部审计的两种制度模式 611
　　作为一种职业的财务审计 611
　　绩效审计 612
　　审计报告的形式 613
　　外部审计的声明和标准 614
　　良好外部审计的组成部分 616
　　结论 621
　　参考文献 622

38 独立财政机构的作用 623
理查德·海明
　　为什么独立审查是一个好主意 623
　　财政当局 624
　　财政委员会 625
　　独立性和有效性 629
　　财政政策框架 630
　　财政委员会的影响 631
　　结论意见和指南 632
　　参考文献 632

图目录

图2.1	智利财政规则下的预算编制	33
图3.1	宪法、预算制度法和其他法律之间的关系	47
图5.1	不同收入水平的中央财政部门分权情况	79
图5.2	中央经济部门的政治经济环境	82
图6.1	议会的预算权力（30个经合组织国家的指数，0到100）	86
图7.1	2005—2011年预算和财务管理的国家政策和制度评估得分	111
图8.1	公共部门	123
图8.2	预算分类之间的关系	134
图9.1	政策制定和预算周期	146
图9.2	公共财政管理政策优先事项	153
图11.1	法国规划预算结构	178
图12.1	财政联邦制与公共财政管理之间的相互作用	195
图13.1	预算支出周期	211
图14.1	采购流程的演变	235
图14.2	采购与公共财政管理周期之间的关系	236
图14.3	加强对采购流程的监督	239
图15.1	公务员工资成本——2005年政府雇员薪酬占政府支出的百分比	245
图15.2	支付人员工资流程生命周期	246
图16.1	处理支付：选项	266
图19.1	1980—2009年按国家收入分组划分的广义政府税收（包括社会保障税）中位数占国内生产总值的份额	310
图21.1	自治和财政收入管理治理	336
图21.2	国家税务机关的组织结构演变	337
图21.3	合规风险管理流程	344
图22.1	总部组织结构示例	356
图22.2	加纳改革前的交易制度	358
图22.3	加纳单一窗口	358
图27.1	公共投资方式	421
图27.2	公共投资管理价值链的关键步骤	422

图27.3	统一的项目评估框架	427
图28.1	关于风险缓释工作优先排序的简单矩阵	441
图28.2	综合灾害风险管理战略	445
图30.1	政府债务和非债务风险暴露的范围	470
图31.1	债务管理治理	489
图31.2	现金管理：政策相互作用	498
图31.3	货币市场：与其他金融市场的相互作用	500
图33.1	透明度方向	525
图33.2	透明度结构	526
图33.3	回顾透明度与实时透明度	527
图33.4	财政透明度的障碍	542
图36.1	建设财政管理信息系统的模块化方法	593
图36.2	危地马拉的财政管理信息系统发展情况	595

表目录

表1.1	财政政策与公共财政管理之间的联系	13
表2.1	全球财政规则概要	30
表2.2	财政规则及其与目标的相容性	31
表2.3	财政规则与预算编制阶段的一致性	34
表2.4	次国家级财政规则的制裁和执行机制的例子	41
表6.1	向立法机关提交预算的日期要求	89
表6.2	经合组织国家年度预算中的项目数目	91
表7.1	预算政策目标和结果的不同定义	102
表8.1	基本预算代码示例（仅供说明）	128
表8.2	《2001年政府财政统计手册》收入分类	129
表8.3	政府职能分类的部分和组别	131
表8.4	支出的经济和职能交叉分类	132
表8.5	对象分类示例（美国国防部）	133
表10.1	在设计中期支出框架时具体考虑的因素	168
表10.2	年度预算编制和中期支出框架项下的职责	169
表13.1	一些经合组织国家的财政结转	216
表13.2	讲英语和讲法语的发展中国家：预算执行中责任划分的比较	223
表13.3	支出控制阶段	226
表18.1	预算外资金和中央政府支出	290
表21.1	财政收入管理流程：重新设计和自动化之前和之后	347
表29.1	选定的主权财富基金	458
表30.1	2010年发达国家广义政府总债务和净债务（占国内生产总值的百分比）	478
表30.2	2010年新兴市场经济体的广义政府总债务（占国内生产总值的百分比）	479
表30.3	欧盟国家：2007—2060年按部门划分的预计支出变化	480
表30.4	2010—2050年未进一步调整的广义政府净债务（占国内生产总值的百分比）	481
表30.5	选定的发达国家：可持续性差距指标	482
表31.1	债务管理单位：一些国际示例	490
表31.2	年度融资计划	495
表31.3	不同融资工具的成本特征和风险特征	496

表34.1	确认交易的影响	552
表34.2	资产和负债的会计科目表（说明性和仅一部分）	553
表34.3	关于金融危机期间一些政府行为的会计处理	555
表34.4	资产和负债	562
表35.1	财务报表说明	572
表35.2	公共部门实体的绩效报表说明	573
表35.3	现金流量表说明	575
表35.4	调节收付实现制和权责发生制赤字数	576
表35.5	社会保险报表说明	578
表35.6	预算单位的简化收入分类账	579
表35.7	预算单位的简化支出分类账	579
表35.8	预算比较	580
表35.9	调节会计和预算基础	581
表35.10	预算涵盖存量和流量时的预算比较	582
表35.11	《2001年政府财政统计手册》要求的财务报表	584
表35.12	广义政府部门和整体政府	585
表35.13	整个公共部门的财务报表	586
表35.14	现金信息的另一种列报格式	588
表36.1	与财政管理信息系统设计相关的公共财政管理改革的关键领域	595
表36.2	问题说明	604
表38.1	财政委员会的职能	626

专栏目录

专栏2.1	智利的财政规则和预算流程	33
专栏2.2	一次性措施和创造性会计的例子	36
专栏3.1	巴西：主要的预算制度法	48
专栏3.2	法国的财政法组织法	50
专栏3.3	预算制度法的健全原则	51
专栏3.4	年度预算法或拨款法案草案附带的文件	53
专栏5.1	核心财务职能	73
专栏6.1	预算管理所受的宪法限制	87
专栏6.2	年度预算指导法和预算前辩论	88
专栏8.1	税式支出示例	126
专栏8.2	预算文件的信息要求	128
专栏8.3	加拿大政府范围的会计科目表	136
专栏8.4	南非：农业、林业和渔业部	138
专栏8.5	处理法国部级规划的跨领域问题	139
专栏8.6	避免在将规划结构与战略联系起来时落入陷阱	141
专栏8.7	实施规划分类	142
专栏9.1	自下而上预算流程的政策限制	151
专栏9.2	重新设定预算导向，使其更具政策针对性	153
专栏9.3	5D：远离集中式公共财政管理	156
专栏9.4	在预算征集时要求有关各部提供的政策信息	158
专栏9.5	因预算覆盖范围不完整而产生的政策偏离的典型来源	160
专栏9.6	用于在短期内远离增量预算的机制	162
专栏10.1	世界银行中期支出框架研究	165
专栏10.2	中期支出框架和预算编制	168
专栏10.3	不同中期支出框架平台的政策、预算编制和技术要求	172
专栏11.1	英国公共服务协议目标示例	180
专栏12.1	宏观财政政策规则和地方层面借款	197
专栏12.2	政府间财政转移支付	198
专栏12.3	健全的地方预算执行的绩效指标	201

专栏13.1	预算执行中的关键职能	214
专栏13.2	预算项目之间的转移：两国程序的比较	218
专栏13.3	澳大利亚预算中的应急储备金	219
专栏13.4	拖欠原因的一些示例	221
专栏13.5	一些法语国家的规划预算编制和财政控制	225
专栏14.1	采购与政府和社会资本合作	232
专栏14.2	财政管理信息系统项目的阶段	233
专栏14.3	秘鲁——民间团体在促进良好采购方面的作用	241
专栏14.4	菲律宾——民间团体监督	242
专栏15.1	工资结构	250
专栏15.2	可变工资的示例	251
专栏15.3	工资频率	252
专栏15.4	公务员身份和支出控制	253
专栏15.5	《国际公共部门会计准则》（IPSAS）对工资总额的处理	255
专栏17.1	拟议的内部审计职责和责任	285
专栏17.2	各部/机构审计委员会的主要职能	285
专栏17.3	建议的内部审计和外部审计之间的协调工作	286
专栏18.1	公共机构的定义	295
专栏18.2	非部门公共机构的治理和财政制度	296
专栏18.3	改革保加利亚法律框架中的预算外资金	298
专栏20.1	评估的和征收的税收收入：基本关系	319
专栏20.2	评估的税收收入的水平和增长的决定因素	320
专栏20.3	税收征收额预测与税收评估预测的关系	321
专栏21.1	财政收入部门审查的摘要和建议	332
专栏21.2	建立更好的治理	341
专栏21.3	良好治理的基本组成部分	342
专栏21.4	税务机关绩效指标示例	346
专栏22.1	报关单处理的关键步骤	352
专栏22.2	成功实施单一窗口的操作指南	359
专栏23.1	使用者收费与特定税收	364
专栏23.2	政府机构的建立	365
专栏24.1	非资源基础财政收支	376
专栏24.2	资源出口国的中期支出框架：财政风险和长期分析	381
专栏24.3	资源基金和预算外支出	384
专栏24.4	挪威：财政指引和资源基金的完全整合模式	386
专栏24.5	资源出口国的财政规则和公共财政管理问题	388

专栏 24.6	预算中的资源价格：国家实践	389
专栏25.1	《巴黎宣言》伙伴关系承诺、指标和2010年目标	398
专栏28.1	财政风险管理周期	437
专栏28.2	建立财政风险管理背景	438
专栏28.3	风险分配原则	441
专栏28.4	冲击在整个"主权国家"范围内财政影响的全面披露示例	448
专栏29.1	并非主权财富基金	456
专栏31.1	现代债务管理单位的结构	491
专栏31.2	制定债务管理战略（DMS）	491
专栏32.1	塔吉克斯坦：国有企业利润如何被吸到离岸公司	509
专栏32.2	政府对国有企业的监督：良好实践	511
专栏32.3	董事会的职责——经合组织指引	514
专栏32.4	说明性财务绩效目标	516
专栏32.5	经合组织关于国有企业会计和披露的指引	517
专栏33.1	国际货币基金组织《财政透明度良好做法守则》	529
专栏34.1	政府会计准则制定和政策制定	548
专栏34.2	财务会计分析框架	551
专栏34.3	美国通向权责发生制的漫长道路	556
专栏34.4	美国政府的会计数据问题	559
专栏34.5	政府"会计策略"	559
专栏35.1	财务报告准则的内容	569
专栏35.2	中国政府财务报告实践的发展（于2013年）	570
专栏35.3	美国（州和地方）政府会计准则委员会确认的政府财务报告目标	571
专栏35.4	比较预算报告和财务报告	579
专栏35.5	财务报告和统计报告	583
专栏35.6	数字时代的政府财务报告	589
专栏36.1	自动化之前需要的基本改革	598
专栏36.2	财政管理信息系统项目设计中的关键成功因素	601
专栏36.3	智利第二代财政管理信息系统的教训	602
专栏37.1	外部审计的声明和标准	614
专栏37.2	墨西哥宣言——最高审计机关独立性：八项原则	618
专栏38.1	财政委员会对外宣称的工作内容	627

前　言

公共财政管理是最近才引起应有关注的一个话题。长期以来，财政政策（以及更广泛的公共财政）重点关注税收和政府支出水平如何影响各国的宏观经济稳定，以及税收制度的设计和支出规划的结构如何影响微观经济效率和可能的经济增长。征收收入和分配支出的实用性被认为是单独的话题，而这些话题至少在宏观经济学家中被认为是不太重要的。长期以来，人们通常更多地关注税收的经济方面。政府预算的重要性有两点，一是预算是政府提出财政税收以及支出政策的具体表现；二是预算文件是政府对于其选民的一份意向协议。然而，多年来，预算编制流程很少引起关注，而且仍然是一个过于复杂的领域，普通选民无法给予太多关注。

宏观经济困境和资源错误配置通常反映出预算决策不佳。但是，这也可能是程序缺陷、国家预算设计和执行规则缺陷的结果。这些执行规则缺陷可能会造成"委托代理问题"并且经常会导致腐败，部分公共资源可能被与预算不同的方式来使用。正如现在人们普遍认识到税收制度的有效性取决于其法定设计和以公平有效的方式提供所需公共收入的能力一样，政府支出的有效性和效率取决于对政策制定者在现实可靠预算中做出的支出决策进行反映的能力。这种预算将得到适当的资金，并能够忠实且成功地执行。遗憾的是，除了复杂之外，现代预算在编制过程中往往越来越多地受之前历届政府的决策影响（在某种程度上，这些决策在法律上和政治上都束缚了现任政府的手脚），以及预算编制与实施之间可能出现的问题的影响。

从传统意义上来说，预算的关注点是管理政府支出以达到其政策目的的制度能力。预算编制方面的现代进步主要是为了促进政府做出更好的支出决策。但是，预算编制的质量还取决于其他考虑因素。如果政府正在做出不良的总体财政政策选择，那么不断增加的财政失衡可能会产生不利的宏观经济后果；或者，如果政府误判了税收变化的收入影响和税收管理的能力，那么预算可能最终资金不足。显然，现实可靠的预算不仅承认预算与预算能力之间的联系，而且还考虑预算决策和绩效受广泛财政发展情况以及相关政策实施方式的影响。在本人担任国际货币基金组织财政事务部主任的许多年里，财政事务部的政策和咨询工作越来越多地关注总体财政政策、税收和支出政策、财政收入管理和预算管理之间经常存在的复杂关系和协同作用，并受其影响。过去，这些关系没有得到应有的关注，因此花费了大量精力来尝试更好地理解这些关系。

公共财政管理是为了设计和实施精心制定的公共资金使用政策。公共财政管理的核心和重点是在更广泛的背景下编制预算，而在该背景下，预算和预算编制将财政政策的设计和公共机构的作用（和执行能力）结合在一起，并且所使用的财政资源往往是在正式预算流程之外收集和部分分配的。由于20世纪下半叶国家作用（以及随之而来的公共支出）的巨大增长，并且最近由于全球金融危机突显了纪律严明、透明而灵活的财政政策的重要性以及公共（有时甚至是私营）机构的作用，公共财政管理的相关性这些年来有所增加。危机表明，政府可能会被迫面临巨额的公共支出，例如对"大而不倒"银行进行资本结构调整的成本，而这些公共支出虽未得到正式考虑，但在各国预算中必须有所顾及。

与关于类似主题的许多其他讨论相比，本手册所涉及话题的范围要广泛得多。但是，本手册始终重点关注在作出关于公共资源使用的良好决策方面的相关和必要条件。通过对相关问题的全面覆盖，以及在为各国提供财政政策和预算编制事宜建议方面具有多年经验的作者的贡献，本书将填补重要的空白。本书对于政策制定者、从业者和学者而言应该是无价之宝。

维托·坦齐（Vito Tanzi）

2013年1月15日

致　谢

本书最初的想法是创作全面的公共财政管理百科全书。然而，该想法被证明是不切实际的，因此逐渐演变为更简单但仍然雄心勃勃的关于该话题的综合手册的概念。本项目得到了我们在2010年夏天接触过的所有出版商的热情回应，并且得到了我们与之讨论过本项目的同事和同行的支持。因此我们向前推进并很幸运地与帕尔格雷夫麦克米伦出版社进行合作，而帕尔格雷夫麦克米伦出版社很喜欢这个概念，并给予了我们将本项目付诸实施所需的编辑自由和时间。随后开展了三年多的努力和富有成效的工作。我们基本按时完成了本项目，这不仅仅是我们的成就，也是在艰难时期支持三位编辑的撰稿人和支持者的成就，由于撰稿人和支持者人数众多，无法逐一提及。本作品真正是许多思想和许多观点的产物，尤其是来自华盛顿哥伦比亚特区第19街两侧[①]的思想和观点。如果没有我们杰出的撰稿作者群体的帮助，我们就不可能取得如此多的成就——他们都是各自领域最顶尖的专家。我们还向帕尔格雷夫麦克米伦出版社的组稿编辑丽莎·冯·弗尔克斯（Lisa von Fircks）及其继任者艾梅·迪本斯（Aimee Dibbens）致敬，感谢其在项目的各个阶段给予的热情支持和鼓励；向贝弗利·科普兰（Beverley Copland）、艾米·哈丁（Amy Harding）、吉玛·达西·休斯（Gemma d'Arcy Hughes）、维德亚·贾亚普拉卡什（Vidhya Jayaprakash）和玛乔里·金士顿（Marjorie Kingston）致敬，感谢其处理无数的编辑问题并准备出版手稿；最后，很重要的是向维托·坦齐（Vito Tanzi）致敬，感谢其编写了本书的前言。

理查德·艾伦（Richard Allen）
理查德·海明（Richard Hemming）
巴里·H.波特（Barry H. Potter）

[①] 指国际货币基金组织和世界银行（译者注）。

撰稿人简介

威廉·A.阿伦（William A. Allan），澳大利亚公民，在发达国家和发展中国家公共财政管理的大多数方面都拥有丰富的经验。他在国际货币基金组织财政事务部（FAD）工作的15年里解决了一系列问题，主要侧重于推行国库系统和财政透明度。他于2005年退休，退休前担任财政事务部财政透明度小组负责人。自那时起，威廉继续承担一系列任务，包括孟加拉国、加纳、老挝、利比里亚、巴基斯坦和越南等数个国家的世界银行相关项目。

理查德·艾伦（Richard Allen），国际货币基金组织的访问学者，也是英国海外发展研究所的高级助理研究员。他担任国际货币基金组织财政事务部副处长至2009年12月。在加入国际货币基金组织之前，他是世界银行、经合组织支持改善治理和管理倡议规划和英国财政部的工作人员，并且是欧洲投资银行董事会的成员。他曾为非洲、亚洲、欧洲、拉丁美洲和中东的50多个国家的政府就公共财政管理改革提供咨询，并且是关于公共财政和公共管理问题的许多书籍、文章和书评的作者。

杰米·博埃克斯（Jamie Boex），美国城市研究所国际发展和治理中心的高级助理研究员。他是高级公共财政专家，在全球发展中国家和转型国家的财政分权倡议和财政政策改革方面拥有丰富的经验。杰米创作和撰写了大量关于政府间财政、财政分权、公共支出管理和减贫的书籍、文章和报告。

詹姆斯·布鲁比（James Brumby），世界银行的印度尼西亚部门负责人/首席经济学家。他在州、国家和国际层面从事公共管理改革工作大约30年。在2007年加入世界银行之前，詹姆斯的职业生涯包括国际货币基金组织（担任财政事务部预算与计划办公室处长，以及财政事务部副处长），经济合作与发展组织（担任公共财政管理小组的处长）以及新西兰财政部和澳大利亚维多利亚州财政厅的各种职务。

陈立齐（James L. Chan），伊利诺伊大学芝加哥分校的会计学荣誉教授，同时担任中国的北京大学和山东财经大学海外特聘教授、财政部财政科学研究院特聘教授、中山大学中国公共管理研究中心研究员。作为政府会计国际比较研究（CIGAR）网络的联合创始人和《政府和非营利会计研究》的创始编辑，陈立齐获得了两项终身成就/贡献奖。他是国际货币基金组织财政事务部的公共财政管理顾问，并曾担任其他国际组织的顾问以及美国和中国政府的顾问。陈立齐是许多出版物的作者或编辑，1976年获得了美国伊利诺伊大学厄巴纳-香槟分校的会计学博士学位。

安娜·科尔巴乔（Ana Corbacho），于2010年加入泛美开发银行，担任发展制度部门的首席经济顾问，负责研究和传播工作。在此职位之前，她是该部门的副主任，负责编制每年两期的国际货币基金组织《西半球区域经济展望》。她主要在东欧和拉丁美洲的新兴市场工作。她的专业领域包括宏观经济分析、财政机构、公共投资、政府和社会资本合作以及贫困和收入分配。最近，她的研究重点是关注拉丁美洲的公民安全和法律身份问题。安娜（以优异成绩）取得纽约市哥伦比亚大学经济学博士学位，并且（以优异成绩）取得位于布宜诺斯艾利斯的圣安德列斯大学经济学硕士学位。她是哥伦比亚大学、美洲国家组织、布拉德利基金会和公共政策联盟的研究员。

保罗·德·伦齐奥（Paolo de Renzio），位于华盛顿的国际预算促进会（IBP）的高级研究员，牛津大学和位于伦敦的英国海外发展研究所共同开展的"全球经济治理规划"的助理研究员。在国际预算促进会，他负责协调关于财政透明度、治理和发展的研究规划。他拥有牛津大学国际关系博士学位，研究重点是外国援助对发展中国家公共财政管理的影响，而且他拥有伦敦经济学院发展研究硕士学位，并于2006—2009年在伦敦经济学院任教。

卢克·德·沃尔夫（Luc de Wulf），在比利时天主教鲁汶大学学习经济学，并取得克拉克大学经济学博士学位。在黎巴嫩贝鲁特美国大学任教后，他在国际货币基金组织财政事务部和亚洲部工作。他随后就职于世界银行的非洲部门和中东部门。自退休以来，卢克就公共财政、贸易一体化和贸易便利化等问题广泛地提供意见，重点关注贸易和海关管理。

杰克·戴蒙德（Jack Diamond），英国国民，在诺丁汉大学和新加坡大学任教，在加入国际货币基金组织之前曾是马来西亚的顾问。他大部分的职业生涯都在国际货币基金组织财政事务部工作，后来在公共财政管理领域提供技术援助。他现在已经退休，并继续担任国际货币基金组织、世界银行和其他组织的顾问。

威廉·多罗斯基（William Dorotinsky），世界银行治理和公共部门管理局公共部门绩效全球专家组组长，快速交付和业务发展负责人。他最近曾担任世界银行欧洲和中亚地区公共部门制度改革和治理部门经理。他还曾担任国际货币基金组织财政事务部副处长，共同创立了国际货币基金组织公共财政管理博客。他领导了全球公共支出工作，并且对于公共支出与财政管理（公共支出与财政问责）框架的发展而言是至关重要的。他在美国行政管理和预算局工作了12年，负责财务绩效和管理改革工作，包括实施《政府绩效与结果法案》。他在金融危机期间被借调到哥伦比亚特区担任副首席财务官。威廉还曾在美国财政部工作数年，担任匈牙利、阿根廷和克罗地亚政府的公共财政顾问。他有许多关于公共财政、腐败和财政管理信息系统的出版物，并合著了图书《财政管理信息系统：世界银行关于哪些有效和哪些无效的25年经验》（2011年）。

格雷厄姆·格伦迪（Graham Glenday），自2001年起在杜克大学桑福德公共政策学院杜克国际发展中心担任公共政策实践教授，负责国际税收、项目评估和风险管理以及预算和财政管理方面的规划。他教授公共财政、比较税收政策和税收管理课程，还在税收分析和收入预测规划中任教。他在为20多个国家的财政部提供咨询、教学、研究和建议方面拥有超过25年的专业经验。此前，格雷厄姆曾担任哈佛国际发展研究所公共财政小组主任，并从1985—2000年在那里工作。他还是加拿大政府财政部税收政策和立法处助理主任（1982—1985年）。他拥有开普敦大学、牛津大学和哈佛大学的学位，并取得了哈佛大学公共政策博士学位。

大卫·希尔德（David Heald），苏格兰阿伯丁大学会计学教授。他在谢菲尔德大学管理学院担任客座讲座教授，并担任财政管理教授（2003—2007年）和副院长（2005—2007年）。他的研究领域重点关注公共部门会计改革、公共支出管理和控制以及为权力下放政府提供资金。大卫还撰写了关于透明度与公共政策的相关性的文章，并且［与克里斯托弗·胡德（Christopher Hood）］共同编辑了《透明度：更好的治理的关键？》（2006年）。他广泛地参与公共政策事宜，包括担任英国下议院财政委员会的政府会计和公共支出专家顾问（1989—2010年），以及英国财政部财务报告咨询委员会成员（2004—2009年）。

彼得·S. 海勒（Peter S. Heller），1971年获得哈佛大学经济学博士学位。在密歇根大学担任经济学助理教授6年后，他加入了国际货币基金组织，担任许多国家的财政经济学家和特派团团长，特别是在非洲和亚洲。他在1995—2006年担任国际货币基金组织财政事务部副处长。最近，他曾在约翰斯·霍普金斯大学高级研究学院、马斯特里赫特大学治理研究生院和克莱蒙费朗大学任教，并于2012—2013年在威廉姆斯学院担任客座教授。彼得撰写了大量关于经济发展和减贫、宏观财政政策、人口老龄化、公共支出政策、发展中国家医疗改革、养老金和公务员制度改革、气候变化、私有化和全球化等问题的文章。他的图书《谁将支付？应对老龄化社会、气候变化和其他长期财政挑战》于2003年出版。

理查德·海明（Richard Hemming），杜克国际发展中心的客座教授，也是世界银行和亚洲开发银行的顾问。他于2008年从国际货币基金组织退休，结束了24年的财政事务部副处长职业生涯。在加入国际货币基金组织之前，他曾在经济合作与发展组织（OECD）巴黎总部工作。在此之前，理查德是位于伦敦的英国财政研究所的研究员以及英国和澳大利亚的大学讲师。他在税收、社会保障、公共支出和其他财政问题方面发表了大量文章。

理查德·海菲尔德（Richard Highfield），经合组织税收政策与管理中心的高级顾问，也是新南威尔士大学澳大利亚商学院的兼职教授。他在经合组织工作了9年多，最初领导了经合组织税收征管论坛（FTA）的建立和运作，而该论坛是财政事务委员会的一个附属机构。他撰写了许多税收征管论坛出版物，包括比较信息系列《经合组织和选定非经合组织国家的税收管理》。此前，他是国际货币基金组织财政事务部的高级顾问，在超过15个国家提供税收管理方面的技术援助，其中包括在俄罗斯的两年。从1993年到1997年，他在澳大利亚税务当局担任第二税收专员，并在那里工作了28年。

凯·凯泽（Kai Kaiser），自2012年初以来一直担任世界银行马尼拉办公室的高级经济学家，参与的工作主要侧重于公共财政和公共部门治理改革等问题。在移居菲律宾之前，他是位于华盛顿哥伦比亚特区的减贫与经济管理局（PREM）（全球）公共部门与治理小组的高级经济学家，重点关注公共财政、政府间关系、自然资源主导型发展以及应用政治经济/制度改革等问题。在21世纪初，凯就职于世界银行，在印度尼西亚雅加达工作，当时主要负责政府的财政分权和服务交付改革。

金在亨（Jay-Hyung Kim），目前是世界银行的顾问。他自1994年以来一直是韩国开发研究院（KDI）的研究员，从事区域发展、基础设施发展、公共财政和城市规划方面的研究。他帮助韩国企划财政部和其他各部制定了预算计划、社会和经济发展计划以及其他政策。金在亨在2006—2012年期间担任韩国开发研究院公共和私人基础设施投资管理中心（PIMAC）的常务董事，并为多个国家的政府提供咨询服务，包括印度尼西亚、哈萨克斯坦、蒙古、泰国和越南。他是联合国欧洲经济委员会的理事会成员以及政府和社会资本合作专家团队成员。金在亨拥有首尔国立大学经济学文学学士学位、硕士学位以及芝加哥大学经济学博士学位（1993年）。

罗伊·凯利（Roy Kelly），杜克大学桑福德公共政策学院公共政策实践教授。此前，他在哈佛大学工作了19年，从事国际发展项目，并且从事公共财政和项目评价教学。罗伊曾在柬埔寨、印度尼西亚、肯尼亚和坦桑尼亚担任常驻政策顾问17年，并在亚洲、非洲、欧洲和拉丁美洲的20多个国家担任短期顾问。

菲利普·克劳斯（Philipp Krause），专门研究公共行政和预算编制，特别是财政部。他目前是位于伦敦的英国海外发展研究所的预算加强倡议的研究负责人。他之前曾为世界银行研究公共部门问题，并为拉丁美洲、欧洲和中东的政府提供咨询。他撰写了关于公共行政、预算编制和财政治理以及监测和评价的学术文章和报告。

伊恩·利纳特（Ian Lienert），拥有新西兰坎特伯雷大学的数学和经济学学位。1974年，他的职业生涯始于新西兰财政部。从1976年到1989年，他在经合组织经济部工作。1989年，他加入了国际货币基金组织，并且在非洲部、国际货币基金组织学院和财政事务部工作到2010年。从1998年起，他专门研究公共财政和预算管理，为亚洲和非洲国家提供技术援助。自2010年离开国际货币基金组织以来，他一直担任低收入国家和发达国家的公共财政管理顾问。他的出版物包括关于国家预算系统法律框架、财政透明度法律、立法机关在预算流程中的作用、公共部门边界和政府现金管理的论文。

比尔·蒙克斯（Bill Monks），一位能够给人灵感的规划管理和业务转型专家，在为全球私营部门企业以及双边和多边发展伙伴提供人力资源和信息通信技术战略、流程转型和共享服务参与咨询方面，拥有20多年的经验。他还与中央政府机构直接在公共服务改革、公共财政管理以及政府和社会资本合作方面进行合作。

罗兰多·奥索斯基（Rolando Ossowski），经济顾问和研究员。他是国际货币基金组织的前工作人员，在国际货币基金组织担任过多个职位，包括财政事务部助理主任。他拥有伦敦经济学院经济学博士学位。他的主要领域是资源丰富国家的宏观经济、公共财政和财政管理问题。他是很多研究论文、书籍章节和国际货币基金组织不定期刊物的作者或联合作者。他共同编辑了国际货币基金组织2003年出版的图书《石油生产国的财政政策制定和实施》。他曾参加过许多国际会议和研讨会。

穆雷·皮特里（Murray Petrie），经济与战略集团有限公司的董事，该公司是一家位于新西兰惠灵顿的咨询公司。穆雷曾在新西兰财政部和国际货币基金组织工作，并且自1998年以来，他一直是国际货币基金组织财政专家小组的成员。他的专业领域包括财政透明度、公共支出管理和财政风险管理。他还曾担任世界银行公共投资管理顾问，并积极参与民间团体关于改善财政透明度和治理质量的倡议。穆雷拥有惠灵顿维多利亚大学公共政策博士学位。

巴里·H.波特（Barry H. Potter），国际货币基金组织预算与计划办公室和内部审计办公室的前主任。他还是国际货币基金组织在联合国的代表。在加入国际货币基金组织财政事务部（他担任公共财政管理处长）之前，巴里曾担任英国财政部的经济学家和两位英国首相的经济事务私人秘书。他目前是一名自由顾问，曾在国际货币基金组织和英国广播公司苏格兰分部工作。

马克·罗宾逊（Marc Robinson），欧洲的国际公共财政管理顾问，为低收入国家和经合组织成员国等20多个国家提供预算改革方面的咨询服务。在职业生涯的早期阶段，马克是国际货币基金组织的经济学家、经济学教授和澳大利亚高级公务员。他的博客和网站请见以下网址：www.pfmresults.com。

阿方索·桑切斯（Alfonso Sanchez），国际公共采购专家。他曾担任主要国际组织和政府的顾问。此前，他曾在世界银行基础设施部门担任技术和高级管理职位，并担任采购政策和服务部主任。在加入世界银行之前，阿方索曾在哥伦比亚的公共和私营基础设施部门担任高级行政职位。他拥有哥伦比亚国立大学土木工程学位、密歇根大学自然资源管理学位以及英国雷丁大学仲裁学位。

大卫·尚德（David Shand），新西兰和澳大利亚国民，从20世纪80年代中期开始在这两个国家的财政部门处理公共财政管理问题。从1993—1997年，他在经合组织巴黎总部公共管理司（PUMA）工作，随后作为公共财政管理专家在国际货币基金组织工作了18个月，在世界银行工作了7年多。自2005年退休以来，他一直担任世界银行和其他组织的国际顾问。

乔恩·希尔兹（Jon Shields），目前在国际货币基金组织非洲部工作，担任安哥拉、赤道几内亚、冈比亚、利比里亚和马拉维的特派团团长。2007年，作为国际货币基金组织财政事务部财政透明度小组的负责人，他负责更新国际货币基金组织《财政透明度良好做法守则》和《资源收入透明度指南》。从1994年到1998年，他代表英国担任国际货币基金组织执行董事会的候补执行董事。在加入国际货币基金组织之前，他曾就职于英国公共部门（作为英国财政部和英格兰银行的高级经济顾问）、私营部门（作为三菱银行的欧洲顾问和首席经济学家）和英国民间团体（作为就业原则和工作宪章组织的董事）。他在宏观经济政策和劳动力市场问题方面发表文章和演讲。

维托·坦齐（Vito Tanzi），获得哈佛大学经济学博士学位。在从事经济学教学工作几年之后，他担任国际货币基金组织税收政策处处长（1974—1981年）和财政事务部主任（1981—2000年）。从1990—1994年，他担任国际公共财政学会会长，并在2001—2003年期间担任意大利政府负责经济和财政事务的副部长。他获得了五个荣誉学位，并且是许多国际组织的顾问。他出版了大量书籍和经济学期刊文章。他最近出版的图书是《政府与市场》（2011年）和《近期对公共经济学的贡献》（共同编辑，2011年）。

特雷莎·特尔–米纳西安（Teresa Ter-Minassian），拥有罗马大学法学学位和哈佛大学经济学学位。她于1972年加入国际货币基金组织，在欧洲部、西半球部和财政事务部工作。她在国际货币基金组织职业生涯的重大成就包括领导国际货币基金组织的意大利、西班牙、葡萄牙和希腊特派团（1980—1988年）；领导国际货币基金组织为七国集团委托的关于苏联经济的首次官方研究组建的工作组（1990年）；领导国际货币基金组织与巴西和阿根廷的谈判（1997—2000年）；并在2001—2008年期间担任财政事务部主任。她目前是一名国际经济顾问，特别与泛美开发银行就拉丁美洲的财政问题开展合作。特丽萨在财政问题方面发表了大量文章，特别是在宏观财政和政府间财政关系领域。

丹尼尔·托马西（Daniel Tommasi），在位于巴黎的一家公司担任财政政策和公共支出管理领域的国际顾问，并位于巴黎。他曾在非洲、亚洲、加勒比地区、中东欧以及太平洋岛屿的大约40个国家工作了30多年，担任政府顾问和国际组织顾问。他是关于公共财政管理的数份论文和书籍的作者或共同作者。

桑杰·瓦尼（Sanjay Vani），世界银行的首席财政管理专家，主持世界银行财政管理部门的公共财政管理工作。他曾领导了多个地区（欧洲和中亚、南亚、东亚和太平洋以及非洲）成功的公共财政管理改革倡议。他在经合组织发展援助委员会公共财政管理联合项目的主持下，共同编辑了关于公共财政管理和国家制度使用的重要国际出版物。在加入世界银行之前，桑杰曾在大型跨国公司担任高级管理职位，包括副总裁。

肯·沃伦（Ken Warren），新西兰财政部的首席会计顾问，负责就政府的会计政策和实践进行协调并提供建议。他在新西兰政府1992年根据公认会计惯例编制的第一份资产负债表的编制和出版方面发挥了重要作用。他是国际公共部门会计准则委员会、英国特许公共财政与会计协会以及新西兰外部报告理事会的成员。他还是新西兰特许会计师协会的会员。

乔安娜·沃特金斯（Joanna Watkins），拥有塔夫茨大学弗莱彻学院国际发展学位和威廉与玛丽学院政治学学位。她于2009年加入世界银行担任公共部门绩效全球专家组的规划协调员，目前是欧洲和中亚的公共部门专家。在加入世界银行之前，她曾就职于秘鲁交通运输部以及各种发展咨询公司，处理与监测评价和制度强化相关的问题。她就从公共财政到公共部门绩效管理的广泛话题发表了文章，最近还与杰姆·德纳（Cem Dener）和比尔·多罗斯基（Bill Dorotinsky）合著了图书《财政管理信息系统：世界银行关于哪些有效和哪些无效的25年经验》。

约阿希姆·魏纳（Joachim Wehner），伦敦政治经济学院（LSE）公共政策副教授。他2007年获得伦敦政治经济学院政府学博士学位，随后在柏林自由大学、开普敦大学和斯泰伦博什大学学习。他曾在南非民主研究所（Idasa）工作，并曾担任世界银行和经合组织的顾问。他的研究领域是政治经济领域，特别是与财政政策和立法机关有关的领域。

迈克·威廉姆斯（Mike Williams），于1998年成立了英国债务管理办公室（DMO）并担任第一任首席执行官，随后扩大英国债务管理办公室的职责范围，包括主动现金管理、短期资产管理和其他资产负债表职能。在此之前，他在英国财政部工作了近25年。自从2003年初离开英国债务管理办公室以来，他一直被世界银行、国际货币基金组织和其他组织聘为政府债务和现金管理方面的独立顾问。他与世界上大多数地区的政府进行了广泛合作，特别是在制度和能力建设、治理、债务战略和市场发展以及开发更高效和积极主动的现金管理方法方面。

许云霄（Yunxiao Xu），中国北京大学公共财政学副教授，教授公共经济学、公共选择和政府预算编制。她还曾在日本和韩国的大学中任教。她是《世界经济》（2012年）中《多少红墨水？》的共同作者，并发表了大量关于中国经济和财政挑战和改革的文章。她的领域已扩展到预算法律、公共财政统计和政府会计。许云霄2002年获得北京大学经济学博士学位，并在中国财政部财政科学研究院进行博士后研究。

张琦（Qi Zhang），中南财经政法大学（中国武汉）会计学副教授、会计学院副院长兼政府会计研究所所长。他从国际比较视角研究中国政府会计问题，在《会计研究》发表7篇论文，并获得中国国家自然科学基金委员会的两项研究资助。张琦曾担任财政部政府会计准则顾问，并参与多个改革项目。他是2006年澳大利亚科廷科技大学访问学者，获得中南财经政法大学会计学博士学位，并在中国财政部财政科学研究院进行博士后研究。

缩略语

ADB	亚洲开发银行
AFDB	非洲开发银行
AMU	援助管理单位
APSC	澳大利亚公共服务委员会
BSL	预算系统法
CABRI	非洲预算改革合作倡议
CalPERS	加州公共雇员退休基金
CDF	选区发展基金
CEMAC	中部非洲经济与货币共同体
CFA	中央财政部门
CFO	首席财务官
CFS	合并财务报表
CG	中央政府
CoA	会计科目表
COFOG	政府职能分类
COMESA	东部和南部非洲共同市场
CPA	注册会计师
CPAR	国家采购评估报告
CPIA	国家政策和制度评估
CRF	统一收入基金
CSDMRS	英联邦秘书处债务管理和记录系统
DAC	发展援助委员会
DeMPA	债务管理绩效评估
DDG	副司长
DG	司长
DFID	国际发展部（英国）
DMFAS	债务管理和财务分析系统

DPL	发展政策贷款
DSA	债务可持续性分析
EBF	预算外资金
EC	欧盟委员会
ECB	欧洲中央银行
EDI	电子数据交换
EDP	过度赤字程序
EITI	采掘业透明度倡议
EMU	欧洲货币联盟
EU	欧盟
EUROSTAT	欧洲共同体统计局
FAD	财政事务部
FASAB	美国联邦会计准则咨询委员会
FASB	美国财务会计准则委员会
FMIS	财政管理信息系统
FRL	财政责任法
FY	财政年度
GAAP	一般公认会计原则
GAO	审计总署（美国）
GASB	美国政府会计准则委员会
GATT	关税与贸易总协定
GDP	国内生产总值
GFMIS	政府财政管理信息系统
GFS	政府财政统计
GFSM	政府财政统计手册
GFSR	全球金融稳定报告
GG	广义政府
HIPC	重债穷国
HRM	人力资源管理
IA	内部审计
IAASB	国际审计与鉴证准则理事会
IASB	国际会计准则委员会
IBP	国际预算促进会
IDA	国际开发协会
IDB	泛美开发银行
IFAC	国际会计师联合会

IFMIS	财政管理信息系统
IFRS	国际财务报告准则
IFS	英国财政研究所
IFSWF	主权财富基金国际论坛
IG	监察长
IIA	国际内部审计师协会
IMF	国际货币基金组织
INTOSAI	最高审计机关国际组织
IPSAS	国际公共部门会计准则
IPSASB	国际公共部门会计准则委员会
ISQC	国际质量控制准则
IT	信息技术
KIC	韩国投资公司
LGU	地方政府单位
LIC	低收入国家
MDG	千年发展目标
M&E	监测和评价
MoF	财政部
MTBF	中期预算框架
MTEF	中期支出框架
MTFF	中期财政框架
MTPF	中期绩效框架
NPM	新的公共管理
ODI	英国海外发展研究所
OECD	经济合作与发展组织
PAC	公共账目委员会
PEFA	公共支出与财政问责
PFM	公共财政管理
PIU	项目实施单位
PMF	绩效衡量框架
PP	购买者—提供者
PPP	政府和社会资本合作
PSA	公共服务协议
PSC	公共部门委员会
ROSC	关于遵守标准和守则的报告
SAI	最高审计机关

SDRs	特别提款权
SGP	稳定与增长公约
SIGMA	支持改善治理和管理倡议
SMART	具体性、可衡量、可达到、相关性和时限性
SME	中小企业
SNA	国民账户体系
SOE	国有企业
SOP	标准操作程序
SPA	非洲战略伙伴关系
SWF	主权财富基金
TSA	国库单一账户
UNCITRAL	联合国国际贸易法委员会
UNCTAD	联合国贸易和发展会议
VAT	增值税
VfM或VFM	物有所值
WAEMU	西非经济和货币联盟
WCO	世界海关组织
WGA	整体政府账目
WTO	世界贸易组织
ZBA	零余额账户
ZBB	零基预算

引言：公共财政管理的含义、内容和目标

理查德·艾伦、理查德·海明和巴里·H.波特

为什么本手册具有针对性和重要性

上一本关于公共支出管理问题的综合参考书[①]是10多年前出版的。自那时起，公共支出管理的概念已经扩大到公共财政管理（PFM）；文献已经大幅增加；全球经济和金融危机突显了政府发展强有力财政管理系统的重要性；并且在这种系统的设计方面，"最佳实践"甚至"良好实践"的构成已经发生了重大变化。

公共财政管理现在被公认为一门学科，其根源在于公共政策、经济学、法律、政治学和商业研究。公共财政管理的基础与过去20年的知识发展密切相关，例如，新公共管理（NPM）和新制度经济学。公共财政管理不再被视为纯粹的技术性财务和会计问题（曾经如此）；更准确地说，公共财政管理已经成为制度和政治因素发挥重要作用的主题。如果要精心设计和有效实施财政政策，那么对公共财政管理以及财政机构运作方式的了解就十分重要。简而言之，公共财政管理具有广泛的公共政策和经济意义。

因此，高效和有效的公共财政管理与解决当前全球金融危机的问题，以及将持续数年的财政调整流程密切相关。如果试图纠正财政失衡然后持久地稳定财政状况，那么就需要加强制度以及制定适当的经济和金融政策。国际货币基金组织（IMF）总裁在2012年4月国际货币基金组织和世界银行春季会议上的发言中承认了加强公共财政管理的重要性。[②] 她评论称，通过加强以下四个领域的决策，"精心设计和高效管理的预算机构可以在实现和维持财政可持续性方面发挥核心作用"：

（1）通过编制和发布长期预测，让公众了解健全财政政策的重要性；

（2）披露所有政策（包括长期和短期）的成本和分配信息；

（3）强调集体责任（在通过预算进行资源配置决策方面）对部门利益的重要性；

（4）通过将财政结果与承诺进行公开比较，提高偏离财政目标的声誉成本，从而加强政策可信度。

国际货币基金组织总裁强调"财政制度"是至关重要的，而财政制度在本手册中讨论的许多领域都是至关重要的。这包括提供关于政府支出、收入、借款和债务等信息的全面和透明的报告；有效的

---

① Allen, R., and D. Tommasi, eds. 2001. *Managing Public Expenditure: A Reference Book for Transition Countries*, Paris: Organisation for Economic Co-operation and Development; Potter, B., and J. Diamond.1999. *Guidelines for Public Expenditure Management*. Washington, DC: International Monetary Fund; Schiavo-Campo, S., and D. Tommasi, eds. 1999. *Managing Government Expenditure*, Manila: Asian Development Bank.

② 2012年4月18日国际货币基金组织财政论坛致辞。

中期财政和预算框架；对支出承诺的牢固控制；加强财政风险监督和主动管理；用于验证财政预测和政策的独立流程（例如财政委员会）；用于确保政府支出规划和项目实现预期产出和结果的框架；以及在进行预算、税收政策和更广泛的财政政策问题的决策时，对政府行政和立法部门的适当制衡。

什么是公共财政管理

在文献中很难找到公共财政管理的简明和一致的定义，包括上文提及的三本标准参考书。我们提出以下定义，该定义遵循道格拉斯·诺斯（Douglass North）[1]1991年提出的著名"制度"概念——正式和非正式的行为规则：

公共财政管理涉及政府希望有效、高效和透明地确保和使用资源的可用的法律、组织、系统和程序。虽然公共财政管理包括税收和其他政府收入管理、借款和债务管理，但其主要重点是支出管理，特别是在公共预算背景下。

以上是一个相对宽泛的定义，但由于公共财政管理和微观经济基础的许多方面都有关，因此这个定义是适合的。相比之下，仅对公共支出管理予以关注的传统方法似乎过于狭隘，忽略了预算收入侧的问题，也忽略了财政风险分析、公共债务管理、政府资产和负债核算（包括长期社会义务）以及政府财政部和其他中央财政部门的组织和管理等跨领域问题。

在传统上，公共财政文献关注"做什么"问题（国家是否应该增加公共支出、引入新的财政规则或改变其税收政策），而公共财政管理则关注"如何做"问题（应该建立何种预算系统收入机构；如何实施财政规则；如何更高效地征收国家的所得税或增值税）。重要的是，政策制定者和公共财政管理问题的实践者或撰稿者需要理解上述两组问题，这是同一枚硬币的两面，如本书第一章所述。

公共财政管理是如何演变的

公共财政管理日益增长的重要性与公共支出的巨大扩张有关，更广泛地说，与20世纪国家作用的巨大扩张有关。[2] 许多工业化国家的公共支出占国内生产总值的比例从19世纪70年代的大约10%增长到近年来的大约40%，在一些欧洲国家甚至达到更高的水平。这种增长的很大一部分发生在第二次世界大战以后，特别是1960年以后。大部分增长包括诸如公共养老金、医疗保健服务、教育、公共住房、大家庭援助、公共和私营企业补贴以及对老人、幼童和残疾人的援助等领域的额外补贴和预算转移支付。在20世纪初，关于这些活动的公共支出几乎不存在。公民逐渐认为政府的新作用是正常和必要的。为了促进这种扩大的作用，政府需要寻找新的收入来源，并且税率和税收水平也急剧上升。政府还必须找到更高效的方式来管理公共支出和收入。

在某种意义上，公共财政管理中很少有新的东西。许多看似原创和创新的理念及发展实际上是相当古老的：规划预算编制至少可以追溯到20世纪初；（至少）自维多利亚时代以来，关于绩效的理念就已经成为了议题；复式簿记法是方济各会僧侣、数学天才卢卡·帕乔利（Luca Pacioli）在15世纪发明

---

[1] North, D. 1991. "Institutions", *Journal of Economic Perspectives*, 5（1）.

[2] Tanzi, V. 2010. *Government versus Markets: The Changing Economic Role of the State*. Cambridge: Cambridge University Press.

的（然而，许多发展中国家仍在费力使用单式记账系统）；并且，国家预算的概念是在2000多年前的罗马帝国发明的。很明显，政治家喜欢用新的政治外衣来装扮旧的理念。例如在英国，卡梅伦政府提高政府效率和"绩效"的规划与几年前布莱尔政府的规划大致相同，并且与20世纪80年代撒切尔政府的规划没有太大的不同。

尽管公共财政管理的历史悠久，但作为一种知识学科的公共财政管理仅在20世纪中期才出现，但随后迅速发展。公共财政管理作为一门学科的可信度有所提高。公共财政管理现已成为许多公共财政课程和公共管理硕士（MPA）课程的核心主题。过去20年来，文献已经有了很大的发展，原因如下：第一，政策制定者现在理解，如果不知道如何实施政策，就无法改变支出、税收和其他财政政策；第二，因其跨学科特征，公共财政管理是难以归类的复杂主题，人们对此有了更好的理解。在某种程度上，公共财政管理可以被视为经济学的一个分支，或者更严格地说，是公共财政学的一个分支。在该领域，公共财政管理包含宏观经济学（由于与财政政策和资源有效利用的联系）和微观经济学（由于市场、激励、心理学和行为反应的重要性）的要素。同样至关重要的是对政治经济学和公共机构的理解，以及法律、管理系统、组织理论、计算机科学和人力资源管理等领域的知识。

20年前，人们认为建立诸如新的国库系统或规划预算的"最佳实践"模式应主要基于引进发达国家正在使用的系统和法律。目前已经证明这种"货物崇拜"的理念在很大程度上是不正确的（见第4章）。人们越来越重视做一些合理和实际的事情，以及采取符合每个国家特定法律框架、行政系统和治理安排的行动：

- 正如迈克尔·波特（Michael Porter）在商业管理领域所认识到的[1]，"良好实践"并非一个静态的概念。10年前所认为的"良好实践"在今天可能并非良好实践，今天的良好实践在10年后亦然。
- 相对主义的重要理念已经占有一席之地。专家现在谈论"足够良好的实践"而非"良好实践"。虽然各国可以受益于将自己的公共财政管理实践与邻国和同类国家进行比较，但是将法律框架或制度从一个国家简单地转移到另一个国家，而不考虑不同的治理系统和能力水平，是不太可能产生积极结果的。在许多尚未完全建立法治的国家，非正式的行为规则在决定新的公共财政法律或诸例财政规则在实践中的运作情况方面，比正式的法律法规更加重要。
- 新公共管理的影响力已经减弱。今天人们对使用市场原则指导公共财政管理改革，以及采用私营部门商业范式作为设计和建立公共部门组织的指南方面的优点持怀疑态度。例如，在政府和社会资本合作（PPP）领域，分析研究基本上未能证明PPP解决方案实际上产生的结果比基于传统政府采购的解决方案更高效和更有效。

同样，虽然一些从业者继续认为公共财政管理改革倡议的优先排序和顺序可以简化为某种形式的工程问题，但许多专家现在认为问题要复杂得多，并且当地政治经济因素和制度环境评估在设计公共财政管理改革战略时尤为重要。发展中国家的制度已经表明自己显著抵制变革。改革也是一个可能需要数十年才能完成的过程，并且不像普遍认为的那样线性。在加强财政管理方面的进展通常很慢，并且进展断断续续。

---

[1] Porter, M. E. 1985. *Competitive Advantage: Creating and Sustaining Superior Performance.* New York: Free Press.

世界银行最近的数据显示，在过去10年中，公共财政管理系统的绩效几乎没有任何改善。[1] 改革顺序需要具体到当地背景下有可能的顺序，而包含数十项改革目标和行动的宏伟复杂的"行动计划"应该受到怀疑。政治和政治家在变革过程中起着重要作用。潜在的改革者越来越认识到该过程中固有的制约因素，并且认识到法律法规的变化（法律上的变化）相对容易实施，而决策者和负责执行预算、征收税款或发行政府证券的官员的实际行为的变化（事实上的变化）可能更加难以实现。

本书的关键问题和主题

构成本书的38章中出现了哪些跨领域主题？公共财政管理改革者10年前面临的问题与今天出现的问题有何不同？在展望未来10年时，有哪些趋势需要加以考虑？ 本书中提出的问题和主题可分为以下五个主要类别。

发展公共财政管理的政治经济学和制度方面

大约10年前，公共财政管理改革设计工作的基本假设是，如果国库系统设计的技术方面是正确的，那么该系统将起作用，无论是在法国或美国等发达国家，还是在柬埔寨或加纳等发展中国家。世界银行和国际货币基金组织提供的技术援助所提出的短期解决方案用于处理眼前问题（例如建立基本财务报告系统或用于减少支出拖欠的程序）比用于处理根深蒂固的结构性问题（例如存在根本缺陷的预算流程）更为有效。随后将工业化国家制度转移和植入发展中经济体的尝试（无论是通过布雷顿森林制度还是其他制度）通常要慢得多，而且成功情况不如预期。

如今政治经济学因素在决定公共财政管理改革进展方面的重要性得到了更好的理解。找到改革的领导者和维护者，建立当地能力而非依靠捐赠人来填补技术和管理技能缺口，在预算流程中建立所有利益相关者之间关于改革的共识并积极管理变革过程，这些即使不比公共财政管理系统设计工作的单纯技术方面更加重要，也是同等重要的。这些问题将在第4章和第7章中进行讨论。在最近的一本书中，马特·安德鲁斯（Matt Andrews）认为[2]，制度改革（包括公共财政管理法律和系统）经常失败，因为"这些制度改革过度规定了改革应该涉及的内容——高要求的国际最佳实践——而过度简化了产生这种（改革）所需要的内容"。对公共财政管理的制度方面的了解仍在发展之中。我们预计，在未来10年内，适用于公共财政管理的政治经济学分析的重要性将在研究领域和实际应用方面继续增加。政治经济学分析尤其与复杂的改革倡议相关，例如，第36章讨论的财政管理信息系统（FMIS），财政收入管理（第21章），公共部门工资总额（第15章），或者国库系统（第16章）。

由于政治经济学分析的发展，基于技术的公共财政管理开发和排序模型（例如平台法）在实践中似乎适用性有限。因此，必须开发新的方法，而新的方法部分依赖于对有关国家公共财政管理系统质

---

[1] Vani, S. "Has Global PFM Improved in the Last Decade?", International Monetary Fund, *PFM Blog*, September 6, 2012. The information analyzed by Vani is taken from the World Bank's Country Policy and Institutional Assessment (CPIA) database. 其分析的信息来自世界银行国家政策和制度评估（CPIA）数据库。

[2] Andrews, M. 2013. *The Limits of Institutional Reform in Development: Changing Rules for Realistic Solutions.* New York: Cambridge University Press. 66.

量的技术分析，部分依赖于对经济发展状态相当的国家所取得成就的了解，并且部分依赖于对特定国家制度和政治动态的了解。安德鲁斯提出了一种新的模型，即"问题驱动、迭代和适应性"（PDIA）方法，这种方法不同于现有模型，并且对于许多改革者而言都具有挑战性。PDIA方法涉及多个小步骤以及对问题和背景现实的本地化关注，并且要求在广泛的利益相关者中而非仅仅在财政部官员中进行"广泛研究，并在此过程中引入外部和内部理念进行讨论、转化和实验"。令人关注的是，这种方法复制了发达国家通常采用但发展中国家（及其顾问）在很大程度上忽视的缓慢、循序渐进的改革方法。制度建设需要耐心和坚持，而这是政治家和许多发展机构往往缺乏的优点。

同样，在过去10年中，在开发用于诊断公共财政管理系统优缺点的工具包方面取得了巨大进展。这些工具中最重要的是本书第7章讨论的公共支出与财政问责（PEFA）框架，以及世界银行和国际货币基金组织开发的债务管理工具包（债务管理绩效评估）。经合组织发展援助委员会还开发了采购诊断工具。展望未来，公共支出与财政问责框架将在未来两年内得到完善和更新，而国际货币基金组织的财政透明度守则正在重新设计。此外，还关注在税收管理和外部审计等专业领域开发"向下追踪"诊断工具。作为分析工具，以及在提供可用于定性和定量评估公共财政管理绩效随时间推移的趋势的公共财政管理系统绩效数据的丰富来源方面，这些发展都是十分重要的。相应地，研究人员将能够以比现在更大的洞察力和信心对影响这些发展的技术和制度因素进行分析，而公共财政管理改革规划的顾问将有更强有力的经验证据来作为所提出建议的基础。

最后在该标题下，正如第5章所讨论的，财政部的组织结构（以及更广泛的中央财政部门的概念）是一个相对被忽视的领域，目前正成为一个重要的新研究领域。在设计和实施财政政策时，财政部和其他财政部门（例如，中央银行和经济发展部）各自的作用应该是什么？财政部应如何进行组织和人员配备，以便高效地履行核心职能？如何更好地协调财政部和其他中央财政部门的工作，以及加强内阁或部长会议的作用？在加强公共财政管理方面的主要制约因素是什么（例如，专业人员短缺、公共和私营部门之间工资差异较大、激励措施薄弱、腐败程度较高）以及如何解决这些问题？

加强宏观经济政策、财政风险和公共财政管理之间的关系

宏观经济政策与公共财政管理之间的关系是非常重要的，但迄今为止尚未在文献中得到充分阐释。第1章和第2章探讨了财政政策的宏观经济方面与公共财政管理之间的联系，但在该潜在的丰富领域仍有许多工作要做。一个相关的话题是，对制度的了解如何有助于加强财政政策工作，相应地，这种了解如何处理与全球金融危机有关的问题。

同样，越来越清楚的是，财政风险分析对于理解公共财政管理系统（和财政政策）而言是至关重要的。世界银行和国际货币基金组织都在该领域开展了开拓性工作，而这些工作现在越来越多地应用于世界各国。正如第28章和本书其他部分所讨论的，无论公共财政管理从业者使用公共支出与财政问责框架进行诊断评估，提出新预算编制日程，开发新的会计和内部控制系统，建立主权财富基金，还是设计内部或外部审计框架，财政风险分析都已经成为公共财政管理从业者通用工具包的一部分。

减少财政风险与在政府提供的财政政策和金融发展信息方面寻求更大透明度有关，而这相应地与改进会计和财务报告准则的需要有关。在过去12年中，在制定国际会计准则（《国际财务报告准则》和《国际公共部门会计准则》）方面取得了巨大进展，但许多国家（包括一些发达经合组织国家）对

准则的采用进展缓慢。欧盟委员会（通过其统计机构欧洲统计局）正在敦促欧盟成员国采用单一的财务报告准则，并且我们可以预期这种趋势在未来10年内将在全球范围内继续存在。还可以预期各国逐步转向权责发生制会计，而除其他优点外，权责发生制会计还可以促进更加透明的财政报告。这种合并或协调预算编制和会计实践的趋势可能会继续存在。①但发展中国家在该领域面临的能力建设挑战是严峻的，并且进展可能会很缓慢。有关这些问题的讨论请见关于财政透明度的第33章，关于公共部门资产负债表的第26章，关于政府会计的第34章，以及关于财务报告的第35章。

改善公共服务提供

在过去10年的公共财政管理文献和世界各国政府制定的政策中，寻求更有效的公共服务提供机制都占有突出地位。这种寻求有几种形式：发展规划预算编制和基于结果的预算编制，请见第11章的讨论；将行政和财政决策权下放给区域和地方政府，请见第12章的讨论；以及试图发展公民更多地参与预算编制和执行工作的概念（"参与式预算编制"），请见本书第9章、第13章和其他部分的讨论。

其中一些趋势的驱动因素更多的是政治因素而非健全的经济学因素，并且在关于通过更广泛的公众参与对决策流程进行"民主化"的愿望与关于建立和维持稳健的财政控制机制的需要之间出现了紧张关系。一些顾问过分重视公共财政管理的第二支柱和第三支柱（对替代部门和规划的高效资源配置以及高效的服务提供），并且不够重视第一支柱（总体财政纪律）。参与式预算编制的概念可能被政治压力集团过分推动，导致预算流程分散、决策瘫痪并且基本服务提供效率低下。例如，在关于新公共管理的一些解释中举例说明的公共财政管理简单分权模式的好处现在似乎被夸大了。治理的代理模式如果要高效地提供服务并保持财政控制，那么就需要很多条件，并且对代理理念的支持可能已达到顶峰。事实证明，在一些发达经济体之外难以成功实施规划预算编制。

财政幻觉（相信政府作用扩大是高效的、有益的，并能促进福利）在鼓励公共服务增长方面发挥了重要作用。公民往往未能认识到与"免费"服务提供相关的成本，并且在许多领域，私营部门作为服务提供者是政府的可行替代品。维托·坦齐评论称："如果政府放弃对其中一些部门（养老金、医疗保健、教育）的准垄断权力，特别是在当今世界，私营部门替代品很快会出现，正如在政府放弃对航空公司、电话和其他领域的垄断时私营部门替代品就出现了一样"②。改善公共服务的另一个障碍是"关于公共规划发展的基本定律。"在引入新规划时，新规划看起来很精简、范围有限，并且受益群体十分明确，易于识别。随着时间的推移，标准会逐渐放松，受益人数上升，规划支出随之上升。

加强财政透明度和问责制

过去20年的另一个重要趋势（与追求更好的总体财政结果、改善的资源配置和更有效的公共服务有关）是通过立法机关、民间团体和独立财政机构等监督机构，问责机制得到了发展。民间团体和媒体在争取公众更多地参与财政问题决策、改善公共服务和提高财政透明度方面不断增强的力量推动了这些发展，第6章讨论了立法机关的作用，第38章讨论了财政委员会的作用，本书其他部分也对这些发展进行了讨论。然而，许多国家强有力的财政部一直不愿意放弃对财政议程的控制，例如不提供可能

---

① Heiling, J., and J. Chan. 2012. "From Servant to Master: On the Evolving Relationship between Accounting and Budgeting in the Public Sector", *Jahrbuch der Schweizerischen Verwaltungswissenschaften*, Seite 23–28.

② Tanzi, *Government versus Markets*, p. 25.

会使国家财政状况恶化的信息（例如关于对失败的银行和金融机构的财政支持的信息）。太多的发达国家和发展中国家采用旨在误导政府财务报告读者而非向其提供信息的会计技巧。

正如第33章所讨论的，尽管世界银行、国际货币基金组织、开放预算倡议、透明国际和其他组织多年来一直施加压力来在决策和数据公开可用性方面实现更多的开放性和问责，但财政信息和预算系统在透明度方面继续得分不佳。第37章讨论的外部审计机构在向行政部门施加压力以改善行政部门预算编制实践、会计准则以及财务报告质量和透明度方面可能发挥重要作用，但通常在政治上受到妨碍或不够"独立"于行政部门。

更有效地利用海外发展援助

近年来，强烈鼓励通过海外发展援助（ODA）提供的贷款和赠款的受援国通过自己的财政管理系统来引导此类资金（"预算支持"），而非通过捐赠人的系统进行引导。《援助有效性巴黎宣言》（2005年）及其继任协定、《阿克拉行动议程》2008年）和《釜山伙伴关系文件》（2012年）实施这些政策。此外，尽管国际货币基金组织实际上在将外汇直接转到各国中央银行作为国际收支援助方面已经提供了预算支持，但近期的发展已经直接和公开地提供一些预算支持。[①] 从尽职调查的角度来看，这不可避免地引发了对正在得到支持的预算的质量（以及相关公共财政管理）的质疑。这些国际协定和公约以及对预算支持的更多关注是非常重要的，因为其增加了受援国在加强公共财政管理系统（特别是国库运作和财务报告透明度）方面的压力。通过国家公共财政管理系统提供的海外发展援助百分比从签署《巴黎宣言》时的40%上升到2010年的48%，远远低于55%的目标，[②] 但这种上升趋势可能会继续存在。有关问题将在第25章中进行讨论。

本书的结构

本书的目的是什么？本书的目标受众是谁？本书如何将之组合在一起？谁是撰稿作者？

第一，本书拟引起一系列受众的兴趣，即：在财政部或发展机构工作的政策制定者和从业者；教授公共财政或公共管理硕士课程或在智库工作的学者；公共财政作者和评论员。每一章都为参与改革进程的中等收入国家和低收入国家的政府提供指导，这些国家将属于本书的主要使用者。本书有些章节讨论了公共财政管理的基本问题，例如许多读者都熟悉的公共财政法律框架、预算编制、财政收入预测、中期预算框架、成果管理、预算执行、现金管理、会计和报告、国库职能以及收入和海关管理。然而，在其他章节中，现有文献较少，本书从公共财政管理的角度开辟了相对较新的领域：例如第2章（关于财政规则和公共财政管理）、第15章（关于公共部门工资总额的管理）、第18章（关于预算外资金）、第19章（关于高效的税制设计）、第23章（关于使用者收费和专款专用）、第24章（关于管理自然资源收入）、第25章（关于管理外部援助）、第29章（关于主权财富基金）、第30章（关于长期义务和代际会计）以及第32章（关于国有企业财政管理）。

[①] 这种发展部分是因为最近许多人注目的情况涉及货币联盟的国家，也因为随着出现更多的在宪法上禁止向政府提供贷款的独立中央银行，国际货币基金组织现在必须直接向财政部提供预算支持。

[②] Organisation for Economic Co-operation and Development. 2011. *Aid Effectiveness 2005-10: Progress in Implementing the Paris Declaration*. Paris: OECD.

本书考虑了学者和从业者最近的研究情况。例如本书借鉴了国际货币基金组织工作人员的一系列长篇工作文件和技术说明，世界银行最近对其在过去25年为财政管理信息系统提供资金方面的经验进行的主要研究（第36章），对中期支出框架发展的类似综述（第10章），以及关于中央财政部门（第5章）和公共投资管理（第27章）的研究。简而言之，本书是既包含相对熟悉又包含前沿材料的汇编。

第二，本书被设计为手册而非教科书。虽然本书拟在所涵盖主题方面具有全面性（本书中没有讨论的公共财政管理问题是较少的），但与整本书由三位编辑撰写相比，不可避免地存在重点和观点差异较多以及风格和方法一致性较低的现象。我们认为这是本书的一种优势，因为假装公共财政管理可以被描述为一系列完全一致、无漏洞的知识是错误的做法。更准确地说，公共财政管理是一个发展中的领域，其中存在许多观点，并且知识在不断变化和发展。本书旨在展示存在的各种观点和意见以及该主题的有机和不断发展的性质。

第三，各章作者代表了该领域政策制定者、从业者和学者的首选。然而，有一个统一特征是，许多作者目前或曾经与世界银行或国际货币基金组织有所联系——作为工作人员（现任或前任）或专家顾问。此外，许多作者在数十个发展中国家担任公共财政管理问题的高级顾问和技术专家，因此熟悉有关问题的文献，以及在实施复杂的公共财政管理改革规划方面的概念和实际问题。这并不意味着本书提出了代表世界银行和国际货币基金组织的一系列观点和意见。在公共财政管理的许多领域，不仅在世界银行和国际货币基金组织之间，而且在两个组织内部也存在显著观点差异。更准确地说，本书借鉴了世界银行和国际货币基金组织内关于公共财政管理的大量积累知识和建议，而正是这些知识和建议使世界银行和国际货币基金组织成为该主题的两个最权威的专业知识来源。

第四，一些"内部"问题。各位编辑在整本书中尝试推行格式和风格的标准，却未过于死板。每一章都采用了大致相似的结构：引言和背景部分，分析关键问题和研究结果部分，以及汇总对发展中国家的主要影响和建议部分。我们试图在整本书中应用共同术语：例如公共财政管理的定义，根据发达、新兴市场或低收入状态对国家进行的分类，以及专业术语的使用。在该框架内，风格和视角有很大差异：有些章节采取更为学术性的方法；其他章节则关注与公共财政管理系统设计和实施相关的实际问题；而还有些章节则通过作者的具体视角来看待话题。同样，我们认为，这种方法的多样性是本书的一个突出特点，反映了该主题的多学科性质，并将吸引各类读者。自由使用对本书其他章节的交叉引用说明了所涵盖材料之间的相互关联性。

本书分为6个部分。每个部分包括关于一组共同问题和主题的5到7章：即，公共财政管理的法律和制度框架；预算编制，以及管理预算编制与政策制定流程的联系；预算执行；征收和报告政府收入；政府资产和负债的管理；公共财政的会计、报告和监督。每个部分都以编辑的简短引言开始，该引言概述了要讨论的主题及其重要性的原因，并简要总结了每章的内容。为方便起见，参考文献列表列于每章的末尾，而非本书的末尾。本书最后给出了综合索引。

第 I 部分
制度与法律框架

引 言

　　本书第一部分共分7章，阐述了公共财政管理的制度与法律基础。第一个基础是公共财政管理与管理公共财政的宏观经济框架之间的关系。可以将公共财政管理视为有效利用政府宏观经济政策所必需的制度与流程；例如实现可持续的财政结果或实施量化财政规则，如政府借贷或债务与国内生产总值之间的特定比率。第二个基础，有效的公共财政管理制度需要得到由宪法条款、法律和法规组成的连贯的法律框架的支持，该框架可以确定哪些预算过程比较重要，该由谁来负责实施这些过程，以及何时应该作出关键性的决定。第三个基础，财政制度这一概念（根据对预算流程中行动者的行为进行管理的法律、法规以及其他正式与非正式的规则所下的定义），是公共财政管理的基本组成部分，需要对与编制预算及公共财政的"政治经济学"相关的问题进行分析，并将其纳入旨在加强公共财政管理的战略与规划之中。第四个基础涉及中央财政部门的作用、职责与组织结构。而第五个基础则与立法机构的作用与责任有关，立法机构在公共财政的决策过程以及政府行政部门审议提案的过程中都发挥着重要作用。最后，第一部分对公共财政管理制度质量的评价方式以及这些制度随着时间所发生的演变进行了评估。

　　理查德·海明撰写的第1章重点关注了公共财政管理的宏观经济基础，即财政政策如何对宏观经济结果产生影响，以及宏观经济因素如何对财政政策的选择施加影响。本章讨论了传统的宏观财政主题（财政赤字带来的宏观经济结果、债务可持续性、财政目标与调整、反周期财政政策、促进财政纪律的方法），并解释了这些主题与公共财政管理之间的相互作用。本章阐明了财政政策目标与公共财政管理需要之间的联系。公共财政管理领域的从业者需要了解这些相互作用，这样才能将公共财政管理置于适当的宏观经济与财政政策环境之中。财政政策与公共财政管理就如同硬币的两面，前者涉及如何设计政策从而实现特定的财政目标；而后者则与应该如何实施这些政策有关。

　　第2章由安娜·科尔巴乔和特蕾莎·特尔-米纳西安共同执笔，它为第1章的分析提供了具体的例子，即有效实施量化财政规则对公共财政管理所提出的要求。经过精心设计并且得到了有效实施的财政规则有助于控制赤字偏差、减少预算政策的时间不一致性、增强政府对财政可持续性承诺的可信度并且促进反周期财政管理，从而提高财政政策的可预测性。然而，想要实现设计良好与实施有效这一目标也许具有一定的挑战性，需要将两者结合在一起进行评估。如果无法成功地在现有的公共财政管理制度中实施设计完美的财政规则，这些规则就会很快失去相关性与和可信度。反过来，如果设计不合理的规则得到了有效的实施，其财政目标就无法实现，甚至还有可能对稳健的财政政策起到反作用。本章重点介绍了需要在采取财政规则前落实的公共财政管理的核心特征。此外，还在财政规则和财政管理文献基础上，结合诸多不同收入和能力水平的国家的经验，讨论设计上的权衡，从而讨论财政规则可期望的目标。

第3章的作者是伊恩·利纳特。本章讨论了作为公共财政体系的基础的法律框架，包括税法、预算制度法律（BSLs）以及由地方政府颁布的财政法。然而，本章主要的关注点是与国家预算制度以及财政责任相关的法律。预算制度法律法规是管理预算过程以及立法机构和行政机构决策过程的规则的正式表达。这些规则的目标是确定哪些预算过程是重要的，谁应该对主要决策行使职权并承担起运作的责任，以及何时应该采取关键性的预算步骤。如何实施预算流程的这个问题有时可以在基本法中得到解决，有时又需要依靠派生法规或政令。各国之间，公共财政的法律依据存在巨大差异。一种极端是，少数国家除宪法外根本没有预算制度法律法规。而另一种极端则是，一些国家，如美国，制定了许多与联邦预算制度有关的法律。本章探讨了构成精心设计的预算制度法律法规的基本原则并审视了可以包含在预算制度法律法规或财政责任法中的公共财政管理领域。

第4章由约阿希姆·魏纳与保罗·德·伦齐奥共同完成，它讨论的是一个在文献中显得日益重要的问题——编制预算的"政治经济学"。但凡与公共财政管理相关的政策辩论，都会出现它的身影。政府预算反映了政治行为者对稀缺资源的竞争性需求所做出的根本性权衡。因此，从本质上来说，在编制预算的过程中，政治与经济相互交织在一起。本章回顾了文献中的几个主要部分，即那些从政治经济学的视角研究预算编制，尤其是特别关注财政制度设计的文献。本章还强调了需要在财政制度的设计过程中牢记的一些重要权衡，以及当前公共财政管理改革方法的局限性，尤其是发展中国家。本章为从业者和政策制定者提供了一些指导，并且指出了一些有待进一步研究的有趣领域。

理查德·艾伦与菲利普·克劳斯在第5章中回顾了中央财政部门的作用、职责与组织结构。中央财政部门可以被定义为负责制定有关国家预算与其他国家核心财政职能的政策并将其付诸实施的政府部门与机构——尤其是财政部门。针对财政问题的讨论决定了经济发展的形式与过程以及所有机构（无论私营部门还是公共部门）的活力与绩效。财政危机时有发生。中央财政部门会在这种情况下陷入政治辩论的中心绝非巧合。本章认为，中央财政部门的有效性——即其结构、内部管理和业务流程以及它与其他关键参与者之间的关系，如中央银行、部长会议、行业主管部门和立法机构等，对于实现加强公共财政管理这一目的而言至关重要。本章讨论了中央财政部门如何从前近代时期掌管皇室钱包的部门演变为今天人们所熟知的复杂的多维组织。本章就如何加强处于不同发展阶段的国家的中央财政部门这个问题作出了一些结论。发达国家的中央财政部门已经发展出了更精简、更扁平式的组织结构以及更强大的（内部和外部）通信网络，它将决策权下放，并且制定了用于管理人力资源和信息技术制度的高度协调的策略。

第6章由伊恩·利纳特所撰写。本章认为，立法机构积极参与预算流程的行为通常被认为是民主的重要组成部分。如果预算的决策过程绕过了立法机构或是立法机构在其中并不活跃，财政政策就将由政府政客根据非民选公务人员的建议来决定。如果政府缺乏有力的问责机制，就有可能出现预算政策仅凭精英们的意愿所决定的风险。但是，立法机构对预算和财政政策结果的影响却因国家而异，而且未必有益。立法机构的成员也是政客，他们在制定财政政策时往往较为短视。立法机构的兴趣可能会集中在最大程度地将预算开支花到选区上。这两个因素都有可能导致赤字偏差。这种共有资源问题最初会在行政部门的预算编制阶段出现，待到议会批准阶段，也许还会变得更加强烈。在立法机构享有无限的预算修正权限的国家，很容易出现开支增加或是收入减少的变化，从而造成整体财政状况恶化。本章讨论了与预算和财政政策有关的立法机构的规则与程序，以及如何帮助立法机构构建能够帮助其更有效地履行其职责的能力。

保罗·德·伦齐奥在第7章中解释了政府预算作为管理公共资源的复杂制度，在过去300年中经历了怎样的发展。随着国家预算与政府财政关系的日益扩大与日益复杂，有效预算制度的设计已经融合了一系列被人们广泛接受的原则，如全面性、统一性、年度性与清晰性。本章讨论了过去人们在界定公共财政管理制度及其质量方面所做的尝试，凸显了它们的不足之处。本章回顾了对不同时期、不同国家的预算制度进行的比较所存在的潜在挑战。最后探讨了如何实施与衡量公共财政管理制度的质量，并对现有的方法与数据来源，如公共支出和财务问责制（PEFA）框架进行了概述与关键性的评估。

1
公共财政管理的宏观经济框架[①]

理查德·海明

本章探讨的是对于财政政策的宏观经济分析或宏观财政分析，这些分析与财政政策如何对宏观经济结果产生影响，以及宏观经济因素如何对财政政策的选择施加影响有关。与该主题有关的大部分内容也许与大多数公共财政管理从业者（无论是公共财政管理顾问，还是肩负着公共财政管理职责的政府官员）在日常工作中的做法有些脱节。然而，尽管本章的核心是传统的宏观财政主题——财政赤字带来的宏观经济结果、债务可持续性、财政目标制与调整、反周期财政政策、促进财政纪律的方法，本章的开篇与结尾都会讨论宏观财政分析与公共财政管理相互作用的重要方式。这并不意味着公共财政管理的从业者必须掌握下面讨论的所有问题，但是他们需要了解这些相互作用，这样才能将公共财政管理置于适当的宏观经济与财政政策环境之中。

财政政策与公共财政管理

公共财政的传统方法突出了政府的三项主要财政职能——配置、分配与稳定。[②]配置与分配主要是微观经济职能。政府重新调配资源，从而提供支持增长与经济发展的经济、社会与行政的基础设施及服务，同时将收入和购买力从优势群体转移到弱势群体，以改善社会结果。提高效率与公平对可持续增长有利。稳定是一种宏观经济职能。尽管过去人们将重点放在了通过反周期财政政策来实现稳定产出与充分就业上，但是随着时间推移，人们的注意力更多地转移到巨额财政赤字与高负债所带来的危害性宏观经济后果以及宏观经济稳定的必要性上。宏观经济稳定是可持续增长的必要条件。然而，经济衰退与复苏缓慢一直是全球财政危机造成的遗留问题，它们促使人们重新燃起了对于反周期财政政策的热情，尽管人们承认，相当大的财政失衡可能会限制其效力。

人们通常认为，公共财政管理关注的是实现总财政纪律与有效的政府开支。尽管这些目标与财政政策的目标，即实现宏观经济稳定与可持续增长相重叠，但是公共财政管理与财政政策完全是两码事。一个区别就是公共财政管理更多关注的是支出而不是税收，而设计税制与收取税款在财政政策的考量中却至关重要，事实上，税制设计在与财政政策相关的学术讨论中尤其占有主导地位。支出的重点在很大程度上反映了公共财政管理与编制预算之间的密切联系，尽管公共财政管理的范围不止于

[①] 感谢史蒂文·西曼斯基（Steven Symansky）对本章早前的版本所作的评论。
[②] 宏观经济这通常被称作是马斯格雷夫的三大财政职能框架［参见Musgrave（1959）］。

此，而且可以合法地涵盖公共资金管理的方方面面。一个更为重要的不同是，尽管财政政策侧重选择可用于实现其目标的工具，但公共财政管理更多关注的还是为了确保财政工具能够得到充分利用而必须落实的实际安排与发展的能力。换句话说，公共财政管理是财政政策（至少是其中很重要的一部分）能够发挥作用的原因。

也就是说，财政政策目标与财政工具之间的区别有些模糊。这反映的是宏观层面的财政政策思路上的转变。传统的财政政策方法将主要的财政总量（支出、收入、财政平衡、债务）视为可用于解决市场失灵、不平等以及产出变化等问题的财政政策工具。但是，税收也用来支付政府开支。尽管政府也许可以通过增加开支来加快增长的速度，但是人们一直认为，增加税负水平以及与此相关的扭曲与抑制因素最终将成为增长的障碍，如果税制结构糟糕（尤其是出现了窄税基、高税率的情况），这种现象就会更快发生。因此，我们假设存在一个限度，一旦超过了这个限度，额外开支的对增长带来的好处将在很大程度上会被额外税收带来的损害所抵消，显然在税制设计时必须将这一点考虑进去。①

尽管借款可以缓和开支与税收之间的权衡，但是它本身也会产生问题。正如前文所述并且将在下文详述的那样，巨额赤字与高负债是不稳定的根源，其经济成本，尤其是在诸如恶性通货膨胀、国际收支危机以及严重衰退等不稳定的极端情况下所遭受的严重经济损失，已经使人们将总财政纪律与宏观经济稳定提升为财政政策重点。②其表现就是，现在人们常用财政总量来界定财政政策的目标。此外，尽管开支和税收的结构反映了它们作为财政政策工具的用途（私有化和财政分权等干预措施的本质亦是如此），但是我们仍然应该非常重视的是，要将财政管理工具作为有效的宏观财政目标制以及成功部署财政政策工具必不可少的补充。本书中讨论的财政管理手段和财政政策工具都将确保公共财政管理的良好运行。

表1.1仅用于示意，它部分基于后面的材料，列出了一些财政管理工具及其相应的财政政策目标，以及它们的一些公共财政管理要求。将公共财政管理、财政管理工具、财政政策目标以及宏观经济结果联系在一起的链条应该清楚明确。最重要的是，公共财政管理会对宏观经济发展造成影响，其内涵是，即使是最复杂的财政政策和管理框架也可能因为公共财政管理安排与能力的不足而受到影响。公共财政管理的从业者们必须明白为什么会出现这种情况。与此同时，必须认识到公共财政管理受到宏观经济发展的约束，同时又必须适应宏观经济的发展。鉴于宏观经济关系在本质上并不精确，这一点就显得尤为重要。在纪律与灵活性之间取得适当的平衡是财政政策和公共财政管理的一项关键挑战。

表1.1　财政政策与公共财政管理之间的联系

财政政策目标	财政管理工具	公共财政管理要求
总财政纪律与宏观经济稳定	中期财政框架	收入预测能力 全面预算 内部控制

---

① 税制改革文献关注的是设计符合经济与社会目标、在尽可能减少经济损害的同时收取所需数额税款的税收制度。第19章将讨论税制设计的问题。

② 大量文献从开支的水平与构成、税收的水平与结构以及赤字和债务造成的影响的角度，研究了财政政策与经济增长之间的联系。Gemmell, Kneller, and Sanz（2011）讨论了在试图确定这些联系的本质与意义的过程中出现的理论和实证问题。

续表

财政政策目标	财政管理工具	公共财政管理要求
总财政纪律与宏观经济稳定	财政规则	会计与报告标准 有效监督
	财政透明度	年度财政政策报告 公民预算指南 及时财政报告
	财政风险控制	外部审计
		披露非债务性负债
开支效率与可持续增长	中期预算框架	自上而下与自下而上的预算编制过程 统一流动和资本预算
	公共投资规划	项目评估能力 政府和社会资本合作准则 资产管理战略
	绩效预算	基于项目的预算科目 绩效监控制度

最后,开支效率,即配置效率(要求将开支集中在最有价值的规划和项目上)与技术效率(关注的是以最低成本实现规划和项目的目标),显然是政府在给定的资源水平下尽可能发挥自己所能的关键。公共财政管理可以在这一点上发挥核心作用,公共财政管理应该将政府通过合理的税收与负责任的借款筹集资源的能力作为一种约束,然后关注如何利用政府预算与预算外资源配置机制来实现公共基金的使用效率最大化。[①]

财政赤字的宏观经济结果

经济的储蓄—投资平衡

上述讨论提到了财政赤字在评估财政政策造成的宏观经济影响中的重要性。开支与收入水平也很重要,税收与开支结构(尤其是考虑到反周期财政政策与产出稳定)亦是如此,然而当我们将注意力转向财政政策对宏观经济总量的影响时,最重要的内容通常是财政赤字。有一种方法可以将这个问题说明清楚,即将财政赤字视作经济的储蓄—投资平衡的组成部分,这种平衡是一则恒等式(也就是始终成立):

政府储蓄 + 私人储蓄 + 外国储蓄 = 政府投资 + 私人投资

这表明,必须要有足够的总储蓄来为总投资提供资金。除了国内(政府加私人)储蓄外,总储蓄中还包括外国储蓄,即一个国家对其他国家过剩的国内储蓄(也就是他们不投资的部分)加以利用。可以通过国家的外部经常账户赤字对此加以衡量。[②] 由于政府储蓄是收入与政府消费之间的差,如果认为政府投资超过了政府储蓄,就相当于是在说政府出现了财政赤字。因此:

---

① 这是制定中期支出框架所采用的方法,第10章将对此进行讨论。
② 经常账户赤字的界定方式与国民收入这个概念(国内生产总值、国民生产总值或国民总收入)的使用方式一致。在这种情况下,对于外国储蓄的定义并不惟一,尽管它最常见的使用方式与国民生产总值一致(在这种情况下,外国储蓄包括援助与汇款)。

财政赤字 =（私人储蓄 – 私人投资）+ 经常账户赤字

经济的储蓄—投资平衡公式为"双赤字假设"提供了基础，在财政挥霍（巨额财政赤字）与国际收支问题（巨额经常账户赤字）之间建立起了直接联系。但是，财政政策也会影响私人储蓄与私人投资。说到私人储蓄，人们将大部分注意力集中在了储蓄行为对财政政策的预期未来变化作出响应的这种情况上。现在的巨额财政赤字必须在未来得到弥补，因为如果现在通过借款来避免增加税收，未来就必须通过增加税收来为这笔借款服务。由于预见到了这一点，私人储蓄会进行调整。因此，财政政策的变化会被私人储蓄的调整抵消。李嘉图的等价定理表明，这种抵消是完全的，国内储蓄不会受到财政政策的影响。

在实践中，储蓄由许多当前与未来的考虑因素决定，私人储蓄的规模会对财政赤字做出怎样的反应属于经验性问题。财政政策对私人投资的影响也是如此，然而据推测，出于下述原因财政赤字会减少私人投资。证据表明，私人储蓄与投资的调整往往会导致财政收支平衡出现的半数左右的变动流入经常账户余额（IMF，2011a），尽管根据不同的情况会出现小得多或是大得多抵消。

政府的财政平衡

通过研究为赤字进行融资的方式可以进一步了解财政赤字造成的宏观经济结果。[①]这一点反映在政府的财政收支平衡中：

支出 – 收入 = 财政赤字 = 国内借款 + 货币融资 + 外国借款

它突出了赤字融资的组成部分——来自国内私营部门（个人、企业、财政部门）和其他公共部门（公共财政部门、国有企业）的借款；中央银行扩大货币供应量（这是一种不会造成债务的国内借款的替代方式）；来自外国政府、海外私人投资者与借款人、国际机构的借款。

首先值得注意的是，财政赤字会由于关于税收和开支的政策决定而增减，或是因为收入和支出背后的决定因素（如工资、消费和失业）导致它们与赤字自动发生改变。无论哪一种情况，如何为赤字融资始终都是一种政策选择，所作的选择应将不同融资方式造成的宏观经济结果考虑在内。在这一点上，通常会将融资渠道直接与特定的经济问题等同起来：通过在国内出售债券或是增加商业银行信贷来支付政府开支的做法会对利率产生上行压力，从而减少或"挤出"私人投资，抑制产出与增长；让中央银行扩大货币供应可能会导致通货膨胀（产生"通胀税"）[②]；而外汇借款会使汇率升值，产生国际收支压力，因为出口商品会变贵，而进口商品则会更加便宜。作为赤字财政的近似结果，这些都具有很好的指导意义。然而事实上，事情却有点复杂。

在封闭经济中，通过债券或信贷进行融资的财政扩张会通过增加利率挤出私人投资，尽管其程度取决于货币政策的立场以及私人投资的利率敏感度。在开放经济中，私人投资的挤出可能多于也可能少于封闭经济，这取决于汇率制度与资本流动性。在固定汇率的情况下，需要通过更为宽松的货币政策来抵消财政政策对利率的影响，从而防止资本流入对固定汇率的压力。这意味着可能很少或者根本没有挤出。在浮动汇率的情况下，提高利率会导致资本流入，通常会通过汇率升值带来额外的挤出。因此，财政政策可以在很大程度上，甚至是完全挤出市场，尽管货币政策仍然可以改善这种情况。这

---

① Fischer and Easterly（1990）对本节涉及的主题进行了更为全面的讨论。
② 增加货币供应以满足更高的货币需求不会导致通货膨胀。除此之外，增加货币供应会产生通货膨胀，这是在对货币持有者征税。有时用"铸币税"这一术语指非通胀性的货币供应增加，尽管它通常与政府发行货币的垄断权以及从中获得的利润联系在一起。

说明，不仅赤字财政的来源是政策选择，它的影响也是如此，因为它可能受到货币政策的影响。资本管制也会抑制汇率对财政政策的反应，因此即便在固定汇率制下，也可能出现挤出的情况；而在浮动汇率制下，挤出可能没有那么明显。

谈到货币融资，在大多数财政成熟的国家，货币政策主要通过一家独立的中央银行在公开市场买入与出售短期政府债券来实现，以期通过影响利率来实现通胀目标。通过这种方式将过去的赤字和债务货币化，政府可以获得的好处就是来自中央银行的额外利润转移，因为政府向中央银行而不是私人债券持有人支付利息。利润转移属于收入，因此可以减少赤字。中央银行为政府创造货币以供其开支，以此替代借债的概念是指中央银行直接从政府购买债券、向其提供信贷或是为支付政府的账单而印制货币。这些货币融资的形式并不是中央银行的合理做法，尽管偶尔会有人提倡这样做，而且这种做法仍然存在。① 更一般而言，通过任何方式将赤字和债务货币化都是试图将通胀保持在相对较低水平的中央银行的有限选择。此外，对货币以及其他名义资产的持有人征收大量通货膨胀税无法持续为政府提供大量资源。这会导致通货膨胀不断增加，最终出现去货币化的局面。中央银行所谓的"量化宽松"包括扩大央行将购买的财政资产的范围。它是在低利率环境下（尤其是短期利率接近于零的时候）增加流动性的一种手段，在这种环境下，通胀上升的预期可以降低实际利率，同时又不会暗示通货膨胀将会失控。

这一讨论指出了财政政策对宏观经济产生影响的复杂方式。在这一点上，经济的储蓄—投资平衡所提供的观点可以通过对于政府财政平衡的理解得到有益的补充。财政政策对私人投资和储蓄、经常账户以及最终产出和增长的影响取决于利率和汇率对财政赤字的反应，而财政赤字反过来又会反映出上述其他因素。通货膨胀同样十分重要，因为它可以影响投资和储蓄决策（如果预计通货膨胀将会持续，那就尤其如此）与经常账户，因为出口产品的竞争力会减弱而进口产品则会变得更具吸引力（即实际汇率升值）。除了会对汇率产生影响之外，外汇借款可能会增加发生债务危机的可能性，因为遭遇外汇风险的可能性会增加；它同样可能增加出现货币危机的风险，因为出现储备金损失与货币贬值的可能性更有可能导致针对货币的投机性攻击。② 发生债务或货币危机的可能性反过来又会反映在宏观经济变量上。

这一点说明财政政策对宏观经济的影响是很难准确把握的。国家背景通常可以决定准确的结果，即使在更明确的案例中也是如此。因此，通常的假设是，财政政策在共同货币区（如欧元区）可能非常有效，因为挤出的可能性较小，但是在小型的开放经济中，财政政策可能基本无效，因为挤出的渠道是开放的。然而，事实未必如此。人们对这种结果始终存有怀疑，许多人仍在质疑将财政政策作为宏观经济管理工具的做法是否明智。本章稍后将再次讨论这个问题。

最后，不得不提到私有化问题，它通常被视为政府的收入来源。事实上，政府通过将非流动性财政资产（通常是政府拥有的国有企业的股份）置换成流动性财政资产（往往是现金）来支付公共开支（减税甚至减债），这是一种融资业务。如果资产的出售价格低于其价值，那么这项操作就会产生长期

---

① 出于同样的原因，财政支配（即货币政策主要由财政政策的需求决定）的情况已经不如之前普遍。现在人们普遍认为，财政与货币政策必须协同工作，尽管它们各自的相对优点仍然是人们争论的主题。

② 这里不讨论通过外汇储备直接为财政赤字提供融资的可能性，这是一种货币操作（外汇是一种货币来源），但是它与外汇借款之间的共同点要比货币融资更多（它会造成汇率升值，增加债务危机或货币危机的风险）。同样，这种赤字融资的做法也没有获得广泛的认可。

的财政成本,尽管很难判断对于政府而言私有化是否是一笔良好的财政交易,因为这取决于对公有制与私有制下未来不确定性很大的资产收益(或是公司绩效与利润)进行比较。私有化也可能造成更广泛的宏观经济影响。因此,如果企业在私有化后的效率高于其在公有制制度下的效率,就可能带来更高的增长与税收收入,但失业率上升的情况也可能同时出现,因为过剩劳动力已经被清出。

债务可持续性

尽管在过去,财政政策分析主要集中在财政赤字上,但是它的重心已经日益向债务转移。原因十分明显,虽然赤字水平也许不足以在短期内造成宏观经济问题,但是延长赤字会导致债务逐渐积累,这会在中期范围内引发宏观经济问题,因为利息支付的增长会导致更严重的赤字。市场也会对债务水平和债务积累日益敏感,通过增加借款成本来反映它感知到的违约风险,甚至会拒绝负债累累的政府进入市场。由于政府在全球财政危机期间对银行进行紧急援助的财政成本,再加上收入流失,以及资产价格暴跌与经济滑坡所导致的其他增加开支极大增加了政府债务,此类担忧引起了人们的高度关注。此外,人们仍然担心政府可能会通过通货膨胀来减少实际的债务负担(这是违约的一种形式)。这些与债务相关的担忧往往会强化对财政政策效力的疑虑。

下面这些定义是考虑债务对于宏观经济影响的出发点:

原始赤字/国内生产总值 = 财政赤字/国内生产总值 – 利息支付/国内生产总值

以及:

利息支付/国内生产总值 = 利率 × 债务/国内生产总值

利率指的是债务的有效利率(其计算方式为利息支付/债务)。债务/国内生产总值是负债率,其中债务通常用总额加以计算。①因此:

(债务/国内生产总值)的变化 = 原始赤字/国内生产总值 + (利率 – 增长率) × 债务/国内生产总值

这是基本的债务动态方程。它表明,有两个原因会造成负债率增加:第一,政府背负着原始赤字,以占国内生产总值的比例来衡量;第二,债务的利率超过了国内生产总值的增长率(假设后者拉低了负债率)。②债务动态(即负债率随时间所发生的变化)取决于原始赤字的前景,或是未来的财政政策,以及利息增长差。这个等式为债务可持续性分析(DSA)提供了基础。利率增长差在债务可持续性分析中具有特别重要的意义,对于发展中国家来说尤其如此。在这些国家里,即便财政政策相当宽松,增长率远超利率的情况也会使债务动态看起来非常温和。较小的正差(即利率略高于增长率)是成熟经济体的惯例,尤其是在中期范围内。而且在发展中国家增长收敛与财政自由化的作用下,较大的负差会随着时间的推移逐渐减少。

原则上,债务可持续性分析是对政府通必须的财政政策调整以实现偿付的能力的评估。从长远来看,有偿债能力的政府应该可以通过获得足够的收入来支付公共开支并最终偿还债务(即满足跨期预

---

① 尽管人们通常关注的是总债务,但是净债务(即从总债务中减去财政资产)是衡量负债的一种更好的方法。然而,在衡量净债务时需要谨慎,以确保其只包括没有与之匹配且不计入总债务的负债的可售流动资产。在大多数国家,总债务与净债务之间的差异并不大。

② 上述有关(债务/国内生产总值)变化的表达式是正式数学关系式的近似。后者源自Escolano(2010)。另请注意,如果部分赤字通过货币创造来融资(债务不会因此增加),那么就应该从(债务/国内生产总值)变化中减去货币融资/国内生产总值。

算约束）。不幸的是，我们几乎不可能对偿债能力做出判断，因为很难预测经济发展的方向（尤其是利率增长差的变化），或者长期可能会出现怎样的财政政策变化与制度变化。尽管过去财政政策在面对债务水平升高时所做的响应（所谓的财政政策反应能力）可以多少暗示，如果未来的形势与过去相似，会出现怎样的情形，但实际上，遥远的未来也许与我们的推测大不相同。因此，在实践中，债务可持续性分析将侧重点落在了中期上，通常的时间跨度为五年。在这段时期内，我们对于未来形势的判断也许更加自信，尤其是考虑到可能会出现的财政政策变化。然而，对五年后的利率、增长以及其他关键经济变量进行预测仍然十分危险，因为国内政策与发展的影响以及外部因素均难以预测。如果将注意力集中在有限的中期范围内，债务可持续性分析实际上就能够更加关注流动性的问题，即政府能否在未来几年内获得足够的收入、借到足够的资金来支付公共开支并偿还或是延期偿还债务。大多数债务危机实际上都是流动性危机，这一事实可以证明将重点放在流动性上完全合理。只有在少数极端情况下，我们才会信心满满地宣称，处于债务危机阵痛中的政府实际上已经破产。①

即便能够有合理的信心对未来五年的经济做出预测，我们仍然极难判断债务是否可持续。最保守的做法就是表示，负债率不应在现有水平的基础上有所增长。②毕竟如果一个国家尚未在现有负债率下遇到流动性问题，那么维持现有债务水平将极有可能确保此类问题可以得到控制。这种方法会造成一个问题，它也许会剥夺那些债务水平合理的国家通过借款为经济与社会基础设施中的生产性投资提供资金的机会。原则上，这些基础设施的成本应由未来的受益人分摊。此外，基础设施可以促进经济增长，而经济增长反过来又能够减轻整体债务负担。所以问题是，负债率增加到何种程度时会成为一个问题（同样，高负债率应降到何种程度才适宜？）？这个问题的答案通常有赖于依照经验法则确定的债务限额。因此，债务占国内生产总值的比重不超过60%现在是发达经济体（日本除外）的常用基准。③这一标准起源于欧洲，是货币联盟财政趋同的标准之一。就新兴市场经济体而言，40%的上限则更为适合，因为它们更容易受到债务危机的影响。尽管这些基准看起来似乎相当随意，但是只要不超过这个上限大多数国家都能避免债务问题的这一观点获得了一些实证支持，而且这些基准得到了广泛接受，这也是一个相当大的优势。

尽管如此，理想的办法显然是将与债务上升相关的风险以及国家债务容忍度考虑在内，针对具体的国家提出更细致入微的方法。④债务容忍度能够反映各种因素，但是债务结构（即长期与短期、固定利率与可变利率、本币与外币）是关键的决定因素。由于汇率和/或利率的反向运动会大幅增加外币服务与偿还短期债务的成本，从而造成流动性问题，所以有的国家尽管负债率较低，也还是有可能经常违约。这种风险较高的债务结构在很大程度上证明了，为新兴市场经济体设定40%的基准是合理的。

---

① 希腊似乎就是这种情况。为了确保能够利用欧盟与国际货币基金组织的资金来支付其偿债成本，希腊必须进行财政调节，但是这加剧了希腊的经济衰退、加重了债务负担。问题是，为什么一个有偿债能力的政府竟然会缺少流动资金，因为它应该能够求助于借款。然而，由于贷方发现很难对偿债能力进行评估（上文已经分析了原因），而且由于高负债更有可能导致破产（即使对于那些财政收入增长空间仍然相当大的政府来说，征税权的资产价值也会大打折扣），流动性问题常被视作偿债能力问题。

② 在这种情况下，为了使债务稳定的基础财政收支/国内生产总值与（利率－增长率）×债务/国内生产总值相等，可以将上述（债务/国内生产总值）变化的公式设置为零。

③ 2011年，日本的总负债率约占国内生产总值的230%，如此高的数值使得60%的上限成为了一个不合理的目标。国际货币基金组织（2011b）提出的示例性财政调节设想将债务占国内生产总值的60%与40%分别作为发达经济体与新兴市场经济体的长期目标（日本是唯一的例外，其目标是200%）。

④ 莱因哈特、罗格夫和萨瓦斯塔诺（Reinhart, Rogoff and Savastano, 2003）详细探讨了债务容忍度。

在其他情况下，相对于财政收入和/或通常也高度不稳定的出口收入来说，债务清偿的数额较大，因而会再次造成流动性问题。此外，政府资产负债表也许包括可能会导致债务增加的大额非债务性负债（如不预提养老金债务、担保以及其他或有债务），或者根据过去政府为了帮助陷入财政困难的地方政府、国有企业或私营公司摆脱困境而举债的记录，政府也会承担作为后援的责任。[①]

总之，首先应该强调的是，在宏观经济预测更加可靠并且财政政策相当容易预测的时期内，债务可持续性分析可以对债务进行预测，实际上这段时间不会超过几年。除此之外，我们所关注的未来越遥远，债务可持续性分析预测的情景就会变得越不精确，部分原因是宏观经济预测的可靠度下降，但主要是因为政策变得更加不确定。此外，尽管只要替代政策方案与根据假设所进行的敏感性分析能说明还可能会需要怎样收紧财政政策或者放宽政策，它们就能在短期内有所帮助，但对于多年以后，它们只能告诉你事情可能会比基准更好还是更差。最重要的是，债务可持续性分析将不确定的结果与相当随意的债务限额进行了比较。[②]这并不意味着债务可持续性分析无法为财政政策讨论提供有用的见解，事实上，即便是相当投机的设想也有助于将注意力集中在替代政策选择可能造成的结果上，但是使用时必须谨慎。[③]

财政目标制与调整

认识到债务可持续性分析的局限性十分重要，因为它经常为财政目标制提供基础，同时也间接地为财政调节提供基础。[④]财政目标制用最直接的方式将财政赤字及债务与公共财政管理联系在一起，因为公共财政管理既受财政目标的约束，也必须与其保持一致。尽管财政平衡是最常用的关键财政指标（即通常传达给立法机构、公众和市场的财政指标），但是赤字或盈余的目标往往通过参考源于债务可持续性分析的债务锚（debt anchor）来设定。当债务水平极高以致市场通过在利率中包含显著的风险溢价来作出反应时，或者市场似乎正不可逆转地朝着可能出现这种情况的债务水平前进时，债务明显成为了一种约束，此时这种做法就十分合适。但是，如果债务还算不上是一种约束，那么财政目标制就应该更多地受到财政失衡所带来的短期宏观经济结果的影响的指导。此外，即使债务成为了一种约束，这种考量需要的财政平衡目标也应该超过单纯的债务可持续性问题所要求的目标水平。[⑤]

在考虑如何应对高负债时，必须对债务的安全水平作出一些判断，像前文所述的那类得到广泛使

---

① 第30章将讨论政府的非债务性负债。

② 出于这个原因，韦普洛茨（Wyplosz，2007）声称，不可能性原则暗示债务可持续性分析只是一种猜测。还应注意，描绘债务轨迹（以债务决定因素的发展的随机模拟为基础）的"扇形图"并不描述不同轨迹的概率，相反，它描述的是偏离已经不确定的基线预测的概率。

③ 还应该指出，债务可持续性分析与财政脆弱性评估不同，后者关注的是国家是否面临财政危机增加的风险。因此格黑济、凯勒和怀恩（Ghezzi, Keller, and Wynne, 2010）制定了包括五个部分在内的财政脆弱性指数：偿债能力（基本债务动态）、财政融资需求与债务构成、外部融资依赖、财政行业健康以及制度力量等。该指数通过国家的z分数来体现，与47个工业国家和新兴市场国家5年期信贷违约掉期息差高度相关。反过来，财政脆弱性也与财政风险有所不同，后者关注的是未来财政压力的潜在来源，尤其是或有债务以及预算外财政活动。第28章将讨论财政风险。

④ 财政目标可以被设定为规则；我们将在下面讨论财政规则。

⑤ 债务路径的选择也反映了不同世代对福利的判断，因为它会受到在某些问题上所做的决定的影响，例如，如何为养老保险筹集资金、谁可以从政府投资中获益并为此付款以及不可再生资源收入的消耗速度等。

用的基准是一个合理的起点。但是，由于将高负债减少到与基准相符的水平可能需要进行财政调节并且会因此产生巨大的经济、社会和政治成本，恰当的做法是事先考虑一下本国国情是否有可能保证放宽基准和/或放慢调整脚步（要想实现这一目的，就必需这样做）。当然，得到的答案很可能是基准应该更加苛刻一些，因此即便债务似乎并不是一个紧迫的问题，也应该对基准提出质疑。关键是，在实践中，债务限额与目标应根据国家进行调整，如果对不同的国家使用相同的基准很可能会产生巨大的代价，因为对于一些国家来说，这些基准会导致过多和/或过快的财政调节，而对于其他国家而言，这种调节却可能过少和/或过慢。并不是说要淡化微调债务限额和目标以适应不同国情的困难程度。毕竟，理想状况下，应在设定财政目标时考虑大量因素，包括宏观经济前景、债务结构和借款选择、财政市场指标、经济波动、税收能力、无资金准备的负债、或有事项及其他支出压力、可变现资产以及制度能力。但最重要的还是政府需要在开始中期减债或财政结余/赤字路径前先将尽可能多的因素考虑进来。

尽管如前所述，关键目标往往是财政平衡，一些国家还是更加重视基础财政收支目标。[①]还有一个问题就是，是否应该按照惯例，以名义价值的方式来表达财政平衡（通常以占国内生产总值的比例表示），还是说应该用一种将经济状况考虑在内的方式来进行表达。通常倾向于使用名义上的关键目标，因为这些目标易于理解，尽管有可能会由于周期性因素或结构性因素而对这些目标进行调整。[②]可以通过限制机构与项目的支出上限来支持财政平衡目标，理想的情况是在中期支出框架（MTEF）下制定目标。这充分利用了因为开支是预算流程的重心，因此它天然是财务控制变量这一事实。在中期支出框架下，财政目标制与公共财政管理之间的紧密联系非常明显。[③]

上文已经提过，财政调节可能会带来成本，因此，财政紧缩的产出成本受到了大量关注。尤其是，如果政府通过削减开支或提高税收的方式来应对不断恶化的债务动态与持续上涨的利息成本（这会拖慢增长的速度），就会出现债务螺旋式上升的可能，从而使债务动态更加恶化并进一步推高利率。债务螺旋上升的现象表明，高负债国家总是难以满足财政市场的需求。如果不做调整，市场就会惩罚他们，但是如果调整导致了增长放缓，市场一样会惩罚它们。当然，一些国家除了调整之外别无选择，因此必须承担相应的后果。但是另一些国家还有其他选择，对于他们来说，延迟调整也许是更好的选择。

在解决这个问题前，财政调节无疑会造成财政紧缩。然而，大量工作表明，财政紧缩实际上能够造成经济扩张，因为旨在通过一系列精心设计的税收与开支措施来解决高负债问题的财政调节具有积极的信心效应，可以产生"扩张性财政紧缩"。如果这种情况经常发生，采取了调整措施的国家就根本无需畏惧金融市场。财政紧缩具有扩张性的说法已经受到了详细的考查，似乎最好将其视为一种非

---

① 这通常反映了基础财政收支在债务可持续性分析中的重要性。如果利率超过了增长率，国家就必须通过基本盈余将债务稳定在目前的水平。在实践中，高负债国家必须在稳定债务水平前先降低其负债率，而一些国家也许还有空间在稳定之前提高负债率。

② 用周期性调整或结构性术语（相对于趋势或潜在国内生产总值）来具体说明财政平衡目标可以使财政政策对产出的周期性变化以及经济受到的其他冲击做出响应。用周期性调整或结构性财政平衡来表示对于名义财政目标的判断是一种惯例，对于发达经济体来说尤是如此。然而，财政目标（和财政规则）有时会以周期性调整或结构性术语的形式来表示，这也许难以理解。为了实现同样的目的而大量使用财政平衡概念（基础、现期、运营、养老金调整）的建议是明智的，因为它们突出了对于财政政策的竞争影响，有助于决定应该随时优先考虑什么，不过也存在因为指标过多而使判断陷入困境的风险。

③ 下面将对这一点进行扩展。

常特殊的情况。①通常的假设应该是财政调节是紧缩的。

然而，这并不意味着信心效应不重要。事实上，对于推迟财政调节来说，保持信心至关重要，因为经济疲软，尤其是在削弱了财政状况的危机与经济衰退刚刚开始复苏的那段脆弱的时期。为此，政府能够就中期财政调节计划作出可靠的承诺就显得至关重要，这项规划会在日后寻找更恰当的时机，以适当的方式将削减开支与增加税收结合在一起，以保证其解决财政问题的能力。稍后我们将讨论如何作出这样的承诺，尤其是引入支持性的机构改革（如财政规则、透明度倡议和财政委员会等）作为财政调节的"首付"的可能性。

反周期的财政政策

有人提出，尽管人们对其效力表示担忧，但是通过财政政策来稳定产出的做法再度流行了起来。政府可以同时使用开支和税收来应对经济活动中的各种变化。它可以将增加开支与减少税收的方式结合起来，为那些即将或是已经存在需求疲软，经济增长缓慢或是衰退的经济体提供财政扩张或是刺激措施。这也是世界各国在全球财政危机后的做法。或者政府也可以通过削减开支、增加税收的方式将财政紧缩应用到增长过快的经济体上，而且由于国内供给限制开始受到约束，存在出现通货膨胀和国际收支问题的风险。要想稳定产出，就要为了应对经济滑坡注入购买力，或是为了应对经济回升撤回购买力，其效果由财政乘数决定。财政乘数可以将产出的变化与财政赤字、收入或支出的变化联系起来。在财政乘数的大小这个问题上存在很多争议，人们的经验估计值相差很大，但是都集中在非常小的数字上，因为前面讨论过的理由全都解释了为什么财政政策也许无法成为短期宏观经济管理的有效工具。②也就是说，持续不断的有关财政刺激益处的争论（以及对于财政调节成本的暗示）已经开始承认，如果经济衰退进一步加深和/或持续时间延长，财政乘数就可能会相当大。

尽管如此，对于财政政策来说，实现产出稳定仍然是一项挑战，因为财政政策必须在不影响其他宏观经济目标的前提下，恰当地应对繁荣时期与困难时期；对于公共财政管理来说也是如此，管理必须足够灵活才能确保可以根据需要实施这些应对方式。人们普遍认为，首先应该通过自动稳定器来实现财政稳定，但是让"自动稳定器"运行是有其政策局限性的，因为自动稳定器通常在拥有高福利制度（通过边际税率偏高的所得税来获得资助）的国家中最为有效。在多数情况下，小型自动稳定器是关于大政府和高税收会对长期增长产生不利影响的担忧的必然结果。与此同时，与自动稳定器相关的财政乘数相对较小，部分原因是税收的自动变化（往往比开支的自动变化大得多）并不会针对低收入家庭和流动性受限的公司，这些公司的开支很有可能会对收入变化作出更多响应。它们的主要影响对象是富裕的纳税人。尽管人们已经开始考虑增大自动稳定器规模的问题，但是在很大程度上，它们始

---

① 宏观经济扩张性财政紧缩最明显的证据支持来自于一些欧洲国家的经验；尽管这一现象得到了一些统计数据的支持，但是它依然存在争议。

② "扩张性财政紧缩"意味着财政乘数为负。统计分析提供了一些有关负乘数的证据，但是这些也体现了"紧缩性财政扩张"。出现"紧缩性财政扩张"时，各国为了在财政政策基本面薄弱的背景下刺激经济，会对财政政策进行扩张。事实证明，这种做法适得其反。很多国家出现了这种现象。

终是由与财政稳定无关的因素所决定的税收和支出政策的副产品。①

可以证明相机抉择（Discretionary fiscal policy）的财政政策是合理的，因为需要依靠它来巩固力量薄弱的自动稳定器，在应对更严重的经济滑坡、避免经济衰退时尤其如此。然而，尽管相机抉择措施可以将那些开支将受这些措施（这将增大财政乘数）影响的人（低薪雇员、领取现金补贴的人、其他勉强度日的消费者、打算购买耐用品的消费者，以及资金短缺、信贷受限的小企业）作为目标，但是它们不够及时，而且在许多情况下并不是暂时的，而这两者都是自动稳定器的理想特征。由于政策与实施滞后，引入相机抉择措施的时机往往过晚，因此它们往往会成为顺周期而非反周期的政策。此外，相机抉择措施一般难以逆转，尤其是在困难时期为了支持经济而提出的减少税收、增加支出的措施。因此，困难时期常常会出现反周期的财政政策，而在繁荣时期则会出现顺周期的政策（因此，周期性并不对称，平均而言，财政政策是顺周期的），这是赤字（或赤字倾向）不断增大、债务不断增长的原因。

虽然人们已经考虑过用相机抉择稳定器来模仿自动稳定器的办法，但是这种做法的成效似乎并不显著。例如有人建议可以通过宏观经济几个关键变量的变化来自动触发相机抉择措施，但问题是，大多数相关变量（国内生产总值、失业、消费、生产）可以获得的频率都不高，无法为及时的财政政策响应提供基础；即便可获频率很高，一些变量也无法涵盖引发政府响应所需的所有场景。相反，人们认识到，应该更好地决定何时以及如何使用相机抉择稳定机制，以便使其能够变得更加及时（避免顺周期性）、确保其完全可逆（这样就能避免赤字和债务问题）并且对目标制进行改进（从而增大财政乘数）。

事实上，为了应对全球财政危机而做的稳定财政的努力可以带来一个结果，那就是更全面地了解对于财政稳定而言，哪些内容是有效的，而哪些内容又是无效的，特别是人们现在能够更好地理解财政乘数的决定因素。针对替代刺激措施所具备的潜力进行的更为详细的评估尤其受人欢迎，尽管也出现了一些可预见的政策错误。也许其中最明显的一个就是错误地相信可以通过政府投资为经济提供短期刺激。②有充分的理由去关注私营部门修复受损资产负债表的努力（这会使得家庭和公司不愿意花钱）对财政刺激效力的影响，以及在考虑到危机的其他财政成本（即救助、税收流失）的情况下，采取可靠的中期财政政策来确保财政刺激不会永久损害政府资产负债表的需要。最后，人们达成了一种新的共识，考虑到相机抉择稳定器存在的问题，也许尽可能地依靠自动稳定器来处理产出的正常周期性变化，而在经济出现更为明显的滑坡时使用相机抉择稳定器的做法才是适当的。

到目前为止，财政稳定指的是使用财政政策来稳定产出。然而，我们应该记住，财政政策也可以用来实现更普遍的宏观经济稳定，因为针对高通胀或收支平衡问题的宏观经济政策通常需要财政政策的贡献，其形式是为减少总需求实施财政紧缩政策，从而缓解通胀和收支平衡压力。也可能需要财政政策来应对特定的宏观经济压力来源。因此，为了应对资本流入所作的财政紧缩可以减少需求的压力，有助于降低利率，而且万一资本流动逆转对经济造成了损害，财政政策能够更好地做出应对。当然，如果有关财政政策的担忧导致了资本外流，那么在这种情况下也需要财政紧缩。自然资源收入

---

① 宏观经济第19章介绍了如何通过更加均一的所得税以及更好的收入转移目标（这两者本身都是合理的）增加自动稳定的有效性。

② 这导致奥巴马总统在2011年年中讨论政府投资项目（这些项目是美国刺激计划的一部分）的执行情况和影响时曾评论说，"准备就绪与我们预期的准备就绪不太一样"。这并不意味着政府投资不应用来提供财政刺激，而是说应该将它留到需要长期刺激的时候再用，在这种情况下可以允许其影响延迟发挥。

和外国援助流入造成的宏观经济压力也可能需要财政政策做出响应,尽管在这些情况下,这不仅仅是收紧或是放松财政政策的问题。针对资源收入和援助流入的最佳财政政策响应需要在财政政策的立场(现在需要花多少资源收入,要在国内花多少援助)及其结构(将资源收入和援助花在哪些方面,以及针对资源枯竭和援助减少的税收和开支响应)上做出决定。①

推行财政纪律的方法

促进财政纪律的方法。如前所述,稳健的财政状况是宏观经济稳定与增长的先决条件,为财政稳定提供了空间。同时,它们还创造了必要的"财政空间"以应对逐渐积累的不预提养老金及医疗保健债务、对担保及其他援助义务的需求以及经济危机和自然灾害等意外事件。财政纪律与公共部门效率之间也存在联系,因为如果政府没有困于财政失衡及其所带来的更广泛的宏观经济结果,就可以更加关注财政政策的微观经济方面,包括开支的效率。此外,维持稳健的财政状况所带来的宏观经济稳定为制定具有中期影响的开支决策提供了适当的情景。同时,提高开支的效率意味着政府可以用更少的资源做更多的事情,这有助于加强财政状况。最后,全球化提高了财政纪律的收益。一般而言,稳健的财政政策和良好的经济政策应该让各国可以更好地利用开放资本市场和自由贸易。

对于推行财政纪律的方法的讨论通常以相机抉择的财政政策和财政规则的相对优点来界定。② 相机抉择被认为是赤字倾向的一个来源,部分原因在于相机抉择稳定的顺周期性,不过更普遍的原因是财政政策的政治经济性(说得更具体一些,是公共池塘问题与时间不一致性)、薄弱的财政管理(尤其是无力征收税款和控制开支)以及预算外财政活动(这意味着并非所有政府开支都会接受预算审批)。原则上,市场约束(即财政市场通过获得融资及其成本进行约束)应该包含财政政策的过度行为,但是由于金融市场对弊政的反应太慢、太迟钝,因此无法真正发挥作用。鉴于选民缺乏足够信息通过投票来施加影响,选举激励措施(弊政是政客们竞选失败的原因)也无效。

通过使政府明确表示其对财政纪律的承诺具有约束性,财政规则的支持者将它们视作是针对于相机抉择以及薄弱的市场约束和选举激励等相关的问题的回应。原则上,如果规则得到了适当的设计和实施,它们显然有助于遏制对于相机抉择的不当使用,从而改善财政绩效。然而,设计与实施能够良好运作的规则存在许多挑战。尽管详细的规则设计特征与透明度及其效力的其他要求受到了广泛关注,但是事实证明,与规则有关的某些问题难以解决。第一,通过采用会计和其他花招来遵守规则有时比实现规则应该服务的政策目标更重要。③第二,对于遵守规则的监管变得越来越困难,因为规则变得更加复杂,而要花招的机会越来越大。④第三,规则通常缺乏有意义的制裁,它严重依赖声誉制裁,只有在市场约束或选举激励有效的情况下,声誉制裁才能真正起作用,而这种情况也许并不需要规则。推行财政纪律的一个挑战就是有效实施制度转换,从存在规则但是政府行为却表明人们并未认真

---

① 第24章和第25章分别讨论了自然资源收入和援助。
② 库马尔与特尔-米纳西安(Kumar and Ter-Minassian,2007)对本节的主题进行了充分的讨论。
③ 将私有化收入记作收入而非融资;承担国有企业的养老金责任,以此换取养老基金资产的回报以记作收入;以及收入流证券化都是例子。
④ 平均而言,在商业周期中适用于周期性调整或未经调整的财政平衡的规则就是一个例子,因为遵守该规则有赖于对经济在周期中的位置进行判断。

对待这些规则的制度，转变为规则未必真正存在但是政府行为却表明人们非常重视财政纪律的制度。①

为此，存在一个问题，即能否更好地应用透明度来约束政府，即便财政规则并不存在。回答这个问题的关键是，提高财政透明度的举措能够在多大程度上促使金融市场更好地监控财政政策和绩效（这反过来又能够对疲软的财政状况进行更加及时、慎重的响应），以及它能否使得选民能够要求政客对糟糕的财政决策和结果负责。这在一定程度上取决于落实的具体的关于透明度的要求。从宏观经济的角度来看，政府至少应该对其财政计划与结果进行报告，并对计划的偏差做出解释，尽管更详尽的报告要求得到了有力的说明。②独立机构，如财政委员会，可以通过审查财政政策、计划与绩效来增强其可信度，从而有助于使透明度成为一个更为有效的政府约束机制。③当然，为了实现透明度，政府需要明确财政目标。在这方面，将财政目标作为一种规则也许可以增加透明度，因为即便缺少有效的制裁，规则仍然是财政政策意图的一种陈述。④如果将目标称作规则传达出政府全力致力于财政纪律的印象，那么设定的目标与在实现这些目标的过程中所取得的成功的程度可能会变得更加透明。

宏观财政管理与公共财政管理

与赤字和债务、总收入和总开支相关的决定是由财政部、其他经济部门、中央银行以及内阁就经济政策在高层会议上进行了讨论与辩论后决定的。也许外部人士（如来自学术界、国际货币基金组织、世界银行、欧盟委员会以及其他国际机构的政府经济顾问）以及财政委员会等独立机构也参与其中。这会造成高级财政目标的决定与运行开支决策相脱节。这是因为开支机构喜欢花钱，如果放任自流的话，它们甚至不必为相关成本而担忧，即收入增加、赤字与债务以及随之产生的逆增长、通货膨胀、国际收支或是其他经济后果的组合。这些都要由经济与整个社会，而非那些花钱的人来承担，这就是所谓的"公地悲剧"的一个例子。

本章讨论了对高级宏观财政决策施加约束的办法，但是在如何从机构层面约束开支这一点上，依然存在一些问题，人们已经意识到，这就是中期支出框架的用武之地，因为它可以确保各机构花费的资金与资源整体保持一致。通过确保机构能够负担得起总开支，机构预算配置与总开支保持一致，并且开支机构的预算配置无法单方面超出支出上线，中期支出框架就能成为将总财政纪律转化成分散的预算纪律的手段。原则上，将宏观财政与公共财政管理目标联系在一起可以确保开支机构的决策不会对财政纪律构成威胁，而且如果在理由不够充分的情况下开支机构的花费超过了支出上限，它就必须承受一些后果（例如，预算配置被削减），那么我们就可以确保这一点能够得到加强。

然而，在宏观财政分析与公共财政管理之间建立起强有力的联系也存在巨大的复杂性。理想情况下，在宏观经济层面讨论财政政策时，所有财政活动都能在财政总量中得到体现。但是，情况往往并非如此。许多预算外的财政运行获得了批准与资助，其中一些是由国有企业、中央银行和/或其他公共财政机构而非政府所开展的。它们被称作"准财政活动"。尽管宏观财政与预算总量中包括了一些预

---

① 第2章将详细讨论财政规则，尤其是其公共财政管理的前提条件。
② 第33章讨论的主题是财政透明度。
③ 第38章讨论了财政委员会在不同国家所履行的职能。
④ 无论是否存在国家财政规则，在假定存在有效监管与执法机制的前提下，由于在一个国家或一个州采取宽松的财政政策会造成溢出效应，我们有充分的理由制定规则来约束共同货币区成员国及地方政府。

算外操作，但是很多操作并未涵盖在内。同样，债务数据通常不包含不预提退休金债务和或有债务：前者会导致未来开支增长，我们可以相当确定地预测到这一点；而后者则会引发财政风险，可能造成未来的开支。预算外操作与非债务负债均可影响宏观财政及预算总量，要想提高宏观财政分析与公共财政管理效力的质量就必须解决这些问题。由于宏观财政和预算总量的覆盖范围不同，一些问题也会随之出现。在这方面，地方政府的问题尤为严重，因为宏观财政分析使用的往往是政府总体的数据，但中央和地方政府的预算编制却是相互独立的。想要消除这种不一致，也许首先就需要使宏观财政分析适合公共财政管理所提供的服务，尽管我们的目标应该是使公共财政管理将重点从中央政府预算转移到合并后的政府总预算上。包括中央和地方政府在内的中期支出框架可以为实现这一目标提供动力。

将宏观财政分析与公共财政管理联系在一起之后产生的操作上的影响就是，需要制定机构安排以确保二者能够保持一致。具体而言，重要的是要确保中期支出框架与预算编制过程以高质量的收入预测、基于模型的借款能力估计以及能够反映针对关键经济决定因素的一致估计的那些持续、全新的项目的成本计算为基础。为此，建议各国在财政部下设立宏观财政政策小组（MFPU），负责为财政政策与公共财政管理提供分析及定量基础。不过，宏观财政政策小组并不独立工作。它会在参考独立建模者与预测的意见的基础上，与其他经济部门、国家统计局、中央银行以及债务管理机构（如果有的话）共同制定宏观经济模型与预测。它主要根据分析宏观经济发展对主要税种（所得税、公司税、消费税和贸易税）造成的影响对收入进行预测。将该预测与税收机构利用微模拟模型得出的更为详尽的结果进行比较，并在必要时据此修改预测。不过最终，开支机构在准备预算呈文时必须采用的预算及宏观经济假设的资源整体，仍是由宏观财政政策小组所提供的。

宏观财政政策小组还能发挥更广泛的作用。它可以监督预算的执行情况、分析结果与预算不符的原因并根据财政预测的调整发出需要进行年中更正的警告。它可以对预算执行情况进行事后分析与汇报。它可以监控预算外财政活动、非债务负债、地方政府和国有企业的财务状况以及长期政府财政。它可以对新的税收和支出政策进行初始成本核算。它可以成为政府在财政政策与援助问题上的发展合作伙伴。它可以担负起不属于其他机构职责的债务管理的任务。此外，如果存在财政委员会或是类似实体，宏观财政政策小组就将是它们关注的重点。宏观财政政策小组究竟应该做些什么，这在很大程度上取决于能否招到技能型人才来实现这些功能。对于人力资源有限的发展中国家来说尤其如此，也许它们只能从更为重要的任务开始，多数情况下是宏观经济和收入预测，也许还会包括一些宏观财政建模的任务，因为这些是实现有效的公共财政管理、财政政策和宏观经济结果的关键。但是，即使仅仅只是基本预测，宏观财政政策小组也应与其他内部机构以及国际货币基金组织等外部参与者保持联系。

结　论

本章的目的是从非技术性的角度对人们用以思考财政政策选择的宏观经济框架进行概述。该框架的核心关注的是财政赤字和债务可持续性造成的宏观经济结果，任何从事财政政策相关工作的人都应该熟悉这个核心。利用该框架为重要的财政政策决策，如财政目标的选择、财政调节的规模与时机以及财政稳定的程度等提供并且传递确实信息的方式亦是如此。然而，重要的是要认识到这个框架的局限性。财政政策设计与实施中的大部分内容已是众所周知,但是财政政策的影响还存在很多不确定性。这些不确定因素会导致财政政策管理受到严格管制,同时保留了有时对快速发展事件做出响应的灵活性。这就是本章所讨论的制度改革(财政规则、透明度和财政委员会)的用武之地。它们有可能在提高财政政策的效力这个方面发挥重要作用,这就是为什么本书的其他章节对其进行了更为详细的研究的原因。最后,对于公共财政管理的从业者而言,也许本章的主要贡献就在于它试图就财政政策的宏观经济目标如何决定公共财政管理打算实现的目标以及强调公共财政管理在实现财政政策目标中所起的关键作用等方面,在公共财政管理和宏观财政分析之间建立联系。

参考文献[①]

Escolano, J. 2010. *A Practical Guide to Public Debt Dynamics, Fiscal Sustainability, and Cyclical Adjustment of Budgetary Aggregates*. IMF Technical Notes and Manuals. Washington, DC: International Monetary Fund.

Fischer. S., and W. Easterly. 1990. "The Economics of the Government Budget Constraint," *World Bank Research Observer* 5(2): 127–142.

Gemmell, N., R. Kneller and I. Sanz. 2011. "The Timing and Persistence of Fiscal Policy Impacts on Growth: Evidence from OECD Countries," *Economic Journal* 121(550): F33–58.

Ghezzi, P., C. Keller and J. Wynne. 2010. "Our Measure of Fiscal Vulnerability: A Systematic Global Approach," *Barclays Capital Economic Research*, September 10.

IMF. 2011a. "Separated at Birth? The Twin Budget and Trade Balances," *World Economic Outlook*, World Economic and Financial Surveys, International Monetary Fund, September.

IMF. 2011b. "Shifting Gears: Tackling Challenges on the Road to Fiscal Adjustment," *Fiscal Monitor*, World Economic and Financial Surveys, International Monetary Fund, April.

Kumar, M., and T. Ter-Minassian (eds) 2007. *Promoting Fiscal Discipline*. International Monetary Fund.

Musgrave, R. 1959. *The Theory of Public Finance: A Study in Public Economy*. New York: McGraw-Hill.

Reinhart, C., K. Rogoff and M. Savastano. 2003. "Debt Intolerance," Brookings Papers on Economic Activity.

Wyplosz, C. 2007. "Debt Sustainability Assessment: The IMF Approach and Alternatives," HEI Working Paper no. 03/2007. Geneva: Graduate Institute of International Studies.

[①] 本书参考文献沿用英文原版体例格式,如,127–42实际表示页码127–142,1137–44实际表示页码1137–1144,后文同解。

2
有效实施财政规则对公共财政管理的要求[1]

安娜·科尔巴乔,特雷莎·特尔-米纳西安

经过精心设计并且能够得到有效实施的财政规则可以给我们带来巨大的希望。它们有助于控制赤字偏差、减少预算政策的时间不一致性、增强政府对财政可持续性承诺的可信度并促进反周期财政管理。通过增加财政政策的可预测性,财政规则也可以降低产出波动,促进长期增长。

然而,设计良好与实施有效这两个目标也许具有一定的挑战性,而且需要将两者结合在一起进行评估。如果无法在现有公共财政管理(PFM)制度中将设计完美的财政规则成功实施,这些规则就会很快失去相关性与和可信度。反过来,如果有效实施了设计不合理的规则,就无法实现上述承诺。更糟糕的是,它甚至还有可能对稳健的财政政策起到反作用。

本章重点介绍有效实施量化财政规则对公共财政管理提出的要求。强调在采取财政规则前所需要落实的流程以系统与之相关的公共财政管理特征。此外,还根据公共财政管理制度的发展水平,讨论在设计以及财政规则渴望实现的目标上的权衡。从发达国家到新兴经济体和低收入国家,本章在研究了大量财政规则与公共财政管理制度文献之后,从各国制定财政规则的经验中总结出了最佳实践模式。

有效实施财政规则对公共财政管理提出的要求不应是马后炮。特别是,本章强调:(1)拟议预算与财政规则之间的一致性;(2)预算执行期间,采取有赖于健全的会计制度及可靠的财政统计数据的适当的汇报与纠正措施;(3)充分、透明的执法机制等方面的重要性。如果公共财政管理制度无法完成这项任务,那么最好推迟正式采用量化财政规则的时间。如果政治承诺充分,第一步也许就是在采取必要措施加强公共财政管理制度的同时,在制定政策指导时参考财政规则。

本章可以分为以下几个部分:首先,简要概述财政规则的概念、设计特点和目标。其次,考虑到不同类型规则的设计与目标不同,详细阐述有效实施这些规则对公共财政管理提出的要求。同时概述了包括次国家与超国家在内的不同级别政府对财政规则提出的特殊挑战。结论部分强调,为了有效实施财政政策,需要加强财政规则设计与公共财政管理要求之间的联系。

什么是财政规则

广义上来说,财政规则是制约财政政策相机抉择的制度机制。一些人支持对政府的相机选择进行

---

[1] 本章的部分内容是在其中一位作者的论文的基础上撰写而成的(Ter-Minassian,2010)。

制约：

- 经济政策的制定者往往容易在制定预算决策的过程中出现时间矛盾，选举前或是处于严重的社会或政治压力之下时尤其如此。通过永久性规则对相机选择进行约束，有助于避免出现交替运用经济膨胀和紧缩的政策，增强财政的长期可持续性。
- 财政规则还有助于避免协调失灵，例如在特定国家内或是货币联盟成员国之间出现的由共有资源所引发的问题。
- 市场无法充分约束国家或地方政府时，财政规则就尤为有用。①

然而，也有人赞成保持财政政策的灵活性：

- 各国会遇到不可预测的外部冲击（可能是实体冲击或金融冲击），因此需要灵活的财政政策来对其做出响应。2009年的全球金融危机就生动地说明了这一点。
- 通常很难准确预测周期性发展的时间与程度及其对主要财政总量的影响。
- 财政调节的质量与数量之间往往存在短期权衡。②

如何在支持与反对财政规则的观点之间保持适当的平衡因国家和时间而异，同时也体现出不同的经济与制度因素。这些因素决定了适当的设计以及引入、实施这些规则的时机。

财政规则形式多样。程序规则与量化规则之间存在着明显的差异。程序规则对预算流程参与者的属性和相互作用作了界定，旨在提高财政管理的透明度、问责制和效力。例如程序规则可能会要求政府在特定时间内公布财政政策战略并对其做出承诺，定期报告和公布财政结果。量化财政规则可被定义为对某些关键预算总量的特定量化目标的长期承诺。

程序规则有助于改善财政管理。通过授权给与健全的财政政策更加相符的行动者，程序规则可以使预算流程更具"等级性"③；程序规则可以发现财政框架的缺陷、提高对于社会的负责度。因此，除了改善治理和透明度之外，程序规则还在为财政改革凝聚共识发挥重要作用。

本章重点介绍了有效实施量化财政规则（以下简称财政规则）对公共财政管理制度提出的核心要求。它着眼于广泛的公共财政管理制度，既包括流程（如预算编制）也包含制度（如会计）。本章所提出的很多针对公共财政管理流程提出的建议可以作为能够支持量化财政规则的程序规则。实际上，程序规则与量化规则可被视为对同一个公共池塘问题的解决方案，两者彼此加强。财政责任法（FRLs）之类的综合财政框架（通常包含两种类型的规则）获得了越来越多的应用，④这证明了它们的互补性。⑤

量化财政规则可以分为四大类：

---

① 实施有效的市场约束要求很高，包括确保没有经济援助、没有特权融资渠道，以及可以获得及时、可靠的政府财政信息。即使在发达国家，也很少能够完全满足这些条件。

② 考虑到制度与政治上的限制，需要进行大量的前期调整才有可能遵守严格的量化预算目标，也许需要为此采取次优措施，例如扭曲税收或延迟合理的投资项目。

③ 在预算的起草阶段，"更多等级"的规则是赋予财政部长而不是开支部门更多权力的规则；在批准阶段，他们限制立法机构修改预算提案大小的权力；在执行阶段，他们限制立法机构修改核定预算的权力。

④ 财政责任法将在第3章中讨论。

⑤ 财政责任法面临的内容和实施挑战参见Corbacho and Schwartz（2007）。在这方面没有找到确凿的证据证明财政责任法与较高的财政平衡或较低的财政政策波动有关。

1. 预算平衡规则。这些规则适用于未经调整的财政平衡或是周期性调整（结构）平衡。可以定义为总体平衡（包括所有财政收入和支出）、基础财政收支（不包括利息支出）或是经常项目余额（不包括资本支出，所谓的黄金法则）。

2. 债务或融资规则。债务规则通常指的是债务与国内生产总值比例的上限，不论是以总额为基准还是以净额为基准。规则还可以设定具体的借款上限，例如中央银行的融资或以外币形式发行的债券。

3. 支出规则。这些规则规定了公共支出的总额或某些特定类别的最高限额。它们通常会在国内生产总值的水平、增长率或百分比中进行设定。

4. 收入规则。这些规则可以设置上限，以防止税收水平过高；或是下限，以鼓励收取税款。

财政规则的其他重要设计特征还包括：

- **法定依据**。财政规则可以表述为政府承诺，也可以在法律、宪法或国际条约中加以规定。有力的立法依据不一定是引入财政规则的先决条件。然而，鉴于不予执行财政规则的成本较高，强有力的法律基础可以显著提高这些规则得到有效遵守并且享有信誉的可能性。制定财政规则的立法水平越高，充分的灵活性，尤其是精心设计而且透明的免责条款和修订条款就越重要。
- **覆盖范围**。一些财政规则只能涵盖中央政府的财政运行。其他规则的覆盖范围更加广泛，包括其他级别的政府和公共部门实体，如非金融类企业和财政机构。精心设计的财政规则应囊括公共部门所有相关的财政（和准财政）运行。以狭义的财政指标为目标的财政规则存在一定风险，即如果将运行转移到财政规则未覆盖的部分公共部门，就可能存在政策无效的风险。
- **免责条款**。这些条款指的是需要暂停规则的特殊情况，例如自然灾害或严重的经济衰退。
- **制裁**。一些财政规则并未规定如何制裁不合规的现象，而仅仅依靠声誉成本作为承诺的手段。其他规则提到了对不合规的管辖予以罚款、对不遵守规定的公职人员处以罚款，或两者兼而有之。
- **时间范围**。一些规则适用于一年。其他规则则适用于多年，或者更广泛地说，整个经济周期。

对于公共财政管理制度而言，这些设计特征具有重要意义。例如涵盖多级政府的规则要求具备会计制度和报告制度，这些制度可以为所有相关实体提供准确、及时的财政结果估计。此外，制裁是加强财政规则可信度与承诺的关键设计特征，需要有效的执法机制。

反过来，如果一个国家面临不可预测的巨大冲击，但又需要通过制度来确保人们无法随意引用规则，并限制规则的适用性和相关性，免责条款也许就是可以增强规则灵活性的一个必要特征。这些条款应尽可能清楚地说明需要适应的冲击的性质和程度；规则放宽或暂时停止的期限；完全恢复规则的方式；以及启动该条款并监督其实施的责任。通过负责评估条款是否得到正确使用的独立"财政监督机构"增强可信度，或者至少规定只有得到议会中有效的多数赞同票之后条款才能被激活。

总之，财政规则的设计必须考虑到公共财政管理制度的状态及其有效实施有关规则的能力。另一方面，适当的公共财政管理改革有利于财政规则的优秀设计。简而言之，设计和公共财政管理需要相互促进。

表2.1概述了选定的发达国家与新兴市场国家的财政规则的主要特征。根据国际货币基金组织

（IMF，2009）的数据，在过去20年中，采用一条或多条基于量化目标的规则的国家数量增加了十几倍。目前，全球近80个国家使用财政规则（Schaechter and others，2012）。它们中的大多数赞成以预算平衡、公债或是两者的组合为目标来制定规则。越来越多的国家也开始遵循基于支出的规则。[①]收入规则要罕见得多。

表2.1　　　　　　　　　　　　　　　全球财政规则概要

国家	规则类型与起始时间*	法定基础**	覆盖范围***	时限****
发达国家				
澳大利亚	RR，BBR；DR（1998）	L	CG	M
加拿大	ER；BBR；DR（1998）	GC	CG	A
法国*****	ER（1998）；RR（2006）；BBR；DR（1992）	GC；L；IT	CG；GG	A；M for ER
德国	BBR（CA）；DR（1992）；ER（1982）	IT；C	GG；CG	A；M for ER
匈牙利	BBR（CA）（2007）；DR（2004）	IT；L	GG	A
意大利	BBR；DR（1992）	IT	GG	A
日本	ER（1947）：golden rule	L	CG	M
荷兰	ER；RR（1994）；BBR；DR（1992）	L；IT	GG	A；M for ER
新西兰	BBR；DR（1994）	L	GG	M
挪威	BBR（2001）			
西班牙	BBR（2003）；DR（1992）	L；IT	GG	A；M
瑞典	ER（1995）；BBR；DR（1995）	GC；IT	GG；CG	CA；M for ER
瑞士	BBR（CA）	C	CG	CA
英国	BBR（CA）；DR（1997）	GC；IT	GG	CA or M
新兴市场				
阿根廷	ER；BBR；DR（2000）	L	CG	A
巴西	ER；BBR；DR（2000）	L	PS	A
智利	BBR（CA）（2000；2006）	L	CG	A
印度	BBR（2004）	L	CG	A
印度尼西亚	BBR（1967）；DR（2004）	GC	GG	A
墨西哥	BBR；RR（2006）	L	PS	M
秘鲁	ER；BBR（2000）	L	PS	A

资料来源：基于Ter-Minassian（2010）；IMF（2009）；各国文件。

*规则类型：BBR：预算平衡规则；BBR（CA）：周期性调整或超周期平衡规则；DR：债务规则；ER：支出规则；RR：收入规则。

**法定基础：GC：政府承诺；L：法律；C：宪法；IT：国际条约。

***覆盖范围：CG：中央政府；GG：一般政府；PS：非金融公共部门。

****时限：A：年度；M：多年；CA：整个周期。

对于欧盟成员国，稳定与增长公约（SGP）的预防性部分设想了以结构性术语制定的中期目标（即对一次性因素进行周期性调整和纠正），但纠正性部分仍然将未经调整的赤字占3%的国内生产总值作为过度赤字程序（EDP）的触发器。

财政规则的目标

除公共财政管理方面外，财政规则的设计必须严格考虑这些规则要达到的主要目标。财政规则可以追求多个目标，包括：

[①] 有关支出规则的主要问题，请参见Ter-Minassian（2010）。

- 通过提高与规则不一致的政策成本，加强政府对宏观经济健全和财政可持续政策的承诺。
- 以透明和可信的方式向金融市场和/或民间社会等相关受众发出此类承诺。
- 促进持续的预算节约，以应对可预测的长期需求（例如源于人口老龄化、自然资源禀赋耗尽或基础设施投资的要求）。
- 通过提高中期融资的可靠性，扩大公共政策的规划范围。
- 避免预算政策中的顺周期性。
- 限制政府规模或限制税负水平。
- 保护某些类型的支出。

其中一些目标之间存在重大的权衡关系。特别是，关于透明度的目标需要简单且易于监管的财政规则，例如适用于整体预算平衡或公债总额的财政规则。然而，这些规则不能提供足够的灵活性来适应大的意外冲击，也不能协助避免预算政策的顺周期性。此外，限制政府规模或限制税收负担的目标可能与短期财政稳定和/或长期财政可持续性相冲突。具体而言，设定收入上限可能会在繁荣时期产生顺周期的财政状况，因为这种规则可能需要减税以刺激国内需求。基于支出的规则在周期性上升期间（这时它们会防止将意外收入进行支出）和衰退期间（这时它们不强迫调整支出以适应收入的减少）避免周期性更好。但是，除非有与财政平衡或公共债务水平相关的规则作为补充，否则支出规则可能会导致不可持续的债务积累。

表2.2概述了不同类型的规则及其与四个总体目标的相容性：财政可持续性、经济稳定、政府规模和透明度。

表2.2　　　　　　　　　　　　　　　　财政规则及其与目标的相容性

财政规则	目标 财政稳定性	经济稳定	政府规模	透明度
总体平衡	++	−	0	+++
基础财政收支	++	−	0	+++
经常项目差额	+	−	0	+
周期性调整平衡	++	+++	0	−
周期平衡	++	+++	0	−
公债占国内生产总值的比例	+++	−	0	+++
支出增长 1/	+	++	++	+
支出上限 1/	+	++	++	+
支出占国内生产总值的比例 1/	+	−	+++	++
收入上限	−	−	++	+
收入下限	+	+	−	+

注：（+）表示对目标的贡献较大；（0）表示对目标的作用为中性；（−）表示对目标的贡献较弱。1/ 支出规则在与预算平衡或债务规则相结合时对财政可持续性的贡献更大。

资料来源：基于IMF（2009）。

有效实施财政规则需要哪些公共财政管理条件

健全的公共财政管理制度对于财政政策的成功实施至关重要，无论是否以规则为基础。公共财政管理制度既包括过程也包括体系。健全的公共财政管理制度的例子包括财政部在编制和执行预算方面的强大作用；财政部有足够的能力预测预算总量；对预算提案透明和全面的记录；限制不符合政府提出的总体预算立场的修正案范围的议会预算批准程序；预算执行期间的有效支出控制机制；会计和报告制度能够产生及时可靠的财政统计数据；有效的内部和外部审计制度。

鉴于违反规则所带来的声誉和其他成本，采用量化财政规则提高了公共财政管理制度所需的力度标准。然而，与此同时，采用一项规则往往会为实施所需的公共财政管理改革提供动力，智利和巴西的经验就证明了这一点。[1] 因此，在采用财政规则之前，需要仔细评估现有公共财政管理制度是否符合有效实施的最低要求。

以下部分讨论财政规则的实施如何影响预算流程的各个阶段以及相关的公共财政管理要求。

预算编制与财政规则一致

编制与财政规则统一的预算涉及的几个步骤。其中许多步骤与没有规则的预算编制情况相同。但是，遵守量化规则以及预算总量的特定目标的需要会产生额外的限制。如果财政规则要有一些要"咬"住的东西，就需要在预算中反映出来。然而，出现在政策承诺或法律中的财政规则，经常与预算流程没有明确的联系，使得实现规则的目标变得更加困难。

预算编制的关键第一步是预测收入。对于该规则所涵盖的公共部门部分，合理准确的收入预测也是实施所有财政规则的重要组成部分，除非支出规则独立于收入预测。

然而，收入预测的准确性通常受到技术复杂性和制度约束的阻碍。后者包括多个政府机构的协调不力，信息流动的差距或延迟，以及政治偏见。它们的作用有时彼此相反，有时又相互加强。[2] 正如柯布和丹宁格（Kyobe and Danninger，2005）指出的，许多发展中国家收入预测的质量仍然相对较差，而且基本方法和假设的透明度还有很多不足之处。[3] 即使在财政部拥有强大技术能力的发达国家，收入结果也往往与预算预测有很大不同，这一事实表明需要提高透明度和外部审查，下文将进一步详述。[4] 在基于结构性财政平衡的财政规则下，估计周期性调整的税基和相应的收入弹性会产生额外的挑战。[5] 专栏2.1概述了智利结构性财政规则与预算编制的整合。

---

[1] 关于智利，见Marcel（2010）；关于巴西，见Corbacho and Schwartz（2007）。
[2] 如果政府试图通过乐观的收入预期来扩大事前支出空间或是试图为税务管理机构设定远大的"业绩目标"，那么收入预测就有可能出现上偏。然而，由于预算主管机构试图将无法实现财政目标的风险降至最低，许多国家往往有意作出了谨慎的收入预测。
[3] 有关收入预测问题的详细讨论，请参见第20章。
[4] 加拿大、英国、荷兰等国对宏观经济基本假设进行独立的预测。
[5] 与实施基于结构性财政平衡的财政规则有关的广泛讨论请参见Ter-Minassian（2010）。

专栏2.1 智利的财政规则和预算流程

2000年5月,拉各斯总统(Lagos)向国会宣布他打算采用基于结构性财政平衡的财政规则。财政规则包括三个主要元素:(1)中央政府结构性财政平衡的衡量标准;(2)年度目标;(3)在制定和执行预算时应用的方法。该规则不包括免责条款或例外。

制度框架得到了一个独立的专家小组的加强,其任务是预测两个关键参数:(1)潜在的国内生产总值;(2)铜的长期价格,这是该国的主要出口商品。这两个参数决定结构性财政收入的水平,它们结合年度目标,就可以确定预算期间的总支出总括。因此,符合该规则的支出与当前获取的收入及短期宏观经济决定因素无关,而且重要的是,与制定和批准预算时的争议无关。

这些特征极大地促进了微观层面的预算制定过程,如图2.1所示。在财政规则出台之前,财政部将通过向职能性各部传达支出限额来启动预算流程。然而,后者提交的提案往往超过这些限制,导致在就最终支出预算达成协议之前进行冗长的谈判。根据财政规则,财政部将支出总额与结构性收入水平联系起来,改变了预算编制的顺序和内容。现在,职能性各部收到与正在进行的惯性支出相关的支出底线(例如法律和合同义务、现有的多年承诺、维持性支出),这可以比支出限制更客观地进行指定。总支出范围与惯性支出之间的差异定义了扩大或创建规划的竞争性资金数额。这些规划的提案通过技术审查排出优先次序,并与政府目标保持一致。在此过程之后,职能性各部将收到最终的支出分配。

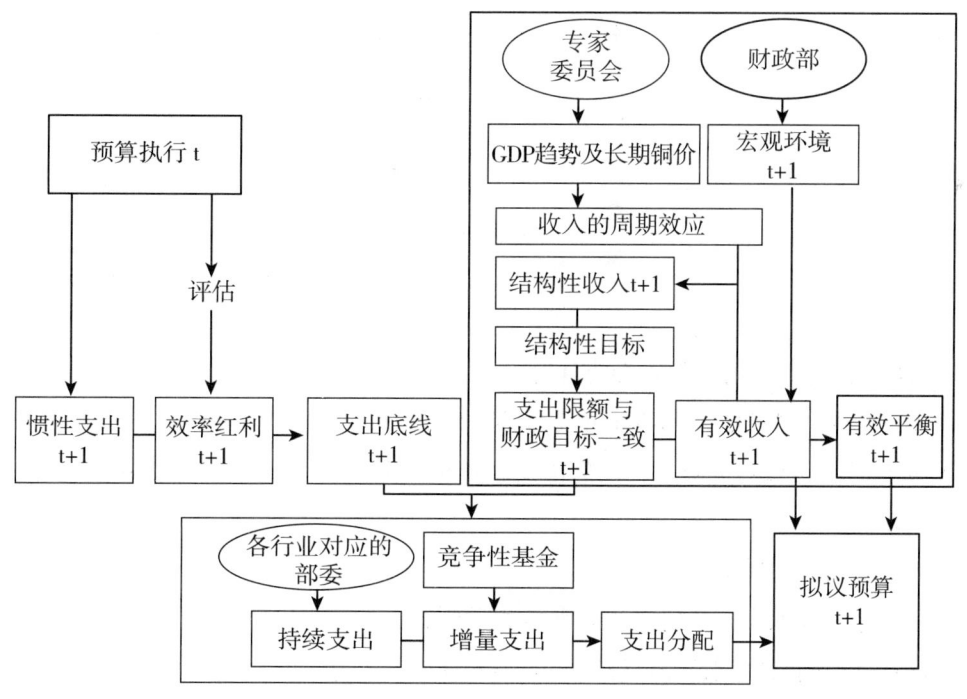

图2.1 智利财政规则下的预算编制

资料来源:基于Marcel(2010)。

根据财政规则,预算提案由四个部分组成:(1)基于宏观经济框架的当前收入预测;(2)根据独立专家小组提供的假设,按照财政规则下的年度目标和结构收入估计数计算的总支出额度;(3)这两个总量之间的平衡;(4)持续规划性与新规划之间的开支分配。

预算编制的第二步涉及确定总体支出上限。这当然是实施支出规则的关键步骤,但与实施收入规则无关。在预算平衡规则中,总支出上限需要与收入预测(实际性收入预测或结构性收入预测,如适用)及财政规则目标一致。一些国家的目标是通过分两个阶段来加强整体支出上限的效率:在第一阶段由国会批准整体范围,然后在第二阶段准备详细的支出预算。这种方法在国会具有修改政府提出的预算的重要权力的国家特别有用。

准备详细支出预算需要对某些类型的开支(例如利息支付、权益保障规划、专用经费和基于公式的政府间转移支付),以及剩余"相机抉择"开支在不同部门优先次序间的分配做出谨慎的估计(见表2.3)。

表2.3 财政规则与预算编制阶段的一致性

		阶段:		
财政规则	收入预测	支出上限	预算平衡	债务
总体平衡	■/	■/	■/	
基础财政收支	■/	■/	■/	
经常项目差额	■/	■/	■/	
周期性调整平衡	■/	■/	■/	
周期平衡	■/	■/	■/	
公债占国内生产总值的比例	■/	■/	■/	■/
支出增长 1/		■/		
支出上限 1/		■/		
支出占国内生产总值的比例1/		■/		
收入上限	■/			
收入下限	■/			

一旦准备好详细的支出预测,就有必要计算:
- 预计的预算平衡与预测收入和总体开支总括一致;
- 给定预算平衡下的总融资要求;任何需要融资的栏外业务,包括担保和其他或有债务;年度到期的公债摊销;
- 满足此类要求的现实融资计划;
- 债务水平,这对确保遵守任何债务规则至关重要;
- 评估预计预算平衡与中期债务可持续性的一致性。

这些预测还应考虑到中期内或有债务的预期实现。如果与规则下的目标一致的融资要求超出市场约束,则上述步骤可能会强调政府需要选择比规则允许的预算目标更雄心勃勃的预算目标。

采用量化财政规则本身并不需要详细阐述完整的中期财政框架(MTFF)。①然而,延长预算编制过程的时间范围对于促进有效遵守规则非常有帮助,特别是通过突出可能威胁未来几年财政目标实现

---

① 第10章讨论了中期财政和支出框架。

的趋势。同时，规则的存在可以通过提供关于预算总量的中期目标的更多确定性来促进中期财政框架的制定。全面和现实的中期财政框架还可以促进对竞争性预算资源需求中的优先级设置采取更具战略性的方法，并允许职能性各部在更长的范围内对部门政策（尤其是投资项目）做出计划，并且可以显著提高效率。

制定符合财政规则的中期财政框架所需的步骤在很大程度上反映了制定年度预算所涉及的步骤，但由于时间范围更长，不确定性更强。在编制中期财政框架时使用的方法和假设的透明度对于促进适当的外部审查（包括议会）以及促进后续年度在不丧失可信度的前提下进行修订至关重要，修订的原因包括外源性变量或政府开支优先权的重大变化。特别是：(1) 准备并透明地报告一系列旨在探讨不同"世界状况"对财政账户的影响以及它们为遵守财政规则带来的风险程度；(2) 在这些风险成为现实时阐明可能的纠正策略。

强大的预算执行、会计和报告[①]

有效控制预算执行过程对于财政规则的成功实施至关重要。制定完善、透明且执行有力的预算会计和报告规则也同样重要。

在财政规则的背景下，控制预算执行的两个主要挑战是：(1) 某些收入和支出的动态会对预算目标的实现构成威胁，确保将与这些动态相关的可靠信息提请相关决策者注意，以促使他们及时采取纠正措施；(2) 给予预算管理人员足够的激励和责任以便他们能采取这种行动。

各国的具体控制机制差异很大，反映了历史传统、法律框架和能力限制等。它们也会随着时间的推移而发展，尽管在不同国家的速度明显不同。对现代财政管理信息系统（FMIS）[②]越来越广泛的使用，使得实时记录支出过程的所有阶段变得可行，同时在许多国家的预算执行期间减少了对事前控制的依赖。与此同时，越来越重视注重成果的预算管理，导致预算管理人员在其职责范围内的资源配置方面转向更大的灵活性。[③]然而，特别是在财政规则下，重要的是这些（原则上可取）方向的行动不会超过相关开支单位有效管理其预算资源的能力，并提供及时和可靠的操作信息。

预算执行制度中的一些弱点可能会对量化财政规则产生威胁。它们包括以下内容：
- 内部控制机制不良导致开支超支，在预算年度内发现得太晚而无法纠正；
- 在预算执行期间过度使用补充拨款，往往使上述超支合法化；
- 缺少国库单一账户（TSA），这会允许各部/机构在独立账户中积累资金用于支持偏好项目的开支，进而再次导致开支超支的风险，削弱财政部及时监控现金余额的能力。

同样，出于信托原因，捐助者仍在频繁通过预算外账户实施官方发展援助（ODA），这会削弱财政部监控现金流量并因此遵守财政规则的能力。这突出表明，在引入量化财政规则之前，接受官方发

[①] 第13、34章和35章讨论了这些问题。
[②] 财政管理信息系统在第36章中讨论。
[③] 关于财政管理信息系统的发展阶段和拉丁美洲国家采取的以成果为导向的预算编制方法的讨论，请见Corbacho（2012）。

展援助的国家必须拥有可以被捐助者信任的公共财政管理制度。

健全的会计制度绝对至关重要。特别是，对于所有政府单位而言，这种制度必须是统一的①，这是一项经常没有得到遵守的要求。此外，预算科目（最好符合国际标准）和会计科目表必须相互一致。会计信息需要及时有效，允许监督财政规则下的财政目标以及影响其发展的主要因素。譬如，黄金法则要求对当前和资本开支进行单独的预测、监测、核算和报告；支出规则，按总额计算所有支出；结构平衡规则，关于周期性调整中使用的变量的可靠统计数据和趋势商品价格的确定；债务规则，对规则所涵盖的政府单位的负债的综合控制；净值规则，应计会计的充分进展和最新的政府资产负债表的编制。

各种会计风险可能威胁到财政规则的有效实施。有些风险对所有类型的规则都是通用的，通常涉及被规则涵盖和未被涵盖的公共部门之间的边界，以及公共部门和私营部门之间的边界。它们包括鼓励政府采取预算外业务；准财政运行；提供担保以代替明确补贴或向企业转移资本；如果财政规则的范围仅限于中央政府，则对地方政府没有资金的授权；政府和社会资本合作并不符合效率考虑。其他会计风险更具体针对某些类型的规则。例如：（1）根据现行财政平衡规则（黄金法则），将现有支出错误地分为资本支出；（2）根据支出规则，使用税式支出代替补贴和转移；（3）债务统计下未记入债务统计的负债（例如对供应商的负债）的累积。专栏2.2列出了欧盟成员为满足马斯特里赫特/稳定与增长公约（SGP）标准而进行的"创造性会计"的一些例子。欧文（Irwin，2012）对这些问题进行了有益的讨论。②

有效遏制许多这类风险是一项艰巨的任务，不仅要求制定和内部执行全面和详细的会计规定，要求对责任官员的不遵守行为给予适当的处罚，而且还需要进行适当的外部审查，如下文所述。如果一个国家的公共财政法要求披露各种类型的或有债务，尽可能量化并在预算中充分准备，则可以减轻其中一些风险。如果会计是透明的并且将义务计算在内，那么所有财政运行的（正确）合并将提供财政立场的"真实"图景。

最后，透明、及时地报告会计信息对于有效实施财政规则也很重要。这是为了促进政府的纠正行动和外部审查。报告应足够详细，以便有兴趣的外部观察员不仅可以评估过去遵守规则的情况，还可以评估未来违规的风险。同时，定期传播普通人也能看懂的信息有助于提高公众舆论对实施该规则的进展及其益处的敏感性。

专栏2.2　一次性措施和创造性会计的例子

欧洲国家实施《马斯特里赫特条约》财政规则以及随后的小额赠款规划的经验表明，在满足量化财政规则时，采用一次性措施和创造性会计的范围很广。科恩和冯·德·诺尔德（Koen and van den Noord，2005）的实证分析表明，"财政把戏"的发生率往往与欧盟规则所规定的预算约束（即不符合目标的可能性）的紧密程度正相关。作者找到了1994年（欧洲开始趋同）和过去10年中期欧洲此类行动的三大浪潮。

---

① 当财政规则针对的是整个公共部门（包括受私营部门会计规则约束的公共企业）时，就会出现特殊的挑战，一些拉丁美洲国家面临的就是这种情况。

② 另见第33章。

第一次浪潮发生在共同货币开始之前，包括：
- 对一般政府以外的公共企业进行私有化业务和一次性预付款的线上处置，将未来养老金的责任转移给企业；
- 对长期亏损的公共企业进行资本注入的线下处理；
- 对税收收入的预期（包括意大利的1997年欧盟税将在随后几年退还）；
- 与中央银行的互换和其他带来一次性收益的业务；
- 将以前被视为广义政府一部分的实体（如医院或基础设施机构）重新分类为私营企业或基金。

第二次浪潮发生在国家有资格列入欧元区之后不久。它们主要涉及对处于进一步私有化和出售电信许可证带来的一次性收益线以上的收入的处理（相当于2000年德国国内生产总值的2.5%）。

第三次浪潮包括广泛诉诸税收减免（例如在意大利）以及未来收入流的安全化。在后面的这些业务中，政府通常会将这些收入（或是现有资产，或是未来资产）的债权转移给一家特殊目的公司，该公司发行由债权/资产支持的债券，并使用通过出售债券所得的现金支付给政府。然后将这笔付款记录为公共赤字和债务的减少。2002年7月，欧盟统计局发布了一项限制使用此类行动的裁决（见欧盟统计局新闻稿80/2002）。

虽然严格来说不是会计把戏，但是对于潜在产出增长的过高估计（以及由此产生的负产出缺口和相关的结构性因素）也被一些欧洲国家用来实现稳定与增长公约目标。同样，在英国，针对整个周期的财政平衡期间，该周期的衰退阶段的长度往往被高估。

机会主义会计的重大事件（使用预算外资金开展政府开支；发生大量拖欠，特别是在年底；将私人养老基金的捐款记为社会保障收入）也发生在新成员加入欧盟的过程中，促使欧盟统计局对其中一些采取行动。

在欧盟以外的先进国家，以及新兴国家或低收入国家，满足财政规则或年度预算目标的"财政把戏"的例子也不尽相同。2009—2010年的巴西是一个最近的例子，这个国家在过去10年中通常在财政透明度方面得分很高。在2009年的全球危机中，联邦政府通过准财政操作为经济提供了大部分财政刺激，相当于国内生产总值的3.5%。其中包括未列入财政账户的公共银行、国家开发银行（BNDES）和巴西国有企业联邦储蓄银行（Caixa Economica Federal）的低于标准的国库贷款。2010年，政府出售给巴西国家石油公司50亿桶深海油田的权利，这些也被排除在财政账户之外，这些油田预计几年内不会投产。所得款项部分用于公司资本化，以便为其大规模投资规划筹集额外资金。剩余的320亿雷亚尔（相当于国内生产总值的0.9%）被视为财政收入高于预算开支的资金。

外部审查

充分的外部控制机制是公共财政管理制度的重要组成部分。几乎每个国家都存在外部审计制度（在行政部门控制范围之外，但在大多数情况下向议会报告），但它们的效力差别很大，反映了历史环境和制度约束。① 根据其授权的性质，外部审计制度可以审查政府是否遵守具有法律约束力的财政规则，包括分析相关会计信息的可靠性以及上述会计风险的可能实现。但是，这种分析传统上是事后进行的。此外，外部审计往往会在时间上拖延，相应的报告有时在预算执行期结束后一年或更长时间内才能获得。这限制了它们用以警告预算目标即将面临的风险并要求及时采取纠正措施的目的。

因此，有一个案例通过设立独立的"监督机构"支持采用财政规则，这一监督机构负责以下事项：
- 评估政府宏观经济和财政预测（以及长期预测）的现实性，并提供自己的独立预测；
- 评估拟议预算符合财政规则的可能性；
- 密切监测预算执行情况；
- 警惕并优先量化预算结果中出现的风险；并可能建议采取适当的补救措施（Kopits，2011）。

这些制度在审查财政规则的实施方面特别有用。它们可以通过提高偏离财政规则的政治成本和声誉成本来提高透明度和问责制。②

执行和纠正机制

一个制度框架在改善政策结果方面的有效性，最终在于它对那些坚持理想政策的决策者的政治或声誉回报以及对那些不遵守者的成本付出，有怎样的影响。因此，它很大程度上取决于其执行机制的质量和执行状况。这些机制在各国之间差异很大。有些国家完全依赖不遵守规则的声誉（国内和/或外部）成本（例如澳大利亚、印度、新西兰和英国就是这种情况）。这种方法可能适用于那些对财政责任有充分发展的政治和社会共识以及市场约束有效运作条件得到充分满足的国家。但似乎只有少数国家符合这些条件。这种方法的效力可以通过建立上述监督机构来加强，这些监督机构负责分析和公布不遵守规则的情况并确定解释规则的因素。

在大多数国家，对违规行为的制裁对于财政规则的效力至关重要。有两大类制裁：制度制裁和个人制裁。制度制裁针对违反规则的管辖机构。个人制裁适用于负责官员。制度制裁通常是财政性的。例如，在违规行为得到纠正之前，可以禁止违反规则的管辖机构进行借款或接收转款，或者可能需要实际支付罚款。个人制裁可以是行政性的（即官员被降职或免职）或刑事的（官员被判入狱）。它们可能给预算当局带来过多的风险，特别是如果预算结果的偏差主要是外部冲击的结果，并且在实践中最终可能不会实际应用。无论其形式如何，制裁都至关重要：（1）在引入规则或对其加以补充的立法中明确规定；（2）制裁与过错相称；（3）在申请制裁的过程中留有最小范围的自由裁量权，以避免治理问题破坏其可信度。

规则执行的一个重要组成部分是包含针对偏离目标的预先指定的校正机制。瑞士"债务制动"规

---

① 有关外部审计的详细讨论请见第37章。传统上，审计实践主要侧重于预算业务与相关法律、法规的正式合规性，但外部审计机构也越来越注重政府支出方案的成本效益，特别是在相关信息更易获得、审计机构能力更强的更发达的国家。

② 关于独立财政机构的讨论请见第38章。

则提供了这方面的一个有趣例子。根据这一规则，联邦结构预算平衡结果与目标的任何事后偏差都记录在名义账户中。当累计偏差超过年度预算支出的6%（相当于国内生产总值的0.6%）时，政府必须在三年内宣布消除这种过剩的措施。最近在德国颁布的宪法修订中设想了一种类似的机制，引入结构平衡规则。①哥伦比亚新的财政责任法还规定，任何超过目标的过量部分都应在两年内予以纠正，但不对违反该规则的行为作出任何处罚。

地方财政规则

世界各地的支出分权这一现象提高了在各级政府中建立良好且可持续的财政政策。许多国家的经验表明，中央政府实现可持续财政状况的努力可能会受到地方政府财政松弛的阻碍，尤其是在该层面缺乏市场规律有效运作所需条件的情况下。越来越清楚的是，中央政府的宏观经济稳定努力可能受到地方政府的顺周期政策或它们在其责任领域实施反周期财政刺激一揽子规划的能力弱的阻碍。最后，重要的是要认识到不对称冲击可能需要不同的地方财政反应。

采用量化财政规则是促进地方政府遵守跨期预算约束的可能方法之一。其他（非相互排斥的）替代方案包括依靠市场约束，利用政府间论坛就各级政府的可持续和相互一致的财政目标达成一致，并对中央政府实施地方借款的行政控制。这些不同机制的利弊在文献中得到了广泛的争论（Ter-Minassian and Craig，1997）。

反思替代方法的局限性，使用量化财政规则来促进地方财政纪律一直在世界各地发展。这些规则通常规定对地方赤字的限制（例如在美国各州和"国内稳定公约"下的若干欧盟成员国）或基础财政收支与每个司法管辖区的产出或收入相关的目标。一些规则设想限制债务或地方政府的偿债能力（例如在巴西、哥伦比亚和匈牙利）。在某些情况下（例如在美国的一些州和巴西），地方财政规则也要求支出或收入限制。

现有的地方财政规则通常有权促进财政纪律和可持续性。传统上较少关注这些规则的稳定性。然而，世界各地的地方政府对敏感的社会支出（教育、卫生和社会援助）承担越来越大的责任这一事实凸显了制定地方性规则的必要性：（1）最大限度地降低财政顺周期的风险，同时维护可持续性；②（2）可以在地方政府有效实施。这是一项具有挑战性的任务，但在大多数（如果不是全部）国家尚未得到满意的解决。

原则上，次国家财政规则可以用周期性调整的变量来规定。然而，在实践中，由于难以获得区域或地方政府一级产出缺口的可靠估计，这种方法受到严重阻碍。③此外，由于地方融资约束往往比国

---

① 这项新规要求联邦政府从2016年开始实行相当于国内生产总值0.35%的结构性盈余，并规定了结构性平衡。偏离这些目标的数额将在名义账户中累积，当累积的赤字超过国内生产总值的1%时，就需要进行修正。该项规则设计了一条在多数议会成员援用的情况下即可激活的临时免责条款，以及该条款被激活之后重新获取所有权的途径。对不遵守规定的行为没有明确的制裁，但法律设想设立一个独立的监察机构（稳定委员会），以监测规则的执行情况，并在适当的时候发出预警。

② 许多论文——例如Poterba（1994）、Fatas and Mihov（2006）以及Ter-Minassian and Fedelino（2010）——都找到了有关地方财政顺周期的经验证据。

③ 大多数国家缺少有关区域或地方产出的及时、可靠的估计，对于产出差距的估计甚至更少。当周期性冲击合理平均地分布在全国范围内时，使用周期的国家指标作为替代指标可能就足够了，但正如最近的全球金融危机所证明的那样，很少出现这种情况。一种更有可能的方法是使用劳动力市场指标（如失业率的变化），而对于这些指标，地方措施往往是及时可用的，可以作为允许偏离财政规则目标达到预先规定的限度的触发因素。然而，这种方法在避免在大规模负产出冲击期间出现顺周期财政紧缩上的效果，显然比在商品价格暴涨时避免资源丰富地区进行顺周期财政扩张更好。对后者来说，要求调整初级商品价格偏离中期趋势的目标平衡的替代办法（智利）似乎更为合适。

家层面更严格，使用允许出现与周期相关且偏离财政平衡目标的偏差的地方财政规则时，应同时要求地方政府在经济繁荣期积累流动资产并在经济萧条期间提取这些资产。① 对这些资金的管理安排必须非常透明，其使用应遵循危机前规定的明确标准，并且不为相机选择留下多少空间。

与中央政府层面的财政规则一样，有许多因素会影响地方财政规则的效力：

- 规则的法律基础。具体而言，在一些国家，中央政府在宪法上有权颁布立法，规定对其地方政府具有约束力的财政规则。在其他国家，特别是联邦制国家，② 这些规则只能由地方管辖区制定。在其中一些国家，地方政府经常是由于中央政府不同程度的"道德劝说"而采用财政规则（主要是平衡预算），往往将其纳入州宪法。

- 规则的设计，具体为：
- 覆盖范围的综合性。如果允许地方政府维持货币外汇账户或将转账分类为"线下"业务，则赤字或开支限额可能无效。借助于经济效率不合理的公私合营模式可以规避债务限额；
- 清晰度和透明度，这有助于监测其实施情况；
- 目标对相关地方管辖区初始条件的适当性。规则规定的赤字或债务限额需要更严格；地方政府最初的不平衡程度越大，获得可持续融资的机会越少、收入越低、越不稳定。

- 地方政府实施该规则的能力，而这在很大程度上取决于其公共财政管理制度的状况。在这方面，地方政府通常（尽管并非总是）落后于各自的中央政府。中央政府在许多国家可以发挥重要作用，促进和支持次国家层面的预算编制、预算执行、会计和报告制度的加强和现代化。在可行的情况下，考虑到宪法条款，中央政府应确保为各级政府制定共同的会计与报告标准（可能简化小型地方政府的制度），以促进地方政府运作的充分透明度。以及及时监督这些政府对任何现有财政规则的遵守情况。巴西"财政责任法"规定的各级政府的标准化会计和报告要求就是这方面的一个很好的例子。
- 执行机制。至关重要的是，这些机制具有坚实的法律依据，它们的应用是非自由裁量的，并且预设的惩罚严重到足以阻止不遵守规则的行为（但仍然是现实的，以确保它们仍然适用）。处罚通常具有财政性质（例如扣留中央政府向不遵守规则的管辖区的转移支付），但偶尔也需要追究相关官员（例如在巴西）的个人责任。至于国家财政规则，如果在合理的、预先规定的时间段内明确要求纠正对规则的偏离，那么地方政府执法机制的效力可能会大大提高。表2.4列出了选定国家执法机制的一些例子。

超国家财政规则

如上所述，超国家财政规则有助于解决货币联盟中的共有资源问题，从而有助于将联盟中一个成

---

① 例如美国就是这种情况，一些州的宪法要求积累所谓的未雨绸缪资金（详情见Balassone and others，2006）。
② 例如美国、瑞士、印度和阿根廷。

员国松散的财政行为对其他成员国造成的不利外部性排除。

最重要的超国家财政规则的例子是欧盟的财政框架：稳定与增长公约，最近修改于2011年底。稳定与增长公约由两部分组成：预防部分和纠正部分。预防部分力求确保欧盟成员国的财政政策符合《马斯特里赫特条约》的财政责任和谨慎原则。当一个国家明显超过条约中规定的国内生产总值的3%的赤字限制时，纠正部分规定了应遵循的程序（过度赤字程序）。这两项规定适用于所有欧盟成员国，无论其是否属于欧元区。然而，作为纠正部分一部分的金融制裁仅适用于欧盟区成员。

表2.4　　　　　　　　　　　次国家级财政规则的制裁和执行机制的例子

国家	制裁类型	执行机制
奥地利	制度：不合规的地方政府必须支付与差额成比例的罚款，直至最高限额。如果在一年内合规，则退还罚款；否则，资金将分配给合规政府	合作：制裁的实施取决于联邦和地方政府的委员会的一致决定
加拿大	个人：在四个省份，由于未能实现财政目标，各部委和执行委员会成员的工资大幅削减	没有正式的协调。通过部长之间的对话进行非约束性预算协调
德国	没有正式的制裁	合作：财务规划委员会（由联邦政府、各州和各社区代表组成）负责监督所有政府层面的财政发展，并在违规情况下提出建议
爱尔兰	个人：违约当局可以免职，由中央政府任命的专员代替	集中化：地方政府由环境部和地方政府监督和控制
意大利	制度：购买商品和服务的限制；禁止雇用新员工和禁止用合同债务为投资融资	合作：州—地方政府会议参与监督过程
西班牙	个人：不合规当局必须提交对任何财政赤字进行纠正的计划	集中化

资料来源：Joumard and Kongsrud（2003）。

在预防部分，成员国受到相关欧盟机构（欧盟委员会和欧洲理事会）的监督。在最近的修正案之前，这采取了评估形式，即评估各国的稳定性和趋同计划是否在实现中期结构性目标方面取得了足够的进展。然而，在过去几年中，越来越清楚的是，这种监督机制缺乏"咬合"，因为：（1）监督的重点是提交的财政计划，而不是其实施；（2）实际预算建议和结果往往与最初的稳定性和趋同计划存在显着差异；（3）欧洲机构对不充分（或不可靠）计划作出反应的唯一途径是发出警告并提出纠正措施建议。

纠正部分包括更有力的事后执行程序（启动过度赤字程序需要采取纠正措施，并包括因不合规而可能遭受经济处罚）。但过度赤字程序程序非常冗长，并且受到政治压力，因为委员会的建议可能会被理事会拒绝——它们在许多情况下都是如此。鉴于这些特征及其对名义预算赤字的关注（而不是公债的可持续发展路径），事实证明，在全球金融危机爆发前的繁荣时期促进财政整合以及防止危机期间和之后出现赤字和债务升级的预防措施都是无效的。[①]

欧洲联盟预算监督的弱点也暴露在上文专栏2.2中简要概述的一次性措施和创造性会计的广泛使用中。事实上，希腊大规模伪造预算账户的行为被揭露出来，从而引发了2010年欧元区成员国面临巨额的公债和其他脆弱性等巨大的市场压力。

欧洲地区当局和欧盟机构通过同意扩大财政领域之外的监督范围（包括成员在被认为对可持续中

---

① 最新（2010，2011）的欧盟委员会关于欧洲货币联盟公共财政的报告详细分析了欧盟预算监督的弱点以及为改善这种状况所采取的步骤。

期增长至关重要的结构改革方面的进展）和市场信心危机的反应，以及通过下文的六项措施大大加强了预算监督。这些措施旨在通过为尚未达到其商定的中期预算目标的国家的开支设置上限，并通过半自动制裁来加强过度赤字程序，从而提高预防部分的效率。①

在2011年12月9日的峰会上，27个欧盟成员国中的23个领导人同意了一项新的政府间条约（即所谓的财政契约），承诺在宪法层面制定国家结构性平衡预算规则，具有德国宪法所设想的自动纠正机制。这一承诺一旦得到各国议会的认可，就应该大大加强欧盟的财政政策框架。

结　论

通过限制财政政策和管理中的时间不一致性，程序和量化财政规则可以加强国家的财政框架。然而，设计和实施健全的规则（尤其是量化规则）并非易事，因为它们有时会涉及在潜在冲突目标（经济稳定、债务可持续性、简单性和广泛的社会可接受性）之间进行艰难的权衡，并需要一些先决条件（政治承诺、法律可行性、制度能力）。

在这些先决条件中，国家公共财政管理制度的适当质量至关重要。健全的公共财政管理制度对健全的财政政策而言至关重要，无论它们是否基于规则。然而，考虑到违反规则所带来的声誉和可能的其他成本，采用量化财政规则提高了公共财政管理制度所需的力度。一般而言，旨在遵守更多目标的量化财政规则往往在其设计和公共财政管理制度的必要实力方面更为复杂。

对这种充分性的评估必须针对具体国家，同时考虑到规则（应用基础、目标、监测和执法程序等）和国家制度（法律框架、决策权、透明度要求等）。然而，国家经验证实了一些一般原则。

- 第一，规则应该具有足够稳固的法律依据。财政规则的强有力的法律基础会增加违规成本，从而提高其可信度和有效并持续遵守的前景。
- 第二，财政统计必须是可靠和及时的，并且需要对相关变量进行有力的估计。
- 第三，支持量化财政规则的预算编制过程的特点包括财政部在编制和实施预算方面的强大作用；财政部有足够的能力预测预算总量；关于拟议预算的透明和全面的文件；议会预算批准程序，限制不符合政府提出的总体预算立场的修正范围；并且，优选地，尽管不是必要的，存在良好表达的中期财政框架。这些特征中的一些可以在补充量化财政规则的程序规则中阐明，例如综合财政责任立法。
- 第四，为了确保在预算执行期间遵守规则，国家公共财政管理制度必须促进及时可靠的收入和支出进展信息的产生，这些进展可能会威胁到财政规则的实现。反过来，这必须引起预算管理者的注意，他们需要有足够的激励和责任来采取早期的纠正措施。公共财政管理的弱点，诸如内部控制机制不良导致超支、经常使用补充拨款、大量使用预算外账户、缺乏国库单一账户等会严重破坏对财政规则的遵守。

---

① 修订后的战略规划允许在成员国预算产出偏离其目标时加强执行力度。重大且长期的偏差可能会导致金融制裁（通常为国内生产总值0.2%的计息存款）。这种制裁是由委员会提出的，并在安理会以"反向限定多数"的表决方式获得通过。此外，可以要求预算草案不符合预防性武器规定的会员国提交一份符合规定的新预算。

- 第五，健全会计和财务报告制度的重要性怎么强调都不过分。特别是重要的是这种制度在所有政府部门的统一，预算科目与会计科目表之间应保持一致，并且会计信息产生的是有效内容，并能及时监测国家财政规则中财政目标和影响其演变的主要因素。公共财政管理制度应包括对会计风险的充分保障。
- 第六，除非得到充分和一贯适用的执行和透明机制的支持，否则规则不大可能有效。应在引入该规则的立法中明确规定制裁，制裁应与过错相称并在相应的适用范围内留下最小范围的自由裁量权。规则应包括自动纠正偏差的规定。最后，通过建立负责监督规则遵守情况的独立的财政监管机构，可以显著加强规则的效力。

如果一个国家的公共财政管理制度明显缺乏上述特征，那么推迟正式采用量化财政规则并避免因不遵守规则而丧失可信度可能更为可取。相反，如果给予了该规则足够的政治承诺，该国可以开始跟踪该规则，同时做出必要的努力以加强其公共财政管理制度。

参考文献

Alesina, A., R. Hausmann, R. Hommes and E. Stein. 1996. "Budget Institutions and Fiscal Performance in Latin America," IADB Working Paper no.394.

Alesina, A., and R. Perotti. 1995. "The Political Economy of Budget Deficits," *IMF Staff Papers* 1-31. Washington, DC: International Monetary Fund.

Alt, J. E., and R. C. Lowry. 1994. "Divided Government, Fiscal Institutions, and Budget Deficits: Evidence from the States," *American Political Science Review* 88(4).

Anderson, B., and J. J. Minarik. 2006. "Design Choices for Fiscal Policy Rules," Paper for OECD Working Party for Senior Budget Officials GOV/PGC/SBO 4.

Ayuso-i-Casals, J., D. G. Hernandez, L. Moulin and A. Turrini. 2006. "Beyond the SGP –Features and Effects of EU National-Level Fiscal Rules," prepared for the workshop organized by the European Commission on "The Role of National Fiscal Rules and Institutions in Shaping Budgetary Outcomes," Brussels, November 24, 2006.

Balassone, F., D. Franco and S. Zotteri. 2004. "EMU Fiscal Rules and Fiscal Decentralization," *Presupuesto y Gasto* 35(2): 63-97.

Balassone, F., and M. S. Kumar. 2007a. "Cyclicality of Fiscal Policy," in T. Ter-Minassian, and M. S. Kumar (eds) *Promoting Fiscal Discipline*, pp. 19-35. Washington, DC: International Monetary Fund.

Balassone, F., and M. S. Kumar. 2007b. "Addressing the Procyclical Bias," in T. Ter-Minassian, and M. S. Kumar (eds) *Promoting Fiscal Discipline*, pp. 36-57. Washington, DC: International Monetary Fund.

Caceres, C., A. Corbacho and L. Medina. 2010. "Structural Breaks in Fiscal Performance: Did Fiscal Responsibility Laws Have Anything to Do with Them?," IMF Working Paper10/248. Washington, DC: International Monetary Fund.

Corbacho, A., and G. Schwartz. 2007. "Fiscal Responsibility Laws," in T. Ter-Minassian and M. S. Kumar (eds) *Promoting Fiscal Discipline*, pp. 58-77. Washington, DC: International Monetary Fund.

Corbacho, A. (coordinator). 2012. *Las instituciones fiscales del manana*. Washington, DC: Inter-American Development Bank.

Danninger, S. 2002. "A New Rule: The Swiss Debt Brake," IMF Working Paper WP/02/18. Washington, DC: International Monetary Fund.

Debrun, X., D. Hauner and M. S. Kumar. 2009. "Independent Fiscal Agencies," *Journal of Economic Surveys* 23(1): 44-81.

Debrun, X., and M. S. Kumar. 2007a. "Fiscal Rules, Fiscal Councils and All That: Commitment Devices, Signaling Tools or Smokescreens?," in Banca d'Italia (ed.), *Fiscal Policy: Current Issues and Challenges*, papers presented at the Banca d'Italia workshop held in Perugia, March 29-31, 2007, pp. 479-512.

Deroose, S., L. Moulin and P. Wierts. 2006. "National Expenditure Rules and Expenditure Outcomes: Empirical Evidence for EU Member States," *Wirtschaftspolitische Blaetter* 1: 27-42.

European Commission. 2006. *Public Finance Report in EMU - 2006*. Part Ⅲ: National Numerical Fiscal Rules and Institutions for Sound Public Finances, European Economy No. 3/2006. Brussels: European Commission.

European Commission. 2007. *Public Finance Report in EMU - 2007*, Part Ⅳ: Lesson from Successful Fiscal Consolidations, European Economy No. 3/2007. Brussels: European Commission.

European Commission. 2010. *Public Finance Report in EMU - 2010*, European Economy No. 4/2010. Brussels: European Commission.

Fatas, A., and I. Mihov. 2002. "The Case for Restricting Fiscal Policy Discretion," Center For Economic Policy Research (CEPR), Discussion Paper No. 3277.

Fatas, A., and I. Mihov. 2006. "The Macroeconomic Effects of Fiscal Rules in the U.S. States," *Journal of Public Economics* No. 90.

Fedelino, A., A. Ivanova and M. Horton. 2009. "Computing Cyclically Adjusted Balances and Automatic Stabilizers," IMF technical note, published on IMF.org website.

Girouard, N., and C. Andre. 2005. "Measuring Cyclically-Adjusted Budget Balances for OECD Countries," OECD Economics Department Working Paper No. 434.

IMF. 2009. "Fiscal Rules – Anchoring Expectations for Sustainable Public Finances," published on IMF.org website.

Irwin, T. 2012. "Accounting Devices and Fiscal Illusions," IMF Staff Discussion Note, SDN/12/02. Washington, DC: International Monetary Fund.

Joumard, I., and P. M. Kongsrud, "Fiscal Relations across Government Levels," OECD Economics Department Working Paper No. 375.

Kopits, G. 2001. "Fiscal Rules: Useful Policy Framework or Unnecessary Ornament?," IMF Working Paper WP/01/145. Washington, DC: International Monetary Fund.

Kopits, G. 2004. "Overview of Fiscal Policy Rules in Emerging Markets," in Kopits, G. (ed.), *Rules-Based Fiscal Policy in Emerging Markets. Background, Analysis, and Prospects*, pp. 1-11. London: Palgrave Macmillan.

Kopits, G. 2011. "Independent Fiscal Institutions: Developing Good Practices," *OECD Journal on Budgeting*, November.

Kopits, G., and S. Symansky. 1998. "Fiscal Rules," IMF Occasional Paper 162.

Kuttner, K. N. 1994. "Estimating Potential Output as a Latent Variable," *Journal of Business and Economic Statistics* 12(3).

Kyobe A., and S. Danninger, "Revenue Forecasting: How Is It Done? Results from a Survey of Low-Income Countries," IMF Working Paper, WP/05/24. Washington, DC: International Monetary Fund.

Larch, M., and A. Turrini. 2009. "The Cyclically-Adjusted Budget Balance in EU Fiscal Policy Making: A Love at First Sight Turned into a Mature Relationship," *European Economy -Economic Papers* No. 374.

Ljungman, G. 2008. "Expenditure Ceilings – A Survey," IMF Working Paper WP/08/282. Washington, DC: International Monetary Fund.

Marcel, M. 2009. "La Regla de Balance Estructural en Chile: Diez Anos, Diez Lecciones," mimeo.

OECD. 2004. "Asset Price Cycles, 'One-Off Factors' and Structural Budget Balances," Ch. Ⅵ of *Economic Outlook*, No.75, OECD, Paris.

Price, R., and T. Dang. 2011. "Adjusting Fiscal Balances for Asset Price Cycles," OECD Economics Department Working Paper No. 868.

Schaechter, A., T. Kinda, N. Budina and A. Webber. 2012. "Fiscal Rules in Response to the Crisis – Toward the 'Next Generation' Rules," IMF Working Paper WP/12/187. Washington, DC: International Monetary Fund.

Sutherland, D., R. Price and I. Joumard. 2005. "Fiscal Rules for Sub-central Levels of Government: Design and Impact," OECD Economics Department Working Paper No. 465. Paris: Organisation for Economic Co-operation and Development.

Ter-Minassian, T. 2010. "Preconditions for a Successful Introduction of Structural Fiscal Rules in Latin America and the Caribbean: A Framework Paper," IDB Discussion Paper No. 157.

Ter-Minassian, T., and J. Craig. 1997. "Control of Sub-national Borrowing," in T. Ter-Minassian (ed.), *Fiscal Federalism in Theory and Practice*. Washington, DC: International Monetary Fund.

Ter-Minassian, T., and A. Fedelino. 2010. "Impact of the Global Crisis on Sub-national Governments' Finances," IEB, *Fiscal Federalism Report*, Barcelona, Spain.

Von Hagen, J. 2005. "Fiscal Rules and Fiscal Performance in the EU and Japan," CEPR Discussion Paper No. 5330.

Von Hagen, J., and I. Harden. 1995. "Budget Processes and Commitment to Fiscal Discipline," *European Economic Review* 39 (3-4).

Wyplosz, C. 2005. "Fiscal Policy: Institutions vs. Rules," *National Institute Economic Review* No.191.

3
公共财政和预算制度的法律框架[①]

伊恩·利纳特

公共财政制度背后的法律框架包括税法、预算制度法（BSLs）、地方政府财政法以及宪法。在联邦制国家，立法机关通过的法律适用于联邦的预算制度，而次国家级政府采用的法律则适用于其自身的预算制度。在单一制国家中，议会可能会通过适用于各级政府的法律，也有可能采用两套分别用于中央政府和地方政府的预算制度法。除法律外，还有很多涉及公共财政各个方面的法规。

为了对本章讨论的范围做出限定，本章主要关注与国家预算制度及财政责任相关的法律。预算制度法为制定、采用、执行和汇报年度预算以及明确中期财政政策目标与目的提供了明确的规则。预算制度法与其他和公共财政制度相关的法律之间的关系如图3.1所示。

预算制度法是管理预算过程以及立法、行政机关决策的规则的正式表达。[②]这些正式规则的目标[③]是明确哪些预算过程是重要的，谁应该负责哪些步骤——特别是立法和行政机关不同的预算角色和权力——以及何时应采取关键预算措施。如何实施预算流程的问题也可以通过法律得到解决，尽管最好由级别较低的法规对预算控制、财务管理和政府会计等技术领域的详细规则做出细致的说明。

不同国家之间，预算编制的法律依据存在巨大差异——这不仅反映了预算制度的差异，也反映了政治、行政、法律和文化安排上的差异。在一种极端情况下，少数国家除宪法外，没有预算制度法。[④]另一个极端则是美国，它拥有许多与联邦预算制度相关的法律。大多数国家介于这两个极端之间；通常，在一个国家中，只有少数法律会对国家的预算制定做出安排（见Lienert and Jung, 2004）。

本章首先审视了各国在预算制度法的数量与内容方面的不同，特别是采用预算制度法的目标与宗旨、法律背景、影响预算的政治制度，以及立法机关的预算授权。本章在讨论这些问题之后，简要说明了设计精巧的预算制度法的基本构成原则；然后研究了可以包括在预算制度法或财政责任法中的预算管理领域。最后，本章为准备制定新的预算制度法或修改现有法律框架的国家提供了一些指导。

[①] 本章是Lienert and Fainboim（2010）论文的修改版。
[②] "立法机关"一词指的是一个国家的立法机关（国会或议会），无论该国是总统制还是议会制政府。"执行"是指执行法律的政府决策机构（部长组成的内阁、各部、局等；本章中该术语与"政府"同义。
[③] 虽然本章的重点是正式规则（即法律和法规），但预算流程也受非正式规则的影响，第4章和第5章将对此进行讨论。
[④] 例如在丹麦，财政部的"预算指南"与预算制度法具有相同的功能；在挪威，议会法规指导预算流程。在巴拿马，每项年度预算法都包含一系列通常属于预算制度法的规定；这些规定每年由国会批准，通常没有变化。

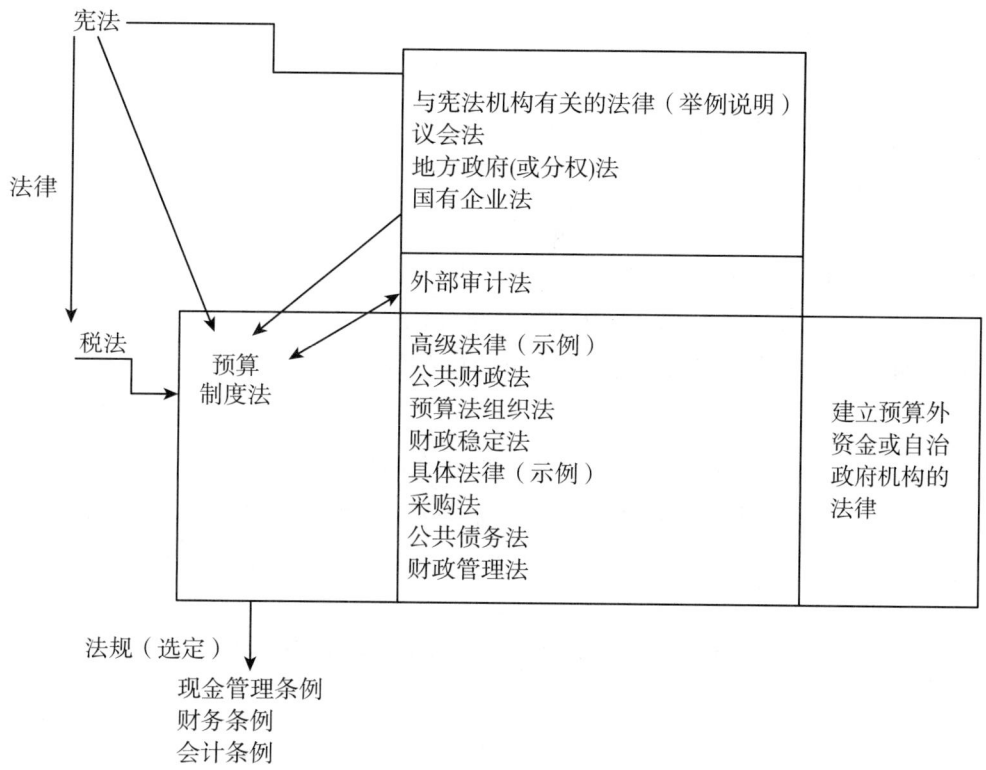

图3.1 宪法、预算制度法和其他法律之间的关系

与预算制度有关的法律的目标各不相同

各国会出于各种原因采用新的预算制度法或修改现有法律，包括：解决与预算有关的具体问题；引入新的预算原则，如透明度、问责制，财政稳定性和可持续性以及预算执行情况；加强或阐明立法机关或行政机关的授权。特别是，预算制度法为实现完善的公共财政管理体系的五个目标提供了框架：实现短期宏观财政稳定和中期财政可持续性、加强预算资源的配置、提高公共开支的效率、确保能够有效实现管理政府现金余额等操作，并及时、透明地向议会和公众提供高质量的预算信息。

准备预算制度法的第一步是对国家的预算制度、财政制度和决策过程进行诊断性审查。任何缺点或遗漏都可以在新预算制度法的草案中加以解决。通常情况下（但并非总是如此），行政机关会主动启动此流程。一旦就新法的目标和内容达成政治共识（一些国家会采取该过程），议会就会通过新的预算制度法。这可能只是第一步，因为没有任何法律可以取代系统性变更预算制度及实施预算制度法所需的政治承诺。在无法做到完全尊重法律的国家里，提高对预算改革的政治承诺至少与通过一项也许永远也无法彻底执行的新法同等重要。①

法律背景下的跨国差异

宪法。 各国在法律法规的层级结构方面存在差异。宪法级别最高，为所有法律提供框架。在制定

---

① 第4章将对法律上的改革和事实上的改革之间的区别进行更为全面的讨论。

预算制度法时，应审查宪法对以下领域所作的规定：

- 政府行政机关与立法机关的一般性职责，以及两者之间的关系
- 立法程序
- 中央（或联邦）政府与地方政府之间的关系
- 与预算制度有关的总体原则（一些国家的宪法专门辟出一章讨论公共财政问题）
- 设立为政府提供外部审计的独立机构（最高审计机关）和其他在预算流程中发挥作用的公共部门机构，如中央银行或决定高级公务员工资的独立委员会。

更高级别的普通法。在一些国家，包括预算制度法在内的所有成文法都享有同等地位。在其他国家，尤其是受法国、西班牙或葡萄牙影响的国家，宪法要求"组织"法（一种排名较高的法律，其通过程序比普通法律要求更高）对公共财政加以规定。巴西就是一例（专栏3.1）。[①]

专栏3.1　巴西：主要的预算制度法

主要法律包括：1988年的宪法、1964年的第4320号法律、2000年的财政责任法以及每年在年度预算法前获批的预算准则法。

宪法赋予立法机关和行政机关预算授权。还包括一条"黄金法则"，即政府借贷不得超过资本支出。

第4320号法律和财政责任法属于更高级别的法律；也就是说，它们优先于普通法律，普通法律无法对其进行修改。只有在国会两院中均获得绝对多数同意票之后才能获得通过。要修改财政责任法，需要获得国会三分之二成员的同意。这两部法律还为三个级别的政府制定了共同的预算编制规则，并为每个级别制定了一些具体规则。这两部法律为预算的编制、执行、核算和报告制定了规则。财政责任法包括详细的规定，如某些财政指标的量化限制（例如净公债与净收入的比率、人员支出与净收入的比率）以及对地方政府借款活动的限制。规定了政府对财政报告的要求，包括实现基本收支平衡的目标、未来三个财政年度的公债以及对财政风险的描述等。

资料来源：IMF（2001）；Blöndal and others（2003）。

政府或总统条例/命令和部级条例/指示详细阐述了排名较高的法律所阐明的原则。以下标准为判断某一事项是否应写入法律或政府法规这一问题提供了指导：

- 最终决定权在立法机关手中的公共财政领域应由法律加以规定，而行政机关享有授权的公共财政领域则应受法规管辖。
- 与其他两个政府部门（立法机关和司法部门）相关的行政机关的责任应在法律中加以规定，而行政机关的内部责任最好由行政机关颁布的法规或法令加以规定。

[①] 一些国家的宪法包括法律排名，将组织法置于宪法之下，普通法之上。只有在获得立法机关绝对多数人同意的情况下，此类法律才有可能获得通过。

- 由于法律比法规更难更改，法律不应包括无法实施或不太可能持久的规定；也就是说，规定在日后遭到废除或修改的风险很大。这些规定很有可能在日后被废除或修改。

管理国家预算制度的法律的数量在一定程度上是由对法律与监管重要性的态度决定的（这反过来又反映了立法机关与行政机关之间的权力平衡）。由于预算制度本身是连贯的，因此将预算编制的所有功能合并到一部单行法中最为有用。主要的例外是具有宪法地位的职能或领域，如地方政府的预算编制和外部审计，这时通常需要单行法律，部分原因是有关机构在政治和制度上享有独立性。此外，尽管一些国家针对预算制度中的"专业"领域，例如国库管理、采购和债务管理等制定了单行法，但应避免制定大量的限制范围法律，因为多种法律可能会导致不一致、不连贯或不清晰。

在准备新的预算制度法时，需要牢记以下与法律制度有关的问题。立法机关通过行政机关起草的法律草案后，应该在法律正式颁布之前采取哪些步骤？每一步需要多长时间？导致立法机关（或是需要进行司法审查的国家中的宪法法院）拒绝或暂停法案的风险是什么？为了便于早日实施新法律，新法规的草案是否已经可用？

一个关键问题是，预算制度法的规定是否可以执行，如果不能，是否应将制裁纳入预算制度法。其他法律可能已经涵盖了对集体机构的制裁。例如在议会制中，如果政府未能履行其预算责任，议会可能会对政府进行不信任投票。预算制度法可以规定对地方政府的制裁（例如未履行报告要求或债务限额义务）。预算过程中对个体行为者的制裁通常会更进一步，具体取决于违法行为的严重程度。制裁包括行政行为（例如开除违规个人）、罚款以及运用刑法来处理盗用资金、欺诈或腐败等严重违法行为。

不同的政治安排

设计预算制度法时，应考虑国家政治制度中的以下几个方面：
- 该国是联邦制国家还是单一制国家？联邦制国家可能需要对地方政府的预算制度施加法律约束。例如为了确保宏观财政稳定，可以在联邦法律中对地方借款或债务水平做出限制。同样，预算制度法也应包含各级政府使用国际公认的报告和分类标准向联邦政府报告预算和债务数据这一重要方面。[①]
- 总统制与议会制。需要借助法律规定来解决行政和立法机关在预算问题上的对峙局面，特别是在总统制国家中。议会制国家可以启动不信任投票。在政府有效控制议会的国家，通过预算制度法的目的主要是执行内阁部长的决定。
- 政党的数量。在实行基于比例代表制的选举制度的国家，通常有许多政党和联合政府。联合政府成员之间的政治协议可能包括与预算相关的协议，这些协议可以取代预算制度法也许会包括的规定。例如一些欧洲国家的政府制定了在政府任期内有效的多年财政目标。
- 两院制立法机关或一院制立法机关。在一些采取两院制立法机关的国家，第二个议院在预算事项上的决策权有限甚至没有。在另一些国家，两院在修改预算草案这一问题上拥有相同的权力。在这种情况下，预算制度法（或议会法规）需要考虑通过年度预算法所需的时间较长。

---

① 1969年德国制定的预算原则法中就包含了这些规定，该法适用于联邦政府和所有地方政府。

立法机关的预算授权和行政机关的预算职责

通常立法机关在预算问题上的权力是至高无上的,至少在批准年度预算方面是如此。如果宪法中没有说明,预算制度法应规定,所有税收和政府开支都应遵守法律规定。这一原则意味着,未经立法机关批准,不得动用任何收入,包括超出预算预测的收入。预算制度法应对例外情况加以规定。

立法机关可以通过有意加强其在预算流程中的作用的新预算制度法。1974年,美国就出现过这种情况,当时预算权力的天平向国会倾斜。[①]这也是法国于2001年通过了新的预算制度法的原因之一(见专栏3.2)。作为增强问责制和民主进程的一部分,一些拉丁美洲国家通过了赋予国会更多预算权力的法律。相比之下,在基于威斯敏斯特体系的预算制度中,预算制度法和法规普遍加强了政府在预算事务方面的权力。[②] Wehner(2010)指出,各国立法机关的预算权力差异很大,美国和英国分处两个极端。[③]

专栏3.2 法国的财政法组织法

2001年8月,法国议会通过了《财政法组织法》(LOLF),对法国的预算制度进行了实质性的现代化改革。该法建立在1958年的宪法之上,限制了议会修改预算草案、增加支出或减少收入的权力。《财政法组织法》仅涵盖了中央政府的预算程序,未将社会保障基金和地方政府包括在内。针对这两者,法国通过了单行的组织法。《财政法组织法》的主要创新如下:

- 将预算格式和拨款结构从基于投入的预算改为以政府政策目标明确的项目为基础的预算。
- 使预算管理人员对结果负责。与将人事管理责任委托给预算项目管理人员的国家不同,《财政法组织法》要求管理每个预算项目的公务员的人数和工资开支都必须得到议会批准。
- 向议会提供更全面的预算信息,包括清晰的中期财政政策目标说明和有关每个预算项目执行情况的年度报告(这些报告由议会正式批准为年度预算执行法案的附件)。
- 扩大议会的预算权力。议会审查所有预算项目的开支,而不是之前预算编制体系中"现有政策"的增量。议会预算委员会的调查权力也得到了加强。
- 通过要求编制获得审计法院认证的以权责发生制为基础的财务报表,来提高财务信息的质量。公共部门的会计准则必须与私营部门的会计准则保持一致。

《财政法组织法》并不要求为每个预算项目(或一组项目——一项"任务")设定多年度支出上限。这一点是在2008年通过了一项宪法修正案之后提出的,该修正案要求制定多年度政策法案,为所

[①] 1974年的《国会预算和扣押控制法》:(1)确定制定年度国会预算方案的正式程序;(2)加强国会在总统不使用("扣押")国会批准的拨款的权力这一问题的控制;(3)创建国会预算办公室(CBO),在预算事项上向国会提供无党派支持。国会预算办公室独立于总统的管理与预算办公室。

[②] 例如:1989年新西兰的《公共财政法》赋予政府更大的自由,使其可以在广泛的拨款类别中决定具体的支出。1994年,《财政责任法》获得通过,使政府可以界定"稳妥"的债务水平。1996年,政府在将可以阻止议会修改预算草案的"金融否决权"引入议会法规("现行命令"),对政府提出的财政总量和/或费用构成产生了不小的影响。现行命令还指定由政府而不是议会来决定就支出投票进行议会辩论的日期和时间。

[③] Wehner(2010)的图3.1显示出30个经济合作与发展组织(OECD)成员国立法机关的预算实力指数。该指数是基于一个国家的预算体系法中通常包括的因素,如修改预算的权力或复归预算的规定。

有"一般政府"预算活动确定一致并且包罗万象的中期预算战略。

资料来源：http://www.performance-publique.gouv.fr。

鉴于立法机关的主要职责是批准年度预算和追加预算，行政机关的主要职责是向立法机关提交预算法草案并报告年度预算执行情况。主要参与者通常是（总统制中的）总统或（议会制中的）财政部长。[①]财政部长（或同等机构）的权力和责任范围需要在预算制度法中阐明。

应在法律中规定部长和其他预算管理人员向立法机关报告预算执行情况的责任。法律可以要求部长和预算管理人员回答议会提出的问题或出席立法机关的预算委员会会议、解释各部委或机构的预算结果和财务管理状况。在实行基于绩效的预算制度的国家，法律可以要求提供（有关支出效率或达到绩效目标的）财务和非财务指标。

政府行政机关内的个人责任不一定要在法律中明确规定。可用通过内部规章规定编制、执行、监控或准备供行政机关内部使用的账目或其他预算执行报告的人员的责任。例如支出部门/机构负责人对财政部的责任可以通过总统、内阁部长、总理或财政部长发布的法规、命令或法令加以明确规定。

预算制度法律的健全原则

专栏3.3列出了有关可纳入全面预算制度法的预算管理的几条指导原则。一旦阐明了法律的目标，介绍性规定（或单独的文件）将规定立法的主要原则及范围，并定义预算制度法中使用的所有术语。

专栏3.3 预算制度法的健全原则

问责制：行政机关必须定期向立法机关报告财政绩效。独立的外部审计机构每年向立法机关报告预算执行情况。行政机关内部明确界定预算管理人员的问责制。

年度基准：预算授权为12个月。预算制度法规定了诸如多年度拨款和年终结转等例外情况。所有会计事项均按一年期进行估算。

授权性：预算制度法明确规定了预算周期的决策权。行政机关准备年度预算法草案和支持文件；未经立法机关批准，不得征税或支出；立法机关批准年度支出（拨款）估算，此前可能要求对估算进行修正（预算制度法规定了这一权力，就像它也规定——如果有的话——行政机关有权在年内修改获批的预算法）。行政机关执行年度预算、管理银行账户中的政府现金余额并报告预算执行情况。

平衡：预算付款由收据（会计结余、现金收付制）来平衡。预算支出由预算收入和融资（权责发生制）来平衡。核定预算中没有资金缺口。"平衡"的相关概念得到明确界定，可能受法律的限制（"财政规则"）。

---

① 在一些总统制国家（例如美国）中，预算体系法仅与"总统"有关，而在其他国家（例如巴西），预算体系法规定了财政部长以及总统的某些角色。许多拉丁美洲国家（几乎所有国家都采取总统制）通过了行政权力法，通常规定了总统和各部长的具体责任。此外，在一些国家，除财政部长外，其他部长（总理或计划部长、经济部长）也有预算责任。法律或法规最好能够规定这些部长的职责，阐明其与财政部长共同承担的责任。

公共收入池：所有预算资源都是可替代的，并归入一个共同基金。

全面性：明确规定年度预算的范围（例如所有中央政府预算实体，包括预算外资金）。所有收入和支出都按总额列入预算；收入无法抵消支出。预算制度法对例外情况加以规定。

绩效：在预算文件中报告预算方案的预期和最近的结果（或产出和/或结果）。

具体性：在预算估算中对收入和支出做出详细说明。

稳定性：短期和中期宏观财政稳定：确保政策承诺实现收入、总支出、财政平衡和公债的目标。财政目标需要在定期更新的中期预算框架中加以规定。长期稳定：应准备财政可持续性分析和定期长期财政预测。

透明度：所有公共机构的职能和责任都很明确。定期、及时地公开有关预算的信息，包括预算外资金（如果存在）、税式支出和或有债务。

统一性：预算和立法机关分别在同一部年度预算法中提出和批准所有收入和付款。对于支出来说，不存在一个用于当前开支，另一个用于资本交易的"双重"预算制度。新的收入措施可以通过年度预算法或修改相关税法（排他性原则可以包含在预算制度法中）获得批准。

资料来源：改编Lienert and Fainboim（2010）的专栏3。

预算制度法的范围和内容应是什么

本节详细阐述了预算编制的关键领域，通常而言，最好制定预算制度法律本身而非附属法规的规定。

（1）向立法机关提交年度预算或拨款法[①]

- 提交预算的时间。如果宪法没有列明，预算制度法应规定行政机关必须将年度预算草案提交给立法机关的日期。通常是新的财政年度开始前的2—4个月。在拥有两院制立法机关的国家，应留出更多的时间来讨论预算草案，特别是两院都有权修改预算法草案时。
- 财政规则。财政规则是对预算总额的量化限制，它限制了行政机关和立法机关的预算编制权。年度预算草案需要与立法机关在预算制度法中批准的财政规则一致。[②]
- 预算拨款的分类。预算制度法应规定每年拨款法中批准的支出类别。在以合规为导向的预算制度中，数以千计的预算项目可能会获得立法机关的批准。在现代预算制度中，拨款的投票单位通常是广泛的计划（或结果或产出）。在此类体系中，预算制度法或政府法规将详细说明需要将支出分解到何种程度，特别是以控制支出为目的时。统计报告的详细分类体制，例如开支的功能和经济分类，也可以由政府法规加以规定。

[①] 一些国家通过了年度预算法，利用单行法批准年度收入和支出（以及税收和支出政策的变化）。其他国家则利用独立于年度拨款法的法律通过税收变动；后者仅限于由立法机关拨款的年度支出（并非所有支出都需要年度拨款法；在一些国家，其他法律为年度政府支出的很大一部分提供了法律依据）。

[②] 第2章讨论了采纳财政规则的愿望。

(2) 年度预算法草案所附的文件

- 中期宏观经济和财政预测、预算所依据的假设以及其他信息。预算制度法应指明行政机关在提交给立法机关的年度预算草案中需要包括的主要文件（专栏3.4）。在许多国家，立法机关审查并批准更新后的多年预算框架，涵盖国际货币基金组织《政府财政统计手册》中规定的"一般政府"内的所有事业单位。预算制度法还可以要求立法机关正式批准政府的公债战略。[①]
- 预算外资金对预算的影响。[②]如果有充分理由为特定目的（例如社会保障）创建预算外资金，可能需要通过特别法。一些国家限制预算外资金的创建。例如1999年的芬兰宪法就禁止创建预算外资金，除非议会中绝对多数人投了赞成票，而且该基金必须履行国家的基本职责。对年度拨款法不包括预算外资金支出的国家而言，预算制度法应规定（中央或一般政府的）目标财政总量，包括所有预算外活动的预计收入和支出。预算制度法还应要求在年度预算文件中报告预算外资金。
- 有关绩效目标和目的的信息。如果采用以绩效为导向的预算制度，预算制度法应要求提供两份报告：一份是针对前瞻性年度绩效目标的报告，另一份是绩效目标是否实现的报告。报告涵盖所有主要计划，并由各部委准备，部际计划除外。

专栏3.4 年度预算法或拨款法案草案附带的文件

- 中期财政战略和目标。中期预算框架显示的是至少在下一财政年度后两年内的预期收入、支出、预算平衡和公债。也许它能够表明为什么对政府之前的中期财政目标做出了改变。
- 宏观经济预测及其背后的主要假设。
- 年度预算政策声明。列出了即将发布的年度预算的战略重点，包括总体政策目标以及与中期战略或财政规则的一致性。描述拟议的税收和支出政策的变化。收入和支出方面每项新的主要政策变化的影响（包括税式支出的变化）都将被量化。
- 前两年实际收入和支出的比较信息以及对当前年度的最新预测。与早前针对同一时期预算文件中的预测相统一，并附有对偏差的解释。
- 关于财政风险的声明。可能包括财政预算对假设性变化的敏感度、替代性宏观财政方案的影响、债务可持续性分析和债务相关风险，以及与准财政活动、政府担保和其他或有债务、国有企业、金融部门、地方政府、预算外资金和政府资产相关的风险（详见第28章和Cebotari and others，2009）。
- 税式支出。税法有利于特定活动或纳税人群体。全面、量化的税式支出声明使议会能够了解豁免和其他税收特权造成的收入损失的规模。
- 长期财务报告。对人口老龄化和医疗保健成本上升等会对财政平衡和政府支出产生长期影响的

[①] 预算体系法或单行的公共债务法律或法规应阐明与公共债务有关的关键要求，包括确定与政府债务管理有关的主要机构的责任、规定财政部长作为政府唯一的借款代理人并选择适当的借款工具的（授权）权力、建立授予担保和转借主权外债的权力和一般条件、设定公共债务和/或借款总额的限额（对地方政府做出明确规定）、为所有债务偿还事务提供议会拨款、为政府的债务管理制定审计和问责制安排。至于政府债务的覆盖范围，当非金融或金融公共企业对财政政策总量或财政风险产生重要影响时，"公共部门"可能是适当的。

[②] 对预算外资金的全面讨论，参见第18章。

问题进行分析是有用的，因为它允许采取先发制人的政策行动。不一定需要每年进行10—50年的长期预测。

资料来源：OECD（2002、Lienert and Jung（2004）专栏Ⅲ.4。

（3）立法机关通过包括修正案在内的预算

- 分为两部分的预算审批流程。一些国家要求政府在新预算年度前的年中左右，向立法机关提交中期财政框架和年度预算总额，进行预算前辩论。其他国家要求在第二轮议会投票前批准年度预算总额（收入、总支出和新借款），第二轮投票会批准详细的支出估算。这种由两部分组成的预算审批程序的优点是，立法机关在第一轮重点关注整体财政战略的主要总量，在第二轮关注详细的支出计划。预算制度法可以纳入这样的程序，特别是在认为"自上而下"的预算编制[①]对实现财政整顿至关重要的国家。

- 限制立法机关改变行政机关提交的预算草案的权力。立法机关最重要的预算权力之一就是它能够更改行政机关提出的预算草案的规模和构成。一些国家的议会拥有无限的修正权。但是，考虑到中期财政稳定，最好限制立法机关的权力。一种选择是在增加额外收入的情况下，允许立法机关批准额外的支出，来保持财政平衡。更具限制性的选择是阻止立法机关增加总支出，只允许其改变支出的构成。威斯敏斯特体系国家通常制定了更严格的规章，只允许减少开支（加拿大）或要求议会在做出可能会对政府提出的中期财政框架产生重大影响的变动之前先获得政府的首肯（新西兰）。有关一系列国家的做法，参见OECD（2007）和Wehner（2010）。

- 一些国家对立法机关向上修订收入预测的权力进行了限制（以适应更高的支出）。立法机关与行政机关的权力明确分离的国家（例如采取总统制的拉丁美洲国家）特别需要法律限制，如果立法机关不切实际地上调收入和开支，可能会破坏宏观财政的稳定。

- 立法机关对专款专用和批准税式支出的限制。应避免将收入专用于特定支出，因为它违反了共用资源原则。可以在法律中引入税式支出的日落规则（例如五年后到期的税收特权）或者可以对总税式支出设定限制（例如在年度支出总额中所占的百分比）。如有需要，预算制度法可以限制或取消专款专用，并要求报告税式支出。

- 立法机关内部的预算批准程序。预算制度法可以规定通过年度预算法所需的一些程序法规则，包括议会委员会和全体会议的最长预算辩论时间以及预算法草案的优先权（在一些国家，宪法或法律规定，年度预算法的优先级高于其他法律）。对两院制立法机关而言，每个议院各自的预算责任应在法律中加以阐明。通常应在立法机关的内部规章中规定详细的预算通过程序，例如可以指明立法机关内部预算委员会的权力和立法机关部门委员会的预算责任。

- 立法机关通过预算的日期。预算制度法应要求在（前一）财政年度的最后一天之前通过年度预算，以便新预算法从新财政年度的第一天起开始实施。

- 复归预算。预算制度法应规定立法机关未在截止日期前通过年度预算的情况下所适用的程序。

[①] 第9章和第10章将讨论自上而下的预算编制和总支出上限。

大多数预算制度法会在最新的预算法所批准的开支的基础上实施复归预算。一个典型的方法是规定新财政年度的预算以上一财政年度批准预算的十二分之一的月率执行（投资项目支出可能是例外，它"难以"实施）。这样的规章可以防止行政机关在未经立法批准的情况下引入新的预算政策或项目。

- 出现政治僵局时采用的预算规则。在议会制中，僵局可能导致针对政府的不信任投票。另一种情况是未能组建新政府（例如联合政府成员之间未能达成政治协议）。在这种情况下，在法律中制定复归预算规则就很重要。在总统制中，总统也许有权否决立法机关批准的预算（或部分预算）。制定法律规定，确保政府在双方就新的年度预算达成政治共识的同时能够继续发挥作用。预算制度法应确保不出现"政府停摆"。
- 追加预算。预算制度法应允许在需要时通过追加预算。预算制度法的原则和程序应适用于年度预算和追加预算。追加预算法可以授权：（1）增加总支出，如果收取税款高于预期，或出现不能通过削减其他开支来实现的大笔意外支出；（2）减少支出，特别是收入低于预期且政府不希望偏离其预先宣布的赤字/盈余目标。
- 议会预算办公室。一些国家已建立了为立法机关提供独立预算分析的办公室。议会预算办公室承担从编制宏观经济预测到提出有关预算和财政政策的建议的一系列任务。预算制度法或其他法律可以规定此类办公室或其他独立财政机构（如财政委员会）的职责和责任。

年度支出拨款的性质、类型和持续时间[①]

预算制度法应阐明年度拨款的性质、类型和灵活性，因为这些问题对有效的预算执行而言非常重要（另见第13章）。主要问题将在下面进行讨论。

- 拨款存在具有法律约束力的上限。预算制度法应规定年度拨款是否为每项支出设立了具有法律约束力的上限并阐明例外情况。政府开支可以通过其他法律或具有法律约束力的合同（例如转移到家庭，如养老金和失业救济金、偿还债务、法院裁定的付款）来强制执行，并且无论年度预算法规定的金额如何，都必须进行支付。如果该项开支包含在年度拨款法案中，开支预算不一定存在上限。[②]但是，对于大多数支出项目而言，年度拨款设定了具有法律约束力的上限。[③]
- 以现金、承诺还是权责发生制为基础来编制预算开支？预算制度法需要规定拨款的基础。大多数国家采用的是现金拨款制度。法国和德国采用的年度预算法对支出承诺和现金支付均做出了限制。少数国家采用了权责发生制预算拨款，澳大利亚发现，非现金项目的预算编制，特别是折旧，实施起来很麻烦。
- 总拨款与净拨款。全面性原则不允许用收入来抵消支出。尽管如此，一些国家的预算制度法允

[①] 第9章和第13章将讨论拨款结构。

[②] 这取决于支出的性质。例如，虽然政府间转账通常由年度预算审批程序之外的流程决定，但它依然可以存在具有约束力的上限。相反，与政府社会保障计划有关的法律要求向受益人付款，不管预算估算是否准确。

[③] 在美国，特殊情况下，每项支出拨款也有一个下限：法律要求行政人员花光所有预算拨款。这些规定消除了在收入不足时，（其他国家的）行政机关通常有权减少支出的灵活性。

许将收入专用于特定目的（例如石油产品的消费税必须用于道路养护）。其他国家为了鼓励政府部门/机构效仿私营部门实体，通过了鼓励预算实体筹集和保留收入的法律规定。在这种情况下，立法机关应批准预计的收入，并为设定可以产生此类收入的费用或收费提供指导。机构的预计收入超出预期时产生的任何开支都应得到立法机关的批准。预算制度法中的这些规定对于防止预算外部门/机构开支截留"自有"收入来说至关重要。

- 预算授权结转。传统上，批准的支出以现金为基础，有效期仅为12个月。但是，为了保证年终支出的灵活性，一些国家的预算制度法允许将投资支出授权转入下一个财政年度。严格控制支出的国家也可以允许结转特定的经常性支出。预算制度法应具体说明可以结转的支出类型和限额。[1]
- 年度拨款期限。预算制度法允许多年度支出承诺，特别是投资开支。这些拨款将在立法机关通过年度预算时获得批准。
- 或有事项拨款。预算制度法可以规定年度拨款法包含满足不可预见和紧急开支需求（例如用于紧急情况或其他意外义务）的规定。预算制度法应将这种未分配的开支限制为总支出或总收入的一小部分（通常低于3%），并将开支的权力交给财政部长。预算制度法还应要求定期向立法机关报告或有事项开支。法规应在年度拨款法中规定从非分配储备中开支的资格、程序、限制和报告。

预算执行和控制[2]

政府或部委法规通常会规定年度预算执行中的许多程序，包括分配（向低级别的预算实体）、分摊（将年度预算的支出分成年内最高限额，例如每季度）以及有关支出控制、内部控制和内部审计的其他机制。尽管如此，预算制度法可能包含预算执行关键领域的规定，包括：

- 执行预算时行政机关的灵活性。预算制度法可以规定特定的分项支出可以超支，只要在同类别支出中对另一个分项支出作出抵消性的向下修正。这叫做预算调剂。预算制度法应规定行政机关（财政部长）的预算调剂权力。例如预算制度法可以规定在无需向立法机关提交补充预算并获得批准的情况下，特定支出可以超支的百分比。
- 行政机关削减拨款的权力。预算制度法应规定行政机关是否具备削减预算拨款的权限、权限是否存在限制，以及允许其这样做的条件（例如收支失衡时）。各国的做法各不相同。为保持宏观财政稳定或防止拖欠付款，预算制度法应赋予政府（或财政部长）削减支出的权力（最好设置削减的比例上限，否则行政机关可能会滥用这项权力），使其可以在不得不在以追加预算的形式将预算再次提交给立法机关以获得额外的财务开支授权之前对预算做出调整。
- 行政机关有权管理政府的银行业务安排和现金管理。为了实现有效的财务控制，预算制度法应授予财政部长管理政府银行账户的开立、关闭和管理的广泛权力。预算制度法还应赋予财政部长尽量减少政府账户中的闲置余额、投资任何临时短期现金盈余以及为短期现金管理借款的权

---

[1] 详细信息，请参见Lienert and Ljungman（2009）。
[2] 第13、14、16、17章和31章进行了进一步讨论。

力。目的应是尽量减少借款成本和政府风险。政府法规应规定有关（分权体系中）政府机构现金管理的详细信息。
- 合并所有收入、建立国库单一账户。根据资源共享原则，预算制度法应要求将所有收入存入同一共同基金，主要业务由在中央银行注册的国库单一账户进行管理。国库单一账户可能存在子账户。[①] 例外情况应由法律明确规定。
- 政府采购安排可由专门的法律加以规定。政府对商品和服务的采购是一个特别容易被腐败侵蚀的领域。因此需要强有力的监督，特别是议会的监督。因此，许多国家通过了政府采购法，规定了采购安排和程序。可设立特别行政实体来监督和控制政府采购，包括确保竞争性招标程序。详细的采购规则将在法规中进一步阐述。

政府账目、向立法机关和外部审计报告[②]

预算制度法还应包括以下方面的规定：
- 会计制度和程序。通常不需要单独的政府会计法。很大程度上，会计是一个技术问题，财政部或独立机构发布的标准和法规必须为其提供相关细节。然而，预算制度法应规定预算实体使用的会计基础。这个基础不必十分广泛。例如2001年法国颁布的《财政法组织法》（LOLF）指出，政府会计标准与企业会计标准的不同之处仅仅在于政府预算和会计流程是独特的。预算制度法还可以对制定政府会计准则的机构做出安排。
- 事后预算执行报告和财务账目。为了满足透明度和问责制等原则的要求，需要提交报告。预算制度法应规定行政机关必须准备提交给立法机关审查或批准的各种财务报告和年度财务账目。一些国家已将这些要求纳入了财政责任法中，下文将会对其进行讨论。
- 其他定期的财务报告。根据国家的能力，可以将报告标准的"最佳实践"[③]作为一项法律上的要求。但是，在对提交给立法机关的报告提出法律需求之前，需要谨慎作出选择，因为立法机关可能没有能力吸收各类报告中所有与预算有关的信息。应区分立法机关需要了解的内容与行政机关内部管理所需的信息，后者受法规而非法律的管辖。
- 根据最高审计机关国际组织，应在一个国家的宪法中建立国家（或"最高"）审计机构。[④] 最高审计机关国际组织就外部审计的宪法规范提出了一些建议（参见INTOSAI，1977）。最高审计机关的独立性是外部审计特别重要的一个方面。[⑤]
- 单独的外部审计法应详细阐述最高审计机关的权力、角色和责任。此类法律应阐述独立性和其

---

① 法规将明确国库单一账户系统子账户的指定账户持有人所应承担的责任。在分散支付系统中，其他部长或授权当局可以拥有账户签名权并直接付款（电子支付或签发支票）。在集中支付系统中，只有财政部长或其授权的当局才拥有此类权力。

② 进一步的讨论请参考第34、35和37章。

③ 参见OECD（2002）等。

④ 参见第37章。

⑤ Lienert和Jung（2004）的专栏Ⅲ.2对宪法规定进行了总结。2007年，最高审计机关国际组织完善了这些规定；现在，"墨西哥宣言"明确了最高审计机关独立性的八大支柱。详细信息，请参阅http://www.intosai.org/en/portal/documents/intosai/general/limaundmexikodeclaration。

他方面，包括任命最高审计机关的主管部门①、审计的类型（合规或合乎经济原则）、获取信息的途径。Lienert and Jung（2004）的专栏Ⅲ.5展示了外部审计法可能的最低标准。

财政责任法和财政稳定法

理论上，预算制度法是全面的，涵盖专栏3.3中所列的许多（如果不是全部）原则。相反，财政责任法是一种效力范围有限，侧重于问责制、透明度和稳定性原则的法律。财政稳定法的内容限制性更强：宏观财政稳定是此类法律关注的焦点。只有少数欧洲国家（如西班牙和葡萄牙）采用了此类法律，主要是为了在分权式政府和自治区这样的国情中应用欧盟财政目标和《稳定与增长公约》。

财政责任法至少包含四个部分，特别是要求政府：
- 明确规定财政总量的中期路径（总收入、总支出、财政平衡、公债）；
- 描述实现选定财政目标的中期和年度预算战略；
- 定期发布有关财政目标或目的实现情况的报告；
- 审计财政信息完整性可以得到保证的年度财务报表。

财政责任法的内容也许不止这四个核心特征。例如，它也可能关注其重心在"宏观"预算管理（实现总预算目标）而不是预算项目或个别项目管理者的"微观"绩效的绩效。

根据上述四条标准，只有少数发达国家采用了财政责任法。②一些新兴国家采用了财政责任法这类的法律，特别是拉丁美洲和印度次大陆。这些财政责任法大多包括旨在减少财政赤字和公债的定量财政规则。事实证明，许多国家很难遵守财政责任法的量化目标，导致财政责任法遭到废除或修改。③

巴西的财政责任法（见专栏3.1）是一个例外。出于一些原因，它相对成功地实现了自己的目标：历届政府和国会都致力于执行财政责任法的规定；财政责任法没有为联邦债务或赤字设定量化目标（相反，每年的预算指导原则法中都包括宏观财政目标，以指导中期预算总额的发展）；并且对违规行为采取严厉的制裁。与一些国家不同，巴西采取了制裁。例如在地方层面，巴西的一些市长因为违反财政责任法而下台。财政责任法的制裁得到独立法院和单独的财政犯罪法的支持。

这些经验表明，正在考虑将量化财政规则纳入财政责任法的国家需要谨慎考虑。有人认为，将财政规则写入法律可以使其变得"永久"而且"更具约束力"，特别是因为财政责任法具有立法和行政的双重权力。但是，任何法律都可以废除，或者在没有有效制裁的情况下因为免罚而被无视。此外，要想有效，财政责任法应涵盖公共部门所有的相关预算和准财政运行，并全面包括程序和透明度上的要求。无法将财政责任法规定推广到次国家层面是一些国家（如阿根廷）无法实现稳定目标的原因之一。

无论财政责任法是否包含在财政责任法中，如果立法机关不致力于执行财政纪律，财政规则可能

---

① 在一些国家，外部审计的决策权主要落在个人手上：审计长或审计办公室主任；在其他国家，则是由合议机构进行管理。
② 参见Lienert（2010）。
③ 有关选定的经合组织国家遭遇的失败，参见Lienert and Jung（2004）。有关拉丁美洲国家的经验，参见Corbacho and Schwartz（2007）。

会破坏政策的可信度。①支持财政纪律的另一种方法是实施提出透明、可靠的财政战略的财政责任法，以及强大的财政机构的支持。这种方法在包括澳大利亚和新西兰在内的一些国家行之有效。这两个国家的财政责任法要求遵守负责的财政管理的原则，包括采用中期预算战略、制定试图实现中期财政目标的年度预算、减少公债并将其维持在一个稳妥的水平（财政责任法并未指明何谓"稳妥"）、引入有力的透明度要求和公共监督。

结　论

在本节中，我们将上述问题归结为国家在修订公共财政管理的法律框架或准备新的预算制度法时必须考虑的一些通则与结论。鉴于法律在为预算制度提供框架方面所起的各种作用，提出适用于所有国家的"示范法"并不恰当。在设计此类框架时，需要考虑每个国家特定的制度、法律和政治特征。

在设计包含预算制度法的新法律框架时，必须考虑下列相关问题：
- 现有的法律法规中是否存在阻碍实现理想改变的宪法性限制？如果有的话，是否有可能首先修改宪法？如果没有，新的预算制度法必须包括能够最大程度减少宪法所施加的约束规定。②
- 如何达成政治共识以确保预算制度法草案能够被采纳？立法机关是否自早期阶段起就已经参与其中？当预算制度法的地位高于普通法，或行政机关在政治上与立法机关分离，或存在两院制立法机关时，达成政治共识就显得尤其重要。
- 是否真的有必要采用新的预算制度法？能否在对现有法律做出最小变动的情况下对预算制度做出设想，还是只能通过引入新的法规来实现？

一旦这些"非预算"问题得到解决，就需要提出以下问题：
- 新法试图制定的新的预算原则（见专栏3.3）或寻求解决的现有缺陷是什么？
- 新预算制度法是否仅是议会对最近发生的预算制度变化的认可？还是说它预计未来预算管理会发生根本性的变化？为了能够适当地根据时间进行排序，预算制度法的过渡措施必须切合实际，特别是与实施复杂变革的日程安排相关，例如改为基于绩效的预算制度。
- 当预算制度发生深远变化，立法机关和行政机关的角色发生变化时（例如政府部门、支出部门和政府机构承担起新的角色），行政安排和相关法规需要相应作出哪些变动？
- 是否有足够的技术、行政和管理能力来实施新预算制度法所设想的变化？这个问题特别适用于希望复制先进国家现代预算管理技术的低收入国家。有时，捐助者会主张采用主要以先进国家的预算制度为模型的预算制度法，他们认为采用新的预算制度法是一种"进步"的标志。③但是，

---

① 参见IMF（2009）。

② 例如，巴基斯坦的宪法设立了审计长一职，获得总统批准之后，他可以决定政府会计的总体规划与原则。这可能会产生利益冲突，因为最高审计机关既负责奠定账目的基础，也负责审计账目。新的公共财政法案可以通过要求最高审计机关与政府会计办公室之间就所有政府会计事项开展广泛的合作来最大限度地减少这种限制。

③ 刚果民主共和国采取了这种做法，并于2011年通过了一项新的公共财政法，要求各级政府采用基于项目的预算编制与中期支出框架。然而，省级与下级政府几乎没有准备和执行年度预算的经验。即使在中央政府层面，法律获得通过时，年度预算执行的可信度依然不高。

我们应该牢记，发达国家的预算制度（以及他们所依据的法律）已经经历了数十年的发展，而且它们仍在不断发展。作为一般性规则，只有当规定可以在有关国家现有能力范围内实施的情况下才应被纳入预算制度法。

- 如果相对于低收入国家的执行能力而言，新预算制度法草案显得雄心勃勃，是否最好等到该国为责任上的深远变化做好准备之后再通过这项法律？是否需要首先发展执行法律所需的行政能力？
- 是否早已开始准备预算制度法的实施条例？理想情况下，立法机关就预算制度法展开辩论的时候，行政机关应该就实施条例的早期草案进行讨论。

本章为预算制度法可能包括的内容提供了广泛的指导。建议制定有关外部审计的单行法，增强审计师的独立性。就预算流程的其他方面而言，最好将所有立法规定合并到一部法律中，涵盖专栏3.3中的预算原则，尤其是有关问责制、透明度和绩效（财政责任）的规定。除了少数例外情况（例如，政府采购），没有必要制定与预算管理体系中的一小部分相关的专门法律。然而，在实践中，当新预算制度法获准的政治机会有限时，应该抓住稍纵即逝的机会，对法律框架进行部分改革，即使这会导致通过单行法或有限范围的法律。

参考文献

Bl.ndal, J., C. Gorett and J. Kristensen. 2003. "Budgeting in Brazil," *OECD Journal on Budgeting* 3（1）：97-131.

Cebotari, A., J. Davis, L. Lusinyan, A. Mati, P. Mauro, M. Petrie and R. Velloso. 2009. *Fiscal Risks: Sources, Disclosure, and Management*. Washington, DC: International Monetary Fund.

Corbacho, Ana., and G. Schwartz. 2007. "Fiscal Responsibility Laws," in Teresa Ter-Minassian and Manmohan Kumar(eds) *Promoting Fiscal Discipline*. Washington, DC: International Monetary Fund.

IMF. 2001. *Brazil: Report on Observance of Standards and Codes - Fiscal Transparency Module*, http://www.imf.org/external/np/rosc/rosc.asp.

IMF. 2009. Kumar, Manmohan and others, "Fiscal Rules – Anchoring Expectations for Sustainable Public Finances," IMF staff paper, http://www.imf.org/external/np/pp/eng/2009/121609.pdf.

INTOSAI. 1977. *Lima Declaration of Guidelines on Auditing Precepts*. Vienna: International Organization of Supreme Audit Institutions.

Lienert, I. 2010. *Should Advanced Countries Adopt a Fiscal Responsibility Law?* Working Paper 10/254. Washington, DC: International Monetary Fund.

Lienert, I., and I. Fainboim. 2010. *Reforming Budget System Laws*, IMF Technical Notes and Manuals No. 2010/01.

Lienert, I., and M.-K. Jung. 2004. "The Legal Framework for Budget Systems – An International Comparison," *OECD Journal of Budgeting*, Special Issue, 4（3）.

Lienert, I., and G. Ljungman. 2009. *Carry-over of Budget Authority*, Technical Guidance Note, IMF Fiscal Affairs Department, http://blog-pfm.imf.org/pfmblog/fad-technical-guidancenotes-on-public-financial-management.html.

OECD. 2002. "Best Practices for Budget Transparency," *OECD Journal on Budgeting* 1（3）.

OECD. 2007. "Budget Practices and Procedures Survey," *OECD and World Bank Budget Practices Survey*, http://webnet4.oecd.org/budgeting/Budgeting.aspx.

Wehner, J. 2010. *Legislatures and the Budget Process*. London: Palgrave Macmillan.

4
财政制度的设计：公共财政管理改革的政治经济学

约阿希姆·魏纳，保罗·德·伦齐奥

"政治经济学"一词在有关公共财政管理体系及其改革的政策辩论中无处不在。然而，对于它的定义或是人们在使用该术语时的确切所指却依然不甚明确。一直以来，出现了很多政治经济学理论化的方式（Caporaso and Levine，1992）。其中的一些与本章的目的尤为相关，或者从更普遍的意义上来说，与围绕着预算编制以及致力于公共财政管理制度的设计进行的讨论相关。从广义上讲，我们将政治经济学研究途径视作分析和解释经济现象的一种特殊方式，强调政治因素的重要性，反之亦然。它的重点落在不同行动者、他们可能冲突的利益和动因、规范其行为的机构，以及此类机构反过来可能会产生的动因。从狭义上讲，有时被称为"实证政治经济学"或"政治经济学"的方法具有正式和量化重点。后者需要借助理性选择和博弈论的工具基础，运用经济学的方法和途径来研究政治学与经济学之间的相互关系（Alt and Chrystal，1983）。

设计预算制度是为了帮助社会能够以可持续的方式管理和解决关于公共资源的冲突，政治经济学研究途径特别适用于该领域并且可以取得丰硕的成果。预算编制与稀缺资源的配置有关，这恰好是广义上的经济学研究的定义。与此同时，从根本上来说，预算决策取决于政治因素。阿伦·威尔达弗斯基（Aaron Wildavsky）曾经说过，"'预算编制研究'不过是'政治研究'的另一种表述而已"（Wildavsky，1961，第190页）。政府预算反映了政治行动者在一系列规则和流程的指导下，提出有关稀缺公共资源的竞争性主张并做出基本权衡。因此，在预算编制的过程中，政治学和经济学本质上交织在一起。

本章回顾了一些为预算编制研究提供政治经济学视角的主要文献，特别关注了财政制度的设计。第一部分总结一些经典文献并讨论了预算理论可以为公共预算的研究和实践提供的见解；第二部分强调在设计财政制度时需要牢记的一些重要权衡；而第三部分则侧重当前公共财政管理改革方法的局限，尤其以发展中国家为重点；最后一部分为从业者和政策制定者提供了结论和启示并提出了可以开展进一步研究的领域。

理论观点

有关预算编制的文献很多。早期的公共管理学贡献了各种详细的描述性和规范性文献，但理论很少研究（Key，1940; Schick，1988）。相比之下，一些早期的公共财政文献在概念上极为丰富，但是在许多情况下，它们并未对理解实际预算过程或设计财政制度（Musgrave，1959）产生直接影响。本节的重点是公共预算编制文献的要素，这些要素把理论与实践更加紧密地联系起来，尤其是在预算制度的设计方面。这排除了一系列属于更广泛的政治体系的制度特征，一些研究将这些特征与预算结果联系在了一起（更全面的概述，请参考Congleton and Swedenborg, 2006）。例如，这些包括政府的形式和选举制度的类型（Persson and Tabellini, 2000, 2003）以及立法两院制（Heller, 1997; Bradbury and Crain, 2001）。大部分文献之所以会出现，是因为人们越来越认识到，政治动态及其所处的制度环境对于理解包括预算决策在内的经济结果而言至关重要（Eslava, 2011）。

威尔达弗斯基为有关预算过程的大量比较思维奠定了基础。威尔达弗斯基（Wildavsky, 1961）在对传统公共管理学术研究的有力批判中指出，效率的语言充其量只能部分地捕捉并告知预算改革，相反，它突出了政治动态的重要作用。到目前为止，许多公共管理文献都把重点放在制度和过程上，好像它们与政治行动者的权力关系无关。威尔达弗斯基的研究从根本上挑战了这一焦点，并揭露出这正是改革失败的一个关键原因。在《预算过程政治学》（*The Politics of the Budgetary Process*）中，威尔达弗斯基提出了基于有限理性假设的预算理论。他认为，鉴于每年不可能重新审查预算的所有方面，预算"以去年的预算为基础，特别关注小幅度的增加或减少"（Wildavsky, 1964, 第15页）。

预算理论进一步发展的核心是威尔达弗斯基的观点，即可以根据预算过程中不同行动者选择使用或是保留公共资金的倾向对这些行动者进行分类。虽然这是主要针对美国而提出的，但是威尔达弗斯基概述的大部分内容为最近有关预算过程和财政绩效的比较分析提供了支持。例如，他将一线机构描述为"增加支出的倡导者"。另一方面，预算局（后来演变为管理和预算办公室）被称为"怀有削减偏见的总统仆人"，美国众议院的拨款委员会则是"国库监护人"（Davis and others, 1966, 第530页）。美国预算编制的现代评论员未必会赞同这些所有的标签。然而，更重要的是，他通过有力的分析区分了消费者和储蓄者。自威尔达弗斯基具有深远意义的著作出版以来，这一区别继续在许多对预算制度进行比较的文献中发挥着核心作用。

相比之下，预算渐进主义的观念则受到了更大程度的挑战。在与休·赫克罗（Hugh Heclo）合著的另一本颇具影响力的著作中，威尔达弗斯基探讨了英国制度中预算行动者之间的相互作用，与美国政府的预算权力相比，英国议会的预算权力要有限得多（Heclo and Wildavsky, 1974; Parry, 2003）。相反，部长和高级公务员（称为"政治行政人员"）主持预算制定过程。渐进主义也是这里的一个核心概念，但是该研究还强调了公共支出调查委员会（PESC）等机制，该委员会尝试了另一种制定政策的方法，为部长们在年度预算过程中可以考虑的支出选择提供选项。威尔达弗斯基（1975）接着在更系统的比较框架下探索了促进渐进主义的环境条件，并认为它取决于政体的财富和规划的明确度。他的著作承认了渐进主义并非普遍存在，这也预示了威尔达弗斯基后来放弃了他的理论，因为他的理论在遭遇削减和财政危机时的适用性有限（Bozeman and Straussman, 1982; Rubin, 1989）。

制度特征在形成预算结果中的一个关键作用是另一本具有影响力的著作中的一个重要方面，尼斯卡宁（Niskanen, 1971）的"官僚预算最大化"微观经济理论。尼斯卡宁的著作有力地说明了将战略权力的天平向支出倾斜的风险。他建立了机构负责人与其赞助者在预算过程中的相互作用的正式模式。他对信息不对称、双边垄断和机构具有制定一揽子提议的能力的假设在很大程度上支持了挥霍无度的官僚而不是其对立面的立法机关。虽然令人费解的是尼斯卡宁没有在书中提供经验实例和证据，尽管作者具有政府预算编制的第一手经验，但是尼斯卡宁的著作对预算过程的设计具有实际意义。他的模式意味着，如果赞助者可以获得详细的成本信息，在替代的产出提供者之间做出选择，并且在与支出机构的预算谈判中具有更大的影响力，那么支出倡导者的主导地位就可以得到控制。从这个意义上说，这本书有力地论证了预算透明度、服务交付方面的的竞争以及中央预算机关有力的财政控制。

类似的观点在最近的一系列基于共有资源问题的政治经济学文献中再次出现（Weingast and others，1981）。冯·哈根和哈登（Von Hagen and Harden，1995）为由多个负责支出的部长组成的政府建立了预算决策模式，每位部长都能获得实现政策目标所需的活动经费。尽管每个人都想实现自己的政策目标，尽量减少税收的过度负担，但每个人也都能从预算拨款中获得私人效用收益。此外，部长只考虑其所在选区在超额负担总额中所占的份额。该模式表明，分散的预算过程，其中包括将预算支出部长提交的所有份额相加，产生的总结果大于政府整体的最优结果。另一方面，当部长愿意主动考虑税收的总体影响，而且他比开支部的同事更具有战略力时，支出总额比自下而上的过程更接近联合最优。各种研究记录了一致的实证证据（例如，Poterba and von Hagen，1999；Hallerberg and others，2009）。

过去20年中，他们的研究对预算实践和公共财政管理体系的设计产生了巨大的影响。在对西欧预算过程的早期研究中，冯·哈根（Von Hagen，1992）为12个欧洲国家构建了制度指数，并发现在预算执行期间加强财政部长而非支出部长的权力，削减议会权力、限制预算执行过程中的调整变动，这些都对维持财政纪律有利。瑞典没有包括在冯·哈根的研究中，瑞典财政部的一位官员用这种方法评估了瑞典的预算程序，发现瑞典在1992年的13个国家中排名倒数第二，介于意大利和希腊之间（Molander，1999，第34页）。20世纪90年代中期，瑞典继续实施了一些直接基于Von Hagen分析的变革。其中包括增强财政部长与一线部门进行预算谈判时的权力以及建立一个要求修改后的预算与先前商定的总量保持一致的新议会程序（Blöndal，2001；Wehner，2007）。这些制度上的调整恰逢瑞典财政状况的显著改善。

共有资源问题也经常被认为是限制立法预算权力以遏制"过度"支出和赤字的风险的一个原因。在其经典理论表述中，巴里·温加斯特、肯·谢普瑟和克里斯托弗·约翰森（Barry Weingast, Ken Shepsle and Christopher Johnsen，1981）研究了立法者的动因，即当成本通过一般税收得以分摊到各地时，给予地理针对性支出。根据他们的"1/n法则"，项目规模效率低下是立法区数量的递增函数。实际上，有力的实证证据表明，具有不受约束的预算权力的立法机关比那些拥有受约束的权力来修改行政部门提交的预算提案的立法机关支出更多。最终，立法预算权力的范围是一种深刻的规范性选择，反映了特定的权力平衡。然而，鉴于强大的立法机关参与存在的潜在财政风险，一些国家试图设计自上而下预算编制过程，这些过程需要立法机关在对个别项目做出决定之前，对有约束力的财政目标做出承诺。最近的一个例子是南非的《2009货币法案修正程序和相关事项法》（Money Bills Amendment Procedure and Related Matters Act of 2009），概述了一项要求议会议员遵守先前批准的财政框架的立法修正程序（Wehner，2010）。

这项研究的政策建议比人们有时所理解的更为微妙。具体而言，冯·哈根和哈登（von Hagen and Harden，1995）的理论模式提出了预算编制中共有资源问题的两种解决方案，其中只有一种涉及将权力下放给强而有力的财政部长。第二种可能的解决方案是承诺制定能指导预算编制和执行的有约束力的财政目标。冯·哈根和哈登暗示政府的政党政治组成会对哪种方法更可行产生影响，这一点在后来的研究中得到了更充分的发展（Hallerberg and others，2009）。简而言之，单一政党或意识形态紧凑的联盟或许能够同意将预算权力下放给单一个人，但这在多元化意识形态的多党联盟中是不可能的，因为基于承诺的方法更为合适。

这一重要的细微差别在政策建议中有时会被忽视。例如，当拉脱维亚在2008年面临严重的宏观经济收缩时，它需要来自各个国际机构和欧洲国家约75亿欧元的财政援助。这种援助与严格的财政调节条件有关。由国际货币基金组织领导的一个技术援助团在2009年3月向拉脱维亚当局提出的建议中强调加强财政部权力的必要性，例如，授予财政部对财政决定的紧急否决权。它正确地指出，财政部在预算决策中的作用甚微。然而，拉脱维亚有着脆弱的多党联盟、政府不稳定和高级部长不断更换的历史。该国在1990年独立后的20年期间出现了15位财政部长正说明了这一点。在这种政治背景下，很难想象会出现"强大"的财政部长。相反，冯·哈根及其同事的研究表明，在这样的背景下，基于承诺的方法更为合适（Hallerberg and Yläoutinen，2010）。具体而言，这可能涉及基于中期规划的有约束力的财政规则，而在危机爆发前，这两项在拉脱维亚都是缺乏的（Kraan and others，2009）。

这个得到公认的简短的选择性概述突出了预算理论为公共预算编制的研究与实践以及财政制度的设计提供的几个重要见解。最根本的是，预算编制的核心是一个政治过程。忽视政治现实和权力关系的技术专家治国论方式可能会失败。其次，公共预算编制制度的一个普遍特征是，总有一些行为者提倡增加开支，而另一些人更可能节省公共资金。最后，这些行动者之间的战略权力平衡是财政绩效的一个主要决定因素。反过来，这种平衡的确切性质至少部分地反映在预算过程的制度设计中并由其决定。这打开了一种可能性，即以对一个国家特定背景来说敏感的方式仔细制定公共财政管理体系，有助于保障审慎和可持续的财政政策。然而，"财政设计师"面临潜在的权衡和陷阱，其中一些我们将在下一节讨论。

潜在的权衡和陷阱

关于预算制度的文献几乎完全强调它们对总财政绩效的影响，通常着眼于赤字或债务。这种做法可以理解，特别是在最重要的优先事项是加强或重新获得财政控制时。然而，总财政纪律只是公共财政管理的目标之一，其中也包括分配和运作效率（Schick，1966；世界银行，1998）。公共财政管理体系的改革可以通过以各种组合的方式针对一个或多个目标进行（Campos and Pradhan，1996）。此外，一些改革可能会产生意想不到的后果，这通常是在没有充分了解环境条件变化的情况下实施改革造成的。在下面的段落中，我们对这些要点进行了扩展。

阿莱西纳和佩罗蒂（Alesina and Perotti，1996，第402页）强调了财政纪律与其他可能被认为可取的结果之间的潜在权衡：

- "等级"制度更可能提供财政纪律，但另一方面，它们倾向于支持多数人的预算。
- "学院式"制度具有相反的特征。它们保障少数人的权利，强调"制衡"、适度和妥协，但可能会在需要时推迟"强硬"财政调节的实施。

遗憾的是,关于这种权衡的系统性实证研究很少。一个例外是斯萨维奇和莫约(Stasavage and Moyo,2000)对赞比亚和乌干达预算改革的研究。他们的一项重要发现是,赞比亚于1993年采用了"现金预算"(禁止政府向中央银行净借款),这可能有助于宏观经济稳定并改善财政绩效。然而,与此同时,他们记录了每月支出的大幅波动,尤其是资本支出。此外,对预算金额和实际支出的分析显示出大幅度的偏差,这些偏差导致政策优先次序扭曲。例如总统办公室和议会的实际支出大大超过了估算额,而农业和教育等重要投资组合得到的资金却低于分配的数额。一线部门转而采用其他融资机制也就不足为奇了。其中之一就是积欠,这种做法不可避免地损害了运作效率。这个例子突显出,旨在实现更强财政纪律的制度改革可能对分配效率和运作效率产生负面影响。

在理论研究中,玛丽亚·米勒斯(Milesi-Ferretti,2003)研究了财政规则的影响,这些规则强加了量化对财政总量(如赤字和债务)的限制。这种正式的分析表明,在低预算透明度的情况下实施财政规则可能会引发"创造性会计核算"而不是真正的财政调节。越来越多的实证研究开始记录欧盟使用"粉饰财政行为"的情况。例如科恩和冯·德·诺尔德(Koen and van den Noord,2005)发现希腊比研究中的其他15个国家更广泛地使用一次性措施和"创造性会计核算"。他们的计算表明,希腊有资格成为欧元区成员国,仅仅因为它美化了公共财政统计数据,从而在纸面上实现了必要的财政目标(Eurostat,2004;Von Hagen and Wolff,2006)。有趣的是,另一项研究发现,希腊的预算透明度在欧元区国家中也最低(Lassen,2010)。这个例子充分说明了玛丽亚·米勒斯(Milesi-Ferretti,2003)的警示,即在预算报告实践不良的国家实施财政规则时可能会产生有害的副作用。最近的实证研究更充分地探讨了这种相互作用(Alt and others,2012)。

上述讨论表明,财政设计者越来越敏感地感受到,制度的影响往往可能比最初通常认为的更为复杂。马塞拉·拉瓦(Marcela Eslava,2011,第662页)对关于量化财政规则影响的知识现状所做的总结代表了这种新的认识:

各国对这些规则的反应差异很大,这显然与其他预算制度和政治背景相关;这些不同的环境也可能会改变参与创造性会计的动机以及这样做的可行性。证据似乎表明,有效的规则应该更加全面,不仅要严格限制赤字,还要严格限制债务,并且涵盖赤字的不同可能来源。但是,更全面的规则也更复杂,执行这些规则的可能性似乎值得怀疑。从这个意义上来说,似乎应该从更广泛的意义上对财政规则的采用提出质疑。

总而言之,财政政策设计师需要特别注意制度改革方面存在的潜在副作用和权衡取舍。一些旨在加强预算过程中财政纪律的改革可能会对分配和运作效率产生不利影响,这一点经常被忽视。任何此类负面影响都可能随着时间的推移而减少,但是对此我们并不能确定。目前,系统地研究这些权衡措施的实证研究很少。而且,相同的预算制度可能会产生不同的效果,这取决于具体的实施环境。例如,某条财政规则可能会导致财政报告质量很高、财政信息可用于保证政府承担起责任的国家实现真正的财政调节,但如果情况并非如此,就可能引发潜在的大规模会计信息失真。一般而言,预算透明度似乎在确保政治家不滥用集中权力或规避制度限制方面发挥着核心作用。因此,必须考虑财政制度在改革设计中的这些背景条件影响,否则它们可能会导致意想不到的后果。

制度工程的限制

许多理论和实证文献引用了已经处于经济发展高级阶段的国家的情况。然而，鉴于发展中国家财政制度相对年轻而且捐助界为促进其改革所做的努力越来越多，其中一些教训对发展中国家来说尤其重要。一旦涉及外部干预和建议，在财政制度设计中，背景特异性和适应性就变成必要的而不仅仅是可任选的要素。彻底了解每个国家的政治经济约束应该对选择可行的制度设计方案提供指导。但出于多种原因（其中一些原因将在第7章中进一步讨论），情况往往并非如此。

根据新公共管理（NPM）原则，希克（Schick，1998）讨论了新西兰的改革在发展中国家的适用性，他的观点极其著名，即成功实施这类改革需要具备重要的先决条件，而绝大多数发展中国家和转型期国家根本不具备其中的许多条件。新西兰的预算编制过程所引入的契约类型和以产出为中心的关系有赖于强大的市场制度和业已建立的合同执行机制。而另一方面，在发展中国家，交易往往发生在非正式安排之中，而不是根据正式规则和程序进行。

在预算领域，非正规性导致预算文件内容与实际情况之间存在很大差异。拉克纳等人（Rakner and others，2004）对马拉维的研究和希利克（Killick，2004）对加纳的研究就记录了这一点。这些研究认为，预算编制仅仅是一种表象，预算执行与商定的拨款大相径庭（例如加纳卫生部门的偏差高达70%）。作者认为这些始终存在的基本预算编制问题植根于政治因素，例如就马拉维而言，非正规操作降低了透明度、破坏正式预算过程的运作。加纳的研究将根深蒂固的赞助结构和政治权力在获取物质利益中所起的作用视作建立运作更为良好、更注重产出的公共部门的根本障碍。

根据希克（Schick，1998）的说法，非正规性和政治驱动的动机在确定预算制度运作过程中所起的主导地位要求在进行更复杂的改革之前，着重于建立一些公共管理基础，使公共管理者具有更高的灵活性和更多自行决定权，新西兰式的改革就是这样的。政治家和政府官员"在被要求控制产出之前，必须能够控制投入；在被要求说明成本之前，他们必须能够说明现金的用途；在有权制定自己的规则之前，他们必须先遵守统一规则；有权在自治机关工作之前，他们必须先在综合性、集中化的部门中工作"（Schick，1998，第130页）。

在对发展中国家新公共管理遗留问题更为全面的评估中，曼宁（Manning，2001）认为，虽然新公共管理扩大了公共部门内部可用改革方案的选择范围，但是其在改善公共部门绩效方面取得成功的证据充其量也是混杂的。他认为，会出现这种含糊其辞的记录的主要原因之一在于在发展中国家，对改善政府问责制的国内需求有限。因此，曼宁指出："在许多发展中国家，公众对政府服务质量的期望很低情有可原，其导致的结果就是公民不太可能认为有必要去抱怨，这种说法并不会显得过于愤世嫉俗。从政府的角度来看，任何处于萌芽状态的公民不满之声……都被捐助者制约发出的更响亮的声音淹没了"。

这突出了发展中国家财政制度制定中两个重要的政治经济层面。首先，如果改革公共制度和提高效率的社会需求很弱或根本不存在，政府对推行此类改革的动力就十分有限；其次，捐助者所发挥的作用极富争议，特别是在高度依赖外国援助的国家。它往往试图取代和推翻国内极弱的问责机制，但却没有足够的知识也没有充分考虑界定了捐助者自己所提倡的制度改革可行性的环境变量。

安德鲁斯（Andrews，2010a）很好地描述了捐助者所发挥的具有争议的作用。他声称捐助者实施有效治理的方法，包括旨在改革和改善公共财政管理体系的计划和项目，往往基于有效政府的"最佳实践"模式。这种模式融合了从经济合作与发展组织国家的经验中提取出，并在过去10年中制定的一系列治理指标中得到体现的因素。事实上，安德鲁斯表明，在经合组织国家的样本中，通常被认为属于公共财政管理体系一种最佳实践模式的一部分的特征有很大的变化，其中包括财政规则、以绩效为主导的预算和问责制度所起的作用。尽管如此，捐助者的干预行动仍然主要受这种模式的影响，这种模式"正被强加给发展中国家，虽然它承诺可以帮助其获得发展，但却没有证据表明，发达国家本身一致采用了这些模式要素"（Andrews，2010a）。

实施这些模式的基础被埃文斯恰当地称为"制度的单一移植"，它描述了"试图建立可以促进发展的制度的主要方法是将统一的制度蓝图强加给南半球国家"（Evans，2004）。不论是从理论上还是实证上来说，单作制的优点与其缺点一样明显，对向许多国家提供援助的捐助国政府和多边机构而言尤其如此。一方面，"制度效率并不取决于是否适合当地社会文化环境的一般前提，以及英美制度的理想化版本是最佳发展工具的更为具体的前提"，这些说法显然存在缺陷。专注于改革正式的规则和程序，而忽视"产生实际组织产出的非正式的权力网和操作常规"，充其量也只是可能导致无法令人满意的改革结果，以及"制度二元论"的功能失调案例（Brinkerhoff and Goldsmith，2005）。

通过对31个非洲国家的样本研究，安德鲁斯（2010b）证实了这一点。他将与立法、过程和程序相关的公共财政管理改革（例如法律上的改革）与那些和实施或确立新的实践相关的改革（例如事实上的改革）区分开来。他发现法律上的改革比事实上的改革更成功。换句话说，预算实践的改进落后于预算法律和法规的改革，或者回到希克（Schick，1998）提出的论点，财政制度设计的正式方面似乎没有显著影响形成预算实践的非正规规范和行为。德·伦齐奥等人（De Renzio and others，2011）通过对采集自不同地区的更多国家样本的研究证实了这些发现。

这里很重要的一点是发展中国家公共财政管理改革的最后一个方面，"排序"问题。正如希克（Schick，1966）在提到美国预算编制制度的发展的时候所说的，公共财政管理改革会针对不同时间点可能出现的具体需求和目标作出反应，往往需要很长时间才能完全制度化。例如，财政危机之后，改革可能需要关注重新平衡总量，因此会关注可以确保公共财政可持续性的机制。在经济较好的时期，社会压力可能会迫使政府考虑公共开支的有效性和公平性，以便更好地分配可用的公共资源，并确保他们实现了自己的目标。在一些发达国家，预算制度的逐步改革遵循了延续很长时期的不同路径（Allen，2009）。

戴蒙德（Diamond，2012a，2012b）最近的两篇论文详尽地介绍了关于公共财政管理改革中排序问题的争论。他的研究突出了一些主要的问题和分歧，例如预算编制的"基础"是什么，有序改革行动的优先次序是什么，或者是否应该存在这样一种优先次序。他接着明确了考虑排序的指导原则，探讨了：(1) 从财务合规到宏观经济稳定再到效率和效能的改革优先级的层次结构；(2) 需要根据每个国家面临的特殊情况调整改革战略；(3) 承认可能影响改革实施的外部因素。

尽管从历史和实践中吸取了这些教训，但是发展中国家的公共财政管理改革往往被作为综合性的一揽子计划加以推行，同时解决不同的目标，强调改革不同要素之间存在的相互依存关系，但却没有对更紧迫的优先事项进行过多的详细分析或是改革举措多大程度上被人力和技术资源有限的官僚机构采纳，也没有对改革措施多大程度上得到利益方向各不相同的政治精英的充分支持进行详细分析。虽然已经采取了一些努力来寻求公共财政管理改革排序的替代战略，包括所谓的平台法，但到目前为止这些方法的应用有限，并且在构思和设计方面存在一些严重的缺陷。有人认为，政府和捐助者有强烈的动机来制订公共财政管理改革方案，这些方案的覆盖面太广，在实施的时间范围内过于雄心勃勃，并且过分关注国际最佳实践（Allen，2009，第17-19页；Andrews，2013）。

总之，如捐助机构在许多发展中国家所推动的这类制度工程的过程受到四个相互关联的限制。第一个是捐助机构推动的财政制度改革类型与打算实施此类改革的国家的一些关键性政治经济特征之间往往不匹配。捐助者使用的改革模板通常基于最佳实践的抽象模式，即使在改革的能力水平和政治意愿远高于一般发展中国家的国家中，此类模版也未得到广泛使用。这些模板往往过于复杂，并不适合发展中国家，但是因为需要与之相关的外国援助，这些国家还是采用了上述模版。这就带来了第二个限制，进一步导致改革缺乏有效性。捐助者支持的财政制度设计过于关注更正式的改革，而非正式机制仍在继续破坏改革旨在实现的影响。第三个限制与缺乏问责机制有关，问责机制应该为改革提供足够的动力。在大多数发展中国家，改革财政制度的国内需求极其微弱，而捐助者的制约性只能部分取代这种需求。最后，为了对现有条件做出反应、追求相关目标而需要对改革进行排序的做法在很大程度上被人们所忽视，因为人们倾向于采用强调各种改革要素间相互联系的综合法。不幸的是，这种做法在旨在重新设计财政制度的综合改革方案的人力和政治能力有限的环境中，会面临着明显的"改革超载"的风险。

结　论

预算编制是关于稀缺资源的政治冲突。这种冲突涉及争夺公共资金的人和想要保护公共资金的人。预算过程的设计是决定谁占优势的重要因素，因此它对于塑造预算结果而言至关重要。基于这种认识，国际组织和从业者投入了大量精力来制定预算制度，以管理冲突并确保可持续预算结果。不幸的是，财政设计是一项棘手的工作。许多制度上的"解决方案"很快就带来了意想不到，而且往往是负面的副作用。预期中预算结果的改进可能在很大程度上取决于某些背景特征。最近人们认识到，在某些条件下，实施财政规则（曾被赞誉为针对各种财政不端行为的最终解决方案）可能弊大于利，这说明现实主义日渐增长。在发达经济体中不断寻找更好的预算编制也会使我们对欠发达国家雄心勃勃的改革蓝图感到厌倦，特别是在参考了具有误导性的"国际最佳实践"概念时。对当地环境的敏感性，包括非正式制度的作用和推动国内改革需求的缘由，以及适量的现实主义因素，对于提供有效的技术援助而言具有重要意义。

政治经济学视角在改善我们对公共预算编制制度中存在的问题的诊断、找到推行改革的障碍和设计更合适的制度解决方案方面具有巨大潜力。参与公共资源决策的行动者是谁？他们的激励措施是什么，会如何影响预算结果？正式和非正式的过程和程序是什么，这些行动者根据哪些正式和非正式过程和程序就公共资源作出决定？怎样的制度改革会改变权力平衡，使其有利于那些更有可能做出审慎的财政选择，同时又有助于调解分配和配置冲突的行动者？是否有足够的国内支持来采取和有效实施此类改革？这些是政治经济学家可以协助回答的问题。这种理解对于设计适当的改革而言至关重要，这些改革不仅有可能实现公共财政治理方面的真正的改善，而且最终可以改善最依赖政府服务的人的生活。技术性的陈旧公共财政管理体系改革很少会提出这些问题，这种改革将重点放在了"现代化"体系上而没有理解所涉行动者的根本动力和权力关系。这一重要的疏漏当然可以解释令人失望的预算改革历史。现代财政改革者必须是政治经济学家。

参考文献

Alesina, A., and R. Perotti. 1996. "Fiscal Discipline and the Budget Process," *American Economic Review* 86（2）: 401–407.

Allen, R. 2009. "The Challenge of Reforming Budgetary Institutions in Developing Countries," IMF Working Paper 09/96. Washington, DC: International Monetary Fund.

Alt, J. E., and K. A. Chrystal. 1983. *Political Economics*. Berkeley, CA: University of California Press.

Alt, J., D. D. Lassen and J. Wehner. 2012. "Moral Hazard in an Economic Union: Politics, Economics, and Fiscal Gimmickry in Europe," Weatherhead Center for International Affairs Working Paper. Cambridge, MA: Harvard University.

Andrews, M. 2013. *The Limits of Institutional Reform in Development: Changing Rules for Realistic Solutions*. New York, NY: Cambridge University Press.

Andrews, M. 2010a. "Good Government Means Different Things in Different Countries," Governance 23（1）: 7–35.

Andrews, M. 2010b. "How Far Have Public Financial Management Reforms Come in Africa?," HKS Faculty Research Working Paper Series RWP10-018. Cambridge, MA: Harvard Kennedy School.

Blöndal, J. R. 2001. "Budgeting in Sweden," *OECD Journal on Budgeting* 1（1）: 27–57.

Bozeman, B., and J. D. Straussman. 1982. "Shrinking Budgets and the Shrinkage of Budget Theory," *Public Administration Review* 42（6）: 509–515.

Bradbury, J. C., and M. W. Crain. 2001. "Legislative Organization and Government Spending: Cross-Country Evidence," *Journal of Public Economics* 82（3）: 309–325.

Brinkerhoff, D. W., and A. A. Goldsmith. 2005. "Institutional Dualism and International Development: A Revisionist Interpretation of Good Governance," *Administration and Society* 37（2）: 199–224.

Campos, E., and S. Pradhan. 1996. "Budgetary Institutions and Expenditure Outcomes: Binding Governments to Fiscal Performance," World Bank Policy Research Working Paper 1646. Washington, DC: World Bank.

Caporaso, J. A., and D. P. Levine. 1992. *Theories of Political Economy*. New York: Cambridge University Press.

Congleton, R. D., and B. Swedenborg（eds）2006. *Democratic Constitutional Design and Public Policy: Analysis and Evidence*. Cambridge, MA: MIT Press.

Davis, O. A., M. A. H. Dempster and A. Wildavsky. 1966. "A Theory of the Budgetary Process," *American Political Science Review* 60（3）: 529–547.

de Renzio, P., M. Andrews and Z. Mills. 2011. "Does Donor Support to Public Financial Management Reforms in Developing Countries Work? An Analytical Study of Quantitative Cross-country Evidence," ODI Working Paper 329. London: Overseas Development Institute.

Diamond, J. 2012a. *Guidance Note on Sequencing PFM Reforms*. Available on the Internet: http//www.pefa.org.

Diamond, J. 2012b. *Guidance Note on Sequencing PFM Reforms: Background Paper 1*. Available on the Internet: http//www.pefa.org.

Eslava, M. 2011. "The Political Economy of Fiscal Deficits: A Survey," *Journal of Economic Surveys* 25（4）: 645–73.

Eurostat. 2004. "Report on the Revision of the Greek Government Deficit and Debt Figures," November 22. Luxembourg: Eurostat.

Evans, P. 2004. "Development as Institutional Change: The Pitfalls of Monocropping and the Potentials of Deliberation," Studies in Comparative International Development 38 (4): 30–52.

Hallerberg, M., R. Strauch and J. von Hagen. 2009. *Fiscal Governance in Europe*. Cambridge: Cambridge University Press.

Hallerberg, M., and S. Yl.outinen. 2010. "Political Power, Fiscal Institutions and Budgetary Outcomes in Central and Eastern Europe," Journal of Public Policy 30 (1): 45–62.

Heclo, H., and A. Wildavsky. 1974. *The Private Government of Public Money*. London: Macmillan.

Heller, W. B. 1997. "Bicameralism and Budget Deficits: The Effect of Parliamentary Structure on Government Spending," Legislative Studies Quarterly 22 (4): 485–516.

IMF. 2009. "Republic of Latvia: Stand-by Arrangement – Aide-M.moire," Washington, DC: International Monetary Fund.

Key, V. O. 1940. "The Lack of a Budgetary Theory," *American Political Science Review* 34 (6): 1137–44.

Killick, T. 2005. "The Politics of Ghana's Budgetary System," CDD/ODI Policy Brief 2. London: Overseas Development Institute.

Koen, V., and P. Van den Noord. 2005. "Fiscal Gimmickry in Europe: One-Off Measures and Creative Accounting," OECD Economics Department Working Paper No. 417. Paris: Organisation for Economic Co-operation and Development.

Kraan, D.-J., J. Wehner, J. Sheppard, V. Kostyleva and B. Duzler. 2009. "Budgeting in Latvia," *OECD Journal on Budgeting* 9 (3): 185–227.

Lassen, D. D. 2010. Fiscal Consolidations in Advanced Industrialized Democracies: Economics, Politics, and Governance. Stockholm: Finanspolitiska r.det.

Manning, N. 2001. "The Legacy of the New Public Management in Developing Countries," *International Review of Administrative Sciences* 67 (2): 297–312.

Milesi-Ferretti, G. M. 2003. "Good, Bad or Ugly? On the Effects of Fiscal Rules with Creative Accounting," *Journal of Public Economics* 88 (1–2): 377–394.

Molander, P. 2001. "Budgeting Procedures and Democratic Ideals: An Evaluation of Swedish Reforms," *Journal of Public Policy* 21 (1): 23–52.

Musgrave, R. A. 1959. *The Theory of Public Finance: A Study in Public Economy*. New York: McGraw-Hill.

Niskanen, W. A. 1971. *Bureaucracy and Representative Government*. Chicago: Aldine Atherton.

Parry, R. 2003. "The Influence of Heclo and Wildavsky's The Private Government of Public Money," Public Policy and Administration 18 (4): 3–19.

Persson, T., and G. E. Tabellini. 2000. *Political Economics: Explaining Economic Policy*. Cambridge, MA: MIT Press.

Persson, T., and G. E. Tabellini. 2003. *The Economic Effects of Constitutions*. Cambridge, MA: MIT Press.

Poterba, J. M., and J. von Hagen (eds) 1999. *Fiscal Institutions and Fiscal Performance*. Chicago: University of Chicago Press.

Rakner, L., L. Mukubvu, N. Ngwira, K. Smiddy and A. Schneider. 2004. *The Budget as Theatre: The Formal and Informal Institutional Makings of the Budget Process in Malawi*. Bergen: Christen Michelsen Institute.

Rubin, I. 1989. "Aaron Wildavsky and the Demise of Incrementalism," *Public Administration Review* 49 (1): 78–81.

Schick, A. 1966. "The Road to PPB: The Stages of Budget Reform," *Public Administration Review* 26 (4): 243–258.

Schick, A. 1988. "An Inquiry into the Possibility of a Budgetary Theory," in I. Rubin (ed.) *New Directions in Budget Theory*, pp. 59-69. New York: State University of New York.

Schick, A. 1998. "Why Most Developing Countries Should Not Try New Zealand's Reforms," *World Bank Research Observer* 13 (1): 123-131.

Stasavage, D., and D. Moyo. 2000. "Are Cash Budgets a Cure for Excess Fiscal Deficits (and at What Cost)?," *World Development* 28 (12): 2105-2122.

Von Hagen, J. 1992. "Budgeting Procedures and Fiscal Performance in the European Communities," European Economy – Economic Papers 96, Brussels: Directorate-General for Economic and Financial Affairs, Commission of the European Communities.

Von Hagen, J., and I. J. Harden. 1995. "Budget Processes and Commitment to Fiscal Discipline," *European Economic Review* 39 (3): 771-779.

Von Hagen, J., and G. B. Wolff. 2006. "What Do Deficits Tell Us about Debt? Empirical Evidence on Creative Accounting with Fiscal Rules in the EU," *Journal of Banking and Finance* 30 (12): 3259-3279.

Wehner, J. 2007. "Budget Reform and Legislative Control in Sweden," *Journal of European Public Policy* 14 (2): 313-332.

Wehner, J. 2010. *Legislatures and the Budget Process: The Myth of Fiscal Control*. New York: Palgrave Macmillan.

Weingast, B. R., K. A. Shepsle, and C. Johnsen. 1981. "The Political Economy of Benefits and Costs: A Neoclassical Approach to Distributive Politics," *Journal of Political Economy* 89 (4): 642-664.

Wildavsky, A. 1961. "Political Implications of Budgetary Reform," *Public Administration Review* 21 (4): 183-190.

Wildavsky, A. B. 1964. *The Politics of the Budgetary Process*. Boston: Little Brown.

Wildavsky, A. B. 1975. *Budgeting: A Comparative Theory of Budgetary Processes*. Boston: Little Brown.

World Bank. 1998. *Public Expenditure Management Handbook*. Washington, DC: World Bank.

5
中央财政部门的作用、职责、组织结构与演变[①]

理查德·艾伦，菲利普·克劳斯

我们将在本章回顾中央财政部门的作用、职责与组织结构。中央财政部门，尤其是财政部，可被定义为负责制定并执行与国家核心财政职能相关的政策的政府部门与机构（Dressel and Brumby, 2009; Allen and Grigoli, 2012）。讨论建立在如下观点之上：公共财政是政府的核心，能够对一切涉及公共资源的配置与使用的决策产生影响，无论这些决策有多么小。与公共财政相关的决策决定了经济发展的形式与过程以及所有机构的生存能力与绩效，无论是在私营部门还是公共部门。财政危机频发，其中一些极其严重，在这种情况下，中央财政部门成为政治辩论的焦点绝非巧合。基于这一主张，本章认为，一个国家的中央财政部门的组织（即其结构、内部管理和业务流程以及其与其他重要参与者，如中央银行、内阁、一线部门和议会等之间的关系）至关重要，因为它决定了政府在预算及其他财政问题上做出决策以及执行财政政策的效率。

本章由以下几个部分组成。首先，定义了中央财政部门的概念，并且对核心财政职能进行分类。然后，讨论中央财政部门是如何从前现代时期替皇室掌管钱财的机构演变为今天为人们所熟悉的复杂的多维组织。本章回顾从不同国家中央财政部门的组织中汲取的经验教训，以及不同中央财政部门的组织结构产生的财政影响。最后，我们就如何加强发达国家、新兴市场以及低收入国家的中央财政部门得出了一些结论。

中央财政部门的概念

将现代国家的核心财政职能与实施这些职能的机构区分开来是十分重要的。核心财政职能包括设计与实施健全的财政[②]和预算政策；对政府的财政管理职能、财政机构以及国有资产进行广泛的管理和监督；监管政府间的财政关系；管理与世界银行和国际货币基金组织等外部财政机构之间的关系。至少能够确定18项核心的国家财政职能（见专栏5.1）。一些职能与编制和执行预算的过程以及预算办公室的作用相关，其他职能则涉及税收政策与财政机构的管理等非预算职能。

[①] 感谢德雷塞尔（Bjorn Dressel），德·伦齐奥（Paolo de Renzio），希克（Allen Schick）和魏纳（Joachim Wehner）对本章所作的有价值的评论。

[②] 在本章中，我们按照习惯对"财务"和"财政"进行了区分。前者指的是所有涉及金钱的政府交易和政策，而后者则是指与其收入、支出和借款相关的政府交易和政策（因此，存在"财政政策""财政可持续性""财政整顿"等词）。所以，"财务"这个术语中包含了"财政"一词的概念，但是其涵盖的范围明显更广。

艾伦和科纳特（Allen and Kohnert，2012）将核心财政职能划分为三大类：（1）一般由中央政府部门，通常是财政部负责执行的政策职能（如财政政策分析、与国际财政机构之间的关系、预算编制以及税收政策）；（2）有时由独立于财政部之外的政府机构执行的营运或交易职能，如债务管理、国库管理、政府采购以及征收税收和关税等；（3）制定、讨论和商定旨在实现公共财政管理现代化的新政策与程序，例如采取权责发生制会计、私有化、发展公私合营模式以及地方政府财政改革等，这些措施一旦被采纳，就会融入政府的日常工作之中。

专栏5.1　核心财政职能

1. 宏观财政预测和分析
2. 财政政策制定
3. 财政风险分析
4. 货币政策与财政政策之间的衔接
5. 国际经济和金融关系
6. 税收政策
7. 预算编制和预算执行
8. 国库和现金管理
9. 内部控制
10. 内部审计
11. 会计政策
12. 债务管理
13. 税务管理
14. 海关管理
15. 政府间财政关系
16. 银行和其他金融机构监管
17. 包括公共企业在内的公共资产管理
18. 政府采购

注意：本表并未列出所有职能。在一些国家，还有其他职能，包括提供国家经济和金融统计数据以及发行纸币和硬币，这些也被视为财政部的核心职责。上表并未包括外部审计，因为它是（通常）由独立于政府的行政部门执行的职能。

资料来源：Allen and Kohnert 2012，专栏1。

政策的制定与实施之间的区别借鉴了公共管理思想重要的一点。作者指出，公共管理者更关注政策问题，并且倾向于将具体的操作委托给级别较低的官僚机构（Dunleavy，1992）。在公共财政领域，人们尚未就政策与实施是否应该分开这个问题达成一致，而且它对于中央财政部门的影响还很不明确（Schick，2001）。同样重要的是，很大一部分与公共财政相关的文献只讨论了中央财政部门在预算，或者说只是预算中的支出这一方面的作用。这些讨论通常无法完全与艾伦和科纳特所提出的职能类别相契合。

中央财政部门是如何随着时间发展演化的①

几个世纪以来，中央财政部门的基本要素一直在不断发展（Krause，2009a，2009b，2012）。文献详细概述了演变的过程。欧洲国家以国王的私人土地为基础的组织形式进入了现代。现代国家的形成是一个由战争驱动的过程，超越了行政部门利用君主的个人财富为战争筹集资金的能力。由于行政部门需要为日益庞大的军队提供资金，它必须与臣民就越来越多的税收和债务问题进行谈判，发展日渐庞大的官僚机构来征收和使用税收。例如，在英国，议会拨款占国家财政收入的比例从16世纪末的27%上升到1700年左右的97%（Reinhard，1999，第323页）。在16—19世纪，能够最好地通过这些相辅相成的步骤的国家从国王的家族变成了地域性民族国家（Tilly，1992）。

在此期间，政府开支受到生存需求的驱动（Krause，2009b）。18世纪中叶，普鲁士将和平时期70%以上的预算用于军队建设。据估计，在18世纪，战争开支和战时债务清偿在英国政府开支中所占的比例不低于90%（Reinhard，1999，第324页）。因此，预算机构逐渐发展起来，用以减少国库在收入和支出上不必要的资金流失。国库的出现不是为了对公共资金的争夺进行仲裁，因为此时的资金尚不属于公共资金，并且军事开支的需求具有压倒性。

中央财政部门源于王室国库，其传统角色是行政管理控制（Krause，2012）。在公共财政的背景下，"控制"一词具有多重含义。今天，政府对公共开支的控制程度通常被理解为对财政结果的控制。当立法机关或预算办公室，或者从整体上来说，政府能够确保赤字或开支水平或宏观经济稳定不会"失控"时，它们就"处于掌控之中"。从这个角度来看，非常强大的预算参与者可以控制财政的说法可能只是一个神话（Wehner，2010）。然而，值得一提的是，行政部门对财政控制的需要对财政结果进行掌控的这一理念是一个相对较新的发展。按理说这个理念与第二次世界大战前的公共财政无关，更具体地说，与凯恩斯主义在宏观经济政策制定中的出现无关（Hall，1989）。

传统中央财政部门的预算控制基于一种不同的理念，即一个行政机构（预算办公室）对其他机构（所有支出部门）进行看似简单直接的分级监督。控制的目的是限制资金在流经行政部门时出现的贬值。前现代国家将其大部分资金用于战争，从而使得对争夺公共资金的主张进行的裁定成为一个没有意义的问题，特别是在实际发生战争的时期，那时，战场军队的需求是压倒一切的。与此同时，前韦伯式政府是非正式且各自为政的政府，资金大量流失。这是现代早期预算改革者需要在英国等地解决的主要（行政）问题（Roseveare，1969）。西欧各地出现了类似的控制机制：预算审查员开始集权，需要经过多次核查来证明支出与交易的详细授权的合理性，以确保财务变动能被解释。这些是格拉德斯顿式财政部奉行的"节衣缩食"政策（Hirst，1931，第243页）。在预算中，控制的对象是投入而不是产出或结果（Schick，1998，第17—20页）。

不论是民主预算过程的出现，还是复杂的多部门公共支出的出现都未必会对传统预算办公室的改革造成压力（Krause，2012）。从某些方面来说，这些变化加强了传统的控制。在现代民主制度中，预算是全面、规律且透明的，由行政机构提出并执行，由立法机关进行投票和控制，并被编纂在了法律之中（Schick，1998）。立法机关拥有"钱包的力量"，行政机构在年度预算采纳的方案的制约下代表

---

① 此处所述论点最早是由克劳斯（Krause，2012）提出的，本节大量引用了他的观点。

立法机关进行开支。外界对组织运作的强烈兴趣和对问责制的需求导致集权制阶层组织的数量越来越多,这种观点在组织理论中得到了公认(Mintzberg,1979,第288—291页)。在现代、民主的行政机构中,预算办公室充当了这样一个角色。它是一个控制机构(Dunleavy,1992,第184页),其办事部门相对较小并且拥有自己的预算,代表核心行政机构并最终代表立法机关监督官僚机构执行开支的情况。

传统的中央财政部门在渐进主义时代达到了顶峰(Krause,2012)。它的吸引力在于其稳定性以及较低的复杂度。每年,各部委都会从去年的预算开始,根据预期收入和通货膨胀增加保证金。各部委和预算办公室以及立法机关之间就如何分配当年增加的总开支进行预算谈判(Wildavsky and Caiden,2004,第46页)。当时,西方经济体正在强劲扩张,公共开支在国内生产总值中的比重甚至开始上升,这意味着年增量足以满足开支部门的离心利益,以及应对经常发生的突发事件。实际(更不用说名义上)削减现有预算的做法几乎没有必要,而且鲜有发生。在经典预算编制过程中,预算办公室可以平衡不断增长的需求,确保行政机构在详细的列出项目级别上剔除浪费。在增量预算编制中,冲突与每个机构/部门在其未做修改的"基础"之外应得的"公平份额"有关。

从20世纪70年代起,公共财政中两个相互关联的长期趋势破坏了增量预算编制的稳定性(Krause,2012)。第一,公共预算日益僵化的刚性不断增强,第二,政府财政状况不断恶化。这些趋势既没有在一夜之间变得十分明显,也没有对公共财政的治理产生完全明确的影响。预算编制的演变与占支配地位的宏观经济趋势和对于公共部门改革的更广泛的思考密切相关。在20世纪80年代,作者观察到增量预算编制的模式正在瓦解,从而引发了关于未来对预算编制的影响的大量争论(Bozeman and Straussman,1982;Schick,1986;Schick,1988;Wildavsky and Caiden,2004)。虽然在以经验为主的预算流程是否已经不如以往那样逐渐递增这个问题上仍然存在争议,但渐进主义的概念不再是预算编制的分析角度和规范目标。

传统中央财政部门面临的挑战是:如果开支仍然失控,那么对开支部门实施控制又有何益处呢?可以确定两类批评的声音。首先,更直截了当地说,传统的控制措施不允许核心行政机构以一种能够控制赤字和债务的方式来引导公共部门。传统的国库控制必然涉及成本;核算预算投入的工作需要许多预算分析师才能完成。如果他们的努力最终只能减少边缘支出,在这个过程中在开支部门树敌,无法有效控制预算总额,那么中央财政部门的合法性就会被削弱(Schick,2001)。其次,战后乐善好施的经济环境似乎掩盖了国家间大量的制度差异,这种差异影响了其控制公共财政的能力。在许多国家,经典预算过程的核心是自下而上的——各部委有意制定过度预算提案,中央财政部门拒绝他们的预算提案,最终达成"合理"的妥协。

在应对财政危机的主要措施中,有两项对中央财政部门的正式制度安排及手段产生了特别强烈的影响。以集中预算过程和加强中央财政部门为目的的改革力图改善财政纪律和减少赤字(Schick,1986,1988;Krause,2012)。(广义上的)绩效预算将抵消公共预算的刚性,使核心行政机构能够将资金分配给新的优先事项。绩效预算的概念至少可以追溯到20世纪初,但是作为一个国际上最为重要的全面改革议程,这个概念源于发达国家,是为了应对20世纪70年代财政状况恶化而提出的,而且往往与更广泛的新公共管理改革相符。从20世纪90年代中期开始,许多中等收入和低收入国家开展了类似的改革。尽管它们能够按照预期来工作的频率尚不明确,其改革对预算办公室的运作和公共财政的治理仍产生了深远的影响。

一些证据表明，连年的改革使中央财政部门受到了影响。受新公共管理启发的改革往往依赖于达成协议，——作为对增加结果问责制的回报，一线主管在运营中获得更大的灵活性。尽管中央财政部门对预算改革很少有统一的回应，经验丰富的预算官员有时会抵制这种改革，正是因为他们担心不可避免地失去（一种）控制权（Diamond，2001）。维护详细的输入控制可能需要大量的工作人员；如果拆除它们，预算办公室的很大一部分工作人员可能会被裁减。随着越来越多的经合组织国家实施预算改革来对控制结果进行详细监督，预算办公室可能会被削弱，或者至少不会成为行政政治中一个霸道的行为者（Wanna，2003）。在过去的10年之初，希克甚至认为这些改革会使预算办公室陷入身份危机。他们失去了严密管理财政事务的传统角色，对配置决策和政策设计的杠杆作用可能很容易在行政中心的其他地方终结（Schick，2001）。

反对这一观点的人认为，中央财政部门，或者至少是它们的主要官员，经常带头推动改革。在财政紧缩时期，预算办公室在行政机构中的地位也往往更有利。经合组织甚至担心，连续的预算改革使得预算办公室的权力如此之大，以至于行政机构和立法机关中的其他行为者都被挤出政策制定的角色（OECD，2003）。这种地位的上升与预算人员的减少并不矛盾。一个集中的、以绩效为导向的预算过程需要能在政府的核心工作的训练有素的专业人士。通过在组织底层削减不必要的，主要是文职的职能，同时加强政策制定层，预算办公室可以将自己塑造成一种更可取的形式（Dunleavy，1992）。例如，有证据表明英国中央财政部门（英国财政部）在20世纪90年代（Parry, Hood and others，1997）就这样做了。

总而言之，中央财政部门的历史演变对于他们如何面对今天的挑战来说至关重要。财政部（在其传统角色中被定义为政府的薪酬主管和账户管理者）可能是公共管理中仍为人所知的最古老的部分，但近几十年来人们对财政部的需求经历了巨大的改变。在某种程度上，重复的改革浪潮可以被解释为努力调整中央财政部门的功能和结构使其与最初没有为其设计的运作环境相适应。

中央财政部门的组织结构

艾伦和科纳特（Allen and Kohnert，2012）提供了有关一些发达国家中央财政部门组织结构的信息；世界银行最近对低收入国家中央财政部门的研究，其中还包括55个处于不同发展阶段的国家中央财政部门结构的数据库（世界银行，2012a）[①]；在有限的范围内，在经合组织的预算实践和预算流程数据库中，其最新（2009）版本涵盖了31个经合组织国家和66个其他国家。[②]这些不同的资料来源反映了一些有趣的发现。

第一，许多发达国家的财政部在经济和财政政策的设计和实施中发挥着至关重要的作用。但是，这个角色因国家而异。这个角色在法国、德国和英国等国最为有力，它们的财政部掌握经济和财政政策的广泛权限，对公共财政实行无可比拟的有力控制，并且凭借其声誉和传统能够招揽到高校中的大

---

① 该数据库包含三个部分，分别涉及财政部和其他中央财政部门的角色和职责；中央财政部门的人员配置、技能和性别构成；IT系统的使用。

② 提供了97个国家预算机构的信息，包括31个经合组织成员国和66个来自中东、非洲、东欧、亚洲、拉丁美洲和加勒比地区的非成员国。

部分顶尖人才。这种"强势"财政部的模式在原则上有很多可取之处，并得到了上述一些实证研究的支持。然而，在许多发展中国家，财政部要比其经济和发展部弱得多。预算流程往往会受到不明确的问责制、个人预算负责人过大的支出自由裁量权以及不一致的分配的影响，这种情况往往会因经常性支出和资本投资的单独预算而加剧。即使在一些发展先进的国家（例如澳大利亚、巴西、加拿大和法国），核心财政职能的职责也经常出于政治原因而由两个部委分担，它们一个负责（广义）预算职能，另一个负责经济和财政政策。

人们提出了各种原因来解释这种划分，其中既有政治原因（例如，为了削减财政部长过于强大的的权力），也有技术原因，例如为了建立专业预算机构（Allen and Kohnert, 2012）。澳大利亚是一个特别有趣的案例，显然出于技术原因，澳大利亚在1976年决定将财政部划分成两个独立的部门（财政部和国库），但实际上，这是总理试图遏制财政部长对汇率政策和国际经济问题的过度影响而采取的行动（Wanna, Kelly and Forster, 2000）。归根结底，在经济和财政政策方面拥有广泛权力的强势财政部的概念并未得到政治层面的普遍认可，也不是很容易进行定义。一些财政部门，如英国财政部，已将实质性的运行任务下放给了半自治机构，但在预算事项和关键的财政政策决策上保留或增强了它的权力。高级官员未必会认为这些变化是为了分担关键职责的举措。对不太重要的任务进行分权、集中财政政策问题上的决策权的趋势看起来不一定相互矛盾。从短期来看，这些变化是否有助于加强或削弱中央财政部门的整体政治、行政和制度力量还远不清楚。

第二，财政部的角色正在演变，适应不断变化的内部和外部环境。在过去的二三十年中，寻求改善财政问责制和透明度以及加强决策过程中的制衡的做法是公共财政的主要主题。如第38章所述，一些国家已经建立了独立的财政机构（或"财政委员会"），以对政府的经济预测进行独立审查和/或监督财政政策。同样，与30年前相比，今天公布的预算和财政信息已经大大增加，其中包括预算、公共支出（"预算前"报告）和税收制度的拟议变更、长期财政趋势和财政风险，以及中央财政部门在实现政府财政目标和指标方面表现的年度报告。此外，随着IT系统的进步，财政部不再需要执行常规的会计和控制职能，在自动化发展的支持下，其中许多职能已经下放到相关的开支机构，从而使得财政部可以重点关注具有战略和政策重要性的更广泛的问题。

第三，正如下一节所讨论的那样，有一种将收入和海关管理以及债务管理等从属业务职能下放给下属公共机构的趋势，这些机构接受财政部的监督，对部长负责，它们拥有广泛的日常管理自主权，拥有自己的管理委员会，并且（总的来说）在为公众提供服务方面承担更大的责任。财政部长需要注意的是，这种变化（如独立的财政委员会的发展）可能会削弱他们对财政政策的政治控制和影响力。同样，需要谨慎管理财政部和独立中央银行之间的关系，以确保在货币和财政政策的高度相关的领域中做出适当的决策协调。

第四，如艾伦和科纳特（Allen and Kohnert, 2012）所述，各国在中央财政部门的组织和管理方面存在很大差异。中央财政部门的雇员人数相差很大，从几百到几十人不等，这种差异只与人口和国内生产总值存在部分联系。中央财政部门内部的部门，处室和其他组织单位的员工数量也有很大差异，等级和薪级表的数量以及最高管理层的角色和职责也是如此。许多发达国家通过减少管理层的数量并将决策权下放到管理链中的较低层次来简化财政部的组织结构。各国采用各种机制来促进组织内部纵向和横向的信息自由流动，鼓励管理人员和工作人员之间的沟通与合作，避免组织孤岛的产生。此外，债务管理和采购等核心职能是由财政部的中央部门或处室（例如法国）或是由自治机构执行也存在巨大差异。

总的来说，中央财政部门的设计不可能存在普遍推荐的"良好做法"范式。这与安德鲁斯（Andrews，2010，2013）的结论一致，即在不同国家，良好治理的意义不同："有效政府的最佳实践模式"不太可能存在（参见第4章的进一步讨论）。安德鲁斯通过对一系列经合组织和非经合组织国家的实践进行研究，验证了这一观点。此外，组织结构本身并不能确定财政部是否能有效地提供合理的政策建议、维持对公共财政的控制权。正如克罗和威尔达弗斯基（Heclo and Wildavsky，1974）在研究英国的例子中生动描述的那样，同样重要的是经过多代人建立起来的非正式的过程和权力关系，它们是这些复杂组织的生命线。此外，训练有素的财政部员工的重要技能（政治敏感性、逻辑分析和准确行文的技能）既能在岗位上培养，也能通过培训课程和研讨会获得。广泛的教育，包括经济学、政治学和法律知识，也是主流管理者的重要特征。

中央财政部门是否变得更加集中了

令人感兴趣的是，中央财政部门的活动在多大程度上集中在一个机构（通常是财政部）手中，以及在多大程度上分配给其他政府机构。艾伦和格里高利（Allen and Grigoli，2012）认为，随着各国逐渐从最低收入群体转向最高收入群体，中央财政部门职能的分权（或集权）在历史上呈现出U形模式（见图5.1）。这一论点是基于最近对55个国家进行的调查得出的描述性证据而提出的，这表明了职能分权与人均收入之间存在相关性。调查并未对因果关系做出任何声明，这一点需要采取进一步调查（世界银行，2012；Allen and Grigoli，2012）。具体而言，该调查提供了2010年具有代表性的国家的情况，但是缺少前几年的历史数据。随着时间的推移，各国的实际运行轨迹可能大不相同。此外，应该强调的是，分权的变化可能与收入和财富以外的其他因素有关——例如一个国家的政治成熟度、民主程度和年限、选举竞争，等等。

低收入水平国家往往拥有高度分权的中央财政部门，公共财政的控制权根据强大的政治团体进行划分，而且正如之前所讨论的那样，也由国家元首进行划分。他们故意分化财政部长的权力以提高自身的权力。分权的会计、报告和财务控制的人工体系往往会强化这种现象。

随着各国发展到中等收入水平，通常在国际货币基金组织和世界银行的积极鼓励下，巩固财政部内部财政活动的压力也在增加。例如，中欧和东欧的许多国家在20世纪90年代前苏联解体后经历了这一过程。苏联式的中央计划局被逐步废除，中央财政控制体系得到加强。加入欧盟的目标是进一步鼓励这些国家集中财政职能，因为他们必须遵守欧盟规则所规定的严格的财务条件（内部控制、审计和政府采购）。整合预算和规划流程、在预算范围内引入预算外资金、在国库单一账户内整合政府银行账户等政策同样也是这种集中化趋势的例子。这种趋势既存在技术方面的原因（增加整体财政控制），也存在要求更大的问责制和透明度的政治方面的原因：出现要求政府对财政绩效负责的专业中产阶级；寻租在推动预算配置中的主导作用变小；财政部作为政府机构的权力逐渐增强；年度预算的政治重要性增加；越来越依赖国际资本市场这一融资来源。

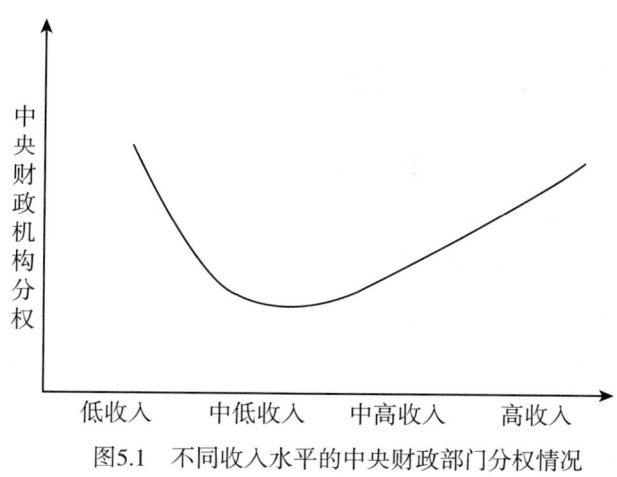

图5.1 不同收入水平的中央财政部门分权情况

资料来源：Allen and Grigoli（2012），表2。

在许多高中等收入国家和发达国家，财政部长已经能够利用计算机化的系统来放松对预算过程的正式先验控制，同时增加对金融交易的事后监测，包括由一线部门执行预算，在资金管理不善的情况下得到处罚和制裁的支持。因此，财政部的角色从直接操控相关的控制系统发展为监督和监控。同样，在许多业务领域，财政部门已经将特定活动的营运责任（例如采购、现金管理和国库职能）下放给受其监管的下属机构。简而言之，控制过程已经发生变化，系统变得更加分散化，但控制的整体影响并没有减少。

因此，随着"管理"文化和分权情况的扩散，新机构不断出现以及计算机化的进一步推行，分权的情况可能会再次加剧。许多经合组织国家（主要是澳大利亚、新西兰和英国）的经验表明，中央财政部门在更广泛的新公共管理改革之后经历了这种变化。但是，对于更广泛的发达国家和中等收入国家而言，相关证据更加模棱两可。虽然一些国家确实似乎已经用保持距离的安排有效取代了传统的列出项目控制措施，但智利和德国并没有走这条道路（Krause，2009b）。自治政府机构数量的增加是一些中等收入国家（包括东欧和中亚国家）发展的一个特征，但是如果没有足够的保障和控制，这种增长可能会威胁到这些国家的整体财政稳定。权力下放应与硬件能力建设和可靠的反腐政策的制定同时进行。

总体而言，还需要就中央财政部门的机构力量和集权的组成部分展开更多研究。世界银行和经合组织等国际组织已经努力，收集有关财政部门和预算机构的比较数据（OECD，2009）。目前，这是默认的代表性情况。这些证据只允许在特定的时间点对不同类型国家之间的变化做出有限的说明，并且几乎没有可提供可靠信息的资料来追踪更长时期内的机构变化。

中央财政部门职能的集权与其内部机构和政治权力的增强之间存在一种有趣的张力。根据时间和所涉国家的不同，分权既可能是一种下放非必要操作的有意而为之的政治努力，也可能是机构薄弱甚至混乱的表现。同样，集权可能被视为过度扩张，随后便是在所有公共财政领域执行不力，或者在强势政治人物的领导下急需进行的精简。可以想象，中央财政部门将许多不重要的运行职能下放，但却仍能保留作为政策上的重要权力杆的地位。然而，有人可能会说，正是这些具体的运作控制才使中央财政部门变得强大（Schick，2001）。

不同的中央财政部门结构对财政的影响

越来越多的文献开始研究不同的中央财政部门结构对财政结果的影响。在大多数情况下，实证文献和理论文献对财政部的理解都比较有限，这种理解与本章使用的中央财政部门的概念存在两方面的不同。首先，不同国家的中央财政部门既承担核心预算职能，又承担一系列其他非预算任务，而这里引用的文献仅涉及预算编制。其次，研究预算编制和财政政策实践应用的许多作者（Schick，1998）都假设财政绩效存在三个维度：财政纪律、配置效率和运作效率。迄今为止，文献主要仅从财政纪律的角度来理解财政绩效。

从20世纪90年代初开始，经济学家开始研究财政治理与财政绩效之间的关系。这些"财政制度经济学家"将预算编制面临的公共池塘资源问题理论化。每个部门的部长都有增加支出的动因而不去考虑额外开支带来的整体税收负担，因为他或她的选区远远小于整个选民区。然而，总统或总理必须牢记所有选民的利益，以便最大限度地提高政府连任的机会。由此可见，政府首脑将财政权力下放给财政部长的做法是有道理的，财政部长可以控制各个部长进行开支的意愿，并代表整个政府的利益。

理论上，强大的财政部长应该能够更好地限制支出、维持财政纪律。世界各地的学者都对此进行了实证研究，首先是以欧盟为参考的冯·哈根（von Hagen，1992）。他发现，强大的财政部门似乎确实可以加强财政纪律，导致债务水平逐渐降低。此后，这种观点的原始表述已经得到了极大的改进和扩展，逐渐涵盖了不同类型的财政规则和预算安排以及不同类型的政治环境（von Hagen，2005）。至关重要的是，财政部的集权并不是唯一可行的选择，而且不适用于所有情况。特别是在没有采取多数派政府模式的的国家，预算参与者之间的"合同法"可能更为可行。对更多东欧和西欧国家所进行的进一步实证研究得到了类似的结论（Hallerberg，2004；Hallerberg，Strauch and others，2009）。在拉丁美洲和加勒比地区也发现了类似的情况（Alesina，Hausmann and others，1999；Scartascini and Filc，2007）[①]。

研究财政部机构的文献将注意力集中在了中央财政部门的预算角色上。广义上的机构实力被定义为财政部坚持进行预算谈判并限制各部长、内阁和立法机关的影响力的能力。中央财政部门越是能够全面地决定每个部门的年度预算并在预算执行期间执行该预算，其维护财政纪律的能力就越强。没有证据表明中央财政部门的其他非预算职能可以增强或限制其财政权力。

强大的预算机构的例子包括德国财政部、英国财政部和智利预算局。这些中央财政部门在各自的行政和政治背景下有着截然不同的组织安排和职能。尽管德国财政部与经济部共享了不少非预算职能（Allen and Kohnert，2012），德国财政部在传统的投入级预算编制方面相当强大，并且一直在中央政府中扮演着强有力的角色。另一方面，英国财政部集中了大多数最高级别政策职能，但却将许多非预算职能交由执行机构来管理（Lipsey，2000）。最后，智利预算办公室几乎负责管理与预算流程相关的所有部分，其负责人是总统办公室的直接顾问。它的机构权力使预算过程中的所有其他行为者被边缘化（Blöndal and Curristine，2004；Krause，2009b）。从比较文献中可以清楚地看到，这些示范性案例对财政结果产生的影响只来自于其在预算流程中的机构作用而不是所执行的其他任务。

[①] 进一步阅读请参考第4章。

除了财政机构和财政纪律之间的关系外，关于中央财政部门结构如何影响财政绩效的其他方面（也就是配置或运作效率）的信息很少。原则上，相当多的现代预算改革旨在提高纪律和效率。对于绩效预算（Curristine，2007）和中期支出框架来说尤其如此。然而，作者发现很难将效率作为一种结果来实现，并且以此对不同国家进行衡量。在某些情况下，绩效工具在影响资源分配方式的方面已经取得了微小的成功；例如智利的评估制度（Zaltsman，2009）和美国的绩效评级工具PART（Gilmour and Lewis，2006）。然而，没有证据表明通过引入绩效预算来改变中央财政部门运作的方式会对预算的刚性或配置的效率产生任何影响（Robinson and Brumby，2005）。然而，最近对120多个处于不同发展水平的国家进行的实证研究表明，如果设计良好，中期支出框架有可能通过预算对总财政绩效和配置资源产生积极影响（世界银行，2012b）。

如何增强中央财政部门

如何增强财政表现不佳的国家的中央财政部门一直是经济决策者长期关注的问题。从20世纪70年代和80年代的财政危机开始，改革者们就担心，以投入为导向的传统增量预算机构将无法应对财政挑战。今天，从业者和学者正在逐渐达成共识，即中央财政部门的制度结构和整体的财政政策过程在国家的治理方式中发挥着重要作用。为改革中央财政部门以增强其财政影响所做的努力可分为两个方面：一是政治努力，二是狭义上的技术努力。

研究发现，可以在国家的宏观政治框架中找到中央财政部门最重要的力量源泉。哈勒贝格（Hallerberg）等人已经证明，打造一个强势的财政部的最佳方案就是制定能够产生一党政府和竞争性选举的政治制度。在这种情况下，政府相对比较容易将权力下放给一个强大的财政机构，而选举提供了一个惩罚糟糕的财政表现的可靠机制，从而激励政府进行改革（Hallerberg，2004；Hallerberg，Strauch and others，2009）。英国是这种模式最直接的例子。同样，在立法权有限且代表之间的联系不够紧密的国家中，财政部长的集权行为会变得更容易，也更可行（Hallerberg and Marier，2004）。

财政改革的政治层面为改革者提出了两个严重问题。首先，与所有政治问题一样，改革很难实现。发达国家的预算改革记录足以表明，只有在改革的压力变得十分严峻（通常是在财政危机之后）时，改革才会进行。瑞典（Wehner，2007）、英国（Lipsey，2000）和澳大利亚（Blöndal，Bergvall and others，2008）都是如此。最近对22个国家进行的一项研究发现，各国预算制度改革的内容和方向因高级官员的偏好而存在很大差异，但只有当一个国家经历了不断重复财政调整的痛苦时期之后才会进行改革（Krause，2009b）。

更重要的是，国家政治中的某些组成要素，例如政党和选举制度，甚至连强大的改革联盟都几乎无法改变。对瑞典、丹麦以及荷兰而言，建立奉行多数裁定原则的强大的财政部是无益的，因为他们的政治制度经常会导致出现反对将财政权力下放给中央财政部门的少数派政府或多党联盟。相反，这些国家选择了一种有赖于十分坚定的联盟协议和财政协定的模式，这些协议在中期内将政府和反对派联系在一起（Hallerberg，2004）。对于改革者而言，重要的是要认识到政治环境决定了何种中央财政部门结构是可行的。

其次，基于经合组织的文献主要假定，一旦改革在政治上可行，就可以在没有不可解决的技术问题的情况下实施。在许多硬件能力十分有限的中低收入国家,技术可行性成了一个更为重要的问题。中央财政部门如何高效且有效地履行其各种职能,取决于其运行的政治、行政和文化环境。图5.2(Dressel and Brumby,2009)所总结的框架为中央财政部门定义了五个关键接口。需要强调的关键点是,能否增强中央财政部门并不仅仅取决于政府的行政部门;它还受到议会、中央银行和外部审计机构等政府机构以及媒体、民间社会团体、国际组织(如国际货币基金组织和世界银行)等外部参与者、双边捐助者、信用评级机构和国际资本市场的影响。

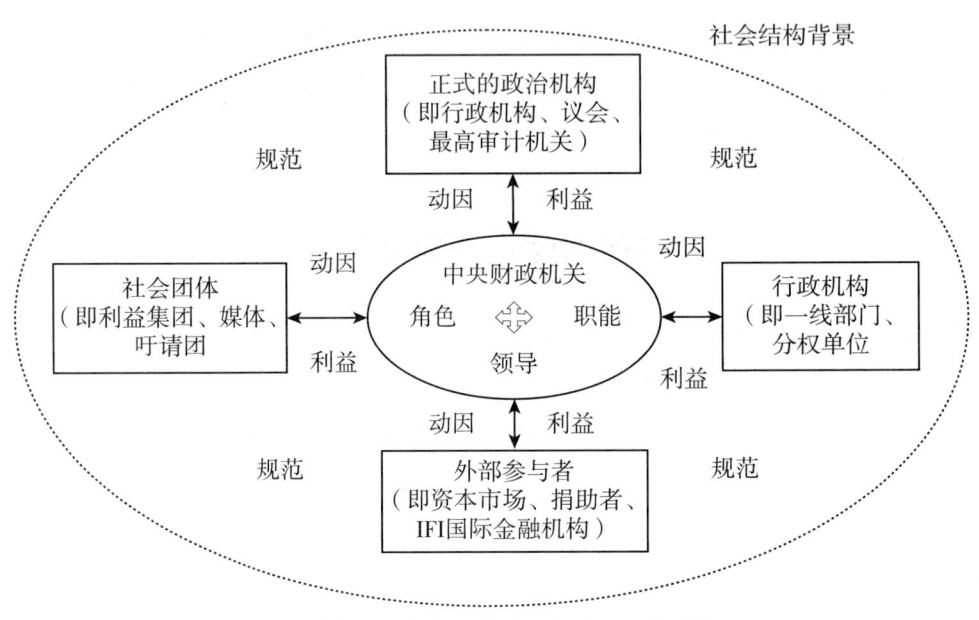

图5.2 中央经济部门的政治经济环境

资料来源:Dressel and Brumby(2009),表1.

这种观点对中央财政部门的硬件能力和软件能力进行了重要区分。硬件能力是指投入的数量或范围,例如人力资源或IT系统。软件能力侧重于如何通过一系列机制将这些数量转换为更好的绩效,如明确执行中央财政部门职能时的角色和责任;加强中央财政部门内外的协调和信息共享安排;明确与一线部门、民间社会团体、发展伙伴和其他利益攸关方的关系;改善内部业务流程的管理,如决策层级、企业规划和信息系统;加强人力资源管理和内部激励措施。

在实践中,许多国家都把重点集中在了加强硬件能力而不是软件能力。这两个概念往往是相互关联的:在硬件能力较低的情况下,软件能力也可能受到限制。然而,这种关系并不适用于所有情况:较弱的配置和/或组织输入以及高成本的运作环境,也许再加上制度限制,例如在政府内部缺乏权力基础的财政部长等,意味着即使硬件能力很高,软件能力也可能很低。在其他国家,可能出现低硬件能力、高软件能力的相反情况:财政职能组织良好,人员专业化和高效的业务流程,但结果却受到有限投入的限制。

在许多欠发达国家,财政部长的职能范围比发达国家要小,而且与发达国家的财政部长相比,其政治地位可能相对较低。预算在很大程度上被视为一项技术性会计工作,对国家发展计划、扶贫战略和公共投资计划等政策的影响较小。如第4章所述,在许多发展中国家,预算经常被用作总统和支出部长借以施加赞助和寻租的机制。这种行为的推动者是弱势的财政部长,在没有议会和其他问责机制支持的情况下,他对预算的控制有限,而这些问责机制本身往往也受到政治上的控制,既破碎又薄弱。

发展中国家面临的关键挑战可能包括整合预算与国家发展计划的编制过程；加强国库管理、内部控制和财务报告的计算机化体系，以发布可用于加强财政部对宏观经济预测、财政政策和税收及预算改革的分析工作的资源；在财政部内部建立更好的内部沟通和知识交流体系；加强组织结构，明确工作人员的角色和职责，使管理层能够专注于战略问题；开始将日常财务任务转交给一线部门和下属机构。这些变化能够帮助财政部长巩固其政治地位，在与支出部长争辩时更加令人信服，并加强他在内阁中的谈判地位。然而，扎根于许多发达国家财政部所运用的巨大权力和杠杆作用之中的文化和历史因素不能简单地复制到机构较不发达的国家之中；需要很多年的时间以及政治经济力量的巨大转变才能使它们发展到这样的水平。

参考文献

Alesina, A., R. Hausmann and others 1999. "Budget Institutions and Fiscal Performance in Latin America," *Journal of Development Economics* 59（2）：253–273.

Allen, R., and F. Grigoli. 2012. "Enhancing the Capability of Central Finance Agencies," *Economic Premise* No. 73. Washington, DC：World Bank.

Allen, R., and P. Kohnert. 2012. "Anatomy of a Finance Minister," Mimeo. Washington, DC：International Monetary Fund.

Andrews, M. 2010. "Good Governance Means Different Things in Different Countries," *Governance：An International Journal of Policy*, Administration, and Institutions 23（1）.

Andrews, M. 2013. *The Limits of Institutional Reform in Development：Changing Rules for Effective Solutions*. New York：Cambridge University Press.

Blönndal, J. R., D. Bergvall and others 2008. "Budgeting in Australia," *OECD Journal on Budgeting* 8（2）.

Blönndal, J. R., and T. Curristine. 2004. "Budgeting in Chile," *OECD Journal on Budgeting* 4（2）：7–45.

Bozeman, B., and J. D. Straussman. 1982. "Shrinking Budgets and the Shrinkage of Budget Theory," *Public Administration* Review 42（6）：509–15.

Brumby, J., and others 2012. *Lessons on Implementing MTEFs around the World*. Washington, DC：World Bank.

Curristine, T., ed. 2007. *Performance Budgeting in OECD Countries*. Paris：Organisation for Economic Co-operation and Development.

Diamond, J. 2001. "Performance Budgeting：Managing the Reform Process," IMF Working Paper 33. Washington, DC：International Monetary Fund.

Dressel, B., and J. Brumby. 2009. "Enhancing the Capabilities of Central Finance Agencies：From Diagnosis to Action," Mimeo. Washington, DC：World Bank.

Dunleavy, P. 1992. *Democracy, Bureaucracy, and Public Choice*. New York：Prentice Hall.

Gilmour, J. B., and D. E. Lewis. 2006. "Does Performance Budgeting Work? An Examination of the Office of Management and Budget's PART Scores," *Public Administration Review* 66（5）：742–52.

Hall, P.A., ed. 1989. *The Political Power of Economic Ideas：Keynesianism across Nations*. Princeton, NJ：Princeton University Press.

Hallerberg, M. 2004. *Domestic Budgets in a United Europe：Fiscal Governance from the End of Bretton Woods to EMU*. Ithaca, NY：Cornell University Press.

Hallerberg, M., and P. Marier. 2004. "Executive Authority, the Personal Vote, and Budget Discipline in Latin American and Caribbean Countries," *American Journal of Political Science*, 571–87.

Hallerberg, M., R. R. Strauch and others 2009. *Fiscal Governance in Europe*. Cambridge：Cambridge University Press.

Heclo, H., and A. B. Wildavsky. 1974. *The Private Government of Public Money：Community and Policy inside British*

Politics. London: Macmillan.

Hirst, F. W. 1931. *Gladstone as Financier and Economist*. London: Ernest Benn.

Krause, P. 2009a. "Patterns of Executive Control over Public Spending," Paper presented at the "Emerging Research in Political Economy and Public Policy" conference, London School of Economics.

Krause, P. 2009b. "A Leaner, Meaner Guardian? A Qualitative Comparative Analysis of Executive Control over Public Spending," GDI Discussion Paper 22/2009, Bonn, German Development Institute.

Krause, P. 2012. "Executive Politics and the Governance of Public Finance," in M. Lodge and K. Wegrich (eds) *Executive Politics in Times of Crisis*, pp. 136–56. Basingstoke: Palgrave Macmillan.

Lipsey, D. 2000. *The Secret Treasury*. London: Viking.

Mintzberg, H. 1979. *The Structuring of Organizations: A Synthesis of the Research*. Englewood Cliffs, NJ: Prentice-Hall.

OECD. 2003. Reflections on the Role of the Central Budget Agency. C. Vergez. Madrid: Organisation for Economic Co-operation and Development.

OECD. 2009. *International Database of Budget Practices and Procedures*. Paris: Organisation for Economic Co-operation and Development. www.oecd.org/gov/budget/database.

Parry, R., C. Hood and others 1997. "Reinventing the Treasury: Economic Rationalism or an Econocrat's Fallacy of Control?," *Public Administration* 75 (3): 395–415.

Reinhard, W. 1999. *Geschichte der Staatsgewalt*. München: Verlag C.H. Beck.

Robinson, M., and J. Brumby. 2005. *Does Performance Budgeting Work?: An Analytical Review of the Empirical Literature*. Washington, DC: International Monetary Fund.

Roseveare, H. 1969. *The Treasury: The Evolution of a British Institution*. London: Allen Lane /Penguin.

Scartascini, C., and G. Filc. 2007. "Budgetary Institutions," in E. Lora (ed.) *The State of State Reform in Latin America*. Stanford, CA: Stanford University Press.

Schick, A. 1986. "Macro-Budgetary Adaptations to Fiscal Stress in Industrialized Democracies," *Public Administration Review* 46 (2): 124–34.

Schick, A. 1988. "Micro-Budgetary Adaptations to Fiscal Stress in Industrialized Democracies," *Public Administration Review* 48 (1): 523–33.

Schick, A. 1998. *A Contemporary Approach to Public Expenditure Management*. Washington, DC: World Bank.

Schick, A. 2001. "The Changing Role of the Budget Office," *OECD Journal on Budgeting* 1 (1): 9–27.

Tilly, C. 1992. *Coercion, Capital, and European States*, Ad 990–1992. Oxford: Blackwell.

von Hagen, J. 1992. "Budgeting Procedures and Fiscal Performance in the European Communities," Economic Papers 96. Brussels: European Commission.

von Hagen, J. 2005. "Political Economy of Fiscal Institutions," in Barry R. Weingast and Donald A. Wittman (eds) *The Oxford Handbook of Political Economy*. Oxford: Oxford University Press.

Wanna, J. 2003. "Introduction: The Changing Role of Central Budget Agencies," in J. Wanna, L. Jensen and J. de Vries (eds) *Controlling Public Expenditure: The Changing Roles of Central Budget Agencies*. Cheltenham: Edward Elgar.

Wehner, J. 2007. "Budget Reform and Legislative Control in Sweden," *Journal of European Public Policy* 14 (2): 313–32.

Wehner, J. 2010. *Legislatures and the Budget Process: The Myth of Fiscal Control*. New York: Palgrave Macmillan.

Wildavsky, A. B., and N. Caiden. 2004. *The New Politics of the Budgetary Process*. New York: Pearson/Longman.

World Bank. 2012a. *Enhancing the Capabilities of Central Finance Agencies*, Synthesis Report. Washington, DC: World Bank.

World Bank. 2012b. *Beyond the Annual Budget: Global Experience with Medium Term Expenditure Frameworks*. Washington, DC: World Bank.

Zaltsman, A. 2009. "The Effects of Performance Information on Public Resource Allocations: A Study of Chile's Performance-Based Budgeting System," *International Public Management Journal* 12 (4): 450–83.

6
立法机关在预算过程中的作用[①]

伊恩·利纳特

立法机关在制定年度预算和提供预算监督方面发挥着重要作用。在议会讨论财政政策和中期预算目标[②]并且立法机关通过了年度预算法时,预算战略和政策的"所有权"属于选举产生的代表。如果预算决策绕过了立法机关或立法机关在此过程中不够活跃,则财政政策由政府官员根据未经选举的官员的建议来决定。在政府缺乏强有力的问责制安排的情况下,预算政策有可能反映未经选举的精英的意愿。总之,议会积极参与预算流程的做法通常被认为是民主的重要组成部分。

近年来,许多立法机关在预算问题中发挥了更积极的作用(Posner and Park,2007;Schick,2001)。但是,立法机关对预算和财政政策结果的影响并不一定有益。立法机关成员在决定财政政策时,往往时间有限。此外,立法机关的利益可能集中在最大化选区的预算开支上。这两个因素都会导致赤字偏差。这个公共池塘资源问题最早出现在政府内部的预算准备阶段,在议会的批准阶段可能更加严重。在立法机关享有不受约束的预算修正权的国家,议会倾向于引入会增加开支或减少收入的变革,从而造成财政状况恶化和公债增加。

政治因素也对议会的预算决策制定产生相当大的影响。其中包括政党的角色和数量、每个政党内部的凝聚力、立法机关的组成(一院制还是两院制)、立法机关内部达成共识的方式(包括解决两院之间分歧的程序)、议会成员连任的激励机制、立法机关成员与政府成员之间的信息不对称、政治家和官僚之间的联盟、议会委员会与落地活动之间的协调安排。[③]虽然政治对预算流程的影响很重要,但本章并没有对它们进行广泛的思考。

立法机关的预算权十分多变(Lienert,2005;Wehner,2010a)。这反映了截然不同的宪法安排、议会所受的法律限制、政治因素和预算传统。对于经合组织成员国来说,在立法权和行政权之间的分离最为明显的国家,立法机关的预算权最高,在总统制中尤其如此。但是,政府形式(议会制或总统制)与预算权之间并不存在一一对应的关系。图6.1表明,当议会所拥有的无限制预算修正权伴随政治分离出现时,议会的预算权就特别强大。

[①] 本章是Lienert(2010)的修改版本,感谢伦敦经济学院的魏纳教授提出的宝贵意见。

[②] 在本章中,"立法机关"和"议会"这两个术语可互换使用。这两个术语指的都是一个国家的立法机关,尽管"议会"一词更适合采取议会制的政府,而"立法机关"在采取总统制的国家更常用。

[③] 萨尔菲尔德(Saalfeld,2000,第353-376页)将委托代理理论应用到了议会与政府之间的关系上,并详细阐述了其中一些政治问题造成的影响。

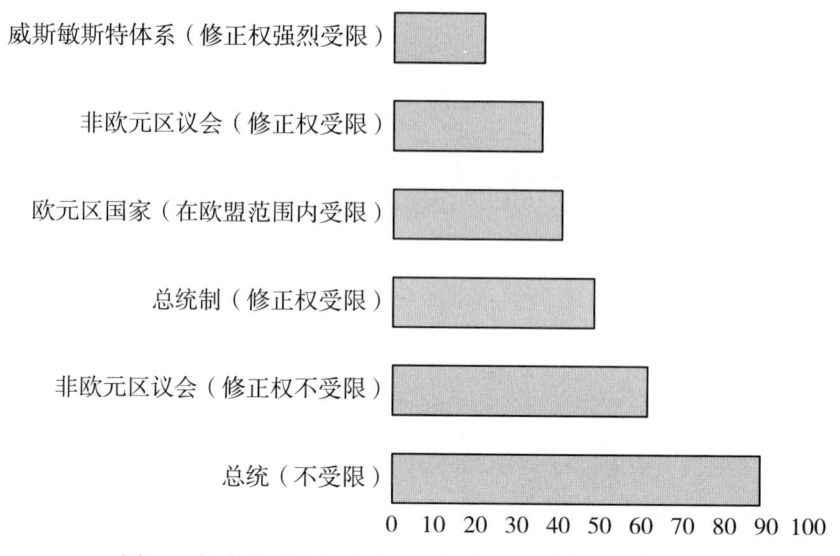

图6.1 议会的预算权力（30个经合组织国家的指数，0到100）

资料来源：作者的计算结果以预算指数（见Wehner，2010a）和经合组织（2007）的第40个问题为基础。受威斯敏斯特体系影响的国家是澳大利亚、加拿大、爱尔兰、新西兰和英国；欧元区议会国家是受欧盟财政规则约束的13个经合组织成员国（爱尔兰除外）；预算修正权受限的非欧元区国家是日本、波兰和土耳其（议会制）、韩国和墨西哥（总统制）；预算修正权不受限的国家是丹麦、匈牙利、冰岛、挪威、瑞典和瑞士（议会制）以及美国（总统制）。

在此背景下，本章回顾了造成议会在预算过程中所起的作用差异巨大的各种因素。[①]本章还确定了良好的议会预算程序，同时认识到不可能为立法机关的预算审查和批准程序提供一刀切的指导。更具体地说，本章涵盖了议会预算编制所受的关键性法律约束、议会参与预算过程的关键日期、议会应审查和批准的预算问题、政府应向议会提供的财政信息、议会在进行预算分析时所需的支持、如何加强立法机关在预算过程中的作用；以及一些结论。

宪法和法律对议会预算编制的制约

宪法详细阐述了立法机关的作用及其与行政机构之间的关系。宪法可以提及立法机关在预算问题上拥有至高无上的地位。然而，这种"至高无上的地位"可能仅限于正式批准政府起草的年度预算法中的财政收支。在少数国家，宪法包括在预算过程中对行政机构和立法机关具有约束力的财政平衡或政府债务规则（见专栏6.1）。就法国而言，宪法明确了议会在修改政府预算草案时所受的限制。在许多其他国家，预算制度法对财政规则和立法机关修改预算的权力做出了规定。

立法机关制定年度预算的能力所受的主要约束之一是其修正政府预算草案的能力受到了限制。这种约束有助于实现财政整顿目标和可持续的财政状况（Wehner，2010b）。但是，民意代表可能更愿意通过增加特定的支出来为他们的选区服务。如果实现和维持可持续的财政状况可以更好地服务于社会的利益，就有正当理由对立法机关的修正权做出正式的限制。

约有半数经合组织国家的议会拥有无限的法定预算草案修正权。然而，其中的许多国家都是欧元

---

① 本章的重点是经合组织国家议会的做法。经合组织预算实践调查（2007）是主要的信息来源。

区成员国，它们受到有关借贷与预算赤字的欧洲财政规则的限制。[①]此外，虽然一些实行联合政府的欧盟国家的议会拥有不受限制的法定预算修正权，但在实践中，议会可能无法行使这一权力，因为组成政府的各政党（通常在议会中享有多数票）达成的联盟协议在联合政府执政期间是一个强大的制约因素。在采取多党政府制的几个欧洲国家，包括芬兰、德国和荷兰，这种约束十分重要。在其他地方（特别是拉丁美洲），在一些总统制国家中，总统也许可以对国会的预算修正案行使部分或全面否决权。

专栏6.1 预算管理所受的宪法限制

法国：限制议会的预算修正权。1958年的宪法规定，如果通过议会成员提出的法案和修正案会导致收入减少或是公共支出项目的产生或增加，则该法案和修正案不予受理。

德国：结构化的赤字规则。1949年的基本法（1968年进行修订）中有一章与公共财政有关，包括一条"黄金法则"。2009年，德国通过了新的宪法财政规则。一段逐步实施时期结束之后，该规则要求联邦的结构性预算平衡接近平衡，而且16个省（联邦州）的预算平衡也应接近平衡。

波兰：债务规则及其对议会预算修正权的限制。1997年的宪法要求债务在国内生产总值中所占的比重为60%。宪法还规定，只有政府才能提高赤字水平，议会只能修改收入和支出的构成。

新加坡：平衡的预算财政规则。1965年的宪法要求政府在任期内保持预算平衡。在实施这一规则时，政府可能认为收入最多仅占累积储备年度净投资收入的一半。宪法中包含一条"免责条款"，允许政府参与赤字融资，并动用之前的储备金。

瑞士：平衡的预算规则。1999年的宪法要求联邦在任何时候都要保持收支平衡。年度预算要根据预期收入核准总开支上限。如果超过支出上限，那么必须在随后的年份中对额外支出进行补偿（联邦法律对这些程序和其他程序进行了规定）。

资料来源：每个国家的宪法；OECD Journal of Budgeting（不同期号）。

在有些国家，立法机关在增加了额外收入的同时便可以支持更多的开支。在其他国家，预算制度法防止了总支出的增加超过行政部门提议的数额——只允许立法机关对支出进行重新分配。事实证明，在一些拉丁美洲国家，这是一种保持财政可持续性的有效方法。[②]

赤字中性修正案要求立法机关采取负责任的行动，不要将当前开支的课税负担转嫁给后代。但是，如果立法机关利用其权力来增加或重新分配开支，则可能导致开支效率降低，特别是当引入变革的目的是满足选区的需求。

无法改变行政机关提出的财政平衡的限制仍赋予了立法机关一些灵活性：它可以增加总支出（只要它能够增加收入以抵消支出）、改变支出的构成。在政府和议会之间的斗争中，一些国家认为这种限制提供了太多的灵活性。因此，他们制定了一项限制总支出的规则，由议会批准中期支出上限，该上限在年度预算决策中约束了政府和议会。有证据表明，议会中自上而下的预算审批程序有助于巩固南非和瑞典的公共财政（Ljungman，2009；Wehner，2010c）。

---

① 《欧盟稳定与增长公约》要求成员国的财政赤字和债务分别低于GDP的3%和60%。

② 桑蒂索（Santiso，2008）的表18.3表明，大多数拉丁美洲国家对国会预算修正权以及总统否决权的使用都有很强的限制。

最严格的限制是阻止立法机关对预算草案进行任何修正。在少数国家，立法机关只能批准或否决行政机构的预算草案。在其他国家（例如加拿大），立法机关唯一可以进行的变革是减少开支。

将议会预算程序纳入法律或法规。预算决策的正式规则、程序以及立法机关受到的限制通常会在法律中加以规定，同时通过政府法规（特别是关于预算编制、执行和会计的细节）或议会法规（特别是关于议会审议预算草案和年度账目的内部程序）。然而，在一些国家，法律和法规合并在一起，或者采用更为非正式的做法。[①]

为了明确立法预算流程，将预算批准和审查的内部规则和组织安排正式化十分重要。然而，立法机关审查年度预算草案和年度预算执行报告的内部组织安排在各国之间差异很大。标准的"预算流程议会法规"是不存在的。作为一般规则，议会法规不应被用来替代预算制度法中重要的最佳预算程序。

议会参与预算流程的关键日期

在一个财政年度期间，立法机关通常可以在三个主要时间段介入预算流程，即当立法机关：

- 在年度开支和新借贷得到授权、收入估算获得批准之前，对政府年度预算草案（包括其收入估算和开支计划）进行审查和辩论；[②]也就是说，批准新预算政策的影响已经体现在了估算中；
- 批准对初始年度预算做出修改的补充预算；
- 可以获得年度财务报表和关于预算执行情况的外部审计报告时，将在年终审查预算执行情况。在一些国家，立法机关正式卸下了政府执行其年度预算的责任。

一些国家还会进行预算前辩论或年中预算审查。这种讨论主要有两个目的。首先，立法机关可以提出或批准政府在为即将到来的新财政年度制定详细的收支概算时必须遵守的财政目标和/或开支上限。例如，在巴西，国会在年度《预算指导法》（Budget Guidelines Law）（见专栏6.2）中正式采用了这些目标。第二，预算前辩论可以使立法机关了解政府的中期财政政策意图和政策优先事项。

专栏6.2　年度预算指导法和预算前辩论

- 巴西。每年6月底（新财政年度开始前6个月），国会通过预算指导法，主要有三个目的：鼓励对下一年的预算总额进行辩论；列出在下一年中被视为"强制性"的支出——也就是说，免除在执行预算的年度总统令任何削减的项目；正式确定下一个财政年度的预算目标，以及作为预算基础的主要假设。
- 法国。2001年的《组织预算法》（Organic Budget Law）要求政府提出下一年的预算方向，以及上一年的年度绩效报告。主要目标是让国民议会可以在新财政年度开始前6—7个月讨论政府设定的预算目标和政策优先事项。

---

① 作为合并的一个例子，在新西兰，极其苛刻的议会预算修正权并未包括在《公共财政法》中，而是列入了议会法规（"议事常规"）。至于非正式规则，英国财政部（而非议会）决定年度开支估算的结构、期限和格式；其基础是政府（王室）特权，这些权力可以追溯到议会成立之前（进一步讨论，见Daintith and Page, 1999）。

② 几乎所有国家每年都会采取预算。斯洛文尼亚和美国的一些州采用两年期预算。在大多数情况下，"两年期"预算意味着以滚动方式呈现的连续两个12个月的预算。乌拉圭议会在每个政府任期开始时采用5年预算。

- 瑞典。在1994—2002年，采取了一种两阶段的预算批准程序，根据该程序，议会在其春季法案中通过了未来三年的总开支上限。随后——新财政年度开始前3个月——秋季法案列明了详细的估算。自2002年以来，政府一直在4月份提出预算政策建议，即新财政年度开始前8个月。在这个阶段，议会不再批准支出上限。27个支出领域的中期支出总额上限和年度上限将在9月提交给议会，随后在批准详细的拨款计划之前被批准为议会的第一项行动。导致这一变动的主要原因是议会不希望每年进行两次预算批准程序。

立法议程中其他的重要日期如下：
- 向立法机关提交年度预算的日期。绝大多数经合组织国家在新财政年度开始前2至4个月向议会提交预算。但是，如表6.1所示，各国之间存在很大差异。

表6.1　　　　　　　　　　　　　　向立法机关提交预算的日期要求

财政年度开始前几个月	法律要求		实践（无法律规定）立法机关的法规
	宪法	法律	
6个月以上		美国（8个月）	
4—6个月	丹麦（4个月）、芬兰	德国（4个月）	挪威（4个月）
2—4个月	法国、西班牙（3个月）、韩国（90天）、俄罗斯（99天）	日本（2—3个月）、瑞典（3 1/3个月）	
0—2个月			加拿大
财政年度开始之后		新西兰	中国 英国

注：芬兰宪法要求"大大提前"提交预算。根据这一要求，预算通常在新财政年度开始前4个月提交。
资料来源：改编自Lienert and Jung（2004）的表Ⅱ.4。

立法机关批准年度预算的日期。许多国家的预算制度法要求在新的财政年度开始之前通过年度预算法。主要的例外是英国和受英国制度影响的国家，这些国家通常在财政年度开始后才会通过主要的年度拨款法案。[①]

立法机关审批预算的时间。新的财政年度开始之前，立法机关通常有大约3个月的时间来审查详细的预算。这段时间通常是足够的。美国给予了立法机关更长的时期（8个月），反映出其立法机关强大的预算权以及国会委员会预算审批程序的复杂性。在政府强大的国家，用以讨论预算估算的时间段通常很短。

复归预算。如果立法机关没有在新财政年度开始之前通过预算，大多数国家都会制定临时执行预算的程序。复归预算通常以上一年的核定预算为基准。一些国家（例如芬兰、德国和日本）将根据政府的拟议预算，包括政策的变化，提出复归预算。

补充预算。立法机关需要采用补充预算的主要原因是新政策出台或宏观财政状况发生变化。其他原因包括自然灾害和紧急情况；全球商品价格的急剧变化和其他外部冲击；由于政府担保的债权、解决法律纠纷和其他或有债务而对预算产生的意外要求。当立法机关批准在开支类别内部或之

[①] 对于采取威斯敏斯特体系的国家，通常可以提前几个月从议会获得从新财政年度第一天开始进行支出的权力。

间重新分配预算（预算调剂）或取消立法机关之前批准的预算开支时可以补充或调整预算。一些国家每年会通过若干补充预算。在某些情况下，这反映了预算编制程序不良、政策成本计算不当或政府未能在执行预算时遵守核定的预算。如果政府滥用立法机关的权力，向立法机关提交过量补充预算以获得事后批准，那么该国可能需要加强立法权。

立法机关应该审核、批准什么

除了批准年度开支和新借贷外，要想实现良好的财政管理，立法机关还应该经常审核、认可或正式批准以下内容：

- 宏观经济框架和以预算预测为基础的假设。尽管许多国家都明确提出了预算的主要假设，但立法机关不见得会对其进行深入研究，也不一定会改变行政部门提出的假设。在一些国家，由议会预算办公室等独立机构负责编制或审核预算假设。
- 收入预测。预算的收入预测所依据的方法和假设可能得到立法机关的批准。批准可能意味着认可政府的收入估算和基本假设。在立法机关设有独立预算办公室的国家，立法机关可以批准另一套可供选择的（由行政部门制定的）收入预测。在一些国家，法律禁止立法机关改变政府所做的收入估算。但是，如果存在"例外"条款，独立的立法机关可能会提高收入估算，以便为新的支出提供资金。[1]
- 收入政策。预算统一原则要求在同一法律中同时批准收入和支出预算。在实施这一原则的国家，对税收政策所做的改动必须在年度预算法通过之后才能获得批准，可能会采用两阶段议会批准程序——年度预算框架（收入、支出、融资）首先获得批准，详细的开支估算在第二阶段获得批准。在其他国家，议会通过单独的立法轨道批准对收入政策做出的改动。[2]在最坏的情况下，立法机关是否批准（新）收入与年度拨款（支出）法能否通过完全脱钩。尽管如此，立法机关可以通过多种方式实行自我约束：（1）承诺建立包括收入在内的可信的中期预算框架和目标，同时知晓万一立法机关批准减税，它还需批准削减支出以达到赤字/盈余的目标；（2）采用"永久"收入规则；例如对石油生产国而言，明确知晓（在非石油收入赤字的中期目标背景下）石油收入的年度预算的使用。
- 中期预算框架和支出上限。立法机关可以通过采用中期预算框架（MTBF）或至少认可政府提出的中期预算目标来影响预算政策促进适当的财政调节。中期预算框架的总量通常不具有法律约束力，因为立法机关正式通过了规定中期所有年份的年度开支总量的法。[3]
- 债务管理策略。一些立法机关会批准与中期债务管理战略和中期预算框架一致的每年更新的运

---

[1] 例如在巴西，宪法禁止国会更改行政部门的收入预测，除非是抵消政策行动或"错误和遗漏"。Tollini（2009）讨论了解决巴西国会"纠正"政府收入估算这种做法的可选方式；也就是说，在执行预算时，将预算收入增加到不切实际的高水平，同时在没有足够现金收入支持的情况下引入新的支出。

[2] 分开批准税收变更与年度支出计划的做法可能源于宪法。例如在德国，最重要的税收属于联邦议院和联邦参议院的共同权力，而联邦支出预算则属于联邦议院的权力，联邦参议院只能提供咨询意见。其他国家可能由于根深蒂固的做法而缺乏统一的预算（例如在英国，政府，而不是议会，拥有改变税收的强大权力）。

[3] 瑞典是个例外。为了减少巨额财政赤字，从20世纪90年代初开始，瑞典议会开始批准对政府拟议的三年中期预算框架中每一年的总支出结果进行限制。见专栏2，Ljungman（2009）和Wehner（2010b）。

营债务计划。这使得立法机关能够认可债务减免,特别是公债很高且长期财政可持续性受到威胁时。
- 预算外资金和开支。一些立法机关通过了创建预算外资金的法律。立法机关还可以授权"自主"开支机构收取费用;这些机构的预算拨款可以按净额而非总额核准。如果没有足够的监督,此类批准可能会造成议会范围外的政府开支。因此,最好向立法机关提供所有预算外活动的全部信息。一些国家采取了进一步的措施:预算制度法或法规禁止在没有得到财政部长明确批准的情况下建立新的预算外资金,并且财政部长也有权关闭其目的不再有价值的现有预算外资金。

理想情况下,上述项目应由立法机关在批准年度预算时进行审查、认可和批准。通常关于它们的定性或定量信息会包含在年度预算法草案所附带的文件中。

由于立法机关负责批准年度预算开支(拨款),它自然也负责批准年度拨款的结构和分类。这些内容通常首先由相关部委或机构提出,然后按开支或程序的类型进行批准。[①]但是,各国的实践各不相同。一种极端情况是,美国国会每年都会更改年度拨款的格式,因为它通过"预留"开支的方式增加了数千个特定项目。另一种极端是,根据悠久的传统,只有英国政府才享有特权,可以提出需要得到议会批准的估算格式。在这两个极端之间,一些议会通过了明确规定各部门年度拨款格式的法律。

当立法机关希望政府对预算执行情况和结果负责时,它就同时放弃了批准和控制那些支出项目十分详细的预算的执行情况。在绩效预算编制下,为了简化预算并减少年度预算法中预算项目(投票)的数量已经付出了审慎的努力。各国年度预算中的项目数量存在较大差异,主要反映了立法机关多大程度上希望将重点关注于预算执行情况和结果(见表6.2)。

表6.2　　　　　　　　　　　　　　经合组织国家年度预算中的项目数目

预算项目数量(项)	国家
●200以内	●澳大利亚、加拿大、法国、卢森堡、墨西哥、荷兰、波兰、韩国
●201—500	●比利时、芬兰、瑞典
●501—1000	●捷克共和国、希腊、匈牙利、爱尔兰、日本、新西兰、葡萄牙、斯洛伐克、英国
●1001—2000	●奥地利、丹麦、冰岛、意大利、挪威、瑞士、美国
●超过2000	●德国(6000)、西班牙(4593)、土耳其(34583)

资料来源:OECD(2007)。

提供有关最佳数量的指导方针是不可能的。一方面,当预算项目超过,比如1000项时,预算主要目标的透明度就会遭到破坏;简化预算结构可能有用。另一方面,如果拨款过于集中,可能会破坏议会的控制,除非基于结果或项目的预算还附有充分的关于计划支出和实际支出的解释性说明。

灵活交换预算项目(调剂权)。无论立法机关是否根据部门/机构、项目、职能或经济类别等分类来对拨款进行审批,年度预算通过后,立法机关可要求行政部门在变更(1)每个预算项目;(2)大多数预算项目——部分调剂权被下放给了财政部;(3)只有少数相对较大的拨款类别时需要得到它的批准。同样,各国实践差异很大。在许多国家,政府可能会增加特定自主性开支项目的开支,但是这种

---

① 第13章将进一步探讨拨款问题。

做法会受到法律的限制。在某些情况下，尽管事后由议会对交换预算项目进行批准的做法十分常见，事前仍需要获得立法机关的批准。

预算内应急储备金。一些国家的议会授予行政部门支出未分配的应急储备金的权力，以应对不可预见的和紧急的支出。需要在没有应急储备金和为行政部门提供了过多授权，使其可以在未获议会批准的情况下在特定项目上支出的储备金之间保持适当的平衡。如果立法机关批准了预算内应急储备金，就需要限制从储备金中进行支出。特别是要对储备金的规模、由储备金资助的开支的性质、试图动用储备金的开支部门需遵守的规则以及向立法机关通报实际开支的报告频率等进行限制。

年度支出控制和内部审计。在许多国家，立法机关委托政府行政部门执行年度预算。例如支出控制和内部审计通常是政府的专属责任，政府会颁布相关的法令或法规。然而，在少数国家，立法机关会介入这些领域，这是其监督权的反映。例如在美国，联邦部门的监察长不仅要向他们所在的政府机构的负责人报告，而且要向国会报告。[①]后者的报告要求较为特别，它模糊了内部审计和外部审计间的区别。

政府会计制度。[②]由于会计是一项技术科目，立法机关通常不会主动更改政府的会计制度。尽管如此，政府会计制度的实质性变动应由立法机关进行审查，会计的一般原则可以包含在法律中，这有利于议会进行监督。一旦提出变更会计准则，可以要求立法机关的预算委员会或公共账目委员会提供意见。第34章提供了有关各国如何建立会计准则的更多信息。

向立法机关提供财政信息

明确规定报告的要求可以提高财政透明度，使立法机关能够充分讨论预算提案。出于这个原因，一些国家的议会通过了财政责任法。为了审议预算草案，立法机关需要得到与政府提出的中期财政战略、拟议年度预算政策变更的理由以及与预算前景相关的主要风险有关的信息。第3章已经讨论了向立法机关提供年度预算草案信息的良好做法（见专栏3.4）。

除事前预算文件外，还应向立法机关提供高质量的事后财政报告[③]，使其能够进行预算监督。特别是，政府应该在一年内定期向立法机关提供预算执行报告和年度财务报表。最高审计机关（SAI）[④]的年度报告也是需要议会监督的重要文件。在一些国家，法律明确要求向立法机关提供实际开支与预算开支的比较。例如法语国家和西班牙语国家就是这种情况，其立法机关必须通过预算执行法。为了与政策制定相关，这项工作需要在财政年度结束后几个月内完成，可能与立法机关的预算前辩论同时进行。

---

① 这项要求的法律依据是《总监察长法》（the Inspector General Act，1978）。为了能够让国会对联邦机构管理进行监督，美国国会还通过了其他法律，包括《首席财务官法》（the Chief Financial Officers Act，1990）和《联邦财务管理改进法》（the Federal Financial Management Improvement Act，1996）。

② 第34章全面讨论了政府会计制度。

③ 见第35章。

④ 见第37章。

立法机关需要在预算编制上得到怎样的支持

下列是为议会提供支持的机构安排：议会委员会、外部审计办公室、议会听证会和议会预算办公室，所有这些都为议会理解和分析预算提供了直接支持。由于立法机关也需要足够的财政支持，下面将简要讨论议会的资金。

议会委员会。事前预算监督。建立议会委员会至少出于两个原因。首先，它们是对预算开支在各政策领域中的分配提出建议的机构。其次，委员会为议会全体大会提供信息，使其能够做出预算决策。[1] 一些经合组织国家——以及许多发展中国家和新兴市场——已经建立了一个专家预算委员会（或同等机构），负责审查政府的预算草案，并协调与处理特定行业（如农业、教育和国防）的其他议会委员会的合作回应。强势的预算委员会发挥着重要作用，在其决定是最终结果（即全体大会通常认可委员会的预算决策）时尤是如此。

在履行监督职能时，议会委员会有必要平衡对财政纪律的需求与其对选区优先事项开支的偏好。在这种情况下，预算委员会可以获得或强或弱的权力。主要存在三种选项：[2]

- 议会预算委员会设定总开支和行业开支上限，而行业委员会则在预算委员会提供的最高限额内决定具体的特定行业拨款。
- 预算委员会审议总体财政政策和财政总量，行业委员会提出的建议可能导致行业（和总）支出高于预算委员会提出的参考意见。
- 只有行业委员会审议和批准每个行业的拨款。预算委员会（如果存在的话）在政策的整体一致性上提供协助，但并不会试图限制总支出。

第一种选——自上而下方法——为议会的财政纪律提供最强有力的制度框架。瑞典就是一例：在20世纪90年代，议会委员会重组并负责审查自上而下的预算制度中具体的"支出范围"。原则上来说，美国是第二种选择的例子，尽管在实践中它通常属于第三种。[3]

事后预算监督。一些国家——特别是议会几乎没有预算修正权的国家——没有预算委员会。相反，它们设有公共账目委员会（PAC），负责审查预算结果和年度财务报告。在采取威斯敏斯特政府体制的国家，公共账目委员会通过审查政府机构的预算项目开支和财务管理，发挥着特别重要的作用。

如果公共账目委员会被赋予了广泛的权限并且他们有权力分析预算结果、根据建议采取后续行动，它们就是成功的。[4] 如果政府不愿意根据公共账目委员会的建议采取行动或忽视最高审计机构的

---

[1] 哈勒伯格（Hallerberg, 1999）分析了为什么欧洲议会中委员会制度的组织存在差异。他认为关键的区别在于政治/选举因素：一党制政府下的议会委员会通常软弱，而联合政府设立的议会委员会更有可能是强大的信息提供者，特别是在预算程序方面。

[2] 理论上存在一种更强有力的选择：预算委员会在无需行业委员会任何意见的情况下做出所有支出决策。

[3] 1974年，国会两院的预算委员会通过立法成立。预算委员会的作用是为财政总量提出建议（预算决议），以指导国会各委员会。虽然预算委员会影响了所有12项年度拨款法案中每一项的规模，但强大的拨款委员会（两院议会各设一个，每个委员会都由几个小组委员会组成）影响预算分配和总支出，包括为特定利益设立的"专项支出"。最近的几年里，国会未能通过预算决议，导致临时预算决策和巨额财政赤字。

[4] 对公共账目委员会经验的进一步详情和全面回顾，请参见第8章Stapenhurst and others（2008）。

报告，公共账目委员会的效力就会遭到破坏。在政府容忍不道德行为并且不起诉渎职行为的国家，公共账目委员会的活动影响非常有限。

外部审计机构的作用。政府外部审计师对政府年度决算所做的年度报告为立法机关提供了讨论上一年预算结果并要求政府机构，特别是财政部采取后续行动的机会。许多经合组织国家会在财政年度结束后的六个月内公布年度财政账目的外部审计报告。发展中国家报告的滞后时间更长，通常是因为无法及时收到政府年度账目的缘故。如果滞后时间较短，议会根据外部审计的建议采取后续行动的可能性就会增加。

议会法规或惯例规定了议会委员会讨论外部审计报告并根据其建议采取后续行动的程序和允许时间。外部审计报告经常由预算委员会（或与其最接近的同等机构）讨论。许多经合组织国家已经建立了一个系统来跟踪外部审计建议执行情况。

接受议会的听证和质疑。部长和政府部门负责人经常在议会委员会面前作证并回答问题。这些会议可以在预算辩论期间以及执行预算和讨论最高审计机构年度报告时进行。当议程被提前分发，调查对象有时间准备理由充分的回答，并且议会委员会与政府（行政部门）成员之间能够进行有效互动时，议会需要确保问题被聚焦。决定委员会的有效领导和达成议会决定的程序也都很重要。

议会预算办公室。立法机关可以从向立法机构报告的独立的无党派预算办公室获得有关预算分析的支持。[①]下列经合组织国家已建立依附于立法机关的预算办公室：美国（国会预算办公室就是早期预算办公室的一种形式）、加拿大、韩国、墨西哥和波兰。建立议会预算办公室的目的主要有四项：

- 为立法机关中的多数党和少数党代表以及预算和行业委员会提供预算分析和独立意见。
- 为立法机关提供中期或长期财政预测，以及可能与政府在年度预算所述不同的方案。
- 量化和讨论那些包括可能与政府拟议的有差异的新税收和开支政策对预算的影响。
- 弥补当选代表缺乏的分析预算草案细节、提出替代预算政策所必需的时间和分析能力。

对议会的拨款。议会在资金充足的情况下可以有效地发挥其作用。在经合组织国家，立法机关的预算通常不会被行政机关所更改，而且在国家预算中所占的份额相对较小。在一些低收入国家，这个比例则相当高。各国的议会预算存在差异，这可以归因于立法机关成员的薪酬、行政费用、对政治团体的补助以及对议会大楼的投资等方面的差异。虽然立法机关的预算通常独立于行政机构的预算进行编制，但由于问责制，立法机关在执行、报告和审计自己的预算开支时应遵循同样的一般程序。

培养立法机关的预算监督能力

各国议会执行预算监督的能力差异很大，这反映出相比较于政府行政部门，议会获得或失去预算权的程度。这反过来反映出议会在预算过程中的作用是如何受到宪法、有关公共财政的法律和法规、非正式规则以及行政和立法机关的内部组织安排等变动的影响。

议会的一切强化工作都需要考虑政治背景并且涉及立法机关成员、政党、议会工作人员和议会外

---

① 议会预算办公室是第38章所讨论的财政委员会的一种形式。有关更多的国际经验，请参阅Stapenhurst and others（2008）。

行动者结成的改革联盟。[1]由于背景环境十分重要，因此无法在加强议会能力一事上提供坚定的指导方针。相反，下面的讨论说明了在新民主国家以及没有足够资源来加强预算监督能力的发展中国家中加强议会预算制定能力将面临的挑战。

以下的一些行动可能有助于加强立法机关明智地管理纳税人资源的责任：
- （在全体大会上）批准中期财政框架，包括总开支、财政平衡和/或公债等目标；
- 采用需要由政府和议会共同制定财政政策和年度预算的财政规则，该政策与预算需与对财政赤字、累积债务和总开支的持久限制保持一致；
- 避免将政府收入预测提高到不切实际水平以及"资助"更高的年度预算开支（如此不负责任的做法永远也不会奏效：它会破坏公民对议会在预算过程中所起作用的信心）；
- 确保对记录、监督、报告和审计包括预算外交易在内的所有政府金融交易做出透明的安排；
- 商定在出现预算纠纷时与行政部门积极合作的机制，而不是采取与之对抗的态度。

在某些领域，立法机关可能不愿意放弃早先在与行政部门斗争中获得的预算权。尽管如此，在出现财政危机时，议会可能需要采取激烈行动来解决预算制度中存在的根本弱点。在特殊情况下，这可能会导致宪法变更。[2]更常见的是，立法机关将修改现有的预算制度法——例如通过限制议会的预算修正权、采用财政规则，或在立法机关中引入自上而下的两阶段预算审批程序。

一旦由立法机关制定的负责财政管理框架到位，立法机关就可以集中精力确保其对年度预算法草案的审查按照明确的时间表进行。在这种情况下，最好要求政府在新财政年度开始前几个月向立法机关提交年度预算草案，从而为立法机关提供足够的时间来审查、辩论和提出可备选的预算政策。在正常情况下，立法机关应在新财政年度开始之前通过年度预算。

加强立法机关分析和决策能力的初步工作应侧重于两个方面：
- 对年度预算草案进行事前分析。重点是评估拟议的收入和支出政策及其对财政平衡和债务的影响。随着政府能力的提高，立法机关将获得更清晰、更全面的预算文件；例如可备选的预算方案、财政风险和税式支出声明，或拟议的年度债务管理计划。反过来，立法机关需要提高其吸收政府改进后的分析报告的能力，以便根据这些报告（或立法机关自己的预算分析），采用新的预算政策。
- 对预算结果进行事后分析。立法机关需要积极参与审查预算执行情况的年度报告，特别是最高审计机构提供的年度账目和年度账目相关的报告。要使立法机关采取后续行动，首先需要加强政府准备及时、可靠和全面的年度账目的能力，以及最高审计机关审计年度账目、准备与如何改善政府财务管理相关建议的能力。为了具有可比性，立法机关应确保预算结果报告的格式与初始预算和补充预算相同。

---

[1] 这是非洲全党议会小组（2008）研究的主要结论。在分析了为何许多发展中国家的议会不起作用之后，哈德森和雷恩（Hudson and Wren 2007）在考虑加强议会时强调了政治背景的重要性。

[2] 第3章中的专栏3.1提供了一个巴西的例子。

立法机关还需要在预算通过前积极参与分析补充预算草案。立法机关应努力通过要求政府事先批准重要的预算政策变化以及落实程序以避免在某一年内批准过多的补充预算等方式来防止其预算权遭到破坏。

随着立法机关变得更加活跃，立法机关就政府为即将到来的新财政年度提出的主要预算方向进行预算前辩论的做法可能会有所帮助。这项工作将在年中举行，届时议会还将审查政府最近的本年度预算执行报告、拟议的年度和中期预算战略和/或未来几年的财政目标。议会定期参与全面的开支审查的做法也很有帮助。议会需要透明的预算制度。为使立法机关能够履行监督职责，应向其提供明确的文件，说明预算草案中所列措施的目标和预期影响，以及预算将如何有助于实现中期财政目标。还需要向立法机关提供一年内的经常预算执行报告，解释最近的预算发展情况。议会应在年内限制其所做的预算干预。一旦年度预算获批，立法机关通常不会直接监督预算执行情况。如果政府的内部控制和审计制度存在任何缺陷，最好通过外部审计报告来传达。但是，预算执行中有两块具体的领域可能需要在年内由议会进行审查、认可或批准，可能以此作为上述年中预算审查中的一部分：

- 调剂。如果立法机关选择维持一个详细的拨款结构，其中政府拥有部分在项目间交换开支的授权，那么立法机关可以在开支大类或特定支出上保留一些事前或事后控制权。
- 预算应急储备金。在年度预算中，立法机关可以批准设立一项小额储备（例如占总支出的1%—3%），以使行政部门能够在真正无法预见的紧急情况下花费少量资金。至于问责制，政府应定期通知立法机关此类开支的数量和目标，并在事后对这些数额进行批准。当储备金用尽并且仍然需要额外的紧急开支时，立法机关将需要批准一项补充预算。

发展积极的议会委员会对于加强立法机关在预算分析和决策中的作用而言至关重要。在任何立法机关中，失去权力的政党都需要能够表达出他们对可备选预算政策选择的意见。积极的议会委员会保护反对党的权利。在采取威斯敏斯特体制的国家，反对党成员是公共账目委员会的主席。此外，当委员会的会议记录向公众和媒体公开时，公民就可以更充分地了解特定政策选择的利弊。

在立法机关中建立专门的预算委员会是一种良好的做法。这类委员会对于设定总收入、开支和赤字/盈余目标而言至关重要。为了确保财政纪律，行业议会委员会的审议需要遵守预算委员会制定的开支上限。为了确保成功，需要为预算委员会提供强大的权力和充分的分析支持。

立法机关——特别是预算委员会——可以得到各种机构和程序的支持，包括：

- 议会研究办公室，可以在必要时提供预算分析。
- 议会预算办公室，可以提高议会评估政府拟议预算并提出可备选政策的能力。
- 借调政府工作人员以支持立法机关进行预算分析、审查议员可能提出的具体预算问题。这一选择可以替代建立议会预算办公室。
- 要求部长和高级公务员在议会委员会面前回答有关政府拟议预算或事后预算结果及年度账目等问题的程序规则。
- 培训立法者，以便更好地了解预算的目的和通过预算的程序。培训计划虽然有用，但并不是灵丹妙药，因为立法者未必希望改变自己的运作方式，特别是当议员对自利动因或利益集团的压力做出回应时（Messick，2002；世界银行，2002）。说得更直接一些，立法者未必不会接受贿赂（Carothers，1999）。

- 公民团体参与预算过程（特别是在预算周期的关键阶段。尤其当选民对政治家的兴趣和信心减弱时）可能是因为在最高审计机构报告中发现渎职行为时，出现财政透明度较低或缺乏后续行动的情况——就有必要采取这种做法。[①]
- 为立法机关及其辅助机构提供充足的资金。议会应避免在运作成本和投资费用上过度开支，以免造成它们与其他国家宪法实体（如司法机构和外部审计机构）脱节。

虽然许多国家希望加强立法机关在预算制定中的作用，立法机关也需要负起责任，确保其与预算相关的决策与负责的财政管理保持一致。当选的议员代表公民的利益，通过可以提高国民福利的预算政策。但是，考虑到选举周期，议会成员并不仅仅关注公民的福利。相反，他们可以利用自己的影响力将自己的选民或自己的开支最大化。例如，非洲、亚洲和其他地方的一些立法机关创建了用于资助其选区项目的基金。[②]在肯尼亚，议会议员将自己的工资提高到了与西方国家议员相当的水平。[③]这样的开支未必最具成本效益。

因此，在发展议会预算力量的同时应提高人们对于当选代表需要尊重负责的财政管理原则的意识。特别是，如果年度预算和新预算政策获得通过，议会需要留意实现和维持可持续的中期财政状况的可取性。正如2008—2010年的金融危机所体现的那样，立法机关的预算流程功能失调，可能会导致公共财政难以巩固。

结　论

立法机关在预算决策中的作用正在全球范围内逐渐增强。议会委员会正在得到加强，支持立法机关的独立机构正在建立或加强，政府正在为理解预算草案和事后预算结果提供更清晰、更及时的信息。增强议会预算决策权和预算监督能力的趋势通常是可以加强民主的有利发展。在一些国家，通过确保议会对预算相关事项——审查和批准年度预算——干预是有序的，可以进一步加强议会对预算过程的参与度。立法机关需要在委员会和全体大会上遵守明确的预算通过日程，并最好在新的财政年度开始之前公布年度预算法。

加强立法机关在预算流程中的作用，这种做法不应不受约束。与政府一样，立法机关未必会遵守财政责任的健全原则，它们可能会危害公民的利益。一些议会（无论是在发达国家还是新兴国家）在批准年度预算时需要避免不负责任地减少收入或目光短浅地增加支出。主要针对选区和连任的短期行

---

① 国际预算促进会（IBP）与世界各地的民间社会团体合作，对公共预算进行分析、施加影响。IBP定期更新其公开预算调查，该调查评估了各国政府是否允许公众获得预算信息、给予他们在国家层面参与预算过程的机会。见http://internationalbudget.org。

② 印度（1993）和巴基斯坦（1985）建立了选区发展基金（CDFs）；肯尼亚议会于2003年通过了一项法律以建立选区发展基金；乌干达议会于2005年也效仿了这种做法，但是没有制定法律框架；坦桑尼亚在2009年采取了这种做法。有关各国经验的回顾、选区发展基金的利弊以及对其进行限制的建议，请参见Hickey Tshangana（2010）以及Horman（2012）。

③ 据报道，肯尼亚国会议员的薪酬（17.5万美元）比美国参议员还要高。

动有可能在中期内将公债提高到不可持续的水平。为了抵消这种趋势，议会最好实行自我约束，同时还应维持法治和强有力的监督制度。如果没有这些措施，贪婪的政策变化、不必要的财政下滑和自私行为可能会持续存在而不受惩罚。

参考文献

Africa All Party Parliamentary Group. 2008. "Strengthening Parliaments in Africa," http：//siteresources.worldbank.org/PSGLP/Resources/StrengtheningParliamentsinAfrica.pdf.

Carothers, T. 1999. *Aiding Democracy Abroad: The Learning Curve.* Washington, DC: Carnegie Endowment for International Peace.

Daintith, T., and A. Page. 1999. *The Executive in the Constitution.* Oxford: Oxford University Press.

Hallerberg, M. 1999. "The Role of Parliamentary Committees in the Budgetary Process within Europe," in R. Strauch and J. von Hagen (eds) *Institutions, Politics and Fiscal Policy.* Boston: Kluwer Academic Publishers.

Hickey Tshangana, A. 2010. "Constituency Development Funds: A Scoping Paper," prepared for International Budget Partnership, http：//internationalbudget.org/wp-content/uploads/Constituency-Development-Funds-Scoping-Paper.pdf.

Horman, G. 2012. "What if... Legislatures Approve – and Execute – the Budget," IMF, *Public Financial Management Blog*, December 7, 2012, http：//blog-pfm.imf.org.

Hudson, A., and C. Wren. 2007. "Parliamentary Strengthening in Developing Countries," http：//www.odi.org.uk/resources/download/103.pdf. London: Overseas Development Institute.

Lienert, I. 2005. "Who Controls the Budget: The Legislature or the Executive?," IMF Working Paper 05/115. Washington, DC: International Monetary Fund.

Lienert, I. 2010. *Role of the Legislature in Budget Processes*, IMF Technical Notes and Manuals, No. 2010/04. Washington, DC: International Monetary Fund.

Lienert, I., and M. K. Jung. 2004. "The Legal Framework for Budget Systems: An International Comparison," *OECD Journal on Budgeting*, Special Issue, 4（3）.

Ljungman, G. 2009. "Top-Down Budgeting – an Instrument to Strengthen Budget Management," IMF Working Paper 09/243. Washington, DC: International Monetary Fund.

Messick, R. 2002. "Strengthening Legislatures: Implications from Industrial Countries," PREM Note No. 63. Washington, DC: World Bank.

OECD. 2007. "Budget Practices Survey," http：//www.oecd.org/gov/budget/database.

Posner, P., and C. -K. Park. 2007. "Role of the Legislature in the Budget Process: Recent Trends and Innovations," *OECD Journal on Budgeting* 7（3）. Paris: OECD.

Saalfeld, T. 2000. "Members of Parliament and Government in Western Europe: Agency Relations and Problems of Oversight," *European Journal of Political Research* 37.

Santiso, C. 2008. "Keeping a Watchful Eye? Parliaments and the Politics of Budgeting in Latin America," Chapter 18 in Stapenhurst and others (eds) *Legislative Oversight and Budgeting: A World Perspective.* Washington, DC: World Bank.

Schick, A. 2001. "Can National Legislatures Regain an Effective Voice in Budget Policy," OECD Journal of Budgeting 1（3）: 15–42.

Schick, A. 2003. "The Role of Fiscal Rules in Budgeting," OECD Journal of Budgeting 3（3）: 7–35.

Stapenhurst, R., R. Pelizzo, D. Olson and L. von Trapp (eds) 2008. "Legislative Oversight and Budgeting: A World Perspective," *WBI Development Studies.* Washington, DC: World Bank.

Tollini, H. 2009. "Reforming the Budget Formulation Process in the Brazilian Congress," *OECD Journal of Budgeting* 9（1）.

Wehner, J. 2007. "Budget Reform and Legislative Control in Sweden," *Journal of European Public Policy* 14（2）: 313-32.

Wehner, J. 2010a. "Assessing the Power of the Purse: An Index of Legislative Budget Institutions," Chapter 3 of *Legislatures and the Budget Process: The Myth of Fiscal Control*. Basingstoke: Palgrave Macmillan.

Wehner, J. 2010b. "Institutional Constraints on Profligate Politicians: The Conditional Effect of Partisan Fragmentation on Budget Deficits," *Comparative Political Studies* 43（2）.

Wehner, J. 2010c. "The Promise of Top-Down Budgeting," Chapter 6 of *Legislatures and the Budget Process: The Myth of Fiscal Control*. Basingstoke: Palgrave Macmillan.

World Bank. 2002. "Strengthening Legislatures: Implications from Industrial Countries," PREM Note No. 63, http://www1.worldbank.org/prem/PREMNotes/premnote63.pdf.

7
评估和比较公共财政管理制度的质量：理论、历史与证据

保罗·德·伦齐奥

作为一系列实践，政府预算编制的历史可以追溯到几个世纪前，当时西欧现代国家的崛起带来了利用官僚制度来管理日益增加的税收的需求。这导致"预测、授权国家年度收入和支出的文件"[1]以及相关的流程和程序的制度化。从那以后，政府预算已经发展成用于管理公共资源的复杂制度，并且日益受到学者和研究人员的关注。

很少有人会反对政府预算是经济决策的基本工具与重大政治斗争的舞台这种说法。税收、开支、借款和结算是政府的主要职能，这些职能会通过预算流程对任何国家的收入水平、增长和分配产生很大的影响（Rubin，1997）。预算是"剥掉了所有误导性意识形态的国家的框架"（Goldscheid，援引自Schumpeter，1991，第100页），以及"将财政资源转化为人类目的"的机制（Wildavsky，1975，第3页）。

本章有三个主要目标：第一，讨论过去在界定公共财政管理制度[2]及其质量上的尝试，凸显了它们的缺点。第二，着眼于比较不同国家、不同时期预算制度的潜力和挑战，提出旨在改善经合组织与发展中国家公共财政管理制度质量的改革史简介。第三，解决衡量的问题，研究如何落实与衡量公共财政管理制度质量，概述并批判性评估了现有的数据来源。

公共财政管理制度的理论研究与特征描述：原则、政策与过程

许多人曾在不同时期对缺乏综合性预算编制理论的情况表示过遗憾（Key，1940；Schick，1988）。部分原因在于，学者们从不同的理论视角研究预算编制，而这些视角从未被恰当地加以整合。随着时间的推移，政府预算编制研究领域出现了三种主要的理论观点。第一种是与公共管理理论相关的公共行政观点，包括规划、会计和组织间联系等方面（Coe，1989；Guthrie and others，2005）。其主要关注点是预算管理制度及其完整性和合规性，并将预算视为组织公共资源管理方式的工具。第二种是公共财政观点，它借鉴了公共经济学理论，将重点放在税式支出和宏观经济稳定的效率与发生率（Musgrave，1959；Stiglitz，1986）。因此，它主要关注的是预算政策，并将预算视为实现财政政策目标

---

[1] 该定义取自1862年法国颁布的法令（引自Stourm，1917，第3页）。
[2] "预算编制""预算制度"与"公共财政管理制度"等表达在本章中可互换使用。

（如刺激消费、创造就业和维持财政平衡等）的手段。第三种是政治经济学观点，借鉴了新制度经济学的理论见解（North，1990；Campos and Pradhan，1996），以及少量财政社会学的观点（Schumpeter，1991；Moore，2004）。它着眼于预算流程所涉及的行动者、利益以及动因的集合（Wildavsky，1964；Von Hagen，2006）。因此，它的主要关注点是制度安排，并将预算视为调和就公共资源使用而产生的利益冲突的手段，或者像希克在最近的一篇论文中所说的那样，是一种"契约"（Schick，2011）。

如果把预算编制定义为"将资金支出与既定目标取得的成绩关联起来的过程"（Schick，1966，第244页），那么，每种观点对于预算编制的重要方面的描述就会略有不同。政治经济学观点侧重于制定、实现这些"既定目标"的过程，公共行政观点描述的是政府通过对其自身进行组织来实现这些目标的制度，而公共财政视角则对在实现这些目标的过程中的政府行为所产生的潜在（和实际）影响进行评估。随着时间的推移，这些理论观点造成了对于公共财政管理制度的定义以及它们应该呈现出的形式，包括确定各国应该追求的更优质的公共财政管理制度的特征等问题上出现了不同（尽管往往重叠的）定义。从广义上来说，这三个主要定义涉及预算编制的原则、政策与过程。

预算原则

定义公共财政管理制度的理想特征的第一个方法主要与公共管理视角相关，它将重点放在了预算原则上。这就需要将所有预算在履行其职能时都应具备的关键基本特征汇编在一起。这些原则由来已久。1935年，森德尔森（Sundelson）对此前德、法两国学者对于预算制度的研究进行了总结，归纳出几类关键原则，[①]其中包括：

（1）综合性或普遍性，与所有政府开支和收入必须服从预算机制的要求相关。这是为了防止大额预算外项目对适当的规划、控制和监督造成破坏。

（2）统一性，这意味着所有的预算操作应该集中在一份文件和一种报告制度中，以免出现重复和零碎化。

（3）规范或拨款，即需要确保公共资源花在了指明的用途上，而且拨款金额没有在未经授权的情况下进行改动。

（4）年度性或周期性，或者要求为特定的一段时期（通常正好是一年）制定和批准预算。

（5）事先核准，要求在实施之前，所有支出（通常也包括收入在内）必须经过主管部门的投票批准。这在一定程度上属于法律的要求，但同时也是对于分权原则的认可，即只有在立法机关对预算进行授权之后，行政部门才能执行预算。

（6）准确性，与在制订预算时采用诚实可靠的估算和预测有关。

（7）清晰度，要求预算的呈现方式易于理解，不会造成任何误解，而且不同期之间具有可比性。

（8）公开性，包括及时公开所有预算文件，允许公众对预算进行讨论，发布预算信息（Sundelson，1935，第243页）。

60多年后，世界银行于1998年出版了《公共支出管理手册》（*Public Expenditure Management Handbook*），其中的许多原则几乎没有发生变化，这些原则非凡的"持久力"便可见一斑（世界银行，

---

① 见第3章，专栏3.3。

1998a）。一些措辞发生了改变，以反映新的语境，适应新的现实；例如"公开"变成了"透明"。引入了对于"问责制"的更广泛的关注以及实施过程中的合法性和可预测性等其他要素，使预算原则与本章后面将会讨论的最近对于预算改革的思考保持一致。尽管如此，自从对预算原则进行早期分类以来，大部分内容都没有发生改变，它们仍然被用作评估公共财政管理制度质量和确定弱势预算编制实践的标准（de Renzio，2004）。换句话说，对原则的关注将高质量的预算制度定义为与最多的预定义特征和标准相符的预算制度。

预算政策[①]

公共财政管理制度的理想特征的第二个定义，从公共管理和公共财政的角度出发，侧重于预算编制政策或预算编制旨在实现的目标和结果。希克（Schick，1966）在1966年那篇关于美国预算改革阶段的开创性文章中，确定了预算编制的三个不同目标：（1）通过制定能够防止行政部门滥用职权并确保根据现有政策和计划开支资源的适当的制度来控制开支；（2）与效率和效力目标相关的管理，包括"将已批准的目标纳入具体项目和活动及组织单位的设计从而执行核定计划，以及为这些单位和采购必要的资源配备人员"（Schick，1966，第244页）；（3）规划，将重点转移到对长期目标的定义，以及利用福利经济学的分析标准评估替代支出选择。

马斯格雷夫提出了一个与公共财政相关度更高的不同分类，认为预算和预算政策旨在确保：（1）调整资源配置，以便最好地实现公众需要的满足感；（2）通过税收和转移支付对收入和财富分配进行调整，以补偿政策选择的成本和收益；（3）稳定经济，以实现充分就业和物价稳定（Musgrave 1959, pp. 5ff）。世界银行试图调和这两种方法，提出有关预算政策目标的另一种三层次的定义：（1）总财政纪律；（2）根据战略重点配置资源；（3）在实施战略重点时高效和有效地利用资源（Campos and Pradhan，1996；世界银行，1998a）。正如《公共支出管理手册》所解释的那样："政府花费的总金额应与中期可负担金额密切相关，反过来又应与年度预算相匹配；开支应根据政策重点进行适当分配；开支应该以最小成本实现预期结果。"（世界银行，1998a，第3页）。

表7.1对每个作者提出的预算编制目标重新进行了排列，以显示出这些不同定义之间的关联方式。例如，控制、稳定和总财政纪律之间或规划与（资源）配置之间或管理与运营效率之间存在明确的对应关系。分配问题是唯一一个只在三个定义中出现了一次的目标。这些差异源于其隐含的理论观点，或者就世界银行而言，源于以更容易与捐助机构的制度和运作重点相联系的方式实施预算成果的需求。

表7.1　　预算政策目标和结果的不同定义

Musgrave（1959）	Schick（1966）	Campos and Pradhan（1996） World Bank（1998）
稳定	控制	总财政纪律
配置	规划	资源配置
分配	管理	经营效率

[①] 另见第1章有关公共财政管理宏观经济基础的讨论。

事实上，关注政策以便识别更好的公共财政管理制度意味着选择可以评估政府预算实现其目标或指定结果的程度的具体指标。在某些情况下，这可能相当简单，例如通过衡量财政平衡来评估稳定性或总财政纪律，显示出资源约束受重视的程度。在其他情况下，这可能会复杂得多。例如在如何分配可用预算资源以实现经济增长最大化或减少贫困的发生率等问题上几乎没有达成任何一致意见（Anderson and others，2006；Fan，2008；Van de Walle and Nead，1995）。由于难以证明政府开支与发展成果之间的关联，政府开支的效率也很难测量。[①]对于发展中国家来说尤其如此，因为必要的数据很少或不可靠。

预算流程

公共财政管理制度的理想特征的第三个定义以政治经济学观点的见解为基础，着眼于预算流程的本质及其所涉各行动者之间的相互作用。基伊（Key，1940）于1940年提出了"对预算过程进行仔细和全面分析的可取性"。正如第4章所述，20年后，威尔达弗斯基（Wildavsky）开始探察参与美国预算流程的各行动者的角色和行为（Wildavsky，1964；Davis and others，1966）。具体而言，联邦开支机构作为增加支出的倡导者，预算办公室负责实施总统的优先事项，而众议院拨款委员会则充当"财政部监护人"的角色（Davis and others，1966）。在其他国家，宪法或法律所规定的角色可能会影响不同参与者的行为及其关系，从而改变了作为预算流程特征的游戏规则。因此，预算的状况可以被认为是预算流程中各参与者之间的相互作用，是规范它们的规则和程序的结果，也是它们的相对权力的结果。

这种见解后来在研究欧洲和拉丁美洲各国预算赤字决定因素的实证研究中得到了发展。其结果表明，各国财政赤字水平的变化可以通过为解决政府喜欢超支的自然倾向而实施的预算流程来解释。就拉丁美洲而言，阿莱西纳等人（Alesina and others，1999）发现，"分级"预算流程越多的国家赤字水平越低，而"合议"流程多的国家则在财政上更为谨慎。分级流程的关键特征是受开支偏见影响较小的行动者被赋予了更多的权力；也就是说，财政部与各开支部门、行政部门与议会之间的关系。赋予这些中央行为者更多权力的做法限制了公共资源池问题，形成了更好的财政纪律。von Hagen（1992），Hallerberg和von Hagen（1997）以及Hallerberg（2004）在欧盟国家得到了类似的调查结果，附加条件是选举规则和政治制度能够影响预算流程限制财政失衡严重性的方式。更具体地说，在通常是一党多数政府的国家，将更多权力下放给财政部长是维持财政纪律的有效方式。另一方面，在联合政府的国家，委托授权不太可能行得通，需要联合执政的伙伴间达成财政契约才能控制赤字。

坎波斯和普拉丹（Campos and Pradhan，1996）也研究了预算流程中的制度安排对总财政纪律以及公共开支的战略重点和技术效率的影响。他们开发了综合衡量可能会影响预算结果（在前一小节已经介绍了世界银行所做的定义）的公共财政管理制度特征的方法，并将其应用于7个发展水平不同的样本国家。尽管他们的实证结果因缺乏足够的数据而受到限制，但在某些情况下，他们发现了公共财政管理制度的变化与预算结果的改善之间存在的相关性。

对公共财政管理制度的质量的定义，源于对公共财政管理制度的具体问题或理想结果的定义，以及随后对公共财政管理制度的具体安排和特征对解决该问题或实现该结果有什么帮助的分析。

---

① 参见如Rayp and Van de Sijpe（2007），Rajkumar and Swaroop（2008）以及Gupta and others（2004）。

定义公共财政管理制度的质量

上述讨论列举了定义或试图定义公共财政管理制度及其质量和影响的各学派。如何在这种讨论的基础上最好地界定和实现公共财政管理制度的质量？

依赖预算原则的做法很有吸引力，因为它侧重基本的相似性和关键性要求。与此同时，所依赖的预算原则可能相当繁多、呆板，灵活度有限，并忽略了一些在不同背景下影响预算原则遵守程度的潜在条件。关注预算政策，虽然可以恰当地突出预算编制旨在实现的多重目的，以及它们之间的潜在矛盾或时间不一致，但却存在着忽视预算编制的政治本质和成为规范性偏见的牺牲品的风险（为什么财政纪律应等同于财政平衡？谁来决定预算资源分配的最佳方式？）。此外，不仅难以在预算编制目标和结果的各项定义之间进行选择（见表7.1），而且由于优先考虑的结果不同，预算制度的理想状况和特征也可能发生变化。[1]最后，仅仅专注于流程可能会过分强调形式而非功能或是预算制度的不同特征，不论它们试图维护的原则或实现的目标是什么，从而使得从比较的角度评估其相对质量变得更加困难。

那么，对公共财政管理制度的质量做出怎样的定义才能令人满意呢？显然，有必要将原则、政策和程序结合起来，以便更好地了解公共财政管理制度。希克（Schick，1998a）强调"即使政府遵守了公认的预算原则，也可能无法获得最佳的财政结果"，并且"为了实现其首选结果，政府……必须创建一个制度框架，该框架可以增强实际结果符合其自诩目标的可能性"（1998a，第2页）。因此，需要在原则、政策和流程的交界之处定义和检验公共财政管理制度的质量和力量。

"公共财政管理制度质量"的可行定义可以集中在三个基本方面：

（1）透明和全面。从用于组织预算项目的分类制度到预算文件的覆盖范围和清晰度，这一方面着眼于预算信息的可用性和质量。

（2）将预算编制、规划和政策联系在一起。这个方面考察了预算在多大程度上可以被视为可靠的政策工具，检查所执行的预算在多大程度上获得了批准，以及它们是否包含超出年度周期的政策视野。

（3）控制、监督和问责制。这个方面着眼于现有预算信息的用途，以及是否有适当的机制来保证遵守现有规则和流程、促进使用公共资源的能力。

这三个方面与政府预算的三个关键职能作用有关：（1）作为政府活动和财务信息的来源；（2）将政府的政策目标转化为资源配置和具体行动；（3）提供能够使政府对其行为负责的制度。这些特征具有普遍相关性。此外，这一定义满足一套最低标准：（1）它与预算原则大致相符，同时又具有足够的灵活性；（2）它考虑到政策目标的中心地位，但同时它又是政策中立的，从而限制了规范性偏见；（3）它适用于不同国家以及不同历史、法律和制度背景，而且具有可比性。

---

[1] 例如Alesina and Perotti（1996）强调了"分级"制貌似支持的财政纪律与"合议"制"保障少数群体的权利并强调'制衡'、节制与妥协"的能力之间的重要权衡。Campos and Pradhan（1996）也谈到同时追求多个目标时可能出现一些潜在矛盾。Stasavage and Moyo（2000）表明，在乌干达和赞比亚，通过采用"收付实现制"的方式来确保针对总财政纪律的改革最终会在预算执行阶段严重扭曲资源分配。

根据这一定义，可以将质量较好的公共财政管理制度定义为具有较高透明度、政策导向和控制/问责制的公共财政管理制度。相反，质量较差的公共财政管理制度的特征是预算信息不可用或不明确，规划与政策联系不良，以及缺乏足够的机制来监测和核算公共基金的使用，或该机制十分薄弱。因此可以将预算改革定义为预算编制规则和流程的变化、引入新制度，以及为在上述三个维度上提高公共财政的质量而引入的预算流程中不同参与者的关系及行为的变化。

比较历史视角下的预算系统和预算改革

正如凯登所观察到的那样，"因为预算编制是一种无处不在的政府活动，所以很容易假设存在适用于所有国家的同一套方案"（Caiden，1980，第40页）。然而，比较各国的公共财政管理制度并不像看起来那么简单，特别是当我们不仅需要考虑到富裕国家和贫穷国家之间的差异，还需要考虑处于相似水平的国家在历史、法律和制度上的差异。

威尔达弗斯基认为，各国的预算制度之间存在一些相似之处（Wildavsky，1975，第9页）。虽然具体安排可能有所不同，但在所有国家，预算职能均被分为负责整体协调公共政策和资源管理的中央机构，以及负责政策实施和提供公共服务的开支部门。此外，在预算周期的不同阶段，各政府部门（行政、立法和司法部门）承担不同的角色和责任。[①] 在大多数国家，预算编制以一个年度为周期，大致分为四个阶段：（1）制定，行政部门编制年度预算；（2）批准，立法机关对预算进行辩论、认可和批准；（3）执行，规划的活动付诸实施；（4）评估和审计，对账目进行核对和审计并对结果进行评估。

根据威尔达弗斯基的说法，复杂性是预算编制的另一个共同特征。这要求采用简化的做法。例如"渐进主义"，为了简化决策，任何特定年份每个机构的预算配置"都基于去年的预算，特别注意窄幅增加或减少"（Wildavsky，1975，第6页）。最后，预算编制的另一个共同特征是它与政治和权力关系之间不可分割的联系，第4章已经提到了这一点。

许多作者都警告过人们不要相信预算制度和实践很容易"移植"——例如从富裕国家移植到贫穷国家。根据凯登和威尔达弗斯基（Caiden and Wildavsky，1980），贫穷国家预算编制的特点是缺乏"功能性复合冗余"，这种机动空间可以提高可靠性、增加政府可选项的数量，使预算编制在富裕国家的运行更加顺畅。在贫穷国家，贫困与不确定性的结合意味着这种冗余根本就不存在。它们不仅缺乏必要的资源，而且还不具备可预测性，而这是灵活度和进行试验所必须的，这两项因素最终可以促成富裕国家实施更有效的政府干预。稀缺性和不确定性往往伴随着缺乏管理复杂预算流程的人力资源，以及非正式行为和个人化政治占主导地位的情况（Schick，1998b）。在这种情况下，不仅上面定义的公共财政管理制度可能会变弱，而且直接从富裕国家经验中获得的复杂的预算改革也不可避免地不太可能成功。

对收入和发展水平相似的国家的公共财政管理制度进行比较的做法也存在问题，因为各国组织预算流程的方式存在很大差异。安德鲁斯（Andrews，2008）提供了充分的证据，证明"（富裕）国家不存在相同的官僚模式，也不存在相同的……财政管理方法模型"（2008，第387页）。威尔达弗斯基声称，发达国家在公共财政管理制度上的差异可能与其经济规模、精英价值观或政治制度有关

---

① 可能也需要在各政府部门内部对角色和责任进行区分。例如在一些强势总统制的国家，总统可能在预算过程中拥有与其他行政部门不同且在某些情况下超越了这些部门的具体权力。

（Wildavsky，1975，第10页）。事实上，上面总结的政治经济学观点已经表明，具有不同政治制度的欧洲国家（选举制、党派构成和政府构成）如何选择不同的方式处理平衡预算的问题（Hallerberg and von Hagen，1997；Hallerberg，2004）。

即使是发展中国家也存在明显的公共财政管理制度上的差异。利纳特（Lienert，2004）展示了前法国殖民地的非洲国家和英式制度的非洲国家在预算执行、财政报告和审计程序上的差异。最近的一项研究对26个非洲国家的预算实践和流程进行了调查，该研究不仅凸显了它们之间的巨大差异，而且发现殖民遗产只能部分解释当前的差异，这些差异也是由于正在进行的改革以及过去和现在的政治和经济现实所造成的（CABRI/ADB，2009）。

在公共财政管理制度的比较研究中考虑这些差异具有两个重要的含义。首先，它强化了关注公共财政管理制度中一小部分核心维度的理由，这些维度具有普遍适用性，例如上一节中提出的那些就是。其次，它强调需要更好地了解公共财政管理制度如何随着时间的推移而演变与变化，以应对可以帮助增强公共财政管理制度的制度改革的需要。

经合组织国家过去和近期预算改革概述

自政府预算编制出现以来，预算改革便一直存在。然而，有关当今发达国家预算改革的有用历史应追溯到大约一个世纪前，那时人们开始研究、比较和制度化有关预算编制的知识和实践（Stourm，1907；Sundelson，1935）。从法国拿破仑战争后欧洲的第一份预算，到1929年的经济危机和大萧条，希克（Schick，1966）和凯登（Caiden，1996）认为，政府预算编制反映了政府所起的有限作用。通过创建"可靠的支出账户制度"，它主要关注政府活动的组织和层级控制（Schick，1966，第245页；Allen，2009，第5页）。

自20世纪30年代起，由于各国政府在经济和社会领域中发挥了更强大、更复杂的作用，预算成为一种借鉴了"科学管理"原则和技术、用于规划和管理政府政策及干预措施的更为复杂的工具（Caiden，1996，第8页；Schick，1966，第251页）。关注的重点明显从经济和成本控制转向效率和效力，通过引入"项目预算编制"来确定。项目预算编制的基础，是为了更好地反映政策领域、倡议和目标而对预算项目进行重新分类，以及将预算配置与信息联系在一起、报告公共资助规划的执行情况（Premchand，1983，第321、322页）。

第三波预算改革始于20世纪80年代，原因很多，包括20世纪70年代石油价格暴跌后的经济衰退、一些西方国家保守政府的上台（将自由市场而不是国家作为经济组织的首选模式），以及新自由主义和新公共管理理论的兴起（Dunleavy and Hood，1994）。在这个新的改革阶段，凯登认为重点"从项目预算编制……转向中期投资规划……和宏观经济管理"（Caiden，1996，第14页），但之前的改革努力并未被抛弃，而是成了新改革的基础。① 对由财政纪律的必要性所决定的集中管控的再次强调，加上支出部门的权力下放和市场化倾向，在管理人员处理预算时赋予了他们更大的自主权和责任，又将外包实践引入了整个政府。

经合组织确定了七项关键性制度特征，这些特征一直是发达国家改革工作的重点（Blöndal，

---

① 然而，有些中期预算编制案例的历史已逾十年，比如英国的公共支出调查。见Thain and Wright（1992）。

2003），并且在20世纪80年代和90年代澳大利亚、新西兰、瑞典和英国为应对财政危机和持续的预算赤字而采取的改革成功后已经被视为"最佳实践"。这些制度特征包括：（1）中期预算框架；（2）审慎的经济假设；（3）自上而下的预算编制方法；（4）放宽中央投入管控；（5）注重结果；（6）预算透明度；（7）现代财政管理实践。显然，这些改革领域直接或间接地有助于沿着前文提到的三个方面加强公共财政管理制度，增强其透明度和政治取向以及控制和问责制度的效力。布伦比（Brumby，1999）、戴蒙德（Diamond，2002）以及鲁宾和凯利（Rubin and Kelly，2007）列出了类似的特征，推进了这样的观点：这套衡量指标构成了一个所有国家都应遵守的规范框架，而不是对预算改革领域正在进行的国际趋势的简单描述。① 他们还推广了一种错误观点，即所有发达国家都成功实施了这样的一套改革。

只要仔细研究经合组织对国家预算编制制度所做的综述，就能很快消除这种观点。例如，澳大利亚确实对上述七个改革领域都进行了改革，但它在将预算重新定位到基于绩效的问责制时仍然遭到了重大的挑战；它在引入权责发生制时也遇到了严重的问题（Blöndal and others，2008）。另一方面，希腊没有在七个改革领域中取得任何重大进展（Hawkesworth and others，2008）。鲁宾和凯利指出，"很少有国家采用整套预算改革，有些国家会强调这方面或那方面，或是忽视特定部分"（Rubin and Kelly，2007，第584页）。对11个发达国家的公共财政管理实践进行比较的项目也发现，"案例研究表明，不同国家的活动类型和程度差异很大"（Guthrie and others，1999）。最后，"自上而下的预算编制"或"关注结果"等概念不够具体，可以用极其不同的方式转化为预算编制实践（Kim and Park，2006；Robinson，2007）。

虽然可以预见在各国实施时必然会存在差异，但是人们普遍认为，对于加强任何一个国家的公共财政管理制度而言，改革都必不可少。"最佳实践"模型的出现回避了是何种机制和过程造成这种共识和模型的问题。关于组织变革和国际政策传播的文献提出了两种解释。

迪马乔和鲍威尔（DiMaggio and Powell，1983）观察到，一旦某个组织领域（如政府预算编制）得到确认，就会被"无情地推向同质化"（1983，第148页）。虽然原始创新受到提高组织绩效的必要性的驱动，但它们所谓的成功使其他组织开始采用这些创新，以便在组织领域内获得合法性。对主导经合组织国家预算改革的力量的一种可能解释是，它们承受着"模仿"和"规范性"压力，而不是"强制性"压力（DiMaggio and Powell，1983，第150页）。澳大利亚的预算政策联系、新西兰的绩效合约和市场化、瑞典自上而下的预算编制以及英国的开支审查等成功的改革已经被多次复制。

对推动许多经合组织国家预算改革的因素的另一种解释借鉴了国际政策传播领域的文献。西蒙斯等人（Simmons and others，2006）确定了政策措施跨国传播的四个主要机制：（1）强势行为者的威压；（2）为了吸引投资者和买家而进行的竞争；（3）学习其他国家的经验；（4）效法成功案例（Dolowitz and Marsh，2000）。例如，国际政策扩散似乎能够在经合组织国家公共部门缩减提案（与预算改革相关的制度改革领域）中起作用，特别是通过效法和学习等手段。各国倾向于效仿那些与他们关系密切或改革带来巨大成功的国家所采取的改革（Lee and Strang，2006）。不同国家都"复制"了改革要素，例如为了在整个政府中实现有效储蓄，澳大利亚采用了英国的制度；韩国在实施全面的组织变革前，借鉴一些发达国家的经验，对公共行政管理的国际"最佳实践"进行了标杆分析（Lee and Strang，2006，第887页）。

---

① 虽然其中的一些作者（例如，Brumby，1999）特别提醒说，这些措施不应被视为"最佳实践"，但是这些警告经常被人忽视。

总之，经合组织国家的预算改革史凸显了三个重要的方面。首先，改革是渐进、累积的，在大多数情况下，需要很长一段时间才能实现。其次，预算改革"最佳实践"的传播是基于同行学习和效法成功案例的机制，而且有效的专业网络的建立也可以促进预算改革。最后，改革适应了当地的情况，即使在今天，尽管存在一定程度的趋同性，但国与国之间依然存在很大差异。

发展中国家的预算改革

虽然发达国家的预算改革历史可以追溯到一个多世纪以前，但是围绕着发展中国家预算编制的辩论却大多始于20世纪50年代许多发展中国家独立之后。从那时起，这些国家最初将重点放在使用从前（殖民）政权继承的预算制度，之后根据工业化国家的改革辩论制定了预算制度。早在1980年，凯登就表示，"如果存在一个已经被过度研究、过度分析和过度理论化，但实际结果却很少的主题，那么它就是贫穷国家的预算编制"（Caiden，1980，第40页）。在她看来，缺乏成功的原因是一些误解，包括倾向于认为存在一个适合所有情况的通用预算编制模式、过分关注预算编制的规划功能（忽视控制和管理）、偏好综合且复杂的干预以及鲜少考虑预算编制的政治含义。托伊（Toye，1981）通过详细描述印度和马来西亚在实施绩效预算编制方法时所面临的技术和政治困难，支持了凯登的观点，强调了国际机构在努力通过"指导和劝诫"，将发达国家的这些复杂技术移植到制度更弱、经济和政治环境不同的国家时所面临的一些矛盾（1981，第121页）。迪恩（Dean，1989）记录了更多亚洲国家的类似经历，指出"绩效预算编制与预期不符，而且其对立法机关的用处也存在疑问"（Dean，1989，第138页）。

尽管存在这些失败，最近发展中国家所采取的预算改革方法似乎依然没有太大变化。关于预算制度惨淡状态的呼吁与全面改革的加倍努力结合在一起。国际货币基金组织的一份文件指出，"尽管许多国家持续努力……推行公共财政管理改革，但是取得的进展参差不齐……公共财政管理制度改革受到腐败、长期内战以及逃避正式规则的影响，外部审查已经停滞不前……改善支出效率需要加强财政制度，包括公共财政管理制度"（IMF 2007b, p. 8）。

对治理和制度这两个发展的关键决定因素的兴趣和重点已经随着时间的推移发生了变化，与此同时，投入的资源规模、所涉参与者的数量和改革的广度也发生了变化。最近，世界银行对公共部门改革（PSR）规划进行了评估（世界银行，2008a），其中就包括对预算改革的支持，评估表明在20世纪90年代初至2005年，受到世界银行资助且具有重要公共部门改革成分的项目的数量变成了原来的四倍，从不到总项目的10%增加到了20%以上。[①]来自经合组织发展援助委员会（DAC）数据库的数据（包括所有捐助者在内）显示，公共部门财务管理相关活动的承诺拨款增加更加明显，从1995年的8510万美元增加到2007年的9.360亿美元。在同一时期内，为公共财政管理领域提供技术援助的捐助机构的数量增加到了25个以上（IMF，2007b，第22页）。

国际机构正在推动的预算改革数量也有所上升，反映了出现在经合组织国家中的争论。安德鲁斯（Andrews，2009）记录了在捐助者的支持下实施了一系列预算改革的非洲国家的数量，这些改革包括中期支出框架和基于绩效的自上而下的预算编制。这些改革与经合组织国家介绍的改革非常类似。关于发展中国家预算改革的大部分文献主要是由国际机构撰写的，它们推动了这样一种观点，即在预算

---

① 撒哈拉以南非洲地区的这一比例达到了37%。

编制方面存在一套通用的"最佳实践",所有国家都能够而且应该效仿这些"最佳实践"。直到最近,捐助机构文件一直在强化发展中国家应沿用经合组织预算改革模式(世界银行,1998a;Schiavo-Campo and Tommasi,1999;IMF,2007b)并应用新公共管理主要原则(Minogue and others,1998;Manning,2001)的观点。

这种方法存在许多问题。发展中国家的预算改革进程与发达国家有很大的不同。[①]尽管如此,由捐助机构推动的旨在解决发达国家财政和治理危机的"一揽子"改革正在转移到高度多样化的各国之中,但这些国家的能力水平较低,制度较弱,而且经济、社会与政治环境各不相同。史蒂文斯(Stevens,2004)和威尔达弗斯基(Wildavsky,1975)强调了发达国家正规化、管理性的预算编制与在贫穷国家占主导地位的非正式、以赞助为基础的制度之间存在的重要差异。希克(Schick,1998b)指出了一些"成功实施新公共管理方法的重要先决条件"(Schick,1998b,第124页)并警告说,发展中国家盛行的非正式制度阻碍了这些国家建立新西兰式的改革。他认为,"保证基本正确"应该先于更复杂的改革。发展中国家的政治家和官员"应该先有能力控制投入,再要求他们控制产出;先有能力对现金负责,再要求他们对成本负责;先遵守统一的规则,才能获得授权来自己制定规则;先在综合集权部门中运作后,才能获得授权独自在自治机构中运作"(1998b,第130页)。[②]

其中许多警告都没有受到重视,因为捐助机构依然认为发展中国家可以跳过许多步骤(Pritchett and Woolcock,2004)并转变其预算编制,使其符合国际机构推广的规范框架。[③]在依赖援助的低收入国家尤其如此,正如世界银行在最近的评估中指出的那样(世界银行,2008a,第40页),捐助者的大量参与往往会导致"(预算改革的)期望和目标更加雄心勃勃和全球化,反映出捐助者认为需要修正的内容而不是政府准备要做的事情"。评估指出,坚持实行"全面公共改革"意味着"(世界银行)工作人员往往没有时间和资源去开发完全适合当地情况的产品。因此,结果可能是现成的一刀切式改革"(2008a,第41页)。[④]

另一个基本问题是,传播的主要机制与经合组织国间家普遍存在的效法和学习机制不同,这也代表了预算改革向发展中国家传播与在发达国家间传播方式的一个关键差异。大多数研究都认为,在以能力低和制度弱为特征并且依赖援助的国家中,"威压"一直是过去几十年中传播包括预算改革在内的经济和制度改革的主要机制。[⑤]在这种情况下,威压并不一定意味着受援国政府被迫或有义务接受改革,而是通过"胡萝卜"和"大棒"来发挥作用。援助资金的流动通常以实施具体改革措施为条件,同时还会提供技术援助,以支持和促进技术专家的培训和能力建设,以及通过咨询服务提供外国专业知识等的改革进程(Fyson,2009)。

因此,发展中国家的预算改革方式与经合组织国家的经验明显不同。在外部压力和捐助者支持的基础上,引入了全面的改革方案,其基础是根据经合组织经验得出的对于"最佳做法"的主要共识,

---

[①] 有关这些问题的有趣概述,请参阅Wescott(2009)。

[②] 对"从基本做起"这一观点论证的批评,请参阅Andrews(2006)。

[③] 正在推广的大多数改革尚未在整个经合组织中得到采纳或成功实施,这一事实证明了该框架具有规范性本质。因此,这些改革的基础是抽象化和理想化的"最佳实践",而不是从以往的广泛经验中汲取的经验教训。有关适用于更广泛的公共管理问题的类似过程的描述,参见Manning(2001)。

[④] 事实上,这个问题并不仅仅适用于世界银行的项目,而是捐助者资助的公共财政管理改革规划的共性。

[⑤] 参见Stallings(1992,p.87)和Andrews(2009)。"胁迫"一词取自DiMaggio and Powell(1983),Simmons and others(2006)。

但是对当地情况的关注不够，而且往往采取不切实际的紧凑的实施时间表。预算改革的动力主要来自外部参与者，因为捐助者日益依靠威压性的方法对预算制度的具体改革提供援助。

衡量公共财政管理制度的质量[①]

如果在对公共财政管理制度的质量进行评估和比较时，赖以支撑的证据基础不足，那么对于研究人员和从业人员来说，围绕着公共财政管理制度的定义、性质和演化所进行的理论与历史讨论就失去了意义。此外，有益的比较既需要跨国数据，也需要能够反映时间变化的数据。事实上，这些信息的来源非常有限。一方面，这是由于直到10年前，这些信息的必要性才得以凸显；另一方面是因为人们日益认识到制度（从更普遍的角度来说，管理方式）是促进发展的一个重要因素。

从20世纪90年代中期开始，通过世界银行推行的《公共支出评论》（Public Expenditure Review，PER），以及几年后国际货币基金组织的《财政透明度标准及法规的执行情况报告》（Reports on the Observance of Standards and Codes on Fiscal Transparency），对公共财政管理制度的质量开展了一些初步研究。虽然其中包含了一些有用的信息，但前者主要侧重预算政策和结果（而不是预算系统），而后者仅关注公共财政管理系统的特定子集（与财政透明度有关的系统）。此外，世界银行和国际货币基金组织都没有根据这些调查公布任何比较数据。

《国家政策和制度评估》（Country Policy and Institutional Assessments，CIPA）。更直接相关的信息都包含在《国家政策和制度评估》的13个指标中，称为"预算和财务管理质量"，由世界银行编制，作为业绩评级工作的一部分，有助于世界银行的减让性贷款机构国际开发协会就援助的分配问题作出决定。这个指标评估了：（1）与政策优先事项有关的全面和可信预算；（2）有效的财务管理制度，确保预算以可控和可预测的方式按预期执行；（3）及时、准确的会计和财政报告，包括及时和经审计的公共账户和有效的后续行动安排。可能除了透明度问题之外，国家政策和制度评估指标着眼于本章前面讨论的预算系统的三个层面。

该指标按1（最差）到6（最好）的等级对各国进行排名，可以公开获取大约75个国家的指标，但数据仅从2005年开始。虽然国家政策和制度评估评分在前几年就已存在，但由于担心方法上的缺陷以及对其内容缺乏足够的共识，世界银行一直拒绝公布这些评分。汇总结果如图7.1所示，得分在1.5到4.5之间，大多数国家得分在3到3.5之间。

国家政策和制度评估指标虽然具有相关性，但也存在一些不足，因而严重限制了其有效性。首先，将公共财政管理系统的各个层面缩减到单一的量化值，而没有基本的叙述或定性评估，提供的关于基本改革进程的性质和动态以及所考虑的各个层面可能出现的变化的信息就不可避免地十分有限。此外，所涵盖的时间仍然很短，无法观察到公共财政管理制度的质量随时间发生的重大变化。事实上，结果显示，在2005—2011年，该指标的变化相对较小。在整个研究期间，大多数国家的评分没有发生任何变化，或者只是变化了一个等级（+0.5或-0.5）。只有7个国家（柬埔寨、中非共和国、冈比亚、老挝、毛里塔尼亚、多哥和汤加）的得分提高了整整1个点，但其基数较低。两个国家（乍得和尼泊尔）恶化了整整1个点，而坦桑尼亚是唯一下降了1.5个点的国家。

[①] 有关公共财政管理领域诊断工具的历史和比较优势与劣势的有用调查，请参阅Allen，Schiavo-Campo and Garrity（2004）。

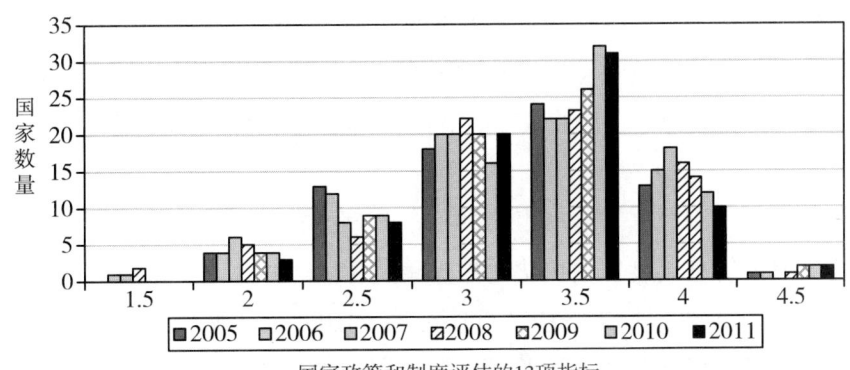

图7.1 2005—2011年预算和财务管理的国家政策和制度评估得分

资料来源：世界银行。

经合组织预算实践与流程数据库。该数据库旨在详细概述各国预算制度与流程的特点，研究预算周期的各个阶段。2003年展开的第一次调查覆盖了39个国家，其中绝大多数是经合组织成员国与拉美国家。2006年，以拉美国家为对象的试点调查采用了一份更加简洁的问卷。2007年进行的一项新的调查获得了与30个经合组织成员国以及另外8个国家相关的结果。2008年的调查以非经合组织国家为研究对象，新获59个国家的数据，使得数据库所覆盖的国家总数达到97个。该数据库提供了全面、有用的资源，这些资源已被用于对经合组织成员国与非洲国家的预算制度进行对比分析。①它的局限之处在于库中数据几乎没有任何时间序列（即大多数国家只接受了一次调查），而且调查数据质量不佳。②

公共支出和财务问责制评估框架。最全面的评估公共财政管理制度质量的框架是由一个名为公共支出和财务问责制（PEFA）的捐助机构联合体提议制定的公共财政管理绩效评估框架（PEFA，2005）。艾伦、夏沃-坎普和加里蒂（Allen, Schiavo-Campo and Garrity, 2004）曾讨论过建立这样一种框架的原因。该框架基于31项指标，涵盖预算周期所有阶段的制度安排（其中3个研究的是捐助时间）以及一些贯穿各领域及与预算可信度相关的指标。就每个指标，根据其公共财政管理体系与国际最佳做法标准的差距，进行从A到D的评级。该框架旨在成为捐助者和政府进行评估的工具，既能判断流经国家预算制度的捐助资金的信托风险级别，又能确定捐助者可能会支持的必要的改革措施。该框架包含了从前文所述的3个维度对公共财政管理制度质量进行衡量时所需的大部分信息，并且明确指出了国家政策和制度评估指标的一些不足之处。

其主要缺点之一与其公开程度有关：相当大的一部分评估结果仍未对外公开，因而影响了应用的广泛性。另一个重要的缺陷在于，尽管自2005年以来已有120多个国家接受了评估，但评估报告往往只对各国的公共财政管理制度进行了简要的概述，无法便捷地用以跟踪这些制度随时间发生的改变。最近发布的一份监测报告（PEFA，2011）强调，迄今为止，在45次重复评估中，只有33次旨在衡量随时间而产生的变化，其中只有25次被认为具有完全可比性。平均而言，重复评估的时间相隔不到3年，因此捕捉到的预算制度变化有限。只有在足够长的时间内对数量足够多的国家进行多次评估，公共支出

---

① 见OECD（2009）和CABRI/ADB（2009）。

② 由于被试是政府官员，有时级别相对较低，在一些情况下投入的质量可能有疑问，特别是在调查没有经过彻底同行审查的情况下。

和财务问责制评估框架才能为有效地比较公共财政管理制度及综合评价公共财政管改革提供更为充分的信息基础。最后，由于该框架将重点过分狭隘地集中在了公共财政管理制度的技术性能上，没有对相关的法律框架以及预算流程中更广泛的政治经济因素给予足够关注，因而受到了人们的批评（Dabla-Norris and others，2010）。

用公共支出和财务问责制数据对另一组公共财政管理指标进行补充，可以构建一个能够捕捉在一段较长的时期内公共财政管理制度质量变化的数据集，尽管数据库中国家的样本数量有限。这些指标来自国际货币基金组织和世界银行为响应"重债穷国（HIPC）倡议"的号召减免债务而联合进行的评估；其目的是确保其所采用的公共财政管理制度可以高效、透明地使用公共资源。2001年和2004年（IDA/IMF，2005），分别有23个和26个国家接受了HIPC评估，考察这些国家的制度是否在涵盖预算周期全部阶段的15项独立维度上达到了规定的基准。[①]

目前，公共领域的现有材料允许对经历了所有三次评估的约20个重债穷国的这些指标进行跟踪，概述了公共财政管理制度的质量在一段时间内是如何演变的，这段时间足够长，足以记录重大变化。[②]此外，通过对不同指标进行分组，这一数据集可用于实施和衡量上文界定的公共财政管理系统质量的三个层面。

其他信息来源着眼于公共财政管理制度更具体的方面。例如，前文已提及的国际货币基金组织《财政透明度标准和规范》基于《良好做法守则》（*Code of Good Practices*，IMF，2007）评估了公共财政透明度，该守则着眼于：（1）政府角色和责任的明确性；（2）预算过程的公开性；（3）公开信息；（4）保证数据的完整性和质量。在过去10年左右的时间里，国家政府和捐助机构使用了90多份此类报告来促进更透明的公共财政管理制度。对透明度问题的补充评估是公开预算指标，由国际预算伙伴（International Budget Partnership）每两年公布一次，这是为数不多的由一个独立民间社会团体对各国公共财政管理制度进行评估的努力之一。它特别关注公共预算信息的可用性和政府编制的预算信息的质量，以评估民间社会团体获取和分析信息从而监测和影响公共资源管理的程度。根据一份详细的问卷调查，各国的得分从0—100不等，该问卷借鉴了现有的预算透明度准则，如经合组织的《预算透明度最佳做法》（*Best Practices for Budget Transparency*，OECD，2002）和国际货币基金组织的准则。虽然在某些情况下类似的评估不够详细和正式，但正在若干其他领域推行评估，其中包括税务管理和采购。

结　论

本章为有兴趣评估和比较公共财政管理制度质量的研究人员和实践者提供了必要的背景。它展示了如何从不同的理论视角对政府预算进行概念化和定义，并认为公共财政管理制度的良好定义需要纳入预算原则、政策和流程等要素，同时也要满足一套最低标准。然后，它追溯了经合组织国家与发展中国家的预算改革历史，显示了尽管经合组织国家间的改革缓慢而渐进、与当地情况相适应，并通过专业网络、同行学习和模仿加以普及，但在发展中国家，它们主要还是在外部压力下引入的，并且基

---

① 2006年，增加了一项关于采购的额外指标。为重债穷国评估制定的方法构成了公共支出和财务问责制方法的基础。从2001年起，可以分析这两种方法之间的重叠部分，以便跟踪11项指标。

② 参见de Renzio and Dorotinsky（2007）和de Renzio and others（2011）以了解关于该数据集和一些分析的更多细节。

于下述假设，即可以在不关注当地实际情况的背景下移植经合组织的"最佳实践"。最后，它提出了各种数据集，既有跨国研究也有长期研究，目前可以利用这些数据集来操作和衡量公共财政管理制度的质量。同时还讨论了这些数据集的优势和局限。

可以从这些讨论中得出三个主要结论，也可以将它们作为有用的建议：

- 从比较的角度研究公共财政管理体制时，研究人员和从业人员必须确定其主导理论观点并质疑其可能的规范性假设，这一点十分重要。
- 发展中国家的预算改革是改善治理标准的关键组成部分。从这个意义上讲，必须超越捐助机构的现行做法，这些机构提供了根据经合组织国家的经验总结的标准公共财政管理改革方案。要更多关注当地情况和现有制度，从"最佳实践"转向"足够好的"标准（Grindle，2004），以及促进南南合作，这些只是所需变革的几个例子。
- 经合组织国家的数据覆盖已经不成问题，越来越多的数据涵盖了发展中国家公共财政管理制度的各个方面，研究人员现在可以依赖这些数据进行更详细和可靠的跨国分析，超越了迄今为止在比较预算研究中主导的集中个案研究法。这样的数据可用性开始带来了一些有趣的发现[①]，随着可用数据变得越来越多，这些发现必然会有所改进。同时，还要认识到各种现有数据集的缺点，以便以更具建设性和负责任的方式使用它们，这一点也很重要。

网站、资源和数据库

国际货币基金组织财政透明度遵守标准和守则报告：

http：//www.imf.org/external/NP/rosc/rosc.aspx

国际预算伙伴公开预算指数：

http：//internationalbudget.org/what-we-do/major-ibp-initiatives/open-budgetinitiative/

经合组织预算实践和流程数据库：

http：//www.oecd.org/gov/budget/database

经合组织采购系统评估方法（MAPS）：

http：//www.oecd.org/dac/effectiveness/procurement

公共支出与财政问责倡议：

http：//www.pefa.org

世界银行国家政策与制度评估：

http：//go.worldbank.org/S2THWI1X60

世界银行/国际货币基金组织重债穷国评估：

http：//go.worldbank.org/6NCYI7K2V0

[①] 参阅Andrews（2010），Dabla-Norris and others（2010）以及de Renzio and others（2011）等。

参考文献

Alesina, A., R. Hausmann and others 1999. "Budget Institutions and Fiscal Performance in Latin America," *Journal of Development Economics* 59（2）: 253–73.

Alesina, A., and R. Perotti. 1996. "Fiscal Discipline and the Budget Process," *American Economic Review* 86（2）: 401–7.

Allen, R. 2009. "The Challenge of Reforming Budgetary Institutions in Developing Countries," *IMF Working Paper No. 09/96*. Washington, DC: International Monetary Fund.

Allen, R., S. Schiavo-Campo and C. Garrity. 2004. *Assessing and Reforming Public Financial Management: A New Approach*. Washington, DC: World Bank.

Anderson, E., P. de Renzio and others 2006. "The Role of Public Investment in Poverty Reduction: Theories, Evidence and Methods," *Working Paper 263*. London: Overseas Development Institute.

Andrews, M. 2006. "Beyond 'Best Practice' and 'Basics First' in Adopting Performance Budgeting Reform," *Public Administration and Development* 26（2）: 147–61.

Andrews, M. 2008. "The Good Governance Agenda: Beyond Indicators without Theory," *Oxford Development Studies* 36（4）: 379–407.

Andrews, M. 2009. "Isomorphism and the Limits to African Public Financial Management Reform," *HKS Faculty Research Working Papers Series RWP09-012*. Cambridge, MA: Harvard Kennedy School.

Andrews, M. 2010. "How Far Have Public Financial Management Reforms Come in Africa?," *HKS Faculty Research Working Paper Series RWP10-018*. Cambridge, MA: Harvard Kennedy School.

Bl.ndal, J. R. 2003. "Budget Reform in OECD Member Countries: Common Trends," *OECD Journal on Budgeting* 2（4）: 7–26.

Bl.ndal, J. R., D. Bergvall and others 2008. "Budgeting in Australia," *OECD Journal on Budgeting* 8（2）.

Brumby, J. 1999. "Budgeting Reforms in OECD Member Countries," In S. Schiavo-Campo and D. Tommasi（eds）, *Managing Government Expenditure*. Manila: Asian Development Bank.

CABRI/ADB. 2009. *Budget Practices and Procedures in Africa*. Pretoria: Collaborative Africa Budget Reform Initiative.

Caiden, N. 1980. "Budgeting in Poor Countries: Ten Common Assumptions Re-examined," *Public Administration Review* 40（1）: 40–6.

Caiden, N. 1996. "From Here to There and Beyond: Concepts and Applications of Public Budgeting in Developing Countries," in S. Nagel（ed.）*Policy Studies and Developing Nations*. Vol. 3. Greenwich, CT: JAI Press.

Caiden, N., and A. Wildavsky. 1980. *Planning and Budgeting in Poor Countries*. Piscataway, NJ: Transaction.

Campos, E., and S. Pradhan. 1996. "Budgetary Institutions and Expenditure Outcomes: Binding Governments to Fiscal Performance," *Policy Research Working Paper 1646*. Washington, DC: World Bank.

Coe, C. K. 1989. *Public Financial Management*. Englewood Cliffs, NJ: Prentice-Hall.

Dabla-Norris, E., R. Allen and others 2010. "Budget Institutions and Fiscal Performance in Low-Income Countries," *IMF Working Paper No. 10/80*. Washington, DC: International Monetary Fund.

Davis, O. A., M. A. H. Dempster and others 1966. "A Theory of the Budgetary Process," *American Political Science Review* 60（3）: 529–47.

Dean, P. 1989. *Government Budgeting in Developing Countries*. London: Routledge.

de Renzio, P. 2004. "Why Budgets Matter: The New Agenda of Public Expenditure Management," *ODI Briefing Paper*. London: Overseas Development Institute.

de Renzio, P. 2009. "Taking Stock: What Do PEFA Assessments Tell Us about PFM Systems across Countries?," *ODI*

Working Paper 302. London: Overseas Development Institute.

de Renzio, P., M. Andrews and Z. Mills. 2011. "Does Donor Support to Public Financial Management Reforms in Developing Countries Work? An Analytical Study of Quantitative Cross-Country Evidence," *ODI Working Paper 329*. London: Overseas Development Institute.

de Renzio, P., and W. Dorotinsky. 2007. *Tracking Progress in the Quality of PFM Systems in HIPCs: An Update on Past Assessments Using PEFA Data*. Washington, DC: PEFA Secretariat.

Diamond, J. 2002. "The Strategy of Budget System Reform in Emerging Economies," *Public Finance and Management* 2(3): 358-86.

DiMaggio, P. J., and W. W. Powell. 1983. "The Iron Cage Revisited: Institutional Isomorphism and Collective Rationality in Organizational Fields," *American Sociological Review* 48(2): 147-160.

Dolowitz, D. P., and D. Marsh. 2000. "Learning from Abroad: The Role of Policy Transfer in Contemporary Policy-Making," *Governance* 13(1): 5-23.

Dunleavy, P., and C. Hood. 1994. "From Old Public Administration to New Public Management," *Public Money & Management* 14(3): 9-16.

Fan, S. (ed.) 2008. *Public Expenditures, Growth, and Poverty: Lessons from Developing Countries*. Baltimore: Johns Hopkins University Press.

Fyson, S. 2009. "Sending in the Consultants: Development Agencies, the Private Sector and the Reform of Public Finance in Low-Income Countries," *International Journal of Public Policy* 4(3): 314-343.

Grindle, M. S. 2004. "Good Enough Governance: Poverty Reduction and Reform in Developing Countries," *Governance* 17(4): 525-548.

Gupta, S., B. J. Clements and others 2004. *Helping Countries Develop: The Role of Fiscal Policy*. Washington, DC: International Monetary Fund.

Guthrie, J., C. Humphrey and others 2005. *International Public Financial Management Reform: Progress, Contradictions, and Challenges*. Charlotte, NC: Information Age Publishing.

Hallerberg, M. 2004. *Domestic Budgets in a United Europe: Fiscal Governance from the End of Bretton Woods to EMU*. Ithaca, NY: Cornell University Press.

Hallerberg, M., and J. Von Hagen. 1997. "Electoral Institutions, Cabinet Negotiations, and Budget Deficits within the European Union," *CEPR Discussion Paper 1555*. London: Centre for Economic Policy Research.

Hawkesworth, I., D. Bergvall and others 2008. "Budgeting in Greece," *OECD Journal of Budgeting* 8(3): 70-119.

IDA/IMF. 2005. *Update on the Assessments and Implementation of Action Plans to Strengthen Capacity of HIPCs to Track Poverty-Reducing Public Spending*. Washington, DC: International Development Association and International Monetary Fund.

IMF. 2007a. *Fiscal Policy Response to Scaled-Up Aid: Strengthening Public Financial Management*. Washington, DC: International Monetary Fund.

IMF. 2007b. *Code of Good Practices on Fiscal Transparency*. Washington, DC: International Monetary Fund.

Key, V. O. 1940. "The Lack of a Budgetary Theory," *American Political Science Review* 34(6): 1137-1144.

Kim, J. M., and C. K. Park. 2006. "Top-Down Budgeting as a Tool for Central Resource Management," *OECD Journal on Budgeting* 6(1): 87-125.

Lee, C. K., and D. Strang. 2006. "The International Diffusion of Public-Sector Downsizing: Network Emulation and Theory-Driven Learning," *International Organization* 60(4): 883-909.

Levi, M. 1988. *Of Rule and Revenue*. Berkeley, CA: University of California Press.

Lienert, I. 2004. "A Comparison between Two Public Expenditure Management Systems in Africa," In S. Gupta, B. Clements and G. Inchauste (eds) *Helping Countries Develop: The Role of Fiscal Policy*. Washington, DC: International

Monetary Fund.

Manning, N. 2001. "The Legacy of the New Public Management in Developing Countries." *International Review of Administrative Sciences* 67 (2): 297–312.

Minogue, M., C. Polidano and others 1998. *Beyond the New Public Management: Changing Ideas and Practices in Governance.* Cheltenham: Edward Elgar.

Moore, M. 2004. "Revenues, State Formation, and the Quality of Governance in Developing Countries," *International Political Science Review* 25 (3): 297–319.

Musgrave, R. A. 1959. *The Theory of Public Finance.* New York: McGraw-Hill.

North, D. C. 1990. *Institutions, Institutional Change and Economic Performance.* Cambridge: Cambridge University Press.

OECD. 2002. *OECD Best Practices for Budget Transparency.* Paris: Organisation for Economic Co-operation and Development.

OECD/DAC. 2009. *Report on the Use of Country Systems in Public Financial Management.* Joint Venture on PFM. Paris: Organisation for Economic Co-operation and Development/Development Assistance Committee.

PEFA. 2011. *Monitoring Report 2010. An Analysis of Repeat Assessments Including Changes in PFM Systems Performance Measured by Means of PEFA Indicators.* Washington, DC: Public Expenditure and Financial Accountability (PEFA) Secretariat.

PEFA. 2005. *Public Financial Management Performance Measurement Framework.* Washington, DC: Public Expenditure and Financial Accountability (PEFA) Secretariat.

Premchand, A. 1983. *Government Budgeting and Expenditure Controls: Theory and Practice.* Washington, DC: International Monetary Fund.

Pritchett, L., and M. Woolcock. 2004. "Solutions When the Solution Is the Problem: Arraying the Disarray in Development," *World Development* 32 (2): 191–212.

Rajkumar, A. S., and V. Swaroop. 2002. "Public Spending and Outcomes: Does Governance Matter?," *World Bank Policy Research Working Paper 2840.* Washington, DC: World Bank.

Rayp, G., and N. Van De Sijpe. 2007. "Measuring and Explaining Government Efficiency in Developing Countries," *Journal of Development Studies* 43 (2): 360–81.

Robinson, M. (ed.) 2007. *Performance Budgeting: Linking Funding and Results.* Basingstoke: Palgrave Macmillan.

Rubin, I. 1997. *The Politics of Public Budgeting: Getting and Spending, Borrowing and Balancing.* New York: Chatham House.

Rubin, I., and J. Kelly. 2007. "Budget and Accounting Reforms," in E. Ferlie, L. E. Lynn Jr. and C. Pollitt (eds) *The Oxford Handbook of Public Management.* Oxford: Oxford University Press.

Schiavo-Campo, S., and D. Tommasi. 1999. *Managing Government Expenditure.* Manila: Asian Development Bank.

Schick, A. 2011. *Repairing the Budget Contract between Citizens and the State.* 32nd Annual Meeting of OECD Senior Budget Officials. Luxembourg, June 6–7, 2011.

Schick, A. 1998a. *A Contemporary Approach to Public Expenditure Management.* Washington, DC: World Bank Institute.

Schick, A. 1998b. "Why Most Developing Countries Should Not Try New Zealand's Reforms," *World Bank Research Observer* 13 (1): 123–31.

Schick, A. 1966. "The Road to PPB: The Stages of Budget Reform," *Public Administration Review* 26 (4): 243–58.

Schumpeter, J. 1918. "The Crisis of the Tax State," In R. Swedberg (ed.) *Joseph A. Schumpeter: The Economics and Sociology of Capitalism.* Princeton, NJ: Princeton University Press.

Simmons, B. A., F. Dobbin and others 2006. "Introduction: The International Diffusion of Liberalism," *International Organization* 60 (4): 781-810.

Stallings, B. 1992. "International Influence on Economic Policy: Debt, Stabilization, and Structural Reform," in S. Haggard and R. Kaufmann (eds) *The Politics of Economic Adjustment: International Constraints, Distributive Conflicts, and the State.* Princeton, NJ: Princeton University Press.

Stasavage, D,. and D. Moyo. 2000. "Are Cash Budgets a Cure for Excess Fiscal Deficits (and at What Cost)?," *World Development* 28 (12): 2105-2122.

Stevens, M. 2004. "Institutional and Incentive Issues in Public Financial Management Reform in Poor Countries," Unpublished paper. Washington, DC: World Bank.

Stiglitz, J. E. 1986. *Economics of the Public Sector.* New York: Norton.

Stourm, R. 1917. *The Budget.* New York: D. Appleton.

Sundelson, J. W. 1935. "Budgetary Principles," *Political Science Quarterly* 50 (2): 236-263.

Thain, C., and M. Wright 1992. "Planning and Controlling Public Expenditure in the UK, Part I: The Treasury's Public Expenditure Survey," *Public Administration* 70: 3-24.

Tilly, C. 1990. *Coercion, Capital, and European States, A.D. 990-1990.* Oxford: Basil Blackwell.

Toye, J. 1981. "Public Expenditure Reforms in India and Malaysia," *Development and Change* 12 (1): 121-44.

Van de Walle, D., and K. Nead (eds). 1995. *Public Spending and the Poor: Theory and Evidence.* Baltimore: Johns Hopkins University Press.

Von Hagen, J. 1992. *Budgeting Procedures and Fiscal Performance in the European Communities.* Brussels: European Commission.

Von Hagen, J. 2006. "Budget Institutions and Public Spending," in A. Shah (ed.) *Fiscal Management.* Washington, DC: World Bank.

Webber, C., and A. Wildavsky. 1986. *A History of Taxation and Expenditure in the Western World.* New York: Simon & Schuster.

Wescott, C. G. 2009. "World Bank Support for Public Financial Management and Procurement: From Theory to Practice," *Governance* 22 (1): 139-153.

Wildavsky, A. 1961. "Political Implications of Budgetary Reform," *Public Administration Review* 21 (4): 183-190.

Wildavsky, A. 1964. *The Politics of the Budgetary Process.* Boston: Little.

Wildavsky, A. 1975. *Budgeting: A Comparative Theory of Budgetary Processes.* Piscataway, NJ: Transaction Publishers.

World Bank. 1998. *Public Expenditure Management Handbook.* Washington, DC: World Bank.

World Bank. 2008. *Public Sector Reform: What Works and Why? An IEG Evaluation of World Bank Support.* Washington, DC: World Bank, Independent Evaluation Group.

第 II 部分
资源配置

引 言

第 II 部分共有5章，讨论了如何对各个公共服务部门和各级政府进行资源配置。配置过程不可避免地具有政治性——应根据各公共服务部门的相关需求对其进行资源配置。然而，解读这些需求的人是政策制定者，拟定优惠政策来满足这些需求的人是政策制定者，就如何提供公共服务以及在其治下将加强或控制哪些服务等问题做出选举承诺的人还是政策制定者。在围绕如何实施政策以及如何在相互竞争的优先事项之间配置资源等问题制定决策时，有效率且有效力的公共财政管理流程须确保这些决定有序透明。

- 第一，需要有效的预算编制体系：关键要素是适当全面地定义预算总量，例如中央政府或广义政府；以及借鉴国际标准的预算分类体系，确保预算计划可以明确体现立法机关在提供公共服务方面的意图，然后可以根据计划准确地监测各项事务。政策制定和将政策偏好转化为具体预算计划是一个复杂的过程：公共财政管理专家的作用在于确保详细预算是对内阁或部长会议商定并经议会批准的一系列政策的客观的财政阐述。
- 第二，随着公共财政管理的发展，在某种中期框架内制定此类预算计划的情况已被广泛接受。最早（且仍最常见）的形式是中期财政框架。更先进的方法是为公共服务部门间的资源配置制定中期计划，而在最先进（但数量仍然不多）的情况下，则会制定中期绩效框架。管理成果、同时为将要分配给特定公共服务部门的投入和将要交付的产出编制预算的做法，已经成为更先进的预算制度的标志。
- 第三，许多主要的公共服务不是由中央政府，而是由较低层级的州、地区或地方政府提供的。公共财政管理纪律在这些较低层级与在中央政府层面同样重要——需要特别关注政府层级之间的相互作用，其中较低层级通常高度依赖上级政府释放的资源。

在第8章中，丹尼尔·托马西描述了政府预算的覆盖范围以及适用于预算事项的分类体系。该章第一部分定义了中央政府和广义政府以及更广泛的公共部门的概念。该章第一部分讨论了通过中央政府预算授予的立法授权的性质、与预算全面性相关的问题，以及为恰当地记录预算的政策目标而应与预算议案一起提交给立法机关的关键信息。第二部分评述了预算分类体系。根据预算事项的经济特征、功能特征、行政特征和其他特征对其进行分类的做法，对于政策制定和分析以及预算管理和控制而言是十分重要的。收入分类通常根据国际标准确定。支出分类体系的某些维度（包括行政和经济分类）与国际标准相关联，但其他维度（例如规划分类）通常是针对具体国家的。本章探讨了与引入规划分类有关的问题。最后，该章评述了支出分类体系与预算控制之间的关系，以及预算分类体系与用于财务报告的会计科目表之间的关系。

杰克·戴蒙德在第9章解释了为什么预算应被视为政府最重要的政策文件之一。在理想情况下，预算制度应通过支持整个预算周期的政策制定来促进这一作用；然而，在实践中，预算制度往往未能如此行事。这反映了体系设计方式和运行方式中存在的缺点。在采用主要侧重于财务合规而非政策执行的传统预算制度的发展中国家，这些弱点往往更为普遍。对发达国家如何制定和发展其预算制度以提高其政策针对性的评述，强调了发展中国家所面临任务的艰巨性和实施改革所需的时间。但是，要纠正这种发展中国家体系遇到的问题，还有很多事情可以做：提出中期政策视角，使预算规划具有立足点；执行"硬性"自上而下的预算约束；使预算的覆盖范围更加全面；更好地整合经常性预算和资金预算；让预算参与者从政策执行而非增量资源使用的方面进行思考；以及通过各种执行机制支持这些新的预算程序。

在第10章中，理查德·海明和詹姆斯·布鲁比描述了中期支出框架的演变情况。该章解释称，虽然人们早已了解在政策制定和预算编制方面建立中期视角的优势，但是在制定有效的中期框架方面的初步尝试却通常令人失望。然而，根据2013年世界银行的一项研究，随着时间的推移，许多国家已经能够制定中期预算框架，将自上而下和自下而上的预算编制方法结合起来，这样就能通过资源的可用性来限制总支出，并且项目资金可以反映出战略重点。本章还描述了在发展中国家常见的不太先进的中期财政框架，这种框架主要侧重于财政纪律；同时也描述了更先进的中期绩效框架，这种框架利用各种项目的结果为资源在公共服务部门间的配置决策提供信息。采用这种基于绩效的方法的主要是工业化国家。该章讨论了各国在制定成功的中期预算方法时必须具备的条件。

马克·罗宾逊在第11章解释称，如果设计和实施得当，绩效预算可以大幅提高公共支出的有效性和效率。政府现在面临的财政挑战使得绩效预算的相关性比过去更强。然而，设计不良的绩效预算制度，特别是那些过于复杂并且包含不必要或不适当技术（例如作业成本法）的制度，弊大于利。在整个政府层面，精心设计、相对简单的规划预算制度通常是最有用的绩效预算形式。更复杂的形式，例如基于"购买者–提供者"的机构问责制模式的形式，只有在有选择地应用（例如应用于公立医院等特定部门的资金）并且只有在具有相当多资源、能力相当大的国家中才有效。为实现其目标，应在发展绩效预算的同时采取更广泛的预算流程和公共管理改革。认为绩效预算在发展中国家不切实际的悲观看法是没有道理的。但确实，在治理和预算制度严重失调的国家，绩效预算永远无法有效运作。

第12章中，杰米·博埃克斯和罗伊·凯利的出发点是，在许多国家，次国家（或地方）政府被赋予了提供公共服务的重要职能，并在公共部门的支出中占据了很大的份额。随着提供公共服务的责任日益下放到地区和地方政府，该份额正在逐渐增加。该章考虑了各国追求财政分权的动机，并探讨了公共财政管理体系如何与财政联邦制相互作用。由于地方政府本身就是公共实体，需要将其内部预算和财政管理体系视为更广泛的国家公共财政管理体系中单独的组成部分。此外，健全的（地方）公共财政管理体系的一个关键维度是管理中央和地方政府之间的政府间财政关系，其中包括说明资金流动联系、管理地方财政风险，以及监测和报告地方政府的收入和支出。

8
预算的覆盖范围和分类

丹尼尔·托马西

本章描述了政府预算的覆盖范围以及适用于预算事项的分类体系。本章主要分为四部分。

第一部分给出了"政府预算"一词的各种定义，还有中央政府和广义政府的概念及广义公共部门的概念。所有政府预算都为实施通过各种方式（包括法律法规）获得授权的公共政策提供财政资源。在民主社会中，对政府预算的批准权是对政府行政部门进行立法控制的主要形式。因此，本部分讨论立法授权以及与预算全面性相关的立法问题的性质，并确定应与预算议案一起提交给立法机关的关键性预算文件。

第二部分评述预算分类体系。根据预算事项的经济特征、功能特征、行政特征和其他特征对预算事项进行分类，对于以下各项而言是十分重要的：

- 政策制定和分析；
- 确保遵守立法授权和财政法规；
- 预算的日常行政管理。

收入分类通常根据国际标准确定。支出分类体系的建立通常也是使得报告能够合乎相关国际标准，此外还要满足有效预算管理的各种其他需求。为此，该分类体系必须涵盖预算事项的不同维度或特征。本章评述这些不同维度：编码体系、支出分类体系与预算控制之间的关系、预算分类体系与用于财务报告的会计科目表之间的关系。

第三部分讨论规划分类，最后一部分总结主要结论和政策建议。

预算及其覆盖范围

政府和公共部门

图8.1为公共部门构成图，其中包括政府单位以及政府所有或控制的实体。政府单位是通过政治程序建立的法人实体，对特定地区内的其他机构单位具有立法权、司法权或行政权。本章使用了三个主要概念——中央政府、广义政府和广义公共部门。

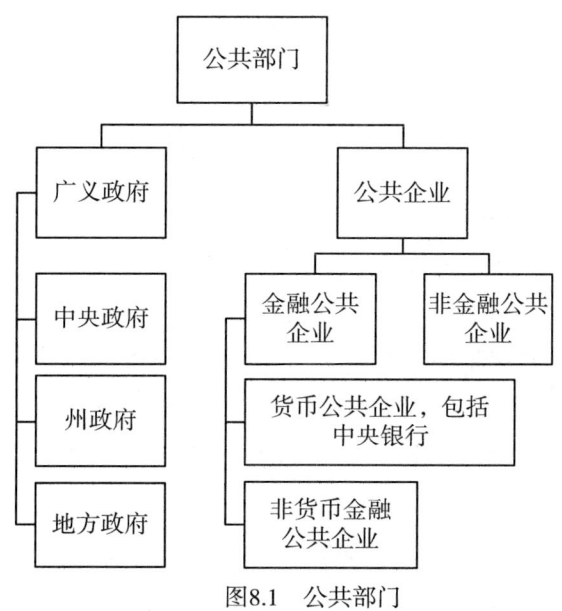

图8.1 公共部门

资料来源：IMF 2001，第15页。

- 中央政府始终对影响整个国家的职能负责，例如国防、外交，以及建立覆盖整个国家的立法、行政和司法职能部门。在一些国家，除上述以外的其他主要公共服务（例如教育和卫生）也可能由中央政府提供，而在另一些国家，这些职能由地区或地方层面的地方政府机构履行。
- 广义政府是涵盖所有政府实体的术语，包括中央、州、地区及地方政府，也包括各项社会保障基金。
- 在联邦制国家，州政府在国家领土中某一重要部分（例如德国的"Länder"）内对某些职能拥有自主权。地区和地方政府是管理国家领土中重要次级分区的公共机构。地区和地方政府是联邦制国家的第三层或者单一制国家的第二层和第三层（地区、县、市等）。作为一个独立实体，地方政府机构必须有权独立行使权力，不受其他级别广义政府的影响。各级政府都应有自己的预算，覆盖其各自的责任和活动领域。
- 在许多国家，社会保障基金持有独立于其他政府实体的资产与负债，并通过通常要求参与者强制缴款的社会保险规划为社会提供福利。社会保障基金或被归入其所在级别政府的一部分，或者被视为广义政府内的一个单独部门。
- 除广义政府外，公共部门还包括公共企业；即政府所有或控制的金融公司、非金融公司和准公司。此类实体产出的目的是营利，其运营管理方式与私营企业大致相似，拥有使其运营、资产和负债能够被单独识别的一系列账户。公共企业包括金融公司和非金融公司，金融公共企业又分为货币公共企业和非货币公共企业（见第32章）。

预算

公共部门实体的预算为其通常为期一年的收入和支出提供了一份综合计划。中央政府预算通常由立法机关进行授权，而次国家政府（州和地方政府）的预算则由其自己的立法机关或议会进行授权。但是，某些半自治政府机构、社会保障基金和其他预算外资金（见第18章）的预算可能由其理事会而非立法机关进行授权。公共企业的预算由其董事会进行批准。除非另有说明，否则本章中出现的"预算"一词指立法机关授权的中央政府预算。

立法授权的性质

在制订预算时，立法机关授权政府行政部门征收税收和非税收入、进行支出以及借款，为预算赤字（如有）提供资金。立法机关通常通过预算拨款给予支出授权，使政府单位（部、司和局）能够为特定目的支出款项。

在大多数国家，预算拨款以现金形式发放。一经授权，拨款将在有限的时期内（通常为一年）为特定目的支付现金。因此，拨款定义了现金上限，尽管存在一些例外情况。现金拨款完全符合议会对合规和支出控制的需求，因为支付是根据立法机关的授权进行控制的，而预算的制定符合宏观经济目标，例如总体财政平衡。

除支付拨款外，一些国家（以及欧盟等多边组织）的预算还包括承诺拨款/授权，为订立多年期法律承诺（例如合同）提供授权。这些承诺授权本身并不授权支付（由支付拨款单独授权），但是它们促进了对大型多年度合同以及支出计划和规划编制的财政控制。

一些经合组织国家（例如澳大利亚、新西兰、瑞士和英国）对用于支付部级或局级机关运作事宜全部成本的运作成本，采用权责发生制拨款。全部成本包括固定资产折旧、存货变动和养老金退休金负债增加等项目。这种预算方法旨在更好地考虑预算管理中的成本和效率问题。但是，如第9章所述，实施这种预算方法需要具备先进的技术能力来预估权责发生制要素。过早采用这种方法可能会转移人们对尚未完全建立现金控制措施的国家加强现金控制这种做法的注意。

在一些英语国家，社会保障金和其他应享权益以及为独立于政府行政部门（例如司法机关）的政府职能偿债和支付的行为由特别立法进行授权。这些授权通常被称为"常设"或"永久"拨款或者"应享权益支出"（entitlement spending），在一些工业化国家中占政府支出很大一部分。对财政年度期间将发生的相关支出的估算一般列于年度预算文件之中，但仅供参考。没有规定任何具体的现金限额或准确的拨款额度，只授权开展业务和进行符合相关立法的交易。一些国家（例如法国）对制定了强制性支出限额的拨款与"预估"拨款进行了区分，"预估"拨款只具有指示性（主要是偿还债务，这取决于不完全受政府控制的外部因素）。预估拨款相当于常设拨款。

预算的年度性质

预算几乎总具有年度性——财政年度可以是日历年度或起讫时间与日历年度不一致的12月期，不过一些发达国家会在中期支出框架内加入一些具有约束力的上限（见第10章）。短于这一周期间会对管理造成干扰，而长于这一周期则可能会使预算的规划和实施具有相当大的不确定性。此外，预算的年度性使得立法机关可以定期控制政府活动。

年度拨款在一个财政年度结束时失效。该项年度规则有助于有效控制现金，但有时被认为过于严格。一些国家已经实施了旨在缓和年度规则影响的程序。第13章讨论了这些程序及其优缺点。

与预算外资金和专用收入有关的问题

要想成为政府财政管理的有效工具，预算，至少是预算文件（即预算议案及其所附的一系列文件）

应尽可能全面。如果一些主要支出被排除在外，就无法保证一定能将稀缺资源配置给优先规划，也无法保证能够适当地实施法律控制和公共问责制。此外，任何此类排除主要支出的做法都会使宏观经济管理变得更加困难。

许多国家的法律框架（见第3章）都规定的普遍性原则要求：（1）收入和支出不得抵消（预算中应体现支出和收入总额）；（2）不得指定收入的用途（支出前，所有收入均应汇入一项统一基金）。该原则旨在确保财政控制整体良好，为立法机关提供关于政府支出和收入的完整信息，确保在做出资源配置决策时所有支出提案都将以最透明的方式共同竞争。

然而，在实践中，全面性原则和普遍性原则都存在许多例外。在许多国家，相当一部分政府支出是通过特定用途专项资金（例如公路资金）和半自营机构（例如医院和大学）来管理的。这些资金或机构通常能够从专用收入中获益（例如一部分石油税可以拨给某公路资金的预算）。这些资金或机构可能完全是预算外的，也可能包含在中央政府预算之中但从其自营收入（例如来自其向使用者收取的费用）中扣除。

设立这种特殊安排的目的通常是通过为管理者设定精准的任务范围和绩效目标，随后在配置资源和管理所提供的服务方面为其提供一定程度的灵活性，来提高管理和公共服务的效率。在发展中国家，可以应捐赠人的要求设立特殊安排。然而，有时这种安排是其他方面施加压力的结果，例如应游说团体的要求，或者为了绕过控制公务员薪酬的规则。第18章和第23章讨论了这种特殊安排的利弊，第18章涉及预算外资金的管理，第23章涉及使用费和专款专用。

为管理某些活动而设立特殊安排的做法不应导致预算规划碎片化与支出控制丧失。适用于由各项资金、自营机构和专用账户供资的支出的审查和问责标准不应低于适用于其他支出的标准。因此，无论其管理或融资方式如何，中央政府实体的每项支出都应采用下列最低限度规则：

- 所有对收入和支出所做的估算均应列入预算文件。
- 无论立法授权形式如何，这些文件均应列明支出估算总额，不得将其"扣除"。
- 出于预算控制和进行财政报告之目的，所有支出和收入均应根据相同的分类体系（至少根据该体系的主要项目）进行分类。
- 自营基金和专用账户的账目应定期接受外部审计。
- 政府财政报告应将自营基金和机构的运作与其经常性活动合并在一起。

对于地方地方政府的预算、资金或机构而言，应在地方层面采用相同的原则。

此类规划的强制性及其深远的社会、经济和财政影响要求将社会保障基金纳入提交给议会的年度预算。在一些国家当中（特别是一些欧盟成员国）此类资金的管理还涉及雇主和工会，这时可能存在例外情况。在这种情况下，这些资金的预算应作为中央政府预算的附件，同时提交给议会，并接受等效、平行的审查和审计程序。

由外债和赠款供资的支出（发展中国家）

在许多发展中国家，很大一部分政府支出是由外部援助供资的。由项目援助和一些部门性支持（例如来自卫生部门的全球基金的支持）供资的支出并没有系统地纳入预算（见第25章）。

为实现配置效率和透明度，审查和披露由外部来源供资的支出的方式应与其他政府支出相同。编制预算时，由捐赠人资助的投资项目应与其他活动一起审查。应评估其经常性费用。

政府拟在财政年度内签订的贷款合同总额应与预算议案一起提交立法机关批准。这些项目贷款和赠款清单应附于年度预算后。清单应显示其预期金额和财务条款，例如贷款的预期还款期和利率。

税式支出

税式支出是为了实现政策目标而偏离正常税收结构，进而放弃的收入。例如，税式支出包括为促进某些部门或地区的投资而降低税率，或为实现社会目标而进行免税。

税式支出可能采取多种形式：

- 免税额：从税基中扣除的数额，税基是确定税率的基数；
- 豁免额：未包含在税基中的数额；
- 减免税率：适用于特定纳税人或应税交易的低税率；
- 税收递延：延迟纳税；
- 税收抵免：从应纳税额中扣除的数额。

专栏8.1为部分税式支出项目的示例。

专栏8.1　税式支出示例

业务费：餐饮娱乐费、通勤费等；

利息扣除（住房）：与偿还抵押贷款有关的税收抵免以及特殊的按揭利息减免；

储蓄账户的利息（存在一定的上限）；

企业投资；

儿童保育费的税收援助；

中小企业（SME）的低税率；

养老金所得税抵免；

慈善捐赠税收抵免；

节能措施（替代能源等）减免；

雇主出资的医疗福利。

资料来源：OECD（2010）。

税式支出应始终被视为等同于支出规划，并应尽可能透明。虽然对税式支出进行预估的过程并不简单，但在可能的情况下，应在预算决策的常规过程中纳入评估，并将税式支出报告附于预算后。

准财政支出

准财政活动是非政府公共实体为实现政府政策目标而承办的财政事项。这些活动可包括：国有商业银行授予某些部门的利率补贴，以及施加给国有企业的公共服务义务（例如降低某类用电方的电价）。最好通过预算中的透明补贴而非不透明的准财政运作来实现预期的政策目标，不透明的准财政运作可能会影响参与这些运作的公共实体的财务状况。但如果存在准财政运作，就应每年向议会进行报告。

财政风险

政府有显性或隐性的或有债务，可能会对财政产生即时或未来的影响。最常见的显性负债是贷款担保。此外，政府可能不得不充当最后保险人，因此不得不为破产的公共企业及商业银行提供支持，无论它们属于公有的还是私营的。政府和社会资本合作的协议通常都附有隐性或显性的国家担保。

为使立法机关的控制切实有效，预算文件应包括政府拟授予的新担保清单和/或这些担保的总上限。立法机关应在颁布年度预算时，规定并授权担保上限，评估其他财政风险。关于这些风险的信息应在预算文件和财务报表中披露；通常应对这些风险的财政影响做出总体估计，以避免道德风险（见第28章）。

预算文件

提交给立法机关的预算信息应包括评估政府财政政策所需的全部要素。

专栏8.2介绍了公共支出与财政问责制（PEFA）框架建议的预算文件信息基准。[①]根据这些基准，应尽可能增加一些额外的要求，包括税式支出报告、关于多年开支承诺的数据，以及关于或有债务、准财政活动和其他财政风险的报告。制定以绩效为导向的预算编制方法还需要提供关于预期绩效的信息。

预算分类体系

对预算事项进行分类和编码的重要性

对预算事项进行分类对于政策的制定和分析、确保遵守立法授权和财政法规以及预算的日常管理而言非常重要。预算分类体系为政策决策和确保议会问责和财政问责提供了规范框架。

对于数据处理、报告和控制而言，所有预算事项均应进行编码（见表8.1）。

- 对于收入而言，预算代码的结构应考虑不同的经济类别、子类别和更低层次的收入划分（见表8.2）。
- 对于支出而言，应在从拨款到支付的支出周期各阶段使用"预算代码"。可以通过结合预算支出分类体系不同维度的代码来构建预算代码。本章后面将详细介绍这些维度或基本分类。

[①] 开发公共支出与财政问责公共财政管理绩效衡量框架（PEFA框架）的目的是通过提供用于衡量和监测公共财政管理绩效进展的公共信息池以及用于对话的共同平台，促进许多利益相关者共同努力评估和开发基本的公共财政管理体系。关于进一步信息，请见www.pefa.org<http://www.pefa.org>。

专栏8.2 预算文件的信息要求

提交给立法机关审查和批准的年度预算文件（年度预算和预算支持文件）应提供关于中央政府财政预测和预算政策的完整情况。除了关于收入和支出的详细信息之外，为达到信息完整的要求，年度预算文件还应提供关于以下要素的信息：

根据PEFA PFM绩效衡量框架提出的要求（绩效指标6）

1．宏观经济假设，至少包括对总增长、通货膨胀和汇率的估算。
2．财政赤字，根据政府财政统计或其他国际公认标准进行确定。
3．赤字财政，描述预期的构成。
4．债务存量，至少包括本年度年初的详细信息。
5．金融资产，包括本年度年初的详细信息。
6．上年度的预算执行结果，以与预算草案相同的格式列报。
7．本年度的预算（经修订的预算，或者估算的执行结果），以与预算草案相同的格式列报。
8．根据所用的主分类标题汇总的收入和支出预算数据，包括本年度和上年度的数据。
9．对新政策倡议的预算影响所做的解释，对收入政策的所有重大变化和/或支出规划的一些主要变化造成的预算影响的估算。

建议额外增加的要求：

10．税式支出报告。
11．关于投资项目的多年支出承诺的数据。
12．或有债务和财政风险评估的报告，以及预期新贷款担保清单或这些担保的总上限。
13．对于发展中国家而言，新项目贷款清单及其条件。

资料来源：改编自PEFA Secretariat（2005），第18页。

- 基本支出分类体系至少包括：（1）行政分类，确定负责预算管理的行政区划；（2）对象（或条目）分类，通常按经济类别对支出进行分类；（3）在依赖援助的国家对财政来源进行分类。

预算分类体系的大多数维度都有几个层次；在此类情况下，分段的代码是十进制分级代码。例如，行政分类可以有以下三个级别：部、司和处。十进制分级体系将按如下方式构建：（1）部代码：MM；（2）司代码：MM.DD；（3）处代码：MM.DD.dd。

表8.1　　基本预算代码示例（仅供说明）

预算代码：MM.DD.dd.F.E.OO.oo

行政代码	对象代码	财政来源（在依赖援助的国家）
MM.DD.dd	E.OO.oo	F
部：MM	第1级：E（经常性/资本性）	
司：DD	第2级：OO（例如，用品和材料）	统一基金/项目赠款/项目贷款
处：dd	第3级：oo（例如，录像带）	

表8.1仅供说明，它展示了与上述基本预算分类相对应的预算代码。当然，增加预算分类体系的类别将增加所有事项预算代码的长度。

财政报告的国际标准

为便于进行预算政策分析和国际比较，预算分类必须能够根据某些国际财政报告标准进行报告。国际货币基金组织在2001年版的《政府财政统计手册》（*Government Finance Statistics Manual 2001*）中对这些标准做出了规定，其中包括：

- 《2001年政府财政统计手册》对收入、支出和其他政府财政事项的经济分类。
- 经合组织编制的政府职能分类（COFOG），最初由联合国（2000年）公布，并列入《2001年政府财政统计手册》。

在《2001年政府财政统计手册》中，税收通常根据其征税基础进行分类（例如所得税、商品和服务税），而赠款首先根据其来源（例如外国政府、国际组织）进行分类，然后根据经常性或资本性进行分类。表8.2显示了《2001年政府财政统计手册》的收入分类。

《2001年政府财政统计手册》确定了支出分类的经济类别，例如雇员报酬或商品和服务的使用。表8.4的列标题列出了这种分类的大类。非金融资产的分类确定了诸如建筑物、机械设备等类别。《政府财政统计手册》的经济分类用于编制政府运营表和中期财政框架（MTFF），以及定义财政规则（如有）。

根据《2001年政府财政统计手册》，所有事项都应以权责发生制为基础进行报告（见第35章）。因此，支出应包括资产折旧，而收入将在未来政府债权发生时进行核算。使用完全权责发生制会计方法需要足够的专门技术和能力。例如以权责发生制为基础核算年份t的税收需要以年度t的事项为基础，对实际上将在年度t之后数年回收的税收金额进行估算。在欠税金额很大的国家，这可能很难实现或是会促进伪造账目。

表8.2　《2001年政府财政统计手册》收入分类

11 税收	12 社会缴款（政府财政统计）
	121 社会保障缴款
111 所得税、利润税和资本利得税收	1211 雇员缴款
1111 由个人缴纳	1212 雇主缴款
1112 由公司和其他企业缴纳	1213 自营职业者或无业者缴款
1113 不可分配	1214 不可分配的缴款
112 对工资和劳动力征收的税收	122 其他社会缴款
113 财产税	1221 雇员缴款
1131 不动产经常税	1222 雇主缴款
1132 净财富经常性税收	1223 估算缴款
1133 遗产税、继承税和赠与税	13 赠与
1134 金融及资产交易税	131 来自外国政府
1135 其他非经常性财产税	1311 经常性
1136 其他财产经常税	1312 资本性

续表

114 商品和服务税	132 来自国际组织
1141 一般性商品和服务税	1321 经常性
11411 增值税	1322 资本性
11412 销售税	131 来自其他广义政府单位
11413 流转税及其他一般性商品和服务税	1331 经常性
1142 特种消费税	1332 资本性
1143 财政专营利润	14 其他收入
1144 特种服务税	141 财产收入（政府财政统计）
1145 商品使用税和商品使用或行为许可税	1411 利息（政府财政统计）
11451 机动车税	1412 股息
11452 其他商品使用税和商品使用或行为许可税	1413 提取准公司收入
1146 其他商品和服务使用税	1414 保单持有者的财产收入
115 国际贸易税	1415 租金
1151 关税和其他进口税	142 商品和服务销售额
1152 出口税	1421 市场机构销售额
1153 出口或进口垄断利润	1422 管理费
1154 汇兑利润	1423 非市场机构的零星销售额
1155 汇兑税	1424 估算的商品和服务销售额
1156 其他国际贸易税	143 罚金、罚款和罚没收入
116 其他税收	144 除赠与外的自愿转移
1161 仅由企业缴纳	1441 经常性
1162 由非企业缴纳或无法确定	1442 资本性
	145 杂项和未列明的收入

资料来源：IMF 2001。

虽然完全权责发生制基础上的财政报告在许多发展中国家不能被视为优先事项，但这并不妨碍这些国家使用《2001年政府财政统计手册》的经济分类来编制财政报告：《2001年政府财政统计手册》提出的政府运作分类同样适用于现金收付制和权责发生制这两类会计记账基础，唯一的例外是固定资本消耗。对关键财政总量（例如净贷款/借款或总财政平衡）的估算不需要完全权责发生制会计。

政府职能分类根据支出的社会经济目的（例如国防、学前和初等教育以及医院服务）对其进行分类。这种分类独立于政府组织结构。分析各部门之间的资源配置是非常重要的，对于历史和国际比较而言尤其如此。政府职能分类包括三个细节层次，它由10个部分（第1层）组成，其下又分为69个组别（第2层）和109个类别（第3层）。表8.3列出了政府职能分类的前两个层次。

按预算分类对支出事项进行编码还能使政府同时按两个类别编制表格。这种按经济特征和职能对支出进行的交叉分类是一种非常有用的预算分析工具。表8.4是这种交叉分类的一个示例。

用于预算管理的分类

虽然预算事项的经济和职能分类对预算分析特别有用，但对于实际的预算管理事宜而言，行政和其他分类可以说更为重要。在政府预算中，收入通常根据《政府财政统计手册》收入分类或类似分类进行分类。但支出分类体系必须满足各种需求。因此，支出分类体系将包括以下一些（但未必是所有）维度：

- 预算管理、合规控制和财政分析的对象（或条目）分类。对象分类详细说明了投入（人员支出以及商品和服务）、利息支付、转移的性质（例如学生津贴、补贴）和资本性支出的经济成分（例如，设备、工厂和建筑物）。对象分类应旨在能够根据《政府财政统计手册》的标准编制财政报告。对象分类的详细程度因国家而异，虽然对象分类通常更为详细，但其应始终与《政府财政统计手册》的经济分类完全一致。表8.5摘录了部分对象分类。

表8.3	政府职能分类的部分和组别
01 一般公共服务	06 住房和社区康乐设施
011 行政和立法机关、金融和财政事务、对外事务	061 住房开发
012 对外经济援助	062 社区发展
013 一般服务	063 供水
014 基础研究	064 街道照明
015 一般公共服务研发*	065 住房和社区康乐设施研发
016 未另分类的一般公共服务**	066 未另分类的住房和社区康乐设施
017 政府债券交易	07 医疗保健
018 各级政府间的一般公共服务转移	071 医疗产品、器械和设备
02 国防	072 门诊服务
021 军事防御	073 医院服务
022 民防	074 公共医疗保健服务
023 对外军事援助	075 医疗保健研发
024 国防研发	076 未另分类的医疗保健
025 未另分类的国防	08 娱乐、文化和宗教
03 公共秩序和安全	081 娱乐和体育服务
031 警力服务	082 文化服务
032 消防服务	083 广播和出版服务
033 法庭	084 宗教和其他社区服务
034 监狱	085 娱乐、文化和宗教研发
035 公共秩序和安全研发	086 未另分类的娱乐、文化和宗教
036 未另分类的公共秩序和安全	09 教育
04 经济事务	091 学前和初等教育
041 一般经济、商业和劳工事务	092 中等教育
042 农业、林业、渔业和狩猎业	093 中等教育后的非高等教育
043 燃料和能源	094 高等教育
044 采矿业、制造业和建筑业	095 无法定级的教育
045 交通运输	096 教育的辅助服务
046 通信	097 教育研发
047 其他行业	098 未另分类的教育
048 经济事务研发	10 社会保护
049 未另分类的经济事务	101 疾病和残疾

续表

05 环境保护	102 老龄
051 废物管理	103 遗属
052 废水管理	104 家庭和儿童
053 污染治理	105 失业
054 保护生物多样性和自然景观	106 住房
055 环境保护研发	107 未另分类的社会排斥
056 未另分类的环境保护	108 社会保护研发
	109 未另分类的社会保护

资料来源：IMF（2001），第76页．

表8.4　　支出的经济和职能交叉分类

经济分类/职能分类	雇员报酬 商品和服务的使用 利息 其他财产支出 补贴 赠与 社会福利 资本转移和其他支出 固定资本购置 服务于政策目的的净增金 融资产
一般公共服务 其他涉及 国防 公共秩序和安全 经济事务 环境保护 住房和社区康乐设施 医疗保健 娱乐、文化和宗教 教育 社会保护	

资料来源：改编自IMF（2001），第78页。

- 政府职能分类，或与政府职能分类一致的职能分类。
- 预算管理、合规控制和问责制的行政分类，其确定了负责预算管理的行政区划，例如：（1）各部/部门和主要机构；（2）司；（3）支出单位。
- 规划分类，用于政策分析、绩效监测和问责制。规划是一组满足同一组具体政策目标（例如农作物生产发展）的活动。①规划根据支出的政策目标和实施的责任中心对其进行分组，无论其经济性质或财政来源如何。规划分类可以包括若干层次（例如规划、子规划和活动）。

---

① 本章所使用的"规划"一词是该要素在预算分类体系中最常见的名称。但是有些国家可能会使用其他术语，例如，澳大利亚使用了"结果"一词。

表8.5　　对象分类示例（美国国防部）

26** 用品和材料	自动数据处理用品
2601	采购商用现货软件。总成本低于100,000美元
2602	订阅信息服务，信息技术设备
2603	商用现货（COTS）软件
2605	许可证年费和维护成本
2611	通信用品（电缆等）
2621	复制用品
2622	办公用品 – 库存基金
2623	办公用品 – 非库存基金
2624	其他用品
2625	采购落基山银行卡体系（RMBCS）信用卡
2631	订购
2632	专用工作服
2633	海报和材料
2634	印刷材料/小册子
2641	摄影用品
2642	制图用品
2643	录像带
2644	录音带
2645	海运集装箱
2651	官方展示资金
2652	仪式用品
2691	用品分配（仅限信息保护署使用）
31** 设备	

资料来源：Washington Headquarters Services（2011）。

- 在接受大量捐赠人援助的国家，预算管理的财政来源分类，特别是在区分由限制性援助资助的支出与其他支出以及根据拨款管理预算和控制支付等方面。
- 预算分析和管理可能需要的其他分类（例如区域分类）。

投资项目通常通过特殊的组织安排进行管理，并拥有自己的账户。在这种情况下，投资项目可视为负责投资项目管理的支出单位活动的细分，因此可视为行政分类的最低级别，或者投资项目可视为规划分类的最低级别。

为促进预算分析、财政报告以及关于完整议会和财政问责的需求，在建立预算分类体系时应采用以下原则：

- 同质性。预算分类体系的每个维度（经济/对象，职能，行政等）必须具有同质性。特别是，对象分类应该是纯粹的经济分类，与《2001年政府财政统计手册》保持一致。有时，行政和经济类别仅在一个对象中混合（例如"为医院购买车辆"等对象）。这种混合不利于财政分析或预算报告的自动处理。

- 全面性。分类体系的每个维度都应该是穷尽性的，并覆盖整个预算[①]（例如行政分类应覆盖所有支出单位）。
- 独立性和非冗余性。分类的每个维度都有独立于其他分段的特征。然而，有时可以建立一个跨越某些维度的层次结构（例如，在图8.2中，规划是行政分类的最高级别的部门，即部）。

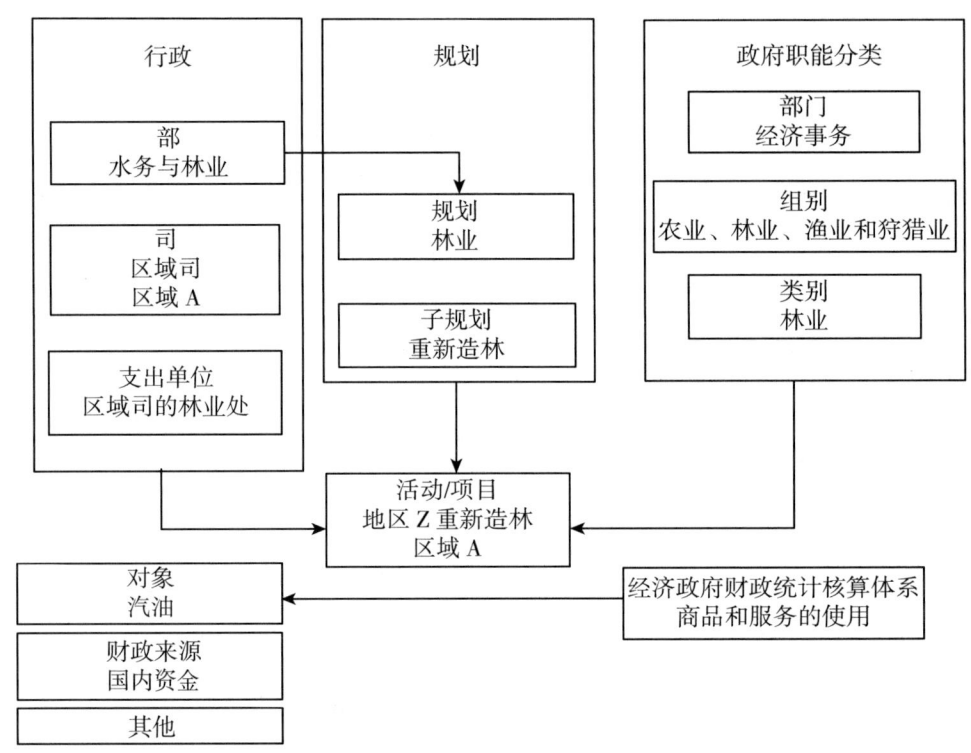

图8.2　预算分类之间的关系

资料来源：改编自Allen and Tommasi（2001），第128页。

图8.2说明了预算分类体系的各个维度，并显示了其之间的可能关系。在该图中，对象分类与政府财政统计核算体系经济分类一致，并且规划由部设立（如下所述，这是最常见的做法）。可以在活动层次的行政、规划和职能分类之间建立桥梁。

基本预算分类体系

如上所述，传统上使用的基本预算分类体系包括行政分类、对象分类以及（在接受大量援助的国家）财政来源分类。预算控制、财政纪律和问责制始终需要借助此类预算分类体系，无论总体预算方法如何，即无论是否存在规划维度。已经采用规划分类的国家仍需要依靠行政分类来确定实施规划的行政单位，并且仍需要利用经济/对象分类来进行整体财政控制，以及进行预算管理和其他内部控制。

然而，将这种传统分类用于控制目的的方式因预算制度而异。正如第13章所讨论的那样，一个关键问题是赋予管理者在预算项目之间进行转移的灵活程度。

---

① 如有必要，例如对于编制预算时尚未分配的应急储备金而言，预算分类的某些分段将包括"未分配"项目。

在接受大量外部援助的国家，捐赠人通过投资项目资助的所有支出往往在财政报告中被归类为资本性支出。然而，在实践中，在此类国家，经常性支出在投资项目成本中所占的比例可能多达30%左右，其中可能包括购买药品或书籍、支付医生和教师的工资以及其他人员支出等项目。投资项目应由预算分类体系确定（例如作为行政分类的最低级别），但"投资"项目的经济成分应根据对象/经济分类进行适当分类。

行政分类应根据预算管理中不同级别的职责和问责制进行组织，并且还需要根据预算管理的组织安排进行调整。在一些国家，关于支出的统计信息由组织提供，但并非始终以相同的汇总水平或一致的方式提供。例如人员支出可以在部级列报，而其他经常性支出则由各个部门更详细地列报。用于管理中央政府内不同类别支出的组织安排通常可以解释这种列报方式。这种列报方式可能适于管理和控制，但难以分析部门内的资源配置。在这种情况下，实施政府职能分类或规划分类需要简化行政分类，以统一不同经济成分的分类。职能和规划应包括满足同一组目标的支出，无论其经济性质如何。

实施政府职能分类

在许多发达国家，以政府职能分类原则为基础的报告是通过使用行政和转移分类与政府职能分类之间的桥接表来编制的。在这些国家，政府职能分类不包括在日常预算管理使用的预算代码之中，但可以使用桥接表根据政府职能分类对支出进行分类。《2001年政府财政统计手册》就考虑了这种方法。[①]

因此，小学的支出可以直接归到政府职能分类的"初等教育"类别之中。然而，在某些情况下，特别是在行政分类不够详细的情况下，必须先进行假设，再按照政府的职能分类对多职能单位的支出进行划分。雅各布斯等人（Jacobs and others，2008）指出，在许多发展中国家，根据政府职能分类使用桥接表编写报告的情况很少见。雅各布斯等人（Jacobs and others，2008）建议将政府职能分类纳入用于日常预算管理的编码体系之中。[②]造成执行不力的部分原因是，根据支出的经济性质，行政分类可能有不同的详细程度，以及难以按职能划分大型多功能投资项目（例如除卫生保健设施外，医院建筑还可能包括培训中心、研究实验室和行政单位）。如上所述，可能需要简化行政分类以实施政府职能分类，无论是否体现在用于日常预算管理的编码体系中。

在分权制国家，地方政府可以在提供教育和医疗保健服务方面发挥重要作用。因此，对于政策分析而言，有必要根据至少与政府职能分类的前两个层次相对应的共同职能分类来合并各级政府的支出。

在发展中国家，在减贫规划确定的战略背景内，政府职能分类可用于确定被视为亲贫的部门（例如医疗保健和教育）的支出。但是，政府职能分类通常不足以实现该目的，因为它没有确定受益群体（例如，对道路减贫的贡献取决于道路的位置和设计），或者因为它有时不够详细。因此，一些国家使用二元指标来确定有助于减贫的预算项目。[③]但是，需要谨慎使用这些方法，因为预算对减贫的贡献取决于直接分配给亲贫部门的预算支出以及其他预算项目，特别是那些旨在确保政府能够良好运作的

[①] "（根据政府职能分类）进行分类的项目在原则上应是个别事项。但是，对于大多数支出而言，通常无法将事项用作分类项目。相反，可能必须将政府职能分类代码分配给机构、办公室、规划单位、局和类似单位的所有事项。如果可能，多职能机构的支出应该使用相关物理指标（例如雇员工作的时间）在政府职能分类的职能之间进行分配"（IMF 2001，第77页）。

[②] "在许多国家，特别是发展中国家，建议将职能分类作为编码体系的一部分。但是，一些发达国家倾向于通过桥接表进行职能分类，并使用为此目的设计的特定软件。在发展中国家，这种程序往往执行不力，而且并非始终透明"（Jacobs and others 2008，第7页）。

[③] "例如为非减贫支出分配评分'0'，为减贫支出分配评分'1'"（Jacobs and others，2008）。

政策（例如税收）。

有些国家可能希望详细说明政府职能分类的一些职能。例如，政府职能分类没有详细说明农业职能，而一些发展中国家可能希望区分农业的不同子职能。

支出分类和预算控制

预算支出分类用于界定拨款。如上所述，拨款是为立法机关赋予政府行政部门的特定目的而进行支出的权力。例如，在传统的投入导向型预算制度下，拨款可以是包括广义经济类别和行政分类级别（例如初等教育司的人员支出）下的一"章"。在根据规划管理预算时（见下文），拨款通常是规划。

预算分类还会用于对立法机关授权范围内预算项目之间转移的规则（此类转移通常称为"预算流用"）进行具体说明。这些问题将在第13章中进行讨论。

预算分类和会计科目表

所有政府都为其进行的交易给出会计科目表。该表根据经济、法律或会计性质对交易和事项进行分类。会计科目表规定了会计人员保存的分类账的组织事宜。会计科目表中的账户可能包括（除了用于登记预算业务的账户外）暂记账户、财务账户和国库网络内部业务的账户。在一些国家，账户以权责发生制为基础，而预算拨款以收付实现制为基础。因此，会计科目表包括资产和负债的非预算事项账户（例如，固定资产折旧和退休金负债变化）。

预算分类与会计科目表之间的关系在不同国家可能有差异：

- 在使用收付实现制会计体系的英语发展中国家，会计科目表通常类似于预算分类，只补充了一些额外的财务账户和暂记账户。但是，与债务有关的交易和事项通常在以权责发生制为基础的辅助会计体系中进行核算。而且，至少在原则上，承诺登记在特殊账簿中。
- 在具有权责发生制会计体系的英语工业化国家，事项必须在权责发生和支付阶段的财务报告中列报。因此，一些会计科目表根据预算分类及其在财务报告中的类别（例如费用、应付款项、付款）进行分类。专栏8.3以加拿大的会计科目表为例。
- 法语国家对"预算会计"和"普通会计"进行了区分。预算会计根据预算分类包括会计承诺和支付通知。普通会计根据会计计划包括会计事项，其中包括资产账户、负债账户、收入账户和支出账户。在会计计划中，事项根据其经济性质和流动性程度（例如应付款项、付款）进行分类。为了保持一致性，会计计划的收入和支出账户分类应与预算的对象/经济分类相同。但是，在一些法语非洲国家，这两个会计框架对收入和支出有不同的经济分类。应该解决这些薄弱之处。

专栏8.3　加拿大政府范围的会计科目表

政府范围的会计科目表（COA）的目标是建立报告加拿大政府财政事项所需的账户和代码。政府范围的会计科目表描述了标准分类，以及用于会计和报告的账户和代码。下表显示了政府范围的编码块，并提供了每个字段的说明。

部门/机构	财务报告账户	权力代码	规划活动	对象代码	事项类型代码
3个字符	5个字符	4个字符	5个字符	4个字符	1个字符
XXX	XXXXX	XXXX	XXXXX	XXXX	X

部门/机构。该职责分类确定了授权使用统一收入基金（CRF）并与加拿大公共工程和政府服务部（PWGSC）运营的中央体系存在接口的部门/机构。

财务报告账户。该财务报告分类确定了加拿大政府资产、负债、权益/赤字、收入和支出的总分类账账户。需要这种分类来维持政府范围的总分类账，并用于编制政府的财务报表。

权力代码。该权力分类确保加拿大政府的财政事项按照加拿大议会为每个部门和机构设定的权力（即，拨款和/或投票）进行核算。

规划活动。该规划活动分类用于核算资源的使用情况，以促进总体政府规划目标。该规划活动分类以结果为导向，并涉及加拿大政府的政策部门、规划和活动。

对象代码。该对象分类确定了已获得或已分配的资源类型。例如，所获得的商品和服务类型、进行的转移支付、收入的来源，以及资产和负债账户的增加或减少。

事项类型代码（内部或外部）。事项类型I和E分别表示政府内部和外部事项。

资料来源：Receiver General of Canada（2011），第1–6页。

- 一些之前属于苏联的国家对国库的会计科目表和预算组织的会计科目表进行了区分。前者是收付实现制并与预算分类相结合，而后者是权责发生制，但不符合权责发生制会计的国际标准。几个这类国家正在努力统一这些会计科目表。

无论"会计科目表"的定义如何，都应遵循两个一般原则：
- 对于其共同领域而言，会计科目表和预算分类体系应该是相同的（例如预算的经济/对象分类应该与会计科目表中使用的经济分类相对应）。
- 对于预算管理而言，预算事项应根据预算执行流程中从分配拨款到支付的不同阶段的预算分类进行登记（见第13章）。用于预算管理的总分类账或一组分类账应涵盖这些要求，应包括支出周期不同阶段的账户，无论这些账户是否在财务报表中报告。

规划分类

一般问题

在预算术语中，"规划"（program）一词可能有不同的含义。规划可以指一组特定的活动或投资项目，此时其他活动未必能够分入规划之中。相反，当该规划是预算分类体系的一个类别时，所有或几乎所有预算支出都被分到了规划之中（见第11章）。

规划的概念和职能的概念密切相关。然而，与作为通用标准的政府职能分类相比，按规划进行的分类考虑了政府的具体政策目标以及这些政策将如何实施，因此其往往是每个国家所独有的。

通常，在政府决定以规划概念为基础进行预算管理时，就会实行规划分类。[①]将委任一个规划管理者，并使其对其业绩负责，同时规划管理者在为实现规划目标而分配规划资源时具有一定程度的灵活性。一般而言，预算文件（例如加拿大的"计划和优先事项报告"或者法国的"年度绩效计划"等）列明了规划目标和绩效指标。绩效指标可包括用于评估规划有效性[②]的结果指标，以及用于评估规划效率的产出和投入指标。最后会编制关于所取得结果的问责报告（例如加拿大的"部门绩效报告"和法国的"年度绩效报告"）。

规划分类（可能）没有通用结构，但规划通常分为子规划和活动，并且在一些国家，规划按广义公共政策可以分为战略领域或广义职能。子规划可以对应规划目标的子集，或者规划活动的特定实施模式（例如提供类似产出的一组机构），或者特定的受益人群体。

专栏8.4显示了南非预算中的规划结构：规划分为子规划和经济类别（如上所述，规划分类不能代替经济分类）。

规划的产出通过活动来实现，活动包括支出单位和投资项目的运作。在活动层面，通过投入和产出指标设定和监测运作目标。这种监测通常是为了内部管理目的而进行的。在实施规划分类时，需要审查几个关键问题，包括：规划与组织结构之间的关系是什么？预算的规划结构与国家战略的目标之间的关系是什么？如何处理支持多个规划的经常性费用和活动？

规划结构和行政结构

对于政策制定而言，可以认为有必要实施有关规划，以处理跨越两个或更多部委的职能范围的政策问题：示例包括教育和培训、运输，以及环境保护。但是，对于问责制和管理而言，规划应该是部委或机构预算的细分，[③]有关部长负责预算执行并对预算执行承担责任。在实践中，在采用规划预算方法的大多数国家，这些规划是由部委设立的，但有些国家已经实施了特殊安排以处理跨部问题（见专栏8.5）。[④]

专栏8.4 南非：农业、林业和渔业部

1/规划
- 行政
- 农业生产、医疗保健和食品安全
- 粮食安全和土地改革
- 贸易促进和市场准入
- 林业

---

① 然而，一些国家已在预算中或在预算的"平行"文件中实施了规划分类，但未将其用于管理预算。在这种情况下，规划分类可能有助于更好地分析预算，但其作用与职能分类没有太大差别。

② 有效性是规划实现其预期目标的程度。效率是由规划或活动生产的商品和服务（产出）与用于生产上述商品和服务的资源（投入）之间的关系。

③ 联合国手册在20世纪60年代促进了发展中国家的规划预算编制，并将规划定义为"由一个机构执行的工作分工，其确定生产代表该机构成立目的的最终产品或服务的工作部分"（United Nations 1965）。

④ 瑞典的例子见Robinson and van Eden 2007, p. 83。

- 渔业

2/林业规划：子规划

- 管理
- 林业作业
- 林业监督和监管
- 自然资源管理
- 经常性支付
  - 雇员报酬
  - 商品和服务
    - ——行政费
    - ——广告
    - ——餐饮
    - ——通信
    - ——其他
  - 转移和补贴
    - ——省和市
    - ——部门机构
- 为资本资产付款
  - 建筑物和其他固定构筑物
  - 机械设备
  - 其他

资料来源：南非财政部（2011）。

政府部委内部的规划结构可能与行政结构不同。根据规划结构与现有行政结构之间的脱节程度，可能会对实施预算管理的规划分类提出更高要求。使行政结构适应规划结构通常可以促进规划管理，但在许多情况下，修改行政结构需要时间，而且往往难以实施。此外，行政结构必须考虑到政策目标以外的要素。例如，政府部委的区域司通常必须处理多个规划。

专栏8.5　处理法国部级规划的跨领域问题

法国的2011年国家预算分为172个规划。结果、效率和质量目标按规划设定。这些规划是部级规划。按照如下方式处理部际问题：

- 国家预算按规划拨款，但按"任务"表决。2011年，国家预算包括49个任务，按广义公共政策对这些规划进行分组，其中一些任务是部际的。这些规划的绩效计划按任务进行分组，并提交给议会。

- 十六项跨领域政策文件（*documents de politique transversale*——DPT）处理具有重大预算意义的公共政策（例如，对发展政策的援助），这可能涉及不同的部委和任务。跨领域政策文件附在预算法律草案之后。跨领域政策文件描述了跨部门政策的总体战略，并介绍了涵盖该政策各方面的各种规划所包括的目标。跨领域政策文件提出的目标还必须在相关规划的绩效计划中加以显示。

资料来源：Lannaud（2007），第193-210页；以及作者的汇编。

建立规划结构可以应用以下一些基本原则。

- 应建立规划结构与行政结构之间的对应表，以确定实施规划活动的职责，并促进支出控制和核算。
- 应避免有关各部编制过多的规划，因为必须为每个规划编制绩效文件和问责报告。用数千个目标和绩效指标编制过多的文件既麻烦又无效。平均而言，每个部大约五个规划，每个规划一至三个目标，每个目标一至三个绩效指标，对于预算谈判期间使用的绩效文件而言似乎是足够的。

子规划和活动的数量可能因子规划定义和规划管理安排等因素而有所不同。部内规划管理者可以将更多的子规划和绩效指标用于内部管理，但因其过于详细，财政部不感兴趣。

应委任一个规划管理者。在行政结构与规划结构之间出现不一致时，应确认规划管理者与行政管理者之间可能存在的冲突，并明确界定每个管理者各自的作用。协议应定义规划管理者与提供规划产出的单位之间的关系。高级官员（例如国务秘书、常务秘书或同等官员）应协调各项规划，以及规划管理者与提供数项规划产出的行政单位（例如区域司）之间的关系。

制定用于协调不同行为方的适当安排是制定规划预算编制方法的过程中较为困难的任务之一。规划结构的设计应考虑最大程度减少这些行为方之间的冲突。

在发展中国家，在构建规划和活动之前，应评估管理和监测活动、编制财务报告和按活动记账的能力。在一些较贫穷的国家，在捐赠人的支持下，有关各部制定了详细的活动计划，包括数千项活动的预算预测，[①]但会计体系不允许对其进行监测。此类活动计划仅仅是消耗稀缺人力资源的文书工作。

规划结构应该相对稳定，以便监测其在一段时间内的进展情况。规划结构应该旨在最大程度地减少一旦发生政府重组后进行修改的风险。但是，下文讨论的行政规划通常会受到政府重组的影响，并且由于政府政策优先事项发生变化可能需要修改规划结构。

在规划结构中设定战略目标

分析现有战略和有关各部的使命是按规划构建预算和确认规划目标的起点。但是，确保能够明确定义每个规划并管理预算也很重要。如专栏8.6所述，在将规划与战略联系起来时，应注意避免一些陷阱。

行政规划

除少数例外情况外，旨在支持各种规划（例如财政部和各支出部门的部长办公室）的经常性费用

[①] 见Tommasi（2010），第55页。

和活动通常被分到同一个行政规划组之中。①将经常性费用分配给以政策为重点的规划并进行成本会计工作可能过于耗时，并且需要先进的会计体系和能力。此外，单独确定与经常性费用有关的支出可能更为透明。

但是，任何此类行政规划都不应该是一个包罗万象的规划。旨在实现其他规划目标的活动和支出应根据相关规划进行分类。特别是，有时由一个部门内一个特定司进行管理的人员支出和建设工程等支出应当与满足同一组政策目标的商品和服务分在同一规划之中。然而，行政规划的工作人员必须为其部内的其他规划提供支持（例如，部内的人力资源部门可以为该部的每个规划保存人事档案）。在一些国家，规划管理者和行政管理者之间建立了购买者—提供者协议，以明确区分这两种角色。

专栏8.6　避免在将规划结构与战略联系起来时落入陷阱

一些发展中国家已经尝试构建相应的规划，以符合减贫战略文件（PRSP）中所述的跨部门目标，而"良好治理"和"性别政策"就是其中的两个目标。实现这些目标的具体行动可以分入特定规划之中。但是，根据这种跨部门目标构建规划的整体预算是不可行的，因为大多数政府活动均应考虑这些目标。应按照逐项规划确定这种跨部门目标，并设定适当的绩效指标来监测该规划对这些目标的具体贡献。

马达加斯加将这种方法用到了2005年的预算之中。2006年，马达加斯加的公共支出与财政问责评估报告谈到"这种（规划）分类引发了严重的预算可读性和预算管理问题，而实际上这种分类是不够的。自相矛盾的是，这些问题源于充分利用了减贫战略文件（PRSP）的活动分类，而该分类旨在用预算术语定义优先目标，用于管理在很大程度上具有永久性的公共政策。"

同样，在有关各部内部，同样的活动可能有助于实现若干战略目标，特别是人员支出比例较高的活动。例如，教育部门的两个关键目标是改善受教育机会和提高教育质量。可以在这两个目标之间分配一些具体活动。然而，将教师的工资在这两个关键目标之间分配将会是纯粹人为的。因此，应通过适当的绩效指标跟踪此类目标的进展情况。

规划结构和政府职能分类

与政府职能分类维度的普遍性相反，规划结构必须考虑特定国家的背景和环境。换言之，由于政府职能分类会根据政府支出的社会经济目的对政府支出进行分类，因此可以为建立规划结构提供有用的指导。建立一个规划结构，以便其中的规划可以对应到政府职能分类的组别中（第二层）②，这通常有助于规划结构的设计。③

---

① 但是，澳大利亚等国家支出的规划分类不包括行政规划，所有支持服务成本都归因于以结果为重点的规划（Robinson, 2007，第49页）。

② 这也是公共支出与财政问责框架间接建议的。对于公共支出与财政问责绩效指标5而言，除其他条件外，评分"A"要求使用与政府职能分类一致的子职能分类，但其表明"在规划分类应用的细节层次至少对应于子职能时，规划分类可以替代子职能分类"（PEFA Secretariat, 2005，第17页）。

③ 这也将消除基于近似概念、政府职能分类的作用及规划而在预算代码中包括两个分段的潜在需求。

> **专栏8.7　实施规划分类**
>
> 可以考虑采用不同的方法来按规划构建预算。不同方法的可行性取决于国家背景。本专栏提供了一些建议，可以在设计用于预算管理的规划分类时控制失败的风险：
>
> - 对于问责制和预算管理而言，该规划应由单一政府部门或机构负责。跨领域问题可以在单独的跨部政策文件中进行处理。
> - 对于经常性支出、转移和投资项目而言，每个规划均应对应一组明确界定的行政单位。应建立一个桥接表，将支出单位、投资项目和转移支付对应到规划之中。
> - 必须避免成本会计方法及使用分配参数在规划之间分配预算项目。因此：（1）在一个部内，负责协调和行政管理的部门（例如规划部门、财务部门等）应分到与政策性规划不同的行政规划之中；（2）一个工作人员只应分配一个规划。
> - 应该限制各部的规划数量（平均5个，取决于该部的规模）。
> - 规划最好只属于政府职能分类的一个组别。
> - 规划分类的最低层次（"活动"）的定义应考虑现有的成本核算、会计核算和监测能力。作为第一步，该层次可以对应投资项目或者行政结构中最低级别支出单位的一组活动。可以确定更详细的活动并监测其产出，但应避免设定无法监测的过于详细的活动预算。
> - 规划管理者应负责协调规划的活动：其最好是涵盖规划活动较大份额的行政区划的负责人。
>
> 此类原则并未消除所有困难。特别是：（1）可能需要对会计账簿和人事数据库进行初步重组；（2）必须评估行政区划负责人与规划管理者之间出现重叠和冲突的风险；（3）对于为多个规划做出贡献的中央政府单位而言，必须建立适当的安排。

实施规划分类

根据国家的技术能力和行政背景，实施规划分类以便在规划的基础上管理预算可能是一个漫长的旅程。因此，在许多发展中国家，也许方法越简单越好，以便控制失败的风险。为此，专栏8.7提出了一些切实可行的建议。

结　论

中央政府预算是实施公共政策的关键工具。中央政府预算由立法机构颁布，通过拨款授权为特定目的支付现金。考虑到随着时间的推移不确定性会增加，并且为了使立法机关能够定期控制政府活动，预算几乎都是年度预算，拨款通常在财政年度结束时失效。

为了确保财政纪律，避免资源配置决策分散和立法机关的责任分散，中央政府预算或至少是预算所附的文件应涵盖所有或几乎所有中央政府活动，并且预算文件应包括为分析宏观经济立场和预算政策所需的一切信息。

对公共企业和公共金融机构施加的公共服务义务和其他准财政支出应通过预算转移予以补偿。

为了提高效率、更好地响应公共服务使用者的需求，可以设立用于管理某些活动及其预算的特殊安排，但这些安排不应导致透明度丧失和支出受控。预算应提供关于通过特别程序和预算外资金进行管理的支出的信息。为了提高配置效率和透明度，应以与其他政府支出相同的方式对由外部来源供资的支出进行审查和披露。

预算分类是政策分析、支出控制问责和管理的关键工具。应对每个预算事项进行编码，以便能够根据支出控制和预算政策分析所需的不同格式编制报告。收入通常根据其预算基础进行分类和编码。

对于支出而言，预算代码是预算支出分类体系不同组成部分的代码的组合。这些维度可包括，例如，预算管理和问责制的行政分类、支出控制和财政分析的对象/条目分类、财政来源分类，以及政策制定、问责制和绩效监测的规划分类。

每个国家应适当设计行政分类，以明确预算管理的职责。为促进财政报告编制和总体支出控制，对象分类应是符合国际标准的纯粹经济分类。

各国应能够根据国际标准报告支出，其中包括《2001年政府财政统计手册》的经济分类和政府职能分类，而政府职能分类是一种按照社会经济目的进行的分类。

规划是满足同一组目标的一组活动。规划分类旨在支持政策分析、问责制和绩效监测。对于问责制而言，该规划应按部委、部门或机构设立，由部长或机构负责人对其职责范围内的预算执行负责。然而，实施预算管理的规划分类需要处理与规划管理者和行政单位负责人之间协调有关的问题。

预算分类用于确定立法机关授予政府行政部门的支出授权范围，以及界定拨款管理规则，例如预算项目之间的资金转移。会计人员根据会计科目表对交易和事项进行分类。在一些国家，预算分类和会计科目表非常相似。在其他国家，预算分类和会计科目表可能会有所不同，特别是在核算资产和负债时。但是，预算分类和会计科目表以及支出和收入的经济分类应该是相同的。

参考文献

Allen, R., and D. Tommasi. 2001. *Managing Public Expenditure: A Reference Book for Transition Countries*. Paris: OECD.

International Monetary Fund 2001. *Government Finance Statistics Manual 2001*. Washington, DC: IMF.

Jacobs, D., J.-L. Helis and D. Bouley. 2008. Budget Classification. Public Financial Management. Technical Guidance Note. IMF.

Lannaud, B. 2007. "Performance in the New French Budget System," in M. Robinson (ed.), *Performance Budgeting - Linking Funding and Results*. Washington, DC: IMF.

Organisation for Economic Co-operation and Development 2010. *Tax Expenditures in OECD Countries*. Paris: OECD.

PEFA Secretariat. 2005. *Public Financial Management Performance Measurement Framework*. Washington, DC: PEFA Secretariat.

Receiver General for Canada. 2011. Chapter 2, Introduction and Description of the Coding Classification Structure Government Wide Chart of Accounts for Canada-2011-2012. http://www.tpsgc-pwgsc.gc.ca/recgen/pceaf-gwcoa/1112/sct-tbs/261-eng.html, accessed August 25, 2011.

Robinson, M. 2007. "Cost Information," in M. Robinson (ed.), *Performance Budgeting -Linking Funding and*

Results. Washington, DC: IMF.

Robinson, M., and H. van Eden (2007). "Program Classification," in M. Robinson (ed.), *Performance Budgeting - Linking Funding and Results.* Washington, DC: IMF.

South Africa Treasury. 2011. *National Budget 2011. Estimates of National Expenditure. Agriculture, Forestry and Fisheries.* http://www.treasury.gov.za/documents/national%20 budget/2011/enebooklets/Vote%2026%20Agriculture,%20 Forestry%20and%20 Fisheries.pdf (accessed August 25, 2011).

Tommasi, D. 2010. *Gestion des dépenses publiques dans les pays en développement.* Paris: Agence francaise de developpement.

United Nations. 1965. *Manual for Program and Performance Budgeting.*

United Nations. 2000. Department of Economic and Social Affairs, Statistics Division.

"Classification of Expenditure according to Purpose," *Statistical Papers Series M no. 84.* New York: United Nations.

Washington Headquarters Services. 2011. Object Classification Codes. http://www.whs.mil/fmd/budget/docs/Chapter08.pdf, accessed August 25, 2011.

9
政策制定和预算流程

杰克·戴蒙德

预算应被视为政府最重要的政策文件之一。在理想情况下,预算流程应在预算周期的所有阶段促进预算的这项政策作用。然而,本章认为,预算制度往往未能成功实现该重要功能,主要有两个原因:设计方式存在缺陷、运行方式存在缺陷。遗憾的是,采用主要侧重于财务合规而非政策执行的传统预算制度的国家往往普遍存在这两个缺点。

对具有更先进的公共财政管理方法的国家如何发展其预算制度,远离这种传统模式,从而使其预算制度更具政策针对性,所做的评述强调了需要采用多年的预算编制方法,并强调了由政策决定的支出规划的核心作用。该评述还强调了目前采用传统预算制度的发展中国家所面临的任务的艰巨性,以及实施此类改革所需的时间。在此期间,可以采取很多措施来纠正发展中国家预算制度中常见的弊端,其中包括:提出更长期的政策视角,使预算规划具有立足点;执行自上而下的"硬性"预算约束;使预算的覆盖范围更加全面,更好地整合预算的经常性部分和资本部分;在程序上迫使预算参与者从政策执行而非使用投入的角度进行思考;以及通过各种执行机制为这些新的预算程序提供支持。

作为政策文件的预算

在理想情况下,预算记录给定时期内政府应收集的所有资源及其不同的使用方式。事前,预算代表了政府在该预算期内为那些旨在实现其所选政策的活动提供资金而制定的财务计划。以及为了这些活动所提供资金的政府规划。事后,预算显示了政府实际做了什么、谁为之付款以及以何种形式付款(例如通过税收、使用者付费、捐赠人援助或政府借款等)。这种将预算视作政策文件的观点对于国家的政治决策而言至关重要。

因此,相应地,预算不能脱离政治。实施政策需要资源。然而,政府部门的资源决策与私营部门的资源决策不同。在私营部门,人们自愿交换资源,并且收到的利益和牺牲的资源之间存在着密切联系。做出预算资源配置决策之人使用的实际上是从人群中强制收取而非其自由捐赠的资源。毫不奇怪,在做出资源决策之人、政策制定者和纳税并享受政府支出福利的选民之间存在着持续的紧张关系。最重要的是,个人支付的税金与政府支出带来的福利之间通常不存在一一对应关系。大多数政治体制都致力于解决资源配置方面的分歧,以促进政策制定者决定的支出对象与选民的需求之间逐渐趋同。但是,此类决定不可避免地需要折衷,因此分歧仍然存在。

这通常会导致公共部门的资源决策出现一些公认的缺陷。在某些情况下会出现公然滥用权力情况。例如在一些政治体制中，公民的需求与资源配置决策之间存在巨大差异，导致资源被社会关系优越的特定利益集团所获取。在某些极端情况下，这相当于公然盗窃，政策制定者将资源用于为其自身或其最有影响力的支持者谋利。一个更普遍的问题就是所谓的公地悲剧。由于政策成本与其收益脱节，在收益私人享有但成本公共分摊的情况下，存在超支的倾向。几乎所有体系都很容易出现对公共资源的竞争，以及不计成本地满足特定群体需求，且为其分配的总资源超过整个社会最佳资源的倾向。第4章更详细地讨论了在各国特定的政治经济背景下产生的这些以及其他偏向。

如果设计和操作得当，预算制度（管理公共资源配置决策的规则、程序和原则）有助于缓解这些问题，或者至少使其更容易管理。如果表现良好，预算制度可确保透明度、执行控制并鼓励与资源使用相关的问责。在如此行事时，预算制度有助于确保所执行的政策与社会要求的政策之间在最大程度上保持一致性。因此可以认为，在理想情况下，政策决策周期应与预算周期完全一致。如果能够保持一致，预算周期的每个阶段（预算编制、预算批准、预算执行、预算监测、审查和评价）都取决于制定、同意、实施和审查的基本政策周期并与之相关。通过这种方式，战略规划和政策制定一开始就将取决于政策审查，这为预算编制设定了框架。对预算执行情况（即为实现政策目标而开展的活动）的监测和报告，也许还包括对政策目标成功和失败指标的监测和报告，是政策实施的重要控制措施。为完成周期循环，应对预算执行结果进行事后评价，评价最好是由独立的外部审计实体进行。该评价还提供政策审查，为下一个战略规划和政策制定周期提供反馈，以完成整个流程。图9.1系统展示了事后评价可能的工作方式。

需要强调图9.1中的两处要点。第一，图9.1将政策制定流程视为一个连续的流程，反映了预算的周期。这意味着政策制定未必局限于预算编制和批准的第一阶段所做的决定，在理想情况下，应取决于根据预算周期所有阶段的反馈所制定的决策。第二，该图仅是理想的政策制定和实施体系，而即使是最先进的预算制度也难以达到这种理想程度。在实践中，两个主要原因会造成这张简图失灵。第一个主要原因是据以做出预算决策的制度结构所施加的限制，这可以视为预算制度的设计缺陷。第二个主要原因是预算制度的运行缺陷。这两类问题削弱了预算的政策针对性，在发展中国家往往更为严重，但肯定不限于这些国家。实际上，可以认为大多数发达国家仍有相当大的改善其预算制度的政策针对性的空间。

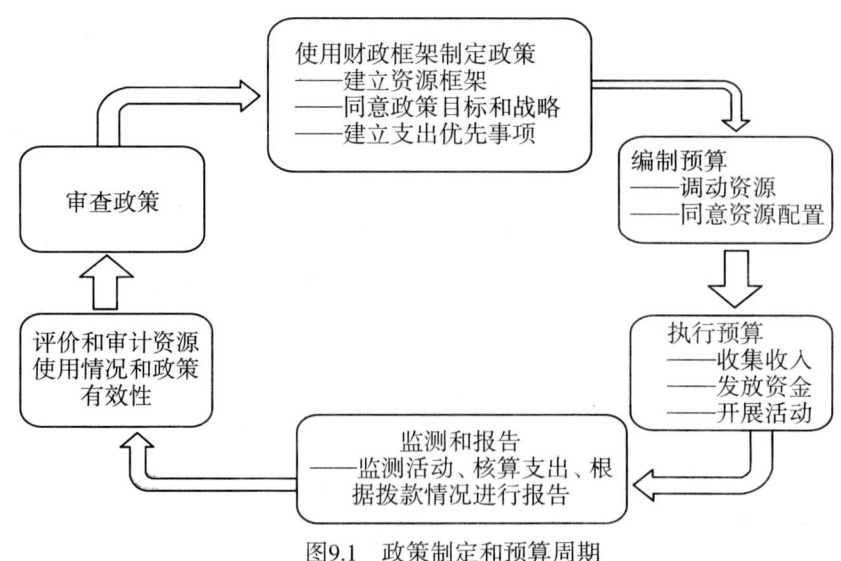

图9.1　政策制定和预算周期

预算制度的制度结构所施加的制约因素

从政策角度来看，预算制度中有许多负责制定和实施政策的主体。但是，立法和行政部门之间存在根本分歧。立法部门由经过选举产生且代表选民偏好的政治家组成，负责签署政策、授权政策行动，随后交由行政机构负责实施这些政策。然而，现实通常比这张图复杂得多。在一些体系（例如美国）中，立法机关在政策制定方面更加积极主动；而在另一些系统中，独立的财政委员会（例如英国的预算责任办公室）最近也开始发挥作用（见第38章）。在负责政策执行的行政部门内部也存在不同角色。中央政策制定者，通常是由部长组成的核心委员会（内阁），制定作为预算基础的资源决策。中央财政机构，通常是财政部制定预算战略，并且需要向立法部门提交预算计划以供批准，然后监督批准后预算的成功实施。详细的资源规划和政策的实际实施一般由行政部门的分权机构进行，通常是处理不同类别具体政策的有关各部。

因此，在设计任何预算制度时，都存在三种对确保预算流程的政策针对性至关重要的主要制度关系。第一种是政府立法部门和行政部门之间的关系。第二种是中央行政机构（或内阁）与中央财政机构（财政部）之间的关系。第三种是财政部与有关各部之间的关系。在许多情况下，这些关系的设计方式阻碍而非促进预算发挥其作为政策制定和实施的有效工具的作用。

立法部门和行政部门之间的关系

由于法律框架和政府体系的类型不同，各国立法部门享有的权力差异很大。各国的法律框架通常在宪法层面决定了法律赋予立法机关审查和批准、监督，以及（极其重要的）更改行政部门提交的预算草案的权力。因此，这些权力的范围存在很大差异。在一些国家，立法部门可以提交自己的预算，反映其政策优先事项，而无需参考行政部门的预算草案。在另一些国家，立法部门拥有改变预算分配，从而更改政策优先事项的巨大权力，只要预算分配不超过总支出限额就行。还有一些国家，立法机关可以超过总支出限额，只要它可以带来相应的收入增长用以支付差额即可。与这种灵活性相反，许多国家采取的是议会制政体，立法部门只有批准或拒绝预算的权力，而后者通常会迫使政府丧失权力。

因此，对于许多国家而言，政策优先事项需要经过反复和详细的谈判、修订与妥协，这往往会使最终批准的预算的政策内容难以理解。即使年度预算法获得批准，几乎所有体系都允许对其进行通常次数有限的年内修订，这些修订往往代表年内政策优先事项的变化情况。因此，各国预算的事前和事后政策优先事项存在重大差异的情况并不罕见。

内阁与财政部之间的关系

对于政策的制定而言，理想的情况是，内阁和中央财政机构能够充分协调。两者应共同制定预算战略，做出支持预算的财政决策，从而确保政府的政策优先事项可以实现。通常，这种密切的协调并未出现。内阁往往在进行了大量谈判之后共同做出决定。总体预算战略能否保持一致往往取决于总理或财政部长是否有能力对其同事施加纪律约束，并确保整体财政纪律与追求个别部门政策目标之间的协调。在一些政治局势下（如联合政府），这一点会变得更加难以实现。用于顶层政策决策的制度结构也会产生影响。在议会制中，决策是集中制定的，并且财政部无可争议地位列同僚之首，因此实现政策一致性的可能性更大。在没有最高财政权力机关并且预算编制涉及不同机构的国家，这就会变得更加困难。例如在一些发展中国家，除财政部外，还有一个强势的规划部。前者负责经常性预算，后者负责资本预算和更长期的发展规划。这常常导致无法将政策、规划和预算联系起来。[①]在总统制中，中央财政职能往往是分散的；例如分散在预算办公室、国库以及直接向总统汇报的规划和政策办公室之间——这些部门和机构都对政策制定做出了重大投入。

存在于许多制度安排中的分权现象造成的一个后果就是，预算往往只是模糊或部分界定了政策目标和优先支出领域。在极端情况下，政策目标与所需预算资金之间存在不匹配的情况。这种政策不够明晰的情况常常被不切实际的预算所掩盖，预算做出慷慨但不切实际的财政假设来覆盖商定的政策计划，最终这些计划会面临资源不足的问题。结果逐步削弱整个预算制度的绩效——不可能顺利实施制定不当的预算计划。

财政部与其他各部之间的关系

财政部通常被视为其他各部的促进者与监督者。财政部的任务是确保所需的资源，以便有关各部能够在不破坏经济稳定的水平上实施其部门政策，同时确保资源的使用与预算拨款相符。另一项职能是监督作用，即确保在实现政策目标过程中高效和有效地利用资源，但在许多国家这项职能很少充分发挥。遗憾的是，财政部在履行这些核心职能过程中经常面临冲突，特别是在那些难以准确预测每年资金情况的国家。因此，财政部的优先事项经常与其他各部的优先事项发生冲突。具体而言，在资源未能按原始预算战略计划到位时，财政部可能不得不把重点放在协调支出与可实现的收入水平上，以确保整体财政纪律。预计到这一点，为了给自己更大的灵活性，财政部经常有大量的应急基金或储备金，以便在年内实质性重编预算，但这同时也会破坏正式预算。

资源缺口的规模以及财政部对该缺口的管理程度决定了部门政策的执行情况。遗憾的是，对于许多发展中国家而言，缺口可能非常大，导致政策目标与可用资金不匹配。资金短缺的严重性和不可预测性通常意味着财政部必须采取年内预算削减。这些措施往往是以随意且不可预测的方式进行的，因此扭曲了政策优先事项，损害了政策目标的有效实现。在一些国家，在宏观财政严重失衡期间，财政部被迫进行现金配给，根据资源的可用性逐月甚至以更短的期间释放支出授权和现金支持。在这种情况下，有关各部几乎不可能高效管理其预算或充分执行政策——实际上，财政部已经接管了有关各部的预算管理。在这种情况下，将预算视作政策议程并将预算执行流程作为确保支出用于对这些政策优先事项做出最大贡献的方式就变成了空谈。

将政策转化为预算的实际问题

许多国家仍在实行"传统"的预算制度，这些系统侧重于财务合规，通常不适合提高政策的明确性或有效性。因此，从更广泛的政策视角来看，这些国家的预算流程往往存在一些不足之处。

---

① 世界银行（1998）强调了这种严重缺陷："未能将政策、规划和预算联系起来可能是造成发展中国家在宏观、战略和操作层面预算编制结果不佳的最重要因素"，第31页。

政策覆盖面不完整

将预算视为政府政策声明的第一个也是最明显的不足之处是预算的政策覆盖面不完整。在大多数国家，政府政策是通过预算的收入筹集和支出权力以外的方式执行的。其中一种途径是通过使用支持经常性预算以外政策的预算外资金（EBF，见第18章）。一些此类预算外资金是用于执行具有专用收入来源的特定政策的便捷机制，在其政策目标方面得到了完善的报告并且相当透明。遗憾的是，许多其他预算外资金并不具备这种透明度，而是专门为避免经常性预算审查而设立的。这些预算外资金的政策目标往往不够透明，或者实际上利用多年来已经改变或扭曲的政策目标进行运作。还有许多准财政运作的示例，其中政府通过公共部门实体的运作而非直接通过预算来执行其政策；例如，在公共企业和金融机构的运作中使用隐性补贴和交叉补贴。政府还可以通过政府和社会资本合作[①]、担保和安慰函以及各种税式支出[②]等工具来实现其政策目标，所有这些都在本书后面各章中进行更全面的讨论。此外，所有政府都利用其监管权力来追求政策目标。因此，预算通常无法确定政府政策的整体性，但这既是不可避免的，也是可以避免的。

预算适用于控制而非政策

预算通常被视为控制工具而非政策工具。传统的预算制度主要强调财务合规（符合财务规则和法规）和财政纪律（将财政总量保持在预算商定的年度限额之内）。对于大多数国家而言，预算分类系统旨在确保合规，根据该观点提出预算（即由负责支出的行政单位提出），然后进一步分类为各种详细的支出投入项目。重点放在了预算投入之上，往往忽略了从这些投入中获得的产出（服务提供）和结果（政策执行）。[③]因此，很难将非常详细的支出授权清单与任何一项政策联系起来，这使政策分析和制定变得困难。[④]由于预算并非旨在提供具有政策针对性的信息，因此这还意味着预算决策和预算变更往往更多地按行政单位或条目而非政策规划进行。这种增量方法是传统预算编制的主要特征。

缺乏关于政策实施的报告

从政策视角来看，传统预算编制系统的这些缺点进入了预算执行阶段。由于预算是按这种以投入为主导的方式编制的，因此控制系统不允许存在用于监测、实施或评价政策实施的有效反馈环。相反，报告旨在确保按照拨款情况、逐个行政单位、逐行支出项目支出款项。此外，这些传统预算制度的一个特点是报告存在实质性滞后。控制措施主要旨在向议会报告与年度预算法律财务合规相关的年终预算状况。因此，年度监测往往用处不大，最终报告通常只能在下一个财政年度取得。由于这些滞后，政策审查不可能作为对预算编制的反馈。通常，下一年度的预算甚至不是根据初步执行结果的数据进行编制的，而是根据上年度预算水平进行编制的，更不必说政策成就，同时进一步支持了增量预算编制方法。反馈的滞后往往还导致预算时间表在预算编制阶段被压缩，从而对于有意义的政策制

---

① 政府和社会资本合作（PPP）以及特许权采取多种形式：租赁、余像（afterimage，法国广泛使用的一种租赁类型）、建设–运营–移交合同、具有可撤销经营许可证的剥离以及其他形式。政府和社会资本合作通常用于具有自然垄断特征的公共服务，即当存在单一服务提供者时生产成本最低。

② 例如延期、豁免、扣除、抵免，以及旨在使接受者受益并给政府带来相应成本的其他酌情适用的对税法的偏离。

③ 换言之，重点是经济（最小化投入成本）而非效率（用给定投入最大化产出）或有效性（利用投入产生的产出实现政策目标）。

④ 应该承认，大多数国家都采用组织结构作为支持预算决策的基本拨款结构，但在发达国家，这得到了许多提供了更大政策明确性的不同分析分类的补充（见第8章）。

定而言太短。因此，政策权衡永远不能充分明确，更不必说经过充分辩论，这相应地只会有助于加强财政部对财政纪律的强调。如上所述，这种强调往往导致年度预算分配根据宏观财政限制进行年内调整，从而损害部门政策的实施。

年度预算周期的主导地位不利于政策执行

在传统上，预算仍然是年度文件，但政策的影响往往是多年的。导致资源支出的基本政策承诺通常意味着未来数年的资源承诺，并且实际上，资本性支出依其性质可延伸到未来数年。因此，本年度的预算支出可能只占用配置给任何政策的资源的一小部分，并代表政府政策优先事项的部分情况。严格按年度运行的另一个问题是，这些传统的预算制度通常在预算年度结束时出现支出热潮（用尽预算分配，以免在下一轮中失去预算），而无论政策执行状况如何。

"双重预算"使政策优先事项分散

在一些发展中国家，经常性预算与资本预算或发展预算分开编制，并且通常由不同的机构进行编制。在发展中国家，这种做法往往是合理的，因为发展倡议获得了更加优先的权力，而在工业化国家，这种做法往往被证明是"黄金法则"的一种应用，即经常性预算应该平衡，并且借款应仅用于投资目的。无论理由是什么，[1]这种做法往往导致对促进相同政策目标的不同类型支出整合不良。因为实施机构的制度分割以及通常由能力问题导致的项目支出表现不佳，任何政策资源成本的不完整情况都会变得更糟。这反过来又导致明显的错配，正如世界各地发现的"白象"项目所证明的那样：不知通向何处的公路，没有护士或医生的医院，没有足够书籍和用品的学校，等等。这种失衡的结果往往因投资支出大幅超支而加剧，并且通常是投资项目由政治上强大的和/或区域既得利益集团推动的结果。另一个促成因素是，在治理不善的国家，投资项目比经常性支出提供了更多的腐败机会。毫不奇怪，往往存在政治压力来维持这种预算分离。

基于"需求"而非政策，自下而上的预算编制通常占优势

在传统的预算制度中，预算流程更多地被视为一项中央筹资活动，业务管理者在管理分配给其的资源方面的权力和职责有限。在传统的控制环境中，财政部和其他各部的角色往往是对立的，中央的政策优先事项与各业务部门层面的政策优先事项不匹配。财政部通常在资源可用性方面决定预算分配，而有关各部的预算则由"需求"决定。典型的传统自下而上预算编制方法的缺点已有详细记录并在专栏9.1中进行了总结。

预算执行不力进一步削弱了政策针对性

通常，各部的预算投标以自下而上的方式决定并以需求为基础，并且是财政部和有关各部最高限额的倍数。在这种资源有限的系统中，没有动力让各部提交可能增加进一步削减风险的较低投标。没有机制来确定"需求"的优先顺序，并将其与资源总括进行协调。这通常是在预算执行期间通过财政部强制削减加上大量预算调剂来实现的，从而导致年内预算进行重大重编。因此，在预算执行期间，规划和项目的有效性经常受到损害。此外，所有预算参与者花费了大量时间来调和竞争性资金需求，

---

[1] 也许支持该规则的最有力论据是代际公平。为向公共投资提供资金而进行的借款与从公共投资中受益的后代分担该投资的成本。

以至于很少关注服务提供的效率、有效性和质量。沟通渠道通少常会加剧这种忽视，因此各部服务的公民在政策执行方面提供的反馈很少。

专栏9.1　自下而上预算流程的政策限制

- 支出计划可能是不可持续的。自下而上的总需求可能导致不可持续的资源使用水平；由于任何人都没有全景式视角，因此总体财政政策可能很容易受到损害。
- 可能会产生适得其反的资源配置。执行部门政策的各部门工作人员并不完全理解或考虑复杂的政策联动效应。项目和规划可能不完全兼容或不完全相互支持，或者可能在功能上重叠。
- 自下而上的需求倾向于反映强大的利益集团（包括公共行政部门内的利益集团）的需求，未必反映公共福利因素。很可能不会充分听取弱者或弱势群体的利益。
- 政策覆盖面可能存在重大缺口。重要领域可能没有得到覆盖，因为没有人担任"产品推动者"——即承担制定所需项目的责任。此外，由于公众对国家作用的理解含糊不清，政府和私营部门都不承担某些类型的活动（例如研究或信息收集）。

公共财政管理改革被视为提高政策针对性的举措

可以认为，任何公共财政管理系统都是由所追求的主要政策优先事项决定的。随着后者的变化，公共财政管理系统也发生了变化。这种演变的特征可以概括为流程和功能的阶段式增加，以使预算制度能够更好地适应政策优先事项的这种转变。除了该发展之外，国际社会也正逐步就公共财政管理系统应该处理哪些广泛政策优先事项达成共识。这集中于公共财政管理系统的设计目标上。该主题有很多变体，但在理想的公共财政管理系统中，根据大多数专家都同意的一些定义，至少有三个主要的管理方面的成果：

- 第一，管理系统应执行基本的财务合规或财政纪律。如果没有该基本特征，就不可能根据政治协议提供政府支出，因此也不可能将预算作为政府政策的工具。
- 第二，应该有适当的流程来确保总体财政纪律，因为公共财政管理系统可以预测和适应财政总量所需的任何变化来对抗宏观经济失衡，并有助于确保经济的整体稳定。这要求预算规划不仅从本财政年度的角度考虑宏观经济稳定性，而且考虑商业周期甚至更长期间，以确保这种稳定性能够持续下去。从政策角度来看，基本的宏观财政稳定性通常被认为是成功实施其他政府政策的先决条件和保障。
- 第三，鉴于前两个成果，公共财政管理系统应能够以高效和有效的方式实现商定的部门政策优先事项。

公共财政管理系统的这三组预期结果是当前许多国际通行工具，如公共支出与财政问责工具[①]的基础，这些工具用于评估一个国家公共财政管理系统运作的成功程度。

公共财政管理系统随时间演变的历史还表明，随着工业化国家不断开发其公共财政管理系统，这些顶层优先事项之间发生了演变。[②]如前所述，各国确保了财务合规，这是传统预算编制的基础，而且往往仍然是许多发展中国家的主要目标。如前所述，该基本财务纪律旨在确保对收入和支出的控制，使其符合年度预算法律，并按照通常由详细的财政法规执行的预算制度立法进行。一般而言，这种传统的公共财政管理系统侧重于详细的条目预算编制，重点是确保最经济（即最低成本）地使用投入。为了使该基本控制有效，预算必须尽可能全面，包括所有政府支出，并且具有强势财政部的集中控制、集中式现金管理（国库单一账户）、经常性预算议会日程、及时（通常是现金）核算、定期报告、强有力的内部控制，以及向立法机关报告的积极外部审计职能。这些都是后面各章中讨论的领域，许多发展中国家通常仍然需要在这些方面作出改进。

一旦实现了该基本财务纪律（历史上伴随着政府活动在经济中的重要性日益提高以及凯恩斯主义的传播），随着时间的推移，控制财政总量就变得更加重要。公共财政管理制定了程序，以便对财政总量进行调整，以在短期内实现宏观经济稳定，并确保长期可持续性。人们意识到这些双重目标涉及商业周期的财政规划。这导致其打破了传统预算的一个特点，即僵化的年度预算规划模式，并采用了中期财政规划。就公共财政管理流程而言，这需要改进的宏观经济和财政预测，及时报告财政总量，建立和更新中期财政和预算框架，以及债务可持续性分析。近年来，这些都是发展中国家取得很大进展的领域。对于低收入国家而言，向多年预算规划的转变通常由捐赠方推动，并且还鼓励改进投资规划，特别是更好地考虑当前资本性支出对未来经常性成本的影响，以及改进援助流量的规划编制和管理。

最近，特别是工业化国家已经在过去二三十年里调整了公共财政管理系统，以确保更好的政策执行。这体现在强调改善公共服务的产出和结果，以及更好地确定政府转移支付的目标（这些转移支付占预算的比例越来越大）等方面。强调服务提供的效率和有效性以及更好地确定目标，已经导致公共财政管理系统采用战略规划、规划预算编制、使用绩效指标进行监测和评价，以及更加分权的管理安排，这通常与从收付实现制向权责发生制会计的转变有关。

当然，各国在按照这些方向采用/调整其公共财政管理流程方面的普遍性和时间跨度存在很大差异（甚至在工业化国家内，改革进程仍在继续）。然而，公共财政管理改革的历史通常表明，公共财政管理政策目标在上述方向上有所扩大。公共财政管理改革的历史还表明，在开发公共财政管理系统的每个阶段，新目标或可交付成果都被添加到其他可交付成果中，并且没有取代其他可交付成果。也就是说，后来对货币价值和政策执行的强调仍然依赖于基本财务合规和总体财政纪律，并且确保宏观经济稳定的更大技术能力依赖于确保对年度预算流程的牢固控制。图9.2以该历史视角为基础对这种改革优先事项观点做出了示意性的说明。

[①] 请见公共支出与财政问责（2005）。随着时间的推移，该评级工具在各国均已标准化，并且覆盖公共财政管理系统的大多数方面。该评级工具基于将公共财政管理视为具有明确定义结果的系统的一个分析框架，并且其评级基于发达国家实践。

[②] 但阿伦（Allen，2009）提到了特定的国家特质。

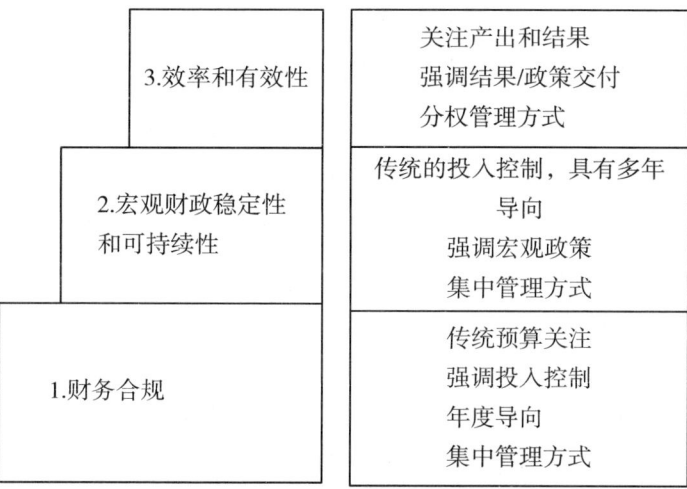

图9.2 公共财政管理政策优先事项

金字塔形式表明可交付成果是相互依存的：财务合规支持其他可交付成果，包括宏观稳定以及效率和有效性。这种不断扩大的政策视角对公共财政管理的影响是，这些阶段需要不同的技能和流程：传统的以合规为导向的年度预算编制所需的技能和流程必须通过用于实现多年宏观稳定和可持续性目标的技能进一步补充，而这些相应地必须通过用于提高服务提供效率和有效性的其他技能和流程来进行补充，有时是替换。专栏9.2总结了相应预算流程的主要变化，这些变化使得传统的狭隘控制观点可以转向更广泛的政策针对性观点。

专栏9.2　重新设定预算导向，使其更具政策针对性

传统合规预算方法	更具政策针对性的预算方法
预算每年编制一次，存在年终急于支出并且不考虑未来承诺的风险	预算是在中期框架内编制的，并且允许结转承诺 预算按照战略方向进行编制，自上而下地对抗各部自下而上的需求
预算是按增量方式编制的，通常强调各部自下而上的需求 预算基于支出条目，以便对投入而非产出和结果进行控制	预算由政策优先事项驱动，并且用于满足这些优先事项的规划控制着对产出和政策结果的重视程度
预算文件和报告按机构和批准成本用于合规目的，很少强调政策	预算文件和报告不仅用于合规，还用于评估在实现政策目标方面的效率和有效性

更具政策针对性的预算的关键特征

如前所述，如果公共财政管理系统的发展历史是试图增加预算的政策针对性，远离传统的以合规为导向的预算模型，那么实现这个目标的要求是什么？虽然没有最终的公共财政管理模型，也可能永远不会有，但可以绘制这条发展路径的主方向。

提供自上而下的战略视角

第一个要求似乎是需要一种与传统的增量、自下而上方法截然不同的战略视角。这种战略视角通过三种主要方式使预算更具政策导向性。第一，该总体视角对于更明确地区分私营部门活动和公共部门活动，并且更清楚地了解政府应该做什么和不应该做什么而言非常重要。根据这种关于政府作用的视角，有可能就应向政府部门提供的资源总括的最大规模达成共识。第二，在确定后者时，可以转向政策优先事项；即更清楚地了解政府资源应在该资源总括内的何处以及为何目的进行最佳部署。第三，一旦确定了给定政策领域的资源总括规模，重要的便是最大化该资源部署的政策收益。因此，政策决策需要在三个主要层面保持一致。第一个层面是确定总体支出总括。在第二个层面，必须根据战略优先事项配置资源。在该层面，关键的政策决策是如何在部门之间划分整体总括。在第三个层面，必须以最高效和有效的方式利用资源来完成部门政策优先事项。在该层面，关键的政策决策围绕着一个部委如何在其部门总括内配置资源展开。

这三个政策决策层面是相互关联的，不可避免地会引起一些紧张。如果不在顶层施加整体约束，就不会出现稀缺问题，因此在第二个层面或第三个层面就不会出现任何预算编制问题。从底层看，当一个机构在提供公共服务方面更加高效时，由此产生的资源收益可以影响该层面的政策决策（使用相同的资源提供更多服务），或者第二个层面的政策决策（将这些资源转到另一个政策优先事项），或者第一个层面的政策决策（资源用于减少总赤字和/或返还给纳税人和/或用于减少债务）。政府越能确定其政策优先事项，就越容易在较低的第二和第三个层面做出决策，在第一个层面解决关键政策决策的任务也就越容易。遗憾的是，在薄弱的预算制度中，政策取向通常没有很好地明确表达，由此造成的资源错误配置导致总体预算约束的可信度较低。

对于许多国家而言，这种自上而下的导向通常对其预算政策产生深远的影响。对于几个工业化国家而言，更加准确地说明政府将开展的活动已经导致政府大幅缩编，同时其他基本公共部门也进行改革。对于中等收入国家而言，这种自上而下的导向有助于将预算分配统一为一个连贯的战略计划，对不同部门之间未来的资源配置进行优先排序。这种战略规划方法可能在最初的新西兰模式中得到了最好的体现，该模式采用了一个三阶段的自上而下流程：确定政府在经济中使用资源的总体可持续水平；在该水平内，确定政府"核心"活动或"战略结果领域"；从事每项核心活动，并将其转化为涉及该核心活动或"关键结果领域"的每个部门或机构的行动计划。这种综合战略规划流程是一个极端。其他国家的规划（例如马来西亚的2020年愿景，预测该国到该年度的发展情况），已采用广泛的政策框架作为滚动的五年计划和年度预算决策之间的参考点。对于英国和许多英联邦国家而言，战略愿景不那么雄心勃勃，载于概述了政府在其任期未来几年中总体政策优先事项的白皮书中。

然而，尽管开发更积极主动的自上而下方法具有吸引力，但必须认识到这对发展中国家而言并不容易。对预算制定采取自上而下的视角意味着对国家在社会中的作用具有战略视角，而发展中国家往往缺乏这种观点，或者至少还在发展之中。在过去，利用多年发展计划对此进行了尝试。总的来说，这种方法已经不再受欢迎。这些计划很少得到审查和更新，并且在迅速变化的经济环境中，通常很快被认为是过时的。在不建议恢复详细的更长期计划的情况下，发展中国家似乎仍然需要投入时间和精力为年度预算流程提供某种战略性长期政策指南。

从严格的"年度性"转向更加强调多年预算框架

除总体战略愿景之外，公共财政管理发展的历史还表明，确定总体支出总括的顶层决策不仅对于在短期内实现宏观经济稳定很重要，而且对于在中期内实现可持续性也很重要。在紧邻财政年度之外重新调整预算规划对公共财政管理系统产生了一些根本性影响。

财政框架的发展变得更加重要。如前所述，如果在第一个层面的政策决策薄弱，那么第二和第三个层面的政策决策将不可避免地受到影响。同样明显的是，在短期内做出正确的政策决策不足以避免宏观经济失衡。例如在短期内，有可能通过借入更多资金增加的资本性支出来弥补初始资源缺口，从而确保该年整体财政稳定。然而，从长远来看，这可能是不可持续的：借款的增加是有限度的；借款涉及重要的偿债成本；并且存在资本性支出的未来经常性成本增加情况，这可能需要进一步借款。因此，确保可持续的整体资源总括的政策要求决定了预算规划的中期方法，从而决定了中期预算框架的重要性，如第10章所述。

更加强调规划职能。该中期导向的另一个方面是规划职能变得更加重要，因为部门政策必须在一致的多年背景下设定才有意义。这应该在各级预算决策中进行。不仅中央机构必须规划资源总括及其分配方式。与此同时，较低级别的预算机构（在决策的第三层）也必须制定自己的中期资源使用计划。各部和机构也应以这种方式根据具有明确政策优先事项和成本核算的战略计划在中期规划框架内编制预算，以便总体上可以在整体总括内满足其关于资源的政策需求的总和。这通常需要更明确地核算现有资本项目的未来经常性成本，并以综合方式规划总经常性支出和总资本性支出。后者通常代表与传统预算制度中的显著分歧，传统体系中经常性预算和资本预算是分开编制和列报的。

按基于政策的规划制定的预算（虽然未必批准）

关注在较低的两个层面所做的政策决策（涉及部门之间和部门内的资源配置）可以鼓励基于规划的预算编制。在这种方法中，各部的战略计划被转化为在中期背景下制定的具体行动规划。抛开实际情况不谈，在理想情况下，先进的预算制度强调政府的政策目标及其实现应建立在部委计划和明确的政策衍生规划的基础之上。然后，预算管理侧重于规划交付以及规划的产出和结果，而非传统上的所用投入。为了支持预算管理的这种转变，需要对预算制度流程进行一些根本性的改变。

因此，通常需要通过在传统的行政分类和条目分类中增加职能结构和规划结构来重新对预算进行分类，如第8章所述。同时，引入预算的运作规划结构不仅仅是对政府的支出计划进行重新分类。如果执行得当，通常会导致对政府活动及其管理方式进行一些更根本的重新思考，例如重新考虑政府如何开展业务：各种机构各自的作用和任务是什么；如何最好地组织各机构来执行任务；如何重新设计成本分配和财务报告系统以提高管理效率；以及如何重新评估现有政府运作在提供商品和服务以及实现政策目标方面的效率和有效性。相应地，这已经导致许多工业化国家强调预算管理中的绩效概念，第11章将对此进行更深入的讨论。

有必要改善公共部门的会计。为了充分实现该变化，预算管理需要更接近私营部门的管理，并使用类似的信息。根据这些需求，管理者必须超越收付实现制，采用权责发生制会计。如第34章所述，除传统现金流外，后者还记录了折旧、转移、实物资产注销和应计利息等资金流量信息。从效率的角度来看，这些信息是必要的，因为其有助于获取提供政府服务的全部成本。按照这种方式，通过提供关于政府运作成本的更全面的信息，权责发生制会计使决策者能够做出更好的资源配置决策。权责发生制信息可用性的副产品是可以更精确地确定管理绩效；因此，可以加强管理问责。权责发生制会计通过提供更广泛的财务信息，提高透明度并改善财政责任，从而使人们能够更全面地了解政府对经济的影响。[①]

需要在整个预算周期内改善政策信息。如图9.1所示，具有政策针对性的预算流程必须在预算周期的所有阶段发挥作用。除了最初基于政策的资源决策外，还需要监测年内的政策执行情况，并往往通过制度化的中期审查进行。根据此类审查，还应建立机制以进行年内调整，并确保这些调整基于政策优先事项。所有此类变化通常需要预算执行流程中的平行变化。例如，通常需要早些启动预算议会日程，以便有时间进行更多的政策讨论和审查。各部内部的管理报告和控制将从强调财务合规性和规律性转变为同时包括关于实现政策产出和结果的信息。内部审计很可能在组织安排及工作范围和性质方面发生变化（在第17章中进行讨论），并且这也将反映在外部审计机构的工作中，外部审计机构将更多地关注货币价值和系统审计，而非传统的财务规律性问题（见第37章）。

转向更加分权的管理方式

各国在进行这些改革时，更加强调高效、有效的政策执行管理，这导致公共财政管理系统的分权现象更加明显。[②]这表现在各个维度。

公共财政管理的组织安排也发生了相应的变化。如专栏9.3所述，可以通过"五D"将公共财政管理系统的这种重新设计表征为公共财政管理系统的五重逐步进展：分散（deconcentration）、分权（decentralization）、授权（delegation）、权力下放（devolution）、有时甚至最终剥离（divestment）。前两个D（分散和分权）反映了与传统的垂直运作的各部相关的制度安排。接下来的两个D（授权和权力下放）通常是增强管理自主权和运作独立性所具有的特征，并与转向更加重视政策执行的效率和有效性相关。这与越来越多地使用在通常的垂直部级控制之外运作的权力下放政府机构（例如派出机构和其他机构工具，包括第27章讨论的政府和社会资本合作）有关。这还与第12章讨论的向下级政府进行的分权/权力下放增加有关。

专栏9.3　5D：远离集中式公共财政管理

- 分散。行政权力从中央向各部门和机构的有限重新分配；当地管理者可以灵活地管理难以集中实施的集中决定的政策。
- 分权。实施工作从中央层面向各部门和机构的全面重新分配，并且没有决策权力的任何重大重新指定情况。管理者仍然是行政官员，但有更大的自由来管理中央政策以适应日常环境；例如，通常放松对投入使用的集中控制。
- 授权。派出机构在法律上仍然是部或中央政府的一部分，但在决策过程中拥有更大的自主权和独立性。中央监督保持一定距离，并且通常利用由单人组成的干预监督委员会进行。实行准合同形式的预算编制，目标由负责报告的部与派出机构负责人协商确定。
- 权力下放。更先进的举措是通过在法律上分离该机构，赋予其自身的法律实体，并明确限制中央各部干预决策的能力，从中央层面向实施单位重新分配决策。通常，政策和实施战略由咨

---

① 如第33章所述，一些国家甚至引入了以权责发生制为基础的预算编制。
② 戴蒙德（Diamond，2006）更充分地讨论了这种发展的影响。

询、管理或治理委员会掌握。
- 剥离。这将大多数决策转移到政府部门之外。商业化可以采取不同的形式，取决于资产在多大程度上改变了政府和私营部门之间的所有权。当政府外包服务时，很少有资产易手；在私有化情况下，存在完整的交换，并且将控制权交给市场；而在二者之间是特许权以及其他政府和社会资本合作安排。

制度分权对公共财政管理职能具有平行影响。这种向更加分权的公共财政管理系统设计的转变也反映在公共财政管理流程的分权中。如果管理者需要对结果负责，就必须给予其足够的自由来管理和使用与这种自由相适应的管理工具。例如，转向权责发生制会计的一个影响是，机构活动的核算最好留给机构自己。随着这一变化，财政部的中央会计职能专注于为中央政府核心职能的支付和收入提供簿记、整合部门信息、颁布政府会计政策，以及在整个政府层面制作财务报告。鉴于随着会计职能的下放，管理部门更加注重问责制，也可能需要授权资产管理，这是在为管理者提供必要的授权以满足其负责的绩效目标方面的另一个重要因素。关于增加分权的类似论据适用于内部控制和内部审计职能。

为了支持这些变化，需要在整个公共服务中发展不同的技能。例如需要发展预测宏观经济总量、权责发生制会计和规划绩效报告以及由政策决定的规划的设计、成本核算和管理方面的技能——所有这些都需要加大对计算机化和相关信息技术技能方面的投资。相应地，将这些改革引入传统的政府管理工作需要高水平地变革管理技能，而政府部门中往往缺乏这种技能。

改善发展中国家预算的政策针对性

发展中国家如何改善其预算的政策针对性？根据工业化国家的经验，发展中国家需要按照前文所述的方法改变其公共财政管理系统的一些基本要素。即一旦公共财政管理系统能够确保足够的财务合规水平或财政纪律水平，就应该开发公共财政管理系统来调整财政总量，以确保多年的宏观经济稳定性/可持续性。在实现该目标后，应更加注意在实现部门政策目标和提高服务提供效率方面提高所花资金的价值。最终，加强公共财政管理系统意味着首先将中期视角引入预算制定，通常是通过中期预算框架（MTBF），然后转向基于政策驱动规划的绩效预算管理。第10章和第11章对这些改革的详细讨论揭示了发展中国家可能面临的许多问题，表明对于许多发展中国家而言改革在短期内可能不切实际。

虽然这两项改革（中期预算框架和有意义的规划结构）对于提高预算的政策针对性而言至关重要，但有人建议，在充分接受这些改革之前，有许多方法可以加强发展中国家的公共财政管理系统。作为第一优先事项，发展中国家应该处理上述传统预算方法的薄弱之处，然后分阶段转向这些更为根本的改革。因此，虽然全面的中期预算框架可能不可行，但应该尝试建立一个多年财政框架，为财政总量建立可行的路径，以摆脱传统预算编制的年度束缚。同样，虽然全面的规划预算编制方法可能不是第一优先事项，但各部有义务从其增量条目预算编制方法转向按照新旧政策进行思考并在新旧政策之间作出一致的资源决策。下文更详细地说明了如何迈出在重新设定发展中国家预算制度导向方面的第一步，以使上述预算制度更具政策敏感性。

采用比年度预算更长远的视角进行政策制定

提供更长期间战略愿景，作为预算规划框架。政策决策很复杂，不太可能完全包含在年度预算流程之中。预算流程应该考虑到已经制定和商定的政策，并且是使这些政策明确且具可操作的主要工具。但是，新政策的制定应不受预算流程的压力。预算制定政策可能会导致对短期问题的不当关注，并被眼前的财政考虑所主导。遗憾的是，过去在发展中国家提供这种更长远视角的尝试并未完全成功。例如有人指出，发展计划通常不够灵活，无法应对不断变化的财政现实。我们需要的是"一座桥梁"，一份战略文件，或者用威斯敏斯特体制的话来说，一份白皮书，以便足够详细地概述政府长期政策优先事项，为严格的年度周期之外的预算规划提供适当的框架。

加强预算编制中的战略决策程序。战略框架一旦制定并获得某种形式的合法性，就应加强预算流程，以考虑框架内的资源配置权衡事宜。如果不想让该中心被压垮，则有必要制定预算议程并指导编制预算材料，以促进该战略阶段。已经尝试了不同的方法来实现这一点。但是，一个重要的基本原则是，相对于新的政策举措，基线预算的编制和管理应该有明确的规则和程序。例如必须明确哪些新的政策建议（如有）应该提交中央审查，哪些仍由部门部长负责（例如由机构层面的重新配置资助的那些倡议）。为了确保中央决策者不会超负荷工作，建立"看门人职能"可能是有用的，其中所有倡议都首先由专门的委员会进行评估，以确保倡议与战略框架保持一致，倡议成本已经正确计算，并且基线预算不会受到影响。为了促进该委员会的工作，详细说明任何新政策建议的信息要求也是有用的（见专栏9.4）。

专栏9.4　在预算征集时要求有关各部提供的政策信息

除了资源请求之外，每个新的政策倡议都需要：

- 明确区分请求中的"旧"和"新"政策倡议，并解释新倡议与先前政策的关系；
- 一份简短的政策声明，清楚地说明政策倡议与拟议倡议产生的预期政策结果之间的逻辑；
- 在存在整个政府层面的战略文件时，解释部门政策倡议如何符合政府的整体政策优先事项；
- 为什么政府干预是必要的理由，以及为什么不优选替代机制（例如监管或向其他政府层级下放权力）的理由；
- 为实现政策目标而选择具体工具的理由（例如直接生产服务、外包给私营部门、补贴非政府组织、直接为受益人提供资金）；
- 对政策倡议、所需预算贡献和其他资金来源的多年支出估计；
- 用于衡量政策产出和结果的现实绩效指标和相关绩效指标；
- 报告之前期间的绩效结果，预测未来期间的绩效；
- 提出平行倡议，以在实现相同政策目标过程中做到节约和提高效率，并估计节约情况；
- 描述明确的措施，并且给出关于有效实施建议的时间表。

通过政策审查确保部门预算计划内的协调。还可能需要系统地审查有关各部的预算，以确保其继续适当地与部门优先事项和更长远的战略愿景保持一致。许多国家已将此类政策审查制度化，作为预

算流程的常规特征。例如通常有一个特定的目标是审查各部在一定时期内的支出规划，以评估其政策的有效性。该流程虽然通常旨在改进规划设计和内部流程效率，但有时更加根本地质疑了规划的政策针对性。同样，在许多国家，由外部审计师进行并向立法机关报告的绩效审计被认为可以提高政策针对性，从而引起对管理不善和政策制定不当的关注。然而，为了使该审查流程有效，需要高度的政治凝聚力，因为该程序通常涉及中央和有关各部之间的对抗。因此，在联合政府中，重要的是在审查监督机构中具有广泛的代表性，并且财政部必须得到最高层的支持。此外，为了可操作，所有此类评价都需要对人力资源进行大量投资。具体而言，应该努力加强中央的能力，评价来自部门各部的政策选择，并且在外部审计中进行性价比的审计。最终，这种方法要求财政部从其传统的指挥和控制预算模式演变为战略预算管理模式。

应该为决策者提供及时和详细的信息。涉及资源使用的任何政策倡议必须首先告知财政部，然后才能在部际委员会中公开或提交内阁，以及进行任何公告。为了避免决策以短期资源可用性为中心，在做出政策决策之前对所有资源影响进行量化是非常重要的。通过这种方式，有关各部的任何请求都应包含对其部门和其他部门的当前和未来资源影响的详细信息。与此同时，应该有一份明确的政策声明，解释任何资源使用行为的政策影响，① 如专栏9.4所示。一旦做出资源决策，还应建立机制，以确保这些决策在资源使用和预期结果方面的影响保持正常。除绩效信息外，还可能需要加强会计和审计系统，并对需要报告的信息的类型和及时性制定规则。

"硬性"自上而下的总预算约束应该在政策讨论中发挥主导作用

对于预算资源的限制应该更加现实，以便自上而下的目标在政策执行方面是有意义的。通过在现实收入预算的基础上客观地对预算年度以外的现行政策和未来政策进行成本核算来加强政策辩论，以便资金水平更加切合实际，从而更加可预测，并使预算能够兑现承诺的政策。发展中国家往往存在政治压力，需要避免采取有损于作为政策声明的预算的这种方法。硬性预算通常约束弱势政府难以面对的困难的政治决策。因此，广泛使用的折衷方案可以规避硬性预算约束：在预算之外进行支出；诉诸税式支出和准财政运作；在过多的规划和项目中，过度分散地分配资金；故意高估收入，低估不可避免的承诺；使用大量应急储备金作为缓冲。为了促进更现实的政策辩论，有必要避免这种逃避机制。例如应明确规定关于意外资源需求的预算政策。应建立适当的应急储备金水平，明确如何获取应急储备金的程序，并设定足够高的水平以满足合理的需求，但不能高到破坏其他预算估计的现实性。

为预算使用者制定明确的财政目标。这大幅增加了预算编制的透明度，为预算编制中的所有预算参与者提供了有争议的技术框架。事后，它允许立法机关和公众监测政策的执行情况，从而使政府更负责任。这些财政目标最好是全面的，并包含三个主要维度：从短期来看，财政目标应与宏观经济稳定性一致；从中期来看，财政目标还应具有明显的可持续性；目标还应包括对短期和中期财政风险的明确评估（即评估可能导致以下情况的关键因素：财政目标无法实现，以及随着时间的推移，财政状况变得不可持续）。

建议公开提供和审查资源总括。这是为了抵消发展中国家经常遇到的预算规划的过度乐观，在这

---

① 这有时被称为"结果逻辑"。其通过一系列逻辑步骤（中间结果）描述一个机构所做之事（所提供的服务）与对社会的理想影响（结果）之间的联系。这种因果关系的解释允许审查一个机构关于其在对结果造成影响并证明其选择绩效指标的合理性方面能力的假设的一致性。

些国家，不难发现过度乐观的收入预测或明显低估支出承诺所需资金的情况。这些策略推迟了硬性预算选择，并允许在预算执行期间开展新的支出规划。公开讨论财政目标和中期经济发展的现实性有助于使资源总括具有现实性，并有助于在规划有关各部的支出时，对有关各部实施硬性预算约束。[①]

留出足够的时间来制定政策

预算的编制应与各部和机构的现实资源总括保持一致。政策优先排序中涉及的硬性选择不应推迟到预算执行阶段，因为其可能对有序预算管理造成极大的破坏。相反，预算议会日程应该留出足够的时间，以便在多年框架中设定的现实宏观经济预算约束之内充分评价、讨论和决定预算草案。[②]应为政策制定留出更多时间，通过使战略决策更加全面、更充分地考虑政策选择，并在此过程中强调预算战略取决于政策而非资金可用性来加强战略决策。

建议在预算周期的早期向有关各部通报其预算上限。这可以在各部提出任何请求之前，或者在各部沟通其初步请求之后（这种程序更受青睐）。后一种两阶段法允许有关各部在预期总括方面更灵活地适应财政部的初始指导方针，并在达成最终具有约束力的上限之前与财政部进行一些审查和讨论。然而，在政府弱势或不稳定以及缺乏财政纪律的情况下，这种两阶段方法最终有可能给予有关各部过多的灵活性来规避而非商定预算上限。在这种情况下，最好的方法可能是在预算编制的初始阶段规定严格的预算限额。通常，作为其整体财政管理职责的一部分，财政部应设定这些限额，以确保总体部门限额符合与宏观经济框架一致的可允许的总体支出水平。

政策制定应该是全面和完全整合的

政策制定应该是全面的，包括所有政府活动。这意味着要尽可能使预算具有包容性。例如在理想情况下，以前的非预算业务应完全纳入预算估计之中，从而将政策辩论扩展到所有此类政府运作。在缺乏全面预算的情况下，确保这些非预算业务与预算政策保持适当的一致是非常重要的。例如必须防范政府使用危害财政稳定和更长远可持续性的非预算政策工具，或其影响与通过预算支出执行的政策背道而驰的非预算政策工具。为了确保这一点，必须使这些工具完全透明；即适当地识别这些工具，量化其政策影响，报告其运作情况，并通过适当的议会监督集中控制其治理情况。因此，良好的预算制度将报告对税式支出损失以及所有政府担保和或有负债的估计情况，并在编制经常性预算的同时编制预算外资金预算，以便与经常性预算一起提交议会批准。[③]专栏9.5总结了一般的方法。

专栏9.5　因预算覆盖范围不完整而产生的政策偏离的典型来源

政策偏离的来源	政策偏离的原因	补救措施
预算外资金，自治机构和团体	自己的政策优先事项优先于政府的政策优先事项	提高所有运作的透明度；用于减轻机构问题的合同机制；重新调整优先事项
准财政运作	错误指定补贴，被非预期利益集团获得	提高补贴规模和分配的透明度；作为转移明确列入预算

---

① 如第38章所述，一些国家通过建立独立的财政当局来提高这种透明度。
② 如可能，应该在多年总体财政框架中设定，没有关于制定成熟的中期预算框架的任何先决条件。
③ 尽管有一些关于正式确定监管预算，以显示遵守政府法规的全部成本的讨论，但尚未实现。不过在一些工业化国家，分析师确实对这些成本进行了估算。

续表

政策偏离的来源	政策偏离的原因	补救措施
税式支出	错误指定资源配置；利益被非预期受益人获得	提高成本规模和报告的透明度；作为支出明确列入预算
担保	未包括全部经济成本和隐含风险；导致为履行承诺而突然重新配置资源	识别和报告风险；估计全部成本，并提供一些预算拨款
在预算之外管理的外部贷款和赠款	治理问题导致特殊的捐赠人专用账户，捐赠人优先事项优先于政府优先事项，并因为必要的配套资金而扭曲政府优先事项	处理治理问题；使专用账户遵守国库监督和报告要求；将捐赠人援助转到一般预算支持
双重预算	未能使两个预算（经常性预算和资本预算）之间的优先事项保持一致，并将未来的经常性支出与即时资本成本联系起来	更大程度地整合资本规划与经常性预算规划；在中期预算框架内，对资本性支出和相关经常性成本进行多年成本核算

政策制定应整合关于经常性支出和资本支出的决定。对于许多发展中国家而言，迫切需要审查其"双重预算"实践，即经常性预算与资本或发展预算分开编制。解决方案往往侧重于两个流程的机构分离，并建议合并两个机构（财政部和规划/发展部）。政治经济方面的因素往往使得该建议难以实施，并且在实施时往往不成功，因为很少改变更根本的公共财政管理流程。应该强调的是，双重预算的问题不是单独提交预算，也不是事出多门，而是公共财政管理流程缺乏整合。预算程序必须确保一体化：每个部门的"硬性"预算约束包括两种类型的支出；虽然不同的单位可能继续编制预算，但财政部是最终的裁决者，因为其负责利用共同的整体资源总括确保两者的资金；有关各部参照不同类型支出所追求的共同政策目标进行预算投标，并且其支出规划由其经常性和资本性要素确定。

应引入技术咨询程序来验证上述建议。预算程序应确保政策建议在提交内阁之前得到所有利益相关者的充分讨论。特别重要的是，所有受影响的有关各部都签署政府政策建议。为了协助这种方法，在大多数发展中国家，中央内阁秘书处往往需要得到加强，并得到适当的信息系统以及改进的财政部宏观和部门分析的支持。

也可能需要新程序的执行机制

引入措施，使预算参与者远离传统的增量方法，并从政策执行和政策权衡角度进行思考。重要的是不鼓励使用支出详细条目的机械变更，或者将与有关各部的预算谈判重点仅仅放在削减和增加条目上，这些都是增量预算的标志。相反，虽然认识到因正在进行的规划和项目存在高度的"预算锁定"，短期内不可能削减应享权益，但是关于边际量的讨论应基于政策优先事项和源于支出增量的政策影响。如专栏9.6所示，有许多方法可以实现这一点。专栏9.6列出了一系列国际上用于推动预算编制的措施。

审查并加强预算编制的立法基础。在许多发展中国家，公共财政管理的立法和监管基础极其过时，往往源自殖民时代，当时政府的作用要小得多。法律和法规往往主要涉及预算执行问题，侧重于公共资金的正确使用和保障程序，很少强调预算管理的其他方面。如第3章所述，在这种情况下，有人认为各国可以受益于现代预算制度法律，该法律还规定了预算编制、批准和执行的原则。一些国家甚至进一步采取限制政府财政政策的法律和财政规则。这些法律和财政规则在其严格性和成功性方面都有很大差异。一些国家无疑地实施了之前就很薄弱的财政纪律。在其他情况下，这些法律和财政规则会适得其反，导致"虚假账目"并鼓励不透明的做法。在其他一些情况下，这种立法被批评为制止政府采取措施抵消商业周期，而在另一些情况下，这种立法的效力因执法失败而逐渐受到侵蚀。同样要记住，规则是酌情设定的，并可酌情放弃。但是，无论采取何种方法，立法的任何变化或专栏9.6中所述任何机制的引入也应得到相应预算法规的充分支持。

专栏9.6 用于在短期内远离增量预算的机制

改善战略优先事项与预算流程之间的联系需要时间，但在短期内可采取一些措施：

- 通过要求提议额外支出的有关各部也提议节约选项，使预算草案与现有政策进行竞争。
- 引入对资金决策的明确时间限制，即所谓的日落条款，以便必须通过明确的政策决策来更新政策。
- 要求各部为某些类别的支出（例如运行成本）提供"效率红利"（节约百分比）。
- 提高职能部门和各部之间的人员流动性，有助于避免通常的增量主义，这在支出的最大组成部分之一的"逐步升级"已经证明了这一点。
- 避免应享权益法律中的强制性支出增加。
- 实施监管以最大程度地减少年内调整，避免增量预算的常见来源（反对不切实际的初始预算，这会激励各部要求预算流用）并在财政年度内继续提交预算草案或追加文件。

在可能的情况下，问责制应由预算流程之外的机构执行。在这一方面，通过委员会和分委员会进行的立法听证是一种重要机制。发展中国家往往是一党制政府，这些"监督委员会"往往非常弱小。来自民间团体机构的反馈（咨询委员会、感兴趣的非政府组织、用户调查、与利益相关者之间的公开会议）是这种控制的渠道，应该积极推广。

参考文献

Allen, R. 2009. *The Challenge of Reforming Budgetary Institutions in Developing Countries.* Washington, DC: IMF.

Diamond, J. 2006. "Budget System Reform in Emerging Economies," IMF Occasional paper no. 245, Washington, DC.

Public Expenditure and Financial Accountability (PEFA) Secretariat. 2005. *Public Financial Management Performance Measurement Framework.* Washington, DC: World Bank.

World Bank. 1998. *Public Expenditure Management Handbook.* Washington, DC: World Bank.

10
中期支出框架

詹姆斯·布鲁比和理查德·海明

非常有必要采取采用中期预算编制的方法。当许多政府规划的成本和收益持续多年不均衡时,年度视角就显得太短了。此外,争夺通过年度预算获得的增量资源的行为会鼓励政治家和官僚追求狭隘的短期私利,从而导致预算分配不能很好地为经济和社会服务。中期支出框架(MTEF)为更具战略性和前瞻性的支出优先事项设定提供了所需的融资保证,从而有助于促进更高质量的预算编制。

本章的目的是概述中期支出框架。下一节将介绍中期支出框架是什么以及它是如何制订的,然后讨论中期支出框架对财政绩效的影响。随后将关注点转向中期支出框架设计,之后再探讨中期支出框架、预算流程和公共财政管理改革之间的联系。在审视一些国家的经验之后,本章最后概述了应该指导中期支出框架实施事宜的优先事项,特别是在发展中国家。本章部分借鉴了世界银行最近对中期支出框架全球经验的研究(世界银行,2013)。[1]

一些关于中期支出框架的事实

最常见的中期支出框架变体,即中期预算框架(MTBF),将宏观财政目标转化为预算总量和详细的支出规划。中期预算框架通过在预算编制中将自上而下和自下而上的方法相结合来做到这一点,以便总支出受到资源可用性的限制,并且项目资金反映战略优先事项。通过这种方式,中期预算框架可以促进总体财政纪律和高效的资源配置。中期财政框架(MTFF)是一种不太先进的变体,其将重点限于实现财政纪律的自上而下,而更先进的中期绩效框架(MTPF)通过使用规划结果来为资金决策提供信息,寻求成本节约和资金效益。[2]虽然中期财政框架(有时伪装成中期预算框架,但没有多少意义)相当普遍,特别是在发展中国家,但中期绩效框架仅出现在相对较少的几个国家中,主要是工业化国家。

典型的中期支出框架将是三年期滚动框架,涵盖下一年度预算加上两个后续年度预算,但其涵盖的时间跨度可能并且在某些情况下会更长。预算分配通常表示为具有约束力的机构或规划支出上限,

---

[1] 本章的早期版本是2011年11月14—18日在首尔举行的世界银行–韩国开发研究院财政政策与管理会议的会议文件汇编中的一部分。

[2] 虽然术语中期支出框架通常用于描述包含中期财政框架、中期预算框架和中期绩效框架的总体框架,但中期预算框架有时被称为中期支出框架,而用中期预算框架来指总体。当人们提及中期支出框架和中期预算框架时,准确地确定其所指的是什么是很重要的。

而后续年度分配，即使有上限，通常也会在中期支出框架滚动时进行修订。尽管如此，后续年度分配旨在表明支出机构未来支出的基础。少数国家具有硬性多年支出上限（芬兰设定四年的实际上限），但多年预算拨款的情况非常少（斯洛文尼亚为两年）。大多数国家都不准备接受限制未来资源使用所隐含的丧失预算灵活性，但少数高优先级规划除外。[①]

中期支出框架是过去20年来实施最广泛的公共财政管理改革之一。然而，尽管起步很艰难，但事实证明其很受欢迎，特别是在发展中国家。在1990年之前，仅11个国家（主要是工业化国家）实行了某种形式的中期预算编制。20世纪90年代初，中期支出框架开始在发展中国家，特别是在非洲涌现，主要是因为世界银行和双边援助机构开始将其视为确保政府承诺为减贫和其他发展目标投入足够资源的手段。然而，后来的评论（Le Houerou and Taliercio，2002；Holmes and Evans，2003）证实了早期对发展中国家中期支出框架取得的结果的疑虑，将它们不佳的表现归因于各种因素，但主要强调未能适应最初薄弱的预算系统和有限的制度能力[②]，以及对新预算编制方法的政治支持和机构认可不足。

尽管如此，中期支出框架在20世纪90年代末开始腾飞，并且自此采用这种框架和向更高级别的中期支出框架的过渡（从中期财政框架到中期预算框架，从中期预算框架到中期绩效框架，以及在少数情况下从中期财政框架直接到中期绩效框架）一直在持续。造成这种情况的原因尚不完全清楚。在某种程度上，这种情况可能是对采用中期支出框架的澳大利亚、英国和其他工业化国家更积极的经验的回应。20世纪90年代末和21世纪初的新兴市场危机、作为经济机会来源的全球化、援助的扩大，以及对基础设施差距的关注也可能发挥了作用。这些发展所带来的挑战都强调了稳健的财政状况和适当的财政政策带来的回报，并且如果许多国家要成功应对这些挑战，那么预算改革就被认为是必不可少的。中期支出框架也可以被视为一系列表征现代公共财政管理系统的密切相关的预算实践的一部分。截至2008年，全球有132个国家建立了中期支出框架。

中期支出框架是否有效

在上述背景下，探求中期支出框架现在的表现是否好于20世纪90年代初是一件有意思的事情。上面提及的世界银行最近的研究（世界银行，2013）试图通过研究中期支出框架在1990—2008年的影响来回答这个问题。它通过这些年中每一年各国中期支出框架状况的信息（即是否有中期财政框架、中期预算框架或中期绩效框架）来观察中期支出框架状况是否可以解释各国不同时期在财政绩效的三个方面表现出来的差异——财政纪律、配置效率和技术效率，从而研究上述影响。人们预期，通过强制实施自上而下的资源约束，中期财政框架将对财政纪律产生重大影响；中期预算框架的重点是战略优先排序，将对配置效率产生最直接的影响；中期绩效框架专注于产出、结果和绩效，其效果主要体现在技术效率上。

对中期支出框架是否具有预期影响的测试提出了一系列具有挑战性的数据和方法问题，但结果显示所有类型的中期支出框架对财政纪律均产生了稳健且显著的影响。关于配置效率和技术效率的结果则不那么明确。有证据表明中期支出框架（特别是中期预算框架）提高了配置效率，但结果并不像财

---

① 在某些情况下，特别是在资源可用性可能非常难以预测的情况下，做出这样的承诺是不明智的。
② 预算流程和程序的薄弱往往意味着一些国家采用了中期支出框架，却无法编制和执行有意义的年度预算。

政纪律那样令人信服,尽管很少有迹象表明中期支出框架对技术效率有很大影响,但中期绩效框架已经在经合组织国家产生了一些影响。然而,令人欣慰的是,没有任何迹象表明中期支出框架会损害配置效率或技术效率,而在中期支出框架设计和实施不当时,特别是将大量资源从更基本的预算改革中转移出来时,中期支出框架将是一个严重的风险。专栏10.1提供了关于世界银行研究的更多信息。

专栏10.1 世界银行中期支出框架研究

在准备这项研究的过程中面临的最大挑战是对1990—2008年每一年世界各国的中期支出框架状况进行编码。这是通过使用广泛的信息来源实现的,并且上述信息来源得到了各国专家的指导。根据各国是否拥有中期支出框架;如果有,是中期财政框架、中期预算框架还是中期绩效框架,来对各国进行编码。

该编码为研究各种中期支出框架之间转变的详细历史提供了基础,强调了世界各地、区域之间和区域之内、不同收入水平的国家之间以及单个国家之内的发展情况。该编码还有助于对中期支出框架以及不同中期支出框架变体对财政绩效的总体影响进行实证分析。中期支出框架绩效的三个组成部分是财政纪律、配置效率和技术效率。财政纪律反映在财政余额占国内生产总值的比重上。该研究依靠健康数据来衡量支出再分配(这是支出再排序的指标),并探讨支出与结果之间的联系(这是成本效益指标)。对健康支出的关注限制了对配置效率和技术效率的研究,与这两种效率有关的中期绩效框架数量也较少。

该研究使用事件研究来检验在采用中期支出框架之前和之后各国的财政绩效(平均起来)有何不同,并且使用计量经济学分析来探索中期支出框架状况与财政绩效之间的因果关系,控制可能影响财政绩效的其他变量以及中期支出框架对财政绩效的影响。还特别注意到了中期支出框架的采用和财政绩效的改善都受其他一些因素的影响的可能性。通过案例研究以及对世界银行支持中期支出框架采用和开发的工作进行的分析,考察了关于中期支出框架实施和影响的各个方面,这有助于实证工作所需的量化。

最后,该研究概述了关于中期支出框架有效实施的要求,并吸取了世界银行的建议。

资料来源:世界银行(2013)。

必须承认的是,我们尚不完全理解中期支出框架如何促成这些结果,因此应避免对中期支出框架的影响做出任何断言。所以,应从资源可用性、支出优先项、以及实施政策能力三个方面对预算来进行真实的评估以提高其真实性和总体质量。遗憾的是,这些并非预算编制的特征,这些特征可以通过世界银行研究中的分析方式进行量化,尽管公共支出与财政问责评估中有一些证据表明,有中期支出框架的国家的公共财政管理系统的预算可信度和其他绩效特征往往高于没有中期支出框架的国家。但是,无法通过预算质量在中期支出框架与财政纪律和效率之间建立正式的联系。此外,对个别国家中期支出框架经验的研究表明,每当有国家声称中期支出框架已经改进了预算编制和执行,就会有另外的国家没有任何改进甚至出现倒退。

这些不同的国家经验提出了一个令人关注的问题:中期支出框架是否强大到可以在预算系统薄弱的情况下改善财政纪律和效率?这似乎不太可能。世界银行的研究结果描述了存在很多变化的经验规律，少数国家的案例研究不能公正地评判这种变化，即使这些案例是根据其所描述的好和坏的经验范围进行精心挑选的。主要结果为有利于中期支出框架的一般情况提供了实证支持，而这反过来又源自上面讨论的年度预算编制问题，原则上可以通过转向中期预算编制来解决。这种变化指出了设计和实施中可能存在的缺陷，这些缺陷实际上可能损害中期支出框架的绩效，因此如果要使中期支出框架有效，就必须加以注意。

关键设计问题

虽然可以从上述三种越来越先进的变化的角度来看待中期支出框架，但也可以将其视为一个顺序流程。该流程的第一阶段是自上而下规范整体资源总括。第二阶段是自下而上确定支出机构的资源需求。第三阶段涉及协调自下而上的资源需求与整体资源总括。所有这些都是在中期预算框架和中期绩效框架的背景下完成的，不同之处在于后者通过将注意力转移到产出、结果和绩效上，对第二和第三阶段采取了更为复杂且技术上具有挑战性的方法。中期财政框架仅涉及第一阶段。

这三个阶段在各国之间具有相当普遍的制度特征，但涉及的实践不同。然而经验表明，某些良好实践增加了采用中期支出框架提高预算质量的机会。鉴于各国在中期支出框架的编制方式上存在差异，以下是所涉及内容的相当程式化的表示。

自上而下的方法。中期支出框架的整体资源总括应来自收入预测和关于政府借款意向的信息。鉴于其对财政政策和预算编制的总体责任，通常由财政部负责监督资源总括工作，尽管其他机构（例如税务局、规划部中央银行）也必须参与其中。应该使用可靠的宏观经济和收入预测模型，并且在理想情况下，模型和产出都要经过独立的技术评估。收入预测应超出税收，并特别关注具有任何预算意义的援助、资源收入和其他非税收入。政府的借款能力也必须在仔细评估可能的债务发展情况、与不同债务轨迹相关的风险以及特殊因素（例如潜在的非债务负债、重要金融资产、借款成本和可能的债务免除）的基础上确定。①此时的重点是中期财政框架。应使用中期宏观经济和财政展望文件来指导中期财政框架的编制，并且该文件的一个版本（包括作为最终中期支出框架和预算的基础宏观财政框架）应成为预算文件的一部分。

自下而上的方法。中期预算框架和中期绩效框架将支出分配决策纳入中期支出框架流程。在该流程开始时，虽然财政部重点关注中期资源可用性，但支出机构正在根据战略部门优先事项、现有和新规划成本的前瞻性估计以及预期成本回收等制定中期支出规划。在理想情况下，部门优先事项将受到国家优先事项的影响，并代表关键利益相关者的意见。机构支出规划将构成多年预算资源请求的基础。作为对制定这些请求的投入，财政部通常会根据成本预测（例如一般价格和工资发展、相对价格和工资变化、汇率变动等）和其他相关信息为支出机构提供指导（例如预算通告）。②通常还提供初始支出拨款。中期预算框架和中期绩效框架之间的区别在于，与中期财政框架一样，中期预算框架主要是以投入为重点，因为虽然预算分配可能在一定程度上受到产出和结果的影响，但支出机构仅对其支

---

① 第20章讨论了收入预测技术，而第1章则讨论了政府借款的影响。

② 在确定公共服务需求、提供内容、投入选择以及收集财政部未提供的规划和项目特定价格信息方面，支出机构仍有许多工作要做。

出金额和支出对象负责。中期绩效框架通过规定各机构、规划和项目的绩效目标，并通过使预算资金部分地取决于此类目标的成败以及在未实现目标情况下的绩效改善规划，在支出与产出/结果之间建立联系。因此，在制定中期绩效框架项下的预算征集时，支出机构应更加强调其预期实现的结果，以此证明这些请求的合理性。但是，下面的讨论表明，在这方面可能取得的进展是有限的。

协调。通常情况下，支出机构对预算资源的请求总量过大。这导致财政部和支出机构之间会就调整机构预算分配进行谈判，以使总支出与资源可用性一致。

就中期预算框架和中期绩效框架而言，将机构支出规划纳入资源总括的做法会受到部门战略的影响。然而，支出机构必须重点关注其非常了解的部门内的优先事项，与之不同，财政部不得不就各个部门的优先事项做出判断和建议。在这方面往往需要高级别的指导，最好可以通过在最高政策制定层面（例如政府首脑、内阁和议会）批准的某种国家规划或发展战略提供这种指导。然而，这是许多中期支出框架中的一个弱点，因为此类战略要么不存在，要么在其存在时，此类战略是一份不受约束的愿望清单，在指导预算决策方面毫无帮助。[①]随后，财政部将必须寻求关于中期预算优先事项的指导，或者通常根据其掌握的关于优先事项的信息做出决定。一旦确定了预算分配，就可以最终确定年度预算，并且支出机构可以修改其部门战略和支出规划。公布这些内容为预算提供了有价值的背景。

虽然中期支出框架的一般设计特征显然很重要，但可以影响其绩效程度的细节也很重要。表10.1总结了其中一些细节。纵观中期支出框架，不同国家、不同时期的中期支出框架具体设计特征存在很大差异。这在一定程度上反映了关于最适合特定国家背景的中期支出框架特征的自觉决策，但这也是抵制改变传统预算系统关键特征的结果。

中期支出框架和预算流程

中期财政框架的目标是，通过为预算指定明确的资源约束，并且表明未来几年资源约束是否可能收紧或放松，来限制可能后来证明无法承受的政策倡议（见第9章），在年度预算编制方面加强纪律。除此之外，预算决策是在既定年度预算程序的背景下做出的。相比之下，中期预算框架或中期绩效框架本身就是一个决策流程，应该作为预算编制的立足点。换言之，中期支出框架流程应该成为预算编制流程。如果中期支出框架在实践中表现不如预期，那通常是因为试图整合中期支出框架和预算流程，却不承认其重叠作用。因此，中期支出框架完全脱离了预算流程，给压力较大的政府工作人员增加了额外工作，但在改进预算编制方面几乎没有任何回报。因此，有一种观点认为，可以按照最终反映政府愿望而非财政和政治现实的方式实施中期支出框架，因此其与规划而非预算有更多共同点。

---

① 在中期绩效框架情况下，财政部可能会有一些客观的绩效信息作为各部门资源配置决策的基础，但鉴于大多数国家没有中期绩效框架，所以通常情况并非如此。

表10.1　在设计中期支出框架时具体考虑的因素

考虑因素	关键问题	描述
覆盖范围	应涵盖哪些级别的政府？应该限制哪些类别的支出	广泛的制度覆盖范围将是最有效的。在地方政府拥有财政自主权时将其包括在内是不太可行的，尽管可以采用自己的中期支出框架。还应涵盖大多数支出规划，但利息支付和应享权益等非可自由支配支出有时会被排除在中期支出框架的审查之外，特别是被排除在支出上限之外
细节	按照支出机构和规划进行多大程度的分解是合适的	支出部门和其他支出机构的上限是常态，对于主要规划和/或项目可能存在分项上限。即使在规划预算编制项下，支出机构通常也有一些空间来在各规划之间转移资金。跨机构的规划应该具有各机构的规划分项上限，以保持问责制
时间框架和灵活性	中期支出框架应涵盖哪个期间？支出上限应该是硬性的还是指导性的	中期支出框架通常跨越三年或四年，但原则上可以涵盖更长的期间或具有政策针对性的期间（例如议会的任期）。支出上限通常是第一年的硬性限额，可能是第二年的硬性限额，对于以后年度，则为指示性前瞻性估计。为中期支出框架生命周期确定上限意味着转向全面的中期预算。这可能会让财政政策僵化，尤其是名义上限。一些国家设定实际上限
支出规则	支出上限是否应该作为正式规则	如果上限采用规则形式，并对违反规则行为进行处罚，那么上限可能会更有效。然而，这可能与广泛的支出覆盖范围不一致，因为支出机构将尽量拒绝对其无法控制的事情负责。这可能会导致太多的支出超出规则和上限。支出上限最好用于确保支出与赤字和债务目标或规则一致
储备	应进行哪些拨备来应对不断变化的情况	应该持有规划储备金以应对规划中的必要变化，同时持有应急储备金以应对影响现有规划成本的发展情况。使用过度保守的宏观经济预测和收入预测，以及为了相对财政目标而言表现得更优异以提供改变规划或满足额外成本的空间，都可能会产生财政管理问题。规划储备金通常集中持有，而应急储备金可以集中持有或在支出机构层面持有。储备金通常只占支出的一小部分（比如2%—3%）

专栏10.2　中期支出框架和预算编制

新财政年度之前的9—12个月

- 内阁和支出机构制定了国家和部门战略优先事项。
- 财政部在与其他经济机构协商后，制定宏观财政框架，并根据上年度的中期支出框架以及高层财政目标和/或规则确定中期支出框架资源总括。就中期财政框架而言，这将是对现有预算编制流程的唯一补充。
- 支出机构对现有规划和新规划进行成本核算。
- 财政部编制了中期预算战略文件和预算/中期支出框架指引，其中可能包括临时支出上限。

新财政年度之前的6—9个月

- 内阁审查并批准中期预算战略文件和临时上限。
- 预算战略文件提交给议会，以供参考。
- 预算/中期支出框架指导分发给支出机构。
- 支出机构在考虑部门战略、规划成本和临时上限的情况下编制年度或多年预算提交材料。

新财政年度之前的3—6个月

- 财政部审查支出机构提交的材料，并在财政部和支出机构之间举行听证会，以解决技术分歧和细微分歧。

- 对于重大政策分歧以及可能需要在支出机构和/或规划之间大规模重新配置预算资源的其他问题,向内阁进行咨询。
- 财政部更新宏观财政框架。
- 财政部编制最终中期支出框架和预算,并纳入经修订的支出上限。

新财政年度之前的0—3个月
- 内阁审查最终中期支出框架和预算,批准上限,然后将预算提交议会批准。
- 支出机构根据其预算和/或指示性支出上限修订部门战略、制定业务规划。

资料来源:世界银行(2013)。

有效中期支出框架的一个关键要求是,中期支出框架旨在与预算流程无缝协作。专栏10.2介绍了12个月预算周期内的关键任务,这些任务将成功整合中期支出框架和预算编制。专栏10.2基本上提供了自上而下和自下而上方法以及协调流程的时间维度,并且提供了更多细节。但是,设计一个集成的中期支出框架和预算编制流程是一回事,使其发挥作用却完全是另一回事。这特别需要两件事情,即与充分支持新预算编制方法相一致的政治和官僚行为的变化,以及用于实施这种新预算编制方法的必要技能。表10.2总结了关键参与者(内阁和议会、财政部和支出机构)在年度预算编制和中期支出框架项下的职责,以及履行中期支出框架项下新职责所需的技能。事实证明,行为改变往往难以促成,因为既得利益集团导致支出僵化、预算不断扩大和寻租行为。与此同时,技能提升往往被证明是缓慢的,并且在许多情况下,支出机构层面的技术技能不足现象难以去除。一般而言,内阁一直不愿意就国家优先事项提供明确的指导,但目前尚不清楚这是因为缺乏能力还是缺乏意愿。后者似乎最有可能。虽然财政部可能并不缺乏技能,但却有一种令人不安的倾向,即将中期支出框架建立在过度乐观的经济和财政预测基础之上。

表10.2 年度预算编制和中期支出框架项下的职责

	年度预算编制	中期支出框架	中期支出框架技能和相关要求
内阁和议会	内阁提供预算指示。内阁和议会批准预算	内阁就财政政策和预算优先事项提供全面指导 解决财政部和支出机构之间的分歧 批准中期支出框架和预算,并监督预算执行情况。议会讨论(并可能批准)中期支出框架和批准预算	高层战略制定、排序和规划。约束预算流程的意愿
财政部	根据内阁指示和支出机构意见编制预算 从总体财政管理和机构绩效角度监测预算执行情况	编制中期支出框架的宏观财政框架,向支出机构发布预算指引,与支出机构讨论预算征集,并编制中期支出框架和预算。监测和报告预算执行情况	宏观财政建模、收入预测、支出政策分析和规划
支出机构	实施支出规划	制定部门战略和支出规划。管理支出规划的实施和绩效	战略规划,规划成本核算,绩效管理

中期支出框架严重依赖向其提供支持的宏观经济和财政预测。一个具体的问题是,可能在高估收入的基础上承诺过高的支出水平,从而导致过度的赤字和债务,最终在损害支出效率的不加区别的支

出削减基础上进行财政调整。虽然一些国家通过根据谨慎的预测来建立中期支出框架的方式应对这种担忧，但这可能会导致预算外资源累积，从而给额外支出带来压力。如果这种支出没有受到适当的预算审查，而是被导向政治上最有利的领域，那么悲观预测也可能与乐观预测一样导致支出效率低下。相对财政目标力图超额表现将产生大致相同的结果。一种可能性是制定一项要求或规则，即任何超额收入都用于债务减免，但这只有在债务减免是财政政策优先事项，并且对于何时应该停止债务减免并代之以增加开支或减税有一个明确观点的情况下才是合理的。然而，一般而言，最好用最佳预测来支持中期支出框架，并且力求达到所采用的财政目标。然后可以使用应急储备金来应对预测误差。

人们理所当然地认为财政部是编制中期支出框架的牵头机构，这与标准预算职责相一致。但是，重要的是财政部的，管理，而并非控制中期支出框架编制流程。如果当务之急是财政纪律，那么控制可能是合理的，但如果支出效率才是明确的目标，那么控制可能是不太合理的，在这种情况下，中期支出框架必须是一种协作努力。① 然而，各国在经济规划背景下引入中期支出框架的时候可能需要协同努力以避免冲突和不协调。即使该规划只不过是一个对预算决策没有多大影响的愿望清单，规划机构也可能将自己视为理所当然的中期支出框架的制定机构（毕竟这是一个中期规划）。在理想情况下，在发展中国家仍然普遍存在的中期规划应该与中期支出框架结合起来。虽然将财政部和规划机构结合起来（一些国家已经这样做了）可能是理所当然的，但是有些规划机构的职能可以由单独的机构（可能有新的名称）保留。在这方面，最值得注意的是公共投资管理和国家非金融资产管理，尽管这些职能的执行情况仍然与中期支出框架的有效性相关。

本书的其他各章也指出了中期支出框架在管理政府资源和支出方面可以发挥的作用。第25章主张使用国家制度来管理外国援助。人们已经注意到，捐赠人一直是中期支出框架的强力支持者，部分原因是为了满足其狭隘的利益。但是，任何局外人都不应该决定中期支出框架或者哪种中期支出框架是否适合某个国家。这是每个国家应根据自身情况做出的决定。这将在下一节中进一步讨论。此外，一旦国家采用了中期支出框架，就应将其视为服务于政府广泛经济和发展目标的工具，并且捐赠人应该通过中期支出框架提供援助。援助可能确实限制了支出选择，但这并不是拒绝使用包含所有政府资源和支出的框架来决定其他支出的借口。援助的预算和财政政策影响超出了其目前所支付的支出金额，会影响现在和将来的其他支出、收入和借款决策，应该有一个全面的框架来做出这些决定。

对于那些利用自然资源禀赋的国家而言，资源收入管理也是一个挑战。一些国家已证明滥用资源收入的诱惑是无法抗拒的，第24章在以下方面提出了令人信服的理由：不仅要将资源收入纳入中期支出框架，还要将中期支出框架作为对资源收入管理实施约束的一种方式。有人认为，中期支出框架的关键特征，即国家和部门规划、强调现实预测、对支出的正式限制，对有效利用资源收入而言是至关重要的。然而，还有一个明确的警告，即巨额意外收入通常会使既得利益集团更加难以压制。

中期支出框架和公共财政管理改革

在开始时便已指出，一些国家是在预算系统薄弱和存在年度预算编制问题的背景下采用了中期支

---

① 有些情况下，支出机构已经率先编制了部门中期支出框架，而没有对整个政府或财政部参与的中期支出框架做出任何承诺。这可以明显改善部门规划并增加支出机构的能力。

出框架。在这种情况下，探求中期支出框架如何适应更广泛的公共财政管理改革议程就非常重要。特别是，在考虑实施中期支出框架之前是否存在成功实施中期支出框架的要求？或者中期支出框架的实施是否可以作为支持预算改革的催化剂？

这些问题在某种程度上与公共财政管理改革排序的"基础优先"法和"平台"法相关（见Schick，1998；Brooke，2003）。虽然这两种方法通常表现方式不同，但实际上它们能够有相似的表现。基础优先方法所强调的基本财务合规显然是第一个改革平台。两种方法之间的差异是平台法更重视实现基本财务合规后的事项。换言之，平台法具有基础优先法所缺乏的时间维度（尽管后者的名称中包含"优先"二字），所以它实际上和排序有关。这可能不是平台法支持者的愿景，但是以此类线性方式结合这两种方法具有相当大的逻辑性。

然而，关于第一个平台中应该包括的基础仍存在问题。即使是基本财务合规，也可能有不同的含义。从最基本的角度来看，基本财务合规可以仅指可能适用于某些国家（例如预算编制能力非常有限的脆弱国家）的收付实现制日常预算的执行控制。[①]但也可以指在预算管理的所有领域实现某种能力。无论哪种方式，基础通常更关注预算执行而非预算编制。这淡化了健全的预算编制作为预算流程立足点的重要性。因此，有人（Tommasi，2009）建议最初的重点应该放在总体财政纪律上，而编制具有适当资源约束的预算是实现这一目标的必要而非充分条件。然后，预算管理的其他要素被设计为支持总体财政控制的目标。

由于总体财政控制是中期财政框架的目标，这表明分阶段实施中期支出框架可以支持公共财政管理改革战略，该战略与关于排序的基础优先法和平台法整合一致。在这方面，专栏10.3列出了每个平台的一些政策、预算和技术要求。但是，应该记住，这种方法适用于那些已经开始实施中期支出框架或准备在未来某个时间实施的国家。其他国家将不得不制定自己的公共财政管理改革战略，尽管如果精心挑选的目标和改革（加上适当的阶段性目标）与中期支出框架分阶段实施所代表的目标和改革不相似，将是一件令人惊讶的事。

财政改革讨论中出现的一个问题是，财政改革是作为加强财政状况的努力的一部分，还是作为保护已经改善的财政状况的手段的一部分更有价值。由于中期支出框架的动机在某种程度上是促进财政纪律，并且世界银行的研究证实了两者之间存在密切的因果关系，因此这在考虑采用中期支出框架的时机方面肯定是一个相关的问题。方法上不太可能存在正确与错误。中期支出框架应该有助于在财政压力消失的经济繁荣时期防止过度支出和减税，因此它可以应对长期存在的赤字偏差和顺周期性的来源。但它也可以让经济困难时期的财政调整具有可信度；任何中期支出框架都将保证赤字目标得以实现，而中期预算框架和中期绩效框架还应保证调整措施将是高质量的。然而，在经济困难时期的风险是，未能充分注意确保实施上述有效中期支出框架的要求。在财政稳定的背景下，更容易处理这些事情。当政策制定者因必须处理财政失衡和其他宏观经济问题而分心时，匆忙设计和实施的中期支出框架最终可能虚假地反映财政现实。因此，它实际上可能会损害为财政调整做出的努力，特别是在其加强了各种既得利益集团地位并损害预算管理能力的情况下。

---

① 夏曼斯基（Symansky，2010）描述了严格控制预算执行对于保证预算机构在受到严重损害时可以履行政府基本职能的必要程度。

专栏10.3　不同中期支出框架平台的政策、预算编制和技术要求

平台1——中期财政框架

政策要求

设定与中期资源可用性一致的总体财政目标（财政平衡、收入、支出）、机构支出上限以及可能的规划支出上限

预算编制要求

法律和行政框架——为有效的收付实现制年度预算提供支持

会计、分类和报告——收付实现制会计和可能经过修改的收付实现制会计，基于机构以及可能基于规划的支出编码和会计科目表，关于预算发展情况的季度报告

国库和信息系统——现金流量集中，付款及时，并有标准化的财务信息流

控制和审计——内部控制程序和外部审计旨在确保支出与拨款一致

技术要求

财政预测，宏观财政建模，监控财政总量及其关键组成部分

平台2——中期预算框架（超过中期财政框架要求）

政策要求

国家和部门战略优先排序

预算编制要求

法律和行政框架——转向规划预算编制

会计、分类和报告——修改后的收付实现制会计或修改后的权责发生制会计，以及政策相关的规划分类（如果没有在中期财政框架项下实施）

国库和信息系统——适应修改后的收付实现制会计和规划分类

控制和审计——适应修改后的收付实现制会计或修改后的权责发生制会计以及规划分类

技术要求

规划成本核算（包括需求估计和评估投入要求），公共投资管理

平台3——中期绩效框架（超过中期预算框架要求）

政策要求

绩效衡量，将预算与结果联系起来

预算编制要求

法律和行政框架——转向绩效和可能的权责发生制预算编制

会计、分类和报告——权责发生制或修改后的权责发生制会计，报告规划绩效情况

国库和信息系统——适应权责发生制或修改后的权责发生制会计，年度绩效报告

控制和审计——引入绩效（即资金效益）审计

技术要求

绩效指标选择，绩效衡量和监测

一些国家的经验

很难确定在哪个发展中国家里中期支出框架已经取得明显成功。事实上，即使是那些中期支出框架运作良好的工业化国家也难以宣称自己取得了无可争议的成功，特别是从其最近的财政绩效来看。相反，可以确定的是成功程度，以及中期支出框架往往达不到预期的领域。例如在非洲，对加纳和乌干达进行比较是有用的，这两个国家多年来一直都在采用中期支出框架。

乌干达是最早建立中期支出框架的国家之一，其中期财政框架于1992年推出，直接目标是协助支持稳定经济的努力。一旦实现稳定，重点将转向扶贫和发展。1997年实施了中期预算框架，以确保高优先级支出得到充足的资金支持。中期支出框架指导预算编制并得到广泛支持，财政部和规划部门合并以确保有效管理中期支出框架，并且其支出优先排序是一项开放、和协作的努力。目前仍然存在缺点，其中最明显的是未能将援助纳入中期支出框架，并且人们一直对一些机构拨款的现实性表示担忧。但无疑其中期支出框架已经显著提高了预算编制质量。

加纳的对比十分明显。加纳在1999年直接转向中期预算框架，并增加了中期绩效框架的要素。事实证明，除中期财政框架外，该国还没有做好任何准备，这使得它特别难以维护已经开始实施的中期预算框架的复杂设计及其所需的要求很高的制度变革。此外，虽然中期支出框架获得了高层支持，但除了财政部之外，几乎没有得到认可，而财政部将中期支出框架强加于支出机构，这些机构只是将中期支出框架视为对已经过度透支的能力的额外要求（部分原因是它们被要求报告大量毫无用处的绩效指标）。对中期支出框架正常运作至关重要的信息系统发展缓慢也是一个重要的制约因素。中期支出框架最终对预算编制的影响不大，而预算仍在增加。这在很大程度上要归咎于捐赠人在开始时对成熟的中期支出框架过度热情，以及在捐赠人意识到有必要缩减政府规划时，政府未能缩减。

世界银行（2013）审查了一些其他国家的经验研究了一些其他国家的经验，他们大多数都有着与加纳和乌干达案例相同的要素。最常见的积极因素是，中期支出框架增加了预算编制的战略导向，促进人们接受资源约束，并鼓励各机构之间开展合作。这些令人鼓舞的结果后面有一些令人不安的负面因素。还有其他国家与加纳一样，中期支出框架对年度预算的影响不大；相反，中期支出框架成了一个没有任何意义的单独活动。部门战略和公共投资规划（如果仍然存在）往往没有与中期支出框架和预算充分联系。但也许最经常出现的问题是继续使用过度乐观的资源总括评估，未能保持对中期支出框架的政治热情和政府支持，以及往往公然无视支出上限，强势的各支出部门尤其如此。有些令人惊讶的是，对基本预算编制能力和系统的关注并没有凸显出来，尽管有证据表明在这方面仍然存在缺陷。

由于世界银行的研究侧重于发展中国家，因此没有太多中期绩效框架的经验可供报告。在所考察的国家中，只有韩国和南非有中期绩效框架，虽然韩国已迅速采取行动，将预算拨款部分建立在绩效基础上，但南非却并未发生这种情况，尽管其拥有发展中国家最好的预算系统之一。当然，韩国是经合组织国家，但即使是拥有最先进的预算系统的经合组织国家也在努力解决如何整合绩效和预算的问题（例如，见经合组织2007年的讨论），特别是在绩效管理尚未渗透到政府所有部门的情况下。因此，那些声称已在实践中采用绩效预算的一些国家仅是部分使用了绩效信息。在瑞典，虽然支出各部充分利用此类信息来让下属支出机构对产出负责（对结果负责的情况较少），但是关键政策领域之间的支出分配受绩效的影响较小。在瑞典和其他地方，整个政府层面的绩效管理也存在问题，特别是在与管理自主权以及制定支出机构能够直接影响而又不扭曲管理激励的结果指标相冲突的情况下。

结　论

中期支出框架在某种程度上被一些人不公平地批评为复杂的改革，使发展中国家的能力远离了预算编制的核心方面。像许多公共部门管理改革一样，中期支出框架也被批评为提议很多，但收效甚微。但最近的工作对此提出了质疑。经验证据表明，中期支出框架在实现预算编制的主要目标方面发挥了重要作用，当然在实现总体财政控制方面也是如此。虽然也有证据表明中期支出框架有助于改善资源配置和资金效益，但中期支出框架要想在这些方面取得重大进展仍然面对巨大挑战。尽管如此，有明显的迹象表明，与其他一些非常流行的财政管理改革相比，中期支出框架在促进财政纪律和支出效率方面更为有效，包括财政规则、权责发生制会计和绩效预算。

国家的案例研究表明，确实需要仔细考虑可用于实施的资源的起始位置和深度，才能确定实施工作的速度和性质。虽然可能看起来很明显，但这意味着与拥有高技能劳动力和纪律严明公共部门的快速增长的中等收入国家（例如韩国）相比，撒哈拉以南非洲地区（例如加纳）的实施工作需要具备不同的特征。当然，中期支出框架的设计和实施存在错误，但评估中期支出框架经验的工作应该提供相应基础，以帮助各国和发展合作伙伴识别正确设计并以切合实际的方式实施中期支出框架的方法。

财政界的现状表明，中期和长期的视角对于良好财政管理而言将变得更加重要。如果要将债务恢复到更易于管理的水平，那么许多经历财政危机的国家别无选择，只能在未来几年将重点放在财政整顿上。对于那些没有陷入危机的国家而言，可以有效地吸取过去几年的教训。财政相对充裕的时期恰恰是需要加强预算制度作为预防措施的时候，而非放松的时刻。这种加强应包括对支持中期视角的流程的承诺。①

从中期财政框架向中期预算框架的迁移以及最终向中期绩效框架的迁移，为推进中期预算编制和改善资源配置提供了有用的示意图。国情意味着任何国家中期支出框架的具体设计都应反映该国的需求，而非作为样板。与预算编制的许多方面一样（例如规划结构设计），没有单一的正确方法，但从总体财政政策和预算编制到部门支出优先事项和分配，然后到预算编制和绩效的详细管理，这一工作顺序确实提供了一种直接的改革方法。

应该承认，可能不是所有国家都想要实施中期支出框架。然而，虽然一个国家可以拒绝名义上的中期支出框架，但实际上任何旨在加强财政纪律和支出效率的预算编制方法都会具备与中期支出框架相似的特征。此外，无论对预算改革采用的方法和对所实施事项赋予的名称如何，改革的一般方法都应遵循同样的原则。其中最重要的是，改革的性质必须适合国家能力。就中期支出框架而言，应分阶段实施中期财政框架，从而为中期预算框架奠定基础。中期预算框架应该是大多数发展中国家所渴望的，特别是考虑到其有效性对技术提出的高要求和制度要求。在追求良好绩效且良好绩效会得到奖励这两点融入政府文化之前，不应考虑中期绩效框架。

---

① 世界银行编制的中期支出框架数据库持续跟踪中期支出框架的传播和有效性，包括其在应对新兴财政挑战方面的贡献。

参考文献

Brooke, P. 2003. "Study of Measures Used to Address Weaknesses in Public Financial Management Systems in the Context of Policy Based Support," http://72.3.224.137/report_studies_file/Study_eng_1193242966.pdf.

Holmes, M., and A. Evans. 2003. "A Review of Experience in Implementing Medium Term Expenditure Frameworks in a PRSP Context: A Synthesis of Eight Country Studies," Overseas Development Institute.

Le Houerou, P., and R. Taliercio. 2002. "Medium-Term Expenditure Frameworks: From Concept to Practice (Preliminary Lessons from Africa)," Africa Region Working Paper Series no. 28, World Bank.

OECD. 2007. *Performance Budgeting in OECD Countries*.

Schick, A. 1998. "Why Most Developing Countries Should Not Try New Zealand Reforms," *World Bank Research Observer*, 123–31.

Symansky, S. 2010. "Donor Funding and Public Financial Management Reform in Post-Conflict Countries," Cape-ODI-IMF Discussion Paper.

Tommasi, D. 2009. "Strengthening Public Expenditure Management in Developing Countries – Sequencing Issues," http://capacity4dev.ec.europa.eu/strengthening-publicexpenditure-management-developing-countries-sequencing-issues.

World Bank. 2013. *Beyond the Annual Budget: Review of Global Experience with Medium-Term Expenditure Frameworks*. Washington, DC: World Bank.

11 绩效预算[①]

马克·罗宾逊

绩效预算是用于改善支出优先排序、有效性和效率的重要工具。鉴于许多国家面临严峻的财政状况，目前绩效预算的相关性比以往任何时候都要大。想从绩效预算中获益，就要适当地设计绩效预算系统，并辅以类型适当的补充改革。

什么样的绩效预算在整个政府层面最有效？另一方面，什么样的预算绩效不起作用？这些问题是本章的重点。此外，本章还确定了绩效预算成功所需的关键配套改革，考虑了发展中国家的绩效预算实施战略和绩效预算作用。

本章的结构如下。首先，定义了绩效预算，并确定了许多不同的绩效预算机制。接下来的三节讨论规划预算并探讨替代绩效预算机制的适用性；评述发展中国家面临的实施/排序问题以及具体挑战；然后指出绩效预算对稳健的总体财政管理的潜在贡献。最后以从业者一般指南的形式得出本章的结论。

什么是绩效预算

绩效预算在此定义为公共部门筹资机制，其使用正式绩效信息将资金与结果（产出和/或结果）联系起来，目的是改善绩效。有许多不同的绩效预算机制，每个机制都试图以不同的方式将资金与结果联系起来。某些一些机制主要侧重于改进支出优先排序——换言之，帮助预算将有限的公共资金分配给能为社区带来最大利益的服务类型，作为其中的一部分，使资金远离低优先级或无效的服务。其他绩效预算机制更侧重于提高现有服务的有效性或效率。

一些关键术语

投入：在开展活动以生产产出的过程中使用的资源（例如劳动力，设备，建筑物）。

活动：在生产和交付产出方面开展的工作类型或类别。

产出：机构向或为外部方提供的商品或服务。例如医院的产出是患者治疗，公共交通系统的产出是乘客乘坐的公共汽车和火车。

[①] 作者感谢以下同事对本章草稿提出的意见：大卫·T.詹特利（David T. Gentry）、斯坦·赫奇比（Stein Helgeby）、马尔科姆·霍姆斯（Malcolm Holmes）、伊恩·利恩特（Ian Lienert）、毛罗·拿波达诺（Mauro Napodano）、大卫·弗约德·尼尔森（David Fjord Nielsen）、巴里·波特（Barry Potter）、丹尼尔·普拉隆（Danièle Pralong）和帕尔·乌拉（Pal Ulla）。

结果：公共干预对个人、社会结构或物质环境带来的变化。医院的结果包括挽救生命，而减少空气和水污染是环境机构寻求实现的结果。

有效性：如果产出实现了更好的结果，则产出更有效。

效率：以更低的成本提供产出，而不会牺牲质量或有效性。

评价：分析评估通常涉及公共政策、组织或规划的成本效益或适当性。包括"绩效审计"，其主要是由外部审计实体进行的评价。[①]

无论采用何种具体机制，此处定义的绩效预算在所有情况下都旨在确保结果对资金产生系统性的影响。在这个定义中，纯粹的"介绍性"的绩效预算概念没有任何空间，在这种概念中，政府的预算文件提供绩效信息，却无意对资金产生影响（OECD，2007，第21页）。

绩效预算必须与其他形式的绩效管理（也称为"成果管理"）明确区分开来。绩效预算利用绩效信息进行资金决策。相比之下，其他形式的绩效管理以与预算无关的方式使用绩效信息，以促进改善公共部门绩效。例如，使用强制性绩效报告作为鼓励各组织通过利用组织管理者对其声誉的自然关注来取得更好的绩效的一种手段，这是一种绩效管理，并非一种绩效预算。例如，这也是在雇佣合同中使用绩效指标和目标作为公务员个人工资奖金的基础。然而，正如后文将要讨论的那样，如果同时开展这种其他绩效管理改革，那么绩效预算更有可能是有效的。

绩效预算机制可以在"整个政府层面"上应用，即作为将资金与整个政府预算的结果联系起来的一种手段。或者，也可以在"部门"的基础上应用，即资助特定类型的政府服务（例如学校或医院）。本章的主要重点是整个政府层面的绩效预算。

规划预算

规划预算是绩效预算的最广泛和最持久的形式，也是目前在整个政府层面应用最广泛的形式。它最初于20世纪60年代在美国推出（Novick，1967），目前在许多发达国家和发展中国家存在各种版本的规划预算。

规划预算的定义特征如下。

- 资金在预算中分配给主要代表产品线（即具有共同结果的产出组）的"规划"。例如，教育部的预算将包含对初等教育规划、中等教育规划和高等教育规划的拨款，而环境部的预算将包括自然保护规划和反污染规划。
- "条目"控制是议会或财政部对各部[②]可以在特定类型投入（例如办公用品、旅行和公用事业）上支出的金额施加的限额。这可以从根本上减少（但未完全消除）"条目"控制。
- 在预算编制过程中收集和使用关于规划的良好绩效信息，以协助预算决策者确定项目资金的分配事宜。

[①] 事实上，与政府行政机构内部进行的评价相比，绩效审计对于有效的规划预算而言并不那么重要，因为绩效审计通常是一个外部事后问责工具，而非执行管理和预算编制工具。请见Robinson（2011）。

[②] "各部"一词应理解为在本章中包括所有政府机构——即所有主要依靠税收/使用者收费进行融资的机构。

尽管可能存在有所重复的风险，但仍然需要强调，规划预算与绩效预算没有什么不同（正如有些人预期的那样），但却是绩效预算的一种类型。

规划预算的主要目标是改善支出优先排序。通过提供关于替代规划成本和收益的信息，它有助于决定削减和增加哪些支出领域，以便最好地满足社区需求。相比之下，传统预算（其中资金主要按条目分配）作为支出优先事项选择工具的价值较低。

但是，支出优先排序不是规划预算的唯一目标。通过使规划绩效成为决定各部预算分配的重要因素，规划预算还旨在对各部施加巨大压力，以改善其现有服务的有效性和效率。

规划预算系统的一个显著示例是2006年在法国全面运行的规划预算系统（Ministre du Budget，2008；Lannaud，2007）。在该系统项下，议会在年度预算中为大约130个规划投票，这些规划被组合成大约30个"任务"，其中一些跨越了部门职能范围。在这些规划中，各部自己将资金分配给"行动"（标准国际术语为子规划）。条目控制已大幅减少，在大多数情况下各部目前可以在其全球预算分配范围内自由转移资金，只要不增加人事费拨款即可。为每个任务及其组成项目编制年度绩效规划和报告，包括关于关键规划指标和规划战略的信息。在各部内部，规划管理者与组织单位管理者共享对规划预算的控制（见图11.1）。

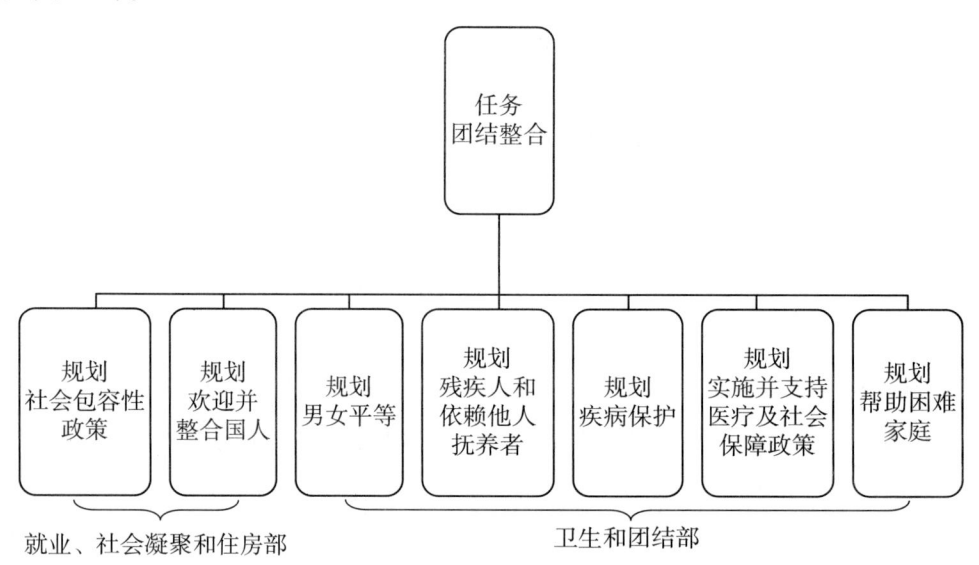

图11.1　法国规划预算结构

规划预算也遭到了批评。有人质疑其在改善支出优先排序方面的有效性。其他人则更进一步，否认了按产品线分配资源的可行性。

有些人认为，规划预算不够宏大，无论其在改善支出优先排序方面取得了何种成功，规划预算都不会对各部施加足够强大的压力来改善它们的有效性和效率。正是这种观点导致在历史上出现了许多较新的绩效预算机制。这些机制的共同之处在于，其都寻求（尽管以不同的方式）将资金明确地与各部交付的结果数量（即所提供的服务量和/或所取得的结果）联系起来。

有四种主要的"较新"绩效预算机制（Robinson，2007b）：即公式拨款、购买者-提供者合同、奖金拨款和预算挂钩目标。这些机制将在下面讨论。

公式拨款绩效预算

在公式拨款（FF）绩效预算项下，各部的预算需求用规划产出数量和成本的代数函数来估计。通常，这意味着基于单位成本的预算。例如，在这种方法中，向卫生部提供的疫苗接种服务预算是通过将每次疫苗接种的成本乘以预期在来年进行的疫苗接种次数确定的。如果疫苗接种成本为每单位20美元，并且规划接种10万次疫苗，那么卫生部的预算将为此提供200万美元。通过这种方式，卫生部的产出可交付成果可以得到明确界定，并且对卫生部施加相当大的压力，要求其进行实际交付。公式拨款绩效预算的主要目标是向各部施加压力以提高其效率（即利用所提供的资金交付更多产出）。

购买者—提供者

购买者-提供者（PP）系统应用的是"按结果付费"的原则。这意味着所提供的资金取决于实体实际交付的产出数量乘以大致基于单位成本的"价格"。假设政府为每次疫苗接种支付的价格为20美元，而且（如上面的公式拨款示例所示）预算为此确定了高达200万美元的金额。根据购买者-提供者机制，卫生部只有在实际完成10万次疫苗接种后才能全额获得200万美元。例如，如果其只完成了5万次疫苗接种，那么其将获得100万美元。这与公式拨款形成了对比，根据公式拨款机制，资金由规划产出确定，如果交付的实际产出低于或高于规划，不会尝试减少或增加资金。与公式拨款一样，购买者-提供者的主要目标是提高效率。实际上，与公式拨款相比，原则上，将资金与实际产出联系起来可以产生更大的压力促使各部提高效率。与公式拨款一样，购买者-提供者机制基本上只适用于产出，因为如果将结果视为要购买的商品，那么任何给定的供资水平下，可以实现的结果通常存在太多不确定性。

使用最广泛的购买者-提供者系统是所谓的诊断相关组（DRG）医院资金系统，该系统最初是在美国开发的，但目前已在20多个国家用于为政府医院提供资金。广义而言，这种想法是，政府主要通过支付给患者的已完成治疗（产出）的"价格"为医院提供资金，而上述治疗的定义为从入院到出院的完整服务。为此，根据每种治疗在诊断相关组治疗分类（其中有超过1000个治疗组）下所属的组别，为每种治疗分配价格，进而将成本相似的治疗组合在一起。支付的价格因治疗的复杂程度而异。例如，在英国版的诊断相关组资金系统中，白内障手术的价格目前为961英镑，而冠状动脉旁路移植术的价格为7318英镑。大致而言（尽管该系统在实践中比这更复杂），如果医院提供该治疗的成本高于适用的诊断相关组价格，那么医院就会有损失。另一方面，如果医院成功地以低于适用价格的价格提供服务，那么医院就会有盈余。通过这种方式引入强有力的激励措施来提高医院效率（成本控制）。该系统还具有许多其他潜在优势，包括促进患者选择（因为资金跟随患者）和医院之间更大的资金公平。

奖金拨款

用作绩效预算机制时，奖金拨款意味着为实现由具体指标衡量的结果或产出，而向政府机构提供补充资金——独立于覆盖大部分运营成本的核心拨款。这种方法的一个示例是，根据公立医院在客户满意度调查（产出质量指标）中的得分向其支付资金奖励。同样，在美国的某些州和加拿大安大略省，毕业生就业率更高（例如6个月后毕业生就业率更高）的公立大学可以从政府获得资金奖励（Herbst，2007）。

奖金拨款是机构的绩效工资，可以与这些机构雇员的绩效工资挂钩，也可以不挂钩。与购买者—

提供者机制的一个重要区别是，奖金拨款通常不能被视作为结果支付的"价格"，因为其通常不基于对奖金拨款奖励的结果或产出的交付成本的估计。这通常是因为这些成本是未知的，甚至可能是不确定的。例如，无法估计大学提高其毕业生就业率（结果）的成本；因此，为大学毕业生就业率支付的任何资金奖励水平必然会有些武断。由于奖金拨款通常不基于成本估计，因此该机制可以很容易地用于奖励结果和产出。奖金拨款的主要目标可以是改善有效性或效率，但重点往往（通过将结果与奖金挂钩）更多地放在前者身上。

这种类型的资金被称为"奖金"拨款，因为其通常基于绩效指标，而这些指标不够稳定，不能作为核心拨款的基础。例如，大学实现的毕业生就业率会因经济状况的不同而有很大差异。由于其运作成本承诺很大，因此如果其大部分资金因经济繁荣还是萧条而大幅变化，大学就无法生存。正是由于这个原因，与毕业生就业率等结果挂钩的资金很少占大学收入的（例如）5%以上，并且通常根据学生入学人数在核心公式拨款之外提供。

预算挂钩目标

根据这种方法，在确定各部预算的同时，为各部的结果或产出设定绩效目标，目标的严格性反映了所提供的资金水平。这种方法的一个特别值得注意的示例是1998—2007年运作的英国公共服务协议（PSA）系统，在该系统项下，财政部为各部设定了数百个关键绩效目标，作为用于确定多年预算分配的一个不可分割的组成部分（Smith，2001）。预算挂钩目标的主要目标是改善有效性和/或效率。因此，公共服务协议系统的最初动机是施加压力，以确保向卫生和教育等领域注入的大量额外资金在服务和结果方面产生相称的改善（专栏11.1）。

专栏11.1　英国公共服务协议目标示例

英国政府1998年设立的关于1999—2000财年到2001—2002财年的三年中期预算绩效目标包括以下内容：

到2002年，使达到特定读写水平的11岁儿童比例从63%上升至80%。

到2002年，使达到计算能力标准的比例从62%上升到75%。

将以婴幼儿死亡率和出生时预期寿命为标志衡量的健康不平等程度降低10%。

使犯罪率降低15%，高犯罪率地区要降低更多。

正如上述例子显示的，PSA的目标通常很有野心，但政府也不应该因设定较为容易实现的目标而受指责。

为避免混淆"预算挂钩目标"的含义，应该强调的是，为与预算没有任何系统关系的各部设定绩效目标的流程并不构成绩效预算。将目标设定转变为绩效预算形式的是试图系统地将绩效目标与预算联系起来。

如上所述，这四种机制中的每一种都明确地将资金与结果数量联系起来。人们可以区分将资金与预期结果的数量联系起来的机制（公式拨款和预算挂钩目标），以及将资金与实际实现的结果联系起来的机制（购买者-提供者和奖金拨款）。在依靠单位成本将资金和结果联系起来的机制（公式拨款和购买者-提供者）与通常不如此行事的机制（奖金拨款和与预算挂钩目标）之间进行了跨领域区分。

与规划预算不同，这些较新机制的目的都不是改进支出优先排序。相反，它们的目的是增加对机构的绩效压力。为此，它们采用的方法（特别是在单位成本的情况下）在本质上比规划预算更加复杂。

该绩效预算机制概述（侧重于规划预算与四个较新机制）并不十分完整。它忽略了零基预算（ZBB），后者在20世纪70年代和80年代曾短暂流行过一段时间。适用于公共部门的形式的零基预算要求为每个规划①确定用于削减或增加资金的几种替代方案，同时分析这些替代方案在向公众交付的结果方面的影响（GAO，1997），这种零基预算更准确地说是"替代预算"（Axelrod Axelrod，1988，第300页）。零基预算已经消失了很长时间，这个术语如今往往被用来（或者更确切地说是误用）指称深入的支出审查。文献包括对零基预算历史的大量讨论（例如Schick，1978；GAO，1979，1997）。

规划预算的相关性

规划预算明确适用于整个政府层面。规划预算非常重视支出优先排序——以及有效性和效率——在许多政府面临更严格的总支出限制，因此如果要为重要的新项目提供资金，就必须削减无效和低优先级支出的情况下尤其具有相关性。

规划预算的基石是引入适当的基于规划的预算分类，并随之修改会计系统（包括计算机化财务管理信息系统——FMIS）以使其与规划兼容（Robinson，2011；Robinson and Last，2009。另见第8章）。对规划和子规划以及其与组织结构的关系进行适当定义是至关重要的。需要重新设计和简化中央对各部支出的条目控制，以确保在向基于规划的预算拨款转变的同时，各部在其服务提供方式方面的自由度增加。这些预算分类和会计问题往往是国际货币基金组织和世界银行等国际组织提供的大部分技术援助的重点。

然而，规划预算不仅仅是预算分类系统。认为仅通过引入支出的规划分类就可以实现规划预算目标的这一想法是错误的。

开发正确类型的规划绩效信息与规划分类同样重要。虽然支出的规划分类显示了在各种产品线上支出了多少，但该信息只有在与关于规划正在实现的结果的良好信息并列设置时才有用。这当然需要制定类型正确的规划效绩指标。②但是，其还需要规划评价，因为绩效指标经常不足以单独对规划或各部的有效性做出判断。例如某些规划结果无法衡量或只能非常不完美地衡量，并且许多结果指标受到所谓外部因素的严重影响。③

为了使规划预算有效，伴随的预算编制改革也很重要。通常需要重新设计预算流程，以便将考虑支出优先事项作为一项例行程序。这里特别重要的是：

- 支出审查机制，以确保不断审查正在进行的"基线"支出的持续相关性和有效性，从而系统地

---

① 更准确地说，是为每个"决策单位"，其可以是一个规划或一个组织单位。
② 许多国家犯下的一个错误是使用碰巧可用的绩效指标。一般而言，这导致一组规划绩效指标主要侧重于活动（工作流程）和投入（资源），而不太侧重于规划结果和产出。
③ 外部因素是不受政府控制的影响，可能对所衡量的结果产生不可预测的影响。

使用评价。
- 有效整合规划和预算编制——包括在预算编制流程开始时建立"战略阶段",其中部长或其他关键预算决策者明确考虑即将出台的预算的优先事项。

在大多数国家,有效的规划预算还需要系统地攻克支出固化的问题:换言之,打击政府中经常出现的资源合理重新配置障碍范围,例如指定收入专用于特定目的,以及过度僵化的公务员就业安排,这可能使得无法减少低优先级或无效规划的就业和支出。

批评者认为规划预算无效,他们的判断往往基于在对规划分类的引入行为本身是否会改善支出的优先排序方面进行的测试,而该测试是具有误导性的。很容易就能举出许多示例(包括发展中国家的示例),其中引入规划预算对支出优先排序的质量没有明显影响。但是,规划预算只是一种工具,只能在适当的环境中和辅以适当改革的情况下发挥作用。此外,治理质量对于规划预算是否成功至关重要。如果在极端情况下,政治领导层对合理分配有限的公共资源不感兴趣,那么规划预算显然是无效的。因此,在决定具体国家是否已准备好进行这项改革时,治理质量应成为一项基本考虑因素。①

即使治理质量基本良好,政治体制的性质也会对规划预算的成功造成重大障碍。例如,在立法机关对预算资金分配实施很大程度的直接控制的政治体制中(如美国),政府行政机构对改善支出优先排序的尝试往往被立法者所取消,这些立法者更加关注在其各自的选区购买选票,而非政府对支出优先事项的观点(Joyce,2003)。这一事实可能解释了批评者(其中大多数是美国政治科学家)对规划预算有效性的悲观情绪。然而,将美国经验的特点推广到整个世界是不合适的。

如前所述,对规划预算的另一种批评是质疑将预算建立在规划拨款基础上的可行性。这是希克(Schick,2007)的立场,其通过三个命题证明了:

- 向组织单位分配资金是预算编制的重要组成部分。
- 这些规划和组织结构是"构建预算分配的基本对抗基础"——换言之,向规划分配资金与向组织单位分配资金完全不同。
- 不可能将预算中的资金同时分配给规划和组织单位。

在这些命题的基础上,希克得出结论认为,规划预算"失败是因为其无法逐出作为预算编制基本决策单位的组织"。希克主张,只有在对规划进行定义使其只是以另一个名字命名的组织单位时,才会造成关于可行的规划预算的错觉。然而,由于以这种方式定义规划"剥夺了规划预算的基本目的",因此实际上已经放弃了基于产品线的规划原则。

然而,可以说,希克的三个命题中只有第一个是正确的。

在规划预算中,政府将年度预算中的资金分配给各部,用于该部的规划而非其内部组织单位。当然,各部必须能够在内部将预算分配给组织单位,因此必须能够将规划预算映射到组织单位。但是,

---

① 一些政治科学家反驳称,关于更合理的支出优先排序的目标是具有误导性的,因为其认为政治并且只有政治将决定预算分配,而不考虑什么将最有益于社会。然而,主张政治和合理的支出分配是完全对立的,并且即使在治理良好的社会中政治家也不关注公共支出的有效性,肯定是夸大其词。

这并不意味着规划和组织单位必须是相同的。以一个部为例，其内部组织结构基于司和子司，两个级别都作为预算持有者。在这些情况下，协调规划和组织单位预算所需的是，该部明确确定每个规划预算的子司之间的分配。实际上（虽然这并非绝对必要的[①]）这通常意味着每个司都将用单个规划来进行识别。如果采用这种方法，那么就没有什么可以排除被映射到单个规划（或子规划）的若干子司或司。因此，明确地将规划和组织单位联系起来并不意味着规划必须与组织单位相同。

希克关于规划和组织结构是"基本对抗"的命题难以证明。事实上，几乎所有政府的组织结构都在很大程度上遵循产品线。例如在教育部内，通常会有单独司来涵盖初等教育、中等教育和高等教育，这些司将自然地映射到初等教育规划、中等教育规划和高等教育规划。同样，在环境部内，肯定会有单独的自然保护司和污染控制司，这些司也直接与规划相对应。

当然，组织结构并未完全遵循产品线。两者之间最明显的分歧是，组织结构始终包括致力于提供内部支持服务的单位（例如人力资源管理、信息技术和财务）这些单位不能被视为产品线，因为内部服务不是产出[②]（产出是提供给外部客户的服务）。如果组织结构合理地偏离产品线，规划预算通常接受对基于产品线的规划原则的一些妥协，以保持组织结构和规划之间的简单联系。就支持服务而言，这是在完全了解这些规划与纯规划预算原则不一致的情况下，通过创建"支持服务"规划来完成的。然而，关键的一点是，对"产品线"规划原则的这种妥协受到严格限制，而绝大多数规划仍然基于产品线。

组织结构与产品线之间有时会出现非常不适当的分歧，在这种情况下，规划预算鼓励——并且应该被视为关联于——组织重组。在传统的、内向型的公务员系统中尤其如此。符合客户导向的合理组织重组应包括，例如对提供密切相关产品的独立组织单位进行整合。在许多情况下，合理组织重组还应包括消除基于职能（即专业能力/工作流程类型，例如工程）而非产品的组织结构。彻沃谢（Chevauchez，2007）指出，在法国，这种组织重组一直是新绩效预算系统的关键副产品。这强调了将规划预算视为总体"成果管理"改革方案的一部分而非一项孤立改革的重要性。

较新的绩效预算机制有多大用处

四个较新的绩效预算机制如何？如前所述，这些机制试图大幅增加各部的绩效压力。这理所当然地使其对改革者具有吸引力，并使许多国家对其进行了实验。然而，遗憾的是，这些实验并未充分得到对有关机制优缺点的合理分析的信息支持，因此这导致了严重的错误。

毫无疑问，这些较新机制作为部门绩效预算系统的基础已经取得了相当大的成功。早先提到的基于诊断相关组的医院资金系统在提高效率和实现其他目标方面已经证明是成功的（Robinson and Brumby，2005）。对于目前许多经合组织国家用于为公立大学提供资金的购买者-提供者系统而言，可以说情况也是如此。在这些系统项下，大学以学生人均公式支付形式获得政府资金的很大一部分，而

[①] 将两个独立规划的资金分配到单个单位组织并非不可能。如果这样做，则要求有关组织单位将这些分配作为两笔独立的资金来管理，每笔资金仅用于其指定目的。

[②] 可以认为，该规则的一个例外是向部长提供的政策建议。但是，在这种情况下，部长应被视为外部客户，公务员以政策建议的形式向其提供服务。一些国家（例如新西兰）已经试验了政治家和公务员之间的正式合同，该合同规定了所应提供的服务。但是，事实证明，在实践中很难将绩效指标附于此类合同，而此类合同对所提供政策建议的质量进行定义和衡量。

学生人均公式支付基于其所教授的学生（一项产出指标），少数国家（包括丹麦）基于通过其课程考试的学生（结果指标）。

然而，更成问题的是将这些新机制用作整个政府层面绩效预算系统的一部分。一个特别突出的例子是20世纪90年代至21世纪初新西兰和澳大利亚未能将购买者—提供者原则应用于整个政府预算（Robinson，2000，2002）。在这种所谓的权责发生制产出预算（AOB）系统项下，目标是政府各部都将通过为其产出支付的"价格"来获得资金。权责发生制产出预算在当时引起了相当多的国际关注，甚至有人试图在最不可能的环境下对其进行应用，例如太平洋小岛屿国家。所幸其现在已经逐渐淡出视野。

尚未逐渐淡出视野的是整个政府层面的绩效预算模型，其将公式拨款移植到规划预算之中。在这种模型下，规划被用于向各部分配预算，但每个规划的预算按照公式拨款进行估计。换言之，各部的各项规划都应该通过确定其具体的产出类型、产出数量以及其单位成本来编制预算——与上述疫苗接种的流程完全相同。例如，灌溉规划的资金需求将通过将建造一个乡村水泵的成本乘以规划的水泵数量，然后对该规划项下提供的其他类型的灌溉服务进行同样的估算。在世界的某些地方，这种模式非常有影响力，以至于许多人认为其是规划预算系统的基本要素。尽管如此，这种模式还是一个没有得到普遍认可的模型。这里将其称为基于产出—成本的规划预算。有些人将其与基于作业的预算相混淆，并将其作为一种流程，在该流程中对每个项目的活动进行识别、成本核算和预算编制。但是，这是错误的，因为其基于在活动和产出之间存在的相当广泛的混淆。①

更普遍的做法是试图将与预算挂钩的绩效目标用作整个政府层面绩效预算系统的关键要素。所采取的主要形式是，将绩效目标与规划预算相结合，要求在预算流程中为每个规划设定关键绩效目标。②

单位成本和整个政府层面预算

正是单位成本方法成功地在部门层面将资金和结果联系起来，才促使人们希望在政府中推广这种方法。最近的一项建议是，绩效预算应使用边际成本（一种单位成本）来将资金和结果联系起来，这样才能有效，而该建议就体现了这种塞壬之歌的诱惑性。根据这种观点，"在理想情况下，绩效预算……（应）明确地将资源的每个增量与结果的增量联系起来……通过先进的成本核算方案，将结果分解为标准单位并衡量每个单位的成本"（Schick，2008，第11页）。但是，是否真的有可能将单位成本作为整个政府层面绩效预算系统的基础？

遗憾的是，答案是否定的。问题是单位成本方法仅适用于具有稳定单位成本的政府产出。例如，提供给一个客户或案件的服务类型与提供给任何其他客户或案件的服务类型基本相同（如同接种疫苗的情况），就是这种情况。③然而，许多公共服务并不具有稳定的单位成本。举一个极端但能说明问题的案例——警方的刑事调查。一项谋杀案调查的成本可能与另一项调查的成本有很大差异，因为案

---

① 活动是工作流程而非产出（向外部客户提供的服务）。即使基于单位活动成本的预算编制在技术上是可行的（但事实并非如此），其也不会构成绩效预算的一种形式，因为其不会将资金与结果联系起来。"作业基础预算"因被视为众所周知的"作业成本法"对预算编制的应用而获得了一些青睐（Robinson，2007c，第54—55页）。

② 英国的系统与众不同，因为公共服务协议绩效目标与预算规划无关。

③ 由于低成本案件平均了高成本案件的额外成本而平均成本相当稳定的服务，也可能是这种情况。许多类型的医院治疗都是这种情况，这就是诊断相关组医院资金系统有效的原因。

件的情况不同。再举一个示例，医院的急救服务，其中患者（即使是那些遇到类似急诊类型的患者）每次治疗的成本往往变化很大且不可预测。因此，急救服务通常被排除在上述诊断相关组资金系统之外。很容易识别出这种"异质性"的许多其他示例，即由于特殊情况所需努力的差异而导致成本变化。但问题不止于此。如何根据所交付产出的单位成本为军队或消防服务提供资金？这些不是政府为了实际交付的产出（战争、火灾等）而是为了在需要时保持交付这些关键产出的能力才向之提供资金的服务（Robinson, 2007d, 第31-34页；2007c, 第53-54页）。

因此，试图将单位成本作为整个政府层面绩效预算系统的基础是非常不合适的。绩效预算的拨款和购买者-提供者版公式应被视为主要适用于部门应用，仅限于相对标准化的服务。新西兰和澳大利亚"权责发生制产出预算"系统的失败主要是由于错误地假设所有政府产出都有稳定的单位成本（Robinson, 2007e）。

该问题使注定会使目前通过将产出单位成本的使用移植到规划预算中来开发上面提到的"基于产出-成本的规划预算"的全部努力失败。经验表明，要求各部使用单位成本来编制其预算征集不可避免地导致混淆。国内治安、国防和外交等各部（以及在较小程度上甚至是教育部和卫生部）最终都会因为其着手解决将单位成本方法应用于其提供的复杂、异质服务这一不可能完成的任务而受挫。

然而，有限和有选择地使用单位成本核算作为一种规划成本估计工具，原则上可以适用于主要提供更多标准化服务的政府规划子集（见下文）。与其他地方相比，该技术在某些级别的政府（特别是地方政府）具有更广泛的适用性。

即使其在技术上可行，基于单位成本的预算编制在技术上也是要求很高的。需要相当先进的管理会计系统。必须进行复杂的调整，以考虑复杂的成本因素（例如区域成本差异）。这些考虑因素意味着，通常，仅值得为政府大量提供的服务而考虑公式拨款或购买者-提供者机制。

奖金拨款

奖金拨款如何？这种做法在部门的基础上可以很好地运作的原因是，当向相同类型的机构（例如大学或医院）支付资金奖励时，资金奖励可以基于共同（结果或产出）指标。例如，相同的毕业生就业率（例如毕业后6个月的全职就业率）或研究成果（例如在顶级期刊上发表文章的数量）指标可以应用于所有大学，以确定其奖金拨款。

相比之下，试图在整个政府层面应用这种机制所遇到的问题是，没有任何标准的绩效指标可以比较，例如卫生部和教育部的结果或产出。毫无疑问，正是由于这个原因，很少有人试图在整个政府层面对各部应用奖金拨款。加拿大安大略省是一个罕见的例外，其在20世纪90年代引入了一个系统，在该系统项下，部长内阁根据对各部绩效的主观评价向各部提供资金奖励（GAO, 2002）。这些评级明显缺乏可信度（不仅不基于任何明确的共同指标，而且还明显受到政治考虑因素的影响）导致了该系统迅速消亡。[①]

[①] 1998年智利引入的管理改进规划也可能被认为是对绩效奖金拨款系统的尝试。在该系统项下，各机构及其工作人员将因绩效目标而获得奖励，包括结果目标。然而，同样，各部指标和目标缺乏可比性的问题迅速得明显，并且该规划于2001年被修改为仅奖励管理流程而非所实现的结果（Arenas and Berner, 2010, 第15、37、38页）。

预算挂钩绩效目标

可以说在整个政府层面具有优势的一个"较新"绩效预算机制是预算挂钩绩效目标。例如,英国在实现(或接近实现)大多数公共服务协议目标方面的业绩让人印象深刻,尽管这些目标似乎要求很高。一个典型的示例是专栏11.1所述的1998年设定的雄心勃勃的识字率和识数率目标接近实现。2002年测定的识字率达到75%而目标为80%,识数率达到73%而目标为75%。

从绩效预算的角度来看,最重要的问题涉及绩效目标与预算之间的联系。英国的案例表明,由于两个原因,这种联系可能很重要。第一个原因是,作为预算流程的一部分进行目标设定(作为其中的一部分,在决定未来资源时,根据过去的目标审查绩效)可以显著增加各部的压力,使其认真对待中央施加的目标。第二个原因是,将预算编制流程和目标设定流程联系起来有助于确保目标与资源水平不产生矛盾,从而(例如)避免设定的目标无视资金削减对该部能够交付的结果的影响。在预算与中央施加的绩效目标的设定工作之间缺乏协调性的许多国家,预算和目标的不兼容性都是一个真正的问题。[①]

然而,期望对目标和预算进行精密校准是不现实的。就结果而言,外部因素和不确定的时间滞后的影响意味着,通常不可能断定所衡量的结果因预算资金的具体增加而可以合理预期取得的改善程度。例如,谁可以预测识字水平会因教育部资金增加10%而可以在(例如)三年时间内取得怎样的提高?就产出而言,仅在具有稳定单位成本的标准化产出情况下,才有可能将产出数量目标与资金水平紧密联系起来。这些现实需要灵活地解释和应对各部未能实现其目标的情况。

目标设定存在争议。一些批评者声称,目标实际上会恶化绩效或最多保持绩效不变。这些批评者指出,"博弈"(伪造或操纵针对目标的报告绩效)可能在没有任何绩效改善情况下,给人一种绩效改善的印象。"反常效应",即目标未衡量的绩效方面恶化(例如当数量增加时服务质量恶化),也可能不仅仅抵消绩效改善对目标变量的收益。然而,公共部门确实存在的反常效应和博弈的经验证据并不表明这些问题严重到超过目标设定的收益。[②]

如果目标设定与预算相关联,则其有效性将取决于限制中央施加的目标数量并确保根据这些目标监测绩效情况。一些国家的预算文件中塞满了数千个规划绩效目标,但几乎没有实际绩效监测做背书。不出所料,目标随后没有得到认真对待。同样,在英国公共服务协议系统项下采取的方法提供了有用的指导。不仅公共服务协议目标的数量受到严格限制,而且相对于公共服务协议目标的绩效也得到了财政部和直接向首相汇报的"服务提供单位"的认真监测。

整个政府层面绩效预算的实施和排序

本章已经提出,规划预算是整个政府层面绩效预算的核心形式。但是,必须正确处理规划预算的实施和排序事宜。如果从头开始,那么实施规划预算需要三个主要的初始步骤:

---

① 例如,前者由财政部承担,后者由公务员部或总统办公室承担。
② 请见英国社会市场基金会(2005),Kelman and Friedman(2007),以及Hood(2006)。

- 开发绩效信息库：因此，最初的目标应是开发一套相对较少的有用规划指标，以及旨在用于预算流程的非常简单的规划评价。这应被视为更长期的全面监测和评价系统开发流程的开始。
- 开发各部规划结构。
- 修改会计系统和计算机化财务管理信息系统，使其对规划友好。

只有在完成最后一个步骤之后，才有可能在规划的基础上开始合法地批准预算。在此之前，大多数国家首先制定指示性规划预算，作为传统预算的附件提交议会。这表明在以规划为基础进行预算拨款的情况下将会是什么样子。

在转向规划拨款时，至关重要的是明确决定减少传统条目预算控制的方式和程度。简单地在高度详细的传统预算之上强加规划拨款是一个严重的错误。

所有这些改革都需要时间，认为可以在一两年内完成改革是一种幻想。例如，法国政府在花了几年时间确定其新绩效预算系统的广泛参数之后，审慎地选择了5年的执行期，即在2001年通过授权新系统的法律，2006年新系统全面生效。

一旦对预算法律进行修订，以实现基于项目的拨款以及附带的项目指标和项目评估，就可以考虑通过增加"较新"绩效预算机制的要素来超越规划预算。

这些更先进的要素中的第一个是以选定关键规划绩效目标形式体现的预算挂钩目标。确实，许多国家一旦制定了规划绩效指标，就开始为这些指标设定目标，并且往往还要求为所有规划绩效指标设定目标。然而，这并非良好实践。在开始为绩效指标设定目标之前，具有数年的绩效指标数据是非常重要的，因为准备一个准确的基线是至关重要的。此外，如果要认真对待目标，重要的是要仔细选择哪些指标用于目标设定，而非简单地要求为所有指标设定目标。还需要在支出各部和政府之间建立良好的流程，以便就目标的适当数值和时间框架进行谈判。

对规划预算的更先进"附加"是选择性使用单位成本核算技术。如上所述，需要认识到这种技术不适合许多类型的政府产出。但是，对于那些具有稳定单位成本的产出类型而言，可以考虑将这种技术用于设定规划产出目标。例如当卫生部获得200万美元用于疫苗接种时，可以为其预防性健康规划设定10万次疫苗接种的产出目标。但是，这种技术通常需要相当先进的管理会计，这意味着只有在基本规划预算系统完善之后才能以任何规模追求这种技术。

整个政府层面绩效预算的实施流程管理对成功至关重要。没有政治领导层的大力支持，绩效预算就无法成功实施。通常情况下，财政部（可能与其他中央机构合作）建立一个包括支出各部在内的实施工作组是有意义的。在整个实施流程中，财政部需要为支出各部提供强有力的技术指导和支持（Diamond，2007）。

最后，绩效预算应成为更广泛的（例如涵盖支出优先排序流程）预算改革的一部分，并且如前所述，绩效预算还应与更广泛的"成果管理"改革密切相关。这些可能包括用于以确保任人唯贤的委任和绩效奖励的公务员制度改革，行政结构改革，以及引入更大的客户选择。

发展中国家的绩效预算

对于发展中国家而言，第一个问题是其是否已准备好引入绩效预算。如果该国的预算系统存在重大的基本弱点（例如无法确保各部坚持其预算）则应将这些弱点的解决视为优先事项，并推迟对绩效预算的任何考虑。如果该国有严重的治理问题（例如一个极度腐败并对公共部门绩效不感兴趣的政治领导层）则应该坦率地承认，绩效预算不会奏效。话虽如此，一些人提出的绩效预算只适用于发达国家这一观点是没有理由的。

发展中国家的资源和能力限制使得避免不必要复杂的绩效预算机制（例如大规模应用单位成本核算技术）尤为重要。发展中国家也不应被为了使绩效预算有效就有必要实施"先进的"会计改革（例如权责发生制会计和作业成本法）这一毫无根据的主张所诱惑。指导原则应该是"保持简单"。

发展中国家有时对绩效预算的实施时间表非常不切实际，比如希望在（例如）一两年内实施。这些不切实际的期望表明，发展中国家并不完全了解改革的深远性质。另一方面，人们应该对发展中国家需要比发达国家更长的实施期这一建议持谨慎态度。太长的实施时间表太容易导致改革疲劳和失败。

绩效预算和财政政策挑战

今天，世界各地的许多政府面临着在高水平的政府债务和其他负债情况下恢复"财政可持续性"的重大中期和长期挑战，而上述高水平的政府债务和其他负债部分地是由于全球金融危机造成的，但在许多情况下也是由于数十年的松散财政管理造成的。绩效预算在支持良好的总体财政管理方面发挥着重要作用。其主要原因是改善支出优先排序与控制总支出之间存在密切联系，因此，规划预算可发挥特别重要的作用。通过帮助政府识别和削减无效和低优先级规划的支出，绩效预算有助于为新规划创造财政空间，以应对新兴挑战，从而减少总支出的上行压力。此外，对支出进行优先排序的良好能力可以使"财政整顿"（涉及大幅削减开支）不那么痛苦。具体而言，关于规划目标和有效性的良好信息有助于识别应该保护免受削减的更具社会价值的规划。提高识别削减目标的能力也有助于提高财政整顿的政治可持续性。即使对于那种由于利益团体所拥护的支出效率不高的项目来说，这些绩效信息可以从政治上税负对项目进行削减。

如果绩效预算不仅在改进支出优先排序方面取得成功，而且在提高规划支出的效率和有效性方面也取得成功，那么这也可以通过实现"用更少的钱去做更多的事情"来帮助总支出限制。

相反，强有力的财政政策框架的存在对绩效预算的成功至关重要。当存在硬性预算约束时（即当存在与财政目标和规则一致的明确总支出上限时）支出优先排序的可能性更大。固定总支出上限的存在意味着，与"自下而上"预算编制背景下的情况相比，权衡取舍要清晰得多，而在上述背景下，支出部长或支出各部可以在预算流程中使用影响力来增加低优先级支出的资金，而无需遵守必须在其他地方找到补偿性削减的纪律。正是出于这个原因，所谓的自上而下预算编制（Robinson，2012）在预算流程一开始就设定总支出上限时可能会非常有益。多年的财政政策框架也有所帮助，因为规划之间的优先排序在根据其多年支出影响进行时更为有效。

结论和通用指南

在规划预算的背景下哪些有效,哪些无效?本章关于这个问题的结论如下:

- 规划预算是整个政府层面绩效预算的最有用和最相关的形式。
- 要取得成功,必须将规划预算视为更广泛改革的一部分而非预算分类中的孤立改革。开发正确类型的规划绩效信息(包括评价和良好指标)是至关重要的。补充改革也是如此,包括在预算编制期间制定更好的支出优先排序流程以及减少支出僵化。一般而言,绩效预算应该在更广泛的"成果管理"改革规划背景下进行。
- 试图利用以全面使用公式拨款、购买者-提供者或奖金拨款为基础的整个政府层面绩效预算系统超越规划预算是错误的,注定要失败。试图使用这些机制(例如权责发生制产出预算)取代规划预算,以及试图将这些机制与规划预算相结合(例如基于产出-成本的规划预算),也是如此。沿着这些方向的改革蓝图只会浪费精力和资源,导致幻想破灭。
- 基于产出单位成本的整个政府层面绩效预算系统(包括基于产出-成本的规划预算)不起作用,因为有许多类型的政府产出,其支出无法通过将规划产出数量乘以单位成本来计算。问题不仅在于单位成本预算编制的复杂性对发展中国家而言往往太大了——尽管这也是事实。
- 公式拨款、购买者-提供者和奖金拨款机制仅在选择性基础上起作用,因此应仅选择性地应用(例如应用于大学、学校和医院)以及在具有足够能力和资源来应对其增加的复杂性的国家进行应用。在这些机制起作用的情况下,这些机制提供了促进更好绩效的有力手段,因此应予以鼓励。
- 将关键绩效目标的设定纳入预算编制流程可以加强整个政府层面绩效预算系统——但前提是采取正确的目标设定方法。除其他外,这意味着在选择目标方面的选择性以及根据目标进行有效的绩效监测和跟踪。目标设定可以很容易地纳入规划预算系统的结构之中。

就整个政府层面绩效预算的实施战略而言,关键点如下:
- 在决定引入绩效预算之前,应认真考虑各国是否符合适当的先决条件,包括与治理质量和基本预算流程稳健性有关的先决条件。
- 开发规划绩效信息(包括规划评价)应与制定规划预算分类同时进行,而不是留到以后阶段。
- 对于使会计系统(包括财务管理信息系统)与规划兼容的必要性,从一开始就应该认识到并予以规划。
- 保持系统简单(例如通过推迟考虑更复杂的可选"附加",并抵制将绩效预算与复杂改革相结合的要求)大幅增加了成功的机会。在发达国家和发展中国家都是如此。
- 世界各地在绩效预算方面的大量且不断增长的文献以及从业者兴趣,使得从业者必须理解并牢记在设计和实施方面的既往经验教训。如果做到这一点,绩效预算将在帮助各国应对其现在和未来几年面临的主要财政挑战方面做出重大贡献。

参考文献

Arenas, A., and H. Berner. 2010. *Presupuesto por Resultados y la Consolidación del Sistema de Evaluación y Control de Gestión del Gobierno Central.* Santiago: Ministerio de Hacienda.

Axelrod, D. 1988. *Budgeting for Modern Government.* New York: St. Martin's Press.

Chevauchez, B. 2007. "Public Management Reform in France," in M. Robinson (ed.) *Performance Budgeting: Linking Funding to Results.* Basingstoke and New York: Palgrave Macmillan/IMF.

Diamond, J. 2007. "Challenges to Implementation," in M. Robinson (ed.) *Performance Budgeting: Linking Funding to Results.* Basingstoke and New York: Palgrave Macmillan/IMF.

GAO (General Accounting Office). 1979. *Streamlining Zero-Base Budgeting Will Benefit Decision-Making.* Washington, DC: GAO.

GAO. 1997. *Performance Budgeting: Past Initiatives Offer Insights for GPRA Implementation*, GAO/AIMD-97-46. Washington, DC: GAO.

GAO. 2002. *Results-Oriented Cultures: Insights for U.S. Agencies from Other Countries'Performance Management Initiatives*, GAO-02-862. Washington, DC: GAO.

Herbst, P. 2007. *Financing Public Universities: The Case of Performance Funding.* Dordrecht: Springer.

Hood, C. 2006. "Gaming in Targetworld: The Targets Approach to Managing British Public Services". *Public Administration Review*, July/August.

Joyce, P. 2003. *Linking Performance and Budgeting: Opportunities in the Federal Budget Process.* Arlington, VA: IBM Center for the Business of Government.

Kelman, S., and J. Friedman. 2007. *Performance Improvement and Performance Dysfunction: An Empirical Examination of Impacts of the Emergency Room Wait-Time Target in the English National Health Service*, Working Paper, Kennedy School of Government, Harvard University.

Lannaud, B. 2007. "Performance in the New French System," in M. Robinson (ed.) *Performance Budgeting: Linking Funding to Results.* Basingstoke and New York: Palgrave Macmillan/IMF.

Ministre du Budget (France). 2008. *Guide pratique de la LOLF.* Paris: Republique Francaise.

Novick, D. (ed.) 1967. *Program Budgeting: Program Analysis and the Federal Budget.* Cambridge, MA: Harvard University Press.

OECD. 2007. *Performance Budgeting in OECD Countries.* Paris: OECD.

Robinson, M. 2000. "Contract Budgeting". *Public Administration* 78 (1): 75-90.

Robinson, M. 2002. "Output-Purchase Funding and Budgeting Systems in the Public Sector". *Public Budgeting and Finance* 22 (4): 17-33.

Robinson, M. (ed.) 2007a. *Performance Budgeting: Linking Funding to Results.* Basingstoke and New York: Palgrave Macmillan/IMF.

Robinson, M. 2007b. "Performance Budgeting Models and Mechanisms," in M. Robinson (ed.) *Performance Budgeting: Linking Funding to Results.* Basingstoke and New York: Palgrave Macmillan/IMF.

Robinson, M. 2007c. "Cost Information," in M. Robinson (ed.) *Performance Budgeting: Linking Funding to Results.* Basingstoke and New York: Palgrave Macmillan/IMF.

Robinson, M. 2007d. "Results Information," in M. Robinson (ed.) *Performance Budgeting: Linking Funding to Results.* Basingstoke and New York: Palgrave Macmillan/IMF.

Robinson, M. 2007e. "Purchaser-Provider System," in M. Robinson (ed.) *Performance Budgeting: Linking Funding to Results.* Basingstoke and New York: Palgrave Macmillan/IMF.

Robinson, M. 2011. *Performance Budgeting*. Washington, DC: CLEAR / World Bank. http://www.theclearinitiative.org/PDFs/CLEAR_PB_Manual.pdf.

Robinson, M. 2012. "Keeping the Lid on Aggregate Expenditure during Budget Preparation," *OECD Journal on Budgeting* 12(3): 20–38.

Robinson, M., and J. Brumby. 2005. "Does Performance Budgeting Work? An Analytic Review of the Empirical Literature," International Monetary Fund Working Paper 05/210. Washington, DC: IMF.

Robinson, M., and D. Last. 2009. *A Basic Model of Performance-Based Budgeting*, FAD Technical Note. Washington, DC: IMF. http://blog-pfm.imf.org/files/fad-technical-manual-1.pdf.

Schick, A. 1978. "The Road from ZBB," *Public Administration Review*, March/April: 177–80.

Schick, A. 2007. "Performance Budgeting and Accrual Budgeting: Decision Rules or Analytic Tools?," *OECD Journal on Budgeting* 7(2): 109–38.

Schick, A. 2008. "Getting Performance Budgeting to Perform," unpublished paper prepared for the World Bank.

Smith, P. 2007. "Performance Budgeting in England: Public Service Agreements," in M. Robinson (ed.) *Performance Budgeting: Linking Funding to Results*. Basingstoke and New York: Palgrave Macmillan/IMF.

Social Market Foundation. 2005. *To the Point: A Blueprint for Good Targets*. London: SMF.

12
财政联邦制和政府间财政关系

杰米·博埃克斯和罗伊·凯利

本章讨论财政联邦制安排在更广泛的广义政府层面和地方政府中如何与公共部门财政管理相关并与之相互作用。在许多国家，地方政府被赋予提供重要公共服务职能的职责，从而占据很大一部分公共部门支出。在依赖权力下放的民选地方政府提供公共服务的国家中，地方政府通常被认为是自治政府实体——在法律和政治上与中央政府分离并具有各自独立预算的实体。实际上，权力下放的区域和地方政府的一个决定性特征是，这些实体编制并执行自己的预算，从自己的来源收集部分收入，并有能力以自己的名义进行借款（IMF，2001）。

因此，根据该定义，地方政府实体的预算不在中央政府主要财政管理流程的直接权限范围之内。[①] 主要在中央政府层面工作的公共财政管理专家有时可能会发现，地方政府的自治地位与良好公共财政管理实践的关键原则（例如国库单一账户的概念）有些不一致，并且偶尔甚至提倡将地方当局的财政整合到中央政府财政系统（例如，以应对地方政府持有大量银行存款的情况）。但是，没有先验理由说明为什么从系统上来说，集中式政府财政系统应该比分权式系统更有效率。实际上，理论认为分权式规划和预算可以改善效率和问责制（Oates，1972，2005）。此外，在大多数情况下，一个国家的地域行政治理结构属于政治决策，处于政府间财政关系和地方政府财政系统的设计之外。

因此，在权力下放的区域和地方政府属于公共部门的一部分的情况下，稳健的公共财政管理方法（除了涵盖中央政府的财政运作外）应适当地处理区域和地方政府财政的审慎管理事宜。此外，必须建立健全的政府间财政系统，以确保不同政府层级之间的资金流动，确保对地方政府财政的适当监督，管理与地方层面借款相关的财政风险，并确保中央和次中央财政流程和程序的协调。

为了涵盖这一广泛的话题，本章安排如下。第一，我们简要介绍了财政联邦制的背景，包括其动机、主要原则和维度。接下来我们探讨了财政联邦制和公共财政管理是如何相互作用的。特别是，我们们考虑了政府间财政关系的作用和管理，以及在地方层面建立健全的公共财政管理系统的必要性。最后，我们得出了一些关于该话题的结论性意见。

---

① 在没有权力下放的情况下，其他国家依靠分散来在全国范围内提供公共服务。在分散系统中，地方行政实体是中央政府机构的组成部分，分散（地方）部门的预算包含在中央政府预算中。本章涉及权力下放背景下的公共财政管理和政府间财政关系，在上述背景下，公共部门存在两个或更多不同的治理级别。

财政联邦制

在追求经济社会发展的过程中,政府往往会进行改革,以鼓励私营部门主导的经济增长,同时改善公共部门的效率和问责制。在这些公共部门改革中,许多改革都包括分散(分散是使公共部门决策更贴近人民的流程)的要素,以便赋予当地社区权力,使当地社区能够更积极地参与政府资源的优先排序、实施和监测。在许多国家,实行分散的目的是鼓励更负责任和回应性更强的治理,提高公共服务提供效率,促进全国更公平地分配服务和资源。

为了取得成功,分散改革需要结合问责机制、行政/制度能力,以及明确界定的财政责任和资源(Shah, 1994; Bahl, 1999; Litvak and others, 1998; Boex and Yilmaz, 2010)。

- 在政治方面,地方政府需要使其回应居民并对居民负责的一些机制;这些包括受当地政治权力结构(选举流程的结构和质量、地方政党制度的性质),以及地方参与和社会责任的其他非选举方面的影响。
- 在行政方面,地方政府需要监管当局以及机构、系统和人力资源能力来规划、预算、实施、监测和评价其当地的公共服务提供情况。
- 在财政方面,地方政府必须:(1)明确分配支出责任;(2)具有一些自己的收入来源;(3)具备有效的政府间财政转移支付系统;(4)具备地方借款框架。这四个要素通常被称为财政分权的四大支柱。

最终,每个国家的公共部门必须战略性地整合(并依次改革)这些组成部分,以便对权力下放的区域和地方政府进行赋权、赋能和促进。只有这样,地方政府才能承担相应的责任,以负责任和高效的方式提供改善的治理和服务。

明确分配政治、行政和财政职能是实现这些效率和问责制目标的关键的第一步。所有政府层级都必须明确界定其作用和职责,并被赋予合法性、权力、能力和资源以按照负责任的方式实施这些权力。理解"哪些职能和工具最好集中,哪些最好放在分权的政府层级"是财政联邦制改革的基本主题(Oates, 1999,第1120页)。

标准的财政联邦制框架规定,经济稳定和分配职能仍然在中央政府层级,而其他单项公共服务职能应在中央和地方政府层级之间进行划分,以提高经济效率。通过将公共支出决策转移到能够在提供服务的经济成本和收益之间控制完全"对应性"的最低级政府,可以提高配置效率(Musgrave, 1989; Oates, 1972, 1999, 2005)。

这种"对应性原则"也称为"辅助性原则",它认为大多数公共支出职能应分配给地方政府,但由于规模经济和/或辖区外溢(例如,国防、货币政策、流域管理),必须因效率原因而分配给上级政府的那些职能除外。[①]

---

① 辅助性原则规定,应在能够高效履行职能的组织结构的最低级别履行职能。因此,中央当局应具有辅助职能,用于仅执行那些无法在更直接层级或地方层级有效执行的任务。世界各地遵循辅助性原则,作为不同政府层级或级别之间支出责任分配的指导原则,甚至正式纳入《欧洲地方自治宪章》(1985)。

虽然许多公共服务都可以在地方政府层面得到有效提供，包括当地街道和道路、街道照明、饮用水、污水处理、固体废物管理、当地市场和当地公共交通网络，但还有许多公共服务，例如与公共教育和公共卫生服务有关的服务，需要中央和地方联合提供，这有赖于为解释规模经济、外部性、公平性和需求异质性对具体政策、规定和子职能的产生进行"分拆"（Pritchitt and Pande，2006；Ferrazzi and Rohdewohld，2009）。在这种情况下，上级政府通常负责通过广泛的政策指导、机构支持、能力建设、财政资源以及监督和监督来确保为地方政府创造有利环境，同时地方政府有权响应和负责有效地向居民提供实际服务。

第一代财政分权改革（20世纪70—90年代）侧重于分权的效率收益，并且假设民选地方政府具有足够的自由裁量权和能力并将为当地居民的最大利益而行事。因此，世界各地在此期间的分权改革被视为一种机制，用于通过分散、授权、权力下放和/或私有化方式的组合，将公共职能的权力和职责从中央政府转移到下属或准独立组织和/或私营部门（Rondinelli，1983；Rondinelli and Nellis，1986）。

然而，由于在20世纪最后几十年中实行了分权改革，很明显，在缺乏适当问责机制的情况下，政治、行政和财政权力和资源的权力下放（特别是在非工业化国家）会导致资源配置效率低下、宏观经济不稳定、不平等加剧、服务水平下降、腐败和精英掌控等问题（Prud'homme，1995；Tanzi，2001；Bardhan，2004）。改革者认识到分权本身不是问题，但释放分权收益的关键障碍是分权改革的设计和实施方式，以及是否特地地适当考虑了诸如法律法规的明确性、改革活动的顺序以及公共和社会问责机制等方面（Bahl，1999）。这些现实导致出现了强调平衡效率目标与有效问责机制（Oates，2005；Weingast，2006，2009；Rodden，2003；Vo，2010）以及分权改革的国家特定战略阶段的重要性（Bahl and Martinez-Vazquez，2006）的第二代财政联邦制模式。

第二代财政联邦制框架承认"制度很重要"并优先考虑赋权。地方政府需要被赋予：（1）明确的政治、行政和财政权力，以便具有回应性、高效和负责任；（2）对服务提供职能进行规划、预算、实施和监测的制度能力；（3）足够的人力和财政资源来交付结果；（4）问责机制，包括与公共财政管理有关的机制。同样，公民需要被赋予：（1）服务权；（2）信息权；（3）通过与政治、行政和财政相关的公共和社会问责机制发表意见并与政府接触的权利（Yilmaz and others，2010；Ringold and others，2012）。虽然需要地方层级的自由裁量权来确保通过匹配成本和收益向相互竞争的地方优先事项高效地配置稀缺资源，但地方层级的问责制同样是必要的，以确保对地方优先事项具有回应性，并存在具有适当控制、报告和审计机制的透明和负责任的规划和预算流程（Yilmaz and others，2010）。此外，更广泛的政治经济事宜已越来越被认为是成功分权的主要挑战（Boex，2010；Eaton, Kaiser and Smoke，2010）。现在，分权不再被视为职能在政府层级之间的技术性重新配置，而是越来越多地被认为是通过分权的地方政府在公共部门对人们进行赋权的一种手段（Boex and Yilmaz，2010）。

第二代财政联邦制模式对效率和问责制的优先重视强有力地补充了公共财政管理改革的目标，而这些改革具有类似的重点——在可负担的总体宏观财政框架内，改善财政资源的运营和经济效率以及问责制（PEFA，2008，2011；Simson and others，2011）。事实上，公共财政管理改革和分权改革越来越被视为是互补的，因为这两套改革对于确保实现高效和负责任的公共部门绩效而言均是必要的。换言之，地方公共财政管理以及与政府间财政关系管理之间的相互作用不是公共财政管理文献和政策实践必然会突出的话题。

财政联邦制和公共财政管理相互作用

公共财政管理系统通常侧重于中央政府财政,这是可以理解的,因为优先考虑的是确保宏观经济财政稳定以及占国家公共财政绝大部分的中央政府收入和支出。然而,现在,随着各国通过区域和地方政府以及各种分权财政安排来引导增加资金,人们越来越认识到需要改善将中央与地方政府联系起来的公共财政管理机制以及地方政府内部的特定公共财政管理机制。公共财政管理系统以两种基本方式与财政联邦制安排相互作用。

- 第一,健全的公共财政管理的一个关键方面是政府间财政系统管理,包括政府间资金流动联系的核算、地方财政风险的管理,以及地方政府(SNG)收入和支出的监测和报告。这些政府间公共财政管理的方面应被视为更广泛的中央政府预算编制和财政管理流程不可分割的组成部分。
- 第二,地方政府的内部预算和财政管理系统和程序是国家公共财政管理系统的重要组成部分。实际上,由于地方政府本身就是政府实体,所以地方政府应该坚持与中央政府基本相同的公共财政管理原则。实际上,对地方层面公共财政管理框架的评估应该考虑与中央政府基本相同的要素(PEFA,2013)。

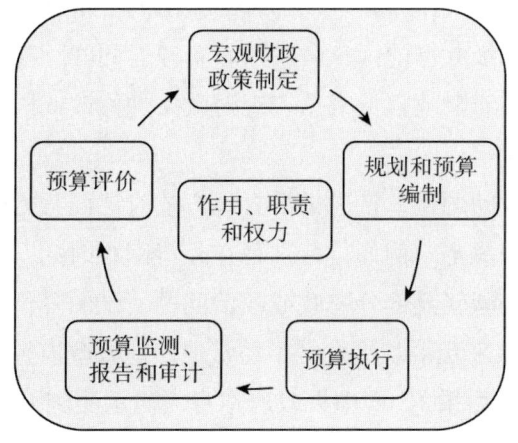
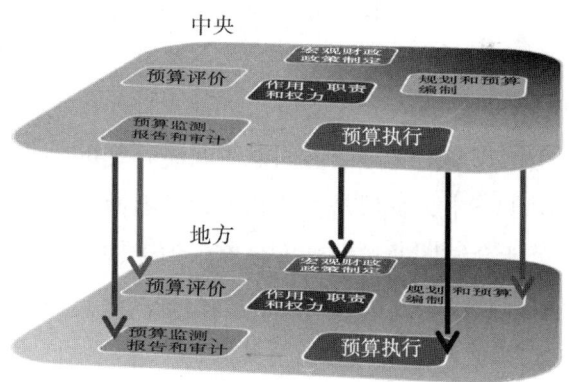

图12.1 财政联邦制与公共财政管理之间的相互作用

然而,在评估地方公共财政管理系统时,应该注意两个主要区别:第一,由于地方政府辖区管理的财政规模和范围较为有限,所以地方政府层面的公共财政管理系统往往不如中央公共财政管理系统复杂。第二,作为主权实体的中央政府能够定义自己的预算编制和支出管理流程,而地方政府通常需要在上级议会和政府为其定义的公共财政管理系统、程序和流程之内运作。因此,预算周期的每个阶段(或多或少)都可能受到上级政府的指示或干预的影响。

一般预算周期为讨论如何将财政联邦制安排纳入国家公共财政管理系统的评估(以及可能的后续改革)提供了逻辑参考点(图12.1)。为了确保效率和问责制,政府必须首先澄清处于任何政府间财政系统核心的每个政府层级各自的作用、职责和权力。[1]随后，应在预算周期的每个阶段审查中央政府层级的政府间财政系统管理以及地方政府的内部公共财政管理系统（并根据需要进行改革，以坚持完善的公共财政管理实践），包括宏观财政政策制定、规划和预算编制、预算执行、预算监测、报告和审计，以及预算评价。

如图12.1所示，这需要在中央和地方政府层面存在有效的预算周期，以及在预算周期的每个阶段，在中央和地方公共财政管理流程之间保持一致的纵向（政府间）联系。此外，在考虑财政联邦制和公共财政管理之间的相互作用时，对预算周期每个阶段的讨论应侧重于可负担性、效率和问责制问题，同时考虑到财政分权的四大支柱（支出分配、收入来源分配、政府间财政转移支付，以及地方借款和债务）。

财政联邦制和公共财政管理——政府间财政制度管理

中央（或上级）政府管理下级政府财政的方式与中央政府通常用于管理自身财政的系统和程序有很大不同。最根本的区别是，由于地方政府实体的收入和支出不包含在中央政府自身的预算之内，所以地方公共财政管理往往必须通过公平地监督、监管和参与地方公共财政管理系统来实现，而非通过直接控制地方公共财政管理系统来实现。

宏观财政政策制定。作为年度国家宏观财政政策制定流程的一部分，中央政府官员通常对地方财政的规模和范围具有重大影响。在国家预算编制流程之前（或作为其早期部分）做出的一项常规决策是确定应通过一般收入分享或无条件拨款与区域或地方层级共享的国家公共财政资源。同样，在许多国家，后续预算年度宏观财政基本原则的制定允许中央政府财政官员根据宏观财政条件修改或限制地方支出分配、收入分配或地方层面借款。[2][3]

与中央政府管理政府间财政系统相关的一个重要制度问题是，在通常没有地方政府层面官方代表的情况下，中央官员是否能够就地方财政做出有影响力的决定。例如，特别是在经济困难时期，中央政府可能会试图通过向地方政府施加无资金支持的任务来减轻其部分财政或政治问题，试图降低政府间财政转移支付水平和/或试图通过削减对地方政府的拨款来获得政治人气（经常迫使地方政府提高地方收入和/或严重削减关键公共服务，并面由此引发的政治后果），而中央政府本身无需承受到财政和/或政治上的苦果。

在确定宏观财政政策框架时，采用不同的机制来确保实现一定程度的政府间协调。一些国家在其宪法或立法框架中制定了宏观财政政策规则；例如通过在地方政府层面共享固定比例的公共财政资源（例如印度尼西亚、菲律宾、肯尼亚、巴基斯坦、哥伦比亚）。一些国家依靠一系列制度机制在制定宏观财政政策规则方面和在不同政府层级之间划分公共财政方面确保政府间协调。许多（联邦制和单一制）国家依靠常设或定期重新组建的政府间财政委员会来确定或建议宏观财政政策的政府间方面问

---

[1] 如上所述，作为财政分权的第一支柱，职能和支出责任的分配应以辅助性原则为指导。虽然不明确或无效的支出和收入分配是当地公共部门绩效不佳的重要原因，但对该问题的更详细讨论超出了本章的范围。

[2] 在单一制国家尤其如此。在联邦制国家，联邦官员干预州或省政府内部财政决策的能力可能受到宪法的限制。同样，国家立法或政府间制度安排（在下文讨论）可能会限制中央政府单方面将其预算意愿强加给下级政府的能力。

[3] 在许多非工业化国家，中央法规或立法通常会限制（或完全禁止）地方政府在没有中央政府批准情况下借款的能力。

题。①其他国家在议会内主持其政府间协调（例如乌克兰），依靠地方政府协会与政府之间的正式契约（例如荷兰），或在没有任何正式类型的政府间协调安排的情况下管理其政府间系统（例如美国）。

改革者认识到设计和实施不当的财政分权可能带来财政风险。②为了确保可负担的宏观经济财政框架内的效率和问责制，特别强调管理分权可能带来的财政风险，尤其是地方层面借款带来的风险。这些措施的重点（通常载于地方政府财政立法）是确保地方政府借款受中央和地方层面财政规则的约束，并进行适当的监督，以鼓励谨慎的短期现金管理相关借款以及长期基本建设借款（见专栏12.1）。

专栏12.1 宏观财政政策规则和地方层面借款

管理地方风险是中央和地方政府关注的公共财政管理的一个关键领域。包括地方政府（SNG）在内的政府需要借款进行短期现金管理，并且需要为长期资本投资提供资金。有效的地方层面债务融资可以鼓励当地经济发展、财政纪律和收入动员。谨慎的需求驱动型借款可以在公共财政中发挥重要作用，而不负责任、不问责的借款可能导致宏观经济不稳定（Peterson，2000；Peterson，2001）。

然而，为了确保地方政府借款不会对经济稳定产生负面影响，各地政府都采用地方债务政策指引来确定允许的地方债务的用途、法定债务限制、披露要求和违约情况下的债务追索选择权。这些政策往往包括事前控制，例如绝对借款限额、基于定量指标的限额（偿债限额，债务/存量限额，或者新借款限额）和/或基于定性指标的限额。此外，各国通常采取事后控制来处理财政压力和/或违约的情况（Ter-Minassian and Craig，1997；Liu and Waibel，2008a，2008b；Canuto and Liu，2013）。

政府债务政策旨在允许短期和长期借款，目的是确保用于改善现金管理的短期借款不会成为长期债务并且长期债务不会违约（这可能导致影响地方政府并最终影响中央政府宏观经济形势的财政压力）。在地方政府问责制薄弱的国家，中央当局完全禁止地方政府借款、限制国家金融中介机构（例如地方政府银行）的地方层面借款并且要求地方政府在借款前获得中央政府的批准是司空见惯的。

预算编制。中央政府对地方预算编制流程的参与程度因国家而异，通常由三个考虑因素之一或其中一些组合驱动。

中央参与地方预算编制流程的第一个动机是，财政部一般作为所有（国家）公共财政的管理者，负责确保在地方层面高效和透明地配置和使用公共财政资源。③中央立法或法规一般定义了会计科目表和在地方层面应遵守的预算结构，以确保国家预算的透明度和问责制。中央立法可能还需要坚持地方预算编制流程的参与实践。

第二个驱动因素往往是从较高层级到地方实体的政府间财政转移支付的相对重要性，特别是在以

---

① 此类政府间财政协调安排的示例包括澳大利亚联邦拨款委员会，德国财政规划委员会，印度尼西亚区域自治委员会（DPOD），尼日利亚国家收入动员分配和财政委员会，南非金融和财政委员会，乌干达地方政府财政委员会。请见Boex and Martinez-Vazquez（2004a）和Shah（2007）。

② 在（通常出于政治原因）违反"财政应该遵循职能"原则时，财政分权改革便不可持续。该原则要求在确定不同政府层级之间的财政资源分配之前分配支出责任。不遵守该原则导致20世纪80年代拉丁美洲若干国家出现了相当大的宏观经济不稳定（Burki，Perry and Dillinger，1999）。

③ 在一些国家，这项责任属于地方政府部、内政部或同等的部。

专用或有条件转移支付的形式提供这些资源的范围内。①毕竟，为了使地方政府能够为政府间财政转移支付的支出适当地编制预算，地方预算编制流程的时间安排应该与国家预算编制周期保持一致。与中央政府机构相比，中央和地方预算周期的一致性通常要求中央政府官员在预算周期中较早地承诺地方政府预算上限，因为地方政府必须根据预算通告中规定的预算上限编制和通过自己的预算，从而限制了在预算编制流程后期谈判上限的空间。当中央和地方的规划和预算周期的一致性较差时，会产生较差的地方规划和预算执行结果。②

中央政府参与的第三个驱动因素是中央政府对整体财政控制的责任。中央政府（通过行政行为或作为中央立法审查流程的一部分）被赋予审查、修改和/或批准地方预算的权力，以确保国家级预算遵守中央政府的政策和取向，这种情况并不罕见——特别是在分权基础不稳定的国家。

预算执行。与中央政府收入和支出相比，地方收入和支出在中央国库和财政管理系统之外。事实上，中央政府预算中包含的地方财政的唯一部分（因此通过中央政府的国库系统进行管理）是中央预算中包含的政府间财政转移支付。③

专栏12.2　政府间财政转移支付

"政府间财政转移支付"一词涵盖用于从一级政府或辖区向另一级政府或辖区提供财政资源的各种财政工具，从广泛的无条件转移支付工具（例如一般收入分享（以来源为基础分享一种或多种国家税收））到一般用途平衡拨款、部门整笔拨款以及针对中央批准的特定地方项目的高度专用拨款，而这些拨款一般通过基于财政能力和支出需求的透明公式进行分配。

通常使用政府间财政转移支付的四个不同方面，以便得出不同转移支付方案的类型。巴尔和林恩（Bahl and Linn，1992）的政府间拨款分类法首先考虑了哪些规则（如有）用于确定转移支付池的规模，又用什么方法来确定合格辖区之间转移支付的横向分配，用于区分不同类型的拨款方案的其他维度包括上级政府对转移支付资源使用施加的条件程度（从无条件到高度专用），以及转移支付方案是否用于激励特定支出或促进具体绩效或治理标准（OECD，2006；UNCDF，2010）。

虽然一些国家依靠广泛的、高度无条件的转移支付方案为地方层面提供财政资源（例如德国的收入分享），但许多其他国家依靠条件较多的转移支付方案来为地方政府提供资金。在最近对选定的经合组织国家政府间财政转移支付的分析中，专用拨款平均占政府间财政转移支付的60%，这表明尽管次中央政府具有自治地位，但中央政府（即使在最工业化的经济体中）仍然对区域和地方政府的预算和支出保持强有力的控制（OECD，2006）。

虽然政府间财政转移支付方案的制订和设计应该受到财政特征的驱动，例如地方支出需求的变化以及地方收入潜力和财政能力，但在实践中，转移支付资源的配置总是进一步由上级政府通过转移支付系统寻求实现的政治目标所驱动（Boex and Martinez-Vazquez，2004b）。

---

① 虽然一些国家的州和地方政府拥有高度的收入自主权（例如丹麦），但在其他国家，地方政府主要或几乎完全由政府间财政转移支付供资（例如荷兰）（OECD，2009）。一般而言，与工业化经济体中的地方政府相比，发展中经济体的地方政府更依赖转移支付。同样，与联邦制国家的地方政府相比，单一制国家的地方政府往往更依赖转移支付。但是，这些一般国家子集的经验和实践存在很大差异。

② 在发展中国家特别常见的一个示例是，中央政府在预算编制流程中向地方政府通报其预算上限太迟，这要求地方政府在没有最终预算上限的情况下通过其预算规划。

③ 如下文进一步讨论的，在少数国家，地方政府需要在国库系统环境内管理其财政。

在大多数国家，政府间财政转移支付构成地方政府一个重要（如果不是最重要）的财政资源来源。如上所述，政府间财政转移支付的规划和执行可以说是上级政府层面与地方政府层面的预算流程之间最直接的联系（见专栏12.2）。

一个国家政府间转移支付系统的设计和实施可以说是地方公共财政管理的最重要的政府间关系机制。政府间转移支付系统通常力求同时实现一系列政策目标，包括高效的资源配置（在根据公共服务提供需求配置资源方面）；改善纵向财政平衡；实现更公平的地方财政资源横向配置；抵消区域溢出效应；资金流动的稳定性和可预测性；平衡国家优先事项与关于地方支出回应能力的需要；避免激励倒错，同时加强地方财政的透明度和问责制。关于政府间财政的政策文献围绕一些应遵循的"最佳实践"或"普遍原则"达成了共识，以便实现转移支付资源的高效和公平配置，同时避免因转移支付设计不良而导致的意外副作用（Bahl，2000；Bird and Smart，2002；Shah，2007a）。

在中央（上级）政府预算中，政府间转移支付（被国际货币基金组织正式分类为"向其他广义政府单位的拨款"）与定期预算支出不同：虽然中央政府层面的大多数预算事项都是交换事项（例如以工资换取劳动力），但向地方政府提供了政府间财政转移支付，却不会同时获得商品、服务或资产作为回报（IMF，2001，第24页）。如果政府间财政转移支付的规定由常规立法（例如地方政府财政法案）或年度预算法案来确定，那么政府间财政转移支付应在关于获得转移支付的所有要求和条件均得到满足时，由国库予以执行（IMF，2001，第30页）。

在国家（或上级）政府预算中对政府间财政转移支付予以规定的方式通常受到一个国家正在实行的分权的范围和性质的驱动。如果州和地方政府被视为公共部门内的自治政府层级，那么在将定期（中央）预算分解为预算投票事项或预算章节之前，可以在单独的预算基金中预留一般用途的政府间财政转移支付。在其他国家，向地方政府的转移支付包含在为此目的专门设立的一个或多个预算投票事项中，通常由财政部或地方政府部控制。如果地方政府提供作为共同或同时支出责任的授权国家职能或公共服务，那么在有关各部的预算投票事项、章节或规划中包含政府间财政转移支付则并不罕见。如果在上级预算中规定了转移支付，那么这对资金的控制（和实际发放）具有重要影响。在较发达的公共财政管理系统中，从有关各部或有关政府部门向地方政府实体的转移支付的发放通常是例行的和加急的，而在行政上不太先进的系统中，中央政府机构的资金发放可能会出现严重的延误和问题。事实上，从发展中国家现有的公共支出跟踪调查和类似研究中可以公平地得出结论，转移支付流程中行政环节和政府层级的数量越多，实际资金转移的延迟时间越长，转移支付在到达最终目的地之前被挪用的份额就越大（Reinikka and Svensson，2004；Boex and Tidem，2008）。

由于按照定义，政府间财政转移支付来自中央政府，因此对预算年度内政府间财政转移支付实际使用情况的监测不能通过中央国库系统进行。在一些国家中央可能满足于依靠内部地方行政控制、向下问责和事后预算审查（如下文进一步讨论）。在其他国家，建立了政府间公共财政管理机制，以确保在预算执行阶段进行更密切的监督。例如，地方官员可能要求在参与地方支出（包括政府间转移支付的支出）之前预先批准国家级预算控制人或外部账户法院。这种实践在法国的行政传统中以及葡语国家尤为常见。实际上，少数国家只是要求地方政府在中央国库或中央银行持有账户，从而为中央官员提供对地方政府支出的几乎完全的控制，无论是否由政府间转移支付提供资金。

预算报告、审计和评价。由于地方政府账户在大多数国家不在国库之内，因此中央对地方政府财政的监督需要更精细的预算报告系统和事后外部审计。在大多数国家，中央政府强制实施其自上而下的预算监测、报告和审计措施，并且依靠地方官员在地方立法机关或议会主持下进行的预算监测、预算报告、（内部和外部）预算审计和预算评价。因此，许多国家的地方政府都要接受外部审计师和/或最高审计组织的事后审计，并可能使其审计结果接受国家议会账目委员会的审查。

除了一般事后审计和预算审查之外，中央当局（无论是位于财政部、负责地方政府的部还是有关各部之内）可能希望确保拨款资源已用于其预定用途并符合其具体条件。因此，对有条件或专用拨款的监测可能是一个密集型流程，具体取决于所施加的条件的确切性质。由于审查流程的耗时性质，因此通常在定期预算和财政管理流程之外以事后方式监测对具体条件的遵守情况。

从中央政府的角度来看，公共财政管理关注的最后一个领域是确保提供关于国家所有公共财政资源利用情况的信息，包括利用地方政府收到或收集的公共财政资源。虽然地方政府财政统计数据的收集和合并在工业化和转型经济体中很常见，但许多发展中经济体未能制作这种合并的地方政府财政统计数据。系统地收集地方政府财政数据要求中央和地方政府的政府财务会计科目表和预算分类保持一致，以便适当地确认和控制区域和地方政府职能的支出。此外，中央和地方政府使用的经济预算分类和收入分类必须协调一致，以利用地方政府报告的收入来源（涵盖政府间财政转移支付以及自有来源收入）充分控制不同类型的政府间财政转移支付的分配。

财政联邦制和公共财政管理——地方公共财政的内部管理

正如本章前文所述，一旦确认了地方政府的存在理由，并且在多层次的公共部门中将职能和支出责任分配给各自的政府层级，那么就应预期地方政府遵循与中央政府基本相同的公共财政管理原则（Potter，1997；Shah，2007c，2007d）。尽管公共财政管理原则的应用在地方层面可能略有不同，但可以使用与中央政府相同的绩效衡量框架来评估地方公共财政管理系统的绩效（PEFA，2011，2013）。因此，标准的公共财政管理评估工具（例如公共财政管理绩效评估框架，通常称为公共支出与财政问责框架）可以应用于地方政府，并且本书不同章节中包含的许多原则和良好实践可以同样适用于地方政府层面。

然而，对地方公共财政管理系统的评估应考虑到地方政府占据的独特优势。中央政府（作为主权实体）能够定义自己的政策优先事项以及自己的预算编制和支出管理流程，而地方政府或多或少地局限于在上级政府为其定义的政策优先事项以及预算编制和预算执行流程之内运作（如上所述）。

此外，在分权的地方政府的作用未被广泛承认或接受的国家，地方政府管理其财政的能力或权能可能（在某些情况下十分严重）受限于公共（人力和财政）资源集中化和地方政府层面不充分的资金（或收入自主权）。因此，任何国家的地方公共财政管理绩效都应在法律赋予地方层级的自治、权力和财政空间的总体背景下进行评估。

宏观财政政策制定和地方预算编制。健全的预算编制流程的核心特征要求预算流程和由此产生的预算是可信的（可负担的、现实的和可实施的）、全面和透明的并且基于政策的（在适当考虑政府政策的情况下编制）（PEFA，2011）。

然而，与中央政府相比，地方政府的预算编制通常在很大程度上由政府间公共财政管理框架进行指导。如上所述，中央政府当局往往对地方预算议会日程以及预算编制流程的各个其他方面（包括预算格式和会计科目表）具有重大影响。在这种情况下，如果地方官员只是追求遵守中央当局制定的标准（而非被法律或法规要求采用国际公认的健全的公共财政管理实践），那么与预算编制和结构相关的地方公共财政管理绩效在很大程度上受到中央定义的公共财政管理系统的驱动。[①]地方政府只能对在这种中央授权的结构中制定和采用年度预算规划的有序性和参与情况负责。

除政府间公共财政管理系统对地方预算编制流程实施的程序性控制外，地方预算编制结果在很大程度上也受到预期地方政府运作的资源参数的指导。毕竟，一个国家的议会倾向于分配职能责任并为地方政府层面设定政策预期；然后，中央政府确定政府间财政转移支付的分配，限制地方收入自主权（一般通过为中央保留获利最多的税收和收入来源），并限制地方层面借款。如果地方政府能够阐明自己的政策优先事项，那么在许多国家，用于追求这些优先事项的财政空间可能受到很大限制。

预算执行：地方支出管理。除少数几个国家外，地方政府实体都有权在国库控制之外管理自己的账户和财政。对地方财政管理实践施加的中央监管或国家统一程度因国家而异。在大多数分权国家，州和地方政府除遵守公认的国家或国际会计原则外，必须遵守少数公共财政管理标准，而其他国家则提供与预算执行流程和程序相关的具体和详细的法规和指示，包括采购指引以及地方公务员管理规范和标准。

如专栏12.3所示，地方层面（与中央层面一样）健全的预算执行可分为两个维度：

专栏12.3　健全的地方预算执行的绩效指标

可预测性及对预算执行的控制

对支出承诺的资金可获性的预测

记录和管理现金流、债务和担保

工资支出控制的有效性

政府采购的透明度、竞争性和投诉机制

非工资性支出的内部控制的有效性

内部审计的有效性

会计、记录和报告

会计对账的及时性和规律性

关于提供服务部门收到的资源的信息的可获性

当年预算报告的质量和及时性

年度财政报告的质量和及时性

资料来源：PEFA（2011）。

---

① 在地方官员遵守中央施加的标准的情况下，主要由政府间系统而非地方绩效驱动的公共财政管理绩效指标包括所用预算分类的稳健性；预算文件中包含（必须包含）的信息的全面性；未报告的政府运作的范围；监督其他公共部门实体带来的总财政风险；提供对关键财政信息的公众知情权；以及在财政规划、支出政策和预算编制方面依赖多年视角。

第一，预算执行中的可预测性和控制，或者换言之，预算应该以有序和可预测的方式执行，并且应该存在相应安排来在使用公共资金方面行使控制权和审慎管理权。

第二，充分的会计、记录和报告，或者换言之，应制作、维护和传播适当的记录和信息，以满足决策控制、管理和报告目的。

预算执行：地方收入管理。对于实现分权地方治理的效率和问责制收益而言，一个关键的必要条件是确保资源充足，为分配给地方政府的支出责任提供资金。虽然中央转移支付和共享税收往往占主导地位，但地方自己的收入（至少在边际上）对于加强治理问责制和地方自治也至关重要，同时（在边际上）为地方预算提供重要的额外资金来源。

理论和国际惯例表明，大多数税基自然分配给中央政府，而较低级别的地方政府主要获得了基于收益的使用，以及税基流动性较低的税款（例如财产税）、营业税/执照和选择性消费税。省级或州级政府通常可获得机动车税，有时还可获得零售税和个人所得税（Musgrave，1989；Bird，2011）。

然而，即使对于地方政府可能具有某种比较优势的税收和收入来源（例如地方财产税）而言，无论是出于政治原因还是出于行政原因，地方收入管理都可能是一项挑战（Kelly，2001；Bahl and Martinez，2007；UN-HABITAT，2011）。虽然中央收入当局通常具有规模经济、合格专业人员、实质性执法权力、计算机化税务管理系统、大型纳税人单位以及税务人员与纳税人之间的一定距离等优势，地方收入管理部门（特别是在较小的地方辖区）通常无法依靠这一系列优势（Mikesell，2007）。

在财政联邦制和公共财政管理的背景下，重要的是注意，地方收入指的是地方政府使用其自主裁量权所征收的收入。换言之，地方政府必须能够通过对税率、税基和/或收入管理产生一些直接影响来影响在边际上实现的税收收入金额。根据该定义，地方收入因此包括地方使用者收费和地方自己的税收，以及"背负（piggyback）"税收，在"背负"税收情况下，允许地方政府对国家税基征收附加费，但收入征收流程完全由中央政府管理。①换言之，地方政府不一定必须自己收取收入才能享有自有来源收入的效率和问责制的优势。②

预算报告、审计和评价。与中央公共财政管理流程和程序类似，需要在地方层面建立内部和外部监测和审计系统，以确保适当的问责制和监督。在一些国家，包括那些遵循威斯敏斯特或英联邦方法的国家，中央和地方政府都要接受国家审计机构进行并由国家议会讨论的审计（DFID，2004；Wang and Rakner，2005）。在其他国家，地方政府财务报表需要接受外部审计和/或中央（或上级）政府审查，但不受上级政府层面的一般议会审查（例如美国、南非和苏格兰）。

分权地方治理的主要好处之一是，分权地方治理使地方公共财政更接近人民，公共（社区）监督和社会问责的机会更大。与议会监督中央政府账户的庞大任务相反，地方层面人民的民选代表（例如地方或区域议会的财政委员会）可以更有意义地对地方账户进行定期（通常是月度或季度）审查。分权系统中的另一个（经常被忽视）外部问责来源是地方政府部或其他中央政府机构的监督。由于在分

---

① 然而，中央政府共享税不能被视为地方税，因为税收政策和管理处于中央政府的控制之下，即使在边际上，对税收政策或管理也没有任何地方自由裁量权或控制权。虽然背负税和共享税都可能降低总体收入管理和合规成本，但只有背负税直接支持地方自治、问责制和分权效率。

② 当然，地方政府必须依靠中央当局来引入和管理有效的"背负"税。

级的、自上而下的行政系统中，找到下属官员或实体作为（或不作为）的错误很少符合上级当局的利益，所以分权系统中的权力垂直分离可能使更高的政府层级成为地方层面负责任行为的更客观有效的监督和执行者。

除了涉及中央和地方政府官员的这些公共财政问责系统和程序外，地方政府越来越多地受到额外的与财政相关的社会问责机制的制约，例如公民积极参加参与式规划和预算编制、预算分析、公共支出跟踪以及社会监测和审计。这种公共和社会财政问责措施的结合被认为是成功的分权公共财政管理系统的一个不可或缺的要素（Yilmaz and others，2010；Ringold and others，2012）。

一些结论性意见

有效的公共财政管理对于在中央和地方政府层面实现可负担、高效和负责任的公共部门管理而言是至关重要的。在效率和问责制的共同目标下，公共财政管理改革和财政联邦制改革是互补的，在理想情况下是相互支持的，并且通常必须共同实施才能有效。在更大的整体财政控制（在可负担性和避免财政风险方面）意义上，未能从分权政府中受益的集中式公共部门可能从理论上更有效的公共财政管理系统中受益。但是，上述集中式公共部门不太可能回应人们的需求，也不太能够以高效和负责任的方式将更多的资源投入到提供许多一线公共服务的地方层面。同时，财政分权需要强有力的政府间公共财政管理系统以及强有力的地方公共财政管理系统，以便利用权力下放地方政府能够提供的更大回应能力、效率和问责制的承诺。

虽然财政联邦制和公共财政管理强化在大多数国家都处于不断变化的状态，但这两个问题在发展中国家受到更多关注，其中任何一项改革的潜在利益都不成比例地更大。对财政联邦制改革（为地方公共部门提供更大的自由裁量权）和公共财政管理改革（产生更大的公共问责）之间的联系进行排序是很重要的，但在实践中，其通常不以增量方式同步。

一些国家以"大爆炸"的方式进行了分权改革；迅速实施了法律改革，将作用、职责和权力转移给没有有效问责机制新的权力下放政府。在这些国家，公共和社会问责改革（包括公共财政管理改革）在引入分权后迅速成为高度优先事项，以便赶上下放权力和自由裁量权的水平。然而，在其他国家，分权改革基本上停滞不前，而集权政府则认为有必要首先建立强大而有效的公共财政管理结构和地方能力（例如柬埔寨、越南、土耳其、埃及）。虽然分权改革和公共财政管理改革之间的适当排序和平衡因国而异，但最终任何改革都必须包括在透明和负责任的结构中赋权与自由裁量权、能力和资源的组合（Bahl and Martinez，2006；Fedelino and Ter-Minassian，2010；Yilmaz and others，2010）。

正如本章概述的双重轨迹所表明的，公共财政管理改革以两种基本方式与财政联邦制改革相互交叉。第一，存在政府间公共财政管理系统和问题，迫使中央政府调整其内部公共财政管理系统和程序，以适应权力下放地方政府，主要是在政府间转移支付、财政风险管理和监测向这些权力下放政府的资金流动等领域。第二，存在一套广泛的地方公共财政管理系统和程序，为权力下放地方政府提供框架以使其在整个预算流程中运作，包括内部控制和审计、采购、监测和报告安排以及外部审计机制。地方层面的公共财政管理系统和程序必须与中央的公共财政管理系统和程序保持同步，而中央/政府间公共财政管理机制必须确保预算信息和资金流的正确流动，在控制下进行实施，以及适当的内部和外部审计、监测、监督和评价。

如果财政联邦制和公共财政管理共享一套共同的政策目标，重点是通过问责制来提高效率，并且如果这两个改革进程相互依赖，那么为什么财政联邦制和公共财政管理文献的更大趋同尚未发生？人们可以推测，尽管基于绩效的公共部门管理要求文献和政策社群趋同，但这种趋同并不容易。毕竟，这两个政策社群实际上可能代表用于实现同一套目标的两种不同的文化或方法：一个实践社群寻求通过寻求更好地控制公共部门财政资源的账户来提高公共部门有效性，而另一个实践社群则通过寻求在对公共财政管理和监督的控制方面进行分散和分权，从而寻求更大的公共部门效率和问责制。

参考文献

Ahmad, R. 2008. "Governance, Social Accountability and the Civil Society," *JOAAG*, Vol. 3（1）.

Bahl, R. 1999. "Implementation Rules For Fiscal Decentralization," International Center for Public Policy, Georgia State University Working Paper 99-1.

Bahl, R., and J. F. Linn. 1992. *Urban Public Finance in Developing Countries*. Oxford: University Press.

Bahl, R., and J. Martinez-Vazquez. 2007. "The Property Tax in Developing Countries: Current Practice and Prospects," Lincoln Institute of Land Policy, WP07RB1.

Bardhan, P. 2004. "Decentralization of Governance and Development," University of California, Berkeley.

Bird, R., and M. Smart. 2002. "Intergovernmental Fiscal Transfers: International Lessons for Developing Countries," *World Development*, 30（6）: 899-912.

Boex, J., and J. L. Martinez-Vazquez. 2004a. "Developing the Institutional Framework for Intergovernmental Fiscal Relations in Developing and Transition Economies," International Studies Program Working Paper 04-02, Andrew Young School of Policy Studies, Georgia State University.

Boex, J., and J. L. Martinez-Vazquez. 2004b. "The Determinants of the Incidence of Intergovernmental Grants: A Survey of the International Experience," *Public Finance and Management*, 4（4）, December 2004.

Boex, J., and P. Tidemand. 2008. "Intergovernmental Funding Flows and Local Budget Execution in Tanzania," Report prepared for the Royal Netherlands Embassy.

Boex, J., and S. Yilmaz. 2010. "An Analytical Framework for Assessing Decentralized Local Governance and the Local Public Sector," IDG Working Paper No. 2010-06, http://www.urban.org/publications/412279.htm.

Brautigam, D., O. H. Fjeldstad and M. Moore (eds) 2008. *Taxation and State-Building in Developing Countries*. Cambridge: Cambridge University Press.

Burki, S. J., G. Perry and W. R. Dillinger. 1999. *Beyond the Center: Decentralizing the State*. World Bank Publications.

Canuto, O., and L. Liu. 2013. *Until Debt Do Us Part: Subnational Debt, Insolvency, and Markets*. Washington, DC: World Bank.

Crook, R. C., and J. Manor. 1998. *Democracy and Decentralization in South Asia and West Africa: Participation, Accountability and Performance*. Cambridge: Cambridge University Press.

Devarajan, S., S. Khemani and S. Shah. 2007 "The Politics of Partial Decentralization," World Bank.

DFID. 2004. "Characteristics of Different External Audit Systems,"（DFID Policy Division Info series, PD Info 021）.

Eaton, K., K. Kaiser and P. Smoke. 2010. "The Political Economy of Decentralization Reforms: Implications for Aid Effectiveness," World Bank.

Fedelino, A., and T. Ter-Minassian. 2010. "Making Fiscal Decentralization Work: Cross-Country Experiences," IMF.

Ferrazzi, G., R. Rohdewohld and others 2009. "Functional Assignment in Multi-Level Government: Volume I: Conceptual Foundation of Functional Assignment" (Germany, GIZ).

IMF. 2001. *Government Finance Statistics Manual*. Washington, DC: IMF.

Kelly, R. 2000. "Designing a Property Tax Reform for Sub-Saharan Africa: An Analytical Framework Applied to Kenya," *Public Finance and Budgeting*, 20 (4): 36-51.

Litvack, J., J. Ahmed and R. Bird. 1998. "Rethinking Decentralization in Developing Countries," World Bank.

Liu, L., and M. Waibel. 2008a. "Subnational Borrowing: Insolvency and Regulations," Chapter 6 in Anwar Shah (ed.) *Macro Federalism and Local Finance*. Washington, DC: World Bank.

Liu, L., and M. Waibel. 2008b. "Subnational Insolvency: Cross-Country Experiences and Lessons," Policy Research Working Paper 4496, Washington, DC: World Bank.

Mikesell, J. 2007. "Developing Options for the Administration of Local Taxes: An International Review," *Public Budgeting & Finance*, 27 (1): 41-68.

Musgrave, R. A., and P. Musgrave. 1989. *Public Finance in Theory and Practice*. New York: McGraw Hill Book Company, 5th edition.

Oates, W. 1972. *Fiscal Federalism*. New York: Harcourt Brace Jovanovich.

Oates, W. 1999. "Essay on Fiscal Federalism," *Journal of Economic Literature* 37 (3): 1120-49.

Oates, W. 2005. "Toward a Second-Generation Theory of Fiscal Federalism," *International Tax and Public Finance*, 12: 349-373.

OECD. 2006. "Fiscal Autonomy of Sub-Central Governments. OECD Network on Fiscal Relations Across Levels of Government," Working Paper #2 COM/CTPA/ECO/GOV/WP (2006) /2.

OECD (Network on Fiscal Relations across Levels of Government). 2009. The Fiscal Autonomy of Sub-Central Governments: An Update. OECD Working Paper 2009-9.

PEFA Secretariat. 2011. "Public Expenditure and Financial Accountability Public Financial Management Performance Measurement Framework (Revised)," January 2011.

PEFA Secretariat. 2013 "Supplementary Guidelines for the Application of PEFA Framework to Subnational Goverments".

Peterson, G. 2000. "Building Local Credit Systems," World Bank Urban Management Program, Paper 25. Washington, DC: World Bank.

Peterson, J. E. 2001. "Subnational Debt, Borrowing Process, and Creditworthiness." Washington, DC: World Bank.

Potter, B. 1997. "Budgetary and Financial Management," Chapter 6 in Teresa Ter-Minassian (ed.) *Fiscal Federalism in Theory and Practice*. Washington, DC: IMF.

Pritchett, L., and V. Pande. 2006. "Making Primary Education Work for India's Rural Poor: A Proposal for Effective Decentralization," World Bank South Asia Series Working Paper No. 95.

Prud'homme, R. 1995. "On the Dangers of Decentralization," *World Bank Economic Review*, 10 (2): 201-20.

Reinikka, R., and J. Svensson. 2004. "Local Capture: Evidence from a Central Government Transfer Program in Uganda," *The Quarterly Journal of Economics* 119 (2): 679-705.

Ringold, D., A. Holla, M. Koziol and S. Srinivasan. 2012. "Assessing the Use of Social Accountability Approaches in Human Development," World Bank, 2012.

Rodden, J., G. Eskeland and J. Litvack (eds). 2003. *Fiscal Decentralization and the Challenge of Hard Budget Constraints*. Cambridge, MA: MIT Press.

Romeo, L. 2003. "The Role of External Assistance in Supporting Decentralization Reforms," *Public Administration and Development* 23 (1).

Rondinelli, D., and J. Nellis. 1986. "Assessing Decentralization Policies in Developing Countries: The Case for Cautious Optimism," *Development Policy Review*, 3-23.

Shah, A. 1994. "The Reform of Intergovernmental Fiscal Relations in Developing and Emerging Market Economies," Washington, DC: World Bank.

Shah, A. 2007a. "Institutional Arrangements for Intergovernmental Fiscal Transfers and a Framework for Evaluation," Chapter 10 in *Intergovernmental Fiscal Transfers: Principles and Practice*, pp. 293–317. Washington, DC: World Bank.

Shah, A. 2007b. "A Practitioner's Guide to Intergovernmental Fiscal Transfers," Chapter 1 in *Intergovernmental Fiscal Transfers: Principles and Practice*, pp. 1–53. Washington, DC: World Bank.

Shah, A. (ed.). 2007c. *Local Public Financial Management*. Washington, DC: World Bank.

Shah, A. (ed.). 2007d. *Local Budgeting*. Washington, DC: World Bank.

Simson, R., N. Sharma and I. Aziz. 2011. "A Guide to Public Financial Management Literature for Practitioners in Developing Countries: A Tool Kit" ODI, http://www.odi.org.uk/resources/details.asp?id=6242&title=public-financial-management-pfm-guide.

Smoke, P., and M. Winters. 2011. "Donor Program Harmonization, Aid Effectiveness and Decentralized Governance," Development Partners Working Group on Decentralization and Local Governance.

Tanzi, V. 2001. "Pitfalls on the Road to Fiscal Decentralization," Carnegie Working Paper No. 19.

Ter-Minassian, T. (ed.). 1997. *Fiscal Federalism in Theory and Practice*. IMF.

UN-HABITAT. 2011. *Land and Property Tax: A Policy Guide*. Nairobi, Kenya: UN-HABITAT. 280 *The Allocation of Resources* Vo, Duc Hong. 2010. "The Economics of Fiscal Decentralization," *Journal of Economic Surveys* 24 (4): 657-79.

Wang, V., and L. Rakner. 2005. *The Accountability Function of Supreme Audit Institutions in Malawi, Uganda and Tanzania*. Chr. Michelsen Institute CMIREPORT (R 2005: 4).

Yilmaz, S., Y. Beris and R. Serrano-Berthet. 2010. "Linking Local Government Discretion and Accountability in Decentralization," *Development Policy Review*.

第Ⅲ部分
预算执行管理

引 言

第Ⅲ部分讨论如何进行和控制政府预算的执行事项——预算执行流程。本节开头详细描述了预算执行周期的不同阶段以及为确保顺利执行预算所需的流程和控制，并讨论了各国如何发展其系统，使系统更加安全、可靠和信息丰富——尤其是为了在未来几年实现更好地制定政策、执行预算。接下来的四章分为两类；分别涉及预算执行如何适用于特定类型的公共部门采购和预算执行的具体方面。因此，第14章讨论了从私营部门购买商品和服务（从办公用品等常规采购到主要基础设施投资项目）时涉及的预算执行的特定问题。第15章描述了政府工资总额的最佳管理方法；由于大部分公共支出用于支付工资和薪金，并且需要管理从事不同职阶和级别的各种工作的大量公务员，所以有效管理工资总额是公共财政管理的重要挑战。第16章和第17章分别涉及国库职能、内部审计和控制。管理政府的现金资源和相关的银行业务安排是国库职能的核心；该章确定了如何最有效地构建预算执行流程和实践与政府现金资源高效处理之间的重要联系。第17章描述了内部控制的演变情况，以及作为改善在财务和法律上对预算的遵守情况以及改善提高公共服务时物有所值情况的一种重要工具的内部审计的使用情况。最后，第18章考虑了在通过预算外专项资金、机构或账户提供公共服务时可能出现的预算执行问题以及如何克服这些问题，同时适当考虑到这些资金、机构和账户针对有关各部控制的相对独立性。

丹尼尔·托马西（Daniel Tommasi）在第13章开篇评述了政府支出预算执行流程和控制以及如何在不同国家的系统下分配相关行政责任。第13章首先描述了预算执行周期的各个阶段——授权获得立法机关同意的拨款、承诺用于实现事项的资源、验证事项、出具支付通知，以及支付本身。然后剖析为确保遵守立法授权所需的基本控制措施；讨论拖欠付款的问题；评述关于拨款管理的规则，包括预算条目之间和之内的拨款转移；并识别延误制定预算的风险。最后，本章评述了年内财政规划，不同系统下预算执行责任的行政分配，以及预算执行情况的监测事宜。

在第14章中，阿方索·桑切斯（Alfonso Sanchez）讨论了公共采购——政府购买日常运营和投资规划所需的商品、服务和工程。采购是良好公共财政管理的关键要素。第14章评述了过去20年中从行政流程到战略发展，政府采购职能的快速演变，以及在使采购面对快速变化的市场和社会需求时更加有效和更具回应能力方面的突出挑战。第14章还讨论了采购系统设计对公共财政管理的影响，描述了现代采购系统的概念是如何演变的，评述了近年来进行的第一代改革的结果，剖析了在使这些改革按预期进行方面的其余挑战，并探讨了进一步改善公共采购职能的前进方向。

在第15章中，比尔·蒙克斯（Bill Monks）描述了管理政府工资总额（所有政府经常性支出的一个主要组成部分）涉及的问题。一方面，整个政府层面（传统上）人力规划和政策之间相互作用，以及另一方面，有关各部和财政部之间关于服务水平通常存在对抗性谈判，两者均需要熟练的人力资源管理以及公共财政管理。剖析了对严格但不过度约束的法律基础的需求，以及一旦获得必要的专业知识，就需要从更传统、有时是过于确定的方法转向设定工资和职阶，以充分利用现代创新，例如基于绩效的预算编制和更独立的政府机构。本章还探讨了在编制和管理政府工资总额支付流程方面的日常挑战，以及在确保解决合规方面和确保成本分配的准确信息方面的实际困难，以及满足专业人员管理人员和公共财政负责人需求的信息技术系统的应用。

迈克·威廉姆斯（Mike Williams）撰写的第16章描述了政府现金资源的管理，以及政府现金资源管理如何与预算编制和执行流程的相互作用。该章讨论了独立于组织结构的职能。现金管理与如何向有关各部（或机构）发放支出授权之间存在相互作用；本章强调应由于缺乏现金而削减规划支出是现金配给而非现金管理。无论是基于支出上限还是现金限额，对承诺实施控制的重要性在于其有助于对承诺和资源可用性进行协调。无论预算执行安排如何，政府可获得的现金每天都在波动，因此如果政府要以具有成本效益且高效的方式管理现金，就必须能够预测其未来一段时间内的现金流量和余额。本章列出了可以使用的各种预测技术（第31章考虑的现金余额的主动管理）。在银行系统中隔夜持有的现金代表机会成本，因此从国库的角度来看，代表失去了可见度和控制权。解决方案是将所有政府现金余额汇总到一个账户或一组关联账户，即国库单一账户（TSA），而国库单一账户通常并且最好由中央银行持有。本章还讨论了关于国库单一账户结构、其范围（例如与预算外资金有关的范围）以及其如何与支付系统相互作用的各种选择。

在第17章中，杰克·戴蒙德（Jack Diamond）指出，内部管理控制（其中内部审计是一个重要组成部分）对于确保基本的财务合规性和规律性而言至关重要，并且已扩大其范围以涵盖其他管理目标，例如资源利用的效率和有效性。为内部审计制定的国际标准似乎遵循私营部门的实践，并反映了更先进的现代公共财政管理系统中的"最佳实践"程序。实际上，在运作更加传统的预算系统的发展中国家，内部控制往往薄弱，并且内部审计几乎不存在。因此，本章重点关注对于典型的发展中国家而言，什么应该被视为"良好"而非最佳实践。有人认为，更集中的方法可能是发展内部审计职能的最安全途径，更加重视保证服务而非咨询服务。本章为发展中国家的内部审计系统现代化制定了一个双管齐下的战略：第一，需要建立一个强大的中央单位来指导改革进程并培养专业团队的技能；第二，利用该中央专业知识库，应系统地加强各部和机构层面的内部控制和内部审计能力。

最后，在第18章中，理查德·艾伦（Richard Allen）讨论了处理预算外资金（由政府拥有的实体、机构和账户组成的组别，不是由有关各部以传统方式运作，而是需要单独的预算和财政控制制度）运作和财政时所涉及的问题。本章考虑了为什么存在这种预算外资金，识别了有必要保持这种特殊地位的情形，并考虑了如何最好地组织传统预算职能（预算编制、执行、现金管理等）来应对预算外资金。特别注意如何实施不仅符合相关实体、机构和账户本身利益而且还满足中央政府在编制总财政数据和确保整体财政控制方面需要的公共财政管理程序。

13
预算执行流程[①]

丹尼尔·托马西

本章评述了政府支出预算执行流程和控制,以及如何在不同国家的系统下分配实施这些流程和控制的行政责任。本章的安排如下:

- 首先,本章描述了预算执行周期各个阶段,从发布正式拨款到通过承诺、验证、出具支付通知和支付本身承办和处理事项来发生支出。
- 然后,本章确定了以下系统:旨在确保遵守立法授权的基本预算执行控制;支持预算执行的财政规划;以及提供关于在财务上遵守预算情况的信息的预算执行监测。
- 接下来,本章评述问题是如何在预算执行中出现的。首先,本章考虑拨款管理规则,包括预算流用,即将支出拨备从一个条目转移到另一个条目,并讨论延误制定预算的风险。其次,本章审视拖欠付款的问题,重点关注上述问题是如何产生的以及应该采取什么补救措施。
- 最后,本章确定了不同国家制度下预算执行责任的行政分配,以及预算执行系统从更传统的方法到现代更加以绩效为导向的方法的演变。第14章、第15章和第16章分别评述与公共采购、政府工资总额管理和国库职能有关的特殊问题,包括详细的现金管理以及预算执行中的所有关键活动。

预算执行程序当然旨在确保遵守立法机关授权的预算。但预算执行程序远不止于此。虽然高效的预算执行要求确保按照议会授权执行预算,但其还要求:

- 使预算执行适应经济环境的变化;
- 解决规划实施中遇到的问题;
- 采购商品和服务,并且高效管理活动;
- 预防任何滥用和腐败的风险。

预算执行中的关键问题可能是如何在控制和灵活性之间取得适当的平衡。一方面,需要进行控制以确保遵守经过表决的预算并避免管理不善。但另一方面,过于统制的方法可能会对高效管理和提供

[①] 本章部分借鉴了Tommasi(2007)。

公共服务产生不利影响：需要为管理者提供在资金可用性方面的合理确定性以及在配置资源方面的合理灵活性，以实现预期产出和结果。本章探讨了如何确保控制与灵活性之间的正确平衡：答案不仅仅取决于有关国家及其继承控制系统的发展阶段，还取决于该国的行政文化及其治理质量。

预算执行周期

一旦预算得到立法机关的批准，支出单位就被授权通过各种机制承办和处理支出事项，例如发布支出授权令、[①]法令和分配规划。可以针对整个财政年度或者像在几个（英）联邦国家一样针对更短的期间（例如对于商品和服务而言，每季度）授予这种支出授权。

然而，在预算拨款实际分配给预算使用者之前，授权程序可能包括几个步骤。

- 例如，授权令（Warrants）可以在不同级别发布，财政部[②]向各部、各部门和主要支出机构（以下称为"各部"，但另有说明的除外）发布授权令，而各部向其下属支出单位发布子授权令。在几个法语国家，各部将部分拨款的支出授权"转授"给其区域单位，这些转授权被登记为承诺。
- 有时，财政部使用这些授权程序冻结部分已批准的拨款。此类程序可能表明审慎的预算管理，但其实施往往源于虽在预算编制阶段避免了艰难选择但却必须通过预算执行流程予以解决这一事实。系统地冻结经过表决的预算的一部分实际上也可能表明对立法机关的意愿有所不顾。
- 资金应在预算获得批准后尽快分配给支出单位。但是，在一些发展中国家，向支出单位分配拨款或转移资金可能需要数周时间。在最坏的情况下，分配给偏远支出单位的资金仅在本财政年度的第二季度才可用。这种实践可能对高效提供公共服务非常不利。

一旦提供拨款，便可以在发生和支付财政负债之前通过一系列标准阶段处理单个财政事项。这些标准阶段是：承诺；验证；出具支付通知；支付（见图13.1）。

承诺是发生未来支付义务的阶段。该阶段在预算管理中非常重要，因为支出决策是在那时生效的。在为需要提供的规定商品、服务或实物资产下订单或授予合同时，便订立了法律承诺。只有在供应商遵守合同规定时，这种承诺才牵涉支付义务（负债）。如果未交付商品或未提供服务，则承诺不会牵涉负债，并应在账户中注销。

根据支出的性质，在法律上可以采用不同的方式承诺支出。图13.1说明了这些方式以及相关支出周期的范围：

- 对于在一个财政年度内完成的商品和服务，例如供应品、运输费用和投资项目，法律承诺包括年度合同或订单。
- 对于需要几年时间才能完成的大型投资项目或其他活动，法律承诺一般包括多年合同（例如在三年内建造桥梁的合同）。法律承诺可能超过预算支付拨款，而预算支付拨款通常是年度拨款。

---

① 几个前苏联国家的预算估计（Smeta），以及印度尼西亚的预算执行清单（Dipa）。
② 在本章中，"财政部"一词是指负责协调和监督政府内部预算事务的组织，在少数国家是与财政部分离的一个部。

- 人员支出以及诸如利息和应享权益等强制性支出是通过特别立法或决定在法律上承诺的，而这些立法或决定通常在本财政年度之前。

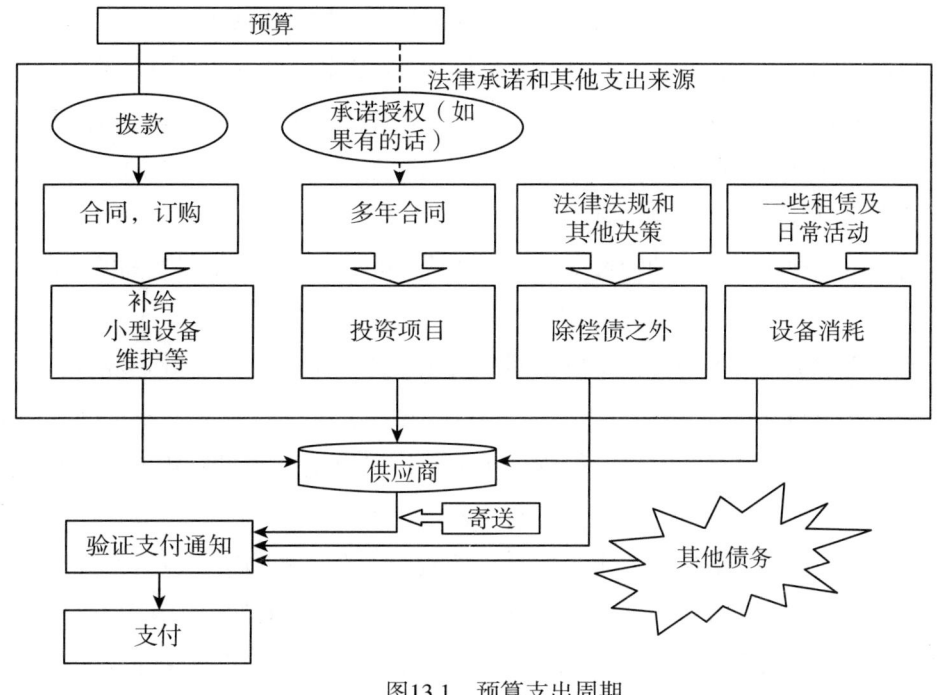

图13.1　预算支出周期

资料来源：改编自Allen and Tommasi（2001）。

- 与电力消费等一些日常活动有关的支出事实上是通过日常活动或非正式程序（例如电话交流）承诺的。
- 或有负债（例如贷款担保）和其他财政风险（例如在拯救失败的公共企业方面的潜在成本）的实现可能是重要的支出来源。

为了实现有效性，预算编制和预算执行控制都必须考虑到各种合法的支出来源。

需要谨慎确定什么构成了预算管理者的承诺，这个术语在不同的国家和背景下具有不同的含义。为了预算管理和支出控制之目的，预算意义上的承诺（有时称为"预算承诺"或"会计承诺"；下文将使用前一个术语）可能与法律承诺不同。例如欧盟法规规定[①]"预算承诺是保留必要拨款以覆盖用于履行法律承诺的后续支付的行动。法律承诺是授权官员借以订立或设立一项导致费用的义务的行为。"关键点是，如果这些承诺对应于支出周期内可以确认拨款请求的最早阶段，那么控制拨款内的预算承诺将限制超支的风险。

此外，在实践中，什么代表预算承诺可能因国家而异，并取决于所涉支出的性质：

- 对于大多数商品和服务以及资本性支出而言，预算承诺应被定义为法律承诺，或者是在法律承诺之前的拨款保留，以确保有效的支出控制。与多年法律承诺有关的特殊问题将在下文进一步

---

① 第76条第1节（Europa，2010）。

讨论。
- 对于支付义务主要因日常活动（例如办公室采暖、电话交流）而产生的商品和服务支出类别而言，预算承诺一般对应于拨款保留或者确认新负债（例如电费或电话费）的阶段。
- 对于较大比例的人员支出，偿债等"持续承诺"，以及支付义务日期和金额由法律文本或合同予以确定的转移支付（例如社会保障金、奖学金）而言，支付义务来自支出预算执行周期上游或之外的事件（工作人员招聘、贷款发放、社会保障法等）。对于这些支出类别，预算承诺对应于拨款保留或者确认新负债（例如月工资单、到期利息）的阶段。
- 对于与合同或法律规定无关的转移支付，预算承诺可对应于出具支付通知的阶段或者拨款保留。

一些法律承诺可能涵盖多年期间，特别是对于资本性支出而言，以有效监测和控制此类承诺；一些欧洲国家在其预算中包括了支付拨款和承诺授权/拨款。承诺授权设定了该年度可以处理的合同金额的上限。其授权签订合同，但并未授权根据签署的合同进行支付。只有年度支付拨款才能授权此类支付。

但是，许多国家的预算并不包括关于多年承诺的授权。在这些国家，预算承诺是发生的负债（例如发票）或多年法律承诺的年度部分（例如为该财政年度规划的道路建设工程）。为了高效的预算控制和支出规划，除了年度预算承诺之外，这种情况还需要密切监测多年法律承诺。应向财政部报告多年承诺。

最后，由于什么是预算承诺可能有所不同，因此应在财政法规中逐个支出类别地准确说明预算承诺的定义。

验证阶段紧随商品或服务的交付。验证阶段确保交付的商品或提供的服务以及相关的账单与合同或订单一致，并且如果一致，则确认对供应商的负债。如果国家具有权责发生制（或者修改后的权责发生制）会计系统，那么在该验证阶段，政府的资产和负债会增加并记入账户。在计算《2001年政府财政统计手册》（GFSM 2001）中定义的净贷款/借款时，应考虑验证阶段的支出。

支付通知由授权官员在商品和服务经过验证后出具，支付通知将转发给负责支付的会计师。

支付阶段（显而易见）发生在通过现金、支票或电子资金转账支付账单之时。大多数国家都会在签发支票或转账时记录通过支票或转账进行的支付。但这应该通过将会计师的账簿与银行对账单进行比较来验证。实际上，应该至少每月系统地进行这种比较。遗憾的是，并非所有发展中国家都系统地且定期地进行这些比较。在拥有收付实现制会计系统的国家，预算支出仅在该支付阶段在账簿中进行确认和核算。支付系统有两种主要类型：

（1）资金由国库或财政部的公共会计部门转移到进行支付的支出单位的银行账户；

（2）通过国库单一账户（TSA）直接进行支付。

定额备用金制度在许多国家用于小额支出，有时用于所有事项。定额备用金账户的原则是，未动用的余额（无论是库存现金还是银行存款）加上支付的金额必须始终等于定额备用金的价值。国库部门提供了最初的定额备用金预付款。此后，国库在收到显示先前预付款使用情况的账目后对定额备用金账户的支出予以报销。该报销流程根据预算对支出进行分配。

虽然定额备用金制度有助于管理支出，例如地理位置偏远的支出单位所产生的差旅费和支出，但在大多数其他情况下，定额备用金制度的优势并不会超过其不便和风险。定额备用金制度以及将现金事先转入支出单位银行账户的其他制度，导致在政府银行账户内产生闲置现金余额。这些闲置余额增加了政府的借款需求，最终不得不借款来为一些支出机构的支付提供资金，即使其他机构有过剩的闲置现金。此外，在有许多部级银行账户的情况下，报告和控制往往很薄弱，管理不善的风险很高。

国库单一账户旨在处理这些弱点。国库单一账户是一个账户或一组关联账户，政府通过这些账户处理所有支付。在国库单一账户的广义概念中，有各种管理事项和集中现金流的方法。这些方法以及与国库单一账户相关的其他问题将在第16章中详细评述。

关键支持系统

基本预算执行控制

预算执行期间的基本合规控制如下：

- 在关键承诺阶段（财政控制），应确定：（1）支出款项的提案已经得到授权人的批准；（2）已为预算中所述目的拨付款项；（3）在适当的支出类别中仍有足够的资金；（4）支出按正确方式分类。
- 在交付商品和服务（验证）时，必须创建已收到商品或已按要求进行服务的书面证据。
- 在支付之前，应确认：（1）支出已经得到适当承诺；（2）主管人员已签字确认已收到商品或已按预期进行服务；（3）要求支付的发票和其他文件是完整、正确和适合支付的；（4）正确识别了债权人。

此类程序使审计师能够检查和审查事项，并确保控制系统的有效性（见第17章）。

承诺控制可能是关键的控制机制，因为承诺控制可以防止公然滥用拨款、超支和违规情况。财政部和各部之间在预算执行方面的责任分配将在稍后讨论，但无论这种责任分配如何，都必须始终实施承诺控制。承诺控制系统将包括编制采购和承诺规划，以及提交这些规划和承诺请求供财政总监（或承诺控制官员）批准。[1]

职责分离原则是一种强有力的内部控制手段：职责分离原则要求职责（作用）应该以任何人都无法从头到尾控制一个流程的方式分配给个人。职责分离降低了行政错误的风险，以及创造可能鼓励雇员进行欺诈或贪污的机会的风险。因此，预算的执行取决于三种不同职能的存在，这些职能必须单独履行——授权官员、会计师和财政总监（见专栏13.1）。但是，这些职能的组织取决于预算系统（请见本章中发展中国家的英语和法语预算系统之间的比较）。

---

[1] 拉德夫和克荷曼尼（Radev and Khemani，2007）进一步讨论了承诺控制。

> **专栏13.1　预算执行中的关键职能**
>
> 预算的执行取决于三种不同职能的存在，这些职能必须单独履行：
> - 授权官员管理拨款。该官员有权订立承诺并授权支付，并且在未遵守与该职能有关的财政法规的情况下接受纪律处分（并可能承担经济责任）。
> - 会计师支付款项，并且是唯一有权处理款项和其他资产的人，同时也负责保管款项和其他资产。对于发现存在程序错误的支付，会计师接受纪律处分，并可能承担经济责任。
> - 财政总监检查业务（包括订立承诺）的规律性。财政总监检查是否执行了所有程序，是否获得了所有授权，以及是否签署了所有文件。为了执行此项任务，财政总监有权获取所有必要的文件和信息。在超出预算拨款批准支出的情况下，财政总监接受纪律处分，并可能承担经济责任。

财政规划

本节简要讨论了与年内财政规划有关的一些问题，年内财政规划对于确保预算的顺利执行和预算执行的有效总体控制而言也很重要。监督预算执行需要适当的年内财政规划系统，其中包括有关各部编制采购规划和承诺规划以及财政部编制现金规划。

- 采购规划应显示法律承诺和支付的预计日期，并应为全年编制。采购规划应该符合预算。该采购规划应考虑到某些支出类别的时间安排（公共工程的季节性，学年开始等）以及采购和交付所需的时间。为了确保及时采购，该规划应在财政年度开始之前提前编制。
- 为了完成该采购规划，最好编制涵盖所有类型承诺的承诺规划。采购规划和承诺规划应呈送财政部；在能力薄弱或财政纪律不佳的国家，这应该由财政部批准。
- 财政部应在财政年度开始前为整个财政年度编制月度现金规划，包括现金流入和现金流出预测，并定期更新。需要现金规划以确保现金流出与现金流入兼容并且编制借款规划（或投资规划，如果现金流入超过现金流出）。除紧急情况或预算编制不佳外，年内财政规划应由预算驱动。年内财政规划应该旨在确保以最具成本效益的方式按时为活动提供资金，并以最具成本效益的方式管理现金。现金规划应考虑采购规划中确定的融资需求，并且如果有任何融资需求，则还应考虑承诺规划中确定的融资需求。第31章详细讨论了现金管理。
- 现金规划以及采购和承诺规划必须一致。因现金短缺而在确保这种一致性方面出现的困难可能会导致修订采购和承诺规划。

在一些国家，现金规划用于按部建立月度或季度现金限额，作为额外的预算和支出控制机制。为了高效的预算管理，这些限额应事先通知各部，并且除非预算编制不佳，否则这些限额应与预算保持一致。但是，一些特殊事件可能会延误预算的预算支付，并可能要求财政部修改现金限额。这些修改后的限额应以透明的方式进行编制，并传达给有关各部。

监测预算执行

还需要一个全面和及时的预算事项监测系统,以便控制预算执行并实现问责。在完善的系统中,这将包括:

(1)每日汇总快报,以监测现金流;

(2)根据预算管理的预算分类进行组织的月度预算执行报告(下文讨论了由发展中国家项目援助供资的特殊支出情况);

(3)中期审查,以审查预算政策实施问题;

(4)关于对立法机关和公民负责情况的年终说明。

预算执行报告应列报从承诺阶段到支付阶段的预算执行周期不同阶段的支出,而非仅仅支付阶段的支出。良好的实践表明,第t年的中期预算审查应包括:第t年头几个月的预算执行报告;第t年预算的补充估计;第t+1年的预算政策文件;以及在存在足够能力的情况下,指示性总支出,并按第t+1年、第t+2年和第t+3年的广义职能细分。应特别密切监测由外部捐赠人贷款或赠款供资的任何支出。[①] 应每季度编制一份综合财政预算执行报告,包括国内资源供资的支出和外部资源供资的支出。这种报告还将涵盖由捐赠人供资的预算支出和预算外支出。正如第25章所讨论的,公布由捐赠人供资的预算外支出可以促进上述预算外支出与预算进一步整合,这对于透明度和避免分散的资源配置决策而言也是可取的。

公共支出与财政问责评估和其他来源提供的信息表明,实际上,捐赠人往往没有向发展中国家提供关于捐赠人财政支持的足够全面和及时的前瞻性预测。[②]这使得全面监测变得困难。但是,来自国家来源的数据往往得不到充分利用:债务管理办公室通常提供关于为项目提供资金的贷款的发放数据;一些项目赠款由国家授权官员进行管理;大多数项目管理单位都记账(即使其中一些项目管理单位将财务报告传达给捐赠机构,而非负责监督项目管理单位的各部)。此类数据来源并不全面,而且有些参差不齐。但是,调整此类数据来源可能是开发全面预算报告系统的第一步,并且可能有助于将由捐赠人供资的项目所用的会计系统与政府国家会计系统相整合。

管理拨款

拨款管理规则

立法机关授予的支出授权(即拨款)的范围和目的应在法律框架中明确定义,并通过预算分类系统予以确定。定义拨款管理规则的法律和法规包括:

- 年度性原则及其执行方式;
- 确定行政部门在管理拨款方面自由程度的规则;
- 界定财政部、有关部长和管理者各自在立法机关授权范围内的预算项目之间进行转移的权力的

---

① 第26章讨论了与外部援助管理有关的问题。
② 公共支出与财政问责指标D-2评估"捐赠人提供的关于项目和规划援助的预算和报告的财务信息",并且评分往往较低。

规则；
- 使用应急储备金的规则。

年度性原则是一个经典的预算管理原则，意味着每次为一个预算年度通过预算，因此本预算年度的拨款必须在该年度中使用（第3章）。相应地，在年底，未使用的拨款被取消。该原则旨在通过防止同时执行若干预算来确保财政纪律，并且通过允许立法机关每年深入审查政府的预算政策来鼓励良好的支出规划。

然而，年度规则可能会造成在财政年度结束时急于支出（通常称为"用之或失之"），并可能鼓励各部在年底前进行经济效率低下的支出。此外，很难准确评估为开展某些活动（例如建设项目）或采购某些商品（例如在国外进行的某些购买）所需的时间框架。不同的程序旨在为年度性原则的应用提供一些灵活性，以缓解此类问题。这些可包括多年承诺授权（如前所述）、结转和使用补充期。然而，也有一些不明智和不可接受的非正式程序，而这些程序常用于规避年度性原则。这些程序包括使用特殊的预算外资金（未支出的拨款转入这种特殊的预算外资金），以及当存在现金短缺情况时，签发和核算空头支票，这些支票将被送到银行并存放在抽屉中等待现金可用性。应禁止这种非正式实践。

结转是指在最初授予拨款的财政年度之后使用未动用的拨款的权利。一些发达国家授权结转。在英国，结转是允许的，几乎没有任何限制，但更典型的结转是在具有一些限制的条件下授权的，或者逐案提交给财政部批准的（见表13.1）。

结转需要一个稳健的会计和报告系统来评估在财政年度结束后需要及时结转的金额。如果预算不切合实际，则结转以前预算中未使用的拨款将因为增加本财政年度拨款（可能已超过可用资源）而加剧财政失衡。

表13.1 一些经合组织国家的财政结转

	法国	日本	瑞典	英国	美国
是否允许结转？					
对于运营支出？	是	是	是	是	是
投资支出？	是	是	是	是	是
转移和补贴？	是	是	是	一些	是
适用什么限制？					
预算拨款的固定百分比	是，3%	否	通常为3%	否	否
逐案批准	—	是	可能	否	是
结转存量上限	—	否	否	否	否

资料来源：Lienert and Ljungman（2009），第8页。

在发展中国家，只应在预算编制、会计和报告流程完全令人满意的少数几个国家考虑对经常性支出年度规则的任何修改。无论如何，经常性支出的结转应限于拨款的很小一部分，并提交财政部批准。由于资本投资支出难以在年度预算框架内进行管理，因此未使用拨款的结转程序对于资本性支出而言可能是可取的；但是，需要谨慎。从财政年度t−1到第t年的资本性支出结转应仅涉及在第t年预算中资金不足的持续投资项目。结转请求应提交财政部批准。对于外部供资的支出，应授权结转；实际上，即使在财政法规中没有规定，这也是惯例。

一些发达国家允许支出机构提前使用下一个预算的拨款。这种预期支出受到严格条件的限制。① 这只应在具有高水平财政纪律和稳健会计系统的国家进行考虑。

为了放松年度性原则，一些国家在财政年度t结束后使用一个月或两个月的补充期。在第t+1年的该期间内，与第t年交付相关的待付发票仍然可以从第t年的预算中支付，同时执行第t年预算和第t+1年预算。使用补充期需要良好的纪律和稳健的会计系统，因为在此期间同时执行两个预算可能会导致混淆。②

拨款之间的转移

关于公共财政管理的法律（通常称为有机预算法律或预算系统法律——见第3章）定义了行政部门在管理预算拨款方面的自由程度。一般而言，拨款之间的转移应限于提供转移的拨款的较小百分比。超出此百分比的转移应要求向立法机关提交修订或补充预算草案。为了保护资本性支出，在一些国家，不允许行政部门在预算项目之间进行会减少这种支出的转移。在一些国家，为了限制人员支出，不允许行政部门进行会增加人员支出的转移，③而在其他国家，禁止会减少人员支出的转移，以保护此类支出和避免拖欠。④人员支出的支出上限具有向各部发出明确信号的优势，但在出于社会或政治原因优先考虑人员支出的国家，这种支出上限的执行力度可能较弱。

为了增加拨款或在法律授权之外修改拨款，政府行政部门必须向立法机关提交修订预算草案以供批准。年内修订的次数最好限于一次。如果不断修订预算，则难以控制预算执行。财政部和部长会议应共同审查有关各部关于补充拨款的请求。

在一些国家，预算修订在获得立法机关授权之前执行，而立法机关只有在已经进行预算修订后才批准。这种程序削弱了立法机关的作用，并且只应在紧急情况下（例如在自然灾害后）考虑。

拨款之内的转移

特定公共服务或规划的拨款内预算项目之间的转移称为"预算流用"。在政府行政部门内，可以对预算流用进行不同程度的控制。例如，对于可能在未来造成财政困难的预算流用，可能需要财政部授权，例如影响人员支出的预算流用，或者增加经常被滥用的预算项目的预算流用（例如在一些国家，诸如"购买汽车"和"出国旅行费用"等支出项目）。支出单位的管理者可能必须请求支出单位的监管机构授权一些其他预算流用。

关于预算项目之间转移的法规因国家而异。专栏13.2介绍了两个国家的此类法规的示例：预算分为多项规划的南非，以及目前拥有条目预算的突尼斯。在南非，为了确保遵守预算中规定的政策目标，规划之间的转移上限为有关规划拨付金额的8%。⑤在突尼斯，在有关各部内，对于经常性支出，

---

① 例如在法国，在年度财政法律中规定了这些条件。在法国，在本财政年度的最后两个月，预期承诺而非支付只能被授权用于某些类别的支出。

② 在补充期涉及国库接受支付通知的一些非洲法语国家，这种混淆的风险加剧，而这些支付通知有时会在以后支付，可能是在补充期结束后几个月。

③ 例如在法国，2001年8月1日第2001–692号法律第7-II条。

④ 例如在喀麦隆，2001年12月26日第2007/006号法律第53–6条。

⑤ 南非教育部的预算包括六个规划；卫生部的预算有四个规划。

转移法规侧重于支出的经济性质。在这两个国家，对向人员支出的转移以及经常性支出与资本性支出之间的转移进行控制；此外，突尼斯有机预算法律还规定了对条目之间转移的详细财政部控制。在评述预算执行的责任时，下文将进一步讨论此类控制与预算编制方法之间的关系。

专栏13.2 预算项目之间的转移：两国程序的比较

南非

根据南非1999年《公共财政管理法案》（PFMA）和2005年3月《国库条例》（南非国库2005年），一个部门的会计官员可以将在一个投票事项中主要分组（即一个规划）项下节省的拨付金额转移到同一投票事项中另一主要分组，但只能在某些条件下转移，特别是以下条件：

- 转移的金额不得超过投票事项中主要分组项下拨付金额的8%（《公共财政管理法案》，第43条）。
- 预算流用未被授权用于（1）为投票事项中主要分组项下明确规定的目的拨付的金额；（2）改变向机构进行的转移的受益机构；（3）将为资本性支出拨付的金额转到经常性支出（《公共财政管理法案》，第43条）。
- 会计官员必须在七天内提交一份报告，其中载有关于向负责该部门的行政当局和向相关财政部进行转移的规定详情（《公共财政管理法案》，第43条）。
- 未经财政部批准，不得增加雇员的薪酬和对其他机构的转移和补贴（《国库条例》，第63条）。

突尼斯

根据2004年《突尼斯有机预算法》，在以下条件下授权预算流用：

- 预算流用获得政府法令的授权：

在每一章（即有关各部或主要机构预算）内，在经常性支出"部分"和资本性支出"部分"之间，在每个部分的2%限额内。但是，禁止会增加人员支出的预算使用。

在每个部分内，在各条之间。一条对应于广义经济类别或特定职能。存在超过100条。

- 对于经常性支出而言，各段之间的预算流用将提交财政部批准。一段对应于详细的经济类别（大约有260段）。同一段内各小段之间的预算流用提交给有关部长批准（例如购买广播节目是购买广播和电视节目段落的一个小段）。
- 对于资本性支出的承诺授权而言，段落（即投资项目）和小段（即经济类别）之间的预算流用提交财政部批准。
- 对于与资本性支出有关的支付拨款而言，段落和小段之间的预算流用提交有关部长批准。

资料来源：改编自Tommasi（2007），第299页。

与预算流用相关的法规的设计应该考虑到各国背景下关于财政控制和效率问题的要求。为了以最高效和最具成本效益的方式实施政策和规划，各部应具有足够的灵活性，以便在预算政策框架内管理其资源。在一些发展中国家，财政部在非常详细的层面上对预算项目之间的转移进行控制（例如不同类型供应品之间的预算流用可能必须提交给财政部批准）。所涉及的程序耗时，吸收大量行政资源，并可能延误预算执行。在此类国家，使繁琐的预算流用规则更加灵活将更多地是现有预算系统的合理化措施，而非新的预算编制方法。

尽管如此，在发展中国家对容易被滥用的支出项目保持单独的支出限额，以及对那些存在欠付款风险的支出项目实时保护可能是必要的（如下所述）。公务员就业是一个主要问题：鉴于公务员就业的典型固化，一般希望在现金支付控制和职位控制方面保持严格的就业控制。

因此，根据有关各部控制其规划的内部能力、在预算执行中所遇到问题的性质以及相关的信托风险，限制各部在其部门内重新配置预算资源的能力对于某些预算项目而言可能是必要的，特别是上文提到的那些预算项目。但是，预算流用规则应该关注什么是必要的，并且不得在没有审查的情况下永久适用。在一年内可能属于合规问题的事情在随后几年中未必是个问题。

管理应急储备金

预算中的应急储备金是一个资源池，用于使预算适应不断变化的情况或突发事件。应急储备金应该在财政部的控制之下，并且财政部只有在严格的条件下才能授予使用权限。这种储备金应设定为总支出的一小部分，通常约为2%。如果储备过大，各部的投标流程可能很快就会出现，而且有关各部可能会寻求获得储备金，以实施未经立法机关批准的新政策。关于使用应急储备金的决定应该是透明的；否则应急储备金很容易恶化为"贿赂基金"。储备金支出应在预算执行报告中披露，并根据其目的和经济性质进行适当分类。在一些国家，应急储备金的任何规划用途均必须提交立法机关事先批准。专栏13.3介绍了澳大利亚的应急储备金管理程序。

管理制定预算方面的延误

专栏13.3　澳大利亚预算中的应急储备金

应急储备金（称为"其他用途职能"）是一项补贴，包括在总费用中，主要反映了在编制澳大利亚政府预算估计时无法分配给单项规划的预期事件。应急储备金用于确保预算估计基于预算时可用的最佳信息。应急储备金不是一般政策储备。

虽然应急储备金旨在确保总体估计尽可能接近预期结果，但并未拨付应急储备金。应急储备金中包括的补贴只有在议会拨付补贴后才能提取。这些补贴从应急储备金中扣除，并分配给特定机构用于拨款和在更接近相关事件发生时报告结果。

资料来源：Australian government（2011）。

如果立法机关在财政年度开始之前尚未批准预算，那么法律框架通常包括允许行政部门根据上年度预算拨款开始支出的规定，通常限于上年度每月拨款的十二分之一。在一些国家（例如在赞比亚），预算在财政年度开始几周后系统地制定。这种实践缩短了实施新政策的时间，并可能导致在需要调整措施时延误采取调整措施。[①]

---

① 近年来，美国国会从未在财政年度开始前通过所有拨款议案。在这种情况下，美国国会颁布"持续决议"，为政府运作提供临时资金。

自动减支

在存在现金问题的情况下，可能需要拨款自动减支。自动减支是指财政部撤回或扣留某些拨款。这种程序只应在特殊情况下使用，例如在收入不足或政府借款能力出现意外问题的情况下。在拨款自动减支之前，财政部应审查现有承诺，以确保自动减支不会产生拖欠付款情况。

若干英语发展中国家已经使用并且一些仍在使用现金配给方法（通常称为"现金预算"）。在这种方法中，对财政规划项下现金支付的监测是主要的支出控制机制，而非对承诺的监测。规划的现金支付将定期进行审查和调整，通常是每月一次。现金预算可以是消除财政赤字（收付实现制）和维持宏观经济稳定的有效方法。但是，如果各部在预算的基础上而非在规划的现金释放的基础上承诺，那么现金预算也可能导致产生拖欠。

自动减支和现金配给往往不可避免地会破坏预算的顺利执行，因为当预算下达不可预测时，公共部门管理者无法高效管理其活动，也无法对其绩效负责（Dinh and others，2002）。在紧急情况下不应摒弃此类程序，但仅应暂时使用。此类程序不能代替合理的预算编制。

拖欠问题

除了因拨款管理而产生的预算执行问题之外，其他预算执行问题（无论其原因如何）最常见于出现拖欠付款之时。许多发展中国家都面临拖欠问题，在拖欠情况下，一些到期款项尚未得到支付。拖欠会有许多原因，包括承诺控制不足，未考虑现有承诺的现金配给制度的反常效应，以及有时预算编制不当——例如高估收入或低估强制性支出（例如社会保障金）。

预算执行产生的未偿负债是验证阶段的支出与相关支付之间的差额。上述未偿负债包括：

- 真正的拖欠，即在支付到期日未偿的负债，而支付到期日通常在与供应商之间的合同中规定（例如交付后60天）；
- 尚未到期应付的发票。

拖欠会给供应商带来问题，并对公共支出管理产生破坏性影响。当政府累积欠私营供应商时，私营供应商可能会停止供应或制定防御性计费策略，例如要求在交付之前获得支付，超额发票，或者在最坏的情况下，贿赂负责管理拖欠等候名单的政府官员。

拖欠可在预算执行周期的不同阶段发生：
- 如果支出因其金额将超过可用于同一目的拨款而不能由预算供资，那么供应商可能会同意支出单位在提交发票之前等待下一个预算，或者在支出部门批准支出的官员可能不编制支付通知，并将账单放在抽屉中等待下一个预算。
- 如果支出已经得到正式承诺，但无现金可用，则可能不会出具支付通知，或者支付通知可能在负责支付的办公室内保持未支付状态。

由于可能在政府的许多不同各部和机构中发生拖欠情况，因此可能需要进行特别调查，以对未偿负债存量进行全面评估,并确定为阻止产生拖欠所需的措施。

承诺控制和监测一般限制拖欠产生风险。但是,如图13.1所示,对支出有不同的法律授权。因此,尽管有承诺控制:

- 拖欠可能来自或有负债的实现;
- 在公用事业服务消费中,可能会累积拖欠,因为即使没有获得支付,国有公用事业(甚至私营公司)通常也不会停止向政府机构提供服务;
- 在投资项目的情况下,拖欠可能因为在编制预算时低估了正在履行的多年合同的预算年度部分规模而产生,或者因为故意低估由捐赠人供资的项目的国内配套资金而产生。在这种情况下,承包商很少停止工作,因为其在确定合同成本时经常预见到这种情况。

专栏13.4给出了拖欠原因的一些示例。

专栏13.4 拖欠原因的一些示例

马拉维和坦桑尼亚的公共支出与财政问责评估报告确定了各种拖欠来源。

马拉维

综合财政管理信息系统的引入显著地抑制了拖欠的产生,因为综合财政管理信息系统引入了对承诺创建的事前控制。除非有可用资金来覆盖承诺的全部金额,否则不能在系统中创建采购订单。然而,并非所有事项都受到此类事前控制,包括以下事项:

- 通过成本中心发生的与综合财政管理信息系统无直接关联的事项。
- 公用事业费;特别是电费和水费,因为电话费现在主要通过预付费系统进行管理。虽然已通过总会计师直接支付以及抵消部门预算转移来实施公用事业费管理方案,但卫生部和教育部以及警察部门和监狱部门继续累积拖欠。
- 道路和其他主要建设项目,往往受合同变化的影响。

坦桑尼亚

上年拖欠付款的绝对金额和占总支出的百分比均已增加。人们普遍认为,在没有每月现金分配的情况下,综合财政管理系统(IFMS)不允许支出承诺。但是,支付仍然可能因多种原因而延误,包括:

- 没有重复合同的支出,例如公用事业;
- 在会计期间结束时未完成支付文件;
- 多年合同;
- 由于价格上涨而与之前的合同相关的补充法律诉求。

资料来源:PEFA Assessment reports;Crown Agents(2008),第28页;Tanzania(2010),第14页。

拖欠的各种原因表明，除了控制承诺和年度拨款使用情况之外，控制支出还需要以下方面：

- 合理的预算编制，以确保在预算预测中适当考虑到持续承诺（例如与偿债、人员和社会补助有关的承诺）。
- 在编制预算时估计或有负债和其他财政风险可能产生的财政影响。
- 控制多年承诺。如果预算不包括承诺授权，那么可以通过多年合同的批准和报告机制进行这种控制。
- 良好的管理，因为许多负债来自日常活动或非正式程序（例如电话交流）而非正式合同或订单。这包括内部管理措施，例如安装仪表和规范电话交流。
- 有效和全面的内部控制和财政规划系统（见第17章）。
- 内部审计，以确保现有控制有效地发挥作用。

预算制度和预算执行责任

预算执行责任

管理预算执行涉及高效管理预算执行程序和确保政策的有效实施。财政部以及支出各部和机构都参与这些任务。应在法律框架中明确界定预算执行责任的分配。在该责任分配中，预算系统之间存在显著差异。

虽然各种方法和系统正在发展，但财政部通常应具有以下责任：

- 管理预算执行——管理资金释放制度（授权令，预算执行规划等）；监测收入并监督支出监测；编制年内财政规划和管理现金；编制年内预算修订；管理中央支付系统（如有）或监督政府银行账户；管理中央工资系统（如有）；并编制账目和财务报告。
- 监督预算政策的实施——独立或与支出机构联合审查进展情况，酌情确定政策修订，并在立法机关授权的框架内向部长会议或内阁提议重新配置资源。

因此，有关各部应具有以下责任：

- 管理预算执行——在下属单位之间分配资金，做出承诺，购买和采购商品和服务，验证所获得的商品和服务，准备支付请求（如果支付系统不是集中的，则进行支付），编制进度报告，监测绩效指标（如有），以及记账和保持财务记录。
- 确保预算政策的实施——定期审查相关规划的实施情况，识别问题并实施适当的解决方案，以及在各活动之间重新配置资源（但在预算的总体政策框架内）。

在总部、司与其各自下属支出单位之间，可能在各部内部责任分配方面出现问题。在一些国家，这些司对活动管理的持续干预阻碍了有效的预算执行。在其他国家，强大的机构实施各项规划，无需向其上级各部进行报告。各部内部的责任分配应始终在行政法规中进行明确规定。

发展中国家预算系统之间的比较

对发展中国家实施的传统法语和英语系统的基本特征进行的比较，说明了在预算执行中财政部和各部之间分配责任的两种截然不同的方法（见表13.2）。

在英语国家中，支付阶段之前的财政控制主要分配给有关各部。"会计官员"通常是有关各部的行政负责人（通常称为"常务秘书"），有权在做出支出承诺和出具支付通知方面的设定安排。会计官员对其责任范围内的预算管理负责。

预算执行通常通过财政部发布的授权令和通过向各部账户发放现金来进行监管。例如，可以为工资提供年度授权令，为其他经常性支出提供季度或月度授权令。原则上，支出承诺是根据各部或部门账簿中的拨款进行记录的，并应向财政部报告。但是，在一些发展中国家，各部的支出承诺报告不完整，并且财政部收到该报告的时间较晚；因此，财政部无法控制支出承诺。一些国家正在通过实施承诺控制系统来处理这个问题，但在有此类系统的情况下，其覆盖范围却往往是不完整的。

表13.2　　讲英语和讲法语的发展中国家：预算执行中责任划分的比较

	英语发展中国家	法语发展中国家
授权程序		
财政部	为全年或较短期间（例如季度）发布授权令。	颁布法令（通常纯粹是正式的）或不经常编制详细的执行预算。 经常通知6个月或3个月的承诺限额。
承诺		
有关各部	做出承诺。控制是内部的（在各部内部）。	做出承诺。
财政部		财政部（或少数几个国家的总理办公室）财政总监：承诺事项的事先控制。
验证		
有关各部	进行验证。控制是内部的（在各部内部）。	进行验证。
财政部		在一些国家（并非所有国家），财政总监参与验证交付。
支付通知		
有关各部	出具支付通知	情况1。出具支付通知。 情况2。向财政部发送关于出具支付通知的请求。
财政部		上文情况2。预算司（或专门的司）出具支付通知。 在许多国家（并非所有国家）。财政总监控制支付通知。 在所有国家，国库司控制已出具的支付通知。
支付		
有关各部	情况1。进行支付。 情况2。通知公共账户司（PAD）	
财政部	上文情况1。公共账户司通知现金限额并将资金转移到各部的银行账户（例如按月）。 情况2。公共账户司通知现金限额支付并从国库单一账户进行支付	支付通常由国库司从国库单一账户进行（捐赠人资助的项目除外）。

一般而言，英语系统为管理者提供比法语系统更多的预算管理灵活性。权力下放是适当的，但问责制必须充分；然而，在许多英语发展中国家，支出各部层面的问责仍然不足。由于会计薄弱并且有关各部的预算部门和会计部门之间协调不力，支出承诺可以在不参考现金可用性的情况下做出，甚至可能超过经过表决的拨款。预算执行根据预算分类以收付实现制进行报告。在许多国家，并未系统地制作关于承诺和拖欠的报告。

在法语系统中，财政部官员在支出周期的不同阶段进行事前控制。承诺提交财政总监批准，而财政总监通常是财政部官员。在一些法语国家，财政总监批准支付通知并可参与验证交付。此外，在一些撒哈拉以南非洲国家，支付通知由相关各部的管理者起草，但由财政部的司（通常是预算司）出具。[①]

出具支付通知的授权官员的作用和控制支付通知并进行支付的公共会计师的作用之间的分离是所有法语预算系统的基本原则。公共会计师有权拒绝授权官员出具的任何违规的支付通知。实际上，该原则是前面讨论的职责分离原则的应用，但其不仅涉及人，还涉及组织。因此，在法国和拥有法语预算系统的一些其他国家，授权官员是有关各部官员，而公共会计师则是财政部国库（或公共账户）司的工作人员。但是，在许多撒哈拉以南非洲国家，授权官员和公共会计师都属于财政部。

因此，在一些国家，由有关各部编制的支付请求可由财政部的不同司控制两到三次。在治理系统较差的国家，多重控制可能会自相矛盾地增加腐败，因为在不同的检查站征收非官方的通行费或征税。

法语发展中国家的预算执行比英语发展中国家受到更多控制。然而，严密而繁琐的控制程序也会具有反常效应，即制定特殊程序来进行规避。在一些非洲国家，强有力的当局出具没有适当记录也不根据拨款进行控制的特殊支付通知（见Tommasi，2010，第124、125页）。当特殊支付通知由国库支付时，其吸收可用现金，而常规支付通知未得到支付。对特殊支付通知目的进行年内监测是很困难的，因为特殊支付通知是在暂记账户中登记的，而不是在预算支出账户中登记的。

与许多英语国家使用的收付实现制会计系统相比，法语会计方法具有记录负债和便利拖欠报告的优势。在非洲法语预算系统中，关于支出承诺的声明通常由财政部财政总监制作；预算支出在支付通知阶段[②]在公共会计师账簿和授权官员账簿中确认和记录——无论支付通知是否立即支付。

然而，在实践中，这种会计方法在许多国家都存在妨碍其有效性的弱点：

- 一些授权官员和公共会计师没有定期对其账簿进行比较。因此，授权官员和公共会计师关于支付通知的财务报告可能存在重大差异。
- 承诺和支付通知可以根据预算分类进行报告，但支付本身很少根据预算分类进行报告。
- 可以识别未支付的支付通知，但许多拖欠与预算承诺尚未登记的支出有关。
- 在一些面临财政困难的国家，国库可能同时为两个（甚至更多）预算进行支付，因为除了本年度的支付通知外，国库还必须支付历年未支付的支付通知。在这些情况下，国库可能会根据与预算执行问题无关的不明确标准对支付进行优先排序。

---

① 但是，预计会发生变化。因此，2009年颁布的西非经济和货币联盟（WAEMU）指令计划到2017年设置有关各部授权官员。

② 由于计划到2019年在西非经济和货币联盟国家实施权责发生制会计，所以预计支出将在验证阶段得到确认。

许多非洲法语国家正在实施规划预算编制。在此背景下，预计将简化对预算事项的控制，并且预算执行中预算执行的责任将有所增加（见专栏13.5，马达加斯加和西非国家的示例）。然而，这不会挑战财政部在控制系统中的传统作用，因为财政总监和公共会计师仍将属于财政部。

虽然预算执行系统不同，但在一些英语发展中国家和法语发展中国家也可能存在类似的弱点。改革往往需要加强基本程序，例如全面的财务报告和内部控制。在这两个系统中，管理不善时的制裁要么不适用，要么以不公平的方式适用。一些弱点来自预算管理中的政治干预，因此增加透明度和更有效的外部控制对于打击这种干预而言是必要的。

支出控制发展的阶段

专栏13.5 一些法语国家的规划预算编制和财政控制

在实施规划预算编制的背景下，法语国家对其内部控制系统正在进行现代化或者拟进行现代化，以期增加各部的责任和问责制。然而，这些改革并未挑战法语控制系统的一些关键特征，例如授权官员和进行支付的财政部公共会计师的制度分离。

法国

根据2001年颁布的新的有机预算法律，法国于2006年实施了规划预算编制。从那时起，财政部对预算事项的事前控制已经重新关注风险领域。现在，平均而言，只有5%的承诺事项提交给财政部财政总监，但这些事项占非人员支出的95%。随着"分级控制"的发展，并且有时随着"伙伴关系控制"的发展，公共会计师的控制也已经现代化。分级控制侧重于由公共会计师识别的风险区域，并包括抽样检查。伙伴关系控制基于对支出单位使用的预算管理程序进行的审计，审计由授权官员和公共会计师共同进行。如果这些程序被认为是可靠的，那么公共会计师通过定期审查财政程序来取代其事前控制。

马达加斯加

在成功的试点经验之后，马达加斯加于2008年实施了"分级支出承诺控制"。根据该新的控制系统，对于低于70万阿里亚里（按照2011年汇率，约为320美元）的事项，对于其他一些特定事项（例如与财政部财政总监先前批准的合同和公用事业消费相关的事项），并且可能对于在评估授权官员的管理能力后的其他事项，已经放弃财政部财政总监对承诺事项的事前控制。财政部的国库会计控制没有变化。

西非经济和货币联盟（WAEMU）

西非经济和货币联盟2009年6月的指令为西非经济和货币联盟成员提供了关于到2017年实施规划预算编制的框架。这些指令建议设置有关部长或者规划管理者授权官员，而在一些西非经济和货币联盟国家，财政部长目前是所有支出的"单一授权官员"。考虑到财政部的其他控制措施，这些指令表明财政总监可以调整国家监管控制中规定的与授权官员实施的内部控制的质量和有效性相关的条件。财政部的国库会计控制将继续存在。

资料来源：Mordacq（2008）；Moindze（2011）以及作者的汇编。

许多国家目前正在发展或试图发展以绩效为导向的预算编制方法。预计规划管理者将更直接地对结果负责，并且可以更灵活地选择能够最高效地提供服务的投入组合。在发展以绩效为导向的方法时，一

些经合组织国家在减少投入控制方面已经走了很长的路；例如通过向当前机构或行政组织提供经常性支出的总额补贴（请见Andrews，2008，第22、23页），并放松对其他支出单位的大多数投入控制。但是，如前所述，在发展中国家，对特别容易受到滥用的支出项目保持单独的支出限额可能是恰当的。

根据希克的观点，支出控制的发展分为三个阶段：集中控制［被希克称为"（各部）外部控制"］、内部控制和管理控制（见表13.3）。因此，在直接进入管理控制之前，希克建议发展中国家需要满足一些先决条件（见Schick，1998）。特别是，发展中国家需要建立可靠的外部控制（即实际上由财政部控制）、熟练的公务员队伍和现实的预算。在逐步放松中央控制的束缚之前，管理者必须具备在权力下放管理结构中运作所必需的纪律和技能。当然，不应该机械地解释这种排序：这些控制水平之间可能存在一些重叠。但是，在改革预算系统时，必须牢记通过产出控制和结果问责制取代投入控制的先决条件。

表13.3　　　　　　　　　　　　　　支出控制阶段

控制类型	行使机构	控制对象	问责模式
集中控制	财政部和其他中央机构	具体投入（个别支出项目，例如每个职位或购买）	遵守项目预算、公务员规则和其他规则
内部控制	支出部门	主要支出项目（总工资，所有设备，供应品等）	对系统进行审计，以确保内部控制符合政府标准
管理问责	支出或责任单位	全球运营预算运行成本和产出	关于产出、成本、质量和其他结果的报告和审计

资料来源：Schick（2004）。

结　论

本章描述了预算支出周期的不同阶段；讨论了责任的分配；并审查了关于预算执行的不同行政和制度安排。每个国家都需要在用于确保遵守立法授权的严格控制与用于刺激更好的公共服务提供绩效的灵活性之间取得适当的平衡。已经达到令人满意的财务合规程度的许多工业化国家已经大幅放松了投入控制，为管理者在分配投入方面提供更大的灵活性。这方面的实践正在进一步发展，以促进关于产出和结果的更多管理问责。但是，大多数国家仍然对某些经济类别的支出进行一些控制，例如限制人员支出或限制资本性支出用途。

在发展中国家，特别是那些拥有法语公共行政系统的国家，投入控制往往很麻烦，可能需要简化。但是，放松对人员支出和遭受浪费或贪污的项目的控制可能会给财政纪律较差的国家带来巨大的财政风险。正确掌握基本要素（包括有效的控制投入和强有力的财政监测）在大多数发展中国家应该具有更高的优先级。

一般而言，预算执行的弱点不是由预算系统本身造成的，而是由其运作方式造成的。行动应针对加强预算纪律，以及加强所有负责预算执行和报告的人员的问责制。大多数发展中国家都应加强内部控制系统。这种改进包括建立或加强支出单位内的财政控制程序，以及更一般而言，加强不同的管理系统，例如人员和采购管理系统。应对那些违反法规的人进行制裁。

参考文献

Allen, R., and D. Tommasi (eds) 2001. *Managing Public Expenditure: A Reference Book for Transition Countries*. Paris: OECD.

Andrews, M. 2008. "Good Government Means Different Things in Different Countries," *Faculty Research Working Papers Series*. Cambridge: Harvard Kennedy School.

Australian Government. 2011. "The Contingency Reserve," *Budget paper no 1, statement 6, Appendix B*. http://www.budget.gov.au/2011-12/content/bp1/html/bp1_bst6-05.htm, Date accessed August 20, 2011.

Crown Agents. 2008. PEFA – PFM Performance Measurement Report for Malawi, 2008. http://www.crownagents.com/Core/DownloadDoc.aspx?documentID=4272, Date accessed December 15, 2011.

Dinh, Hinh T., A. Adugna and B. Myers. 2002. "The Impact of Cash Budgets on Poverty Reduction in Zambia: A Case Study of the Conflict between Well-Intentioned Macroeconomic Policy and Service Delivery to the Poor," Policy Research Working Paper 2914. Washington, DC: The World Bank.

Europa. 2010. *Council Regulation (EC, Euratom) No 1605/2002 of June 25, 2002 on the Financial Regulation applicable to the general budget of the European Communities. Consolidated Version.*

http://eurlex.europa.eu/LexUriServ/LexUriServ.do?uri=CONSLEG:2002R1605:20101129:EN:PDF, Date accessed August 20, 2011.

IMF. 2001. *Government Finance Statistics Manual*. Washington, DC: International Monetary Fund.

Lienert, I., and G. Ljungman. 2009. "Carry-Over of Budget Authority," *PFM Technical Guidance Note*. Washington, DC: International Monetary Fund.

Moindze, M. 2011. "Modernisation du controle interne de la depense publique dans les pays africains francophones," http://blog-pfm.imf.org/files/le-r%C3%B4le-du-parlement-dans-le-processus-budg%C3%A9taire-1.pdf, Date accessed December 15, 2011.

Mordacq, F. 2008. "La repartition de la fonction de controle de la depense entre le ministere du budget et les ministeres gestionnaires," Les Notes Bleues de Bercy no 355. Paris. http://www.minefi.gouv.fr/notes_bleues/nbb/355/3_controle.pdf, Date accessed December 15, 2011.

Radev, D., and P. Khemani. 2007. "Commitment Controls," PFM Technical Guidelines Note No. 3. Washington, DC: International Monetary Fund.

Schiavo-Campo, S., and D. Tommasi. 1999. *Managing Government Expenditure*. Manila: Asian Development Bank.

Schick, A. 1998. "Why Most Developing Countries Should Not Try New Zealand's Reforms," *World Bank Research Observer*, 13(1): 123-31.

Schick, A. 2004. *Pathways to Improving Budget Implementation*. http://www1.worldbank.org/publicsector/LearningProgram/BudgetManagFinAccCourse04/Pathways.ppt. Date accessed, December 30, 2012.

South African Treasury. 2005. "Treasury Regulations for Departments, Trading Entities, Constitutional Institutions, and Public Entities," *Government Gazette*, 477(8189): 3-103.

Tanzania. Public Financial Management Working Group. *2009*. Public Financial Management Performance Report on Mainland Tanzania. 2010.

Tommasi, D. 2007. "Budget Execution" in Anwar Shah (ed.) *Budgeting and Budgetary Institutions*. Washington, DC: The World Bank.

Tommasi, D. 2010. *La gestion des dépenses publiques dans les pays en développement*. Paris: Agence francaise de development.

14
采购的作用

阿方索·桑切斯

公共采购是公共行政领域，涉及政府从市场上购买商品、工程和服务。这些包括为开展投资项目所需的投入（例如学校建筑、道路、港口、技术等），以及政府服务和运营日常运作所需的投入（燃料、文具、机票、车辆等）。

在大多数国家，政府在向公众提供商品和服务方面的参与程度很高：政府采购总额通常占国内生产总值的15%–20%。因此，采购在确定预算执行的运作效率、政府的有效性以及政府向公众提供的商品和服务的质量、及时性和成本方面发挥着核心作用。

采购管理可以是国家、省或地区级别的责任或其组合，这取决于国家的政治安排和组织。然而，由于涉及的金额很大，在授予合同时存在滥用和分赃的风险。此外，采购还在提出了政府内部的委托代理问题（政府是委托人、采购官员是代理人）（见第4章）。政府必须通过适当的法规来处理这些问题：适当的法规通常采取采购官员必须遵循的行政程序的形式，或者采取采购官员必须遵守的标准和预期结果的形式。此外，还建立了独立机构，以加强对法规的遵守，并减轻对政府的监督负担（Trepte，2004）。

因此，公共采购形成了支出管理与实现政府更广泛的经济和社会目标之间的关键联系。采购规划不足、法规过时或制定不当、采购管理不称职和合同管理不善，导致采购流程效率低下并且扭曲资源配置。这些效率低下表现在不必要的成本和延误，服务提供欠佳，以及政府规划执行失败。

一直以来，政策制定者都将采购视为用于满足政府供应品和投资需求的一种自成体系的行政职能。然而，从20世纪90年代中期开始，国际舞台上的重要发展导致修订了对公共采购的理解：公共采购被视为对有效的公共财政管理（PFM）和实现政府战略发展目标予以支撑的一种关键职能。同时，政府采购的复杂性大幅增加。人们还越来越关注采购流程和信息的透明度，以及负责管理这些流程的官员的问责制（见第33章）。

随着采购的该新概念及其作用的演变，许多政府在20世纪90年代末和21世纪初进行了实质性的采购改革。这些第一代改革通常是针对国家特定需求和触发因素而启动的。但潜在的共同要素是希望使系统更加符合不断变化的国际趋势。然而，在实施改革方面的进展并不均衡。造成这些缺点的原因因国家而异：

- 当其他相关政府子系统没有以类似方式进行现代化时，改革采购程序可能还不够。

- 市场、政府需求和采购战略的发展速度超过了政府改革其系统的速度：许多公务员仍将采购视为一种静态职能，而事实上，采购需要不断适应。
- 旧的行为和根深蒂固的利益阻碍了改革的步伐，并且因为缺乏政治意愿或那些想要保持现状的人阻挠，许多改革仍然不完整。

本章：

- 讨论采购系统设计以及相关监管、运营和控制方法对公共支出和公共财政管理的影响；
- 描述从20世纪90年代中期开始的事件中不断发展的现代采购概念；
- 评述近年来针对新兴模式的第一代改革和采购系统发展；
- 剖析为什么在改革后采购系统绩效在许多情况下仍然不足；
- 探讨用于提高绩效的选项；
- 提出一些结论和建议。

采购对公共财政管理的影响

设计不良、腐败和表现不佳的采购系统以多种方式影响公共支出和公共财政管理。第一，操作不必要复杂或形式化的系统会发生总体上显著的额外成本。第二，整个采购周期都存在腐败所带来的成本。第三，僵化的规范性系统可能不允许选择最佳采购战略，导致成本增加和交付时间更长。全系统腐败或交易效率低下[①]导致的经济机会成本和社会成本可能比财政成本大得多（Kenny 2006）。以下各段更详细地讨论了这些问题。

过度复杂的系统。许多采购系统通过规划不周的阻止滥用工作，积累了过多的要求、控制措施和手续。通过要求过多的文件和要求（每次投标并且通常每个政府机构满足这些文件和要求的成本都很高），立法过度的正式要求往往会增加供应商的利润率，而不会增加价值。复杂性的成本有几个维度。除了在控制严格遵守流程手续方面浪费时间和金钱外，过度的手续还会强烈激励采购官员拒绝技术上合理的低价提案。采购官员自然采取风险较小的方法，不接受甚至微不足道的偏差，因为害怕受到惩罚或竞争公司提起诉讼，但是，如果投标被拒绝的供应商对决策提出质疑，那么这种方法可能会适得其反，增加了流程的成本和长度。此外，由于与政府开展业务的成本很高，潜在供应商被阻碍参与竞争。

机构特定法规。机构特定法规和程序的激增以及缺乏用于共同采购的标准化文件会产生不必要的成本，因为每个机构（有时是大型机构内的每个部门）都制定了自己的详细规则、程序和文件。此外，多项法规增加了参与的法律风险。公司发现了解多个机构的法规的成本太高，导致市场分散，因为供应商只竞争其最熟悉的机构的合同。竞争减少和供应商的经常性费用（来自必须掌握多套规则）都会对价格产生上行压力，并可以促进少数公司的机构俘获。最频繁和最常见采购的标准化合同和招标文件并不意味着集中采购，因为机构仍然可以管理和负责自己的采购，并对允许的标准文件进行调整，

[①] 本章中的"低效系统"是指那些对采购流程施加不必要的财政、经济或社会成本或延误的系统，并不包括与腐败相关的成本。

以适合特定机构需求。这种分权管理的前提是为各个机构建立适当的问责机制。①

腐败成本。腐败带来了社会和经济成本，并且侵蚀了政府的合法性和可信度。缺乏信任和可信度反过来会对整个商业环境以及信誉良好的供应商与政府开展业务的意愿产生负面影响。遗憾的是，在许多低收入国家，政府是许多供应商的主要或唯一的客户，导致供应商参与腐败系统以求生存。因此，腐败成为开展业务的正常方式。

采购中最常见的腐败形式是：②

（1）贿赂政府官员以获得合同（例如通过取消竞争对手的技术性资格，或者通过有利于提供贿赂的供应商的偏向技术要求）；
（2）串通，包括限定价格或操纵投标；
（3）招标期间的通融费（以获取证书、许可证、环境许可证、能力证明等），或者合同执行期间的通融费，以加快支付、进口设备清关和特别许可证（例如交通改建）；
（4）支付贿赂，以接受不合格的建筑商品或材料，而这些建筑商品或材料会损害产品质量并缩短公共资产的有效寿命。

根据肯尼（Kenny，2006）的观点，腐败造成的主要损害并不是支付贿赂所造成的狭义财政损失，而是在被扭曲的支出优先事项以及不合格建筑和设施表现不佳方面的经济成本。肯尼的研究中引用的示例表明，特定道路的初始成本因贿赂而增加20%会使项目的经济回报率从30%降低到26%，而通过不合格建筑盗取的相同百分比会将回报率降低到仅为15%。为赢得合同和不合格交付而进行的贿赂会扭曲公共支出效率，因为这种贿赂将资金从维护和运营转移到新建筑中，导致现有设施更加迅速恶化，从而增加了贿赂的经济成本并将这种经济成本扩展到项目本身之外。由此可见，对交付质量和数量的独立实物审计是高回报投资，有助于改善采购流程的问责制。

不再适合的僵化系统。虽然各种简单和复杂的采购的组合随着国家的发展而演变，但是所有复杂程度都可能在任何特定时间出现。因此，政府采购系统的特征似乎与国家投资规划的性质和范围及其发展水平高度相关。系统在选择最佳采购战略以及所需精密性和能力方面提供的灵活性必须与为满足政府总体目标所需的采购规划的复杂性和风险相匹配。例如如果未来几年的发展规划包括提供基本的基础设施和社会服务（例如小型道路、学校、保健中心、书籍和药品供应、小型供水系统等），那么基本采购法规和行政处理能力可能就足够了。如果该规划主要涉及主要基础设施项目，例如主要道路和供水系统、港口和炼油厂、信息系统，那么技能要求以及法律、制度和控制安排则完全不同。上述技能要求以及法律、制度和控制安排通常涉及国家需要具备相应适当工具和能力（内部或外包）的非传统采购方法。

---

① 发展中国家出现了特殊情况，即国际援助机构要求使用自己的征集和承包程序和文件来采购其资助的商品和服务。如下所述，经合组织、多边银行以及援助国和受援国集团正在制定一项规划，将地方系统升级到国际援助界可以接受的程度，以避免使用两个并行系统。另见第25章。
② 在采购前阶段也可能出现腐败现象：例如在技术选择中，以及在项目设计、项目选择和位置的其他方面。

电子化政府采购（e-GP）。[1]采用电子采购有可能通过为采购规划生成战略信息、促进竞争和透明度以及提高公民对政府采购的信心来改变采购文化。通过电子化政府采购战略性地使用信息有助于发现市场趋势，确定公共支出的有效性参数，制订采购战略，衡量和指导采购系统的总体绩效，以及衡量公共采购政策对促进国内产业的影响。电子化政府采购可能提供的信息对于制定政府的公共采购战略和发展政策而言是至关重要的。作为一种战略工具，电子化政府采购还可以通过帮助降低参与成本和提高采购系统透明度来鼓励竞标流程。

此外，电子化政府采购系统可以提供对标准合同模板和规范甚至以前承包商绩效报告的即时使用权限。电子化政府采购系统可以通过允许快速数据挖掘和分析以检测异常交易来帮助控制滥用，并通过向购买者提供关于各种选项和市场可用性的更广泛信息，减轻买卖双方之间知识的不对称性。最后，良好的电子化政府采购系统可以通过为预算执行和现金管理提供实时信息来促进与其他自动化公共财政管理系统的集成，并且还可以大幅降低总体交易成本。

尽管在电子采购技术发展方面取得了进展，但有几个因素阻碍了电子采购充分发挥其潜力：

- 在许多国家，技术技能严重短缺，而最初为传统纸面方法制定的过时立法阻碍了其他方法的进展。
- 在大多数国家，强大的政府机构更愿意维持自己的电子采购系统（通常被视为声望和技术先进性的象征），因为政府不能强迫其使用单一的官方网站。说服上述机构转换到其不熟悉的新的独特系统是统一的主要障碍。
- 政治利益也可能构成阻碍。例如在一些拉丁美洲国家，事实证明，由于市政当局的政治独立地位，很难将市政当局纳入一般的电子化政府采购系统。
- 在其他国家，互联网连接缺乏及其高成本、不可靠的通信和电力供应是改革的主要障碍。
- 许多投标人仍然不信任电子系统的安全级别，而更喜欢纸面交易，因此政府必须继续运作并行的电子和纸面招标。
- 最后，在电子环境中操作可能会威胁那些抵制从纸面采购迁移到电子化政府采购的采购官员。

最优承包策略与后勤。在缺乏适当的承包策略，正确实施的采购和充分及时的资金供应的情况下，投资的质量和效率可能是不理想的。采购模式有多种选择，并且通常对于特定采购而言，一种方法优于其他方法。例如对于主要基础设施项目而言，需要事先决定是否选择政府和社会资本合作（PPP）方法、交钥匙合同、单价合同或总价合同。[2]这些决定需要仔细分析各种选择的优缺点，政府管理不同选项的能力，以及可能的供应商反应。每种模式都会导致合同当事人之间不同的风险分配，从而影响所提供的价格（另见第27章）。专栏14.1说明了对采购选项的分析情况。

---

[1] 电子化政府采购（e-GP）是指通常通过互联网使用电子方法在授标当局和供应商之间进行交易。该流程可以涵盖购买的全部或部分阶段：需求估计和需求识别，招标广告，提供招标文件，管理招标流程，处理支付，以及可能的合同管理。

[2] 政府和社会资本合作通常采取的形式是向私营公司授予关于提供服务的特许权，而这些服务在其他情况下是由公共部门提供的（例如道路建设和/或维护）。交钥匙合同在单一合同项下包括项目的工程和设计，设备的供应和安装，以及设施的建造和调试。单价合同是根据实际使用的投入量（例如放置混凝土的立方米，挖出岩石的立方米）或交付的成品数量（维护的道路公里数，或者完成的教室数）以商定的单价和规定的规格获得支付的。在总价合同中，价格是固定的，并且是为完工设施提前商定的。

专栏14.1　采购与政府和社会资本合作

- 政府和社会资本合作方法下的采购需要仔细分析。发展中国家经常有一种错误的假设，即根据政府和社会资本合作方法，承包商将处理所有潜在问题，并且政府方面不需要技术、管理和监督能力。实际上，并非所有项目都适合政府和社会资本合作合同，并且需要谨慎的物有所值的分析才能做出正确的决策。政府必须确保有足够的能力（自己的或雇用的）来管理和监督政府和社会资本合作合同。

- 一些国家和机构就此问题发布了指南。[①]英国财政部于2006年11月发布了《物有所值评估指南》（英国财政部，2006），该指南为评价特定项目对政府和社会资本合作合同的适合性提供了方法和标准。该指南指出，鉴于采购流程本身的成本较高，政府和社会资本合作通常不适合低资本成本项目。此外，政府和社会资本合作不适合难以预测成本、服务提供情况不确定或者在没有不合理成本情况下无法引入必要合同灵活性的技术迅速变化的项目。

- 根据英国财政部的指南文件，以下因素应成为关于考虑政府和社会资本合作方法的要求的一部分：
    - 重大资本投资计划，要求有效管理与建设和交付有关的风险；
    - 服务结构是恰当的，允许公共部门将其需求定义为确保长期有效、公平和负责任地提供公共服务的服务产出，并且公共部门和私营部门之间的风险分配可以明确界定和执行；
    - 被确定为政府和社会资本合作方案的一部分的资产和服务的性质以及相关风险，能够在全生命周期和长期基础上进行成本核算；
    - 项目的价值足够大，以确保采购成本并非不成比例；
    - 该部门的技术和其他方面相对稳定，不容易受到快节奏变化的影响；
    - 规划周期是长期的，确信所提供的资产和服务拟在未来长期使用；
    - 私营部门拥有专业知识，有充分的理由认为私营部门将提供物有所值，并且可以实施强有力的绩效激励措施；
    - 指南文件将物有所值定义为"满足使用者要求的商品或服务全生命周期成本和质量（或目的适用性）的最佳组合。"

物有所值（VfM）是一个相对概念，需要比较替代采购选项的潜在或实际结果。决策的基础通常是政府和社会资本合作与传统采购之间的比较。多边开发银行发布的采购政策和指引并未就如何选择政府和社会资本合作项目提供具体指导，而是指出，政府和社会资本合作类合同是通过公开竞争授予的，并且该流程可能包括几个阶段来得出中标者。多阶段招标通常包括承包商资格预审，提交技术建议书以供评价并根据需要进行调整，以及提交和评价财务建议书。

大型信息通信技术（IT）系统的采购也是许多政府采购计划的主要内容。同样，这需要详细和先

[①]　例如，请见政府和社会资本合作基础设施资源中心：http://ppp.worldbank.org/public-private-partnership/overview。另见欧洲政府和社会资本合作专业技术中心（EPEC）出版的"指导指南——如何准备、采购和交付政府和社会资本合作项目"http://www.eib.org/epec/resources/guide-to-guidance-en.pdf。

进的规划和多阶段招标，并且涉及很长的前置时间以及漫长且成本高昂的采购流程。这里增加的复杂性是技术选项和功能的快速变化。通常到授予合同时，最初选择的一整套技术可能已经过时。对于大型复杂的信息系统而言，合同包的定义和招标阶段的数量可能对采购流程的效率至关重要。专栏14.2说明了财政管理信息系统（FMIS）项目可能出现的问题（另见第36章）。

专栏14.2　财政管理信息系统项目的阶段

- 正如德纳、沃特金斯和多罗廷斯基（Dener, Watkins and Dorotinsky, 2011）所述[①]，对于财政管理信息系统而言，有可能根据项目的规模和复杂程度，采用不同的方式对采购进行打包。包含建立国家通信网络在内的财政管理信息系统通常包括：（1）开发基于网络的应用软件，主要是定制商业软件和本地开发软件的组合，以满足所有财政管理信息系统需求；（2）安装中央服务器和数据存储设施；（3）在中央和外地办事处安装标准硬件；（4）安装主动/被动网络设备和系统以及用户管理工具和工程支持。这可以打包如下：
    - 选项1：单一责任合同包，涵盖所有信息技术组成部分的实施（通常为两阶段招标）
    - 选项2：两个相互关联的合同：（1）两阶段招标[②]，用于开发应用软件，包括所提议应用软件的演示；（2）一阶段招标，用于安装所有硬件和网络设备，并且由软件开发商提供投入，以确保兼容的中央服务器解决方案（由于这种联系，可能会延迟启动该第二个组成部分）。
    - 选项3：两个单独的独立合同：（1）两阶段招标，用于开发应用软件和安装中央硬件，并在第一阶段演示所提议的软件和服务器；（2）一阶段招标，用于安装标准现场硬件、工程支持系统和网络设备。
- 关于打包的最终决定将取决于许多因素，例如资金可用性、监督能力、实施时间表、市场反应能力、通信可靠性以及电力网络。

公众对系统的信任，以获得效率和经济。对于采购系统为促进公众信任以及长期效率和经济收益而必须具备的最低条件，正在形成共识。关键特征是：

（1）将公开竞争正式宣传为首选采购方法，并在法规中明确规定例外情况；

（2）客观透明的投标评价和遴选方法；

（3）公平和平衡的合同条款，以及适当的合同管理安排；

（4）可信和独立的申诉解决制度，并能够保证适当和及时的程序；

（5）适当的控制措施，为举报违反采购法规的行为提供安全和保密的渠道，并有及时随后起诉和制裁有罪方的记录；

（6）公众获取明确和相关的信息，并允许公众（包括民间团体）监督采购运作和结果。

[①] 该示例来自所提到的参考文献。

[②] 根据两阶段招标程序，邀请提供基于概念设计或性能规范的未定价技术建议书，但须经过技术和商业说明和调整，随后在第二阶段提交最终技术建议书和定价投标书。

公共采购的现代概念

采购的传统概念基于一套自成体系的流程，以与公共资源使用控制相一致的方式购买商品和服务。与公共支出和公共财政管理或其他政府职能的边界充其量是模糊的。大多数法规都侧重于通过促进公开招标流程来限制滥用和偏袒的可能性。隐含的假设是，公开竞争和控制良好的流程通常会在采购结果的经济性、及时性和效率方面产生令人满意的结果。

此外，尽管采购法规经常明确地将这些结果作为核心目标，但事实上都失败了——主要是因为对绩效的考虑是第二位的，在监管设计中应用控制才是第一位的。经常在狭窄的采购范围内分析实际上不令人满意的结果（商品和服务的价格较高或成本超支、交付延误、商品和服务的质量不合格、腐败等），而没有提及其他政府系统或能够决定性确定采购系统绩效的市场条件。面对不令人满意的采购结果（通常由公共丑闻揭露），典型的解决方案是在不处理其他问题的情况下增加更多的采购法规和控制措施。因此，进一步的采购法规导致系统复杂性增加，过度监管和过度控制的系统，并且往往导致政策制定者感到沮丧。

更现代的采购概念已经逐步发展，并与20世纪90年代中期开始的发展有关（Ladipo, Sanchez and Sopher, 2009）。在全球经济商业一体化和自由化加深的背景下，三个制度发展尤为重要。

- 第一个是在欧盟内建立单一市场，将国家采购系统的多样性带到了最前沿。这些系统阻碍了自由贸易，并且单一市场迫使政府专注于使国家制度相互协调。20世纪90年代初，欧盟委员会发布了一份关于公共采购的绿皮书，并开始与利益相关者就采购进行讨论，最终达成了2004年3月通过的采购指令。[①]
- 第二个是完成乌拉圭回合贸易谈判，最终于1994年4月签署了《政府采购协定》（GPA），并于1995年成立了作为《关税与贸易总协定》（GATT）继任者的世界贸易组织。《政府采购协定》引入了政府采购的多边框架，旨在实现更大程度的自由化和扩大世界贸易。
- 最后，20世纪90年代的金融和石油危机以及随之而来的非洲、亚洲和拉丁美洲经济衰退迫使各国政府把重点放在提高公共采购效率上，以此作为创造财政空间的一种方式。为了加以协助，联合国国际贸易法委员会（UNCITRAL）于1994年发布了《货物、工程和服务采购示范法》。这是"为了应对一些国家现行采购立法不充分和过时"（联合国国际贸易法委员会1999年），导致采购流程效率低下和无效、滥用模式以及政府未能在使用公共资金时获得物有所值。

在20世纪90年代，新的电子采购工具也有助于彻底改变了政府开展业务的方式。新技术允许更高效的采购方法（例如框架合同项下的反向拍卖和目录采购[②]），更广泛的竞争，以及更好的采购监测、更明智的规划和更好的供应管理的可能性。1993年建立透明国际，以及纳入反腐败和良好治理作为20

[①] 这套指令包括关于公共部门的综合采购指令2004/18/EF，关于公用事业部门的指令2004/17/EF，以及对《通用采购词汇》（CPV）的审查。

[②] 电子反向拍卖是一个购买组织与一些供应商之间的在线实时动态拍卖，这些供应商通过在预定期间内连续提交低价或排名较高的出价来相互竞争以赢得合同。框架协议涉及一个或多个承包机构和一个或多个供应商或供货商；框架协议的目的是确定在特定时期内所授予合同的条款，特别是在价格和所设想数量方面的条款。

世纪90年代中期多边发展议程的一部分，也部分地鼓励了公众对反腐败问题的关注日益增加。

这些事件严重影响了公共采购，并迫使政府在寻求使国家制度适应国际贸易协定和新商业环境过程中将重点放在采购上。这些事件使政治家注意到促进高效和透明采购的重要性。采购的现代概念成为战略性国家目标，而不仅仅是行政职能。大多数先进政府现在认为采购是财政资源管理不可分割的组成部分，并且是一项战略性政府职能，对于良好政府绩效、商业一体化以及更广泛实现国家经济和社会目标而言至关重要。采购被视为一种基于知识的活动，可在复杂和微妙的商业环境中支持良好治理和加强问责制。采购职能现在包括确定需求；选择最佳承包策略；管理招标、评价和合同授予流程；管理供应或建设合同；确保按规定交付商品和服务；以及资产管理和处置。

人们还越来越意识到，采购需要与其他政府系统相互吻合才能高效运作。因此，预算分配不足或者现金预测和释放不足可能导致项目延迟或中止，并导致成本增加。不称职、腐败或缓慢的司法系统，或者糟糕而旷日持久的争议解决，可能会降低对系统的信心，并在供应商对冲法律风险过程中增加成本。缺乏采购官员职业生涯定义和相关教育机会可能会剥夺该部门的基本技能。最后，采购政策被视为促进广泛政府目标的工具之一：例如，环境保护和区域发展。

大约在同一时间，政府采购的性质、规模和复杂程度大幅多样化，对采购系统提出了新的要求。在过去几十年中，许多经济体的大部分采购包括购买日常用品（办公用品、燃料、零件、基本保健用品和药品、书籍等）、相对标准的土木工程（桥梁、水处理厂、简易道路）、设备（发电机、变压器、水泵）以及根据特殊规则采购的军事设备。政府开始面临更复杂的采购挑战，例如多部分技术系统、综合业务解决方案、特许权和政府和社会资本合作合同（见第27章）、大规模信息技术投资和主要基础设施系统。因此，对于许多国家而言，需要混合采用简单和复杂的采购方式，其中一种或另一种采购方式占优势，而这特别取决于经济发展水平、经济规模和政府投资计划的性质。

图14.1说明了这种影响深远的演变的含义。图14.1左下象限中所述采购流程的管理要求遵守法律、行政规则和程序，而很少需要或允许采购官员的自由裁量权。右上象限中所述性质的采购要求遵守一套规定的道德和职业规范，并且管理者在程序和行政细节方面有更广泛的自由裁量权。同样，在第一种情况下，控制主要涉及程序问题，而在第二种情况下，控制则侧重于管理绩效、风险识别和遵守道德行为。

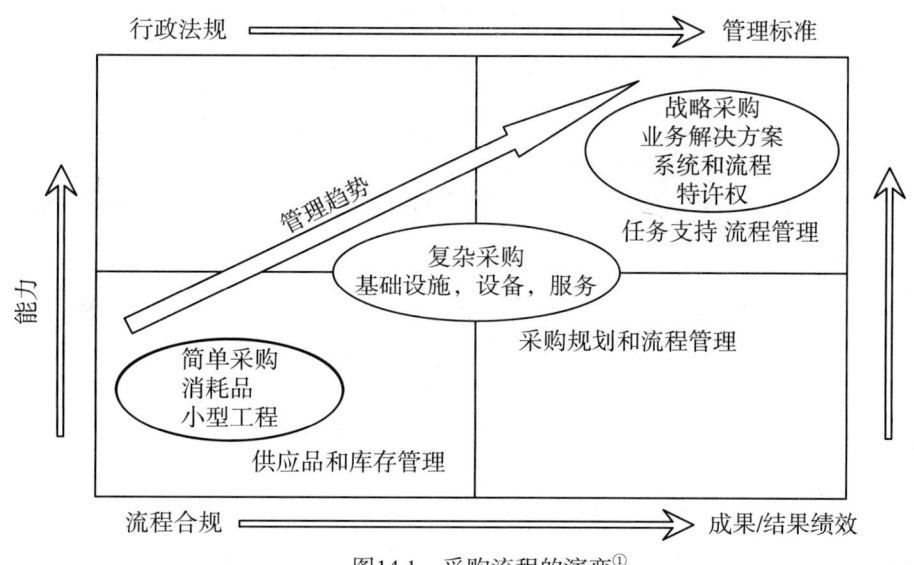

图14.1　采购流程的演变[①]

---

① 改编自保罗·谢弗（Paul Shaffer）博士最初提出的图表。

图14.2显示了关于采购和财政管理系统如何与20世纪90年代末开始发展的新采购概念项下支出周期中其他组成部分相关的简化模型。采购与公共财政管理流程协同工作，将政府规划和项目转化为向公众提供的有形商品和服务。从图14.2可以清楚地看出，相互作用的要素之间存在协同作用。例如，供应商的市场可能因缺乏供应商能力或者供应商不愿意与政府机构开展业务而无法满足采购系统的需求。后者反过来可能是繁琐、高成本、腐败或高风险的采购系统的结果。相反，一个值得信赖的采购系统可能会促进一个愿意竞争政府合同的充满活力的市场。同样，准备不当的规划和项目可能导致采购执行不力和易涉诉讼，或者向公众交付不合格的商品和服务。特殊利益集团采购俘获以及腐败是可能以不利方式影响结果的其他因素。最后，强大的民间团体对结果的要求和明确的政府问责制可能会产生更好的项目准备和实施，包括更好的采购。

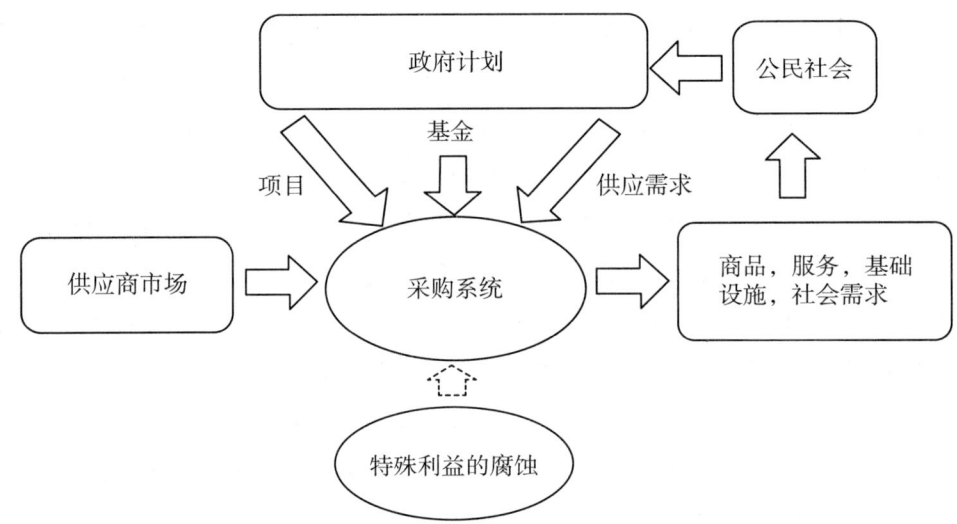

图14.2 采购与公共财政管理周期之间的关系

采购改革——进展和挑战[①]

许多国家在20世纪90年代末和21世纪初开展了公共采购改革，使其采购系统与现代概念更紧密地结合，以满足不断变化的政府需求、商业一体化趋势和市场发展。

越来越多的证据表明，公共采购不良、腐败和缺乏透明度可能对整个发展议程的可行性产生不利影响，这也促使世界银行在其贷款和支持规划中提高采购的地位。世界银行在2000年将公共采购作为其经济和部门工作的一部分，并开发了专门的公共采购诊断工具，即《国家采购评估报告》（CPAR），作为国家对话的基础。其他发展机构采用了类似的方法。

《国家采购评估报告》是一种分析工具，用于诊断国家采购系统的稳健性，并在此过程中促进与政府就必要的改革进行对话。[②]《国家采购评估报告》的主要目标是：

---

① 本节所述调查结果的基础是对世界银行在拉丁美洲、非洲、亚洲和东欧若干国家开展的大约50项《国家采购评估报告》进行的审查。

② http://web.worldbank.org/WBSITE/EXTERNAL/PROJECTS/PROCUREMENT/0, contentMDK: 20108359~menuPK: 84285~pagePK: 84269~piPK: 60001558~theSitePK: 84266, 00.html.

（1）全面分析国家公共部门采购系统，包括其法律框架、组织责任以及控制和监督能力、程序和实践，以及这些在实践中的运作情况；

（2）对与采购有关的制度、组织和其他风险进行总体评估，包括私营部门在公共采购方面的竞争力和表现以及商业实践的充分性；

（3）制定优先行动规划以改进系统。

世界银行和其他多边开发银行几乎在所有借款成员国都进行了采购评估，以利用旨在改善国家采购系统的计划。2002年和2003年，多边和双边发展机构、若干发展中国家和经合组织同意共同制定一项支持低收入国家采购改革的战略。[1]目标是将国家制度升级到最终允许所有捐赠人使用国家制度来处理其贷款和赠款的标准，而非并行应用每个捐赠人的采购规则和程序。这些努力取得了两项具体结果。

- 一个是《援助有效性巴黎宣言》的结果，援助国和受援国通过借此达成了一套具体的有时限的目标，以改进和利用国家制度来管理捐赠人供资的采购（经合组织2005年）。
- 另一个是制定和采用标准化的公共采购系统评估工具——采购系统评估方法（MAPS）（OECD，2006）。采购系统评估方法旨在将公共采购系统的状况与关于法律框架、系统的制度架构、系统运作和市场竞争力以及采购系统完整性的一套标准或指标进行比较。采购系统评估方法还包括一套合规指标，用于广泛评估采购机构遵守相关法规的程度。[2]到目前为止，基于采购系统评估方法的诊断和行动计划的重点一直是系统的监管和制度架构，而非实际绩效。这种方法对用于建立良好采购系统基本组成部分的第一阶段改革而言可能是必要的，但可能不足以继续前进。采购系统评估方法类似于公共支出与财政问责（PEFA）诊断工具，用于评估公共财政管理系统的质量，本书第7章和其他部分对此进行了讨论。

国际发展机构已经建立了采购流程组织和管理模型，既涉及决策流程的集中化，也涉及采购运作的分权管理。标准模型包括协调采购政策的行政当局（通常是财政部）和中央独立监督或监察机构。后者负责监测采购运作，制定政策和颁布法规（例如说明书、手册、模型或标准招标文件），以及制定采购官员培训计划，并在某些情况下管理争议解决程序。[3]这种模型部分是通过从殖民地行政结构继承的国家招标委员会对过度集中的采购管理的回应。大多数国家还通过将采购运作下放到地方政府来促进行政分权；期望（通常未实现）是当地社区将进行比集中管理更强有力的监督。

发展中国家采购改革的挑战

虽然许多经合组织国家不断调整其采购系统，但发展中国家的改革一般是偶尔发生的，往往是由

---

[1] 经合组织/发展援助委员会-世界银行关于加强发展中国家采购能力的联合圆桌会议倡议。圆桌会议流程于2003年1月21日至23日在巴黎启动。

[2] 公共支出与财政问责文书包括一个与采购有关的指标（PI-19），旨在评估预算执行的运作效率。请见http://web.worldbank.org/WBSITE/EXTERNAL/PEFA/0, menuPK: 7313471~pagePK: 7313134~piPK: 7313172~theSitePK: 7327438, 00.html。

[3] 关于中央监管机构的另一种替代方案是将这些责任分配给政府中的现有机构。

危机或丑闻采购引发的。改革的具体触发因素因国家而异，但往往源于失败、过时或反应迟钝的国家采购系统。示例包括：民主现代化政府在独裁统治时期后致力于良好治理；需要在国际市场上更具竞争力（拉丁美洲）；需要满足国际金融机构的债务免除条件；以及对反腐败社会压力的回应。在非洲，许多殖民地采购模式无法充分满足扩张经济的需求，或在冲突后重建的要求下崩溃。在资源丰富的发展中国家，改革必须充分利用增加的资金流动。最后，一些改革是参与区域市场的必要条件（欧盟，西非经济和货币联盟，东部和南部非洲共同市场，南方共同市场），或者是在20世纪90年代金融危机之后确保外国援助流动的必要条件（撒哈拉以南非洲地区）。一般而言，各国都试图将其系统（尽管有许多缺陷）与上述采购的新概念保持一致。

一些国家已经取得了相当大的进展，但许多其他国家近年来都在艰难地前行，并仍然面临重大挑战。特别令人关注的是拟议的采购系统现代化行动计划的复杂性和范围。这些计划的重点是准备和通过新的采购立法，建立监管机构，改进或建立内部控制和定期外部审计，以及对工作人员进行培训。但是，许多行动计划没有明确规定实施单项建议过程中所涉及的排序、优先级或投入水平（政治、财政或其他方面）或者其可能的难度、成本或影响。此外，关于实施安排和战略（包括有关利益相关者的参与）的细节很少。

结果是，在许多情况下，缺乏明确的优先事项导致制定了所有拟议措施得到同等重视的计划，这压倒了发展中国家的薄弱机构并最终导致瘫痪。例如在低能力情况下，从较不雄心勃勃的议程开始可能更具成本效益，包括简单的高回报行动（例如为基本采购程序提供标准化文件，或者消除流程中不必要的步骤）以及逐步增进改革努力，因为政府可以捕获早期收益来支持随后的改革。最后，通常没有政治经济和实施能力分析来确定关键行为方是否提供足够的支持来确定优先事项和对改革措施进行排序。后果往往是旷日持久的实施或萎缩的改革努力。结果需要更长时间才能实现，增加了改革倡议对有兴趣维持现状之人的攻击的脆弱性。

在通过新法规和建立新监管机构之后，改革实施的步伐似乎经常出现明显放缓的模式。然而，这种行动只是改革实施的开始，并且除非存在继续巩固改革的持续推动力，否则倒退的风险很大。

许多"经过改革的"系统在其设计规定中没有考虑到需要复杂流程和合同谈判的采购，以及在制定最佳采购战略时的管理自由裁量权（Veiga Malta, Schapper, Calvo-González and Berroa, 2011）。需要更好的项目和采购规划（包括更好的预算编制），灵活和适应性强的法规，更加注重结果问责制以及风险检测和缓释的控制系统，提高技术能力，以及受过良好教育的采购官员能够管理复杂的流程以追求物有所值。

第一代系统表现不佳

许多政府发现，即使具备改革的基本要素，但从结果的角度来衡量，其系统表现仍然不能令人满意。存在公共投资规划未达到改革后时期既定目标的许多示例。任务执行失败或不足的原因是多重和复杂的。表现不佳的直接原因包括从部分实施改革到必须与采购同时发挥作用的其他公共财政管理系统的缺陷等原因。政府未能根据不断变化的政府需求和市场情况不断调整该系统。以下各段讨论了对绩效产生负面影响的其他因素。

招标前和实施管理是至关重要的。缺乏采购前阶段的适当承包策略计划、正确实施的采购以及充分和及时的资金供应，可能会导致投资质量和效率不理想。实施和交付期间的质量控制以及贯穿整个支出周期的腐败减轻措施对于成功和高效的结果而言是至关重要的。该系统应使采购管理者与投资周期其他方面的负责者（包括在采购前阶段）、与项目设计者并与最终项目运营者保持密切联系，以确保高效的项目实施和最低的生命周期成本。

采购和财政管理协同工作。财政管理（即预算规划，现金预测和分配，以及相关财政管理业务）和采购系统需要协同工作以产生预期效益。图14.3显示了政府目标如何成为执行机构的运作计划，然后转化为采购和支出计划。在许多国家，现金预测不佳、现金配给和任意分配通过迫使管理者将合同分解为更可负担的部分，显著影响了采购效率。这些问题阻碍了对承包商的及时支付。同样，预算规划不充分可能导致项目资金不足，对不可预测的融资缺乏多年度预算，给供应商带来财务风险，从而增加成本。

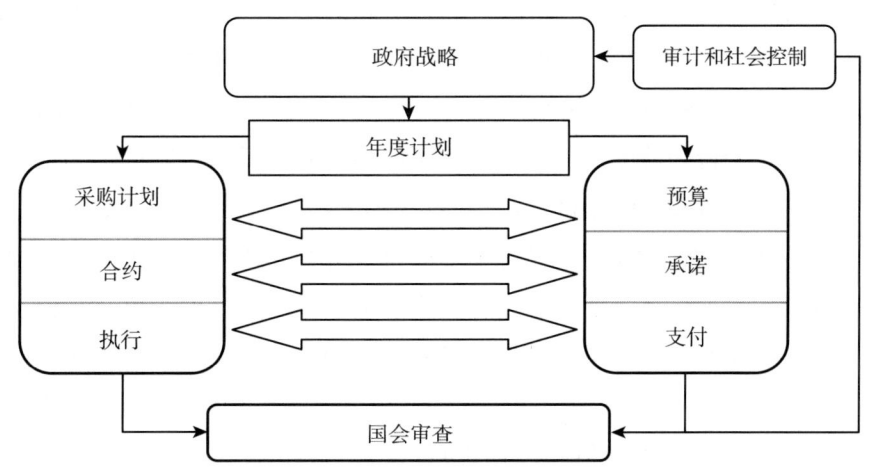

图14.3　加强对采购流程的监督

缺乏技术能力。公共采购需要能够在复杂和微妙的商业环境中工作的经过良好培训的采购运作专业管理者。采购活动并非与政府的整体公务员政策和管理相分离，而且与所有政府活动一样，也受到该领域缺陷的影响。此外，高素质人员的招聘、保留和晋升在政治家认为不太重要的活动中或者在政治家有兴趣维持可以通过分赃来利用的薄弱系统情况下受到的影响最大。即使在其他政府职能得到更好履行的国家，采购领域似乎也是如此。这种忽视的后果是整个系统的能力严重不足，特别是在发展中国家。许多采购单位的负责人及其工作人员没有为充分履行职责所需的专业知识和正规培训。此外，几乎所有发展中国家都没有采购职业路径。选任和晋升不具有竞争性或不以绩效为基础，但往往取决于政治、社会或专业关系。在地方层面，人力资源能力不足情况往往更加严重。

机构薄弱。在机构层面，大多数国家新成立的监管、控制和反腐败机构没有足够的资源来履行其职责，即使法律和法规明确规定了其职责。控制机构经常受到上述相同的技术和资源约束，因此侧重于对流程的遵守，而非对采购结果、控制环境以及风险识别和缓释的深入监测和审查。采购扫盲很少扩展到地方机构和民间团体组织（CSO），这阻碍了民间团体组织在监测采购和要求公共部门结果问责制方面发挥更具决定性的作用。

从修复系统到改造文化

对第一代改革缺点的深入分析表明，改革缺点的根源超越了监管质量和制度结构的缺陷。建立适当的监管体系以及监督和控制机构是改善采购结果的必要但非充分条件。从最近的改革经验（世界银行，2006）中汲取的一个基本教训是，改革必须超越修复体制，以改造所有参与者的文化和行为，最重要的是，改造政策制定者和政治阶级的文化和行为。另一个关键因素是，需要关于系统预期结果和作用的战略愿景，并需要确保许多不同的机构、当局和各级政府共享改革的愿景、目的和广义目标。最后一个教训是，需要创造有利环境，并争取全部所涉政府部门、民间团体和私营部门参与确保对转型改革的政治支持。

缺乏明确的激励措施来使采购官员更加注重成果和结果，寻租和无视法律的文化，利益集团俘获系统，官僚争夺势力范围，以及社会对良好采购和问责制的需求薄弱，是采购不适当的最重要原因。许多《国家采购评估报告》称发展中国家执法不严，而采购管理和实施的负责者对其行为的不负责任。国家越不发达，这些问题的严重程度就越明显。规则可能会改变，但旧的行为和文化保持不变。

文化遗产阻碍了所需的行为改变。鉴于殖民主义的遗产和随后直到20世纪90年代的独裁政权，撒哈拉以南非洲许多国家的采购和财政管理系统现代化任务令人望而生畏。这些国家的采购改革者面临着用于运行复杂系统的制度、管理和技术能力不足以及法规过时或不充分等遗留问题。此外，有一种漠视遵守法律的文化，这再加上缺乏适当的控制，为腐败创造了肥沃的土壤。在拉丁美洲，依然存在鼓励形式主义和严格遵守流程并将结果降到第二优先级的法律文化，这导致了旷日持久且易涉诉讼的招标流程。

展望未来，似乎在使系统更好地运作方面进行投入可能比继续完善制度或监管框架更具成本效益。因此，在第一代改革之后，重点的转变似乎是合理的，从完善制度的结构和形式细节转变到改造态度、文化和行为。事实上，甚至有在监管相当不完善情况下运作良好的系统的示例。1994年民间动乱之后公共行政得到根本精简的卢旺达，就是一个基于简单（如果远非完美）采购框架的绩效相当不错的示例。

控制机构的文化和方法通常有助于加强现有行为。控制机构的文化和方法对控制合规性的关注促进了风险厌恶和过度关注手续。在对缺乏合规性的惩罚和对良好结果的奖励之间的强烈不对称往往使问题复杂化。除非审计官和审计师将工作重点转移到风险识别和缓释以及采购运作的影响和结果，否则目前的行为必然会持续存在。必然结果是，如果不处理更广泛的支出管理和控制系统中的弱点，那么改革采购本身可能是不够的。

民间团体对良好采购的关注

到目前为止，改革主要集中在改善方程的供给侧，而很少关注促进民间团体对良好采购的需求。但是，赋予民间团体权力以使公务人员对改善结果负责，可能会真正削弱目前缺乏合规性和表现不佳的文化。尽心尽力的政府可以通过以下方式提供帮助：（1）制订适当的战略，以促进民间团体实质性参与采购监督;(2)通过强有力的记录管理以及保持并促进更好地获取相关信息,促进信息自由立法;(3)促进更好的组织和培训,以使民间团体组织参与监督采购政策和运作(关于秘鲁的示例,见专栏14.3)。

专栏14.3　秘鲁——民间团体在促进良好采购方面的作用

提出改善采购的建议

- 促进良好治理。一个民间团体组织,公民知情(*CiudadanosalDia*)(CAD),发起了一场竞赛,以表彰政府的良好实践。
- 监测采购。各种民间团体组织在国家和地方层面对公共机构进行社会审计。
- 监测非法获得的资金的"专项资金"。一个项目监测了非法积累的调回资金的管理和使用情况。
- 进行研究,调查,风险地图。民间团体组织进行腐败调查,寻求衡量公民对采购流程的看法。
- 编译数据库。民间团体组织普罗埃提卡(*ProEtica*)在互联网上发布关于兰巴耶克区域政府公务人员报酬、申报资产和经验的信息。

准备改革建议

- 建立变革需求。秘鲁民间团体组织定期组织会议以促进政策对话并将公务人员与公民聚集在一起,而且开展各种活动,以提高公民和公务人员的意识。
- 提供培训。民间团体组织提供关于采购法律的培训,对政府计划进行补充。
- 进行比较分析。目的是了解某个特定机构或政府是否正在购买更好的商品类型,或者提供类似质量标准的服务的成本是否在一个地方比在另一个地方更好,以及为什么。

促进私营部门和公共部门之间的战略联盟

- 设计和监测"廉洁协议"。民间团体组织使用透明国际设计的工具起草了廉洁协议,旨在提高公共和私营部门机构的透明度和廉洁度
- 促进跨国合作。民间团体组织可以赞助建立国际采购网络,以比较和分享最佳实践。

资料来源:Peru: Country Procurement Assessment Report, 2003。

第二代改革

如上所述,在第一代改革之后,采购系统继续表现不佳,其中许多仍未完成。在继续完成改革的同时,更加注重提高系统绩效似乎具有成本效益。这需要制定用于改善结果的战略,用于改变中期行为的激励措施,监测机制,以及绩效持续评价计划。

由于这种以绩效为重点的改革的突出政治和行为性质,这种改革要困难得多。这种改革需要更好地理解鼓励或支持当前行为的原因(政治、经济或文化)。准备关于采购系统投入侧的诊断和建议比关注结果以及行为和文化的必要转变要容易得多。诊断工作和改进策略需要考虑国家具体情况,包括采购系统运作的政治经济环境。改革的顺序应该确保尽早进行高影响力的变革,以便收集政治支持,

这相应地应该促进稍后进行的变革。

还需要开发新的方法来衡量和分析绩效（例如，定价过度监管，法律和财务风险，以及与政府开展业务的困难）以识别和淘汰几乎没有增加价值的要求和实践。[①]在一些国家，政府委托受尊敬的非政府组织在简单独立调查和收集基础数据的基础上为公共机构的采购实践准备记分卡。这些调查获得了关于服务效率、公务人员态度、采购时间周期、廉洁观念和采购管理能力的数据和看法。发行量较大的报纸公布了上述非政府组织的报道。示范效应迅速确立了公共部门机构之间的竞争精神，以及关于位列榜单之首的渴望。监管机构可能负责开发新的分析工具，并负责收集和分析统计信息，以填充和维护最新的数据库，用来监测采购系统绩效的变化。

世界银行最近的一份报告（2008）指出，世界银行的工作主要集中在采购方程的供给侧和政府行政部门的作用上。若干项目包括针对需求侧的组成部分，例如加强立法机关的监督能力，民间团体组织和媒体关于公共采购的培训，以及财政管理监测。但政府可以采取更多措施来帮助这些机构发挥重要作用。鉴于所涉及的政治敏感性，缺乏对需求侧的关注是可以理解的。尽管政府可能会担心民间团体组织的参与会对现有程序进行批评，但在大多数情况下，民间团体组织因其客观性、独立性和专业性而得到广泛认可。制定在采购需求侧开展工作的更加详细的战略符合许多政府关于提高采购绩效的愿望。专栏14.4提供了非政府组织参与菲律宾社会审计的一个示例。

专栏14.4　菲律宾——民间团体监督

菲律宾的Procurement Watch，Incorporated（PWI）是民间团体参与监督社会审计的一个例子。PWI是非营利性无党派民间组织，2001年2月15日由来自政府、学术机构、法律从业人员和私有部门的一些人组成，目的是通过研究、合作、培训和宣传推进政府采购的透明，减少腐败。PWI协助优化政府对商品、补给、原料、服务及基础设施项目的采购流程。PWI的活动包括积极对政府采购进行监督、公共论坛、圆桌会议、工作室、对政府进行技术协助、研究、出版、媒体发布等。通过暴露公共采购政策及流程中的低效之处，并基于踏实的研究给出替代方案，PWI相信自己能够推动改革，加强公共招投标的竞争性，降低腐败的可能性。

资料来源：PWI网站。

结论和建议

过去15年来，公共采购经历了迅速而重要的变化。采购的现代概念将采购视为用于支持实现更广泛经济和社会目标的一种战略性政府职能，而不仅仅是与其余公共行政相对无关的行政和准文书工作。20世纪90年代的流域国际事件带来了这种新方法，并引起了政策制定者、政治家和整个社会的关注。公众对治理和反腐败倡议的关注日益增加以及电子采购的出现也发挥了作用。反应迟钝的采购系

[①] 对这些因素进行定价的一种方法是允许投标人提供折扣——例如保证在30天、60天或90天内支付，或者包括法院以外的替代性争议解决方法，或者限制某些风险。

统和经常发生的金融危机引发了对更高效采购的更密切关注，这种更高效的采购可能为发展中国家和发达国家创造财政空间。因此，政府越来越多地将采购视为更广泛的公共管理改革计划不可分割的组成部分。

许多政府进行了改革，使其采购系统更符合新概念。这种第一代改革主要集中在建立更好的监管框架和制度结构以及改进控制系统。许多国家实施新的采购法规，并设立了负责监督和促进采购系统发展的机构。但是，实施、巩固和深化改革的进展程度参差不齐：在最初的改革推动力之后，往往会失去动力。许多"经过改革的"系统仍未完成，并且这些系统在实际改进采购流程效率和有效性方面的影响是值得怀疑的：

简而言之，许多国家的政府采购系统的表现仍然不令人满意。

- 第一，由于缺乏持续的动力和政治意愿，或者由于维持现状的政治和制度压力，许多改革仍然未完成。
- 第二，依然存在关注流程而非结果（拉丁美洲）和不充分重视遵守法律（非洲）的文化遗产。
- 第三，许多国家明显缺乏按照现代要求运行采购系统的技术能力。
- 第四，控制机构强烈关注遵守形式和流程，而不是风险检测和缓释、结果问责制和物有所值。
- 最后，缺乏与其他政府公共财政管理系统的整合会减损经过改革的采购系统的潜在收益。

第二代改革需要侧重于促进将结果置于流程之前的文化转型，能力发展，促进与其他系统的整合（特别是与公共财政管理的整合），以及重组控制系统以强调风险识别和缓释、建立良好实践和物有所值审计。值得特别考虑的一个方面是，在地方层面缺乏处理分权采购管理的能力。

采购改革需要超越提供正确监管框架、适当制度架构和所需政府控制机制等的机械方面。为了充分获得采购改革的收益，采购改革必须在更广泛的战略背景下进行，以实现财政管理系统、公共行政和公务员制度、民间团体监督和公众获取信息方面的现代化。此外，改革需要由高层强有力领导的文化和态度变革，以克服阻碍更好绩效的遗留问题。

还需要刺激对良好采购的更广泛需求。关于促进政治问责制的最有力刺激措施是一个追根问底且要求极严的民间团体。遗憾的是，民间团体组织更积极的参与存在障碍。许多国家仍然不授予知情权，而且往往在授予知情权情况下，却缺乏强有力的记录管理系统以及保持和信息收集政策。促进民间团体组织的议程并支持民间团体组织，是具有改革意识的政府可以更加有效的一个领域。通过适当的法律工具、预算和技术支持，民间团体组织可以帮助诊断国家制度的弱点和优点，并提出改进建议。鼓励在关于信息权和更好的记录管理的立法实施方面取得更快的进展，并在采购和监督的基本方面对关键行为方进行教育，应该是第二代改革的关键部分。

最后，为了提高采购系统的整体绩效，并创建用于监测产出和结果的指标仪表板，发展中国家政府可以关注三个至关重要的领域：第一，进一步推进改革的结构方面和加强发展能力的努力，特别是在地方层面；第二，重点关注加强系统绩效，而非额外技术改进；第三，促进民间团体在监督采购政策和运作方面发挥更积极的作用。

参考文献

Dener, C., J. A. Watkins and W. L. Dorotinsky. 2011. *Financial Management Systems - 25 Years of World Bank Experience on What Works and What Doesn't*. Washington, DC: The World Bank.

HM Treasury. 2006. *Value for Money - Assessment Guidance*. London.

Kenny, C. 2006. *Measuring and Reducing the Impact of Corruption in Infrastructure - World Bank Research Working Paper 4099*. Washington, DC: World Bank.

Ladipo, O., A. Sanchez and J. Sopher. 2009. *Accountability in Public Expenditures in Latin América and the Caribbean- Revitalizing Reforms in Financial Management and Procurement. The World Bank*. Washington, DC: World Bank.

OECD/DAC. 2006. *Methodology for Assessment of National Procurement Systems（Based on Indicators from OECD-DAC/World Bank Round Table-Version 4*. Paris.

OECD. 2005. *OECD Paris Declaration on Aid Effectiveness - Ownership, Harmonization, Alignment, Results and Mutual Accountability*. Paris: Organisation for Economic Co-operation and Development.

Trepte, P. 2004. *Regulating Procurement*. New York: Oxford University Press.

UNCITRAL. 1999. *Model Law on Procurement of Goods, Construction and Services, with Guide to Enactment*. New York: United Nations.

Veiga Malta, J., P. Schapper, O. Calvo-Gonzalez and D. Berroa. 2011. *Old Rules New Realities: Are Existing Public Procurement Systems Addressing Current and Future Needs?* Washington, DC: The World Bank-LAC.

World Bank. 2006. *Capacity Development in Africa: Management Action Plan FY 2006-2008-July 2006*. Washington, DC: World Bank.

World Bank. 2008. *Public Sector Reform: What Works and Why? - An IEG Evaluation of World Bank Support*. Washington, DC: World Bank.

15
公共部门工资管理

比尔·蒙克斯

本章讨论围绕公共部门工资管理的战略和运作问题。在支付给公共部门雇员的工资和津贴方面的支出对大多数读者而言都是一个完全熟悉的概念。然而,在本章中,对各国采用的不同管理方法进行了比较,以期识别一些较传统方法的缺点以及良好和最佳实践的演变情况。本章考虑了工资总额的总体财务和财政影响,并建议如何在准确性、及时性和符合其他要求方面进行工资运作,而不论公共财政管理(PFM)系统和程序的发展阶段如何。

尽管围绕比较指标存在重大问题,正如夏沃-坎普(Schiavo-Campo)和其他人(2005年)所指出的,但工资总额对公共财政管理的财政重要性是显而易见的(见图15.1)。对于所有国家而言,无论地理位置或经济成熟度如何,公共部门工资成本都很高。公共部门工资成本通常占中央政府支出的10%—40%,一旦在总体视角中纳入区域、州或地方政府层级,该比例就会进一步上升:

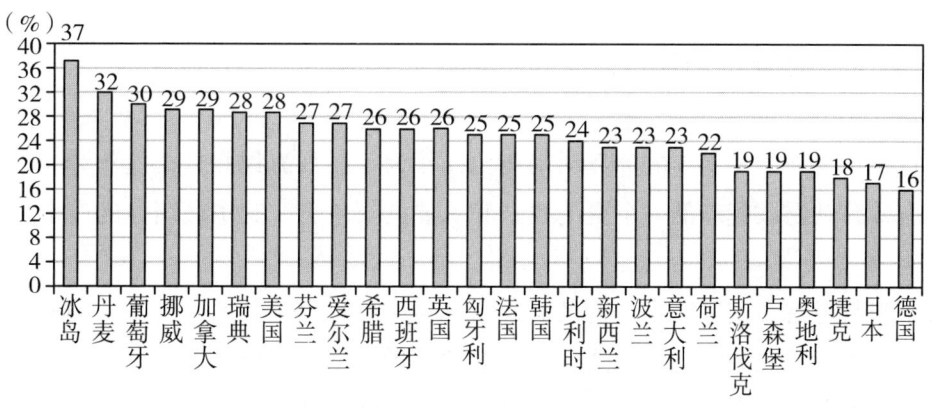

图15.1 公务员工资成本——2005年政府雇员薪酬占政府支出的百分比

资料来源:Schiavo-Campo and others(2005)

- 在发达国家,即使将曾经由公务员完成的工作外包给私营部门,这个数字仍然非常高。这部分地反映了此类经济体整体较高的工资水平,以及从直接提供服务到更多地关注政策和智力资本的政治经济根本转变——其中一个指标是具有学位和其他高等教育学历的工作人员比例增长。
- 在一些发展中国家,公共资助的大量机构或雇员人数是工资成本总体较高的主要贡献者。世界银行的一项审查发现,尽管撒哈拉以南非洲地区的实践各不相同,但有些国家的工资水平相当低但公务员人数较多,而且有些国家则相反(例如,一般而言,该地区法语国家往往具有显著较高的工资率）。在任何一种情况下，这种组合都会导致工资支出较高。
- 简而言之，工资成本是政府经常性支出的一个非常重要的组成部分，为工资总额设定准确全面的预算并确保高效的预算执行对有效的公共财政管理而言是至关重要的。

在本章中，工资管理被定义为包含以下关键流程的整体流程（图15.2）：

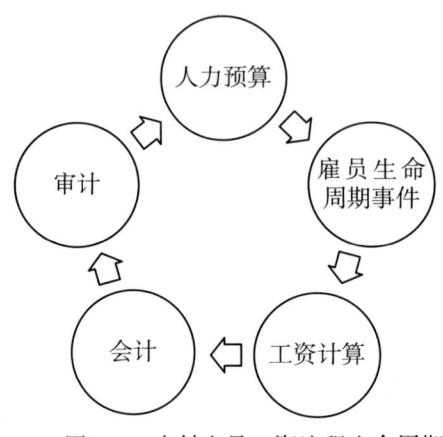

图15.2　支付人员工资流程生命周期

- 编制人员配备预算（始终是成本的关键驱动因素，人力资源和工资联合流程，以及预算工作）；
- 管理雇员生命周期事件（雇用，晋升，休假，激励薪酬，以及退休），而这些事件生成对个人薪酬产生影响的详细支付记录；
- 工资总额的定期计算；
- 由此产生的会计事项和审计结果。

显然，在这种情况下，与单纯的计算活动相比，作为一系列流程并且往往作为一项独立组织职能的工资管理是有效公共财政管理的一个更为复杂和重要的贡献者，其中最明显的产出是向雇员银行账户转账。

有很多文献资料考虑了实际工资结构的制定、支付率、可负担性的经济考虑因素、动机以及与公务员结果的联系。本章重点关注工资职能的公共财政管理维度。不论工资是否被视为激励公务员的关键因素，准确及时地向雇员支付工资肯定是雇员与雇主之间信任的关键问题。成功的工资运作往往会吸引那些可靠、勤奋、注重细节并习惯于在紧迫期限内工作的公务员。

以下各节首先强调工资管理的关键立法背景，然后再考虑制定工资战略的复杂性以及这与年度预算编制流程如何相互作用。后续各节考虑工资计算的实用性，以及对月度（或一些其他期间）工资成本的设定如何从个人应享权益累积到总数，然后通过扣除所得税和其他法定或自愿扣除来确定对个人支付的净工资。本章继续详细讨论预算执行的其他方面，包括控制环境、支付频率和数据管理；然后对合规控制进行评述。结论部分涉及会计和审计问题，特别关注先进的信息技术系统如何为高效和有效的实践做出贡献。最后，考虑了与使用信息技术应用程序相关的潜在收益和一些缺陷。

立法背景

与许多公共财政管理纪律不同，在单一的主要立法或少数相互关联的法律可以提供令人信服的有效运作框架的情况下，通常有许多主要的立法文书和二级法规，以及对工资总额和工资管理造成影响的过多的工作场所协议和合同变化。在解决这些规则和协议之间经常无意的冲突时，工资运作单位的工作往往会进一步复杂化：个人薪酬的所得税责任是一个很好的特例。大多数国家立法都是从所有个人薪酬都要缴纳所得税这一基本前提出发的；然而，豁免清单往往很长，例如包括费用报销和外籍居民。当存在不属于公共服务就业正常条款和条件的单独合同关系时，这种情况对于工资运作单位而言就会变得更加复杂。地方文书的存在使立法环境进一步复杂化（地方补充税率在整个欧洲和美国等较大国家都很普遍）。[1]

事实证明，对于许多国家的立法者而言，抵制在主要立法中包含不适当细节层次的诱惑是一项挑战。工资率、税阶、加班津贴、工作时间甚至晋升资格和自动增薪等概念都可以在主要立法中找到。遗憾的是，在制定立法或与工作场所谈判小组进行定期谈判时，很少考虑工资流程的复杂性。个别谈判小组在不同时期的成功经常可以在许多公务员工资总额中发现，其中单独的雇员群体已经获得了技能、资历或其他差异——在主要立法中体现了一系列令人眼花缭乱的津贴、资格和工资率。这种方法创造了一种繁琐且笨拙的环境，本质上抵抗变革，管理复杂且成本高昂。

用于减少工资和津贴变化多样性的具体干预措施在持续数年后可以非常有效，尽管用于实施这种变革的方法和持续的政治意愿都不常见。[2] 支付类型的简化往往也会对人力资源管理激励和实践产生影响：澳大利亚的经验表明，人力资源管理激励和实践并不总是以同样的速度适应或发展。

运作效率和有效性的首选选项是将大多数工资立法置于二级法规范围内，并在主要立法中留下一套指导原则（见第3章）。如下所述，结构过度固化可能成为高效人员配备的敌人，这尤其适用于支持公务员结构和工资总额的立法框架。

工资战略和预算编制

一些关键战略决策是所有公共部门工资运作的基础。在中央（或地方）政府的背景下，制定总体工资战略并准确反映其在政府年度预算中的财政影响，涉及关于解决以下各项之间差异的常见需求：

- 有关各部和机构的部长和公务员所寻求的服务水平是人员配备水平和职阶结构的关键需求侧驱动因素。
- 服务成本相应地由工作人员数量和单位成本（即平均工资和津贴）推动。虽然工作人员数量问题通常在有关各部和财政部之间存在激烈争议，但其他利益相关者，例如工会，也涉及雇员人数、工资和定级问题。

---

[1] 虽然英国目前不适用这种可变税率，但苏格兰议会根据1998年《苏格兰法案》征收额外所得税的权利导致了大多数英国境内工资系统的重大改写，以便上述工资系统能够纳入该新要求。

[2] 英国和某种程度上的澳大利亚是该领域良好实践的示例。

- 单位成本的变化受公务员工资预期的驱动，私营部门工资和价格比较指数每年的变化在年度工资谈判中发挥重要作用。此外，特定工人群体游说（通常由感知到的相对工资结构异常情况驱动）的有效性以及工会努力提高工资和工作条件的有效性，通常发挥重要作用。彻底了解公务员工资等级、职阶结构和晋升规则如何影响单位成本的变动，对于确定特定人力计划的财政影响而言是至关重要的。
- 支持实际或感知服务水平（无论是在雇员人数或工资等级方面，还作为预测的实际单位成本数字）的意愿总是受到供给侧考虑因素的影响，而这是由现行财政状况全部或部分地驱动的。上述意愿也可能受到劳动力市场政策关注的影响，即公共部门的工资不应与私营部门的工资脱节甚至领先。
- 起草人力预算（通常称为"定员定额"或"核准编制"）是确定特定公务员规模和结构的财政影响的关键出发点。在私营部门，主要关注的是在整体财务方面管理工资。在公务员队伍中，工资结构和津贴水平以及某些情况下按职等划分的公务员岗位补助，往往在法规或其他常设协议中得到仔细地界定，并受到严密控制。通常，公务员组织必须严格管理雇员人数，以保持在预算资源约束范围之内。公务员组织在增加或罢免雇员或者甚至快速或单方面改变就业条件方面的灵活性，通常远低于任何大型私营企业。

在财政部、有关各部和负责提供公共服务的其他政府机构之间建立对工资问题的共同理解往往具有挑战性。实际上，这种辩论往往是预算编制流程的关键。在希望获得更多资源以使其能够实现更高服务水平的有关各部和试图抑制运营成本增长的中央财政部之间进行富有活力的预算讨论绝非是异常的。例如，在密切监测作为财政健康指标的总工资成本比率（占国内生产总值或公共支出总额的百分比）时，辩论可以超越国家或地方组织进入捐赠人领域。有时存在与双边或多边预算支持条款相关的契约，这些条款提到了这些比率。

无论达成协议的困难如何，一旦达成，传统的公务员结构加上严格规定的预算和就业法规就有助于传统的人力预算，其中劳动力成本被设定为有关各部的单独拨款条目（针对这些条目的预算流用活动经常被禁止）。这种方法依赖于指定职阶的固定数量的职位；国家确定的工资和津贴水平；以及关于决定从一个职阶晋升到另一个职阶的规则。事实证明，在清楚地识别每个人（或在相同资历级别执行相同职责的个人群组）的情况下，核准编制的制定对于控制公共财政非常有价值。核准编制可以通过仅在核准岗位实际空缺的情况下允许招聘来防止不受管制的雇用。

然而，这种基于规则的系统可能导致工资结构的僵化，使得有关各部难以应对新的或不断变化的组织需求或当地劳动力市场环境的变化。为了应对此类挑战，以及将压低公务员人数作为维持财政纪律的一种手段的政治压力，一些国家的传统公务员就业模式发生了一些变化。最重要的包括以下内容：

- 开放式与固定期限职位。在一些国家，公务员岗位仅在固定期限内设立，或者只能在（例如）三年任期后再更新一次。通常但并非总是如此，此类岗位有不同的报酬、养老金和与之相关的其他福利。
- 定期公务员与合同任用。在一些国家，以前由公务员处理的工作已经外包给私营部门（外包），或者在承包商位于另一个国家情况下，进行离岸外包。这包括一系列新方法，从关于几个信息技术专家为特定项目提供建议的小型合同，到将整个类别的工作从公共服务中分离出来。①

- 此外，发展中国家的一些职位由捐赠人的赠款直接供资，通常是定期合同。

  一些发达国家通过放松对人力成本的直接财政控制，以及（例如）与总体运行或运营成本相关的广泛的财政拨款，解决了传统公务员结构和报酬制度缺乏灵活性的问题。因此，对于一组特定的政府服务或职能而言，人力成本包含在更广泛的拨款之中，将工资和津贴条目与旅行、办公用品甚至住宿费用（办公室租赁和公用事业）相结合。这种方法的目的是给予服务的提供方式更大的管理灵活性。在更先进的系统中，一些政府机构已完全放弃采用公务员工资率和津贴，但其必须在关于其运行或运营成本的总体财政拨款范围内运作——见第18章和第23章。

  在基于结果的预算框架内，人力预算编制方面的挑战变得显著更加复杂，尤其是在结果具有跨部性质的情况下。一些国家（马来西亚、博茨瓦纳和美国一些州）已成功采用这种方法使预算与组织结构保持一致，通常不会对组织结构进行大规模改变。然而，对许多人而言，在建立部际基于项目的结构方面固有的概念困难是变革的实际障碍。基于结果的预算编制的工资方面所固有的一些复杂性集中在可变工资的管理上。已经存在将基于绩效的激励措施引入公共部门工资结构的许多尝试，但成功实施的示例仍然相对较少。这并不是说，基于结果的预算完全取决于工资和绩效联系。然而，建立既有效又客观的激励管理和绩效评估系统可能会带来非常重大的挑战。

  工资管理的职能责任因国家的制度结构而异。在许多情况下，财政责任分配给财政部，人力资源管理维度也是如此，例如职阶的设定等。在其他国家，有一个单独的公务员部，其中包括所有人力资源管理任务，也可能涵盖财政维度。在工资管理方面，负责向公务员支付工资的部或机构与负责晋升、雇用和终止的部或机构之间的边界尤为重要。在一些国家（例如所罗门群岛和肯尼亚），对于后一种职能，存在一个独立的部级组合，而在另一些国家中，该职能被嵌入到有关各部之中。不论工资总额是否主要被视为财政控制职能从而被视为财政部的一部分，或被视为公共服务管理部内人力资源管理组合的一部分（例如也门），比结构更重要的是有效的工资流程管理和相关财政控制。

  根据当前的财政环境，许多国家都有显而易见的清晰可辨的"钟摆效应"。有时，集中式人力规划和招聘控制的财政控制收益变得极具吸引力，特别是在预算面临压力或需要抵消不受控制的"社会就业"雇用时，例如在尼日利亚某个地方发生的情况。相反，可能产生相反的效果，其中控制权高度集中，并且公务员对关于提供服务的地方、区域或其他要求的敏感性和反应性似乎很小。当出现这种情况时，在将雇用决定权下放给有关各部或地方组织方面的政治压力可能很大（印度尼西亚公共服务部分就是很好的示例）。

  无论哪个部或机构负有管理公务员的正式职责，为有关各部设定年度工资预算都将涉及有关各部与财政部之间的谈判，并在适当情况下涉及公务员部。一些有关各部各自为政，倾向于采用粗略的方法，根据上年度数字和平均工资率来估计工资成本。这在细节程度上——例如在工资结构上（见专栏15.1）——反对准确的财政和财务控制，并对管理者委以高度责任，而艾伦和托马西（Allen and Tommasi，2001）指出这种方法通常不足以控制支出。相反，在有些组织（例如澳大利亚的州级政府）

---

① 例如，公共部门的建设或维护工作通常不再由公务员执行，而是由私营承包商执行。

中，新的信息技术辅助工资管理工具正在支持个别公务员岗位的准确人力预算编制。

专栏15.1　工资结构

工资成本的直接驱动因素是工资结构，而工资结构的运作方式对于确定工资预算而言是至关重要的。正如所料，各国的工资结构差别很大。

一方面，在发达经济体中可以发现带状工资分配，其中（特别是在高级别）个人受益于基于绩效的合同，并且报酬总额的重要因素与产出或结果挂钩（例如英国，澳大利亚，美国）。另一方面，一些国家（印度尼西亚）拥有反映军事组织概念的极其严格的等级和职等结构，而且每个职阶内每年都会按照资历增加工资。

通常情况下，公务员结构将有一系列固定工资等级，每个等级内最多20档。在发生晋升事件时出现等级之间的变动，并且基于资历的年度增薪通常涉及各档之间的进展。在后面这些结构中，绩效和报酬之间没有内在的联系。

关键要求是需要检查关于公务员结构和人员配备水平的现行规则和法规的组合会对单位成本和工作人员总数有何影响。雇用决策权的下放程度、工资水平的变化（尤其包括工会或技能型谈判小组的影响）以及可变工资和津贴（例如加班费和住房补助）的相对普遍程度可能是重要的复杂因素。

在越来越多的国家中出现的创新都有助于减少由终身雇用的公务员提供的公共服务。上述创新可能是未来公共服务就业模式的预兆。然而，即使对于在这些方向上走得最远的发达国家而言，大量的公共服务仍然由传统雇用的公务员提供，因此公务员工资运作是高效公共财政管理的主要挑战。此外，正如任何其他公共财政领域一样，在向为提供期望的政策建议、运作或服务所必需的有关各部分配工资资源方面，需要准确地反映政府的优先事项。

工资计算

几乎所有的工资总额都有两个共同的计算步骤：

- 汇总个人应享权益（"累积到总额"）；
- 对各种法定、立法和可选扣除适用税收和预提（"总额到净额"）。

下面更详细地研究这两个流程。

对工资应享权益总额的确定因其复杂程度和流程细节而有很大差异。在一些国家（卢旺达和柬埔寨就是很好的示例），工资总额相对简单，一次性计算年度薪酬总额（工资和津贴）并除以12，即为每位雇员的固定月度总工资。可以使用电子表格或基本数据库应用程序轻松执行此类计算。由于不支付加班费，所以很容易在单项工作中执行全年的"累积到总额"。

然而，在大多数情况下，公务员确实有某种形式的可变工资部分（加班费、轮班费或风险补贴等），而且累积到总额阶段的主要复杂性通常与应为工作类型、地理位置、技能、知识要求和其他因素支付的差别津贴有关。复杂性大量存在，如专栏15.2所示。

专栏15.2 可变工资的示例

巴勒斯坦公务员获得与其住所和工作地点之间距离有关的津贴，每天的支付率各不相同，以反映临时工作地点、休假期间和家庭地址变化。

独木舟驾驶（所罗门群岛）、爆炸军械处理（安哥拉）、双工资袋津贴（新西兰）和单身人士津贴（南非）是一些更为深奥的津贴示例，这些津贴除了吸引更常见的专业学科或学术成就之外，还吸引补贴工资。另请注意作为相反指标的孟加拉国示例，其中专业/技术资格不会在工资等级内产生任何工资差异。许多其他国家已将过时的津贴纳入基本工资；自行车津贴和马匹津贴就是示例。也门公务员最多只能享受六项单独的津贴（这是对设计不良的工资应用程序的约束）。

一些发展中国家向参加委员会或国际组织所承担任务的公务员支付奖金工资（印度尼西亚，也门）。此类工资通常占雇员报酬总额的50%。

另外两个因素导致了一些最复杂的工资处理：追溯工资和预支工资。休假前预付工资应享权益是司空见惯的，这是两者中更容易计算的。然而，追溯工资通常非常复杂，例如，通常对数个工资周期追溯增长百分比。在极端的示例中（所罗门群岛），全年工资支付都需要进行追溯生活费用调整（COLA），因此需要完全重新计算工资以及所有基于百分比的津贴。能够对追溯累积到总额进行管理的软件应用程序是可用的；然而，在类似的基础上计算税收和其他扣除额变得更加复杂，并且能够在没有重要配置情况下管理这些流程的现成可用软件应用程序相对较少。

"总额到净额"计算确定应付给个别雇员和（所得税、社会缴款和其他扣除）其他第三方债权人的净额。通常，工资系统将应用一系列强制性立法扣除然后是雇员选择性扣除（均按特定顺序），并计算应付个人的净工资以及应付第三方（例如税务当局）的扣除款项总额。为了准确计算这些扣除额，有必要记录针对累积到总额每个要素的各种属性，例如所得税或退休金的适用性。

虽然存在微小的差异，但在大多数立法环境中，强制扣除顺序往往采用非常相似的形式。第一，扣除税收和雇员社会保障缴款，然后根据可能因追回多付款、法院判决、工资扣押令等而产生的其他立法指示进行扣除。在扣除这些后，将适用个人指定的选择性扣除，通常采取私人医疗保险费、工会会费、储蓄规划供款或退休金或公积金额外自愿供款等形式。关于雇员强制扣除的限额通常由立法或法规适用，以确定总工资的最高百分比或最低剩余净工资。在任何一种情况下，处理复杂性都是显著的，并且本质上依赖于上述预先决定的扣除优先顺序。

一旦完成"总额到净额"流程，向公务员、机构债权人和其他人支付款项的任务就开始了。向个人雇员进行支付远远没有那么简单：支付管理任务包括工资筹资（无论是从国库单一账户、中央银行还是其他来源），个人支付活动（通常通过电子转账方式），编制关于应向各种债权人支付的扣除额和应付款项的支付计划表，以及向这些债权人进行转账。

全球公共部门雇员没有标准的支付频率。公共部门的工资运作往往遵循私营部门的运作，而私营部门的运作往往是从国家特有传统而非逻辑框架发展而来的。每周、每两周、每月和每四周的周期是常见的，并且每个周期都会导致工作量显著增加。实际上，工资处理周期的数量和个人管理家庭收入的能力之间的平衡通常是决定最佳支付频率的最重要因素。在获取金融服务困难或昂贵的情况下，或者在普通民众的金融教育水平仍然有限的情况下，公务员的工资支付频率往往更高。最简单的形式是，工资通常按月运作，向每位雇员同时支付工资。然而，由于各种文化、财务和运作原因，这种理想很难实现。专栏15.3列出了支付频率复杂情况的一些示例。

专栏15.3　工资频率

与每月支付相比，每两周而非每月的支付周期更均匀地分配工资的现金流影响，但代价是增加数据输入工作量。

通常每两周但隔周支付一次不同工作人员组别（例如公务员，警察，教师）的工资，以试图消除工资运作工作量和政府现金流之间平衡的障碍。

一些国家（例如菲律宾，法国，希腊）运作"额外月份"工资，其中年度工资金额分为12个月以上，第13个"月"在圣诞节前夕支付，也许第14个"月"通常在盛夏期间支付以配合假期高峰。

在一些国家，工资是根据农历月支付的（基本上是每四周的工资周期）。

每周支付变得非常罕见，因为旧式的工资现金支付已经过时，并被电子资金转账或支票付款机制所取代。

无论实际支付频率如何，大部分公务员工资均按年度金额计算，并除以每年或较短指定周期内的工资周期数量。在某些情况下，如前所述，工资计算每年进行一次，每月工资金额在年初确定。这种方法效果很好，并且大幅减少了所需的工资计算次数，因为各月工资正好是年度总额的1/12。然而，由于每月可变工资的种类（加班费、津贴和扣除）通常排除了静态的1/12方法，所以没有多少国家可以持续采用这种简单的方法。

现金几乎已经过时，并且在大多数工资运作环境中，都会进行电子转账支付。为准确管理和核算支付所必需的额外安全措施，例如与涉及中央银行的工资资金转账和/或商业银行与其客户之间转账相关的授权和控制，提供了比向个别公务员移交现金或支票更有效的审计线索（见第16章）。

工资总额、预算执行和合规

对大多数公务员工资总额而言，支出控制采取了相当具体的形式。在许多系统中，授权令（通常也称为部门授权令）将所拨预算支付权力下放给有关各部或政府机构（见第13章）。工资授权令原则上用于管理已编制和批准预算的每个层级的支出。然而，在实践中，许多公共部门的工资总额似乎是作为准强制性或法定支出进行管理的（很少有效地尝试使用预算控制来限制支出），而非作为通过授权令行使的任何真正支出控制进行管理。公共部门工资总额特权地位的基础原因与公共部门雇员和相关雇主或政治机构之间的关系直接相关（见专栏15.4）。关键点很明确：所有良好的公共财政管理系统都依靠良好的预算编制来根据可负担性情况分配资源并满足关于服务提供的选择性偏好；预算执行流程的作用仅仅是交付该预算，而非"二次猜测"或修改分配情况。然而，当需要采取年内补救措施时，关于支付工资总额的近乎法定的义务（反映了人员配备水平不能迅速降低这一事实）通常提供的灵活性空间很小。

专栏15.4　公务员身份和支出控制

在大多数国家，公共部门就业相对于私营部门的一个关键吸引力是终身职业保障，这种权衡通常以不那么慷慨的工资水平形式出现（但是，在越来越多的情况下，有更加慷慨的养老金应享权益）。

在工作场所立法的多样性和复杂性的支持下，集体谈判小组、工会和员工协会的努力使得解雇公务员普遍变得十分困难，公务员实际上用工资交换了提高的就业保障水平。

无形或不明确的绩效目标使得绩效不佳难以量化或制裁。

在工资支出的很大一部分是可变工资（例如加班费）的情况下，一些国家已在使用混合方法控制支出方面取得了成功，其中可变工资被视为非法定支出，因此受到支出控制。

在实施政府工资总额方面的问题通常与负责人员管理不同方面的各机构之间不及时的数据流有关。这方面一个很好的示例是集中与分权辩论。如果工资总额几乎是法定的，那么有关各部就没有什么动力在集中环境中管理工资总额。如果工资总额被分权并纳入总资金总括，那么激励措施就会发生变化，但不一定会更好，除非使有关各部适当负责。人们并非不知道在偏远地区雇用的个人（例如卫生和教育部门的工作人员）的工资记录变化需要花费数月才能到达中央工资处理设施。不出所料，除了沟通和后勤方面的挑战之外，津贴的范围、工资的周期性和可变工资的普遍性是造成这些问题的主要原因。虽然确实可以过滤到具有工资影响的事项（尽管速度缓慢），但其他不会在财务上影响个人的事项类型不会被记录。例如，只有在存在直接财务影响（例如取消每日旅行津贴）或与年假或慢性疾病（被定义为引起纪律调查的事件）相关的情况下，才会倾向于系统地记录缺勤情况。

未记录的日常或短期缺勤从根本上破坏了工资报告的有用性，最终破坏了人力资源的专业管理。虽然捕获缺勤数据无疑是一个挑战，但其可用性提供了缺勤影响测量的可能性。[①]由于从某种意义上说，支付是"远程"的，所以在提高流程效率特别是电子转账支付方式方面的一个缺点是，跟踪组织单位或工作地点之间的工作人员流动并不像在传统工资方法下那样容易。各组织正在越来越多地利用工作流程和流程自动化技术来减少缺勤和工作人员流动对运作效率的影响。但是，实施这些技术可能需要复杂的软件，并且需要可靠的数据、完善的商业论证和有效的计划管理来支持。

工资总额合规

在正确的时间向有权接收的个人支付正确的金额是一项具有挑战性的任务。在每种情况下都必须考虑以下因素：

---

① 这可以使用诸如布拉德福德因子指标之类的工具来完成，上述因子指标是布拉德福德大学管理学院在20世纪80年代开发的缺勤率指标。

- 资格。是否进行了正确的支付？在大多数情况下，任何工资应用程序管理的津贴和工资支付通常都受立法或法规的调整。但是，可能会出现一些问题：例如在年假、学习假或病假期间是否应支付津贴？
- 岗位与个人。许多工资应用程序的结构并不是将津贴附于岗位或职位而非个人。在这种情况下出现的问题可能需要人工干预才能实现解决。例如在临床工作期间可能有资格获得轮班或危险工作补贴的护士在晋升到管理职位时可能无权享受相同的补贴。
- 公平和透明。支付是否以合理、统一和及时的方式进行？支付方面不公平现象，无论是现实的还是想象的，都可能造成动荡或破坏劳动力的士气。任何工资职能可以执行的最重要的任务之一是确保规则的公平适用，这将保证个人毫不迟延地获得其应享权益。

全面有效的立法和监管环境对于避免需要频繁"解释"合规问题而言是必要的，并且是工资运作效率的关键因素。

谁获得支付是另一个关键的合规问题。为确认只向那些真正受雇的公务员支付薪金，且其应享工资和津贴的权益被正确记录在工资名单上，已付出很大努力尝试不同方法。国际记录管理信托（IRMT）在一些国家进行的调查得出的证据表明，用于验证工资记录准确性的成功方法更多地取决于让合适的人员进行检查而非所选择的技术或验证方法。项目人员的连续性、高级管理层的参与以及实施团队的诚信、尽责和毅力对于取得成功的结果而言是至关重要的。

在进行这些大型工资验证工作方面固有的一个关键风险是，这些工作成为"时点"活动，并未被嵌入工资运作的廉洁性之中，或者辅以必要的严谨性来维护可靠的雇员信息库。生物特征识别技术（例如指纹识别、虹膜扫描和结合面部识别算法的数字摄影）进步提供的可能性需要在设备、操作员培训和持续能力开发方面进行大量投资才能真正有效。在也门，虽然涉及近50万名公务员的大规模生物特征识别活动采集了指纹、照片和基本雇员数据，但由于流程应用不当以及缺乏对相关数据的持续验证，这项工作受到了影响。对开展此类流程的组织的价值可能更多地取决于项目发起人和管理团队的诚信和坚持，而非对技术本身的选择。

工资后会计核算

如果不考虑考为正确核算公共资金使用情况而必须进行的大量工资后成本分配和分类账过账活动，就谈不上完成了对工资的账务处理。在各组织努力将成本分配给组织单位、资本项目、经常性预算及其组合过程中，这个领域的复杂性即使在最简单的工资总额中也常常是迷宫似的。

将工资成本过账到总分类账（GL）账户通常包含两个不同的步骤：

- 第一步，通常编制工资资金报表，往往采用总分类账日记账或录入采购分类账中的付款凭证的形式。此类分录的目的是记录向银行的对外支付（银行最终将对个人工作人员账户进行贷记），并记录向各种第三方债权人进行的与工资扣除额相关的支付。在此阶段，主要贷记银行和借记供应商类型的事项通常过到总分类账，工资清算账户用于持有等待向费用条目进行成本分配的应计工资成本。
- 第二步（工资成本核算流程）滞后于与工资资金相关的会计事项过账绝非是异常的。从本质上讲，清算应计工资账户并将详细信息过账到费用项目可能是极其错综复杂且流程密集的一系列任务；并且可能通常需要在组织变革期间进一步修订。

如果组织结构（部，处，团队等）幸运地是既稳定又完全符合经常性预算结构的，那么成本分配可以相对简单。然而，当组织的财务和人力资源观点彼此显著不同时，工资成本核算就有些变成了一种艺术形式。将工作人员成本分配给由发展预算而非经常性预算提供资金的活动或产出，或按工作时间比率或其他更随意的条件在各组织单位之间分摊成本，可能会带来极大的复杂性。

不同的权责发生制和收付实现制会计制度也有不同的规则来管理周期和成本应用。建议旨在遵守《国际公共部门会计准则》等会计准则的组织（见专栏15.5）在实施之前尽早让工资成本核算流程负责人与相关准则专家进行对话。在某些会计或财务控制软件应用程序中，对成本核算流程的事后更改可能有些繁琐（请见第34章）。

专栏15.5 《国际公共部门会计准则》（IPSAS）对工资总额的处理

《国际公共部门会计准则》（IPSAS）标准要求披露工资、薪金和社会保障缴款等短期雇员福利；短期带薪缺勤，例如带薪年假和带薪病假，并且缺勤薪酬应在雇员提供相关雇员服务的期间结束后12个月内结算；在雇员提供相关服务的期间结束后12个月内应付的绩效奖金和利润分成；以及现有雇员的非货币福利，例如医疗、住房、汽车以及免费或补贴的商品或服务。长期雇员福利也必须包含在任何遵守《国际公共部门会计准则》的财务报表之中。特别是，这些包括诸如退休福利（例如退休金）等离职后福利和其他离职后福利（例如，离职后人寿保险和离职后医疗保险）。

工资审计

鉴于政府工资总额的规模和财政影响，以及资金支付对象人数众多和对经济的相关影响，对工资控制的遵守情况以及工资控制的效率和有效性是外部和内部审计的关键重点领域。该领域普遍接受的良好实践包括：

- 出于安全原因，应为所有工资操作员提供唯一密码，定期更改，不在个人之间共享。对任何工资系统不同功能和特点的基于角色的访问都应该根据每组雇员的需求和职责进行精心定制。
- 合规性检查、数据录入、批准和验证应由不同的个人或团队进行。这可能是专业运作工资职能中最重要的单一特征，因为在进行工资欺诈时对存在共谋的需要大幅增加了审计师识别违规事项的能力。
- 特殊事项的监督审查。

- 个人雇员银行账户，通过安全的电子转账进行支付。
- 对输入文件进行合规性检查和随机抽样，以确保在签字方面存在必要的权限，并确保应付金额合法合理。
- 根据预先决定的容忍水平进行严格的异常监测（一次性酬劳、加班费、可变工资、晋升等）。

世界各地的公务员组织已经在减少欺诈程度和从工资名单中删除"影子员工"方面付出了相当大的努力——结果喜忧参半。世界银行、国际货币基金组织以及特别是国际记录管理信托的各种研究指出，在证明雇员人数真正减少和维持这种改革方面存在相当大的困难。一些更常用的防欺诈技术包括检查以下内容：

- 不同工作人员银行账号相同的多个实例。但请注意，在某些地方（例如卢旺达和所罗门群岛），基于信仰的组织通常安排教师或卫生部门员工共享同一个银行账户。
- 国家识别号码的重复（例如公积金/退休基金和社会保障号码）。
- 工资事项年度变化有限或无变化的个人——特别是那些看似不休年假的个人。
- 在多个工资号码之间的姓名重复。最近对卢旺达公务员工资名单的一项研究突出了许多工资名单中常见的问题——在不同工资号码项下多次雇用。同样，在所罗门群岛，由于招聘流程错误，发现了400多份重复的教师记录，即实习教师在学习开始时被分配了一个工资号码，但在毕业时被分配了一个全新的号码却没有终止原来的记录。除了财务影响之外，这些个人的服务和职业历史的连续性也因为此类实践而变得复杂。

用于工资管理的信息技术软件应用程序

在几乎所有情况下，对工资软件应用程序市场的详细分析将确定一个能够满足组织大部分工资处理要求的合适工资系统。同样，几乎可以肯定的是，任何应用程序都不能完全满足组织的需求。一定程度的定制是不可避免的，但需要严格限制和管理定制工作的范围和规模，以获得最有效的结果。

如果公务员组织选择不承认商业现成解决方案的可用性，那么结果就有所不同，从几乎没有效果（加纳、也门）到成本高昂且极其依赖关键人物（卢旺达、约旦河西岸和加沙）。后者的特点是大型软件开发团队多年参与实施项目，普遍超出了初始时间和成本预测。此外，组织本身几乎没有选择，只能保留负责初始部署的开发团队以延长支持期，并再次运行多年。私营部门常见投资指标（例如总体拥有成本、投资回报率、已动用资本回报率和净现值）的应用是一门学科，建议所有组织在着手任何此类项目之前都要详细考虑。

工资软件市场的变化步伐可能从未如此之大。然而在应用程序方面，似乎正在推动软件开发商的广泛全球化倡议（将多个立法环境集成到单一的统一工资结构和数据存储之中）在公共部门组织的背景下几乎没有相关性。尽管该技术在基于网络的数据收集和信息传播机制方面被证明是有效的，并在私营部门得到广泛应用，但对于公务员组织而言却恰恰相反——北美以及亚洲和欧洲的部分地区除外。诸如智能手机的出勤报告、手机银行和电子邮件发送工资单等前沿发展在公共部门中仍然是罕见的。在大多数情况下，制约因素更多的是流程和文化性的，而非技术性的。然而从根本上说，工资总额本质上不是一种增值职能，因此应该在最低成本的运作模式中尽可能高效地运作。在大多数情况下，转向更多地使用技术并避免依赖纸面流程，可能会显著降低运营成本。

新技术带来的另一个趋势是工资外包。工资职能非常适合第三方服务提供商与政府之间的合同关系。许多国家（特别是英国和美国）的公务员组织都处于多年外包合同的第二个周期，而在某些情况下处于第三个周期。在一些有限的案例中，公务员部门甚至可以向商业实体提供工资服务（有可能创建新的国有企业单位作为利润中心）。例如所罗门群岛政府现在向非政府组织提供外包工资服务，并正在考虑如何最好地建立商业结构，以扩大对该国其他私营部门业务的服务。

软件交付模式（SaaS）与外包辩论相悖。实质上，在每次使用的基础上"雇用"软件的概念有可能降低运营成本。然而，这种选项的普及程度远低于工资外包。从某种意义上说，软件即服务模式的"妥协"性质可能是劳动力成本较高国家的内在弱点。然而，在发展中国家，在采用软件即服务模式方面的障碍通常与带宽限制有关。随着数据传输成本下降，这些制约因素继续迅速下降，因此软件即服务模式可能在未来很受欢迎。

结　论

本章明确指出，管理公共服务工资总额是一项财务和财政上的重要责任；每个国家的工资环境不同，通常很复杂；随着就业和报酬形式多样化以适应不断变化的财务、管理、服务提供人员（甚至政治）需求，管理任务可能会变得更加复杂；并且新的信息技术系统和方法提供的工具可以帮助工资职能比过去更有效和高效地运行，只要这些工具经过精心和专业地开发和推行即可。

然而，尽管工资管理的复杂性明显增加，以及管理新信息技术系统和方法以应对不断加深的复杂性这一任务具有挑战性，但本章强调，从广义上讲，有效工资管理的基本要素并未改变。

第一，作为任何有效管理系统的必要条件，公共部门工资总额的制定和"交付"必须植根于健全的立法框架。需要谨慎地取得平衡：坚持主要立法所载的基本内容；在二级法规中灵活应对不断变化的劳动力市场需求和公共部门交付模式；以及全面扩大视野和结构，以适应工会、地方利益集团和其他此类团体的参与。

第二，确定年度公共部门工资总额目前和永远都将成为中央预算任务和公共财政管理任务——无论是在中央、区域还是地方政府环境中。寻求提高或维持服务水平的有关各部、试图降低或减少公共支出的财政部以及促进雇员利益的工会或其他团体之间的争斗是永恒的。争斗如何解决取决于每个国家的财政和财务状况以及制度结构。公共部门就业条件和公共服务提供模式越多样化，复杂性就越大。但在任何制度、财务和交付框架下，关键挑战都没有改变：分析工作必须使人们更加清楚地了解关于公务员结构的现有规则和法规的组合以及商定的人员配备水平对单位成本和工作人员总数或公共部门工资单的影响。相应地，这必须导致所有各方达成协议，并且该协议可以而且必须透明地体现在公共部门工资总额的预算拨款之中。

第三，本章还描述了工资计算的实用性：对月度（或一些其他期间）工资单的设定如何从个人应享权益累积到总数然后确定对个人支付的净工资,以及如何管理预算执行,包括控制环境和合规控制。但这方面的基础知识现在已经得到广泛了解和完善:面临的挑战是如何使用信息技术和相关系统以低成本实现有效和高效的管理——如上所述,工资总额不是一个固有的增值过程。

过去的工资项目往往倾向于对过时技术进行对等替换。现在,组织的注意力几乎完全转向加强能力发展和管理工资职能变化,而非改进作为软件产品的工资名单。由于大多数工资总额都得到了可靠和充分的数据收集、工资计算和支付管理系统的支持,所以变革正在成为主要由更广泛的公共财政管理改革议程推动的。无论是在流程转型还是在自动化、人力资源管理改进或与财政管理信息系统相关的变革中,此类改革都会对工资总额产生重大影响。

也许三个考虑因素应该推动任何改革项目。第一,公共财政管理改革特别是财政管理信息系统项目必须考虑到对公共部门工资总额的影响,其必然结果是工资管理利益的代表者应该在一开始就参与更广泛的改革项目。第二,无论选择何种路径,都需要来自工资管理单位或部门本身以外的专业管理和专业知识——并在该单位或部门内有一位杰出的倡议者来推动改革。第三,重点必须是保证和确保数据质量和可靠性,无论是人力资源、财政管理还是其他目的所需的。

总而言之,虽然对于获得正确的工资总额而言没有任何奖品并且喝彩也少,但不这样做的负面影响可能相当大。明确的立法和法规、对数据质量的持续关注以及有条不紊和尽职尽责的工作人员,是每次获得正确工资总额的关键因素。

参考文献

Allen, R., and D. Tommasi. 2001. *Managing Public Expenditure: A Reference Book for Transition Countries*. Paris: OECD.

Schiavo-Campo, R., G. De Tommaso and A. Mukherjee. 2005. "Government Employment and Pay in Global Perspective: A Selective Synthesis of International Facts, Policies and Experience," Washington, DC: World Bank.

16
国库职能和国库单一账户

迈克·威廉姆斯

本章描述了政府现金资源的管理，以及政府现金资源管理如何与预算编制和执行流程相关联。更具体而言，本章讨论了政府支出和收入流量的每日、每周和每月模式的管理；现金流量预测；以及如何通过在中央银行持有的国库单一账户（TSA）来最好地发展和管理这种（通常所称的）国库职能。其他现金管理活动，例如国库单一账户或银行部门中政府现金余额的目标设定，以及通过金融市场交易平稳政府的日常现金流，都与债务管理有关。这些将在第31章中进行讨论。

本章中不严谨地使用了"现金"一词来指称支付手段的立即可用性，大部分是中央银行或其他银行的经常账户余额；在某些情况下，如果可以在需要时迅速变现，则可能包括短期到期银行存款。高效利用现金是很重要的，并且政府的首要目标是能够及时为其支出提供资金，从而履行到期义务。但重要的是，国库在实践中如何做到这一点；以及现金管理还应支持其他财政政策。[①]

与此同时，超额现金带有成本，虽然这种成本往往不明显，因为在任何预算中都不会识别这种成本（仅影响总债务净利息项目）。通常在中央银行持有的银行账户中的现金不太可能赚取市场利率，如果赚取市场利率，那么只是一种短期利率。但现金最终必须得到融资，而在边际上，通常会通过更长期、更昂贵的债券来融资。

国库职能有不同的组织模式。大多数国家都有单一的综合财政部，其中包括一个负有预算执行和现金管理等国库职责的部门或司。但是，许多国家还将"政策"与"执行"区分开来，并在财政部内设立具有一定程度的授权管理或运营权限的机构或局。墨西哥和菲律宾就是这样，许多英联邦国家（包括牙买加、毛里求斯和博茨瓦纳）的总会计局也是如此。在某些情况下，这些机构也可能负责采购、债务管理和政府账户，而在其他情况下，这些职能将由不同的机构或部门负责。在一些国家，国库明显与财政部分离（土耳其），而其他一些国家将国库的职责赋予那些具有更广泛职责、因此也更接近传统财政部的各部（美国，英国，澳大利亚）。

本章讨论了独立于组织结构的职能。下文对国库的指称是指职能，而非机构。但在任何结构下，国库都处于政府财政的核心，并且必须与各种其他机构或部门相互作用，包括税务管理部门、支出机构、债务和现金管理以及会计单位（如果这些单位没有整合），以及中央银行。在制度分散的情况下，需要协调结构。

---

① 关于其他目标，请见第31章和Williams（2009）。

预算执行

预算执行是要确保按照商定的财政限额（和法律授权）执行年度[①]政府预算，同时考虑到政策实施过程中政策和外部经济环境的变化以及效率和成本效益的变化。第13章讨论了预算执行的全流程。但就作为本章重点的现金而言，可能涉及一系列活动：从直接控制支付到根据规划、资源可用性或承诺在有或没有现金的情况下发放支出授权；直到将预算管理权力完全下放给有关各部，并将国库职能限于预测和监测现金。在所有这些情况下，国库必须监测现金流量，以确保政府能够及时履行承诺。如果政府不能及时履行承诺，政府可能会被迫延迟支付并累积拖欠款项。

但必须强调的是，由于缺乏现金而削减规划支出是现金配给而非现金管理。现金配给带来了一系列问题：

- 现金配给破坏了预算优先事项；
- 现金配给扰乱了支出各部的规划；
- 现金配给意味着延迟向供应商进行支付，存在未来采购成本上升的风险，对供应商业务并且可能对整体经济造成经济损失；
- 现金配给为腐败提供了机会，国库官员要面对供应商（或预算管理者）的诱惑。

有效的现金管理消除了关于现金配给的需要。

年度拨款和承诺控制

在现金与如何将支出授权（拨款）发放给支出机构或预算单位之间存在相互作用。拨款可以基于以下内容：

- 现金。该基础使得年度预算拨款与年度现金规划之间存在直接联系。
- 权责发生（收付实现之前）。即经济交易发生时，而非支付时；在一些国家，这些被称为"义务"。
- 承诺（权责发生之前）。该基础是指创设潜在义务的时间，需要在未来进行支付。
- 预算授权（承诺之前）。该基础对将适时导致现金支出的财政义务进行法律授权。

许多发达国家都有基于预算授权的控制措施，特别是在财政管理职责也分散到有关各部或支出机构的情况下更是如此。实际上，在许多此类国家，财政部的传统预算执行职能已经消失。取而代之的是在年初公布有关各部商定的预算，而国库除了可能的关于指示性概况的协议之外，对支出概况决策的参与程度有限。尽量兼顾优先事项和处理支出请求留给了有关各部解决，而有关各部最能够决定如

[①] 预算通常基于单个财政年度，并且这是本章的假设；也有国家有更长或更短期间。

何管理支出以实现该部的目标，同时适当考虑物有所值（并应相应地负责）。但即使在这些情况下，国库也必须确保现金在需要时是可用的。国库并非通过控制支出或指定与预算拨款相等的现金的用途来做到这一点。相反，国库将支出许可与用于支出的现金分离，并通过如下所述的监测和现金流量预测，确保现金在需要时是可用的。在有关各部实际上发展其自己的国库职能，并且有关各部能够在商定的限额内管理其预算时，以及存在从有关各部到中央国库的关于未来支出概况的良好信息流时，这种安排很有效。

但是，预算层面的控制在具有以下情况的发展中经济体中的效果肯定不太好：资源匮乏的支出机构可能会发现难以管理规划、承诺和现金支出之间的滞后情况；倾向于承诺过度或不足；并且往往不能或不愿意向中央提供足够的信息流。另一方面，仅仅控制现金支出很难进行高效管理。

- 如果管理是集中的，那么存在以下风险：各机构出示无法立即支付的付款发票从而迫使现金配给和拖欠，或者中央国库无法充分预测现金需求，必须建立不必要的庞大而成本高昂的现金缓冲。
- 如果管理是分权的，并向各部发放现金，那么国库就会失去对资源的控制权，并且现金将在银行账户中闲置，产生运行成本。在许多国家中，各部实际上已经能够在中央的职权范围之外累积现金余额，以在意外支出时提取，有时在预算制度之外提取。这些可能是来自用于支出的预借现金，或是自行留存收入的结果。

另一方面，无论是基于支出上限还是现金限额，对承诺的控制都有助于对承诺和资源可用性进行协调。承诺控制的关键目标如下（Radev and Khemani，2009）：

- 管理未来债务的初始发生而非随后的现金支付，以便遵循支出上限并避免拖欠支出。承诺控制确保只有在符合上限（例如季度上限）的情况下才能做出承诺，而季度上限相应地与年度预算一致。
- 确保支出单位只有在有足够的无负担现金余额可用（或者更准确地说，在支付时很可能可用）时才能订立合同或创设义务。

支出上限仍需要由运作良好的现金规划和管理系统进行指导。这要求支出机构提供对现金的规划，以确保在与收入预测相结合时，季度上限与预测的现金可用性一致（反之亦然）；这些相同的上限可用于批准承诺。除非与对承诺的控制相结合，否则现金规划本身将无效。

现金流量预测

无论预算执行安排如何，政府可用的现金每天都在波动，并且现金流入和流出由税收和支出以及债务和其他资本交易产生。将政府余额汇总到国库单一账户（下面将详细讨论）有助于减少闲置现金，但在确保适量现金在适当时间可用方面仍有挑战。因此，高效的现金管理需要能够预测每日现金流量。高效的现金管理是现代现金管理系统发展的关键步骤；高效的现金管理有助于实现预算政策目标，确保预算支出顺利得到供资，并允许制定战略以平滑现金流。

要预测的是现金需求，而非支出许可或承诺。现金无需在授权支出时到位；支付清算时国库单一账户中现金的可用性才是重要的，并且预测的重点是国库单一账户的流量。

良好的预测是一项挑战。预测系统使用各种技术，这些技术倾向于利用自下而上的信息（有关各部和税务部门可用的详细信息）以及自上而下的分析（总支出和收入如何随时间变化）。重要的是强调使用相关支出或收入部门的知识。相关支出或收入部门通常比国库更接近交易，并且应监测预期和实际现金流量，无论是收入还是支出。这需要良好的信息网络，包括个体信息网络和基于系统的信息网络。建立独立于预算执行安排的现金流量预测通常也是有帮助的。附件A列出了良好预测系统的一些特征。

预测可以逐步改进，并且能力可以随着时间推移逐渐发展。目标应该是提前三个月左右制定每日现金流量预测，但在实践中，预测会逐步微调，从每月到每周到每天。但是，如果只是每月或每周的预测，那么应至少需要提前三个月进行预测，这一点很重要。例如，政府现金流量的峰值和谷值不能简单地通过改变未来一周短期国债的发行来处理。波动可能太大，市场无法吸收，因此结果将是市场不确定性和利率波动。相反，需要进行一些预先规划，并对不同期限组合进行审慎变化，以便适应预期的波动，正如第31章所述。

国际经验对关于预测的确切组织职责几乎没有提供任何指导。有一系列不同方法。（收入和支出）线上预测汇编和（融资交易）线下预测汇编之间往往存在差异，线上预测汇编可能属于对国库预算执行进行监测的组织职责，而在线下预测汇编情况下，现金和债务的管理者可能更合适，他们可以获得关于发行、赎回和贷款发放的数据。债务管理者也会预测利息支付情况。对于主动现金管理而言，靠近前台的人员将负责监测、协调和同化与政府流量和国库单一账户流量相关的最新信息。

良好实践需要确定谁负责什么，并避免在预测经过不同人手中时的二次猜测。许多成功的国家都有由财政部相关官员和收入部门（可能还有中央银行）组成的某种形式的现金协调委员会，每周召开会议，以审查预测结果和最新的前瞻性预测，决定投资和发行政策，并制订风险管理参数。

国库单一账户

支出机构在银行系统中隔夜持有的任何现金均代表机会成本，因此从国库的角度来看，代表失去了可见度和控制权。解决方案是将所有政府现金余额汇总到一个账户或一组关联账户——称为国库单一账户（TSA）。国库单一账户是政府银行账户的统一结构，提供了政府现金资源的综合视图。[①]完全成熟的国库单一账户应该有三个基本特征：[②]

- 政府银行业务安排应统一，以便国库监督政府现金流入和流出这些账户。统一的结构使得所有现金资源具有完全可互换性。

---

① 国库单一账户的概念历史悠久，例如Bessette（2011）。
② 本小节主要依据Fainboim and Pattanayak（2010）。

- 任何其他政府机构都不得在国库监督之外运作银行账户。
- 政府现金资源的整合应该是全面的，并且包括预算内和预算外的所有政府现金资源。

国库单一账户的创建通常需要立法。这确保了国库单一账户的稳健性和稳定性，或许在某些机构的"推定"自治可能对国库单一账户构成障碍的国家尤为重要。

国库单一账户的主要目标是确保对政府现金余额进行有效的总量控制。这相应地有助于监测和控制以及财政和财务规划。更具体而言：

- 整合使得国库可以最大程度地减少银行系统中的闲置余额，从而节省成本。这来自于使用政府活动一个领域的现金盈余来弥补另一个领域的现金短缺中节省的利息。如果现金并未整合，那么额外的现金需求必须通过借款来供资。
- 国库单一账户提供关于政府现金资金的完整信息；在现代信息技术系统环境中，该信息几乎实时可用。
- 国库单一账户有助于确保透明的预算系统，从而避免"双重预算"问题，具有关于现金和拨款的单独规划和控制。
- 关于现金资源的充分信息有助于国库高效和透明地规划和实施预算执行，减少关于可用现金储备的不确定性。
- 单一的现金来源促进了政府会计系统与中央银行现金流量表之间的有效对账。
- 可以减少与预算执行相关的交易成本。在先获得收入的情况下，单一账户可以更容易地监测并减少银行在汇付政府（税收和非税收）收入方面的延迟。单一账户还可以更容易地在不使用中间账户的情况下处理政府费用。

一旦国库看到并有权使用所有政府现金余额，国库就能够更主动地管理现金。这包括投资临时盈余现金，以及借入短期借款以应对现金流量不足。如第31章所述，如果现金管理者能够在一定程度上平滑每日现金流量，那么可以获得以下优势：因为能够以较低的现金缓冲进行运作而节省成本；为货币政策提供了便利，因为政府现金余额波动性较低使得银行部门流动性波动性较低①；在良好的协调结构下，债务管理和金融市场政策也有收益。

就其性质而言，国库单一账户是一种本币账户。一些国家在中央银行设立单独的外币账户以支付外币负债；例如用于偿还债务或海外采购。在外汇长期短缺、外汇储备低且当地市场采购价格昂贵的国家，这可能是必要的。但一般而言，单独的外币账户是一种浪费；因为与其他闲置的政府现金一样，单独的外币账户带来机会成本。通常最好将外币在中央银行兑换为本币，然后作为国库单一账户的一部分进行管理。当需要外币时，可以从中央银行获得：银行可以决定提取储备金或从市场购买，取决于当时具体的干预政策。

---

① 较为平滑的现金流意味着中央银行货币政策操作的压力较小，因为在其他条件相同的情况下，国库单一账户政府现金流量的波动减少意味着货币市场和银行部门流动性的波动减少。因此，必须减轻货币政策操作的压力以控制流动性；如此，政府的主动现金管理有利于中央银行和货币政策。

在大多数国家，国库单一账户的监管权属于中央银行。主要的国库单一账户也可能在商业银行，并且实际上，在一些国家，特别是在拉丁美洲，主要的国库单一账户是在一家大型公有商业银行（例如智利、阿根廷以及直到最近的秘鲁，但秘鲁现在将其大部分隔夜现金转移到实际上持有国库单一账户的中央银行）。但是将国库单一账户安排在中央银行提供了许多优势：

- 这为政府现金存款提供了安全港，最大程度地降低了信用风险和道德风险。
- 这有助于中央银行对其货币政策操作与政府的现金和债务管理职能进行协调（见第31章）。
- 在银行提供交易服务的情况下，交叉补贴的风险较小（下文讨论）；并且这还使国库更容易与银行建立直接的合同关系。

如果主要政府余额存放在商业银行中，那么国库在其自身现金流量管理方面的直接政策杠杆可能会被削弱，除非有非常明确的代理协议向国库提供对所有政府余额的控制权以及关于通过政府余额进行的交易的充分信息流。这也可能使得与中央银行的协调变得更复杂。

国库和中央银行之间的操作协调是很重要的。其中一些涉及货币市场的相互作用，这将在第31章讨论。但是还需要就以下事项达成协议：

- 国库单一账户的结构，以及任何将中央银行内的子账户整理进总账户的安排；
- 处理以银行为代理人的政府交易；
- 由财政部提供的关于政府在中央银行的预期现金流量和余额的信息流；这些信息是对中央银行流动性预测的重要投入；
- 向财政部提供的关于政府在中央银行的实际余额的信息流（在理想情况下接近实时，但肯定是第二天）。

还需要就国库单一账户余额和中央银行的任何其他政府存款支付的利率达成协议。虽然国际经验各不相同，但最佳实践是支付市场相关利率，特别是为了避免扭曲激励措施、提高透明度和避免交叉补贴。财政部应向中央银行支付交易相关费用，就像对商业银行一样；即使在中央银行提供的服务范围方面没有任何正式合同，通常也应该有某种形式的服务水平协议来管理双方的预期。①

国库单一账户：问题和选择

国际良好实践是在法律允许范围内，在国库单一账户内包括尽可能多的政府控制的信托资金和预算外资金（EBF）的现金余额。一些此类资金可能占用大量政府资源，例如社会保障和基金型养老金规划。可能存在政策阻力或法律约束；如第18章所述，预算外资金的目标、设计和制度结构是多种多样的，在某些情况下，预算外资金具有明确适用于其自有现金管理权的法律地位。其他预算外资金可能会嫉妒上述预算外资金的"独立性"，并认为这应该适用于其他预算外资金的现金管理。但与其他

---

① 关于政府与中央银行在这些领域的关系的更全面讨论，请见Pessoa and Williams（2013）。

现金余额一样，如果在银行账户中隔夜闲置，政府内部就有机会成本。与此同时，国库对该现金的使用不一定要损害预算外资金对该现金所代表资源的所有权。

可能有三种模式：

- 在理想情况下，关闭预算外资金账户，在国库单一账户中吸收现金。
- 将现金余额整合到国库单一账户中；但是，预算外资金保留对该现金所代表资源的所有权，即"支出许可"。较大的预算外资金应该在其需要调用该许可时通知国库，以便国库可以在自己的现金规划中考虑到这一点。①在实践中，需要将较大的预算外资金整合到现金流量预测流程之中。国库当然必须履行其对所有预算外资金的义务。现金储备不能仅仅以长期负债和法定义务为代价来为短期预算赤字提供资金，例如从社会保障基金支付的养老金。
- 备选模式是允许预算外资金持有现金，但要在中央银行持有，并且还要建立一种安排，使得预算外资金可在需要时将现金"借"给国库单一账户。实际上要有公平交易，其中包括向预算外资金支付利息。这种安排在监测和管理方面可能更加复杂，具体取决于支持系统的精密程度。但即使在不能充分利用现金的情况下，这种安排仍然可以为政府提供有用的安全保障。②

在捐赠人通常为了向发展项目提供资金而供资的在中央银行持有的账户方面，出现了一些类似的问题。通常情况下，捐赠人将以与实际项目支出保持同步的方式转移资金，并且项目账户的在途金额保持在较低水平。但有时候金额很大。尽管这些账户可能以政府的名义开立，但捐赠人通常会拥有某种形式的联合账户权限；众所周知，捐赠人精心保持对资金的控制，并且不愿意看到现金流入国库单一账户，尤其是因为担心现金将最终为其他项目提供资金或为向预算提供资金而耗尽。

与预算外资金一样，应鼓励捐赠人将其账户中的资金隔夜提供给政府。③有不同的可能机制。也许最简单的机制是制定一项安排，将捐赠人账户隔夜清算到国库单一账户，然后在第二天早上恢复（如卢旺达）。虽然这种安排有可能大幅增加国库单一账户，并减少透支或其他借款需求，但还需要小心一些。国库不能依赖任何一天的资源量来维持。除非国库注意到未来的紧缩，否则可能会非常尴尬。因此，对于捐赠人而言，与预算外资金一样，该机制可能需要与以下内容联系起来：

- 提供支出预测和来自捐赠人的规划资金流入；
- 某种审慎方法，国库可以据此确定要在多大程度上依赖这些至少提前几天的预测；
- 向捐赠人提供某种形式的合同保证，保证这些安排不会以任何方式损害相关项目。

类似的模式可用于必须限制某些资金用途的其他情况。在秘鲁，一些矿业收入和类似收入专门用

---

① 与传统个人银行账户进行类比。存款人对银行具有与存款人存款相等的债权。但是现金没有指定用途；银行管理其事务，以充分利用其所有现金资源，同时确保其有足够的流动性，以便能够满足当天要求的提款。

② 中间选项是将预算外资金余额隔夜清扫到国库单一账户，然后在早晨自动返回到预算外资金账户，与其他零余额账户类似。这种账户可能支付利息也可能不支付。

③ 更全面的讨论请见Fainboim and Pattanayak（2010），第11页。在南非，捐赠人的现金余额现在汇集在国库单一账户内，尽管捐赠人保留了名义子账户。

于地方政府单位（LGU）。财政部已将支出许可与现金分离。地方政府单位仍然可以利用资源，但现金存放在国库单一账户，以名义子账户标记地方政府单位的所有权。该部以其从中央银行获得的相同利率对这些所有权支付利息。

在地方政府层级的现金余额方面有一些不同的问题。与预算外资金一样，存在法律授权问题，以及中央和地方政府之间更广泛的宪法关系问题。一些国家坚持在中央银行持有地方实体的余额（中国、印度、巴基斯坦、马其顿和一些中亚国家），尽管只有相对较少的情况下，上述余额才是国库单一账户不可分割的组成部分（法国是被引用最多的例子；其他例外情况是那些具有涵盖中央和地方政府的综合预算的国家，如埃塞俄比亚、蒙古和秘鲁）。中央和地方政府单一的国库单一账户要求建立完善的会计系统和充分的制衡机制，以防止滥用。如果有单独的账户，那么可能适合所有各方建立一个公平的关系，允许向政府的其他部分隔夜提供余额，如捐赠人或预算外资金账户一样。从中央银行的角度来看，维持地方余额是一种利弊并存之事。尽管如下所述，中央政府应该将其现金流量预测转交给中央银行，中央银行可以在其自身的流动性预测中予以考虑，但对于所有地方当局而言，这种行动可能不切合实际；这相应地又使中央银行的流动性管理变得复杂。

在公共公司的现金余额方面，可能会出现同样问题。但一般而言，公共公司可以根据自己的运营独立性来管理自己的国库职能。

国库单一账户和支付系统

国库单一账户可以与各种支付系统协同工作，无论是集中式、分权式还是混合式批准、交易处理和会计控制系统。实际上，有一个2×2的矩阵，如图16.1所示。

	中央银行负责银行业务	商业银行负责银行业务
国库负责支付处理		
支出单位负责支付处理		

图16.1　处理支付：选项

支付职责的下放往往与银行系统的账户分散情况有关。大多数国家落入矩阵的左上角（例如法国、俄罗斯）或者右下角（英国、澳大利亚），尽管还有其他例子（南非主要位于左下角），还有几个国家是混合式（中国、印度、美国）。

集中交易处理意味着将权限集中在国库来处理交易，以及访问和操作国库单一账户。国库（在一些国家是一个区域国库网络，或者为促进该流程而在各部嵌入的国库官员）可以批准和处理支付。在其他情况下（例如阿根廷、白俄罗斯和格鲁吉亚），支出单位可能负责支付并对其负有责任，但支付本身由国库处理，国库实际上为各机构提供支付服务（尽管这种安排也给予国库在必要时延迟支付的空间）。

在分权的支付系统和会计系统的情况下，每个机构在预算执行期间处理自己的交易，并直接操作各自的现金。

随着发展中国家不断进步，中央缺乏资源或系统可能意味着权限被默认分散到支出单位，同时并行释放现金。现金可以转移到各机构在中央银行的账户（如果在事实上中央银行提供唯一安全的全国性交易服务），或者在商业银行的账户。但在欠发达的环境中，这种模式可能产生多种机构账户（在一些国家有成千上万个），并产生成本、失去控制。在银行基础设施不发达的国家，在商业银行的大量账户也可能妨碍实施适当的清算和整合。在这种情况下，改革优先事项实际上可能是重新集中，以关闭银行账户并建立国库单一账户，使支付处于国库的控制之下。

随着财政事项数量和复杂性的增加，权力下放模式可能会变得更加稳健。虽然中央银行可以在发展的早期阶段提供有效的交易服务，但很少有中央银行将此视为其核心业务的一部分，并且随着商业银行系统的发展，中央银行将能够更好地利用规模经济。同样，在政府内部，国库审查和处理支付的任务可能会大幅增加，因此将职责下放到更接近各自政策领域的部门会更加高效。因此，随着时间的推移，在图16.1中所示的箭头方向往往会发生广泛的发展变化。

推荐的国际惯例是对政府的交易流程进行自动化。向收款人的银行账户进行直接电子支付是高效的，并且比其他选项（例如使用现金或支票进行支付）更不容易产生操作风险，包括欺诈。这减少了关于交易或在途余额的需求。国库的目标之一应该是消除或减少交易和支付方面的延迟以及收入收集方面的延迟。如果交易可以通过银行同日清算，那么对商业银行交易账户的需求就会较少。当供应商或雇员出示支票或以电子方式贷记时，相关银行将立即从国库单一账户获得补偿。但这或许并非总是可能实现的，特别是对于大量小额支付而言更是如此。

使用商业银行的关键要求是，日终留在银行系统的任何现金余额应该清算回国库单一账户，并且任何交易账户都应该作为零余额账户（ZBA）开立。该要求适用于用于支付或用于收集政府收入的账户。因此，在日终，所收集的全部收入都将存入国库单一账户。[①]

零余额账户广泛用于发达国家和发展中国家。还有一些国家使用"名义"零余额账户。因此，直到最近，埃塞俄比亚还维持着零余额账户，零余额账户代表着支出许可，并且运作方式与信用额度相似。只有在相关零余额账户限额内有空间时，银行才会与中央银行进行支付清算。

清扫的可行性可能取决于银行部门和政府的技术发展以及可靠的通信网络。但是，具备快速电子支付清算和电子通信（在理想情况下是实时支付结算［RTGS］系统）的现代银行技术的引入，使得日终清扫变得简单明了。

银行的报酬

对于分散的系统而言，银行的交易服务应该得到报酬。放弃的服务费用减去未对余额支付的利息（费用和利息很少会完全抵消），或者银行收到税款和向国库单一账户转交税款之间的时间差相关的报酬都会产生交叉补贴。但如果所有余额都清扫回中央银行，那么政府浮差就不需要隔夜依赖银行。[②]第

[①] 法因博伊姆和帕塔纳雅克（Fainboim and Pattanayak, 2010）指出，零余额账户的另一个好处是其绕过了在发展中国家通常很耗时的每笔单项交易的正常银行间结算流程，并且可以确保所有通过账户的收入和支付的同日净额结算（第14页）。

[②] 可能需要一个日内浮差，以确保银行拥有为使支付系统顺畅所需的流动性。在欠发达的银行系统中，可能还有必要为外围的一些支付预先提供资金，或者可能无法轻易地从农村地区的分支机构向总行清扫余额。但随着电子系统在整个银行部门的迅速普及，这些情况正在迅速减少。

二天早上中央银行可能会返还一些现金，但同样只有在需要为支出提供资金时才会返还。支付费用，最好是根据正式合同或服务水平协议支付每笔交易的单位费用，这意味着没有必要通过（例如）税收持有期来补偿银行；如果存在税收持有期，那么税收持有期应该只反映技术限制。

支付的费用不应仅仅是成本加成计算或来自公开可用的收费表。竞争流程是必要的，每隔（例如）3—5年重复一次。政府永远是主要客户，因此这赋予政府竞争力。但政府也可能面临具有串通行为倾向的银行体系，或者也许只有一家大型银行在全国各地设有分支机构。因此，必须以富有想象力的方式组织竞争；可能是将业务分散在多个银行。在实践中，政府经常对竞争结果感到惊喜。银行非常希望得到这项业务；例如处理公务员工资的支付可能使银行接触到大量的中产阶级客户，银行可以向这些客户销售其他相关的银行服务。亚洲有一些例子，在竞争之后，政府为所提供的服务付出的代价几乎为零。

为服务付款使银行业务的成本更加透明。但有一个必然的结果是，所支付的费用应明确列入预算；隐含成本将不再在净债务利息项目中消失（虽然节省的利息通常会抵消已支付的费用）。

国库单一账户结构和会计问题

国库单一账户的精确结构可能取决于支付权限是集中的还是权力下放的。在权限是权力下放的情况下，这往往意味着（在中央银行或商业银行的）单独账户，但通过清扫保持关联和零余额。但即使是集中账户也可能有子结构。

广义而言，有两种账户子结构模式：

- 现金子账户——例如允许具有法律授权的实体保留自筹资金，为社会保障资金或其他预算外资金维持单独的身份，并限制捐赠人资金用途。出于现金管理的目的，这些账户中的正负余额每天都被轧差到国库单一账户的主要业务账户——金字塔结构中的顶级账户。在这些示例中，虽然现金可以被清扫到更高级别的账户，但除非需要，否则不一定会返还。相反，子账户对更高级别的账户有债权。
- 分类账子账户——用于跟踪、核算和报告通过银行账户的特定流量。即使在基本上有一个银行账户的情况下，也可以通过完善的国库总分类账系统跟踪、核算和管理每个预算机构的交易，而上述国库总分类账系统是政府综合财政管理信息系统（GFMIS）的核心模块。分类账基本上是一种将交易分组在一起的会计安排，允许政府为每个支出机构保持单独的会计恒等式。必要时，可以根据子分类账执行每个支出机构的现金支付上限。单项交易一方面与通过银行账户进行的支付相关联，另一方面与支出许可和相关预算项目相关联。相应地，这又与谁进行对账以及在何处进行对账相关联。

分类账子账户通常在操作上更方便。分类账子账户不需要额外的操作控制和与现金相关的审计审查。仍然可以为控制和报告目的而区分单项现金交易，但这是通过会计系统实现的，而不是通过在特定交易的银行账户中持有或存入现金实现的。同样，会计系统应旨在记录所有交易，并采集独立于特定银行账户中现金流量的相关信息。

国库单一账户可以在没有政府财政管理信息系统的情况下建立，但政府财政管理信息系统将提高国库单一账户效率。具有国库总分类账的政府财政管理信息系统可以在任何一种交易处理模式下运行。但是，国库单一账户与交易处理和会计系统之间的适当接口设计应该在政府财政管理信息系统的概念设计中得到处理（见第36章）。

实用指导

国库单一账户的建立是开发现代现金管理系统的第一步。[①]但国库单一账户的建立有时被证明是有问题的，并且通常比最初规划的时间更长。下述的一些实际步骤包含了许多跨国经验（基于Fainboim and Pattanayak，2010，第29页中确定的八个先决条件）。

- 编制现有银行账户清单（包括现有银行账户的性质、类型和现金余额），以确定哪些银行账户应该关闭或与国库单一账户合并。这可能需要进行统计。但要求支出单位填写表格可能还不够：为可以访问关键各部的小型工作组寻求部级支持。
- 确保政治支持。建立国库单一账户可能需要做出艰难的决定，例如关闭支出单位现有银行账户可能引发强烈反对。国库单一账户改革必须得到政府最高层明确和有力的支持。该流程必须是完整的，未知或隐藏的银行账户会威胁到国库单一账户概念的总体目标及其相关的透明度带来的收益。寻求外部审计师（审计官、主计长或审计长）或财务检查员的明确支持可能也是有用的。
- 建立法律授权并制订监管要求。应根据需要修改法律框架，以便可以建立国库单一账户并将其扩展到预算外资金。开立政府账户的法律授权应仅归财政部所有；财政部还应有权关闭政府账户，任何余额都被清扫回国库单一账户。
- 升级信息技术和相关操作系统，以满足技术要求。应提高银行系统参与国库单一账户运作的技术可行性和能力，包括处理零余额账户或其他清扫安排，以及报告国库单一账户交易（并且可能需要开发新的银行报酬系统）。
- 对银行间结算系统进行现代化。该项目可能由中央银行领导，应包括开发小额和大额支付的支付清算系统，大额支付与中央银行的实时支付结算系统相连。在分权的国库单一账户架构情况下，高效的银行间结算尤其重要；同样重要的是，外围支付的任何税款都可以到达中央银行的总行并快速进入国库单一账户（最好是在同日）。
- 在国库和银行网络之间建立适当的接口。国库（和中央银行）、有关机构和银行网络之间的接口应得到所有利益相关者的同意，并通过协议正式确定。此类协议应涵盖交易的处理（包括清扫），以及关于报告和对账的安排。通过政府财政管理信息系统在国库和银行网络之间建立电子

---

① Williams（2009）。其他步骤是：现金流量预测；粗略调整——根据旨在抵消政府净现金流入和流出对银行部门的影响的模式，发行短期国债（或其他短期借款工具）。结构性或长期（超过几周）的盈余余额管理也属于该步骤；微调——制订更积极的政策，利用更广泛的工具或制度选项，以更充分地平滑国库在中央银行的余额的短期变化。

接口,将推进建立全面集中的国库单一账户(Kahn and Pessoa,2010)。这应该在国库单一账户和政府财政管理信息系统的概念设计阶段得到处理。

- 拟订全面的会计科目表。这项工作应该在国库单一账户和政府财政管理信息系统的概念设计阶段完成。
- 提高国库单一账户使用者的能力。在国库和有关机构中的国库单一账户潜在使用者,都需要在新程序和应用方面接受培训。此类培训应与国库单一账户(以及可能还有政府财政管理信息系统)的引入密切协调。
- 现金流量预测的发展是一个过程;随着时间的推移,预测将随着经验而改善。在完全靠现金流量预测微调现金余额之前,应建立数据库、积累一些经验。除附件中的建议外,一些建议如下:
- 开发一种使预测更容易合并的简单格式——如Excel,所有机构在提交预测时都会使用这种格式。避免要求太多细节;主要收入或支出类别通常足够了。
- 记录所有提交的预测;不要简单地用最新的预测覆盖。在分析经验时(例如当接近有关日期时预测是否会有所改善,令人惊讶的是并非始终如此),这将是非常重要的。此外,将预测与任何情景或假设计算分离。
- 定期分析预测绩效,并尝试了解偏差的原因,以便为未来吸取经验教训。向支出单位和税务当局提供有关其绩效的反馈意见;在非正式双边会议上进行讨论。
- 关注大量不可预测的流量(通常是资本性支出和公司税)。这可能意味着要求项目实施单位每周而非每月提供报告。
- 制定一些简单的绩效指标:跟踪主要组成部分的百分比和绝对误差;识别异常值(呈正态分布的误差)并将误差的波动率(标准差)与基础序列的波动率进行比较。

附件16A:成功的预测的特点

需要对未来一年或多年的政府财政状况进行年度预测。为了宏观经济政策目的,以及作为内部预算编制和支出规划活动的一部分,都需要进行年度预测。

另一方面,短期现金流量预测重点关注在未来3个月左右;在实践中,短期现金流量预测与年度预测分开进行(但可能最初受到年度预测的约束)。

在年初,可能会要求支出机构制定与年度预算一致的现金规划。但随着时间的推移,预测不应该受到预算的限制。现金管理者需要无偏估计——将发生什么,而非应该发生什么。

有关各部可能需要确保向国库提供的信息流仅用于现金管理目的。上述信息流不应用于控制目的,对于控制而言存在其他系统。如果这点不明确,那么支出机构可能不愿意给出无偏估计;支出机构可能更愿意隐瞒信息,改为选择在与国库或预算部门的政策谈判中利用上述信息。

出于这些原因,将预测与预算执行流程分离可能会有所帮助。如果主要是与操作人员联系而非与更高级的管理者联系,并且如果使用单独的数据库(请见下文),那么这种区分也会得到加强。

通常应由最接近交易的人员负责向现金管理者(此处假设为国库内的现金管理者)提供相关信息。

国库希望能有自己的数据库和交易模式经验。但是有关机构的相关财政官员编制预测不仅是为了其自己的使用，而且是为了及时与国库共享。上述财政官员应该能够更好地预测趋势或收集信息。

共享现金预测可能需要额外的立法。在一些国家，作为良好行政实践，有关各部会共享信息；在其他一些国家，有关各部的职责可能需要在立法或法规中加以澄清。有关各部的财务部门通常将该流程逐级分解到较低级别的预算单位。有些国家给有关各部提供了财政激励措施，以优化有关各部的预测。①

国库需要在操作层面在主要的有关各部中建立联系。需要来自首先获悉趋势变化或意外流量的人员的直接信息。这些联系应该通过电话或电子邮件进行。关于正在发生的事情的实时情报与预测流程相关，因为需要判断是否可能维持或逆转与预期概况之间的任何偏差。

应该要求收入和支出单位提供未来三个月的预测，理想情况下是每日预测，但其他情况下是每周预测。收入预测通常更成问题，特别是对于年内未经常收集的所得税和公司税。特别是对于支出而言，重点应放在主要流量上。这可能意味着识别那些共同负责（例如）75%—80%政府支出的预算单位。必须集中精力处理这些较大单位的流量。可以假设其余单位的净流量是平滑的或遵循简单模式。

一些大额流量在时间上非常具体，可以提前准确预测。最明显地，这些包括债券发行和赎回以及利息支付，但也可能包括（例如）从中央政府到较低层级政府的转移支付、主要项目支付和最大公司的纳税。工资支付和定期社会福利或养老金支付通常可以大致预测；当然这种定期支付应该按常规日期进行。

许多国家都出现了支出的年终激增，这特别难以准确预测，因为支出单位在失去其拨款之前急于支出。制订一些规定来允许年终结转未使用的预算拨款（可能最初仅允许适度金额或仅限于资本性支出）将带来许多好处。

对于低收入国家而言，预测捐赠人赠款和支出可能会出现问题。捐赠人赠款和支出通常非常不确定且难以预测。项目相关融资取决于项目进度，并且有可能假设项目支出和项目相关资金的净额为零——但这不能应对大量流量。但是，这种流入也可能流向单独的缓冲账户或外币账户。

在那些更依赖集中预测的国家中特别使用的另一种技术是，要求向国库预先通知所有主要支付；当存在集中处理时，国库可能拒绝处理其没有得到所需通知的大额支付。

事实并未证明宏观经济或计量经济学分析对短期现金流量预测非常有用。②尽管对趋势和模式进行自上而下的分析是有用的，但这通常是相当简单的。例如农业支持支付与国内利率波动之间可能存在联系，但时间差是可变的，因此过去的关系不太可能成为短期支付的有用指南。这并不是说支持性计量经济学信息是没有用的。例如支持性计量经济学信息可用于判断与预测的偏差是否可能持续或逆转，但这不是生成每日现金流量预测的手段。

大多数国家都开发了现金流量预测数据库，并与主要公共支出政府财政管理信息系统分离。这反映了截然不同的目的。需要现金流量数据来支持即时操作决策，现金流量数据不必具有"会计"质量或精确度，但数据库必须灵活并且处于现金管理者的控制之下。主动现金管理的发展还意味着更多关

---

① 例如英国引入了激励和惩罚制度，以鼓励良好的预测。预算记录不佳的支出各部的罚款将从下年度的支出拨备中扣除，这些罚款实际上是回收给那些记录更好的支出各部。罚款是针对现金管理者因预测误差而必须在短时间内借入或借出的额外市场成本的。

② 第20章在收入预测方面描述和讨论了这些技术。

于情景和假设计算的工作。主动现金管理者可能具有包括现金流量管理模块的交易处理系统，但对于许多国家而言，这不是即时的基本要求。

除了需要各部和收入部门将预测数据发送到国库之外，同样重要的是，对于可能对现金流量产生重大影响的政策变化，各部和收入部门应与国库协商，或至少告知国库。国库将推定大额流量应该分散（按月而非每季度征收税款，避免在月内支付工资时的流出）或者大额一次性流量（可能是私有化收入）应该抵消而非加强相关日期预计的净现金流量。同样，在考虑税收或支出的时间安排时，应在每个月的同一天（或有其他时间期限）定期支付或收入，以便简化预测任务并建立对预测的信心。

每日监测国库单一账户的实际交易是非常重要的。当天结果最迟到第二天早上就应准确了解。然后需要分析经验，以改进未来的预测，并评估（例如）预测误差是否意味着月内的时间变化或活动水平的变化。随着预测能力的增长，更多发达国家能够在白天更新预测，以更准确地预测日终状况。

参考文献

Bessette, F. 2011. *Le compte unique du Trésor：une idée révolutionnaire…en 1806!* Washington, DC：IMF, PFM blog.

Fainboim, I., and S. Pattanayak. 2010. "Treasury Single Account：Concept, Design and Implementation Issues," Washington, DC：IMF Working Paper, WP/10/143.

Khan, A., and M. Pessoa. 2010. *Conceptual Design：A Critical Element of a Government Financial Management Information System Project.* Washington, DC：IMF Fiscal Affairs Department.

Pessoa, M., and M. Williams. 2013. *Government Cash Management：Relationship between the Treasury and the Central Bank*, Technical Notes and Manuals. Washington, DC：IMF Fiscal Affairs Department.

Radev, D., and P. Khemani. 2009 *Commitment Controls.* Washington, DC：IMF Fiscal Affairs Department.

Williams, M. 2009. "Government Cash Management：International Practice," Oxford, Oxford Policy Management Working Paper 2009-01.

17
内部控制和内部审计[1]

杰克·戴蒙德

在公共财政管理（PFM）中，内部控制系统是指针对不同广义目标的一系列管理工具，用于：第一，确保实体遵守法律法规；第二，确保实体财务数据和报告的可靠性；第三，促进实体运营的效率和有效性。通过这种方式，一个健全的内部控制框架旨在向公众保证政府运作在若干领域达到一些基本的信托标准：防止滥用和低效使用财政和人力资源；保护资产；实现政府政策和支出规划规定的预算目标；打击欺诈和错误；保持令人满意的会计记录，以使组织能够及时提供可靠的财务和管理报告。[2]因此，内部控制可被视为国家良好治理的基础之一，也是反对不正当行为的第一道防线。内部控制还向公众提供"合理保证"[3]，如果确实发生了不正当行为，那么不正当行为将变得透明并得到适当处理。[4]

内部审计（IA）是内部管理控制不可分割的组成部分。内部审计可以被视为一种管理控制，通过审查、评价和提出改进其他控制措施有效性的建议来发挥作用。内部审计的作用是双重的。第一，内部审计的存在是为了向政府实体（无论是部、部门还是机构）的负责人提供关于机构内部运作健全性的客观独立意见。第二，内部审计结果和建议应为管理层提供投入，以采取纠正措施，提高组织运作的有效性。因此，内部审计的核心职能是在涉及风险和控制的问题上为管理层提供内部保证和咨询。该服务通常通过内部审计委员会向机构的行政长官提供，而内部审计委员会已经就内部审计的工作范围及其职权范围达成共识。在职能上，这与向立法部门提供类似服务的外部审计形成对比。内部审计是由最高审计机关（SAI）进行的，而最高审计机关通常在法律上与行政部门分离，以便就政府机构的财务报表和在实现政府机构政策目标方面的运作有效性提供独立意见。[5]这是对行政部门管理立法机

---

[1] 本章大部分内容来自以前的国际货币基金组织出版物；请见Diamond（1994）和Diamond（2006）。本章受益于马克西米利安·凯拉纳（Maximilien Queyranne）的评论。

[2] 艾伦和托马西（Allen and Tommasi 2001）将内部控制定义为"用于帮助确保以下事项的组织、政策和程序：政府规划实现其预期结果；用于实施这些规划的资源符合有关组织的既定目标和宗旨；保护各项规划免受浪费、欺诈和管理不善的影响；获得、维护、报告和使用可靠和及时的信息进行决策"（第260页）。

[3] 这个概念很重要，因为针对不法行为或诚实的错误不能有绝对保证。相反，控制系统旨在将该风险降低到与控制系统实施成本相适应的"合理"水平。

[4] 请见Manual on Fiscal Transparency，2001，特别是第56页及之后。

[5] 一个值得注意的例外是法语国家制度，其中审计法院不仅向议会报告，而且向政府报告。一般而言，法语国家制度中的最高审计机关已经发展成为政府与议会之间的一个机构，遵循"等距理论（la theorie de l'equidistance）"，这体现在西非经济和货币联盟以及中部非洲经济与货币共同体的指令之中。

关向其分配的公共资源的保障。如下所述，这两项职能的协调是很重要的。

在过去20年中，在界定内部审计最佳实践方面取得了相当大的进展。对这些国际标准的研究表明，大多国际标准倾向于遵循私营部门的审计实践，并且倾向于反映公共财政管理系统已经基本现代化的发达国家的公共部门内部审计程序。这与许多发展中国家形成对比，在这些发展中国家，传统的预算系统通常在合规和控制的基础上运作，并且内部控制往往很薄弱。因此，尚不清楚这些"最佳实践"与此类国家的相关性如何。

本章重点关注对于典型的发展中国家而言，什么将被视为"良好"而非最佳实践，以及如何最好地实现这种实践。有人认为，更集中的内部审计方法可能是发展内部审计职能的最安全途径，要更加重视鉴证服务而非咨询服务，至少最初要如此，而在最佳实践中往往更加强调咨询服务。这预示着在发展内部审计系统时采取双管齐下的战略：第一，需要建立一个强大的中央单位来指导改革进程并培养专业团队的技能；第二，利用该中央专业知识基地，可以系统地加强部级内部审计能力，以监督内部控制。

内部控制在公共财政管理中的重要性

在部和机构层面，良好的公共财政管理所需管理能力和程序的范围非常广泛；例如，需要：

- 规划预算，设定预算优先事项，并按照管理控制所需的详细程度制定预算；
- 建立可以明确识别、核算和报告适当类别成本的财政管理系统，并且建立内部采购程序，确保采购来源最经济，符合可接受的质量标准和及时性标准；
- 建立会计系统，便于正确记录并生成所需的管理报告，确保机构运作的控制和透明度；
- 制定重要支出项目的具体管理程序，例如资本资产和人力资源。

在履行这些职能时，政府实体内的直线管理有望保持健全的内部控制体系。

内部控制的范围同样必须非常广泛，以涵盖组织管理的所有这些方面：遵守管理政策，遵守法律法规，保证会计数据的完整性和正确性，确保现金收入和实物资产安全的充分保障，以及遵守用于确保采购、在线申购和资源利用的经济性和效率的程序。一般而言，由于公共财政管理系统已经从专注于财务合规性和规律性转向包括其他目标，例如资源利用的效率和有效性，因此内部控制的范围已经扩大。在这种环境下，管理者必须确保存在适当的控制安排，以便以高效和有效的方式识别和管理在实现该机构政策目标方面的风险。此外，由于管理流程已经计算机化，所以大量内部控制涉及信息系统的安全性，其中包括：对规避计算机化的系统的控制；执行密码安全；对敏感数据的特殊控制；系统上使用的软件的合法性；对终端的访问限制，控制便携式数据存储设备和存储设备的使用；与数据存储和计算机硬件相关的备份程序和灾难政策。

无论计算机化程度如何，内部控制的设计都具有某些共同特征，在国际上这些特征存在于公共财政管理的不同方面。其中包括职能责任分离原则。例如，通常建议在所有现金处理职能中，职责应该是隔离的，最好也是轮换的。在许多法语非洲国家中最明显的一项常见制约是在职能上将支出承诺与实际支付承诺分离。在法语国家制度中，支出流程分为两个阶段："行政"阶段，其中各部根据其预算分配通过授权官员（ordonnateur）进行承诺、验证、出具支付通知。后者独立于会计师（comptable），会计师负责确保支付通知的规律性、处理支付和进行支出核算。内部控制的另一个共同特征是对资产、负债、收入和费用进行授权、记录和报告的文件化系统，该系统是进行适当控制和会计核算所需程序的基础。例如，应该可以从一开始就跟踪事项，即使使用收付实现制会计，该系统也应跟踪和协调每个支出阶段，从授权到承诺、交付、验证、支票签发或银行转账，最终从政府账户中借记。[①]控制的另一个理想特征是坚持各部和机构所承担职责和职能的绩效的商定惯例和既定标准。文件化程序应旨在确保所有人员均了解关于其所承担任务的要求，无论是手动还是计算机化，从而设定内部审计能够据以判断绩效的标准。

毫不奇怪，在许多发展中国家，该内部控制系统的大部分尚未完全到位。如上所述，关于各部或机构良好内部管理的要求非常广泛，通常很难具备满足这些要求的技能。此外，许多此类国家长期遭受严重财政压力，这往往不利于在部或机构层面发展有效的管理。

尽管运作详细的条目预算编制，重点是财务合规性，但许多发展中国家仍然经常缺乏硬性预算约束纪律。会计和报告延迟意味着预算估计的基线依赖于不确定的基础，而且往往因大量拖欠付款问题而加剧。通常情况下，这些未履行承诺的要求并未纳入预算估计之中，因此，在任何财政年度，各部最终都会参照本年度的承诺支付过去一年的部分承诺，从而偏离商定的预算规划。这些拖欠加上据以编制传统预算的详细条目的严格性，意味着在任何财政年度都可能存在大量的预算流用和追加，因此年初商定的预算可能与实际执行的预算几乎没有相似之处。这种预算资源不足通病的结果是国库需要在年内诉诸现金配给，因此，即使对于次要事项，直线管理者最终也会向财政部寻求自由支配支出主要部分的授权。其效果是缩小各部对自己预算的管理范围，并从根本上减少各部对这些预算的"所有权"。为了在中央施加的现金限额和不定期现金释放的范围之内运作，直线管理者几乎没有其他选择，只能曲解规则并规避财政法规，从而破坏现有的任何内部控制措施。在此类环境下长时间运行之后，内部控制大幅恶化或甚至消失可能也并不奇怪了。这些国家的特征通常是公共部门的治理标准很差，这恶化了内部控制的失败，反过来内部控制的失败也会恶化公共部门的治理标准。

内部审计的作用

审计职能一直被视为政府财政管理不可分割的组成部分，并越来越多地被视为改善政府部门绩效的一种工具。审计包括广泛的活动，每个活动都有不同的目标。内部审计的范围以及内部审计的组织和实施方式在各国之间差异很大，最终反映了一个国家主导的公共财政管理理念。随着后者的发展，审计的作用也在不断发展。

在传统上，审计一直是一种控制机制，用于向政府或其各部（内部审计）和立法机关（外部审计）确保公共资金的接收和支出符合拨款和其他相关法律（即合规审计），并且确保政府报告的资金使用情况公允且准确地反映了其财政状况（财政审计）。此外，在采用控制方法后，审计范围已从审查个别事项扩大到审查内部控制系统（系统审计）。由于大多数发达国家已将管理重点从控制扩展到绩效，

---

① 对于收入事项，应该存在并行跟踪。

所以审计职能已发展到额外考虑政府运作的经济影响和某些情况下的社会影响——通常称为物有所值审计或绩效审计。[1]随着公共财政管理运作计算机化程度的提高以及对服务提供效率和有效性的重视，人们越来越重视信息技术审计和业务审计。内部审计的作用还扩展到风险管理：评估和监测组织面临的风险，并建议需要采取哪些控制措施才能将这些风险降低到可接受的水平，以便组织能够实现其主要目标。[2]内部审计范围的扩大是对以下认识的回应：现代审计和控制系统必须超越合规性和财务规律性，以应对现代对绩效管理和结果问责制的重视。[3]与此同时，人们越来越意识到，对内部审计系统进行现代化是成功实施这些改革的必要条件（见Baltaci and Yilmaz，2006）。

近几十年来，在各国公共财政管理系统现代化的背景下，在就政府应该满足的内部审计标准达成共识方面取得了实质性进展。最高审计机关国际组织（INTOSAI）[4]和国际内部审计师协会（IIA）[5]都发布了审计标准来指导审计和会计职业。[6]其中最全面的审计标准系统地记录在国际内部审计师协会的《内部审计专业实务标准》（Standards for the Professional Practice of Internal Auditing）之中，其中包括三套互补的标准——属性标准、绩效标准和实施标准。属性标准不仅涉及内部审计执行人员的期望特征，还涉及内部审计组织本身的期望特征。绩效标准规定了内部审计所需的活动，以及内部审计应满足的质量标准。实施标准结合了前两套标准，以提供特定类型的内部审计活动标准（例如用于合规审计、欺诈审计和系统审计）。除了这些标准外，国际内部审计师协会还商定了《内部审计师道德规范》。在描述关于审计师行为的要求时，《内部审计师道德规范》强调了四个主要方面：诚信（因此第三方可以依赖审计师的判断）；客观（因此第三方可以获得不受审计师自身利益影响的平衡评估）；能力（审计师具备做出正确判断的技能和知识）；保密（未经适当授权，审计师不会披露信息）。[7]

根据这些最佳实践，国际内部审计师协会理事会批准的内部审计的现行定义如下：

> 内部审计是一种独立、客观的保证和咨询活动，旨在增加价值并改善组织运作。内部审计通过采用系统化和规范化的方法评价和提高风险管理、控制和治理流程的有效性，帮助组织实现其目标。

这种定义显然远离传统上对控制和财务合规的重视。最佳实践方法受到私营部门发展情况的影响很大，强调现代内部审计的两个方面：审计（assurance）和咨询活动。审计服务是内部审计较为传统的作用，涉及内部审计师对证据的客观评估，以提供关于实体、操作、职能、流程、系统或其他主题

---

[1] 关于绩效评价请见INTOSAI（2004）第11页；一些实际应用见ANAO（2007）。
[2] 全面描述风险管理对确保高效和有效利用资源的公共实体的重要性请见Griffiths（2006）和Commonwealth of Australia（2008）。
[3] 要了解在经合组织国家的发展情况，请见Sterck and Bouckaert（2006）。
[4] 这始于审计标准委员会在1995年第十五届最高审计机关国际组织大会上发布的"审计标准"。另见艾伦（Allen，1999）的评论和讨论。关于内部审计最佳实践的描述见于国际内部审计师协会内部审计标准委员会的《内部审计专业实务标准》（Standards for the Professional Practice of Internal Auditing）。该标准的审查和制定是一个持续的过程，所有征求意见稿都公布在国际内部审计师协会网站上，在该网站上可以查看最新版本，并有2011年的更新建议。
[5] 虽然该职业没有固定规范，但国际内部审计师协会是最大的标准制定组织，国际会员超过15万名，其中包括大约6.5万名注册内部审计师。
[6] "Consulting Implementation Standards"，Internal Auditing Standards Board，Institute of Internal Auditors，May 2001。
[7] 该规范由全球道德委员会制定和更新，并由国际内部审计师协会理事会批准。

的独立意见或结论。咨询服务虽然具有咨询性质，但却是审计师工作中不断增加的一个方面；因此，咨询服务具有破坏审计师独立性的固有危险。在现代化审计和控制系统中，审计师经常发挥重要的咨询作用；例如，在开发内部控制系统过程中。这可能使审计师在审计相同系统时难以保持独立性（请见Van Gansberghe 2005）。虽然在工业化国家，有可能找到专注于审计和咨询活动的公共部门审计组织，但后者往往不那么重要。对于大多数其他国家而言，政府内部审计专注于审计。

更准确地定义内部审计的作用，以及规定内部审计应该如何组织和如何发挥作用，是非常有价值的。例如，多年来，国际内部审计师协会已经开发了一个关于私营内部审计组织和公共内部审计组织的国际数据库，即全球审计信息网（GAIN），而一些国家已经发现该数据库有助于根据国际最佳实践对其组织进行基准测试。虽然此类标准没有强制性适用，但通常被视为反映了最佳实践；因此，虽然各国将制定自己的公共部门审计标准，但各国通常也会将努力使其公共部门审计标准符合国际标准。这对于为了与工业化国家（及发展中国家）的机构更加一致而已经改造或仍在改造其机构的许多经济体而言都是恰当的，捐助者为了改善这些经济体的治理标准通常会要求进行这些改造。

国际标准对发展中国家的针对性

显而易见的是，在整体制定内部审计职业标准时，国际内部审计师协会按照私营部门的发展情况制定这些标准，进而引领公共部门的发展。当然，私营部门的最佳实践标准与那些已经发展其公共财政管理系统并使其更加符合私营部门管理实践的工业化国家的最佳实践标准相关。例如转向更加分散和权力下放的管理结构的趋势，政策和服务提供的分离，以及转向外包。在这种环境下，内部审计已将其传统的监督作用转变为更具附加价值的独立咨询作用。①所强调的是作为管理工具、管理控制不可分割的组成部分以及信息和沟通流程的内部审计。从这个角度来看，内部审计的作用是审查和评估，然后向预算管理者报告内部控制（例如保护资产、确保可靠记录）的健全性和充分性；内部审计还应提高运作效率，并监测对政策和指示的遵守情况。②

对评估政策实现情况和实体运作有效性的强调，已经导致越来越强调以风险为基础的内部审计方法。在这种由国际内部审计师协会最佳实践标采用的方法中，内部审计侧重于组织用于实现其目标的风险管理框架。风险管理涉及识别风险，评估风险对目标的影响，以及设计和实施流程，以便能够在该组织不同活动的可接受水平（"风险偏好水平"）管理和保持风险。在这种方法中，内部审计工作计划根据对组织目标构成的风险进行优先排序。③然后评价组织风险管理流程的有效性，并提出适当的建议以加强这些流程，并使风险更好地与组织的风险偏好相匹配。④这反映了私营部门的方法，并且很明显，内部审计的作用更多的是一种咨询服务，使组织的管理层能够更好地履行其职责。当然，在

---

① 应该指出，在这种环境下，内部审计职能通常外包给私营部门。

② 美国内部审计师协会将内部审计定义为"组织内部的独立评估活动，用于审查会计、财务和其他业务，作为向组织提供服务的基础。内部审计是一种管理控制，通过衡量和评价其他控制措施的有效性发挥作用"（IIA, June 1999）。

③ "风险是发生对组织产生不利影响、阻碍组织实现组织结果的事件或活动的可能性。"其中内部审计的作用被视为"评估和监测组织面临的风险，建议为缓释这些风险所需的控制措施，并评价为组织实现其战略和运作目标所必需的权衡"（ANAO, 2007，第5页）。

④ 通过这种方式，正如英国和爱尔兰国际内部审计师协会所述，"内部审计通过采用系统化和规范化的方法评价和提高风险管理、控制和治理流程的有效性，帮助组织实现其目标。"

执行这些任务时，内部审计必须评价因大多数内部审计的传统关注点（内部控制的健全性和充分性）而产生的风险暴露。但是，重点有些不同。通过旨在确保内部管理控制有效性以实现组织目标，作为向内部管理者提供的咨询服务，内部审计推定公共部门管理方式接近私营部门的管理方式。对于尚未遵循这种管理方式的国家而言，内部审计的这种观点可能不具有相关性。①

当然，在大多数发展中国家的公共财政管理环境中，内部审计的重点可能会非常不同。如上所述，在这些国家，在财政压力和治理不善的环境中，用于确保合规性和财务规律性的内部控制通常没有得到充分发展或已经失败。对于许多发展中国家而言，内部审计在政府中是一个定义不明确的职能，通常资源不足。②毫不奇怪，许多此类国家似乎很难达到这些国际内部审计标准。例如，这些标准强调内部审计的四个方面：

- 独立做出客观判断。这意味着审计师对被审计的内容没有直接的管理责任，可以自由选择任何事项或主题进行审计，并被允许获取所有必要信息以做出知情判断。遗憾的是，在许多国家，系统治理问题往往意味着在确保内部审计独立性方面有实际困难。
- 业务能力。即适当的审计方法、技术能力以及内部审计职能的资源充足。在许多国家，必须承认审计技能供不应求，而且通常业务能力可能很低。此外，政府的工资水平不能吸引或维持合适的工作人员。即使在发达国家，这往往也是加强内部审计的一个重要制约因素，在发展中国家，这些因素可能特别具有挑战性。
- 内部审计的范围很广。这些国际标准中描述的内部审计范围视角更广，将内部审计视为管理工具，其中内部审计职能在确保高效和有效利用资源方面提供反馈，以实现机构的公共财政管理周期中的循环。③这相应地假设了一种对审计报告进行跟进并采取行动的机制。对于世界上许多地方（包括许多新兴经济体）而言，内部审计一直并且继续被定义得相当狭隘——侧重于财务合规性和规律性，而非更广泛的管理问题。该定义不是关注资源利用的结果，而是将重点几乎完全放在例行检查支付"正确性"之上。鉴于普遍存在的治理问题，该重点往往是优先事项；此外，缺乏专业能力往往意味着许多发展中国家甚至难以执行这一有限的任务。
- 内部审计职能的管理对其有效性至关重要。在许多国家，内部审计职能的管理往往很差——糟糕的工作实践，缺乏规划和人员管理，外部审计支持很少，同时可能很薄弱。此外，管理层受到内部审计制度安排的限制，这通常会损害内部审计作为内部管理工具的作用。

最后一个方面值得进一步阐述。内部审计管理问题通常源于内部审计在欠发达的公共财政管理系统中的组织安排，而这些系统几乎专门用于确保合规和财政纪律。当然，国际标准似乎意味着内部审计职能的分权组织结构，而发展中国家往往没有这种结构。以私营部门实践为蓝本的内部审计最佳实践标准基于分权式公共财政管理（分权式公共财政管理强调在实现政策目标方面的效率和有效性），

---

① 第8章讨论了公共财政管理方式差异意味着什么。

② 正如阿萨尔（Asare, 2009）所指出的，政府部门对内部审计的观点往往非常狭隘，并且在许多发展中国家仍然很狭隘，主要是预付款审计。但是，大多数发展中国家已经或正在试图扩大范围，以确保组织事项的会计记录和基础记录得到适当维护、实施资产管理来保护资产、财政政策和程序已经到位并得到妥善遵守。

③ 请见Gray and others（1993）。外部审计机构为整个政府开展这项工作。

为了实现这一点，管理者可以获得相当大的管理自由。公共财政管理的这种分权方法（也反映在内部审计的分权方法中）在发展中国家通常找不到。实际上，公共财政管理的这种分权方法在工业化国家并不普遍。必须承认，内部审计已经在特定制度、法律和政治环境中发展，而这种环境在不同的国家集团之间存在显著差异。[①]因此，政府中内部审计职能的组织模式不止有一种。

即使在工业化国家，分配给内部审计的作用及其组织方式也差异很大。在这组国家中，可以找到高度集中和高度分权的内部审计职能组织方法。一些国家（例如加拿大）有单一的内部审计组织负责审计所有中央政府部门[②]，而有几个国家将内部审计活动集中在实体层面（澳大利亚、英国和美国）。[③]一些国家采用混合方法，例如在瑞典，中央内部审计组织覆盖了各部，但大型机构拥有自己的内部审计单位，而荷兰将内部审计重点放在中级部门层面。通常不推荐的另一个集中模式是，内部审计是最高审计机关的一部分。[④]在这种情况下，内部审计工作人员一般主要进行事前审计检查并仅向外部审计师报告，同时接受最高审计机关的专业指导和监督。这是智利和一些拥有强大总审计长办公室（Contraloria）的其他南美国家所遵循的模式（见Wesberry，1990），也是德国所遵循的模式，在德国，内部审计在机构层面进行，但由最高审计机关监督。[⑤]

在较不发达的国家，集中式系统往往占主导地位，尽管模式各不相同。有时内部审计是遵循威斯敏斯特模式的国家（例如斯威士兰、坦桑尼亚）的总会计师办公室的一部分，并且在印度也有类似的安排，其中内部审计单位配备总会计局（Controller General of Accounts）的一名中央干部，而总会计局向各部提供服务，并进行联合监督。或者有时内部审计更直接地由财政部（通常是国库）进行（例如博茨瓦纳、肯尼亚、乌干达和赞比亚）。[⑥]通常，在这种模式中，财政部不仅在预算编制和向有关各部分配资金方面发挥关键作用，而且还直接介入事前控制，将自己的工作人员安排在有关各部之中。在这种环境中，内部审计将重点放在执行某些控制职能、传统事前财政控制职能和调查职能的特定单位，并且作为提供国库"外部"审计服务的监察机构。

总之，在公共财政管理目标、所感知到的内部审计在公共财政管理中的作用以及内部审计的组织方式方面的国际多样性，提出了关于内部审计最佳实践标准的更广泛适用性和实用性的重要问题，特别是对于发展中国家而言。

内部审计职能发展战略

许多发展中国家发现自己处于艰难的状况：一方面，经常面临薄弱甚至完全失败的内部控制以及

---

① 请见戴蒙德（Diamond，1994）的调查。
② 虽然应该指出，最大的部门拥有自己的内部审计单位。
③ 即使采取分权方法，通常也有一个中央办公室负责协调内部审计政策并发展这项服务。
④ 内部审计职能应被视为旨在保护政府财政利益的内部财政控制的核心组成部分。这种行政职能内部性的重要概念可以将内部审计与外部审计区分开来，但会受到这种集中方法的影响，其中外部审计师可被视为审计自己的投入。同样，如果内部审计由总会计师办公室进行，那么将会计业务与审计业务分离是至关重要的。
⑤ 虽然内部审计干部在机构内运作，但其接受德国最高审计机关（联邦审计法院）的技术和专业指导以及监督。内部审计干部仅向最高审计机关报告，并且执行事前审计任务而非传统内部审计任务。请见J. Diamond, in Hopper and Hoque（2004）的讨论。
⑥ 作为一个特例，或许应该指出，马耳他在总理办公室下设有一个集中的独立内部审计机构。

无法运作的内部审计，另一方面，在改善治理方面受到捐赠人越来越大的压力。[①]如果基于最佳实践的国际标准至少在短期内似乎无法实现，那么发展中国家需要次优替代方案，以至少转向"良好"的国际惯例。以下步骤概述了如何实现这一点：[②]

（1）建立内部审计职能的战略视角；
（2）根据该战略视角，修改法律框架和财政法规；
（3）通过审查目前的内部审计运作和人员配备以及重新分配职责，重新设计组织结构；
（4）根据这些职责并根据人员配备和其他制约因素，对工作实践进行重组；
（5）根据内部审计的新愿景，编制内部审计手册；
（6）根据这些手册，设计培训计划；
（7）制订招聘、部署和工作人员发展计划。

内部审计职能的战略愿景

在发展内部审计职能方面，发展中国家面临的最重要的一步无疑是决定内部审计在国家公共财政管理系统中的作用，从而决定内部审计的主要目标。

内部审计职能的总体设计应与国家的具体公共财政管理优先事项相适应。对于那些有治理问题的国家而言，最重要的目标应该是确保财务规律性并强制遵守财政法律法规。对于那些面临高度财政压力的国家而言，至关重要的是需要用于确保实现宏观经济目标的财政纪律。对于那些能够确保遵守法律、能够实行整体财政纪律并且已经实现了相当程度的宏观经济稳定性的国家而言，可以更加注意确保资源利用的效率和有效性。虽然后者是工业化国家的普遍重点，但很明显，对于许多发展中国家而言，内部审计职能应侧重于确保合规性和财务规律性。

为内部审计提供正确的监管框架

应该指出，虽然一些工业化国家已将其内部审计职能与具体立法联系起来，但其他国家，通常是威斯敏斯特模式国家，还有法国，都采用了政府法规的形式。[③]但是，在发展中国家的背景下，建议内部审计职能改革应得到相关立法的支持。建立内部审计职能的法定要求对于保证内部审计的资金和独立性非常重要，并且还提供了界定内部审计目标和职能，从而确定内部审计在公共财政管理系统中

---

① 关于捐赠人期望的总结，请见PEFA（2005），第40页。
② 这种方法的基础是发展中国家实现充分的良好治理。遗憾的是，在某些环境中，如果内部审计师要完成任务，那么其将受到威胁和制裁甚至监禁。为了发展有效的内部审计职能，一个国家必须首先实现一定的治理水平，其中内部审计师要受到足够的法律保护。
③ 例如，1978年美国《监察长法案》和2001年荷兰《政府账户法案》。这与使用国库法规的澳大利亚、加拿大和英国以及1994年政府颁布了政府机构内部审计条例（即法规）的瑞典形成了鲜明对比。

作用的机会。[①]这在开始或进行内部审计职能的激进改革时很重要。这种方法的缺点在于会使应该不断发展的职能有些僵化。当内部审计职能完善时，通过政府法规进行变更肯定比通过立法进行变更有更多的灵活性。在理想情况下，这两个目标都可以通过采用适当的授权立法来实现，而该授权立法允许随着内部审计职能的发展在该框架内变更财政法规。

确定内部审计职能的组织结构

最重要的设计问题是内部审计职能的组织集中程度。通常认为，集中管理对于执行财务合规和财政纪律而言更为理想，而且出于以下原因，从能力建设的角度来看也更好：

- 集中方法可以更容易地维护和更好地发展内部审计师的熟练程度。在技术人才稀缺的情况下，人们常常认为，分权方法面临着内部审计工作人员被转用于其他职责从而降低其熟练程度的危险。但是，如果财政部发展了一支特殊的骨干队伍，那么就能集中稀缺的审计资源，从而保持熟练程度，确保专业化，并为骨干队伍制定集中的标准和培训计划。
- 集中方法保持了更多的独立性。审计应在充分独立的情况下运作。对于有治理问题的国家而言，集中方法在这方面更好，因为内部审计由财政部在有关各部管理者的直接控制之外进行管理。但是，关于适当独立性的需求可能与财政部要求的与其他部门在预算管理方面的密切合作直接冲突。

然而，集中的一些缺点也是显而易见的。

- 集中削弱了有关各部管理层的问责制。可以说，内部控制的主要责任应该由有关各部管理层负责并归其"所有"。但是，集中法在各部管理层和财政部之间划分责任，模糊了这种控制机制的所有权（或问责制）。有关各部管理层可能很乐意将内部控制的责任视为属于财政部。
- 由于透明度较弱，集中的有效性有限。许多国家都存在的情况是，向外部官员（财政部的内部审计师）提供的信息流通常有限且不及时，从而限制了内部审计职能的有效性。
- 集中法未能促进与其他部门的密切合作。与其他部门的密切合作对于高效的内部审计而言是至关重要的。[②]然而，集中方法并不促进这种合作——内部审计师往往被视为财政部的"间谍"，而非有关各部管理团队的成员。

在权衡这两个选项（内部审计的集中式或分散式设计）的过程中，有些考虑因素表明任何解决方案都因国家而异。第一，在完全的集中法中，财政部将对预算机构财政管理的正确性负责，从而削减预算管理人员的基本责任，这种危险对于许多国家而言是非常真实的。第二，如果政治干预常规预算管理的可能性很高，以至于因此削减预算管理者责任的风险很大，那么集中法将更加合理。在一些低

---

① 2003年加纳《内部审计机构法案》的情况是一个有用的模式。
② 同时，需要在公平的范围内进行运作，以确保日常运作的独立性。

收入国家，弱势的最高外部审计机构意味着政治干预的风险很高。第三，在执行内部审计职能的行政能力较低的情况下，为了便于招聘和留住有能力的工作人员，也建议使用由财政部控制的集中系统。鉴于建立专业内部审计师队伍所需的时间，这可能是发展中国家（也许还有许多新兴经济体）在选择集中方法时最相关的考虑因素。

该务实的结论带来了两难的局面。适当考虑到上述考虑因素，建议将发展中经济体（至少在初期）采用集中法作为最谨慎和实用的方法。然而，如前所述，这与作为国际最佳实践标准基础的基本分权制度模式背道而驰，而这些标准旨在支持以绩效为重点的公共财政管理系统，这也是许多发展中国家最终希望转向的系统。[①]但是，有人认为，对于处在目前制度发展阶段的许多此类国家而言，在公共财政管理系统能够确保满足基本财务合规和整体财政纪律之前，需要一个过渡性的更加集中的内部审计系统。

重构工作实践

不应低估发展中国家在执行这些基本步骤方面面临的问题。通常，发展中国家在尝试将其内部审计职能的范围从支付凭证的日常审计扩大到可能对公共财政管理产生更大影响的领域时，面临着令人望而生畏的能力限制。当然，虽然内部审计在许多领域可以发挥重要作用，但由于缺乏资源，通常需要决定重点关注优先领域和所识别的关键弱点。遗憾的是，在发展中国家的背景下，可能受益于更深入的内部审计审查的领域数量通常很大。为了应对该问题，建议采取双管齐下的战略：通过中央的特别小组扩大内部审计的范围，同时采取措施在实体层面加强内部审计。

在许多发展中国家，有许多问题领域经常被内部审计所忽视，并会产生高回报。[②]

- 评价内部控制。内部审计的主要职能之一应该是检查和评价现有系统内部控制的充分性和有效性，以及在引入新系统之前检查和评价新系统内部控制的充分性和有效性。这显然意味着，应该为各部和机构审查政府整个内部控制系统，并按逐项功能进行审查。对于内部审计而言，这种系统审查可能是最富有成效的，因为如果有强有力的内部控制，系统将自动拥有自己的制衡机制，并能够避免错误、违规行为和欺诈性操纵。遗憾的是，对于一些发展中国家而言，这项任务可能具有挑战性，因为这些发展中国家不成熟的公共财政管理系统的一个迹象是内部控制普遍薄弱。

- 各部审查报告。预计各部和机构将为监测绩效之目的而编制定期财务报表和报告。内部审计师应定期和一致地审查这些报告的可靠性和完整性，并标明任何令人担忧的趋势。遗憾的是，对于低收入国家而言，随着其公共财政管理系统的发展，必须予以监测的"绩效"概念与之前对财务合规性的狭隘重视相比通常有很大的扩展。因此，这项任务变得更加资源密集和技能密集。

---

① 鉴于政府部门遇到的典型制度惯性，增加的危险是：一旦条件发生变化，内部审计集中后的制度结构可能难以分权。

② 应该指出，这里没有强调采购，尽管在传统上，采购在许多新兴国家和转型国家一直是一个令人关注的领域。在低收入国家，很大一部分采购是由捐赠人直接进行的。保留在政府部门的部分往往高度集中，并且变得越来越透明，因为捐赠人鼓励低收入国家采用国际采购立法和实践。第14章深入讨论了采购。关于该领域控制问题的讨论，请见Szymanski（2007）。

- 检查工资和养老金系统。在许多发展中国家，工资和养老金支付通常占政府支出的很大一部分，而且往往是被滥用的领域。即使在中央层面，也难以保持人事记录和支付记录之间的一致性，这通常是因为记录保存涉及不同的机构。此外，工资总额既是一个中央职能，也是一个部级职能，因此必须在部级和中央一级进行控制。理想情况下，中央小组应根据各部的投入以及各部的控制/记录保存情况，审查中央人力资源管理系统的运作情况。同时，内部审计师应参与检查计算机化的工资/养老金系统，审查各种工资输入数据的充分性、现有输入控制机制的有效性、流程对笔误的敏感性、对工资总额和处理养老金人员监督的充分性以及该支付系统的制衡机制和其他安全功能。同样，在发展中国家很难找到实现该理想所需的技能和资源。
- 审查收入征收。通常，最强调对税务管理部门的审计，而税务管理部门通常拥有自己的专门内部审计单位。然而，与此同时，有许多非税收入（许可费、注册费、签证费、特许权使用费、贷款和垫款的回收、补助金等）通常不会受到相同程度的内部审计审查，但总量可能很大。虽然内部审计应确保及时征收所有此类非税收入和其他收入，立即存入银行，并充分核算，但通常会发现对这类收入的内部审计是名义上的，并不具有太大的重要性。部分问题是，这些收入是在很多地点征收的，使得难以执行控制。在这些地点与中央之间可能存在相当大的通信问题并且可以用现金而非通过支票或银行转账进行支付的国家，控制该问题的维度会大幅增加。
- 适应信息技术环境。与工业化国家一样，发展中国家正在继续经历信息技术革命，该革命正在加速发展。在政府中越来越多地使用信息技术给内部审计师带来了新的挑战。在混合了新旧系统或正在引入新系统的组织中（发展中国家的情况往往如此）在执行内部审计方面的复杂性更加明显。虽然审计的目标在计算机化环境中保持不变，但审计师需要引入审计技术的变化。在系统和程序开发过程中应该涉及内部审计，以确保在系统中内置适当的控制和风险管理流程。在开发电子数据处理系统时，这一点尤其重要。这些控制应包括一般控制和应用程序控制。一般控制涉及系统运行环境，而应用程序控制内置于系统和计算机程序。毋庸置疑，在大多数发展中国家，这种工作所需的技能极其短缺。

由于人员配备不足和缺乏专业技能，所以很常见的情况是，许多上述任务没有被执行或者其覆盖面很粗略。就可用的资源和专业知识而言，发展中国家要在分权基础上将内部审计范围扩展到这些领域可能是不现实的。然而，通过从大量事前审计凭证转向抽样方法，改进的工作实践往往可以大幅节省成本——通过关注这些优先领域和所识别的关键弱点，改进的审计职能管理往往也可以大幅节省成本。

第一步是组建专门的中央小组，在已经派驻到政府机构的内部审计工作人员的协助下，对政府机构进行专项审计，而该步骤通常能够最有效地利用有限的内部审计工作人员。该战略涉及在采用更加分权的方法之前，在中央层面加强内部审计，通常是在财政部。一旦在先前指出的高回报领域建立了能力，发展内部审计职能的下一阶段就是加强部级的更多日常运作。然而，由于认识到专业技能可能持续稀缺，这些小组甚至应该保留在更加分权的内部审计系统中，以执行更复杂和专业的任务，或满足各部和机构管理者对财政部的任何特殊要求。这些小组还可用于专项调查，包括欺诈案件。应该强调，这些小组不应被视为外部审计小组，相反，应临时部署中央工作人员，以补充各部和机构内部审计单位的工作。

加强部级内部审计

在实体层面重组内部审计职能的一个重要目标是确保其独立于日常管理，从而使其评价更具客观性。对于经历更普遍治理问题的发展中国家而言，这甚至将更为重要。显然，内部审计的独立程度与向议会报告的外部审计不同。相反，国际内部审计师协会这样定义内部审计独立性："内部审计师在能够自由客观地开展工作时是独立的。独立性允许内部审计师做出对正确进行审计至关重要的公正和无偏见判断。独立性是通过组织地位和客观性来实现的。"[①]

在理想情况下，内部审计师应对部长或各部及机构的行政长官负责。在集中方法中，让中央办公室直接向财政部长报告确保了内部审计的独立性。在分权模式中，内部审计师将直接向组织的行政长官报告；行政长官是该机构工作人员中的一员。作为行政长官管理团队的成员，必须注意不要违反审计的基本规则：审计师不应审计自己。该重要目标的实现必须依对内部审计给机构带来的附加价值的共同理解。管理层必须认识到其需要内部审计服务才能高效和有效，同时内部审计必须得到管理层的支持和认可才能有效运作。

通常，这是通过几种制度机制实现的。让我们一个个进行分析。

对内部审计师任务的明确和一致的定义

对成功管理内部审计工作人员而言至关重要的是明确且有详细记录的内部审计师职权范围。职权范围应包括承认内部审计在该机构中的地位，这涉及审计师对记录、资产和人员的获取权限以及获取此类信息的权限，并且涉及确定内部审计的任务。明确定义内部审计任务有几个优点。第一，可以清楚地了解组织总体工作规划中的内部审计工作。如果将这种职责清单适当地传播到组织的各个层级，就可以避免审计师管辖权的模糊不清以及由此引起的争议。第二，能够适当规划审计工作和有效利用审计资源，防止在一些任务上耗费精力和人力。第三，可以作为管理控制和监督的工具，以便实际的绩效可以与指定的任务相匹配。第四，有助于建立适当的审计指南，同时应制定这些指南以形成培训规划的基础。第五，可以确定审计师所需的技能、资格和经验，从而帮助确定培训需求和招聘目标。专栏17.1总结了内部审计师预期可能完成的任务。

成立审计委员会

强有力的政府内部审计依靠各部和机构有效的审计委员会来指导工作。这些委员会应由该机构的最高管理层和会计及预算领域的技术专家组成。目的是作为内部审计工作的指导委员会识别问题，采取纠正或预防措施。这不仅加强了内部审计在执行财务纪律方面在机构中的作用，而且还在机构的常规运作和内部审计评价之间给予了内部审计一定的距离。委员会应定期举行会议，并且内部审计单位

---

① IIA，1999，第11页。

的负责人通常应出席所有会议。专栏17.2描述了审计委员会的主要职能。在有治理问题和/或内部审计职能仍在发展之中的国家,在财政部设立一个中央内部审计委员会也很有用。这种委员会由财政部最高管理层、内部审计服务负责人和会计服务负责人组成,其任务是:审查有关各部内部审计报告的重要调查结果和要采取的行动;审查未采取任何行动的情况或绕过内部审计反对意见的情况;确定内部审计应该集中精力开展工作的任何关键领域和共性领域。

专栏17.1 拟议的内部审计职责和责任

- 审查对现有财政法规、指示和程序的遵守情况。
- 评价内部控制系统的有效性。
- 审查关于财政和运营信息系统的记录保存和报告的可靠性及完整性。
- 事前审计支付文件和做出承诺时使用的所有文件,并且事前审计合同协议。
- 验证和核证定期财务申报表,例如待处理的账单、支出、收入、工作人员和车辆。
- 审查和事前审计年度拨款账目、资金账目和其他会计报表,以确保根据要求的标准编制准确的账目。
- 调查所识别或报告的违规行为,并报告导致资源浪费的情况,或一般滥用的情况,或挪用财政资源和政府财产的情况。
- 确保及时征收政府应收的税收收入和其他收入,立即存入银行,并充分核算。
- 对税收收入和收入征收地点、项目以及供应和交付地点进行现场检查,以确保符合程序和法规。
- 定期审查对授权令、承诺、支出、收入征收和会计问题的预算控制。
- 以抽样方式定期事后审查采购。
- 确保政府实物资产得到适当记录和妥善保管。
- 审查预算重新分配流程,以确保立法和行政合规,并在没有预算拨备或充足的现金保障时建议何时订立承诺。

专栏17.2 各部/机构审计委员会的主要职能

1. 根据审计委员会的时间表、方法和关注领域,审查和批准内部审计的工作规划。
2. 定期审查内部审计单位正在进行的工作,识别内部审计应重点关注并可能调整其工作规划的重要新兴领域。
3. 审查内部和外部审计的重要发现,并识别需要采取纠正或预防措施的关键领域。
4. 评价根据外部审计机构和内部审计师的审计建议所采取的行动的有效性。
5. 确保执行因立法预算委员会的审查和报告而产生的任何要求。

对内部审计系统的外部审查

除了内部审计总部的质量保证小组审查内部审计的充分性和有效性之外,另一种可能的监督机制是由外部专业人员或最高审计机关每两或三年对内部审计实践进行一次独立的外部审查。该审查程序的存在本身就会对抗各部和机构管理者干预内部审计正常运作的任何倾向。这些外部建议应该是发展性的和补救性的。显然,外部审查人员应识别并纠正不合标准的操作,审查内部审计师是否履行了法定职责,并检查内部审计师是否遵守专业标准。然而,与此同时,外部审查人员应通过以下方式提出改善内部审计绩效的建议:澄清、商定和编纂内部审计师的职责,制定与每个国家的背景和内部审计发展阶段相关的内部审计标准;编制和更新内部审计手册并且制定培训规划,为内部审计工作人员提供明确的发展途径。

商定与外部审计有关的职责划分

在某些方面,该要求可以通过对内部审计师职责的明确且有详细记录的定义来实现。同时,两个职能之间的关系应该被认为是共生的——对内部审计而言,强有力的外部审计是很重要的,反之亦然。外部审计应与内部审计工作进行协调,内部审计应以外部审计的结果为指导。专栏17.3总结了主要的支持领域。

专栏17.3　建议的内部审计和外部审计之间的协调工作

1．应妥善协调规划,以确保适当的审计范围,并最大程度地减少重复工作。
2．应该可以获取彼此的审计计划和方案。
3．应组织定期会议,以讨论共同关心的问题。
4．如果同意交换审计报告符合共同利益并且不违反保密考虑因素,则应交换审计报告。
5．应建立制度机制,以确保共同理解和分享审计技术和方法。
6．共同培训,以及为期2年或3年的工作人员交换(如果可能)。
7．外部审计师应审查内部审计师的绩效(即内部审计是否按照目标和计划执行),并且应该包括对内部审计师工作的质量评估。
8．外部审计师应通过对在内部审计报告方面不作为的情况进行审查和评论来加强内部审计的地位。

精心制订的工作计划

内部审计的现有运作标准要求内部审计师充分规划、控制和记录其工作。这种规划不仅应针对个别审计任务进行,还应针对不同的期间进行,例如季度、一年甚至更长的三至五年。工作计划对于适当管理内部审计职能而言是必不可少的。审计规划流程的标准方法涉及以下要素,这些要素描述了在内部审计正常运作情况下预期可以遵循的步骤：

（1）识别审计总体。审计总体应涵盖所有活动、流程、政策、系统、财务和其他记录、程序和信息报告。所识别的审计总体应与各部和机构内部审计师的详细职责清单相关联。

（2）设定审计优先事项。如前所述，建议在规划内部审计活动时，应按照相关风险因素及其重要性进行排序。内部审计师应检查风险及其可能产生的影响，并对每种风险设定相对值（例如最简单的是高、中、低）。根据风险评估，可以决定在何处分配有限的审计资源，并确定审计的时间安排、频率和方法。

（3）制订审计工作时间表。这些应包括要审计的活动、审计的时间安排和估计的时间要求，同时考虑到风险因素和规划的审计工作范围。时间表应足够灵活，以覆盖对内部审计单位的意料之外的要求。

（4）制定相关的人员配备规划和财政预算。这些将包括在工作时间表之内，并将包括对所需审计师数量及其资格/技能的估计。根据审计工作时间表，内部审计单位应重新审查其资源的充足性，并进行必要的调整。

（5）与最高管理层共同审查规划的审计范围。审计工作规划应由各部或机构的首席行政长官和/或财政部内部审计总部以及相关的审计委员会进行审查，以确保包括所有被认为重要或需要特别关注的领域。

（6）制作绩效报告。应提交给各部或机构首席行政长官或内部审计总部，并应将绩效与审计工作时间表进行比较。应解释变化的主要原因。应根据工作计划指出绩效，并应发布报告清单。要涵盖的绩效方面是：

- 内部审计提出的主要和重要意见清单以及重大问题清单；
- 针对重要意见和建议的有待采取的行动；
- 尽管内部审计师反对但仍进行支付的情况，以及未提供高价值凭证进行审计的情况；
- 未提供记录的情况，以及未向内部审计师提供所需信息的情况；
- 未经内部审计师检查的向财政部发送的财务报告、会计报表；
- 在所涉期间内发现的任何盗窃、丢失或欺诈情况；
- 庭外和解的任何赔偿或成本；
- 任何仍需要优先关注的风险领域；
- 需要强调的任何其他重要意见，或者内部审计单位面临的任何限制。

（7）向最高管理层出具总结报告。中央内部审计当局应根据这些总结报告向财政部最高管理层发送一份综合月度报告，供参考和采取干预行动，并抄送外部审计师。为了确保这些报告是对资源管理的有效投入，及时完成这些报告是非常重要的。向财政部最高管理层提交的内部审计报告应说明哪些部的内部审计单位没有制作及时/充分/全面的报告及其原因。

虽然上述方法会使内部审计更加有效，但要使内部审计全面运作，无疑需要通过有效的培训、招聘和工作人员发展计划提供适当的资源和支持。这都是重大投资，需要相当长的时间才能实施。尽管如此，只要健全的内部审计职能在支持政府部门治理和问责流程方面起着至关重要的作用，那么其回报应该超过投入。此外，以这种方式建立内部审计职能，应被视为引入更先进的基于结果的公共财政管理改革并获得相关效率提升的先决条件。

参考文献

Allen, R. 1999. "Management Control in Modern Government Administration: An Introduction," in *Management Control in Modern Administration*. SIGMA, OECD, Paris.

Allen, R., and D. Tommasi. 2001. *Managing Public Expenditure*. Paris: OECD.

ANAO. 2007. "Public Sector Internal Audit- An Investment in Assurance and Business Improvement," Best Practice Guide, Commonwealth of Australia, National Audit Office Canberra.

Asare, T. 2009. "Internal Auditing in the Public Sector: Promoting Good Governance and Performance Improvement," *International Journal on Government Financial Management* pp. 14-28.

Baltaci, M., and S. Yilmaz. 2006. *Keeping an Eye on Subnational Governments*; Internal Control and Audit at Local Levels, World Bank Publications, pp. 7-15.

Diamond, J. 1994. "The Role of Internal Audit in Government Financial Management: An International Perspective," IMF Working paper 02/94, Washington, DC: IMF.

Diamond, J. 2004. "The Role of Internal Audit in Government Financial Management," in T. Hopper and Z. Hoque (eds) *Accounting and Accountability in Emerging and Transitional Economies*, pp. 55-80. New York: Elsevier.

Diamond, J. 2006. Budget System Reform in Emerging Economies: the Challenges and the Reform Agenda, Occasional Paper No. 245. Washington, DC: IMF.

Gray, A., W. Jenkins and B. Segsworth. 1993. *Budgeting, Auditing and Evaluation: Functions and Integration in Seven Governments*. New Brunswick, N.J.

Griffiths, D. 2008. Risk-based internal Auditing - an Introduction; available at www.internalaudit.biz.

Havers, H. 1998. "The Role of Internal Auditing in Management Control Systems in Government: A U.S. Perspective," OECD.

Institute of Internal Audit. 2001. "Consulting Implementation Standards," Internal Auditing Standards Board, Institute of Internal Auditors.

Institute of Internal Audit. 2009. "Standards for the Professional Practice of Internal Auditing"

IMF. 2001. *Manual on Fiscal Transparency*. Fiscal Affairs Department, IMF.

INTOSAI. 1992. "Guidelines for Internal Control Standards," Internal Control Standards Committee.

INTOSAI. 2004. Implementation Guidelines for Performance Auditing, Stockholm.

NAO. 2000. *Co-operation between Internal and External Auditors*, Good Practice Guide, HM Treasury and National Audit Office, U.K.

OECD. 2001. *Managing Public Expenditure* ed. Richard Allen and Daniel Tommasi, Paris: OECD.

OECD SIGMA. 1998. "Management Control in Modern Government Administration: Some Comparative Practices," Paris.

PEFA. 2005. *Public Expenditure and Financial Accountability Framework*, Washington, DC: PEFA Secretariat, World Bank.

Sterck, M., and G. Bouckaert. 2006. International Audit Trends in the Public Sector, Internal Auditor, pp. 1-12.

Szymanski, S. 2007. "How to Implement Economic Reforms; How to Fight Corruption Effectively in Public Procurement in SEE Countries," Paris: OECD Publications.

Van Gansberghe, C. N. 2005. "Internal Audit: Finding its Place in Public Financial Management," *Public Expenditure and Fiscal Accountability Programme*. Washington, DC: World Bank.

Wesberry, J. 1990. "Government Accounting and Financial Management in Latin American Countries," Chapter 21 in A. Premchand (ed.) *Government Financial Management*, IMF.

18
预算外资金管理[①]

理查德·艾伦

本章讨论与预算外资金（EBF）的设立和财政管理有关的问题。预算外资金是重要的政府所有实体和账户，根据定义，这些实体和账户不在传统预算规则和程序的参数及控制范围之内。在文献中有两类对立的观点，一种观点认为预算外资金破坏了预算的可信度和一致性，并且应该被废除。另外一种观点认为预算外资金会带来潜在的经济效益，因此在严格控制之下应该与预算共存。本章赞成后者，原因如下。

虽然"预算外资金"一词似乎不言自明，但在实践中，预算外资金指的是一系列多样化且通常很复杂的安排。引入有意义的定义和分类法有助于澄清预算外资金的概念并区分预算外资金的许多不同种类。预算外事项是最广泛的概念，并且包括预算之外的所有收入、支出和融资事项。预算外账户是一种银行安排，向其中支付预算外收入和支出，并从其中支付款项。预算外实体（或单位）是从事预算外事项、拥有自己的银行账户和财政管理程序的组织，并在某些情况下具有独立于政府各部和部门的法律地位。

在本章中，重点是那些财政事项代表经济中广义政府部门活动但尚未纳入年度州（联邦）预算法律和/或地方政府级预算的预算外资金。本章考虑了预算外资金被组织为独立实体时的制度安排。但是，此类实体可能无法包括所有预算外事项。

预算外资金在公共财政中发挥着重要作用。表18.1显示，对于全球范围内的国家样本而言，包括社会保障基金在内的预算外资金占中央政府支出的大约46%。[②]社会保障基金是最重要的单项预算外活动类型，占总支出的35%。然而，虽然发达国家以及转型和发展中国家的预算外活动水平（不包括社会保障基金）具有大致的可比性，但社会保障基金在发达国家占中央政府支出的比例显著更大。

[①] 本章是以前两篇论文的修改版本：Allen and Radev（2006，2010）。作者感谢迪米塔尔·拉德夫（Dimitar Radev）和巴里·波特（Barry Potter）的有用评论以及迪米塔尔·弗拉霍夫（Dimitar Vlahov）的研究协助。

[②] 在通过预算转移支付供资的范围内，预算账户反映了预算外资金所产生的支出。

表18.1	预算外资金和中央政府支出*			（单位：%）
国家组别	预算外资金支出		社会保障基金支出	
	占总支出的百分比	占国内生产总值的百分比	占总支出的百分比	占国内生产总值的百分比
发达国家**	12.2	3.0	36.5	9.4
转型/发展中国家***	9.4	2.8	25.4	7.1
所有国家	11.1	3.0	35.1	9.1

*《政府财政统计年鉴》关于所有子部门的数据均按总额列报。现有部门对应2008年《政府财政统计年鉴》机构表中描述的部门。

**包括根据2009年7月世界银行图表集法分类为高收入的国家（人均国民总收入为11906美元或以上）。该样本包括9个国家的预算外资金支出数据，22个国家的社会保障支出数据。

***包括根据2009年7月世界银行图表集法分类为低收入、中低收入和中高收入的国家。该样本包括23个国家的预算外资金支出数据，32个国家的社会保障支出数据。

资料来源：International Monetary Fund, *Government Finance Statistics Yearbook*, CD-ROM, September 2009：预算外资金、社会保障和总支出数据。国内生产总值数据来自IMF *World Economic Outlook*（October 2009）。数据范围：2005-2007年（按国家划分的最新可用数据）。

更详细的分析表明，许多发达国家的预算外资金具有完善的制度框架（主要是下文讨论的代理模式的变体），而转型和发展中国家则采用更广泛的安排，有时没有明确的经济和法律身份。发达国家的预算外资金通常很好地融入预算流程（符合本章后面讨论的综合预算概念），在某些情况下不作为单独的政府子部门列报。例如，大多数欧盟成员国的预算外资金财政事项数据作为中央政府预算的一部分列报。

本章首先定义预算外资金，然后列出一种将预算外资金划分为各种类别的分类法；本章解释了政府选择设立此类资金的原因并讨论此类资金的优缺点；最后，本章列出了可用于评价预算外资金的标准，并提出一个强化的预算外资金管理框架。本书的其他部分讨论了与某些其他类别的"预算外支出"相关的问题，例如政府担保以及政府和社会资本合作，这些问题与预算外资金具有一些共同特征。本章借鉴了各国的预算外资金管理经验，以及已经对特定预算外资金类别进行审查的研究结果，例如石油基金和道路养护基金（例如，见Davis and others，2001；Potter，1997，2005）。

预算外资金应该如何分类

实施预算外资金的一致分类，对于确保宏观经济的财政数据全面并且财政目标能够得到适当定义而言非常重要。国际货币基金组织发布的《政府财政统计手册》2001年版（*Government Finance Statistics Manual*, GFSM, 2001）中提出了一个适当的预算外资金分类和报告框架。该框架强调实体的经济特征而非其法律形式。基本概念是"机构单位"，其定义为"本身能够拥有资产、发生负债以及从事经济活动和与其他实体进行交易的经济实体"。机构单位的特征还在于"一套完整的账户，包括资产、负债和净值的资产负债表"。

《2001年政府财政统计手册》框架专门允许在其分类系统中包括预算外资金。特别是：

> 然而，政府实体可能具有单独的法律身份和实质性自主权，包括在其支出的数量和构成方面的自由裁量权以及专用目的税等直接收入来源。通常建立这样的实体以执行特定职能，例如道路

建设或健康及教育服务的非市场生产。如果这些实体本身维持全套账户、自有商品或资产，从事其在法律上负有责任的非市场活动，并且能够发生负债和订立合同，那么这些实体应被视为单独的政府单位。（第2.24段）

《2001年政府财政统计手册》进一步提供了相关信息，可以帮助使用者对特定类型的预算外资金进行识别和分类：

由政府单位控制和主要供资的非市场非营利机构在法律上是非政府实体，但其被认为正在执行政府政策并且实际上是政府的一部分。政府可以选择使用非营利机构而不是政府机构来执行某些政府政策，因为非营利机构可能被视为独立、客观、不受政治压力影响。例如，在健康、安全、环境和教育等领域的研究和开发以及标准制定和维护，这些是非营利机构可能比政府机构更加有效的范围（第2.29段）。

同样，《2001年政府财政统计手册》似乎承认社会保障基金有时（甚至通常）采用预算外形式，因为这些基金必须满足机构单位的一般要求；即"与政府单位的其他活动分开组织，分别持有其资产和负债，并自行从事财政事项"（第2.21段）。

建议的预算外资金分类法

虽然《2001年政府财政统计手册》框架可以帮助识别预算外资金的经济状况及其与政府或广义公共部门的关系，但更详细的分类法对于详细的财政分析和列报而言是必要的。为此目的，预算外资金可以根据其目标、资金来源和制度设计进行分组。许多预算外资金表现出下列多个类别的特征。

目标

- 专用基金（例如社会保障基金、健康基金和环境基金）为特定活动而设立，并由税收或其他专用收入供资。
- 为了支持发展规划而设立的发展基金，例如社会基金、环境基金和部门基金，通常涉及捐赠人捐款，有时还涉及内部国内来源（例如私有化收入）。
- 投资基金，具有特定的投资目标，由股票、债券、房地产、贵金属或其他金融资产（例如主权财富基金）组成。
- 为突发事件或其他意外支出而持有的应急（储备）基金。
- 稳定基金，设立目的是减少收入波动对政府和经济的影响，例如石油稳定基金。
- 储蓄基金，旨在为后代创造财富储备，例如主权财富基金。
- 配套资金，与捐赠人援助（包括实物援助）流入相关，并根据具体程序进行管理，同时考虑到有关捐赠人的要求。
- 周转基金，通常通过对商品和服务以及转贷业务收取的费用进行补充，其收入仍然可用于为基金的持续运作提供资金（其收入本应会受到要求预算拨款在年底失效的预算规则的影响）。

- 营运基金，设立目的是按照自筹资金原则为政府交易活动提供融资机制。
- 偿债基金，由政府或政府机构积累，通常来自税收、捐税或关税，用于偿还债务。
- 其他预算外账户，包括秘密基金，由政府各部和机构持有，经常用于部长和特定官员的特定用途。

资金来源

- 专用收入，包括一般专用收入（例如定义为总收入的一定百分比）和特定专用收入（使用特定税收或社会保障缴款进行确定）。
- 预算转移支付。
- 使用者收费。
- 出售金融和非金融资产，包括私有化收入。
- 出售商品和/或服务。
- 借款。
- 捐赠人资金，包括直接援助捐款和/或债务免除和债务互换安排。

制度设计

- 由财政部或国库集中管理的资金。设立此类资金的动机通常是为了避免预算流程的限制，例如集中管理周转基金的情况。
- 由有关各部和/或其他支出机构管理的资金：可以根据与适用于预算组织的支出控制不同的法规设立此类资金。
- 由自治机构管理的资金。
- 由地方政府管理的资金。

上述许多活动或资金也可以组织为预算内资金。在这些情况下，这些活动或资金是预算的一部分，但专门用于特殊政策和目的。例如，美国所有的信托基金都是预算内的，但被归类为预算外资金的两个社会保障退休信托基金除外。

为什么存在预算外资金

可以提出四组因素来解释预算外资金的存在：第一，预算和财政管理系统的弱点；第二，一系列政治经济因素；第三，税收受益原则和相关专款专用原则；第四，政府的代理模式。下面依次讨论这些因素。

第一类因素反映了预算系统的弱点或缺点，可分为以下几类：

- 时间范围错配。某些类别的预算外资金（例如与社会保障基金、石油稳定基金和节油基金有关的预算外资金）的设立目的是为养老金领取者或后代提供收入，或者从长远来看，为经济环境的变化（例如自然资源的减少）提供安全保障。此类资金的时间范围比传统预算的时间范围要长得多，传统预算的时间范围几乎总是一年。
- 特殊利益对预算流程的干预。因操纵预算流程而导致的资源错误配置（道路养护资金太少，"政治分肥"项目资金太多）往往会导致创建旨在确保与这些实践之间存在某种程度隔离的预算外资金。基本动机是利用抵押资金来源提供安全保障，作为防止配置太多或太少资源的一种方式。
- 资源配置机制不适当。如预算中的"俘获"因素（公务员设定偏好而不是通过政治程序设立偏好），行政部门和立法机关之间在确定优先事项和就相互竞争的资源要求做出选择方面产生的冲突，以及缺乏关于公共商品和服务提供者和购买者需求的协调机制。
- 未能认识到当地社区在配置资源方面的需求。一些国家的预算系统集中在财政部和国库等中央机构，用于从周边向中央传递关于经济状况和预算优先事项的信息机制薄弱，对当地需求的回应很少。在这种环境中，地方当局和社区有动力建立替代机制，用于满足通过正常渠道（包括通过预算外资金）无法满足的预算要求。
- 对公共部门管理者的控制和激励机制无效，特别是在各大型部门，以及可能具有相互重叠且有时相互冲突的政策和运作目标的其他组织中。许多经合组织国家认为代理模式是传统预算组织的适当替代方案，以便引入或加强这种机制。虽然各机构可以在预算系统内运作，但在许多情况下，各机构被组织为预算外资金，其中包括允许有关机构保留和使用费用和收费来为自己的支出提供资金，而不是将这些收入转移到预算中。
- 对问责制和透明度的治理安排不令人满意。特别是低收入国家预算的外部监督机制往往不够完善。在许多此类国家，不存在独立的外部审计机构，或者独立的外部审计机构的作用和职责在法律上或事实上受到严重限制。同样，立法机关的监督权力往往受限于缺乏足够的法定权力和资源来有效地发挥其作用。在这些条件下，预算外资金可以在没有监督机构质疑的情况下设立并蓬勃发展。
- 用于处理捐赠人信托要求的机制无效。作为提供援助的一种方式，预算支持变得越来越重要，特别是在2005年《援助有效性巴黎宣言》以及随后在阿克拉（2008年）和釜山（2012年）为加强和深化实施而达成的高层政治协议的背景下（见第25章）。[1]然而，在实践中，许多捐赠人继续使用有效限制援助资金用途的传统资助方法，表面上是为了减少信托风险，并且根据经合组织2010年《巴黎宣言监测调查》，通过国家公共财政管理系统提供的援助仍然只占外国援助总额的不到一半。

第二，用于解释预算外资金存在的政治经济因素包括：

- 在年度预算周期背景下，保护政治敏感项目免受预算削减或其他短期资金限制的影响。关于美国社会保障改革进程的辩论就是一个很好的示例。1983年国家社会保障改革委员会（格林斯潘委员会）认为，"社会保障规划的变化应仅出于其自身原因，而不是为了平衡预算"。根据该委员会大多数成员的意见，这"在社会保障规划不在统一预算之中的情况下，将更有可能实施"。

---

[1] 除其他要素外，《巴黎宣言》还指出，合作伙伴应"使用国家制度和程序进行（援助）规划、支付、采购、监测、报告和审计"。制定了指标，以监测宣言的这一要素和其他要素的进展情况。

最终，美国社会保障基金被组织为预算外规划，并纳入统一预算。
- 避免国家预算施加的限制：例如通过允许将预算外资金工作人员归类为非公务员，从而受益于更高的报酬。
- 利用通过预算外资金为预算之外的某些规划提供资金，以表现出较小的预算赤字，尽管政府仍需要为这笔支出提供资金。
- 为推行新税取得政治支持。例如虽然财政影响是相等的，但与增加所得税收入来为广义政府支出提供资金相比，设立健康基金并推行健康税来为健康基金支出提供资金在政治上可能更容易接受。同样，设立环境基金可以促进推行环境税。
- 承认年度预算中某些重要活动的资金不足，并动员对此形成社会共识。设立专门的公路基金或环境基金通常被认为是承认这些活动重要性的政治行为，这种政治行为也吸引了广泛的社会群体，尽管在实践中这并不一定会改善这些活动的融资情况。
- 根据捐赠人的要求，隔离捐赠人在优先部门的项目和规划。尽管关于通过预算外资金引导捐赠人援助的经济理由通常较弱，但在特定情况下使用预算外资金可能在政治原因上是合理的。例如，在2006年约旦河西岸和加沙政府更迭后，捐助界考虑了关于向巴勒斯坦人民提供财政援助的替代选项，包括通过总统控制下的预算外信托基金，以便使政府无法管理外国援助。
- 与公认的透明度原则相反，保护资金免受公众监督。例如爱沙尼亚政府在20世纪90年代设立了一个私有化基金，这使得专用私有化收入对政治家而言不那么明显，因此不太容易受到支出压力的影响。法律禁止科威特后代储备基金披露其资产和投资策略。当局认为如果公众知道官方资产的真实程度就会有更大的支出压力，并且以此为由证明该政策的合理性。

第三，预算外资金的合理情形可以根据税收受益原则[①]提出，并且由于许多此类基金由特定税收流供资，因此也可以根据相关的专用目的税原则提出。社会保障基金和某种程度上的公共健康基金被认为是适用专款专用受益原则的最明显的预算外资金示例，其使用的理由是保险费（缴费）由社会伙伴（雇主和雇员）支付，因此资金"属于"这些群体的程度至少与属于政府的程度相同。出于同样的原因，在此类基金的管理委员会中经常有社会伙伴的代表（Kraan，2004）。在一些国家，例如英国，该理论已经变得多余，因为曾经独立的社会保障基金已与预算完全整合，并且由社会保障缴款以现收现付为基础提供资金。这些缴款虽然保留了其名称，但事实上已经成为政府收入的一部分。尽管如此，可能除了在社会保障基金的情况下之外，专款专用并不是预算外资金的决定性理由，因为通过预算流程可以实现类似的好处。

第四，用于管理公共资金的代理模式[②]也被提出作为预算外资金的理由，因为许多机构都是在预算外的基础上建立的。[③]公共机构的定义见专栏18.1。代理模式最常见于发达国家，已达到高级形态，

[①] 受益原则可以追溯到17世纪，认为公民应根据其从政府支出中获得的利益纳税。通过分配指定来源的收入用于为特定类别的支出提供资金，受益原则可以应用于专款专用。例如，机动车牌照税或汽油销售税可用于为政府道路养护支出提供资金。第23章进一步讨论了使用者收费和专款专用。

[②] 关于代理模式理论和实践的有用综述，请见OECD（2002）。

[③] 这与《2001年政府财政统计手册》中的方法一致，在《2001年政府财政统计手册》中，如上所述，许多机构被归类为预算外实体。

但在一些转型和发展中国家也是如此。虽然在技术上，各机构不必被组建预算外资金，但有人认为，在赋予各机构显著的财政独立性时，各机构带来的潜在经济效益最有可能实现，并且这在各机构直接与预算流程挂钩时可能难以实现。

专栏18.1　公共机构的定义

出于工作目的，可以将机构定义为符合以下条件的团体：

- 在具有一定程度政治方向自主权的情况下运作；
- 是在创立法律、章程或合同中成立的；
- 自主管理其预算，但要在政府制定的规则框架内；
- 通过自有来源收入、专用捐款和国家预算转移支付的组合提供资金；
- 具有由公众所有并且不得用于私人利益的资产；
- 根据法律和传统的规定，对公众负责。

其中一些特征，尤其是后三个特征，也定义了预算外资金的特征。

当设立公共机构并伴随着促进其问责制的行政机制或类市场激励措施时，预算外资金可以通过模拟私营市场条件来提高微观经济效率，其中服务水平和标准与费用和收费直接挂钩。预算外资金还可以为产生高收益但尚未在预算编制流程中得到充分认可的支出提供更加一致的资金来源（资本基础设施的养护支出是一个主要的例子）。但是，如果这些机构的治理和财政管理安排设计不当，那么在运营管理以及资源规划和利用方面做出决策的行动自由可能会为一系列新风险打开大门，而上述行动自由正是各机构的特征。

经合组织的报告借鉴了法国、荷兰、葡萄牙、瑞典和英国政府机构的经验，建议各国为其公共机构的治理和财政管理建立一个全面的框架（SIGMA，2001）。这种框架可涵盖以下领域：不动产资产的控制和管理；借款；收入政策；专用捐款；预算编制和预算批准；监督人员配备和人员成本；预算执行和控制；绩效管理；会计和报告。

许多经合组织国家在制定这种框架方面取得了实质性进展，一个很好的例子是非部门公共机构管理制度，以前在英国称为"半官方机构"（见专栏18.2）。其控制安排包括以有吸引力且精细的方式使用激励措施；例如根据"主管"部的预算拨款下非部门公共机构支出的得分等。因此，各部门"必须确保其能够控制其非部门公共机构的支出，以便保持在其限额内"（U.K. Cabinet Office，2004）。但是，这在大多数转型和发展中国家一般不太成功，这反映了其公共财政管理系统的部分弱点。即使在发达国家，为公共机构制定适当的财政管理规则也是一个困难且复杂的过程。财政部的作用与"主管"有关各部之间存在固有的紧张关系，财政部的目标是执行严格的财政管理标准，而有关各部倾向于提倡更宽松的控制标准，以及各机构在利用和管理其资源方面行使相当大的自由裁量权。

> **专栏18.2　非部门公共机构的治理和财政制度**
>
> 根据英国内阁办公室的观点，非部门公共机构"在国家政府流程中发挥作用，但不是政府部门（即各部）或其中的一部分，因此在运作时或多或少地与各部部长保持一定距离"。
>
> 非部门公共机构根据允许其运作自预算的财政制度进行运作，但须遵守财政部（英国财政部）制定的共同标准。英国的另一类机构，即所谓的后续步骤机构，仍然是该部不可分割的组成部分，但在预算和人员管理以及单独的会计和报告安排方面具有很大的灵活性。英国系统的一个显著特点是"存在适用于公共部门实体（包括具有独立法律人格的实体）的一套总体标准。该系统包括由英国财政部发布的关于会计、报告、审计等的规则，以及公共生活标准常设委员会，该委员会颁布了董事会成员和高级职员的治理标准和行为准则。此外，所有类别的机构都须接受国家审计署的审计"（SIGMA，2001）。

波特（Potter，2005）提出了在代理模式下设立高效公路基金的一些重要要求，可以更广泛地应用于通过专用收入或向使用者收费提供资金的预算外资金。这些要求包括以下内容：

- 该基金应该100%专注于有关任务，而不仅仅是作为规避预算纪律的手段。
- 该基金应组建为一个机构，主要作为购买者而非服务提供者进行运作。因此，该基金至少应具有使命宣言，明确的目的和目标，实物和财务产出指标，以及总的资源范围。
- 应实施安排，以确保高效管理预算外资金的资源以及相关的会计、控制和财务报告要求。此外，在理想情况下，政府应该可以获得基金的现金余额以进行现金管理。
- 应建立一个具有重要私营部门存在但事实上没有生产者利益（无论是供应商还是工会）的管理委员会；管理委员会应该独立、客观和公正地运作。

预算外资金造成的潜在问题

在国际组织中，国际货币基金组织一直是预算外资金的批评者：这些批评侧重预算外资金在财政政策分析和控制的健全性、财政纪律、灵活性和透明度方面的宏观经济影响。

财政政策考虑因素主要涉及财政分析和财政政策制定的健全性。因预算外资金与定期预算流程隔离而缺乏关于预算外资金活动的全面和及时信息，可能显著扭曲对整体宏观经济和财政状况的评估，特别是在某些关键维度：广义政府部门的规模；对总需求、投资和储蓄的贡献；税负；社会安全网。此外，可能赋予预算外资金的借款的自由（如在某些社会保障基金的情况下）或者实施准财政或转贷运作的自由（如在某些周转基金和营运基金的情况下），可能在财政政策的可持续性和透明度以及政府的或有债权方面产生重大影响。对于重债穷国后果可能特别严重，因为预算外资金可能对国家的债务状况和扶贫相关支出的有效性产生相当大的影响。

一些投资基金（例如主权财富基金）的透明度不足，一直是投资者和监管机构的关注事项，特别是关于这些投资基金的规模和资金来源，投资目标，内部制衡机制，以及在私募股权基金中的关系和持股情况①。国际货币基金组织和圣地亚哥原则主权财富基金国际工作组（IWG）已经研究了其中许多问题，②规定了关于主权财富基金透明度、独立性和治理的共同标准。

预算外资金有时也与问责和控制的淡化、财政数据的报告和合并问题、有限行政能力的转移以及在修改专用于为预算外资金提供资金的税收方面的限制有关。一些研究者将预算外资金视为政治和行政腐败的潜在来源，并且提到通过使用预算外资金，利用公共资源建立"小帝国"的情况，以及政党通过这些资金获得资助的情况（Allen and Tommasi，2001）。

预算外资金的一个主要风险是，预算外资金倾向于扩散到大量的个体单位，从而粉碎政治治理，破坏和削弱公共财政管理的整体质量。例如20世纪90年代初，许多中东欧国家（包括俄罗斯、波兰和保加利亚以及土耳其）大量的预算外资金对其整体财政绩效产生了破坏性影响。目前通过组建公法实体和非商业组织进行的预算外活动激增，在格鲁吉亚和亚美尼亚造成了类似的财政风险。加纳是另一个在道路、社会保障、矿业和其他部门拥有过多法定基金的国家，这些基金对整体预算管理产生了不利影响。

在管理捐赠人援助资金时，使用预算外资金也可能产生特定的公共财政管理问题。尽管预算支持在提供捐赠人援助方面的作用有所增加，但如上所述，预算外事项仍广泛用于管理捐赠人捐款。许多捐赠人对这种安排感到满意，因为捐赠人对自己的纳税人负责，并且捐赠人认为，预算外资金可能比总预算得到更好的管理，并且可以产生更好的结果和产出。但是，从战略角度来看，这种方法可能会对强有力的国家公共财政管理系统的发展产生负面影响。"卓越岛屿"的建立很少导致管理能力的普遍提高，实际上可能会削弱系统中其他地方的有效性；例如使稀缺的熟练工作人员从公务员职位转移，以及扭曲工资结构。

加强预算外资金管理的方法

上一节中描述的许多问题可能归因于设计不良的预算和财政管理程序，而非预算外资金本身的存在。许多经合组织国家已经允许甚至鼓励预算外资金与强化的治理和财政管理制度同时存在。其中一些国家对其预算外资金进行了系统审查，随后废除或合并了其中许多预算外资金，并将其他预算外资金转变为商业化或完全私有化的机构。一些中等收入国家也在这些方面取得了进展（见专栏18.3）。

加强预算外资金的财政管理安排往往需要改变公共财政管理框架的一个或多个特征。第一，应将预算外资金数据与政府生成的其他财务信息合并，以进行财政分析和在财政报告中列报信息。为此目的，应根据《2001年政府财政统计手册》框架中提出的广义政府概念编制和分类全面的预算外资金清单。该要求甚至应适用于根据单独的法律依据独立管理的预算外资金。财政框架中缺乏对预算外资金的覆盖可能会严重破坏透明度以及宏观经济分析和建议的可靠性。

第二，在公共财政管理和提供相关技术援助方面，需要满足最低要求。关于预算外资金的信息应包括在预算文件之中；应使用预算系统本身或可比的并行程序，制定关于支出和收入分类、会计和报告、内部控制和外部审计的共同要求。应鼓励当局通过预算立法引入综合预算的概念，并通过公共财

---

① 关于主权财富基金的全面讨论，请见第29章。
② 关于详情，请见 Sovereign Wealth Funds: Generally Accepted Principles and Practices, "Santiago Principles", October 2008.。

政管理系统确保充分的综合预算覆盖范围。还应鼓励当局考虑使用上述分类法作为收集其预算外资金主要特征数据的框架，并将这些信息与预算文件一起报告。

专栏18.3　改革保加利亚法律框架中的预算外资金

1996年《预算系统法》引入了综合预算的概念，并为预算外活动提供了更广泛的法律框架。综合预算包括预算和预算外资金。

预算外资金的关闭

在1997—1999年，预算组织的所有预算外账户（超过1200个）都被关闭，（为国家规划提供资金而设立的）预算外资金的数量从70多个减少到20个左右。

预算和国库覆盖范围

预算外资金包含在向议会提交的年度预算之中。预算外资金事项通过国库单一账户，并且预算外资金需要满足关于会计和报告、内部控制和审计的预算要求。

收入征收

社会保障缴款和健康保险缴款的征收已纳入统一收入机构的税收征收系统。

预算外资金的管理

预算外资金具有实质性的管理自主权。最大的预算外资金（社会保障基金和健康保险基金）有单独的法律。但是，最大预算外资金的监管框架及其业务规划和运作完全遵守《预算系统法》中规定的更广泛的预算外活动法律框架。

财政整顿

预算外资金的问题是在1998年开始的更广泛的财政整顿改革背景下处理的。

第三，对预算外资金采取的方法应区分在中央当局密切监测预算外资金预算编制和执行方面的需求，以及在预算外资金财务报告应及时、透明并遵循严格的监督和审计程序方面的需求。还应授权预算外资金酌情制定自己的内部治理安排，并根据其高级管理人员的决策管理其业务规划和运作，但须对其组织绩效和结果负责。

第四，应建立强有力的政治和技术把关机制，以减少不合理的预算外资金摆脱监测并最终损害预算系统完整性的可能性。例如，应鼓励政府根据下述标准制定和公布关于预算外资金最低要求的商定政策立场，并制定预算外资金法律框架，其中包括健全治理和财政管理的基本原则。这种框架应涵盖作为法律实体和经济实体的预算外资金，以及上述预算外事项的广义定义。

第五，应鼓励政府对其预算外资金的绩效进行系统审查，包括预算外资金是否应继续存在、废除或私有化。应考虑以下标准：

- 是否存在关于设立预算外资金的令人满意的经济、治理和政治经济学案例？如果存在，为了预算编制和财政分析之目的，是否有可能将预算外资金信息与财政报表合并？
- 预算外资金是否按照《2001年政府财政统计手册》中的指引进行了适当的分类？如果是这样，其预算及财务报告的编制和执行程序是否与政府管理预算支出和收入的总体框架具有可比性？

- 如果预算外资金由专用目的税供资，那么征收这些收入的安排是否令人满意并与税收政策和税收管理的整体效率兼容？
- 在财政管理和报告方面，预算外资金的法律基础是否充分？
- 预算外资金的治理结构（例如董事会的作用、职责和独立性以及决策流程的透明度）是否与健全财政管理的目标相兼容？
- 预算外资金的预算是否与国家预算同时提交立法机关，并须遵守类似的审查程序？如果是这样，预算外资金与政府财政目标的整合程度如何？
- 预算外资金预算是否需要根据与国家外部审计机构对中央政府预算的审计可比的流程和时间表，由国家外部审计机构进行审计？

第六，应更加重视处理上述预算失败的具体领域。这些包括许多规划和技术援助工作已经涵盖的问题（例如制定中期支出框架，提高财政数据质量，以及加强财政管理信息系统）。但是，还有其他一些同样重要但不经常处理的领域：例如促进外部审计独立性和加强立法机关在预算流程中作用的措施，以及对预算流程进行分权以改进问责制的措施。简而言之，除财政报告、预算分类、财政控制和其他"技术"方面外，还应更加强调改革的制度方面。

第七，应明确区分具有充分经济和治理理由的预算外资金与为降低透明度、绕过公众监督并妨碍财政纪律而创建的预算外资金。虽然在一些经合组织国家成功发展了代理模式（有时是预算内，有时是预算外）以鼓励更好地配置公共资源，但对于没有足够健全的治理和财政管理系统来维持这种方法的发展中国家和转型国家而言，不建议采取这种措施。应始终在更广泛的预算和治理改革以及这些改革如何促进总体健全的财政政策的背景下处理与预算外资金有关的问题。

结论和建议

正如本书其他各章所讨论的，人们普遍同意，精心设计的公共财政管理系统有三个主要目标：在可负担的总额内设定和控制公共支出，根据优先事项配置资源，以及确保高效提供单项服务。

对预算外资金的传统批判观点，来自国际货币基金组织的批判观点，认为预算外资金在所有情况下——特别是再创建或者维持预算外资金的动机是规避支出限额——会让第一目标很难达成。因此，从传统的宏观经济角度来看，预算外资金的理由并不十分具有说服力。然而，本章认为，大多数（如果不是全部）预算的资源配置系统在确定优先事项时实际上受到上述一个或多个因素的影响。至少在某些预算失败的情况下，预算外资金的存在可能产生一种在配置效率方面优于全面预算系统的结果。此外，发达国家的证据表明，某些形式的预算外资金（或至少是一个公共机构）可以比政府各部更高效和有效地提供服务。

因此，本章的总体结论是，在包含预算外资金的系统中编制和监测总体财政数据所涉及的更大复杂性是可以克服的，特别是在拥有高度发达的公共机构和财政管理程序的发达国家。在这种情况下，预算外资金的存在可以得到适应，甚至可能是有益的，而不会失去对财政总量的控制。在制度欠发达的低收入和转型国家，可能在设立和控制预算外资金、稳健的法律和财政框架以及至关重要的充分的宏观经济监测财务信息流方面更加难以实现必要的保障。

最后，在考虑预算外事项、账户和资金的现有管理制度是否令人满意时，国家可能应该采取以下三个步骤：第一，对现有的预算外资金进行全面审计；第二，根据上述标准测试这些资金是否均合理；第三，考虑根据本章提出的强化框架，使预算外资金管理规则和程序更加严格。财政部应该牵头设计、实施和监督这种框架。

参考文献

Allen, R., and D. Radev. 2006. "Managing and Controlling Extra-budgetary Funds," *OECD Journal on Budgeting*, 6(14): 7–36.

Allen, R., and D. Radev. 2010. Extra-budgetary Funds, *Technical Notes and Manuals*, No. 2010/09. Washington, DC: International Monetary Fund.

Allen, R., and D. Tommasi. 2001. *Managing Public Expenditure: A Reference Book for Transition Countries*. Paris: OECD.

Davis, J., R. Ossowski, J. Daniel and S. Barnett. 2001. "Stabilization and Savings Funds for Nonrenewable Resources," Occasional Paper No. 205. Washington, DC: International Monetary Fund.

Kraan, D.-J. 2004. "Best Practices Guidelines – Off-Budget and Tax Expenditures," *OECD Journal on Budgeting*, 4(1).

IMF. 2001. *Government Finance Statistics Manual 2001 (GFSM 2001)*. Washington, DC: International Monetary Fund.

Potter, B. 1997. *Dedicated Road Funds: A Preliminary View on a World Bank Initiative.* Washington, DC: IMF.

Potter, B. 2005. *Budgeting for Road Maintenance*, "Round Table 135: Transport Infrastructure Charges and Capacity Choice, European Conference of Ministers of Transport," Washington, DC: OECD.

Support for Improvement in Governance and Management (SIGMA). 2001. "The Financial Management and Control of Public Agencies," SIGMA Papers No. 32. Paris: SIGMA-OECD.

United Kingdom Cabinet Office. 2004. "Financial Management – Planning, Funding and Control," *Agencies and Public Bodies Team, Non-Departmental Public Bodies: A Guide for Departments*. London: U.K. Cabinet Office.

第 IV 部分
政府财政收入管理

引 言

本书的第四部分涉及财政收入问题。人们已经注意到，公共财政管理通常与预算管理相关，特别是与支出管理相关。因此，财政收入与借款被一同视作有助于资源约束，而预算或支出管理者在该约束范围内进行运作。然而，有必要通过创造收入来支付支出，就像有必要通过借款来弥补第1章中所讨论的收入和支出之间的差距，这就提出了公共财政管理重要性的问题。这并不意味着，由创造收入的必要性带来的所有政策和行政问题都应被视为公共财政管理的一部分。财政收入政策和管理本身就是关键的财政问题，它们关注的大部分问题显然不属于本书所定义的公共财政管理的范围。因此，本部分涉及公共财政管理视角下的财政收入问题，因为所讨论的每个主题都会影响公共财政管理实现其目标的能力。

格雷厄姆·格伦迪和理查德·海明撰写的第19章重点介绍了如何设计能够以可预测和灵活的方式创造收入的税收制度。大部分税收分析关注的都是税收制度的效率和公平特征，在这方面，倡导税基广、税率低的税收制度已经成为一种常态，因为这样的税收制度能够很好地服务于这两个目标。从财政收入的角度来看，它们也值得推荐，因为这样一来，财政收入将更多地取决于经济活动水平而非经济活动构成，而且与税基较窄时相比，税率的变化能够产生更多的财政收入，因此这种税收制度相当富有成效。但是，在实现税基广、税率低这一理想方面存在许多挑战，特别是拥有大量小企业和非正规部门同时行政能力有限的发展中国家。该章讨论了这些挑战，以及从财政收入的角度来看具有相关性的一些更为一般的税制设计问题。本章还探讨了为什么各国税率不同，以及我们关于税收对经济增长的影响的了解。最后，本章讨论了税式支出引发的问题，根据收入放弃法，这些问题一般不会产生超出其成本的收益，只有在较高的税率和其他经济扭曲造成任何损害之前，才能将结果考虑在内。

格雷厄姆·格伦迪撰写的第20章讨论了财政收入预测。有效公共财政管理的一项关键要求是资源约束具有一定的可靠性，而在许多国家，无法准确预测财政收入，特别是税收收入，一直是长期存在的问题。长期以来，人们一直倾向于对财政收入前景持有过于乐观的态度，以此证明增加预算是合理的，这是计划外赤字和债务积累的根源。最近，一些国家在另一个方向上犯了错误，为了抑制支出并使用未列入预算的财政收入来减少债务，他们低估了财政收入。这种做法可以避免过度乐观造成的损害，对支出控制一向糟糕的国家而言，也可能是对财政失衡的适当回应，但它不能取代基于最佳预测的精心设计的宏观财政政策。因此，本章详细介绍了在预测主要税种时必须考虑的许多因素，并提供了一个基准，该基准可用于评估与经常是临时的财政收入预测方法相关的风险。

理查德·海菲尔德撰写的第21章阐释了为了确保财政收入征收额与其全部潜力相匹配，有效的财政收入管理的关键性。人们普遍认为，税收制度的创收能力受到税收制度管理能力的限制。然而，对于发达国家和发展中国家而言，发展有效的财政收入管理与高度遵守税收法律都是难题。虽然过于复杂的税收制度给财政收入管理带来了问题，但却可以通过很多工作来提高财政收入征收业务的效率，在这方面，本章讨论了六个核心领域：制度框架、组织安排、法律框架、治理、业务流程以及人力资源。作者在很大程度上借鉴了其深度参与的国际货币基金组织和经合组织的工作，为建立负有改善税务合规性任务（管理直接税和间接税）的统一税务机关提供了强有力的理由。这种机构应获得足够的自治权和资源来实现该目标，应采用现代财政收入管理实践和程序，并对其绩效负责。

卢克·德·沃尔夫撰写的第22章解释称，关税仍然是许多发展中国家的重要财政收入来源，因此海关管理仍然是一项重要的政府职能。一项关键挑战是确保合法的海关职能不干扰国际贸易——事实上，在可能的情况下，为国际贸易提供便利。作为一种财政收入来源，关税具有相对容易征收的优势，因为应税事件、进口和税基、进口价值得到了明确界定。此外，贸易惯例不断发展这一事实（特别是更加依靠电子编制和文件交换以及依赖电子支付来加速交易）应该能使征收关税变得更加容易。但海关管理已经落后于贸易惯例，因此本章解释了如何在海关监管和清关程序以及组织海关当局方面实现海关管理的现代化。

巴里·H.波特撰写的第23章讨论了因向使用者征收费用以支付公共支出而引发的问题。人们倾向于更多地依靠成本回收来创造财政收入，以限制一般税收负担的增加。这是由应用受益原则（即公共服务应由使用者付费）带来的效率增益以及将收费与支付能力挂钩带来的公平收益造成的。该章评述了支持使用者收费的经济论证和行政论证，讨论了设定费用所涉及的问题，并审视了在建立收费制度时必须处理的一些实际问题。本章特别关注了收费的公共财政管理，尤其是在收费与设立专门的政府机构来提供使用者已经付费的服务息息相关的情况下，这是造成紧张关系的根源，因为这些机构通常应该如同私营实体那样运作，但它们又是政府的一部分。最后，本章讨论了政府内部的使用者收费问题，这是在政府向私营部门收取服务费用时保持公共部门和私营部门的价格具有可比性的关键。

罗兰多·奥索斯基撰写的第24章侧重于自然资源收入的管理，自然资源收入比其他形式的财政收入更不稳定也更不确定，它可以耗尽，以外币的形式存在，而且往往非常庞大。自然资源收入的这些特征是公共财政管理面临挑战的根源，因为需要平稳公共支出以应对价格的涨跌，为子孙后代省钱，管理对国内经济的不利影响，控制寻租活动。本章提供了一个借以思考前几章所讨论的一些制度安排（例如财政规则和中期支出框架）如何促进有效管理自然资源收入的机会。本章还介绍了将一些在后面各章中更深入讨论的主题，包括主权财富基金，因为许多国家已经积累了大量资源基金和财政风险。与后者相关的一个关键问题是应列入预算的资源价格。

比尔·阿伦撰写的第25章讨论了外国援助对公共财政管理构成的一些挑战。本章重点介绍使用国家公共财政管理系统来管理援助，而非概述该标题下可能讨论的所有问题。本章以2005年《巴黎宣言》为出发点，该宣言开启了统一和协调捐赠人之间以及捐赠人与伙伴国家之间援助交付事宜的国际努力。这方面的一个关键要素是使用国家会计和报告系统来记录援助的接收和使用,以及使用国家债务管理系统来监测优惠借款和偿债义务。这些领域仍有许多工作要做,因此本章讨论了各国需要采取哪些措施来改善其系统以满足捐赠人的需求,以及捐赠人必须如何准备以使其实践适应国家制度。最后,本章还强调了以下事实:使用国家制度不仅仅是将援助列入预算(在这一点上已经取得了收益),更多地是将援助和援助供资的支出纳入整个政府层面的规划和预算编制。

19
公共财政管理视角下的税制设计

格雷厄姆·格伦迪，理查德·海明

除了资源丰富且依赖援助的国家之外，公共支出主要通过税收收入来支付，因此税制设计对于公共财政管理来说具有相当重要的意义。税收制度必须能够提供可靠的财政收入来源，以便能够在知晓有必要资源可用的情况下规划支出。实际上，由于对公共支出的需求会随着国家变得日益富裕而趋于增加，税收占GDP比率（即税收收入占国民收入的比例）在无需改变税收政策的情况下应随着经济的增长而增加。[①]税收制度也应灵活，通过政策变化来增加财政收入，以应对新的支出需求、其他财政收入来源（例如资源收入或外国援助）不足的情况以及融资可用性或成本的不利变化。

然而传统上，税收理论并不涉及税制设计的这些方面，而是涉及旨在实现效率和公平目标的税收制度的特征（这些属于微观经济问题）。这并不是说在考虑财政收入时效率和公平是不重要的，尽管效率和公平更多地属于宏观经济问题。如果考虑到家庭和企业的支付能力及其获得的回报，税收负担是对家庭和企业提出的合理要求，那么征收额外财政收入就会容易得多。不过更重要的是，税收结构可以影响国民收入水平及其增长率，这反过来又可以影响税收制度的收入收益和收入增长。因此，正确理解税收微观经济学具有明确的宏观经济回报。

本章的目的是简要概述在多年税制设计分析和实践工作中形成的税收结构，然后讨论该结构的创收能力。目的是确定能够使税收制度成为可靠和灵活的财政收入来源的税收制度特征及其对税制改革的影响。

从税收理论到税收政策

虽然经济理论在理想税收制度应该是什么样子这一方面提供了一些指导，但税收理论对真实税收制度的设计的指导往往很泛泛。理论分析侧重于因税收造成的市场扭曲而导致的税收配置效率成本，为将配置效率成本（或无谓损失）降至最低的"最优"税收结构理念提供了基础。在实践中，税收政策还必须关注税收的管理成本和合规成本。这些技术效率成本可能是税制设计中的主要考虑因素，特

[①] 如果公共服务是正常商品，那么随着人口和人均收入的增长，预计对这些服务的需求至少将与收入的增长成正比。事实上，Tanzi and Schuknecht（2000）表明，从19世纪末到20世纪的大部分时间，发达经济体公共支出的增长速度超过了国民收入。然而，支出构成发生了变化，在劳动力、商品和服务上的经常性支出已趋于平稳，而社会保障和福利规划支出继续增长，目前已超过许多国家公共支出的一半。多年来，发达经济体的公共投资支出一直相当稳定，而在低收入国家，由于基础设施的需要，公共投资支出已有所增加并将继续增加。

别是在对发展中国家的小型企业和非正规部门征税的背景下。总体税收结构的设计需要将提高税收入带来的配置效率成本和技术效率成本降至最低。

尽管国际贸易理论对贸易税也具有明确的指导意义，但经济理论在高效的个人所得税和消费税结构这个问题上最有发言权。下面的讨论从个人所得税、一般消费税和货物税开始，这些税种是大多数国家税收收入的三个主要来源。首先评述了税收理论给出的指导，然后对讨论进行修改以反映管理和合规成本。在简要讨论了贸易税（这仍然是一些发展中国家主要的财政收入来源）之后，将注意力转向资本所得税（经合组织国家始终存在这个问题），以及小型企业和非正规部门税收（对发展中国家而言，这是一项持续的挑战）。

个人所得税

长期以来，人们一直认为最优个人所得税（PIT）需要对处于收入分配底层和顶层的人征收较低的边际税率（MTR）。边际税率的"驼峰"结构是对以下事实的回应：增加边际税率意味着最高收入者将面临会抑制其增加工作投入的因素（或将用闲暇替代工作），因为他们获得的额外收入面临高边际税率，而且超边际收入的边际税率较低则意味着他们正在接受将进一步削减其工作投入的一次性转移支付或税收抵免。[1]一旦收入进入最高边际税率的范围，就可以通过对超边际税收收益进行退税来解决这个问题，如此，税收制度实际上成为针对最高收入者的单一税，在假设税收额保持不变的情况下，最高边际税率比没有退税时略低。当然，这种观点不必局限于最高收入者，尽管这显然是其最有影响力的领域。但一个合乎逻辑的暗示就是，如果所有纳税人都面临单一税，那么配置效率可能是最好的。线性所得税就属于这种情况，低于某一起征点的收入可以免缴单一税。[2]由此产生的"温和"累进性被许多人视作效率和公平考虑之间可接受的折衷，并且是对最优所得税的合理近似。[3]

与线性所得税相比，典型的个人所得税的特点是边际税率随收入逐步上升，尽管个人所得税的结构会随着时间的推移变得更加扁平。第二次世界大战结束后的几十年里，最高边际税率处于约60%—95%的范围内，试图将所得税用作再分配工具，但近几十年来，经合组织国家的平均最高边际税率已降至接近40%，而在发展中国家通常平均降至20%—40%。税阶的数量也有所减少。一些国家，特别是中欧、东欧和前苏联国家，引入了单一税或线性税，主要是为了促进纳税遵从。对于拥有多阶税收结构和合理合规纳税人的国家而言，转向税收额相等的单一税需要对中等收入纳税人征收更高的税，并对较高收入纳税人征收更低的税。由于高收入群体的收入和/或非正规部门的大部分业务高度集中，这种转向可能会加剧现有的公平问题和合规问题。

---

[1] 从另一个角度看，最高收入者面临着其边际税率与平均税率（ATR）之间存在较大差距的问题，这意味着，高边际税率对工作投入和收入的负替代效应不会在很大程度上被高平均税率的正收入效应所抵消，就像比例税那样，在比例税中，所有收入水平的边际税率和平均税率都相同。

[2] "线性税"和"统一税"这两个术语经常互换使用。线性所得税对起征点以上的收入采用单一税率。单一税可以指线性税（对线性税起征点以上的收入征收的税）或者比例税（即没有起征点的线性税）。因此，在使用"单一税"一词时需要加以注意。

[3] 累进性要求平均税率随应税收入的增加而增加。这反过来要求边际税率超过平均税率（线性所得税就是这种情况，因为低于起征点的收入免税）。可以用不同的方式衡量累进性程度，但是边际税率与平均税率的比率可以很好地说明税收在任何收入水平上的累进性程度。累进性程度更高的税收制度通常更具再分配性。Norregaard（1995）更详细地解释了这一点。

一般消费税

虽然统一商品税收可能听起来很有吸引力，但它只有在非常特殊的情况下才是可取的，其中包括对所有商品（包括闲暇）征税。一般而言，有理由根据对不同征税商品需求的价格敏感度来区分商品税收，需求对价格变化反应最小的商品的税收最高。虽然这是一个相当明确的建议，但它经常被误解，因为它特别提及了由替代效应导致的价格反应（即只有税收对相对价格的影响，而非随之而来的对实际收入的影响才是重要的）。这种观点认为，如果为了最大程度地减少替代效应而选择税收，那么消费决策就会尽可能少受扭曲。该理论因一个相关的最优性结果而变得复杂，该结果表明，闲暇互补品应该吸引更高的消费税率。听起来这好像是一个完全不同的建议。然而，它回应了以下问题：虽然所有消费都要征税，但闲暇却是免税的。考虑到消费税的财政收入收益率，这会导致消费税率高于所需的消费税率水平。①由于对闲暇征税的唯一方法是对其互补品征收比其替代品更高的税，所以这是可取的；但是，这种做法很难实施。②

最优性考虑因素清楚地表明，可以对消费税收进行非常精细的区分，并且所有的相近可替代商品都应该以相同的税率征税。但是，实际情况并非如此。相当统一的增值税（VAT）或者商品和服务税（GST）是对消费征税的首选方式，主要是因为与具有多种税率的差别税相比，它降低了此类自治税的合规成本和行政执行成本。税率差别不仅使商品和服务的定义变得更加复杂，而且还为错误分类和逃税提供了机会，这就需要采取更加积极和高昂的税务执法措施。

货物税

通过在税基广泛的单一税率增值税或商品和服务税的基础上增加选择性货物税，消费税往往会引入一些税率差异。货物税用于对酒类、烟草和石油产品等产品征收更高的税，这些产品同时具备过度消费（或产生负外部性）和需求相当缺乏弹性的特征。因此，货物税可以具有纠正性或是庇古税，因为它故意以社会所期望的方式扭曲消费选择，同时又可以产生可观的财政收入。③载客车是另一种常见的货物税征收对象，因为它既可能是一种污染源，也可能是一种奢侈品。货物税通常会在进口或制造商品时，而非在零售层面征收，这使得货物税相对比较容易管理。

虽然有令人信服的理由将统一增值税和选择性货物税结合在一起，但如上所述，由此产生的消费税结构最不可能是最优的，因为这需要对大多数商品征收差别税。此外，需要注意确保不会意外引入既会损害财政收入又会导致效率低下的交叉价格效应。当货物税通过使用从量税率或差别税率在一类应税商品中产生含税相对价格差异，或者被排除的商品是相近替代品时，就会出现这种情况。例如对酒精饮料征收从量消费税会导致价格较低的品牌的税率高于价格较低高的品牌。这显然会导致征税饮料之间以及征税饮料和免税饮料之间出现需求变化。最糟糕的问题源于交叉价格效应，该效应会导致人们转向免税的非正规部门生产的酒精饮料（或"自酿酒"）。这不仅会破坏税基，而且还不利于抵消

---

① 在对劳动收入征收的个人所得税下降的情况下，闲暇的边际机会成本也降低，这也表明对闲暇间接征税是可取的。

② 一般而言，当商品之间存在交叉价格弹性时，可能需要一套复杂的税率来最大程度地减少消费税收的无谓损失。根据关于商品税收的拉姆齐法则，在考虑到交叉价格效应后，这套税收应该使所有商品需求同比例减少，包括通过更重地对互补品征税来减少闲暇需求。在商品之间没有交叉价格效应时，拉姆齐法则仍然有效，但拉姆齐法则变成众所周知的"反弹性"法则，其中商品税率与每种商品需求价格弹性的倒数成比例。

③ 庇古税的应用范围正在更普遍地扩展到燃料的碳含量，并为向金融部门征收更高的税提供了部分理由。

对医疗卫生的负外部性，这在非正规产品不卫生甚至致命的情况下尤为严重。[1]最后，如果货物税率提得太高，就会助长走私和其他形式的逃税行为，从而大幅降低许多国家的财政收入收益。[2]

贸易税

对于国内税基较弱的发展中国家而言，对进口商品征税相对比较容易（它们是有效的"税柄"），并且可以通过非正规部门进口的商品对其征税。在高度依赖进口的国家，例如依赖旅游业的岛屿经济体，对进口商品征税以及一些选择性消费税也可能是对消费征税的一种适当方式。在进口税和货物税的基础上增加增值税或商品和服务税可能会大幅增加管理成本和合规成本，而不会提高增加财政收入或改善配置效率的能力。进口税应该相当统一，因为增值税或商品和服务税应具有这种特征，而为国内经济提供保护的进口税一般不应有利于特定的部门或活动。[3]严重依赖贸易税的国家应致力于减少依赖，但这应与加强国内税收和保障财政收入的努力相结合。

资本所得税

适度累进的个人所得税和相当统一的增值税或商品和服务税再加上选择性消费税的组合，为"税基广、税率低"（BBLR）的税收结构奠定了基础，该结构已成为全球各国公认的目标。[4]然而，一些脱离了这种简单结构的做法被广泛接受。虽然资本收入应该是个人所得税综合税基的一部分，但对资本征税在理论和实践上仍然存在争议（除非利用财产税作为地方政府良好的财政收入来源）。[5]事实上，吸引或至少不排斥潜在投资者的愿望最近已被普遍用作反对资本所得税的理由。自20世纪70年代资本和外汇市场开放以及资本市场日益一体化以来（尤其是发达国家之间），资本的国际流动在降低投资所得税率方面给各国，特别是较小的开放经济体，带来了越来越大的竞争压力。从20世纪80年代中期开始，经合组织国家的企业所得税（CIT）税率从20世纪80年代初的48%左右稳步下降到2011年的25%，但大国和小国之间一直保持着显著的企业所得税率差距。与此同时，最高个人所得税率已从平均57%下降到41%，但在许多国家，个人所得税率和企业所得税率之间的差距有所增加。然而，土地和其他自然资源租金应该而且通常仍然是降低投资所得税总趋势的例外情况。这些收入来源的固定性使其有望成为主要的较高税收的征收对象。

虽然整合企业所得税和个人所得税下的营业所得税的做法使得许多国家的企业所得税率已达到或接近最高个人所得税率的水平，但双重征税已经出现，即劳动收入需缴纳累进税，而资本收入按统一且通常较低的税率征收。[6]这带来了许多尝试更好地整合个人所得税和企业所得税的方法。双重征税

---

[1] 如果在非正规的"手卷"烟可以替代正规市场品牌的情况下，对烟草制品征收从量税，就可能出现类似的货物税税制设计问题。如果对载客车征收货物税，税率通常会随车辆的大小而增加，这可能是高效和公平的。如果出现低价载客车或免税的运输方式等重大替代方式，也可能会损害财政收入。

[2] 如果货物税率提高到最高财政收入收益率以上，就会产生拉弗曲线效应。为了解决逃税问题，英国"点名羞辱"了其最大的逃税者，其中许多人涉嫌非法进口烟草和酒类。

[3] 在国内很少生产或根本没有进口商品的国家，进口关税的作用与消费税相同，并且适用与消费税税率结构相同的观点。

[4] Bird（2010）创造了BBLR这个缩写。

[5] 第12章讨论了财产税。

[6] 税收一体化涉及调整对企业收入的征税，以便企业和个人层面的总税额等于个人赚取同等收入时应缴纳的税额。税收一体化尤其关注所有者管理型或封闭型企业的待遇，其中税收结构可能会偏袒关于企业结构和企业融资的决策，以及所有者如何因劳动投入和股权投资而获得回报。应在企业或个人层面使用不同的调整技术。这在很大程度上取决于一个国家的税收管理能力和合规文化。

的一种方法是以较低的税率对企业收入、被动利息和股息征税，同时将非企业营业收入和劳动收入一起纳入累进个人所得税税率表。这种方法对外国和国内企业投资者同样有利，但如果非法人投资者的业务增长到足以使其平均个人所得税率超过企业所得税率时，他们就有成立企业的动机。另一种方法是将企业所得税率降低到最高个人所得税率以下，但随后对企业的分配征收最终预提税，以提高分配的总税率，使其更接近个人所得税层面的应缴税率，同时免征个人所得税股息。在一些国家，国际税收协定协议可能会减少向分配征收的预提税，从而维持针对外国投资者的激励措施。

在东道国减少针对投资的有效税收的情况下，外国投资者支付的最终税负水平还取决于其母国的所得税待遇，并且往往取决于利润汇回的时间。其母国是否对享受外国税收抵免的全球外国来源收入征税或对该收入免税等情况也会对此产生影响。在某些情况下，东道国较低的有效税率可能会被母国税收所抵消，因此税收收入会转移到母国。然而，国际税收竞争压力正在导致更多的国家将企业部门的税收转向以领土基础、对外国来源企业营业收入免税的形式。与此同时，在具有不同实际企业税率的各税收管辖区内开展业务的跨国企业，在税收管理部门限制这些实践的能力限制范围内使用转移定价技术，将应税收入从税率较高的管辖区转移出去。在财政收入方面，转移定价实践往往有利于企业税率低于平均水平的国家。

对资本收入和劳动收入的双重征税背离了收入综合征税和横向公平概念（即具有同等支付能力的纳税人应支付同等税款，不论其收入来源如何）。双重征税在很大程度上取决于经济效率论证和财政收入论证，其中新的投资资本在国际或一个国家内的税收管辖区之间高度流动。如果没有任何国际或中央的税率协调，那么面对高弹性的投资资本供给的税收管辖区可能会更好地降低与劳动力相关的资本的税收，以吸引更多资本并创造更多、更高工资的就业岗位。这要假设所有其他投资环境因素（例如基础设施、公用事业、公共服务和治理）都已到位，以便较低的税率也会产生显著的投资需求反应。如果投资环境没有吸引力，而且一个国家没有很好地融入国际资本市场并面临资本供给曲线向上倾斜，就像许多发展中国家的情况那样，那么降低有效税率的收益将是有限的甚至是不存在的。

对小型企业和非正规部门征税

税收理论和税收实践显著偏离的一个领域是税基的定义和有效覆盖范围。有效税基通常低于理论税基。差异的一个来源是通过旨在支持特定活动或群体的各种免税额和豁免额来减少税基的常见做法，而这种做法的影响通常不能证明收入放弃法（或隐含税式支出）合理性。投资激励措施，特别是免税期，就是一个很好的示例。税式支出引起的问题将在本章后面讨论。税基收缩的另一个原因，特别是对于税基广泛的自我评估税而言，是需要移除导致高管理成本和合规成本的税基部分，或者因为在税基定义或计量方面的问题而难以征收的税基部分（就像增值税项下大部分金融部门的情况一样）。

特别是在发展中国家，大部分劳动力不是在现代正规部门就业，而是在城市和农村非正规部门自雇或短期就业，往往只能从中获得维持生计的收入。出于技术效率和公平原因，所得税通常旨在对某个最低水平以下的收入进行免税，而增值税或商品和服务税设定的登记营业额限额将排除大多数小微企业。因此，税收征收往往缺乏潜力。例如，增值税的C效率（即实际增值税收入与在按照现行标准税率对总消费征收增值税情况下本应征收的财政收入相比）约为38%—56%，具体取决于国家收入，并且在低收入国家通常较小（IMF 2011，Table 1）。①这留下了两个相关的税制设计问题：一个涉及小微企业的潜在计税方法；另一个涉及确保税收结构和行政实践不会阻碍企业在规模足够大时正式遵守税收制度。

采取直接和间接方法对小微企业征税。通过对这些免税企业使用的投入征收进口关税或增值税，出口税，或者对向这些免税企业产品的指定正式购买者的销售征收的推定税或预提税，可以间接征收税收。直接计税方法通常涉及收取定期固定费用（例如年度营业执照费）和一些低税率流转税或毛收入税的组合。至关重要的是，这些推定税必须足够低，以便其有效税率通常低于正常税率。可以将一些差异化引入固定费用，以反映企业规模、活动和市场定位的简单指标。在通常适用于低于增值税或商品和服务税登记营业额限额的小型（而非微型）企业的流转税的情况下，可以包括一些有限的税率差别，例如贸易商的税率较低。重要的是，为了防止实际推定税过高，如果合并税收和合规成本比在推定税收情况下还低，那么企业应该可以选择支付正常税款。与基于账户的所得税和消费税相比，直接推定税收需要更积极的税收管理来识别纳税人。基于客户的税收管理方法也可用于降低管理成本。这可能涉及将小微企业登记和推定税征收工作委托给地方政府，作为地方政府管理当地土地使用和商业惯例工作的一部分。来自企业的推定税收收入可以占地方政府收入的很大一部分。②

虽然对小微企业征税并不是主要的财政收入来源（通常大部分税收来自少数大型企业和高收入纳税人），但确实需要这些企业为提供公共服务做出基本贡献，以鼓励更广泛的社会群体更多地参与政治进程。然而，关于长期财政收入增长和税务合规的重要观点是，应该允许发展中国家随着时间的推移，提高营业收入必须缴纳正常所得税和增值税或商品和服务税的最低规模。鉴于遵守正常自我评估税对企业的簿记记录和会计系统造成了沉重的负担，对于开始支付正常税款的企业而言，除了所导致的任何税收负担之外，还存在重大的进入障碍。③遵守正常税收所需的业务规模越大，合规的相对进入成本就越低。这有助于避免企业增长但逃避正常税收登记的常见问题，而企业增长但逃避正常税收登记会导致税务合规文化不良，并导致长期的巨额财政收入损失。推定税制需要鼓励登记并协助纳税人合规，从而可以向正常税收顺利过渡，使财政收入增长、企业部门发展。

在发达国家，非法人企业带来了一个有些不同的挑战。在发展中国家，非正规部门的有限税务合规性带来了基本的税收征收挑战，而在发达国家，地下商业活动带来了挑战，特别是在税收制度阻碍正式合规的情况下。在这方面，对所有收入（通常最高达到一定限额）征收的社会保障缴款，阻碍了创造低工资就业岗位和自由职业者申报收入，鼓励了不利于税基的基于现金的短期和临时就业安排。在这种情况下，包括社会保障缴款在内的累进性程度更高的税收不仅会更公平，而且可能更加高效。

---

① 高收入国家的增值税有效税基通常高于56%。C效率通过将增值税收入除以标准税率来衡量相对于消费的增值税有效税基。高收入国家通常有一种以上的税率，对大部分"必需"品消费按照较低税率征收，因此按正税率计算的消费的有效份额实际上更高。这导致征税商品的有效税率低于标准税率，因此真正的C效率更高。

② 关于推定税的更深入讨论，请见Glenday（2007）。

③ 在某一营业额水平，合规和管理的经济成本会低于通过增值税登记取得的财政收入增长的经济价值，而该营业额水平是可以估计的。增值税登记的最低营业额水平应高于上述水平，以使税收具备经济有效性。关于进一步的讨论，请见Glenday（2007）。

税制设计和财政收入

财政收入收益率

虽然发达国家的税收收入在直到1980年迅速增长，但图19.1显示，从1980—2009年，不同收入分组国家的税收收入占国内生产总值的份额相对稳定。高收入国家广义政府的税收额平均约为国内生产总值的30%（政府总收入平均约为40%），在20世纪90年代初处于低谷，在2004—2007年达到峰值约35%，之后2008—2009年的经济衰退对财政收入产生了负面影响。低收入国家的税收额期间开始时占国内生产总值的15%，但随后在20世纪90年代中期稳步下降至10%左右，然后到2008—2009年再次攀升至15%。在1980—2009年期间，所有分组的贸易税份额均下降，但在低收入国家和中等收入国家中仍占很大份额（国内生产总值的2%—3%）。低收入国家和中等收入国家的增值税/商品和服务税收入增长强劲（国内生产总值的4%—7%），而个人所得税增长缓慢（国内生产总值的1%—3%）。然而，在高收入国家，个人所得税收益率下降，但个人所得税仍然是一个重要的税收收入来源（占超过国内生产总值的8%）。所有分组的企业所得税收入增长，在21世纪初世界商品价格开始上涨之后加速，尽管税率因应对全球化的税收竞争压力而下降，但平均而言仍然是财政收入的适度贡献者（占国内生产总值的1.5%—3%）。在已经开始开采其石油和矿产储量的大量且越来越多的发展中国家，自然资源收入现在非常重要。

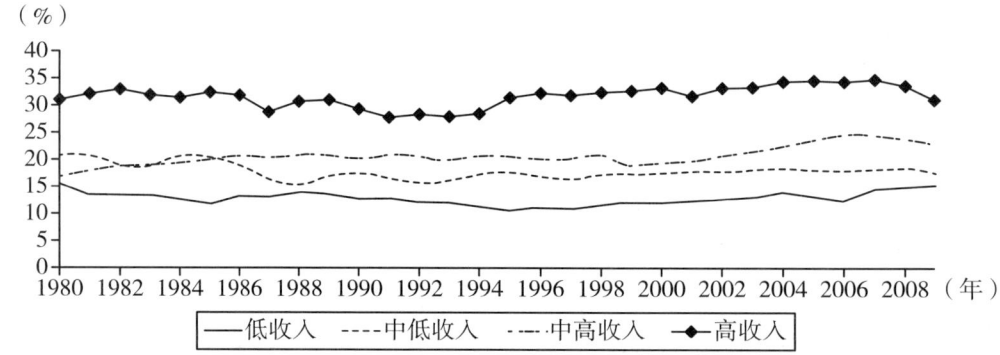

图19.1 1980—2009年按国家收入分组划分的广义政府税收（包括社会保障税）中位数占国内生产总值的份额

资料来源：IMF（2011）。

税收能力、税收努力和税收缺口

在考虑一个国家税收制度的财政收入收益率时，通常要注意税收努力。这是将一个国家的财政收入征收额与该国的税收能力进行比较，后者是通过查看可比国家的征收数据得出的。税收能力侧重于影响征税困难性或可行性的经济结构特征，这在发展中国家往往是特别重要的考虑因素。[①]例如，拥有较大的不依赖货币的产业部门和较大非正规产业部门的国家（衡量这一水平的替代指标通常是源于农业的国内生产总值份额）预计会具有较低的税收额，但如果一个国家的管制商品进口占国内生产总值的份额较大或该国具有较大的采矿业部门，则情况恰恰相反，因为这将使税收管理更加有效。考虑

---

① 请见Glenday（2006），以了解不同收入分组国家税收能力的估计情况，并参考其他估计情况。

到一个国家的税收能力，税收努力反映了对可用税基征收有效税收的意愿以及税务合规效率的程度。

税收努力定量地表明了一个国家的税收制度可以产生多少财政收入。在一个国家的税收努力很低的情况下，重要的是确定这是由于税率较低、税式支出过度还是合规性较差，以便评估该国通过税制改革或加强税收管理来开发税收潜力的能力。如果一个国家的税收努力较低且税率相对较低，那么这表明存在扩大公共支出的潜在财政空间，或者表明抵消了非税收入或外国援助的下降。或者，如果一个税收努力程度较高的国家面临不断增长的税收收入需求以偿还债务或满足其他支出需求，特别是如果税率很高且税务合规性很弱，那么该国可能会面临风险。这样一个国家显然缺乏通过增加财政收入来创造财政空间的能力，并可能被迫进行支出改革。从公共财政管理的角度来看，评估一个国家的税收努力是很重要的，因为这可以帮助确定所需财政改革的性质。

虽然通过国家间比较，针对国家税收收入总额评估了税收能力和税收努力，但可以通过对一个国家内每个税种的税收缺口分析来更深入地分析一个国家的税收潜力。税收缺口分析通常从根据国民经济统计估计理论目标税基开始。下一步是：（1）调整被排除的部门或活动的税基，因为难以定义或计量该税基，或者因为收税不具成本效益；（2）为税式支出调整税基。这个调整后的税基是目前可以征税的潜在税基。然后根据现行税率估计潜在税收，再将这些潜在税收与核定和缴纳的税收进行比较，以确定税收缺口。通过审计主导的重新核定、利息和罚款、欠税征收以及执法收费来填补部分缺口。剩余的缺口因（除估计错误外）管理和合规薄弱而产生。这种对有效税基和财政收入收益率的详细分析有助于确定加强税收努力的方法。

税收弹性、税收波动性和税收浮力

中期总税收收入的可靠性或稳定性在很大程度上取决于总税收弹性。总税收弹性根据税收结构衡量总税收收入对国内生产总值的比例响应情况，并且等于总边际税率（总税收收入对国内生产总值变化的响应）与总平均税率的比率（即税收收入占国内生产总值的份额，或税收征收率）之间的比率。正如引言中所指出的，总税收弹性应该为1或更高，以确保税收收入增长至少与国内生产总值一样快。税收弹性是税基构成和税率结构的函数。在以下情况下，税收制度往往具有弹性：（例如）因为对快速增长部门的征税高于增长缓慢的部门，税基增长快于国内生产总值；因为个人所得税是累进性的，或者因为随着消费增加，支出中征税更高的商品比例增加，进而税基增长，导致更高的平均税率；税收管理和合规性正在稳步改善。从税制设计的角度来看，税收弹性要求：（1）至少对税基价值应用从价税率（或以数量为基础的指数化从量税）；（2）价值基数增长至少与国内生产总值一样快，在具有广泛的税基（例如所有消费、所有劳动收入和所有进口）时这种情况更常见。弹性税收制度有助于提高财政收入可靠性，因为在一定程度上，弹性税收制度可以随着国内生产总值的增加支持稳定增长的支出份额。

财政收入的稳定性也与每年财政收入的波动性有关。除了退税支付或欠税征收方面的大幅变化反映的管理不稳定之外，财政收入波动性还源于税基的性质。广泛的消费、劳动收入和不动产往往是相对稳定的税基。将"广税基、低税率"方法应用于其中每个税基可以产生稳定的总财政收入基础。与商品价格相关的企业利润和资源收入往往更不稳定，在这种情况下，对上述企业利润和资源收入的税收可能需要与稳定储备金联系起来，以平滑长期的财政收入流。这将促进有效的公共财政管理，而有效的公共财政管理需要稳定的财政收入来支持有效的预算编制。

税收收入的灵活性是指在自由裁量的基础上增加财政收入的范围。如果财政收入增长必须是永久性的,那么关注的是财政收入浮力,而财政收入浮力通过可自由支配财政收入增长或随时间推移实现的税收征收率来衡量财政收入弹性。如果税基较窄且税率较低,则明显有机会使税收制度更有浮力。但是,当税基较窄时,税率通常较高,在这种情况下,重点应放在扩大税基上,并且在可能的情况下,降低税率以增加财政收入。改善管理将支持这一努力。如上所述,发展中国家通常面临较低有效税基的挑战,主要是由于税收能力薄弱的较大非正规产业部门的存在。然而,随着经济增长和发展,正规就业和商业活动随着人均收入的增加而增长。这往往会使税基和税收收入弹性增长。然而,税收制度越接近"广税基、低税率",永久性增加的税收收入比率必然需要更多地依赖更高的税率,但这在抑制效应非常显著时,可能潜力有限甚至适得其反。①

财政稳定

财政收入可能还需要暂时增加和减少以稳定经济。由于税收收入随国内生产总值而变化,所以可以缓和总收入变化对可支配收入和消费的影响。因此,税收是一种自动稳定器,其规模取决于总边际税率。②但是,为了适当评估税收制度提供多少自动稳定作用,有必要通过收入和收入变化分布情况来考虑边际税率分布情况。这是因为(对财政收入侧的)自动稳定作用有两个组成部分——税收收入对国内生产总值变化的反应性(对财政收入侧的自动稳定作用)以及国内生产总值对税收收入变化的反应性(由于税收收入变化导致的财政乘数大小)。③在确定自动稳定作用的影响时,非常重要的是,谁的可支配收入和消费受到税收收入变化的影响。特别是,如果因为低收入家庭消费对收入变化的反应更为敏感,所以低收入家庭的可支配收入受到的影响最大,那么财政乘数会更大。在这种情况下,低收入家庭的个人所得税边际税率较高可能会对自动稳定作用提供一些信息。④⑤

如果认可关于财政稳定的需要,但财政收入侧自动稳定器的范围有限,那么必须更加依赖自由裁量的税收措施。第1章已经指出,自由裁量的税收措施和支出措施往往是不对称周期性和赤字偏差的来源。就税收措施而言,这是因为在经济困难时期削减税收,赤字增加,以向经济提供逆周期支持;而在经济繁荣时期由于财政收入充足,不会提高税收,通常会增加支出或进一步减税,这可能导致额外的顺周期赤字增加。认识到需要采取措施与实际实施措施之间的时间差可能会在经济困难时期削弱反周期性,并在经济繁荣时期增加顺周期性。为了处理这些问题,自由裁量措施必须是临时和及时的,从而模仿自动稳定器的影响。如果同时这些自由裁量措施成为目标,那么这些自由裁量措施可以通过确保低收入家庭以及受信贷约束的企业和家庭的收入和购买力受到最大影响来改进自动稳定器。关于

---

① 第20章还主要从税收浮力、税收弹性和税收波动性的估计角度进行了讨论。

② 在税收与国内生产总值成比例且财政收入弹性为1的特殊情况下,总边际税率等于税收征收率(或总平均税率)。有时自动稳定器的大小是支出与国内生产总值比率的函数,但这是一个更具限制性的特殊情况,其中不仅财政收入弹性为1,而且假设自动稳定作用来自财政平衡与国内生产总值比率的变化,并按名义价值确定政府支出。在这些条件下,自动稳定器是以下事实的结果:随着国内生产总值的减少/增加,支出与国内生产总值的比率会增加/减少,而税收征收率不变。

③ 失业补偿和其他与收入有关的转移支付是支出侧自动稳定器。

④ 这种情况越明显,收入分配越倾向于低收入家庭,因为这意味着这些家庭正在为自动稳定作用做出更多的贡献。

⑤ 有时声称自动稳定作用与所得税累进性有关。然而,由于自动稳定器是边际税率的函数,所以只要边际税率是正值,即使累退税制也是自动稳定器。用于评估自动稳定器大小的基准不是比例税收,而是一次总付税收。但实际上,税收通常是累进性的,而累进性更强的税收往往具有更高的边际所得税率。

哪些税收措施最适合提供稳定性的讨论很多。低收入家庭和小型企业的税收抵免将在经济困难时期达到所设定的目标，而降低增值税率通常可以迅速提升需求。然而，重要的是强调，在经济繁荣时期必须完全扭转这些措施。只是结束这些措施不会给需求带来适当的逆周期收缩从而避免赤字和债务上升。

解释税收占GDP比率的差异

人们已经非常关注对各国税收占GDP比率或税收绩效方面差异的解释。税收占GDP比率往往随收入水平显著增加。例如，图19.1显示，高收入国家税收额中位数约为30%，约为低收入国家中位数的两倍。1980—2009年期间，低收入国家、中低收入国家、中高收入国家和高收入国家的平均税收占GDP比率分别为13%、18%和21%，非经合组织国家和经合组织国家的平均税收占GDP比率分别为16%和35%。因此，毫不奇怪，收入是税收占GDP比率的主要决定因素，鉴于对公共服务的需求随着收入的增加而增加，这是有道理的。但是，这些收入分组的税收占GDP比率存在显著差异。[①]

解释税收占GDP比率差异首先要确定经济体的结构特征，而该经济体可能限制也可能实现具有成本效益的税收征收。重点是相对较高的管理成本和合规成本的来源，这些成本可能会限制一个国家的可行税基的范围。这些特征通常包括不依赖货币的部门和非正规部门的规模；通过受控港口进口商品的重要性，以及正规矿业、石油和天然气部门的重要性；国民可支配总收入（包括净国外收入和向国家的净转移）相对于国内生产总值的规模；一般技能（识数和识字水平）和税务合规特定技能（例如会计）的质量；通信和信息技术的普及情况；金融部门的发展情况。

虽然无论一个国家的税收政策选择如何，这些因素都可以限制该国的税收能力，从而限制可实现的税收占GDP比率，但通常很难获得关于其中一些因素的直接指标或替代指标。然而，这些因素所暗示的对具有成本效益的税收的制约因素往往与人均收入相关，因此低收入国家的有效税基往往较窄。例如，如果一个高收入国家的税基广泛的增值税为有效消费基数的15%，占国内生产总值的60%，那么该国利用税收征收了国内生产总值的9%；而一个基本上具有相同增值税结构的低收入国家，由于其税收征收能力很有限，该国有效消费基数仅占国内生产总值30%，因此可能只征收国内生产总值的4.5%。这个例子与上文报告的观察到的财政收入收益率差异相一致。[②]

无论一个国家的税收能力如何，仍然需要就实施的税收政策和目标税收占GDP比率进行决策。除了认识到因经济体的经济结构和经济制度而产生的制约因素外，税收决策还受到其他可用财政收入选项和公共服务提供方法的影响。如果一个国家具有可用的非税收入选择（特别是矿产和石油开采的非税收入选择），或者该国在预算中获得相对较大的援助流量，那么即使在具备有利的税收能力特征的情况下，也可以预期该国会下调其税收负担。

最后，鉴于一个国家的财政收入潜力，政府需要评估其能够承担的公共服务的数量和组合以及替

[①] 国际货币基金组织（2011）的附录2包含详细信息。

[②] 发达国家税基广泛的增值税的税基结构与发展中国家之间的差异对税制设计和财政收入产生了进一步的影响。在发达国家的情况下，由于消费的覆盖面广，应税商品需求价格弹性总体将接近1，这留出一些空间来进一步提高正常增值税率，而通过税率上升的价格效应导致的税基收缩有限。相比之下，在发展中国家，许多消费者可以选择通过收取全额税款的正规市场渠道购买商品，或通过含税量较低的非正规渠道购买商品。因此，应税商品需求价格弹性总体通常高于1，因为税率上升可能导致税基更大程度的收缩。毫不奇怪，虽然许多发达国家的标准增值税率集中在20%左右，但发展中国家的标准增值税率往往在10%—15%。

代性的由私人提供服务的可能性。在这方面，虽然许多公共服务可能是正常商品，但在不同的人均水平情况下，很明显有些商品变得劣质，而某些商品则变得优质或"奢侈"。随着人均收入的增加，基础设施支出在国内生产总值中的份额趋于下降，而社会保障支出往往会增加。[①]因此，解释税收绩效差异需要关注税收能力和在其他可用财政收入背景下做出的税收政策选择。但是，经济体中的公共服务需求和替代服务提供方式也很重要。这使得任何收入组别的国家在税收政策选择和税收收入绩效方面都可以有多种变化。

税收和增长

由于财政收入取决于国民收入，财政收入趋势显然是增长的函数。与此同时，增长也可能受到税收制度的影响。传统经济分析表明，资本和劳动力供给以及技术是产出的关键决定因素，并且投资、就业和技术进步决定了产出增长。税收以各种方式影响这些决定因素：税收收入是可为投资提供资金的公共储蓄的来源；税收可以影响投资、劳动力供给和创新决策；税收激励措施可用于促进具有正溢出效应的活动，例如教育和研发。上述决定因素影响产出和增长的方式以及其相应地如何受到税收的影响，是极其复杂的。因此，不出所料，在税收与增长之间建立经验关系的尝试并未真正成功。无论是税收征收率（总平均税率）还是总边际税率指标，都未被发现对解释增长率的跨国差异有很大贡献。

在试图研究不同税收对具体增长决定因素的影响的基础上，似乎还有更多要说的，特别是对于发达经济体而言。因此，有证据表明，高个人所得税率（包括社会保障缴款）减少了劳动力参与（特别是对于妇女、青年和老年工人而言）和工作时间。企业所得税率对直接投资也有负面影响，而所得税一般会减缓创新、研发和创业。然而，这些影响的程度存在很大的不确定性。与此同时，增量税收收入可以为实际上作为商业投资和运营的投入品的公共服务提供资金，这些公共服务的范围从物理基础设施和公用事业到财政和司法制度框架，统称为"投资环境"。这提高了通过用于降低营商成本并抵消抑制效应的支出来产生税收第二轮效应的可能性。

税式支出

在许多国家，所报告的政府支出低估了政府的规模，因为支出采取了旨在支持特定活动（例如投资、储蓄、住房自有和慈善捐赠）的税收优惠形式。这些税式支出引发了相当严重的问题。第一，这些税式支出是一种不透明的支出形式，没有作为预算流程的一部分与直接支出一起进行优先排序。这意味着，税式支出可能成为支出效率低下的一个来源。第二，所得税支出的结构未从应税收入中扣除，这对富人比穷人更有利，因为这种所得税支出对面临更高边际税率的人更有价值（实际上这种所得税支出是对富人的补贴），但这种所得税支出的成本却一般由纳税人承担，因为总体税率必须更高

---

① 有趣的是，在发展中国家，社会保障系统受到与个人所得税相同的限制，即缺乏与个人或家庭特别是低收入个人或家庭之间的广泛、正式、透明和负责任的财务关系，而这种财务关系会使个人或家庭特别是低收入个人或家庭成为大多数社会保障支出的目标。因此，只有在制度能力发展到能够实施有效税收以及基于收入调查的转移支付时，才可能开始满足大量未得到满足的社会保障需求。

才能弥补更小的税基。

遗憾的是，提供税式支出相对容易，因为税式支出可以以减税的形式出现，这在政治上通常比支出增加更容易维持。出于同样的原因，税式支出很难被去除，因为这会被视为增加税收而非削减支出。随着时间的推移，一些税式支出往往会被资本化到资产价格之中，并且减少税式支出也有阻力，因为这会降低现有的资产价格。这对于抵押借款的税收减免而言是一个特别敏感的问题，而抵押借款的税收减免可能有助于满足受全球金融危机影响的经济体当前的财政调整需求，但在房价下跌的背景下难以实现，因为抵押借款的税收减免会进一步降低房价。

这并不意味着所有的税式支出都很糟糕，大多数税式支出都具有可能出于效率和公平原因，通过直接支出或统一税率税收抵免来追求的目标。慈善捐赠的税收扣除得到广泛支持，但没有理由更加重视富人的捐赠而不是富裕程度较低的人的捐赠；事实上，许多人会认为情况应该恰恰相反。至少，税收扣除应转换为统一税率税收抵免，以消除这种分配偏差。有争议的税式支出是增值税项下基本食品和其他必需品的免税或零税率。在从个人所得税转向增值税方面关注度很高的一个问题是，这涉及从累进税转向累退税。增值税被认为是累退性的，因为与富人相比，穷人将其收入的更大一部分用于征税商品，至少在发达经济体中如此。但是，主要由穷人消费的基本食品和其他必需品的免税或零税率可以将增值税转为累进税。换言之，通过所得税可能实现的向穷人的收入转移将更有针对性。此外，从公平的角度来看，重要的是整体税收制度的累进性，并且如果个人所得税能够为整体税收制度提供足够的累进性，那么累退性增值税就不成问题。在发展中国家，增值税可能具有明确的再分配目标。对于占穷人大部分支出的基本必需品（例如未加工农产品）而言，不仅通常明确免征增值税，而且还是从免征增值税的小型贸易商或非正规市场购买的。鉴于发展中国家的政府往往缺乏有效的税基广泛的所得税和用于提供收入验证转移支付的手段，通过增值税来帮助穷人可能是唯一可行的选择。

除了已经讨论过的法定企业税率普遍性降低之外，国际上主要关注的一个税式支出领域是已经出现的在投资税收竞争环境中过度使用投资激励措施的情况。投资税收激励措施有时提供给广泛的部门，但更多时候是以规模、部门、地点、出口导向等为基础寻找目标投资，往往是为了将劳动密集型制造业吸引到劳动力资源丰富的经济体。激励措施包括降低税率、投资扣除或税收抵免以及加速折旧免税额。这些激励措施往往过度且结构不合理，导致投资选择方面有偏（通常是无意的），更常见的是导致企业类型之间有偏。例如，通常情况下，新的国内或外国投资者只能有限地获得一些激励措施的税收收益，因为他们必须在等待建立业务以赚取利润期间结转未使用的扣除或损失。此外，这些结转金额也可能最终因为对损失结转的时间限制而失效。相比之下，具有持续应税利润的现有企业可以通过将这些与其他业务线的现有应税收入冲销来获取激励的全部税收价值。在以下情况下，投资激励措施也往往是过度的：投资扣除或税收抵免未能认识到，企业税仅针对可能只为新投资的一部分提供资金的股权持有人的回报，但激励措施也可能适用于由债务持有人供资的部分，以致企业税率实际上变为负数。除了这种类型的效率损失之外，很大一部分投资激励措施通常被即使没有税收优惠也会投资的超边际投资者获得，从而使激励措施变得多余且不具成本效益。投资税式支出合理化是许多国家的关键改革领域。

一般而言，应尽可能缩减税式支出，并严格控制新的税式支出。如果在这个过程中，成本高昂的税式支出被更高效的税式支出或直接支出所取代，进而减少了总支出，那么这可能会产生更广泛的税基和更低的税率，为需要时增加财政收入提供了额外的空间。对于仍然存在的税式支出而言，重点应放在通过综合税式支出报告来提高透明度，并在可能情况下将这些支出纳入预算决策。

结论和通用指南

本章的目的是更多地从税收制度的财政收入收益率而非其公平和效率后果（尽管这些都是密切相关的）角度来考虑税制设计。关于税制改革的主流观点是税制改革应该旨在建立以广税基和低税率为特征的税收制度，并且一般而言这是可取的。然而，包括大多数发展中国家在内的许多国家距离实现这一目标还有很长的路要走，这些国家面临的挑战是设计税制改革，以最适合国家特征和制约因素的方式改善税收的公平性、效率和财政收入收益率。对于许多支出需求较大、非税收入有限、援助可用性一般且不确定，并且借款选择有限的国家而言，税收收入是至关重要的。这些国家通常别无选择，只能使用较窄的税基并征收比理想税率更高的税率，但这些国家可以采取一些措施来确保不会以过高的成本筹集财政收入。

为了实现公平、效率和财政收入因素之间的适当平衡，各国可以采取的大部分措施是相当标准的税制改革建议：个人所得税适用于广义收入，税阶较少，税率合理（考虑到社会保障缴款），并且广泛使用税收预提；企业所得税与个人所得税整合，不受税收优惠的影响，并且在发展中国家，重点是实现大型纳税人的合规；单一税率增值税或商品和服务税，限制使用免税（小型企业除外）和零税率（出口除外）；兼顾纠正性目的和财政收入目的，有选择地实施改革；为国内经济提供适度和统一的保护的进口税。在实施符合这种方法的改革战略时，所有国家都将在行政和政策改革优先排序、对资本征税以及处理金融部门等难以征税的部门方面面临挑战。但对于发展中国家而言，要寻求没有扭曲且公正的创收，应该重点关注三个领域：提高行政能力，对非正规部门征税，限制税式支出。本章详细讨论了后两个领域。第21章和第22章讨论了第一个领域。

参考文献

Bird, R. 2010. Taxation and Development, Economic Premise No. 34, Poverty Reduction and Economic Management Network, World Bank.

Ebrill, L., M. Keen, J-P. Bodin and V. Summers (eds) 2001. *The Modern VAT*, International Monetary Fund.

Glenday, G. 2006. "Towards Fiscally Feasible and Efficient Trade Liberalization," Study Prepared under the Fiscal Reform in Support of Trade Liberalization Project, DAI/USAID, May 18, 2006, http://www.fiscalreform.net/index.php?option=com_content&task=view&id=199&Itemid=52.

Glenday, G. 2007. "Special Regimes and Thresholds for Taxation of SMEs," paper prepared for the *International Tax Dialogue Global Conference on Taxation of SMEs*, Buenos Aires, Argentina, October 16-19, 2007, http://www.itdweb.org/SMEconference/Presentations.aspx.

IMF. 2011. "Revenue Mobilization in Developing Countries," March 8, 2011.

Norregaard, J. 1995. "The Progressivity of Personal Income Tax Systems," in P. Shome (ed.) *Tax Policy Handbook*. Fiscal Affairs Department, International Monetary Fund.

Tanzi, V., and L. Schuknecht. 2000. *Public Spending in the 20th Century*. Cambridge: Cambridge University Press.

20
财政收入预测[①]

格雷厄姆·格伦迪

财政收入预测是公共部门成功编制预算的关键。因为销售维持着企业的财务健康,所以对于私营部门来说,需求分析和预测至关重要,同样,充足和可预测的税收收入和非税收入支撑着政府的财政可持续性和稳定性。由于财政政策的设计和实施更加关注中期制约因素,各国政府从年度收付实现制预算转向中期预算编制,财政收入预测在公共预算编制中的重要性也随之有所增加,并且人们越来越认识到多年财政承诺(例如在财政分权背景下对地方政府的多年财政承诺,以及在基础设施建设和提供公共服务方面对私营部门合作伙伴的多年财政承诺)预算编制的重要性。政府开始核算税式支出并编制中期税式支出预算,这也进一步强调了财政收入预测的复杂性。

本章首先概述了财政收入预测的目的。然后讨论与财政收入计量、估计和增长相关的基本概念和问题。之后本章描述不同类型税收收入的各类分析和预测模型。最后,本章讨论支持财政收入预测所需的组织安排。

财政收入预测的目的和重要性

财政收入预测服务于三个相关但不同的预算目的:第一,中期预算编制需要财政收入预测;第二,财政年度内的短期现金管理需要财政收入预测;第三,税式支出预测需要财政收入预测。

中期财政收入预测

三到五年的中期预算需要财政收入预测,包括对下一个财政年度的详细预测。一些政府可能会延长预算规划的时间跨度(10—20年),如果严重依赖不断变化的人口统计数据的社会保障承诺需要长期财政规划就尤其如此。有必要进行合理的财政收入预测,以实现政府项目和规划的可持续融资,避免随着时间的推移出现重大的规划外和可能不可持续的财政赤字。对决定投资基础设施和其他设施的资本预算而言,合理的财政收入预测尤为重要,如果这些设施为争取资源与其他项目形成了激烈竞争,就需要未来的公共资金。[②]除了这些基本预算职能外,财政收入预测还起着重要的宏观经济作用,

---

[①] 本章大量借鉴了Graham Glenday、Gangadhar P. Shukla and Rubino Sugano(2010),以及杜克国际发展中心税务分析和财政收入预测项目为税务官员和专家准备的讲座和案例研究。

[②] 如果新项目和规划的运营和维护依赖于政府资金,那么对于评估支持其下一代服务和经济效益的项目的财政可持续性而言,预测财政收入增长以维持这些未来增量支出是至关重要的。

因为政府为经济创造了有助于为投资和增长提供资金的储蓄。对于依赖援助的经济体而言，除了需要预测作为财政收入组成部分的外国援助之外，预测国内财政收入增长也为规划长期的援助替代提供了依据。

财政收入预测的另一个重要视角是它与短期和中期预算稳定性的关系以及政府如何努力避免不稳定。对财政收入过于乐观，以及要求支出等于或高于预算金额的政治压力往往会将赤字推到目标水平之上。[①]经济繁荣时期的超支或顺周期支出也会导致结构性财政赤字。财政收入政策和预测战略需要与预算管理战略协调，以考虑短期和中期的支出及收入的可变性。虽然基础广泛且多样化的财政收入来源可以提高财政收入稳定性，但财政收入预测误差和波动以及支出冲击和违纪仍将导致需要预算稳定机制。这可以是积极机制也可以是消极机制。积极的机制包括针对特定或一般波动预留应急基金或储备金。消极的机制包括：（1）具有短期信贷额度或借款能力；（2）偿还或维持适度的长期债务负担，以便留出空间，根据需要以相对较低的利率利用资本市场；（3）不将一个国家的税收能力推到极限，以便在需要时仍然可以增加税收收入。如果没有这些机制，那么财政收入预测者就倾向于保守估计而非预期估计，支出预算倾向于顺周期而非遵循长期增长趋势，而且/或者财政收入管理者通过增加延迟退款的时间来弥补差额，并可能强迫纳税大户增加税款。

短期财政收入预测

财政年度内以季度、月和/或周为基础进行的财政收入征收额短期预测是国库现金管理的基础。这些收款的季节性模式需要与在一个财政年度内向支出机构支付的规划内预算支持，以及筹集短期资金以填补任何短期财政收入不足的需求相匹配。每个税种财政收入征收额的预期季节性模式也是监控财政年度内财政收入征收绩效目标的关键。

税式支出预测

自20世纪70年代初引入税式支出账户以来，大多数经合组织国家和越来越多的新兴经济体都有这些账户。虽然所有国家都将税式支出估计作为制定税收政策的基础，但正在出现一种将税式支出明确纳入预算的趋势。这对政府提出了很高的要求，要求其建立复杂的税收分析和财政收入预测能力，以实现和支持这一努力。

财政收入计量、估计和增长的基本概念

财政收入的计量

收入预测的核心问题之一是要预测财政收入的哪一种会计核算方式。所有政府都有现金账户，需要以现金为基础估算财政收入征收额，但是越来越多的政府正在以修正的权责发生制或完全权责发生制为基础维护账户。此外，在预测财政收入时，经济状况的变化将直接通过纳税义务的变化来实现，并且仅在此后才通过基于这些纳税义务的税收征收额的变化来实现。例如如果实际经济增长导致税基

---

① 弗兰克尔（Frankel，2011）展示了33个国家（主要是高收入国家和中等收入国家）预算预测的系统性乐观情况，这种乐观随预测期限的增加而增长，在经济繁荣时期会更高。

增长,那么首先出现的是以扩大的税基为基础的立法规定的纳税义务,然后税收部门试图以尽可能少的延迟来对尽可能多的新增纳税义务进行征收,但征收税额的逐年波动也可能反映了合规情况的变化以及对出现于前几年且仍未清偿的纳税义务征收情况的变化。

纳税义务的确定取决于根据税法进行的纳税评估。在自我评估税的情况下,这是由纳税人在纳税期结束之时或之后完成的,如果通过税务机关的审计来重新核定纳税义务,完成时间甚至更晚。这使得自评税收入的预测和预算编制具有挑战性;但是,正如下文进一步讨论的那样,明确区分评估的税收和征收的税收对于预测税收征收额而言往往是至关重要的,特别是在欠税模式和/或未付退税支付存在波动的情况下。关于评估的税收和征收的税收之间基本关系的解释,见专栏20.1。

如果财政收入源自向使用者收取的服务费,或者源自税务机关可以在财政期间确定并收取税款时收取的机构评估税,则可以确定该期间的应计财政收入,并且可以很容易地与这些财政收入的征收区分开来。一个很好的例子是机构评估的财产税,其中税务机关在纳税期之前或之内能有效地确定财产价值和纳税义务。

专栏20.1 评估的和征收的税收收入:基本关系

$$R_n^C = R_n^A - \Delta NR_n \tag{1}$$

其中:

R_n^C = 期间n内征收的税收

R_n^A = 期间n内自评或机构评估的可支付税收

NR_n = 期间内征收的税收的变化

净征收收入的变化可能来自逾期税收的存量变化,也可能来自可支付的大规模退税存量变化,或免税及税收损失存量的变化,或正在进行的税收减免。如果对逾期税收的征缴力度加大,期间内征收的税收会增加,但若纳税人获得退税或免税,则征收的税收会减少。事实上,如果ΔNR_n是负的,征收的税收可以超过将评估的税收完全征上来的量,在退免税发生不寻常的长期延迟时可能出现这种结果。

用于预测目的的财政收入计量的另一个有用区别是,通过自愿遵从而进行评估和征收的财政收入与通过行政执法行动评估或征收的财政收入之间的区别。财政收入中的自愿遵从部分通常会对影响税基和纳税人支付意愿的不断变化的经济状况做出反应。行政执法的变化可能与经济状况的变化无关。强制财政收入评估包括通过审计进行重新评估以及征收利息、罚金和罚款。强制净征收包括债务催收行动和应收税款净额变动时的退税。

税收的决定因素

税收收入预测基于对评估财政收入的决定因素的预测。因此,任何税收收入预测的起点都是理解纳税期内税收评估的决定因素。税收收入从一个期间到下一个期间的增长取决于这些决定因素的变化。不同类型的税收预测模型假设许多决定因素在不同期间保持不变，并且只关注特定或主要决定因素，例如经济规模的实际增长。关于简化假设的选择取决于模型适应或估算不同决定因素的影响的能力，和/或与税收及其决定因素有关的数据的可用性。

对于简单的税收结构而言，税收收入（R）以单一税率（t）按税基（B）进行评估，则R=tB。在单位税率或从量税率的情况下，税基是数量，在从价税率的情况下，税基是名义价值（即名义价格p乘以数量Q或B=pQ）。相应地，税基中的数量可以由一系列经济因素决定。例如如果税基是销售价值，那么销售数量就会受到购买者收入、商品本身的价格（在这种情况下为p）和征税商品的互补品和替代品的价格的影响。消费者支付的商品价格既能影响需求数量，本身也会受到对商品征收的税率（t）的影响，具体取决于市场情况。例如如果对啤酒的销售征税，那么销售的啤酒数量将受到啤酒购买者收入、啤酒价格、竞争性酒精和非酒精饮料价格以及其他商品价格的影响。啤酒和竞争性饮料的价格还取决于对啤酒以及其他饮料和其他商品征收的税率。因此，对啤酒收入的预测取决于对收入、啤酒价格、其他竞争性饮料和其他商品的价格的预期变化以及啤酒和其他饮料的税率变化，以便估算未来啤酒的销售额，从而估算啤酒税的税基。如果酒精饮料需要缴纳从量税，那么预计这些饮料的相对价格可能会随着时间的推移而发生变化，并因这些相对价格的变化而导致税基发生重大变化，这需要在预测财政收入时予以考虑。如果所有饮料和其他商品都采用统一的从价税结构，那么这些价格效应通常并不重要，并且重点是成长型收入及其对啤酒、其他饮料和其他商品的税基增长的影响。

税率结构通常非常复杂。例如税率可以随着税基的大小而变化（如个人所得税中的边际税率增加），或者不同的税率可适用于税基的不同定义，如不同的进口关税率适用于不同类别的进口商品。复杂的税率结构可以概括为有效税率，而有效税率是评估税收收入除以税基价值。[①]专栏20.2中扩展了评估税收收入及其增长与其决定因素之间的关系。

对税收收入征收额的预测取决于在一个期间内将预测的评估财政收入转化为征收额的情况。这取决于纳税人是否遵守评估税的缴纳，以及税收征收和退税管理。一个期间内的税收征收额是实际征收的该期间内新纳税义务的份额（在该期间内评估的应付税款）与（通常通过税务执法或债务催收机制）征收的该期间初应收税款净额的未清余额份额之和。专栏20.1中给出的税收征收和税收评估之间基本关系的另一种表达方式更为有用，因为该表达方式提供了一种整合评估的纳税义务和税收征收额预测的方法。专栏20.3将专栏20.2中评估的税收收入的水平和增长纳入税收收入征收额的水平和增长。

专栏20.2　评估的税收收入的水平和增长的决定因素

期间n的评估的税收收入，R_n^A，由以下函数决定：

$$R_n^A = t_n B_n \quad (2)$$

其中：

t_n = 评估的税基价值的有效税率

B_n = 税基评估价值，是其决定因素的函数；即，

$$B_n = B_n[\, Q_B(Y, P_{\text{own}}(t), P_{\text{other}}(t)), P_{\text{own}}(t), P_{\text{in}}(t), X\,]$$

---

① 有效税率通常通过税收征收额除以税基价值来衡量。在此区分评估有效税率（总纳税义务除以税基）和征收有效税率（实际征收的税收总额除以税基）是有用的，而征收有效税率还反映了征收和退税绩效。

其中：

Q_B = 税基的数量或大小，取决于

Y = 纳税人实际收入或者实际经济收入

P_{own} = 税基数量的价格

P_{other} = 税基互补品或替代品（视情况而定）价格

t = 税率对价格的影响

P_{in} = 可从税基中扣除的投入的价格

所有价格均包含对价格征收的税收。

X = 合规或管理、自然灾害等方面变化对税基或有效评估的其他影响

对于税基乘以有效税率的典型乘法关系，或 $R_n^A = B_n t_n$ 而言，该期间的评估的税收收入可以用前一期间的评估的税收收入和这些评估税收的增长率（g）来表示，而 g 相应地取决于税基的增长和有效税率，具体如下：

$$R_n^A = R_{n-1}^A (1+g) \quad (3)$$

其中：

$$g = \eta_{RB} g_B + \eta_{Rt} g_t \quad (4)$$

其中：

η_{RB} = 在税基方面评估的税收收入的弹性

g_B = 税基增长率

η_{Rt} = 在税率方面评估的税收收入的弹性

g_t = 有效税率的增长率

并且可以根据上述 B_n 的决定因素给出税基增长率。例如，对于销售税而言，可以根据标准收入和价格需求对税基数量的影响给出税基增长率，具体如下：

$$\eta_{RB} g_B = \eta_{QY} g_Y + \eta_{QPown} g_{Pown} + \eta_{QPother} g_{other} \quad (5)$$

其中 η_{ij} 是税基数量需求的适用收入和价格弹性，并且生产者价格不变。

专栏20.3　税收征收额预测与税收评估预测的关系

一定期间内税收征收额 R_n^C 是目前评估的税收征收额和征收到的未清应纳税收之和，如下：

$$R_n^C = \alpha R_n^A + \beta NR_{n-1} \quad (6)$$

其中：

α = 期间 n 内评估的税收中实际收取的比例

β = 期间（$n-1$）结束时未清应纳税收在期间 n 征收上来的比例

NR_{n-1} = 期间（$n-1$）结束时的未清应纳税收。如果比应退免税大，则为正，反之为负。

注意如果 $\alpha = 1$，$R_n^C = R_n^A$ 且 $NR_{n-1} = 0$

将（3）带入（6），税收征收额可以用评估的税收收入增长来代替：

$$R_n^C = \alpha R_{n-1}^A (1+g) + \beta NR_{n-1} \quad (7)$$

如果α和β不变，那么三个税收收入变量之间的关系如下：

$$R_n^A = R_n^C \frac{g+\beta}{\alpha g + \beta} \text{且} NR_{n-1} = R_n^C \frac{1-\alpha}{\alpha g + \beta}, \text{且} R_n^C = R_{n-1}^C(1+g) \tag{8}$$

专栏20.3中显示的税收收入征收额增长与评估的收入之间的关系对于财政收入预测策略而言是至关重要的，因为这表明在什么条件下财政收入征收额增长将与因税收的基础经济和合规决定因素变化而产生的税收收入核定额增长相匹配。例如，在税收征收合规性非常高（专栏20.3中的α接近1）的情况下，或者在合规模式和应收税款净额征收模式（在专栏20.3中分别为α和β）随着时间的推移保持不变的情况下。了解实际关系对于获得用于准确财政收入预测的数据而言是至关重要的；即是否只需要财政收入征收数据就已足够，或者是否还需要基础核定数据，下文各种预测模型将详述。

税收分析和税式支出

当税收结构随着时间的推移保持相对稳定时，财政收入预测可以在很大程度上使我们无须关注税率变化引起的价格效应的行为反应。然而，在税收政策变化所需的税收分析以及税式支出估计和分析背景下，这些成为核心问题。有必要对税率变化影响的行为建模，以估计：（1）税收收入或税收负担的变化；（2）税收负担的发生率；（3）税收超额负担或税收的经济效率成本；（4）税收变化合规和管理的交易成本。

财政收入增长

政府对其财政收入绩效是关心的，因为政府需要知道其是否可以随着时间的推移为稳定的公共服务提供资金。如果公共服务是正常商品，那么对公共服务的需求就会以与经济相同或更快的速度增长。例如，如果对社会保障的需求不断增长，财政收入可能需要比经济增长更快。特定财政收入来源或政府国内总收入的财政收入绩效的两个基本指标是：（1）浮力；（2）财政收入弹性。

财政收入浮力是数年期间内实际财政收入征收额相对于同期经济增长（通常以国内生产总值的增长来衡量）的增长率的简单指标。根据浮力是否分别大于1、小于1或等于1，显示总体财政收入征收额占经济的份额是上升、下降还是保持稳定。财政收入浮力反映了在观测时间跨度内发生的所有税收征收绩效变化的综合效应——专栏20.2（税收政策和经济变化）和专栏20.3（税务合规和财政收入征收管理的变化）中概述的税收征收的所有决定因素的变化都会影响征收绩效。

财政收入弹性是一种更具限制性但更有用的财政收入预测指标。财政收入弹性假设财政收入增长发生在观测期间税收政策或名义税收结构没有变化的情况下。财政收入弹性是一个更有用的财政收入绩效指标，因为其是任何预算编制工作的起点。财政收入弹性有助于回答关于预期财政收入未来如何在不改变当前税收结构的情况下随经济增长而增长的问题。如果财政收入弹性低于1，则意味着预期财政收入占经济的份额将下降，并且如果政府希望维持其在经济中的支出份额，就需要变更税收政策。衡量税收制度的基础弹性可能对于分析过去财政收入发展情况而言是必要的，并且需要调整过去的财政收入征收额，来将其标准化为根据不变的税收结构本应征收的财政收入。但是，为了预测财政收入，目前的税收结构是典型的起点。

应该注意关于财政收入弹性指标的几个关键难点。第一，不变的名义税收政策可能包括已进行或未进行通货膨胀指数化的税收结构。缺乏指数化会导致有效税率在出现通货膨胀情况下发生变化，即使没有任何实际经济增长，但有通货膨胀，税收制度的这些特征也可能导致财政收入份额下降或上升。换言之，一个不变的税收结构可能会产生财政收入弹性指标可能无法正确捕捉的随时间变化的有效税率。[1]第二，财政收入弹性衡量只关注实际税收收入增长与实际经济增长之间的关系，而非与专栏20.2中提到的其他可能导致税基变化的因素（例如相对价格的变化以及税务合规和管理的变化）之间的关系。这些类型的变化可以包含在更精密的宏观经济预测模型之中，如下所述。

预测模型的类型

本节描述和讨论用于财政收入预测、税收分析和税式支出估计的三种基本模型；即宏观经济或基于国内生产总值的模型，微观模拟模型，以及税收收入模型。然后提供一些关于不同模型在主要不同税种预测、分析和估计方面适当性的评论。

宏观经济或基于国内生产总值的模型

宏观经济或基于国内生产总值的模型是大多数政府用于根据宏观经济指标（例如实际国内生产总值、消费、进口和主要价格指数）变化情况解释和预测中期（一年至五年）财政收入的基本主力模型。这些模型基于实际经济收入（最常见的是实际国内生产总值）、[2]影响税基的实际价格、有效税率和一次性冲击（自然灾害或其他经济危机）等因素，或者为应对税收管理战略或政治体制的重大变化而发生的税务合规的系统性转变，对所核定或征收税收（视情况而定，见专栏20.3）的决定因素进行计量经济学估计。对于从量税税种，税收收入可以根据某些替代税基来估计，例如应纳进口税产品的进口或应纳一般商品和服务税的消费（私人或全部）。然而，在使用这种替代税基的情况下，为了预测目的，仍然需要这种替代税基与整体经济增长和关键价格指数之间的关系，以根据整体经济的宏观预测对替代税基的增长进行预测。例如，如果根据商品进口总额和有效进口关税率来预测进口关税收入，则需要根据国内生产总值和实际进口价格来预测商品进口总额。这个案例说明了在只根据实际国内生产总值增长（或进口财政收入弹性指标）预测财政收入的局限性方面的一般观点，其中实际价格变化或其他因素也会对未来一到五年的税基产生重大影响。

如上所述，财政收入弹性的估计通常基于根据不变的税收结构进行调整的历史财政收入序列。该方法可用于基于宏观的预测模型。或者，可以包括每个先前纳税期间的有效税率，以解释实际财政收入而非调整后的财政收入。对每年的有效税率进行估计可能或多或少地有些难度，具体取决于税收结

---

[1] 有效税率可以是通货膨胀率的函数。例如未指数化的从量消费税的有效税率随着通货膨胀率上升而下降，而边际税率上升但税级未指数化的个人所得税的有效税率则随着通货膨胀率上升而上升。

[2] 实际国内生产总值可以分为人均国内生产总值部分和人口部分（甚至是不同收入档次的人均实际收入），以捕捉不断变化的支出模式对人均实际收入或家庭收入变化的影响。这对于没有或只有适度的总收入增长但收入分配显著不断变化的经济体而言是非常重要的。

构的复杂程度。在某些情况下，可以使用替代税率，例如可能适用于绝大多数最终供应品的标准增值税率；在其他情况下，加权平均税率可能在适用一系列不同税率时是适当的，例如对于必须遵守税率表中不同进口关税率的进口而言。在理想情况下，有效税率应该是实际税率——相对于通货膨胀调整后的经济税基指标的核定税收。可以通过通货膨胀影响有效税率，同时名义税率或结构保持不变。最简单的示例就是未指数化的从量税，例如在许多司法管辖区很常见的按照从量税率对酒精饮料或石油产品征收的特别消费税，其中有效税率会随着通货膨胀而下降。

税收收入弹性指标和国内生产总值增长率的使用是财政收入预测中最常见的起点，特别是在一年时间范围内。然而，上文关于宏观预测的讨论表明需要谨慎对待这个问题。第一，在理想情况下，衡量税收收入弹性应使用所有不变的主要决定因素，而非仅仅使用税收结构或有效税率。第二，诸如价格等其他关键因素可以在某些税种中发挥比实际国内生产总值增长更重要的作用，进口关税和企业税是主要的例子。

微观模拟模型

微观模拟模型基于计算单个纳税人或交易的纳税申报表的税收，然后汇总结果。该模型包含税务计算器，可以将所有税收规则应用于每个纳税申报表的税务信息，然后汇总适用于某个期间的所有纳税申报表的纳税义务，并根据需要对结果进行交叉制表。此类模型可以处理复杂的税收逻辑、税率表、税收损失、抵免和纳税期间之间的其他结转。此类模型可以更改税收规则，以便单独重新计算和汇总纳税义务，以检查税收变化的影响。在已经估计或可以从理论上预测税基中对税收变化的行为反应的范围内，可以包括上述行为反应。

这些属性使微观模拟模型在分析税收政策变化和税式支出条款的财政收入、发生率和效率影响方面特别强大和有用。如果模型样本数据库中每个纳税申报表的税务信息，可以基于在经济增长、通货膨胀率、汇率、关键价格变化和可能的合规或执法变化方面的假设投射到未来纳税期间，那么微观模拟模型也可用于预测税收。例如如果不同群体或收入类型的收入增长不同，那么这种投射可能包括预期的经济结构变化。微观模拟模型的使用主要取决于具有纳税申报表代表性样本中信息的计算机化数据文件。随着电子申报、跨税种综合信息系统和数据库的日益普及，计算机化详细纳税申报表正在变得可行和更常用。

财政收入实收模型

需要财政收入实收模型来预测即将到来的财政年度每周或每月财政收入征收额的模式，以监测政府国库内的财政收入征收绩效和现金管理。一种简单的方法是对税种进行年度征收额预测，然后根据上年度每月或每周税收征收份额的季节性模式，或者前两年或三年的平均值，在年内分配这些征收额，同时在可能影响征收额季节性模式的年度之间，对政策或行政变化进行特别调整。

更精密和动态的实收模型每月根据上年度对应月份进行预测，但也会因为实际经济增长、通货膨胀率、税率变化和年度之间征收日期方面的行政变化，而根据征收额的预期增长率进行调整。随着预测年度的进展，实际月度征收额取代了预计的月度征收额，实际经济增长和通货膨胀的综合效应的增长因子作为迄今为止观测到的财政收入增长和当年剩余时间的预期增长的加权平均值进行调整。该模型有效地包括了季节性模式的特征、基于宏观的预测，以及年内短期经济变化和征收绩效。

模型对主要税种的应用

本节评论在使用这些模型预测和分析税收以及估计税式支出方面的适当性和问题。

消费税

税基广泛的消费税，例如增值税或商品和服务税，可能是在使用基于宏观的模型进行预测方面最不成问题的税种，因为：（1）税基广泛的消费税通常具有配备标准税率的简单从价税收结构，而该税收结构适用于大部分税基；（2）价格指数是消费价格指数（消费价格指数在大多数国家跟踪国内生产总值价格平减指数）；（3）消费基数与国内生产总值的关系相对稳定。然而，在抵免法增值税的特点是合规性相对较低且不稳定（专栏20.3中的 α 显著小于1并且每年不同），并且欠税征收、退税和/或抵免结转是显著的且随着时间推移不一致（专栏20.3中的 β 每年都有显著差异，并且应收税款净额的相对规模和符号也逐年变化。）的国家，这种简单的情况可能是极其行不通的。在发展中经济体和新兴经济体中，这种情况在抵免法增值税中并不少见。在这些情况下，宏观模型估计应根据历史核定增值税收入进行。此后，征收额预测需要首先预测核定增值税收入，然后根据专栏20.3中概述的预期合规性和行政行为估计税收征收额。理想地，在这些情况下需要微观模拟数据来估计一年内核定税收、欠税、未付退税和抵免的存量和流量，以及 α 和 β 的相关值，以估计未来几年的预期税收征收额。通常，这些数据可在核定、征收和退税的税收管理记录中获得，并且需要以详细或摘要形式提供给财政收入预测者。此外，在欠税征收和退税政策或实践方面的未来预期变化需要纳入财政收入征收额预测之中。

对于通常针对酒精饮料、烟草制品、石油产品、电信服务和机动车等商品销售征收的特别销售税，例如特别消费税，可以使用基于宏观的建模，但通常由于较高的差别税率，更为详细的微观模拟方法是合适的。在特别消费税情况下，需要基于不同商品的实际数量和含税市场价格的详细微模型来处理不同征税商品和所有其他免税商品（可能仍需征收一般销售税）之间的自身价格效应和交叉价格效应。此外，对于应税商品而言，不同的消费群体通常对收入增长有不同的需求反应，这在收入增长并非均匀分布在收入分组之间时是非常重要的。例如瓶装啤酒对穷人而言可能是一种奢侈品，但对一些国家的富人而言可能是劣等品，因此，如果收入增长主要归于富人，啤酒销售就会增长缓慢；但如果增长集中在穷人之间，啤酒销售就会增长迅速。预测模型需要预测销售如何应对与不同应税商品相关的收入增长、价格变化和有效税率。[①]

进口税

预测进口关税适合使用基于宏观的模型。通常分两步执行：（1）根据实际进口[②]和有效进口关税率（贸易加权平均进口关税率）预测实际进口关税；（2）根据实际国内生产总值和实际进口价格（相对于消费价格指数的进口价格）预测实际进口。[③]重要的是由于世界进口价格变化、汇率和/或针对进口的

---

① 考虑到不同商品组之间交叉价格弹性的用于估计特别消费税和其他间接消费税的模型，通常包括累加自身价格弹性和交叉价格弹性与收入弹性之间的属性，以确保在不同类别商品不断变化的需求方面进行一致的预测。

② 实际进口关税和实际进口均按经消费价格指数调整的不变价值计算。

③ 如果 η_{QmPm} 是进口数量指数相对于实际进口价格指数的需求弹性，那么实际进口价格相对于进口价格指数的需求弹性为 $(1+\eta_{QmPm})$。

进口关税率变化，国内消费者面临的实际进口价格可能会发生变化。此外，必须区分对价格变化的临时和永久性市场反应。例如意外贬值导致进口价格上涨，短期内进口关税增加，但如果价格变化持续存在，那么进口量的减少可能会远远抵消这种财政收入增加效应，因此进口税收入可能会长期下降。

多年来，大多数国家已经提供了关于所有海关交易的详细自动化信息，最初通常用于贸易和国际收支统计，但后来用于进口税收分析和预测。按协调制度编码和海关处理编码分类的详细海关入境数据通常用于估计进口关税税则、免税政策以及对进口和偶尔对出口征收的其他间接税、征费和费用发生变化的影响。这些数据还为宏观预测模型提供了有用的投入，例如对有效进口税率和家用进口价值（实际进口税基）的年度估计，而不是按照抵达该国的情况衡量进口，并根据流经保税仓库或工厂或者进出免税区的进口商品进行调整。

所得税

所得税收入通常作为两个税种进行预测：个人或私人所得税以及企业所得税。个人所得税通常主要包括就业收入，但也包括养老金收入、投资收入以及各种类型的自雇或营业收入。大多数这些类别的收入被汇总，并且在应用各种基本豁免额和扣除后通常必须遵守一些边际税率不断提高的税率表，而其余类别的收入必须遵守各种分类税率。一些个人所得税还包括社会保障缴款征收、社会保障福利税收和其他福利待遇（如适用），有时还向低收入者支付税收抵免退税（或负税）。就业应税收入与实际国内生产总值和实际工资率指数（如可用）有着相当密切的关系，并且可以使用宏模型进行预测，而其余的收入部分更难以预测（特别是资本利得和营业收入等不稳定项目）。然而，边际税率表使得难以预测有效个人所得税率估计。因此，各国越来越普遍地使用微观模拟模型来分析税收政策、估计税式支出和预测个人所得税。[1]微观模拟模型可以处理通货膨胀对有效税收的复杂影响，以及收入构成和分配的变化。由于收入分配通常倾向于高收入，所以个人所得税征收对高收入个人的税收待遇特别敏感；因此，从纳税申报表微观数据中准确了解高收入个人的收入份额和构成对于财政收入分析和预测而言是非常重要的。[2]

企业所得税是最难预测的税收之一。[3]企业税占国内生产总值的份额可以随着国内生产总值的增长而上升或下降，并在中期内显著波动。这种波动的产生是因为：（1）税基包括利润，而利润作为收入与用于赚取这些收入的可扣除成本之间的差异，比收入或单独的成本要素（例如工资）更不稳定，特别是在中期内销售商品的价格与成本项目的价格的变动速度不同的情况下；（2）一般通货膨胀可以通过其在库存提取成本、折旧免税额以及利息收入和费用方面的复杂影响来提高或降低实际应税收入；（3）应税收入可能为负数，导致本年度可能无法完全扣除但可能需要结转的净营业损失，从而有效提高当期应税收入；（4）损失结转可在未来盈利年度扣除，从而降低此类未来年度的预期应税收入；

---

[1] 有关应用于所得税和社会保障系统的微观模拟模型的示例，请见Gupta and Kapur（2000）和Harding and Gupta（2007）。

[2] 例如，美国在1987—2008年的个人所得税中，前10%的纳税人缴纳了55%—70%的已缴所得税，前1%的纳税人缴纳了25%至38%（Hodge，2011）。在1960—2000年，前1%的纳税人缴纳了5%—13%的已缴税款（Piketty and Saez，2007）。2005年，21个国家的收入集中度估计显示，前1%平均赚取了收入的10.1%，范围从荷兰的5.4%到美国的17.4%。在2005年的美国，前1%赚取了总收入的22%，接下来的4%赚取了总收入的15%，接下来的5%赚取了总收入的11%；即前10%赚取了总收入的48%（Atkinson，Piketty and Saez，2011）。

[3] 关于根据美国、英国、澳大利亚和新西兰的经验对企业税收入进行建模和预测方面的挑战的说明，请见Altshuler and others（2009）和Creedy and Gemmell（2010）。

（5）加速了扣除的投资激励措施导致应税收入在短期内低于预期，然后在长期内超过预期。虽然企业税微观模拟模型是用于分析这些不同复杂因素对企业应税收入的短期影响的关键工具，但企业税微观模拟模型还没有发展到可以真正帮助进行中期企业税预测。这种困难的产生是因为预测企业税需要预测个体公司的利润，并根据个体公司未来税收损失的产生情况和税收损失结转的吸收情况以及未来的投资情况进行调整，特别是在适用特殊投资激励措施的情况下。此外，企业可以合并、合并账户或使用转移定价策略，这些策略可以在中期内影响企业的应税收入，而与宏观经济决定因素无关。

确认应税收入方面也有相同的时间安排或递延问题，再加上税收损失的影响，对估计本年度投资激励措施的税式支出构成重大挑战，对于中期预算范围内的其他年度则更是如此。

仅依靠实际国内生产总值增长作为决定因素的基于宏观的模型往往很难预测企业税收入增长的速度甚至方向。如果包含其他关键决定因素，那么基于宏观的模型将成为用于企业税预测的更可靠并且可能是唯一的工具。除解释了销售数量和有效企业税率的实际国内生产总值之外，最重要的解释变量是企业销售的实际价格指数。一个国家的企业销售构成可能与国内消费构成显著不同，因此企业销售的价格变动可能与消费价格指数的价格变动大不相同。[①]这在主要的石油出口经济体中最为明显，其中实际石油价格可能正在暴涨，而企业成本和消费价格可能停滞不前，即使没有增加销售量，也会导致利润增加。在世界商品价格快速变化的时期，商品主导型经济体通常就是这种情况。因此，一个关键决定因素是实际生产者价格指数。如果没有生产者价格指数，批发价格指数和/或出口价格指数可能是有用的。可能有助于处理企业税的一些波动性来源的其他解释变量是：（1）汇率的通货膨胀率和/或贬值率，用于捕捉生产者价格相对于成本的差异变化率；（2）损失结转存量和/或结转到某一纳税年度的未使用的税收扣除或税收抵免；（3）具有重大投资税收激励措施的国家前一年或几年的投资率；（4）实际工资率指数和/或其他价格指数或主要成本项目（如果这些可用）。

房产税

房产税，或土地和建筑价值税，通常是更稳定的财政收入来源之一，因此更适合中期预测。在某种程度上，这种稳定性的产生是因为税务机关通常会确定税基价值，也可能会改变名义税率以实现财政收入目标。除经济崩溃或房产价值暴跌（在这种情况下，房产所有者放弃房产或不履行缴纳税收核定额义务）之外，房产税收入相对稳定。然而，从长远来看，房产价值基础显然对实际经济增长敏感，导致对土地和建筑物的实际需求增长，产生扩大税收收入潜力的需求。

房产税已经可以使用详细的微观模拟模型。随着地理信息系统（GIS）和数据库、全球定位系统（GPS）和基于网络的计算的发展，可以将详细的经济数据和房地产开发特征变量与特定地块相联系，并以这些特征为基础根据实际市场销售或租赁交易情况估计房产的价值。这使得政府可以使用计算机辅助批量评估（CAMA）来估计和更新财政地籍中的房产价值，并确定其辖区内房产的估值基础。

---

① 实际企业利润或企业税按经消费价格指数调整的不变价值计算。实际生产者价格是作为相对于消费价格指数的生产者价格指数进行估计的。

收入预测的组织

政府成功的财政收入预测和财政收入目标设定需要关键组织单位之间的有效分工和协调：财政部的税收政策单位、税务局（RA）的研究和规划单位以及参与宏观经济规划的其他机构，例如中央银行、国家统计局、经济规划部门或经济规划部。

财政部通常主要负责宏观经济和预算规划（包括债务和储备金规划）背景下的税收政策、财政收入预测和目标设定。财政部还负责税式支出政策和会计。此外，财政部还必须监测和评价税收管理绩效以及政策效率和有效性。

税务局主要负责管理税收法律和实现其财政收入征收目标。税务局还是微观层面税收核定、征收、合规和管理信息以及海关机构收集的贸易信息的主要来源。在内部，税务局必须管理和监测财政收入征收，包括设定纳税人合规和税务执法目标，作为其合规风险管理计划的一部分。这些计划的规划和管理还取决于详细纳税人数据的收集、分析和监测。

其他统计和经济管理机构是财政收入预测和分析的主要贡献者；其他统计和经济管理机构提供经济数据、模型、宏观经济计划和预测。如果中央银行担任政府的银行，那么中央银行也可以为国库提供在实施预算支出计划方面可用于支付的最终税收存款的关键信息。此类数据对于交叉检查税务局税收征收报告而言是很有用的。

财政部必须管理对于可靠和可信的预测和目标而言至关重要的各机构之间的协调与合作。一个关键要素是共享用于在财政部和税务局之间建立预测和目标的税收数据、模型和关键假设，以便财政部在制定最终目标时充分了解情况，税务局愿意负责征收目标金额，并且双方都可以解释与目标征收额之间任何偏差的原因。然而，在实践中，财政收入预测失败有许多原因，包括：

- 税务局的纳税申报表格设计不良，未能收集到对税收分析和预测而言至关重要的数据，或者收集程序没有识别纳税义务的关键决定因素，或者税务局未能建立完整或充分的税收数据库。
- 数据访问和共享中的法律和/或官僚主义的控制问题。例如财政部长之下的税收法律可能没有将财政部官员负责的税收法律管理数据的使用权限给予财政部官员。或者税务局未能收集和/或拒绝与财政部共享关键的税务细节，或者财政部未能请求数据，因此，由于缺乏需求，税务局未能收集相应数据。
- 财政部未能进行循证分析或预测，以及与税务局和其他关键机构共享模型和假设。如果目标与宏观预测不一致，或者如果在财政收入预测中使用过度乐观的宏观预测，那么税务局会需要管理不合理的目标，这可能导致税务局诉诸于阻碍退税或压力策略，与较大的纳税人谈判多缴税款。从长远来看，纳税人合规性通常会在这些税收管理策略下恶化，这进一步恶化了相对于目标的财政收入绩效。

一般而言，财政收入预测正在进入一个有吸引力的历史时期。随着信息系统和电子政府的不断发展，在缺乏关于税收收入分析和预测的详细税收数据方面的主要制约因素正在缓解。

计算机化是建立税收数据库以及共享、分析和预测税收数据的关键，但税务局和财政部的内部计算机网络经常在输入系统的税收数据的数量和质量方面受到限制。除将纳税申报表数据以电子方式转移到税务局的纳税人之外，其余的信息必须从纳税人申报表中包含的数据中键入。这些数据受限于：（1）纳税申报表中的算术错误和其他错误；（2）键入计算机系统的数据字段的选择有限；（3）用于数据捕捉的申报表或字段抽样；（4）键入数据时出错。电子申报表和电子申报正在减少这些限制。纳税申报表中的数据可以在内部保持一致，因数据重新输入而导致的关键错误将被删除，并且应在电子申报覆盖范围内提供全套纳税申报表信息。鉴于纳税人在更全面的纳税申报表方面的合规负担会减轻，纳税申报表也可以更加完整。电子申报表还可以提供教育和支持信息，并使用人工智能方法帮助纳税人完成具备内置逻辑和算术检查的申报表。最终，更完整和详细地捕捉纳税申报表数据使政府能够建立和使用微观模拟模型进行税收分析、税式支出估计和财政收入预测。

对于发展中国家和新兴国家而言，信息技术和互联网是加强供税务局和财政部联合用于预测税收的更详细的税收模型数据库建设和可用性的重要可行机会。通常在这些相同的国家，因为欠税和退税管理不善和不稳定使得上述财政收入预测变得复杂，所以核定和征收的财政收入之间出现了重大偏差。因此要更加重视在准确预测财政收入征收额方面，详细的税收核定和征收信息的可用性。因此，需要优先考虑建立税收数据库建设、维护和使用系统。电子政务为实现这些优先事项提供了用户友好的途径，以支持更强的税收分析和财政收入预测。

参考文献

Altshuler, R., A. J. Auerbach, M. Cooper and M. Knittel. 2009. "Understanding U.S. Corporate Tax Losses," Chapter 3 in Jeffrey R. Brown and James M. Poterba (eds) *Tax Policy and the Economy*, Volume 23, NBER, University of Chicago Press.

Atkinson, A. B., T. Piketty and E. Saez. 2011. "Top Incomes in the Long Run of History," *Journal of Economic Literature* 49 (1): 3–71.

Creedy, J., and N. Gemmell. 2010. *Modelling Corporation Tax Revenue*. Edward Elgar.

Frankel, J. 2011. "Over Optimism in Forecasts by Official Budget Agencies and its Implications," NBER Working paper No. 17239.

Glenday, G., G. P. Shukla and R. Sugano. 2010. *Tax Analysis and Revenue Forecasting: Issues and Techniques*, Teaching Manual, Duke Center for International Development, Revised 2010.

Gupta, A., and V. Kapur (eds) 2000. *Microsimulation in Government Policy and Forecasting*. Amsterdam: Elsevier Science.

Harding, A., and A. Gupta (eds) 2007. *Modelling Our Future: Population Ageing, Social Security and Taxation*. Amsterdam and Oxford: Elsevier.

Hodge, S. A. 2011. "Is the Distribution of Tax Burdens and Tax Benefits Equitable?," Tax Foundation, Hearing before the U.S. Senate Committee on Finance, May 3, 2011.

Piketty, T., and E. Saez. 2007. "How Progressive is the U.S. Federal Tax System? A Historical and International Perspective," *Journal of Economic Perspectives*, 21 (1).

21
高效的财政收入管理

理查德·海菲尔德

本章将讨论有关进行高效的财政收入管理运作相关的问题。

税收制度的运作带来了三种不同类型的成本：无谓损失（即由于存在税收而对经济效率产生的影响），合规成本以及行政成本（即政府管理税收制度所产生的成本）。本章主要涉及其中最后一种类型。"效率"一词主要是从确保向政府提供最佳产出流量（例如财政收入、纳税人数）用于给定水平的行政投入（即公共部门资金）的角度来解释的。

为什么财政收入管理效率很重要

税务机关的主要目标是"实现尽可能最高的税法遵从度"，或者通常会对其目标进行这类的描述。这样一来，为政府计划提供的所征收的总财政收入就可以最大化。虽然相对容易表达，但由于一系列因素，特别是以下因素，使其在实践中达成变得复杂化：

- 并非所有纳税人都遵守其纳税义务，而是以各种方式且出于多种原因避免或延迟履行其义务；对税务合规风险进行识别和优先排序，决定如何处理这些风险，并且分配不同纳税人细分和税收所需的资源，在理想情况下需要一个系统化和结构化流程来改善总体结果；
- 除了极少数例外，税法很复杂（并且变得越来越复杂），并且要求税务机关分配一些有限的资源来阐明应如何应用税法，且在关于纳税人及其工作人员的要求方面对纳税人及其工作人员进行教育；
- 纳税人越来越期望在与税务机关往来时获得高标准的服务，要求税务机关实施高效的服务提供流程；
- 为了支持其所有"一线运作"，特别是其服务的提供和执行规划的实施，税务机关必须投入相当一部分有限资源来建立和支持所需的基础设施（例如建筑物、设备、技术系统和员工发展）以提供高效的管理。

鉴于这些因素，很明显，税务机关的整体效率与实现其主要目标有着内在的联系。如果税务机关被分配了其他职责（例如海关），由于必须满足一系列额外的要求，则会带来更大挑战。

在过去的二三十年里，受各种因素的刺激，税务机关效率和有效性受到的关注度大大增加：

1. 鉴于预算紧张的预算情况，许多政府已开始更为密切地审查其公共部门计划的"附加价值/投资回报"；有效的财政收入征收和谨慎的政府资金支出负有双重职责的税务机关，一直是关注的重点。
2. 日益全球化提高了国家税务机关之间在满足运作需求方面的相互依存的程度（例如共享纳税人信息）。
3. 区域税务管理部门组织已经出现，在税务机关运作和整体绩效的大多数方面的对话大幅增加。
4. 国际组织（例如国际货币基金组织、经合组织和世界银行）在协助各国实现其财政收入动员目标方面的工作越来越多地寻求利用发达经济体税务机关的实践和方法。
5. 互联网极大地促进了及时获取相关信息，成为促进税务机关与其他利害关系方之间分享知识和增加对话的催化剂。

目前各种参与者（例如国际组织和区域税务机构）制作的官方出版物中展示的财政收入管理运作经验越来越丰富，我们可以在显著有助于提高税务机关效率的实践和方法领域，获得相当丰富的见解和参考。

有许多因素可以通过某种方式在不同程度上影响财政收入管理的效率。本章重点围绕六个核心领域进行讨论：

1. 制度框架
2. 组织安排
3. 行政法律框架
4. 治理体系
5. 业务流程以及信息技术和通信系统
6. 人力资源管理

制度框架

关于建立国家税收制度的需求提出了一个基本问题，即确保国家税收制度最佳绩效的最合适的制度安排是什么。财政收入管理效率和效能背景下的重要考虑因素包括：

- 是否应该唯一一个机构来征收所有税收，有一个单独的机构来征收直接税和间接税或负责其他一些安排？
- 哪个机构应负责社会保障缴款（SSC）的征收和执行？
- 是否还有其他政府责任领域（例如海关、福利、非税收债务催收）应与财政收入管理运作在组织上相整合,以实现与效率或效能相关的优势?
- 应该向税务机关分配哪些权力,以及税务机关与其他政府部门(例如财政部长和财政部)之间应该建立什么关系?

职责范围

征收直接税和间接税的统一机构

从历史上看,许多国家的普遍实践是利用单独的机构来征收直接税和间接税。这种实践采取两种形式之一:拥有两个完全独立的机构,或者在单一机构内设立独立的直接税部门和间接税部门。关于特定税收专业知识和行政方法的需求似乎一直是这种用于组织和管理税收征收的"逐项税收"方法的主要驱动因素。

随着时间的推移,这种安排出现许多弱点,其中包括:(1)较高的重叠职能发生率导致效率显著低下;(2)企业因必须就其税务事务与多个机构往来而面临额外的合规负担;(3)纳税人往往会受到不一致和/或不协调的对待;(4)这些安排使税收制度的整体管理变得复杂化。在关于各种税务机关结构和运作的审查报告中证实了这些弱点。例如"财政收入部门审查"(有时被称为奥唐奈审查)是英国政府2004年决定将其当时独立的直接税部门和间接税部门合并为一个单一组织(该组织被称为女王陛下税务海关总署)的先兆,并且在与所考虑的其他选项相比的更好的客户服务、削减合规成本和降低成本方面,描述了统一管理的原理(请见专栏21.1)。[①]财政大臣对该报告作出回应时表示,到2008年,实际预算削减将超过5%,包括新统一部门总共减少10500个岗位(稍微超过2003—2004年总人员配备的10%)。

如今,除少数例外,各国在国家层面拥有统一的税务机关,用于征收直接税和(大部分)间接税。

专栏21.1　财政收入部门审查的摘要和建议

该审查考虑了若干变革选项,作为实现该审查目标的手段,但这些变革选项本身并不是目的(而这些目标反过来有助于实现更好的结果,例如为公民提供更好的健康和教育资金)。

分析侧重于三个主要选项:

- 维持现状,根据该选项,组织变革将局限于为实施政策和问责制建议所必需的变革;
- 建立一个新的部门,对海关和财政收入部门进行整合;
- 战略联盟,根据该选项,将成立一个战略委员会,以促进现有部门的长期联盟。

该审查评估认为,创建新部门的好处远远超过其他选项,并且通过更一致的税收政策和为所有客户提供统一的纳税服务改善了客户服务和合规成本:

---

① 请见英国下议院图书馆(2004)。本文讨论了《奥唐奈审查》(O'Donnell Review)的背景以及对《奥唐奈审查》合并建议的反应,然后再审视对政府引入立法以实现该变化的回应。

- 通过统一战略、一致的信息方法、新的审计方法和灵活的资源配置，提供了效能感优势。通过更好地确保由适当的纳税人支付适当的税收（或收到适当的抵免），公正性也将得到加强；
- 通过规模经济，特别是在交易流程中（尽管为客户带来的优势和效能可能超过效率增益），提供了效率优势。

这些收益取决于以综合方式与共享客户（主要是企业）往来，因此无法通过维持现状选项实现。通过战略调整来实现这些收益是不确定的；部长、战略委员会和收入部门管理层的作用可能难以清楚地阐明，从而造成问责困难。

资料来源：英国下议院图书馆（2004）。

社会保障缴款的征收

几乎所有发达国家都建立了社会保障缴款制度，作为用于为特定政府服务（例如养老金、失业救济金和医疗费用）提供资金的财政收入的补充来源。在一些国家，按照每种政府服务的单项费率对社会保障缴款进行规定。在政府收入背景下，社会保障缴款类似于额外的个人所得税金额，并且在国家税收负担的国际比较中被视为"税收收入"。在许多发达国家，特别是在欧洲，征收的社会保障缴款总价值超过了个人所得税总额，这强调了社会保障缴款作为政府收入中相当大的重要组成部分的相关性。

在社会保障缴款管理方面出现的一个问题，即，哪个政府部门应负责征收社会保障缴款——主要税务机关还是福利机构？

从历史上看，许多国家的做法是由负责支付福利金的机构征收社会保障缴款。然而，特别是在过去20年中，有一种趋势是，将社会保障缴款征收与所得税进行整合，以提高效率和其他收益。过去10年的各种研究提出了许多论据来支持政府收入的这种综合征收方法：[①]

1. 核心流程的共性：统一征收税收和社会保障缴款的观点源于税收和社会保障缴款征收所涉及的核心流程的共性：（1）使用唯一注册号登记缴款人和纳税人；（2）收取退款和付款；（3）雇主使用个人所得税和社会保障缴款的扣缴安排；（4）针对非合规者的强制征收制度；（5）核查计划。
2. 高效利用资源：已经转向将社会保障缴款征收活动纳入财政收入管理的国家经常发现，把用于税收管理的系统扩大到包括社会保障缴款的边际成本相对较小。另一方面，各国已经看到了在利用财政收入管理的核心征收能力降低征收成本和改善征收情况方面的价值。
3. 税务和社会组织的核心能力：随着时间的推移，税务机关打造了与征收职能相关的核心能力。在主要关注财政收入征收的情况下，税务机关发展基于合规的组织文化，以及适合款项核定和征收的高度一致的流程。同样，典型的社会保险机构主要关注建立个人对福利的应享权益并高

---

① 例如，请见Barrand and others（2004）以及Bakirtzi and others（2010）。

效地向用户支付福利。典型的社会保险机构发展了与该职能相一致的组织文化和流程，并且可以合理地得出这样的结论，纳入有点违反直觉的征收责任会影响征收效率和提供福利。社会保险机构在超出一定征收绩效水平方面可能取得的成功是有限的。

4. 降低政府管理成本：将征收职责赋税务机关消除了原本会发生的核心职能重复问题。这有助于显著降低总体管理成本，例如：（1）核心职能领域的工作人员和经济性减少；（2）基础设施成本降低（例如住宿和通信）；（3）系统开发成本以及系统开发和维护风险降低。

5. 降低纳税人和缴款人的合规成本：将征收职责赋予税务机关也可以显著降低雇主的合规成本，由于使用通用表格和记录保存系统以及涵盖所有企业税（尤其是与工资总额相关的企业税）的共同核查，因此文书工作减少。

将其他政府职能/任务与财政收入管理相整合

海关管理

另一个考虑因素涉及海关管理部门与税务机关密切整合的可取性。一些国家认为这种做法是适当的，税收和海关责任属于一个政府机构的职权范围。有很多因素可以解释以这种方式对税收和海关职能进行的组织整合——高度依赖与贸易相关的税收（特别是进口增值税），"规模经济"考虑因素使这种组织整合对有关国家以及历史实践更高效。

今天，在许多非洲国家和南美国家以及一些欧洲国家（例如丹麦、爱尔兰、荷兰和西班牙）都可以看到税务和海关管理部门的组织整合。但是，这种组织整合并不是大多数发达经济体的普遍做法。在这些国家，虽然财政收入和海关机构之间存在着密切的工作联系，但被认为最好还是保持单独的专门机构。①

可与财政收入管理运作相整合的其他职能/任务

近几十年来，将其他职责分配给国家税务机关已变成一种流行。例如在一些国家，税务机关负责非税收债务（例如学生贷款，子女抚养费）催收、福利待遇支付和财产估价。

一般而言，这些要求的出现是由于将相关任务与财政收入管理相结合而产生的协同效应或其他优势。例如：

- 催收学生贷款是税收核定流程的一部分（澳大利亚）；
- 福利应享权益与收入有关，需要交叉检查客户的收入数据（新西兰）；
- 法律允许国家税务机关将欠付政府的非税收债务与退税进行抵消（美国）。

---

① 最近有两个示例表明，政府已经降低了税务机关在海关管理中的作用。海关业务于2003年底从加拿大海关和税务局（CCRA）撤销，并被赋予一个新的机构，加拿大边境服务局（Canada Border Services Agency）。2007年11月，英国政府宣布成立新的边境管理局，向财政大臣（就财政问题）和内政大臣报告。这个新机构将当时存在的英国海关税务总署（HMRC）检测局（Detection Directorate）的工作人员与英国签证局以及边境和移民局（Border and Immigration agency）合并。英国海关税务总署保留了对海关政策问题的主导权。这个新机构于2008年4月成立，4841名工作人员和相关资金于2009年4月转移到英国内政部。

税务机关的权力及其自治程度

制度框架的一个关键要素涉及授予税务机关履行其职责的权力性质和范围，或者自治程度。在这种情况下，财政收入管理背景下最常提到的权力涉及资金和预算的灵活性、制定人力资源政策（例如招聘）、财政政策和组织设计。

历史上，大多数税务机关作为高度集中的公共部门的一部分进行运作，在资金、人力资源、财政和其他管理政策方面的灵活性相当有限。随着时间的推移，这样的安排阻碍了政府运作的高效管理，对整体机构绩效产生了不可避免的下游影响。近几十年来，许多国家在公共部门管理实践方面进行了大量改革，以消除阻碍政府计划高效实施方面的障碍，包括将权力大量下放给单个机构，在某些国家，还包括新的财政收入管理制度模式。正如国际货币基金组织工作文件中所述，[①]

在过去30年中，政府的重组一直是一个不变的主题，因为政府寻求以更低的成本更有效地向公民提供服务。

在某些情况下，传统的政府结构（例如按等级组织的政府各部）过于僵化，无法应对公众快速变化的需求以及政府在现代社会面临的挑战。虽然政府的变化被描述为"进化而非革命"，但一个发展趋势是政府将权力下放给代表其行事的机构或指定机构。

财政收入管理并非完全不受这个趋势的影响。发达国家政府寻求提供更好服务的方法，而有些政府已转变成一种半自治机构形式，以帮助政府实现改善征收、为纳税人提供更好服务以及更灵活的人力资源管理选项的目标。发展中国家政府也有许多此类目标并面临其他复杂情况。与能力低下和需要大规模行政改革相关的问题，加上腐败和长期的不履职，已经形成了一种不同形式的政府结构，这引起了决策者以及有兴趣为所需改革提供资金的援助机构的极大关注。

关于财政收入管理的更加自治的机构模式的演变一直是该公共部门管理改革的重要组成部分，并且由国际货币基金组织（IMF）等国际组织在许多发展中经济体中积极推动，作为推动更广泛的财政收入管理改革的催化剂。从这项工作中出现了"税务局"（也称为"半自治机构"）的概念，国际货币基金组织将其描述为"关于从事财政收入管理的组织的一种治理机制，其中该治理机制提供的自治权大于提供给各部之内标准部门的自治权"。[②]国际货币基金组织还指出，尽管存在许多税务局，但没有一套适用于所有税务局的治理安排。一般而言，每个税务局都是由有关个别国家做出的一系列政策选择的产物，这些政策选择涉及决定自治、问责制和其他特征的范围和性质的情况。换言之，税务局和开展财政收入管理工作的任何形式的机构都"存在于一个连续体中，一些税务局仍然接近于行政部门，而另一些则享有更大的自治权。税务局本身并不是目的，而应该成为实施改革和提高绩效的手段。如果得到有效利用，税务局可以成为推动更广泛的财政收入管理改革的催化剂。"

图21.1描述了政府机构与自治之间的关系，并阐述了国际货币基金组织对该连续体的若干税务机关的定位的观点。这些观点通常与经合组织的比较工作相一致；经合组织的比较工作表明，在34个（主要是发达国家）经济体成员中，只有19个税务机关被设立为半自治机构，其余税务机关构成了各国财政部正式组织结构的一部分。而其余这15个国家尚未建立更加自治的机构设置形式的确切原因仍未确定。

[①] 请见Kidd and Crandall（2006）。

[②] IMF（2010），第8页。

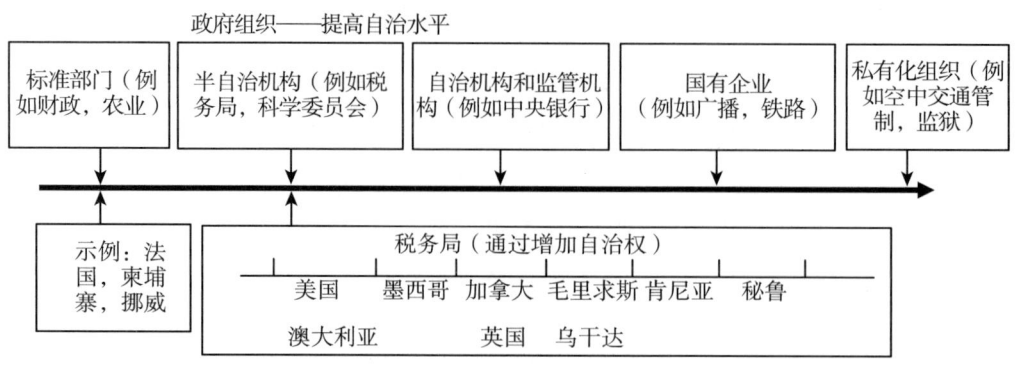

图21.1 自治和财政收入管理治理

资料来源：IMF（2010）。

外部机构已经进行了（在很大程度上是非结论性的）各种尝试来估计财政收入部门模式对财政收入管理效率和效力的影响。正如国际货币基金组织工作文件所指出的，税务局充其量只能被视为改革的催化剂："尽管缺乏建立税务局的可靠基础，但采用税务局概念的国家仍然强烈认为这种特殊治理模式已经对改革和改善绩效做出了重大贡献"。

税务机关的组织

建立一个税务机关来征收国家税收并且可能履行其他职能，这就提出了应该如何充分组织税务机关的运作以高效和有效地执行其任务这一重要问题。随着税务机关寻求提高其效率、有效性和服务提供标准，组织改革在近年来的财政收入管理中占据突出地位。正如经合组织所指出的。[①]

在过去10年左右的时间里，许多税务机关的组织结构一直是旨在改善运作效率和有效性以及向纳税人提供服务这一重大改革的主题。总体而言，这些改革努力反映了税务机关结构演变的更广泛趋势，从最初主要基于"税种"标准的结构转变为主要基于"职能"标准的结构。至少就纳税人而言，许多税务机关已经采取措施在"纳税人细分"的基础上构建其合规（即服务和核查）职能，而一些机构则进一步发展了"纳税人细分"方法。

近年来组织改革最重要的驱动因素是使用"纳税人细分"方法来更好地理解纳税人不合规的行为和驱动因素。细分是一种源于营销的方法，简单地说，细分承认纳税人群体具有不同的特征和税务合规行为，因此对财政收入构成不同的风险。最初，使用这种方法时人们非常关注税务机关最大的纳税人，这一点毫不奇怪，因为这些纳税人负责所有税收的大部分财政收入征收额，并且通常具有其他独有的特征（例如庞大的业务规模，复杂的税务规划实践，重要的国际交易，以及使用高级专业顾问）。因此，建立一个组织单位是恰当的，该组织单位集合了所有被视为对大型纳税人在单一管理结构（大型纳税人办公室或部门）内实现更好的合规性而言关键的职能。从20世纪90年代初左右开始，许多发展中国家都在进行这项改革，并且主要是在寻求有关国家加强财政收入动员努力的国际组织的要求下进行的。到2010年，超过四分之三的经合组织国家和许多其他国家的税务机关都采用了某种形式的专门大型纳税人运作。近年来，细分的运用范围进一步扩展，并且相当多的税务机关已经建立了组织安

[①] OECD（2011），第41页。

排，以向其他纳税人群体（例如中小型企业和高净值个人）提供合规性计划。

图21.2从高层角度描述了税务机关的组织结构在过去的40到50年间是如何发展的——从主要基于"税种"标准的税务机关到今天主要采用"混合"模式并由"职能"和"纳税人"部分组成的现代税务机关。

办公室网络

税务机关组织蓝图的一个重要组成部分涉及税务机关在一个国家的实体存在（即其办公室网络）的性质和规模。鉴于这个问题对住宿、交通和设备需求成本以及服务提供有潜在影响，它与税务机关效率直接相关。

虽然国际经验在这个领域没有大量记录，但表明影响税务机关办公室网络设计的因素有很多。这些因素尤其包括：（1）总部职能的作用（与此相关，任何正式的区域管理层级的范围）；（2）诸如客户信息处理和电话咨询等职能的合并程度；（3）可在线上或由其他机构（例如银行）提供的服务范围；（4）其他职责（例如海关）；（5）人口统计考虑因素。①

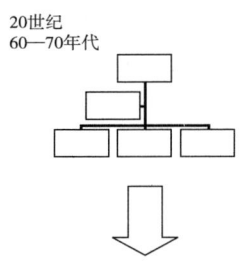

20世纪60—70年代

"税种"模式：最早的组织模式主要基于"税种"标准。在这种模式下，每种税种都有单独的多职能部门，这些部门基本上都是自给自足和独立的。特定税收专业知识和行政方法是这种模式的关键原理基础。随着时间的推移，这种模式被认为有许多缺点：（1）这种模式固有的职能重复使这种模式的管理效率低下且成本高昂；（2）企业必须与多个部门往来，这使企业合规成本高昂；（3）合规行动未得到充分协调；（4）纳税人在各部门之间的待遇不一致；（5）工作人员专业知识一般仅限于一项税收，阻碍了税务机关的灵活性；（6）这种模式妨碍了组织规划和协调。

随着对这些问题的处理和信息技术的出现，新的结构模式得到了发展。

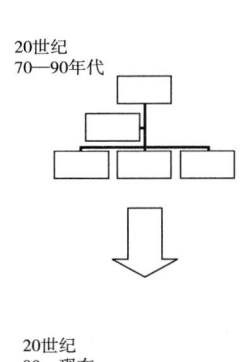

20世纪70—90年代

"职能类型"模式：在这种模式下，工作人员主要通过职能分组（例如纳税申报表和账户处理、审计和债务催收）进行组织，并且通常跨税种工作，尽管某些职能可能具有按"税种"划分的子分组（例如对于审计）。这种方法使税收的工作流程更加标准化，简化了税收的计算机化（例如统一的税务登记），并使纳税人更容易与税务机关进行互动（例如所有税务事项的单一咨询点）。效率更高通常被视为这种方法的关键优势之一。然而，随着时间的推移，税务机关开始质疑这种方法是否适合提供合规计划，承认各个纳税人细分的不同合规问题和行为。

20世纪90—现在

"纳税人细分/职能"模式：当今现代税务机关主要是由"纳税人细分"和"职能"标准组合（混合形式的结构）组织而成。这种模式的起源可以追溯到20世纪90年代初，当时以增加财政收入动员为主要目标，税务机关开始建立专门的大型纳税组织来提供合规计划（即服务和核查相关活动），并且一些税务机关还提供其他职能。在随后的几年中，这种组织合规工作的方法扩展到其他纳税人群体（例如，中小型企业、微型企业和个人，以及最近少数发达经济体的高净值个人）。除了合规性之外，其他税务机关工作往往按职能类别进行组织，因为所应用的流程在不同的税种和纳税人细分之间非常相似。

图21.2　国家税务机关的组织结构演变

资料来源：OECD（2011）。

历史上，许多国家的许多税务机关都有总部进行运作，并且有一个相对庞大的区域和地方办公室网络来管理税收系统。推动关于这些大型网络需求的因素包括被管理的纳税人数量及其地理分布，缺乏技术支持（包括呼叫中心），以及需要为大多数纳税人提供可合理获得的全方位服务。

然而，近几十年来，许多发展情况已经使许多税务机关能够改造其办公室网络，尤其是能够实现

---

① 请见OECD（2011）。

与效率相关的目标。例如：

- 网络重组，以实现规模经济：主要是为了响应政府提高效率的要求，许多国家（例如奥地利、保加利亚、丹麦、意大利和俄罗斯）的地方办公室网络已被重新配置为数量较少的更大型办公室，以实现规模经济。在一些国家，管理结构和汇报关系已经简化，有些国家减少了区域中心的数量，而其他国家完全取消了正式的区域管理层级（例如美国和英国）。
- 技术驱动的组织工作变化：新技术的出现已经使许多税务机关（例如澳大利亚、加拿大和美国）采取措施，将一些职能（例如纳税申报表和税款缴纳的处理）集中到少数专门的大型处理中心，许多税务机关还建立了大型专用呼叫中心业务（具有自动化工作量分担能力）来处理客户的电话咨询，取代了更多分散（且低效）的电话咨询服务。
- 技术驱动的在向纳税人提供服务方面的变化：许多税务机关扩大了纳税人可用的电子服务渠道范围（例如利用互联网提供广泛的信息并允许完成纳税和退税申报事项），因此，税务机关能够显著减少现场咨询量和提供此类服务的实体站点数量，并在很大程度上消除了关于现金/支票处理操作的需要。

行政法律框架

除了向税务机关提供资金和其他物质资源以执行其任务外，政府还负责在税法中制定各种政策工具（例如扣缴和信息报告、登记要求、制裁和权力），以便进行税收管理。此类工具的设计可能对财政收入管理的效率和效力以及纳税人和其他人履行纳税义务方面所产生的成本有重大影响。本部分介绍了更重要和常用的关键政策工具，并介绍了这些工具如何有助于实现高效的财政收入管理。

扣缴和信息报告要求

针对收入的税收（主要是所得税和社会保障缴款）是大多数发达国家政府收入的主要来源。鉴于一般涉及大量纳税人并且需要确保财政收入及时流入政府金库，财政收入的征收需要一个高效和有效的机制。

现在几乎普遍认识到，"从源扣缴"安排是征收大部分所得税的最高效和最有效的手段。正如经合组织所指出的。[①]

从源扣缴安排通常被视为有效所得税制度的基石。对雇主和金融机构等独立第三方施加义务来从向纳税人支付的收入中扣除税额，大大降低了（如果不能消除）他们为税收核定目的而低估这些收入的能力，这是纳税人和税务机关处理税款缴纳的一种更具成本效益的方式，并且减少了在纳税人适当报告其收入但无法支付部分/全部核定税款时可能出现的未缴税款的发生率。各个选

---

① 请见OECD（2011，第215页）。

定税务机关的已公布研究成果[1]清楚地表明,使用扣缴会产生与合规相关的重大利益。此外,付款人向税务机关及时汇付预提金额确保了政府账户的良好财政收入流入,从而促进了预算管理。

在实践中,扣缴最常用于就业收入。扣缴还广泛用于利息和股息收入(作为"最终"或"可抵免"税收)并且在较小程度上用于自雇经营或小型企业经营的规定的收入类别。

扣缴机制的运作,特别是在扣税不是最终税的情况下,通常纳税人有义务每年或更频繁地报告在相关财政期间向个别收款人缴纳款项的详情,以及个人收款人的身份,包括纳税人标识符。在许多国家,报告要求还适用于规定的收入类别(例如营业收入款项),即使没有源头扣缴税款的一般义务。

关于雇主和其他纳税人向税务机关报告个人收款人相关信息的要求提供了大量数据,这些数据可用于纳税申报表验证和申报执行目的以及其他政府目的(例如验证福利应享权益),这大幅减少了在对纳税人事务进行侵扰性和成本高昂的询问方面的需求,而这种询问在其他情况下可能是必需的。少数但越来越多的国家(例如智利、丹麦和西班牙)的一项新发展情况是税务机关利用此类数据和其他可用信息为纳税人编制预先填写的纳税申报表。在其最先进的形式中(即在丹麦),大约80%的纳税人从税务机关获得完整且完全准确的纳税申报表,这大幅减少了纳税人履行其申报义务所需的工作。

就业收入扣缴以及雇员的申报表提交义务

雇员纳税人的个人税收安排设计的特点是两种根本不同的年内扣缴方法和年终申报表提交义务,并且这种设计对雇主、纳税人和税务机关共同承担的成本和责任方面产生影响。

在许多国家,个人税收制度旨在消除大多数雇员纳税人对年度纳税申报表需求。为此,雇主必须根据每个雇员的个人情况(例如工作者需要赡养的人数),在一年中应用累积纳税基数的方法,精确计算每个雇员的扣缴额。在实践中,这类安排的运作由个体雇员编码系统和雇主的相关明细表所支持,以指导他们从源扣缴多少税款。如果雇员更换雇主,那么雇员的年内记录必须保持一致。通常情况下,雇员可以申请的扣除额很少,而雇员经常获得的其他形式的收入(例如利息和股息)也会按照基本税率从源头征税。这些制度通常被描述为"最终",因为除了扣缴组成部分之外,(大多数)雇员不需要采取任何其他行动。但是,雇主和税务机关有广泛的年内和年终管理义务,包括报告和处理每个雇员的相关细节。这类制度在发达国家,例如爱尔兰、新西兰和英国,以及许多发展中国家都存在。

另一方面,澳大利亚、加拿大和美国等其他国家实行的一种制度要求大多数雇员提供年终纳税申报表,以便有效地实现所有收入和扣除应享权益的全面对账。在这些安排下,雇主的年内扣缴义务往往不那么繁重,因为扣缴税款是年终负债的近似值,因此雇员是否更换雇主是无关紧要的。但是,所有雇主必须在年终之后不久向税务机关报告所有信息,以便完成各种行政流程。

这些方法各自都有优点和缺点,而对这些方法的详细评估不在本章做讨论。可以这么说,这些方法在发达经济体和发展中经济体之间可能存在显著差异,并且在很大程度上将受到基础税收政策框架设计的驱动。

---

[1] 例如瑞典、英国和美国:瑞典,"瑞典税收流失地图",瑞典税务局(2008年1月);英国,"制定衡量直接税收损失的方法",英国海关税务总署(2007年10月);美国,"减少税收流失的综合战略",美国财政部(2006年9月)。

通过预缴税款征收税款

在缺乏扣缴机制并确认与依赖较大的一次性年度纳税相关的风险的情况下，大多数国家的政府都实行了所得税征收的预缴税款制度。如果设计得当，通过预缴税款制度征收税款可以以相对较低的成本对税务机关和纳税人得以实施，同时确保财政收入适当和及时地流入政府。

虽然各国之间的情况存在差异，但此类制度的一些较常见的特征如下：

- 大多数政府的目标是在相关财政期间征收大部分应缴税款。
- 明智地使用起征点，导致较大的纳税人更频繁地缴纳税款（例如每月或每季度），而其他人则更少（例如每季度或每6个月）——这种方法有助于最大程度地减少税务机关的工作量和较小纳税人的合规负担。
- 所需的预缴税款金额按已经确定的"税额"（例如上年度税收核定）的比例计算，而不是要求纳税人和/或税务机关进行详细计算。

自我评估与行政核定

相对于行政核定制度，大多数发达经济体都基于自我评估原则发展了税收管理制度，而行政核定制度可能需要更详细的纳税申报表和在提高核定额之前对申报表进行一定程度的技术审查。国际税收对话[①]以下列方式描述了"自我评估"。[②]

现代税收制度及其管理建立在"自愿遵从"原则的基础上，这意味着纳税人应该遵守其基本纳税义务，只需税收官员进行有限的干预。在实践中，自愿遵从是通过"自我评估"制度实现的，在该制度下，纳税人可以在合理获得税收管理部门建议的情况下，计算自己的税负；完成纳税申报表；向税收管理部门提交申报表和税款；然后面临审计风险。在许多国家，自我评估的发展与增值税的兴起密切相关。

为什么自我评估如此重要？ 在无需计算每个纳税人的税负并通知纳税人的情况下，税务官员可以集中精力处理不遵守纳税义务的少数"有风险"的纳税人。与此同时，纳税人的合规成本也降低了，因为与税务管理部门不断互动的需求大大减少了。相反，如果缺乏自我评估，纳税人需要在税务局和银行缴税的步骤就会很耗时，申报和缴纳程序会变得繁琐。此类程序不仅会降低税务管理部门的效率和效力，而且纳税人与税务官员之间的经常接触也会助长腐败行为。

一些国家采用自我评估通常是为了改善税法遵从度，通过早期征收税收收入来提高运作效率，简化其申报表处理制度，和/或降低有争议的核定的发生率。

制裁（包括利息收费）

适当的制裁制度（例如迟申报和迟缴纳行为的罚款/利息）是建立在自愿遵从原则基础上的现代税收制度的一个不可或缺的特征。结构合理、设定在现实水平并被系统地应用的制裁有三个基本目的：（1）制止不合规的行为；（2）惩罚违法者；（3）强制执行税法的有关规定。另一方面，制度不完善的

[①] 国际税收对话是一些国际、区域和国家机构的合作倡议，包括国际货币基金组织、经合组织和世界银行。

[②] 国际税收对话（2005，第22页）。

税务机关或未得到适当利用的税务机关存在着未充分遵守法律的风险，以及不得不采取成本高昂的执法行动来确保合规行为。

传统上，制裁被编入单项税种的法律，有时针对同一罪行进行不同程度的制裁。然而，更有利的安排是建立一种包括可以统一适用于所有税种的一系列标准制裁措施的税务管理法律结构。

信息获取

为了履行其主要职责，税务机关需要开展一系列核查活动，以确保正确地遵守其执行的法律。因此，税务官员必须根据法律获得特别授权，以对纳税人和第三方进行询问、检查其账簿和记录并根据需要获取其他信息。在理想情况下，这几方会合作，提供为与财政收入管理相关的任何目的所需信息的获取权限，以避免长时间的询问，以及极端情况下的纳税人和税务机关的法律诉讼和相关成本。在实践中，为税务官员提供账簿、记录和其他信息获取权限的权力伴随着具体制裁，以鼓励合规和惩罚不合规者。

强制征收税款的权力

在正常情况下，大部分税收收入由纳税人"自愿"缴纳，无需税务机关采取强制措施。但是有些纳税人有时不能或不愿意支付应缴税款，因此必须由税务机关采取后续行动。

为了鼓励及时缴纳税款并最大程度地减少漫长的强制征收行动的成本，税法（有时是其他法律）通常为税务机关提供一系列工具；特别是：（1）为真正无力支付税款者制定税款缴纳安排和/或延长缴纳税款的时间；（2）从第三方（例如雇主）征收；（3）扣押纳税人的资产；（4）取得对纳税人资产的留置权；（5）启动破产或清算行动，这是最后的手段。其他较不常用的工具包括启动导致企业关闭的程序，取消营业执照，限制海外旅行，扣缴政府应付给有关债务人的其他款项，以及在满足某些条件的情况下，将企业的未偿债务强加于其董事。

治理体系

税务机关（或就此而言，任何组织）所实现的效率是与执行其任务的方式相关的一系列复杂安排的结果。这些安排构成了所谓的组织的"治理体系"。"治理"一词在各种情境中使用，对不同的人而言可能含义不同。对于本章而言，特别是在与高效的财政收入管理有关时，从澳大利亚公共服务委员会（APSC）为公共部门机构制作的指南材料中得出的下列定义和随附的解释（见专栏21.2）被认为具有指导意义。①

专栏21.2　建立更好的治理

什么是公共部门治理？

公共部门治理涵盖"由机构执行人员行使的一系列职责以及实践、政策和程序，用于提供战略方向、确保实现目标、管理风险以及负责任地使用资源并承担问责"。公共部门治理还包括领导层在确

---

① 请见澳大利亚公共服务委员会（2008）。

保良好治理被灌输在整个组织中这一实践方面的重要作用,以及所有公务员在日常工作中应用治理实践和程序的更广泛责任。

良好治理有关

- 绩效——机构如何使用治理安排来促进其整体绩效和商品、服务或计划的交付,和
- 遵从——机构如何使用治理安排来确保其符合法律、法规、已公布标准和社区期望在廉洁、问责和公开方面的要求。

这意味着,治理通常有关公务员每天做出决策和实施政策的方式。

公共部门治理为什么重要?

"良好治理本身并不是目的。治理很重要的原因是,良好治理有助于组织实现其目标。另一方面,治理不善会导致组织的衰落甚至消亡。"

构成组织治理体系的要素和活动有很多。所引用的澳大利亚公共服务委员会指南描述了所谓的"在建立或审查治理安排时需要考虑的基本组成部分"。这些基本组成部分是:

- 强有力的领导、文化和沟通;
- 适当的治理委员会结构;
- 明确的问责机制;
- 跨组织边界有效地工作;
- 全面的风险管理、合规和保障制度;
- 战略规划、绩效监测和评价;
- 灵活且不断发展的基于原则的制度。

对为建立这些基本组成部分所需的实际步骤和活动,本章不进行详细阐述。专栏21.3中的信息简要介绍了关键组成部分,这些信息再次借鉴了所引用的澳大利亚公共服务委员会材料,并被视为具有广泛的国际适用性,包括对于财政收入管理。

专栏21.3　良好治理的基本组成部分

强有力的领导、文化和沟通

- 高层的强有力承诺,并在各机构之间逐级分解。
- 道德且基于价值观的文化。
- 频繁和一致的沟通。
- 雇员必须对自己的行为承担个人责任。
- 在决策、计划实施和财政管理方面对工作人员的持续培训和支持。

适当的治理委员会结构

- 委员会结构应适合于机构规模、职能的广度和多样性、责任复杂性、业务性质和风险状况。

- 典型的结构将包括高级执行委员会，高级管理委员会，审计（内部控制）委员会，信息通信技术委员会，人事委员会，以及工作人员协商论坛。
- 建立有效的委员会需要明确的职权范围，适当的成员资格，秘书处的技能支持，良好的记录保存做法，战略重点，需要接受审查的运作。

明确的问责机制

- 组织结构——组织内部和外部利益相关者均应该有明确无误的汇报关系和问责制。
- 存在有效的安排来管理与主要政治对应方（例如部长）的关系和沟通。
- 与组合实体的关系——需要明确阐述的职责和汇报关系，以及通过正式和非正式机制进行沟通。

跨组织边界有效地工作

- 与外部利益相关者的关系——使用整个组织范围的协议（例如服务章程）来一致和公正地对待利益相关者。
- 政府各部门都参与的方式——跨界协调和有效安排问责制。
- 权力下放的治理安排——各机构必须制定强有力的问责框架，强调从外部（例如通过外包安排）提供服务的标准的重要性。

全面的风险管理、合规和保障制度

- 各机构应认识到灵活的合规、决策和风险管理制度的重要性，以便在领导、目标、方向、资源和风险方面做出改变。
- 所有机构都需要建立和实施健全的风险监督和管理制度，以及健全的内部控制制度，并且这些制度应整合到业务规划流程之中。上述制度应旨在识别、评估、监测和管理整个机构的风险。上述制度还需要为工作人员提供向高级管理层报告风险的机制。

战略规划、绩效监测和评价

- 作为正常商业惯例的一部分，各机构通常应每年制定一份商业计划。各机构应该具有综合的业务规划框架，从战略优先事项逐级分解到部门优先事项和活动。然后应将这些目标纳入个人绩效和发展计划。
- 各机构应建立允许持续监测绩效的制度。这包括内部审计和流程审查，以根据商定的绩效指标确保准确的信息和质量保证。
- 机构健康——企业健康监测过程需要成为机构治理框架不可分割的组成部分。

灵活且不断发展的基于原则的制度

- 基于原则而非规则驱动——规则是必要的，但严格受规则约束的组织可能无法应对异常、复杂或新的情况。

资料来源：澳大利亚公共服务委员会（2008）。

从专栏21.3的内容可以明显看出，一个健全的治理框架包含许多相互关联的要素。对于负有改善税法自愿遵从度（从而改善所征收的总财政收入）任务的税务机关而言，其战略规划流程的效能是至关重要的，特别是与以改善税务合规性为目的的管理、战略资源配置和组织绩效监测有关的活动。

以改善税务合规性为目的的管理

在税务机关决定如何分配其有限资源之前，税务机关需要一个系统化和结构化流程来决定其总体目的、目标和战略。这些通常是税务机关战略管理流程的最终产物。其中一个关键要素是税务机关以必须处理的关键税务合规风险、如何处理这些风险以及可能需要哪些资源调整来实现改善税务合规性的总体目标为基础来决定组织优先事项的方法。

经合组织借鉴发达经济体的一些税务机关的做法，就此问题发布了一些实践指南。经合组织（2004）提出了一个流程，作为税务机关战略管理流程的一部分，来对税务合规风险进行识别、评估、优先排序和处理以及对处理策略的影响进行监测和评价（见图21.3）。虽然税务机关面临许多税务合规风险，但这些风险通常都属于以下四种风险类型：（1）未按要求登记；（2）未按时提交申报表；（3）未能全面报告所有税负；（4）未按时纳税。

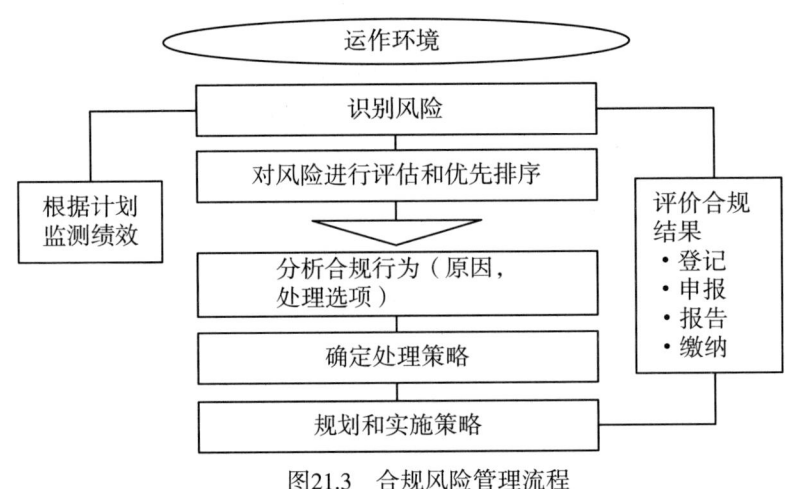

图21.3 合规风险管理流程

通过将该模式应用于进行管理的每项主要税种，作为正常管理周期一部分，税务机关试图回答以下问题：

- 要处理的主要合规风险是什么？
- 主要合规风险适用于哪些纳税人群体或细分？
- 主要合规风险的潜在行为及其驱动因素是什么？
- 考虑到上述因素，应该如何处理这些风险以实现最佳结果？
- 哪些处理策略有预期结果，哪些没有？
- 可以采用哪些指标来衡量整套处理策略是否正在实现预期结果？

该模式本质上是一个自上而下的战略流程，旨在以单个税务机关持续合规改善的形式获得收益，进而为政府和纳税群体带来额外收入，或者只是提高成本效益（即类似的合规水平，但成本较低）。该流程的首要目标是在主要税种和客户群体细分中实现正确的"风险管理平衡"。从总体意义上讲，没有实现该目标的税务机关将不可避免地无法优化合规性，因此无法实现其寻求的财政收入或成本目标。

战略资源配置

税务机关通常将其总财政资源的70%左右用于工作人员成本。由于对税收管理可用的总体资金的限制，并且在一些国家，政府要求降低总成本，因此必须认真考虑在战略层面决定如何最好地配置这些有限的资源以实现所有目标。为此目的，税务机关需要一个结构化的流程来做出资源配置决策。

从资源配置的角度来看，税务机关的财政收入管理工作可以被视为分为三大类：

（1）必须完成的工作（即强制性工作量），例如登记纳税人、处理纳税申报表、税款缴纳，以及解答疑问；
（2）税务机关在设定类别和要执行的数量方面具有一定自由裁量权的工作（即自由裁量性工作量），例如审计和债务催收；
（3）对（1）和（2）行为提供直接支持的职能（即组织支持职能），例如人力资源管理、信息技术服务，以及公共关系。

税务机关肩负着最大程度地提高税法遵从度的任务，因此在理想情况下，税务机关应不断寻求最大程度地减少第1类所需的资源（在这方面，有效利用现代技术是核心）并且优化第3类的资源利用方式，并承认其对第1类和第2类的影响。在规划周期内审查资源利用情况和相关绩效并且设置资源配置优先事项应该是年度业务规划周期的关键部分。

组织绩效监测

如专栏21.2所示，战略规划以及绩效监测与评估流程是良好治理框架不可分割的组成部分。虽然本章不对高效的税务机关处理这些治理方面的方法进行详细阐述，但仍然可以提出许多重要的意见。

- 越来越多的现代税务机关正在改进其战略目标及其相关指标，以衡量在管理税收制度和使这些制度在税务机关公开报告中透明化方面要实现的"结果"（而非"产出"）的绩效。
- 对于一些税务机关而言，制定了关于改善结果（和产出）的正式目标（在某些情况下，由政府或财政部授权），以设定据以衡量进展情况的基准。
- 正如本章开头所述，许多税务机关在证明其计划所产生的"附加价值/投资回报"方面面临着越来越大的压力；对于某些税务机关而言，这些要求带来了一系列发展，例如：（1）多年来实施具有特定量化目标的大规模成本降低计划；（2）要求证明受到新的/扩展的合规倡议影响的每个财政年度的财政收入收益率。
- 税务机关使用结果相关指标和效率相关指标（与专栏21.4中所列示例的类似）来全面介绍其绩效例如，在其报告中详细说明所取得的绩效水平。

财政收入管理、业务流程和现代信息技术系统的部署

发达经济体的国家税务机关部署信息技术系统已有40多年的历史。然而，特别是在过去10—15

年，在互联网的推动下，新兴技术的有效部署使得大多数财政收入管理业务流程得到了根本性的重新设计，转变了税收征收和核定流程及其运作所需的许多基础支持流程。对于许多税务机关而言，这些发展为政府和纳税人节省了大量成本，通过降低运作成本和提高向纳税人及其代理人提供的服务标准，显著提高了效率。

专栏21.4　税务机关绩效指标示例

结果相关指标

- 纳税人在主要风险类型中总体合规性的直接和间接指标；
- 年末未缴税款占净财政收入征收总额的比例；
- 向纳税人和税务专业人员提供服务的质量（包括及时性）；
- 在税务机关执行法律方面，纳税人的满意度和信心水平；
- 工作人员激励水平和与税务机关的互动；
- 减少纳税人的合规负担。

效率相关指标/成本降低相关指标

- 总行政成本与净财政收入征收额的比率；
- 根据预设标准（按主要服务类别）实现的服务绩效率；
- 使用电子申报方式收到的纳税申报表比例；
- 使用电子支付方式收到的税款比例；
- 从合规计划中征收和/或核定的财政收入占总财政收入征收额的份额。

表21.1描述了主要财政收入管理流程的特征，包括重新设计以及自动化之前和之后的特征，如今在越来越多的税务机关中都可以看到这些特点。

虽然表21.1中的信息显示出自动化辅助财政收入管理流程重新设计是普遍存在的，但如果认为以这种方式实现流程现代化是一个简单而直接的规划和执行问题，那将是错误的。事实上，历史将证明恰恰相反。（发达经济体和发展中经济体的）许多税务机关多年来的经验使人们注意到许多为实现现代化所做的努力失败（或实现程度严重不足）的实例，原因有很多：

1. 缺乏组织领导和资源和/或关于改革工作的一套明确的组织目的和目标；
2. 缺乏涉及业务用户和其他利益相关者的连贯的总体设计；
3. 倾向于对现有业务流程进行自动化，而非在自动化之前重新设计业务流程；
4. 倾向于建立新系统，而非采用已在其他税务机关中运行的成熟且经过验证的软件解决方案；
5. 对系统的开发和实施倾向于开展大规模现代化工作，而非更加交错和深思熟虑的方法；
6. 此外，技能资源不足导致项目管理薄弱。

表21.1 财政收入管理流程：重新设计和自动化之前和之后

财政收入流程	通常在重新设计和自动化之前观察到的特征	通常在重新设计和自动化之后观察到的特征
登记	纸面登记流程	在线登记流程
	多个纳税人标识符（按税种）	通用纳税人识别号码（适用于所有税种）
	纳税人记录的手动索引	所有记录的国家数据库
纳税人账户	账户（按税种）	综合纳税人账户
	纸面会计记录（按税种）	综合账户报表
申报表提交	纸质纳税申报表/手动数据捕捉	电子提交和在线预先填写的纳税申报表
	退税支票寄给纳税人	通过直接抵免进行退税
税款缴纳	现场缴纳和批量邮寄支票处理	通过互联网进行电子转账支付和银行系统直接借记
纳税人服务，咨询等	现场咨询	互联网信息提供
	书面咨询	在线访问纳税人数据
	电话咨询服务（分散）	电子邮件咨询
		专用呼叫中心
申报表提交执行	基本案件识别/分析	自动案件分析
		自动案件行动
	纸质文件案件处理	自动生成信函
	手动生成信函	
核查——数据匹配	核定后匹配第三方报告与申报表	自动修改简单案件
	纸质文件案件处理	自动案件行动
核查——审计	手动审计案件选择	自动案件分析
	纸质文件案件处理	自动案件行动
债务催收	手动生成信函	自动生成信函
争议解决	纸质文件案件处理	自动案件行动
	手动生成信函	自动生成信函
管理信息	基于手动编译的信息或测试样本（数量有限）	数据仓库和分析能力

简而言之，主要流程重新设计和自动化项目需要谨慎处理，并且只应在仔细规划之后继续进行，包括适当考虑所有相关风险以及如何缓释这些风险。

人力资源管理

除少数例外情况，税务机关是各自公共部门中相对较大的雇主，并将其相当大比例的预算用于与员工配备相关的支出。[①]因此，税务机关整体效率在很大程度上取决于其工作人员的总体熟练程度。税务机关劳动力的熟练程度可以从多种属性角度来看待，更常见的是胜任能力、服务文化、专业性、动机和道德行为。从前一节中描述的良好治理基本组成部分的构成要素中可以发现"工作人员熟练程度"的重要性。

有能力的、服务导向型的、专业且积极主动并且具有高标准道德行为的劳动力是一系列相互关联的复杂安排的产物，需要重点关注和管理。

---

① 经合组织（2011）指出，对于经合组织经济体而言，2005—2009年用于员工成本的财政资源平均水平约为72%。

在其2007年财政蓝图出版物中，[①]欧盟委员会税务与关税总局制定了切实可行的指导方针，该实践指南根据欧盟最佳实践制定明确的标准，财政收入管理部门能够据以衡量其自身的运作能力。该指南的组成部分涉及人力资源管理各方面，提供了对于寻求建立高素质劳动力队伍的所有税务机关而言至关重要的一系列战略目标，内容如下：

1. 存在充分支持税务机关业务战略的人力资源管理战略、政策和制度；
2. 税务机关有足够的自主权来决定招聘、保留、绩效管理和评估、晋升、职业发展、培训和发展、调任、辞退、解雇和退休；
3. 实施激励、支持和保护雇员的人力资源政策和实践；
4. 具有最高管理层认可的长期工作人员发展战略；
5. 具有支持提供雇员培训和发展的组织结构和制度。

当实施人力资源开发战略时，税务机关当然希望衡量该战略是否实现了提高能力的目标，如果没有，则衡量在哪些领域仍存在差距或不足。为此，税务机关能够广泛使用各种工具和方法。这些工具和方法包括对工作人员进行全面调查以衡量其参与程度、积极性和满意度（可以随时衡量以评估趋势），调查已完成的工作，以及随时监测缺勤率和员工流动率。

结论和指南

作为负责征收政府为开展其计划所需的大部分财政收入的公共部门机构，税务机关在预算制度的顺利运作中发挥着关键作用。虽然税务机关的主要目标与效力有关（即尽最大可能遵守税法），但其实现与其运作效率有着内在的联系。由于资源有限，税务机关需要优化可用资源的利用，平衡一系列竞争性且有时复杂的需求。

本章重点关注六个核心领域，这些领域被视为建立高效的财政收入管理系统的基础，并且旨在概述每个领域内公认的现行最佳实践。

根据本章和相关参考文献中的建议，[②]从业者应汲取主要经验教训如下：

1. 在最大可行范围内追求一个健全的制度框架，其特点是：
- 征收直接税和间接税的统一机构；
- 在适用的情况下，负责征收社会保障缴款；
- 有足够的自主权。
2. 设计和构建一个现代组织框架，提供：
- 基本的职能结构；
- 专门的大型纳税人运作；

---

① 请见欧盟委员会（2007）。
② 其他有价值的从业者参考文件包括Kloeden（2011）和经合组织（2010）。

- 专为效率和纳税人服务考虑因素而设计的办公室网络；
- 最少的管理层级。
3. 与财政部合作，建立对行政法律框架的支持，该框架：
- 优化从源头扣缴来征收所得税的使用机制；
- 采用预缴税款制度，明智地应用起征点以妥善平衡纳税人的合规负担和税务机关工作量；
- 强调对财政收入管理采用自我评估方法；
- 提供全面的罚款和利息制度，在各税种之间保持一致，设定的比率足以鼓励人们遵守法律并惩罚违法者。
4. 制定并实施充分支持税务机关业务战略的人力资源管理战略和相关政策。
5. 建立健全的治理框架，其中包含专栏21.3中描述的基本组成部分的要素。
6. 确保对所需的整体业务流程和相关的自动化计划进行连贯且记录完备的设计，该设计建立实际的税务机关优先事项和资源需求，建立在其他税务机关的成功经验之上，并考虑所有相关风险及其缓释。

参考文献

Australian Public Service Commission. 2008. "Building Better Governance," www.apsc.gov.au/publications07/bettergovernance.pdf.

Bakirtzi, E., P. Schoukens and D. Pieters. 2010. Case Studies in Merging the Administrations of Social Security Contribution and Taxation. IBM Center for the Business of Government.

Barrand, P., G. Harrison and S. Ross. 2004. "Integrating Tax and Social Security Contribution Collections within a Unified Revenue Administration: The Experience of Central and Eastern European Countries," IMF Working Paper 04/237.

European Commission. 2007. "Fiscal Blueprints – a Path to a Robust, Modern and Efficient Tax Administration," European Commission – Taxation and Customs Union.

IMF. 2010. "Revenue Administration: A Toolkit for Implementing a Revenue Authority," Technical Notes and Manuals, International Monetary Fund.

IMF. 2011. Revenue Mobilization in Developing Countries. Washington, DC: IMF Fiscal Affairs Department.

International Tax Dialogue. 2005. "The Value Added Tax – Experiences and Issues," Background Paper.

Kidd, M., and W. Crandall. 2006. "Revenue Authorities: Issues and Problems in Evaluating Their Success," IMF Working Paper 06/240.

Kloeden, D. 2011. "Revenue Administration Reforms in Anglophone Africa since the Early 1990's," IMF Working Paper 11/162.

Library of the U.K. House of the Commons. 2004. "Commissioners for Revenue and Customs Bill," Research Paper 04/90, December.

OECD. 2004. Compliance Risk Management: Managing and Improving Tax Compliance. Paris: Organisation for Economic Co-operation and Development.

OECD. 2010. Survey of Trends and Developments in the Delivery of Electronic Services to Taxpayers. Paris: Organisation for Economic Co-operation and Development.

OECD. 2011. "Tax Administration in OECD and Selected Non-OECD Countries, Comparative Information Series (2010)," Paris: Organisation for Economic Co-operation and Development.

22
海关管理①

卢克·德·沃尔夫

国际贸易税收在传统上一直是大多数国家财政收入的重要来源。跨越国界的商品很容易识别，商品交付前要先缴纳关税和税款（因此逃税有些困难），关税率通常是特定的，因此基本上避免了估价问题。因此，从税收管理的角度来看，关税比其他财政收入来源更容易征收，而从更广泛的财政管理角度来看，关税的相对安全性和可预测性更受欢迎。经济论证也倾向于对国际贸易行为征税。出口税是在假设这些税是由外国买方而非国内供应商支付的情况下征收的，而使居民免于出口税负担。进口关税被视为工业化的工具，因为进口关税保护当地生产者免受进口竞争的影响，从而创建出一个有利于企业所有者和工人的地方选区。

近年来，有几个因素促使国际贸易税收占总收入的份额在工业国家中减少到很小。然而，在发展中国家，贸易税仍占总税收收入的很大份额，但份额正在缓慢下降。这几个因素解释了这个趋势。税务管理部门变得更加精明干练，随着结构化企业的成长、会计系统的精简、电子记录保存的出现和纳税人合规性的改善，对所有经济活动来源征税变得更加容易。所得税、一般销售税、特别消费税和财产税都是比以前更高效地征收的财政收入来源。经济论证还强调了贸易税会损害增长和创造就业这一事实。出口税——在没有特殊垄断力量的情况下——往往会减少出口收入和对外竞争力。税收对橡胶、锡、咖啡和可可造成的有害经济影响就说明了这一点，而现在已基本放弃这些税收。贸易自由化的优势已得到广泛认可，系统性废除关税一直是《关税与贸易总协定》（GATT）和世界贸易组织（WTO）以及众多双边和区域贸易协定的主要成果。尽管存在这些趋势，国际贸易税收管理仍然是一项重要的政府职能，因此值得继续支持和加强，特别是在那些严重依赖贸易税的国家。在非洲，截至21世纪初，通过关税筹集的总财政收入份额占总收入的28%；在中东，该份额为22%，东亚和太平洋地区为15%，西半球为13%（De Wulf and Sokol，2005）。与此同时，海关管理部门还负责征收进口增值税，这项任务需要采取与征收关税相同的一些流程。

到目前为止，已经讨论了就海关管理在动员财政收入方面的作用。但是，海关管理在保护国家安全和环境方面也发挥作用，并有助于确保与产品、植物卫生和动物卫生标准相关的立法和规章得到遵守。海关当局在促进贸易的同时还履行其各种其他职能方面所发挥的作用也受到了极大的关注，特别是在世界贸易组织多哈回合贸易谈判中，贸易便利化作为新增议程加入。本章涉及海关当局的作用以

---

① 本章改编自《脆弱国家的海关管理》（Customs Management in Fragile States）一文的第一章，该文为世界银行编写，由英国国际开发署信托基金资助。Adrien Goorman在发现问题、构建论文架构和审查最终产品方面提供了很大帮助。

及实施有效和高效的海关管理所面临的挑战。

海关监管和清关程序

虽然海关业务本身并不复杂，但其涉及的流程并不总是被外人完全理解。海关当局在履行其职能时必须尽可能减少对合法贸易的干扰并与其他边境管制机构合作。自2001年9月11日以来，海关管理在加强安全方面的作用受到了额外关注，并导致世界海关组织（WCO）成员通过了《全球贸易安全与便利标准框架》(the Framework of Standards to Secure and Facilitate Global Trade)。[1]该框架为世界各地的海关组织提供了一个框架，以应对新认识到的全球贸易体系的脆弱性。

海关监管的三个阶段

在实现其目标时，海关当局遵循某些共同程序，这些程序经过调整，以适应国家规模和优先事项、管理的贸易流量以及海关管理能力。[2]对进出一个国家的商品有三个主要的操作控制阶段：（1）监管跨境商品；（2）处理商品申报；（3）进行放行后监管。

监管跨境商品

海关当局通过确保进出口只通过指定边境口岸进行，并且对边境其余部分进行监督，监管所有跨境商品。海关法应指定承运人申报运输工具及其运载商品的授权边境口岸。该报告是通过提交货物清单来完成的，该货物清单列出并描述了运输的所有商品，并指明了每批货物的发货人和收货人。货物清单是海关核算入境商品的基本文件，可以在货物到达边境之前提交给海关当局。由于电子数据交换（EDI）极大地促进了贸易运作和更有效的监管，因此成为提交清单的首选方式。这也是现代边境站的现行做法。然而，手动提交和检查货物清单仍然司空见惯。

海关当局必须防止贸易商为避免缴纳关税和税款或走私非法商品而在授权过境点之外将商品带入国家境内。为此目的，海关当局制定了反走私战略并运作情报网络和机动检查组。到达港口和机场的商品通常不能立即清关，而是被卸下并临时存放在海关监管之下，直到进口商提交了详细的报关单并且商品被清关。海关法规定了允许临时存放时间。虽然商品快速清关符合海关当局和进口商的利益，但低仓储费用可能会鼓励贸易商为了避免市场仓储费用和流动性原因而延迟商品清关。报关代理人的表现也可能影响商品在海关仓储中的花费时间。

处理报关单

商品必须在抵达该国后，在规定时间内申报。在承运人将托运物品到达情况告知进口商后，进口商必须使用规定的表格提交详细的报关单。如今，大多数报关单都是以电子方式提交的，使用的基本上是国际标准化的申报表。在最近的版本中，同样的表格也可以用于农业、卫生和其他边境机构。海关当局必须审核报关单的准确性和证明文件的真实性，并核定和征收关税和税款。在大多数国家，自我评估报关单是准则；进口商或报关代理人完成报关单，计算关税和税负，并向海关当局提交报关

---

[1] 世界海关组织（2005），2005年6月由海关署长在其世界海关组织理事会年度会议上通过。

[2] 以下出版物提供了关于海关程序的详细和完整描述：De Wulf and Sokol（2005），以及Mathur（2006）。

单。专栏22.1提供了关于报关单处理的更多细节。

专栏22.1　报关单处理的关键步骤

报关单的提交和验证。报关单和证明文件由进口商或报关行使用规定的表格提交给海关当局，该表格表明了处理商品所需的数据。报关单必须包含核定和缴纳关税和税款所需的数据：进口商的标识、进口商品名称、海关程序代码（确定关税是否到期）、税则归类、价格、发票的币种、商品原产地和数量/重量。发票和其他文件，例如提单[①]、原产地证书、进口许可证、部级部门关于获得优惠税率或免税的商品入境的授权，以及卫生、农业和其他监管机构的授权，应支持报关单。

检查报关单。海关当局必须确定报关单准确且完整地反映了进口交易情况，并且正确计算了应缴关税和税款。这需要选择性检查，因为并非所有进口都存在相同的财政收入流失风险。选择性使海关当局高效地利用资源，而不是浪费时间检查低风险货物。选择基于根据预先决定的风险标准进行的风险评估。风险标准可包括高风险进口商或经纪人的身份、协调制度商品编码（见下文）、申报价格和原产国。报关单被分配一个风险代码，通常是绿色（低风险）、黄色（中等风险）或红色（高风险）通道。有些国家使用蓝色通道，选择商品进行进一步的文件检查，但只有在商品从海关放行后才进行；这是清关后文件稽查。

审核。这涉及影响关税计算的要素（即税则归类、商品的价格和原产地，而原产地可能使商品符合优惠关税率条件）以及所要求的任何豁免的有效性。为最大程度地减少进口商/经纪人与海关官员勾结的机会，向单个海关官员分配报关单应是随机的，贸易商与从事这些工作的海关官员之间的面对面接触也应严格减至最少。

估价。核定进口价格是关税核定中最关键和最困难的部分之一。海关官员必须根据法定估价标准审核申报价格是否可以接受。对于世界贸易组织成员而言，该标准是《世界贸易组织海关估价协定》（the WTO Agreement on Customs Valuation）项下定义的，该标准规定，成交价格应在最大程度上用于估价目的（即，实际支付或应付的商品价格，但须经某些调整）。[②]如果成交价格不能使用或有问题，世界贸易组织协定规定了替代估价方法。一些国家与私营公司签订合同来为单项进口提供装运前检验证书，以使海关当局更加确信申报价格与实际成交价格相对应。这些服务的使用受世界贸易组织的监管[③]，但一直存在争议（Goorman and De Wulf，2005）。

税则归类。《商品名称及编码协调制度》（the Harmonized Commodity Description and Coding System）被国际公认为适用的关税税则商品归类制度。协调制度的最新版本可追溯至2007年，在98个章节中按照8位数字的归类级别详细介绍了商品。官员应该接受良好培训以应用该制度，但官员的任务难度在很大程度上取决于税则表中包含的税则差异。关税率数量越少，归类错误将影响关税义务的风险就越低，因为相同的税率将适用于整个协调制度章节中的多个项目，因此较小的归类错误可能对关税没有影响。事实证明，通过提高关税计算的可预测性并避免以后发生争议，向贸易商提供关税预裁

[①] 提单（也称为BoL或B/L）是由承运人（例如船长或公司的运输部门）签发的文件，确认已经接收指定商品作为货物以运输到指定地点交付给收货人，通常是载明的收货人。

[②] 关于世界贸易组织估价协定的全面描述，请见http：//www.wto.org/eng-lish/res_e/booksp_e/handbook_cusval_e.pdf。

[③] 请见http：//www.wto.org/english/tratop_e/preship_e/preship_e.htm。

定的做法是很有帮助的。如有任何争议，海关管理部门应允许在进口商/经纪人交存担保品的情况下放行商品，应该向贸易商提供申诉程序。

原产地证书和免税授权书。这些文件表明进口来源国，并对原产自这些国家的商品征收优惠关税。原产地规则往往非常复杂，因为原产地规则有时被设计为微妙的保护工具。最近的研究表明，获得原产地证书的成本有时可能超过现有的关税优惠，从而导致贸易商不要求这些证书（De Wulf and others，2009）。当商品在全部或部分豁免关税和/或税款的情况下进口时，海关官员必须检查免税是否得到适当授权。计算机化免税数据库的使用有助于清关后稽查。

对商品进行文件检查或实物检查。检查流程应以风险分析为指导。逃税和安全漏洞往往推动这种分析，但不应忽视对其他边境机构目标的风险。在理想情况下，风险程序应在机构间的基础上进行设计，以指导所有机构的检查流程。实际上，这种情况很少发生，各个机构利用独立的风险分析流程或者不使用此类流程进行运作。必须采用严格的检查规则来促进诚信并保护财政收入。

缴纳关税和税款。只有在缴纳关税和税款或同意延期缴纳后才能放行商品。有时需要预缴关税和税款，这样做的好处是使进口商正式接受所提交的报关单，并且避免了清关延误。如果发现需要额外的关税或税款，则修改报关单并支付额外款项。可以通过海关出纳员或电子支付来征收关税和税款。

放行和交付商品。当满足所有要求（包括边境其他监管机构颁发的放行许可证，以及已经缴纳关税和税款）时，海关当局授权放行商品。在支付港口手续费和滞期费之后，可以从港口/机场的临时存放地点移走货物。

放行后监管

在竞争激烈的贸易世界中需要快速清关，这促使海关管理部门更加重视放行后监管。选择性放行后监管必须遵循稽查策略的指导，该稽查策略选择需要稽查的进口商以及很少或根本没有进行放行前审核的报关单，或者在取得放行后检查结果之前被临时清关的报关单。该策略还包括对获得绿色通道待遇的报关单的随机监管。稽查结果应纳入清关系统的风险评估模块。负责放行后监管的单位也可以负责监管免税商品的报关单，甚至是根据各种关税减免计划入境的商品的报关单。放行后的检查和稽查需要具有良好商业会计技能、准确归档的实践和高度诚信的专业海关稽查员团队。

关税减免制度

在关税减免制度下，进口商品以转口为条件免除关税和税款，或者如果已就进口缴纳关税和税款，那么这些关税和税款将在转口时退还。关税减免制度使制造商能够以出口使用了投入品的最终产品为条件，在不缴纳关税和税款的情况下进口工业投入品。这些制度需要特殊的监管和监督机制，以确保商品在规定的时间内转口，或者在未转口的情况下缴纳关税和税款。[①]有必要讨论关税减免的三个方面。

进口加工的暂准进口是一种制度，根据该制度，旨在对用于制造出口商品或进行改造、修理的进口材料有条件地免征关税和税款。制造商需要提供关于其生产过程和进口要求的详细信息，并为暂时

---

① 关于详情，请见Goorman（2005）。

免征的关税交存保证金。海关当局审查这些计划，允许商定投入品的暂准进口，并监测商定的计划是否实际实施。主要担忧的是，使用免税投入品生产的商品将在国内市场上销售，而无需缴纳进口关税和税款。保税制造是暂准进口的一种变体，要求获准关税减免的出口制造商在特定的保税工厂或仓库内运营，并在不合规情况下为相应的关税和税款支付财务担保。

退税是退还为进口材料支付的关税和税款，这些进口材料用于制造随后出口的商品。退税制度应该简单、快捷、易于被制造商理解并且易于由海关当局管理，海关当局可以依靠信息技术来管理退税流程。清关后的审核流程应审核该流程的完整性。

出口加工区是国家境内的地理飞地，但在法律上不属于国家海关辖地。出口加工区的建立是为了鼓励出口制造业和提供服务。在出口加工区，企业进口原材料、零部件和设备，不缴纳关税和税款，并可享受其他一些财政和监管优势。这些区域通常仅限于指定的工业区，但有时限制区域外的工厂也被批准为出口加工区。进入关境的商品按照从国外进口的商品进行处理，并须进行进口申报和缴纳相应的关税和税款。为了避免欺诈，海关当局需要对关境与出口加工区之间的商品流动实施适当的监管。

海关管理

运作良好的海关管理需要一个良好的基础，包括海关管理活动的良好法律框架、有效的组织和管理结构以及人力和财政资源。

法律和监管框架

海关管理的法律和监管框架包括关税和对外贸易法律；海关法及其配套执行性法规，其中规定了实施关税和对外贸易法律的基本操作规则和制度；组织法律，决定了海关管理部门设计和职能，而这些设计和职能必须执行实体法和程序法。法律框架需要与作为世界贸易组织成员、世界海关组织成员和经济一体化实体（关税同盟和优惠贸易区）的国家的国际义务保持一致。

关税和对外贸易法律

海关管理部门按照关税法律、对外贸易规章制度，执行政府关税和对外贸易政策。关税和对外贸易制度影响海关当局有效和高效运作的能力。某种程度的复杂性是不可避免的：例如，优惠贸易安排或关税同盟的逐步实施要求降低某些进口产品的关税。然而，海关管理的大多数复杂因素都源自限制性和保护性的对外贸易政策、复杂的关税结构、不明确的商品归类规则以及国内间接税与进口关税之间缺乏协调。限制性和保护性贸易政策增加了处理对外贸易交易所需的文书工作和监管措施数量。高关税率增加了逃税的动机（通过低估、归类错误和彻底走私），并增加了获得免税的压力。税率的多样性可能诱使进口商将其进口归类到较低税率类别。应对退税流程进行清关后审核检查。

在制定海关立法时应纳入或考虑的主要国际公约和协定包括：《世界贸易组织海关估价协定》（the WTO Agreement on Customs Valuation）；世界海关组织发布的《商品名称及编码协调制度》（Harmonized Commodity Description and Coding System）；经修订的关于简化和协调海关程序的《京都公约》（Kyoto Convention）；以及单一商品报关单（the Single Goods Declaration），其建立了贸易文件的标准格式。

海关法和执行性法规

海关法提供了海关管理的基本规则。除其他事项外，它赋予海关当局对进出该国的商品和运输工具实行监管，并征收关税、税款和其他应付费用的权力。海关当局还可以执行其他政府机构关于进出口的规章制度。海关法还规定了进口商、经纪人和运输者的权利和义务，并规定了海关制度、申诉程序和执法权力。

海关法可以促进海关管理或使海关管理复杂化。未适应现代海关实践的过时法律规定导致了效率低下。过时法律规定导致的一些缺点是要求对所有进口物品进行实物检查，对承运人的商品入境申报方面的规定不充分，对各种海关制度的处理不明确，海关当局缺乏进行放行后稽查的权力，过时的处罚规定，以及过时的记录保存要求（Mikuriya，2005）。

执行性法规包括制定用于执行关税和海关法的规则和程序的部级法令。当情况需要时，可以更改执行性法规。标准操作程序（SOP）提供了详细的程序，以确保正确应用法律和执行性法规。

组织立法

组织法设立了海关当局，并委托海关当局管理关税和执行海关法。根据国家的行政组织情况，海关当局还可能负责执行其他财政法律，包括特别消费税法律和增值税法律。组织法规定了海关当局的总体职责、组织结构以及各组织单位的结构和职能。在海关人员的人员结构和法定规则偏离一般公务员规则的范围内，该法律还可能包括海关人员的人员结构和法定规则。

海关组织结构

虽然大多数国家的行政职能大致相似，但没有一种单一的组织模式适用于所有国家。在任何特定国家，组织情况还将依赖于其规模和地理、对外贸易模式、可用资源、赋予海关当局的法律和行政职责以及行政传统。

职能的分权

海关服务最好以分权方式进行管理，中央总部负责总体管理，区域办公室负责管理其地理辖区，地方办公室负责实际的监管和清关活动。分权型组织需要适当的授权，明确的责任划分，以及有效的指挥和汇报关系。组织结构需要根据特定级别的职能进行定义。所需的区域和地方办公室数量取决于该国的规模和地理特征以及贸易活动和运输方式的地理分布和性质。对于非常小的岛屿国家，可能只需要一个办公室。

有效的海关管理要求对职能和活动进行适当的分权，将适当的权力下放给区域和地方办公室。总部的作用是全面管理海关服务，监督和支持海关现场业务。前者涉及建立海关管理部门可以用于履行其职责的制度基础和环境。这包括资源管理和开发，组织规划，方法和系统的研究和开发，法律审查和解释，以及绩效评价。后者涵盖监测现场活动并提供指导和建议，有时在必要时做出决定（例如，在税则归类、估价和法律纠纷方面）。图22.1提供了海关总部组织方式的一个示例。

区域办公室的作用是监督和支持该地区地方办公室的运作和活动。只有在国家规模和/或区域活动范围需要的情况下，才需要区域办公室。地方办公室实施并执行属于海关管理任务的法律和法规。地方办公室包括边境和国内的清关办公室（机场、集装箱港口、铁路枢纽以及其他清关办公室）。地方办公室还管理位于轻度使用的入口道路上的边境口岸。地方办公室的重要性和规模差别很大；地方办公室的范围从大型海港办公室（具有国家超过一半的海关活动和财政收入征收额）到小型边境办公室或国际邮局（邮件）办公室。因此，组织和人员配备要求因办公室而异。

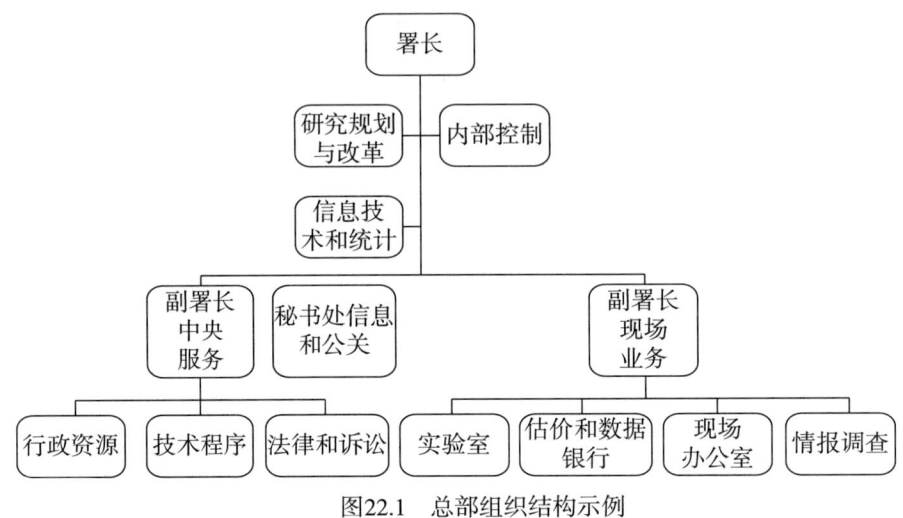

图22.1　总部组织结构示例

注：署长（DG）级别下设两名副署长（DDG），分别负责中央服务和现场业务。副署长中央服务司有三个部门。行政资源部可以有负责人力、财力和物力资源的三个处，以及一个培训中心。技术程序部可以有三个处（监管；程序、关税、估价和原产地；以及关税减免和免税稽查）。法律部可以有两个处：立法和诉讼。

人员配备和培训

海关管理部门的人员配备应遵循资源计划，该资源计划确定组织有效运作所需的工作人员的类型和数量。招聘后必须进行培训，然后确保所有工作人员都能够履行向其分配的职责。没有标准的方法来确定所需的工作人员数量，因为这取决于对外贸易活动的规模、特点和地理分布以及相关的海关业务，赋予海关管理部门的职责，包括海关管理部门是否以授权方式为其他边境管制机构（例如植物卫生检验）进行运作，以及贸易商合规历史。通过统计各国的报关单数量来评估人员配备要求并不能提供可靠的指导。基本上除了首先确定海关当局的任务、制定所规划的组织结构图并且估计每个组织单位有效和高效运作所需的工作人员规模和技能水平之外，没有其他真正的替代方案。这种分析将考虑到监管和清关流程中近期的计算机化水平。

海关管理的两个现代趋势

一站式边境口岸

近年来，人们对这样一个事实关注颇多：应该可以通过精简在边境运作的各种机构进行的各种检查，使过境流程合理化。边境两方涉及的组织包括移民、海关以及涉及动物卫生、植物卫生标准和核问题的各种机构。这种精简的观点很有吸引力，因为这将减少乘客和货物过境所需的时间，并允许各机构减少分配给乘客和货物筛查和检查的工作人员而不会削弱监管质量。然而，经验表明，实施这种一站式边境口岸（OSBP）概念比预期困难得多。虽然规划了许多一站式边境口岸，但由于已经出现的实施障碍，目前存在的一站式边境口岸很少。这些实施障碍都可以克服，但回顾过去，这些障碍一直很难应对。①

成立一站式边境口岸的决定通常源自支持加强双边或区域合作的政治声明。虽然看到精简程序潜在收益的私营部门对此表示赞同，但后续工作往往十分敷衍。部分原因是边境管制机构各自在其自己的特定法律框架下运作，并且运作一站式边境口岸所需的这些框架的统一工作带来了一系列针对具体机构的挑战，这些挑战必须以避免法律冲突和不一致情况的方式加以解决。

此外，还需要进行大量详细的工作，以确保每个机构的运作程序连贯一致，以及各机构为确保一站式边境口岸的顺利运作而相互配合。这要求每个机构修改其运作方式，放弃根深蒂固的运作程序并调整其人员配备，以及在此过程中考虑在一站式边境口岸环境中运作的其他机构的目标和程序。这需要一种能够让步并调整运作程序的思维方式。然而，大多数这些机构并未参与决定建立一站式边境口岸，并且它们发现很难将一站式边境口岸的目标和调整需求内化。鉴于边境两方所涉及的机构多种多样，以及上述机构在履行职责方面的方法也多样，这些谈判往往是微妙和漫长的。在没有高层政治支持的情况下，谈判往往会拖延很长时间。

地理位置也可能限制与新的精简和协调的过境程序相关的可能性和成本效益。必须解决并且受地理限制的问题包括需要将客运和货运分开（这已成为经改善的过境点的标准特征），为卡车提供足够的停车位，并确保边境口岸周边安全。最重要的是，地理限制比任何其他因素都更可能会影响到在一个成熟的一站式边境口岸和边境两边各设边境站之间的选择，在一个成熟的一站式边境口岸情况下，两个国家的各个机构以完全一体化的方式在一个地点对任一方的所有过境交通行使其职能，而在边境两边各设边境站的情况下，每个机构的代表处理进入该国的乘客和货物所必需的监管，并且另一个国家的代表也在场。

单一窗口

过境检查涉及的不仅仅是海关监管，还有许多不同机构开展的许多活动。如图22.2所示，这些机构大多以导致复杂而低效的蛛网式互动的方式彼此孤立地运作。在这些情况下运作是令人沮丧、成本高昂且耗时的。

为了提高其对外竞争力和应对自独立以来第一次经济衰退，新加坡在1985年任命新加坡贸易发展局协调贸易界的目标、关注重点和活动。新加坡贸易发展局审查了贸易文件，并建议将多个贸易文件要求减少到一个在线表格，而该表格几乎满足该国所有贸易文件的需求。

新加坡贸易发展局认为这项任务至关重要，因为对当时普遍存在的多种表格和数据要求进行自动化几乎是不可能的。在将所涉及的不同机构及其数据要求协调为一系列可自动化的连贯简化程序方面的挑战在许多情况下更具政治性而非技术性。1986年12月，该倡议得到了高层的支持，并在对各贸易机构采用的程序进行彻底审查和简化后，于1989年1月启动了贸易网络（TradeNet）②。该系统将涉及对外贸易的多方（包括34个政府单位）与大多数和贸易相关活动（包括清关和缴纳关税及税款，处理出口和进口许可证和原产地证书，以及收集贸易统计数据）的单一交易点联系起来。重点是准确性和速度。该系统的设计使贸易商提交一份文件，然后将该文件转发给所有相关机构和合作伙伴。然后，需要做出决策的机构能够及时做出决策，使贸易交易顺利进行。该系统的引入大幅简化了贸易交易。

---

① 本节借鉴了作者的经验，作者协助莫桑比克和南非当局在这两个国家的边境（南非的莱邦博和莫桑比克的加西亚）建立一站式边境口岸。

② 主要基于De Wulf and Sokol（2004）。

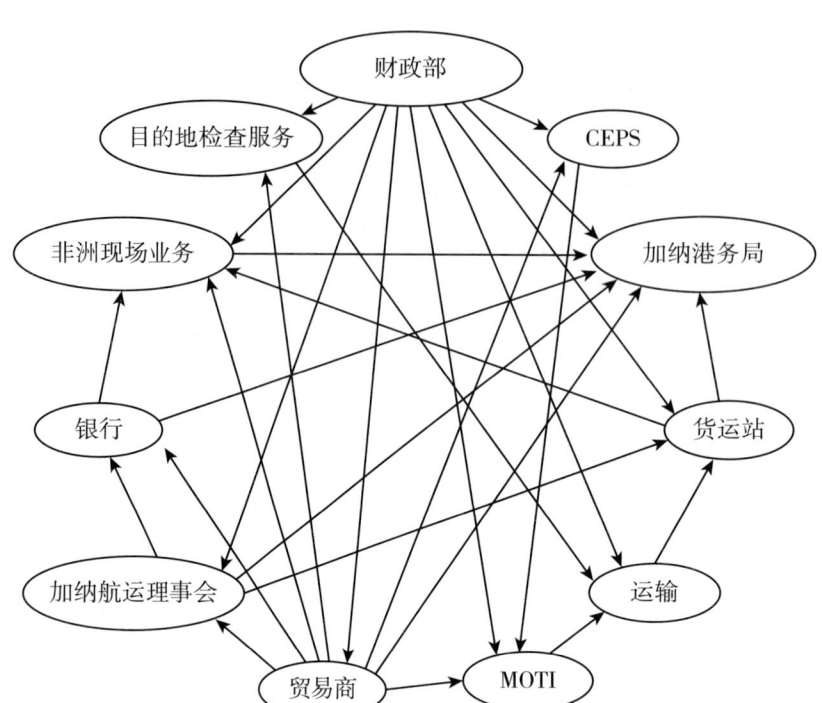

图22.2 加纳改革前的交易制度

资料来源：加纳社区网络；CEPS是指海关税务和缉私服务；MOTI指贸易和工业部。

其他几个国家也效仿了新加坡的做法，包括毛里求斯、加纳和莫桑比克，这些国家依赖于新加坡使用的原始单一窗口信息技术。图22.3显示了在引入单一窗口后，加纳所有贸易相关机构之间的关系大幅简化，并且加纳海关不是单一窗口的中心，而是加纳社区网络（GCNet）的重要合作伙伴。贸易网络、加纳社区网络和其他单一窗口取得的成果指出了其成功实施的某些关键因素。[①]这些因素在专栏22.2中进行了总结。

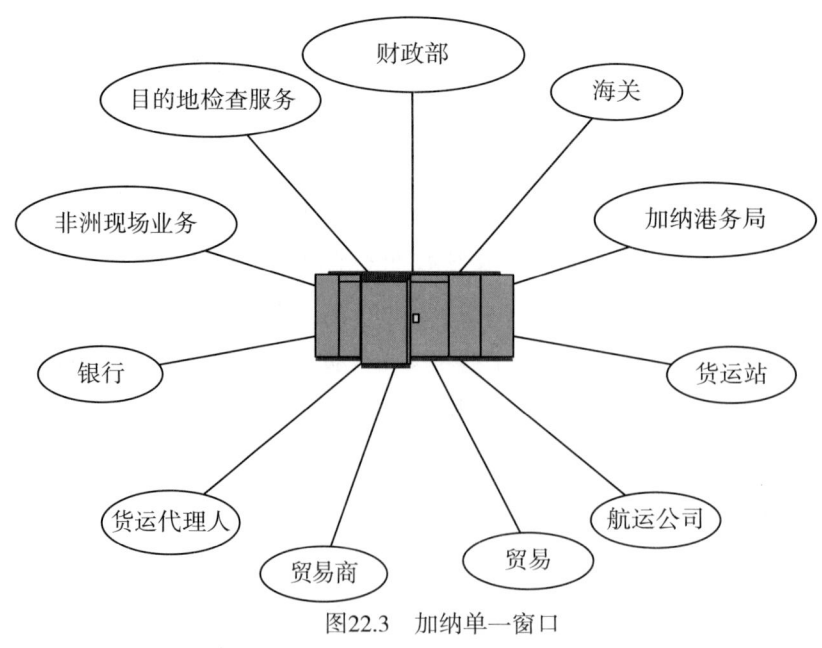

图22.3 加纳单一窗口

资料来源：加纳社区网络。

---

① 基于联合国（2005）。

专栏22.2 成功实施单一窗口的操作指南

政治支持是至关重要的。政治支持应该用于强调单一窗口为对外竞争力做出的贡献；贸易便利化对于克服来自既得利益集团的障碍和预期阻力以及管理各种代理人各自责任的过时方式而言是必要的。

强有力的牵头机构需要负责确保实施的正确性。如上所述，这并不一定是海关当局，而是一个能够利用高层政治承诺来设立单一窗口的机构。

政府与贸易商之间的伙伴关系将极大地帮助私营部门参与其中，并将促进单一窗口的构想。

需要确定项目的明确目标和界限，同时考虑到现有基础设施和目前向政府提交贸易相关信息的方法。

单一窗口必须是用户友好的且可访问的，并提供由服务台支持的明确指南。

要求遵守国际数据要求标准——世界海关组织在其最近的数据模型3中为满足海关和大多数其他边境管制机构要求的数据字段提供了指南。

应该确定可能存在的障碍，包括倾向于反对改革的人，并且正面和公开地处理他们的忧虑。

尽早就单一窗口采用的业务模式达成一致将有助于确定投资和维护方面的融资安排，这种安排可以采取政府和社会资本合作的形式。

关于单窗口的特征及其优点，应该有专业的营销和沟通。

单一窗口的逐步实施将使贸易商和所涉各个机构的工作人员熟悉新的要求。

允许电子支付关税和税款已被证明是单一窗口的一个有吸引力的特征。

结论和通用指南

虽然主要由于全球贸易自由化趋势导致关税水平急剧下降，关税的财政收入重要性在全球范围内正在下降，但海关收入对于许多发展中国家而言仍然非常重要。这是因为海关关税和税款相对容易征收：有纳税义务的商品在明确规定的入境点进入该国家，并且只有在已经缴纳关税和税款或者就缴纳事项提供担保之后才能放行。海关组织还负责对进口商品征收一般销售税，这项任务需要许多相同的职能来征收海关关税和税款。从财政收入的角度来看，海关业务仍然非常重要，在其仍然薄弱的地方应该得到加强。

随着贸易商采用现代电子平台，以降低交易成本和加快交易，贸易迅速发展。海关当局需要通过在精心设计的电子海关管理系统中嵌入电子数据交换、电子支付以及其他功能来遵循这一趋势。对于仍然落后于形势变化的许多国家的海关管理而言，这是一项挑战。加强与贸易界的伙伴关系将有助于促进这样一种认识，即在降低成本和更快速放行商品方面可以改善所提供的服务，同时又不损害海关的主要职责，而海关的主要职责在许多情况下仍是组织财政收入。这将提高一个国家的对外竞争力。

海关管理部门越来越需要与可能减缓商品放行速度的其他边境管制机构更好地协调运作。这种协调应以共同风险管理为基础，而共同风险管理问题往往对大多数非海关边境管制机构而言是陌生的。自2001年9月11日以来，海关当局在确保边境安全方面的作用也得到了更多关注，因为需要利用手头的所有资源来应对安全威胁。世界海关组织通过颁布《全球贸易安全与便利标准框架》（the Framework of Standards to Secure and Facilitate Global Trade）来处理这个问题，该框架指导海关业务加强对其业务安全角度的关注。这已经导致一些国家采取组织变革，在加强边境安全的背景下重组了海关服务（例如美国和加拿大）。

贸易便利化近年来备受关注，并且这要求海关当局更加关注其业务对贸易商造成的成本。正在引入新设施来实现该目标，重点是对诚信贸易商（世界海关组织术语中的授权贸易商）的优惠待遇，预先发出关税通知，以及提高海关和其他边境机构的法规和程序的透明度。除了推动一站式边境口岸和单一窗口之外，这些趋势构成了新的挑战，只有在海关管理灵活且思想开放的情况下才能应对这些挑战。

参考文献

Cadot, O., M. Maliszewska and S. Saez. 2011. "Nontariff Measures: Impact, Regulation, and Trade Facilitation," in G. Mclinden, E. Fanta, D. Widdowson and T. Doyle (eds) *Border Management Modernization*. Washington, DC: World Bank.

De Wulf, L. 2004. "Ghana," in L. De Wulf and J. Sokol (eds) *Customs Modernization Initiatives*. Washington, DC: World Bank.

De Wulf, L. et al. 2009. Economic Integration in the Euro-Mediterranean Region, available at http://www.case.com.pl/strona–ID-1445, publikacja_id-27616965, nlang-710.html.

De Wulf, L., and J. Sokol (eds) 2004. *Customs Modernization Initiatives*. Washington, DC: World Bank.

De Wulf, L., and J. Sokol (eds) 2005 *Customs Modernization Handbook*. Washington, DC: World Bank.

Goorman, A., 2005. "Duty Relief and Exemption Control," in L. De Wulf and J. Sokol (eds) *Customs Modernization Handbook*. Washington, DC: World Bank.

Goorman, A., and L. De Wulf. 2005. "Customs Valuation in Developing Countries and the World Trade Organization Valuation Rules," in L. De Wulf and J. Sokol (eds) Customs Modernization Handbook. Washington, DC: World Bank.

Mathur, V. (ed.). 2006. *Reforming the Regulatory Procedures for Imports and Exports: A Practitioners Guide*. Washington, DC: World Bank.

Mikuriya, K.. 2005. "Legal Framework for Customs Operations and Enforcement Issues," in L. De Wulf and J. Sokol (eds) *Customs Modernization Handbook*. Washington, DC: World Bank.

United Nations. 2005. *Economic Commission for Europe, Recommendation and Guidelines on Establishing a Single Window*. New York: United Nations.

World Customs Organization. 2005. *Framework of Standards to Secure and Facilitate Global Trade*. Brussels, Belgium.

23
使用费

巴里·H.波特

使用者收费有两大类：

1. 首先，使用者收费包括私营部门消费者（个人和公司）为公共部门向上述消费者提供的商品或服务的全部或部分成本而支付的款项。
2. 其次，使用者收费指的是一个政府部门或机构向另一个政府部门或机构提供的商品和服务的内部价格（见Allen and Tommasi，2001）。

本章列出在决定是否收取公共服务费用（而非依靠一般税收或特定税收的集资）应考虑的理论和实际因素，如果需要收费，还要考虑收取多少费用。

因此，开头的一节列出在不同情况下采用使用者收费的理论原因。下一节将再次讨论不同情况下使用者收费应用的实践论点和制约因素。随后的一节将更详细地讨论如何为公共部门提供的商品和服务的消费者设定使用者收费。然后探讨与在公共财政管理（PFM）方面处理此类内部和外部交易相关的关键问题。最后，讨论政府内部交易的使用者收费应用事宜。本章最后提供关于使用者收费应用和处理（在公共财政管理方面）的进一步指导。

针对私人消费者的使用者收费——原则

对于"纯"公共产品而言，基本上不存在应用使用者收费的情况，这不同于通过政府可用的一般税收收入来支付供应成本。纯公共产品的标准定义是，纯公共产品是政府提供的服务，不能排除任何消费者，并且从服务中受益的能力不受其他人消费的影响。[1]经典示例包括国防和国际关系（外交和领事服务）：人们普遍认为，此类服务应由一般税收而非特定收费提供资金。

然而，经济学家长期以来一直认为，这种纯公共产品的示例实际上是罕见的。然而，在过去两个世纪特别是20世纪，发达经济体和发展中经济体的公共部门似乎不可阻挡地扩张。[2]无论政治层面还

---

[1] 因此，公共产品的消费是非排他性的，非竞争性的。
[2] 东欧和俄罗斯的前集中经济体的公共部门规模在20世纪90年代确实缩小了。但在其他地方，特别是在西方，持续扩张的历史被包含削减公共支出情况的短期财政紧缩中断。

是社会层面，普遍认为，由于各种公共政策原因，理论上可以由私营部门提供的许多商品和服务最好由公共部门全面直接提供或由公共部门提供补贴。

通过参照外部性，公共部门提供许多此类商品和服务是合理的——公共部门行动给社会总体带来的/减轻的更广泛的利益/损害。因此，正外部性的存在被认为证明了国家提供（例如）高等教育的合理性，即使在（例如在美国）私营部门提供普遍的高等教育的情况下也是如此，因为受过高等教育的人口可以提高经济生产潜力。另一方面，一些公共部门活动是由于需要处理在传统私营部门决策中未考虑到的私营部门活动的负外部性或社会成本（例如污染），以减轻对居民造成的损害。

无论干预的理由是什么，无论其目的是促进还是阻止私营部门活动，如果公共部门的措施产生成本，就必须为其提供资金。这主要涉及从社会公众筹集所需财政收入的三种主要手段：

- 征收的一般税收，与纳税人是否为相关服务的受益人没有联系，也并未据此分级；①
- 特定税收或关税，通常至少松散地与服务的实际/感知受益人或外部成本来源相关；此类特定税收可能会也可能不会与用于相关服务支出的专用账户或资金相关；
- 使用者收费，通常直接适用于负外部性的受益人或生产者（例如污染者），同样可能会或可能不会与专用账户或资金相关。

有时也采用混合形式，其中通过多种方法的组合来支付提供服务的总成本。

道路为公共部门提供服务的三种不同融资手段以及每种手段引用的理论论据提供了一个有用的实例。道路可以（并且历史上曾经）由私营部门提供，使用者支付通行费。但在所有国家，大部分道路网现在都由公共部门提供和管理。②在很大程度上，道路网通常由一般税收收入提供资金，并且通行费不适用于道路网中的大多数道路。就道路而言，通常援引广义公共产品观点来证明公共干预的合理性，在商品和人员的便利运输以及由此带来的经济生产潜力增加方面，为整个社会养护良好道路的正外部性超过了个别道路使用者的私人利益。

然而，一些国家至少通过特定税收（例如燃油消费税）为主要道路的养护提供部分资金。通常，这种税收资金（至少在原则上）被放入专用账户或资金，然后用于为主要道路网络的养护提供资金（Potter，1997）。有一种情况是根据车辆的使用强度对所有驾车者普遍进行收费，这样做的原因既是考虑到驾车者造成的额外污染对那些没有汽车的人产生的负外部性，也是因为对道路网造成的更大磨损（以及因此导致更高的养护成本）。在这种情况下，燃油税是直接使用者收费的有用替代品，下面将更详细讨论使用特定税收与使用者收费的情况。

此外，一些国家至少对某些类型的道路采用使用者收费，例如用于缓解平行公路上拥堵的新收费道路的主要受益人是行程时间缩短的使用者。③因此，经常可以看到对这些驾驶者征收使用费（通行费）的情况，并对较重的车辆收取较高的费用，即使整个社会也受益于原始道路网的拥堵缓解。此类道路通常也通过政府和社会资本合作（PPP）获得资金（见第27章）。

---

① 就该简化表示而言，政府借款被假定为相当于未来税收。
② 这并不意味着大部分道路网络是由政府雇员提供的，大多数道路是私营公司建造并由政府付款的。
③ 这些道路实际上可能由私营部门在政府和社会资本合作（PPP）下拥有和经营。

简而言之，被人们所普遍接受的经济政策理论是：不应把提供维护公路的成本全部分摊到所有纳税人身上，而是应该以间接的税收方式从使用者身上获取，或是直接以使用费的方式获取其部分融资成本。许多学术研究致力于分析哪些成本应由使用者间接或直接支付和以何种形式支付，以及哪些成本应由一般纳税人支付。然而现实情况是，虽然在某些情况下应用使用者收费的广泛理论原因通常是被接受的，但就使用者和一般纳税人之间谁应该支付以及以何种形式支付而言，理论通常不会提供准确或实用的指导。通常情况下，对现有融资模式的改变将反映出在如何分担成本负担方面一些政治和社会观念的转变。因此，10年前为阻止汽车司机进入拥挤的城市中心而进行的收费鲜为人知——现在在一些拥挤的首都城市，包括伦敦和新加坡，已经实施了这些收费。如下所述，在使用者/受益人和一般纳税人应分别在多大程度上支付提供其他公共商品和服务（高等教育，临床和一般医疗服务以及牙科保健服务，养老金等）的成本方面，也会出现类似的考虑因素。我们将在下面进行讨论。

因此，融资的选择往往受到关于负担分担和纯粹实用性的政治和社会观念考量的严重影响，但理论考虑因素几乎总是支持使用者收费或特定税收的使用而不是依赖于一般纳税人，因此可以向政策制定者提供有用的（尽管是一般性的）指导。

- 第一，如果商品或服务基本上是纯公共产品，那么其应该由一般税收提供资金。
- 第二，如果有一个可识别的特定群体受益于公共服务或导致负外部性，那么就有理由对该服务征收特定税收或使用者收费，而不是依赖一般税收。一个示例是向国立大学的学生收取的费用：显然，学生个人显著受益于收益前景的改善，尽管整个国家也从经济生产潜力增加中获益。
- 第三，还有一种情况是在没有直接受益人联系或联系非常小的情况下使用特定税收或使用者收费——事实上，支付税款或收费的人甚至可能不知道受益人。后者的一个示例是国家彩票：根据定义，国家彩票不是纯公共产品，因为非参与者是自我排除的。然而，参与者购买彩票主要是为了赢得大奖，即使资金的最终用途得到广泛的支持，例如用于国家艺术项目。
- 第四，这种特定税收或使用者收费通常可以通过支付到专用于该特定职能的资金来进行抵押，尽管在某些情况下，该税收或收费的资金将支付到政府的一般财政收入。这也导致有用地区分了财政收入进入抵押资金之中的"强专用"（例如学费的情况）和"弱专用"（例如彩票的情况）（Hemming and Miranda，1991）。
- 第五，在决定采用专用目的税或使用者收费时，其原则上支持一种或另一种方法的论据是什么？简短的回答是，在实际论据使得采用使用者收费十分困难或成本过高的情况下使用税收始终是一个"次优"解决方案。只有在可以评估每个人得到的私人利益（或造成的损害）并且可以采用某种形式的适当税收的情况下，才能实现完美的税收。通常，税收是直接向使用者收费的有用替代方案（见专栏23.1）。
- 最后，在选择适当形式的特定税收（由此推论，使用者收费）时，可以采用哪些税收原则？使用者收费和特定税收有三大经济目标：增加财政收入、提高效率和确保公平。有一种方法可以设定与每个目标相对应的收费——所谓的拉姆齐法则（the Ramsey rules），即对无弹性需求的商品和服务收费最高；传统受益原则，其中收费反映了所享有的利益或所施加的伤害以及支付能力。我们的目的应该是探索不同的情况下适用哪种原则。拉姆齐法则可以在很大程度上被忽略，因为拉姆齐法则关注的是在独立于商品和服务特征（价格弹性除外）的情况下设定税收和价格。对于大多数公共服务而言，在基本上处理某种形式的外部性时，受益原则在可以适用受益原则的情况下都适用。但在某些情况下，适用支付能力原则，例如在受益原则不公平的情况下。支付能力原则可以直接适用（例如对强制性健康保险的缴款），也可以用于修改本应只会根据受益原则出现的收费形式（例如学费，其中来自低收入家庭的学生通过降低学费获得额外的国家支助）。

专栏23.1　使用者收费与特定税收

- 在理想情况下，用于支付道路养护成本的使用者收费将基于车辆的尺寸（较重的车辆造成的损坏最大）和行驶的里程。
- 原则上，可以针对里程表进行年度检查以及根据车辆的重量制定不同的收费表（可能根据车辆具有混合动力发动机还是电动发动机而有所不同）。
- 但是，按重量类别收取车辆登记税以及代表使用强度的燃油消费税会更加容易，而没有单独征收机制的额外负担。如下一节所示，特定税收/使用者收费的应用通常归结为实用性和成本问题。

对私人消费者的使用者收费——实用性

实际上，使用者收费方法可能受到青睐还有很多其他原因：

- 由于总是在使收费（或作为次优选择的特别税收）和一般纳税人支付成本之间进行选择，因此通常会有一种不太严谨的对使用费公正和公平的引述。例如可以说安全驾驶符合每个人的利益，以避免交通事故的社会成本和实际成本，因此，签发驾驶执照、进行驾驶考试等的成本应由一般纳税人承担。然而，在几乎所有国家，驾驶执照和驾驶考试都向使用者进行收费——较小程度上基于在对个人的边际收益是否超过对整个社会的边际收益方面的计算，而较大程度上基于驾驶应被视为仅授予登记和胜任的驾驶员的特权这一观念。对医疗处方等其他项目的使用者收费（即使某些群体可能因健康、年龄或收入原因而被排除在外）同样具有对公正性的常识性诉求，即使通过减轻或预防危险疾病的传播可以获得更广泛的公共卫生益处。此外，应用对处方的收费通常被认为是避免常规费用（例如阿司匹林和其他非处方药）或过度药物购买的一种方式。
- 如果可以简单地管理收费，收费也可以确保更高的效率和效力。第一，与作为通过一般税收供资的大量、不规则的公共服务的一部分服务相比，特定服务与特定收费二者直接关联本身通常会令服务水平方面承担更大责任。第二，使用者收费的采用通常与专门政府机构的建立有关，例如社会保障基金或健康基金；许多发达国家已经发现，与由广义政府部门提供服务相比，此类单一用途的机构能够更好地履行其分配职能（见专栏23.2）。

专栏23.2 政府机构的建立

- 大多数公务员负责提供公共服务——建造公路、提供道路养护、签发驾驶执照或护照、支付社会保障福利，以及征收税款或关税等。其他公务员向政治家提供政策建议，包括关于外交部门的国际关系、财政部长的经济建议、还是国防部长的军备选择。

- 从20世纪90年代的改革开始，一些国家选择在组织上将向公众提供服务的公务员与职能基本上是政策咨询性质的公务员分开。

- 对于许多服务提供职能而言，人们发现建立一个独立于传统政府部门模式的政府机构是有用的。在大多数情况下，此类机构不会设定使用者收费（例如税收或关税征收机构），而是由传统拨款提供资金。对许多服务提供职能而言，这种代理方法的优势在于，建立单一目的组织并应用私营部门形成的一些资源管理方面（特别是人力资源管理）的经验教训可以带来更广泛的好处。例如，就业合同、薪级表和养老金可能与传统的公务员任用不同。

- 然而，事实证明，就对服务收取使用者费用（无论是覆盖全部还是部分总代理费用）的活动而言，政府代理模式特别有用。

- 此类机构必须根据法律和公共财政管理情况以反映其持续公共部门性质的方式建立。因此，无论此类机构是完全由广义政府收入提供资金（如税务或关税部门）、部分由使用者收费提供资金（如高速公路机构）或完全由使用者收费提供资金（如驾驶执照机构），此类机构的活动构成广义政府活动的一部分。实际上，此类机构最好只被视为广义公共部门的一个要素，而该要素可能具有不同的组织方式，并且可能具有与传统政府部门不同的资金来源。

- 服务水平和收费之间（理想情况下）直接或至少更紧密的联系可以改善公共部门的分配决策。该观点主要来自"公共选择"学派，该学派认为，关于广义公共部门服务水平的决定很大程度上受到行政级官僚、游说团体、委员会主席或者立法部门类似人物的活动的影响。因此，上述决定并没有直接反映选民的意图或选择，因为正如布坎南（Buchanan，1968）所指出的，选民在民主选举中只能表达对一揽子公共支出和税收水平的偏好。在有收费的情况下，公众原则上可以做出更多选择。①

但是，虽然使用者收费可以因此带来更好的公共部门结果（更好的分配决策，以及更高效和有效的服务提供）但使用者收费的应用也存在非常实际的制约因素。第一，在确保准确计量提供服务的成本以及处理边际成本、相关支持服务的成本和适当的资本费用等概念方面存在复杂的问题。②第二，如下所述，使用者收费的应用在公共账户交易处理问责以及需要确保对公共资金使用的充分问责方面提出了重要问题。第三，使用者收费在概念上可能与税收不同，但两者被公众普遍视为政府对其公民的总体税收要求的一部分。因此，使用者收费的作用必须始终放在广义政府税收政策的背景下。因此，

---

① 这可能被夸大了：驾驶执照不是可选的，而是法律强制性的。但是，如果使用者收费与特定机构相关联，那么问责制会得到改善，从而可以做出更好的决策。

② 如下所述，这样做的费用（交易成本）经常使人对一个政府部门与另一个政府部门之间内部使用者收费的实施产生质疑。

如果采用专项税来代替使用者收费，就像分配给道路养护基金的燃油税一样，那么税收灵活性较低的"成本"可能会限制政府使用燃油税（一种易征收且难避免的间接税）作为一般财政收入来源的范围。

对私人消费者的使用者收费——设定收费

在设定向最终消费者提供的公共服务的使用者收费时，决定收费政策主要有两个阶段。首先，如前所述，需要考虑原则问题：特定服务是否适合收费或者是否应该由一般税收提供资金。其次，如果决定支持收费，需要考虑是否采取直接使用者收费，或者是否可以通过采取特别税收来更简单有效地收费。并且始终值得记住的是，如果没有使用者收费或其他单独税收，那么默认情况下，为有关服务提供资金的负担将由一般纳税人承担。

在政策层面决定以某种方式向使用者进行收费时，虽然理论上（通常是受益原则的应用与因支付能力原因进行的任何折衷之间的平衡）将设定收费的广义目标和整体形式，但考虑实际因素，可能决定是收费还是征税及其确切安排。使用者收费可以分为两大类：

- 旨在收回公共服务全部成本的收费（A类）；
- 旨在为服务成本进行一些分担的收费，其余部分由一般税收来源提供资金（B类）。

相应地，来自收费的资金也能够以不同的方式使用：

- 财政收入可以放入一般财政收入资金——那么从收费中筹集的金额与有关服务的支出之间就没有联系。这可能特别适用于B类情况。一个可能的示例是处方收费，其并非旨在支付药品的全部费用（甚至忽略与收入、年龄或疾病相关的特定针对性补贴），而是旨在促进负责任的行为和阻止轻率使用。同样，一些国家发现，就医收费对为了阻止不必要的就医是有用的，而与医生工资或更广泛的诊所费用的水平无关。
- 来自收费的财政收入以某种形式被抵押给收费的特定服务，即来自服务收费的资金被专用于该服务的支出。请注意，这与A类或B类收费一致。例如，在某些国家申请驾驶执照，可以设定A类收费为支付服务的全部成本，而无需来自一般纳税人的额外资金。这通常与代理模式相关，在该代理模式中，执照管理部门作为完全由执照收益供资的单独政府机构，并不是政府部门的一部分。B类的示例是资金进入单独抵押资金的任何收费：社会保障基金和道路养护基金就是例子，尽管可以从一般纳税人资金中将补充资金存入这些账户。此处的显著特征是，收费的资金仅用于与其相关的服务，即使该服务的总支出由一般纳税人资金予以补充。
- 最后，在极少数情况下，从使用者收费中收取的金额没有用于相关服务，而是用于完全不同的服务。最著名的例子是公共彩票，其中A类收费是由希望中奖的使用者承担的，而不是（至少是直接）因为使用者想要资助由彩票收益供资的支出计划或项目。彩票的收益完全用于额外的基础设施或文化活动。

如果要制定A类收费政策，将收费设定为支付全部成本，那么必须全面明确这些成本。因此，应确定提供服务的全部成本（定义为包括运作成本以及资本资产、折旧和利息成本）。关键是要完全透明，以便使用者收费设定可以与特定的政策目标相关联，在收费设定中充分地列出和透明地反映这些政策决定的财政影响。

一个特别棘手的领域是，一个政府部门希望向私营部门使用者全额收费，但从其他政府部门向其提供的内部服务中获益。例如在对信息技术服务有内部收费的情况下，这将使首次设定收费的机构（或政府部门）更容易确定其服务的综合成本。如果不存在这种内部收费机制，那么至少有必要估计应该进行哪些收费来确定有关机构的全部运作成本。在某些情况下，在这项工作的基础上，在部门和机构之间建立新的内部收费机制可能是合乎逻辑的。

因此，在这一领域，获取准确财务信息对于建立政府综合财政管理信息系统而言至关重要。当然，必然结果是，在仍在开发此类系统的情况下，设定最优使用者收费可能存在实际制约因素。第35章和第36章将更全面地讨论这个问题。

虽然需要全面的财务信息和确定全部成本来设定最合适的使用者收费，但这肯定不足以确保引入使用者收费是正确的前进方向。还有许多其他更广泛的因素也需要加以考虑。经合组织（1998）以及艾伦和托马西（Allen and Tommasi，2001）都提供了有用的清单，其中包括以下几点：

- 明确的法律授权。应明确规定组织为其服务收费的法律授权。但是，这种授权通常最好建立为一个总体框架，这样就可以通过法规调整收费水平或将收费水平扩展到已确定的相关服务，从而无需进一步的法律依据。
- 与使用者协商。协商可以避免对新政策的误解，并解释对整体税收框架的影响和收费的发生率。此外，公平或社会政策考虑因素通常意味着，对于某些类别的使用者，将减少或消除使用者收费。在这样做的情况下，此类政策方面必须单独进行成本核算并透明地反映在有关服务的账户之中。
- 竞争中立。如上所述，在设定服务的使用者收费时，全面衡量成本是至关重要的。但这在私营部门提供比较性或竞争性服务以确保公平竞争的情况下，这一点尤为重要。
- 有效收取。使用者收费的收取制度必须高效，有时可以与现有的相关服务收费挂钩；例如关于收集垃圾用于回收的新收费可以与现有的垃圾清除收费相关联。不支付使用者收费情况还需要有关当局的有效检测和跟踪制度。
- 审计。需要对征收和收取收费的组织进行定期审计。
- 绩效评价。应定期监测组织的绩效，以确保适当的效率和服务质量水平。

A类收费（旨在覆盖服务的全部成本）的设定都是为了确保全面计量该服务的成本，而在设定B类收费时，相关的考虑因素及其之间应达成的平衡却不那么明确（仅仅对总成本的一些贡献只是设想）。这种定价政策显然与所收取的收费类型有关，也与在政策目标之间达成平衡方面的政治决定有关。因此，虽然根据B类政策方法设定的收费确实可以基于较不全面的成本进行衡量，但这并不意味着所设定的收费水平在某种意义上是任意的或随意的；相反，收费的设定需要与作为收费基础的具体政策目标相关。

例如，人们可能认为就医的小额收费的设定水平阻止了不必要的就医，但这样没有考虑任何增加财政收入的目标。无论最初设定什么收费，最好在以后年度中审查该收费，以检验收费在阻止过度就医方面的效果（例如通过比较医生收费之前和之后的经验调查）和调整收费来反映通货膨胀和实际收入的发展情况。同样，为处方药设定的收费往往涉及目标的微妙平衡：对慢性病患者、老年人、幼童和低收入者的针对性补贴可能根本不涉及使用者收费。应该如何对其余群体进行收费可能反映成本回收和劝阻过度使用处方药方面的考虑因素，以及确保人们不会被阻碍使用处方药，而人们被阻碍使用处方药可能会对公共健康造成不良后果。

对私人消费者的使用者收费——公共财政管理处理方法

使用者收费引起了一些问题，不仅关于对为其服务设定收费的各部门账户，特别是政府机构的账户中他们待遇的问题，还包括对于将征收使用者收费的活动与公共部门指标中包括的其他活动合并起来的问题。在发起或审查使用者收费的应用时，尤其需要处理一些问题：

- 对于机构/政府部门而言，需要在预算编制和执行程序上遵守更广泛的"整体政府（all of government）"法规。还需要特殊规则，其中使用者收费的资金存入专项基金中。此外，还出现了对议会负责和审计职能应用方面的问题，以及与政府现金管理和融资（特别是政府资本可及性）有关的问题。
- 从整个公共部门更广泛的角度来看，有两个问题特别重要：对全部或部分由使用者收费供资的服务的拨款总额而非拨款净额的可取性，以及需要整合关于某些机构和专项资金安排的数据以提供关于广义政府和广义公共部门的综合数据。

无论是政府部门还是（更具体而言）执行机构负责设定使用者收费，在预算编制和执行方面都有许多必须遵守的要求。对于政府部门而言，这基本上是遵循财政部所制定的法规的问题。但是，政府机构必须确保其内部预算管理安排符合财政部的要求。因此，政府机构必须建立与整个政府部门一致的预算编制周期，并且通常完全符合传统政府部门的预算编制周期。其次，需要就政府机构的预算执行和财务报告责任事宜（并且，如后面所述，就处理各机构的现金余额和任何单独确定的债务义务）达成一致。政府监督部门需要认识到，其必须相应地就预算编制的通货膨胀假设和年内预算补救行动等问题向此类机构提供适当和及时的指导。①

正如第16章全面论述的那样，还需要谨慎处理使用者收费产生的财政资源。根据某些安排，此类资源会自动流入政府的一般账户，在这种情况下不会出现任何问题。但是，如果使用者收费存入专项资金，甚至存入以该机构名义（也许是在商业银行）持有的银行账户，则需要做出安排使政府能够获取此类款项，用于现金和债务管理。此处的关键点当然在于使用者收费只是为政府活动提供资金的一

---

① 请注意，与传统的政府部门方法相比，此类机构可能有额外的会计需求。例如，一个完全由使用者收费提供资金的机构将需要一个完整的资产负债表，并且必须采用与私营部门更加一致的其他会计实践。

种手段，因此，所产生的资源最终不属于该机构，而是属于整个政府。为了日常现金管理之便，需要做出安排，使政府能够一夜之间清理账户。

同样，政府机构最好没有单独的借款权力，即政府机构应该能够以其可用的优惠利率向政府借款，而不是以自己的名义借款。如果出于某种特殊原因（也许是因为计划在稍后阶段进行完全私有化）允许该机构直接借款，那么需要制订明确的规则。这些规则包括财政资源是否可供政府用于现金管理目的的任何安排，以及向议会报告的机构账户中明确确定债务义务及其融资的任何安排。

由于各机构正在支出公共资金（即使其全部或部分资源来自使用者收费而非传统税收），所以其活动需要受到议会的审查，就像所有其他政府活动一样。然而，在会计实践、审计职能和议会审查方面有一些差异：

- 第一，一个机构的形式越接近私营部门企业的形式，就越需要根据私营部门而非政府风格的账户编制账目（包括权责发生制而非收付实现制会计），生成和维护资产负债表。[①] 例如如果政府有一个机构负责制作向公众有偿提供的地图，那么该机构的账户应该反映完整的私营部门的做法，因为其他私营部门公司可能生产类似产品用于向公众出售。因此，该机构需要一份完整的资产负债表，列出资产和负债。然而，许多国家尚未对其广义政府账户完全采用权责发生制会计，更不用说更加雄心勃勃地尝试提供整个政府资产负债表——见第26章和第34章。
- 第二，审计职能可能会同样要求更多的私营部门专业知识，特别是在使用者收费占总支出的比例很大和/或存在密切的私营部门比较者的机构之中。在某些情况下，政府将直接从其自己的审计办公室获得熟练的审计资源。但是，许多国家已经发现，将审计职能分包给私营部门的做法会带来好处，而上述分包是为了利用私营部门在相关会计实践方面的更高熟悉度和专业知识的优势。
- 第三，正如代理模式或者实际上对传统政府部门提供的特定服务实施使用者收费需要采用不同于标准政府职能的会计和审计方法一样，议会委员会的审查职能也是如此。这可能建议任命具有相关职能或审计委员会适当背景的议员，并向此类议员或相关委员会提供支持人员的私营部门专业知识。

从授权政府活动和提供关于经济体内政府规模的充分信息这两个更广泛角度来看，全部或部分由使用者收费供资的服务引起了重要问题。以政府机构负责交付服务为例，该机构通过使用者收费收入为几乎其全部成本（适当和全面计量的）提供资金。只计算必要的少量广义政府资源以弥补收入与作为拨款的支出之间的缺口似乎是恰当的。这相当于政府可能因更广泛的政策原因（例如，维持高失业率地区的就业）而选择给予私营部门机构用于覆盖其损失的补贴。此外，国有企业（SOE）的标准处理方法是，只有资助金记入公共账户，而不是总支出和收入。可以说，完全由使用者收费供资的政府机构与国有企业之间的界限并不明确：事实上，一些政府机构比某些国有企业更接近可行的私营部门机构。

然而，这不是正确的方法。在这个例子中，该机构不属于私营部门，而是一个政府机构，其资本

---

① 在一些发达国家，权责发生制会计已经成为公共部门的标准。

通常完全掌握在政府手中，而非私营部门的股东手中。该机构的所有服务和相关财政收入以及所有费用都是政府的一部分，而不仅仅是使用者收费所筹集的金额与支出金额之间的差额。该机构的活动是政府部门活动，全部或部分由政府设定的使用者收费（已经详细批准或根据议会适用的一套原则批准）提供资金。因此，服务的全部费用需要反映在该机构/服务的拨款总额之中，并将使用者收费列入政府收入的一部分。规则很明确：所有公共服务，无论如何融资，都构成政府的一部分，其全部活动都需要反映在相关服务的议会拨款总额之中。[1][2]

正如实施使用者收费的服务的全部费用都需要反映在拨款总额中一样，在为任何经济体的政府部门编制数据的过程中，需要合并所有这些活动。拨款总额方法的使用自然使得编译广义政府活动数据变得更容易和更直接，但是这种方法需要进一步扩展。

- 第一，可能有些服务或机构的费用完全由使用者收费承担，因此在技术上不需要拨款。从前面的段落中应该可以清楚地看出，此类机构的活动应该反映在拨款总额之中，即使不需要拨款净额（因为相关服务完全由使用者收费提供资金）。但是，如果由于某种原因没有提供任何拨款，那么在编制广义政府部门的数据时（甚至只是为有关机构是中央政府的一部分的中央政府编制数据时），有关活动仍然需要得到充分合并。原则是相同的：使用者收费是公共部门活动的融资手段；使用者收费不会改变服务本身的性质或分类。

- 第二，如果使用者收费存放在单独或专项账户中，则适用同样的原则。所有此类资金，无论是由中央银行还是商业银行持有，以及无论登记为属于相关政府机构或其他机构，都构成政府财政的一部分。正如每天应该为现金和债务管理目的向政府提供使用者收费一样，此类专项资金/账户中的余额也构成了政府整体财政资产的一部分。

使用者收费——公共部门对公共部门收费

正如可以向最终私营部门消费者提供的服务收取使用者收费一样，政府部门在提供某些支持服务的相互收费方面明显存在吸引力。如上所述，与所提供的特定服务相关联的收费可能会提高服务水平责任。

因此，例如，许多政府都实行一种制度，各个部门的办公场所租金都由被赋予全部政府财产所有权的另一个政府部门或机构收取。该理论认为，在特定服务面临较低的需求时，对办公室占用成本方面的认识会成为迁移到较小办公场所的动力；在一些国家，可能允许有关政府部门在私营部门寻找更便宜的办公场所。通常应用这种收费的其他领域包括从诸如高级部长及其随行人员的政府用车服务等平凡事务到诸如从集中技术部门提供信息技术和计算机等关键问题。但原则上，此类内部收费的范围非常广泛：人事服务应集中（并收费）还是下放到各个部门？是否应该就国防部的安全简报向派遣官

---

[1] 当然，如果使用者收费涉及相关支出的主要部分，那么由于已经解释过的原因，为机构/服务编制单独的私营部门类型账目是有道理的，这些账目可能会提交给议会以供参考。但是就拨款目的而言，正确的方法是让议会批准在这项服务上支出的全部金额。

[2] 此类政府机构和国有企业之间的界限仍然不明确；相反，人们必须依赖于制度定义。如果机构是为了提供特定商品和服务而成立的，并且采用被指定为政府机构而非国有企业的法律结构，那么公共账户中的处理方法应如上所述。相应地，财政部官员需要对被指定为国有企业的真正的政府机构保持警惕，以避免财务状况的全面披露。

员出国的部门进行收费？简而言之，应该在哪里划定界限？发达国家和发展中国家划定界限之处是否应该不同？

首先，此类决策通常有两个维度：服务论证，在集中或权力下放的基础上提供（例如）信息技术或人事服务（在分配和服务效率方面）是否更好；以及财务论证，如果是前者，是否应该建立内部收费制度，或者交易成本是否会超过任何可以想象的收益？如果存在支持集中方法的政策决定，则以下问题可能与选择是否设定内部费用有关。

- 实施收费是否会使政府部门和机构更加遵守私营部门的纪律？通常此类机构或部门可以选择继续采用公共部门提供服务方案或采用私营部门替代方案。示例包括租赁办公场所、使用（无安全措施）用车服务、维修政府车辆等。然而，即便如此，这种方法的成功也取决于能否完全准确地量化政府服务职能的成本。但即使在不允许这种私营部门替代方案的情况下（例如由于担心信息安全），人们也普遍认为，对使用资本资产进行收费可以改善政府职能成本的整体问责制。
- 虽然对私营部门纪律的模拟可能是理想的，但在某些情况下，所需信息不易获取，或者不值得支出收集成本。但是，在某种程度上，可以应用其他次要原则和更为适度的抱负。例如回收由中央机构向政府部门提供的服务（例如保密数据的信息技术咨询或维修服务）的全部运行成本仍然可以在使用和效率方面为经济创造必要的激励，即使（出于保密原因）不能适用完整的私营部门模式。
- 如前所述，这很大程度上取决于是否可以随时获得信息来计算向政府提供单项支持服务的成本。在成本信息系统由全面的综合财政管理信息系统（IFMIS）支持的情况下，数据应该可用或至少可以用现代软件包进行提取。如果这种系统不太完善，就像在一些发展中国家一样，那么使用内部收费系统的范围可能会受到相应的限制。实际上，发展中国家虽然肯定被鼓励为更广泛的财政管理原因开发综合财政管理信息系统，但最初可能希望更多地关注将使用者收费实施于向公众提供的服务而非在公共部门本身内提供的服务。

其次，如果要实施一些内部收费，那么应采用什么原则来设定收费？有必要对所涉及的总交易成本进行评估，并且必须根据因使用收费而可能产生的潜在节约成本来进行设定。如果评估（理想情况下，数据允许的完整成本效益分析）表明收益会超过成本，那么有必要进一步调查。如果引入收费的目的是设置私营部门测试（例如在也有类似或竞争性服务的私营部门提供者的情况下），那么收费必须反映全部成本以便建立一个公平竞争环境（就像前面讨论过的与私营部门替代品竞争的政府地图情况一样）。至关重要的是，需要控制资本支出的成本，以免公共部门获得不公平的价格优势。

结论和通用指南

首先必须认识到必须为所有公共部门的干预行动买单，无论是促进或阻止私营部门活动的监管行动还是其他政策行动。此外，款项只能来自一般税收，对公共服务使用者/受益人（有时相当广泛地）

征收的特定税收，以及使用者收费。从公共财政管理的角度来看，从业者可能较少参与关于是否为服务向公众收费的政策决策，而是更多地参与关于收费方式和内容以及如何处理相关财政事项的问题。如上所述，关于是否收费的决定往往以政策制定者对外部性情况给予的关注为基础——这种关注包括正反两面：一是为公共部门提供或参与服务提供理由的正外部性；二是主张采取行动阻止或至少控制私营部门活动形式的负外部性。然而，在某些情况下，这些决定可能更直接地受到一些社会公平或公正目标的驱动。

但是，如果遵循税收受益原则（但通常考虑支付能力）而在原则上决定收费，从而大致制定期望的总体安排，那么实用性问题应运而生，而公共财政管理方面应在其中发挥重要作用。关键问题包括：

- 是实施使用者收费，还是以特定税收形式收费；如果存在与目标使用者群体密切协调的可识别的税基，以及可以有效地应用或增加的某种形式的间接税，那么后者可能是首选。覆盖精确度和分担负担准确性方面的损失需要根据避免新使用者收费所需的收取和执行机制节省的行政费用进行设定。
- 如果拟征收使用者收费，则应就任何新的拟议收费进行广泛协商，并应认真考虑任何新的收费如何适应政府设定的更广泛的税收和公共服务收费模式；这通常会导致对所设想的特定收费形式进行一些改变。
- 如果要确定使用者收费，则必须实施适当的法律和财政安排来设立收费权限，并且实施与整个公共部门一致的预算编制、执行以及相关活动的审计。
- 使用者收费产生的收入是会流入政府的一般资源还是得到单独处理。如果收费由与传统政府部门不同的新的或现有的政府机构进行管理，那么后者是很可能的。还需要作出安排，使政府能够利用该机构的财政资源进行现金管理。
- 最后，必须注意确保在政府账户中的收费得到妥善处理。即使所提供的全部公共服务都由使用者收费全额供资，拨款也应以总额为基础，并且所有此类活动必须包括在政府部门活动和账户的相关指标之中。

上述指南适用于发达国家和发展中国家。但是，是否应该根据国家的类型采取不同的方法？一些一般性观点如下：

- 如果一般公共行政不够完善，那么考虑使用替代税收可能更为明智。创建机构来落实并随后管理新的使用者收费可能对公共部门的能力要求很高。当目标是捕捉某种形式的外部性时，即使只是在广义层面，税收的变化也可以实现许多相同的效果。
- 换言之，在税基和财政能力较低的情况下，总是有必要在试图捕捉外部性过程中避免税收制度超负荷运转。
- 使用者收费的实施带来的一些收益似乎与政府机构的引入有关。如上所述，这种方法的支持者通常声称，利用此类机构经常产生的更加专一的方法使分配和效率都得到了改善。但是，发展中国家可能同样不会将建立此类机构视为优先事项。一些国家在开始时遇到了一些小麻烦，例如工会组建机构,这些机构不再拥有传统的公务员权利和特权。一般而言,如果公共部门的总体能力相对较弱,那么建立此类机构可能不是优先事项。

- 有人强调,实施使用者收费,特别是在其旨在为所有或大部分特定公共部门活动提供资金的情况下,需要关于费用的全面信息。没有完善的综合财政管理信息系统的国家可能会发现这是最困难的,因此可能再次考虑使用税收作为替代方案。

除了对向公众提供的公共服务进行的收费之外,一个政府部门或机构对另一个政府部门或机构的内部收费也不太可能成为许多发展中国家的首要事项。这种收费的收益来自提高整个公共部门的服务提供和分配决策的效率。这种收费不会为政府带来额外的财政收入和财政空间,尽管在一定程度上较低的公共支出可以反映出效率增益,但在财政方面仍然可以有相当大的改善。换言之,有些领域可以相对容易地引入这种收费:财产成本、来自中央政府单位的信息技术专家建议以及关于向部长提供用车的收费应该是一个相当简单的起点。

参考文献

Allen, R., and D. Tommasi. 2001. Managing Public Expenditure. Paris: OECD.

Buchanan, J. 1968. *The Collected Works of James M. Buchanan Vol. 5: The Demand and Supply of Public Goods*. Indianapolis: The Liberty Fund.

Hemming, R., and K. Miranda. 1991. "Pricing and Cost Recovery," in K-Y. Chu and R. Hemming (eds) *Public Expenditure Handbook*. International Monetary Fund.

OECD. 1998. "User Charges: Guidelines on Best Practices and Case Studies," Organisation for Economic Co-operation and Development.

Potter, B. 1997. "Dedicated Road Funds: A Preliminary IMF View on a World Bank Initiative," International Monetary Fund.

24
不可再生资源收入管理[①]

罗兰多·奥索斯基

面对上述标题，读者很可能会问，为什么有一章专门讨论关于不可再生资源收入的国家的公共财政管理（PFM）这些国家的公共财政管理有什么特别之处是其他各章没有涉及的？

这个问题有两个解释。第一，不可再生资源收入（RR）的特征，特别是其波动性和不可预测性，使不可再生资源出口国（RECs）的财政管理复杂化。公共财政管理系统包括根据资源出口国所面临的具体情况进行的一些调整并且避免在这些国家特别具有破坏性的不可靠的公共财政管理实践，可以协助财政管理并促进公共资源的高效配置。第二，一些资源出口国已经建立了资源类基金和/或财政规则，有些资源出口国正在实施中期支出框架（MTEF）以协助财政管理。这些工具和机构的设计应考虑到资源收入的性质。还没有得到广泛认知的一点是这些工具和机构还需要得到适当公共财政管理系统的支持以增加获得成效的机会。

本章重点讨论财政依赖资源收入的国家的预算制度中出现的具体财政问题和公共财政管理问题。本章首先讨论资源收入与其他财政收入的不同之处，以及资源收入所带来的财政政策和公共财政管理的挑战。本章接下来讨论和批判性地审查财政管理机制和机构，以研究资源出口国的资源收入：中期支出框架、资源类基金（包括指定收入）和财政规则，重点关注公共财政管理问题。本章随后研究预算中与资源价格相关的问题。最后一节列出了主要建议。

接下来，我们应该牢记资源出口国的显著多样性。有些问题对某些资源出口国而言比与其他问题更为相关。显示资源出口国之间广泛差异的国家特定因素包括发展水平、不可再生资源类型、财政对资源收入的依赖、地下资源储量、财政和财务状况、制度能力、公共财政管理系统能力，以及财政透明度和治理。

为什么不可再生资源的财政收入不同

资源收入给财政政策的制定和实施以及资源出口国的公共财政管理带来了挑战。

- 资源收入比其他财政收入更不稳定和不确定，这使预算规划、财政管理和公共资源的高效利用

[①] 本章大量借鉴了并且本章所包括的部分材料来自于Davis, Ossowski and Fedelino（2003）, Ossowski and others（2008）, 国际货币基金组织（2009）, Villafuerte, López-Murphy and Ossowski（2010），以及Ossowski（即将出版）。感谢理查德·海明的有用评论。

- 资源收入源于开采可耗尽且存在技术过时风险的资源,这引发了跨期公平、长期财政可持续性和资产配置等复杂问题。
- 由于资源收入在很大程度上来自国外,其财政用途可能对国内经济和宏观经济稳定产生重大影响。
- 开采不可再生资源可能会产生大量租金,并伴随着相关的政治经济复杂因素。政治力量和压力集团试图影响政策的选择,特别是在资源的利用强度方面,并且经常出现分配冲突。在许多资源出口国中,资源收入与低质量和寻租的公共支出有关。

资源出口国的短期稳定和长期可持续性

与其他国家一样,资源出口国的财政政策应有助于在财政可持续性框架内实现宏观经济稳定、可持续增长和减贫。

支出和短期稳定

在资源出口国中,由于财政政策在将部分资源收入注入经济方面发挥关键作用,所以财政政策是短期宏观经济管理的一个特别重要的工具。有一些有关宏观经济、公共财政管理和财政风险管理的观点主张尽可能断开公共支出与短期波动和不确定的资源收入流之间的联系。

有强有力的宏观经济理由来寻求平稳公共支出和非资源财政平衡(NRB)——不含资源收入和资源相关支出的总体财政平衡。财政波动,公共支出的突然变化以及财政政策的非资源财政平衡和顺周期性都会导致宏观经济波动,从而对投资、增长和减贫产生不利影响。[1]

有公共财政管理理由来寻求稳定公共开支。经验表明,公共支出的大幅波动可能牵涉支出质量和效率方面的成本。支出水平的确定应考虑其可能的质量和政府高效执行支出的能力。在资源价格上涨的背景下突然创建或扩大支出计划——包括公共投资——可能会压垮公共行政部门高效设计、管理和执行支出的能力。相反,由于资源价格下降和缺乏融资导致的突然财政调整往往导致公共支出的突然和低效削减,而这些开支往往集中在投资上。

平稳支出有助于防止产生过度的财政风险,因为经济繁荣时期的大规模财政扩张会增加财政脆弱性。如果资源价格随后下降,那么根据融资的可用性情况,相关的资源收入下降可能需要快速和令人痛苦的财政和汇率调整,并在顺周期性、低效和对最弱势群体的影响方面产生成本。考虑到一般设定的且倾向于保持高支出水平的强大滞后机制,许多支出计划难以遏制或精简后续扩张。有证据表明,尽管资源价格大幅上涨,但由于巨额支出增加和非资源财政平衡恶化,许多资源出口国对于资源价格冲击的财政脆弱性在资源价格持续繁荣期间却增加了。[2]

---

[1] 见Fatás and Mihov(2003,2005)以及Aizenman and Pinto(2005)。Hnatkovska and Loayza(2005)发现,宏观经济波动率和长期增长率是负相关的,并且这种负向联系在无法实施逆周期财政政策的国家中更加恶化。另见Devlin and Lewin(2005),Pinto(1987),Auty(2001),Auty and Mikesell(1998),以及Gelb(2002)。

[2] 约克和詹(York and Zhan,2009)提供了撒哈拉以南石油出口国财政脆弱性增加的证据,而维拉弗尔蒂、洛佩斯-墨菲和奥索斯基(Villafuerte, López-Murphy and Ossowski, 2010)则为拉丁美洲和加勒比海地区的资源出口国提供了证据。维拉弗尔蒂、洛佩斯-墨菲和奥索斯基发现,许多石油出口国的财政状况很容易受到2009年中等规模石油价格冲击的影响。

资源出口国顺周期财政政策的危险性众所周知。然而，虽然一些资源出口国已经避免陷入这个陷阱，但其中许多国家的财政政策往往是顺周期性的，有时是高度顺周期性的，这导致宏观经济不稳定、波动、破坏性繁荣和萧条事件、公共财政管理系统压力、支出质量降低和长期不确定性。例如，在临时资源价格下滑和全球经济衰退的2008年末和2009年，在上一次资源价格上涨期间大幅增加公共支出的大量石油出口国被迫顺周期收缩其非石油赤字，这种发展情况与其财政状况不稳定、储蓄不足和缺乏融资相关（Villafuerte and López-Murphy，2010）。

长期代际公平和财政可持续性

鉴于不可再生资源的可耗尽性和过时风险，各国必须考虑如何将资源财富分配给当代人和后代。这对于决定在资源生产期间消耗和储蓄多少以及如何将储蓄分配到不同形式的资产具有影响。此外，在一些国家，公共财政面临的长期压力，例如人口老龄化和医疗保健成本增加，也对储蓄决策产生影响。

应该储蓄多少？ 在其他国家，财政可持续性分析通常在债务可持续性分析（DSA）框架中进行，基于公共债务与国内生产总值比率的中期预测，并提出了某些宏观经济预测和财政政策假设。然而，就资源出口国而言，特别是在资源生产时间范围有限的国家，鉴于相关财政收入对公共财政的重要性，分析应包括不可再生资源的可耗尽性。预测期应延长到其他国家许多债务可持续性分析中使用的中期范围之外。有必要评估在合理的政策下，净公共债务（即公共债务减去政府财政资产）预计是否会稳定在一个水平，即在资源收入下降和地下资源接近耗尽时可以维持的水平，同时考虑此类预计所涉及的风险和不确定性。

资源出口国可持续性分析的主要财政状况指标应该是非资源基础财政收支（NRPB），并在技术上可行时根据非资源周期进行调整（见专栏24.1）。

专栏24.1 非资源基础财政收支

非资源基础财政收支是资源出口国短期和长期分析和政策制定的关键财政指标。非资源基础财政收支应该被广泛用作分析工具，并在预算和中期支出框架中进行报告和讨论（Barnett and Ossowski，2003）；（Medas and Zakharova，2009）；（国际货币基金组织 2012）。

短期分析。 在资源出口国中，在其他国家用作主要财政指标的基础财政收支和总差额并不是用于评估财政政策对短期国内需求影响的良好的财政态势指标，因为没有考虑到资源收入的特定性质。这种财政收入主要来自国外，因此，与国内税收不同，这种财政收入对国内经济主体购买力的影响有限。预计由于资源收入波动引起的基础财政收支或总差额变化对国内需求的影响有限。非资源基础财政收支是从国际资源价格变化引起的财政收入波动中分离出来的，并提供了更准确的短期基础财政状况指标。

长期分析。 非资源基础财政收支是在政府的跨期社会福利函数中使用的相关指标。非资源基础财政收支明确指出，从可持续性的角度来看，财政收入应该排除不可再生资源收入，因为不可再生资源收入更像是融资——将有限资源储备的资产转变为其他资产。此外，在不可再生资源耗尽或已经在技术上过时的情况下，非资源基础财政收支会与传统可持续性分析中使用的基础财政收支趋同。

比例问题。在资源出口国,资源价格会对观察到的财政变量与国内生产总值的比率产生重大影响。这些价格的波动可以推动资源国内生产总值平减指数的巨大变化。因此,名义国内生产总值可能相当不稳定,并且对以与国内生产总值的比率表示的传统财政政策指标的解释可能是很困难的,甚至会产生误导。非资源国内生产总值(NRGDP)更稳定,并且在资源出口国中是比国内生产总值总量更好的比例系数。

不可再生资源的可耗尽性导致了代际分配问题,需要使用长期跨期模型和不确定性条件下的资产配置分析。这种可耗尽性还迫使政策制定者在消费/储蓄决策以及当代人和后代之间资源收入财富分配方面使用明确的跨期福利标准和规范性判断。

政策制定者需要考虑应如何将生产期间的公共储蓄分为外国金融资产的净积累和国内物质以及人力资本的投资,以加速增长。这个问题在基础设施和人力资本严重不足的低收入和中低收入资源出口国尤其严重,可能需要扩大对国内资本的投资。公共投资可以缓解资本稀缺并导致更高的非资源增长和财政收入。这将取决于支出的质量以及政府能否从增长中获得财政红利。如果投资富有成效,那么将会带来持续增长收益。相应地,如果较高的潜在财政收入基础被适当征税并且没有通过免税期或免税优惠,那么增长将导致更高的财政收入。额外支出可能需要相当高的财务回报才能对政府的现金流产生积极影响,从而对可持续性产生积极影响。[1]

长期可持续性工作存在重大不确定性,不确定性越高,预测期间越长。未来资源收入的财富估计受到许多估计参数的不确定性的影响,包括未来资源价格和生产成本,地下资源储量规模,适用于资源部门的财政制度,以及利率。未来的资源价格尤其不确定,这与驱动未来资源价格的随机过程的特征有关。一个重要的专家意见是:石油价格的推动过程是非平稳的,并且石油没有明确的"长期平均价格"。[2]

需要加强公共财政管理系统

高质量的公共支出对增长和减贫很重要。这对资源出口国而言尤其重要,因为支出的部分资金来自可耗尽资源的临时收入。这就增加了对资源的谨慎使用。

然而,尽管在过去几年中,一些资源出口国在其机构和预算管理质量方面取得了重大进步,但资源出口国的许多预算系统都存在缺陷,包括在对预算资源规划、配置和有效控制的管理能力方面的缺陷。近年来由资源价格繁荣推动的支出大幅增加给公共财政管理系统带来了额外的压力。

---

[1] 关于这些问题的讨论,请见Baunsgaard and others (2012)和国际货币基金组织(2012)。永久性收入可持续性模型的示例包括Carcillo, Leigh and Villafuerte (2007), Jafarov and Leigh (2007), 以及Shiell and Busby (2008)。关于在低收入国家使用永久性收入模型的批评,请见Collier and others (2009),以及Van der Ploeg (2011)。

[2] 例如,在对石油价格统计特性的详细研究中,恩格尔和巴尔德斯(Engel and Valdés, 2000)得出结论认为,就样本外预测能力而言,没有统计模型比无漂移的随机游走表现得更好。在一项关于石油价格的主要研究中,汉密尔顿(Hamilton, 2008)也发现统计证据与以实际价格计算的石油价格似乎是无漂移的随机游走这一观点是一致的,并且强调了围绕石油价格预测的巨大不确定性。

有关资源诅咒的政治经济学和制度分析方面的大量理论和实证文献假设了一些渠道，通过这些渠道，资源收入可能影响治理、问责制和公共机构的质量，并对公共支出的质量以及因此的增长和减贫产生影响。虽然资源收入似乎对治理良好的国家的经济增长产生了积极影响，但其对治理不善国家的影响通常是消极的。

资源收入可用性可以减轻问责压力。资源收入可用性可以助长不恰当地利用资源，这可能会阻碍改善公共财政管理和财政透明度的动力。[1]资源财富创造了重大机遇和收益，但这些收益很容易被寻租行为而侵吞。在一些资源出口国发生的密集寻租带来了重大的治理挑战，如果不加以应对，可能会全面降低机构和公共财政管理的质量。

支出的质量和效率引起了其中一些国家的担忧，并且公共投资的社会和财务回报往往令人失望。虽然许多资源出口国在过去十年中提高了按照世界银行治理指标衡量的制度评级，但在一些资源出口国，治理指标和支出质量往往低于处于相似发展水平的其他国家。

一项研究考察了21世纪前10年石油繁荣的初始阶段，并且发现支出增长与政府效能指标之间存在反向关系。政府效能指数较低的许多石油出口国迅速增加了支出，引发了对大量资源投入是否得到高效和有效利用的质疑（Ossowski and others，2008）。

最近一项关于公共投资效率的综合研究基于支持投资流程四个阶段（评估、选择、实施和评价）公共投资管理的制度环境指数，研究发现，平均而言，石油出口国的得分低于样本中的其他国家（Dabla-Norris and others，2011）。石油出口国占投资效率指数最低四分位数中国家的40%。另一项研究发现，尽管各国之间存在显著的异质性，但发展中国家平均只有一半的公共投资转化为实际生产资本（Gupta and others，2011）。

许多资源出口国的顺周期财政政策通过"走走停停"动态影响了公共投资。资源价格上涨常常导致公共投资的繁荣，使公共财政管理系统面临压力。资本项目选择和优先排序的标准可能会变得不严格。随着"投资前沿"的扩大，出现了实施瓶颈和延误。如果私营部门也在蓬勃发展，那么当供应瓶颈出现时，公共部门所面临的成本就会增加。当资源价格下降且财政状况承受压力时，项目将放缓或陷入瘫痪状态，有时无法支付已完成项目的运营成本。资本性支出的波动可能导致向承包商提供的现金流不稳定和不可预测，并扰乱定期维护，从而导致效率低下。

世界银行评估报告和国际货币基金组织国别报告记录了许多资源出口国的公共财政管理缺点。两个多边机构都鼓励各国改善公共财政管理系统，并且提供针对具体国家的建议。

近年来公共支出的快速增长增加了许多资源出口国加强公共财政管理系统的紧迫性，以便有效利用有时限的资源。还需要加强对支出质量及其效率的审查，包括在投资程序中加强审查。各国政府应该对不断提高的支出的质量进行定期审查和报告，以确保效率和资金的价值。

中期支出框架帮助应对风险和长期挑战

资源出口国的具体特征强调了制定适应这些国家所面临的挑战的综合财政政策框架的重要性（Baunsgaard and others，2012）；（Dabán and Hélis，2010）；（IMF，2012）。引入财政风险评估并加强年

---

[1] 见Isham and others（2005），Mehlum，Moeneand Torvik（2006），以及Collier and others（2009）。

度预算与中期和长期财政目标之间的联系，能够帮助应对短期政策倾向和顺周期性趋势，并有助于改善许多资源出口国的财政管理和公共资源配置。

中期支出框架是综合财政框架的关键组成部分。第10章讨论了实施中期支出框架的优点。本节重点介绍中期支出框架在提供用于在有资源收入的情况下处理中长期资源配置问题的制度框架方面可发挥的关键作用。

乍看起来，似乎中期支出框架与资源出口国在面对显著财政收入波动性时所需的预算灵活性相矛盾。可能有一种观点认为，在资源出口国的预算需要回旋余地以应对资源价格和其他冲击的不可预见的发展时，中期支出框架却将制定严格的财政和支出计划。事实上，适应资源出口国所面临情况的中期支出框架非但没有引入僵化的死胡同，反而是这些国家财政管理的重要工具。

中期支出框架、财政风险和支出平滑

在许多资源出口国，年度预算的短期范围没有充分考虑中期的资源价格波动性和不确定性。这促成了所观察到的顺周期支出模式。

在经济繁荣时期，支出通常会根据可用的当前收入进行调整，而没有充分了解对未来所造成的风险。创建或增加应享权益计划；提高工资和转移支付；开展可以产生未来经常性支出的多年期资本项目。随着支出的增加，根据公共财政状况的强弱，后期大规模和成本高昂的财政调整风险也可能上升，因为非资源财政状况因经济繁荣时期支出的增加以及运营新投资所需支出的未来增加而更容易受到冲击。忽视未来风险和不确定性以及与中长期政策和计划无关的年度预算可能造成额外的支出滞后以及新的多年支出承诺，加剧僵化、加剧财政风险并最终破坏财政纪律，而非提供更大的灵活性来应对资源收入冲击和其他冲击。

采用中期支出框架将预算的规划周期（包括投资规划）扩展到中期。这对于仍在一年预算框架内制定政策的许多资源出口国而言是一个关键目标。这有助于将年度预算与中期政策联系起来，并迫使明确考虑支出决策的经常性影响。

资源出口国的中期支出框架应纳入适应这些国家特定情况的财政风险分析。这涉及评估资源收入带来的财政风险。具体而言，中期支出框架应包括明确的财政脆弱性评估和风险管理战略，以帮助抵消冲击并促进破坏性较低的调整过程。这将有助于断开短期支出政策与不稳定的资源收入之间的联系，并在中期内平滑支出。

风险分析应该用于评价拟议的中期支出路径——中期支出路径对冲击有多大的弹性？应定期进行中期支出框架中的情景或压力测试，以研究潜在的负面资源冲击和其他冲击对预算平衡和融资的影响，特别是在考虑到不对称的调整成本时。

价格冲击可以通过各种方式进行建模；例如从下一个n年的预计价格中扣除（根据历史数据估计的）实际石油价格1到n年变化的标准差，或者以与未来各种时间范围的实际现货价格相关的未来价格的历史预测误差，应用围绕每个资源期货价格的相关预测误差分布。然后可以使用扇形图来显示预测基线和与估计概率之间可能的偏差的范围。[①]其他国家的债务可持续性分析中的资源冲击情景和风险价值分析是可以扩展到资源出口国的方法示例的。

---

① 杰拉松、德布兰和奥斯特雷（Celasun，Debrun and Ostry，2006）使用概率（扇形图）方法分析债务可持续性。

研究结果将用于从脆弱性角度校准非资源财政平衡的国家特定目标水平、应急储备金以及流动性缓冲。传统的中期支出框架包括应对关键宏观经济假设变化或意外支出的审慎的或有费用。资源出口国的中期支出框架应包括对推动资源价格的随机过程的历史参数进行利用的概率分析,以确定在面临冲击时稳定支出方面最优的财政资产规模。[①]

最后,有必要有序澄清支出与预防性储蓄之间的权衡取舍。在发展中的资源出口国,普遍存在的贫困和迫切的发展需求自然会表明,在符合宏观经济稳定并有适当的合理支出能力时,应该支出财政资源而非累积财政资产。最好增加公共消费来提高贫困人口收入,并且增加投资来加快经济发展。甚至可能会感觉到低收入资源出口国通过积累外国资产为更富裕的国家提供资金是荒谬可笑的。可能不太受到广泛认可的是,鉴于这些国家的信贷可及性往往是顺周期的,拥有预防性财政资产也是一项强有力的亲贫和发展战略,这有助于在需要时采取逆周期财政政策。在经济衰退和经济下滑期间,减少家庭收入的波动性和提高最弱势群体的收入是一项亲贫战略。但为了能够如此行事,政府需要拥有预防性财政资产(见Engel, Neilson and Valdés, 2010; Laursen and Mahajan, 2005)。

中期支出框架和财政政策的长期展望

在许多资源出口国,财政讨论过度地或完全地集中在短期内。有必要让技术分析和更广泛的政治辩论跨越更长的时间范围(Eifert, Gelb and Tallroth, 2003)。制定促进长期视角的制度有助于缓和顺周期性,并将公众的注意力集中在关于不可再生资源利用的战略问题上。这也是必要的,因为后代无法就这些问题表达偏好。

在一些具有大量非资源赤字和公共债务的资源出口国,按照当前产出率计算的预期资源生产期限不会很长(10—20年),但政策仍在继续执行,仿佛这些资源是无限期的将临时资源收益与公共财政的长期压力(例如未来更高的年龄和健康相关支出、社会支出需求、环境成本、或有负债和偿债)进行比较,将有助于从更长期间的视角对预算进行知情政治讨论,抑制资源盲目乐观,并促进财政审慎。

在挪威,一张显示了石油部门净现金流量下降和长期养老金压力增加的简单图表已被广泛使用。该图表有助于为审慎和可持续的财政政策以及配套制度框架建立广泛的政治和社会支持。在制定该图表后的几年中,该图表成为挪威财政政策文件的标准特征,并得到了人们的广泛理解(Skancke, 2003)。

具备长期可持续性评估(包括地下资源)和长期风险分析的精心设计的中期支出框架,迫使对财政政策进行跨期评估。中期支出框架可以帮助预测和量化长期挑战,并帮助政治经济开始为这些挑战做好准备。中期支出框架可以促进建立关于审慎利用资源的支持。更广泛而言,中期支出框架可以提供一个框架,帮助在面临重大不确定性时制定财政政策目标和制定实现这些目标的政策。

具有深入风险分析和长期分析的中期支出框架也会带来明显且严格的政策权衡,这种权衡虽然存在,但很少被明确考虑。例如在短期内且面对资源价格上涨时,增加支出与加大财政风险之间的权衡是什么?从长远来看,累积实物资本与净金融资产之间的权衡是什么?当资源耗尽时,现在增加非资源赤字与未来净资产的预期规模之间的权衡是什么?

[①] 见Baunsgaard and others (2012)。巴切(Bartsch, 2006)估计了尼日利亚的最优流动性缓冲。

> **专栏24.2 资源出口国的中期支出框架：财政风险和长期分析**
>
> 哥伦比亚的中期支出框架包括公共债务风险分析、准财政活动声明、上年度所颁布的法律长期影响的成本以及核算隐性和或有负债的广泛成本核算。
>
> 尼日利亚2011—2013年中期支出框架和财政战略文件包括对联邦预算的财政冲击情景（石油价格和产出）和缓解战略的量化讨论。
>
> 挪威的预算文件载有关于中期财政政策目标的声明和关于长期财政可持续性和财政风险的全面讨论。每四年制作一份关于挪威经济长期前景的文件。
>
> 秘鲁的中期支出框架包括具有中期财政状况敏感性分析和压力测试的10年期债务可持续性分析，其中包括评估在经济严重衰退时采取逆周期财政政策作为缓解战略的能力。
>
> 尽管存在严重的行政能力限制，东帝汶采取了基于长期石油财富估计可持续收入（ESI）的财政框架。该财政框架包括对关键长期假设的变化对估计可持续收入的影响的敏感性分析。

长期规划存在相当大的不确定性：可持续公共支出的指标可能会随着时间的推移而变化，并且对长期支出压力的估计可能会随着环境的变化而变化。随着情况的变化和新信息的出现而更新的滚动中期支出框架将有助于澄清针对近期和长期目标的政策选择及其可能的后果。

一些资源出口国已经实施或至少正在采用基本形式的中期支出框架，其中包括财政风险分析和长期分析。专栏24.2提供了一些示例。

资源类基金

为了应对资源收入给财政政策和资产管理带来的复杂因素，许多资源出口国已经建立了资源类基金（RF）。在最近一项研究涵盖的31个石油出口国中，约有三分之二的国家已经或曾经拥有资源类基金。在四分之一的国家中，资源类基金与财政规则或指引共存或曾经共存。[①]

资源类基金是一组基金，构成了近年来被称为主权财富基金（SWFs）的更广泛基金的一部分。主权财富基金由一组异质的基金组成，这些异质的基金具有各种目标、资产积累和提取机制以及制度特征（见第29章）。

与财政规则相反，资源类基金并未对总体财政政策施加正式限制。相反，这些资金预计会间接影响财政政策。

资源类基金可根据其主要目标分为三类：稳定基金、储蓄基金和融资（稳定/储蓄）基金。稳定基金和储蓄基金通常对资产的积累和提取具有严格的规则（可以是条件性的或非条件性的），而融资基

---

① Villafuerteand López-Murphy（2010）。拥有或曾经拥有石油基金的石油出口国包括（其中一些国家还拥有或曾经有财政规则或指引）：阿尔及利亚、阿塞拜疆、巴林、文莱、乍得、厄瓜多尔、加蓬、赤道几内亚、伊朗、哈萨克斯坦、科威特、利比亚、墨西哥、挪威、阿曼、卡塔尔、俄罗斯、苏丹、东帝汶、特立尼达和多巴哥，以及委内瑞拉。阿拉斯加州和艾伯塔省也有石油基金，而且艾伯塔省还有财政规则。一些资源出口国已经设立或预计将设立新的资源基金，包括安哥拉、加纳、蒙古、尼日利亚和巴布亚新几内亚。

金则具有灵活的运作原则。①许多基金拥有单独的预算支出授权。

稳定基金旨在减少不稳定的资源收入对预算和经济的短期影响，并支持财政纪律。大多数这些基金都具有严格的价格或收入条件性存取操作规则，其中存取取决于相对于指定触发因素的结果（资源价格或财政收入）的实现情况。当价格或财政收入"高"时，向基金进行存入；当价格或财政收入"低"时，基金将资金转入预算。这将有助于断开预算支出与财政收入流动变化之间的联系。

最常使用关于资产积累和提取的两种条件性机制：取决于（固定的或通过公式设定的）预先指定的资源价格（财政收入）的规则，或者取决于本年度预算中指定的价格（财政收入）与实际价格（财政收入）之间差异的规则。

储蓄基金旨在为后代创造财富储备。储蓄基金通常具有严格的非条件性操作规则，要求将资源收入或总财政收入的规定份额存入基金。关于从这些基金中提取资源的规则各不相同，在某些情况下，没有明确规定。

与上述讨论的基金类型相比，融资基金具有与总差额相一致的灵活运作机制。融资基金的运作目标是为预算提供资金：该基金累积预算盈余并为预算赤字提供资金。在操作上，该基金收取所有资源收入，并通过逆向转移为预算的非资源赤字提供资金。因此，这些基金不会试图通过从预算中去除资源来"约束"支出：基金的流入和流出取决于资源收入以及非资源财政态势中体现的政策决策。这些基金还提供了财政政策和资产积累之间明确和透明的联系，并处理了可互换性问题，因为该机制排除了通过借款为基金的资产积累提供资金。只有少数资源出口国有融资基金。

国际经验

具有严格规则的基金基于以下预期：从预算中去除"高"资源收入或此类收入的一部分将稳定和/或缓和公共支出并鼓励储蓄。但是，资源类基金不会直接影响公共支出。这个问题的技术和政治经济方面经常被混淆，进行如下解释是有用的。

- 在技术层面，如果存在较强的流动性限制，并且如果资源类基金规则具有约束力并且得到遵守，那么与不存在基金情况下的替代方案相比，关于将资产存入基金的要求将迫使减少支出或增加税收。但如果政府有盈余，那么从预算中去除一些资源并不一定需要减少支出。
- 在没有流动性限制的情况下，即使政府没有盈余，由于货币是可互换的，政府可以借入或减少其他财政资产来增加支出和在资源类基金中进行所需的存入。根据与最优风险和流动性管理无关的任意规则将资金投入基金，同时又以较高成本借款，这样做的优势是什么？或者，政府可以简单地忽略资源类基金规则。
- 这仍然可能为严格的资源类基金规则留下开放的政治经济学观点：即使政府有盈余或不存在流动性限制，关于强制存入基金的规则也可以在调节支出的方向上影响政治进程。然而，有证据表明，从预算中去除资源的政治经济优势往往不明确，当施加压力时，基金的规则可以改变、避开、暂时中止或忽略，并且结果似乎具有非常强的国家特定性。
- 另一方面，严格的资源类基金规则在次优资产和负债管理方面可能会产生巨大的财务成本。

---

① 培根和托德（Bacon and Tordo，2006）对许多资源基金进行了详细的操作审查。

在实践中，在具有严格规则、财政政策以及资产和负债管理的基金之间经常出现紧张关系。这种情况尤其发生在外生冲击严重、政策优先事项发生变化、支出压力不断增加以及基金、财政政策和资产管理之间目标相互冲突的情况下。这些规则可能不适用于具体情况。

因此，在许多情况下，遵守基金规则会导致效率低下和结果不理想。鉴于财政政策的总体态势，一些国家只能通过以高于基金资产回报率的利率发行债券，在某些年份存入其基金规则要求的资源；或者这些国家将资产存入低回报的基金，而不偿还昂贵的公共债务；或者这些国家对其进行存入，并且同时发行由基金本身偿还的债券（阿尔及利亚、加蓬、委内瑞拉）。在乍得、厄瓜多尔和苏丹，在收入专款专用和现金流管理分散的背景下，有时遵守基金存款规则是在发生拖欠付款的情况下进行的。

在许多情况下，当政策目标之间出现重大冲突时，具有严格规则的基金经常修改、暂停或忽略规则，或者在某些极端情况下，基金被取消。由于国际价格变化、支出压力或政策优先事项变化，或者资产用尽，许多基金经常在触发价格或用于计算存入资源的财政收入基础方面发生变化。鉴于基金规则与其他政策目标之间可能出现不一致，一些国家选择不遵守存入规则或暂时中止适用存入规则（艾伯塔省、加蓬、伊朗、苏丹、委内瑞拉）。包括乍得、厄瓜多尔、尼日利亚和巴布亚新几内亚在内的一些国家发现其基金在运作或政治上不切实际，于是就废除了这些基金。

国家证据表明，鉴于产生触发资源价格的随机过程的性质，很难在应急基金中设定触发资源价格或财政收入。很难将平均长期价格设定为具有任何置信度的触发因素，也很难事前确定特定冲击是暂时的还是持久的，这可能导致基金的不可持续性。资源价格波动性和冲击持续性也意味着，不应该使用长期后顾式移动平均公式来设定触发因素。

事实证明，旨在稳定年内预算收入的稳定基金更具弹性。但是，这些基金可以为预算中资源价格或收入的战略设定提供激励（如果所选择的触发因素不是由公式设定的），并且可能使资产和负债管理复杂化。在预算中设定高价格会增加在预算执行期间从基金中提取资源的概率。另一方面，如果财政收入高于预算但预算处于赤字状态，则会产生一种自相矛盾的情况：必须借款来对基金进行所需的存入，并带来相关的财务成本。更广泛而言，即使向资源基金进行了所需的转移，年内仍然可以增加支出。最后，如果在中期支出框架内审慎地确定年度预算支出，并且如上所述，可以在经济低迷的情况下灵活使用合理的流动性缓冲，那么在资源收入高于预算时将资金从预算中转走，或者在资源收入低于预算时向预算提供资金的任意和机械的安排将是多余的。

资源基金和公共财政管理系统

根据资源基金的设计，资源基金可能帮助或阻碍预算系统实现其基本目标。资源基金应以一致的方式整合到预算流程之中。适当整合预算和基金有助于保持对财政政策的统一控制。适当整合预算和基金还有助于在政府运作中实现一致的优先排序。

一些资源基金已被设立为独立的实体，有权承担预算外支出或对公共资源设置权利负担，有时还指定了收入用途。对这些安排提出了几个理由。其中之一就是可以通过将资源保持在预算之外并由独立实体管理来防止潜在超支。另一个原因是"绕过"薄弱的公共财政管理系统和低效或腐败的预算系统，并通过具有独立程序和控制的资源基金比预算更有效地提供所需的支出政策（"卓越岛屿"观点）。一些国家认为，资源基金应通过在国内投资来支持发展。大约一半的资源基金有权或曾经有权独立于预算在国内进行支出或投资资产。

资源基金可以按照各种方式支出公共资源或对公共资源设置权利负担。该基金可能被要求向预算进行转移，用于专用"优先"支出类别。该基金可以在预算外直接支出。该基金可以对国内私营公司进行股权投资。该基金可以参与由私营部门共同出资的特殊目的载体，或者为该特殊目的载体提供担保。该基金可以为私营企业或国有企业提供预算外国内贷款、担保或补贴。

资源基金支出引发了一些基本的公共财政管理问题。如何设定总体支出优先事项？哪些支出将由预算提供资金，哪些支出由基金提供资金，为什么？所有支出（包括资源基金的支出）是否都会通过可竞争性和优先排序测试？资源基金支出是否会包含在提交供立法批准的综合预算之中？如果基金收到的财政收入不稳定和不可预测，那么基金的支出将如何免受波动的影响，以及什么将确保基金的支出不是顺周期的？将使用哪些支出承诺和采购系统？基金的支出及其或有负债是否需要遵守适当的控制、会计、报告和审计机制？如何处理潜在的治理问题？

在许多资源出口国，基金的国内支出授权都造成了问题。遇到的困难包括支出协调和控制问题（重复支出，或者资本性支出决策不考虑资本性支出对未来经常性支出的影响），双重预算，决策分散，资源配置效率低下，治理问题，财政风险，以及可能失去整体财政控制。由于资源收入的不稳定性以及资源收益支出的政治经济体制，这些问题在资源出口国可能比在其他国家更加严重。专栏24.3提供了可能出现的错误的一些示例。

专栏24.3 资源基金和预算外支出

在20世纪90年代的尼日利亚，由石油收入供资的预算外资金承担了大量预算外支出，与现存有关各部项目之间重复并缺乏协调。项目选择标准和程序不严，投资管理能力不足。没有编制年终账目或编制得很晚。年终账目不受审计长的审查。因此，一些大型投资项目随后需要成本高昂的融资并且回报率很低。最后，这种资金被废除。

委内瑞拉投资基金成立于20世纪70年代，作为石油暴利储藏库。委内瑞拉投资基金的资源很快被转用于公共企业（其中许多公共企业结果是亏损企业）的股权参与，以及向电力部门提供现金注资以帮助为其损失提供资金。

在最初阶段，艾伯塔省遗产储蓄信托基金为国有企业提供低息融资，进行预算外经济发展和社会投资，并向优先部门提供贷款。取得的糟糕结果（许多贷款必须被核销）导致对该基金进行了彻底改革。

成立伊朗石油稳定基金是为了实现财政稳定机制，但它也预留50%的资本来以补贴利率向国内私营部门活动提供外币贷款。该基金的运作缺乏透明度，而且关于投资绩效的信息很少。该基金的董事会经常被其他政府部门忽视，而这些政府部门要求该基金为各种并不总是符合其目标的项目提供资金。虽然预算法律预先排除了将该基金资源用于预算赤字融资，除非石油收入低于预算金额，但该目标有时通过由该基金提供预算外拨款而被绕过。可以说，一个为帮助稳定经济而成立的机构有时却成为一个不稳定因素（见Amuzegar，2005）。该基金于2011年被国家发展基金取代。

利比亚投资局承担了大量预算外支出，据报道，其海外投资遭受了财务损失。这至少可以部分归因于缺乏技术专业知识，治理问题，以及缺乏适当的财政透明机制。

几乎没有明显的证据证明资源基金支出优于预算支出，并且"卓越岛屿"观点在资源出口国是有效的。此外，绕过预算会对公共财政管理系统的发展产生负面影响：稀缺资源被转用于资源基金，并且对核心预算的审查可能会减少。

一些资源出口国已将某些财政收入或总财政收入的份额用于特定的支出类别。这些资源出口国通过负责专用支出或受保护支出的资源基金或者通过预算完成这项工作。

专款专用往往妨碍高效的资源配置，并且削弱提高支出效率的动力：专用于某项活动的资源数量与该领域的实际需求之间的联系可能很微弱。专款专用还限制了为应对不断变化的需求而重新配置公共资源的范围，并且妨碍了高效的现金管理。专款专用促进了公共支出的顺周期性，因为分配给受青睐的支出领域的专用资源随着政府收入而增减——在资源出口国，资源收入专款专用尤其是顺周期性的，并且将资源波动转移到非资源部门。阿尔及利亚、乍得、哥伦比亚和厄瓜多尔等资源出口国在大规模收入专用方面的经验不足。

在一些发现新资源的国家，善意的政府认为，新财政收入应专用于"有价值的"支出，可能通过资源基金进行专用，以防止收入被不适当地使用。这是一种幻想，因为货币是可互换的。新财政收入可能专用于"有价值的"支出，但如果没有流动性限制，那么无法阻止通过借款提供资金的不适当支出的同时增加，或者如果流动性限制具有约束力，则无法阻止通过减少其他支出提供资金的不适当支出的同时增加。

换言之，专款专用不足以防止不适当的支出。还要求政治意愿不在预算的其他地方扰乱通过专款专用进行的工作。如果存在不进行不适当支出的政治意愿，那么关于专款专用的需求就不明确了。

最后，资产和负债管理问题在资源基金设计中是至关重要的。上面讨论的几个示例说明了实施具有严格规则的基金和/或诉诸广泛的收入专用的资源出口国所遇到的困难。

在许多情况下，政府近年来努力更好地将其资源基金与预算系统和财政政策框架进行整合，并加强财政透明度。示例包括艾伯塔省、阿尔及利亚、阿塞拜疆、智利、哈萨克斯坦、墨西哥和俄罗斯。本章的最后一节包括关于资源基金设计的建议。

财政规则

在资源出口国，财政规则或财政指引的目的有四个，分别是希望在面对不稳定和可耗尽的资源收入以及政治经济困难时，减少财政政策顺周期性，并促进储蓄和可持续性。[①]虽然在资源出口国，财政规则不像资源基金那么常见，但财政规则可以发挥更重要的作用，因为与资源基金不同，财政规则旨在直接约束财政政策。

适当的财政规则的设计在资源出口国比在其他国家更具挑战性，因为资源收入是高度不稳定和不确定的，依赖于可耗尽的资源，并且主要来自国外。其他因素，例如联邦州的财政收入共享和资源收入专款专用，也使这些国家的财政规则设计和实施比其他国家更加复杂。因此，在其他国家发现的某些类型的财政规则不适用于资源出口国，特别是严重依赖资源收入的国家。

财政规则设计的差异很大。一些国家针对单一财政指标，而其他国家则针对两个或更多指标。已

---

① 财政规则被定义为对某些关键预算总量的规定数字目标的长期承诺。与财政规则不同，财政指引不具有法律约束力。

制定针对下列财政指标：总差额（加拿大艾伯塔省、印度尼西亚、墨西哥、尼日利亚、秘鲁）；经常项目差额（委内瑞拉）；根据资源价格调整的结构差额（智利、哥伦比亚）；非资源差额（阿塞拜疆、厄瓜多尔、俄罗斯、东帝汶）；非资源经常项目差额（厄瓜多尔、赤道几内亚）；非资源结构差额（挪威）；支出（增长率或水平）（博茨瓦纳、乍得、厄瓜多尔、秘鲁、委内瑞拉）；公共债务与国内生产总值比率（加拿大艾伯塔省、厄瓜多尔、委内瑞拉）。

财政规则的运作绩效

资源出口国在财政规则方面的经验喜忧参半。在一些国家，财政规则似乎有助于审慎的财政管理和财政储蓄。例如，智利在其财政指引方面取得的成功被认为主要归功于政策可信度、政治承诺和共识，这些都是过去审慎政策和健全制度的结果。专栏24.4讨论了挪威财政规则和资源基金的精密综合系统。

专栏24.4 挪威：财政指引和资源基金的完全整合模式①

挪威的财政框架依赖于两大支柱：财政指引和政府全球养老基金（GPF-G）（一种融资基金）。该框架有助于了解跨期挑战，并为旨在实现宏观经济稳定的短期财政政策提供灵活性。

财政指引

挪威的财政政策面临着长期挑战，这与养老金和健康支出的大量预期增长以及石油收入的下降有关。2001年制定的财政指引将中央政府随着时间推移的结构性非石油赤字限制在政府全球养老基金所持有资产的4%（相当于预期的长期实际回报率）（挪威，财政部 2001）。该财政指引还表明，财政政策必须强调稳定经济。该财政指引允许灵活性：允许在非石油经济周期中暂时偏离非石油自动稳定器的影响。

该指引旨在实现若干政策目标。代际公平：4%指引保留了用于替代（以预期为基础的）地下石油储量的资产的实际价值。短期稳定：该指引断开了年度预算与石油收入波动之间的联系。荷兰病：该指引避免了在立即支出石油收入时会产生的影响——这也解释了为什么政府全球养老基金的资产完全投资于国外。

财政指引有助于缓和非石油赤字，断开财政政策与石油波动之间的联系，节省大部分石油收入，并抑制货币实际升值。有几个因素促成了财政指引的成功。该指引的基本要素很简单，并且被公众充分了解。对该指引已经存在强烈的政治共识和承诺。灵活性也使该指引变得稳健，即使面对特殊情况时也是如此，例如在2009年——与其他资源出口国不同，没有必要修改或暂停该指引。财政框架的可信度得到财政透明度以及强有力的制度、治理和问责制的支持。

政府全球养老基金

政府于1990年建立了国家石油基金（2006年更名为政府全球养老基金）。②然而，该基金直到整体财政状况转为盈余的1995年才开始运作：根据该基金的机制，只有在有中央政府盈余的情况下，才会向基金进行净转移。

---

① 该专栏基于国际货币基金组织（2009）。
② 基金名称的变化仅仅是为了强调未来年度预期的养老金支出的快速增长。该基金的资源并未专用于养老金或任何其他支出部分。

政府全球养老基金是旨在促进财政透明度的融资基金。在政府全球养老基金成立的筹备工作中，强调必须将该基金纳入连贯的预算流程。该基金获得石油净收入并转移到预算中为非石油赤字提供资金。该基金的资产积累反映了盈余。这种设计预先阻止了向通过借款融资的基金进行转移。这种设计避免了会对具有严格规则的基金产生影响的资产和负债管理问题。

该基金不能支出。该基金只能投资于外部资产。这避免了双重预算并保持了国家预算的完整性。所有财政政策和支出决策都在预算中进行。

财政部负责管理政府全球养老基金。财政部根据法规、指引和管理协议（所有这些都是公共信息）将运营管理委托给挪威银行。资产管理目标是在遵守投资指引的前提下最大化回报。向议会提出投资战略的拟议重要变化，以确保为对后代具有重要意义的战略决策提供政治支持。

政府全球养老基金没有独立的法律地位，也没有董事会。政府全球养老基金的正式账户由挪威财政部在挪威银行所持有，以自己的名义通过挪威银行的资产管理部门（挪威银行投资管理公司，NBIM）将账户的价值投资于国际金融市场。

该基金得到强有力的透明度和治理的支持。公共信息的提供水平很高。完整性保证支持了该基金的可信度。透明度是该基金的关键政治经济因素。如果需要就在财政资产中储蓄相当于100%的国内生产总值或更多的金融资产达成共识，那么政策制定者必须愿意告诉公众政策制定者将如何投资这些资源以及投资回报率是多少（Skancke，2003）。

另一方面，在一些国家，财政规则的设计和实施一直是一个挑战，其影响尚不确定。在不同的国家，不同的因素造成这一状况。事实证明，设计有效和稳健的规则，以抵御资源收入的不确定性和波动性，抵御这些国家面临的快速变化的经济环境和经济结构的变化，是很困难的。此外，并非所有国家都满足了要求严格的公共财政管理、财政透明度和强有力监测方面的先决条件。资源收益支出的政治经济体制造成了重大的复杂情况，许多国家在取得并保持对该规则的政治共识和承诺方面遇到的困难就是明证。

财政规则与对资源价格周期的广泛反应有关，包括高度顺周期的反应。例如，拉丁美洲资源出口国的证据未能显示规则或基金的存在与财政政策的顺周期程度之间的关系（Villafuerte, López-Murphyand Ossowski, 2010）。在某种程度上，这与许多国家引入的对规则的许多修改有关，因为情况和政策目标有时会发生巨大变化。

一般而言，针对非资源财政平衡和支出的规则在流动性充裕且支出压力增加的资源繁荣期间面临压力。一些规则被放宽、不遵守、不执行或废除（阿塞拜疆、乍得、智利、厄瓜多尔、赤道几内亚、秘鲁、俄罗斯、委内瑞拉）。

针对总差额的规则在经济繁荣时期实现了更大程度的合规，但随着资源收入增加，上述规则允许顺周期财政政策（艾伯塔省和墨西哥）。在资源收入下行期间，一些财政规则受到压力，因为这些财政规则需要进行财政调整来确保合规。因此，一些规则被修改或暂停（加拿大艾伯塔省、墨西哥、秘鲁）。

一些财政规则的表现受到公共财政管理问题的影响。专栏24.5提供了关于一些已出现的问题的说明。

专栏24.5 资源出口国的财政规则和公共财政管理问题

在厄瓜多尔,广泛的收入专用和其他预算僵化情况与要求逐步减少非石油赤字的财政规则不相符。随着石油收入在已经实施财政规则的石油繁荣期间增加,专用支出项目自动增加,这对与该规则规定的非石油赤字上限一致的、逐渐下降的可自由支配部分预算施加了越来越大的压力。这导致了规则的崩溃。此外,对现有财政规则体系的解释存在模糊性(包括与事前预算相比,财政规则对财政结果的适用性,以及比较的依据是上年度经批准的预算还是执行的预算)。当规则简化为单一的非石油黄金法则时,被归类为财政账户投资的支出激增。

在赤道几内亚,在将预算支出适当分类为经常性还是资本性仍不确定的背景下,制定了非石油黄金法则。在乍得,实施了一个由财政规则和最低支出要求、石油基金、多重预算、广泛的收入专用和现金管理分散组成的复杂系统,以防止不当使用新兴石油收入。事实证明,该系统是难以管理的:在经常性现金流危机中,非石油预算资金不足,并且虽然向石油基金进行了强制性存入,但在商业银行的透支和社会部门的支出拖欠情况却增加了。

在墨西哥,财政规则以及复杂的双层石油基金系统有助于在预算执行期间隔离非石油预算状况。但该机制包括僵化、顺周期性、预算外支出和收入专用,所有这些都导致效率低下,并可能使财政和资产管理复杂化。最近对石油基金机制的改革减少了这些问题。

关于资源基金和财政规则对财政政策反应和宏观经济结果的影响的实证计量经济学证据是有限的。对石油出口国财政反应的研究得出结论认为,资源基金和财政规则对非资源财政平衡、支出动态或石油收入与支出之间的相关性没有统计上的显著影响。[1]

资源出口国在财政规则方面的经验说明了在这些国家设计和实施财政规则所面临的困难,在规则设计中涉及刚性、灵活性和可信度的艰难取舍,以及支持公共财政管理和财政透明系统的重要性。严格的规则很容易被事件所扭转,从而破坏规则的可信度。过度的灵活性会增加财政政策方向的不确定性。最后一节包括关于资源出口国设计财政规则的建议。

预算中的资源价格

准确预测资源收入是资源出口国的一项重大挑战,因为资源价格是高度不确定且不可预测的。用于预测价格变动和未来价格的专家预测和期货价格的记录是令人遗憾的。国际机构的预测和期货价格通常没有反映出现货价格的突然变化,并且在事后已经远离目标。一些资源出口国在预测资源产量(也许实现程度普遍较低)方面的记录,即使是在短期内,也很糟糕。

各国采用多种方法确定预算中的参考资源价格。专栏24.6提供了示例。

---

[1] Ossowski and others(2008)。其他研究包括Clemente, Faris and Puente(2002), Shabsigh and Ilahi(2007),以及Arezki and Izmail(2010)。

专栏 24.6 预算中的资源价格：国家实践

在智利，铜专家小组估计"铜的长期价格"，用于估计下一年度预算中的"结构性"财政状况。

墨西哥使用基于加权平均值的滚动公式：10年历史平均石油价格，权重为25%；中期期货价格，权重为25%；以及具有贴现因子的短期期货价格，权重为50%。

根据目前的建议，尼日利亚正在计划采用石油价格的后顾式移动平均值。

安哥拉和其他一些非洲石油出口国使用国际货币基金组织《世界经济展望》(*World Economic Outlook*)对石油价格预测打了折扣。

刚果共和国使用具有贴现因子的石油期货市场价格。

东帝汶使用美国能源信息管理局低趋势和参考趋势西德克萨斯中质原油（WTI）价格的平均值。

在中东和北非，保守的石油价格往往是临时设定的。

在挪威，石油价格预测对年度预算没有影响：预算的目标是非石油结构差额平衡；支出与经常性石油收入完全断开联系；给定年度中任何可以想象的财政赤字都可以很容易地从政府全球养老基金的资源中获得资金。

可以看出，许多资源出口国倾向于使用保守的资源价格或收入预测来确定预算的资源范围。事后，这些事件往往被低估，特别是在21世纪前10年资源价格上涨期间。有多种原因可能导致政府在年度预算中设定谨慎的资源价格，而且并非所有这些原因都与审慎有关。

保守的资源价格或收入假设通常被视为在资源收入意外下降的情况下降低巨额赤字或财政调整风险的审慎方法。这假设了不对称的调整成本。但是，预算是否审慎将取决于其他因素——关键的是，支出的水平和构成，财政状况，以及或有事项的存在。

一些政府使用低预算资源价格，以试图遏制支出压力：预算中显示较低的资源可能有助于抑制支出热情。在某些情况下，这些政府认为，如果"现实"的资源价格预测与支出计划相结合会导致预计到预算盈余，那么在政治上难以提出预算。低预算资源价格也被用于试图限制与地方政府之间基于公式的财政收入共享（例如，在印度尼西亚和委内瑞拉）。

然而，使用人为的低资源价格来试图抑制支出可能会受到质疑；这不一定能带来更低的支出，也不可能长期持续下去。立法机关和压力集团最终会看穿，并学会与政府一起玩战略游戏。例如在墨西哥，在要求通过透明公式设定预算中的石油价格的改革之前，国会经常提高行政部门在预算中提出的参考价格，以提高支出。

然而，最具破坏性的是以下情况：预算中的资源收入被战略性地设定得较低，因此在预算执行期间收入较高的概率很高，以便临时允许将额外收入自由分配给不在预算中的额外支出，有时会绕过预算流程和监督。在一些石油出口国，超过预算预测的石油收入经常用于增加预算支出或为财政年度的预算外支出提供资金，而很少受到监督。这种做法往往导致不符合可竞争性测试的顺周期、计划不周和效率低下的支出，破坏财政透明度以及预算的完整性和可信度。

主要建议

公共财政管理和中期支出框架

根据国家的具体情况，应优先考虑根据需要加强公共财政管理系统，以处理预算资源规划、配置和有效控制方面的现有缺陷。与近年来资源价格繁荣相关的支出大幅增加使得这成为许多资源出口国的紧迫优先事项。

提高透明度在打击腐败和治理问题以及改善公共资源配置方面发挥着关键作用（Dabla-Norrisand Paul，2006）。更高的透明度和更多的公众获取信息的机会可以允许内部人员驱动和拥有的转变，以获得更好的社会结果。①

具有风险分析和可持续性评估的中期支出框架可以帮助将财政政策置于跨期背景下，明确政策权衡，帮助管理财政风险，并且改善公共资源配置。上述中期支出框架有助于将预算与长期目标和政策联系起来。中期支出框架需要逐步发展，与制度能力和公共财政管理系统保持一致。

资源基金

应逐一仔细考虑资源基金的理由。与既定的预算和资产管理系统相比，该基金在哪些方面会帮助做得更好？潜在收益是否超过成本？

最好避免采用具有严格操作规则的基金。该基金在稳定支出或促进储蓄方面的优势是不确定的，因为货币是可互换的，但往往牵涉成本。

应优先考虑采用具有灵活规则、不会导致效率低下和僵化并且与预算系统和财政政策框架整合的融资基金。这些基金将财政政策设计和实施的重点放到预算上。这些基金还有助于强调非资源财政平衡对财政规划的重要性。

与预算相整合的最佳方法是，确保该基金作为政府账户而非单独机构进行运作，该基金不会干扰公共财政管理流程，以及该基金确保连贯的资产和负债管理。

在资源出口国，鉴于资源收入的性质、政治经济问题和国家经验的证据，最好的方法是不授予资源基金支出授权，并且保持预算的完整性。应该直接解决现有的公共财政管理缺点，以便随着时间的推移加强预算，而不是试图通过支出基金忽视现有的公共财政管理缺点。

需要确定基金的资产管理战略。资产管理战略应包括与资产管理人之间的战略投资指引和运营管理安排，绩效评估程序，以及强有力的报告和审计要求。

将高度不稳定的资源收入或总财政收入的份额专用于特定支出类别是没有意义的，因为支出优先事项和需求可能会从资金稳定性和可预测性中受益，支出优先事项和需求与资源收入的变幻莫测无关，并且专款专用赋予财政政策顺周期性。

---

① 支持资源出口国透明度和问责制的国际倡议包括国际货币基金组织《资源收入透明度指南》（Guide on Resource Revenue Transparency）（IMF，2007），《采掘业透明度倡议》（the Extractive Industries Transparency Initiative）（EITI），世界银行《采掘业透明度倡议++》价值链方法（EITI++ value chain approach），以及《非洲发展新伙伴计划》（the New Partnership for Africa's Development）（NEPAD）。诸如收入观察研究所和公布支付联盟（Revenue Watch and Publish What You Pay）等许多非政府组织也支持提高资源出口国的透明度。

应详细报告基金的运作情况。财政资产和任何负债应在政府财务报表中披露。该基金应列入向立法机关提交的综合预算。这是对全面财政状况和净公共资产状况进行的知情考虑所必需的。

用于确保透明度、良好治理和问责制的严格机制是资源基金的关键要求。这些机制有助于防止滥用资源，并更好地保证政府资产得到适当和审慎的管理。

财政规则

严重依赖资源收入的许多国家在设计和实施成功的财政规则方面遇到的主要困难表明，需要仔细评估财政规则的潜在收益和成本。

对于资源出口国而言，以总差额或经常项目差额为目标的规则是不可取的。这些规则在任何地方都是顺周期的，但在资源出口国，资源收入波动性向财政政策的传递加剧了这种情况。对以经常项目差额或非资源经常项目差额为目标持怀疑态度的原因有很多，包括缺乏有效的立足点以及可以为创造性会计提供的激励。

结构差额规则面临着在估计不可再生资源"长期"价格方面的挑战。如果对长期资源价格的估计与实际价格相关，那么在目标财政平衡就无法与资源价格脱钩，因此结构差额规则也可能具有潜在的顺周期性。

没有流动性限制且具有可持续财政状况的资源出口国可以考虑针对非资源基础财政收支的财政规则，或者当存在足够的技术能力时，考虑针对根据非资源周期调整后的非资源基础财政收支的财政规则。关注这些指标可以帮助政府断开短期财政政策与变幻莫测和具不确定性的资源价格以及资源价格预测之间的联系。如果需要，应纳入债务或总差额对财政规则的反馈环，以提供财政可持续性的保证，并防止忽视债务和融资问题。然而，经验表明，从政治经济学的角度来看，在资源收入持续增加时，这些规则可能会受到压力。

目标非资源基础财政收支的设定应考虑到长期财政可持续性估计和对资源冲击的脆弱性，并且应根据情况变化审查长期财政可持续性估计和对资源冲击的脆弱性。然而，因资源价格或资源收入的变动所引起的可持续性评估变化而对目标进行的频繁修订会"通过后门"将顺周期性重新引入规则。因此，对目标的修订仅应该偶尔进行。

支出规则也具有非资源基础财政收支规则的一些特征，并且在所需的政府规模属于一项政策目标时，可以为关于所需政府规模的方法提供支持。但是，这些规则无法应对可能随着时间推移削弱非资源基础财政收支的非资源税收减少的问题。

鉴于资源出口国面临的不确定性和经常性外生冲击，财政规则应该包含足够的灵活性和例外免责条款，以增强规则对不可预测事件和冲击的稳健性，而在资源出口国，不可预测事件和冲击是无法更改的事实。

鉴于与模糊或不合规相关的可信度和声誉成本，适当的公共财政管理能力和财政透明度是财政规则的关键要求。除了第2章讨论的财政规则的一般公共财政管理前提条件外，在资源出口国，以下前提条件很重要：

- 资源相关收入和支出与其他收入和支出之间明确的财政会计区别，以及在保证完整性以避免含糊不清和防止归类错误的情况下，对上述收入和支出进行监测的能力；

- 显著的预算灵活性和有限的收入专用；与其他国家相比，后者与财政规则之间的不一致程度可能更大，因为专款专用可以将显著的资源收入波动性和顺周期性传递到支出；
- 财政透明度，包括提供关于资源收入发展情况的信息。

鉴于与支出资源收益相关的政治经济问题，对财政规则的共识和政治承诺对财政规则的成功至关重要，甚至可能比在其他国家更为重要。

预算中的资源价格

预算中的资源收入预测应该是公正的、现实的、可信的和透明的。不应在人为的低资源价格寻求谨慎；应该在审慎的支出预算编制以及增加或有事项过程中寻求谨慎。虽然预测存在巨大的不确定性，但合理的程序是使用市场预测价格，或许是将市场预测价格与独立专家预测相结合。可以对支出进行风险调整以覆盖偶然性。预算应包括针对资源收入下滑而对财政状况进行的压力测试以及必要的潜在缓解战略，以促进对风险的知情评价。

使用长期后顾式移动平均价格公式来设定预算价格是不合理的。由于存在显著的冲击持续性，这种公式设定的价格可能会在多年内超过或低于现货价格——立法机关和压力集团将很快理解这一点。使用历史价格进行的简单模拟确认了移动平均公式的这一特征。

鉴于出现的资源收入预测误差不可避免，必须在执行期间制定严格的程序，必要之时修改预算，并且将最终执行报告提交给相关的审计办公室和议会，这对资源出口国来说是至关重要的。这些程序应防止在没有符合国家预算系统法律（或同等法律）的适当事前拨款的情况下在财政年度内进行额外支出，并且应防止预算外支出。

在年内增加支出的做法无论如何都与中期支出框架不相容。如果在某一年度，财政收入高于预期，那么在多年背景下构建支出框架将防止机会性支出增加。

可以说，各国的政策目标可能是达到这样一种情况，即年度预算中资源价格预测在很大程度上变得无关紧要。需要达到三点：（1）良好的财政状况，使预算在短期（一至两年）内不容易受到资源价格的影响；（2）以非资源财政平衡为目标，在事前和预算执行期间断开支出与短期资源价格变动之间的联系（如果向地方政府进行基于公式的政府间转移，那么可能需要采取稳定安排）；（3）坚定的财政政策中长期视角。如果资源价格持续变化，那么在需要时，在中长期财政计划的背景下有序地重新评估财政政策。

参考文献

Aizenman, J., and B. Pinto. 2005. *Managing Volatility and Crises*. New York: Cambridge University Press.

Amuzegar, J. 2005. "Iran's Oil Stabilization Fund: A Misnomer," *Middle East Economic Survey* XLVIII, No. 47.

Arezki, R., and K. Izmail. 2010. "Boom−Bust Cycle, Asymmetrical Fiscal Response and the Dutch Disease," IMF Working Paper 10/94. Washington, DC: International Monetary Fund.

Auty, R. 2001. *Resource Abundance and Economic Development*. New York: World Institute for Development Economics Research and Oxford University Press.

Auty, R., and R. Mikesell. 1998. *Sustainable Development in Mineral Economies.* New York: Oxford University Press.

Bacon, R., and S. Tordo. 2006. *Experiences with Oil Funds: Institutional and Financial Aspects.* Washington, DC: World Bank.

Barnett, S., and R. Ossowski. 2003. "Operational Aspects of Fiscal Policy in Oil-Producing Countries," in J. M. Davis, R. Ossowski and A. Fedelino (eds) *Fiscal Policy Formulation and Implementation in Oil-Producing Countries.* Washington, DC: International Monetary Fund.

Bartsch, U. 2006. "How Much Is Enough? Monte Carlo Simulations of an Oil Stabilization Fund for Nigeria," IMF Working Paper 06/142. Washington, DC: International Monetary Fund.

Baunsgaard, T., M. Villafuerte, M. Poplawski-Ribeiro and C. Richmond. 2012. "Fiscal Frameworks for Resource Rich Developing Countries," IMF Staff Discussion Note SDN/12/04. Washington, DC: International Monetary Fund.

Carcillo, S., D. Leigh and M. Villafuerte. 2007. "Catch-Up Growth, Habits, Oil Depletion, and Fiscal Policy: Lessons from the Republic of Congo," IMF Working Paper 07/80. Washington, DC: International Monetary Fund.

Celasun, O., X. Debrun and J. Ostry. 2006. "Primary Surplus Behavior and Risks to Fiscal Sustainability in Emerging Market Countries: A Fan Chart Approach," IMF Working Paper 06/182. Washington, DC: International Monetary Fund.

Clemente, L., R. Faris and A. Puente. 2002. "Dependencia de los Recursos Naturales, Volatilidad y Desempeño Económico en Venezuela: El Papel de un Fondo de Estabilización", *Proyecto Andino de Competitividad.* Caracas: Corporación Andina de Fomento.

Collier, P., F. van der Ploeg, M. Spence and A. J. Venables. 2009. "Managing Resource Revenues in Developing Economies," Oxford Centre for the Analysis of Resource Rich Economies.

Dabán, T., and J-L. Hélis. 2010. "A Public Financial Management Framework for Resource-Producing Countries," IMF Working Paper WP/10/72. Washington, DC: International Monetary Fund.

Dabla-Norris, E., J. Brumby, A. Kyobe, Z. Mills and C. Papageorgiu. 2011. "Investing in Public Investment: An Index of Public Investment Efficiency," IMF Working Paper WP/11/37. Washington, DC: International Monetary Fund.

Dabla-Norris, E., and E. Paul. 2006. "What Transparency Can Do When Incentives Fail: An Analysis of Rent Capture," IMF Working Paper WP/06/146. Washington, DC: International Monetary Fund.

Davis, J. M., R. Ossowski and A. Fedelino (eds) 2003. *Fiscal Policy Formulation and Implementation in Oil-Producing Countries.* Washington, DC: International Monetary Fund.

Devlin, J., and M. Lewin. 2005. "Managing Oil Booms and Busts in Developing Countries," in J. Aizenman and B. Pinto (eds) *Managing Economic Volatility and Crisis.* New York: Cambridge University Press.

Eifert, B., A. Gelb and N. B. Tallroth. 2003. "The Political Economy of Fiscal Policy and Economic Management in Oil-Exporting Countries," in J. M. Davis, R. Ossowski and A. Fedelino (eds) *Fiscal Policy Formulation and Implementation in Oil-Producing Countries.* Washington, DC: International Monetary Fund.

Engel, E., C. Neilson and R. Valdés. 2010. "Chile's Structural Balance Rule as Social Policy," Presentation at the Banco Central de Chile Conference "Fiscal Policy and Macroeconomic Performance," Santiago: Banco Central de Chile.

Engel, E., and R. Valdés. 2000. "Optimal Fiscal Strategy for Oil Exporting Countries," IMF Working Paper 00/118. Washington, DC: International Monetary Fund.

Fatás, A., and I. Mihov. 2003. "The Case for Restricting Fiscal Policy Discretion," *Quarterly Journal of Economics* 118(4): 1419–1447. Cambridge: MIT Press.

Fatás, A., and I. Mihov. 2005. "Policy Volatility, Institutions and Economic Growth," CEPR Discussion Paper No. 5388. London: Centre for Economic Policy Research.

Gelb, A. 2002. "Economic and Export Diversification in Mineral Countries," Presentation to the World Bank Managing Volatility Thematic Group on Best Practice in Diversification Strategies for Mineral Exporting Countries, Washington, DC, January 7.

Gupta, S., A. Kangur, C. Papageorgiou and A. Wane 2011. "Efficiency Adjusted Public Capital and Growth," IMF Working Paper WP/11/21. Washington, DC: International Monetary Fund.

Hamilton, J. 2008. "Understanding Crude Oil Prices," Working Paper. San Diego: Department of Economics, University of California.

Hnatkovska, V., and N. Loayza. 2005. "Volatility and Growth," in J. Aizenman and B. Pinto (eds) *Managing Volatility and Crises.* New York: Cambridge University Press.

IMF. 2007. *Guide on Resource Revenue Transparency.* Washington, DC: International Monetary Fund.

IMF. 2009. *Norway: Report on Observance of Standards and Codes – Fiscal Transparency Module.* Washington, DC: International Monetary Fund.

IMF. 2012. *Macroeconomic Policy Frameworks for Resource Rich Developing Countries.* Washington, DC: International Monetary Fund.

Isham, J., M. Woolcock, L. Pritchett and G. Busby. 2005. "The Varieties of Resource Experience: Natural Resource Export Structures and the Political Economy of Economic Growth," *World Bank Economic Review* 19 (2): 141-74.

Jafarov, E., and D. Leigh. 2007. "Alternative Fiscal Rules for Norway," IMF Working Paper 07/241. Washington, DC: International Monetary Fund.

Laursen, T., and S. Mahajan 2005. "Volatility, Income Distribution and Poverty," in J. Aizenman and B. Pinto (eds) *Managing Volatility and Crises.* New York: Cambridge University Press.

Medas, P., and D. Zakharova. 2009. "A Primer on Fiscal Analysis in Oil-Producing Countries," IMF Working Paper 09/56. Washington, DC: International Monetary Fund.

Mehlum, H., K. Moene and R. Torvik. 2006. "Institutions and the Resource Curse," *Economic Journal* 116 (January): 1-20.

Norway, Ministry of Finance. 2001. Report No. 29 to the Storting (2000-2001): *Guidelines for Economic Policy.* Oslo: Ministry of Finance.

Ossowski, R. forthcoming. "Fiscal Rules and Resource Funds in Nonrenewable Resource Exporting Countries: International Experience," in M. Marcel, G. García and T. Ter-Minassian (eds) *Preconditions for Establishing Fiscal Rules Based on the Structural Balance.* Washington, DC: Inter-American Development Bank.

Ossowski, R. forthcoming. "Macro-Fiscal Management in Resource-Rich Countries," Paper for the Poverty Reduction and Economic Management Network. Washington, DC: World Bank.

Ossowski, R., M. Villafuerte, P. Medas and T. Thomas. 2008. *Managing the Oil Revenue Boom: The Role of Fiscal Institutions,* IMF Occasional Paper 260. Washington, DC: International Monetary Fund.

Pinto, B. 1987. "Nigeria during and after the Oil Boom: A Policy Comparison with Indonesia," *World Bank Economic Review* 1 (3): 419-45.

Shabsigh, G., and N. Ilahi. 2007. "Looking beyond the Fiscal: Do Oil Funds Bring Macroeconomic Stability?," IMF Working Paper 07/96. Washington, DC: International Monetary Fund.

Shiell, L., and C. Busby. 2008. "Greater Saving Required: How Alberta Can Achieve Fiscal Sustainability from Its Resource Revenues," C. D. Howe Institute Commentary. Ottawa: C. D. Howe Institute.

Skancke, M. 2003. "Fiscal Policy and Petroleum Fund Management in Norway," in J. M. Davis, R. Ossowski and A. Fedelino (eds) *Fiscal Policy Formulation and Implementation in Oil-Producing Countries.* Washington, DC: International Monetary Fund.

Van der Ploeg, F. 2011. "Natural Resources: Curse or Blessing," *Journal of Economic Literature* 49 (2): 366-420.

Van der Ploeg, F., and A. Venables. 2009. "Harnessing Windfall Revenues: Optimal Policies for Resource-Rich Developing Economies," CESifo Working Paper No. 2571. Munich: CESifo Group.

Villafuerte, M., and P. López-Murphy. 2010. "Fiscal Policy in Oil Producing Countries during the Recent Oil Price Cycle," IMF Working Paper 10/28. Washington, DC: International Monetary Fund.

Villafuerte, M., P. López-Murphy and R. Ossowski. 2010. "Riding the Roller Coaster: Fiscal Policies of Nonrenewable Resource Exporters in Latin America and the Caribbean," IMF Working Paper 10/251. Washington, DC: International Monetary Fund.

York, R., and Z. Zhan. 2009. "Fiscal Vulnerability and Sustainability in Oil-Producing Sub-Saharan African Countries," IMF Working Paper 09/174. Washington, DC: International Monetary Fund.

25
通过国家制度管理外国援助

威廉·A.阿伦

在公共财政管理（PFM）的讨论中，援助管理被视为一个次要的话题，也许当今的财政管理话题都是在发达国家中的背景下讨论，在这些发达经济体中援助收入并不是一个因素。虽然关于改进国家公共财政管理系统作为提高援助效力手段的重要性方面的文章已经很多，但本章有必要将改善援助管理作为改善公共财政管理系统的核心要素。对于依赖援助的国家而言，这两个话题是不可分割的。在发展中国家，对援助的需求很高但管理很脆弱，因此有效的援助管理至关重要。援助资金是公共财政总额的重要组成部分，这些资金的问责制是公共财政管理改革的关键要素。

然而，援助方普遍认为，将其资源用于受援国的计划必须首先由受援国政府和公众担负起责任，其次才由受援国的选民承担责任。优先考虑外部问责总是会削弱受援国政府对其自己立法机关和公众的问责。从逻辑上讲，结果未必如此。双重问责本来在一开始时就设定为一个明确的目标，但事实并非如此。双边和多边援助方都采用了建立自己的项目实施单位（PIU）的做法，以监督实施援助方供资的项目。正如我们将要讨论的，改革正在进行，然而，虽然项目实施单位可能已经足够好地管理了个别项目，但援助方供资的项目与通过国内资源供资的努力或其他援助方的努力的整合情况仍然不佳。缺乏整合增加了使提供援助更加高效或加强国家制度的难度。特别是在援助未纳入国家制度的情况下，总体财政报告和财政控制的问题大幅增加。

援助方和受援国之间的问责划分也导致建立了一个实质性的援助官僚机构，以监督向发展中国家人民提供援助供资的服务（含蓄地避开薄弱的国家公共财政管理部门）。就其性质而言，这种援助官僚机构是不协调的：双边机构将其国家程序应用于行政管理，而多边组织则在不太具体的指导下，制定适合其自己行政管理要求的程序。各国通常设立某种形式的援助管理单位（AMU），作为财政部或规划部的一部分来协调援助，但与该国的公共财政管理系统分离。多个项目实施单位、援助机构和援助管理单位的行政管理成本很高。如下所述，在描述当前的援助管理时，这些安排在确保有效提供援助方面并不是特别成功，而且在某些方面，往往会阻碍而非有助于公共财政管理改革。

本章认为，通过协调援助方之间以及各国和援助方之间的努力，减少各方的援助管理成本以及建立对财政、财务和部门管理的充分国家自主权，项目援助与国家制度的整合将给各国和援助伙伴带来重大利益。本章此节提出的一个同样重要的观点是，如果继续未能整合外国和国内事项，那么会对有效的财政管理和可持续的公共财政管理改革设置不必要的巨大障碍。继续目前的援助管理制度，会产生非常多的（并且基本上未得到承认的）成本。

2005年《有效援助巴黎宣言》（The Paris Declaration on Aid Effectiveness）启动了一项国际计划，以统一和协调援助方之间以及援助方与伙伴国家之间的援助提供事宜，这是重要的一步。该宣言敦促援助方与伙伴国家之间的关系发生根本变化。该宣言主张增加发展中国家公共财政管理系统的使用，并应用公共财政管理诊断来监测国家制度的效力，以此作为提高援助效力的手段。在高层就这些措施达成协议是一个可喜的进步。然而，其主要目标的进展被描述为"令人警醒"（OECD，2011b）；2010年确定的13个量化目标中只有一个得到了充分实现。尽管如此，已经取得了重大进展。本章认为，对未能达到增加预算内援助比例和使用国家制度的关键目标进行解释的一个主要因素是，该框架由过高的层级所定义。因此，利益相关者未能明确界定援助方供资的项目与公共财政管理改革之间的关系。《巴黎宣言》是一个重要的起点，但利益相关者必须处理需要改变的具体做法，以实现在发展合作和提高援助效力方面仍然相关的目标。本章重点介绍了在实施该宣言方面的经验教训，衡量和监测方面的关键不足，以及利益相关者现在需要采取的用于改善关键实践领域的行动。

我们将首先评述《巴黎宣言》实施过程的主要要素，以及第四次高层论坛（HLF-4）之后需要处理的主要问题。然后，我们将研究在国家公共财政管理系统中更有效地整合发展项目的实用方法，以加强援助效力和国家公共财政管理。在有效建立政府财政管理信息系统（GFMISs）的情况下，政府财政管理信息系统为协调援助方和国家制度提供了新的机会。最后，本章提供了改善国家、捐助机构和从业者层面援助管理的简要指引。

《巴黎宣言》及其实施情况概述

《有效援助宣言》是旨在实现千年发展目标和减少全球贫困的更广泛国际努力的重要组成部分。《有效援助宣言》以2003年罗马协调高层论坛宣言（Rome HLF Declaration on Harmonization）和2004年马拉喀什圆桌会议（Marrakech Roundtable）为基础，并于2005年在巴黎第二次高层论坛上得到援助方和伙伴国家的认可（OECD，2005）。该宣言正式确定了相应行动，通过制定12个指标类别，来监测五个商定伙伴关系承诺领域的进展情况，以加强发展中国家改革自主权，并在提供援助方面建立援助方和伙伴国家之间更有效的伙伴关系。这些在专栏25.1中进行了总结。

2008年在加纳阿克拉举行的第三次高层论坛（OECD，2009a，b）根据这些指标审查了进展情况。在强调《巴黎宣言》创造了援助方和发展中国家合作方式变革动力的同时，该论坛得出结论认为进展速度太慢。《阿克拉行动议程》（The Accra Agenda for Action）声明旨在通过以下方式加快进展：（1）加强国家自主权，特别是通过尽可能加强和使用国家公共财政管理系统，并鼓励政府、议会、民间团体和公众之间就发展政策进行公开和包容性对话；（2）通过减少援助分散化，与所有发展行为方合作以及为处于脆弱局势的国家调整政策，建立更有效和包容性的伙伴关系；（3）交付和核算发展成果——特别强调援助方应使其监测工作与国家信息系统以及援助方和伙伴国家公民对透明度和问责制的需要相一致。

2011年11月/12月在韩国釜山举行的第四次高层论坛审查了在巴黎制定的2010年目标的进展情况。在指出问题复杂性和进展不均衡的同时，论坛宣言（OECD，2011a）再次认可《巴黎宣言》和《阿克拉议程》的主要方法。论坛宣言特别强调需要加强核心国家发展机构；实施发展中国家主导的制度和政策变革；并改善关于制度绩效的证据，为政策制定、实施和问责提供信息。未来的道路将以新的全球有效发展合作伙伴关系为指导——强调包容性和南南合作，而不仅仅是南北援助效力。

专栏25.1 《巴黎宣言》伙伴关系承诺、指标和2010年目标

自主权

1. 合作伙伴拥有运作发展战略（75%的国家）。

结盟

2. 可靠的国家制度。

   a．公共财政管理：在国家政策和制度评估（CPIA）2013年标准上，一半的国家至少移动0.5点；

   b．采购：在用于衡量进展情况的四分量表（A–D）上，1/3的国家至少上升一个单位。

3. 援助流量与国家优先事项保持一致（在合作伙伴的国家预算上报告对政府部门的援助（预算内援助）：在预算上至少报告85%）。

4. 通过协调支持来加强能力（50%的技术合作流量将通过符合国家发展战略的协调计划来实施）。

5. 使用国家制度（UCS）。

   c．使用国家公共财政管理系统（UCS–FM）（1）援助方：所有援助方使用国家制度（得分5+）；90%的援助方使用国家制度（得分3.5—4.5）；（2）援助流量的百分比：不使用国家制度的援助百分比减少2/3（得分5+，减少1/3得分3.5至4.5）；

   d．使用国家采购系统：（1）援助方：所有援助方都使用国家制度（得分A）；90%的援助方使用国家制度（得分B）；（2）援助流量的百分比：不使用国家制度的援助百分比减少2/3（得分A，减少1/3得分B）。

6. 通过避免并行实施结构来加强能力（将平行项目实施单位的存量减少2/3）。

7. 援助更具可预测性（在预定的财政年度内未支付的援助比例减半）。

8. 援助不附带条件（随着时间的推移，在减少双边不附带条件的援助方面继续取得进展）。

协调

9. 使用共同安排或程序（66%的援助流量是在基于计划的方法的背景下提供的）。

10. 鼓励共享任务和分析：

    e．40%的援助方外地特派团是联合的；

    f．66%的国家分析工作是联合的。

成果管理

11. 具有用于根据（a）国家发展战略和（b）部门计划评估进展情况的透明和可监测的绩效评估框架的国家数量。（将没有透明和可监测的绩效评估框架的国家比例减少1/3）。

相互问责

12. 对履行商定的援助有效性承诺方面的进展情况进行相互评估的伙伴国家数量，包括本宣言中的承诺（所有国家都要进行相互评估审查）。

在2006年、2008年和2011年对上年度收集的数据进行监测调查，根据所选指标追踪了援助方的进展情况，并对照选定的指标在国家层面进行监测。2007年和2010年分别进行了单独和独立的评估，评估报告分别于2008年和2011年公布（见Wood and others，2011）。这些调查和评价在该进程对改善援助效力和发展成果的影响进行了广泛评估，并且两种类型的报告都为后续的高层论坛提供了信息。为釜山编制的2011年援助效力报告（OECD，2011b）评估了最初的宣言目标的实际进展情况，并且与对援助效力计划和该进程本身的评估尤其相关。

就该计划的成功情况而言，2011年调查记录显示，13个[①]全球量化指标中只有一个已经完全实现，但在其它重要方面也取得了重大进展。各国和其发展伙伴的方向和步伐各不相同。针对援助管理关键指标的总体绩效，例如可靠的公共财政管理系统（2a）、援助流量与预算一致（3）以及使用国家公共财政管理系统（5a），未能达到2010年目标；然而，2a和5a与比2005年基线相比，有显著改善，但指标3与基线相比，几乎没有进展。与雄心勃勃的2010年目标或2005年基线相比，援助的可预测性（7）同样进展甚微。国家利益相关者被评估为在制定健全的国家战略和建立以结果为导向的框架来追踪国家优先事项进展方面取得了实质性进展；但是，即使在可靠性得到改善的情况下，援助方也被认为没有充分使用国家制度。

判断全球层面的绩效是极其困难的，尤其是因为许多最初目标的现实性往往不被质疑，并且在这种复杂制度环境中实现这些目标的途径几乎无法定义。调查和评价都没有提出此类问题，也没有提出对宣言的监测和评价方法进行重大修改的建议。在对提供援助和公共财政管理改革做出重大贡献的领域已经取得了进展，这一事实令人鼓舞，但在国家层面的改善将需要更为详细地审查拟议目标及其实现途径。

与这些要点相关，本章的一个主要关注点是，在整个实施过程中应用的一些指标在其既定目标方面的定义不明确。在关于《巴黎宣言》范围和规模的国际计划中，这种弱点是不可避免的。但是，正如将要论证的那样，在确定预算内援助和使用国家公共财政管理系统方面缺乏准确性已经阻碍而非有助于公共财政管理改革取得进展，从而阻碍了实现宣言的目标。

虽然调查和评价过程没有处理这些问题，但经合组织发展援助委员会（OECD-DAC）设立了工作组，以处理一系列方法问题和其他问题。公共财政管理工作组涉及非洲战略伙伴关系（SPA）、公共支出和财务问责制（PEFA）计划、公共支出与财政问责（PEFA）计划、非洲预算改革合作倡议（CABRI）以及经合组织预算官员网络等实体，并且处理了此类问题。通过该渠道，非洲预算改革合作倡议/非洲战略伙伴关系联合研究（非洲预算改革合作倡议 2009）在衡量进展以及对援助方和各国在这些领域取得进展的各种激励措施方面，提出了关于预算内援助和使用国家公共财政管理系统实际应用的重大问题。这项研究的意义与需要采取的实际步骤高度相关，将在本章的以下各节中讨论。

利益相关者，特别是发展伙伴，需要在其一般政策和实践以及国家层面处理目标的适当性问题以及监测和衡量的技术细节问题。只有通过不断的审查和发展，才能实现国际发展合作、改善援助效力和更强有力的国家制度的广泛目标。本章的以下各节首先介绍了发展中国家目前管理援助流量的方法，以及改善这些安排的方法，然后介绍了将发展项目与国家公共财政管理系统进行整合的具体措

[①] 如专栏25.1所列，对指标2、5和10进行了细分。没有为2和5的采购组成部分设定或监测任何量化目标，总共给出13个量化目标。

施，以及为了将援助流量与国家制度进行整合和更广泛地加强公共财政管理改革而对这些程序进行更改的影响。

管理外国援助：目前的安排

发展中国家的援助管理应记录在国内常规预算之外的流量，并应以符合标准公共财政管理问责实践的方式进行。存在各种各样的安排，但没有一种安排符合令人满意的会计和报告标准。虽然在实施《巴黎宣言》方面取得的进展已经显著增加了国家制度的广泛慎重使用（即没有准确定义正在使用哪些国家制度要素），但通过更多地使用直接预算支持，已经实现了重大改善。就世界银行而言，2009年的一项审查表明，发展政策贷款（DPL）在总承诺额中的总体份额在2009财年几乎翻了一番，达到40%，而前几年约为25%（世界银行，2009）。

虽然投资贷款越来越多地使用国家制度，但迄今为止，在大多数情况下，"使用"的定义并未涉及将世界银行项目完全纳入国家会计和报告系统。其他援助方对使用国家制度进行投资援助或贷款同样或更加犹豫不决。部分是为了应对这些问题，世界银行提出了一项新的工具，即"结果导向型计划（program-for-results）"融资（世界银行，2011）。该工具将被谨慎应用，正如本章倒数第二节进一步讨论的那样，需要按照投资项目建议的方式对现行实践进行实质性改革。

由于外国融资流和国内融资流通常是分离的，报告外国援助的任务一般由援助管理单位进行，与会计部门或国库没有直接联系。这些机构通常也负责记录外债。毫无疑问，此类机构对于监督政府与其发展伙伴之间的关系无疑是必要的。在制订和实施部门项目和计划的过程中，后者通常会直接与有关各部联系，因此确实需要进行全面协调。援助方和有关各部门主张项目会计和报告流程的分离是合理的，因为集中流程过于官僚主义，导致支付延误。这种主张有一定的道理。但其主要缺点是，交易流程的分离使得整体财政报告和财政控制在本质上更加困难。将援助和国内事项流进行整合对于国家制度实现有效的整体财政和财务报告及控制而言是至关重要的。援助方项目实施单位还提供了一种机制来帮助防范寻租和信托风险。然而，在将援助事项处理与国家制度进行整合时（但应按照指标6的要求，避免建立平行项目实施单位），可以保留援助管理的这一方面。

原则上，援助管理单位可以按照与国家制度相同的格式记账，而有关各部可以要求项目主任以同样的方式报告外国供资的事项和其他事项。当然，这些记录可以记录所有事项（包括直接从援助方账户向承包商支付的第三方付款），并且可以与财政账户进行整合。但实际上，援助管理单位没有建立与政府账户和报告系统进行整合的辅助会计系统。实质上，大多数援助管理单位只提供广泛的统计报告服务，汇编主要来自援助方报告的支付和偿债义务数据。有关各部项目主任很少（如果有过的话）向援助管理单位负有任何实际的报告义务来实现项目实施单位和援助方记录之间的协调，但这种义务将是有效的会计和报告制度的基础。

援助管理单位通常建立债务管理系统来履行其监测职责。这些系统帮助援助管理单位满足援助方的基本要求——记录支付和偿债义务。但是，事项记录高度依赖援助方报告，这些报告通常会被严重拖延，并根据援助方的标准和时间表提出，而非根据国家报告要求提出。通常，主要债务管理系统（联合国贸易和发展会议债务管理和财务分析系统（DMFAS）和英联邦秘书处债务管理和记录系统

（CSDMRS）都没有与政府会计系统相连接。在任何情况下，项目实时事项（即在支票签发或其他支付时记录，或者在收到时记录）和援助方记录之间的对账都不受援助管理单位的管理。主要对账职能应始终由中央会计机构而非援助管理单位执行。

援助管理单位债务管理系统还为预测偿债支付、中期援助和借款流量提供了基础，原则上应为中期预算编制和规划提供坚实的基础。然而，这些职能也高度依赖于援助方的数据输入。国家和发展伙伴在该方面的协调仍然薄弱；《巴黎宣言》的调查显示，根据可预测性指标（专栏25.1中的7）衡量的表现不佳，该指标仅侧重于年度支出（见OECD，2011c）。发展伙伴一般不会将政策重点放在中期支付预测和国家数据核对上，部分原因是国家制度存在固有的不确定性和弱点。经合组织的报告强调了问题的复杂性和辩论中缺乏的严谨性。援助方/国家战略的视野太短，在大多数情况下，用于改善援助可预测性的联合进程尚未确定。这些问题比简单改善债务管理系统要复杂得多；问题的核心在于缺乏国家和援助方规划、预算编制和事项处理系统的整合。以下各节将讨论处理这些问题的措施。

援助管理单位在目前的框架中被认为是必要的，但援助管理单位的存在很可能阻碍更根本的援助管理改革，而建立债务管理系统的努力可能会推迟在国家制度内建立实时事项记录。与援助管理单位相关的行政和政策职能需要在财政部以某种形式进行维护，但会计职能应适当地分配给中央会计或国库机构。该领域的长期制度改革必须处理规划部与财政部之间适当关系的问题，包括援助政策管理的适当位置（下节和该手册的其他部分将讨论援助政策管理的各个方面）。

如下节进一步所述，在国家财政会计和报告系统内整合援助会计和报告对于在发展中国家建立稳健的公共财政管理系统而言是至关重要的。应明确授权援助管理单位鼓励在所有外国供资的项目中使用国家制度，并定期向财政部报告实现这一目标的进展情况。但是，援助流量的核算和对账需要作为政府会计和报告系统的一部分来完成，并且援助和债务管理系统报告应与政府账目报告相协调。

中央银行在许多国家的援助和债务管理方面也发挥着重要的支持作用，因为外汇管理职责是中央银行的一部分。中央银行维持债务管理系统来促进监测外汇需求的情况并不少见，但对发生负债、进行支付和与银行系统对账的职权仍然是政府行政机构（通常是财政部）的职责。

将国家制度用于投资项目

如前所述，在根据《巴黎宣言》目标在预算中提供更多援助所取得的成果通过增加直接预算支持而实现了。在预算内投资贷款方面取得的进展相对较小，而且预算内投资贷款战略仍不明朗。世界银行以及其他援助方仍将需要特定贷款，以实现商定的发展目标。在提供预算内援助方面取得进一步进展将需要采取措施，使投资贷款使用国家制度，同时仍然对资金进行专款专用，以根据商定的发展目标进行报告。

设定的高层目标以及用于衡量进展情况的指标在很大程度上决定了《巴黎宣言》目标的实施方式。但是，关于增加使用国家制度的关键指标设定得过于宽泛，无法指导援助方和国家实践达到既定目标。指标2（专栏25.1）要求按照世界银行国家政策和制度评估指数（源于公共支出与财政问责诊断和其他诊断的公共财政管理系统质量的一般指标）变化来衡量国家制度的改善情况。但是，由于援助方未能使用国家制度进行事项处理或确保替代援助管理系统与国家财务和财政报告完全一致，国家制度和援助提供工作都受到严重削弱。援助方的上述行为相应地导致不良的对账实践——及时和不可靠的年内和年度财务和财政报告，这又相应地导致整体公共财政管理较差，并且在许多公共支出与财政问责维度上得分较低。国家政策和制度评估得分不佳是不可避免的结果。为了实现宣言的目标，需要采取更有针对性的补救措施。

2009年非洲预算改革合作倡议报告指出，需要"超越预算文件中的援助记录，并考虑如何将援助整合到国家预算流程中"。关键是详细说明了预算内援助的不同维度，包括以下任何一项"内援助"：计划、预算、国库、会计、报告、审计和议会。如上所述，在事项处理方面（即会计和报告）使用国家制度是公共财政管理改革和使用国家公共财政管理系统的关键起点。因此，应该在援助方贷款政策和实践中首先强调实现有效的"会计内援助"和"报告内援助"。

在实践中，人们越来越认识到，在通过"预算内、会计内和报告内"体现投资项目（作为公共财政管理改革的一部分，而非仅在改革到位后才允许这样做）增加使用国家制度方面，能够而且必须取得进展。世界银行的几个国家小组正在帮助各国采取具体措施，以在投资贷款方面使用国家公共财政管理系统，作为（援助方支持的）国家公共财政管理改革计划的一部分。一些拉丁美洲国家在使用国家公共财政管理系统方面取得了重大进展，并且大力投资建立计算机化公共财政管理系统（例如，哥伦比亚和玻利维亚都要求大多数援助方通过国家政府财政管理信息系统处理事项）。像加纳和巴基斯坦这样截然不同的国家也正在提出坚定的举措来更多地使用国家公共财政管理系统，在每种情况下都是因为对政府财政管理信息系统的大力投资提供了一种可靠的手段来捕获国家制度中的所有项目事项、同时加强国家层面的总体会计和报告工作以及满足援助方的报告要求（这些领域的进展和问题见世界银行，2011）。

应识别正在使用的公共财政管理流程的确切要素；每个领域都提出了一系列不同的战略和实践问题。在"计划内"和"预算内"体现项目通常被认为是迈向使用国家制度的良好开端。然而，关于在"计划内、预算内、会计内和报告内"体现外部资助项目的一个关键条件是，外部资金免受由于总体财政政策原因而实施的预算削减的影响。投资贷款融资协议规定了有时限的采购、实施和发展目标。首先对这些项目进行限制的一个主要原因正是为了规避国内预算行动对实现这些目标的影响。在会计和报告内体现这些项目将加强国家公共财政管理系统，但将资金置于国内预算限制之下将消除对援助方使用国家制度的任何激励。

然而，将援助与规划和预算编制进行整合的可行性提出了一些关于发展中国家这些进程改革的基本问题。也许发展中国家对传统的公共财政管理系统进行改革的最大障碍是规划和财政管理职能的持续分离。规划委员会或规划部通常负责发展预算（和资产创造），而财政部通常负责总体财政政策和预算。运作和维护主要由财政部审查，并且很少（如果有过的话）与规划驱动的资产创造保持平衡。援助方也强调资本投资（包括在某些情况下用于补救延期维护的项目）。发展中国家和合作伙伴发现难以解决为统一规划和预算编制以及有效处理资产创造和维护之间的平衡所需的重大行政改革。应通过采取措施整合援助、规划和预算编制，并且如下文进一步讨论的，通过协调作为该流程一部分的国家/发展伙伴监测和评价（M&E）来增加这样做的动力。统一规划、预算编制和会计并提供全面可靠经济分析数据库的政府财政管理信息系统平台，也可能有助于制定该领域基本改革的议程。

公共财政管理流程的后期阶段提出了不同的考虑因素。外部审计虽然是公共财政管理改革战略的一个关键要素，但应与政府行政机构的公共财政管理职能分开来看待。外部审计职能的发展是一个更长期的过程，并且单独（或更好的，互补）的援助方审计不会像单独的会计和报告流程一样构成削弱国家制度的威胁。

然而，此时的一个核心观点是，一项优先考虑将投资项目的事项处理与国家制度会计和报告进行整合的明确政策，将进一步加强国家制度，并为增加预算内援助提供风险相对较低的途径。随着改革优先事项得到商定以及具体风险领域得以处理，可以逐步整合其他要素。如果设计得当，所建议的关于使用国家制度的途径将会降低整体信托风险，因为项目实施单位将继续发挥其信托作用，并且系统的事项覆盖范围的整体加强以及对账和报告的及时性和可靠性的改善，将降低投资项目的整体系统性风险。应用双重问责原则不会造成任何损失，而会取得许多收益。公共财政管理系统的缺陷引起的信托风险仍然必须加以监测，但这也不会改变目前的安排。

与援助方活动相关的公共支出与财政问责诊断还需要进一步完善，以帮助准确识别对公共财政管理改革和使用国家公共财政管理系统而言最关键的领域的进展情况。特别是公共支出与财政问责绩效指标-D3将预算内援助简单地定义为"由国家程序管理的援助比例"，包括采购和外部审计，也可以解释为涵盖社会和环境评估。如果该绩效指标将预算内援助的不同维度分离并明确区分不同援助方的实践，那么该绩效指标将更为有用。在评估国家制度的使用程度时，财政管理应作为与采购分离的一个维度（正如目前的实践情况），并且两者都应与使用国家制度的非公共财政管理（社会和环境评估）方面区分开来。

公共财政管理改革在援助管理中的核心作用

前面几节强调了增加预算内援助和使用国家制度与加强国家公共财政管理系统之间的一些重要联系。然而，尽管《巴黎宣言》的议程突出了公共财政管理改革的核心重要性，但公共财政管理改革仍被视为世界银行和其他援助方援助计划中与卫生、教育和交通同等重要的另一个部门。如果要认真处理该议程，援助方应明确区分工具性计划（例如公共财政管理改革和公务员制度改革，以及其他基础设施要素）和直接服务提供项目（例如卫生、教育和运输）。援助有效性取决于两种类型的干预，并且这两种类型干预之间的相互依赖关系应在援助管理流程中明确体现。当然，用于处理发展问题的所有建议都必须争夺相同的资源池，但是应用于工具性计划援助的战略和标准应该认识到工具性计划为所有服务提供工作提供了必要的基础。因此，更强有力的制度基础设施应该增加所有服务提供项目的附加价值。为了处理这两种类型干预之间的最佳平衡问题，有必要将它们分别归类。

但是，目前公共财政管理项目必须与服务提供项目直接竞争，并且必须进行相同类型的逻辑框架分析。世界银行《逻辑框架手册》（Logframe Handbook，1997）以及其他援助方的类似出版物给出了关于应用"逻辑框架"或"逻辑结果链框架"的标准指引。基础方法是识别旨在通过具体活动、产出、结果和影响来实现的项目（或预算）投入链。产出、结果和影响的指标旨在提供绩效指南和评价基础。指标的理想特征被概括为"具体性、可衡量、可达到、相关性和时限性"（SMART）。

具有讽刺意味的是，应用于发展项目的逻辑框架分析的基本原理与作为现代公共财政管理以结果为导向的预算系统的一部分而开发的基本原理基本相同（见第11章）。然而，标准援助方逻辑框架对

"具体性、可衡量、可达到、相关性和时限性"指标的高度重视以及对每一美元支出的最切实的发展结果的高度重视,往往不利于公共财政管理的改善。双边援助方赞同此类指标,因为援助国的内部援助对话极大地强调向发展中国家的贫困人口提供切实的帮助。这种政治经济考虑因素表明,在制定全面计划来建立为促进和补充直接服务提供工作所需的制度基础设施方面,多边机构最有能力发挥领导作用。

有几个特点将公共财政管理项目与投资和发展项目区分开来。公共财政管理项目异常复杂,并且需要对已建立的传统系统进行艰难的制度变更。如上所述,发展和经常性预算的统一问题引起了普遍没有得到很好解决的复杂问题。其他典型的复杂制度问题包括:在政府系统以外获得资金的援助方项目,具备有限非综合自动化的财政控制系统较差,较差的内部审计,较差的基于事项的外部审计和监督,技术能力非常有限。解决这些问题总是需要很长时间,但由于建立强有力的公共财政管理系统对于管理任何发展项目而言都是至关重要的,因此所有发展伙伴对公共财政管理改革明确的、持续的关注将会产生可观的长期回报。

尽管存在这些问题,但必须强调的是,近几十年来,世界银行和其他援助方都在公共财政管理改革和计算机化政府(会计和)财政管理信息系统(GFMIS)的实施方面进行了大力投资。政府财政管理信息系统投资涉及很长的实施时间框架(见Dener, Watkins and Dorotinsky, 2011),但一旦实施,政府财政管理信息系统就提供了一条满足援助方事项处理和报告要求的途径。

建立有效的政府财政管理信息系统的一个主要优点是,援助方项目实施单位可以直接与该系统相连接,并且直接使用国家会计和报告,且风险相对较小。项目实施单位的整合不是削弱国家制度,而是加强国家制度,并为援助方和国家选民带来好处。使用国家制度和通过预算提供援助并不取决于达到某一公共支出与财政问责分数或国家政策和制度的评估分数。问题在于评估具体风险和对改革进行排序,以实现国家和发展伙伴在相关公共财政管理职能方面所要求的标准。因此,更多地使用国家制度和预算内援助应被视为发展中国家公共财政管理改革总体计划的关键组成部分。

如上所述,将现有国家规划监测和评价流程与援助方实践进行整合是协调援助管理以及国家规划和预算编制的又一重要措施。目前以逐个项目和逐个援助方为基础的监测和评价系统在本质上是低效的。虽然援助方协调机制确实存在,但援助方仍在继续寻求最符合其供应优先事项的个别项目,并且援助方之间经常发生重叠和协调不良的情况。项目的生命周期很少符合受援国的实际长期改革要求。如前所述,援助方逻辑框架侧重于援助国选区最关注的指标;虽然正在采取措施推动制定国家自主的监测和评价框架。[①]这些框架将结果链逻辑应用于长期国家计划,而且旨在协调援助方的投入,并使援助方的投入与其共同商定的目标保持一致。

实质上,这些系统将项目监测和评价分析确立为公共财政管理改革和绩效预算实施的重要组成部分,含蓄地承认了项目逻辑框架分析与绩效预算之间的紧密联系。在这种系统下,援助方可以继续应用自己的逻辑框架分析,而该逻辑框架分析将包括国家监测和评价框架的子集。因此,沿着这些方向建立国内公共财政管理基础设施应该朝着国内和外国供资项目的以结果为导向的管理方向发展。正如

---

① 以下网址描述了一些拉丁美洲国家的由国家自主的监测和评价发展情况:http://web.worldbank.org/WBSITE/EXTERNAL/COUNTRIES/LACEXT/0,,contentMDK:21415913~pagePK:146736~piPK:146830~theSitePK:258554,00.html。其他地区也在这方面采取了一些措施(请见世界银行,2011)。

第11章所述，以结果为导向的预算编制是大多数发展中国家的长期展望。建立统一的国家监测和评价系统是朝着该目标迈出的一步，但更直接的好处应该来自国家和援助方对项目的评估更加一致。

前面简要描述了新的结果导向型计划安排，根据这一安排，贷款发放将直接与"有形、透明且可核查"的结果联系起来。这些要求将对监测和评价框架提出很高的要求，并且基本上需要国家和援助方政府拥有一个共同框架。为投资项目提出的大多数改革都需要到位，计划才能生效。然而，一旦做出这些改变，仍不清楚是否需要一种独特的新工具。

结论和对各国和发展伙伴的指导

改善援助管理对发展中国家的公共财政管理改革而言是至关重要的。《巴黎宣言》开始了一项重大的国际努力，以改善援助提供工作和援助效力，但需要处理该进程中的一些不足。未来的进展将依靠主要利益攸关方制定更明确地以国家为主导的计划，旨在改善国家公共财政管理系统关键缺陷的计划。对国家和发展伙伴从业者的主要建议如下：

- 有效援助提供和接收的立足点是国家公共财政管理系统，该系统本身应得到持续的投资计划的支持，以处理已知的不足，包括援助事项记录不充分。
- 所有援助方融资安排都应确定对发展中国家和捐赠国选区的双重问责原则。
- 发展伙伴应加大力度确保援助支付和支付数据尽可能快速可靠地与国家财政账户进行对账，最好是通过协助直接将实时数据输入国家制度。
- 在系统允许的情况下，应优先建立在国家财政会计系统中实时输入的所有发展项目事项的连通性（会计内援助和报告内援助）；一般而言，该措施将涉及一个稳健的政府财政管理信息系统。
- 国家援助管理单位应将现有债务和援助管理系统尽可能密切地与国家财政会计和报告进行整合，但随着时间的推移，债务的所有收支事项处理和记录均应通过国家会计或国库部门进行。
- 应建立由国家主导的监测和评价系统，作为指导整体公共财政管理改革以及协调援助方和国内投入的基础。更紧密地整合政府中期规划和预算编制职能对于全面实现该目标而言是至关重要的。

这些措施应得到下一阶段的发展合作（在全球伙伴关系下）的支持，该阶段将更加明确地强调制定一个明确的计划，以建立稳健的国家公共财政管理系统，作为改善援助效力的必要基础。世界银行和区域开发银行等主要利益攸关方应在其规划和国家战略中反映这一优先事项。

参考文献

CABRI. 2009. *Putting Aid on Budget，Good Practice Note：Using Country Budget Systems*. Pretoria：CABRI Secretariat.

Dener，C.，J. A. Watkins and W. L. Dorotinsky. 2011. *Financial Management Information Systems（1984–2010）：*

25 Years Experience of What Works and What Doesn't. Washington, DC: World Bank.

OECD. 2005. *The Paris Declaration on Aid Effectiveness*. Paris: Organisation for Economic Co-operation and Development.

OECD. 2009a. *Aid Effectiveness: A Progress Report on Implementing the Paris Declaration*. Paris: Organisation for Economic Co-operation and Development.

OECD. 2009b. Effective Aid by 2010, What Will It Take? Key Findings and Recommendations, 2008 Survey on Monitoring the Paris Declaration, 3rd High Level Forum on Aid Effectiveness, September 2-4, 2008, Accra, Ghana.

OECD. 2011a. Busan Partnership for Effective Development Cooperation.

OECD. 2011b. Aid Effectiveness 2005-10: Progress in Implementing the Paris Declaration, 4th High Level Forum on Aid Effectiveness, November 29-December 1, Busan, Korea.

OECD. 2011c. Aid Predictability - Synthesis of Findings and Good Practices, prepared for the DAC Working Party on Aid Effectiveness - Task Team on Transparency and Accountability, 4th High Level Forum on Aid Effectiveness, November 29-December 1, Busan, Korea.

Wood, B. et al. 2011. The Evaluation of the Paris Declaration, Final Report, Copenhagen, May 2011.

World Bank. 1997. *The Logframe Handbook*. Washington, DC: World Bank.

World Bank. 2009. *Development Policy Lending Retrospective: Flexibility Customization, and Results*. Washington, DC: OPCS World Bank.

World Bank. 2011. *A New Instrument to Advance Development Effectiveness: Program-for-Results Financing, Operations Policy and Country Services*. Washington, DC: World Bank.

World Bank. forthcoming. *Promoting Aid-on-Budget, Use of Country Systems, and Aid Effectiveness: Review of the World Bank Operational Policies and Practices*, Aid Effectiveness Unit, Operations Policy and Country Services. Washington, DC: World Bank.

第 V 部分
负债与资产管理

引 言

现金和债务管理是公共财政管理（PFM）的长期任务，但政府负债和资产的管理远远超出了这一范围。政府的负债可能远远大于传统债务，因为政府承担了引起实际或潜在负债的广泛义务。一段时间以来，人们认识到在设计财政政策过程中必须考虑这些非债务义务，并且在确定如何做到这一点及其影响力方面也正在取得重大进展。政府资产也是很重要的。然而，举个例子，虽然人们已经承认，由于未考虑所创造的资产，过度关注总债务会对公共投资及其庞大的借款需求产生偏见，但政府资产与公共财政管理相关这一更普遍的观点并未系统地纳入到财政政策决策之中。因此，本部分从最广泛的意义上讨论了负债和资产管理所引起的一些公共财政管理问题。

肯·沃伦撰写的第26章描述了诸如《2001年政府财政统计手册》等现代会计和报告标准如何促进政府资产负债表的构建和使用。但是，在这方面的进展是有限的，这部分地反映了在构建公共部门资产负债表过程中涉及的技术挑战，而这些技术挑战是在确认和计量资产和负债时所需的判断造成的。但即使可以编制资产负债表，编制资产负债表的真正价值也来自于编制资产负债表的用途及其给公共财政管理带来的好处。正是在该领域，还需要做更多的工作来建立对资产负债表信息的信任和关注并展示其价值。该推广和营销任务是政府会计师的关键任务，并且该章通过强调如何利用资产负债表衡量政府在财政、商业和社会目标方面的绩效来解释如何解决这个问题。

詹姆斯·布鲁比、凯·凯泽和金在亨撰写的第27章讨论了公共投资管理问题。这对公共财政管理而言是一个具有挑战性的问题，如前所述，财政政策和预算管理的标准方法在本质上对公共投资有偏见。换言之，人们也担心公共投资管理的质量，这表明公共基础设施投资过少的负面影响被夸大了。然而，鉴于基础设施对增长和发展前景的重要性，适当的回应是改善公共投资管理，这是该章的重点。更具体而言，该章提倡采用关注项目管理周期所有阶段的综合方法。该章非常注重私营部门通过政府和社会资本合作参与公共投资，而政府和社会资本合作提供了很大的潜力，但也使公共投资管理复杂化。

穆雷·皮特里撰写的第28章更全面地讨论了财政风险，而财政风险是一个吸引越来越多关注的前沿话题。基于明确但非常宽泛的财政风险定义——本质上是偏离计划的财政后果——该章描述和讨论了财政风险的主要来源、风险分析和度量，降低财政风险和管理自留风险的方法，以及披露要求。虽然金融部门是全球金融危机导致的许多国家意外赤字和债务的主要来源，并且金融部门所带来的风险备受关注，但该章还讨论了其他财政风险来源，包括债务管理、自然灾害和公共投资。对于在设计和实施财政政策以及编制和执行预算时认真对待财政风险而言，该章提出了非常有力的理由，同时强调了这样做所带来的诸多挑战。

乔恩·希尔兹撰写的第29章讨论了主权财富基金。许多国家已经累积了主要来自资源收入的大量财政资产，并且为了追求比传统安全资产更高的收益率，一直在对这些资产的投资进行多样化。该章评述了在定义主权财富基金时出现的问题，而鉴于这些基金与外汇储备之间可能存在重叠，主权财富基金这一主题引起了相当大的争议。然后，本章继续讨论了主权财富基金的不同目标，以及如何将这些目标整合到财政政策和宏观经济管理之中。这将反映在资金流入和流出规则以及资产管理方式上。该章还概述了关于主权财富基金治理的《圣地亚哥原则》（Santiago Principles），并讨论了财务报告要求。

彼得·海勒撰写的第30章描述并讨论了政府非债务义务的特征。值得注意的是，这些政府非债务义务造成的隐性或隐形债务是财政风险的重要来源。但是，定义此类债务远非简单明了的。在某些领域，人们对什么构成了义务有普遍的共识。在这种情况下，担保会产生显性或有负债。但政府也会做出明确程度较低的承诺。在发生自然灾害或银行具有财务问题时，政府通常会介入提供援助，但没有任何正式义务如此行事。政府还承诺在未来多年就养老金和医疗保健等各种计划进行支出。本章讨论了应该将这些内容放到政府义务的"范围"内的什么位置以及如何衡量这些内容所暗示的义务，并为选定的非债务义务作出一些估计。

迈克·威廉姆斯撰写的第31章讨论了现金和债务管理。如上所述，这些是长期存在的公共财政管理任务，但在如何进行这些任务方面仍然存在问题，部分是因为金融危机和其他事件正在提出新的挑战。本章重点强调了债务与宏观经济管理是密切相关的，趋势是不再关注与货币政策的联系，而倾向于强调财政政策背景。主要目标是确保在不承担不适当风险的情况下，以尽可能低的成本满足政府的融资需求。在此背景下，本章重点关注为支持有效债务管理所需的制度安排，并且特别强调透明度、问责制和治理。一个关键问题是应该确定债务管理职责的归属，特别是债务管理职责应该在财政部内还是分配给专门机构。本章还讨论了良好债务管理战略的特点，与政府证券市场发展计划的一致性，以及如何制订年度融资计划。由于现金管理的目标是确保充足的流动性，所以现金管理较为直截了当，但本章强调了与债务管理和货币政策进行适当协调的重要性。

理查德·艾伦和桑杰·瓦尼撰写的第32章讨论了国有企业（SOE）中政府权益管理所涉及的问题。特别值得关注的是，国有企业在遇到财务困难时可以从政府的显性或隐性支持中获益，因此，国有企业是政府财政风险的来源。本章的重点是非金融公共企业，而非金融公共企业在许多国家具有相当大的经济重要性。与此同时，国有企业往往是低效和资源配置不当的来源，国有企业的财政成本由政府承担，而经济和社会成本则更为广泛。在这些成本反映政府行使其所有权职责和控制能力的方式缺陷的范围内，将政府与国有企业之间的关系建立在合理的原则和实践基础上可以获得可观的回报。因此，本章解释了国有企业运营如何引起财政风险，然后对应该为有效风险管理提供基础的改革进行了讨论。这些包括加强法律和监管框架，改善治理结构以确保政府与国有企业管理层保持一定距离并且存在一个运作良好的董事会，加强财务报告、透明度和审计，以及立法机关在确定国有企业的作用方面的明确作用。本章还讨论了用于协调国有企业活动的制度方法，而重点是为此目的成立一个特殊的政府单位。

26
公共部门资产负债表的编制和使用[①]

肯·沃伦

世界各国政府越来越多地使用权责发生制会计，这导致了整体政府层面和单个公共部门实体的资产负债表信息的可用性增加。权责发生制会计流程的主要好处之一在于提供资产负债表作为财务健康状况的简要说明。但是，只有在质量良好且得到实际使用时，资产负债表信息才是有用的。本章探讨在编制公共部门资产负债表以及试图将资产负债表信息用于决策和问责目的的过程中出现的一些很明显的障碍。这些障碍是实实在在的，推广编制公共部门资产负债表好处的人应该承认这一事实。支持编制和使用资产负债表信息的理由主要基于所列报信息的严谨性和精确性。本章提供的示例说明资产负债表信息所提供的更高精确度如何改善了公共部门管理。

公共部门资产负债表的演变

上世纪90年代的美国政府开始编制美国政府的财务报告（其中包括资产负债表信息），但大量审计保留意见继续限制着该财务报告的可信度（见美国政府 2011）。1992年，新西兰政府按照以权责发生制为基础的公认会计惯例编制了一套财务报表，并提出了明确的审计意见。澳大利亚、加拿大和瑞典多年来一直编制可靠的整体政府资产负债表，而英国于2011年11月发布了其第一份经审计的整体政府资产负债表（见英国财政部，2011）。编制公共部门资产负债表的一个动力是《2001年政府财政统计手册》的发布，该手册提倡报告权责发生制信息和资产负债表。

由于对高质量的公共部门财政管理的需求日益增长，所以编制这些报表不足为奇，也许是必然的结果。虽然有些人可能坚持认为收付实现制会计与权责发生制会计之间仍有争议，但现实情况是，如果没有良好的税收核定和征收系统、采购监测系统、工资系统、实物资产管理系统和债务管理系统，那么现代化政府什么都做不了。这些系统跟踪此类"权责发生制项目"，例如未缴税款、债权人、雇员应享权益、财产、厂房和设备成本，以及未偿债务。与收付实现制会计相比，权责发生制会计更加紧密和全面地整合了这些系统，同时提供了相同的重要现金信息。

显而易见，应用权责发生制会计的直接好处来自更有条理的簿记，更多地利用商业化会计软件的发展（从而减少对传统系统的依赖），减少返工和不同系统之间的对账问题，以及能够更容易地生成更丰富的信息。

[①] 本章对Warren（2012）进行了扩充。

编制资产负债表过程中的挑战

资产负债表提供了对实体履行其财务承诺和服务义务的能力以及（在相关情况下）产生商业利润的能力进行分析的起点。资产负债表报告了公共部门实体的资产存量和对这些资产的债权存量。因此，为了编制资产负债表，需要在以下方面做出判断：（1）什么构成了公共部门报告实体；（2）实体是否存在资产或负债存量；（3）什么时间应予以确认；（4）应如何予以计量。

公认会计惯例为做出这些判断提供了指导。国际公共部门会计准则委员会（IPSASB）和其他此类机构制定的标准（请见国际公共部门会计准则委员会，2011）为这些判断设定了参数，而偏离此类参数会降低所编制资产负债表的可信度。虽然对于许多资产和负债，特别是在交换关系中取得的资产或承担的负债而言，有大量的会计规则越来越多地趋同于一般原则，但在其他领域，进展和趋同程度却较低，因此在做出判断方面仍然面临挑战。下文简要地总结了其中的一些挑战。

确定公共部门报告实体的构成

在收付实现制会计制度下存在确定报告实体的界限问题，其中问题是在账目中包括哪些银行账户和排除哪些银行账户。创建专用账户或基金并限制在这些账户之间转移资金，这引起了以下问题：报告所控制的全部一般和专用基金的所有变动情况更有用，还是仅关注描述可用于一般用途的现金流量更有用。

虽然确定什么属于表内或表外似乎比公共资金是什么或不是什么的问题更复杂，但在本质上问题是相同的。

公共部门实体特别是与整个政府同样大的实体，需要制定制度结构来进行自我管理。在宪法上，普遍认同立法、司法和行政机构需要分开。不同的国家发展中央、联邦和地方公共部门实体来满足需求，并且这些层级的政府有截然不同的安排来相互施加影响。在操作上，将具有商业目标的实体与具有社会目标的实体相分离已被证明是有益的，因为这些目标之间经常发生冲突。此外，提供一些具有操作独立性的职能是有价值的，以便可以在公共部门履行专业或监管职能，而不会受到不当的政治干预。最后，对于某些职能而言，政府可能希望对特定选区赋权以支持公共部门活动，从而将权利从中央下放。

在公共部门中，控制概念被表示为攫取经济利益的权力，并且迄今为止最常用于在什么是报告实体方面做出判断。请注意，在这种背景下，经济利益是一个比股息流更加广泛的概念；例如，经济利益包括从发展额外服务能力中获得的利益，或者从免除承担本应承担的成本的义务中获得的利益。使用这种"基于控制"的方法有助于确定整体政府实体和单个公共部门实体，也有助于确定资产和负债是属于公共部门实体的资产和负债，还是由另一方管理的资产和负债。例如在《国际公共部门会计准则》第6项"合并和单独财务报表"中应用的方法。①

在理想情况下，这种方法将在整体政府报告中得出一套全面的公共部门信息，然后可能需要对所提供的信息进行细分以提出见解。可以在以下任何一个基础上进行细分：广义政府部门、公营公司和金融机构部门，以提供经济见解；预算部门和非预算部门类别，以提供问责制见解；或者在职能上，以

---

① 关于单项《国际公共部门会计准则》（IPSAS）研究，请见国际公共部门会计准则委员会（2011）。

提供对政府运作的见解。

报告全面情况并且以回应使用者需求的方式呈现构成该全面情况的细分可能比在没有更加全面的背景下简单地单独编制细分或部门资产负债表更加稳健。与控制哪些实体相比，在每个细分或部门中包括哪些实体方面总是可能具有更多的管理自由裁量权。例如在确定预算部门中包括哪些受控实体，以及确定因此使用哪些管理工具来指导这些实体的活动方面，存在政治自由裁量权。但是，如果政治家仍然可以指导预算部门以外实体的活动并从此类活动中获得回报，那么这些实体就需要纳入综合资产负债表，以便追究责任。对于外部使用者而言，更全面的情况（适当细分）将带来对资产负债表的更多信心，并提供比资产负债表任何细分本身更好的分析基础。

确定实体是否存在资产或负债存量

在报告政府的财政状况时，资产负债表预计将提供政府资产和负债的完整财政状况。一般而言，视资产为经济资源，而视负债为经济义务，但政府可以获取许多经济资源，并且具有需要以大多数其他实体不具备的方式做出经济牺牲的责任。大多数实体都无法获得税收权力和货币发行权力，而私营部门实体通常也不必满足公民对政府在提供福利方面的期望，这是政策设置所确定的。此类税收和支出政策往往超出了政府的自由裁量权，无法在不造成不利政治、社会或经济后果的情况下进行改变。

这导致有些评论员批评政府资产负债表不完整，没有报告作为资产的税收权力，也没有报告作为负债的履行社会政策承诺的职责——例如老年人的社会保障养老金。关于此类权力和义务的信息对于全面了解政府的财政状况而言显然是非常重要的。但是，兴起的做法是在补充报表或长期财政报告中提供这些信息，而非寻求将这些信息纳入资产负债表中。采用这种做法的很多原因有很多：

- 资产负债表预计会显示政府在某个时点的状况。如此，资产负债表有助于对运作能力、偿债能力和流动性进行评估。将政府权力和职责的财政影响纳入资产负债表，使得此类评估更加困难。
- 存在重大的定义和确认问题，尤其是因为政府政策随着时间推移发生变化。考虑到当前税收和支出政策可能会发生变化并且政策的经济影响将与所描述的经济影响不同，反映当前税收和支出政策的任务是对当前资源和义务进行情景分析任务，而非进行说明。
- 存在与未来政策变化相关的重大计量困难。对未来政策影响进行最佳估计是可能的，并且概率分析甚至可以为某些政策的可能结果范围进行相当精确的衡量。但是，在任何合理保证水平下，结果范围可能会大到掩盖资产负债表中产生的其他信息的价值。

什么时间应确认资产和负债

大多数会计工作源于交换交易（例如销售或购买商品或服务）。在此类情况下，所获资产的确认时点相当清楚，通常是在交换发生时。但是，公共部门实体的某些资产不是通过交换交易获得的。相反，这些资产是在非互惠的基础上获得的——要么是通过税收等强制性方式，要么是通过赠款或捐赠等无偿提供。如果没有关于交换的证据，那么在确定适当的确认时点时可能需要考虑其他因素。

《国际公共部门会计准则》第23项"非交换交易收入"提供了这方面的指导，要求在对资产存在控制时、在未来的经济利益可能流入实体时以及在资产的公允价值能够可靠地计量时报告资产。公共部门资产负债表的编制要求将该原则应用于应计税款和应收税款、中央政府资金以及赠与和捐赠（包括实物商品）等项目。

当一个实体在报告日对避免未来的经济牺牲没有或几乎没有自由裁量权时，通常需要在资产负债表上报告负债。例如如果一个实体借入资金，那么该实体除了偿还资金之外别无选择，因此必须报告债务负债。通常，这在交换合同规定了义务时很简单的；例如在订立证券合约时报告的债务，或者根据劳动合同应计的工资和应享权益。

但是，就在非交换基础上产生的公共部门义务而言，在公共部门对义务的承诺程度增加，以及对避免经济牺牲的自由裁量权水平下降时，可能会存在一些中间点。此类中间点可能包括做出政治承诺或保证，通过或批准立法或者公布一些其他政策干预，满足与该政策相关的标准或条件，以及对主张的处理和批准。在其中任何一点，公共部门实体都可以避免义务，但如此行事的经济、社会或政治后果随着在该连续体中取得进展而增加。

关于该问题的权威性会计指南是很少的。大多数公共部门实体资产负债表目前应用"到期应付"或"符合资格标准"会计政策来确认资产负债表上的这些义务。如前所述，兴起的做法是利用对政府承诺总额的额外精算评估来补充这些信息，例如利用美国政府财务报告中关于医疗保险和社会保障的补充报表。

应如何计量资产和负债

传统的资产计量基础是历史成本。这代表了历史、入账角度（即成本而非价格），实体特定的价值。实体特定价值与报告实体相关，但可能与类似资产的其他报告实体不具有可比性。与其他计量基础相比，历史成本通常易于应用并具有高度的可验证性，但这取决于过去记录的存在情况。但是，对于评估运营能力而言，历史成本的相关性可能不如其他计量基础，特别是在价格变化显著或资产使用寿命特别长的情况下。

市场或公允价值方法采用现行、退出（即价格而非成本）、市场化方式。对于在完全和流动性市场上交易的资产和负债而言，市场价值具有许多优点。市场价值是《2001年政府财政统计手册》所青睐的计量基础。在某些情况下，可能无法直接观察到市场价格，但市场信息可用于估计市场价值。然而，对于高度专用资产而言，市场价值的相关性是有争议的，因为相关市场信息通常很少或没有。公共部门经常遇到的此类资产的例子包括军事装备、高速公路和保护区。

或者，折旧后的重置成本采用当前入账角度并且是实体特定的。在可用的情况下，折旧后的重置成本可能提供相关信息，特别是对于为提供服务而持有的资产而言。但是，在某些情况下，应用和依赖限制了财务报表的可验证性和可比性的主观判断可能是复杂且成本高昂的。

鉴于这些计量方法的属性不同，公认会计惯例目前在确定报告实体的计量政策方面给报告实体留下了很大的自由裁量权。因此，确定应用的哪些方法通常需要对每种类型的资产和负债的替代计量方法的收益和成本进行评估。

在编制公共部门资产负债表过程中，特别令人关注的是，在通过收费收回成本的情况下，许多资产不会提供服务。如包括提供诸如军事装备等公共产品的资产，以及为文化和遗产目的而持有的资产。对于其中一些资产，可能无法应用上述计量方法，因此在资产负债表中报告上述资产可能存在限制。大多数政府在寻求通过资产负债表公允地反映服务或运作能力时，都会试图报告对其服务或运作能力产生影响的资产。但就为后代享受而持有的遗产和文化资产而言，这是很困难的。

创建初始资产负债表

虽然上述判断似乎难以实现，但这些领域的实践水平正在稳步提高，并且这些领域正在受到国际公共部门会计准则委员会的关注。资产负债表中报告的大量事项及其对资产和负债的影响是简单明了的，并且相应报告程序也是成熟的。对于许多事项而言，过去几十年为商业报告制定的原则公允地反映了经济现实，并且可以在公共部门不做出更改的情况下得到采用。

编制初始资产负债表将不可避免地成为实施新的权责发生制会计系统过程中的一个要素。国际公共部门会计准则委员会研究报告第14号"向权责发生制会计过渡：对政府和政府实体的指南"提供了指导，以帮助希望转向权责发生制会计的政府和公共部门实体。第34章描述并讨论了这样做所涉及的内容。经验表明，对于成功实施权责发生制会计而言，存在三个关键驱动因素：

1. 政府的支持和政治意愿；
2. 强有力的标准制定和监管机构；
3. 会计行业内足够的能力。[①]

有了这些因素，政府资产负债表的成功实施需要与任何重大项目具备相同的属性：明确的项目范围和规划，易于理解的项目监测和变更管理流程，与受影响的利益相关者（特别是与审计师）之间高质量的联络和沟通，以及具有挑战性但可以完成的时间表。

解释资产负债表

政府资产负债表不能以与私营部门资产负债表相同的方式进行解释。对于以利润为导向的实体而言，成功由该实体资产负债表的规模和健康程度来衡量的。由于资产负债表提供了财富指标，因此对资产负债表构成方式的分析提供了关于可能的未来经济利益和牺牲的重要线索，并且对资产负债表所披露的资本与负债比率进行的评估显示了是否正在耗尽该实体的净财富来冒险地艰难开展工作，或者资产负债表在这方面是否表现出懈怠。因此，资产负债表对于分析以利润为导向的部门实体的绩效而言是至关重要的。

这种应用在公共部门的影响力较小，而在公共部门中，资产负债表越大意味着政府的规模越大。关于政府规模应该多大，没有达成一致意见。在没有此类共识的情况下，就不会就目标资产负债表总量达成任何共识。如果资产负债表总量不作为衡量绩效的指标，那么有人可能会认为，公共部门的资产负债表只是过度关注新奇的价值。

---

① 特许公认会计师公会就收付实现制会计项下的财务报告向国际公共部门会计准则委员会提供的意见，2009年7月，http://www.accaglobal.com。

政府资产负债表的出现相对较新，因此政府资产负债表在政府财政管理中的使用仍处于初步阶段。然而，显而易见的是，有许多观点质疑政府资产负债表的价值。这些观点可以归纳为以下三个方面：

- 不信任资产负债表信息（公共选择理论）
- 不关注资产负债表信息（宏观经济理论）
- 不重视资产负债表信息（决策理论）

公共选择理论

公共选择理论试图从为政府工作的官僚和控制政府的政治家的角度来看待政府。公共选择理论假设这些参与者以自利方式行事，以最大化这些主体自己的经济利益。该理论提供了一种理解，即希望取悦特定的选民和政治家以及希望取悦任命他们的官僚的政客，可能会采取与公众偏好相冲突的方式行事。

该文献表明，政治家和官僚不信任资产负债表信息的行为是合理的。如果没有这样的假设，即政治家、公务员和选民以完全符合公共利益的方式行事，但以与经济学看待他人的相同的方式（即理性和自利）——更准确地看待政治家、公务员和选民，那么就会出现寻租行为；例如预算最大化或者通过额外补贴（例如补助等）攫取福利。可信的资产负债表提供的透明度无助于这些行为。从这个角度来看，公共部门的关键参与者不希望像私营企业那样受到约束是完全理性的。

值得注意的是，公共选择理论既不谴责也不宽恕政客和官僚的行为。公共选择理论并未主张政治家和公务员从不为公共利益行事，而只是主张政治家和公务员就像那些在企业部门工作的人一样。因此，系统和制度报告结构是在承认政治家和公务员还是具有逐利目标的个体这一事实的条件下进行设计的，并且更有可能反映公众对透明度的更广泛关注。公共选择理论只是认识到，在建立此类制度报告结构时预计会遇到障碍。

因此，在有机会增加透明度时（例如作为对公认的财政管理失败的回应）应该毫不犹豫地利用此类机会。

宏观经济理论

资产负债表管理对经济福利做出的贡献有多大？这是宏观经济学家提出的重要问题。如果贡献是十分重大的，那么宏观经济学家就需要关注政府资产负债表；如果贡献可以忽略不计，那么就应该把注意力转向别处。

这种思维方式涵盖了一系列领域：

- 李嘉图等价
- 资产负债表作为宏观经济减震器
- 政府在市场缺失时的作用
- 政府在缓释公民无法自行管理的风险方面的作用

- 政府作为高效的服务提供者

李嘉图等价

从政府改善经济福利的总体财政愿望出发，有必要将政府资产负债表的规模和状况与家庭资产负债表的理想规模和状况联系起来。由此引发了对李嘉图等价的思考，即公民将政府的预算约束内化，从而任何税收变化的时间安排都不会影响公民的支出。根据该理论，无论政府通过债务还是税收为其支出提供资金，对经济总需求水平的影响都被认为是相同的，因为公民意识到必须通过在未来提高税收来偿还新债务。政策是中性的，如果公民对政府资产负债表的规模有清晰的认识，那么这些内化过程就能够发挥作用，就能取得最佳经济结果。许多经济学家对该观点有重大疑虑，并且经验证据非常少。罗伯特·索洛（Robert Solow）将该理论描述为"正确性不到一半"，而保罗·克鲁格曼（Paul Krugman）称该理论为"愚蠢"。罗伯特·索洛和保罗·克鲁格曼认为，积极的财政政策显然会具有影响。另一方面，有可观察到的证据表明，许多"婴儿潮"出生的一代已经断定其在退休后得到政府的赡养是越来越不可能的，因此他们正在大幅减少债务并为自己累积资产。这是经济学家之间的重要辩论。虽然任何结论都会对为澄清本人在编制资产负债表以及确定政府资产负债表随着时间推移的最优规模和结构而提议的变化产生影响，但提供资产负债表信息本身对该问题几乎没有提供新的见解。

资产负债表作为减震器

一般而言，政府认为保持税率长期稳定是有好处的，而只有在回应明确的政策需求时才会变更支出计划。在收入和支出由于产出周期性波动而发生变化的程度上，收入和支出正在依靠自动稳定器来遏制对经济不利的不稳定波动。如果因为诸如自动稳定器很小和/或经济下滑特别严重等原因，需要酌情稳定，那么稳定税率依然是一个好主意。

除了税收征收的财政收入之外，经济学家还关注税收的无谓损失即社会因税收而遭受的经济损失。减少税收无谓损失是对经济福利有利的。如果无谓损失的增加比例超过了税率的上升比例，那么平滑税率就会增加福利。在平滑税率的情况下，必须更加依赖可自由支配支出变化来稳定经济。

因此，如果政府将平滑的税率作为目标或想要实施逆周期财政政策，那么政府需要资产负债表来作为减震器，于是问题就成为"减震器应该有多强"。因为政府的流动性水平必须足以让自动稳定器发挥作用，所以有必要观察债务水平并确保债务水平是可持续的，并且因为流动性是一个主要风险，所以还有必要观察该债务的到期情况。

但是，用于支持这些财政政策制定决策的最至关重要的信息可以在收付实现制会计和通常的债务报告系统项下获得；有时人们认为，无需完整的资产负债表来管理该类型的减震功能。

根据这种观点，资产负债表在偿债能力以及为创造更大流动性而重组资产负债表的机会方面提供的额外信息通常被降级为二阶问题。这或许反映了一种观点，即资不抵债的政府是不可想象的，并且或许反映了政府不愿意调查研究资产负债表结构的变化（但在危机时期除外）。

虽然不时地发生主权债务危机，但迄今为止，评级机构极少关注除净债务组成部分以外的资产负债表项目，尽管许多政府雇员养老金负债和其他拨备的规模以及有无机会通过出售实物或无形资产变现也造成了风险。

经济结构

财政政策不仅仅涉及稳定性和可持续性，财政政策还涉及结构。国家的财政结构以及该国对信贷和其他金融服务的可及性水平，对经济福利是很重要的。如果市场不能并且也不提供这些服务，那么政府可以代替缺失的市场发挥作用。因此，流动性无风险金融工具（例如政府债券）可以通过支撑市场（尤其是在价格设定和降低信贷成本方面）对经济结构发挥作用。在这个意义上，债务是一种一件好事，因此在确定最优财政结构和资产负债表的结构时需要考虑到这一点。

同样，市场和公民并不能始终管理自己的风险。因此，对于诸如银行违约、养老金计划崩溃和自然灾害应对等事件，政府明确或隐含地采取有毒保险（toxic insurance）安排。

对这些权利和义务进行衡量显然是管理这些权利和义务的必要步骤，但迄今为止，在政府应代表其公民承担的风险类型和水平方面，没有多少经济学理论。在不了解这些风险应该是什么的情况下，就很难理解如何使用会计师提供的资产负债表信息，例如估值对关键假设的敏感性，以及以持有收益或损失的形式具体化的风险。

政府作为生产者

最后，如果政府能够比其他人更高效和有效地做事（当然，政府的借款成本应该低于其他人的借款成本，并使政府具有优势），那么也许政府资产负债表应反映政策，以表明利益得到了优化。如果可以获得较大的规模经济，那么在规模大到足以利用上述规模经济的唯一参与者利用上述规模经济时，经济福利就会得到提高。然而，该观点与政治经济学和代理理论的预测背道而驰，而经济学尚未就如何最佳地在政府的干预冲动和对政府失灵的担忧之间取得适当平衡达成共识。

该讨论得出的明显结论是，宏观经济学家对政府资产负债表对经济福利的贡献非常缺乏明确的认识。令人担忧的是，提供政府资产负债表可以比作良种入瘦土。这种结论给政府会计师带来了问题，因为宏观经济学家是政府会计师的客户群的重要组成部分。

如果资产负债表信息的使用者不知道如何最好地使用资产负债表信息，那么会计师的营销任务会变得困难，但是，这不是不可能的。例如会计师在说服宏观经济学家相信，其他义务（例如养老金）和其他可用资产（例如流动资金水平和商业投资水平）是确定如公共债务水平等财政目标时需要考虑的有效因素。

决策理论

在涉及营销资产负债表信息时，存在另一个问题：没必要或不可能准确了解政府资产负债表。政府资产负债表信息的许多潜在使用者在其目前对政府资源和义务的性质和数量的了解方面感到满意。同样，这对于希望营销其商品的政府会计师而言也是一个重要问题。如果使用者对其认知状况过度自信，那么这会影响其接触新信息的意愿。对已知事物的过度自信直接导致了对未知事物的低估。

政府会计师必须克服的障碍

显然，在推广和营销资产负债表信息方面有一些障碍需要克服：基于对此类信息会限制行为的担忧而产生的疑虑；基于宏观经济分析尚未发展到重视资产负债表信息的阶段这一事实的冷漠；基于所有必要信息已知或可知这一假设的过度自信。

政府会计的职责是承认这些观点，并准备好对这些观点做出回应，同时推动采用一种基于理性而非疑虑的财政管理方法。这一方法引起人们的兴趣而非冷漠，并且提供信息而非假设。这需要与会计行业的根基重新建立联系。会计师是信息提供者，而信息具有反馈价值，因为信息可以纠正或确认先前的知识或预期；信息也具有预测价值，因为信息允许对未来进行更加精细的评估。

博弈论的一个分支信息经济学对此进行了探讨。信息经济学开发了一种用于确定信息价值的模型。信息经济学提出，信息的预期价值等于预期机会损失的减少，其中预期机会损失是被误导的概率乘以被误导的成本。换言之，信息减少了不确定性，减少的不确定性改善了决策，而改善的决策产生了具有可衡量价值的可观察后果。由此，可以推导出关于政府资产负债表的一个简单的价值主张：政府资产负债表减少了公共财政管理方面的不确定性。这似乎是一个很小的主张，甚至无关紧要，但却具有巨大的力量。它可能意味着成功管理与公共财政完全管理不善之间的差异。

管理通常更多地属于微观经济学领域而不是宏观经济学领域。管理理论和微观经济理论都需要目标或绩效预期来据以管理；在这方面，主权资产负债表有许多迫切目标。这些迫切目标包括：

- 针对未来不利事件提供缓冲（流动性和灵活性），以及支持（部分）税收平滑；
- 通过管理和降低政府财政风险来支持财政政策；
- 保持令人满意的信用评级和较低的总体资本成本；
- 保证有效地利用国内资源；
- 确保为纳税人创造和维护长期价值。

以上前三个目标主要有关财政，而后两个目标更注重政府的社会和商业目标。可以使用下列三个组成部分来分析资产负债表：融资、社会资产和负债以及商业资产和负债。例如在其投资声明中（请见新西兰政府，2010），新西兰政府将其资产大致分为社会资产组合（例如道路、学校和社会住房，占总资产的一半左右）、商业资产组合（总资产的23%左右）和财政资产组合（总资产的27%左右）。这类似于国际会计准则委员会关于每项财务报表（包括资产负债表）的运营、投资和融资类别的提议，并且类似于国际货币基金组织对广义政府、公营公司和公共金融机构的政府财政统计核算体系机构分类。

考虑到这些类别资产的目标不同，这些分类是有用的。政府可能会创建以下组合来实现其目标：

- 财政组合。支持政府的财政弹性。例如这可能会导致采取战略将债务保持在被视为审慎的水平，以及积累财政资产以对选定的未来支出、负债和风险预先提供资金或进行匹配。
- 商业组合。在可接受的风险水平上最大化回报。例如这可以导致采取战略来向私营部门释放资本以重新将资本配置到更高优先级领域，同时通过改善绩效最大化所有其他商业资产的价值，并且最小化交易和监测成本。
- 社会组合。展现在中期提供物有所值的社会服务的能力。例如这可能导致制定战略来将新的投资集中在所有权风险无法以成本效益转移到私营部门和社区部门的领域，并且采取战略来剥离剩余资产或表现不佳的资产。

随后，对于衡量政府在其所设定目标方面的绩效和在实施其所选战略方面的进展而言，资产负债表成为极其重要的第一步。本章的其余部分将阐述政府如何运用资产负债表信息并将资产负债表信息整合到财政管理之中。

财政组合管理

会计师不仅提供资产负债表，而且标准制定者还强制要求进行一系列信息披露，以便能够衡量和报告与流动性、外汇、利率和信贷相关的风险。财政行业在设计关于这些风险管理的议案方面具有不可思议的创造性，而在寻求勤勉地管理这些风险方面的适当反应是精确地度量这些风险。政府债务管理办公室没有利用"风险价值"分析作为建立和评估绩效预期的治理工具，因此可以认为政府债务管理办公室没有按照其应有的服务水平为国家公民提供服务。《国际财务报告准则》第7号和《国际公共部门会计准则》第30号规定要求披露该绩效，并在使用时精确衡量该绩效。

商业组合管理

为了更清楚地明确目标，许多政府将其商业运作置于旨在促进商业绩效的制度结构之中。这些政府商业企业（GBE）或国有企业（SOE）可以并且应该以私营部门的商业活动为基准。虽然这样做可能会有困难，但这种类型的常规分析所提供的信息对决策者是很有用的。例如新西兰的分析表明，100%的政府所有权可能限制商业组合的动态效率（例如风险承担）。[1]

与私营部门一样，公共部门在衡量商业子实体绩效方面也同样需要精确度，这一点不言自明。正如股东投资于没有编制资产负债表的商业企业是鲁莽的一样，纳税人或其代表如此行事同样是鲁莽的。新西兰仅在评估了其经济林公司所拥有的资本额、经济林公司可以变现的资产以及投资对原木价格波动的暴露程度之后就出售了经济林公司，因此与此不无关系。如果没有资产负债表精确度及其产生的分析所提供的信心，就无法做出这种决定（见Warren and Barnes，2003）。

社会组合管理

对于社会资产而言，持久的目标通常是确保有效利用国内资源，并为纳税人创造和保持长期价值。在该领域，指标正处于发展之中，并且需要改进。此类指标可以包括利用指标和状况指标。与资产负债表提供的成本指标相比，此类价值指标的制定应该使政府更有可能仅在社会或公共产品价值足以承担成本时才创造和更换资产。

即使没有该信息，权责发生制会计和资产负债表提供的精确度也可以使该投资组合的财政管理有所进步。决策者将对在复式记账约束下报告的公共部门资产存量更有信心。对资本存量的了解可以在收取一定金额以覆盖资本成本（以便资产不被视为免费商品）方面提供信心，并且通过使用者收费向使用者收取的此类成本可以适当地包括该成本。

10多年来，新西兰政府每年都对资本意图进行调查。考虑到现有资产组合的状态，一套共同的经济、人口和财政设置，以及（重要的是）当前政策设置的延续，这种调查提供了关于各机构认为最可能应用的社会资产支出情景的整体情况。这项工作的精确度使人们有信心确定哪里有空间对意图进行

---

[1] 新西兰政府商业实体组合绩效的年度评估可以在皇家所有权监控组（COMU）《年度投资组合报告》（Annual Portfolio Report）中找到：http://comu.govt.nz/publications/annual-portfolio-report/。

缩减范围和重新优先排序，以及也许更重要的是，确定在何种压力下需要改变当前政策环境或需要新的资金，否则现有的基于资产的服务就将无法满足需求。

结　论

资本是一场持久战。在新西兰，2010年的长期资本建设的过程好于2009年，而2009年则好于2008年。绩效的逐步渐进式改善可能比由惊喜或崩溃引发的关注的突然激增更有影响力。整个领域仍然处于早期形成阶段。学者们有很多工作要做，例如研究社会价值的有用指标；会计准则制定者在要求在信息提供最大价值的领域提供信息，以及取消仅仅属于合规成本的披露。审计人员需要协助确保可以提供保证并减少不确定性。会计系统需要继续发展，以便会计系统能够满足发展要求。

继续进行这项工作有可能创造更好的财政管理决策的良性循环，使用比以前更精确的信息。会计师需要接受对这种好处进行营销的任务，这一任务有时很艰巨。从更有针对性和更好地得到利用的社会资源、更加有条理的商业运作以及更严格的融资管理中获得的好处直接转化为政府绩效的改善。

参考文献

HM Treasury, Whole of Government Accounts. 2011. http://www.hm-treasury.gov.uk/psr_government_accounts.htm.

IPSAS. 2011. Handbook of International Public Sector Accounting Pronouncements, http://www.ifac.org/publications-resources/2011-handbook-international-public sector-accounting-pronouncements.

New Zealand Government. 2010. Investment Statement of New Zealand, www.treasury.govt.nz/budget/2010/is.

U.S. Government. 2011. Financial Report of the United States Government, www.treas, gov/fr/index.html.

Warren, K. 2012. "Developing a Government Balance Sheet - Does It Improve Performance?," *Public Money and Management* 32 (1).

Warren, K., and C. Barnes. 2003. "The Impact of GAAP on Fiscal Decision Making: A Review of Twelve Years' Experience with Accrual and Output-based Budgets in New Zealand," OECD *Journal of Budgeting* 3 (4).

27
公共投资管理以及政府和社会资本合作

吉姆·布鲁比、凯·凯泽和金在亨

虽然人们就公共投资对增长和社会福利的重要性方面达成了共识,许多发展中国家仍然担忧公共投资项目效率低下,政府不能创造物有所值资产,缺乏明确的支持者来推动公共投资管理改善议程,以及在管理私营部门(特别是通过政府和社会资本合作PPP)参与公共投资方面的复杂性。公共投资管理,与通过公共财政管理(PFM)系统进行的所有公共资源配置一样,可以通过共同商定的公共财政管理一级、二级和三级目标来看待,即总体财政管理和控制、资源配置效率和技术效率。

与其他财政干预措施一样,公共投资项目需要负担得起,并且符合承担公共投资项目的财政实体的审慎管理。这表明,政府资助项目的范围大小需要在所有相互竞争的计划和项目以及所有可用资金的背景下加以考虑。因此,虽然公共投资因创造了提供多年服务潜力的资产而构成一种特殊形式的支出,但它仍然需要通过所有支出均应面临的正回报的同样考验。此外,即使选择了高质量的项目,这些项目也需要以具有成本效益的方式进行实施;否则将失去正回报。

在本章将详细讨论的政府和社会资本合作,也可以通过三个公共财政管理目标来看待。最初对政府和社会资本合作的大多数关注是出于希望摆脱(例如公共部门借款需求所捕捉的)可用财政包络的束缚。私营部门被视为额外资金的来源,其结果是,由于这一新的资金来源,本来在传统预算资金下不可负担的大型或巨型项目获得了绿灯。随着时间的推移,政府和社会资本合作也被视为摆脱与标准政府支出和运作管理相关的一些低效现象的一种方式。由于对高效运营的激励更强,人们认为私营运营商将以更低的价格更快地创造更好的资产,并以更低的成本运营这些资产。因此,对政府和社会资本合作的评价需要梳理关于资产创造和服务提供方面成本节约和效率增益的证据,以及关于政府和社会资本合作对国民经济的贡献的证据。

本章的目标是强调影响公共投资质量的各种制度基础,并为加强公共投资管理(PIM)提供理由,特别是在政府和社会资本合作的情况下,为获得其潜在收益所做的努力带来了一些不小的风险。

公共投资管理

对于公共投资而言,将支出转化为实际的经济和社会收益似乎具有挑战性。一些估计表明,发展中国家公共投资支出的一个典型单位仅转化为对应实物资产的半个单位价值。[1]这种低收益为持

---

[1] 这项发现基于Gupta and others(2011,第10页,表2)使用国际公共投资管理指数(Dabla-Norris and other, 2011)对经效率调整的公共资本存量估计值的计算。

续关注对全球巨大基础设施缺口的应对能力提供了支持，特别是在发展中国家（Foster and Briceño-Garmendia，2010）。虽然政府支出的总体水平通常处于财政政策分析和讨论的中心位置，但是对于在改善不同公共投资方式管理方面的特殊挑战和选项而言，有了越来越多的实证和政策方面的重视。有些具体挑战不仅与政府和社会资本合作（Schwartz and others，2008）以及巨型项目（Flyvbjerg and others，2003）有关，还与国有企业和地方政府在提供公共基础设施方面的作用和绩效有关。

与许多类型的政府干预一样，公共投资的影响是难以衡量的。例如在准确计量公共固定资本存量以及存量的增加和减少方面存在相当大的困难。例如较差的初始资产质量和不能令人满意的运营和维护实践可能会因过早衰化（例如道路在雨季冲刷）而缩短公共资本存量的使用寿命，并且还会减少资产（例如没有书籍的学校，或者没有医疗设备的医院）在服务期间产生的服务流量。许多国家根本没有关于公共资产的规模、构成、质量和使用情况的及时准确信息。

传闻证据还表明，由于漏损使资金偏离了预期用途，公共投资存在大规模的低效现象，机构薄弱和腐败程度高的贫穷国家在此方面尤其脆弱。一部分实证公共财政文献表明，薄弱的机构可能会使公共支出倾向于公共投资（包括基础设施），而受益的部门可能特别倾向于寻租。坦齐和达乌迪（Tanzi and Davoodi，1997）发现，腐败程度的上升与公共投资高、运营和维护支出低以及基础设施质量差有关。同样，基弗和纳克（Keefer and Knack，2007）发现，对政府的制衡较弱与公共投资水平较高有关，并且在控制各国人均收入差异后，治理质量减少一分（四分量表），公共投资就增加大约国内生产总值的0.3%。

公共投资管理方式和特征

很多政府财政和监管行动都会对公共投资的效率产生影响。图27.1提供了一个旨在捕捉公共投资融资和实施的各种方式以及不同的结果的基本框架。这些方式的绩效将塑造公共资本资产数量和质量方面的结果，以及与公共资本资产数量和质量相关的负债和风险方面的结果。但是，每种方式在创造特定类型的公共资本资产方面目前和未来的重要性可能因国家环境而有显著差异。例如，经合组织国家超过三分之二的公共投资由地方政府执行（Bloechinger and others，2010）。必须认真注意对公共资本创造和维护方式具有影响的制度安排、背景和激励措施。

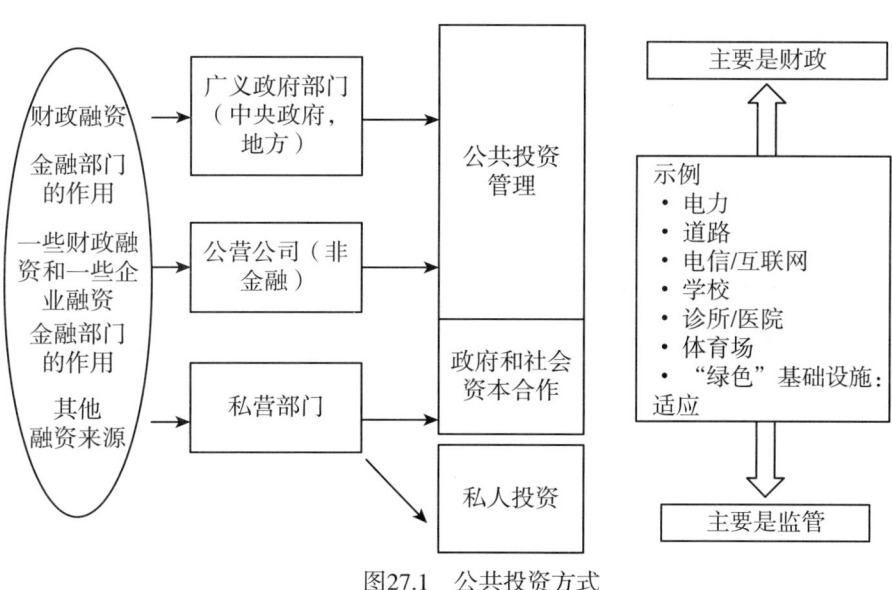

图27.1　公共投资方式

公共投资项目周期提供了一种有用的方法来突破项目批准和执行所面临的各种潜在瓶颈，以及考虑在各种不同方式下管理不同项目的组合所涉及的一般挑战。拉贾拉姆等人（Rajaram and others，2010）提出了8个关键步骤，投资项目在理想情况下将经过这些步骤，以产生具有经济和社会效益的公共资产。图27.2以高度简化的形式显示了这些步骤。

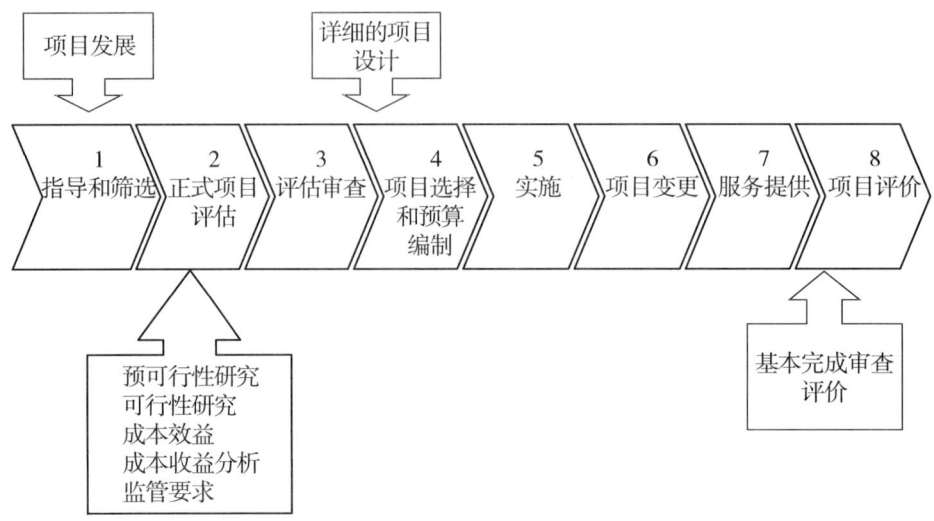

图27.2　公共投资管理价值链的关键步骤

资料来源：Rajaram and others（2010）。

该框架提供了三个公共财政管理目标的直接联系。前四个阶段涉及一级目标和二级目标；即在政府的总体财政约束之内进行管理，并选择高回报项目。接下来的三个阶段主要涉及三级目标，即在创造和运营资产方面的成本效益，以及与一级目标和二级目标的联系。例如，如果未能有效地管理项目实施，那么可能会导致成本飙升，从而威胁到财政包络并排挤出更好的项目。最后阶段涉及生成反馈环，该反馈循环可以为决策提供信息，即项目是否适合整体资源包络，将尽可能高效地建造和运营并将产生预期回报。

一些公共投资管理挑战

在本节中，我们将侧重与管理公共投资相关的三个主要挑战。第一个挑战涉及确保项目选择和执行中高质量的财政资源配置。第二个挑战涉及不同机构和各级政府在创造和维护公共资产方面的作用和职责分配。第三个挑战涉及在满足优先基础设施缺口过程中，在项目选择和管理的不同阶段之间取得适当的平衡。

理想情况下，项目规划和执行应嵌套在允许将投入与产出和结果联系起来的中期支出框架（MTEF）背景之中，如第10章所述。[①]这种框架有助于消除资本支出相对于其他资本性支出的偏见，其他支出往往出现在年度预算流程中。该偏见反映了三个因素。第一，资本性支出通常被视为自由支配度很强，这使得资本性支出在资源配给时更可能被排挤出。这相应地增加了公共投资支出具有顺周期

---

① 例如作为英国2009年支出审查的一部分，政府首次同意在包括私人和公共投资在内的总体基础设施计划的背景下，在整个公共部门进行资本分配，分配期间为四年（Stewart 2010）。

性的可能性，因为在经济繁荣时期，自由裁量项目更容易获得资金支持，而在经济萧条时期则不容易获得资金支持。这种影响可能发生在预算编制期间（在分配财政资源时）和预算执行期间（在支出财政资源时）。第二，塑造政府行为的政治家可能会缺乏远见；因此，上述政治家过度贬低公共投资的长期增长和减贫影响以及成本超支的概率。许多公共投资长期存在于规划、执行特别是运营之中。这一切都非常不符合年度预算的时间表，反而是在进行多年度规划时符合性会更好，尽管投资决策仍然受到选举/政治周期的严重影响。第三，资本性支出通常与高交易成本或相关成本有关。这意味着，较差的规划和实施将体现在较弱的年度执行率之中。中期支出框架可以协助处理这些问题，并帮助控制使用（可以认为）风险较高的公共投资形式，包括政府和社会资本合作。

更具体而言，中期支出框架详细说明了随着时间推移的运营支出和资本性支出的预计路径（通常伴随着诸如"黄金法则"等财政规则），以及诸如公共债务等关键存量总量。得到良好编制的中期支出框架将按经济类型、按部门或职能，也许按计划以及按行政或组合职责提供一定程度的分解。这应该有助于在公共投资支出和其他类型支出（包括维护）相对于自由裁量程度较低形式的支出而言的适当水平方面进行分析和决策。以权责发生制表示的中期支出框架甚至可以更好地引起人们对公共资本存量、公共资本存量随时间变化的方式以及如何为资本存量增加提供资金方面的注意。

用于判断公共投资支出是否过低或过高的衡量标准将取决于国情。资本—劳动比率较低的发展中国家的公共投资支出相对于国内生产总值的水平要高得多，特别是在基础设施已被确定为制约增长约束性因素时。[①]虽然公共投资不足是一个显而易见的问题，但资本性支出的波动性也是如此，资本性支出的波动性可能与较差的中期支出框架流程有关，因为资本性支出的波动性可能对有效的公共投资管理有害。波动性在资金中断的情况下可能对实际项目周期的实际实施具有特别的破坏性，从而导致项目执行的时停时起。有关机构的博弈可能会加剧这个问题，其中有关机构最初就成本大打折扣的项目提出建议以使项目获得批准，然后在无法获得补充预算资源来弥补资金短缺时，被迫中断项目实施。

虽然中期支出框架将捕捉公共投资支出组合的大部分消长情况，但在其重大项目具有多年规划和多年执行期并且运营寿命甚至更长（就像巨型项目的情况一样）的部门，规划周期需要更长。在许多低收入国家和中等收入国家，国家发展计划为经济发展提供了中期至长期愿景，并且通常包括公共投资计划。遗憾的是，此类计划过于频繁地提出了国家财政约束内不可负担的并且与预算流程没有很好整合的投资项目的"愿望清单"。此外，此类计划所涵盖的标准期间（通常不超过五年）往往过短，在许多部门中都无法用于规划长期基础设施需求。因此，各国可以通过更长期间的发展计划以及愿景声明来有效地补充这些计划，例如涵盖2011—2025年的印度尼西亚《加快和扩大印度尼西亚经济发展总体规划》（MP3EI）。图27.2中描述的公共投资管理框架在规定了在若干地方的公共投资的长期性质，特别是通过第1阶段"指导和筛选"。第1阶段"指导和筛选"应该以符合每个部门的这些长期发展计划的方式进行。

自20世纪80年代和90年代以来的公共财政管理改革特别强调废除许多发展中国家仍然存在的双重（经常性和资本性）预算编制流程（见第9章）。双重预算的存在有很多原因，其中包括许多发展中国家严重依赖由外部供资并往往具有较高资本成分的项目。关于由外部供资的贷款和赠款的政策决策通

---

① 例如科利尔等人（Collier and others，2009）认为，根据吸收能力，资源丰富国家的投资应该超过传统的基于永久性收入的财政规则所建议的投资，以便为增长和多元化奠定基础。

常由财政部内与独立于预算司的一个司来做出,或者在许多国家由规划部来做出,而该规划部还负责该国的国家发展计划和公共投资计划。双重预算的一个主要问题是,双重预算往往忽略了中期至更长期间的运营和维护支出需求。人们似乎越来越认识到,鉴于资本支出可能特别容易受到的压力(自由裁量权、缺乏远见、跷跷板效应、以及高交易成本),需要特别注意发展中国家环境关于资本性支出和相关运营支出的制度安排。[①]然而,对于许多发展中国家政府是否有足够的能力参与全面和战略性的中期国家公共投资规划和执行,以及如何将此类流程与中期支出框架和年度预算流程更好地进行整合,仍然有一些疑问。[②]

在此背景下,将一些资本性支出分配给地方政府层面是有意义的。虽然此类安排可能有希望通过有效利用当地信息来更好地回应当地需求,但在有限的地域选区背景下制定这些决策,可能会产生分散的次优小型项目组合的风险。从自上而下预算编制和高效融资的角度来看,确定地方决策所发挥的实际分配作用是非常重要的。在许多国家,中央政府机构(例如财政部)在确定(或影响)地方层面的投资优先事项(例如通过分配中央预算的拨款和其他转移支付),或者监管公共投资管理的各个方面都发挥着重要作用。这种选择可能给政府造成两难的局面。例如,蒙古最近在不断面临着满足各议会选区要求的持续压力的背景下,寻求各种方法来满足与矿业部门发展相关的大型基础设施需求(Hasnain,2011)。可能有许多因素会导致项目成本最初被低估,而随后被夸大。最近跨国项目样本的证据显示,时间和成本超支分别高达130%和70%。[③]弗林夫伯格(Flyvbjerg,2007)强调了巨型项目显著成本超支现象普遍存在(即使在发达国家环境中也是如此),以及用于改善大型项目实施情况的改革的制度和政治复杂性(Priemus and others,2008)。在此背景下,公共投资的政治经济学是十分重要的。如果政治家大力推动一个项目,那么官员很难充分注意成本控制和其他细节。在政府官员缺乏大型公共部门合同管理经验的情况下,特别是在政府官员处理相关任务的基本能力有问题的情况下,这个问题更加复杂。诸如苏格兰议会大楼成本的大幅上升(10倍)以及在公开调查揭露混乱和无能之后的强烈抗议等示例,这些可能都不是例外。

如果项目的事后成本与事前的估计明显不同,那么评估技术的有效性可能会受到削弱,特别是在各部门或项目的预计成本与实际成本的比率之间存在巨大差异时。这表明不仅需要关注评估职能,还需要关注项目管理的执行阶段,以确保稳健的实施标准和流程支持把关职能。进一步的挑战集中在运营和维护支出相对于现有公共资本存量的充足性以及预测的资本性支出上。对维护的支出不足将导致更高程度的衰化,从而损害资产的预期"服务价值"。

援助方可以对改善公共投资管理做出重要贡献,包括通过应对一些上述挑战。在理想情况下,援助方的流程应与同援助方合作的政府对应部门的公共投资管理流程进行整合。但是,在许多发展中国

---

① 公路基金是关于运营和维护支出的一个值得注意的制度安排,它已经改变了反对指定特定支出类型/渠道用途的典型传统公共财政格言(见第23章)。

② 最近成立的澳大利亚基础设施委员会是在处理所感知到的公共投资规划分散问题方面的制度性努力的一个示例。新西兰、挪威和英国等其他发达国家也制定了用于评估资本要求的综合框架,并要求有关各部门在提交定期预算提交材料时提交关于合理使用资本资产的建议。

③ 《建筑业透明度倡议》(CoST)基线研究提供了成本高达5亿美元的145个样本建设项目(2010)的时间和成本超支的定量数据。世界银行对成本加成的调查显示,在许多发展中国家,这种采购成本加成通常是可能具有竞争力的成本的50%—60%(Messick,2011)。

家，现实情况是不同的。如第25章所述，在改善受援国管理和使用海外发展援助的有效性方面的国际压力，重点关注开发援助方供资的项目的全面数据库以及使用国家制度（特别是公共财政管理和采购系统），而非创建援助方诱劝采用的并行系统。但是，在许多国家，此类系统的实施仍然远未完成。偏见和扭曲的其他来源可能来自：援助方的一系列优先事项不同于财政部和规划部内的对应部门；援助方促成而非减少资金流动的波动；援助方没有提供关于其正在供资的项目的定期和及时预测；援助方供资的项目的会计核算未与政府核心会计系统进行整合；以及可能会造成双重扭曲（第一，项目插队，以及第二，援助方融资排挤出其他支出）的共同融资。

政府和社会资本合作

自20世纪90年代以来，越来越多的公共投资项目通过政府和社会资本合作进行，部分地为了应对上述一些公共投资管理挑战。在政府和社会资本合作项目的数量方面，英国超过了世界其他国家及地区，尽管澳大利亚、德国、爱尔兰、葡萄牙、韩国和南非拥有重要的政府和社会资本合作计划，而其他欧洲国家、北美国家和发展中国家正在越来越多地使用政府和社会资本合作。按价值计算，欧洲约占所有政府和社会资本合作的一半（3030亿美元），按数量（642）计算占三分之一（OECD，2010b）。由于全球金融危机爆发和经济衰退，政府和社会资本合作活动在2003—2007年达到顶峰，随后放缓。按价值计算，道路部门的政府和社会资本合作几乎占总价值的一半（6450亿美元中的3070亿美元），按数量计算占三分之一（1747个中的567个），其次是铁路和水部门的政府和社会资本合作。

本节将与公共投资管理相关的8个关键步骤应用于在管理政府和社会资本合作方面出现的问题，特别是与传统的公共投资管理方法进行比较。在此过程中，应该认识到关于什么构成了政府和社会资本合作是没有任何标准定义的。实际上，政府和社会资本合作可以被视为一个涵盖性术语，并且包含了广泛的安排，其中一些涉及政府与私营部门合作伙伴之间的正式合同关系，而另一些则涉及更为非正式的关系。霍奇等人（Hodge and others，2011）已经确认旨在实现15个不同目标的大约20种合同关系可能适合政府和社会资本合作行列。其他人在定义政府和社会资本合作时更加具体。经合组织（2008）称，政府和社会资本合作是"政府与一个或多个私营合作伙伴之间的协议，根据该协议，私营合作伙伴按照使政府的服务提供目标与私营合作伙伴的盈利目标保持一致的方式提供服务，并且这种一致性的效力取决于向私营合作伙伴充分转移风险的情况"（重点强调）。英国财政部（2008）将政府和社会资本合作视为以公共和私营部门联合工作为特征的安排。在最广泛的意义上，政府和社会资本合作可以涵盖私营–公共部门交界领域的所有类型的协作，包括为提供政策、服务和基础设施而进行的协同工作和风险分担。

虽然最初的政府和社会资本合作浪潮的动机可能是希望通过引入私营部门融资来支付公共资产和服务，为政府创造更大的财政空间，但现在应该更多地从创造一种替代的服务提供方式的角度来看待政府和社会资本合作。该替代的服务提供方式很好地映射到图27.2所示的8个关键公共投资管理步骤。

政府和社会资本合作筛选和规划

对使用传统的公共投资管理或政府和社会资本合作进行的选择意味着首选方法可以创造更好的物有所值（VFM）。但是，在实践中，传统方法和政府和社会资本合作方法之间的比较和选择并不简单明了。在许多国家，物有所值目标在项目评估中经常被忽略，并且关于是否使用选择政府和社会资本合作的决定可能会受到物有所值以外因素的影响。大多数国家仍然没有明确的标准来确定项目是否应该采用传统途径或政府和社会资本合作途径，并且政府和社会资本合作项目往往避开了适用于传统公共投资项目的筛选流程。但是，从资源配置的角度来看，对传统项目和政府和社会资本合作项目应用相同的评估方法是有意义的。这些项目通常具有不同的现金流特征。这一事实可能使评估流程复杂化，但是，如果有不同特征的话，这使得努力应用竞争中立框架来比较政府和社会资本合作项目与传统项目变得更加重要。例如传统项目通常会需要政府提供大量前期资本成本，然后是一系列运营成本，而在政府和社会资本合作的情况下，私营部门承担前期成本，政府为融资和运营成本支付服务费。通过这种方式，政府和社会资本合作通常会推迟政府现金支出，但这样做，政府和社会资本合作可以降低政府财政的透明度，并鼓励政府将公共投资转移到预算外，即使政府和社会资本合作提供的其他优势很少（Hodge and others，2011）。

具有长期政府和社会资本合作实施历史的国家已经做了大量工作来建立统一的项目评估框架。在英国和澳大利亚，大多数政府和社会资本合作项目都是产生长期政府承诺的服务合同安排，因此应用了与传统项目相同的项目评估和筛选水平。英国政府绿皮书在如何事前评估和事后评价中央政府机构的所有项目方面提供了一个框架。在证明行动合理性和设定目标之后，政府应评估各种选项，以帮助开发符合政府行动目标的物有所值解决方案。澳大利亚新南威尔士州要求政府首先通过成本效益分析方法（例如成本收益分析）决定是否有必要对特定项目进行投资（"投资决定"），然后通过物有所值分析来决定采购选项（"融资方式"）。在此背景下，在项目属于机构的资本性支出优先事项并且其资本成本已经列入预算的情况下，政府会考虑政府和社会资本合作选项。那时，政府对传统方法中固有的物有所值与使用政府和社会资本合作进行比较。该流程可以阻止政府为物有所值以外的动机寻求使用政府和社会资本合作（新南威尔士州政府2006）。韩国是另一个例子，其建立了统一的项目评估框架，需要在考虑潜在投资项目时使用成本收益分析和物有所值分析进行选项测试。

标准的采购选项测试可以由三个阶段组成（见图27.3）。第一阶段是可行性研究，应该在做出投资决定之前进行。这将包括成本收益分析，从国民经济角度对项目进行评估。进行可行性研究不仅决定了是否将项目带入下一阶段的评估，而且还促使采购当局提前开展项目准备工作。如果项目被证明是可行的，那么在第二阶段，应进行物有所值评估，以便对传统采购与政府和社会资本合作采购做出决定。基本上，在该阶段，政府的成本以及政府和社会资本合作的收益是根据公共部门的比较来进行评估的，以确定政府和社会资本合作是否实现了更好的物有所值。物有所值评估为关于适当采购选项的决策提供了量化理由。如果未发现政府和社会资本合作实现物有所值，那么该项目最好作为传统公共投资来实施。

与所有公共投资管理的情况一样，使项目评估接受独立的同行评审是一种合理的做法，以抵消政府和社会资本合作评价中任何主观的、自私自利的偏见。这项职能可由财政部、规划部或其他专门机构来履行，只要职责明确即可。鉴于专门的政府和社会资本合作单位在推广和促进政府和社会资本合作方面的作用，独立同行评审的贡献可能特别重要。[①]这些单位在各国越来越普遍地作为帮助实现政

[①] 在管理政府和社会资本合作方面，有观点支持也有观点反对建立专门的政府和社会资本合作单位。经合组织（2010a）指出，这些观点侧重于政策制定与项目实施的分离，汇集政府内部的专业知识和经验，采购程序的标准化，项目的适当预算考虑因素，以及政治承诺和信任。

府和社会资本合作的一种方式，特别是在政府失灵（例如采购激励较差、协调较差、技能不足、交易成本较高，以及缺乏信息）阻碍政府和社会资本合作发展的情况下（世界银行和公共私营基础设施顾问部门，2007）。澳大利亚（维多利亚PPP合作中心，Partnership Victoria）、韩国（韩国开发研究院的韩国私人基础设施投资中心，PIMAC at KDI）、葡萄牙（公私合伙股份公司，Parpublica SA）、南非（国库的政府和社会资本合作单位，National Treasury's PPP unit）和英国（英国合伙处，Partnerships U.K；或英国基础设施处，Infrastructure U.K.）的例子提供了通常在更广泛的公共投资管理背景下专门用于管理政府和社会资本合作的机构示例。这些单位通常负责政府和社会资本合作政策和战略、项目识别和分析、交易和合同管理、监督和执行。

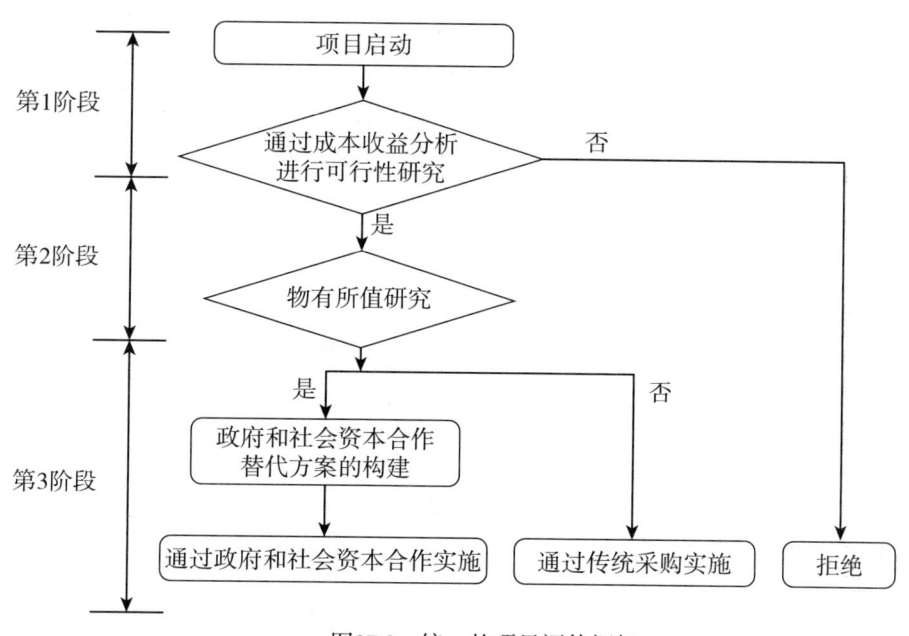

图27.3 统一的项目评估框架

透明的政府和社会资本合作会计和预算编制，以及政府和社会资本合作项下财政承诺的保障上限

政府和社会资本合作在国际上的使用日益增加，这强调了在适用于政府和社会资本合作的预算编制和会计实践方面需要有明确的规则。国际货币基金组织（2006）和经合组织（2012）制定的指引建议，预算文件应透明地披露关于因政府和社会资本合作而产生的当前和未来成本的所有相关信息。这些信息应包括政府支付服务提供费用的内容和时间，以及担保和相关或有负债的全部细节。应强调政府和社会资本合作合同项下政府的全部支付流，特别是在事后支付的情况下。

会计行业已采取措施在政府和社会资本合作报告方面提供指导，但迄今为止，指导似乎是不够的。例如作为避免欧元区财政规则项下规定的公共债务和预算赤字限额的一种方式欧盟国家越来越多地转向政府和社会资本合作。面对关于该漏洞的越来越多的批评，欧盟决定制定关于政府和社会资本合作项目会计程序的规则。根据现行规则（欧洲统计局，2004），只有在有充分证据证明非政府合作伙伴正在承担合同项下大部分风险的情况下，政府单位与非政府单位之间长期政府和社会资本合作合同中所涉及的资产才能被视为非政府资产。然而，可以认为，这些规则有利于政府和社会资本合作的预算外会计，而在促进效率和最好地利用公共资金方面几乎没有作用。在存在对成本和收入的有偏估计，并且向私营部门合作伙伴的风险转移有限的情况下，在政府和社会资本合作过程的任何阶段（规划、建设、许可和运营）都可能产生显著的剩余风险。《国际财务报告准则》（IFRS）和《国际公共部门会计准则》所反映的最近会计发展旨在确保政府和社会资本合作的会计和报告反映财政现实，但这些尚未渗透到实际实践之中，因此尚未对政府和社会资本合作滥用现象作出有效回应。[①]

国际货币基金组织（2006）建议高度重视政府和社会资本合作的制度框架（包括披露要求）以及（在适当时）政府支付上限。在1998年金融危机之后，巴西政府设定了保障上限（地方政府对政府和社会资本合作项目的财政承诺的上限），最高上限为政府收入的1%。巴西政府还采用了一系列严格的财政规则，包括在地方政府未能遵守规定融资条件的情况下，中央政府有权撤销对政府和社会资本合作项目的支持。韩国政府还于2008年审查并采纳了对政府和社会资本合作项目的政府支出总额设定上限的主张。采用如此众多的政府和社会资本合作项目（大约有650个独立的项目正在进行中）被视为对韩国的财政稳定性和灵活性施加了压力。政府应设定保障限额，以管理其对政府和社会资本合作的财政风险暴露和承诺。在回顾了21世纪初英国的实践后，人们认为，如果韩国将政府和社会资本合作的政府支付上限维持在国家预算的2%，或者将政府和社会资本合作投资维持在公共投资总额的10%至15%，并且同时管理中长期承诺，那么财政压力将得到充分缓解。

加强政府和社会资本合作采购和实施，以及处理调整

更好的经济结果和物有所值结果取决于政府和社会资本合作合同的有效管理。合同管理不善可能导致成本增加、资源浪费、绩效受损以及公众不信任感加剧，因此政府和社会资本合作需要谨慎监督和定期审计。因此，在事前项目评估阶段之后，竞争性招标程序对于实现物有所值目标并且特别是对于确保向私营部门的最优风险转移而言是至关重要的。招标文件的编制应以项目评估结果为基础，以满足关于实现项目可行性和提供物有所值的最低要求。最终政府和社会资本合作合同条款和条件反映了与私营部门谈判过程中进行的调整，但不得损害事前物有所值；此外，在建设完成后应对事后物有所值进行判定，并将其与事前物有所值进行比较，以确保实际实现预期结果。

实际上，在采购流程中，项目成本通常会发生一些变化。在成本超支的情况下，有时需要重新评估项目可行性，以检查项目内容或商业环境的变化是否值得增加成本。[②]由于政府和社会资本合作采购和实施流程可能由一个在政府和社会资本合作方面经验和专业知识很少的财政实体来领导，所以为政府和社会资本合作制定涵盖成本超支和其他或有事项的标准实施指南是高效和有效的。同样重要的是，向负责实施和管理政府和社会资本合作项目的公务人员进行培训，以便上述公务人员发展管理政府和社会资本合作各个方面的能力。

迄今为止，政府和社会资本合作项目管理的主要重点是事前阶段，特别是项目评估和批准。但是，随着更多的项目投入运营，似乎更有可能强调项目管理效率方面的问题。再融资（改变项目公司的股权结构、投资份额、债务融资条件等的过程）也可能变得更加重要。通常，再融资以两种方式进行：股东变更，或者将股权转换为次级债务。执行机构应该与项目公司平等分享再融资收益。重新

---

① 在历史上，政府和社会资本合作的会计处理基于"风险和回报"标准，但最近《国际财务报告准则》和《国际公共部门会计准则》主张"控制"标准。关于《服务特许权协议》（Service Concession Arrangements），请见《国际财务报告解释公告第12号》（IFRIC 12）和《国际公共部门会计准则征求意见稿第43号》（IPSAS ED 43）。

② 事实证明，韩国的可行性强制重新评估研究（RSF）在阻止支出各部和机构提出不必要的成本增加请求方面是非常有效的。

谈判（政府和社会资本合作的合作伙伴之间的特许权协议的调整或变更）也是可能的。在政府和社会资本合作政策或项目范围发生变化时，可以重新谈判特许权协议的条款和条件。从公共政策的角度来看，不论重新谈判何时发生，意图均应是维持物有所值。仅在条件因自由裁量的公共政策行为而发生变化时，政府才应考虑对私营合作伙伴进行补偿。任何重新谈判均应是透明的，并且必须遵守普通的政府和社会资本合作批准程序。预计政府和社会资本合作项目监测工作应由每个执行机构进行管理，并且应在每份特许权协议中规定项目管理结构。然后，每个机构都可以通过特许权协议指引和私营项目公司的项目进度报告来管理项目，然后可以将其合并为向财政部提供的投资组合报告。

经合组织（2012）指南还建议，一个国家的外部审计机构应该发挥重要作用，审查是否正确遵循了政府和社会资本合作批准和实施工作所遵循的流程，是否有效管理了政府和社会资本合作所涉及的风险，以及政府和社会资本合作与传统采购方法相比是否已经实现了物有所值方面。审计机构向议会提交的报告可以向公众通报政府和社会资本合作的运作和财务绩效情况，并可以抗衡关于部长限制这些事项信息流动的趋势。

政府和社会资本合作项目评价：政府和社会资本合作是一条良好途径吗？

遗憾的是，由于概念不精确以及需要聚集和协调大量的学科——经济学、会计学、法学、政治学和工程学等，所以对政府和社会资本合作项目进行评价在理论和实践上都是极其困难的（Allen, 2012）。许多重要的技术领域，例如制定国际会计准则和适当的政府和社会资本合作法律框架，尚未得到完全解决。评估政府和社会资本合作的反事实（公共和私人融资的相对成本）也不是一件简单的事情。霍奇（Hodge, 2010）解释了为什么不同的评论者通常以不同的方式看待相同的结果。事实证明，评价在实践中也被证实是很困难的，因为决策流程的内在政治性质导致人们通过扭曲的棱镜来看待政府和社会资本合作。

尽管如此，评价政府和社会资本合作的一种方法是明确找到成本节约和效率增益的证据，以及政府和社会资本合作对国民经济贡献的证据。

第一，从项目的角度来看，政府和社会资本合作项目的效率应该从三个利益相关方的角度进行分析：服务使用者、特许公司和政府。应审查各方承担的风险，以确定风险分担计划是否适当。此外，应分析过去政府和社会资本合作项目的特许权协议和财务模型，以审查在明确规定合同安排、设定通行费率和其他使用者收费以及确保更高回报率方面，是否已经相对于传统公共投资逐步有所改善。通过理解成本、风险和回报的变化趋势，此类研究应有助于识别政府和社会资本合作项目效率的主要决定因素。

第二，从更广泛的角度来看，应该分析政府和社会资本合作对国民经济的贡献。政府和社会资本合作项目预计将对国民经济产生积极影响，因为由私人资本流入带来的额外公共投资、更好的公共项目管理以及物有所值的增加通过改善财政结果直接或间接地促进了经济增长。尽管如此，衡量政府和社会资本合作对经济增长的贡献并不容易。尽管英国、澳大利亚和韩国已经为一些项目提供了更好的物有所值方面的证据，但霍奇（Hodge, 2010）得出结论认为，政府和社会资本合作项目物有所值的实证检验并不是决定性的：政府和社会资本合作的真实物有所值绩效在实证方面仍然是有讨论余地的。[①]

[①] 韩国示例见Kim and others（2011）。

这种对政府和社会资本合作的不可知论观点似乎符合以下事实：尽管政府和社会资本合作可以带来好处，但事实证明，政府和社会资本合作由于许多不良原因而受到欢迎，并且正如已经指出的，特别是原因为政府和社会资本合作推迟了政府的现金支出（见Boardman and Vining，2010）。即使在英国，启动《私人融资倡议》的主要动机是通过延期（有时甚至延期很多）支付来控制短期内的预算赤字。

结 论

本章基于管理通过传统采购或通过政府和社会资本合作提供资金的项目的8个关键步骤，提出了公共投资管理的可能的理论模式。这种模式的应用在如下方面对政府提出了很高的要求：政府的分析和技术要求、所需的流程和程序、关于明确界定政府机构和其他有关利益相关者的作用和职责的需要，以及公共机构运作良好的先决条件。即使在发达国家，这些标准和要求在现实世界中也几乎都达不到；这一8项模式在实践中很少得到全面应用。无论是以传统方式提供还是通过政府和社会资本合作提供，公共投资项目都存在缺陷并且产生了较差的经济和社会结果，而决策由政治主导，而且在许多情况下由寻租主导。

这些挑战加重了许多发展中国家在填补其巨大的基础设施缺口方面所面临的问题。此类国家往往选择通过政府和社会资本合作来满足其基础设施需求，这一事实引起了特别关注。本章指出：（1）政府和社会资本合作的概念并非简单明了；（2）在实践中对政府和社会资本合作进行评价是极其困难的；（3）虽然与传统采购相比，政府和社会资本合作带来了潜在的经济利益，但政府和社会资本合作往往因为不良原因而受到欢迎，并且技术考虑因素往往被政治考虑因素排挤在外；（4）即使是良好的政府和社会资本合作也可能造成难以管理和缓释的财政风险；（5）在发展中国家，政府和社会资本合作可能为腐败和财政管理不善提供新的机会，但却没有解决基本的发展需求。世界银行和其他发展伙伴不应提倡全面使用政府和社会资本合作，而应遵循更加细致入微的方法，鼓励发展中国家采用关于政府和社会资本合作运作的经改进的会计和报告标准，建立物有所值测试以比较政府和社会资本合作与传统公共投资的成本和收益，制定适当的财政风险防范措施，并且建设项目评估和合同管理方面的制度能力。

参考文献

Allen, R. 2012. Review of "International Handbook of Public-Private Partnerships," in G.A. Hodge, C. Greve and A. E. Boardman (eds) Cheltenham: Edward Elgar, Governance, 23 (3): 521-3.

Australian Council for Infrastructure Development. 2005. Delivering for Australia: A Review of BOOs. BOOTs. Privatization and Public-Private Partnerships.

Bloechinger, H., C. Charbit, J. P. Campos and C. Vammalle. 2010. "Sub-Central Governments and the Economic Crisis: Impact and Policy Responses," OECD, Economics Department Working Papers No. 752. Paris: Organisation for Economic Co-operation and Development.

Boardman, A. E., and A. R. Vining. 2010. "Assessing the economic worth of public-private partnerships," International Handbook on Public-Private Partnerships, Cheltenham and Northampton: Edward Elgar.

Collier, P., F. van der Ploeg, M. Spence and A. Venables. 2009. Managing Resource Revenues in Developing Countries. Oxford: OxCarre Research Centre 2009-15.

Dabla-Norris, E., J. Brumby, A. Kyobe, Z. Mills and C. Papageorgiou. 2011. "Investing in Public Investment: An Index of Public Investment Efficiency," IMF Working Paper, WP/11/37. Washington, DC: International Monetary Fund.

Eurostat. 2004. New Decision of Eurostat on Deficit and Debt: Treatment of Public-Private. Partnerships. New Release No. 18. 11 February. The Statistical Office of The European Communities, Luxembourg.

Flyvberg, B. 2007. "Policy and Planning for Large-Infrastructure Projects: Problems, Causes, Cures," Environment and Planning B: Planning and Design, 34, 578-97.

Flyvbjerg, B., N. Bruzeliua and W. Rothengatter. 2003. Megaprojects and Risk: An Anatomy of Ambition. Cambridge: Cambridge University Press.

Fontaine, E. R. 1997. "Project Evaluation Training and Public Investment in Chile," American Economic Review, 87(2): 63-7.

Foster, V., and C. Briceño-Garmendia (eds). 2010. Africa's Infrastructure: A Time for Transformation. Washington, DC: World Bank, Africa Development Forum Series.

Gupta, S., A. Kangur, C. Papageorgiou and A. Wane. 2011. "Efficiency-Adjusted Public Capital and Growth," IMF Working Paper WP/11/217. Washington, DC: International Monetary Fund.

Hasnain, Z. 2011. "Incentive Compatible Reforms: The Political Economy of Public Investments in Mongolia," Washington, D.C: World Bank, East Asia PREM (mimeo), p.20, February.

Hodge, G., C. Greve and A. E. Boardman. 2011. International Handbook of Public-Private Partnerships. Cheltenham: Edward Elgar.

HM Treasury. 2008. Infrastructure Procurement: Delivering Long-Term Value, HM Treasury, London: HMSO.

Hodge, G. A. 2010. "Reviewing Public-Private Partnerships: Some Thoughts on Evaluation," International Handbook on Public-Private Partnerships, Cheltenham and Northampton: Edward Elgar.

IFAC. 2011. "Transition to the Accrual Basis of Accounting: Guidance for Public Sector Entities (Third Edition)," New York: International Federation of Accountants (http://www.ifac.org), Study 14, 332.

IMF. 2006. Public Private Partnerships, Government Guarantees, and Fiscal Risk. Washington, DC: IMF Fiscal Affairs Department.

Keefer, P. and S. Knack. 2007. "Boondoggles, Rent-Seeking, and Political Checks and Balances: Public Investment under Unaccountable Governments," Review of Economics and Statistics, 89(3): 566-71.

Kim, J.-H. and others 2011. Public-Private Partnership Infrastructure Projects: Case Studies from the Republic of Korea, Volume 1: Institutional Arrangements and Performance and Volume 2: Cases of Build-Transfer-Operate Projects for Ports and Build-Transfer-Lease Projects for Education Facilities, Asian Development Bank.

Messick, R. 2011. "Curbing Fraud, Corruption, and Collusion in the Roads Sector," Washington, DC: World Bank, Integrity Vice Presidency (http://siteresources.worldbank.org/INTDOII/Resources/Roads_Paper_Final.pdf), 61.

New South Wales Government. 2006. Working with Government: Guidelines for Privately Financed Projects. New South Wales.

OECD. 2008. Public-Private Partnerships: In Pursuit of Risk Sharing and Value for Money. Paris: Organisation for Economic Co-operation and Development.

OECD. 2010. The Green Book. London: The Stationery Office.

OECD. 2010a. Paris: Organisation for Economic Co-operation and Development.

OECD. 2010b. "How to Attain Value for Money: Comparing PPP and Traditional Infrastructure Public Procurement," OECD Working Paper.

OECD. 2012. Principles for Public Governance of Public-Private Partnerships. Paris: Organisation for Economic Co-operation and Development.

Priemus, H., B. Flyvbjerg and B. Van Weer. 2008. Decision-Making on Mega-Projects: Cost-Benefit Analysis, Planning and Innovation. Cheltenham: Edward Elgar Publishing.

Rajaram, A., T. Minh Le, N. Biletska and J. Brumby. 2010. "Framework for Reviewing Public Investment Efficiency," World Bank Policy Working Paper, No. 5397 (August), February 17. Washington, DC:

Schwartz, G., A. Corbacho and K. Funke (eds) 2008. Public Investment and Public-Private Partnership: Addressing Infrastructure Challenges and Managing Fiscal Risks. New York/Washington, DC: Palgrave Macmillan & International Monetary Fund (IMF).

Stewart, J. 2010. "The U.K. National Infrastructure Plan 2010." European Investment Bank (EIB) Papers, 15 (2 (Public and private financing of infrastructure: Policy challenges in mobilizing finance)), 29–33.

Tanzi, V., and H. Davoodi. 1997. Corruption, Public Investment, and Growth. Washington, DC: International Monetary Fund.

World Bank and the Public-Private Infrastructure Advisory Facility. 2007. Public-Private Partnership Unites: Lessons for their Design and Use in Infrastructure. World Bank, DC: World Bank.

28
财政风险管理

穆雷·皮特里

过去20年来，财政风险一直受到越来越多的关注。20世纪90年代的金融危机、转型经济体大量使用担保以及全球金融危机（GFC）和主权债务危机都表明，即使是明显合理的预算和债务状况也可能承受来自预算外或资产负债表外财政活动和隐性负债的巨大隐藏风险。在减少预算赤字和债务方面的压力继续促使一些政府将活动转移到预算外或资产负债表外，这往往会增加成本和风险。

风险可以广义地定义为对潜在偏离计划或预期内容方面的后果的暴露。虽然风险通常被视为暴露负面结果，但最近的风险管理方法突出了管理潜在收益和潜在损失的重要性。[①]

一般风险文献对风险、不确定性和无知进行区分（Zeckhauser and Viscusi, 1990）。风险描述了可以识别或有结果并对每种结果的概率进行一些估计的情形；不确定性是已知可能的结果，但信息不足以估计上述结果的概率的情形；无知描述了信息甚至不足以识别可能导致损失的或有事项类型的情形（在军事用语中，这些是"未知的未知数"）。

一般而言，财政风险被定义为包括所有三种情形：风险、不确定性和无知。在许多国家，缺乏数据和能力意味着财政风险一般无法量化。同样非常普遍的是，政策制定者不知道可能促进更多财政支持的事件或情况的可能性。例如一些先进工业化国家的政策制定者不知道过去三年来金融部门产生的一些财政风险。

更具体而言，国际货币基金组织将财政风险定义为，与政府预算或其他财政预测相比，财政变量短期至中期偏差的可能性（IMF, 2008）。在此基础上，财政风险是中央政府对可能导致收入、支出、财政平衡以及资产和负债价值总体水平短期至中期可变性的事件或情况的暴露。这表明需要采用资产负债表法来进行财政风险管理，并且同时纳入财政变量的流量和存量及其相互作用。

将财政风险定义为中央政府的风险反映了中央政府负责宏观经济管理（包括根据需要启动财政政策回应）的事实。这并不意味着财政风险管理应该忽视中央政府以外产生的潜在风险——正如随后将讨论的，对来自其余公共部门和地方政府的风险暴露进行管理是风险管理的一个至关重要的要素。事实上，在许多国家，中央政府还具有明确的职责来监督广义政府部门的财政管理。本章的重点是公共财政的短期至中期可变性（长达3—5年）及其所呈现的独特分析和管理挑战。从这个角度来看，对可预测的长期不利趋势（例如预计的公共养老金支出增加）的暴露更多地被视为对长期财政可持续性的

[①] 例如利用现代投资组合管理技术来提高公共财政资产的预期回报。

已知威胁,而非财政风险的来源。①

传统的收付实现制政府预算编制和会计在处理财政风险方面存在许多显而易见的弱点,包括缺乏资产和负债信息以及经常性交易的覆盖面不完整或不充分(Schick, 1998; Brixi and Schick, 2002; Petrie, 2002)。在认识到这些缺点后,过去20年来采取了一系列国际倡议,以改善财政风险信息和财政风险管理有效性。这些始于一些政府从20世纪90年代初采用权责发生制会计和公布全套财务报表。1998年,国际货币基金组织颁布了《财政透明度良好做法守则》(Code of Good Practices on Fiscal Transparency),要求在政府预算和决算中全面披露财政风险。《国际公共部门会计准则》也鼓励或要求在年终财务报表中披露或有负债,而国际货币基金组织《政府财政统计手册》(Government Finance Statistics Manual, 2001)和诸如《开放预算指数》(Open Budget Index)等民间团体倡议也是如此。②

除了披露之外,对财政风险的分析和预防也给予了更多的关注。例如,《面临风险的政府》(Government at Risk)概述了关于或有负债的新分析框架和技术,介绍了国家案例研究,并提供了实际管理指导(Brixi and Schick, 2002)。随后,为了回应成员国的关注,国际货币基金组织于2008年发布了《财政风险披露和管理指引》(Guidelines for Fiscal Risk Disclosure and Management, IMF, 2008)。

本章概述了在管理财政风险方面的良好做法。目的是让中央财政机构官员和公共财政管理(PFM)从业者了解财政风险管理领域,以及在如何评估国家对财政风险的暴露和脆弱性方面提供实用指导。虽然本章以相当全面的方式涵盖了该话题,但本章并未试图涵盖财政风险管理的所有维度,并且在此处也只能粗略地关注一些重要的话题。参考文献包含更详细信息的来源。

财政风险管理的目标

一般而言,任何实体的财政风险管理目标都是改善实体的财政状况和绩效,同时保护实体免受不可接受的回报差异的影响。这也可以被描述为在实现机会和最小化损失之间实现适当的平衡——特别是防范不可接受的巨大损失的风险。

然而,就政府而言,总体目标是增加国民福利,而非更加狭隘地关注政府的财政状况。在政府的财政状况中,中央政府既是来自经济体其他部分的风险的承担者,也是经济体其余部分面临的风险来源。政府的健全风险管理对经济体其余部分的有效风险管理而言是至关重要的。国民福利最大化可能适当地导致政府吸收部分财政风险(失业、老年贫困、政策变化等)。例如,政府的债务组合通常是一个国家最大的财政投资组合,并且债务组合的管理方式会对经济体其余部分造成影响。政府的信用评级通常设定了所有居民私营实体可获得的信用评级的上限——即所谓的主权上限。因此,政府的总体目标不是最大程度地降低财政风险,而是具有成本效益地承担其能够以低于经济体中其他行为方的经济和社会成本承担的风险。

尽管在过去20年里一直提倡使用财政政策来试图平滑经济周期,但全球金融危机提醒人们,财政政策有助于在重大经济衰退期间支持需求。这表明需要确保"财政大炮中有足够的火药",以允许在适当时进行财政扩张。政府应特别努力避免在经济衰退期间削减支出——正如一些负债水平较高的欧

---

① 然而,布里克西和莫迪(Brixi and Mody, 2002)也提出了财政风险的广义定义,将财政风险定义为"一国财政当局未来可能的融资压力的来源",其中包括短期和长期的"风险"。对于与任何特定分析应用相关的暴露类型而言,术语不如清晰度重要。

② 请见http://www.ifac.org/public-sector; http://www.imf.org/external/pubs/ft/gfs/manual/index.htm; http://www.openbudgetindex.org/。

洲政府目前不得不做的。更一般而言，政府应该设法避免过度的财政赤字和债务，其中任何一个都可能威胁到宏观经济稳定和生活水平。

公共财政理论还表明，政府应以与稳定税率相一致的方式增加收入。[1]与更平滑和更可预测的路径相比，税率和政府支出的波动带来了福利成本。税收平滑也与逆周期财政政策一致。因为不利结果与有利结果的经济影响具有不对称性，以及决策者和官员的乐观倾向和短视倾向，人们通常认为政府应当具有一定程度的风险厌恶和审慎性。

评估政府对风险的总体偏好是一个复杂的问题，这目前是公共财政理论的边缘问题，更不必说实践了。实际上，在特定领域进行分析是最容易的，例如债务管理。然而，对于大多数政府而言，在财政风险识别、分析、缓释、预算编制、披露和监测方面取得重大进展之前，确定最优风险暴露是不具有实际意义的。这是本章其余部分的主题。

财政风险的分类和程度

风险分类

财政风险通常根据其是一般经济风险还是特定风险进行分类。政府的财政通常对关键经济参数和其他参数相对于预测中所假设参数的变化敏感。这些广泛的风险通常影响一系列收入、支出、负债和资产，并且包括经济增长率、汇率、利率、通货膨胀和关键商品价格。另一方面，特定风险通常不属于整体经济层面，或者通常与一般预测参数无关，而是通过特定渠道对政府财政造成影响。[2]特定风险较窄并且来自特定来源，例如数量水平的变化（例如自然资源生产水平），以及需求驱动型（开放式）补贴计划和社会援助转移支付计划的接受度；对公共债务偿还成本差异的暴露；担保或自然灾害的潜在成本；为国有企业（SOE）或私营银行提供财政支持的需要。

相应地，特定财政风险通常根据其是显性还是隐性进行分类。显性风险是指政府在特定事件发生时具有明确严格的实际义务、暴露或者提供财政支持的既定政策的风险。如公共债务组合中的风险、高于预期公共部门工资水平的风险、政府显性担保和保证，以及针对政府的诉讼。如果没有明确的义务或政策来提供财政支持，但是在特定事件发生时，面临强大政治压力，政府有提供财政的预期或可能，那么就会产生隐性风险。如预期中央政府会"支持"其国有企业，预期中央政府在地方政府陷入财务困难时会救助地方政府，以及预期在失灵时中央政府会提供援助（例如在私营银行倒闭时向存款人提供援助，或者在自然灾害后提供救济）。甚至在（有时特别是在）政府已经宣称其不会在此类事件中提供援助或援助不会超过一定水平时，隐性风险可能仍然存在——欧洲货币联盟政策框架中的"禁止救助"条款就是一个很好的例子。[3]

隐性财政风险的一个具体特征是，其隐藏性和不确定性使政府非常希望避免牵涉隐性财政风险。

---

[1] 证据是，2008—2010年期间国家的财政刺激与公共债务水平负相关，至少在大国是如此。见"财政扩张的规模：对最大国家的分析"，www.imf.org/external/np/pp/eng/2009/020109.pdf。

[2] 然而，一般经济风险与特定财政风险之间并没有严格的区别。例如利率变化可能被视为一般经济风险，并根据其对政府财政的影响范围进行分析，或者可能根据特定渠道（例如对偿债的影响）进行分析。

[3] 以下评论（未指明来源）说明了隐性风险的棘手性，即只有两种类型的政府：为其银行提供担保的政府，以及认为自己没有为其银行提供担保的政府。

与此同时，潜在风险可能会累积，并可能达到很高的比例。这可能发生在国有企业的准财政活动或者地方政府的财政问题方面，但典型的例子是银行监管中的监管宽容。

文献中确定的第三类财政风险是公共财政结构和应对财政风险的制度能力（Hemming and Petrie，2002）。严格来讲，这些因素会增加国家在一系列给定风险暴露方面对财政风险的脆弱性。结构性弱点包括依赖高度不稳定的收入来源（例如石油），以及非可自由支配支出占政府总支出的比例很高，这种高比例限制了政府收紧财政政策来应对冲击的能力，可能会放大给定冲击的影响。在决策者缺乏高质量的信息时（例如由于在特定风险方面的预测不佳或信息不足），财政管理就有点像"盲目飞行"。如果不清楚哪些机构和行为方负责具体的风险管理职能，负责人缺乏必要的权限，或者预算系统（例如年度而非中期财政框架）阻碍有效的风险管理，那么就可能加剧这种情况。

最后，一两个政府还将"政策风险"定义为财政风险，即把政府正在积极考虑的政策变化认为构成财政风险，并在预算文件中如此进行披露（例如新西兰）。此类政策风险通常不被视为财政风险，因为此类政策风险处于政府的控制之下，因此至少对当局而言不是意外差异的来源。①

财政风险的程度

虽然文献倾向于关注诸如显性和隐性担保等特定财政风险，但全球金融危机生动提醒我们，一般而言，大多数政府面临的主要财政风险是政府财政对经济增长和其他宏观经济参数的意外变化的暴露。与因全球金融危机所造成的经济产出下降而导致的收入损失相比，甚至许多政府为向其金融部门提供前所未有的财政支持而广为宣传的决策也具有相对较小的影响。例如，国际货币基金组织估计了2007—2015年20国集团发达经济体中，不同因素对广义政府债务占国内生产总值比例预计增长39个百分点的贡献。单一最大贡献因子是收入损失（18个百分点，即该增长的48%）。财政刺激贡献了6.4个百分点，金融部门提供了3.3个百分点（分别占公共债务增长的17%和9%）。②

但是，必须承认，银行业危机造成的损失往往占国内生产总值的比重更大。例如，1997年东亚危机之后金融部门失败造成的损失相当于韩国、泰国和印度尼西亚国内生产总值的25%—50%。较小和欠发达的经济体更容易受到银行业危机的影响，因为其经济往往多元化程度较低，国内金融储蓄较少，而且更容易通过资本流动受到影响。

虽然特定财政风险通常是针对具体国家的，但特定财政风险的其他常见重要来源包括对自然资源收入的依赖、对国有企业和地方政府的救助、不稳定的援助流量以及自然灾害。例如，杰拉松（Celasun）和瓦利泽（Walliser）最近对援助波动的研究发现，提前一年承诺的援助与实际获得的援助之间的平均差异相当于1990—2005年各撒哈拉以南非洲国家国内生产总值的3.4%。③

自然灾害是全球财政风险日益增加的一个来源。风暴、洪水和干旱所导致的经济损失都在增加，

---

① 但是，这种披露可被视为财政透明度的最佳实践，因为其提供了关于中期预算框架（MTBF）背景下可能出现的未来支出压力的更加完整的情况。事实上，新西兰的政策风险披露明显与政府中期预算框架可信度增加有关（Petrie，2008b）。

② 见国际货币基金组织财政监测报告，2011年9月，第26页。其余两个因素是利率增长动态（6.8个百分点）以及净贷款和其他存量-流量调整（3.7个百分点）。

③ 这些国家无法进入资本市场意味着，作为回应，这些国家不得不调整支出。艾菲尔特（Eifert）和盖尔布（Gelb）发现，波动性趋于随着援助依赖程度的上升而上升，规划援助（预算支持）比项目援助更不稳定，在大多数依赖援助的国家，与过去的支付情况相比，捐赠人的承诺没有提供关于未来支付的更多信息，并且发现援助具有轻微顺周期性。

这主要是因为遭受损失的人口和资产在增加（政府间气候变化专门委员会，2011，第6—7页）。1961—2008年最大的单次事件损失发生在小型发展中国家（例如圣卢西亚，占国内生产总值的285%；萨摩亚，249%），而大型发达国家遭受的损失则相对较小（在韩国和美国都占国内生产总值的1%）。关于自然灾害的预算影响的证据是有限的，因为会计系统没有按照该类别记录支出。但是，丽斯（Lis）和尼克（Nickel）发现，1985—2007年的大规模天气灾害将发展中国家的预算赤字增加了国内生产总值的0.23%—1.1%，但很少增加发达国家的赤字。[①]

关于管理财政风险的概念框架

借鉴风险管理的一般国际标准，提出了"财政风险管理周期"的概念（Petrie，2008；Budina and Petrie，2013）。虽然风险管理应该是一个连续的过程，但如在专栏28.1中所述，将风险管理分解为一个周期中的不连续阶段可能会很有帮助。

专栏28.1　财政风险管理周期[②]

1. 建立背景

内部和外部政治和经济背景。政府的财政风险管理目标。

2. 识别风险

识别可能发生什么以及如何发生。

3. 分析风险

鉴于现有的控制措施，对风险的可能后果进行评估。

根据风险的显著性（发生概率乘以潜在损失）对风险进行分类。

4. 预防风险

实施具有成本效益的选项，以增加潜在收益并减少潜在成本。

检查自留（剩余）风险是否是可容忍的。

5. 将自留风险纳入财政分析和预算

6. 监测和审查

随着事件发生或情况变化，必须定期审查之前阶段的结果。

还应定期审查整体风险管理职能的有效性和效率。

在所有阶段：在政府内部沟通风险信息，并且公开披露。

因为风险管理是一个持续的过程，所以这些步骤的顺序在某种程度上是任意的。例如，专栏28.1中顺序的逻辑是，年度预算周期是用于审查风险暴露和就风险缓释做出决策的自然和重要的机制，随

[①] Lis and Nickel（2009）。其他研究表明，灾害几乎立即增加了政府支出；对救济支出的重新分配往往以牺牲维护和资本支出为代价；虽然捐赠人经常提供灾难援助，但捐赠人经常通过从对一个国家的现有分配总量中转移资金来进行。请见Benson and Clay（2004）。

[②] 改编自澳大利亚/新西兰风险管理标准，AS/NZ4360（2004），以及ISO31000（2009）。

后将自留风险纳入预算。另一方面，对风险缓释需求和机会的评估应在全年范围内进行，这可以反映在预算后列出的缓释步骤中，并以去年预算中的自留风险作为起点。①

将在以下各节中依次介绍财政风险管理周期中的这些步骤。

建立财政风险背景和识别财政风险

财政风险管理周期始于建立政府运作的外部和内部背景。外部背景应包括更广泛的经济背景以及政治和公共财政管理背景。外部背景还应考虑经济对外部或内部冲击以及财政风险最近实现趋势的暴露。专栏28.2概述了构成财政风险暴露和脆弱性背景的一般关键因素。

专栏28.2　建立财政风险管理背景

财政风险管理的起点应该是建立外部和内部背景。

- 更广泛的经济背景（例如经济的规模和多元化，以及国内生产总值的波动性）；在给定的财政风险最终发生时，拥有货币局制度或高额外债的国家可能面临更高的经济成本。
- 最初的财政状况，公共债务占国内生产总值的比例，以及整体税负。
- 财政风险暴露的性质和程度。
- 消极趋势指标（例如任何最近的评级行动，信用违约互换利差）。
- 可用信息的质量。
- 财政灵活程度（例如在规定的赤字或支出上限内有多少财政空间）；通过利用流动性财政资源或者国际或国内金融市场来平滑对政府支出的冲击的能力。
- 应对最终发生的风险的能力，包括法律框架、公共财政结构、制度能力和人力资源。
- 政府宣布或隐含的财政风险管理目标，以及上述目标与政府的整体财政和经济战略和目标之间的一致程度。

随后，风险管理的下一个关键步骤是风险识别。有效识别财政风险需要明确分配职责和程序，以确保负责财政管理的实体（一般是财政部）具有：（1）收集所有主要风险暴露综合数据的权力和能力；（2）分析一般宏观经济风险以及巨大特定财政风险并将这些风险纳入财政分析的能力；（3）有效管理风险的激励——由适当的会计、披露、预算编制和审计规则支持的激励措施。

潜在的相互作用和投资组合效应的存在（以及促进具有成本效益的缓释）表明有必要进行财政风险信息集中化。例如一些风险相互抵消，而另一些风险则相互加剧。这可以处于相对简单的水平，例如由不同实体提供的政府担保导致暴露集中；也可以处于更复杂的水平，通过考虑资产和负债的风险特征以及构建对资产和负债特征进行匹配的投资组合来管理政府风险暴露——所谓的资产和负债管理方法（国际货币基金组织和世界银行，2003）。

这些考虑因素表明财政部负有明确的职责来在整个中央政府中汇总单个政府机构所面临的特定财

---

① 这是布迪纳和皮特里（Budina and Petrie, 2013）的处理方法。

政风险的信息。这需要明确界定财政风险，并要求有关各部和其他实体定期向财政部提交风险信息。这一点的实现方式可以是，将特定风险纳入政府会计准则，以便（例如）所有单个机构都记录和报告其或有负债。还应要求各部门在其年度预算报表中向财政部提交财政风险信息。

一种可行的方法是编制关于所有重大财政风险的登记簿。已经提出的一种此类方法是财政风险矩阵，它根据风险是直接的还是偶然的、是显性的还是隐性的来对所有风险进行分类。据报道，该工具已被包括中国、捷克共和国、印度、南非和美国（政府问责办公室）在内的许多国家用于提升政府风险意识（Brixi and others，2002）。

但是，信息集中化未必意味着所有财政风险的实际管理均应是集中化的。理想的情况是，对于有关各部的活动使政府面临的财政风险而言，有关各部具有明确规定的管理职责；例如担保、针对政府的诉讼、有关各部政策监督之下的国有企业、有关各部所在经济部门的政府和社会资本合作（PPP）。在允许各部和机构承担风险的范围内，每个实体的负责人应负责审慎管理此类风险，并应制定风险管理战略以及监测和报告安排。然而，当各部在审慎管理其投资组合方面动力不足或者各部的行动可能会给其他部门带来成本时，财政部应该对有关各部的风险承担实质性控制。一般而言，较为发达的公共财政管理系统倾向于将密切的中央监督和监测与有关各部、机构或国有企业对特定财政风险的分权管理相结合，而在欠发达的公共财政管理系统中，风险管理职能更加集中。

分析风险

在识别和整理了现有财政风险的可用数据之后，下一步是分析现有财政风险的潜在可能性、现有财政风险成为现实时的后果、现有财政风险的原因，以及可能用于控制现有财政风险的措施。

首先开始讨论一般经济风险，其中需要估计预算和中期财政预测对预测所依据的关键假设的变化的敏感性。在可行的情况下，政府还应该生成替代性宏观经济和财政情景。[①]这些方法使政策制定者更好地感知财政总量的可能路径及其对经济发展的敏感性。这些方法提高了在判断给定财政冲击的影响是暂时性还是永久性方面的能力，以及在评估是否可能需要自由裁量的财政调整方面的能力。

选择性财政情景应包括不良事件组合情景，以便对财政基线进行压力测试。这种情景可能包括经济增长下降、收入下滑、支出增加、公共债务期限结构缩短、要求提供一些担保，以及隐性或有负债的支出需求（例如对金融部门或地方政府的财政支持）。不确定性条件下更加先进的财政可持续性方法涉及用于捕捉关键宏观经济变量波动性和协动性的随机模拟。[②]

如果宏观经济和财政预测更加可靠，那么可以减少一般经济风险对财政管理的影响。关键宏观经济参数和财政预测参数的微小变化可能对所预算的收入、支出和赤字水平产生巨大影响。政府经常屈服于提出过度美好的经济预测和"乐观"预算的诱惑。这可能导致政府在立法机关以及公共和私营部门面前丧失可信度。另一方面，在一些国家，立法机关修改了行政部门所提出预算中的预测，以便为增加支出提供更明显的空间。

在经济和财政预测不可靠或在当时被认为不现实时，预算便建立在流沙之上。在这种情况显而

---

① 敏感性分析通常涉及改变一个预测变量，而其他预测变量保持不变。另一方面，情景分析涉及选择内部一致的替代性变量集。

② Budina and Petrie（2013）。

易见时，由此造成的可信度损失严重限制了政府有效管理公共财政的能力，特别是在冲击之后，对制度的社会共识和信任对于恢复财政可持续性而言至关重要的情况下——正如希腊财政危机中特别表明的。一段时间以来，预测和预测过程的透明度被认为是至关重要的（IMF，2007，第104—105页）。此外，捐赠人多年来一直向发展中国家和新兴国家提供技术援助，以加强发展中国家和新兴国家的技术预测能力。最后，在全球金融危机之后，事实上人们越来越关注财政委员会对改善宏观经济和财政预测可信度以及财政政策可信度做出贡献的可能性（见第38章）。

对于特定财政风险而言，可以从定性方法到详细的定量方法，采取多种可能的方法进行风险分析，具体取决于风险的性质、量化的可行性和数据的可用性。在可行的范围内，应根据潜在成本范围和预期（最可能）成本范围对财政影响进行估计。在某些情况下，即使发生更加极端的结果，也可能估计成本（所谓的风险分析价值）。应该注意可能的阈值水平，超过该阈值水平，成本将变得特别高昂或不能容忍。

由于缺乏信息（例如历史损失数据），量化在许多情况下是不可行的。缺乏能力也限制了许多国家的风险量化，特别是在用于估计担保和其他或有负债的财政影响的尖端技术方面。[①]但是，如果存在风险汇总计划，例如正在进行的为小型企业提供银行贷款担保的计划，历史损失数据可以对贷款担保的预期年度成本进行合理可靠的估计。

在估计特定风险的财政影响时，还需要注意时序效应：例如，传导机制将制约对预算产生影响的时间。例如，汇率贬值可能会立即影响以外币计价的公共债务的偿债成本。另一方面，经济萎缩只会在经过一段时间之后才影响企业所得税征收，因为首先会对企业利润产生影响，然后才反映在较低的暂缴税款之中。

为了进行分析，政府应将显性和隐性或有负债的存量与国家债务和其他公共负债合并为单一投资组合，以便评估相关性、对宏观经济和政策情景的敏感性以及整体风险暴露。这可能需要在财政部内合并不同司的数据和信息。然后需要分析风险之间可能的相互作用，并根据反映政府风险偏好的标准对风险暴露水平进行比较。通过考虑特定背景下的风险回报权衡可以最容易地做到这一点。例如，在债务管理和财政资产组合投资方面公认的风险回报曲线。

预防财政风险

这里将风险缓释定义为，在潜在财政风险呈现或成为现实之前减少潜在财政风险，或在风险已经成为现实之后最大程度地降低成本的行动。本节讨论了一系列风险缓释机制，从一般方法开始再转向特定风险缓释技术。

风险预防的一般方法

一旦在可行的范围内识别并量化风险，就可以基于以下两个因素，通过完成图28.1中的简单矩阵来促进风险缓释工作的优先排序：（1）特定风险成为现实的可能性；（2）在特定风险确实成为现实时，其财政影响的显著性。例如如果高影响风险成为现实的可能性很高，则需要紧急缓释。

---

① 关于或有负债财政成本估计技术的讨论，请见Hemming and others（2006），第37—40页和附录4。

		在风险最终发生时的影响	
		高	低
风险的可能性	高	紧急缓释（探讨所有选项）	编制预算
	低	保险。 自我保险。 研究和进一步分析	容忍

图28.1　关于风险缓释工作优先排序的简单矩阵

政府可以采取的用于减少其财政风险暴露的一些最有效措施涉及更广泛的经济政策和治理质量。稳定的宏观经济政策和适当的债务管理战略降低了国家对危机的脆弱性，改善了投资环境，因此减少了对担保的需求。发展中国家的政府往往因缺乏为私营部门和个人提供风险保障的市场而不得不参与提供公共保险或其他风险保障。监管良好的资本和保险市场允许投资者和其他人（在当地和国际上）传播和转移风险，并将风险分配给最愿意承担风险的人。财产保险、农业保险计划和小额保险的发展都有助于提高企业和家庭抵御冲击的能力，改善福利，并且减少对政府作为"最后保险人"的潜在需求。

为了实现具有成本效益的风险缓释，考虑关于政府与其他实体之间风险分配的下列一般原则是有用的（见专栏28.3）。①

专栏28.3　风险分配原则

1. 风险应该分配给最有能力和最有动力管理风险的实体，或者最有能力承担风险的实体。例如在政府和社会资本合作中，政府应承担政策变化的风险，而运营商应承担建设风险。

2. 能够影响事件发生可能性或事件发生时成本的实体应该在边际上承担一定的风险。例如政府保险计划中的共同保险和免赔额，其中被保险人必须自行支付每项索赔的固定百分比，或者必须支付任何索赔的前x美元。该原则的另一个例证是部分消费者补贴，使消费者不得不支付市场价格上涨的某些部分，因此在市场价格上涨时具有一些动力来减少消费。

3. 当存在道德风险或逆向选择时，政府可能有正当理由来强制购买保险（例如灾难或存款保险，或者强制退休储蓄）。

4. 可能有正当理由来对财政纪律激励不足或其活动产生负外部性的实体的财政活动施加限制。例如，中央政府通常限制地方政府的借款。

5. 在政府介入以吸收其他实体的损失时，政府应该尽可能最小化道德风险或保留这些实体在未来风险缓释方面激励（例如通过确保这些实体承担一些损失，或者在救助地方政府时，对地方政府未来的借款能力施加新的限制）。

6. 政府应按比例且一致地行事，即风险缓释工作应侧重于风险最大的领域，并且风险缓释应在不同类型和来源的风险之间保持一致。

---

① 来自国际货币基金组织《2008年财政风险披露与管理指引》。最后一项原则来自英国财政部（2005）。采用一致的风险缓释方法要求很高，例如，关于美国政府愿意为减少不同政策领域的人身安全风险而支付的隐性金额的巨大差异的讨论，请见Zeckhauser and Viscusi（1990）。

在应用这些原则时，重要的是要认识到政府有许多通用技术来管理其风险暴露水平，包括避免风险、转移风险、分担风险、分散风险或对冲风险，减少风险、设定风险上限，以及创建风险缓冲。[①] 这些方法并不相互排斥，并且经常使用各种方法的组合。

风险缓释的具体技术

税基的风险

在所有国家中，一个持续存在风险缓释的领域是保护税基免受侵蚀。避税和逃税带来的收入损失是一个持续的威胁，并且在某些情况下因跨境经济活动的增长而加剧。管理税基风险需要对新兴不合规领域进行密切和持续的监测，并积极改变税收管理和税收政策。在一些国家，税收制度的具体特征（例如税式支出的范围和透明度）给收入基础带来了额外风险。全球金融危机在许多国家导致因欠税、亏损报告业务和现金经济等问题而产生的合规风险日益增长。有人建议，税务当局应针对危机制定税务合规战略，重点关注风险最高的领域，以防止（应该征收的收入与实际征收的收入之间）税收缺口的增大（Brondolo，2009）。

债务管理方面的风险

下面开始讨论特定支出风险，其中公共债务管理是许多政府财政风险管理的一个持续存在的关键领域，而目前的主权债务危机使一些国家的公共债务管理更加恶化。债务管理中最显著的风险是市场风险（市场价格变化的风险，例如利率和汇率）和展期风险（到期债务必须以异常高的成本进行再融资或根本无法展期的风险）。[②] 合理的债务管理需要评估公共债务结构的固有风险；建立一个框架来确定和管理投资组合中预期成本和风险之间的权衡，包括压力测试；根据诸如短期债务与长期债务的比例、外币债务与国内债务的比例、币种结构、债务的平均期限和到期债务概况等关键风险指标，为投资组合制定指引或基准；采取行动，以便随着时间的推移将实际的投资组合转向期望的投资组合。以通过回购或通过使用衍生品改变新发行策略的方式，可以相对容易地调整公共债务组合的风险特征。因此，改变债务管理可能是调整政府整体风险暴露和减少脆弱性的一种具有成本效益的方式。

作为更广泛的风险管理职能的一部分，还需要具有成本效益的现金管理，并且考虑显性和隐性或有负债的潜在影响。能够稳妥地进入资本市场的政府可能更愿意依靠短期借款来管理现金可用性和支出承诺之间的短期错配。如果这种市场准入的稳妥程度较低，那么持有流动性财政资产和实施应急信贷额度可能是谨慎的，尽管需要付出代价。

从中长期来看，发展政府公共债务证券的完全和流动性国内市场有助于降低公共债务管理的成本和风险。例如，更完全的国内市场可以减少对外借款需求，从而降低展期风险。这对于那些浮动利率

---

① Petrie（2008a，专栏1）。

② 关于公共债务管理中风险范围和常见陷阱的讨论，请见国际货币基金组织和世界银行（2003，第10页，第22—23页）。

债务、外币债务和短期债务是短期内可用的唯一选项的国家而言特别重要（国际货币基金组织和世界银行，2003，第33—35页）。

在资产负债表的另一侧，关于财政资产组合管理的健全治理安排利用公平管理实践和现代透明的投资组合管理实践，降低了财政资产回报差异带来的波动风险（Grimes，2001）。

金融部门风险

更重要的是，在全球金融危机之后，更好地管理金融部门所产生的财政风险需要一系列改变激励措施的方法。事实上，在危机之后，由于首次将"大而不倒"测试扩展到非银行机构，并且庞大的救助范围和规模可能增大道德风险，所以在许多国家政府的隐性财政风险的已经有所显现。[①]对于那些一旦倒闭会威胁到金融稳定的大型金融机构，现在可能有更强的动机来承担过度风险——对上述金融机构地位的隐性政府担保使上述金融机构能够以比小型机构更低的成本进行借款。[②]

展望未来，需要采取新的方法，在有活力的金融部门的社会收益与明显不可避免的周期性金融危机的社会成本之间提供更好的权衡。第一，已经得出的共识结论是，监管不仅应集中在对个别企业的监管，还应注重整个金融体系的稳定性——许多发达经济体正在建立或加强的所谓的宏观审慎监管。[③]第二，为银行制定充分的资本充足率标准是将风险从政府适当转移到银行所有者的一个关键因素。这些改革需要伴随着更加有效的审慎监督，以及改善的金融机构风险管理、治理和透明度（国际清算银行，2010）。

最后，应该考虑对投资银行与零售银行进行结构分离。此外，一些国家需要在各机构之间做出更加有效的安排。这包括在流动性支持和支持无偿债能力机构、信息和数据共享与合作协议以及应急规划（包括危机模拟演习）方面明确分配职责。

与此同时，当前金融危机的最终成本将部分取决于有关政府和公共部门实体如何管理其现在所面临的扩大的表内和表外显性风险。资本较低、盈利能力较差并且易受资金冲击影响的银行的弱尾现象仍然存在。其中一些银行需要重组并进行资本结构调整或处置。[④]截至2010年中期，承诺财政支持的利用率约为70%，利用财政支持的回收率约为25%。在历史上，金融危机后财政支持的退出通常需要五年到七年时间。很重要的是，事后系统地评估金融部门干预的最终成本以及这些最终成本如何因工具类型和设计、制度安排和其他参数而变化，以便为未来的风险管理吸取教训。

担保所产生的风险

对于能够影响风险结果的各方而言，风险分担尤为可取，以便提供适当的激励。例如，一些政

---

① 瑞·库德（Ry Cooder）的流行歌曲"没有银行家留下（No Banker Left Behind）"说明了人们对金融部门救助和相关道德风险的普遍关注和愤怒程度。

② 该成本优势的价值估计为0.2%（国际货币基金组织财政监测报告，2010年11月，第56页）。

③ 例如，欧洲系统性风险委员会成立于2010年。欧洲系统性风险委员会正在开发一套用于识别和度量系统性风险的通用定量和定性指标（风险仪表板）作为预期系统的一部分，而在该预期系统中，欧盟成员国在国家立法中指定执行宏观审慎政策的当局。

④ 全球金融稳定报告，全球金融稳定报告市场更新，2012年1月24日。

府要求私营部门承担或有负债所产生风险的一部分。关于扩大部分贷款担保的实践是关于风险分担的很好示例,并且可能会增加私营部门贷款人评估项目和借款人信誉的动力,例如欧盟的国家补助规则(私营部门贷款人承担与任何违约相关的净损失的15%—20%)以及加拿大、美国和智利。为了减轻对担保的需求,在无意补贴被担保人时,也可以收取费用(反映市场价值)(Irwin,2003)。其他风险分担安排包括或有债权的时限;关于允许政府在不再需要时终止风险分担安排的条款;关于受益人交存担保品或公司交存履约保证金(例如针对环境恢复成本)的要求。

对冲和保险

有时可以对剩余风险进行对冲或保险。例如,政府和公共部门实体有时使用货币互换和商品期货来对冲其外汇和商品价格风险。有些商品生产者使用金融工具来对冲商品价格波动(例如墨西哥对冲石油价格冲击)。

政府是否应购买保险的问题不太容易理解。从理论上讲,风险中性政府应该仅在保险费低于预期损失成本的情况下购买市场保险,而这在竞争性市场中(保险费应等于预期损失加上一定的行政成本)意味着政府应该自我保险。然而,如果预期损失巨大且集中或者具有显著的宏观经济或社会影响,并且居民发现难以就损失为自己投保(就像灾难性的自然灾害的情况),政府可能是厌恶风险的,并从大型国际再保险公司购买保险或再保险。[①]

保险市场一体化和自由化的日益增加使得各国更容易分担风险,并且越来越多地对直到最近才被认为不可保险的风险进行保险。例如墨西哥于2006年发行了地震债券,而国际机构则设计了保险基金来管理自然灾害所产生的风险,例如加勒比巨灾风险保险基金。[②]非洲联盟目前正在调查研究建立泛非灾害风险池(非洲风险能力)。[③]一些国家与国际风险市场签订了合同,以转移其对因干旱而产生的财政风险的暴露(Syroka and Nucifora,2010)。

另一方面,气候风险往往影响整个地区和大量人口,这一事实同时限制了私营保险的范围,特别是在发展中国家。有人认为,气候变化通过增加极端事件可能性估计方面的不确定性,将降低气候相关风险的可保性(世界银行,2010a,第101—103页)。

自然灾害产生的风险

自然灾害的成本日益增加、对全球变暖所引起的气候变率加剧以及全球金融危机带来的财政影响的担忧,都使得更有效的自然灾害风险管理成为当务之急。世界银行的一项主要研究得出结论认为,预防自然灾害造成的死亡和损害往往是可能的,并且是具有成本效益的,然而为了做到这一点,许多

---

① 表明应该调查研究保险方法的其他情况包括规经济规模太小,无法分散风险;负债水平较高,不允许一些国家获得灾后信贷,从而限制这些国家在几代人之间分配损失的能力;许多国家的预算流程不允许政府在灾后重新分配预算,造成流动性紧缩。

② 世界银行(2007)。墨西哥是第一个使用《多巨灾债券发行方案》规划的国家,而《多巨灾债券发行方案》是由世界银行开发的灵活的巨灾债券系列,允许对多个灾难、地区和国家进行打包。墨西哥于2009年10月发行了2.9亿美元债券,为三种特定风险提供了三年保险——地震、太平洋飓风和大西洋飓风。

③ 请见www.africanriskcapacity.org。

公共和私人领域必须很好地协同工作（世界银行，2010b）。随着中等收入国家城市化进程加快和在新基础设施方面进行大量投资，预计未来几十年对灾害的暴露将急剧增加。重点正在从灾害发生后的反应和应对转变为具有前瞻性的预防性灾害风险管理。①图28.2说明了综合灾害风险管理战略的范围（Ghesquiere and Mahul，2010）。

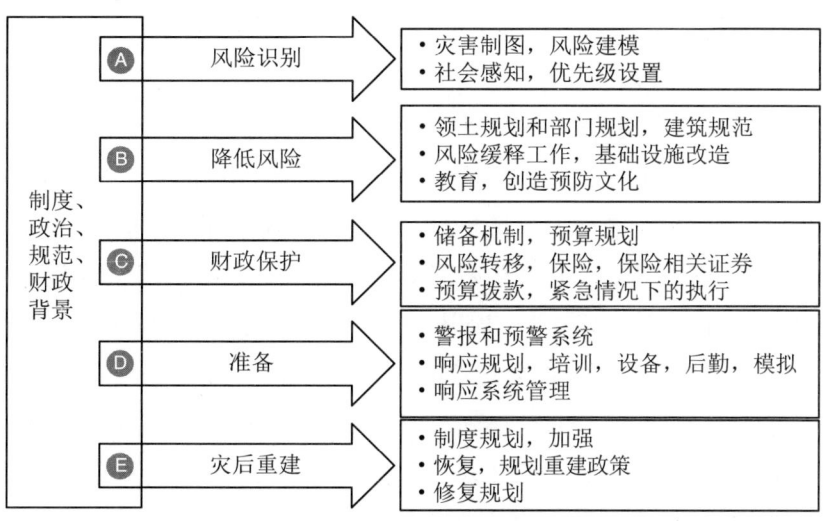

图28.2 综合灾害风险管理战略

公共投资支出的风险

气候变率和气候变化方面的不确定性给公共投资管理带来了挑战。此处有两种类型的财政风险：对气候变化风险的反应过度，尝试使用昂贵的"气候防护型"公共基础设施；反应过度延迟，忽视在目前投资决策中考虑关于减缓气候影响或适应未来气候变化的潜在需要。为降低这两种风险而提出的一种策略是项目成本收益分析的"实物期权"方法。这涉及保持灵活性，以便在气候条件变得逐渐明显时，随时间推移对项目进行连续适应性调整。例如对洪水风险的一种适应性调整是立即建造堤坝。另一种实物期权是现在只开始准备行动，例如获得土地，这创造了在未来气候条件逐渐展现时建造堤坝的选择权，但却没有义务建造。这种方法可以应用于广泛的气候适应应用（Dobes，2008）。

更一般而言，有多种方法可用于降低大型公共基础设施项目的风险。对项目进行独立的可行性审查是一项关键保障措施，同时在整个项目周期的关键"关口"对项目进行审查也是一种新兴实践。最后，系统地记录和报告大型项目组合的平均成本和时间超支数据（例如孟加拉国的实践）有助于加强项目准备和实施方面的问责制，并在未来减少这些风险（世界银行，2011）。

将自留风险纳入财政分析和预算

可以在收入侧和支出侧管理特定财政风险对预算的影响。一些依赖自然资源的国家正在采用降低收入波动对预算影响的机制（例如自然资源基金），或者正在采用消除了一些波动性的调整后的财政

---

① 关于展开的讨论，见世界银行（2010a，第2章）。

平衡目标，以提供更清晰的财政管理和可持续性情况。虽然挪威和博茨瓦纳在有效和透明的自然资源收入管理良好实践方面提供了被引用最多的示例，但其他一些（低收入）国家最近也实施了健全的公共财政框架以及收入平滑基金（例如东帝汶）。

大额特定支出风险对预算的影响可以通过各种机制进行管理。平滑与自然灾害或要求担保有关的潜在损失的预算影响的最常见方法是，在预算年度内分配足够的资源用于应急拨款，以满足这种支出，而不要求削减其他计划。许多政府在其年度预算中都有一般性应急拨款，可用于为各种意外支出需求提供资金。用于确保对新出现的需求做出快速预算反应的其他机制包括定额备用金供应（这是议会笼统地授权行政部门在没有特定拨款的情况下支出一定金额，并在年终之前事后报告款项是如何实际支出的），以及预算法律对政府在特定情况下满足紧急支出需求而无需进一步拨款的授权。

易受自然灾害影响的国家还设立了国家灾害基金，以帮助确保快速反应并且平滑灾害的财政影响。例如墨西哥于1996年建立了国家自然灾害基金（FONDEN）。国家自然灾害基金是一个多年度信托基金，并且每年向国家自然灾害基金拨出足够的资金，以确保其余额至少占公共支出总额的0.4%。国家自然灾害基金提供最后的即时公共救济响应，并帮助为公共基础设施和低收入住房的重建提供资金。国家自然灾害基金正在通过增加地方政府降低风险的动力，转向分权的灾害风险管理系统。

为了在预算决策中适当地体现担保所产生的财政风险，需要与其他支出建议一起考虑担保建议。在传统的"收付实现制"会计和预算系统下，政府必须反映补贴和贷款的全部现金影响，而鉴于可能要求的担保时间和范围方面的不确定性，担保和其他或有债务的影响未得到反映。这通常会为"风险支出"取代即时现金支出提供激励，即使即时现金支出更具成本效益。解决该问题的一个简单方法是引入关于担保面值的年度量化限额。该限额可应用于总存量或新担保的年度流量。该限额应该在可持续性评估的基础上进行设定。然后可以在各个机构之间分配总担保限额。

政府可以通过在批准此类计划时在预算中反映或有支持的全部可能财政成本，进一步对有利于担保的偏见进行纠正。在以权责发生制为基础列报预算的少数几个国家，担保计划的预期成本（但成本必须能够可靠地估计）在授予担保的年度内记录为费用（在拥有收付实现制预算的国家，做到这一点的方式在一定程度上只能是拨出预期的年度现金流出来满足任何特定年度的担保要求）。此外，《国际财务报告准则》要求将风险边际应用于保险计划未决赔款责任的中心估计值。风险边际将在该金额内结算赔款的可能性提高到75%。

财政风险的披露

国际趋势越来越倾向于更大程度地披露财政风险，并且越来越多的观点认为应该有一种支持披露的推定并严格明确的界定例外。一些国家已经在法律中强制要求披露财政风险，包括澳大利亚、巴西、智利、捷克共和国、新西兰和巴基斯坦。最近的一些经验证据表明，财政风险披露可能对资本市场准入具有积极影响。① 但是，也有证据表明，与全球金融危机和主权债务危机相关的财政压力已经

---

① 见国际货币基金组织（2008），第14—15页。国际货币基金组织工作人员的研究表明，财政透明度特别是财政风险披露与更好的主权债券评级和更多的进入国际资本市场的机会有关。财政风险披露的估计系数表明，如果之前从不披露宏观财政风险、或有负债和准财政活动信息而现在予以披露，会将其信用评级平均提高一个子级（例如从穆迪评级的Baa1到A3）。

导致政府正在更大程度上使用创造性会计来将经常性支出转移到账外或提前确认收入。[①]

就宏观经济风险的披露而言，除了披露年度预算对关键宏观经济变量微小变化的敏感性之外，最好同时公布替代性中期宏观财政情景。如果经济和财政前景不如预算预测所包含的有利，那么政府可能会更进一步，并讨论其财政战略。财政应急规划以及向市场大致表明将针对可能的不利发展做出何种财政调整（例如削减支出、增加税收、增加赤字或对其中一些进行组合），可以降低市场对意外不利发展做出突然反应的风险。在赤字和债务已经较高，或者公共财政结构或国民经济特征造成额外脆弱性的情况下，这一点是特别重要的。

国际标准规定了特定财政风险的披露要求，包括公共债务、或有负债以及政府和社会资本合作。特定部门的新发展情况，例如《采掘业透明度倡议》（EITI）和《建筑业透明度倡议》（CoST），代表了特定部门透明度和问责制方面的进步情况。[②]

国际货币基金组织的财政透明度手册表明，财政风险的披露可以有效地汇总到单一报表中，与预算一同列报——尽管财政透明度守则本身对此并未做出规定（IMF，2007）。一些国家正在如此行事：澳大利亚、巴西、印度尼西亚、巴基斯坦、墨西哥和菲律宾。这些报表列报了宏观经济风险，诸如公共债务、或有负债等特定风险的详细信息，以及因政府和社会资本合作、国有企业和地方政府（视情况而定）而产生的风险。在宏观经济展望背景下提供一般经济风险的信息，并在预算文件的其他部分提供特定财政风险的详细信息（例如英国和美国的实践），也是一种良好实践。

全面的财政风险表也将成为对政府近期用于支持金融市场的干预措施的成本和风险进行报告的有效手段。由于所使用的工具范围（担保、流动性支持、资产购买和资本结构调整）以及用于提供支持的政府部门以外的实体范围（例如中央银行、存款保险机构、主权财富基金和国有银行），需要使用全面的"主权资产负债表"方法进行披露。虽然政府和其他有关公共部门实体通常透明地报告个别干预措施的条款，但很少以系统和综合的方式报告随后的风险，因此任何人都很难看到金融部门干预措施在整个主权国家范围内的整体财政影响和意义。

就全面披露财政冲击对公共财政和主权国家整体财政状况造成影响的许多不同方式而言，新西兰政府利用2011年坎特伯雷地震的影响提供了一个示例。政府根据《国际财务报告准则》提供全套财务报表，因此，财务报表异常全面。报告实体的定义使用会计控制概念进行确定，即任何由中央政府控制的实体都会酌情在核心皇家实体或总皇家实体之内并表。[③]

这意味着，关于通过中央政府控制的任何实体提供财政支持的决策所产生的财政影响可以通过政府赤字和债务指标来捕捉。这与大多数国家形成鲜明对比，在大多数国家，各种实体（中央银行、国有企业、预算外实体）提供的公共支持（例如为应对全球金融危机而提供的公共支持）通常不会在政府财务报表中进行核算和报告。

尽管财务报表具有全面的性质，但鉴于影响的规模（损失估计占国内生产总值的15%）以及受影响的收入、支出、资产和负债的许多不同要素，新西兰财政部对会计准则的应用进行了判断，要求对

---

① 见国际货币基金组织财政监测报告，2011年4月，包括附录2。
② 见http://eiti.org/和www.constructiontransparency.org。
③ 财务报表报告"核心皇家实体"（部长、部门、议会办公室、新西兰退休基金和新西兰储备银行——中央银行）和"总皇家实体"（此外还包括国有企业和皇家实体——半自治政府实体）的结果。

坎特伯雷地震的影响进行额外的全面披露。在年度预算文件（也以权责发生制为基础编制）以及年终财务报表中进行了地震影响披露。专栏28.4更详细地描述了披露内容。

专栏28.4　冲击在整个"主权国家"范围内财政影响的全面披露示例

2010—2011财政年度，新西兰坎特伯雷地区遭受了两次大地震。该年度截至2011年6月30日的财务报表包含一系列全面的地震财政影响披露（www.treasury.govt.nz/financialstatements）。

新西兰自然灾害管理政策框架基于政府实体新西兰地震委员会（EQC）提供的灾害保险。对于购买私营火灾保险的所有住宅业主而言，地震保险是强制性的。新西兰地震委员会承保高达10万新西兰元的住宅、高达2万新西兰元的家庭财产以及住宅占用和周围紧邻的土地（无金额限制）。新西兰地震委员会将其保险费投资于国家灾害基金，并从国际保险公司购买再保险。该基金在地震前持有大约60亿新西兰元的资产；再保险公司承保超过40亿新西兰元的索赔。

财务报表的评述及其附注30包含关于地震直接财政影响的详细信息（但不包括对税收或其他收入的间接影响）。财务报表中确认的与地震有关的金额包括（百万美元）：

收入

新西兰地震委员会对再保险公司的保险索赔：4185

其他地震相关收入：329

地震相关收入总计：4514

费用

新西兰地震委员会保险费用：11656

政府购买受损财产：653

对私营保险公司的一揽子支持方案：335

其他私营保险费用：95

地方当局响应成本份额：133

社会福利一揽子支持方案：363

其他地震相关费用：366

地震相关费用总计：13601

经营结余：（9087）

与一些上述费用相关的进一步详情载于财务报表附注之中，包括估计新西兰地震委员会的负债及其对关键假设变动的敏感性（见附注25）、关于政府购买受损财产的拨备（见附注27）以及向AMI保险公司提供的一揽子财政支持方案（见附注34）。

AMI保险公司是一家受到地震严重影响的私营保险公司，政府的支持旨在为保单持有人提供确定性，并确保城市的有序重建。AMI保险公司被并表到政府的财务报表，因为（通过一揽子支持方案中关于支付部分款项和控制董事会的选择权）政府有能力指导AMI保险公司的运营和管理政策，并且受到AMI保险公司运营的风险或收益的直接影响。

政府有义务支付新西兰地震委员会资产在清偿负债时的任何不足。政府的政策还是给地方当局报销60%的基本基础设施永久性修理费用，这种报销成本在资产负债表日是存在异常巨大不确定性的科目。对于这两种风险而言，并且对于政府未来可能提议购买受损土地但在报告日却无此义务而言，财务报表包含无法量化的或有负债（见附注32）。

为了在中央政府地震成本方面提供更大的透明度（不包括新西兰地震委员会支付的成本），政府设立了坎特伯雷地震恢复基金。这是一个名义基金，用于说明如何为成本提供资金和报告预算的实际支出情况。政府还发行了坎特伯雷地震债券，而坎特伯雷地震债券资金将用于支付政府因地震而产生的成本。

最后，与财政风险的会计处理相关，《国际财务报告准则》要求将风险边际应用于保险计划未决赔款责任的中心估计值。风险边际将在该金额内结算赔款的可能性提高到75%。财务报表包括与新西兰地震委员会保险负债相关的该风险边际（见附注25）。

首次提出财政风险表时（或者实际上是发布关于财政风险的任何信息）需要谨慎，以免引起不必要的不良反应。政府应该明确地说明其正在采取哪些措施来减少和管理正在披露的风险。必须特别注意是否以及如何披露隐性财政风险。一般而言，那些公布财政风险信息的国家逐渐增加了风险覆盖范围以及所报告信息的质量和深度。

全球金融危机和随后的主权债务危机加强了政府通过与年度预算一同列报的财政风险表更全面地报告财政风险的理由。这表明，应在国际财政透明度标准中增加关于年度财政风险表的要求。

监测、审查和沟通风险

在识别、分析和采取行动预防风险，并考虑风险对预算的影响之后，必须监测自留风险，并审查自留风险的容忍度。

为此目的，中央政府应定期监测以下各项的财政状况：

- 国有企业、公共金融机构和中央银行；
- 地方政府（在其可以为中央政府产生财政负债的情况下）；
- 所有显性政府担保和政府转贷的接受者；
- 隐性或有负债的潜在冲击。

监测应侧重于风险最大的领域，并且包括考虑风险之间的相互作用以及可能的极端（或"尾部"）风险。最好纳入来自各种官方和非官方来源的观点，以帮助避免乐观偏见和小集团思想。

监测财政风险需要混合使用集中和分权的职责，具体取决于中央机构和有关各部在公共管理系统中的相对作用。在各部和机构就财政风险领域向财政部进行报告方面，应该有全面和常规的程序。重要的是推行关于财政风险报告的系统性要求，而非每次都请求当局才能获得信息或以临时方式获取信息。最后，使政府面临财政风险的领域应该接受内部审计，并且应授权最高审计机关，允许其审查任何财政风险领域。最高审计机关应该启动对高风险领域的审计。

财政部需要整合公共部门的数据，并定期就整体风险水平和用于降低风险的具有成本效益的行动向政府提出建议。例如，在可能会给中央政府带来财政风险的情况下，通过定期报告国有企业部门的整体财务绩效和状况、着重报告有关的特定个别国有企业以及报告地方政府的财政情况来完成这些工作。在相关的情况下，需要进行更多的研究、信息收集或分析工作。财政部还应在如何在特定风险最终发生时管理特定风险方面制定应急计划。至少对于隐性风险而言，这些应急计划有时可能应在政府内部保密——尽管在全球金融危机中显而易见的成本高昂的监管和风险管理失败之后，反对透明度的观点应该在未来受到更严密的审查。

鉴于风险来源广泛并且公共部门的许多实体拥有信息、专业知识和相关权力，在一些国家，可能最好建立一个由财政部主持的财政风险高级机构间委员会，以监督和协调各项活动，并确保各项活动与年度预算、公共投资规划和金融市场监管等流程适当整合。

采取积极主动的方法来进行风险监测是非常重要的。这有多个要素。第一，向决策者提交的内部监测报告应该是常规和定期的。第二，报告应包含用于降低风险的信息、分析和建议措施。第三，监测报告应提交具有足够资历且有权启动为减少风险所需的行动的官员。最后，在决策者尚未采取行动来缓释重大风险的情况下，监测报告继续强调风险及其可能升级是非常重要的。

结论和通用指南

在风险暴露方面以及对财政风险的复原力和脆弱性方面，各国国情多种多样。虽然在各个发展水平都可以找到财政风险管理良好实践的一些示例，但对于许多国家而言，财政风险管理仍处于初级水平。

许多国家的一个关键弱点是缺乏系统和集中的财政风险管理方法。许多政府仍缺乏关于其所面临的财政风险范围和潜在程度的基本信息，并且在就风险水平进行总体监测和提供建议方面没有分配明确的职责。财政部往往缺乏足够的权力、能力和信息来向决策者提供关于财政状况所面临风险的全面、相关和及时的信息。在有些国家，财政部内各部门之间的信息共享和协调也是一个弱点。可以提供技术援助，以加强财政部管理财政风险的能力。进一步的研究将有助于从不同发展水平的国家加强风险管理的成功和不成功的尝试中，以及从引入新的风险管理技术中汲取经验教训。

国际财政风险管理当前最明显的弱点可能是政府由于政治经济和道德风险原因而长期无法管理隐性财政风险，尤其是金融部门以及国有企业和地方政府的政治经济和道德风险原因。通过从财政风险管理的角度重新审视一些基本政策，许多国家在该阶段可能会取得重大收获。例如保留一些国有企业和金融机构中政府所有权的必要性、对金融部门的监管和审慎监督的质量以及政府间财政关系框架，都是良好政策设计和实施可以为降低财政风险做出重大贡献的领域。

全球金融危机和主权债务危机令人信服地提醒了宏观经济风险对政府财政状况的重要性以及健全的主权债务管理的持续重要性。发展扎实的能力，以便在不受政治干预的情况下进行可靠的宏观经济和财政预测，这对于所有国家而言都是非常重要的，并且许多国家都需要在此方面加大努力。

与直接支出工具相比，诸如担保等或有负债继续对会计、预算编制和创造公平竞争环境构成挑战。因此，至关重要的是，政府在最初决定提供担保或开展新的政府和社会资本合作方面拥有坚实的政策框架和有效的控制措施。

在各个发展水平的国家中，有一种趋势是更大程度地披露财政风险信息。披露通常更多地是一个政治经济问题，而非技术挑战：在许多国家，一些财政风险信息在政府内部是可用的，而且只要有政治意愿，使用相对较少的努力就可以公布这些信息。

还需要一种更全面的主权资产负债表方法来披露重大财政风险（例如许多政府最近采取的支持金融部门的干预措施）的全部范围和影响。隐性财政风险的披露需要谨慎，因为有可能存在进一步增加政府暴露的不利激励。但是，在全球金融危机和主权债务危机之后，反对披露财政风险的观点应该受到更严格的审查。

更一般而言，各个发展水平的政府应该开始与其年度预算一同发布全面的财政风险表。国际财政透明度标准应该对此做出明确要求。在财务统计的全面覆盖和报告方面也需要更多的关注，包括资产负债表信息、公共部门统计数据、会计控制概念在预算和财务报告范围内的应用，以及不同的国际财政、财务和统计标准之间更大的一致性。

运作良好的财政风险管理系统的结果之一可总结为"在正确的时间向正确的人提供正确的信息"。为管理财政风险所需的信息需要与风险管理职责共存一处，并且负责人应具备必要的权力，以使其能够管理财政风险并对此负责。这强调风险管理应成为政府各部、各部门和各机构的标准操作程序和文化的一部分，并受到适当的内部和外部审计和监督。

以下是评估特定国家财政管理质量所需步骤的简短清单：

（1）建立外部和内部背景。考虑经济、政治和制度背景；政府的目标、总体财政战略、收入战略、债务管理战略、国有企业战略和金融部门。
（2）识别风险并评估对财政风险的暴露水平。评估宏观经济和财政预测的质量和完整性。
（3）识别重大财政风险暴露，包括直接和或有风险，以及显性和隐性风险。
（4）在可行的范围内估计宏观经济风险和特定风险的程度，包括宏观经济风险和特定风险如何相互作用（特别是在冲击下）。寻找可能的风险阈值水平。
（5）分析风险缓释机会。
（6）完成风险缓释工作优先排序矩阵。
（7）将高效的风险分配原则应用于已识别的重大风险（见专栏28.3）。
（8）应用通用方法来降低财政风险并对风险缓释工作进行优先排序。
（9）评估如何将自留风险纳入预算和财政政策。评估预算融资机制（准备金、应急基金、紧急支出授权）的充分性。是否将风险纳入中期财政政策和可持续性分析？
（10）分析对财政风险的复原力水平。
（11）根据国际标准评估财政风险和风险管理的透明度水平（例如国际货币基金组织2008年财政风险管理指引）。
（12）评估在承担新的特定财政风险方面是否具备有效的控制措施。[①]
（13）评估财政风险持续监测和内部报告的质量。
（14）评估可用于满足意外短期融资要求的流动性财政资产或者或有财政资产的水平。

---

① 关于担保管理的全套建议标准和实践（后者也涵盖政府和社会资本合作），请见Schick（2002），Hemming（2006）。

（15）评估政府的财政风险管理能力。

（16）评估在改善财政风险管理方面国内选区的实力。[①]

（17）评估对风险暴露的剩余脆弱程度，并识别在加强财政风险管理方面的优先事项。

最后，政策制定者总是倾向于注重最近的情况。虽然风险管理的替代方案是有风险的管理，这一点很可能已经越来越明确，但重要的是不要马后炮式地管理风险。早期的关注重点是政府担保和其他或有负债，而目前全球金融危机后的关注重点是宏观经济风险和公共债务管理。虽然这些可能仍然是长期持续的财政风险来源，但政策制定者必须始终警惕新的、隐藏的和累积的风险。

这表明，将国家特定和系统的、常规和全面的风险管理方法逐步纳入公共财政管理结构是非常重要的。

参考文献

Bank for International Settlements. 2010. *The Basle Committee's Response to the Financial Crisis: Report to the G20.* Bank for International Settlements, October 2010.

Benson, C., and E. Clay. 2004. *Understanding the Economic and Financial Impacts of Natural Disasters.* Disaster Risk Management Series 4. Washington, DC: World Bank.

Brixi, H. Polackova, and A. Mody. 2002. "Dealing with Government Fiscal Risk: An Overview," in Brixi and Schick (eds) *Government at Risk: Contingent Liabilities and Fiscal Risk*, Chapter 1, pp. 21–58. The World Bank and Oxford University Press.

Brixi, H. P., and A. Schick (eds) 2002. *Government at Risk: Contingent Liabilities and Fiscal Risk.* The World Bank and Oxford University Press.

Brondolo, J. 2009. *Collecting Taxes During an Economic Recession: Challenges and Policy Options.* IMF Staff Position Note, July 14, 2009, SPN/09/17.

Budina, N., and M. Petrie. 2013. "Controlling Fiscal Risks," in M. Cangiano, T. Curristine and M. Lazare (eds) *The Emerging Architecture of Public Financial Management in the 21st Century*," International Monetary Fund.

Celasun, O., and J. Walliser. 2008. "Predictability of Aid: Do Fickle Donors Undermine Aid Effectiveness?," *Economic Policy*, 23 (July): 545–94.

Dobes, L. 2008. "Getting Real about Adapting to Climate Change: Using 'Real Options' to Address the Uncertainties," *Agenda*, 15 (3): 55–69.

Eifert, B., and A. Gelb. 2005. *Improving the Dynamics of Aid: Toward More Predictable Budget Support*, World Bank Policy Research Working Paper, Washington, DC.

Flyvberg, B., M. Holm and S. Buhl. 2002. "Understanding Costs in Public Works Projects: Error or Lie?," *Journal of the American Planning Association* 68 (3): 279–95.

Ghesquiere, F., and O. Mahul. 2010. *Financial Protection of the State against Natural Disasters: A Primer*, The World Bank, Policy Research Working Paper 5429, September 2010.

Grimes, Arthur. 2001. *Crown Financial Asset Management: Objectives and Practice*, Treasury Working Paper 01/12, New Zealand Treasury, Wellington.

---

① 例如，最高审计机关或公共部门"智库"等独立机构在评估其国家的财政风险管理实践方面可以发挥作用。非政府组织可能在促进更好的实践方面发挥作用，特别是在监测财政风险披露方面。

Hemming, R., and M. Petrie. 2002. "A Framework for Assessing Fiscal Vulnerability," in Brixi and Schick (eds) *Government at Risk: Contingent Liabilities and Fiscal Risk*, The World Bank and Oxford University Press, Chapter 7, pp. 159–178.

Hemming, R. and a staff team. 2006. *Public-Private Partnerships: Government Guarantees, and Fiscal Risk*. Washington, DC: International Monetary Fund.

HM Treasury. 2005. *Managing Risks to the Public: Appraisal Guidance*, June 2005, http://www.hm-treasury.gov.uk/documents/public_spending_reporting/governance_risk/psr_governance_risk_riskguidance.cfm.

IMF and World Bank. 2003. *Guidelines for Public Debt Management*, Washington, DC.

IMF. 2001. *Government Finance Statistics Manual 2001*.

IMF. 2007. *Manual on Fiscal Transparency*, Washington, available at http://www.imf.org/external/np/pp/2007/eng/101907m.pdf.

IMF. 2007. *Guide on Resource Revenue Transparency*, Washington, DC, available at http://www.imf.org/external/np/fad/trans/guide.htm.

IMF. 2008. *Fiscal Risks - Sources, Disclosure, and Management*, Washington, DC, available at: http://www.imf.org/external/pp/longres.aspx?id=4265.

IPCC. 2011. "Summary for Policymakers," in Field et al. (eds) *Intergovernmental Panel on Climate Change Special Report on Managing the Risks of Extreme Events and Disasters to Advance Climate Change Adaptation*. Cambridge and New York: Cambridge University Press.

Irwin, T. 2003. *Public Money for Private Infrastructure - Deciding When to Offer Guarantees, Output-Based Subsidies, and Other Fiscal Support*, World Bank Working Paper No. 10, Washington, DC: World Bank.

International Standards Organisation. 2009. *Risk Management - Principles and Guidelines*.

Kim, J.-H. 2008. *Institutional Arrangements for Enhancing Public Investment Efficiency in Korea*, International Conference of World Bank and KDI, Seoul, Korea, November 20-21, 2008.

Lis, E. M., and C. Nickel. 2009. *The Impact of Extreme Weather Events on Budget Balances and Implications for Fiscal Policy*. Working Paper 1055. European Central Bank, Frankfurt.

OECD. 2005. *Explicit Contingent Liabilities in Debt Management*, in "Advances in Risk Management of Government Debt," Chapter 6, pp. 89–116, Paris: Organisation for Economic Co-operation and Development.

Petrie, M. 2002. "Accounting and Financial Accountability to Capture Risk," in Brixi and Schick (eds) *Government at Risk: Contingent Liabilities and Fiscal Risk*, Chapter 2. The World Bank and Oxford University Press. pp. 59–97.

Petrie, M. 2008a. *Controlling Fiscal Risks*, in Hemming, R, J-H. Kim and S-H. Lee (eds) *Sustainability and Efficiency in Managing Public Expenditures*. Seoul: KDI Press.

Petrie, M. 2008b. *Fiscal Risk Management: New Zealand Country Case Study*, unpublished background paper for International Monetary Fund, 2008, *Fiscal Risks - Sources, Disclosure, and Management*, August 2008.

Rajaram, A., T. Le, N. Biletska, and J. Brumby. 2009. *A Diagnostic Framework for Assessing Public Investment Management*, Public Sector and Governance Unit, Poverty Reduction and Economic Management Network. Washington, DC: World Bank.

Schick, A. 1998a. *A Contemporary Approach to Public Expenditure Management*. Washington, DC: World Bank Institute.

Schick, A. 1998b. "Toward a Code of Good Practice on Managing Fiscal Risk," in Brixi and Schick (eds) *Government at Risk: Contingent Liabilities and Fiscal Risk*, Conclusion, pp. 461–471. Washington, DC: World Bank Institute.

Syroka, J., and A. Nucifora. 2010. *National Drought Insurance for Malawi*, The World Bank Policy Research Working Paper 5169, January 2010.

World Bank, *Disaster Risk Management Programs for Priority Countries*, 2011, 2nd edition, Global Facility for

Disaster Reduction and Recovery. http://www.gfdrr.org/gfdrr/node/814.

World Bank. 2010a. *World Development Report 2010: Development and Climate Change.*

World Bank. 2010b. *Natural Hazards and Unnatural Disasters:* The Economics of Effective Prevention. Washington, DC: World Bank.

World Bank. 2011. *The Quality of Public Investment Management in Bangladesh*, June 2011.

Zeckhauser, R., and W. Viscusi. 1990. *Risk Within Reason*, Science, May 4, 1990, 248: pp.559–564.

29
主权财富基金[1]

乔恩·希尔兹

良好的政府财富管理是有效的公共财政管理的标志。但是，国家金融资产和实物资产审慎管理在过去受到的技术或政治关注远远小于预算流程本身或者（例如）详细的公共支出或债务问题。此外，在公共辩论中，往往忽视政府所持有金融资产的交易对经济的影响。

主权财富基金（SWF）的兴起正在迅速挑战这种忽视。由于一些国家的政府金融资产现在是国内生产总值的许多倍，因此大量的财政权力已经下放给主权财富基金的托管人。对这些基金管理不善可能会使一个国家失去其从自然资源开采或当前生产中积蓄的储蓄成果。如何以及何时支出这些资金可能会产生重大的宏观经济影响，包括对需求水平和构成、汇率和利率。甚至对作为主权财富基金投资目标的国家的选择，在购买该国认为具有战略意义的资产会引发不利政治反应的情况下，也会产生宏观经济后果。

本章评述了应该如何调动公共财政管理机制，以在主权财富基金的各种不同目标和法律结构以及各种经济环境的背景下适应主权财富基金。本章的结构如下：本章首先概述不同类型的主权财富基金，以及如何定义主权财富基金。随后是主要的分析内容：主权财富基金的财政针对性和目标，以及主权财富基金的运作如何影响整个经济。这些考虑因素提出了关于主权财富基金治理的重要问题，在后续各节就确定主权财富基金的适当运作规则、需要何种管理结构以及如何在政府账户中报告主权财富基金财政状况进行讨论时将予以涉及。结论部分确定了主权财富基金的一些良好公共财政管理实践，作为从业者的简要指导。

什么是主权财富基金

主权财富基金的定义差异很大。有时，该术语的适用范围很广泛，包含由政府拥有或控制的所有资产池，其中包括一些境外投资。但本章选择了较为狭义的定义，主要侧重于那些作为国家或州政府储蓄工具运作并且行为不受个人养老金或流动性要求等特定负债限制的基金，例如外汇储备。这种不受约束的基金对公共财政管理具有特殊的影响，因为其更可能产生巨大的财政风险或产生意外的宏观经济后果。

本章中用于定义主权财富基金的三个主要标准是：（1）主权财富基金应管理由政府（无论是国

---

[1] 本章所表达的观点是作者的观点，不应归因于国际货币基金组织、其执行委员会或其管理层。

家、联邦还是地方政府）明确拥有或发起的金融资产池；（2）主权财富基金的资产应主要以外币计价；（3）根据国际货币基金组织《国际收支和国际投资头寸手册》第六版（*Balance of Payments and International Investment Position Manual, Sixth Edition*，IMF，2011a）中的定义，主权财富基金的目标应该具有宏观经济性质。这排除了为覆盖特定政府负债（包括支付雇员的养老金）而设立的基金，以及那些因为具有其他可能相互冲突的目标（包括流动性［外汇储备］和政治控制［国家战略投资］）而无法优化其经风险调整的经济回报的基金。还有一种假设，即主权财富基金的初始资金应该来自外币来源，例如储备或自然资源收入。

主权财富基金国际论坛（IFSWF）的观点类似。[①]就现在可能使用最广泛的主权财富基金定义而言，主权财富基金国际论坛建议，在更具体的标准中，主权财富基金很可能：[②]

- 是广义政府拥有的专用投资基金或安排；
- 为宏观经济目的而设立；
- 持有、管理或治理资产以实现财政目标；
- 采用一系列投资策略，包括投资于外国金融资产；
- 不是货币当局为传统的国际收支或货币政策目的而持有的外币储备资产。

因为主权财富基金国际论坛的定义明确排除了外币储备，所以一些政府认为，即使其投资基金专注于以利润最大化为目的持有外国证券，这些投资基金也不应被视为主权财富基金，因为这些投资基金的资源最终可用于国际收支或货币政策目的。[③]但这是极少数人的观点。大多数观察者会将不要求资产可以立即使用的此类基金分类为主权财富基金。同样有争议的是，主权财富基金国际论坛的定义中排除了从交易活动中积累收入的国有企业，即使其中一些国有企业持有相当大规模的外币资产。但从公共财政管理的角度来看，在排除政府雇员养老基金、为个人而非国家管理的资产以及国家发展基金方面取得了更多的共识。

本章的分析并未在很大程度上取决于定义中的这些潜在含糊之处。但重要的是澄清，该分析对于公共机构（通常是中央银行）内的账户和单独的法律上可识别的主权财富基金而言是同样适用的（见专栏29.1）。

专栏29.1　并非主权财富基金

主权财富基金没有任何单一的定义。国际货币基金组织《国际收支手册》第六版（BMP6）采取与主权财富基金国际论坛类似的观点，重点关注"由广义政府为宏观经济目的而创建和拥有的"专用政府基金。《国际收支手册》第六版进一步指出，"主权财富基金持有、管理或治理资产以实现财政目标，并采用一系列投资策略，包括投资于外国金融资产"，并且资产"通常来自国际收支顺差、官方

[①] 主权财富基金国际论坛最初于2007年召集，作为国有基金工作组讨论共同的治理问题。这些内容随后被纳入"圣地亚哥原则"。该工作组是在美国和欧洲公众关注外国政府拥有的投资机构高调购买国家重要公司股权后召集的。

[②] 主权财富基金国际工作组（2008）。国际货币基金组织（2011a）提到了类似的定义。

[③] 在实践中，这些通常被归类为"外汇储备投资公司"。

外汇业务、私有化收益、财政盈余和/或商品出口收入"。《国际收支手册》第六版还指出难以对主权财富基金资产与储备资产进行区分。①

根据大多数定义，东帝汶石油基金有资格作为主权财富基金。东帝汶石油基金成立于2005年，其资产（一个投资于主权和超国家债券和股票的全球投资组合）来自政府的石油收入。流入的规模由政府以其当前和未来的财政状况为基础进行确定，并且该石油基金被描述为"一种有助于制定适当考虑和重视东帝汶公民长期利益的健全财政政策的工具"（东帝汶石油基金，2011）。同样，韩国投资公司（KIC）成立于2005年，其任务是通过投资于国际金融市场的各种金融资产来管理公共资金。在专注于增加韩国主权财富的同时，韩国投资公司还负责国内金融行业的发展。韩国投资公司的资金来自韩国持续的财政盈余和对外盈余。

然而，单独的法律身份不是将资产池分类为主权财富基金的必然要求。例如，墨西哥的石油收入稳定基金由财政部监督并由中央银行投资。该基金宣称的目标是减少国际石油价格突然变化导致的石油收入水平变化对公共财政的影响。运作规则规定了除来自特殊石油税的资金之外，应该如何将超额石油收入的一部分也分配给该基金，然后用于部分弥补估计石油收入的任何不足。

与许多外部观察者的观点相反，中国香港特别行政区政府并未将香港金融管理局外汇基金（超过3000亿美元）的投资组合视为主权财富基金，尽管该外汇基金的投资具有长期投资性质（该基金的投资基准由75%的债券和25%的股票构成）。虽然单独管理的支持组合包含流动性足够高的美国政府证券来为香港的货币局制度提供全面支持，但政府将该投资和支持组合分类为政府外汇储备的组成部分。对于沙特阿拉伯金融管理局（SAMA）的情况也存在类似的多样化观点，而沙特阿拉伯金融管理局投资组合被认为超过5000亿美元。

加州公共雇员退休基金（CalPERS）显然不是主权财富基金，尽管其规模和州立法机关在其投资实践中发挥的作用吸引了人们的注意力。加州公共雇员退休基金的资产实际上并非由州"拥有"，并且其有信托义务来代表其个别受益人而非州行事。

属于主权财富基金国际论坛定义范围之内的主权财富基金规模和资金来源差异很大（见表29.1）。最大的主权财富基金包括阿布扎比（阿布扎比投资局）和挪威（挪威政府全球养老基金），其资金均来自碳氢化合物收入。阿布扎比投资局没有公布任何总体财务数据，但市场估计显示阿布扎比投资局的规模可能类似于挪威政府全球养老基金，而2011年12月报告的挪威政府全球养老基金规模为5600亿美元。据估计，沙特阿拉伯金融管理局和中国国家外汇管理局基金的投资储备紧随其后，两者都被外部观察者（但并非两者的所有者）视为属于主权财富基金国际论坛定义范围之内的主权财富基金。在8个明显最大的此类主权财富基金中，只有挪威和中国向公众提供关于资产规模的信息，并且只有挪威透露了投资细节。

截至2011年底，主权财富基金研究所（市场分析师）确定了超过50个主权财富基金，资产总额估计可能达到5万亿美元。②其中，大约30个主权财富基金持有价值超过2.5万亿美元，并从石油和天然气

---

① 国际货币基金组织（2011a），第6.93—6.98段。

② 主权财富基金研究所（2011）。一些观察者认为这是一个相当大的高估值，反映了在主权财富基金定义和资产持有量市场证据方面的观点差异。

收入中获得初始资金。这些全部都由主权国家（或阿拉伯联合酋长国内的酋长国）所有，但美国（包括阿拉斯加州和怀俄明州）和加拿大（艾伯塔省）的一些州基金除外。扩大主权财富基金的定义（例如，包括所有养老基金和所投资的外汇储备）可以将资产总额的估计值增加至少七倍。

在过去15年中，主权财富基金数量和规模的增长是显著的。在20世纪90年代中期，在国家层面上只存在不到15个主权财富基金。然而，主权财富基金在2011年底的持有价值仍然仅占全球金融资产的2%左右，占所管理的国际资金总额的不到10%。[①]

但是，主权财富基金的主要创新特征不是其所代表的原始市场力量，而是其显然为国家和州当局提供的在无需确保有税收或援助收入（或借款能力）提供资金的情况下制订公共支出计划的独特潜力。因此，主权财富基金似乎可能将财政政策推向新的维度。

表29.1 　　　　　　　　　　　　　　　　选定的主权财富基金

国家/州	名称	估计资产截至2011年底（十亿美元）	目标	主要资金来源	公布资产规模、构成
阿拉伯联合酋长国	阿布扎比投资局	300–700	长期储蓄	石油	否
挪威	政府全球养老基金	560	长期储蓄	石油	是
中国	中国投资有限责任公司	410	长期储蓄	外汇储备，由国内债券提供资金	仅规模
新加坡	淡马锡控股	157	长期储蓄	财政盈余，包括国有企业	是
美国阿拉斯加州	永久基金	40	长期储蓄	石油和天然气	是
阿塞拜疆	国家石油基金	30	储蓄和稳定	石油和天然气	是
智利	经济和社会稳定基金	14	稳定和债务摊销	铜，通过财政盈余	是
博茨瓦纳	普拉基金	7	外汇储备/长期储蓄	钻石和矿产	是
特立尼达和多巴哥	遗产和稳定基金	3	长期储蓄和稳定	石油和天然气	是

资料来源：主权财富基金研究所（2011）；国际货币基金组织，全球金融稳定报告（*Global Financial Stability Report*, 2011）；智利经济和社会稳定基金（2011）；市场估计。

然而，现实并不那么令人信服。部分因为提取主权财富基金资产可能产生的宏观经济后果（本章后面将对此进行详细探讨），部分因为主权财富基金规模的增加通常与国家净值的增加不相符，所以主权财富基金向国家当局提供的额外回旋余地往往是相当有限的。

主权财富基金的财政相关性

从财政政策的角度来看，主权财富基金资源的起源可能在应如何核算和监测主权财富基金方面产生重要影响。通常，例如阿布扎比、俄罗斯、东帝汶和挪威的情况，为大量财政和对外盈余提供基础的大量政府碳氢化合物或其他矿产收入是主权财富基金流入的主要来源。在此类情况下，主权财富基金持有的大部分资产并不代表国家净财富的增加。相反，上述资产是国家净财富构成转变的结果——从自然资源储备到外币资产储备。此外，在政府通过干预外汇市场并且同时创造或借入所需的国内资

[①] 基于国际货币基金组织（2011b）的估计。

源来积累外币资产时，政府只是在不改变其净财富的情况下扩大资产负债表。例如中国和韩国多年来主要通过吸收私营部门流入的方式增加外币持有量。然而，由于中国和韩国也记录了源自充满活力的国内私营部门生产的大量财政盈余，所以其部分外币持有量代表了政府净值的相应增加情况。

这并非一个神秘的问题。良好财政管理要求对整个公共资产和负债进行精确和透明的处理。例如，如果通过借款（本币或外币）获得主权财富基金的资产，那么必须认真注意将使国家面临相当大财政成本的重大资本损失的可能性。为经常性支出而从杠杆化主权财富基金中提款实际上增加了政府债务。同样，以政府收入增加额仅是所耗尽资源的价值一小部分的方式，通过对国家自然资源的低效开采来在主权财富基金中积累资金，只有当主权财富基金能够在流入上获得非常高的实际回报时才是合理的。因此，只关注政府资产负债表的一部分可能会危险地掩盖机会成本和风险。

作为价值储藏手段，无论是出于宏观经济动机还是代际动机，主权财富基金在随着时间推移改变资源可用性方面都发挥着重要作用。主权财富基金的预期寿命越长，集中在最大化财务回报上的注意力越多。但是，在预算文件和决策背景下，需要明确显示因衍生品或对冲基金的杠杆头寸或持有量而产生的巨大财政风险。

主权财富基金通常承担明确的风险管理任务。虽然外汇储备可能承担帮助政府缓解外汇市场波动影响的主要负担，但主权财富基金资源可以提供抵御商品价格波动影响的第二道防线，但主权财富基金一些资产的价格必须与该国自然资源的价格始终呈负相关或零相关。

主权财富基金有时也发挥着独特的非财政作用。例如一些基金可能被要求代表其所有者开展资本项目，或者支持当地社区的支出倡议。由于国家或政治原因，其他基金可能会被迫投资于低收益资产。此类准财政活动降低了主权财富基金预期可以实现的回报率，并应在政府预算流程的适当部分内进行授权、监测和报告。[①]

最重要的是，关于政府部门资产负债表或经营账目的所有报告都必须充分注意主权财富基金的财政状况。公共部门资产负债表应反映主权财富基金资产和潜在负债的现行市价，并记录主权财富基金对政府部门金融净值变化的年度贡献。财政账户应全面记录主权财富基金应得的所有股息和利息收入，以及主权财富基金代表政府进行的所有支出和代表政府收到的所有收入。应该充分报告风险。

政府关于主权财富基金的目标

对于那些属于主权财富基金国际论坛定义范围之内的主权财富基金而言，可以确定四个主要目标——稳定、储蓄、养老金储备资金和外汇储备投资（Kunzel and others，2010）。在实践中，许多主权财富基金涉及这些目标中的两个或更多。这可能使确定适当投资策略和监测绩效的任务复杂化。

稳定性

一些主权财富基金在一开始就被设想为稳定基金：用于保护预算或经济免受收入流波动影响的机制，特别是在出口商品价格波动方面。[②]这些主权财富基金允许政府在更长的时间范围内制定和维持

---

① 见第18章。

② 例如伊朗和墨西哥。

支出计划，避免可能会危及预算优先事项和宏观经济绩效的强制削减支出。①这些主权财富基金也发挥经济缓冲作用。对资源收入进行储蓄而非增加政府支出或减少其他税收，避免了对有限的国内能力施加过度的压力。以外币资产形式持有这些储蓄有助于限制汇率上行压力。

为了应对不同的外部冲击，其他资金用于稳定目的。例如在2008—2009年全球金融危机中，俄罗斯联邦和哈萨克斯坦的主权财富基金资源被要求为支持当地银行和经济活动的国内机构提供资金。②

长期储蓄

大多数主权财富基金现在主要作为为后代持有的金融财富池。其中一个理由是，作为主权财富基金来源的财富（例如地下石油）属于当代人口，同样属于未来公民。③但有时最初为了宏观经济稳定目的而积累的储蓄（特别是在国内能力有限的情况下）最终会被保留更长时间。

因此，此类主权财富基金的预期生命周期以及相关存取概况可能有很大差异。在一个极端情况下，目标可能是无限期地保存主权财富基金迄今为止积累的任何财富（"在手之鸟"策略）或仅消耗主权财富基金预期在自然资源生命周期中产生的收入（"永久性收入"方法）。在另一个极端情况下，目标可能是消除更短时间内的支出，重点可能是（例如对于发展中国家而言）在开采繁荣期间和之后保持稳定的基础设施和亲贫支出流。在两者之间，已经开发了各种中间策略来提供主权财富基金节约框架。

养老金储备

大多数工业化或正在工业化的经济体意识到，随着人口老龄化，提供公共养老金的无资金准备负债快速增长。一些国家已将其主权财富基金贴上"养老金储备基金"的标签。④与至少部分资源来自现有雇员缴款的政府雇员基金（并且此处未指定为主权财富基金）不同，主权财富基金不涉及未来养老金领取者的具体合同义务。因此，在实践中，养老金储备基金以与其他长期储蓄基金非常相似的方式进行运作。

外汇储备公司

虽然现在主要作为储蓄机制运作，但一些主权财富基金起源于货币当局外汇储备的一部分，该部分旨在帮助保护其经济免受外部冲击影响或抑制汇率上行压力。为了降低为此类业务提供资金的净成本，并认识到这些储备远远超过任何可能的流动性需求，现在这些储备的投资目标是最大化潜在回报率。⑤

其他目标

主权财富基金有时可以用于其他目的，例如追求国家发展目标。由于使用外汇资产来支持国内支出以及选择性金融干预对特定部门和公司的影响，可能会引发复杂的宏观经济和治理问题。此类主权

---

① 见第24章。
② 俄罗斯和哈萨克斯坦改变了其主权财富基金的投资规则，允许其主权财富基金在全球金融危机期间在政府实体中持有财务权益。请见Shields and Villafuerte（2010）。
③ 例如阿布扎比，阿拉斯加（美国），博茨瓦纳。
④ 例如智利、爱尔兰和新西兰。
⑤ 例如新加坡（新加坡政府投资公司）和中国（中国投资有限责任公司）。

财富基金的投资可能很大且间或发生，导致主权财富基金资产结构可能发生重大变化，并导致风险特征和币种结构随时间发生重大变化。可能需要考虑政治目标和经济目标。

对投资策略的影响

不同的目标和不同的收入来源需要多种不同的投资策略。灵活的财政或宏观经济稳定需要流动性相当好的资产组合。为后代创造储蓄需要最大程度地提高长期潜在回报，而较少关注潜在兑现或短期价值波动。依赖单一商品收入来源（例如石油）的主权财富基金，需要投资于价格可能与商品负相关的资产。因此，具有多重目标的基金可能需要精心制定的投资策略，以反映在满足各种提款要求和实现风险调整回报率目标方面的需要。

主权财富基金管理的财政和宏观经济政策影响

无论主权财富基金的具体目标如何，主权财富基金运作对经济的影响都是深远的。主权财富基金运作的一些影响可能主要是财政性质的，包括公共支出的时间路径和构成，以及国家财富的回报。但是，其他行动可能影响宏观经济。

例如考虑一个即将开始进行商业石油开采的经济体，并且政府石油收入的一部分以外币专用于主权财富基金，而非流入预算并可能用于公共服务。除非被财政政策变化所抵消，否则强制储蓄将导致更高的财政盈余，以及公共部门对国内资源的需求水平低于在增加公共支出的情况下本应具有的需求水平。从短期来看，如果私营部门支出在预期未来税率降低的情况下不会上升，那么总需求和名义利率将会降低，从而对整体经济活动、通货膨胀和国际收支产生影响。另一方面，对主权财富基金中累积的部分外币资产进行变现，并将所得资金用于（直接或通过政府预算）增加公共服务的本币支出，在其他条件相同的情况下，会增加公共部门对国内资源的需求、增加经济总需求并对汇率施加上行压力。

因此，主权财富基金的管理不能与经济体其余部分的管理分开进行。主权财富基金管理者与国家主要经济机构（主要是财政部和中央银行）之间的协调是至关重要的。原则上，主权财富基金运作的许多影响可以通过适当的财政或货币行动来抵消，但必须充分告知，并且政府不受融资限制。

主权财富基金行动影响经济的这种潜力的另一面（如稳定型主权财富基金的情况）是主权财富基金本身可以用作强有力的宏观经济管理工具。特别是，主权财富基金为政府提供资源用于尝试抵消外部冲击或国内冲击引起的需求周期性波动，或者用于稳定汇率。如果市场对政府成功和适当地利用这些基金的能力充满信心，那么这将相应地减少市场对经济所面临风险的感知，对借款成本和对内投资产生积极影响。

需要主权财富基金管理者与其国家当局之间进行有效协调的程度以及适当的协调机制，将在很大程度上取决于给予主权财富基金管理层多少独立性，以及在预先决定主权财富基金流入、流出和投资方面的严格程度。在一个极端情况下，一个在收入方面获得政府收入固定份额，但在支出方面拥有自由裁量权的法定独立的主权财富基金，需要让当局充分了解其支出意图，以便当局能够在必要时采取支持性或抵消性行动。在另一个极端情况下（主权财富基金存取规模和时间安排由财政当局决定），需要让主权财富基金管理者了解可能的流入和流出，以便主权财富基金管理者可以保持其投资组合的适当结构，而不是被迫进行可能产生不利财政或宏观经济后果的仓促处置。[①]

财政考虑因素也需要认真协调。特别是，虽然一些主权财富基金专门负责维持一定的金融资产结构，以抵消政府投资组合或业务中的其他风险（例如对特定商品价格的脆弱性），但购买或出售其他主权财富基金资产可能会使公共部门的整体风险失衡。在主权财富基金被允许直接在商品和服务方面进行支出（无论是出于投资目的还是消费目的）的背景下，财政政策的一致性和连贯性问题更加突出。如果没有与财政当局充分协调，那么此类支出可能会破坏政府的财政战略以及宏观经济立场。

一般而言，主权财富基金的财政权力越大，为财政和货币管理提出的问题就越大，就越需要与国家当局进行协调。代表政府开展财政活动的权力尤其带来了对一致性、效率和灵活性的主要关注。

制定主权财富基金的运作规则

为了确保主权财富基金能够追求具体财政目标同时也支持宏观经济管理，需要谨慎制定运作规则。基本考虑因素包括列举主权财富基金可以进行的投资类型，以及澄清主权财富基金应遵循的风险回报权衡。但运作规则还应明确规定应如何确定向主权财富基金存入和从主权财富基金资产中支出，以及主权财富基金为确保其行动与财政和货币当局协调而应遵循的机制。作为政府资产的管理者，主权财富基金还应受到完全符合商定的公共财政治理标准（包括透明度和问责制）的管理框架的约束。

这在很大程度上取决于给予主权财富基金的独立程度及其任务的广度。如果主权财富基金由中央银行管理或者其流入和流出由预算预先决定，那么运作规则可能相当简单明了，并主要侧重于投资组合管理。但是，如果主权财富基金从其他来源获得转移支付（可能直接来自石油特许权使用费）或者能够变现其部分资产以追求公共政策目标（例如区域发展），那么其运作规则将需要更加全面。关键要素将是收入/支出/储蓄流程的每个阶段的问责制，以及明确的政策协调机制。

应明确规定存取规则。但是，存取规则不应被视为财政规则的替代品。尝试使用存取规则作为预先决定国家储蓄的手段，最终可能证明是事与愿违甚至是有害的。例如政府可能会被迫采用规则，要求将国家资源收入的固定百分比存入并保留在主权财富基金之中。目的可能是保护支出免受民粹主义压力。但在实践中，信誉良好的政府将能够通过从其他来源借款来绕过此类规则，而信贷可及性有限的政府可能会发现在经济遭受巨大的外部冲击时无法对财政政策进行必要的调整（Le Borgne and others，2007）。

严格的存取运作规则的另一个危险是，这些规则可能根本不持久。有时，一个国家的情况变化（商品组合或直接投资回报的变化）可能会使这些规则过时。[②]遭受巨大外部冲击的国家也可能决定推翻主权财富基金的规则，以便为更高的财政赤字提供资金——通过将主权财富基金的流入重新定向到预算，或者迫使主权财富基金承担额外支出，或者要求主权财富基金直接为政府提供资金。此类行动可能会增加与主权财富基金相关的财政风险，破坏对主权财富基金治理的信心，并干扰主权财富基金投资组合配置，特别是在主权财富基金最初的目标强调长期（甚至代内）回报时。

---

① 例如挪威和哈萨克斯坦。
② 例如巴布亚新几内亚和艾伯塔省。

有时，将政府收入的较大份额专用于主权财富基金背后的一个激励因素是确保储蓄远离被认为无效或腐败的公共财政管理系统。然而，即使此类程序成功地创造了能够以更负责任的方式打理政府资源的"卓越岛屿"，也可以认为，这个问题能够通过关注公共财政管理系统本身来更好地处理（Ossowski and others，2008）。[①]

对于制定关于主权财富基金流入和流出的严格规则，以实现具体财政结果而言，一种替代方案是在财政立法中规定国家储蓄目标，并仅将主权财富基金用作融资机制。这可以更容易地平衡长期储蓄目标与短期灵活性需求，并降低财政管理不一致或协调较差的风险。

挪威是这种方法的先驱，而这种方法在欠发达国家越来越受欢迎。[②]挪威政府的大部分石油收入实际上都用于政府全球养老基金（NGPF–G），但部分石油收入每年预先分配用于为政府非石油财政账户的预计赤字提供资金，该账户在正常情况下的上限相当于挪威政府全球养老基金现有资产的给定名义回报率（目前设定为4%）。在情况需要时，可以改变该上限的精确水平，从而使财政政策能够灵活地应对外部冲击。[③]

如果主权财富基金的任务是通过实物投资或以其他方式购买商品和服务来追求国家或地方的社会或经济目标，那么在主权财富基金自由裁量的支出权力、从基金中提款的方式、主权财富基金支出的管理和会计以及主权财富基金应该如何与其他政府机构协调方面，需要制订明确的运作规则。关于支出及其分配的决定应在年度预算时做出，以协调政府职能范围内的支出计划。即便如此，鉴于主权财富基金通常在提供公共服务方面的专业知识有限或者通常对当地人口的责任有限，因此对这种支出的有效性、优先排序和廉洁性可能存在深切关注。

类似的考虑因素适用于主权财富基金购买国内金融资产。需要大量的独立性和专业知识，以确保此类购买纯粹是出于商业原因。如果在实践中决策可能受到国家或政治压力的影响，那么主权财富基金的运作规则必须明确规定可以不理会商业因素的情况，包括提供风险评估以及如何评估其对主权财富基金绩效目标的影响。

主权财富基金的管理和治理

将主权财富基金的职责限于（最好只与资产管理相关的）少数特定目标的明确运作规则，提供了一个有效的框架，在该框架内可以设定和监测主权财富基金管理的目标。但这些运作规则本身并不足以确保有效的治理和问责制。一个关键的额外要求是，政府作为主权财富基金的所有者，应当确定主权财富基金的组织结构，用于适当地下放责任，使个人绩效奖励与主权财富基金的总体目标保持一致，并保持公众对主权财富基金问责制的信心。委托人/代理人责任的分离是至关重要的。此外，与管理政府职能的其他独立机构一样，应在立法中以具有同等约束力的形式明确确认和规定主权财富基金

[①] 建立主权财富基金的理由可能甚至更少，因此商品和服务的支出可以独立于薄弱的公共行政部门来确定和执行，而不是减轻公共行政部门对复杂的投资组合管理的责任。

[②] 东帝汶在2005年设立其石油基金时采用了该方法。

[③] 在全球金融危机期间，挪威政府批准了额外支出，并允许非石油财政赤字显著超过财政规则所暗示的水平。在随着全球股票价格下跌挪威政府全球养老基金遭受重大资本损失的背景下，这减少了挪威政府全球养老基金的流入。

的治理框架。①

为了帮助巩固主权财富基金的良好治理实践，由主权财富基金国际论坛推动的《圣地亚哥原则》从主权财富基金的现有实践中提炼出了与有效治理和对主权财富基金所有者负责相关的若干条款。②其中包括所有者需要公开指定主权财富基金的目标，根据明确规定的程序委任治理机构，并对主权财富基金运作进行监督。还应明确界定主权财富基金的职能、问责框架和投资策略。此外，必须足够严格地定义财政目标，以指定明确的参考目标值，包括主权财富基金的时间范围（在某些情况下可能是多代）、分散性、货币风险暴露、流动性和风险结构等要素。《圣地亚哥原则》还确定了应向主权财富基金所有者提供何种信息以及何时提供信息，包括年度报告（包括符合国际财务准则的财务报表）和详细绩效信息。

《圣地亚哥原则》没有具体说明应公开哪些财务信息和绩效信息，而是将此类决定留给所有者而非主权财富基金。然而，在实践中，公布主权财富基金资产负债表、经营账目和绩效信息不仅对整体财政透明度至关重要，而且还可能有助于保持公众对主权财富基金管理结构质量的信心和抑制潜在的利益冲突。虽然透露主权财富基金的规模可能会导致公众施加压力来进行不负责任的支出，或者发布关于金融资产所有权和绩效的信息可能会给其他市场参与者带来潜在的商业优势，在这些方面有时会提出疑虑，但在实践中没有证据表明存在此类不利影响。由于在许多国家，通过主权财富基金的资金流动规模与税收收入的主要来源规模是相当的，因此关于监督和公开披露的标准至少需要同样有效。③

替代性制度方法

将主权财富基金建立为一个单独的法律实体，会在必须设计和维护的组织结构以及所需的与其他机构之间的协调方面涉及有关国家或地方当局的相当大的成本。这还可以减少资产在突发事件和其他融资方面的可及性，也可能通过主权财富基金的投资政策引发代表风险和政治风险，并有可能产生重大的财政风险。

明确的替代方案存在。有些经济体采取的方法是在中央银行内设立单独的账户，以在超出储备覆盖率所需持有量的外币资产持有量方面最大程度地提高回报，例如中国香港金融管理局和沙特阿拉伯金融管理局（SAMA）的投资组合。这些账户可能有单独的管理委员会并使用外部顾问，但这些账户没有单独的法律身份。大多数观察者会将这些基金贴上主权财富基金的标签（并且本章将这些基金视为主权财富基金），但这些基金的所有者不愿将这些基金与储备业务区分开来。

与法律上独立的主权财富基金相比，追求这种机制的主要运作后果是，依据管理委员会的结构和运作规则，可以将所有者（政府）的目标和权力向货币当局进行一些调整。这可以保护主权财富基金免受短期政治压力，并促进利用外币资产来稳定外币市场和国内市场，但也可以限制这些活动在公共财政管理中的整合。这也可以使资产管理和绩效不太可能受到密切的公共监督。

在储蓄制度方法的另一面，超额储蓄可用于支付特定负债，例如雇员养老金或地区的发展需求。

---

① 例如比较经合组织（2005，2009）和国际货币基金组织（2004）。
② 主权财富基金国际工作组（2008）。
③ 杜鲁门（Truman，2010）开发了一种"记分板"，用于评估主权财富基金的问责制和透明度实践。

虽然此处概述的大多数财政管理考虑因素将继续适用于此类情况，但关于支付特定范围的潜在负债的需要将限制资产的选择，在实现更广泛政府目标方面限制基金使用范围。

更有甚者，政府部门可以通过将所有超额收入分配给私营部门来完全避免金融资产管理责任。例如，在阿拉斯加，存在石油基金所获股息分享机制，并且一些评论者提倡更广泛地使用该概念。[1] 通过将全部或部分自然资源收入归还给私营部门，可以绕过与州中介职能相关的低效率或不平等，但当局不再能够将资源用于公共政策、宏观经济管理或代际转移。

报告主权财富基金的财政状况

关于政府部门资产负债表或经营账目的任何报告或预测都必须充分注意主权财富基金的财政状况。报告应特别反映主权财富基金资产的现行市价，其对政府部门金融净值变化的贡献，以及与主权财富基金相关的任何实际或潜在负债。无论主权财富基金的账户是否与广义政府其余部分进行并表或者甚至包括在预算文件之中，主权财富基金所产生的一切风险都需要在进行预算预测的同时予以明确识别，因为最终任何损失都可能增加到预算之中。

即使当主权财富基金作为中央银行或财政部的账户进行管理时，也应单独跟踪和报告主权财富基金的财政状况和交易。对于那些作为独立机构或预算外资金组建的主权财富基金而言，应至少满足此类实体的标准报告要求。[2]

应以个别和合并方式报告主权财富基金的财政状况。主权财富基金作为独立实体的账目应显示主权财富基金正在多大程度上履行其特定任务，从而能够评估其绩效和财政廉洁情况。还应通过关于主权财富基金活动对政府储蓄和投资的影响的信息来补充账目，从而剔除政府各部门之间交易的影响。这些信息还应使主权财富基金的活动和余额能够与政府部门其余部分完全合并。这种合并降低了主权财富基金及其控制的财政资源可能脱离经济管理决策和政治进程的风险。

但是，合并有时是一个复杂的过程。例如许多主权财富基金直接从资源公司或其他纳税人获得流入（例如矿产特许权使用费或者产量分成协议的盈余），并代表当地社区为服务或资本货物进行付款。在构建合并账户时，这些流量需要记录为政府收入或支出，并在适当的经济和职能类别中按照行政来源进行报告。同样，主权财富基金赚取的利息和股息应记录为政府收入，无论主权财富基金如何进行使用——包括再投资。为了确保在合并账户中全面覆盖主权财富基金的活动，很有用的做法是，创建和发布对所有相关条目进行识别的流程图，并将这些条目与主权财富基金的个别账户充分协调。

在主权财富基金被归类为公共公司而非政府机构或账户的情况下，出现了一个令人关注的问题。按照惯例，广义政府部门的财政账户和资产负债表不包括公共公司，但与跨部门转移（补贴、股息分配、债务持有等）相关的除外。但是，由于主权财富基金集中了政府的大部分金融资产，所以有理由进行特殊处理。在这种情况下，广义政府部门的定义可以简单地扩大到包括对其外币金融资产进行管理的任何机构。替代方案将包括公共部门的一系列定义，而这些定义认可所有或选定的金融和非金融公共公司的作用以及所有预算外资金的作用。

---

[1] 例如Moss（2011）。

[2] 见第18章。

需要在合并账户和个别账户中明确阐明风险和估值实践。不仅主权财富基金总资产中很大一部分长期资产可能集中在不确定性资本资产中，衍生品和其他对冲产品也可能涉及高风险暴露。虽然所有主权财富基金都应按照公认的国际或国家会计准则进行核算和审计，但特别重要的是，必须明确确认包括货币风险暴露在内的所有相关风险，并充分阐明账户对此类风险替代估值的敏感性。[①]

需要清楚地描述主权财富基金在政府资产和负债的复杂结构中所发挥的作用。一些拥有大量主权财富基金的国家也维持着高水平的公共债务，通常由外部或以外币持有。所公布的报告应说明整体投资组合如何优化公共部门之间的风险回报权衡。政府在预算时公布财政风险表，这可以提供一个很好的机会来将与主权财富基金相关的风险置于政府整体账户背景之下。[②]

与主权财富基金账户透明度相关的一般原则，以及关于主权财富基金更广泛的作用、职责和运作的一般原则，均源自国际货币基金组织《财政透明度良好做法守则》。[③]《守则》的支持文件描述了公众为评估政府实体（包括基金）财政贡献和绩效所需的信息，以及政府实体运作和资产负债表的相关风险。这些一般原则清楚地表明了为确保政府基金问责制而应提供的细节的广度和深度。

关于主权财富基金良好公共财政管理实践的结论和指南

已经注意到主权财富基金负有实现各种不同目标的任务，并在多种运作机制下进行运作。大多数是广义政府储蓄基金，但有些是稳定基金、养老金储备基金或储备投资公司。主权财富基金的制度安排从简单的政府账户延伸到根据国家宪法获得相当大自治权的实体。

然而，在这种多样化的目标和机制背后存在着许多共同要素，这些共同要素使得能够制定主权财富基金良好公共财政管理的重要运作原则。其中最基本的是，主权财富基金应该以透明的方式运作。透明度促使主权财富基金对公众负责，而公众在向主权财富基金最初分配收入和保留主权财富基金方面的支持对于确保主权财富基金在公共财政管理之内运作而言是至关重要的。只有充分披露主权财富基金的绩效和账目，才能确保主权财富基金的管理层具有优化回报并诚信行事的有效激励。国际货币基金组织《财政透明度良好做法守则》还提出了一个有用的框架，用于总结主权财富基金的良好公共财政管理情况。

作用和职责的明确性

主权财富基金为其指定所有者（通常是中央政府或地方政府）提供的职能应在宪法条文或立法条文中明确规定，或具有同等授权。这些条文（包括任何非财政作用）应规定主权财富基金管理委员会和工作人员的确切目标，以便其能够对自己的职务负责并获得适当的激励。也应明确同意和理解主权财富基金资金的来源和用途。

对于主权财富基金超出投资组合管理的任何职责或权力，应严格进行识别和解释。在理想情况下，应将上述职责或权力保持在最低限度，因为上述职责或权力可能使所有者的整体公共财政管理任

[①] 例如《圣地亚哥原则》的《公认原则和实践》第12项所述（主权财富基金国际工作组，2008）："应按照公认的国际或国家审计标准，以一致的方式每年对主权财富基金的运作和财务报表进行审计。"

[②] 见第28章。

[③] 这些在国际货币基金组织（2007a，2007b）中得到了进一步阐述。

务显著复杂化。例如，为主权财富基金预留特定收入流（例如矿产特许权使用费）可能会限制所有者在确定其整体财政态势方面的灵活性或者限制所有者的支出总括，而赋予主权财富基金代表公众进行经常项目或资本项目采购的权力，可能会扭曲整体公共支出的分配并影响拨备标准。虽然此类问题可以通过明确的信息流动和明确的政策协调机制来缓解，但将主权财富基金的作用限于管理任何财政盈余的一部分就避免了这种复杂情况。

开放预算流程

在主权财富基金的流入来源和规模以及主权财富基金的任何提款或支出方面的决策，应透明地整合到所有者的年度预算周期之中。如果这些是通过立法或其他规定预先决定的，那么充分披露对任何必要的后续行动或抵消行动都有帮助。明确的主权财富基金运作规则有助于确保有效的协调。全面识别所有者账户（确认的和建议的）不同要素之间的相互作用也是非常重要的。即使主权财富基金作为预算外实体进行管理和核算，所有者的预算账户也应附有主权财富基金账户摘要，并且应至少按年提交合并账户。在理想情况下，主权财富基金账户的年内监测还应与所有者的定期报告程序进行整合。

信息的公开可用性

披露主权财富基金的合并资产负债表和年度经营账目，及其与所属政府账户其余部分的相互作用情况，是对主权财富基金活动进行有效问责的基本要求。如果没有此类信息，那么公众就无法实事求是地了解其政府的整体规模，也无法在年度预算流程中就支出、税收或储蓄优先事项做出知情决定。还需要明确解释财政风险，以及主权财富基金用于服务其他政府目标的任何支出（包括资产购买或出售）的细节。

虽然一些国家高度重视其主权财富基金完全透明，但许多国家限制主权财富基金在资产配置和个别交易方面提供的详细数据量。在主权财富基金的运作完全取决于商业考虑因素的范围内，提供关于个别交易的信息可能主要被视为与主权财富基金管理层相关的问责和诚信工具。向公众披露可能是次要考虑因素。但资产配置显然对财政风险具有重大影响。因此，披露与主权财富基金对所有者财政账户的贡献相关的信息披露应该始终是一个高度优先事项。

保证诚信

由于正在管理的政府基金规模，内部和外部控制和审计需要符合所有者的最高标准。对于会计和审计而言，这些标准应该是国际公认的。

通过坚持此类原则，主权财富基金可以为政府的整体财政框架做出重大贡献。

参考文献

Chile Economic and Social Stabilization Fund. 2011. http：//www.minhda.cl/english/sovereign-wealth-funds/economic-and-social-stabilization-fund.html，accessed on December 1，2011.

IMF. 2004. *Guidelines for Foreign Exchange Reserve Management*，Washington，DC，Available at：http：//www.imf.org/external/pubs/ft/ferm/guidelines/2004/081604.pdf，accessed December 1，2011.

IMF. 2007a. *Guide on Resource Revenue Transparency*，Washington，DC，Available at：http：//www.imf.org/external/

np/fad/trans/guide.htm, accessed December 1, 2011.

IMF. 2007b. *Manual on Fiscal Transparency*, Washington, DC, Available at: http://www.imf.org/external/np/fad/trans/manual.htm, accessed December 1, 2011.

IMF. 2011a. *Balance of Payments and International Investment Position Manual Sixth Edition*, Washington, DC, Available at: http://www.imf.org/external/pubs/ft/bop/2007/bopman6.htm, accessed September 1, 2011.

IMF. 2011b. *Global Financial Stability Report: September, 2011*, Washington, DC, Available at: http://www.imf.org/External/Pubs/FT/GFSR/2011/02/index.htm, accessed December 1, 2011.

International Working Group of Sovereign Wealth Funds. 2008. *Sovereign Wealth Funds: Generally Accepted Principles and Practices: Santiago Principles*. Available at http://www.ifswf.org, accessed September 1, 2011.

Kunzel, P., Y. Lu, I. Petrova and J. Pillman. 2010. "Investment Objectives of Sovereign Wealth Funds: A Shifting Paradigm," in Das, U.S., A. Mazarei and H. van der Hoorn (eds) *Economics of Sovereign Wealth Funds*, Washington, DC: International Monetary Fund.

Le Borgne, E., and P. A. Medas. 2007. *Sovereign Wealth Funds in the Pacific Island Countries: Macro-fiscal Linkages: IMF Working Paper 07/297*, Washington, DC: International Monetary Fund.

Moss, T. 2011. *Oil to Cash: Fighting the Resource Curse through Cash Transfers; Working Paper No 237*, Washington, DC: Center for Global Development.

OECD. 2005. *Guidelines on Corporate Governance of State-Owned Enterprises*, Paris, France, Available at http://www.oecd.org/dataoecd/46/51/34803211.pdf, accessed December 1, 2011.

OECD. 2009. *Guidelines for Pension Fund Governance*, Paris, France, Available at http://www.oecd.org/dataoecd/18/52/34799965.pdf, accessed December 1, 2011.

Ossowski, R., M. Villafuerte, P. A. Medas and T. Thomas. 2008. *The Role of Fiscal Institutions in Managing the Oil Boom; IMF Occasional Paper 260.* Washington, DC: International Monetary Fund.

Shields, J.H., and M. Villafuerte. 2010. "Sovereign Wealth Funds and Economic Policy at Home," in U.S. Das, A. Mazarei and H. van der Hoorn (eds) *Economics of Sovereign Wealth Funds*. Washington, DC: International Monetary Fund.

SWF Institute. 2011. http://www.swfinstitute.org/ and http://www.swfforum.com, accessed December 1, 2011.

Timor-Leste Petroleum Fund. 2011. http://www.bancocentral.tl/PF/main.asp, accessed September 1, 2011.

Truman, E. M. 2010. *Sovereign Wealth Funds: Threat or Salvation*. Washington, DC: Peterson Institute for International Economics.

30
评估政府的非债务负债[1]

彼得·S.海勒

在政府财政管理方面，政府会适当关注其债务水平。本章认为，对于许多政府而言，资产负债表上的显性债务数额严重低估了政府未来财政义务的规模。具体而言，许多政府特别是工业化国家政府已经立法，或者以公共部门会计师不会在政府资产负债表上严格归类为正式债务义务的方式，更含蓄地对公民做出政策承诺。然而，从政治经济学意义上讲，难以忽视或背弃这些承诺。政府的"推定财政义务"也反映了其作为基础服务和公共产品（例如教育、国防、公共行政，有时是医疗保健）提供者、最脆弱群体的保护者（例如福利型支出）和在发生不利冲击时的最后保险人对其公民所发挥作用的演变历史。实际上，人们必须对远远超出显性债务本身的一系列财政义务和风险暴露形成概念。金融市场目前正在向政府施加压力，以承认这些风险暴露的规模，并正视这些风险暴露是否威胁到政府财政可持续性的问题。在过去的几年中，该问题变得越来越明显。欧洲各国政府（例如爱尔兰、意大利、希腊、西班牙和葡萄牙）以及美国的几个市政当局已开始认识到需要缩减养老金和医疗的义务。同样，一些政府被迫承担意外的重大财政义务，以防止其金融部门系统性崩溃。其他政府别无选择，只能利用财政支持进行回应，以应对重大和意外自然灾害的影响（例如日本）。

在展开该主题过程中，下一节将说明为什么政府潜在义务的范围远远大于显性债务指标。之后探讨了养老金和医疗保险领域中更为明显的"隐性债务"形式，随后考虑在对政府治理作用相关风险种类的暴露方面更软性和更加难以量化的潜在义务。接下来剖析了公共部门和私营部门风险承担模式的最新发展情况，以及对公共部门未来风险暴露的可能影响。之后一节说明显性债务指标低估了政府面临的财政压力，即使重点严格限于人们将什么表征为更硬性形式的政府隐性债务。最后一节提供了若干结论性意见。

政府义务和超出正式债务义务的财政风险暴露范围

在考虑政府的资产负债表时，设想政府财政所面临的一系列义务和风险是非常有用的。特定财政风险暴露处于该范围的何种位置，取决于政府支付款项的义务在政治经济学意义上的约束力程度如何，以及在支付的金额或时间或者不利实体冲击或金融冲击的补偿金额方面是否有灵活性空间。在该范围最硬性的一端，义务具有法律约束力，并在支付时间和金额方面有充分的规定。在该范围最软性

---
[1] 本章是Heller（2013）的修改和更新版本。

的一端，义务可能最多反映以过去的政策承诺或历史先例为基础的道德或政治需要。对于这些，政策制定者可能最终支出的金额和时间方面获得显著的自由裁量权。在该范围的中间，政府的义务可能源自带有强有力支付承诺的法律，但在需要支出的金额方面仍然可能具有灵活性。因此，评估政府（显性和隐性）债务的真实规模需要更广泛的视角。在下文中，我们将详细说明可以在该范围的不同节点找到的财政义务类型（见图30.1）。

资产负债表内	资产负债表外		
作为负债或者拨备	其他担保	推定预算义务	财政风险暴露（源自政府的作用）
显性债务　　公共担保（拨备）	公共担保（未拨备）　　合同或非合同		隐性承诺义务（其中）
	政府和社会资本合作		硬性　　软性
	显性或有负债		

图30.1　政府债务和非债务风险暴露的范围

需要在术语方面说一些简短的题外话。"财政风险暴露"一词用于指称政府对发生某些事件或情况相关的支出负责的可能性。但是，在"风险"一词长期存在的定义中，政府也面临着与所需支出估计中位数之间的差异（例如替代性假设下的养老金支出）。在文献中，"或有负债"一词也用于表征"财政风险暴露"。正如将要讨论的，一些或有负债是显性的，被纳入立法；而另一些或有负债则是更为非正式的或隐性的，在可能涉及的潜在义务规模方面的法律承诺较少，不确定性较大。

"或有负债"一词的一个难点是，从会计界的角度来看，"负债"一词具有明确的含义，即应支付的义务金额和进行支付的合同要求。因此，由于认识到"风险"一词的广泛含义可能产生歧义，所以在此使用"财政风险暴露"一词或者美国审计总署（2003）建议的"财政暴露"一词。

政府义务选择中的"更硬性"形式债务和非债务是什么

对于在政府资产负债表上确认为显性债务的负债类型，公共部门会计师应达成一致（IMF，2001）。其中最明显的是涉及政府借款的可转让票据的部分——通常是国库发行的债券和票据。这些都规定了利率以及本金摊销期间。更复杂的负债形式采取与特定项目相关的借款协议形式，或者是与商品和服务的采购及投资项目的实施相关的合同协议。

这些已在政府账户中得到承认的显性债务类型是任何财政可持续性分析的起点。在工业化国家，这通常是财政规则（例如欧盟的马斯特里赫特趋同标准和《稳定与增长公约》中嵌入的财政规则）的重点。今天，这些财政规则是欧盟委员会在欧元区国家近期迈向财政同盟方面所设想的新预算监测的核心。债务可持续性分析还考虑到期限结构、债务币种和与显性债务相关的利率。

政府经常就私营部门或公共部门行为人的某些交易提供担保。如学生贷款担保，承担政府和社会资本合作项下的某些风险，正式再保险计划，以及存款保险。在一些转型和发展中国家，事实证明，相对于政府收入或国内生产总值而言，已经提供的此类担保的存量总量（加上必须支付此类负债的显著可能性）可能是很大的。此类担保不如显性债务那么硬性，因为相对政府有义务进行的支付而言，这类担保没有规定时间表。但是，原则上，可以估计此类担保成本的现值，特别是当存在类似担保的汇总计划时。[1]因此，可以将此类估计增加到显性债务存量之中。实际上，向（例如）银行和其他金融机构提供的此类担保的潜在规模可能远远大于按照传统方式计量的规模。通常，为评估政府净值之目的，此类担保的推定义务的一个指标在资产负债表中反映为"拨备"。

当然，在判断国家财政状况的可持续性时，应考虑担保的潜在成本。虽然随着该领域国际标准的制定，实践正在发生变化，但大多数政府仍然不公布关于担保的存在情况或面值的数据，更不用说在财务报表中将其中一些担保的预期成本确认为负债。[2]只有少数政府，包括美国和哥伦比亚，对此类担保的预期成本实际编制预算（美国国会预算办公室，2004a）。

另一项义务（相对的硬性义务）可能涉及越来越普遍地使用政府和社会资本合作（PPP）来提供基础设施或服务（例如用于道路和供水）（IMF，2004）。政府和社会资本合作通常在合同的基础上使政府有义务为公共服务提供未来支付流，这些支付在概念上类似于偿债。原则上，此类支付的净现值应视为负债，并在对政府财政状况进行债务可持续性分析时增加到初始债务存量。然而，涵盖政府和社会资本合作的国际会计准则仍然处于制定过程之中。因此，这些义务在政府资产负债表上通常不会记录为负债。

选择的核心：进入更软非债务负债和推定预算承诺的世界

政府风险暴露范围的中间部分具有立法基础，或者在政治经济方面基于过去行为所产生的预期。对于大多数工业化国家而言，政府通过社会保险立法创设了"推定"预算义务，牵涉具有与债务义务相同的许多特征的未来支出，尽管这些支出的准确时间和触发因素的确定性不如正式债务工具（美国国会预算办公室，2004b）。

然而，对于有些人称为隐性债务的此类义务而言，连定义方面都存在许多概念性问题，更不必说计量了。在该范围中更硬性的一端包括诸如公共退休金、残疾和死亡抚恤金计划等社会保险形式。在更软性的一端，风险暴露的性质（真正的推定预算义务的范围）更不明确，具体取决于政府在某一领域的承诺的具体特征。

公共养老金义务。大多数国家都具备生效的公共养老金计划，在固定收益基础上提供各种形式的退休、死亡和伤残养老金。这些养老金至少为政府的公务员和军事雇员提供了福利。但是，大多数工业化国家政府还制定了涵盖更广泛人口的计划。后者通常以现收现付为基础由雇员缴款或工资税提供资金，以便几乎不动用财政储备。有时，政府可能明确承诺从一般税收收入中为一部分福利支出提供资金（甚至偶尔也会从专用收入来源提供资金）。随着人口老龄化即将出现，工业化国家政策制定者清楚地意识到，此类公共养老金义务未来将膨胀。再加上工人与退休人员的比例下降（考虑到大多数国家目前的退休年龄）以及退休人员寿命的延长，工资税收入可能越来越不足以为此类养老金负债提

---

[1] 会计师在资产负债表上将担保视为"拨备"——金额和时间不确定的负债。

[2] 应该指出，在过去10年中，有一种相当普遍的趋势是，政府开始公布关于此类担保的信息。

供资金，从而导致在没有缴费率或福利条款变化的情况下，可能出现可用收入与预计养老金支付之间的失衡。

从概念上讲，不能按照当前税率或缴费率获得资金的未来支出流，可被视为类似于偿债。未来支出流的净现值可以定义为养老金计划的隐性债务。[1]然而，目前的公共部门会计惯例并未将在公共部门资产负债表中将此类债务列为负债。这种处理方式与私营企业部门的现行处理方式形成对比，在私营企业部门，监管规则规定公司有义务表明其固定收益养老金计划的资产和负债的现行市价（财务标准会计委员会，1990）。[2]对于公共部门而言，唯一的例外涉及对参加正式公务员或军人养老金计划的退休政府雇员负有的义务。

在某种程度上，公共部门会计师不愿将此类公共养老金计划义务视为相当于对债券持有人的偿债，这反映了这些义务不是负债（国际会计师联合会，2004）。对于仍然属于有效劳动力的工人而言，尽管有过去的缴款记录，但只有在工人满足了资格的全部要求（例如达到给定的退休年龄或者缴款达到特定数量时长）才存在对福利的应享权益。即使对于退休人员，政府也有权通过立法改变政府义务的范围。事实上，在政府的财政可持续性有问题时，一些国家已经修改（并且偶尔废除）政府社会保险计划的条款。这正是最近在若干欧洲国家观察到的情况，特别是希腊和意大利。未来进行类似调整的可能性导致会计界声称，如果采取与更正式的政府债务相当的方式处理此类债务，那么会夸大政府债务。[3]直到最近才开始重新考虑该观点，但即使如此，任何改变都很可能只包括确认对正式满足公共养老金资格要求（即达到指定退休年龄，并在缴款记录方面满足所需条件）的工人的负债。对于因在工作生涯内向该计划缴款而产生的与仍然在职工人（以及任何被扶养人或潜在遗属）相关的权利，不太可能予以确认。

然而，支付此类社会养老金的义务具有强烈的政治合法性，只有在金融危机时期才会受到威胁。退休人员及其家属认为，他们将取得有资格获得的养老金。在工作期间一直缴款的在职工人认为，鉴于其迄今为止的缴款，其对所承诺的未来退休福利有相应的累积权利或保留权。据推测，基于该计划的规定（退休年龄，指数化公式，替代水平）的此类信念是影响家庭储蓄决策的关键因素。政治家同样确认这些主张的合法性，并承认存在对此类计划的规定进行修改的风险。从这个角度来看，政府的养老金义务应被视为一项合理的硬性承诺，尽管并不容易进行量化。[4]

至少，经济学家（如果不是公共部门会计师）认识到，在判断政府的财政可持续性时，应考虑这些义务，而不论此类义务在资产负债表上是否正式列为债务。预计社会养老金计划的精算师将评估潜在未来融资水平的充分程度。可以构建无资金准备负债的替代措施。一种方法是询问在一项计划突然终止时，政府的责任是什么——例如在转向固定缴款养老金制度的背景下（Holzmann and others,

---

[1] 或者可以将缴款流的净现值放到分类账的资产端，并（在推定义务的意义上）将义务流的净现值放到负债端。

[2] 这并不意味着与此类义务计量相关的争议问题并不多。在监管部门和私营企业部门中，对于公司在养老金义务的贴现利率和养老基金所持权益资产的假定回报方面做出的假设的适当性，仍存在很大争议（Walsh and Labaton，2004）。

[3] 当然，人们可以提出与对政府债券持有人的义务"硬度"有关的相同理由。近年来重要新兴市场甚至工业化国家的主权违约数量表明，此类义务可能最终也会在政府账簿上减少。

[4] 这并不意味着政府义务的金额和时间没有不确定性。虽然精算师可以合理估计退休工人退休和寿命的可能模式，并且可以对工资的未来增长做出假设，但对未来生育率和未来缴款劳动力规模的假设更具推测性。

2004）。①

或者，可以根据在来自工人未来缴款的收入流、该计划的法定退休年龄、预期寿命、通货膨胀和/或平均工薪收入增长、长期利率和福利条款方面的假设，计算"精算赤字"指标。这相当于无资金准备义务的净现值——在不考虑缴费率或福利水平任何进一步变化或者该计划的规定退休年龄等方面任何进一步变化的意义上的无资金准备。对无资金准备义务的此类估计通常由养老基金管理人（例如美国社会保障体系受托人）进行，并可作为备忘项目列入年度预算或作为年度预算附件提供。最后一种替代方法是估计为了在规定（可能是无限的）时间范围内确保该计划的可持续融资而需要立即增加工资税的幅度。②

最终，重要的是认识到此类"推定预期"既可以缩小也可以扩大。政府在控制未来支出方面的政治上的困难可能牵涉改变游戏规则，例如指数化率、首次领取养老金的年龄或福利应享权益的幅度。如果在立法上取消，那么预期可能会随之改变。但同样，此类预期也可能会扩大。在21世纪初期，英国政府提高基本国家养老金反映了公众意识到国家养老金简单指数化在政治上不可行，因为这会意味着许多老年人的养老金越来越不足。

医疗和其他推定义务。政府在医疗或融资方面的财政风险暴露甚至更加难以度量。第一，政府在参与该部门的程度上存在显著差异。在一个极端情况下，并且在不可避免地简化介绍的情况下，有些国家的政府将医疗作为基本公共服务（例如加拿大或英国）或者作为社会安全网的一种形式（例如美国对最贫困群体的医疗补助制度），并提供资金。在另一个极端情况下（例如美国体系的一个重要要素，老年医疗保险）政府参与医疗融资具有明确的合同立法基础。在满足某些应享权益条件后，公民有资格获得某些固定的医疗福利。从政治经济学意义上讲，对此类福利的合同权利可以被视为源自过去通过工资税进行缴款的记录，或者源自规定类别的资格（例如日本75岁以上老人健康保险计划）。

就财政风险暴露的范围而言，鉴于美国医疗保险制度义务的相对合同性质，可被视为处于隐性债务范围的更硬性一端，类似于公共养老金义务。乍看之下，英国、加拿大、美国医疗补助和日本案例可能会更软性，因为政府在必须提供的医疗服务的质量或数量方面没有任何正式的法律义务。实际上，在此类国家，政府提供医疗或为之提供资金的正式义务不会不同于政府提供教育、公共行政以及国内和国家安全的义务。

同样，从政治经济学的角度来看，很难说这些义务的性质在两种情况下有很大不同。对于英国和加拿大而言，公民希望政府提供充分数量和质量的医疗服务并为之提供资金。无论对于美国的老年人还是英国和加拿大的普通人群，政府政策制定者如果忽视与医疗提供和融资相关的潜在未来支出义务，那么就将面临强大的政治阻力（这并不是说没有做出过此类削减）。

然而，更困难的是如何判断该潜在预算义务的规模。第一，存在确定医疗支出未来增长的问题。与可以明确地与一些就业和工资历史挂钩的养老金义务不同，医疗方面潜在支出需求的基础因素更为多样化，并且包括人口因素、流行病学趋势（肥胖，传染病）、需求特征（各年龄组在医疗相对需求方面的差异，在应提供哪些医疗方面的预期改变）以及供给特征。最后一个因素包括影响卫生服务生

---

① 实际上，需要估计以过去缴款为基础积累的工人权利价值，而且，正如20年前智利养老金改革的情况一样，可以给予赚取利息并在法定退休年龄时到期的"认可债券"。那么，此类债券的价值将是一种显性债务形式。

② 也可以进行更精密的分析，以寻求评估这些点估计的稳健性：随机分析可以判断给定债务指标或所需税收增加幅度的概率。

产的各种因素，其中包括劳动力市场和医疗生产所涉及的不断变化的技术，这些因素共同造成了近年来大部分的医疗成本膨胀。对于公共部门分析师而言，即使假设通行医疗标准没有变化，对医疗需求的判断也可能非常困难，预计不确定性边际会很大。随着人口老龄化和老年人寿命延长，这些不确定性显得更加突出。

第二，非常重要的是，原则上，在如何选择应对所预知的未来医疗支出压力方面，政府在多大程度上具有显著的自由裁量权。虽然养老金支出的变化可能需要采取立法行动来改变该计划的特定福利参数，但对于医疗而言，政府在决定提供服务的质量和数量以及提供服务的响应时间方面具有更大的回旋余地。在美国医疗保险的示例中，该计划的性质为此类自由裁量权提供的空间较小，相比之下，在英国或加拿大的情况中，原则上，在修改现有医疗标准方面存在相当大的回旋余地。面对预算约束，政府在原则上可以选择降低医疗的质量和数量，从而增加家庭承担的医疗风险比例。

第三，对政府与医疗领域的推定义务相关的隐性债务的规模进行的判断，需要估计未来收入可用性以及推定支出。对于原则上医疗支出具有专门资金来源的系统而言，这是最明显的。例如医疗保险的工资税资金，可以很容易地观察到目前的缴费率和支出模式是否可能导致重大赤字，然后可以很容易地计量无资金准备义务的净现值。此类推定不均衡的影响同样显而易见：必须提高缴费率以履行这些义务，或者需要通过立法行动减少义务的规模——实际上是隐性债务的重组。

更为常见的情况是医疗由一般收入提供资金。此处，在未来支出中有多少是无资金准备支出方面进行的估计，不能独立于对政府预算其他要素潜在支出以及整体收入前景进行审查的更全面的财政可持续性评估（美国国会预算办公室，2004b）。实际上，在此类国家，对于在未来教育、国家安全或公共行政支出中有多少是无资金准备支出方面可以提出相同类型的问题。答案取决于分析师对各个领域支出可能的增长情况、收入的总体浮力以及因政府预算其他领域支出减少而可能产生的潜在财政空间方面的假设。

这很容易解释财政分析师在判断与人口老龄化相关的财政可持续性方面所采取的方法（例如欧盟委员会在其老龄化工作组的早期工作中所采取的方法）。估计了人口统计特征变化对政府支出与年龄相关的各部门的总支出需求可能产生的影响。然后假设非年龄相关部门的国内生产总值支出份额保持不变（作为政府的推定义务）。再以过去的浮力估计和保持税率不变为基础，比较由此产生的支出需求和潜在收入。在没有增加税收、削减其他支出或减少与年龄相关的支出承诺的情况下，通过债务为此类支出增加提供资金将导致政府债务水平提高。实际上，每年出现的总缺口随后将被贴现，以估计出无资金准备支出需求的净现值。这随后被表征为政府因人口老龄化而产生的隐性债务金额。

毫不奇怪，公共部门会计师对于在公共部门资产负债表中将此类估计列为债务指标抱着非常谨慎的态度。公共部门会计师的抵制反映了当前接受者在与这些支出相关的权利方面的合同债权的软性，以及作为这些估计基础的高度判断性假设。政府在提供医疗的数量和质量方面所尽义务的性质最终是非常不稳定的。

事实上，将此类未来支出归类为"隐性债务"的一种关键反对意见是，默示义务的规模可能如此之大，任何认真的分析师都会认为政府将被迫变更尚未履行的隐性承诺的条款，即使这需要采取生硬措施，例如削减、配给、排队或更高的共同支付额。事实上，这正是我们目前在若干欧洲国家所观察到的情况。价格正在提高；长期承诺的服务正在削减；可能会对特定就医流程覆盖资格施加限制。

如果对于某种隐性债务指标的支出水平，根本无法以远远不合理的税率获得资金，那么就必须削减支出。在此类情况下，隐性债务指标成为缺乏可信度的标志。

如果认为政府会在医疗、长期护理、养老金领域或者（就此而言）政府承担推定预算义务的其他支出领域完全否认其政策承诺，那么同样是不诚实的。各国政府面临着巨大压力来满足其公民的预期，而这些预期是根据过去的提供标准以及与公共服务融资承诺相关的现行政策形成的。在评估政府的财政可持续性方面，忽视这些潜在义务同样是有问题的。因此，在对卫生和长期护理等社会保险福利的"公认义务"方面估计隐性债务规模，实际上只是公共政策分析的起点。正如我们目前在欧元区国家所观察到的，难点是努力实现财政账户的协调和平衡。

政府非债务负债范围的开口端

讨论已从关注相对的硬性义务（养老金领域）转向在质量和数量上更加不确定的义务和财政风险暴露，例如医疗和其他公共服务的情况。还有一类潜在义务取决于政府与其公民之间"社会契约"的性质。在20世纪，工业化国家实际上已成为最后"社会保险人"或最终再保险代理人。在某些情况下，立法正式规定了这些义务。但在大多数情况下，政府对影响其公民的不利发展情况做出的回应只是反映了政治家需要应对紧急情况。因此，大多数政府都明确地为或有事项（预期需要财政资源，但事前无法指定）编制预算。

是否有理由认为此类义务占国内生产总值的份额将随着时间的推移而上升？或者此类义务是否可能周期性地再次发生（例如日本发生强烈地震或海啸的可能性很高）？如果是这样，那么潜在财政成本就不容忽视，并且政府财政反应程度和必要财政空间可用性问题必须成为政策考虑的主题。这种可能性例如未来几十年重大气候变化的前景会给社会带来成本，迫使关键经济部门适应，应对自然灾害的影响（海平面上升、降雨强度和频率增加、飓风和洪水的频率和严重程度增加等），以及面对更极端温度的影响。从历史上看，政府在此类情况下提供了财政援助，而非迫使私营部门吸收所有应对成本。政府参与的程度显然有所不同。尽管干预量仍然很大，但美国政府对卡特里娜飓风的回应远远低于人们的预期。最近在美国中西部和东北部发生的洪水事件中观察到了更快的回应。在欧洲，政府已证明其在自然灾害情况下（例如2002年中欧的洪水）更有具回应性。

影响政府回应的政治经济环境也可能受到私营保险业在某些类型风险方面承保意愿的变化的影响。为了应对最近的飓风和其他自然灾害，私营保险业越来越多地避免承保许多风险，将负担部分转移到家庭和企业，部分转移到作为最终再保险代理人的政府。[①]在审视未来的财政前景时，是否应忽视政府可能被迫为此类成本提供资金的前景？

其他示例进一步说明了这个问题。在一些国家，通过强制性私人储蓄计划（美国401K计划）或企业固定收益计划（美国和英国），家庭被诱导或强制提供其养老支持的重要部分。然而，在目前的环境中，随着在提供此类保险所涉及风险的成本和频率方面估计的变化，私营企业明显不太愿意承保此类风险。这可以从许多公司退出固定收益保险中看出来。私营系统未能提供此类支持可能会迫使政府成为最后再保险人或额外福利提供者。在美国，公司资产负债表上雇员养老金成本的巨大负担已经开

---

① 这可以从保险业在财产索赔的免赔额的范围和幅度方面的限制程度中看出来（Hamman，2004）。

始通过养老金福利担保公司（PBGC）侵蚀再保险系统。最近美利坚公司（美国航空公司和美鹰航空公司的母公司）破产，以及过去美国联合航空公司破产，进一步增加了养老金福利担保公司的财务负担（Walsh，2004；Daniel and Roberts，2004）。私营企业资产负债表上雇员和退休人员医疗成本的重大额外负担在某种程度上可能会被否认，从而使得政府为这些成本的一部分提供资金。在州和市政雇员养老金计划可能破产的情况下，额外挑战迫在眉睫。

如前所述，就英国而言，对政府的隐性债权是通过不同渠道表现出来的。特纳委员会2006年的报告承认，依赖不充分的国家养老金体系的家庭将越来越有资格获得家计调查福利。结果是倡议提高国家养老金体系的慷慨程度。如果在私营固定缴款储蓄计划背景下积累的家庭储蓄被证明是不充分的，英国福利制度的负担可能会进一步受到挑战（英国养老金委员会，2004）。

国家安全风险是另一个明显的示例，说明了政府的参与为什么是必要且成本高昂的，以及财政规划者在哪些领域忽视对政府的潜在债权是危险的。各个工业化国家都承担着恐怖主义风险的成本，这反映在增加安全性、基础设施支出和加强监视方面。2001年9月11日的事件以及随后的恐怖主义行动（在伦敦、马德里、巴厘岛、莫斯科）导致其他一些工业化国家和新兴市场国家的支出增加。人们可以展望未来并假设在预防和可能应对恐怖主义行动或国家安全威胁方面不会出现此类财政成本吗？

最后，1997—1998年的亚洲危机和最近的全球金融危机揭示了在系统性风险加剧，危及经济的财政可行性情况下，政府可能需要在多大程度上救助私营部门金融机构，或在补充或重组私营部门金融机构资本方面发挥作用。与之前关于担保的讨论（例如存款保险）不同，政府的此类行动可能不会因明确的法律担保而引起（Draghi，Giavazzi and Merton，2003）。

在目前的情况下，美国联邦储备委员会和欧洲中央银行为了向金融市场提供流动性而不得不接受比历史实践证明合理的程度更高的高风险资产组合，就是一个例证。在这些行动将削弱其资产负债表，并最终证明需要政府通过资本结构调整来加以应对的未来损失不容忽视。

对潜在财政负担进行的此项讨论的基础是更为根本的问题，即政府在多大程度上愿意或能够吸收与不同种类风险相关的不利结果而产生的财政成本。此类风险包括：

- 市场风险——市场未能产生符合私营部门预期的回报率；对现任和前任雇员或债权人负有义务的公司和金融机构破产；最近，因商品价格显著且意外的变化而产生的不利冲击的影响，相应的短期调整后成本至少对社会的某些部分而言可能很高。在目前的情况下，人们没有目睹政府实际向穷人支付较高粮食价格或石油价格的成本，但是，当然有些国家已经谈论降低对石油产品的税收水平或者对受影响最大的群体进行某种转移支付。
- 长寿风险——私营部门行为人未能预期寿命延长可能危及保险公司满足年金债权的能力，威胁退休人员养老金成本和医疗成本高于预期的私营部门企业，或使家庭面临在年老时储蓄不足的可能性。
- 安全风险——与恐怖事件有关，有些可能具有潜在的灾难性质。
- 地质气候风险——与极端天气事件有关，如海平面上升和气候变化的不利经济影响，影响了各部门的经济盈利能力（例如滑雪业的积雪消失；温度或降雨量的变化影响了农业部门各部分的可行性）。

- 技术风险——这些都与具有成本增加效应的医疗创新产生的成本压力有关。

政府通常认为私营部门行为人将完全承担市场风险，并在某些情况下承担长寿风险（在年金和固定养老金计划的情况下）。然而，私营部门行为人可能无法吸收严重不利尾部结果的影响。政府在未来的潜在风险暴露可能会因三个因素而进一步加剧：家庭和企业部门面临的更广泛的风险，重大不利冲击在整个经济体中的传导速度，以及许多风险从私营企业部门进一步转移到家庭。

政府可能没有法定义务来应对许多上述不利后果。鉴于道德风险问题，当然没有政府愿意考虑采取自动承担与此类风险相关的所有成本的政策。但最近的历史证明，政治力量导致政府因不利的发展情况而提供经济补偿，不论采用福利担保、金融或非金融国有企业甚至私营企业部门强制资本结构调整还是自然灾害风险再保险池的形式。预测未来风险转移的路径（无论是从私营企业部门转移到政府，还是更加间接地从私营企业部门转移到家庭）并不容易。虽然在某些情况下（例如私人金融部门资本结构调整。见Gapen and others，2004）是可能的，但在其他情况下，这种预测将分析范围扩展到远远超出公共政策分析师有必要立即关注的风险。实际上，面对发生此类风险的影响，政府将不得不考虑对其潜在财务回应程度予以限制的预算约束的影响。[①]当然，在目前的金融背景下，欧洲许多政府都是这种情况。

不可能轻而易举地量化这些潜在债权的规模以评估政府的潜在财政义务。充其量，可以提供与特定类型事件相关的潜在成本的说明性估计，并强调政府和家庭需要预计可能隐含的潜在负担。此类做法可能导致政府在提供保险或者鼓励采取预防措施以限制潜在风险程度方面做出重要的政策决策。

这些问题的重要性还扩展到对其公民没有重大社会保险承诺的国家。例如，中国公社的社会保障制度已基本瓦解。然而，人口的快速老龄化将对家庭内部支持系统造成相当大的压力。政府意识到需要一种新的社会保障制度，并已开始尝试替代强制性储蓄计划和医疗保险改革。虽然假设或量化养老在多大程度上属于中国政府未来财政义务将是非常有问题的，但对于公共政策分析师而言，忽视未来需要财政空间来处理这些问题的可能性同样是危险的。

考虑政府资产

最后，在评估政府的资产负债表时，还必须认识到"被动假设"收入资产与金融和非金融资产存量的相关性。考虑到前者，正如政府没有在其资产负债表中列出未来国家安全和教育支出（政府主要承诺的经常性支出）的净现值，未来收入流也被排除在外。然而，在审视一系列潜在债权时，显而易见的是，在评估财政可持续性方面的一个关键问题是政府可以切合实际地假设的收入流规模。如果政府有明显的空间来推行提高经济中税收份额的政策，那么与税收份额已经处于经济所能承受的合理性

---

① 从概念上讲，承认此类潜在债权属于一种政治风险暴露，与环境经济学家在提出所谓的绿色国民收入账户时的观点类似的。如果国家的环境资本减少（例如毁林、消耗其他自然资源以及空气污染），那么就会调整国民收入增长指标。如果这些负面调整是有效的存量调整（国家的自然资源资本减少），那么国家净资产头寸的减少完全类似于与金融负债累积相关的净资产减少。气候变化与之类似，代表了净债权的累积，对账单将在未来数十年到期的部门和基础设施产生不利影响。对于负担归属而言，这当然是一个重要的政策问题——由家庭和私营企业部门完全承担，或者政府支付部门可能难以直接或间接吸收的一些成本。

和竞争力的边缘相比,这些风险的问题要小得多。①对这些边缘进行判断是很困难的。海勒(Heller,2003)认为,在欧洲许多经济体(例如丹麦和瑞典)中,由于政治经济和效率原因,较高的税收份额似乎是极不可能的。就政府持有资产而言,在构建政府净债务头寸指标时通常会考虑金融资产。对政府非金融资产存量的处理更为困难,特别是矿产或林业储量形式的非金融资产存量。鉴于与定价、开采时间和变现成本相关的不确定性,评估此类储量的价值可能会有问题。

对政府债务和推定义务的经验估计

事实上,几乎对政府债务的所有估计都集中在前节所述的义务范围的更硬性一端以及风险暴露。官方估计主要涉及显性债务,但有时会扩展范围,与养老金义务有关、有时又与医疗有关的隐性债务的更加关系紧密的要素。从国际货币基金组织和其他多边机构(例如经合组织和欧盟委员会)获得发达国家和新兴市场国家广义政府总债务和净债务的跨国估计越来越便捷(见表30.1和表30.2)。数据显示,2010年,一些工业化国家的净债务水平超过马斯特里赫特60%国内生产总值债务限额,包括比利时、法国、希腊、意大利、日本、英国和美国。即使在债务水平较低的情况下,如果政府债务中有很大比例期限相对较短和/或以外币计价,那么政府也可能在财政上处于脆弱状态(IMF,2003)。

用于捕捉隐性债务指标的数据很少。一些国家、国际组织和学术研究人员试图根据无资金准备义务的净现值来计量更硬性形式的此类隐性债务。更常见的是,分析师试图估计未来财政不均衡的程度。

鉴于目前的立法承诺和保持非老龄化因素不变,一种方法估计了因人口老龄化的净影响而产生的支出增加幅度占国内生产总值的份额。这些预测的一个子变量更进一步在一些非年龄相关因素的潜在影响方面增加了额外的假设。通常,这在支出侧涉及医疗成本膨胀指标,而在许多工业化国家,医疗成本膨胀正在增加老龄化本身产生的压力。

表30.1　　2010年发达国家广义政府总债务和净债务(占国内生产总值的百分比)　　(单位:%)

国家或集团	总债务	净债务
澳大利亚	22.3	5.5
奥地利	69.0	49.8
比利时	97.1	81.5
加拿大	84.0	32.2
捷克共和国	39.6	…
丹麦	44.3	0.9
芬兰	48.4	−56.8
法国	81.8	76.0
德国	80.0	53.8
希腊	142.0	…
匈牙利	80.4	73.4
冰岛	96.6	67.6

---

① 布罗达和温斯坦(Broda and Weinstein,2004)最近对日本提出了这种观点。布罗达和温斯坦以及其他人认为,资本市场认识到,尽管日本的总债务极其庞大,但在发生危机时,日本的低税率可以为基础财政收支带来巨大的好转空间。

续表

国家或集团	总债务	净债务
爱尔兰	96.1	69.4
意大利	119.0	99.6
日本	220.3	117.5
韩国	30.9	…
墨西哥*	42.7	38.1
荷兰	63.7	27.5
新西兰	31.6	4.6
挪威	54.3	-156.4
波兰	55.7	21.4
葡萄牙	83.3	79.1
斯洛伐克共和国	42.0	…
西班牙	60.1	48.8
瑞典	39.6	-14.6
瑞士*	55.0	53.2
土耳其*	41.7	35.0
英国	77.2	69.4
美国	91.6	64.8
发达经济体	96.6	64.8
七国集团	108.8	73.3

* 预测涉及基准年2010年，并"假设标准普尔预测的2012年各国平均财政态势在随后各年都会保持不变（不包括未来与年龄相关的增量支出的影响，以及因政府债务水平与2012年相比下降或上升而导致的偿债清单变化的影响）。假设产出缺口在2012年闭合，使2012年的基础财政收支与结构性基础财政收支相等，从而假设消除了基础财政收支中的周期成分。在基础案例情景下，政府避免调整上述财政态势或关于与年龄相关的支出类别的任何政策。换言之，政府在作为我们截止年度的2012年之后不采取任何额外措施，但为可能成为现实的任何预算缺口而进行的借款除外。随着与年龄相关的支出上升，以及随国债上涨带来额外利息成本，政府总支出逐渐增加"标准普尔（2010）。

资料来源：国际货币基金组织财政监测报告（2011年4月）。

表30.2　　2010年新兴市场经济体的广义政府总债务（占国内生产总值的百分比）

新兴市场	总债务	净债务	新兴市场	总债务	净债务
阿根廷	47.8	…	尼日利亚	16.4	18.3
巴西	66.1	40.2	巴基斯坦	56.8	…
保加利亚	18.0	-4.2	秘鲁	24.3	…
智利	8.8	-11.5	菲律宾	47.3	…
中国	17.7	…	波兰	55.7	21.4
哥伦比亚	36.5	28.5	罗马尼亚	35.2	…
匈牙利	80.4	73.4	俄罗斯	9.9	…
印度	72.2	…	沙特阿拉伯	10.8	-49.8
印度尼西亚	26.9	…	南非	36.3	32.3
约旦	60.5	55.1	泰国	44.1	…

续表

新兴市场	总债务	净债务	新兴市场	总债务	净债务
哈萨克斯坦	11.4	-10.7	土耳其	41.7	35.0
肯尼亚	50.5	45.5	乌克兰	40.5	38.4
拉脱维亚	39.9	30.7			
立陶宛	38.7	31.4			
马来西亚	54.2	…			
墨西哥	42.7	38.1			
摩洛哥	49.9	49.2			

资料来源：国际货币基金组织财政监测报告（2011）。

表30.3提供了欧盟委员会（2009年）在2007—2060年因人口年龄结构未来转变（老年人的比例更大）而导致的基本（即非利息）预算支出（占国内生产总值的份额）预计变化方面的估计。使这些估计具有不确定性的是，难以判断是否以及在多大程度上纳入其他因素，例如技术变化和成本膨胀对卫生部门的影响。表30.3的最后一栏说明了将关于后者的假设包括在内对于未来变化幅度意味着什么。

第二类分析衡量了因支出方面的这些人口老龄化压力以及假设税收和其他支出类别占国内生产总值的比率保持不变而导致的公共债务规模。这种方法展望未来，寻求反映较高的由债务供资的基本支出对利息支出从而对总体支出水平和债务融资的影响。此类分析通常对有关国家的现行财政政策态势做出关键假设，并假设，若非因与人口老龄化相关的压力，目前的财政态势将保持不变。因此，对于目前具有较高基本财政盈余的国家而言，这种态势被假设在之后得到保持，但因与年龄相关的支出变化而未得到保持的除外。因此，当前的盈余（赤字）状况将导致资产随着时间的推移而增加（减少），除非被因与年龄相关的支出增加而出现的余额减少所抵消。[①]

表30.3　　　　欧盟国家：2007—2060年按部门划分的预计支出变化

	与年龄相关的支出				
养老金	医疗保健	长期护理和失业救济金	教育	增加总额	（包括通胀/医疗费用）
比利时	4.8	1.2	1.0	0.0	6.9	12.2
丹麦*	0.1	1.0	1.3	0.2	2.6	6.8
德国	2.3	1.8	1.1	-0.4	4.8	10.2
希腊	12.4	1.4	2.1	0.0	15.9	19.2
西班牙	6.7	1.6	0.5	0.1	9.0	13.0
法国	1.0	1.2	0.5	0.0	2.7	6.3
意大利	-0.4	1.1	1.3	-0.3	1.6	5.8
卢森堡	15.2	1.2	2.0	-0.5	18.0	21.6
荷兰	4.0	1.0	4.6	-0.2	9.4	12.9
奥地利	0.9	1.5	1.2	-0.5	3.1	7.9
葡萄牙	2.1	1.9	-0.3	-0.3	3.4	8.6

[①] 在某些情况下，可能会限制资产累积程度，这反映了以下观点：超过一定程度，政治家会通过降低税率来应对过度盈余或资产持有量。

续表

	与年龄相关的支出				
养老金	医疗保健	长期护理和失业救济金		教育	增加总额（包括通胀/医疗费用）
芬兰	3.3	1.0	2.4	−0.3	6.3	10.3
瑞典	3.4	2.3	0.3	−0.8	5.2	8.3
英国	2.7	1.9	0.5	−0.1	5.1	10.6
挪威	4.7	1.3	2.9	0.1	9.0	15.3

资料来源：欧盟委员会，老龄化工作组（2009）。

标准普尔2010年的研究说明了该方法。结果如表30.4所示，表明一些国家的广义政府净债务比率到2050年大幅上升。第三类分析寻求判断在基本财政平衡中何种持续变化是必要的和首要的，以便将净公共债务水平保持在现有水平（布伊特［Buiter］和布兰查德［Blanchard］采用的方法）。这种方法提供了"税收缺口"指标或者"基本预算缺口"指标。前者（后者）等于为了确保未来净基本盈余的贴现流量与目前的公共债务水平相匹配而需要对税收与国内生产总值比率（基础财政收支与国内生产总值比率）进行的永久性调整的金额。如果有必要进行调整，那么不言而喻的是，未来将进一步累积公共债务。原则上，这种指标判定未来财政义务按照现行税率是否有资金准备。此类估计当然对寻求财政均衡的期间很敏感。有些指标仅关注未来50—75年，其他指标则考虑无限的时间范围。标准普尔的估计，基于欧盟委员会早期研究采用的方法。表30.4表明，在一些国家，税收份额需要提高国内生产总值的5%到7%（如果不是更高），以确保债务水平不会在无限时间范围内相对于当前状况有所增加（表30.5）。

表30.4 2010—2050年未进一步调整的广义政府净债务（占国内生产总值的百分比） （单位：%）

国家	百分比				
澳大利亚	11	7	11	32	71
奥地利	72	89	136	217	329
比利时	94	101	148	235	353
加拿大	33	20	29	59	108
捷克共和国	32	54	99	183	323
丹麦	16	42	90	162	245
芬兰	−40	−20	28	108	212
法国	78	119	184	281	404
德国	75	97	155	254	400
希腊	122	142	184	310	514
匈牙利	76	65	63	87	145
爱尔兰	100	138	195	290	442
意大利	115	109	123	173	245
日本	106	183	308	488	753
韩国	18	−1.8	6	48	137
卢森堡	−14	7	72	202	400

续表

国家	百分比				
荷兰	64	113	217	379	587
新西兰	5	51	118	221	358
挪威	-115	-201	-236	-167	-33
波兰	52	70	99	152	239
葡萄牙	80	102	133	183	271
西班牙	55	106	180	321	545
瑞典	19	7	17	49	94
英国	72	117	192	297	432
美国	47	40	57	95	158

资料来源：标准普尔（2010）。

最后一种方法的一种变体衡量在某个指定时间范围内无资金准备的额外支出的净现值与未来国内生产总值的净现值的比率。在概念上，该比率类似于布伊特–布兰查德（Buiter-Blanchard）财政可持续性指标。戈卡莱和斯迈特斯（Gokhale and Smetters，2003）为美国计算了这种指标，估计了在不同计划的替代性假设下联邦政府实际整体财政失衡的净现值。结果在29万亿—64万亿美元，或者45万亿美元的核心值——约占未来国内生产总值净现值的6.5%。

表30.5　　　　　　　　　　选定的发达国家：可持续性差距指标

国家	由于初始预算状况	基础财政收支S1的长期变化
比利时	-0.3	8.8
加拿大	-2.0	6.4
丹麦	1.3	4.9
法国	3.2	5.6
德国	1.7	6.7
希腊	-0.2	12.8
爱尔兰	3.7	7.6
意大利	-0.5	4.8
日本	11.2	5.0
韩国	-2.3	7.6
卢森堡	1.1	16.5
墨西哥	1.0	3.7
荷兰	4.3	9.2
新西兰	4.8	5.1
挪威	-13.8	25.5
葡萄牙	1.2	5.2
西班牙	5.3	8.1

续表

国家	由于初始预算状况	基础财政收支S1的长期变化
瑞典	−1.0	4.6
瑞士	0.1	3.4
英国	4.2	6.4
美国	3.3	7.2

资料来源：标准普尔（2010）。

注：可持续性差距显示了当前结构性基础财政收支与导致在无限时间范围内实现跨期预算约束的结构性基础财政收支之间的差异。换言之，可持续性差距表明了为使公共财政具有可持续性所需的永久性预算调整。因此，该差距代表（与无限时间范围内收入和支出的现实化流量相等的）恒定收入比率（占国内生产总值的份额）与当前收入比率之间的差异。该指标可以分解为两个部分——由于初始预算状况（债务稳定型基础财政收支）导致的差距以及由于基础财政收支长期变化导致的差距。

结论和通用指南

本章认为，对于许多国家而言，资产负债表在政府可能面临的负债方面提供了非常不完善的观点。对于已经制定慷慨的社会保险政策，并且这些政策在意外的人口发展背景下已经变得在财政上不可持续的国家而言，这一点的相关性最为重要和明显。但如金融危机（以及随之而来的私营部门金融崩溃的风险）、意外的自然灾害（例如日本的海啸）、由于技术变化而迅速增长的医疗保健成本等最近出现的其他事件和因素强调政府的隐性或有风险暴露所对应的潜在风险范围更加广泛。简而言之，本文认为，评价政府财政状况的可持续性需要评估政府的政策义务和承诺的范围和性质，以及政府对各种风险的暴露性质。实际上，人们必须认识到存在一系列财政义务和风险暴露，其中不仅仅包括显性债务。

任何政府面临的挑战都是判断政府所面临风险范围的潜在规模，及其对财政可持续性的影响。还需要判断这些风险作为义务的硬性程度。后者涉及在面对此类隐性承诺时或在不利风险发生时，政府抛开其公民对政府职责的预期方面的困难程度。还需要了解在公共和私营部门政策适应长期风险方面的潜在动态。忽视这些动态会掩盖政府真正的风险暴露。

因为工业化国家完善的社会保险框架的融合与工业化国家老年人口规模日益增加（以及劳动力日益萎缩）相互冲突，该挑战的相关性对于工业化国家而言显然更大。由于此类国家的相对高收入水平，因此更有可能面临政治压力来应对外生冲击，而这些冲击会威胁社会中最贫困人口的健康和安全，或者会对经济运行构成系统性风险。

相比之下，虽然新兴市场经济体可能有许多与工业化国家类似的风险，但有一点，新兴市场经济体的暴露程度可能较低。具体而言，大多数新兴市场经济体尚未制定广泛而根深蒂固的社会保险制度。在此方面，新兴市场经济体能够从工业化国家政策经验的优点和缺点中汲取教训。另一点工业化国家不同的是，新兴市场经济体不太可能在近期人口发展的推动力（生育率降低、寿命延长）方面措手不及；因此，新兴市场经济体的社会保险政策框架设计更有可能嵌入一些工业化国家最近才开发的风险缓释工具（例如瑞典名义固定缴款养老金制度）。原则上，低收入国家的情况类似于新兴市场国家。但低收入国家实施普遍社会保险框架的能力要低得多。这并不意味着这些政府不会面临一系列潜在风险暴露,但因为这些政府的收入动员能力有限,进而存在财政限制,因此它们在回应方面的推定力度可能会更低。

如何应对重大隐性风险的识别?请考虑具有大量社会保险义务的工业化国家的情况。接受公共部门会计界的观点,即只有显性债务应列入资产负债表,其他风险(即对在职工人的大多数公共养老金或医疗义务)放在附件报表中或在备忘项目中描述,会在判定政府的推定财政义务方面为不透明和不明确留下了相当大的空间。这种观点还忽视了政府政治经济义务的强度和特征。

然而,政策分析师和决策者也理解,当政府的未来义务规模从隐含债务水平或所需税率增加角度而言在财政上不可持续时,这些数字只是重申了紧急政策变化的必要性。这可能涉及立法效益参数变化的必要性(例如在简化的指数化公式、分阶段推迟退休年龄或者替代率水平方面),或者特定领域非参数政府支出计划的酌情变化(例如国营医疗保险计划项下允许的医疗范围和内容,或自主就医流程隐含的排队状况)。这意味着,在评估政府所面临的隐性债务和财政风险的范围时,在规模方面,一个难题是判定这些债务和风险暴露中的哪一部分是政府在政治上有必要应对的。

这意味着政治家和政策制定者面临的一个关键问题是确定什么是政治上和经济上可行的税收比例,即从长远来看可以实际达到和维持的税率。在没有澄清政府实际可用的收入规模的情况下,不能对这些风险进行严肃的政策分析。国家可以实现的税收征收率可能是有上限的,并且事实上,欧洲许多政府很可能已经达到此类限度。随着时间的推移,全球化压力可能进一步降低现有税率的经济可行性。然而,对于一些国家而言,至少在对经济上(如果不是政治上)可行的情况进行跨国比较时,可能仍有增加税收征收率的空间。因此,在美国和日本,增加税收份额当然是可行的。在现有税收负担的基础上限制政策行动的范围将具有不必要的限制性。在考虑可以合理接受的税收份额的情况下,可以对根本就不是"应付的"(合理收入和未来财政义务之间的)财政缺口的规模进行评估,并适当考虑政府应该确保的理想的财政回旋余地。

参考文献

Broda, C., and D. E. Weinstein. 2004. *Happy News from the Dismal Science:Reassessing Japanese Fiscal Policy and Sustainability*. Federal Reserve Bank of New York.

Cohen, N. 2004. "Surge in Pension Problems Points to Higher Aid Bill," *Financial Times* (May 24).

Daniel, C., and D. Roberts. 2004. "Benefits or Bailout? Fund Deficits May Topple U.S. Pension Policy into Crisis," *Financial Times* (September 3), p. 11.

Draghi, M., F. Giavazzi and R. C. Merton. 2003. "Transparency, Risk Management and International Financial Fragility," *NBER Working Paper* 9806(June).

European Commission, Directorate-General for Economic and Financial Affairs. 2009. Ageing Report:Economic and Budgetary Projections for the EU-27 Member States(2008–2009), *European Economy*, vol. 2.

Financial Accounting Standards Board. 1990. *Statement of Financial Accounting Standards No. 106:Employers' Accounting for Postretirement Benefits Other than Pensions*, Norwalk, Connecticut.

Frederiksen, N. K. 2003. *Fiscal Sustainability in OECD Countries*, December 2002), unpublished, Ministry of Finance, Denmark(March).

Gapen, M. T., D. F. Gray, C. Hoon Li and Y. Xiao. 2004 "The Contingent Claims Approach to Corporate Vulnerability

Analysis: Estimating Default Risk and Economy-Wide Risk Transfer," IMF Working Paper Series WP/04/121（July）.

Gokhale, J., and K. Smetters. 2003. *Fiscal and Generational Imbalances: New Budget Measures for New Budget Priorities*, American Enterprise Institute.

Hamman, H. 2004. "Ill Winds Have Shifted More of the Insurance Burden to Policyholders," *Financial Times*（August 19）, p. 5.

Heller, P. S. 2003. *Who Will Pay? Coping with Aging Societies, Climate Change, and Other Long-Term Fiscal Challenges.* Washington, DC: International Monetary Fund.

Heller, P. 2013, "Assessing the Government's Exposure to Fiscal Risk," in R. Hemming, J-H. Kim, and S-H. Lee(eds) *Sustainability and Efficiency in Managing Public Expenditures.* Seoul: KDI Press.

Holzmann, R., R. Palacios and A. Zviniene. 2004. *Implicit Pensions Debt: Issues, Measurement and Scope in International Perspective*, World Bank, Social Protection Working Paper Series #403（March）.

International Federation of Accountants, Public Sector Committee. 2004. *Accounting for Social Policies of Governments: Invitation to Comment.* New York, NY.

IMF, Fiscal Affairs Department. 2004. *Public-Private Partnerships*（http://www.imf.org/external/np/fad/2004/pifp/eng/031204.htm）. 4/228.

IMF. 2001. *Government Finance Statistics Manual 2001.* Washington, DC.

IMF. 2003. "Public Debt in Emerging Markets: Is it too high?" *World Economic Outlook*（September）: 113-52.

Standard & Poor's. 2010 *Global Aging 2010: An Irreversible Truth.* New York, NY.

U.K. Pensions Commission. 2004. *Pensions: Challenges and Choices: The First Report of the Pensions Commission.* London.

United States, Congressional Budget Office. 2003. *The Long-Term Budget Outlook*（December）.

United States, Congressional Budget Office. 2004a. *Estimating the Value of Subsidies for Federal Loans and Loan Guarantees*（August）.

United States, Congressional Budget Office. 2004b. *Measures of the U.S. Government's Fiscal Position under Current Law*（August）.

United States, General Accountability Office. 2003. *Fiscal Exposures: Improving the Budgetary Focus on Long-Term Costs and Uncertainties.* Washington, DC, GAO-03-213.

Walsh, M. W. 2004. "Bailout Feared if Airlines Shed Their Pensions," *New York Times*,（August 1）.

Walsh, M. W., and S. Labaton. 2004. "S.E.C. Inquires into Pension Accounting at Ford and G.M.," *New York Times*,（October 20, 2004）, p. c3.

31
债务管理和现金管理

迈克·威廉姆斯

什么是债务管理

本章讨论了政府债务管理和政府现金管理。债务管理是很重要的，因为政府收入主要来自税收，负债实际上落在了国家自己的公民身上。债务管理者不仅必须确保政府在需要时能够借到款，而且必须确保政府债务的管理方式不致于使国家面临不必要的风险，特别是来自经济震荡的风险。更全面而言，主权债务管理被定义为"为了筹集所需资金数额、实现政府风险和成本目标，以及实现政府可能制定的任何其他主权债务管理目标（如发展和维持一个有效的政府证券市场）而制定和执行政府债务管理战略的过程"（IMF和世界银行，2001）。成本通常指偿债成本，而风险是这些成本的波动性，特别是在经济震荡时，这些成本有可能增加，成本和风险之间经常需要权衡。

政府现金管理的重点是确保在需要时有现金可用，且任何现金盈余都能发挥良好作用；更全面而言，政府现金管理是"在政府内部以及政府与其他部门之间，以更有效的方式管理政府短期现金流和现金余额的战略和相关流程"（Williams，2004）。如后文所述，无论是在规划和执行国内融资方面，还是在国内市场发展方面，政府债务与现金管理之间存在重要的相互作用。

政府债务包括作为债务工具的所有负债，即要求债务人未来向债权人支付利息和/或本金的财产求偿权（财政债权）。债务工具可能包括特别提款权（SDR）、货币和存款、债券、贷款、保险、养老金、标准化担保计划，以及其他应付账款。政府债务是为了弥补收支缺口而产生的政府借款。[1] 债务可分为总额或净额，即总债务减去与债务工具相对应的财政资产。债务责任是内债还是外债，具体取决于负债是居民欠付同一经济体居民的还是欠付非居民的。[2]

政府可以指中央政府或广义政府，后者包括地方政府单位或次国家层级。有时候，重点是整个公共部门：广义政府和公有企业。背景是很重要的，通常关注的领域主要是政策杠杆和风险暴露，这首先取决于中央政府。但是，如果中央政府面临广义公共部门产生的负债，那么还需要分析和考虑这些负债。在一些国家，有适用于不同政府层级的综合预算，如秘鲁、埃塞俄比亚和越南。

---

[1] 政府债务包括所有政府负债，但股票以及其他股权衍生品和金融衍生品除外。政府债务不仅可能受到政府财政平衡的影响，还可能受到（例如）私有化收入、债务免除或者或有负债具体化的影响。

[2] 完整定义可以在国际货币基金组织（2011a）中找到。

还应在政府资产负债表上其他资产和负债的背景下考虑债务。除了与债务工具相对应的金融资产外，债务还包括非债务工具（例如金融衍生品）、显性或有负债（例如政府提供的担保）和隐性或有负债（例如政府在未来社会保障福利以及支持系统重要性金融机构方面的义务）。

债务管理不同于债务可持续性

债务管理侧重于债务组合的构成，而非债务组合的总体规模。基本目标是，在债务组合构成及其与资产负债表其他部分相互作用而可能产生的经济冲击和脆弱性面前提高复原力。当然存在反馈效应（债务结构不佳和经济冲击的相互作用可能产生不可持续的债务水平），实际上，那些致力于债务可持续性和债务战略的债务管理工作应该共享数据和分析工具。

一些历史

近年来，政府债务管理已经发生了转变。20世纪90年代和21世纪初新兴市场债务危机的特点是因债务结构不佳（过度依赖短期浮动利率[①]或外币债务，以及由此产生的对利率和汇率波动以及展期或再融资风险的暴露）和或有负债具体化而产生的脆弱性。共同点是缺乏对风险的系统方法，债务组合的战略目标定义不明确，以及对广义政府资产负债表（或其中数据）的理解有限，无论是固有风险还是对某些类别的资产和负债进行平衡或对冲的范围（例如如果美元资产和负债相匹配，那么汇率变化不会影响净负债）。

第二个教训可以称为职业化危机，反映了中央银行、债务管理者和财政政策管理者的作用和职责之间的混淆。政府内部缺乏技能和专业知识使职业化危机更加复杂；尤其是不太了解金融市场（市场结构和市场行为）以及不断增长的市场自由化所带来的机遇和风险。

许多国家对这些教训做出了回应。如果新兴市场在之前十年中没有持续努力提高其债务状况的复原力并加强其债务管理框架，那么2008—2010年金融危机的影响本会更加严重：

- 债务管理者特别积极地处理过去危机中突出的债务结构的关键脆弱性。因此，债务的到期情况已经延长，而对浮动利率和外币计价债务的依赖程度已经降低。
- 与此同时，改善了关于债务管理的制度安排，制定了积极的投资者关系计划，并更加努力地发展了当地资本市场。在某些情况下，这些制度改进也是信用评级升级的促成因素（IMF，2011b）。

仍然存在许多挑战。一般而言，与大多数发达经济体相比，新兴市场的债务结构的暴露程度仍然较高，尽管欧洲和美国的压力可能更多地在水平而非结构上，并且仍然容易受到各种宏观经济冲击的影响。低收入国家（LIC）面临的债务管理挑战是不同的。鉴于低收入国家在国际金融市场中的整合程度较差，其相对不受危机的影响。对于大多数低收入国家而言，这些挑战反映了捐赠人支付方面的潜在不足以及优惠贷款可及性方面的更多限制，而非对市场情况波动较大的关注。

---

① 浮动利率债务通常被认为风险更高，因为利率的提高会立即转嫁为更高的偿债成本；与固定利率债务相比，浮动利率债务的影响被推迟到债务到期后必须再融资之时。债务的期限也是很重要的，固定利率工具的期限越长，利率普遍上升反映在偿债成本中所需的时间越长。

债务管理中良好实践的特点

宏观经济政策框架

20世纪80—90年代带来的一个启示是，出于运营的目的，债务管理、财政政策和货币政策应被视为具有特定政策目标的宏观经济政策的独立部分。使用不同的手段来实现这些目标有助于提高透明度和可预测性，提高政策的可信度和有效性。与可信度较低的政策相比，可信的政策产生了更好的总体结果。债务管理选择（即工具选择）与货币条件或流动性之间的薄弱联系，以及货币条件与通货膨胀之间的薄弱联系，允许货币政策操作与债务和现金管理之间更大程度地分离。

与此同时，政策分权的有效性和各自当局的可信度也取决于整体政策组合的一致性。许多国家强调财政部和中央银行之间业务作用的分离。但是，只有在具备完全相互独立的单独政策工具的情况下（这种情况在新兴市场国家很少见），完全独立的政策才会有效。例如许多中央银行发行证券，以吸收货币市场的流动性。如何完成这项工作会对政府自己的短期证券销售产生影响。除非以对各自目标敏感的方式完成这项工作，否则就有削弱政府实现其政策目标的能力的可信度的危险。即使在发达市场，在债务/国内生产总值比率相对较高且央行大量购买政府债券之时，债务管理与货币政策操作之间也不能无条件分离（Turner，2011）。

因此，公共债务管理应整合到用于确定一致的政策组合的更广泛的宏观经济分析框架之中（Togo，2007）。不同的国家以不同的方式对其政策进行协调。在欧元区，这最初是通过《稳定与增长公约》来实现的，而该公约通过监督成员国的财政状况并可能建议采取纠正措施，旨在确保稳健的中期财政状况，以促进货币联盟的运作。然而，在2010—2012年欧元区内部的财政压力之后，成员国拟引入新的经济监督框架，更加注重债务可持续性以及更有效的执法措施。其他几个国家具有包含赤字和债务水平目标或上限的财政责任法律。拉丁美洲（其中包括巴西、阿根廷和哥伦比亚）和其他地方（匈牙利、印度和尼日利亚）有许多示例。许多国家设有内部公共债务委员会（PDC）或类似机构来促进协调。公共债务委员会汇集了主要宏观经济政策职能的代表，以确保债务管理决策适当地嵌入更广泛的宏观经济政策之中。下文将进一步讨论公共债务委员会的作用。

提高专业水平

对于更高专业水平的需求意味着更好的金融市场意识和技能、更加重视战略，以及适当的制度结构和治理框架。本节其余部分详尽阐述了这在实践中意味着什么。[①]

相同的特征也反映在世界银行的债务管理绩效评估（DeMPA）之中（世界银行，2009）。该工具提供了一种绩效评估方法（主要是针对低收入国家），通过根据国际公认标准并涵盖所有政府债务管理职能的一套全面的绩效指标来对绩效进行评估。债务管理绩效评估强调了每个国家政府债务管理实践的优缺点，相应地促进了计划的设计，以及根据国家具体需求量身定制的能力。

---

① 所列方法是由国际货币基金组织和世界银行制定的，并遵循国际货币基金组织和世界银行认为属于基础良好实践的"六大基石"（IMF和世界银行，2001）。

债务管理目标

大多数国家采用了与国际货币基金组织和世界银行的指引中所建议目标相类似的目标。这种目标直接来自上面定义的债务管理过程:"公共债务管理的主要目标是确保按照与审慎风险程度相一致的方式,以尽可能低的成本,在中长期满足政府的融资需求和支付义务。该目标应该包括政府控制的主要财政义务"(IMF和世界银行,2001)。重点是在中期内减少偿债支付,并避免突然大幅上涨。

透明度、问责制和治理

负责债务管理的金融机构的作用、职责和目标必须明确;并且需要:

- 在债务管理政策制定和报告方面的开放流程;
- 债务管理政策信息的公开可用性;
- 负责债务管理的机构的问责制和诚信保证,并得到强有力的治理和审计框架的支持。

为了对组成部分进行区分,这是很有帮助的,如图31.1所示。①

第一是用于塑造和指导政府运作的结构。这包括用于建立权限、设定高层目标、规定问责制的广义法律工具(法定立法,部级法令等)。议会(或者国会或国民大会)的作用是其中的一部分:议会通常更适合批准立法(其中应包括高层债务管理目标,并要求部长和官员对用于实现该目标的政策和运作负责),而非批准个别借款决定,这是繁琐和耗时的。

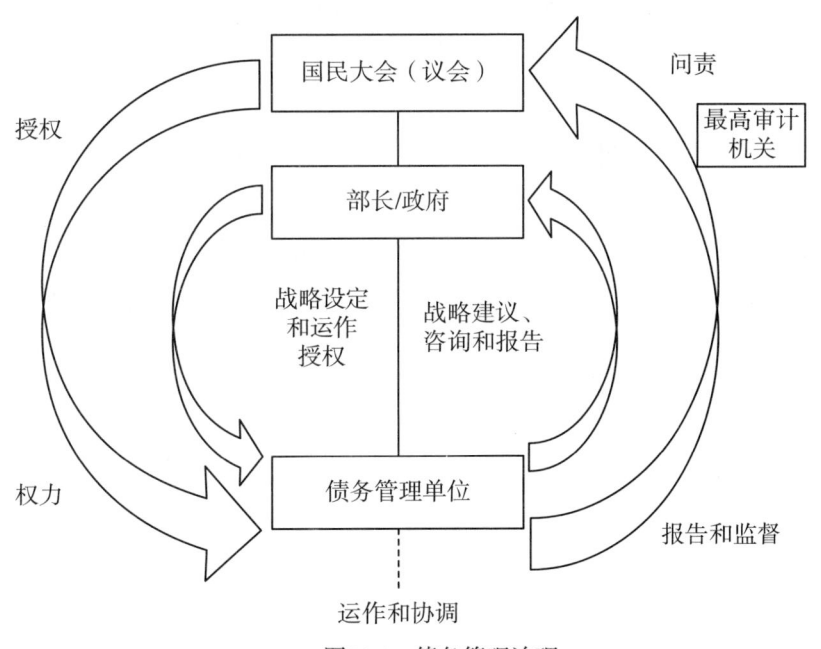

图31.1 债务管理治理

第二是政策流程:如何做出决策(无论是通过高层还是日常性活动),谁做出决策,向谁咨询。核心要素是债务管理战略,然后是授权债务管理者执行该战略。在许多国家,公共债务委员会促进了协调,特别是在制度断裂的环境中。公共债务委员会可由部长或高级官员担任主席,审议和决定债务

---

① 改编自世界银行(2000-9),第11页。

战略，将债务战略整合到更广泛的宏观经济框架之中，然后授权执行战略并监督战略实现情况。这种委员会可以确保咨询所有相关的利益和专业知识来源，如财政部（MoF）和中央银行的宏观和财政团队，并就战略达成一致，但必然结果应是，由债务管理者执行战略且无需日常性的二次猜测，当然还需要向公共债务委员会或其他高级管理层以及（更广泛地）议会和公众提供问责制、绩效和统计信息。

第三是债务管理职能本身的管理：战略的制定和实施，业务规划，运作程序，以及风险管理。

在专业化同时更好地理解职责分离的重要性，以及在避免日常政治干预方面的需要，已经推动了半自治债务办公室的成立，将债务管理职能范围与高度的管理或政策独立性进行整合。这种整合在发达国家有几种模式；然而，尽管整合的好处得到了广泛认可，但在新兴市场国家或低收入国家，更大程度的自治并非始终如此有效，后者在熟练工作人员短缺之外还面临着额外挑战。这些国家的债务管理政策必须考虑到公共政策维度，特别是国内债务市场的发展，以及更大的宏观经济协调挑战。财政部内部职能的发展减轻了治理框架的压力，降低了委托代理风险；有助于接近预算和规划职能；有利于监测单位的绩效以及单位将其专业知识融入财政部。表31.1包括已经成立了基本上一体化的债务管理单位（DMU）的一些国家示例，将那些已经成立某种机构的国家与那些债务管理单位属于中央各部或国库一部分的国家区分开来。

现代债务管理单位的组织结构基于前台、中台和后台的职责分离。这种模式借鉴了私营金融部门的经验，允许专业化，避免重复，有助于风险管理；特别是有助于将负责商定交易的人与管理数据和偿债支付的人相分离。专栏31.1总结了关键职能。

表31.1　　　　　　　　　　　　　债务管理单位：一些国际示例

机构或类似组织		财政部内的司/处	
单独的企业或办公室	在财政部内	单独的司	与国库整合
单独企业	澳大利亚	阿尔巴尼亚	保加利亚
德国	比利时	白俄罗斯	哥伦比亚
匈牙利	芬兰	中国	秘鲁
单独办公室	法国	多米尼加共和国	土耳其
爱尔兰	荷兰	加纳	
葡萄牙	新西兰	印度尼西亚	
瑞典	尼日利亚	意大利	
	英国	约旦	
	泰国	马其顿	
	美国	墨西哥	

注：该表不包括低收入国家和非常小的国家（其中债务管理必定是中央各部的一部分）。该表也不包括债务管理职能仍然严重分散的（若干）国家，以及债务管理单位属于中央银行内部（例如丹麦、冰岛）或与另一个司整合（例如在牙买加与宏观财政单位整合）的少数几个国家。在某些情况下，债务管理单位是否"独立"是一个判断问题；所有职能都整合在组织的最高层。债务管理单位还能与一些其他职能（例如国际关系）存在联系。许多债务管理单位还具有现金管理运作职能。在这些目的方面，现金管理运作职能不被视为国库职能。

专栏31.1 现代债务管理单位的结构

- 高级管理层（由内部审计和合规部门支持）。
- 前台：内部和外部一级发行和执行，以及所有其他融资业务，包括二级市场交易（债务和现金）。
- 中台（1）：政策和组合战略制定和问责报告。
- 中台（2）：内部风险管理——政策、流程和控制。
- 后台：交易记录、对账、确认和结算；维护财务记录和数据库管理；偿债。

这种结构仍然允许外包某些职能。许多债务管理单位使用中央银行作为财政代理人来处理拍卖。一些国家外包债务登记和偿债职能。但在所有这些情况下，债务办公室均应保留政策控制权。下文将从现金管理的角度更详细地讨论财政部与中央银行之间的运作关系，其中协调可能尤为重要。

债务管理战略和风险管理框架

债务管理者有两个风险管理职能：设计债务管理战略，设置系统和控制框架。

债务管理战略将高层债务管理目标转变为业务形式，以理想的债务构成形式表达了政府在成本/风险权衡方面的偏好，并描述了如何予以实现。重点是政府债务组合中的固有风险和更广泛的资产负债表。[1]不同的风险相互作用，但区分这些风险通常是很有用的。

- 市场风险。利率或汇率变化对偿债成本的影响。对于国内债务和外币债务而言，利率的变化会在固定利率债务再融资时影响新发行债务的偿债成本，并且会在利率重置日影响浮动利率债务的偿债成本。短期或浮动利率债务通常被认为风险高于长期固定利率债务。
- 展期或再融资风险。债务必须以异常高的成本进行展期或在极端情况下根本无法展期的风险，在那些当地市场不发达且没有能力向政府提供大量融资的国家，这可能特别具有挑战性。
- 流动性风险。在可用的或可以很快提供的流动资产不足以履行义务时产生的风险。[2]

债务管理战略的重点是债务或偿债支付方面的年度成本，而非其市场价值，因为对政府而言，财政影响是最大的制约因素。专栏31.2概述了债务管理者应如何处理债务管理战略的编制和公布。[3]

专栏31.2 制定债务管理战略（DMS）

债务管理战略是政府拟在中期实施的计划，以实现理想的政府债务组合。债务管理战略使国家的债务管理目标具有可操作性：确保满足融资需求，表达成本风险偏好，并制定促进首选债务构成的借

---

[1] 第28章更广泛地涉及财政风险。

[2] 流动性是指在短时间内转变成现金而不会过度推动市场并因此面临损失的能力。21世纪前10年的金融危机的教训之一是充足的流动性缓冲的重要性（另见IMF，2011b）。

[3] 请见国际货币基金组织和世界银行（2001，2009）。国际货币基金组织（2011）还建议，鉴于金融危机，需要增强风险管理框架，以考虑主权风险与金融部门风险的相互作用以及宏观经济政策灵活性的程度。同一项研究指出了（第27页）金融危机的一个教训：需要加强债务管理者、财政当局和金融部门监管机构之间的合作，以加强风险监测和风险管理（包括金融部门的或有风险），并且更好地为财政和金融稳定评估提供信息。

款战略（即考虑了制约因素的首选成本/风险权衡）。债务管理战略非常注重管理债务组合中嵌入的风险暴露（偿债成本的潜在变化及其对预算的影响）并且确定成本和风险如何随债务构成而变化。

明确的正式债务管理战略帮助债务管理者避免仅仅基于成本或为短期权宜之计而做出的不良决策，识别和监测关键财政风险，并且识别影响政策选择的制约因素。该战略促进与财政管理和货币管理的协调；支持国内债务市场发展，可能降低成本；有助于为负责任的财政管理建立广泛的支持，加强治理和问责制。

在编制债务管理战略过程中，债务管理者制定框架来识别成本风险权衡。这通常意味着根据一系列宏观经济情景评估不同的发行策略或借款组合。这些压力测试确保投资组合和经济可以应对可能的经济冲击，包括那些触发或有负债的冲击。在不同的情景下，不同的发行策略在成本（例如利息支出占国内生产总值的比例）和风险（成本的波动性）方面的表现不同。对于公共债务委员会以及部长和政府而言，这种权衡是政策决策的重点。

在可能的情况下，债务管理战略应考虑整个政府资产负债表上资产和负债的现金流量。这可以根据资产风险来度量负债风险，并开辟了相互对冲的可能性。

债务战略的公布之所以很重要，不仅是因为透明度和问责制，还因为借款意图的披露为投资者增加了确定性，从长远来看降低了政府的借款成本。公布的战略还降低了未来"后见之明"式批评的风险。

合理的债务管理有关稳健性和复原力。风险不是对称的；政府资产负债表的弱点加剧了经济危机，绩效不佳触发了或有负债，并且在政府最需要借款时，信用评级恶化。如果私营部门自己的资产和负债没有得到适当匹配，那么所有这些不利反馈都会得到加重。

债务管理战略的目标通常以风险指标来表示；即对投资组合中嵌入的风险进行总结的指标。[①]示例包括固定利率债务与浮动利率债务的比率，外币债务与总债务的比率，投资组合至到期或利率重置日期的平均时间，以及未偿债务的赎回情况。在任何情况下，风险指标都会在债务组合对冲击的脆弱性以及偿债的潜在波动性方面提供信息，因此应随着时间推移监测这些风险指标。

需要系统和控制框架来实施债务管理战略及其融资计划（下文讨论）并管理其他风险。

在市场风险的情况下，需要内部管理结构来建立债务管理业务的政策框架和风险参数。这些结构将取决于债务管理业务的精密性和范围。如果作为管理政府现金流量的一部分（见下文），债务管理者活跃于二级市场（即投资者之间购买和出售证券的市场）或货币市场，那么控制环境的发达程度需要远远高于业务限于一级市场（即销售新证券），或主要由来自官方贷款的外部贷款和信贷支配的不太活跃的单位。

信用风险（借款人在贷款或其他金融资产方面，或交易对手在金融合约方面不履约的风险）在债务管理包括管理现金或其他资产（包括向公共公司或私营部门的转贷）的情况下以及在债务管理者订立衍生合约的情况下是尤为重要的。

所有债务管理者均应处理操作风险，即因内部流程、人员和系统不充分或失败或者外部事件而产

---

① 若干债务办公室，特别是欧洲大陆的债务办公室，有时采用了为投资组合久期设定的目标，许多债务办公室还发布了该指标。但是，如果政策的重点不是投资组合的价值，而是年度偿债成本，那么可以说该指标不太相关。该指标的测量也需要市场价格。

生的风险。操作风险可能是风险类别中最不为人所了解的：操作风险对机构而言是内生的，因此无法像信用风险和市场风险那样轻易地捕捉和度量，而且管理流程也很复杂。此外，操作风险有许多来源：缺乏纪律，程序或系统设计不良，惯性，变化，贪婪，知识匮乏，人为错误，以及从停电到火灾和恐怖活动等外部事件。但是，所有政府在代表公民和纳税人管理大量资产和负债时也有注意义务。如果出现任何问题，无论由于外部事件还是内部失败，财政后果都可能很严重，但是，如果部长或财政管理者被议会、新闻界或公众视为无能，那么声誉和政治后果也会很严重。

高级管理层需要一种用于识别关键操作风险并量化或评估这些风险的流程，以及风险暴露评估技术，以此作为识别优先事项的一种方式。然后可以制定政策、流程和程序来管理或缓释重大风险。控制将相应地与作用和职责、权限和授权以及稳健性（在业务连续性事件之后进行运作的能力）相关联。操作风险管理不仅仅适用于较大或较富裕的国家。在技术应用方式、资源利用方式和缓释政策的采用方式的彻底性和形式方面可以进行选择。较小的国家可以使用较为粗略的活动细分，并将重点放在更广泛的风险类别上；在中央银行是财政代理人的情况下，实际上这些领域的操作风险管理（例如拍卖）也被委托给中央银行。

发展政府证券市场

对于债务管理者而言，确保其政策和运作与高效的政府证券市场的发展保持一致是一项重大挑战。许多国家都有相应的明确目标。

在国内发行债务的能力很重要。国内发行减少了投资组合对货币风险的暴露；扩大了资金获取渠道，降低了融资成本；在金融危机时期提供更大的复原力。但还有衍生的好处：高效的本地货币和固定收益市场对整体经济有好处。政府自己的国内发行所产生的正外部性包括：

- 降低私营部门的融资风险：流动性债券市场开辟了借贷选项，增加了银行系统的竞争，并增强了经济对不利冲击的复原力。
- 政府收益率曲线在定价和参考其他金融产品以及允许发展对冲方面提供了指标。
- 无风险资产有助于投资组合构建，使投资管理者能够实现其选择的风险回报，或更好地匹配其负债。

正是出于这些原因，许多国家决定发行政府债务，即使在出于融资目的不需要发行时也是如此。这包括拥有大量净金融资产的新加坡和挪威等国家。尽管国内盈余不断增加，但21世纪初一些国家仍然维持国内发行计划。例如在澳大利亚，政府得出结论认为，私营部门融资成本在没有流动性政府收益率曲线的情况下可能会更高，并且多元化程度较低的市场会增加金融体系在不稳定时期的脆弱性。其他国家意识到了预算盈余持久性方面的不确定性，以及在允许废弃国内债券市场基础设施特别是做市商决定退出的情况下重建国内债券市场基础设施的成本。

在实践中，开发市场并不容易（世界银行，2007）。这需要一个可预测且有竞争力的一级市场，并具有广泛的投资者基础和足够大的债券规模来提供流动性。当地市场与市场基础设施的固定成本相比通常太小，监管机构反复无常，或者治理和法律实践不透明，并且由于金融机构的范围有限，需求的多样化程度不够。

尽管如此，自20世纪90年代危机以来已经取得了进展。政策制定者已经解决了财政主导和通货膨胀问题，这有助于降低风险溢价，并有助于延长本币债务的到期日。[1]但一级市场比二级市场取得了更多进展，特别是在债券市场由本地银行主导的情况下。不同经济体之间的市场深度差异很大，但一般而言，新兴市场经济体的特点是交易价值较低，并且中介机构买卖价格之间的价差较大。在许多低收入国家，二级市场可以忽略不计，发行限于大部分由本地银行购买的短期债券或票据的小额发行，这相应地对于为整体经济发展融资来源而言几乎没有作用，并且在出现不利经济冲击的情况下，可能会使银行部门面临金融压力。

发展证券市场必须是一个以持续的宏观经济和金融部门稳定以及适当的制度和监管改革为基础的动态过程。改革必须在多个方面同时进行：发展需求和供给，发行实践和投资者基础，以及发展市场基础设施（包括物理基础设施以及市场惯例和监管）。这不仅仅是财政部的任务，更不仅仅是债务管理单位的任务。这需要财政部和中央银行与监管机构和更广泛的市场（包括交易所和其他基础设施系统）之间的协调。

债务管理融资业务

制定融资计划

政府的年度融资计划源自商定的债务管理战略。该融资计划应概述如何为预算提供资金，以及如何在即将到来的预算期内实施该战略。确切的资金需求是通过预算流程确定的，而年内所需资金的分配将取决于政府的现金流量。

通过各种可用工具筹集的总金额应与债务管理战略保持一致。从当前债务结构到首选债务结构的路径未必是线性的，甚至未必是平滑的。对于欠发达但正在增长的国家而言，融资模式从优惠债务到国内债务的转变可能集中在该战略的后期。

通常会对国内和国外市场借贷制定不同的计划。在实践中，尽管有更多的空间来调整国内发行模式，但外部流量的时机，特别是优惠贷款的时机，可能超出了政府的直接控制范围。一般而言，融资计划实施方面的成本效益和精确度将反映当局进行完善的政府现金预测的能力（见第16章）。

基本上，主要步骤如下（见IMF和世界银行，2009，第57页）：

- 识别已经承诺的融资流量，这主要是与项目相关的支出。
- 判断外部贷款和信贷还可以提供多少。
- 余额是证券发行，并且考虑到市场制约因素，国外和国内发行之间的平衡基本上将由债务管理战略推动。通常首先决定国外发行，但最终将取决于市场情况。在除去零售债务工具销售之后可能存在的余额是国内发行，目标期限同样由债务管理战略推动，但受市场限制。

---

[1] 国际货币基金组织（2011b），第37页。在政府赤字妨碍有效实施旨在控制通货膨胀的货币战略时，就会出现财政主导；另见第1章。

- 制定发行计划。此处的选择是拍卖的数量和规模,这将在很大程度上取决于市场惯例和基础设施(包括中介机构的能力)。季节性因素是很重要的,包括避开主要公共假期和主要数据发布。
- 然后需要根据现金流量预测提出的可能的年内现金需求来检查融资总流量。

公布年度融资计划是一种良好实践,并且至少要经常向市场通报国内部分。在理想情况下,该计划与预算(以及债务管理战略)一起发布或至少同时发布。常用格式如表31.2所示。在可能的情况下,公布目标;在其他情况下,公布预测(如表31.2所示)。如果细节存在不确定性,那么可能最好公布范围,或者,较为粗略类别就足够了。

债务发行

债务管理者可以使用各种不同的工具和发行技术。但选择将受到制约。一般而言,政府在国际借款方面可用的选项在很大程度上取决于国家的信用状况。低收入国家可能发现难以进入外部证券市场,但能够获得多边机构提供的优惠贷款。国内选项有限的新兴经济体和转型经济体可以利用贷款和/或以国际债券形式发行的多边借款和私人外国借款。与本地债务市场相比,上述经济体的发行可能数量更大、期限更长、利率更低(尽管外币风险更大)。发达经济体的国际借款倾向于采取证券发行的形式,尽管有时也会考虑银团贷款。

表31.2　　年度融资计划

政府支出	A	包括债务利息支付
政府收入	B	
盈余(−)或赤字(+)	C = A−B	
其他流量:		
资产销售或私有化收入	D	
转贷,扣除还款	E	
债务赎回和偿还	F	
总融资需求	G = C−D+E+F	
融资来源:		
I.外部贷款和信贷		
项目相关	H	目标
政策性贷款(预算支持)	I	预测
商业借款	J	预测
II.国内借款		
债券	K	目标(发布时间表)
票据	L	目标(短期借款、票据和贷款总额)
商业借款	M	
短期负债净变动**	N	预测(和剩余)
总融资总额	G = H+I+J+K+L+M+N	

*包括将来自境外的项目相关贷款转贷给(例如)公共企业。

**增加的透支,扣除增加的现金余额。

发行人的一个重要考虑因素是确定用于实现其借款目标的最合适的市场和工具。证券市场吸引不同的投资者群体，因此发行人应识别最符合发行人特定要求的市场。对此的一种反映是一些主权国家发行伊斯兰资本市场证券（伊斯兰债券）。不同工具的成本特征和风险特征也必须加以考虑。表31.3进行了总结。[1]

表31.3　不同融资工具的成本特征和风险特征

工具类型	成本特征	风险特征	其他意见
外部工具			
多边优惠贷款	非常优惠	固定利率；以外币计价；通常期限很长	随着收入水平的提高，可及性下降；发放可能取决于满足条件
其他多边贷款	有些优惠	固定利率或可变利率；外币	期限有些灵活性
双边贷款（包括项目贷款）	经常有些优惠	固定利率或可变利率；外币	期限的灵活性有限；与具体项目用途挂钩
商业银行贷款	市场利率	固定利率或可变利率；通常以外币计价	可能有灵活性空间，具体取决于谈判能力；费用往往很高
主权债券	市场利率（取决于信用评级，市场情况）	固定利率或可变利率；通常以外币计价	可以选择期限。费用很高；资源密集
国内工具			
短期国债	市场利率	短期；以本币计价	通常是在国内使用的首选工具
长期国债	市场利率	中长期；本币；固定利率或可变利率（也指数化）	投资者基础的结构决定了相对成本
零售工具利率	规定利率或市场	固定利率或可变利率；本币	广泛的分销可能会增加成本
商业银行贷款	市场利率	固定利率或可变利率；本币；通常是短期的	灵活性取决于谈判能力；有些费用

在国内市场中，应该强调竞争性发行程序（特别是拍卖）、利率灵活性（无直接控制）以及可预测和透明的发行政策。公布拍卖日程并予以遵守是一种良好实践。对工具的精确选择通常会遵循与市场（中介机构和最终投资者）的协商结果。正如已经指出的，在许多国家，中央银行是财政部的财政代理人，并且中央银行利用其与市场的联系及其拥有的更好的系统来处理拍卖过程。但在这些情况下，财政部保留政策责任是很重要的。当然，中央银行具有对市场和参与者的专业知识，中央银行能够而且应该被鼓励做出贡献。但中央银行的角色是顾问。拍卖决策不是共同做出的，拍卖决策应该由财政部做出，并且市场应该清楚这种情况。例如如果市场认为中央银行正在试图通过拍卖结果发出利率政策信号，那么就会给当局的意图带来不确定性，而这是政策分离原则明确旨在避免的。

随着国内市场的增长，许多国家发现委任选定的银行作为"一级交易商"或"做市商"是有帮助的。这些中介机构同意在部分或全部政府债券中做市，帮助创造市场兴趣、引导需求并改善流动性。这些中介机构通常也会在大多数拍卖上出价，为政府提供成功执行拍卖的保证。作为回报，这些中介机构需要获得一些好处，这些好处的范围从进入拍卖的特权到直接补贴。但是，在市场发展的早期委任做市商通常是不可取的。如果市场的竞争不充分，那么就存在银行在拍卖中勾结的风险，或者抑制新进入者。

---

[1] 改编自IMF和世界银行（2009）的附录Ⅳ。

除在一级市场发行债务外，许多政府还积极参与二级市场或期货市场。有些发达国家的目标是根据作为基准的名义投资组合降低平均利息成本。但投机交易需要谨慎，特别是在政府是该货币的单一主要发行人时。投机交易会产生不确定性，并可能损害债务管理者的可信度。二级市场交易还需要精密的系统、技能和风险管理。对于其他交易而言，可能存在使用衍生品来改善债务组合的成本–风险特征的空间。可以用互换作为改变现金流量风险特征的手段。许多债务管理者通常为了减少在将外币支付转换为国内支付时对汇率变化的暴露而使用货币互换，并且为了将固定利率暴露转换为浮动利率暴露（反之亦然）而使用利率互换。但是，在使用衍生品之前，必须满足一些条件：法律框架必须健全，并且必须具备必要的管理当局；应该就风险限额和控制（特别是对于信用风险而言，因为政府将在互换期内暴露于交易对手）达成一致，并建立监测流程；需要开发系统来对工具进行记录、结算、估值、报告和核算，并管理担保品；最后，政策和程序应该正式化，并对工作人员进行培训。

其他"负债管理操作"是可用的，并且对技能和系统的要求较低。值得注意的是债券交换，可以将已发行债券转换为新的债券（由投资者自行决定，尽管投资者可能会获得适度的财务激励来进行转换）。债券交换是用于延长期限并降低展期风险和流动性风险的一种有用技术，并有助于增加债券的交易量以改善债券流动性。债券交换还可以（通过在赎回之前转换债券）避免在大额债券因赎回而下跌时产生的现金管理问题。[①]

术语因国家而异，但通常会区分转换（现有债券的已发行数量转换为新的债券）和置换招标（现有债券的某些部分通过招标程序置换为另一个现有债券或新债券）。置换招标通常针对较小的金额（并试图避免将置换债券减少到流动性阈值以下），但置换招标更灵活，并可以在短时间内安排，特别是在只涉及专业投资者时。

政府现金管理

定义和目标

第16章强调了健全的政府现金管理的重要性。政府现金管理应与预算管理或预算执行区分开来。预算执行是要确保在商定的财政限额内一致地管理预算。相比之下，现金管理是确保政府有流动性来执行其支付。这需要提前进行规划。如果由于缺乏现金而必须削减或限制计划支出，那么就是现金配给，而非现金管理。有效的现金管理消除了现金配给的需要。现金管理可以定义为"在政府内部以及政府与其他部门之间以具有成本效益的方式管理政府短期现金流量及现金余额的战略和相关流程"（Williams，2004）。

现金管理的首要优先事项是确保政府有现金可用于履行其承诺。但是，成本效益、风险降低和效率也是很重要的，并且现金管理方式以及现金管理者与其他职能的相互作用方式对一系列更广泛的财政政策具有重要意义。这些相互作用如图31.2所示。[②]

---

① 在债券到期赎回前进行反向拍卖，以及从市场双边购买，是债务管理者用于减轻与大额赎回相关的现金流量问题的其他技术。

② 摘自Williams（2009），第2页。

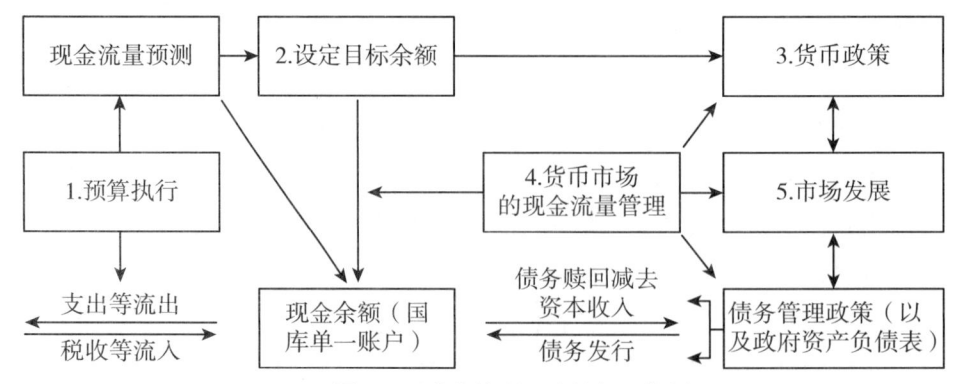

图31.2 现金管理：政策相互作用

国库单一账户（TSA）（见第16章）随着由税收和支出以及债务和其他资本交易产生的现金流入和流出而波动。第一个政策选择是预算执行和支付流程（关于支出批准的安排以及与支出时间的关系）如何与支出流量相互作用。第二个政策选择涉及现金余额水平在多大程度上属于政策目标。需要一些现金流量来应对意外流出。有效的目标设定需要现金流量预测，而高效的预算执行有助于编制预测。在满足现金余额目标方面更准确可以使货币政策受益，并且财政部在通过货币市场操作来管理目标方面的选择也会对货币政策和金融市场发展产生影响。这相应地为债务管理带来了潜在的好处。

现金管理和债务管理协调

这两项职能之间的密切业务协调是至关重要的。在为政府的总借款需求提供资金时，需要在工具之间进行选择。如上所述，这些选择应在中期债务管理战略的背景下进行。相应地，这些选择将对短期和长期工具、票据或债券的组合产生直接影响。债务管理者应决定发行哪种工具以及何时发行。这些选择将取决于市场偏好、市场波动、需求结构和利率前景以及战略需求。

从供给角度来看，政府融资选择是在考虑融资流量概况的情况下做出的。如第16章所述，大多数国家都有明显的季度、月度和月内现金流量模式。债务赎回的年内时间安排可能会加重这些模式。如果货币市场不发达，那么该模式必须反映在债券发行模式之中，而债券发行模式也必须适应债券赎回。出于审慎原因，一些国家在开始时集中全力发行债务，以建立现金缓冲。这并不总是可能的，并且当盈余现金赚取的利息远远低于额外借款的成本时，成本可能很高。

其他日常债务和现金管理协调要求包括以下内容：

- 将发行日与到期日相关联，以最大程度地提高投资者滚动到新发行证券的机会。
- 选择到期日，以避开数周尤其是数天的大量现金流出（例如工资支付）；最好以现金流入天数（纳税到期日）为目标。
- 如上所述，债务管理者减轻了在大额债券到期时可能出现的现金管理问题。

随着主动现金管理范围的发展，在面临即将出现的现金短缺时是否发行债券或票据方面，债务和现金管理目标之间的潜在紧张关系减少了。主动现金管理与以下列方式进行的与金融市场的相互作用有关：在某种程度上平滑国库单一账户中的政府现金流量，从而使政府能够以低于其他现金缓冲的方式运作。可以对"粗调"和"微调"进行区分。粗调是指以有意在某种程度上平滑政府的净现金流量从而平滑国库单一账户余额变动的方式，可以发行票据或其他短期工具，也可能对现金盈余进行投资。任何一周的净票据发行额都会或高或低，具体取决于流出预计高于还是低于该周的流入。微调涉及现金管理者更多的活动，利用更广泛的现金投资工具和机会来更充分地平滑国库单一账户的短期变动。微调是更加细致和精确的，并且重点是日而非周或月。微调在技能和系统要求方面也更加精细。虽然许多国家粗调其现金流，但相对较少的国家会准确地微调国库单一账户余额，主要在北欧。

债务管理者更愿意以稳定和可预测的模式发行债券。定期发行减少了市场不确定性，因此投资者可以更好地提前进行规划。凭借流动性货币市场，更加主动的现金管理可以将债券销售的时间安排与政府的净现金流量概况相分离，由票据和其他货币市场工具来处理短期波动。这相应地提高了债务管理的透明度和效率。

随着与市场之间的这种相互作用的发展，债务和现金管理职能的整合变得尤为重要。这种整合确保政府向市场提供一致性。前台管理者需要与单个中介机构建立关系，无论前台管理者正在出售债券或票据，在货币市场进行借款或投资，或者出于更广泛的原因进行干预。这需要各种操作具备单一联络点。如果政府的两个部分正在与市场相互作用，那么就存在发出相互矛盾的信号、增加不确定性以及可能扭曲货币市场的风险。

在债务和现金管理职能之间需要密切合作，这方面的认识产生了综合债务和现金管理职能，这已经成为经合组织国家的常态，并且在新兴市场国家越来越普遍。

短期国债是迈向更加主动的现金管理的常用工具。银行和其他金融机构自然需要短期国债作为无风险资产。短期国债可以很容易地用作担保品，并且通常易于交易和结算。二级市场的发展得益于一系列潜在的持有人和政府的持续供应。与债务管理相比，现金管理关注更短的期间。短期国债存量的温和年同比变化可与年内的急剧变动保持一致，但市场的流动性必须相当强，并且金融机构必须有很好的基础需求。

与长期票据相比，短期票据对于现金管理而言更加有用。许多国家注重对现金管理使用一个月期票据；美国使用两周票据。发行量可以更容易地改变，以抵消现金概况的峰值和谷值。期限为三个月或以上的票据的灵活程度较低，因此已发行存量通常会按照投资者需求和投资组合要求保持稳定。回购[1]是在正常短期国债发行计划之外进行微调或借贷的首选工具。回购的贷款得到担保从而减少任何信用风险问题，因此具有很大的优势。回购在执行速度和可用期限范围方面也非常灵活。许多结算系统能够同日结算交易，并且自动处理担保品。

虽然回购是首选的微调工具，但也有其他工具，特别是在贷款或短期盈余投资方面。在银行间市场上借出现金通常是简单易行的，但因为对借款银行存在信用风险暴露，所以不建议这样做，除非能以小额隔夜借出。如果回购市场不是高度发达的（一些国家可能需要适当的法律框架），那么通常可以在银行进行常规存款，但在存款期限内坚持取得担保品。

或者，可以将现金投资于中央银行，存放在独立于国库单一账户的存款账户之中，并以接近市场利率的利率获得报酬。中央银行对此类请求的态度通常将取决于目前的流动性状况。一些中央银行不

---

[1] 回购（"出售和回购协议"的简称）是与关于稍后购回证券的协议挂钩的证券出售。逆回购是与关于稍后售回证券的协议挂钩的证券购买。回购最好被认为是担保贷款；因此，政府现金管理者可以决定以回购方式借款，通过暂时转移资产来筹集现金。对于回购交易而言，政府债务管理者几乎总是使用或要求提供短期国债或长期国债作为担保资产。

愿意在其试图消除外币流入对国内市场的影响之时，看到政府提取余额用于转贷给商业银行。

更加主动的现金管理与国内金融市场的发展有关。回购或类似的有担保市场工具的使用有助于货币市场的活动，并且刺激政府债券市场，因为国内政府债券通常是首选担保品。债务市场中介机构也使用回购来管理流动性并为其头寸提供资金。这些联系如图31.3所示（Williams，2010，第12页）。

当存在具备一系列工具、投资者和中介机构的二级市场时，主动现金管理更加有效，债务管理也是如此。发达的货币市场本身及其与其他金融市场的联系方面都是很重要的。发达的货币市场可以为有效的货币政策和金融稳定、银行和金融机构的主动资产负债表和风险管理、以及政府债务和现金管理提供支持，尤其是通过减少债务拍卖失败的风险和后果、改善流动性和提供超额现金余额投资机会。

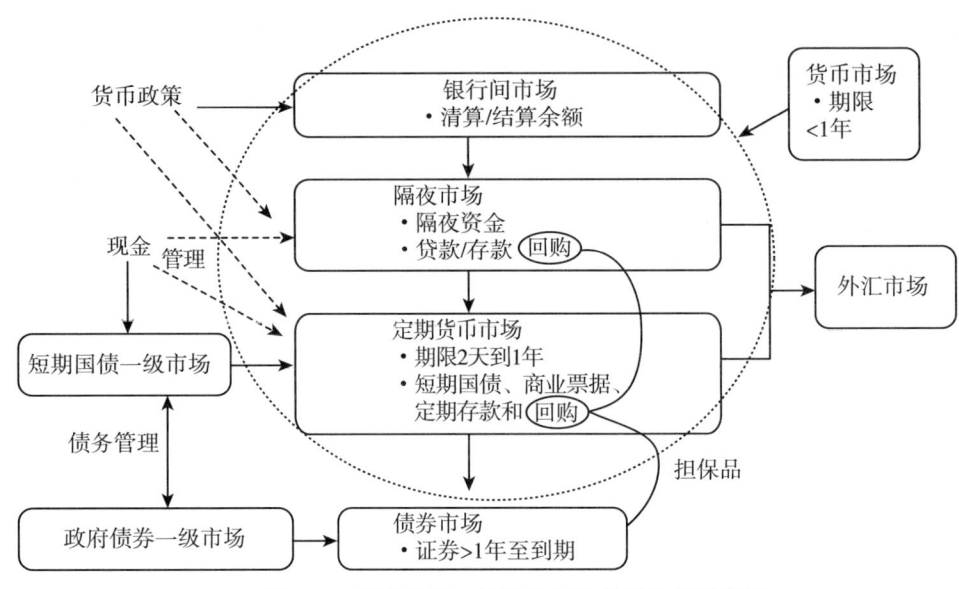

图31.3　货币市场：与其他金融市场的相互作用

关于采取协调一致的货币市场发展方式的明确需求，透彻地阐明了债务管理者和现金管理者密切合作的重要性。这还突显了现金管理政策与货币政策之间相互作用的重要性。

与中央银行的协调

在正常情况下，现金管理和货币政策的需求是一致的。在中央银行的政府存款变化通常是对国内银行部门流动性的主要自主影响，在其他条件相同的情况下，国库单一账户存款的增加会从银行回收流动性。如果政府能够在某种程度上平滑其余额，那么必须减少用于控制流动性的货币政策操作。

因此，中央银行与现金管理者之间的业务协调是非常重要的。需要就以下事项达成协议：

- 由财政部提供的关于政府在中央银行的预期现金流量和余额的信息流，这些信息是对中央银行流动性预测的重要投入。
- 向财政部提供的关于政府在中央银行的实际余额的信息流（在理想情况下接近实时，但肯定是第二天）。
- 各自市场干预的模式和时间安排；拍卖当周或当天的时间安排；公开市场操作的时间安排。

在中央银行没有足够的手段（特别是担保品）通过回购操作消除过剩的国内流动性并且使用自己的票据来回收流动性的情况下，现金管理和货币政策之间可能出现紧张关系，这可能分割短期国债市场。需要通过某种制度安排来处理这些问题。[1]还需要就国库单一账户余额和中央银行的所有其他政府存款支付的利率达成协议。虽然国际经验各不相同，但最佳实践是支付市场相关利率（Williams，2010，第17页），尤其是为了避免扭曲激励措施，然而，为了促进透明度和适当的财务激励，财政部应支付与交易相关的费用。

上文已经提到了中央银行和财政部可以为彼此政策有效性做出贡献的债务管理政策领域。中央银行将有效地把市场对未来发行计划的看法提供给财政部。鉴于需要商定的市场发展战略，每个机构都希望就票据和债券发行的操作方法得到另一个机构的咨询。在这些领域的咨询和建议方面的安排通常包含在某种形式的协议或谅解备忘录（MoU）之中。这要列出需要涵盖的问题以及咨询途径。中央银行提供的服务（例如财政代理人或银行业者）可以包含在服务水平协议之中。两个相关机构之间的正式合同通常没有必要，但服务水平协议将规定双方的预期（例如处理或周转时间的预期），以及费用和业务连续性事件处理等问题。[2]

结论和指南

债务管理是很重要的；在出现不利经济冲击的情况下，不恰当的债务结构可能会使政府及其公民面临重大损失。

对于最低收入国家而言，债务管理的重点是记录债务性负债（通常主要来自多边贷款人或其他外部贷款人的贷款和信贷）并确保准确及时地偿还。但是，只有在目标是筹集和支付所需资金，并且几乎不优先考虑整体债务组合风险管理的情况下，这才是足够的。随着经济的发展和融资选项的开辟，需要采取更专业的方法。这需要金融市场意识和技能，更加重视战略，以及适当的制度结构和治理框架。

在实践中，这种方法假设以下内容：

- 将高层决策与执行分离的流程。这不仅促进了透明度和问责制，还确保债务管理政策和战略组合目标适当地嵌入长期宏观经济目标。就财政影响而言，在债务总量以及债务组合中可接受的风险方面的重大决策由政治决策者做出，而技术专业人员在参数集中寻求最佳结果。
- 具体而言，确定债务组合结构的中期目标。这些是由债务管理战略（DMS）提出，由部长或政府批准，并在一个可以评估政府成本风险权衡的框架中，在考虑政府其他资产和负债的情况下制定。在理想情况下，该战略已经公布。
- 成立公共债务委员会。这是确保在政策与执行之间进行区分的一种方式：公共债务委员会汇集全部有关人员来讨论并商定用于管理债务管理者运作事宜的政策框架（包括债务管理战略）。
- 建立一个涵盖决策、监测、报告和审计的问责框架。立法应包括高层债务管理目标，并要求部

---

[1] 关于可能出现的问题和建议的解决方案，请见Williams（2010）。
[2] 关于政府与中央银行在这些领域的关系的更全面讨论，请见Pessoa and Williams（2013）。

长和官员对用于实现该目标的政策和运作负责。立法不应该授权议会或国会批准个别借款决定，这繁琐而耗时。在内部应向公共债务委员会或部长报告业务，在外部应向议会和公众报告业务。

- 制定支持专业化、问责制和关注目标的组织结构。最好得到一体化的债务管理单位的支持，无论是半自治的还是财政部内部的。在任何一种情况下，合理的实践都是在分立的前台、中台和后台职能之间进行区分，并与操作风险管理框架和适当内部控制联系起来。
- 还需要系统来对所有公共债务和债务相关交易进行定价、估值、记录、确认、结算和核算，并支持债务管理者的运作。债务管理者还必须拥有足够的或有负债信息，以便在制定债务和风险管理战略时予以考虑。最初，优先事项是债务数据库，[①]但随着精密程度的提高，需要系统来捕捉市场数据；确保与其他财政管理、会计和数据系统之间的完整接口；高效地处理交易；分析风险。

政府现金管理与确保政府有流动性来执行其支付有关。政府的首要优先事项必须是确保其有现金可用于履行其承诺，但还有其他目标。现金管理方式以及现金管理者与其他职能的相互作用方式对一系列更广泛的财政政策具有重要意义。

在现金管理的发展方面有一个自然发展过程：

- 如第16章所述，设立国库单一账户（TSA）。这需要将所有政府现金余额汇总到中央银行的单一账户之中，并确保银行系统中留下的任何现金隔夜清算回国库单一账户。
- 建设监测和预测政府现金流入和流出或国库单一账户余额变动的能力，最好是提前三个月每天进行。第16章中也列出了这些步骤。
- 调整现金流量，一般是通过旨在抵消每日净现金流量的流动性影响（即平滑财政部在中央银行的余额变动）的模式发行短期国债或其他工具。
- 对此而言，债务管理和现金管理之间的密切业务协调是至关重要的。最初，这意味着确保债务管理者了解现金流的季节性，并在其发行计划中考虑到这种季节性。但随着国内市场的发展，如使用短期国债来平滑现金流量这类选项将开始发挥作用。协调是至关重要的，必须只有一个前台与市场相互作用、发行票据和债券。
- 更加主动的现金管理与国内金融市场的发展相关，这意味着与中央银行的密切协调与合作。中央银行可能已经受聘担任政府的财政代理人，但在任何情况下，从早期阶段就开始与中央银行协调运作并且商定信息共享安排都是很重要的。

---

① 大多数低收入国家和许多中等收入国家使用联合国贸易和发展会议或者英联邦秘书处开发和支持的债务数据库之一。

参考文献

IMF and World Bank. 2001. *Guidelines for Public Debt Management*. Washington, DC: International Monetary Fund and World Bank.

IMF and World Bank. 2009. *Developing a Medium-Term Debt Management Strategy（MTDS）-Guidance Note for Country Authorities*. Washington, DC: International Monetary Fund and World Bank.

IMF. 2011a. *Public Debt Guide for Compilers and Users*. Washington, DC: International Monetary Fund.

IMF. 2011b. *International Monetary Fund Managing Sovereign Debt and Debt Markets through a Crisis - Practical Insights and Policy Lessons*. Washington, DC: International Monetary Fund, Monetary and Capital Markets Department.

Pessoa, M., and M. Williams. 2013. *Government Cash Management: Relationship between the Treasury and the Central Bank*. Washington, DC: IMF Fiscal Affairs Department.

Togo, E. 2007. *Coordinating Public Debt Management with Fiscal and Monetary Policies: An Analytical Framework.*, Policy Research Working Paper 4369.Washington, DC: World Bank.

Turner, P. 2011. "*Fiscal Dominance and the Long-Term Interest Rate,*" Basel, BIS, Financial Markets Group Special Paper Series 199.

Williams, M. 2004. '*Government Cash Management: Good and Bad Practice*. Washington, DC: World Bank Treasury.

Williams, M. 2009. *Government Cash Management: International Practice*. Oxford, Oxford Policy Management Working Paper 2009-01.

Williams, M. 2010. *Government Cash Management: Its Interaction with Other Financial Policies*. Washington, DC: IMF Fiscal Affairs Department.

World Bank. 2007. *Developing the Domestic Government Debt Market: from Diagnostics to Reform Implementation*. Washington, DC: World Bank.

World Bank. 2009. *Debt Management Performance Assessment Tool*. Washington, DC: World Bank.

32
国有企业的财务管理与监督

理查德·艾伦和桑杰·瓦尼[①]

尽管过去30年来掀起了私有化浪潮，但国有企业（SOE）在许多国家仍然具有相当大的战略、经济和社会重要性。从财政角度来看，国有企业也具有重要意义，因为虽然国有企业位于广义政府部门之外，但国有企业从政府预算中获得资源，国有企业的债务在许多国家由政府提供显性或隐性担保，并且它们经常代表政府进行准财政运作。财政管理的另一个问题是，国有企业可能由国家（中央或联邦层面）以及地方（州或省层面）政府所拥有，而在一些国家，由第三级政府（县和市）拥有，因此使财政风险来源多元化和加剧。在本章中，在首先讨论国有企业的定义（该定义并非简单明了）之后，我们概述了国有企业的战略、经济和社会重要性，并评估了国有企业带来的财政风险。然后，我们讨论如何通过将国有企业纳入全面而稳健的法律和监管框架以及加强在公司治理和监督这些组织方面的安排来缓释这些风险。

国有企业的定义

如果要在一致的框架内进行这些机构的财政管理，那么就需要按照国际标准明确界定国有企业[②]。在一些国家，由于缺乏此类定义或在国有企业和其他不为市场生产商品和服务的公共机构的作用方面缺乏明确性，所以出现了问题。一些国家的国有企业定义是有问题的，因为国有企业可以在法律上和组织上采取不同的形式（世界银行，2006）。术语本身也会导致混淆：国有企业有不同的术语：政府所有公司、国有公司、国有实体、国营企业、半国营企业、公有公司、政府商业企业和商业政府组织。[③]

在本章中，我们将国有企业表征为政府所有或政府控制的实体，其资产以公司形式持有，并且其通过销售商品和服务创造大部分收入（OECD，2005）。《2001年政府财政统计手册》使用了类似的定义。该手册采用术语"公共公司"来描述国有企业。因此，国有企业与不创造大量收入并且在《2001年政府财政统计手册》中被归类为预算外实体的公共实体不同（见第18章）。在《2001年政府财政统计手册》中，对非金融公共公司和诸如由国家拥有或控制的银行和保险公司等金融机构进行了有益的区

[①] 作者非常感谢苏尼塔·西克里（Sunita Kikeri）和弗拉基米尔·克里文科夫（Vladimir Krivenkov）对本章早期版本的有益评论。
[②] 主要来源是国际货币基金组织《2001年政府财政统计手册》。该文件提及公共公司而非国有企业。该手册指出，"将一个单位划分为公司的关键不是其法律地位，而是其为市场生产商品和服务并作为所有者利润或其他财务收益来源的特点"（第8页）。
[③] 在许多英联邦国家（例如加拿大和新西兰）国有企业被称为"皇家公司"。

分。在本章中，我们主要关注非金融实体，因为金融机构的监管制度是特殊的，需要遵守巴塞尔核心原则等国际标准，并且通常由中央银行而非政府进行监管。开发银行（全球有180多家）虽然主要是金融机构，但其具有广泛的经济、社会和发展目标，同时也会暴露在国家分赃、腐败和财政风险之下，因此也具有国有企业的一些特征。所以开发银行难以分类，本章不再具体讨论。[①]

即使具有这种表征，但关于国有企业在一个国家的公司类型中的合适位置，[②]特别是如何看待不同的国有企业方面，其确切法律地位也存在很大差异。就后者而言，经合组织（2011）提出将国有企业分为三大类，这对于具有发达股票市场的国家而言是非常有用的：拥有多数股权的上市公司，拥有多数股权的非上市公司，以及法定公司。

《2001年政府财政统计手册》和《国际公共部门会计准则》[③]（IPSAS）都提到使用"控制"概念来确定一个实体是否是国有企业。《国际公共部门会计准则》第六号会计准则将控制界定为源于"一个实体支配另一实体的财务和运营政策的权力，并不一定要求一个实体持有另一实体的多数股权或其他股本权益。"这表明拥有多数股权（超过股本的50%）不是构成控制所必需的。在一些国家，政府可能拥有国有企业的"黄金股"，规模足以使政府能够控制国有企业运营的重要方面：例如支付股息，或者委任董事会成员和其他关键人员。

国有企业的战略、经济和社会作用

经济学家长期以来一直认为，在此类情况下，特别是在市场失灵和其他监管手段效率低下的情况下，国家所有权是合理的。例如，凯恩斯（Keynes）认为，随着组织[④]变得非常庞大（用现代的说法是"大而不能倒"），如果组织是提供公共产品并必须遵守适当监管制度的"半自治公共机构"可能会更好（Tanzi，2011）。然而，不是经济理论，而是20世纪初期和中期的两个重要政治和战略发展情况刺激了国有企业增长。第一个是苏联及其卫星国的共产主义和中央计划经济的崛起，扼杀了大多数私营部门企业。第二个是大量国家（印度、几个前非洲殖民地和其他国家）在第二次世界大战后获得独立，并将前殖民大国的资产国有化，以通过工业化促进经济发展、限制外国所有权、保护战略利益（所谓战略利益通常非常广泛且非透明）并保持就业。

因这些政治分裂而产生的国有企业具有广泛的经济和社会影响力：在中央计划经济中，国有企业被用于吸收所有可用的工人，并为这些工人提供医疗保健、退休福利甚至衣食。坦齐（Tanzi，2011）

---

① 然而，关于各国国家开发银行的文献很丰富。例如Joseph Kane, 1975, Development Banks: An Economic Appraisal (Lexington Books); Nicholas Bruck, Fall/Winter 1998, "The Role of Development Banks in the Twenty-First Century," Journal of Emerging Markets 3, no. 3; United Nations, December 2005, Department of Economics and Social Affairs, Rethinking the Role of National Development Banks; and Jennifer Amyx and A. Maria Toyoda, December 2006, "The Evolving Role of National Development Banks in East Asia (International Centre for the Study of East Asian Development, Kitakyushu, Working Paper Series, Vol. 2006-26。然而，在这些银行造成的财政风险以及如何管理此类风险方面，文献中没有太多讨论。

② 例如在中国，可以注册以下类别的内资企业：国有企业，国有控股企业，集体企业，股份合作企业，联营企业，有限责任公司，股份有限公司以及私营企业。外资企业构成了另一类别。总计有超过2万家国有企业和国有控股企业。请见Szamosszegi and Kyle（2011，表Ⅲ-1和表Ⅲ-2）。

③ 关于国际会计准则的讨论，包括《国际公共部门会计准则》，请见第34章。

④ 凯恩斯提到的此类组织的示例是大学、港口、铁路和英格兰银行。

认为：

> 国有企业产出的出售价格由中央计划者决定。中央计划经济事实上创造了一种"监管福利国家"……（这些国家的）主要目标不是效率而是公平，也许是在某种基本或低水平上针对某些风险的保护。（第213—214页）

到了20世纪80年代和90年代，许多国家的政治和战略环境以及思想观点氛围已经变为支持放松经济管制和减少国有企业规模和作用。在此期间，在国际货币基金组织和世界银行的政策和贷款计划（"华盛顿共识"）的支持下，许多国家开始实施大量的私有化计划。作为对公共部门工会的压力和民间团体组织日益增长的影响的反映，在20世纪90年代的热潮之后，私有化的步伐在21世纪初大幅放缓——在一些国家，这种趋势在2008年金融危机到来之后实际上已经逆转。[①]

尽管存在这种私有化努力，但在许多国家，特别是一些新兴市场和转型国家，国有企业仍然是重要的经济力量。在经合组织国家，虽然尚无可用的精确估计，[②]但国有企业在国内生产总值中的平均份额估计约为15%，而少数前转型国家在20%—30%（OECD，2011）。在法国[③]和墨西哥等发达国家，国有企业仍然是一股力量。在最大的发展中国家，特别是中国、印度和俄罗斯，全部或部分政府所有企业仍然具有影响力，并且已经开始超越其国界（Shapiro and Globerman，2007）。布迪曼等人（Budiman and others，2009）认为，国有企业对发展中国家的经济影响差异很大：在一些非洲国家，占国内生产总值份额可能超过50%，而亚洲、东欧和拉丁美洲最高15%。在中国等集中经济中，国有企业可能占国内生产总值的多达50%（Szamosszegi and Kyle，2011）。世界银行（2006）提供了以下额外示例：

- 在印度，中央政府在金融部门以外拥有和/或控制240家国有企业（邦层面拥有更多）。这些企业提供印度95%的煤炭、66%的成品油以及83%的成品钢和铝。仅印度铁路公司就雇用了160万人，这使其成为世界上最大的国有商业雇主。
- 在印度尼西亚，政府控制着161家国有企业，而这些国有企业拥有860亿美元资产并且估计有140万名雇员。这些国有企业超过70%在竞争性部门中运营，包括制药，农业、渔业和林业，印刷和出版以及其他20多个行业。
- 在越南，约有5000家国有企业，占国内生产总值的38%。

尽管国有企业的地位很突出，但应该正确看待国有企业在国际经济中的作用。夏皮罗和格罗伯尔曼（Shapiro and Globerman，2007）证明，在联合国贸易和发展会议列出的最大的100家跨国公司中，只有14家公司存在一定程度的国家所有权。然而，在中国和印度等新兴市场，国有企业的作用尤为突

---

① 在金融危机最严重时，若干银行（例如英国的苏格兰皇家银行）、保险公司（例如美国的美国国际集团）和工业公司（例如美国的通用汽车公司）以股权资本形式从政府获得了的大量财政支持，因此事实上将这些公司国有化。

② 欧盟的统计机构欧洲统计局和经合组织国民账户统计工作组正在开展工作，以汇编和传播数据，对国有企业在国民收入和其他经济活动指标方面的贡献进行分析。

③ 2009年，九家法国企业（包括法国航空–荷兰皇家航空集团，欧洲宇航防务集团，法国电信集团，以及雷诺集团）雇用了大约92.5万人，市值达到2440亿美元。

出（特别是在自然资源部门），并且国家所有的程度往往高得多。国有企业集中度最高的是公用事业部门、电信部门，有时还有银行部门和碳氢化合物部门。相反，除石油和天然气等采掘业外，很少有国家在竞争性工业部门（例如制造业和建筑业）、零售服务提供（例如购物和酒店）或基本活动中拥有大量国有企业。

国有企业运营产生的财政风险

财政风险[1]可以定义为财政结果与事前预期的差异。在预算背景下，预算结果与预算预测的偏差将构成财政风险（支出、收入和财政平衡）。但公认的财政风险定义更加广泛，还包括政府资产和负债价值以及表外项目（例如政府和社会资本合作合同项下的担保）价值的不可预见的变化。

国际货币基金组织最近的一项调查发现，工作人员认为国有企业几乎是与中央政府预算一样的重要财政风险来源，随后是社会保障机构、金融部门和地方政府（IMF，2012）。在无数的国家，政府使用国有企业作为政治施舍和分赃安排的渠道，作为在预算授权和审查之外进行补贴和未经授权支付的掩护，并作为监管不力和财政管理不善的借口。齐波塔里等人（Cebotari and others，2009）指出，公共企业通常是政府或有负债的重要来源，特别是由于政治干预、管理不善或不负责任的借款。此外，如上所述，预计许多国有企业所追求的公共政策目标与国有企业商业运营的关系不大，但政府不会对如此行事予以补偿。在正常时期和危机之后，损失或过度债务导致了成本高昂的政府救助。[2]甚至对于持续表现不佳的国有企业，政府通常也不愿意清算。相反，政府通过预算以权益或债务注入形式提供直接财政支持，或者提供诸如国有银行部门优惠信贷以及免缴税费等间接财政支持。

关于财政透明度的国际良好实践是，在预算文件中包括关于财政风险的信息，作为评估预算结果方面脆弱性的基础。虽然量化财政风险是非常理想的，但如果不可行，那么应该包括定性分析。在可能的范围内，风险分析应包括识别可用于缓释特定风险的措施。

可能给国家预算造成财政风险和潜在成本的国有企业运营相关因素包括：

- 宏观经济：包括国际商品价格（特别是石油价格）变化，以及汇率、利率和通货膨胀率变化。
- 监管：包括价格监管（例如与公共服务义务有关的监管），还包括准入以及普遍服务义务的影响。
- 运营：包括资本投资项目实施的延误和成本超支，以及影响国有企业技术（或运营）效率的因素。
- 部门：影响对国有企业产出的需求、减少国有企业市场份额（例如通过竞争变化）或增加生产成本（例如工资变化）的部门特定因素。
- 不可抗力：自然灾害、内乱和其他无法控制的风险因素。

---

[1] 关于财政风险的详细讨论，请见第28章。同样相关的是Cebotari and others（2009），其中包括与国有企业相关的财政风险方面的有益讨论。

[2] 齐波塔里等人（Cebotari and others，2009）引用的示例涉及电力部门（印度尼西亚和菲律宾）、航空公司（若干欧洲国家）、铁路和地铁服务（哥伦比亚、匈牙利、日本、马来西亚和泰国）和水务当局（约旦）。其中许多情况中的财政成本占国内生产总值的几个百分点。

与非金融部门的国有企业相比，金融部门的国有企业面临着截然不同的风险。金融国有企业在本质上从事风险活动，因此其挑战在于妥善管理这些风险，以实现可接受的生产力水平。例如，银行系统的核心业务模式是通过参与期限错配来承担信用风险和流动性风险。因此，银行主要通过短期存款来融资，并使用这些资金为长期项目提供资金，从而赚取这两个期限之间的利差收入。从历史上看，在许多国家，国有金融公司尤其是银行因其在不良贷款负担过重时的大量资本结构调整需求而成为财政风险的重要来源。例如受到1998年亚洲危机严重影响的银行系统的重组财政成本超过国内生产总值的50%（Shapiro and Globerman，2007）。

有多种指标可用于衡量国有企业绩效对预算的影响。这些指标包括：

- 国有企业对预算的净贡献（包括增值税和其他间接税、企业所得税、股息、补贴、净权益和债务支付，以及要求提供政府担保）。对预算的净贡献衡量了国有企业在财政收入和支出方面的直接影响。
- 国有企业的融资需求。该指标补充了之前的指标，因为国有企业可以通过承担额外债务，来抵消其对预算净贡献的风险造成的影响。在其他条件都相同的情况下，这种借款也会减少未来净贡献。融资需求可以按净额（即不考虑债务展期）或按总额（在债务展期成为问题的情况下特别有用）来衡量。
- 净债务。以总负债减去国有企业的流动资产进行计量。不断上升的净债务增加了国有企业资产负债表和营业报表对政府的不利冲击（即企业需要政府提供财政支持以及未来可能减少对预算的净贡献）。
- 表外负债。此类负债的一个示例是国有企业根据政府和社会资本合作合同提供的担保（例如收费道路收入）。表外负债通常具有或有性质（如果表外负债是直接负债，那么应将其作为负债列入资产负债表）。该指标补充了之前的指标，因为表外负债的增加对国有企业净值和政府净债务具有类似的影响。

这些指标在很大程度上是互补的，不可能事先确定哪个是最重要的。从短期来看，政府可能最关注对预算的净贡献。如果国有企业债务被视为关键问题（例如国有企业拖欠付款的情况恶化）或国有企业在政府担保下大量借款，那么重点可能更多地放在融资需求和净债务上。如果政府关注可能在表外累积的负债，那么政府可能需要仔细监测和控制此类风险。

在评估国有企业对预算的影响时，需要注意一些实际问题。第一，对财务风险传递渠道的分析和管理可能十分复杂和困难。[①] 第二，如果通过国有企业账目追踪影响，那么可能需要根据以下事实进行调整：公司账目是以权责发生制为基础进行编制的，而许多国家的政府账目仍然是以收付实现制或修改后的收付实现制为基础进行编制的。第三，在财政报告重点关注中央或广义政府部门的国家，政

---

① 埃及提供了一个令人关注的示例。为国家投资银行和社会保险基金等国有企业提供资金的政府实体、非商业经济当局以及国有企业自身之间存在着交叉补贴和交叉债务的复杂网络。此外，公共部门中最重要的欠款来源是埃及石油公司（经济当局）对发电厂（国有企业）的债权。

府有动力去寻找将财政活动（和财政风险）转移到国有企业的方法。[①]第四，财政冲击的影响可能会持续数年。因此，全面的风险分析需要通过延长财政风险评估期来取得多年视角。

在一些国家，另一个常见的财政风险来源是设立吸走国内国有企业利润的离岸子公司。在许多情况下，这些安排来自最高政治层面的决策。专栏32.1给出了塔吉克斯坦的一个示例。在该案例中，塔吉克斯坦公共实体塔尔科管理公司（Talco Management）在离岸区域（英属维尔京群岛）运营，通过转让定价机制获得了国内公共铝业公司塔尔科公司（Talco）的利润。塔尔科管理公司的运营不透明，其账目被隐藏，不受公共监督，并且没有资金通过税收或股息转移到预算之中。撇开政治考虑因素，对于此类实践有明显的解决方案：应要求国有企业在全球合并的基础上编制财务报表，并就其利润支付税款和股息，相应资金归入预算。

专栏32.1 塔吉克斯坦：国有企业利润如何被吸到离岸公司

依赖廉价水电的塔吉克斯坦铝生产是在苏联时期发起的，自20世纪90年代初以来一直是塔吉克斯坦的主要出口收入来源。然而，在2005年，制定了一项向国外转移利润的规划。塔尔科管理公司于2005年在英属维尔京群岛成立，作为政府铝冶炼厂塔尔科公司的来料加工合作伙伴。塔尔科管理公司是一家股份有限公司，由两家塔吉克斯坦国营企业巴基塔吉克公司（BarkiTajik，能源垄断企业）和沃斯托克雷德梅克公司（VostokRedMet，国家金银加工企业）持有70%的股份。根据来料加工协议，塔尔科管理公司为塔尔科公司购买所有投入品，向塔尔科公司支付铝加工费（该费用每年变化），并拥有塔尔科公司的产品。加工费的计算方式是覆盖塔尔科公司的费用而不留下任何利润。对塔尔科管理公司进行的最新审计显示，该公司在2007—2010年每年平均获得大约7500万美元的利润，尽管在某些年份会出现亏损。在此期间，巴基塔吉克公司一直拖欠预算，同时以低于市场价格一半的价格向塔尔科公司供电。

资料来源：http：//www.mineweb.com，以及关于塔尔科公司相关腐败丑闻的许多其他公开报道。

如上所述，财政风险应在可行的范围内进行量化，而剩余的风险因素应明确确认，即使这些风险因素无法精确量化。一个示例是政府与各个独立电力生产者签订的合同所带来的风险。即使难以（尽管并非不可能）量化此类合同所产生的财政风险，也可以从合同的相关方面感觉到合同所带来的风险（例如如何确定电力价格和数量，在任何一方违约的情况下会发生什么，以及发电厂是否会在合同期结束时归还给政府、以什么价格归还）。关于国有企业的信息可以包含在政府每年编制并随预算公布的综合财政风险表之中。一些国家（包括澳大利亚、巴西、智利、哥伦比亚和新西兰）公布了此类报表（请见第28章）。

对国有企业债务和或有负债的监测应整合到年度财政分析和预算工作之中。政府可能会制定用于限制和监测国有企业债务的一些措施，特别是在公共部门整体债务水平受到关注时。国际货币基金组织《财政透明度手册》（*Manual on Fiscal Transparency*，2007）建议公共债务立法应包括关于因国有企

[①] 国际货币基金组织（2012）提供了这种实践的一些很好的示例。在美国，将政府支持的两个住房金融机构房利美和房地美分类在联邦政府之外，使房利美和房地美能够在不增加政府报告的总债务的情况下向抵押贷款市场提供准财政支持。另一个示例是在欧洲主权债务危机爆发之前，欧盟《稳定与增长公约》对广义政府赤字和债务的关注激励了成员国将财政活动转向国有企业。

业而产生的债务和担保的条文。此外，政府可以考虑对国有企业借款施加限制，并且应该具有关于审议和批准国有企业债务相关担保的明确标准，以及关于已出具担保的收费计划。

20世纪80年代和90年代的私有化努力对国有企业相关财政风险有何影响？在许多国家，私有化收益有助于减少财政赤字，但未必会消除新私有化企业的垄断地位。私有化主要涉及所有权的正式转让，而非有关企业运营实践的变化。在许多情况下，私有化不会导致竞争加剧，也不会改善向消费者提供的服务质量，也不会降低价格。与预期相反，私有化并未完全消除国有企业。在某些情况下，政府将其持股比例降低到使公司不再被归类为国有企业的程度，但继续通过黄金股或通过利用政府法令占有特殊权利来实施重大控制。

制定稳健的战略来管理与国有企业相关的财政风险应该是政府在管理其资产和负债方面更广泛承诺的一部分（见第26章）。第一步应包括绘制国有企业的综合图谱。在许多国家，政府没有关于其拥有的全部企业的完整信息，特别是关于这些企业的子公司和孙公司的信息。一旦绘制了国有企业组合的图谱，下一步就是为每个国有企业（包括子公司）编制相关财务和非财务信息。这些措施将在本章以下各节中介绍，包括以下内容：(1) 为国有企业制定全面的法律和监管框架；(2) 在中央各部之间建立关于实施监管制度的一套明确安排；(3) 为国有企业制定内部治理框架，用于明确界定董事会和审计委员会的作用和职责；(4) 相当重要的是，采取具体措施，以加强国有企业的会计和财务报告安排，以及最高审计机关和立法机关的外部监督安排。

加强国有企业的法律和监管框架

需要国有企业的法律和监管框架，以确保公共企业在公平竞争环境中与私营部门公司进行公平竞争。在一些国家，国有企业受商业法律管辖，而在其他国家，国有企业必须遵守单独的立法。在另一些国家，常见的情况是，法律和监管框架不存在或者不够清晰和透明，使政府官员和部长手中都有很大的自由裁量权。这可能导致国有企业被用于与其核心使命无关的其他政治议程。

经合组织《国有企业公司治理指引》（*Guidelines on Corporate Governance of State-Owned Enterprises*, OECD, 2006）列出了有效法律和监管框架的主要要素。下面讨论的这个框架的基本主题是为国有企业与私营企业创造公平竞争环境。

- 国家作为所有者的职能，应该与可能影响国有企业和私营企业在同一个部门内的共同运营环境的其他职能相分离，特别是在该部门的政策制定和市场监管方面。

在许多国家，国家的所有权职能和其他政府职能，特别是政策制定和市场监管，仍然由主管该部门的有关各部执行，这可能改变市场动态，并导致缺乏竞争力和对私营企业的偏见。然而，仅仅职责分离是不够的——监管机构的真正独立性对于确保中立和避免利益冲突情况而言是至关重要的。

- 政府应努力精简国有企业运营的程序实践和法律形式。法律形式应允许债权人提出索赔并启动破产程序。

在一些国家，国有企业受到保护，不受无偿债能力或破产程序的影响，这阻止了债权人获得偿付和强制执行与国有企业之间的合同。这种保护可能会鼓励国有企业承担不适当的风险或实施在财政上不可持续的项目。

- 应有特定的法律或法规明确规定国有企业对超出公认规范的公共服务的任何职责。此类义务（包括相关成本及其融资）需要以透明的方式向公众披露。

国有企业开展的准财政活动（例如低于成本销售电力、燃气和水等公用事业，或者低于市场利率提供贷款）扭曲了政府的财政状况。因此，估计此类活动的成本并将其作为对国有企业的报销列入预算是非常重要的。[①]

- 不应在遵守一般法律法规方面对国有企业进行豁免。

在许多国家，虽然未被豁免，但国有企业在遵守政府法规时会默示或明示地获得宽松待遇。例如涉及环境问题、健康和安全法规、建筑许可和分区法规的国有企业。

- 法律和监管框架应向国有企业提供足够的灵活性，以根据需要调整其资本结构。

与建立公平竞争环境的要求一致，重要的是对国有企业进入资本市场没有不适当的限制，从而使国有企业暴露于市场动态中，并提供国有企业净值的估值。妨碍国有企业进入资本市场会使国有企业依赖政府为股本和流动资金需求提供资金，从而打破公平竞争环境的标准。同样，国有企业也不应该从国有金融机构获得优惠融资条件。

从专栏32.2可看出如何将这种治理框架应用于国有企业财政管理方面。

专栏32.2 政府对国有企业的监督：良好实践

法律框架	国有企业必须遵守商业法律
	规定应通过预算全额报销的国有企业的所有公共服务义务
制度框架	将中央政府所有权和监管职能分离
	将市场和非市场实体分离
监管框架	经济收费表，但适用公共服务义务的情况除外
补贴	准确反映履行公共服务义务的估计成本的补贴
股息	以报告的利润和政府持股比例为基础支付股息

---

① 国际货币基金组织《财政透明度手册》就政府应如何在其预算文件中包括准财政活动提供了指导。鼓励国有企业在其报告中包括（例如）政府要求其提供的非商业服务或向其他政府所有机构提供贷款方面的具体信息。南非是准财政活动公开性的一个很好的示例。所有准财政活动都列入主要预算或相关预算外机构的预算。

借款	就政府担保和转贷收取的费用
绩效管理	绩效合同包括年度和多年度财政和非财政目标
监测	对风险最大的国有企业进行季度监测 财政风险指标仪表盘
	国有企业年度绩效的合并报告
破产	国有企业必须遵守商业破产法律或单独的国有企业管理法律

政府在监管和管理国有企业中的作用

国有企业的绩效已得到广泛研究，人们普遍认为，国有企业面临的挑战在很大程度上与其治理结构有关，而且这些挑战在新兴市场可能更加严峻。夏皮罗和格罗伯尔曼（Shapiro and Globerman，2007）提供了有用的文献摘要。可用的经验证据表明，在竞争环境中运营的国有企业的表现不如私营部门竞争对手。在许多国家，国有企业的特征是低或负投资回报、负流动资金和大量不可持续的债务。夏皮罗和格罗伯尔曼（Shapiro and Globerman，2007）评论称：

不像私营公司，国有企业的董事会和经理通常不受收购或代理威胁。国有企业很少受到破产的威胁，并且经常获得补贴贷款。因此，董事会成员和经理在通过高效运营来最大化公司价值方面的激励减少了。政治干预、非商业目标定义不明确以及缺乏透明度也可能妨碍问责和绩效（第2页）。

布迪曼等人（Budiman and others，2009）的研究证实了该观点。该项研究认为，在全球经济衰退期间，一些国有企业甚至在面临提高效率的压力时，也被要求通过提高支出和保留就业岗位来支持政府的刺激规划。该项研究进一步指出，"即使在正常时期，中国国有企业的平均资产回报率也低于私营部门的一半。一个原因是，在中国和其他国家，许多此类公司不受竞争压力的影响，尽力同时应付多种不明确或相互冲突的财政和社会目标，例如提供全面、低成本的电话服务。政治干预可能加剧这些困难。"夏皮罗和格罗伯尔曼（Shapiro and Globerman，2007）同样认为，与主要目标是财富最大化的企业不同，国有企业的目标可能是社会政治和商业目标的复杂组合。公司治理困难源于存在复杂的代理人链，却没有明确且容易识别的委托人这一事实。这些代理人可能包括中央政府部门（包括总统办公室、总理办公室、财政部、"主办"国有企业的有关各部、立法机关、非政府组织以及其他特殊利益群体）和地方政府，以及国有企业本身。在对企业进行财政监督和问责方面人员配备过多并且安排薄弱，这增加了经济表现不佳和财政管理不善的可能性。

随着国有企业形式的变化以及政府寻求最大化其投资回报，国有企业的所有权和管理安排随着时间推移而发生变化。所有权安排可大致分为三种类型：分权式安排，集中式安排和混合式安排，如下所述。

分权式安排

通过企业化进程将国家机构合法转变为国有企业，也将有关各部从作为服务直接提供者的角色转变为作为有关企业所有者的政府代表。因此，除了政策制定职能外，有关各部开始任命国有企业董事会并监测国有企业绩效，而公司化国有企业的管理层则负责实际的服务提供。然而，在实践中，各部和国有企业之间的角色分离有限。向各部下放所有权职责引起了一些问题。第一，在有关各部设定以低于生产成本的价格提供产品或服务的政策目标时，有关各部在政策制定和所有权方面的双重职责往往会导致利益冲突。第二，有关各部经常参与国有企业层面的商业决策，而不是被限制参与指导和监测国有企业。

集中式安排

许多经合组织国家和几个新兴市场国家采用了集中所有权模式，在这种模式下，设立了专门的所有权机构来行使国家对国有企业的所有权职能。这通常涉及政策制定职能和所有权职能的分离，以避免潜在的冲突，并重新调整有关各部在政策制定方面的作用。集中模式可以采用以下形式之一：

- 政府的部专门负责监管和监测国有企业的绩效：如印度尼西亚和瑞典；
- 自治机构，例如法国的政府持股局（APE）；中国的国有资产监督管理委员会（SASAC）；秘鲁的国家商业活动融资国家基金（FONAFE）；马来西亚的国库（Khazanah）；
- 控股公司或投资公司，例如在那些不将政府持续控制国有企业视为必不可少的政策工具的国家。如新加坡（淡马锡控股公司，Temasek），芬兰（索里迪姆欧埃公司，Solidium Oy），奥地利（奥地利工业控股公司，ÖIAG）。

集中化为履行国家所有权职能创造了专业知识，同时为国有企业管理带来了更加一致的方法。集中化被视为一种使国家所有权作用专业化、保持股东价值并使国有企业免受政治干预的方式。但是，存在权力和资源过度集中在单一实体之中的风险，可能导致不可预见的后果，具体取决于国情。出于这些原因，一些国家采用了混合方法，结合了分权模式和集中模式的特征。

混合式安排

在混合模式中，作为所有者的有关各部继续负责所有权职能及其政策制定职能，而单独的咨询或协调机构（有时是财政部）负责制定国有企业所有权和管理框架，并监测实施情况。这种模式在拥有大型多样化国有企业组合并且可能很难完全集中化的国家更为普遍，如印度（公共企业部）、泰国（国营企业政策办公室）和南非（公共企业部）。在墨西哥和捷克共和国，有关各部有权任命董事会成员并监测有关国有企业的经营绩效，而财政部则负责监测有关国有企业的财务绩效。

董事会的作用

董事会负责在组织方向和政策方面为国有企业经理提供战略指导，并监督国有企业运营的效率和有效性（见专栏32.3）。专业型董事会对于促进良好治理、有效管理和强劲绩效至关重要。董事会还对股东负有信托义务——有义务在合理范围内谨慎注意，并提升企业的股东价值。

越来越多的经合组织国家进行了重要的改革，使国有企业董事会专业化。健全的治理始于选择合格的董事在董事会任职。为了限制政治干预并提升董事会的独立性和能力，成员提名程序已经正式化，并以技能为基础。例如在波兰，作为监事会内国家代表的潜在被提名人必须在履职之前接受特定的考试。现任成员的持续专业发展对于现任成员保持足够的知识和专业性来有效履行职责同样是至关重要的。在加拿大，枢密院办公室与加拿大国库委员会秘书处合作，为新的董事进行为期两天的国有企业公共部门治理培训课程。

如果董事会要高效和有效地运作，那么独立性是至关重要的。董事会在履行职责时必须是自主和独立的，并且不受政治干预。政治干预严重阻碍了董事会专业化。如果没有透明和明确的选择流程，那么可能会根据政治忠诚而非商业头脑来选择董事会成员。许多经合组织国家在法律上规定了明确的资格要求。澳大利亚、新西兰和瑞典已经实施了结构化、基于技能的提名流程，确保能力是最终的选择标准。虽然在一些国家，法律规定竞争性选拔董事会成员，但是可能仍然存在压力来使该过程变得政治化，而非以绩效为基础，从而损害董事会的独立性。

如果缺乏明确性和纪律性，董事会的权力就会从两头被削弱。忠于主管其所在行业部门的政府各部的管理层可能以不恰当的方式快速绕过董事会。或者，主管部门可能希望直接与管理层交涉或复制董事会的职能。为了避免这种诱惑，澳大利亚、法国和瑞典政府试图通过发布精心制定的指引来消除模糊性，这些指引规定了国有企业董事会运作的职责和规则。如果没有这样的指导方针，董事会的新董事可能不清楚其主要作用和职责。对于董事代表谁，董事可以在多大程度上质疑管理层的计划和建议，如何与代表赞助国有企业的相关各部的部长和官员交流，以及如何通过战略指导和监督来实施治理，也可能存在模糊性。

在大多数国家，没有用于系统评价国有企业董事会绩效的任何流程。经合组织（OECD，2006）建议每年进行此类评价：新西兰、波兰和瑞典的政府已制定了具体机制。

专栏32.3　董事会的职责——经合组织指引

国有企业董事会应当具备必要的权限、能力和客观性，以履行战略指引和监督管理层的职能。董事会成员应当诚实守信，并对自身的行为承担责任。

- 国有企业董事会应当有明确的受托责任，并对企业的经营业绩承担最终责任。董事会应当接受出资人问责，以企业的最佳利益行事，并对所有股东一视同仁。
- 国有企业董事会应当以政府和所有权实体设定的目标为基础，履行监督管理层和提供战略指引的职能。董事会应当有权任免首席执行官。
- 国有企业董事会应当具备恰当的人员构成，以便其有能力做出客观、独立的判断。良好实践提倡董事长与首席执行官分设。
- 如果董事会按规定必须设有职工代表，则应建立相关机制，确保职工代表能够有效履职，并有助于提升董事会的技能、信息和独立性。
- 在必要时，国有企业董事会应当设立专业委员会，以使整个董事会更好地履行职责，尤其是审计、风险管理和薪酬方面的职责。
- 国有企业董事会应当每年对董事会运作成果和效率进行评价。

资料来源：OECD（2006）。

在私营部门，特别是在上市公司中，董事会通常设立审计委员会，而审计委员会对财务报告和控制环境承担最终责任，并对信托问题提供客观的观点。然而，此类机构在公司化国有企业中并不常见。为了履行职责，审计委员会必须有足够的权力，以：

- 监督内部审计职能的运作，并确保该职能有充分的资源和独立性；
- 监督和确保国有企业内部控制的充分性；
- 确保国有企业符合财务报告要求，编制高质量的财务报表；
- 就外部审计师的选任提出建议并与外部审计师联络，包括审计范围、费用和调查结果。

财政规划、报告和透明度

为了管理国有企业产生的财政风险，许多国家制定了相应框架以管理国有企业的财政事宜，并确保正确实施该框架。已经制定了类似的框架来管理属于广义政府部门并具有自治和准商业性质的其他类别的公共机构的财政事宜。[1]例如，在确定为所提供服务收取的价格（或费用）、会计和报告系统、审计和监督以及内部治理方面，需要制定规则。然而，由于许多这些国有企业的法定基础以及与政府之间的独立关系，国有企业的财政管理是特别有问题的。

在许多国家，公共财政法案或其他立法[2]包括关于国有企业融资和财政运作的一般规定。此类规定是必需的，因为尽管商业法律可能规定了国有企业的报告要求，但这些条件往往不足以确保向政府提供信息来履行政府作为公共资金所有者、监管者和监护者的职责。公共财政法案需要包含的关于国有企业的规定包括：

- 财务报告义务；
- 预算文件和政府合并财务账目中需要包括的关于国有企业的信息；
- 战略计划和年度财政计划；
- 年度财务报告和年度账目；
- 关于借款和债务限额以及提供政府担保的规则。

除一般法律规定外，许多国家（包括澳大利亚、新西兰和瑞典）已经发布了关于国有企业财政规划和财务报告的法规和指引，详细规定了谁负责编制财政计划和财务报告等问题；所发布报告的类型和格式；计划和报告的提交时间表；关于收集国有企业财务数据以及审查和分析所收到报告的程序；反馈机制；强制性条款。

国有企业应该将企业计划和预算的编制日程与政府的年度预算流程保持一致。这将确保国有企

---

[1] 英国政府机构提供的一个示例是对签发护照和驾驶执照等服务进行收费。关于与此类公共机构相关的财政治理问题的讨论，见第18章。

[2] 例如澳大利亚《联邦当局和公司法案》（1996年）和新西兰《国有企业法》（1986年）就国有企业的监督事宜进行了立法。

业董事会及时批准国有企业的业务计划,以在政府预算的战略规划阶段实现互动和协商。国有企业需要向政府提供关于公司需要通过预算转移支付或者政府对未来借款提供担保来填补的融资缺口的预测。

公司意向声明(SCI)支持规划流程并加强国有企业问责框架。[①]公司意向声明是政府与国有企业董事会之间的年度正式协议,并且构成国有企业公司计划和财政计划的一部分。公司意向声明的一个基本目的是加强董事会在企业财务绩效方面的问责制,并向国有企业传达政府对国有企业未来绩效的预期。政府使用公司意向声明来评估每个国有企业在下一财政年度和中期内,在实现特定财政和非财政目标和结果方面的成功程度如何。

国有企业的财务指标通常基于专栏32.4所示类型的关键绩效指标(KPI)。相应地,这些指标源自更广泛的14个关键比率,而这些关键比率是由顿(Dun)和布拉德斯特里特(Bradstreet)[②]开发的,用作监测公司三大领域绩效的一种方式:偿债能力、效率和盈利能力。此类指标可以通过有关国有企业特有的其他指标加以补充,(例如)以将拖欠付款减少到可接受的水平,或者使就业水平与行业标准保持一致。关键绩效指标可用作基准,用于将国有企业与同一行业、同一地区或国际上运营的其他公司进行绩效比较。压力测试可用于评价国有企业的财务稳健性。虽然此类测试最常用于银行和其他金融机构,但此类测试对非金融公司也很有价值。[③]

专栏32.4　说明性财务绩效目标

流动比率=流动资产/流动负债

债务股本比=总负债/股本

债务收入比=总负债/总收入

所得税前利润(EBIT)率=所得税前利润/总收入

净资产收益率=税后净利润或所得税前利润/所有者权益

资产回报率=税后净利润或所得税前利润/总资产

大多数经合组织国家要求国有企业采用与私营上市公司相同的会计准则;即《国际财务报告准则》(IFRS)。在财务报告中使用高质量的会计准则改善了财务报表中所含数据的可靠性,并提供了国有企业运营财务绩效的客观指标。但是,许多发展中国家面临的问题可能会逐渐削弱国有企业财务报表的可靠性和可用性:特别是在编制基于《国际财务报告准则》的财务报表方面缺乏内部专业知识,在年终之后编制财务报表方面存在长期延误,并且董事会/政府缺乏理解和分析基于《国际财务报告准则》的财务报表的能力。

在许多国家,没有关于国有企业财务报告的任何指引,而许多经合组织国家已经发布了非常具体的报告指引。例如,波兰已发布《财务报告指引》,而瑞典已发布《政府所有公司外部报告指引》。通

---

① 例如请见澳大利亚越网公司(Transgrid)(http://www.transgrid.com.au)和新西兰邮政(http://www.nzpost.co.nz)。世界上还有许多其他示例。

② 请见http://www.dnb.com/product/contract/ratiosP.htm。

③ 关于有益的评论,请见Moretti, M., and M. Swinburne, 2008, "Stress Testing in the IMF", IMF Working Paper, WP/08/206。

常，额外的报告和监测有助于避免令人不快的意外，使国家成为更可预测的所有者，并避免公众对公共企业绩效的强烈抗议。经合组织关于国有企业的指引（OECD，2006）包括与会计和披露有关的项目（专栏32.5）。

专栏32.5　经合组织关于国有企业会计和披露的指引

- 国有企业应遵守与上市公司相同的高质量的会计和审计标准。大型或上市国有企业应当按照国际公认标准披露财务和非财务信息。
- 国有企业应披露关于经合组织《公司治理原则》中所述全部事项的重大信息，突出一般公众以及国家作为所有者极大关注的领域。此类信息的示例包括：（1）关于公司目标及其实现情况的明确公开声明；（2）公司的所有权和表决权结构；（3）重大风险因素和风险管理指标；（4）国家财政援助，包括代表国有企业提供的担保和承诺；（5）与关联实体之间的重大交易。

资料来源：OECD（2006）。

在传统上，国有企业和政府抵制高水平的披露和透明度。虽然国家的保密和忽视仍然导致国有企业不透明，但一些国家和国有企业已为改善披露做出了重大努力。例如，巴西提供供水和污水处理服务的国有公用事业网站（Sabesp）包含详细的信息，例如年度和季度财务报表、可持续发展报告、运营指标和公司治理信息，以及其他披露信息。在韩国，全部国有企业都需要生成标准化数据，然后通过互联网向公众提供。

认识到国有企业是国家使用纳税人资金设立的，立法机关和公众有权知道企业如何使用资金，就像立法机关和公众有权知道政府如何使用预算资源一样。因此，国有企业应定期披露经审计的财务报表和审计报告。更高水平的披露和透明度可以改善国有企业对国家的责任；对国有企业管理层施加压力以改善绩效；使其更好地进入资本市场。在许多国家，没有任何法律要求国有企业有义务公布财务报表或审计报告。相比之下，大多数经合组织国家的国有企业年度报告和财务报表都是公开提供的。在瑞典，目标是在1月份（新财政年度的第一个月）公布年度报告。

除了编制和披露财务报表外，还有在整体政府账户中报告国有企业情况的问题。大多数国家不提供关于国有企业利润/损失、资产和负债（包括或有负债）的汇总信息。《2001年政府财政统计手册》建议关于公共部门的报告包括国有企业（非金融公共公司）的财务数据。加拿大对大部分资金来自政府的国有企业进行了并表，但将财务独立的国有企业的财务报表合并为一份单独的报告。另一方面，新西兰针对整体政府的权责发生制合并财务报表包括全部国有企业的资产和负债信息。

对国有企业的外部监督

对国有企业财务报表进行的独立外部审计可以向国家和其他利益相关方保证财务报表中的信息准确可靠（请见第37章）。在大多数经合组织国家，国有企业必须遵守与私营公司相同的审计要求。在英国，年度财务报表由独立外部审计师予以认证，并构成审计师意见的基础。然而，在许多发展中国家，在对国有企业年度财务报表进行外部独立审计方面没有任何要求。对国有企业财务报表的审计可能是一个国家的外部审计机构审计任务的一部分；在其他国家，此类审计可由私营部门审计师以及审计机构（例如在印度）共同进行或专门由私营部门进行。例如在加拿大，审计长审计46家国有企业中的41家，而41项审计中的6项是与私营企业共同审计的。

在谁应该审计国有企业方面，没有达成一致的国际基准。但是，鉴于许多国有企业是公共资金或国家担保的接受者，并产生或有负债和其他财政风险，人们普遍认为，一个国家的外部审计机构应该在国有企业审计中发挥一定作用，就像在选择进行审计的审计公司时一样。

国有企业是为推进某些公共政策目标而使用公共资金设立的，因此立法机关应该从政府获得有关企业的业务计划、预算、绩效报告和年度财务报表方面的信息。然而，立法机关需要认识到，国有企业具有自己的独立的董事会和决策流程，应允许其在不受干预情况下运作。立法机关的作用是监督（特别是在国有企业可能产生的财政风险方面），而且确保监管制度顺利运作并鼓励竞争和更有效地提供公共服务。

在许多经合组织国家，立法机关越来越多地参与审查国有企业的计划和绩效。例如在澳大利亚、比利时和加拿大，国有企业向其各自的议会提交公司计划。在土耳其，国有企业的年度财务报表和审计报告由议会进行批准。在许多国家，国有企业管理层必须在立法机关的各种委员会回答关于业务计划和绩效的问题。在一些国家，例如加拿大，还向立法机关发送关于国有企业的年度合并报告。丹麦财政部向议会委员会提交关于国有企业的年度报告。此类报告使立法机关能够评估授予国有企业的资源的使用效率如何。然而，在许多国家，很少向立法机关报告国有企业的计划和绩效，这削弱了这些企业的问责框架。

监测国有企业的绩效

一些国家在中央部委（通常是财政部）设立了一个单位，以全面监督国有企业的财政管理框架，并监测国有企业的运营。这种单位需要与财政部的宏观经济单位和预算办公室密切合作，以确保正确地估计并在预算或财政风险表中包括向国有企业的成本和预算转移，以及补贴和准财政活动、政府担保和其他或有负债。这种监测单位的作用可包括以下内容：

- 协调国有企业的整体财务报告情况；
- 审查国有企业的战略计划和财务预测；
- 审查国有企业在政府担保和其他债务融资协议方面的请求；
- 审查国有企业的财务绩效；
- 识别面临高度财务风险的国有企业，并就适当的补救措施向财政部长提出建议；
- 维护与国有企业财务绩效相关的综合信息数据库，包括国有企业的战略目标、业务计划和财政计划、财务绩效、政府担保、借款和债务融资；
- 提供关于国有企业的合并数据，供列入预算文件；
- 跟踪最高审计机关对国有企业审计报告的分析和建议；

- 评估国有企业在财务报告方面的能力缺口,并协调政府和发展伙伴的努力以加强国有企业工作人员的能力。

虽然设立这种监测单位可能很有价值,但需要通过各种机制加以补充,以确保有效执行关于国有企业的监管框架。这可能需要一种通过法律框架中加以规定的行政、财政和司法制裁制度。

如果国家具有现行的国有企业私有化计划,那么就需要做出安排,以确保负责的有关各部与财政部之间高效协调。一些国家在一个部或机构中设立了一个单位来管理政府的整体私有化计划,并确保编制和执行关于私有化的财务指引。在某些情况下,如上所述,国有企业资产的正式所有权将属于财政部、负责剥离资产的政府控股公司或者一些其他机构。尽管两个单位应密切合作,但是私有化单位应与国有企业协调单位相分离。

结 论

世界各地的国有企业在经济和财务绩效方面喜忧参半。很少有政府能够成功地管理好国有企业。在本章中,我们讨论了政府为使这些企业的法律和监管基础更加健全以改善这些企业的经济绩效和财政管理而可能采取的一系列措施。改革国有企业以使其高效和具有盈利能力是一个复杂的过程,需要政治领导以及民间团体、工会、商会和行业协会的支持。在发达国家,国有企业管理可能主要委托给国有企业董事会,而商业法律确保了良好的财务报告实践。此类国家通常适合注重实施经合组织和世界银行颁布的良好公司治理原则。

然而,在许多发展中国家,管理国有企业的正式法律和治理安排的影响要小于发达国家。法律要求的执行情况通常是有问题的。部长以及其他政治精英成员可能挑战或破坏正式机制,国有企业为之提供了充足的分赃和寻租机会。此外,国有企业往往是高财政风险的来源并且大量消耗预算。例如造成许多国家国有企业持续财政困境的一个主要因素是向企业默示/明示地分配准财政活动(例如向穷人提供免费电力)。估计此类活动和社会目标的成本并将其作为对国有企业的报销列入政府预算是非常重要的。

在这种情况下,重要的是,财政部必须在政府内部拥有必要授权、权力和领导权,优先建立稳健的国有企业管理财务框架。需要在法律或法规中制定一些基本规定:例如要求政府批准国有企业的预算和公司计划,设定国有企业借款上限和批准出具的任何贷款担保,以及监测国有企业财务绩效。如上所述,财政部可以考虑设立一个单位来专门监测国有企业的财政状况。该单位应与财政部的其他部门(特别是财政政策部门、预算部门和债务管理部门)以及主管的部委合作,以便:(1)识别需要预算大量支持的国有企业,或者承受其他重大财政风险从而需要特别密切监测的国有企业;(2)审查和批准国有企业编制的年度预算和公司意向声明;(3)执行国有企业借款上限和关于政府担保批准和收费的商定流程;(4)通过一套包括随着时间推移提高绩效的基准的明确指标,监测国有企业的财务绩效;(5)针对未达到公司意向声明中所列绩效标准的国有企业,制订并实施采取行动的程序。

参考文献

Budiman, A., D-Y. Lin and S. Singham. 2009. "Improving Performance at State-Owned Enterprises," *McKinsey Quarterly*.

Cebotari, J., Davis, L. Lusinyan, A. Mati, P. Mauro, M. Petrie and R. Velloso. 2009. *Fiscal Risks: Sources, Disclosure, and Management*. Washington, DC: International Monetary Fund.

IMF. 2007. *Manual on Fiscal Transparency*. Washington, DC: International Monetary Fund.

IMF. 2012. . Washington, DC: International Monetary Fund.

OECD. 2006. *Corporate Governance of State-owned Enterprises - A Survey of OECD Countries*. Paris: Organisation for Economic Co-operation and Development.

OECD. 2011. "The size and composition of the SOE sector in OECD countries," *OECD Corporate Governance Working Papers*, No. 5, Paris: Organisation for Economic Co-operation and Development, www.oecd.org/daf/corporateaffairs/wp.

Shapiro, D., and S. Globerman. 2007. "The International Activities and Effects of Stateowned Enterprises," paper presented at the Centre for Trade Policy Conference on *Canada's Foreign Investment Policies - A Time for Review?* Ottawa, December 6, 2007.

Szamosszegi, A., and C. Kyle. 2011. *An Analysis of State-owned Enterprises and State Capitalism in China*, U.S. - China Economic and Security Review Commission.

Tanzi, V. 2011. *Government versus Markets: The Changing Economic Role of the State*. Cambridge: University Press.

World Bank. 2006. *Held by the Invisible Hand: The Challenge of SOE Corporate Governance for Emerging Markets*. Washington, DC: World Bank.

World Bank. 2007. *Review of Financial Oversight and Procurement in State-Owned Enterprises and Award of Concessions - Bosnia and Herzegovina*. Washington, DC: World Bank.

World Bank. 2012, *Toolkit for Improving State Enterprise Governance*. Washington, DC: World Bank.

第 VI 部分
公共财政的会计、报告和监督

引 言

本书第VI部分讨论了与改善财政信息质量和透明度有关的一系列问题，而这些问题相应地是有效预算流程、财政可持续性和良好治理的重要组成部分。人们经常在不理解政策决策的财政影响的情况下做出政策决策。公务人员经常做出其随后未能信守的承诺，而要求公务人员承担责任的机制有时是无效的。将实际结果与承诺的结果进行公开比较会提高偏离财政目标的声誉成本。同样，通常缺乏机制来使政治家解释所承诺的教育、医疗保健和其他公共服务方面的改善。

第VI部分的头一章讨论了财政透明度以及与其存在密切联系的财政监督的概念和实践；随后几章讨论了支持透明度和良好治理的会计和财务报告原则，以及使财务信息能够自由和透明地传输和传播的财政管理信息系统。最后几章讨论了政府主要监管机构——外部审计机构的作用，以及最近成立的机构——财政委员会的作用。这两个机构旨在对行政部门编制的财务信息和财政预测的及时性和准确性以及行政部门决策流程的问责制进行独立检查。

大卫·希尔德（David Heald）撰写的第33章旨在消除围绕透明概念的一些修辞和分析方面的迷惑。第33章是在两个命题的基础上展开的：第一，应该按照透明度对实现公共政策目标的贡献程度来衡量透明度的工具性价值，而非衡量透明度本身的内在价值；第二，在得到适当定义和衡量的情况下，财政透明度有利于政府的有效性和问责制，并且有利于避免财政管理腐败。本章定义了财政透明度的概念，这一概念并不像有时候想象的那么简单明了。本章剖析了透明度和监督之间的关系，并探究了财政监督实践、行为方和机制的关键维度。当前政策对财政透明度的大部分关注都源于对财政风险的担忧，尤其是对隐藏财政风险的担忧（"消失的政府"的观点）。本章讨论了外部财政监督预期实际可能实现的好处。最后，本章在加强财政透明度方面，提出了顾及各国文化背景以及信息、统计和实施能力方面差异的建议。

陈立齐和张琦撰写的第34章提供了政府会计准则和政策的简明指南。政府会计是一个重要且快速发展的领域，也是一个可能引起争议的领域，其中会计对具有政治敏感性的透明度和问责制领域存在明显影响。该章特别关注《国际公共部门会计准则》（IPSAS）的发展情况，这些准则作为许多国家的参考点，在过去10年中已经变得具有影响力。然而，其他国家抵制制定威胁其独立性的准则，以隐藏重要和敏感的财政信息，不受公共监督。本章描述了从收付实现制会计转向权责发生制的国家的经验。该章得出结论认为，权责发生制会计对于改善政府财务报告的全面性和透明度而言是可取的，但在能够成功实施之前需要满足某些先决条件。最后，该章向政府提出了一些建议，特别是正在考虑向权责发生制会计过渡的发展中国家政府。

陈立齐和许云霄撰写的第35章是关于政府会计的前一章的配套文件。政府财务报告公布了在政府会计系统中收集和积累的数据。政府财务报告同样是一个有争议的领域，因为政府有能力并且有时热衷于操纵财务信息并"隐藏"某些交易，以"改善"向公众透露的财政状况。与会计领域的情况一样，国家当局正受到同侪压力，以使其符合大幅降低其隐藏能力的国际报告标准，但仍有很大的改善空间。本章主要涉及根据源于政府事后财务会计系统的数据编制的财务报告，特别是年终财务报表。该章还讨论了预算执行监测报告，以及允许比较许多国家财政信息的统计报告框架（例如国际货币基金组织《2001年政府财政统计手册》），并对这三种报告系统进行了对比。本章提供了实践指南，用于：指导负责确定政府财务报告结构和内容的政策制定者和从业者；批准用于编制财务报表的会计政策；分析和解释向立法者和公众提供的财务报告；与审计师交涉以解决争议；确保在政府的决策流程中正确使用财务信息。

威廉·多罗斯基（William Dorotinsky）和乔安娜·沃特金斯（Joanna Watkins）撰写的第36章重点介绍了财政管理信息系统（FMIS）的开发，该系统将政府的批量操作计算机化，包括会计、财务报告、支付和内部控制系统。在过去25年中，捐赠组织特别是世界银行已为80多个国家的财政管理信息系统提供了超过25亿美元的支持，但这些项目的成功率却喜忧参半。本章讨论了关于实施有效财政管理信息系统的先决条件。这些先决条件包括功能要求，例如符合国际标准的预算分类和会计科目表，国库单一账户以及一致的现金管理系统；技术先决条件，例如安全的全国通信网络；在信息技术系统和公共财政管理方面有足够的人力资源能力。此外，有证据表明，为了有效，财政管理信息系统需要政府强有力和持续的领导、政府所有相关机构（不仅是财政部）的认可以及一种持续建设当地能力的退出战略。遗憾的是，在许多国家，这些先决条件尚未到位，结果是财政管理信息系统没有实现预期结果或者完全失败。政治家和高级官员往往狭隘地将财政管理信息系统视为纯粹的信息技术系统，而非公共财政管理不可分割的组成部分：缺乏更广泛的概念设计。

大卫·尚德（David Shand）撰写的第37章评述了外部审计在政府中的职能，以及最高审计机关（SAI）的作用和职责，而最高审计机关是负责审计政府收入、支出和其他财政事项的法定机构。已经建立了两种主要的外部审计制度模式——法语国家模式（其中最高审计机关也作为法院进行运作），以及审计长模式（通常被称为"威斯敏斯特体系"）。最高审计机关的设计还有其他变化，例如作为立法机关（国会）调查机构的美国政府问责办公室（GAO）。最高审计机关国际组织（INTOSAI）是代表大多数最高审计机关的公认国际机构。本章讨论了会计职业中外部审计的起源以及外部审计的公认声明和标准的性质和来源，其中最高审计机关国际组织发挥了重要作用。本章还讨论了外部审计与内部审计之间的关系。最后，本章评述了良好审计实践的公认组成部分，即独立性、适当的审计范围和内容、充分的人力资源能力、影响和问责制。

理查德·海明（Richard Hemming）撰写的第38章描述和讨论了关于独立财政委员会的理由和经验，而独立财政委员会通常是常设行政或立法机构，职责主要涉及公正地审查财政政策、计划和绩效。虽然各国财政委员会的确切任务不同，但均无权设定财政目标或调整税收。在确保预算中资源总括的收入预测和借款能力评估切合实际的过程中，财政委员会可以发挥重要作用。财政委员会还能够在确定支出分配和上限的成本估计方面提供保证（这是其任务的一部分）。最后，财政委员会通过相对于计划的财政绩效方面进行分析，可以指出计划和结果之间存在偏差的原因，以及这些偏差是需要调整计划制定方式的系统误差还是需要更灵活计划的冲击（例如预算中支出重新分配的范围，或包括应急准备金的范围）。财政委员会的作用不应与国家审计署、议会预算和账目委员会或者定期就财政事务举行会议的各种其他政策评价委员会的作用相混淆，这些机构的作用将在本书的其他各章中进行讨论。财政委员会需要具有强大的宏观经济和财务分析能力的工作人员，而许多发展中国家和中等收入国家可能缺少这种能力。因此，与发达国家相比，此类国家财政委员会的作用更成问题。

33
加强财政透明度

大卫·希尔德

原则上,财政透明度"涉及向公众公开政府过去、现在和未来的财政活动,以及用于决定财政政策和结果的政府结构和职能"(IMF,2008)。在实践中,财政透明度是我们这个时代的产物,也反映了更广泛的社会发展(Hood,2006)。一系列经济和公共政策失败目前至少部分被归因于透明度不足,包括2008年之前金融部门监管不力(这导致私人债务转为公共债务)、主权债务危机和欧元区危机。

从原则到实践的过渡所面临的一个困难是,人们对财政透明度的期待过多,以至于那些主张加强财政透明度的人产生了相反的预期。此类预期可能包括限制政府规模,限制赤字和债务的规模,加强负责任和回应性政府,以及减少腐败。虽然具备多个目标可能会扩大财政透明度支持者的数量,但这可能会牺牲实施方面的明确性。此外,随着倡议变得严重官僚化,倡议可能实现过程性目标,而非所承诺的结果。

第二个困难在于对影响透明度与财政管理其他特征之间关系的技术、文化和政治因素进行区分。虽然在各国处理当前问题(例如欧元区所面临的问题)的方式方面,我们可能会观察到制度和政治差异,但是更高程度的财政透明度和预算监督等流程发展能否处理其竞争力的结构性问题(Wolf,2011b)或合法性不足问题(Münchau,2011)是非常值得怀疑的。

本章旨在消除现在围绕透明度的一些修辞和分析方面的迷惑。本章以两个主张为基础展开,并依赖其他证据和论据(Heald,2003a,2006a,2006b,2012)。第一,应该按照透明度对实现公共政策目标的贡献程度来衡量透明度的工具性价值,而非衡量透明度本身的内在价值。第二,得到适当构建的财政透明度有利于财政管理的有效性、问责制和避免腐败。

本章的结构如下:下一节总结透明度概念化的方法,然后剖析财政透明度的含义。我们随后讨论透明度和监督之间的关系。接下来的一节讨论财政监督实践的关键维度,重点关注当代的重要性、对象、行为方和机制。当前政策对财政透明度的大部分关注都源于对财政风险的担忧,尤其是对隐藏财政风险的担忧。然后,我们转向外部财政监督预期实际可能实现的问题。最后一节是约定俗成的,在加强财政透明度方面,提出顾及各国文化背景以及信息、统计和实施能力方面差异的建议。

透明度的概念化

作为一般概念的透明度[①]

透明度实质上远非无法回答的概念,即使其在修辞上看起来咄咄逼人。胡德(Hood,2001)承认,尽管透明度的起源至少可以追溯到杰里米·边沁(Jeremy Bentham),但这一概念正在公共生活中获得新的特点。他发现透明度的含义难以解释:

> ……这个常用词的确切含义很难确定。事实上,透明度通常用于表示许多不同的事物,例如披露、政策明确性、一致性或坦诚文化……在最常用的情况下,透明度表示政府遵守固定且公布的规则,以公众可以获得的信息和程序为基础,并且(在某些用法中)在明确划分的活动领域之内(第701页)。

透明度是一种视觉上的比喻。这意味着透明度的方向:向内看,向外看,向上看,向下看(图33.1)。这些关系的含义可以通过车窗的比喻来进行说明。汽车的驾驶员透过车窗观察,以相对于道路和其他路上车辆确定该汽车的位置(向外透明)。其他人是否可以看到谁在驾驶以及车内还有谁构成向内透明度问题。为什么外面的人可能希望看到谁在驾驶会有各种各样的原因。在隐私玻璃后面驾驶将妨碍路人意识到车内有武装歹徒的危险,妨碍交通警察识别违法司机,或者妨碍宗教警察观察到女子正在驾驶。玻璃因气候因素蒙上蒸汽还是故意(例如为了隐藏身份)导致模糊(den Boer,1998)取决于具体情况。因此,透明度存在道德模糊性:在特定情况下对透明度的重视程度是高度偶然的。

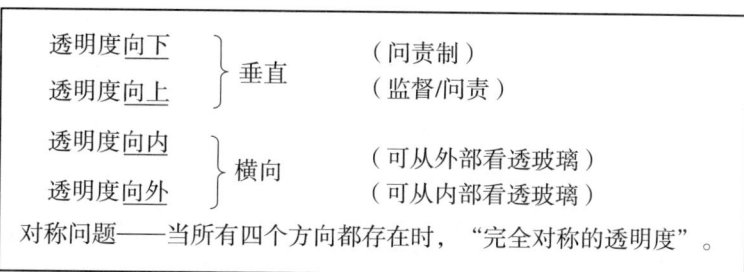

图33.1 透明度方向

资料来源:希尔德(Heald,2012,图2,第33页)。

因此,横向透明度与相对于背景和文化的"定位"有关,无论是个人还是组织。向外透明度与获得方位有关,看到人在哪里。在许多背景下,向目标的导航取决于这种了解。向内透明度往往与进行比较的一些外部观察者有关。

相比之下,纵向透明度与问责关系有关,往往是有争议的。向上透明度是指高层管理者(或统治者)看到其代理人(或被统治者)的行动和行为的能力。该方向性标签可能被认为是有争议的(民主社会将统治者概念化为公民的代理人),但这并没有对该观点产生实质性的影响。[②]向下透明度是指统

[①] 本小节借鉴了希尔德(Heald,2003a,2006a,2006b,2012)发展和证明的透明度的一般概念。

[②] 请见希尔德(Heald,2012)关于这一点的展开讨论。

治者向被统治者提供的信息，从而形成了使这些统治者承担责任的必要基础。这构成了民主社会中民选政府合法性主张的一个关键部分，不论民选政府的运作如何不完善。

该分析框架规定了所有四个方向的透明度，或"完全对称的透明度"（Heald，2006a），而这种标签只是描述性的，并不表示规范可取性。但是，该分析框架鼓励考虑各种不对称情况及其在规范性以及作为透明度对象的行为方的行为反应方面的影响。

我们也可能观察到透明度的结构种类（见图33.2）。希尔德（Heald，2006a）提出了三个主要区别：

- 事件透明度和流程透明度。这是对标准框架的发展，其中对投入、产出和结果进行了区分。这些是事件，由流程连接在一起。假设是，与对事件的关注相比，对流程透明度的关注会对组织运作造成更大的破坏，特别是在对事件的关注基于某种结果指标时。
- 名义透明度和有效透明度。这强调了应该存在的透明度与实际存在的透明度之间可能存在的偏差。

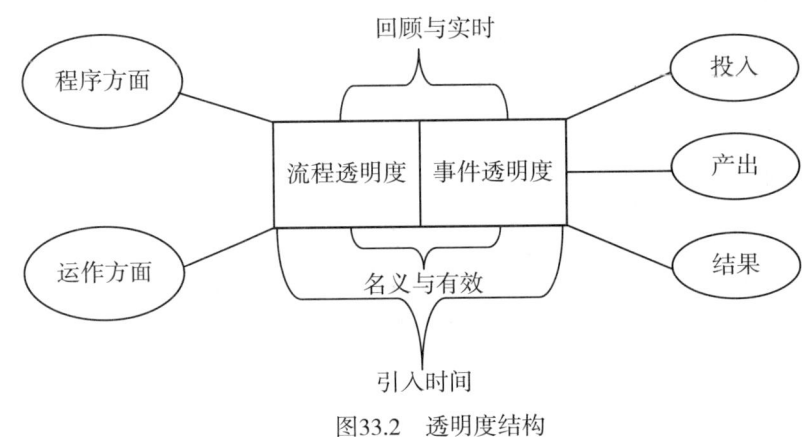

图33.2　透明度结构

资料来源：Heald（2012，图2，第34页）。

- 回顾透明度和实时透明度。这涉及透明度是事后就定义（报告）期间提供的还是连续的。

图33.2还强调了第四个问题：即在信息提供内容和时间方面是否存在巨大变化。巨大变化可能意味着政策行为方认为仍应保密的信息后来被公之于众。

这种概念化也警告称，透明度不是同质的。例如，由于透明度可能以复杂的方式相互影响，因此透明度的"量"是一个值得商榷的概念，因为各种透明度可能以复杂的方式相互作用。不同的透明度方向和种类组合可以预期具有不同的效果，部分是通过诱导不同的行为反应来实现的。继艾伦（Allen，2000）之后，本章更加强调为什么"严格发布信息"是至关重要的。图33.3中清楚地显示了回顾透明度和实时透明度之间的区别。

请考虑一项活动，其中可以分为若干时间段，例如准备私营企业或政府的账目。活动在$t_0 t_1$期间发生，然后在从$t_1 t_2$起的连续期间发生。对于$t_0 t_1$而言，在编制账目时存在报告时滞。接下来是问责时间窗口，其中委托人使代理人对绩效承担责任。该问责时间窗口在$t_1 t_2$期间结束之前很久就结束了，结果是代理人可以再次专注于业务活动。与这种回顾透明度形成鲜明对比的是，在实时透明度的情况下，问责时间窗口始终是开放的。这会将代理人的注意力从专注于业务活动方面转移走。对实时透明度背景下展现方式的担忧可能导致做出不同的实质性决定。问责时间窗口的一个说明性示例是，上市公司的财务报告已经从年度报告转向季度报告（增加了问责时间窗口的频率及其累积持续时间），这种发展受到了质疑。①

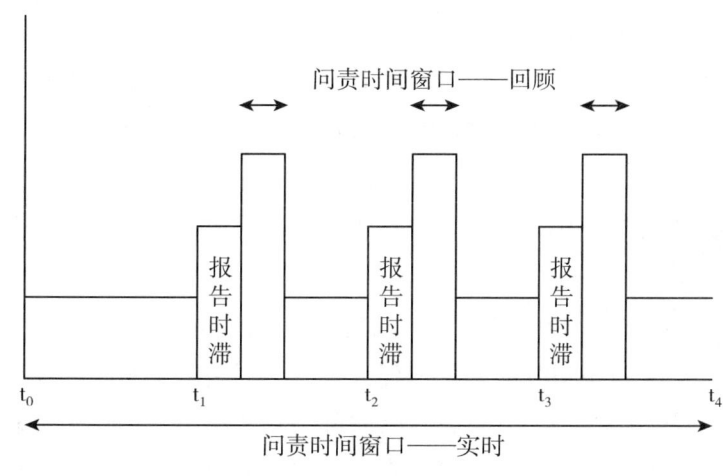

图33.3　回顾透明度与实时透明度

资料来源：Heald（2012，图2，第35页）。

财政透明度

财政透明度对许多标准都有益，有大量实证文献支持这一主张。一个相近的关键问题是，展现良好披露实践的私营部门公司的资本成本较低。因此，高财政透明度将降低政府借款成本。更一般而言，高水平的财政透明度与在赤字和债务方面更好的财政结果有关。具有影响力的实证论文包括阿莱西纳等人（Alesina and others，1999），阿尔特和拉森（Alt and Lassen，2006），以及格伦厄斯特和信（Glennerster and Shin，2008）。魏纳和德伦齐奥（Wehner and de Renzio，2011）没有审视财政透明度的影响，而是调查研究了财政透明度的政治决定因素，强调了自由公正选举和党派分裂在立法机关中的作用。

透明度的一般分析可以转化为对财政透明度具体情况的分析。重要的是不要在更多自然就更好的基础上仅仅根据"多少"来考虑财政透明度（Heald，2003a）。在方向和种类方面的概念化表明了为什么透明度的量的影响可能是不明确的。由于潜在的相互作用和透明度影响的偶然性，所以构成情况很重要。否则，良好的绩效（以及累加指数上的高分）可能会因特定问题的缺陷而受到损害。②

财政透明度体现了一般透明度的结构特征，还体现了源于一般透明度起源和发展情况的一些具体特征（Heald，2003a）。国际货币基金组织（2008）将财政透明度定义为"向公众公开政府过去、现

---

① 约翰·凯（John Kay）教授被委派对英国股票市场和长期决策进行政府审查，并且表示，"季度财报的束缚以业绩指引为基础，在平滑和夸大的数字以及公司和分析师之间的关系方面创造了一个功能失调的循环，这项活动几乎与公司的实际业务和进展评估无关"（Kay，2012）。

② 尽管英国财政部在提供的信息方面表现可信，但政府公告之前的操纵性披露导致了信誉丧失和不信任。例如，请见英国预算或支出审查前期的媒体内容。这有悖于所有这些泄漏都是未经授权的这一信念。

在和未来的财政活动，以及用于决定财政政策和结果的政府结构和职能。"根据经合组织（2002）的观点，"预算透明度被定义为以及时和系统的方式充分披露所有相关财政信息。"财政的覆盖范围可能比预算更广；即广义政府或公共部门，而非联邦政府或中央政府。

财政透明度的观念包括及时和系统地披露与收入、支出和借款相关的所有政策和事项，以及政府实体（无论是在中央、地区还是地方层面）和政府所有实体（包括公共企业）的资产和负债。由于既定的说法，财政透明度和预算透明度之间是否存在差异是有问题的。但是，认为财政透明度中包含预算透明度（很可能涵盖支出和收入）是合理的，而财政透明度是一个更广泛的概念，还涵盖长期财政预测和财政缺口计算（Eich，2008）。财政透明度的核心观念是，公共支出和收入的基本现实应该对可识别的使用者社群可见并且可理解。信息的制作和分发是不充分的，因为透明度要求存在具有理解和行动能力的受众。此外，需要对使用者社群（包括政府内部的使用者社群）进行识别和做出规定。公开性本身并不需要有效的受众（Heald，2006a）。

财政数字必须以可理解的形式传达给组织外部的人（向内透明度）。这类似于上市公司（即私有并在认可的证券交易所报价）董事对其股东的责任。会计准则制定、实体财务报告和注册审计师审计等形式的大量私有资源致力于使这种问责关系在私营部门发挥作用。私营部门财务报告有明确的使用者，最明显的是股东、分析师和财经记者。无论私营部门财务报告存在什么缺陷，代理关系都是很明确的；"信息经纪人"在市场上得到了很好的回报。相比之下，尽管有各种公共部门报告使用者清单（Jones and Pendlebury，2000），但尚不清楚公共部门年度报告和财务报表的实际使用者而非理论使用者的身份。即使在信息可用时，"使用者缺失"也是财政透明度的内在障碍之一（Heald，2012）。在实践中，其他政府机构，特别是处于多层次治理链上端的机构可能占据突出地位，尤其是汇总信息。

在一些发达国家，关于财政透明度的辩论可能围绕着：支撑预算的宏观经济预测；及时财务报告，以及这些数字与按照联合国国民账户体系或欧洲统计局欧洲账户体系编制的统计上定义的汇总之间的关系；衡量长期财政可持续性。此类国家已经建立了追踪和控制支出和收入的行政能力。但是，一些国家面临的挑战更为根本：这些国家缺乏行政和统计能力；公共部门腐败是通病；获得自然资源收益可以使政府无需对公民征税（Bräutigam and others，2008）和/或助长腐败和经济上低效的寻租行为。这三种情况相互作用，特别是在有民事暴力和/或法律上的政府不对其部分辖区行使实际控制权之时。

关于透明度的通行观念通常由透明国际每年公布的公共部门腐败感知指数推动。四个斯堪的纳维亚国家以及澳大利亚和新西兰在2011年指数中排在"最不腐败"的前10名（透明国际2011）。

> 信息很明确：在全球范围内，透明度和问责制对于恢复信任和扭转腐败浪潮而言是至关重要的。如果没有透明度和问责制，那么许多全球危机的全球政策解决方案都将面临风险（透明国际2010）。

无论该指数的方法优势和局限性如何，该指数都采用了反腐败运动的透明度立场。这会影响财政透明度评估所在的政治和媒体背景。

1998年亚洲金融危机部分地推动了（并且经合组织国家持续存在的巨额赤字也推动了）国际货币

基金组织在财政透明度方面的工作（Hemming and Kell，2001）。这导致1998年出版了《财政透明度良好做法守则》（*Code of Good Practices on Fiscal Transparency*），随后在2001年和2007年进行了修订（国际货币基金组织 2007a）（见专栏33.1）。由此产生的"关于遵守标准和守则的报告"（ROSC）是国际货币基金组织更大规模监督行动的一部分。财政透明度ROSC没有评分或排名表。国家覆盖面不均衡，例如英国唯一的财政透明度ROSC的日期是1999年，而美国唯一的财政透明度ROSC的日期是2003年。毫无疑问，国际货币基金组织提升了财政透明度的影响力，但到了21世纪前10年中期，财政透明度ROSC的数量已经减少（IMF和世界银行，2011b）。国际货币基金组织之外的观察者不清楚为什么会发生这种情况。[①]可能的解释包括资源约束，特别是工作人员缩减；拥有188个成员国的组织的庞大工作量；2008年危机的财政后果使得各国把重点放在时间紧迫的任务上；缺乏政府的正式要求；以及认为这是一种乏味的活动，尽管这种活动有可能惹恼成员国政府。

专栏33.1　国际货币基金组织《财政透明度良好做法守则》

在法律上遵守国际货币基金组织和其他机构归类的财政透明度具体原则既不是必要的，也不足以令使用者理解公共财政的发展。尽管如此，汇编的知识和指导体系已经显著促进了与财政透明度相关的政策议程，并提升了财政透明度的全球影响力。

国际货币基金组织守则：

- 提倡全面详细说明所有支出、收入和随着时间推移的趋势，并且提倡全面、公开披露的审计，以改善识别腐败行为的可能性；
- 强调不同的实践在不同的地方有效，并且避免量化评级或提出排名表；
- 强调改善透明度是一个多阶段的过程，包括首先处理基本要求；
- 认识到良好、独立数据的关键作用；
- 避免强迫，但支持监测诚信标准的机构，并欢迎潜在使用者的多样性。

该守则是有层次结构的，有四个主论点，然后逐级分解到详细的要求："明确职责""公开预算程序""方便公众获得信息"和"确保真实性"。即使在此概述级别，向上和向下透明度联系也是显而易见的。在信息公开可用性在多大程度上是既定公共政策的目标方面，国际货币基金组织成员国之间的差异很大。此外，在统计、会计和行政基础设施方面存在明显差异。

该守则构成了财政透明度ROSC的基础。这是一个自愿规划，成员国政府借此要求国际货币基金组织评估成员国政府对守则的遵守程度。强调相互学习，并期望许多国家可能会从相对低成本的措施中获得巨大收益，例如改善财政数据、公布相关材料，以及提供解释性评论。

财政透明度ROSC的作用将在本章后面进行讨论。关于该守则起源和发展的信息，可以在国际货币基金组织网站上获得：http://www.imf.org/external/np/fad/trans/。守则的2007年版本（国际货币基金组织2007a）可以在以下网址找到：http://www.imf.org/external/np/pp/2007/eng/051507c.pdf。该简明的

---

① 由于世界银行公共支出与财政问责（PEFA）规划的重叠覆盖，所以总体情况更为复杂。2005年公共支出与财政问责框架以发展为导向，并由捐助界和发展伙伴共同使用（Pessoa and Allen，2010）。

守则由全面的《财政透明度手册》（国际货币基金组织2007b）提供支持，《财政透明度手册》可在以下网址获得：http://www.imf.org/external/np/pp/2007/eng/101907m.pdf。

国际货币基金组织的发展情况，包括2012年7月提交的关于财政透明度的理事会文件（国际货币基金组织 2012a），表明现在可能出现新一波的财政透明度ROSC活动。在本章的最后一节中简要讨论了这些可能性。这可能部分是由于国际货币基金组织在欧元区危机期间的经历，当时国际货币基金组织与欧盟委员会（EC）和欧洲中央银行（ECB）组成所谓三驾马车。2008年后，全球相互依赖感更强，在国家公共财政对金融体系的脆弱性方面的意识也是如此。

《2010年开放预算倡议报告》（Open Budget Initiative 2010 Report）有94个国家在预算透明度方面的专家级评分；南非排名第一，得分为92分（满分100分），5个国家得分为0分（国际预算促进会 2011）。即使指数分数描绘的总体情况看似合理，也应谨慎对待。一些国家可能更擅长正式遵守测量指标，因此得分很高，而有效透明度则受到其他特征的损害。

特定倡议的职权范围较窄，例如《采掘业透明度倡议》（Extractive IndustriesTransparency Initiative, http://eiti.org/），旨在保护发展中国家公民的利益不受外国矿业公司及其本国政府的影响。《非洲预算改革合作倡议》（Collaborative Africa Budget Reform Initiative, http://www.cabri-sbo.org/）提高了预算事项的透明度，包括援助透明度。《财政透明度全球倡议》（Global Initiative for Fiscal Transparency, http://fiscaltransparency.net/）（Brumby，2012）的取向更具一般性，并将自身描述为"一个多方利益相关者行动网络，致力于对全球规范以及世界各国财政透明度、参与和问责制的重大持续改善进行促进和制度化。"这是在2012年4月开放政府伙伴关系会议之后启动的。

虽然提升财政透明度影响力的国际倡议受到欢迎，但两个示例说明了背景和文化具有根本重要性。第一，斯堪的纳维亚国家的高财政年度透明度指数得分反映了这些国家的文化基础设施和社会资本的水平。如果将这些国家使用的政策工具和机制全盘移植到具有不同社会、政治和经济特征的国家，那么这些政策工具和机制就不会产生类似的结果。执行能力将不复存在，且会有意想不到的负面影响。[1]第二，重要的是认识到一个国家的累积资源，例如英国自1995年以来的累积资源，在1995年，保守党政府承诺按照权责发生制原则实施中央政府的会计和预算编制（资源会计和预算编制）。[2]此外，问题不仅是资金，还有合格人员等实际资源的可用性问题。

私营部门和部分公共部门中存在具有丰富经验的能力很强的会计，这是一个共用资源池，中央政府可以从中直接招聘人员，并且可以从中雇用咨询人员。

然而，鉴于技术要求和政治激励，对职业和系统基础设施的此类投资本身是不够的。国际会计师联合会（国际公共部门会计准则委员会的"母机构"）的首席执行官公开批评欧盟成员国和其他国家"政府会计、审计和财政管理实践不完善"（Ball，2011a）。该首席执行官似乎将透明度等同于遵守《国际

---

[1] 英国的一个例子说明了这一点。根据2010年5月当选的英国保守党-自由民主党联合政府的透明度倡议，公共机构被授权在其网站上公布所有超过500英镑支付的详细信息，并确认所提供的商品和服务以及供应商的详情。这些信息被犯罪分子用于提交虚假发票，而要想发现这种情况需要付出资源成本，并依赖强有力的内部控制系统，但许多国家不存在这种内部控制系统。

[2] 没有可用数据，但作者在该过程中作为参与观察者的个人经历使其非常清楚所涉及的资源承诺，尽管作者一直是英国政府会计改革的坚定支持者。

公共部门会计准则》（IPSAS）；并且将主权债务危机归咎于这种不完善情况。巴尔（Ball，2011b）具有讽刺意味地评论了以下消息：德国政府发现了与裕宝（Hypo）"坏账银行"相关的770亿欧元会计差错，相当于国内生产总值的2.6%，更正之后改善了公共财政。言下之意是，如果影响相反，那么修改的热情可能会较低。

监督与透明度的关联

车窗的比喻暗示透明度与监督有关。透明度是一种现象或关系的属性，而监督是一系列行为方观察另一系列行为方的活动。对监督的分析必须考虑观察者和被观察者的目标和行为。

这里还存在用语的问题。监督一词具有威胁性口气，暗示存在不法行为，通常与专制政府风格有关。这引起了对监督可取性的怀疑，而透明度似乎已成为一种原则。一般而言，监督会引起对监督者（观察者）的注意，而透明度则被视为一种正面属性，其中被监督者（被观察者）希望表明问题是否存在。这提醒人们必须对权力关系进行了解，特别是当监督适用于在国际法项下正式平等的主权国家时。

为了使财政透明有效，必须存在能够对透明度所提供信息进行处理、解释、传播和行动的行为方受众。该受众可能在向内部、向上和向下透明度方面存在差异。对国家公共财政的外部财政监督可以表征为向上和向内透明度的组合。在具有根深蒂固的向下透明度传统的国家（例如斯堪的纳维亚），这种外部财政监督富有成效的可能性会高于缺乏此类传统的国家（例如俄罗斯和沙特阿拉伯）。此外，具有腐败通病问题的国家的信息流可能受到污染，从而导致数据解释问题突出。

在监督中强烈的被观察感意味着必须注意被监督者的行为反应。这些可能是建设性的（例如愿意接受批评和愿意处理所识别的弱点）也可能是功能失调的（通过虚假报道隐藏弱点和/或以敌对方式回应提出批评者和/或开展资源密集型工作来降低批评效果）。在《金融时报》采访即将卸任的经合组织秘书长唐纳德·约翰斯顿（Donald Johnston）时，贾尔斯和特霍西尔（Giles and Thornhill，2005）表示，"工作人员表示，英国政府和澳大利亚政府都特别善于减少关于其经济的报道"。政府关于绩效得分可能普遍很敏感。

可以对强制性财政监督和自愿性财政监督进行区分。强制性是指基于法律的活动（例如欧盟或欧元区的条约义务）或者合同活动（收到国际货币基金组织资金的国家）。成员义务（例如国际货币基金组织的第四条磋商和经合组织的国家经济调查）处于中间的某个位置。

自愿性是指至少在原则上具有拒绝参与的选择权，例如国际货币基金组织的财政ROSC和经合组织的部门研究，例如在健康方面（Joumard and others，2010）。自愿性在政治生活中是一个微妙的词：不参与的后果可以从无后果到通过其他手段施加制裁。在被滥用时，"自愿性"一词可能会引起愤世嫉俗，无论是在公共部门薪酬的自愿冻结方面还是在关于私人部门持有主权债务的"折减"方面。然而，即使分界线变得模糊，进行区分仍然是很重要的，尤其是在受援国对过程和结论的行为反应方面。

进行外部财政监督的人依靠向内和向上透明度组合来生成必要的材料。这是胡德（Hood，2007）"官僚透明度"的一个示例，其中专家之间就"技术"问题进行沟通。根据其身份，外部监督者可能获得国家政府拒绝向更广泛受众（包括其议会和公民）提供的材料。在2011年爱尔兰案例中：

爱尔兰总理安达·肯尼（Enda Kenny）承认，（爱尔兰）预算的重要要素在被发送给所有27个欧盟成员国的财政部之后被德国政治家泄露。欧盟委员会发言人阿马德乌·阿尔塔法吉（Amadeu Altafaj）称："我们理解爱尔兰当局感到不安：任何保密信息的泄露都令人遗憾。"（Inman，2011）

该示例巧妙地说明了有时间限制的保密性问题以及纪律在信息发布中的重要性；有效的透明度需要结构来为决策提供内部空间并保持合法性。

这并未暗示完全对称的透明度是最优的。然而，某些不对称模式可能会产生不公平感，破坏合法性并导致诉诸公共支出和税收的替代品（Heald，2012），有时甚至诉诸虚假或操纵性报道。在脱离背景的情况下，很难预测后者何时会发生，但与斯堪的纳维亚国家这类国内有根深蒂固的向下透明度传统，并将其作为问责政府一部分的地区相比，后者更可能发生在（例如）南欧和东欧。

财政监督

这可能是一种措辞，但形容词"财政"缩小了监督领域，从而消除了一些优势。实际上，"财政监督"一词在国际惯例中以一种不再强调这种优势的技术方式得到广泛使用。本节寻求处理四个问题：为什么外部财政监督目前是一个热门话题；外部财政监督所关注的"对象"；参与国家公共财政外部财政监督的行为方；所使用的机制。

为什么是现在

1998年亚洲金融危机产生了深远的影响，尤其是若干国家采取了旨在避免未来依赖国际货币基金组织的政策。全球化带来了更大的经济相互依赖性，这意味着冲击传递得更快。经济和社会变化已经加速，金砖四国经济体的崛起[①]以及新移民和人口老龄化对工业化国家的影响就是证明。2008年的危机使全球经济濒临崩溃，将私营部门金融危机转变为公共部门财政危机。对于一些国家而言，长期繁荣的明显奇迹已经恶化。从制度上讲，这种繁荣促进了欧盟扩张到27个国家以及欧元最初平稳的适应期。2008年后的事态发展为国际货币基金组织等长期前景早已受到质疑的国际机构提供了新的目标。

目前的口号是"财政可持续性"，对必要财政调整方面的关注进行了补充。传统观点仍然支持使用货币政策而非财政政策，尽管在应该允许自动稳定器发挥作用方面已经形成了相对广泛的共识，这意味着巨额财政赤字是2008年危机的直接结果。在"正常时期"，自由裁量的财政政策继续被视为通常无效的，甚至由于决策和执行之间的时滞以及政治因素驱动的不当时机而适得其反。

此外，巨大的国际失衡已经形成，工业化国家的财政赤字和贸易逆差由其他地方特别是中国的储蓄和贸易顺差提供资金。这种情况导致了全球经济实力分配方面的转变，赋予了政治影响力，并造成了经济脆弱性和潜在错位。财政监督增加的另一个原因是欧盟的扩张和欧元区的建立，而欧元区是一个没有政治（和财政）联盟的货币联盟。

也有明确的政治维度。许多发达国家的政府都失去了自信，并且失去了选民的信心。在民主政治

---

① 这是一个广泛使用的术语，指巴西、俄罗斯、印度和中国，旨在强调全球经济实力的转变。

中的信任危机方面的讨论很多，而透明度通常被视为重建这种信任的一种方法。部分媒体培养了对政府的憎恨，并将政府描述成无能的，同时要求对一系列不断扩大的问题立即采取果断行动。这些背景因素阻碍了在促进为重新平衡全球经济所需的财政和汇率调整方面的必要行动。顺差国家通常缺乏在调整中发挥作用的动力，给逆差国家留下所有压力；在全球层面，贸易顺差和逆差必须总和为零。

外部财政监督的对象

不论外部财政监督的形式如何，外部财政监督均来自政体之外。外部财政监督的理论依据是，一个国家的行动可能对其他国家产生溢出效应。许多国家对世界经济的重要性微不足道，但在关键国家发生的事情却有重大溢出效应。这些是由财政赤字和债务产生的，而后者的长期增长是2008年全球金融危机的直接和间接结果。正是赤字和债务产生了溢出效应，而不是公共支出水平——但公共支出必须由税收提供资金。2009年，经合组织国家的广义政府支出/国内生产总值比率的范围从59%（丹麦）到34%（瑞士）（OECD，2011）。[①]

如果负有财政监督职责的国际组织将自己的任务从赤字和债务蔓延到公共部门本身的规模，那么这些国际组织就会有危险。如果这些国际组织追求的议程可以被描绘成带有意识形态性，甚至夸张地描述为"华盛顿共识"或"新自由主义"，那么这些国际组织在处理核心问题时就有丧失合法性的风险。在一些国家，公共部门的范围过大和效率低下确实是核心问题。然而，结构性改革与现代化一样，往往体现了对公共部门适当范围的特定观点，而这种观点将受到广泛的质疑，尤其是在许多成功的工业化经济体之中。除非认为公共产出和再分配的变化没有任何价值，否则财政整顿在已放弃的公共服务和未实现的再分配目标方面具有成本。有时这些成本似乎被忽略，好像这完全是一个消除"公共部门浪费"的问题。[②]相反，低税制国家可能面临同侪压力，再次模糊了对赤字和债务的关注以及对政府规模和税收累进程度的政治偏好之间的界限。

因此，外部财政监督超越了财政透明度；应注意财政透明度指数和财政责任指数之间的差异。前者主要与披露有关，而后者旨在规范实质性政策。奥古斯丁等人（Augustine and others，2011）报告了主权财政责任指数。财政治理（其中一部分涉及财政透明度）是组成部分之一。总体而言，美国在经合组织加金砖四国共34个国家中排名第28位。尽管美国在开放预算指数中排在94个国家的第7位，但在该财政治理指标中却得分很低。显然，所使用的指标（以及指标的透明度）对结论和可信度而言是至关重要的。外部财政监督通常涉及财政实质以及财政实质的透明度。

外部财政监督的行为方

令人震惊的是财政监督领域已经变得如此拥挤。在全球层面，主要的"公共"行为方是国际货币基金组织（针对其所有成员）和经合组织（针对其较窄的成员范围，主要是发达国家，但有一些政治上重要的附加成员，例如墨西哥和土耳其）。"私营"行为方包括信用评级机构，其影响力在全球金融危机和随后的财政危机之后大幅增加。欧盟的扩大和欧元区的建立加强了欧共体和欧洲中央银行的财

[①] 数据来源中缺失智利和土耳其的数据，本文作者也省略了韩国和墨西哥，这两个国家是比率最低的两个，但却是截然不同的经济体。所有此类公共支出/国内生产总值比率必须伴有以下附加说明：如果一致数据是可用的，那么在诉诸税式支出和强迫私人支出等政策工具方面的差异可能会改变这种情况。

[②] 在毛罗（Mauro，2011）的国别各章中，阐述了有意或无意地假设财政整顿导致放弃的公共活动的价值有限这一危险。

政监督作用。在全球财政危机期间，20国集团成为财政政策回应方面国际讨论的重要参与者，但却没有澄清与现有机构的关系。这些行为方之间的关系是有问题的。

此类监督行为方的关键问题是合法性和能力。不可避免的是，公共监督机构具有强烈的政治色彩，特别是在最高层，对公共监督机构的主要利益相关者敏感，时而会有重要政治家掌舵。政治中心性赋予了一定程度的合法性，但也会对言论内容（特别是对关键国家）、言论方式和时间施加限制。国际货币基金组织和经合组织的能力源于其专业人员的卓越表现，而国际货币基金组织和经合组织是专业经济学家和统计学家的著名工作场所。

作为财政监督重要行为方的信用评级机构的出现，是主权债务危机的一个特征。这些私营组织在2008年危机爆发前的所谓过错方面面临监管和民事诉讼的威胁，却在主权债务上大显身手，最引人注目的是高调公布2011年8月美国联邦政府债务降级。关于主权债务的这种评级机构评分将导致这些监督者自己受到观察，例如，在旨在识别实际推动主权债务评级的因素的研究之中（Afonso and Gomes，2011）。

财政监督者的这一角色涉及严重的风险。第一，国际机构暴露于风气、意识形态以及强大的国家和私人利益之下。第二，需要注意国际机构使用的语言，因为这些语言将在国内财政辩论中得到重复使用；被描述为特定政府的"啦啦队"可能会削弱国际机构的长期声望。[1]另一方面，有一种为了陈述意见而呐喊的诱惑，并且这可能涉及使用图形化的语言。第三，国际机构必须抵制以下诱惑：将自己视为客观和仁慈的顾问，面对着没有认识到自己长期利益的有害政府和愚蠢选民。第四，对经济预测、金融部门监督和财政监督做出了很多判断，并且从事后来看，事先判断可能看起来难以理解。例如，英国经济在之前的经济繁荣时期被描述为金发女孩经济（"既不太热也不太冷"），并且因其对金融业的宽松监督而备受好评和建议模仿。

国家政府在财政监督安排中受到监督。控制自己的财政事务对于主权国家而言是至关重要的；甚至感觉到失去控制也是非常危险的，2011年和2012年欧元区的事态发展就证明了这一点。服从外部专家（无论是来自国际货币基金组织、欧共体还是欧洲中央银行）对政府而言是一种羞辱，这导致这些专家成为国内媒体中的名人和/或憎恨对象（Wise and Spiegel，2011）。在推卸责任和转移批评的策略中，问题在于先前的财政挥霍无度、无法控制的事件还是外部监督者的不合理行为，已经变得难于确认。

民主政治家必须参选；关于民主政治家声誉将被摧毁的预期不利于良好的政策或财政透明度。在极端压力下，政府会做出不光彩的事情。在特定国家可以承受多少经济痛苦并同时维持国内和平方面，还有一些悬而未决的问题。下放给专家和技术官僚的决策权越多，专家和技术官僚的问责制就越成问题（Heald 2012）。

成问题的还有非政府组织（NGO）和提供代理服务的其他组织在提高国家内部和跨国财政透明度的财政监督活动中可能发挥的作用。不出所料，当非政府组织的活动不是特定国家民间团体的自发产物，而是由国外发起时，会产生一些微妙的问题。这可能被视为挑战政治权威，甚至被夸张地描述为

---

[1] 政府始终在寻找可以在国内摆布的有利报价，这给财政监督者带来了危险。经济新闻记者威廉·基冈（William Keegan）强烈批评了经合组织，因为经合组织被视为2010年政府财政整顿措施的啦啦队，而这些财政整顿措施明确旨在减少公共部门在英国经济中的作用（Keegan，2011）。

"内部敌人"。官方多边组织和非政府组织本身存在于有争议的空间，并不总是很清楚何时对立或何时暗中合作。对于官方机构因为会冒犯一些成员国而无法声明和公布的事情，非政府组织有可能声明和公布。与财政透明度相关的一个例子是没有公布关于20国集团财政机构质量的专家评估研究报告，而该报告是上述财政机构在2008年危机之后委托国际货币基金组织编制的。

国内非政府组织的工作可能有助于政治辩论，在某些情况下甚至可以制定辩论的基础，因为非政府组织工作的可信度超过了政府和公共机构工作的可信度。英国很幸运拥有英国财政研究所（IFS），如果没有英国财政研究所，英国财政部的决策、行为和报告本来会受到更少的质疑。这种模式可能难以转移，特别是难以转移到那些对政府政策批评者的政治压力更加残酷的国家。然而，实际上，一些民间团体组织可能是特定种类财政措施的游说团体，尽管这些民间团体组织有时具有专业知识。

贾斯提斯和塔里摩（Justice and Tarimo，2011）剖析了美国《州财政分析倡议》（U.S. State Fiscal Analysis Initiative）的26名成员，以及25个国家中与国际预算促进会有某种联系的46个团体的"预算工作"活动的范围。贾斯提斯和塔里摩指出，"其中许多当代团体将平等主义言论与精英赞助相结合"（第16页）。国际非政府组织有时拥有官方资金，但在其他情况下依赖慈善基金会，并且已进入财政透明度国际比较领域。与学业成绩评级一样，这些通常是数据驱动的，因此取决于数据的质量——包括在维护组织网站和完成问卷方面的严肃性。非政府组织在许多维度上都是异质的。一个值得注意的动向是，倾向于使用非政府组织作为政府分包商来提供服务，而非由公共部门组织来提供服务。日益复杂的合同治理安排在非政府组织依赖性以及商业保密性面纱背后的成本和绩效信息方面提出了透明度问题。

外部财政监督的机制

国际货币基金组织和经合组织的监督在此被归类为强制性和自愿性的组合。经合组织每隔一或两年发布关于成员国的定期经济调查报告。基本上这是同行评审工作，并且是强制性的。国际货币基金组织进行第四条磋商，现在导致以"自愿但推定"为基础发布一份报告，并且明确的规则严格限制了一个国家可能要求的变更的性质。

在27个欧盟成员国中的25个成员国于2012年3月2日签署的《经济和货币联盟稳定、协调和治理条约》（Treaty on Stability, Co-ordination and Governance in the Economic and Monetary Union）中，可以看到强制性（在该情况下基于条约）外部财政监督的运作方式。财政协定在很多方面都很有启发性。

第一，财政协定展示了在《稳定与增长公约》目标3中，对财政政策（赤字和债务）的强制性监督如何转向考虑宏观经济政策（贸易不平衡）和结构性改革（竞争力）。对事项进行干预（迄今为止，一直被视为近似主权的权力）的可能性是显而易见的。

第二，有人指出"拥有对外盈余的其他成员国充分利用其具有竞争力的出口部门，但国内需求略微落后，这放大了欧元区赤字国家与盈余国家之间的差距"（欧盟委员会，2010）；显然，这是暗指德国。然而，似乎难以置信的是，新的过度不平衡程序要求成员国采取纠正措施或遭受处罚，并且实际上将用于这种情况。此类建议的目标是欧元区表现不佳的边缘国家，但仍存在平衡零和的问题。

第三，新的执法权力涉及以保证金和罚款形式对欧元区国家进行的制裁，并且将在反向多数表决的基础上进行运作。① 该机制旨在确保《稳定与增长公约》目标3不受主要国家自行豁免的损害，正如

---

① 这意味着，如果欧盟委员会建议制裁，那么只能通过部长理事会的合格多数票才能撤销。

法国和德国在违反《稳定与增长公约》目标1时自行豁免的那样。回想起来，爱尔兰和葡萄牙当时愤愤不平地认为这些规则只适用于像自己这样不重要的国家，它们后来本可以受益于在接受批评情况下可能带来的财政谨慎。

除了对国家公平待遇的实质性关注之外，违背感知公平会鼓励逐渐削弱财政透明度的操纵行为[①]。在监督和绩效评估背景下，存在所有单位（此处是国家）是否得到平等对待方面的根本问题。这可能是为了强调过程的公平性和合法性。或者，注意力可能集中在最坏的情况，或者具有最大改善潜力的情况。对有效性（针对可用资源）和合法性（感知不公平具有破坏性）的考虑交织在一起。

第四，因为外部财政监督者关注的是大局，所以财政整顿时期可能会导致国家内部的权力集中：权力从立法机关转移到行政部门，从有关各部转移到财政部，以及从地方政府转移到中央政府。为财政整顿之目的而采取的仓促的、粗略的措施可能会产生破坏问责机制的长期影响。存在一个真正的困境：财政监督必须考虑全局，否则广义政府各组成部分内部以及广义政府和公共公司部门之间的套利可能会破坏财政整顿。

外部监督领域的自愿性一端是ROSC，包括国际货币基金组织的财政透明度ROSC。国际货币基金组织和世界银行共同对ROSC进行了全面审查，继而发布了《2011年标准和守则倡议审查报告》(*2011 Review of the Standards and Codes Initiative*，IMF和世界银行，2011a，2011b)。这些都是有价值的文件，恰如其分地说明了本章的几个主题。财务透明度ROSC通常被财政专家认为是独立的，并且处于三个政策透明度标准和守则、五个金融部门监管标准和守则以及四个市场完整性标准和守则的架构之中。《标准和守则倡议》"在20世纪80年代末亚洲危机之后，已被确定为全球金融架构彻底改革的几个基石之一"（2011b，第5页）。

1999—2010年完成的ROSC的数据可获（2011a，第10页）。就数量而言，财政透明度ROSC总计为110份，在清单中排名第三位。引人注目的是，前6年有74份（2002年达到峰值21份），第二个6年有36份（2010年只有3份）。本章前面对这种数量下降情况进行了评论。发布率很高的财务透明度ROSC的数量减少导致所有ROSC的发布率急剧下降，从最初的90%左右（1999年）下降到33.3%（2010年）。

2011年审查报告及其背景文件中明确或隐含地包含了几个信息。第一，作为学习机制的ROSC和作为评分绩效指标的ROSC之间存在紧张关系。总体而言，背景研究发现在参与的政府之中存在一些令人羡慕的满意度：例如"国家当局调查的96%受访者认为，参与该倡议比其成本重要"（2011a，第14页）。相比之下，市场参与者批评ROSC已经过时、报道不完整并且缺乏公布的得分。财务透明度ROSC，正如以实用方式总结的那样（2011b，第7—9页），正式确定了可能被视为专业上公认的公共财政管理良好实践的内容。大多数这些过程特征都不会引起争议，但与改革排序相关的除外。然而，用于支持评分系统的资源承诺会更大：得分很快转变为类似体育的排名表，可预测的结果是被评估者变得具有防御性，并投入资源来就得分提出异议和与评分规则进行博弈。

第二，财政透明度ROSC因未能建立周期性（定期重新评估周期）而受到影响。在2008—2010年仅完成13份财政透明度ROSC的情况下，这些报告很可能在国家政府面临巨大的资源压力时被视为具有边

---

① 国际货币基金组织（2011a，附录2）详细说明了掩饰赤字和债务的会计策略，包括葡萄牙2010年将葡萄牙电信公司的养老金资产和负债转移到广义政府的策略，这是法国1997年使用的一种策略。这使葡萄牙2010年的赤字减少了国内生产总值的1.5%。该附录记录了其他减少赤字的策略。这并非新鲜事，正如用于使各国符合欧元区成员资格的表面工作一样。

际相关性。没有任何迹象表明个别国家正在取得进展（或缺乏进展），也没有可能根据类似国家的外部评估对这些个别国家进行基准测试。鉴于可避免的财政脆弱性促成了2008年之后的财政危机，应该指出，半心半意和资源不足的行动不太可能有效。随着经济艰难地从衰退中复苏，出现一些可预测的问题。例如，政府和社会资本合作（PPP）和政府对公共基础设施私营提供者的担保将会激增，因为监督的重点是不包括这些内容的统计指标。

第三，当监督者对主权政府进行评分时（Heald，2012），政体内部给评分系统带来的技术困难和政治敏感性（Heald，2007）会加剧。这引发了深刻的合法性问题，特别是在被评估者可以宣称民主合法性而评估者却不能时。监督者认为属于自愿的内容对于被监督者而言似乎并非如此，特别是随后在强制性系统中重复使用结果时，例如第五条磋商。对未评分的系统进行回顾性评分的可能性不仅会阻碍参与和自我批判评价，还会鼓励调动防御性资源，从而增加监督者和被监督者的成本。

第四，标准和守则与标准制定机构（例如会计和审计）的相互渗透越深，与特定机构和机制相关的合法性和能力问题就会变得越深刻。政府和民间团体组织会要求这些网络提供透明度和问责制，相应地在与频率和覆盖范围相关的成本之外产生成本压力。如果覆盖范围具有选择性（例如系统重要性国家），那么必须根据公布的标准证明这种选择性是合理的，以避免被认为是偏袒和有偏见的。即使在20国集团等受限制的国家集团中，各国对合法性和问责制来源的理解也存在与透明度相关的差异。从整体上看，ROSC影响了实质性的公共政策目标，以及在金融部门和宏观经济稳定方面相互冲突和不断发展的观点。自2000年以来，关于金融创新和宽松监督以及财政和货币政策的气氛出现了显著波动。

外部财政监督真正能实现什么

透明度方向和不对称问题是外部财政监督潜力方面的注意事项。就对于被观察具有很高敏感程度的个人领域而言，财政监督可能会产生不可预测和不良的后果。对于"使用技术官僚政府替代民主这一（欧元区危机）解决方案"，巴伯（Barber 2011）提前警告：

> 尽管存在公共财政和国家行政的所有功能失调情况，意大利和希腊都是骄傲的民族，即使在危机中也不喜欢接受外国人的命令。这种立场与公众产生了共鸣，与政治阶层同样产生了共鸣……欧洲政策制定者以挽救其货币联盟的名义，倾向于像往常一样在希腊和意大利暂停政治，并将政治替换为非党派的管理专家。政府政策不用说，一开始就将由布鲁塞尔和法兰克福（欧洲中央银行总部）进行监督，并将由具有相同泛欧观点的希腊和意大利专家来实施……债务危机似乎逐步推动欧洲走向更紧密的一体化。但是，如果在该旅程中，欧洲越来越多地将民主视为一种老式的奢侈品，那么欧洲可能会付出沉重的代价。

这种有节制的描述与欧元区危机期间跨越欧洲边境充满恶意的历史记忆形成鲜明对比。由于意识到财政监督会被解释为敌对外国的干预，这可能产生功能失调后果，例如德国政府提出关于欧盟控制希腊公共财政的规划时（Spiegel and Hope，2012），所以重点重新放在了国内自身努力提高财政透明度的核心地位。

与许多公共政策工具一样,一个关键的危险在于对外部财政监督的期望过多。外部财政监督不能解决基本的结构或政治问题,尽管外部财政监督可能会更早地强调这些问题——即便如此,也需要被监督者愿意接受。在长期繁荣时期,欧元区边缘国家的脆弱性被掩盖了。这些经济体与欧元区核心经济体的同步性较弱,在没有汇率调整工具的情况下无法应对德国优越生产力的长期影响,以及多米诺骨牌效应等问题。如果没有能够带来明确或隐含的内部财政转移的政治联盟,这种货币联盟是否会完好无损地存在,是一个无法回答的问题。

除了该特定问题外,从前面的分析中还可以得出一些暂时性结论。第一,财政问题在政治上对国家的存在而言是至关重要的,因为对公平的感知很重要。即使各国的政治和经济重要性差别很大,这也促使财政监督者进行公平对待。与爱尔兰和葡萄牙的待遇形成鲜明对比的是,在法国和德国违反条约时对规则进行了更改,这严重损害了《稳定与增长公约》目标1项下欧盟监督的声誉。关于国际货币基金组织在21世纪前10年温和对待某些国家(包括英国和美国)的看法也具有破坏性。

这突出了那些进行财政监督的组织所面临的资源分配困境;例如将资源集中在那些具有系统重要性的国家或预先确定为脆弱的国家(可能带来耻辱和挑起敌意),还是平等对待所有国家(满足公平标准,但非常稀薄地分配有限的资源)。

第二,财政美德不能输入或强加。有效的实践需要以促进财政透明度的方式由国内"拥有"。实现这一点在很大程度上取决于建设促进和捍卫透明度的国内机构。这可以是政府(例如财政委员会)、议会(审计署和特别委员会)和外部(有影响力的非政府组织,例如英国财政研究所)的组合。在短期内,财政部可能将此类机构视为一种麻烦。财政规则和支出规则有时是财政监督的基础,并且明确旨在限制未来政府的可用选项。这些规则通常是出于对政治家的不信任,有时是对选举权的不信任。对多数政治权利的此类限制需要意见高度一致才能被视为合法。外部财政监督在强制性和优先于国内事项方面的相关性越强,实现财政透明度就越困难。财政部以外强有力的国内机构可能有助于创造重视及时的高质量财政信息的环境。这是对使用者缺失问题最可能成功的回应。

第三,旨在监测遵守规则情况的财政监督可能会引发掩饰和规避,特别是(但不仅仅是)在缺乏同意时。与职业体育一样,一旦制定了规则,在找到规避规则同时避免制裁方面就会有额外收获。这种"不当行为"是通过诉诸更高的目标来自我合理化的。希尔德(Heald,2012)确定了五大类公共支出替代品:预算外支出;税式支出;强迫私人支出;政府和社会资本合作等预先承诺未来支出的机制;利用广义政府与公共部门之间以及公共部门与私营部门之间的界限套利。在特殊情况下,其中每一个机制都可能具有实质性价值;尽管如此,此类机制对政府的吸引力在很大程度上取决于其在财务报告和国民账户中的得分如何(Heald and Georgiou,2010)。[①]这些说明了构建财政透明度过程中的障碍,这些障碍加强了源自材料复杂性、信息量和潜在使用者缺乏兴趣等因素的内在障碍。

第四,公共财政数字,尤其是预测,存在不确定性,并且先前的确定性消失。例如英国所描述

---

① 政府和社会资本合作目前在许多国家都占据突出地位,特别是在财政整顿期间。关于财政风险和物有所值所面临危险的警告,请见Heald(2003b)和Rial(2012)。

的"美好的"[①]10年事后看就非常不一样。当时的政策批评集中在当时工党政府关于经济周期测定的花招，这与是否符合1998年"黄金法则"有关。税收收入脆弱性吸引的关注很少，而税收收入正在支持公共支出的大幅增加。在同一时期内，新西兰在经济繁荣时期没有实现足够高的盈余（Brook，2012），这加强了一点：民主政府发现，面对关于减税或更好公共服务的需求，在政治上很难实现大量盈余。当经济周期很短时，很难测定周期，特别是实时。产出缺口指标可能不可靠，从而使经结构性调整的预算和赤字数字受到质疑。

第五，可靠的财政或支出规则必须相对简单；由于这些规则取得多数政治权利资格的方式，这些规则还必须获得广泛的政治共识。依赖在产出缺口和周期性状况方面有争议指标的复杂规则将迅速失去这种共识，这鼓励采用众所周知的新技术来对规则监管者隐藏财政状况。如果使用简单的规则，那么就必须存在由例外事件触发的例外条款；可以援引2008年全球金融危机和2011年日本地震。在此类情况下，诸如"不遵守就解释"等机制将优于尝试预测"不可知物"。

关于加强财政透明度的建议

现在提出加强财政透明度的可行途径是适当的。此处的重点是背景、文化和能力，政策制定者必须明确问题的性质，因为可行途径很可能是偶然的。在撰写本章过程中，国际货币基金组织于2012年11月发布了一份关于"财政透明度、问责制和风险"的实质性文件（IMF，2012a），随后于2012年12月启动了关于修订财政透明度守则的公共咨询（IMF，2012b）。尽管该文件与本章之间存在许多共同点，但下文将讨论一些重要的差异。这些发展源于重新强调财政调整（IMF，2011a）和三年期监督审查（IMF，2011b）。

第一，如果中央财政问题是腐败，那么在其他地方有希望成功的一些措施可能不仅在效率方面无效，而且可能产生事与愿违的后果。在此类情况下，透明度基本上与治理有关：试图掩盖腐败痕迹可能会损害信息流动。如果人们正在偷钱，不要指望政府账户描绘出准确的情况。问题是如何最好地处理腐败问题，特别是政治精英的腐败问题。透明国际（2010）提出了有用的建议，尽管在没有国际合作的情况下，实施将远非易事。但还有一些希望。在经合组织多年来应对避税天堂的努力受挫之后，2008年的危机促进了国际行动。在巴黎进行的与领导精英对非洲国家的盗窃行为相关的刑事诉讼表明了可能性在扩张（Chrisafis，2012）。在此类情况下，如美国最高法院大法官布兰迪斯（Brandeis）所说，阳光可以作为消毒剂（Freund，1972）。

第二，应鼓励具备适合普遍偶然性的有效实践的国家维持和发展其财政透明度实践[②]，但不应将其视为蓝图。兜售虚假计划书（通常包括不适当的政策和工具）的顾问应该打包走人。在实际经营国家财政的人已经内化了支撑国家财政的价值观时，财政透明度将起作用。这避免了在其他情况下可预测的三阶段过程：制定规则；与规则进行博弈；恐吓因宪法惯例和象征意义而不可避免地处于弱势地位

---

① "美好的"10年是英格兰银行行长默文·金（Mervyn King）在2003年首次使用的术语，代表"非通胀性持续扩张"。默文·金在2008年6月18日的演讲中指出了"美好的"10年的结束（King，2008）。

② 关于创新的示例是澳大利亚改编国际货币基金组织《政府财政统计手册》用于政府财务报告（Barton，2011），以及英国整体政府账户项目（Heald and Georgiou，2011）。

的执法机构。如果有人主张自己是高绩效者，那么需要对这种主张进行测试：

> 英国和美国在会计方面引领全球，既谨慎又富有创造力。英国和美国拥有独立的司法机关、诚实的统计机构和相对诚实的政治家。但英国和美国一直无法执行自己规定的预算纪律规则。现在竟然要求我们相信政治结构较弱的国家将可靠地实施从外部强加的预算纪律。（Kay，2011）

表现最好的自愿者总是可以从支持性的同行评审中受益。通过根据核对表进行评分产生的排名表的一个可预测结果是为一致性制造压力。这些最高绩效者需要对自己的制度和工具充满信心。例如，由于没有证据表明新西兰财政部预测中存在偏见，建立预算责任办公室可能会分散一个小国的专业知识。如果在财政透明度测量工具上新西兰得分下降，那就这样吧。高成就者可以抵御被迫服从的压力。

第三，新的公共管理改革使许多工业化国家的政府结构和合同结构变得非常复杂。这些通常被描述为"国际最佳实践"，至少隐含地鼓励其他国家复制此类结构。但是，此类建议很少考虑到其所处的偶然性环境。除非各国有能力管理此类结构，否则各国应集中精力开发适合其发展的有效实践。这意味着坚持明确界定的政府结构而非复杂的政府结构，特别是那些与私人利益交织在一起的结构。

历史的相似性阐明了这一点。许多经济学家（Vickers and Yarrow，1988）得出结论认为，产业和公用事业私有化在20世纪80年代的英国是有益的，此类政策后来被许多经合组织国家所采用。此类政策传播到1989年后的俄罗斯（这是一个完全不同的政治、法律和监管环境），导致了寡头政治家崛起，盗窃国家财产，经济权力集中，以及法治进一步削弱。一个讽刺性的转变是，在伦敦高等法院审理了别列佐夫斯基（Berezovsky）诉阿布拉莫维奇（Abramovich）案件，这是两个寡头政治家之间的争议（Croft and Buckley，2012）。20世纪90年代的俄罗斯没有法律或文化基础设施来阻止寡头政治家的出现以及对国家财产的广泛掠夺。背景是至关重要的。政策转移和模仿需要谨慎，并且创新型国家的实践不应被视为可转让的秘诀。

公共服务中的合同关系变得越复杂，腐败的机会可能就越多，对信息发布进行商业保密限制的机会可能就越多（Hood，2006）。即使在工业化国家，公共部门和私营部门之间的复杂交易也会引起透明度问题。例如政府和社会资本合作（Heald and Georgiou，2010），以及漫长的合同纠纷（例如英国国家卫生服务信息技术项目）。在私营部门的外包安排方面也会出现这种情况，正如墨西哥湾的马孔多（Macondo）油井灾难已经充分证明的那样（Pfeifer，2010）。

在政府没有能力的情况下，有充分的理由来让事情保持简单——通过组织关系和通过依靠收付实现制会计。在表现出极端的效率低下和治理问题的国家，提高财政透明度取决于公共财政管理的基本设施，尤其是良好的现金控制（Hepworth，2003），并且取决于避免在许多情况下注定失败的过于雄心勃勃的改革计划。国际公共部门会计准则委员会应更加高调地宣传其收付实现制会计准则，以便在适当情况下使用，并通过补充报告和绩效机制予以支持。无论背景如何，完全权责发生制总是更可取的这一观点应该受到挑战。当缺乏能力时，特别容易出现虚假报告。此外，欧元区危机强调了那些迄今为止故意视而不见的国家的共谋。希腊的虚假报告远在2008年危机之前就已明确记录在案（Savage，2005），但由于对欧元区项目的成功不利而被忽视。

第四，国内机构的活力对于维持对财政透明度的长期承诺而言是至关重要的。否则，将陷入形式合规但实质忽视。如果没有强大的支持者，可能会出现对具有执法职责的公共机构的一系列规则制定、规则规避以及明显或隐含的压力。各国的制度架构各不相同，这部分取决于宪法安排。在任何情况下，形式上的法律和宪法关系都可能无法传达审计署（通常称为最高审计机关）或国家统计局的实际地位。审计署和国家统计局的技术和专业能力以及独立于行政部门和立法机关的行动范围，将强烈地影响财政透明度可实现的目标。

尽管在作用方面存在固有的紧张关系，但财政部、审计署和统计机构以及负责支出监督的立法机关各部门（特别是委员会）之间存在着相互依赖关系。财务部作用的基本要素对于更高层次的透明度和问责制目标而言是至关重要的；国际货币基金组织在对中欧国家和前苏联国家的技术援助方面进行的审查很好地说明了这一点（Potter and Diamond，2000）。如果没有良好的数据，那么关于财政透明度的主张将是虚幻的。一个关键问题是确保有概览数据，将支出和收入的预算列报与国民账户总量联系起来。现实情况是，大多数实际使用者重点关注面向未来的预算列报，而数量有限的专家才关注财务报告和统计结果。数据覆盖的全面性与严格发布信息一样重要。应优先考虑改善实际财政管理和国民账户的基础数据，而非在不具备相应财政或执行能力的国家进行"复杂的"政府会计改革。

第五，在刺激国内改善财政透明度的努力和通过控制政策实质的外部财政监督的"高压手段"强制实施财政透明度实践之间存在紧张关系。前者需要内化支撑财政透明度的价值观，而后者可能会导致形式合规并规避实质。甚至名义上的绩效优良者也会参与有问题的实践（Irwin，2012），这意味着坏榜样可能比良好实践更有影响力。

在2008年危机之前，对经济政策成功的过度自信蔓延到许多政府、中央银行、国际机构和评论员。随后，这场危机严重损害了政策制定者和机构的可信度（Wolf，2011a）。这是很重要的，因为经济方面发生的事情不是机械的，例如判断一个经济体的周期性状况以便为结构调整目的计算产出缺口并不简单，并且涉及很多专业判断。欧元区危机管理一直是个令人不快的奇特现象，破坏了合法性；宪法不是能够匆忙改写的，特别是根据外部指令改写。在实际层面上，可能没有真正的合规，并且最近的事件将影响欧盟国家之间未来的经济和政治关系。

应该部分地根据关于财政透明度和财政监督活动的倡议如何解决内在和构建的透明度障碍来对该倡议进行判断。希尔德（Heald，2012）确定了图33.4中所列的障碍，但未必详尽无遗。对于在哪里划定"内在"和"构建"之间的界线而言，尚有争论余地，但这种区分为讨论补救措施提供了一个有用的起点。

按照分类，内在障碍是很难解决的。障碍1强调了资源用于与预算编制、财务报告和国民账户计量系统相关的数据校正和解释的重要性。障碍2、障碍3和障碍4引发了关于政治体制的问题，而这些政治制度通常在发展财政透明度能够直接影响的领域之外。

构建性障碍提供了更多的可能性。障碍6（拒绝向下透明度）不是技术性的，例如某些国家在统治者和国家的财政之间没有明确的分离，而在另一些国家，统治者可能会否认使用者对政府信息的主张的合法性，可能是出于政治权力或隐瞒腐败的原因。然而，其他障碍可能更容易识破。高质量的信息可以限制障碍5的损害。障碍7和障碍8是密切相关的。障碍7强调操纵作为面临对特定决策者具有约束力的制约因素时的一种应对机制，而障碍8中的操纵是通过感知操作环境中的不公平来自我验证的。高质量的财政信息将通过使操纵可见来限制一些操纵。然而，就财政透明度的价值观是否内化而言，更多是文化问题。国家内部的严格等级制度以及在国内被认为是不公平的外国干预的外部财政监督，可能会产生障碍7和障碍8所述类型的功能失调行为。

内在障碍	构建性障碍
1.计量系统的技术复杂性，包括财务报告和国民账户	5.政府用作媒体和使用者管理工具的数量和不透明度
2.明确界定的"积极"状态让位于更难以确定的"监管"和"合同"状态，并具有更复杂和分散的治理模式	6.否认信息主张的合法性（向下透明度）
3.关于数字的认知问题使许多民选政治家失去兴趣	7.处于委托—代理链下端的人员愿意操纵数据（例如，政府和社会资本合作的项目评估）作为在其无法挑战的限制范围内"暗中行善"的手段
4.无情的媒体消极性与政府激励"杜撰"和"栽赃"相互作用，从而在不承诺监督作用方面加强了民选政治家的职业发展激励	8.感知不公平可能会有效地支持那些受到向上透明度影响的人心中的作弊行为

图33.4 财政透明度的障碍

资料来源：总结希尔德（Heald，2012）的展开讨论。

当涉及财政透明度倡议需要提供哪种透明度时，明确性是至关重要的。回顾图33.2和图33.3，重点应放在以下方面：

- 事件透明度，侧重于投入、产出和结果，同时保护决策和财政管理免受对流程透明度操作方面过度关注的影响。
- 有效透明度，避免在关于透明度的主张流于印象，以及媒体管理时会出现的透明度错觉。
- 回顾透明度，以便能够为明确的报告期建立问责制，并始终以严格的方式发布使用者相关信息。

鉴于现代媒体对政府施加的压力，实现这种格局并不容易，但尽心尽力的政府可以做很多事情（例如不泄漏预算公告将是一个充满希望的开端）。

第六，财政透明度的障碍可以通过支持现有使用者来解决，有时也可以通过能够创建新使用者的新信息来解决。在工业化民主国家中，使用者很可能出现在媒体、学术界、民间团体组织和议会委员会的各个部分。支持使用者的一种方式是确保收集和发布使用者重视的数据，即使这些数据不是部长的优先事项。① 独立于现有部长的财政部需要对使用者，甚至对那些麻烦的使用者承担更广泛的责任；财政部在财政数据阳光化方面也有长期收益。财政委员会的潜在好处之一可能在于其在政府数据边界内改善外部人士可用数据的能力。与公共审计署和国家统计机构相比，财政委员会的职权范围可能会为其提供更多的倡议空间（Hemming，2013）。

人们通常从政府外部人士对政府财政活动现实情况的感知角度来看待财政透明度。然而，一类重要的使用者是那些在政府内但在中央各部之外工作的使用者，尽管对于政策网络外部的使用者而言通

---

① 尽管对英国财政部每年的《公共支出：统计分析》（*Public Expenditure: Statistical Analyses*）付出了值得称赞的努力，但除了顶层总量之外，其他内容缺乏时间序列数据，这是一个长期而明显的遗漏。仅为被视为与支出审查流程相关的短时间窗口提供一致数据。这看起来很像是构建性问题，但本文作者之前作为英国下议院财政委员会专家顾问的经历表明，这主要是资源供给问题，产生的原因是除了直接的规划和控制需求之外，还缺乏对良好数据重要性的顶层理解。良好的时间序列数据在使用者需求方面排名很高但很难生成，尤其是因为政府机关的变化、定义变化和会计变更。

常是不可见的。各国政府特别是发展中国家政府的特点往往是未能在有关部门和机构之间共享信息。同样，支出部门和财政部之间有时沟通和信息流动不畅，以保护其在支出限额和绩效指标方面的权力和授权。自相矛盾的是，实体和总体层面经改善的公布信息的一个关键使用者（潜在的施压者）可能是政府的其他部分，而这些部分对数据的内部使用权限通常比外界设想的更加有限。

在多次遭到忽视之后，财政透明度重新回到官方政策议程之上。尽管在"财政透明度、问责制和风险"（IMF，2012a）中有很多令人钦佩的内容，但也存在差距。有一个重要的问题是，这些遗漏是由于不宜提及之事（例如国际货币基金组织的内部资源论证，以及重要成员过去的敌意），还是由于某些问题得不到重视。在为什么财政ROSC逐渐消失，以及过度强调缺乏财政透明度是2008年危机的主要原因方面，没有充分讨论。

本章的分析表明，对宏观经济成功的自满（"相信故事"）与关键成员国的不合作和较低的国际货币基金组织资源供给相结合，使财政ROSC边缘化。未来的成功将在很大程度上取决于合作、高水平的资源供给和清楚地认识优先事项。数据透明度和财政治理之间的平衡是一个困难的领域，因为各国制度安排的范围广泛，并且预期财政治理不足会损害数据质量。值得探讨的一个可能性是将财政ROSC的继任者集中在20国集团国家和被认为对全球经济具有系统重要性的其他国家。对公共支出与财政问责计划进行并行审查，并且在两个计划中对各国进行更明确地划分将是有益的。国际货币基金组织的磋商是一个需要抓住的机会，其随后将促成财政透明度守则的新版本出现。

参考文献

Afonso, A., and P. Gomes. 2011. "Do Fiscal Imbalances Deteriorate Sovereign Debt Ratings?" *Revue économique*, 62（6）: 1123–34.

Alesina A., R. Hausmann, R. Hommes and E. Stein. 1999. "Budget Institutions and Fiscal Performance in Latin America," *Journal of Development Economics*, 59（2）: 253–73.

Allen, W. A. 2000. *The Role of Transparency in the Development of Financial Markets*, Speech at the 6th Arab Investment Capital Markets Conference, May 18, Beirut. Available at: http://www.bankofengland.co.uk/publications/Pages/speeches/2000/speech87.aspx（last accessed January 30, 2013）.

Alt, J. E., and D. D. Lassen. 2006. "Fiscal Transparency, Political Parties and Debt in OECD Countries," *European Economic Review*, 50（6）: 253–73.

Augustine, A., Maasry, D. Sobo and D. Wang. 2011. "A Sovereign Fiscal Responsibility Index," *SIEPR Policy Brief*, April, Stanford, Stanford Institute for Economic Policy Research, available at http://siepr.stanford.edu/system/files/shared/documents/policybrief_04_2011.pdf（last accessed January 30, 2013）.

Ball, I. 2011a. "Governments Guilty of Deficient Accounting Practices," *Financial Times*, September 29.

Ball, I. 2011b. "… And They Should be Asking Themselves Two Questions," *Financial Times*, November 2.

Barber, T. 2011. "Policymakers Relegate Democracy at Their Peril," *Financial Times*, November 10.

Barton, A. 2011. "Why Governments Should Use the Government Finance Statistics Accounting System," *Abacus*, 29(4): 411–45.

Boer, M., den. 1998. "Steamy Windows: Transparency and Openness in Justice and Home Affairs," in V. Deckmyn and I. Thomson（eds）*Openness and Transparency in the European Union*, pp. 91–105. Maastricht, European Institute of Public Administration.

Bräutigam, D., J. Fjeldstad and M. Moore. 2008. *Taxation and State-building in Developing Countries: Capacity and Consent*. Cambridge: Cambridge University Press.

Brook, A.-M. 2012. "Making Fiscal Policy More Stabilising in the Next Upturn: Challenges and Policy Options," in Banca d'Italia (ed.) *Rules and Institutions for Sound Fiscal Policy after the Crisis*, pp. 655–98. Proceedings of the Fiscal Policy Workshop held in Perugia, March 31–April 2, 2011, Rome, Banca d'Italia.

Brumby, J. 2012. *The Global Initiative for Fiscal Transparency*, Presentation on February 28 in New York.

Chrisafis, A. 2012. "Payback Time for Africa's Playboys?," *Guardian*, February 7.

Croft, J., and N. Buckley. 2012. "High Stakes as Oligarchs Pick London to do Battle," *Financial Times*, February 18–19.

Eich, F. 2008. "Five Years of the U.K.'s Long-Term Public Finance Report: Has It Made Any Difference?" in Banca d'Italia (ed.) *Fiscal Sustainability: Analytical Developments and Emerging Policy Issues*. Rome: Banca d'Italia.

European Commission. 2010. *Economic Governance Package (2): Preventing and Correcting Macroeconomic Imbalances*, Press Release MEMO/10/454, 29 September, Brussels, available at http://europa.eu/rapid/pressReleasesAction.do?reference=MEMO/10/454&format=HTML&aged=0&language=EN&guiLanguage=en (last accessed January 30, 2013).

Freund, P.A. 1972. *The Supreme Court of the United States: Its Business, Purposes and Performance*. Gloucester, MA: Peter Smith.

Giles, C., and J. Thornhill. 2005. "Forum's Chief Backs Calls for Shake-up," *Financial Times*, July 26.

Glennerster, R., and Y. Shin. 2008. "Does Transparency Pay?," *IMF Staff Papers*, 55(1): 183–209.

Heald, D. A. 2003a. "Fiscal Transparency: Concepts, Measurement and U.K. Practice," *Public Administration*, 81(4): 723–59.

Heald, D. A. 2003b. "Value for Money Tests and Accounting Treatment in PFI Schemes," *Accounting, Auditing & Accountability Journal*, 16(3): 342–71.

Heald, D. A. 2006a. "Varieties of Transparency," in C. Hood and D.A. Heald (eds) *Transparency: The Key to Better Governance?* Proceedings of the British Academy 135, pp. 25–43. Oxford: Oxford University Press.

Heald, D. A. 2006b. "Transparency as an Instrumental Value," in C. Hood and D.A. Heald (eds) *Transparency: The Key to Better Governance?* Proceedings of the British Academy 135, pp. 59–73. Oxford: Oxford University Press.

Heald, D. A. 2012. "Why is Transparency about Public Expenditure So Elusive?," *International Review of Administrative Sciences*, 78(1): 30–49.

Heald, D. A., and G. Georgiou. 2010. "Accounting for PPPs in a Converging World," in G. Hodge, C. Greve and A. Boardman (eds) *International Handbook on Public-Private Partnerships*, pp. 237–61. Edward Elgar.

Heald, D. A., and G. Georgiou. 2011. "Whole of Government Accounts Developments in the U.K.: Conceptual, Technical and Implementation Issues," *Abacus*, 29(4): 219–227.

Hemming, R. 2013. "The Role of Independent Fiscal Agencies," Chapter 38 in this Handbook.

Hemming, R., and M. Kell. 2001. "Promoting Fiscal Responsibility: Transparency, Rules and Independent Fiscal Authorities," in Banca d'Italia (ed.), *Fiscal Rules*, Proceedings of the Fiscal Policy Workshop held in Perugia, February 1–3, pp. 433–59 Rome, Banca d'Italia.

Hepworth, N. 2003. "Preconditions for Implementation of Accrual Accounting in Central Government," *Public Money & Management*, 23(1): 37–44.

Hood, C. 2001. "Transparency," in P. B. Clarke and J. Foweraker (eds) *Encyclopaedia of Democratic Thought*, pp. 700–4. London: Routledge.

Hood, C. 2006. "Beyond Exchanging First Principles: Some Closing Comments," in C. Hood and D. A. Heald (eds) *Transparency: The Key to Better Governance?* Proceedings of the British Academy 135, pp. 211–25. Oxford: Oxford

University Press.

Hood, C. 2007. "What Happens When Transparency Meets Blame-avoidance?," *Public Management Review*, 9（2）: 191-210.

IMF. 2007a. *Code of Good Practices on Fiscal Transparency*, revised. Washington, DC: International Monetary Fund, available at: http: //www.imf.org/external/np/pp/2007/eng/051507c.pdf（last accessed January 30, 2013）.

IMF. 2007b. *Manual on Fiscal Transparency*, revised edition. Washington, DC: International Monetary Fund, available at: http: //www.imf.org/external/np/pp/2007/eng/101907m.pdf（last accessed January 30, 2013）.

IMF. 2008. "Fiscal Transparency," available at: http: //www.imf.org/external/np/fad/trans/index.htm（last accessed January 30, 2013）.

IMF. 2011a. *Shifting Gears: Tackling Challenges on the Road to Fiscal Adjustment - Fiscal Monitor*, April 2011. Washington, DC: International Monetary Fund.

IMF. 2011b. *Triennial Surveillance Review*, available at: http: //www.imf.org/external/np/spr/triennial/index.htm（last accessed January 30, 2013）.

IMF. 2012a. *Fiscal Transparency, Accountability and Risk*. Washington, DC: International Monetary Fund.

IMF. 2012b. *Consultation on Revisions to the Code of Good Practices on Fiscal Transparency*, available at: http: //www.imf.org/external/np/exr/consult/2012/FAD/index.htm（lastaccessed January 30, 2012）.

IMF and World Bank. 2011a. *2011 Review of the Standards and Codes Initiative*, Washington DC, International Monetary Fund and World Bank, available at: http: //www.imf.org/external/np/pp/eng/2011/021611.pdf（last accessed January 30, 2013）.

IMF and World Bank. 2011b. *2011 Review of the Standards and Codes Initiative - Background Paper*, Washington DC, International Monetary Fund and World Bank, available at: http: //www.imf.org/external/np/pp/eng/2011/021611a.pdf（last accessed January 30, 2013）.

Inman, P. 2011. "Irish Braced for More Cuts After Budget Leak," *Guardian*, November 19.

International Budget Partnership. 2011. *Open Budgets Transform Lives: The Open Budget Survey 2010*. Washington, DC: International Budget Partnership.

Irwin, T. C. 2012. *Accounting Devices and Fiscal Illusions*, IMF Staff Discussion Note SDN/12/02, March 28, 2012. Washington, DC: International Monetary Fund.

Jones, R., and M. W. Pendlebury. 2000. *Public Sector Accounting*, 5th edition, Harlow, FT Prentice Hall.

Joumard, I., P. Hoeller, C. André and C. Nicq. 2010. *Health Care Systems: Efficiency and Policy Settings*. Paris: Organisation for Economic Co-operation and Development.

Justice, J. B., and F. J. Tarimo. 2011. "NGOs Holding Governments Accountable: Civilsociety Budget Work," *Public Finance and Management*, 12（30）: 204-36.

Kay, J. 2011. "Taverna Talk of Fiscal Union will Remain Just That," *Financial Times*, December 14.

Kay, J. 2012. "Investors should Ignore the Rustles in the Undergrowth," *Financial Times*, February 29.

Keegan, W. 2011. "We're not Deficit Deniers: We just Want to Stop Digging a Hole," *Observer*, April 10.

King, M. 2008. *Speech at the Lord Mayor's Banquet for Bankers and Merchants of the City of London at the Mansion House*, June 18, mimeo, available at http: //www.bankofengland. co.uk/publications/speeches/2008/speech349.pdf（last accessed January 30, 2013）.

Mauro, P. 2011. *Chipping Away at Public Debt: Sources of Failure and Keys to Success in Fiscal Adjustment*. Hoboken, NJ: John Wiley.

Münchau, W. 2011. "Grim Lessons from the 30 Years War," *Financial Times*, December 29.

OECD. 2002. "OECD Best Practices in Budget Transparency," *OECD Journal of Budgeting*, 1（3）: 7-14.

OECD. 2011. *Restoring Public Finances*, OECD Working Party of Senior Budget Officials, Public Governance and

Territorial Development Directorate, Paris: Organisation for Economic Co-operation and Development.

Pessoa, M., and R. Allen. 2010. *Fiscal ROSCs and PEFA Assessments: A Comparison of Approaches*, mimeo, available at: http://blog-pfm.imf.org/pfmblog/2010/01/fiscal-roscs-and-pefa-assessments-a-comparison-of-approaches.html (last accessed January 30, 2013).

Pfeifer, S. 2010. *BP Exploration Chief Ousted*, video 29 September, available on subscription at video.ft.com/v/6203822298001/BP-exploration-chief ousted (last accessed April 6, 2012).

Potter, B.H., and J. Diamond. 2000. *Setting Up Treasuries in the Baltics, Russia, and Other Countries of the Former Soviet Union: An Assessment of IMF Technical Assistance*, IMF Occasional Paper 198. Washington, DC: International Monetary Fund.

Rial, I. 2012. *Key Issues in Managing Fiscal Risks from Public-Private Partnerships (PPPs)*, presentation at 5th annual OECD meeting on Public-Private Partnerships, Paris, March 26, 27, available at: http://www.oecd.org/dataoecd/51/41/49956737.pdf (last accessed January 30, 2013).

Savage, J. D. 2005. *Making the EMU: The Politics of Budgetary Surveillance and the Enforcement of Maastricht*. Oxford: Oxford University Press.

Spiegel, P., and K. Hope. 2012. "Call for EU Control of Greek Budget," *Financial Times*, January 28–29.

Transparency International. 2010. *Transparency and Accountability are Critical to Restoring Trust and Turning Back the Tide of Corruption*, Berlin, Transparency International, available at: http://www.transparency.org/policy_research/surveys_indices/cpi/2010/results (last accessed January 30, 2013).

Transparency International. 2011. *Corruption Perceptions Index 2011*, Berlin, Transparency International, available at: http://cpi.transparency.org/cpi2011/results/ (last accessed January 30, 2013).

Vickers, J., and G. Yarrow. 1988. *Privatization: An Economic Analysis*. Cambridge, MA: MIT Press.

Wehner, J., and P. de Renzio. 2011. *Citizens, Legislators, and Executive Disclosure: The Political Determinants of Fiscal Transparency*, IBP Working Papers 3. Washington, DC: International Budget Partnership.

Wise, P., and P. Spiegel. 2011. "Portugal asks EU for Debt Help," *Financial Times*, April 7.

Wolf, M. 2011a. *TSR External Commentary: Surveillance by the International Monetary Fund*, Triennial Surveillance Review, 15 August, available at: http://www.imf.org/external/np/pp/eng/2011/081511.pdf (last accessed January 30, 2013).

Wolf, M. 2011b. "Disastrous Failure at The Summit," *Financial Times*, December 14.

34
政府会计准则和政策

陈立齐和张琦

在公共财政管理周期中，会计处于预算编制之后、在审计之前，其功能为生成有助于理解和评估政府财务状况的财务信息。作为政府会计的一个分支，政府财务会计的任务是计量实际交易和事项的财务后果；于是受到确保政府账目投入和产出质量的规则的规范。其中一些规则称为会计准则；那些被政府采用而实施的会计准则又被称为政府会计政策。在一些初步讨论后，本章提供了政府财务会计准则和政策的简明指南。本章特别提及了作为权责发生制会计典范和已经具有影响力的《国际公共部门会计准则》（IPSAS）。本章还介绍了若干国家在引入权责发生制会计方面的经验。本章的结论是：权责发生制会计对于改善政府财务报告的全面性和透明度而言是可取的，但成功的实施需要满足某些先决条件。因此，本章最后向政府提出了一些建议，特别是正在考虑向权责发生制会计过渡的发展中国家的政府。

政府会计：总体框架

本节阐明政府会计的范围和领域，以及政府会计准则和政策的含义；并特别参照IPSAS。本节还为理解这些准则所需的关键概念和术语提供定义。

范围和分支

对政府会计进行定义务必指出"政府"和"会计"的特征。会计师倾向于从被政府所控制的组织的角度来看待政府，而经济统计学家则根据政府的非市场职能来定义政府。政府会计文献对政府范围的定义各不相同：有时政府被狭义地定义为制定和执行法律的政治机构，有时更广义地包括公共服务机构（例如非营利医疗保健和教育机构），有时也包括政府拥有的企业。

上述定义将政府会计定义为在财政管理周期中位于预算编制之后和审计之前，并强调其财务计量和传达信息的职能。这个定义顾及会计基本上是金融计算和合计程序这一传统观点，又赞同现代观点，将财务报告视为促进政府透明度和问责制的重要工具（见第33章）。

企业实行的会计（或"商业会计"）有两个分支：内部分支的管理会计涵盖预算编制、成本分析和绩效评价；而外部分支的财务会计记录实际交易和事项的后果，向资源提供者（特别是投资者和债权人）提出报告。"内部"和"外部"会计之间的这种二分法在政府会计中并不十分适当。部分原因是因为在民主国家，民选代表（并且有时选民自己）参与"管理"决策，例如批准预算。由于其参与性过高并且影响力过大，政府预算编制不宜被管理会计包含在内。预算控制和预算会计为用于跟踪公共资源授权支出的信息系统，是政府会计不可分割的组成部分，并且报告预算执行情况是许多国家的常见做法。将私营部门方式的财务会计用于政府是最近40年来的事情，并且在具有成熟会计和审计职业的英语发达国家中最为明显。

总之，完整的政府会计系统包括：（1）预算会计子系统，用于跟踪收入征收和支出流程各个阶段的预算资源使用情况；（2）财务会计子系统，用于确认和计量影响政府财务状况的实际交易和事项的后果；（3）成本会计子系统，用于确定生产公共服务的成本。[1]政府会计存在于政府预算编制和企业会计的重叠领域，并从这些学科和专业汲取理念。政府会计还经历了这两个学科和专业之间的关系失调和冲突，特别是在政府会计准则和政策方面（GASB，2006）。

政府财务会计规则

预算会计或财务会计生成的数字是应用某些规则的结果。由于预算规则几乎总是由一个政体的法律进行规定[2]，因此为了保持一致性，预算会计规则倾向于遵循预算实践。然而，财务会计起源于企业（毕竟，财务会计通常被称为企业的语言），所以受投资者和债权人在使用年终财务报表来比较商业绩效方面的需求的影响很大。而商业公司将其预算视为保密信息。对可靠和可比较的财务信息的关注导致迫切需要制定会计准则，并通过准则促进实践的统一。外部审计师使用这些在英国称为公认会计实务或在美国称为公认会计原则的准则来评价管理层所提供财务信息的质量（技术上称为"如实反映"[true and fair view]或"公允性"[fairness]）。因此，会计准则只有在由各国的独立审计师（例如美国的注册会计师和一些其他英语国家的特许会计师）协会认可的足够独立的组织制定时才是一般公认会计原则（generally accepted accounting principles，GAAP）。

随着时间的推移，尽管有一些丑闻，但一般公认会计原则获得了可靠会计和可信财务报告的基准这一名誉，以至于在20世纪70年代债券评级机构要求美国市政证券发行者提交按照一般公认会计原则编制的经过审计的财务报表。该行动在美国引发了制定适用于政府的一般公认会计原则的活动。在此背景之下，各个政府必须采用自己的会计政策，以将这些一般准则应用于特定情况，同时确保这些政策对准则的偏离程度不至于引起审计师的反对。简而言之，会计准则是适用于政府界的规则，而政策是属于某个政府的规则。

政府应该与企业一样遵守独立机构制定的准则，这一理念也被英语系发达国家所接受。在这些国家，由政府进行的会计实际上变成为政府进行的会计，即使其他国家有其他制度安排（见专栏34.1）。

专栏34.1　政府会计准则制定和政策制定

在中国，预算法和会计法为财政部提供了法律框架，用于在私营部门所有实体和公共部门各级政府的会计活动的所有方面颁布法规。财政部组建了中国的会计准则委员会，并从该会取得建议，而该会设有政府和非营利会计分会（从2015年底开始，中国的政府会计准则由财政部政府会计准则委员会制定、提交，由财政部部务会议审议通过后公布）。由于国家审计署进行对公共部门实体的所有审计，

---

[1] 在财务会计中，成本是指为商品或服务已经支付或将要支付的金额。成本被称为原始购置成本或历史成本。
[2] 当然，人们认识到国家预算法律可能受到外部要求的影响，例如欧盟对其成员国应用的财政规则。

因此中国尚年轻的会计（审计）专业对政府会计起的作用甚小。

在法国，准则制定职能过去一直由财政部公共财政总署执行，直到2008年移交给公共部门会计准则理事会。该理事会独立于国家账目编制部门，但由财政部负责人员配备、监督和提供资金。该理事会制定的准则通过部长法令被采纳为政府的会计政策，并由审计法院执行。

美国的政府会计规则制定机构的演变和多样性提供机会比较不同的制度安排。美国的财务会计准则委员会（FASB）制定的准则适用于私营部门，政府的企业，以及私营非营利组织。直到20世纪80年代，只有财务会计准则委员会及其前身制定的准则才是一般公认会计原则。在公共部门，联邦政府的财政系统与50个州及其地方政府的财政系统都是分离的。1991年，根据财政部与行政部门的预算管理办公室（OMB）以及立法部门的审计署（GAO）之间的协议，美国政府组建了（美国）联邦会计准则咨询委员会（FASAB）。该委员会的职权范围严格仅限于财务会计；预算和预算会计规则由法律和行政法规规定。该委员会成员又最初的2/3多数的政府官员后来改为2/3的公众成员，以满足美国注册会计师协会（AICPA）在将美国联邦会计准则咨询委员会准则指定为适用于联邦政府的一般公认会计原则方面的独立性要求。

美国财政部运行三个并行子系统：预算会计，收付实现制会计，以及基于美国联邦会计准则咨询委员会准则的财务会计。

在地方公共部门，共同利益、概念相似性和规模经济效率促使各州自1984年以来一直共同赞助（美国州和地方）政府会计准则委员会（GASB），作为由一个民间基金会（FAF）赞助的（美国）财务会计准则委员会的姊妹委员会。美国注册会计师协会还认可政府会计准则委员会制定的准则作为适用于所有美国州和地方政府的一般公认会计原则。虽然政府继续使用法律和行政规则来规范自己的预算和预算会计，但大多数政府采用（美国）政府会计准则委员会准则来编制向政府债券投资者和公众提供的年度财务报表。总之，美国一般公认会计原则作为一个涵盖性术语涵盖了分别适用于以下主体的准则集合：联邦政府，州和地方政府部门，以及（民间）企业。

在澳大利亚、新西兰和英国，政府保留制定会计政策的权力。然而，尽管美国的政府坚持制定和维持一套独立的、自成体系的规则，这些国家的政府会计准则是由民间会计/审计师协会赞助的委员会颁布的涵盖私营和公共部门的一系列准则的一部分。此外，虽然美国的联邦会计准则咨询委员会和（州和地方）政府会计准则委员会在传统上很少关注海外发展，并且没有试图在国际上促进其准则，这些国家的政府会计准则与位于伦敦的国际会计准则委员会（IASB）制定的《国际财务报告准则》（IFRS）调和一致；并且澳大利亚和新西兰在制定《国际公共部门会计准则》（IPSAS）方面发挥了主导作用。

国际公共部门会计准则

从20世纪90年代中期开始，以澳大利亚和新西兰为例的政府会计的实质性条款和制度安排在国际层面得到推广（Robb and Newberry，2007）。在长达10年的研究努力的基础上，国际会计师联合会（IFAC）的公共部门委员会（PSC）启动了一项制定和传播IPSAS的规划。[①]该规划得到了有意推进改善

---

① 《国际公共部门会计准则》不涵盖遵循商业会计准则的国有商业企业。

财政管理和加强问责制事业的一些国际金融和发展机构的认可和财力支持。[①]在2002年该规划第一阶段结束时，公共部门委员会颁布了20项准则，其做法是通过调整企业的国际会计准则，即后来更名为《国际财务报告准则》，或IFRS（Sutcliffe，2003）。在自2002年开始的第二阶段，公共部门委员会及其继任者国际公共部门会计准则（IPSAS）委员会制定了六项关于公共部门特有问题的准则，同时继续调整其他《国际财务报告准则》。该委员会还为尚未准备好采用权责发生制《国际公共部门会计准则》的政府制定了一项收付实现制准则。自2008年起，该委员会启动了一个五年期概念框架项目（IPSAS Board，2011c），用于为其工作提供理论基础。

国际公共部门会计准则委员会迄今（2012年）为止发布的准则（IPSAS Board，2011a）与处于不同完成阶段的项目一起列于附录。由于会计准则和政策往往技术性很强、数量众多且长篇大论，因此下节提供了其主要条款的摘要。

政府会计准则和政策简述

本节概述了政府财务会计准则和政策的主要内容，而这些内容受到了英美传统的强烈影响。[②]陈立齐（2008）描述了支撑这些准则的逻辑结构。当在法律上被采用并通过审计强制执行时，这些规则为政府提供了权威基础，以便：

- 宣称其所有权，行使有效控制，以及保护公共财产的经济价值；
- 确定公共债务和其他财政责任的类型、金额、时间安排和不确定性程度；
- 评估政府的财务状况和绩效。

会计实体

财务会计流程的第一步是确定一个被视为具有用于收集财务数据的独立身份的经济单位，即会计个体。政府中的主要会计个体是一个能够以自己名义拥有资源和借款的机构单位。[③]从这一点出发，可以指定其他会计实体：政府的组成部分（例如部门或基金），整体政府，以及一组政府。

会计等式

会计实体作为机构单位的定义意味着会计等式：资产=负债+净资产。政府的资产是指过去购置或事项形成的、由政府拥有或实际控制的经济资源。政府的负债是指过去交易或者事项形成的、要求未

---

① 这些机构包括世界银行、国际货币基金组织、联合国开发规划署、经济合作与发展组织以及亚洲开发银行。

② 本节主要借鉴国际公共部门会计准则委员会（2011a）颁布的准则，这些准则受到英语发达国家实践的影响。由于美国联邦会计准则咨询委员会（FASAB，2012）和美国（州和地方）政府会计准则委员会（GASB，2010年）的公告是自成体系的，因此这些公告更好地阐述了政府会计准则的范围和内容。截至2012年底，这三个委员会共制定了145项准则（国际公共部门会计准则委员会制定32项，美国联邦会计准则咨询委员会制定44项，美国[州和地方]政府会计准则委员会制定69项）。因此不可能逐条列出这些准则。更准确地说，本节试图传达可能被称为英美式政府会计的内容的本质。

③ 根据《政府财政统计手册》（*Government Finance Statistics Manual* 2001，第8页），机构单位是"有权拥有资产、产生负债、从事经济活动并与其他实体进行交易的经济实体"。

来现金支付或服务的责任。这些定义包含确认标准,即是使某些资源符合资产资格和使某些责任符合负债资格的条件。

如专栏34.2所述,静态会计等式以及资产和负债的存量指标表示了政府在一个会计期末的财务状况。动态会计等式显示了在同个会计期间的流量指标,即资产变动、负债变动以及相应净资产变动。收入导致净资产增加,来自资产增加或者负债减少。费用导致净资产减少,来自资产减少或者负债增加。收入超过费用的部分被称为业务收入或政府盈余,费用超过收入的部分被称为业务损失或政府赤字。作为流量指标的收入和费用与存量指标相结合,形成了财务会计的分析框架。

专栏34.2 财务会计分析框架

会计等式提供了一个个体的财务会计系统分析框架。静态会计等式描述了个体在一个期间(例如财政年度)结束时的累积财务状况,并且可以用两种方式表示:

资产 = 负债 + 净资产,或者

净资产 = 资产 − 负债

动态会计等式描述了同一个会计期间的变动(由符号 Δ 表示):

Δ净资产 = Δ资产 − Δ负债

因此,期末财务状况是经过期间变动更新期初财务状况:

净资产$_t$ = 资产$_t$ − 负债$_t$

Δ净资产 = Δ资产 − Δ负债

净资产$_{t+1}$ = 资产$_{t+1}$ − 负债$_{t+1}$

具体而言,变动包括资产变动和负债变动,可分为以下几类:

Δ净资产 = (资产增加 + 负债减少) − (资产减少 + 负债增加),或者

Δ净资产 = 收入 − 费用 = 盈余或赤字。[1]

资料来源:陈立齐(1998)。

确认和记录交易和事项的影响

财务会计的一个主要功能是显示实际交易和事项对会计个体财务状况的事后影响。这是通过一种称为复式簿记的独特方法来实现的;该方法通常归功于意大利僧侣和数学家卢卡·帕乔利(Luca Pacioli)。欧文(Irwin,2012b)注意到复式簿记与权责发生制会计之间存在密切关系,并认为复式簿记可以促进财政透明度。该方法基于以下观点:任何交换对会计个体都具有两个同时的影响,因此应在账目中记录两次,从而详细说明会计等式的要素。例如在一项借贷交易之后,借方拥有更多的现金,但会同时承担更多的债务;在另一方面,贷方的现金减少,但同时获得索取借方资源的债权。表34.1说明了复式簿记法如何记录一些普遍的交易。[2]

---

[1] 欧文(Irwin,2012a)认为,当资产和负债全部得到确认时,如果以净值(即净资产)的下降来计量赤字,那么就可以防止赤字出现扭曲。

[2] 形如英文字母T的T账户将加减数字分开:左侧称为"借方";右侧称为"贷方"。本章用向上和向下箭头以便避免采用录借方和贷方簿记。对簿记机制有兴趣的读者可以查阅财务会计教科书。

表34.1　　　　　　　　　　　　　　　　　　　　确认交易的影响

财务状况和绩效	会计等式		
t期末结束时的财务状况	资产$_t$	− 负债$_t$	= 净资产$_t$
筹资和投资交易			
1. 借款	↑	↑	
2. 偿还债务本金	↓	↓	
3. 完全通过债务提供资金的资本投资	↑	↑	
经营交易			
1. 通过取得更多资产来增加的收入	↑		↑
2. 由于负债减少而产生的收入		↓	↑
3. 由于资源消耗而产生的费用	↓		↓
4. 由于产生负债而产生的费用		↑	↓
非经营交易			
1. 取得的收益	↑ > ↓		↑
2. 发生的损失	↑ < ↓		↓
t+1期末的财务状况	资产$_{t+1}$	− 负债$_{t+1}$	= 净资产$_{t+1}$

关于交易分析和复式簿记的说明（A=资产，L=负债，NA=净资产）（在第1期发生如下交易）：

筹资和投资交易：

1. 借款会增加现金，但被债务增加所抵消，导致净资产没有变动。
2. 偿还债务本金会减少资产和负债，与交易1相反。
3. 借入和使用债务资金来购置资本设备会增加资产和负债，导致净资产没有变化。这三种情况表明，复式簿记法要求承认相应债务增加以抵消资源的增加。

经营交易：

1. 税收收入会增加资产和净资产，因为政府不（因征税）承担任何（更多）财务责任。
2. 当政府提供了预付费服务（预付费服务产生了一项负债）时，政府可以将收入确认为净资产增加，因为负债被消除。
3. 资产（即设备）的使用是费用，这是净资产减少。
4. 在政府运营中发生负债（借款除外）会产生费用，就像雇员工作并获得领取退休福利的权利。

非经营交易：

1. 当一项资产（例如建筑物）的出售价格超过扣除资产累计折旧后的资产成本时，资产净增加就是收益，这是净资产增加。
2. 当一项资产（例如金融投资）的出售价格低于其成本时，资产净减少就是损失，这是净资产减少。

资产和负债

政府财务会计系统中包含的资产和负债范围称为计量焦点（measurement focus）。资产的计量焦点可以狭隘到库存现金，也可以广泛到包括向电信业拍卖的公共无线电波频谱。负债的计量焦点可以狭窄到欠薪，也可以广泛到包括最近金融危机期间增加的数十亿美元的（美国）政府保险赔偿和担保。因此，有些数据能够说明政府资产管理职责和履行到期债务的责任。那些有关计量焦点的准则和政策可能对这部分数据的可用性产生决定性影响。鉴于可能存在大量的资产和负债种类，财务数据的收集和分析需要对资产和负债进行系统和详细的分类。

分类。资产最好根据其转换成现金的容易程度进行分类。在满足确认标准后，经济资源被分类为财务资源（代表对其他人资源的债权）以及非财务资源（持有供使用）（请见表34.2的左侧）。① 财务资源根据其预期转换为现金的时间分为流动和长期类别；通常，使用一年来区分流动和非流动类别。非金融资产包括有形和无形经济资源的组合。

表34.2　　　　　　　　　　　　　资产和负债的会计科目表（说明性和仅一部分）*

1 资产	2 负债
11 流动财务资源：	流动负债：
现金和等价物	应付账款（给供应商）
金融投资	应付工资（给雇员）
113 流动应收款项	应付利息（给债权人）
1131 应收账款（从客户）	资助补贴应付款（给接受者）
1132 应收贷款（从借款人）	认领和判决（针对政府）
1133 应收税款（从纳税人）	一年内到期的长期负债
11331 应收财产税	递延收入
11332 应收所得税	长期负债：
11333 应收销售税	应付债券（给投资者）
……	应付养老金福利（给雇员）
1134 资助补贴应收款（从其他政府）	条件性负债：
待售商品库存	或有负债
长期财务资源：	
金融投资	
应收账款（从客户）	
应收票据（从借款人）	
其他经济资源：	
取得预付商品/服务的合同权利	
持有供使用商品库存	
土地	
建筑物	
资本设备	
知识产权	
文化遗产资源	

　　*关于收入和费用分类的示例，请见（Jacobs Helis and Bouley，2009）。此处的分类方案更可取，因为该分类方案对于确定政府的流动性和偿债能力而言很有用。与政府支出分类相比，在政府资产和负债分类方面的国际统一性较低。国际货币基金组织2001年《政府财政统计手册》中的资产和负债分类强调了金融资产和负债的国内和国外区别。设计政府财务会计系统的会计科目表有两种不同的方法。法国（以及更广泛的传统欧洲大陆）方法强调全国统一。会计准则的一个重要功能是规定一个全面的会计科目表，例如《法国总会计规划》（plan général comptabilité）。② 英美的自由放任作法将会计科目表的规范留给每个政府，使统计汇编成为一项随意而艰巨的任务。见本书的第8章。

作为其他方面针对会计个体的债权（见表34.2右侧），负债最好按照这些债权的逼切程度进行分

---

① 现金是对发行货币的银行的债权。持有待售商品库存被归类为财务资源，因为所有者的意图是最终将其转换为现金。使用的定义非常广泛，例如包括保存文化和遗产资产等。

② 关于具有10个类别的法国统一会计科目表（然而，这些类别没有表现出适当的资产和负债层次结构），见Lueder and Jones（2003）中Lande and Scheid（2003）的一章。

类，同样通常使用一年来区分流动和长期负债。这些类别的负债根据对谁负有支付责任进一步分类。几乎所有的负债都是财务责任，因为最终需要现金支付；递延收入是一种例外，这是指客户对尚未提供的商品和服务的预付款。与在金额和时间方面具有确定性的其他负债相反，或有负债（例如保险和担保方面）因其条件性而单独进行确定。

计量。各种计价方法用于确定资产和负债金额。金融资产通常按其可变现净值入账（即按照其正常对外销售所能收到现金的金额）。非金融资产按其折旧调整后的原始购置成本入账（有时称为历史成本）。金融负债通常按合同价格入账。对长期负债使用现值和精算估计。[①]

有关资产和负债确认和计量的问题。上述关于资产和负债确认和计量的说明试图说明国际公共部门会计准则和美国政府会计准则中的相关一般规定。这些一般规定在许多准则和数百项详细规定中进行了详细阐述。这种文献中的众多可能和替代方案显示政府会计准则制定者与决策者持多样观点。这些问题正在国际公共部门会计准则委员会的概念框架项目中有所辩论（见附录）。该委员会关于概念框架的咨询文件几乎在前面提到的每一项资产和负债确认标准方面都提出了问题。此外，历史成本和市场价值以及使用价值和净销售价格都被提及作为可能的计价方法。该委员会希望到2013年结束对这些基本问题的审议，以便为制定一致的准则提供坚实的概念基础。[②]

收入和费用

分类。政府收入通常按来源分类；主要类别包括：税、费和资助补贴。费用可以按对象（例如工资）、经济特征（例如流动性与资本性对比）和职能（例如国防、健康）进行分类。前面关于使用会计科目表对资产和负债进行分类的评论也适用于收入和费用，尽管通用的政府职能分类（COFOG）反映了更大的国际统一性。

计量。由于收入和费用可追溯到资产和负债的变动（见表34.1），收入和费用的计量与之前讨论的资产和负债的计量密不可分。[③]在此理解下，本节涉及收入和费用的计量，通常称为"会计基础"。

如果政府会计系统按现金收入计量收入并按现金支出计量费用时，该政府就采用了收付实现制（或现金制）。举债得到的现金和偿还债务本金支付的现金当然应该记录在收付实现制会计系统中。但是，在账目或预算中将举债所获的资金视为总现金收入的一部分，或者将债务本金偿还视为总现金支出的一部分，都是不恰当的。

与收付实现制相反，权责发生制（或应计制）强调产生收入得到的权益和引起费用的责任的呈现。完全权责发生制在企业和商业性运营中具有特定且公认的使用方法：卖方有权在交付商品或提供服务后从客户得到付款；未付部分仍是应收的。客户预付款项使卖方有责任交付商品或提供服务；在此之前，收入被递延。因为费用是在产生销售收入过程中消耗的资产和产生的负债，费用与销售收入进行匹配，而得出净收入或损失。

完全权责发生制适用于对方容易识别的交易。在税收和类似非互惠交易（有时称为"非交换交易"），这个条件难于实现，而使完全权责发生制通常不可行。于是当政府可以行使从纳税人处取得款

---

① 本段的一般性说法必须在下一节所述辩论的背景下具体化。
② 如果读者需要更加具体和详细的信息，查阅参考文献中所列准则的原始资料。咨询文件可在以下网址获得：http://www.ifac.org/public-sector/projects/public-sector-conceptual-framework（2012年2月22日访查）。
③ 公共预算没有充分理解这一点，通常侧重于收入和支出而不调查基础资产和负债。

项的权利时，税额便可被确认为收入。该索取权是在纳税到期日或应税交易发生时确定的。[①]然而，由于征税并没有增加政府向个别纳税人提供同值服务的责任，税收收入的确认不取决于提供服务，而是取决于在应税事件的发生，或从应税财产得到的税收的到期。此外，费用确认不取决于收入的事先确认然后匹配费用计算期内损益。政府费用是指在某一期间内消耗的资产和增加的负债。

举例说明权责发生制与收付实现制的不同之处。2008年开始的全球金融危机期间的政府干预提供了对会计收付实现制和权责发生制的影响提供对比的机会。例如在美国，这些行动包括联邦政府从金融机构购买抵押贷款支持证券（"问题资产"或"有毒资产"），提供贷款和贷款担保，以及购买各种公司的普通股份。如表34.3所示，信贷和资本交易在收付实现制和权责发生制之下的处理方式完全不同。当政府使用现金购买证券、贷款或支付建设项目时，收付实现制赤字会增加。相比之下，这些交易对权责发生制赤字没有影响，因为这些交易导致其他资产的出现来抵消现金支出。当政府提供贷款担保或保险以增加信心和稳定金融市场时，权责发生制会考虑确认或有负债。在支付现金之前，收付实现制不理睬此类负债。值得注意的是，虽然由于将增加的负债确认为费用（2010财政年度高达7860亿美元），年度权责发生制赤字通常超过收付实现制赤字，但在2009财政年度，美国政府向金融部门注入了大量流动性资金，因此收付实现制赤字超过权责发生制赤字1630亿美元（陈和许，2012；另见第35章）。

表34.3 关于金融危机期间一些政府行为的会计处理

财政事项*	收付实现制	权责发生制
	现金余额；收付实现制赤字=现金收入－现金支出	资产=负债+净资产权责发生制赤字=收入－费用
购买金融投资	↑现金支出；↑收付实现制赤字	↑金融资产；↓现金 对权责发生制赤字没有影响
出售金融投资	↑现金收入；↓收付实现制赤字	↓金融资产；↑现金 收益/（损失）减少/（增加）权责发生制赤字
提供贷款	↑现金支出；↑收付实现制赤字	↑金融资产；↓现金； 对权责发生制赤字没有影响
提供贷款担保或保险	不确认	↑或有负债
承接基建项目	↑现金支出；↑收付实现制赤字	↑固定资产；↓现金； 对权责发生制赤字没有影响

* 在波动和压力金融市场条件下，一些金融资产（例如抵押贷款支持证券）公允市场价值的确定在技术上十分复杂，并且在政治上存在争议。此外，对后续未实现持有收益或损失的确认给确定权责发生制赤字或盈余带来了额外的成分。

问题所在：哪种会计基础？ 上一节解释了权责发生制如何用于公共部门的商业运营和由税收提供资金的运营。使用权责发生制计量收入和费用是权责发生制会计的一个方面，另一方面是资产负债表的广泛计量焦点，包括所有经济资源甚至或有负债。因此，广泛的计量焦点和权责发生制是权责发生制会计的核心。尽管商业企业的权责发生制会计已成为毋庸置疑的传统观念，但政府采用权责发生制会计是否明智仍然是一个有争议的问题。一个主要原因是，没有足够的更不必说结论性的证据来支持

---

① 《国际公共部门会计准则》第23号以及《（美国）政府会计准则委员会准则》第33号用各种税收的征收流程详细阐述了该一般原则。

各种收益和成本主张。①在此背景下，本章试图澄清权责发生制的含义，特别是收付实现制和完全权责发生制之间的中间观点。②

直到2000年，国际会计师联合会的公共部门委员会（PSC）仍然确认政府使用了四种会计基础：收付实现制、改良的收付实现制、改良的权责发生制和权责发生制，最高审计机关国际组织（INTOSAI）的会计准则委员会也是如此确认的。对收付实现制进行了改良，以确认非常短期的应收款项和应付款项（欠款）。对权责发生制进行了改良，是因为如前所述，应用（完全）权责发生制在政府是不可行的。正如公共部门委员会（PSC，2000，第7页）所述，"从收付实现制会计的一端到权责发生制会计的另一端存在多个可能，并且各个政府的做法也有相当大的不同"（重点强调）。例如，美国的政府会计准则委员会（GASB）将改良后的权责发生制定义为流动财务资源的存在和使用。如何表征其他形式资产（如非流动财务资源、非财务资源）的存在和使用仍然是一个尚未解决的问题。③与此同时，国际公共部门会计准则委员会决定在收付实现制和权责发生制两个基础上同时制定准则。这是一个令人费解的策略，因为该委员会会将自己置于自相矛盾的境地。

总之，会计准则就以下主题提供指导，并由政府会计政策予以解释：会计本体，作为分析框架的会计等式，复式簿记方式，识别数据来源的交易和事项，关于将一些资源视为资产和将一些责任视为负债的确认标准，计量焦点，以及会计基础。权责发生制会计已经成为国际层面政府会计的领先范式。

权责发生制财务会计的发展

10年前，希尔德（Heald，2003，第11—12页）宣布"政府会计全球革命时代的到来……商业式权责发生制正在取代传统的收付实现制会计系统"。希尔德还指出，"虽然这种变化远非普遍或统一，但正在许多国家产生影响"。在国际层面，政府权责发生制会计的主要倡导者是英语发达国家（澳大利亚、加拿大、新西兰和英国），这些国家在20世纪80年代开创了较为广泛的公共部门改革（有时被称为新公共管理）。因为关于权责发生制会计的必要条件、成本和收益的讨论可能会持续下去（例如Hepworth，2003；Booth，2007；Wynne，2008），所以一些国家的经验值得研究，首先从美国开始。而在美国，权责发生制会计至少回溯到20世纪50年代，至今仍在继续辩论如何制定权责发生制的会计和财务报告准则，以及关于披露无准备金负债对预算的影响（见专栏34.3）。

专栏34.3　美国通向权责发生制的漫长道路

两个多世纪以前，美国的一位开国元老托马斯·杰斐逊（Thomas Jefferson）表示希望看到"与商

---

① 关于支持权责发生制会计观点的一些意见，参阅《国际公共部门会计准则》第14号研究报告（2011年更新）；关于反对观点，请参阅Wynne（2008）；而关于合理平衡的处理，参阅Boothe（2007）。

② 国际公共部门会计准则委员会（2010b, p.3）指出，根据权责发生制会计，"交易和其他事项在发生时（并且不仅在收到或支付现金或现金等价物时才）在财务报表中予以确认。因此，交易和事项在会计记录中予以记录，并在相关期间的财务报表中予以确认。"我们希望指出，交易和事项在实体资产和负债变动方面的财务后果得到确认、计量后录入账目并随后在财务报表中进行报告。

③ 为了帮助解决这个问题，陈（1998）提出了权责发生制程度性的概念，用弱、中和强三个程度来在形式上描述这个领域的多种观点。然而，公共部门委员会（2000）认为"专注于为收付实现制和权责发生制制定准则是更为适当的"，并将"为政府制定和发布补充指南，以协助这种观点之间的过渡"，而国际公共部门会计准则委员会已经这样做了（IPSAS，2011b）。

人的账簿一样清晰易懂的联邦财务状况"。然而，20世纪初才是美国的政府权责发生制会计的实际起点。改革者当时已经在讨论政府的资产负债表。关注政府效率的胡佛委员会早在20世纪50年代就提出了权责发生制会计的建议。但是，这个建议一直到20世纪70年代中期才取得实际进展。一个审计公司，安达信会计师事务所，自愿为整个美国政府构建一套合并财务报表，包括资产负债表。在美国最高审计机关的鼓励下，美国财政部继续按权责发生制改进合并财务报表（CFS）原型。1990年通过的《首席财务官（CFO）法案》要求联邦主要部门按会计准则编制合并财务报表，而这些会计准则已从财政管理规则转变为权责发生制会计方法。自1998年以来，美国政府的合并财务报表已经过审计。遗憾的是，由于几个主要部门内部控制问题导致数字不可靠，审计师从未能够提供审计意见。与此同时，在社会保障等应享权益规划是否会产生负债方面的争论仍在继续。权责发生制被推进到更高程度时，达成共识变得更加困难。最近，由于有先前制定关于信贷规划（贷款、贷款担保和保险）的准则，美国政府能够核算其稳定金融市场和经济的交易。

20世纪70年代中期，美国州和地方政府的权责发生制会计也开始取得进展。纽约市近乎破产的情况突显了美国城市的财政和管理问题，这些城市依靠自己的信誉进行借款来为资本投资和弥补赤字。标准普尔评级机构宣布看重按权责发生制编制又经审计的财务报表。这些准则导致确认和报告雇员养老金负债及其他经营债务。对无准备金的长期负债的确认使这些负债显而易见，并强调这些负债在年度预算中缺乏足够的资金分期清偿，这导致一些州政府试图选择性地避免受全国性准则的制约。

总而言之，美国的政府仍然走在漫长的通向权责发生制的路上。

资料来源：陈（2002）。安达信会计师事务所在其1986年题为"美国政府健全的财务报告：财政问责的先决条件"（Sound Financial Reporting in the U.S. Government: A Prerequisite to Fiscal Accountability）的报告中引用了1802年杰斐逊的原话。

法国也对权责发生制财务会计采取了相当细致入微的做法。在2001年《预算法案宪法细则》颁布后开始的改革中，一个半独立委员会颁布了一套权责发生制财务会计准则，并且经审计的中央政府合并财务报表也已公布。与美国相比，法国吸收了更多国际影响，从《国际公共部门会计准则》和《国际财务报告准则》以及国内法律中汲取政府会计准则灵感。经过仔细研究，法国对权责发生制财务会计的接受有一些重要的限制。第一，高度重视公共部门独特性和本国特点。第二，权责发生制财务会计和现金预算拨款之间存在明显的区别，无法预见转向权责发生制的预算编制。第三，以成本和收益比较为基础谨慎逐步过渡到权责发生制（Vareille and Adhemar，2004）。

根据非官方统计，[①]截至2008年9月，5个国家（澳大利亚、加拿大、新西兰、英国和美国）被认为"已经应用完全权责发生制会计准则，并且应用与《国际公共部门会计准则》要求大致一致的会计准则。"在被列为处于采用《国际公共部门会计准则》的不同阶段的49个国家中，有43个国家主要是发展中国家或正在向市场经济过渡的国家。但是，无法确定上述各国采用权责发生制会计的程度。

关于引入权责发生制会计的好处，特别是对发展中国家的好处，各方意见分歧很大。国际公共

---

① 关于非官方清单，请见"政府采用《国际公共部门会计准则》"（2008年9月），网址：http://www.ifac.org/sites/default/files/downloads/IPSASB_Adoption_Governments.pdf. 政府会计国际比较研究网络欧洲研究（Lueder and Jones，2003）记录了9个欧洲国家和欧盟委员会的权责发生制会计模式。最近对19个欧洲政体的一项调查发现，大多数政体支持权责发生制会计，但也担忧转变制度的成本和对《国际公共部门会计准则》缺乏认识（请见http://www.arps.be/EYBE/arps2.nsf）。

部门会计准则委员会及其机构支持者认为权责发生制会计是最终将被采用的良好实践（国际公共部门会计准则委员会 2011；Khan and Mayes 2009）。但由于许多发展中国家目前没有满足成功实施的先决条件，例如用于财务控制的稳健收付实现制会计系统（Hepworth，2003）和足够人数的合格会计师（Andrews，无日期），因此建议采用收付实现制的《国际公共部门会计准则》作为用于指导过渡的务实作法（国际公共部门会计准则委员会，2003）。[①]在国际开发机构的财政资源鼓励和专业知识支持下，一些非洲国家目前正在实施收付实现制的《国际公共部门会计准则》（非洲能力建设基金会，2012；Wynne，2011）。鉴于英法会计系统的设计差异（Lienert，2003），英语国家和法语国家的制度转换可能会在细节上有所不同。[②]

并非所有人都同意使用这种双重会计基础的作法来制定政府会计准则。本章作者赞同波佐利（Pozzoli，2008）的观点；他认为收付实现制和权责发生制的两套《国际公共部门会计准则》"不可能共存"。由于所有政府都务必负责管理其资产和清偿其负债，因此权责发生制会计至少在原则上对发达国家和发展中国家都是必要的（陈，2006）。

还应该指出，收付实现制的《国际公共部门会计准则》明确承认，许多政府仍然采用收付实现制登记、监测和管理其债务和其他负债及其非现金资产。这就是为什么除现金流量信息之外，收付实现制《国际公共部门会计准则》还鼓励披露关于资产和负债的信息。事实上，收付实现制的《国际公共部门会计准则》有一整节（第2部分）都是关于此类鼓励披露事宜的；除资产和负债外，收付实现制的《国际公共部门会计准则》还鼓励披露一系列信息以提高透明度，包括非经常性项目、关联方和从非政府组织取得的援助。收付实现制的《国际公共部门会计准则》还表明，政府即使正在遵循收付实现制会计，也可以使用相关的权责发生制的《国际公共部门会计准则》（例如关于租赁的《国际公共部门会计准则》第13号，以及关于准备金、或有负债和或有资产的《国际公共部门会计准则》第19号）作为关于披露此类额外信息的指南。

确保会计质量

发展中国家在确保会计数据质量（陈，2006）和使用适当会计政策方面存在一些问题。然而，这些问题不仅限于发展中国家。会计质量的一个指标是用会计数据编制的财务报表（详见第35章）是否取得无保留审计意见（所谓的无保留意见）。在此方面，澳大利亚、加拿大和新西兰政府的最新（2010年或2011年）财务报表取得了无保留审计意见。然而，自2006年首次编制以来，法国中央政府的财务报表取得的是保留审计意见。英国政府2010年整体政府账目在年终后19个月发布，也获得了保留审计意见。美国联邦政府通向权责发生制之路漫长曲折（见专栏34.3）。自15年前政府开始编制合并财务报表以来，会计数据仍然如此不可靠，并遭受审计师所称的"重大缺陷"的困扰，拒绝发表审计意见（见专栏34.4）。

[①] 该委员会本可以鼓励良好的收付实现制会计，而不将该建议标示为"收付实现制《国际公共部门会计准则》"。

[②] 本章作者受益于多米尼克·布雷（Dominique Bouley）先生、奥托·加蒂（Ato Ghartey）先生、伊恩·利恩特（Ian Lienert）先生和安迪·韦恩（Andy Wynne）先生提供的信息和意见，但他们不对此处表达的观点负责。

专栏34.4 美国政府的会计数据问题

"虽然自15年前开始编制合并财务报表以来,联邦政府在改善联邦财政管理方面取得了重大进展,但三个主要障碍继续阻碍我们对联邦政府该期间的权责发生制合并财务报表发表审计意见:(1)国防部(DOD)严重的财政管理问题导致其财务报表无法审计;(2)联邦政府无法充分说明和对账联邦机构之间的政府内部活动和余额;(3)联邦政府编制合并财务报表的无效过程……

"除了上述三个主要障碍背后的重大缺陷之外,我们还发现了其他三个重大缺陷。这些导致联邦政府无法:(1)确定发生不当支付的全部范围,并合理确保采取适当行动减少不当支付;(2)持续识别和解决信息安全控制缺陷并管理信息安全风险;(3)有效管理其税收征收活动。

"上一次经济衰退以及联邦政府稳定金融市场和促进经济复苏的行动……继续显著影响联邦政府的财务状况……联邦政府行动的最终成本……将在一段时间内不为人所知;因为正在解决不确定性,并且联邦政府将在2012财政年度及以后采取进一步行动。……"

资料来源:2011年12月23日美国审计长关于美国政府截至2011年9月30日的2011财政年度合并财务报告的声明。

美国不是存在严重会计问题的唯一国家。在财务报表列报和财务统计方面的更大透明度,使信息分析者能够了解如何为达到期望效果而巧妙解释会计规则(尤其是确认标准,见第33章)。由于透明的报告实践以及审计师和欧盟的统计局(欧洲统计局)等外部各方的审查,许多"创造性会计"情况都曝光了。遗憾的是,由于"创造性会计"的性质,可能永远都不会知道问题的真实程度。例如希腊政府设计交易条款并进行交易,以便更接近遵守欧盟财政规则(Sturgess,2010)。经济学家有时将投机取巧的财政行为和不恰当会计处理结合起来,并称之为"会计策略"(见专栏34.5)。必须强调的是这种策略往往反映收付实现制的本身弱点。

专栏34.5 政府"会计策略"

面临财政困难的政府有时试图通过设计复杂交易的条款来执行"会计策略",从而使财政看起来比实际情况更好。最近的示例如下:

- 希腊在2001—2007年使用货币互换来减少公布的债务数字,直到欧洲统计局提出质疑。
- 法国、葡萄牙、阿根廷和匈牙利利用涉及公共和私人养老金的行动,通过确认收入或者不确认负债或费用来减少公布的赤字数字。
- 美国亚利桑那州出售建筑物并立即将其租回以掩饰借款。
- 政府和社会资本合作使政府能够推迟报告支出,但却产生了大量的责任。这些责任占英国2010年国内生产总值的2.25%,占葡萄牙国内生产总值的3.5%。
- 政府雇员养老金资金不足是另一种普遍现象。例如,美国联邦政府在2010年确认的养老金费用为3120亿美元,但仅以现金支付了1230亿美元的公务员和军队养老金。
- 许多政府将私有化得到的收入视为收入,但忽视了未来收入的损失。出售房地产也导致一次性的收入和赤字减少。

- 在2000年，包括比利时、葡萄牙和希腊在内的许多欧洲国家政府将取得未来收入的权利进行证券化，以减少其公布的赤字数字。
- 一些政府（例如英国和爱尔兰）安排让财政账户外的实体承担负债；在美国，就房利美（Fannie Mae）和房地美（Freddie Mac）而言，联邦政府不对这些由政府接管的失败金融机构的负债进行确认。

资料来源：附录2 "Accounting Stratagem," *IMF Fiscal Monitor*, April 2011。

结　论

传统上的政府会计仅限于预算会计，用于监测收入征收和拨款支出。在过去40年中，出现了政府财务会计，以回应金融界（例如政府债券投资者和债券评级机构）和公众对公共机构更高财政问责和透明度的要求。财务会计计量实际交易和事项的财务后果，并生成财务报表，主要用于向政府外部的利害关系方报告这些后果。由于可信度和可比性在外部财务报告中特别重要，制定准则来规范政府财务会计也得到了重视。在具有成熟会计和审计职业的英语系发达国家，受政府影响但不受政府控制的机构制定政府会计准则，而政府保留接受、修改或拒绝这些准则作为官方会计政策的权利。这种方式已经以国际公共部门会计准则委员会的形式提升到国际层面。该委员会得到了一些重要国际开发和金融机构的支持，这些机构将IPSAS视为促进政府会计改革的工具，特别是在发展中国家。

《国际公共部门会计准则》体现了英美式政府会计传统的主要特征，认为现金预算和收付实现制会计必要但不充分。公共财政的"收入减去支出等于赤字或盈余"的公式被存量和流量指标的综合财务会计系统所取代：

资产 − 负债=期末净资产

Δ资产 − Δ负债=Δ期内净资产

Δ净资产=（收入 − 费用）+（收益 − 损失）

或，Δ净资产=（盈余或赤字）+（净收益或净损失）。

权责发生制会计准则和政策明确规定了上述金融变量的确认标准和计量方法。无论是私人和公共部门之内和之间，信用交易长期大规模地扩张。信用经济的发展增加权责发生制会计的必要性。收付实现制会计不能捕捉显性借款（例如政府发行证券）和隐性借款（例如承诺几十年后向雇员支付退休福利）。此外，现金虽然是一项关键资产，但并非大多数政府拥有或控制的唯一资源。政府还有在提供服务中使用的建筑物和设备，以及基础设施和自然资源。另一方面，政府不仅对债券持有者，而且还对其他人负有财政责任，例如接受法定福利金的穷人。权责发生制会计准则和政策指示政府会计师如何划定资产和负债的界限，并指导政府会计师如何计算年终资产和负债金额以及年内变动。

本章概述的财务会计准则和政策的实施将提供编制一套具有逻辑关系的财务报表所需的数据：

- 资产负债报表，也称为平衡表，描述在每个期末的财务状况。
- 流量指标报表，由收入、费用、收益和损失描述财务绩效，而连接了期初和期末财务状况，从而解释了为何净资产在期间内增加或减少。
- 为了尊重流动性的至关重要，现金流量报表不仅报告现金的流入和流出，还报告期初和期末的现金数量。

财务报告中提供了财务报表以外的披露信息，以列报未确认但重大的财务事项以及管理层认为相关的其他信息。第35章中描述了财务报告流程的这些产出。

关于向权责发生制会计过渡的建议

同时强调权责发生制会计和现金核算并不矛盾：权责发生制会计包括但不限于现金核算。任何政府会计系统的首要任务都是有效的现金控制和准确及时的现金核算。这可以通过实施收付实现制《国际公共部门会计准则》最重要的要求（即关于政府所有收入和支出的政府账户）来实现，以便政府及时了解其现金状况。有人可能会质疑要求政府实体将现金收入和支出报表合并（即消除所有内部交易的影响）的价值。但是，所有对受控实体现金信息的收集过程本身就是一种有用的内部控制活动。

当然可以对权责发生制会计的价值和成本问题进行辩论，但我们建议不要将此类辩论作为理由来推迟努力更好地理解和计量政府资产和负债。与表34.2所示会计科目表类似的会计科目表可用于对资产和负债进行收集和分类。尽管认识到财务会计和统计报告系统之间存在诸多差异，但国际货币基金组织建议的政府账户分类（《2001年政府财政统计手册》）可用作编制财务报告的出发点（见第35章）。

英美式的政府会计有一个主要特征是设立一个常设机构，以不断颁布新的和修订的准则，供政府正式采用作为会计政策。[①]在国际组织的鼓励下，有时在国际组织的财力支持下，越来越多的发展中国家政府正在考虑或正在采用来自《国际公共部门会计准则》的权责发生制会计准则。由于国际公共部门会计准则委员会的持续努力，这些政府无需重新制定准则，但面临整体或逐项评估《国际公共部门会计准则》是否可接受为本身会计政策的任务。

就可能采用《国际公共部门会计准则》而言，我们忠告各国当局考虑以下方案：

（1）设立一个国家级委员会，负责分析和评估《国际公共部门会计准则》的可接受性。该委员会应集体拥有为执行其决策所需的专业知识和权威，尤其是在决定将已通过的准则实施作为政府会计政策方面。
（2）通过该委员会审议政府会计系统的目的，以及现有系统实现这些目的的程度。这些目的可能包括遵守法律和预算规定、支持财政管理运作、支持财政政策制定和评估财务状况，以及通过提供财务信息来验证公共问责，特别是在财政年度结束之后。这种审议将考虑如何推行或根据各国需要调整《国际公共部门会计准则》（关于现行《国际公共部门会计准则》清单，见附录；

---

① 此类机构的详细设计各不相同：此类机构可大可小，可全职或可兼职，或者可以是上述各项的组合；可以置于政府内部，也可置于外部；可以有不同比例的官方成员和公共成员；并且此类机构的准则可适用于一个政府或一类政府（例如地方政府）。

而关于财务报告的详细信息，参见第35章）。

（3）确保为该委员会及其机构利益相关者（财政部、预算局、国家审计署、有关部委、会计和审计业界、投资政府证券的金融界）提供必要的政治、财力和人力资源支持，以持续监测和考虑采用《国际公共部门会计准则》。

一旦决定实施权责发生制会计准则，那么取得资产和负债的期初余额可能是任何考虑实施权责发生制会计的政府所面临的最具挑战性的任务。表34.4中的三个阶段是沿着公共部门委员会所称的"波谱"向更强的权责发生制程度逐步迈进的系统步骤。[①]收集的数据和在每个连续阶段获得的经验都为下一阶段奠定了基础，而可以预见到在下一阶段会出现更大的确认和计量问题。这种渐进和对称方法（在同一阶段处理资产和负债）的另一个优点（陈，2003）是，在此过程中的每一步骤都会生成关于财务状况的有用信息。可以通过比较每个阶段计量的资产和负债来构建用于衡量流动性、偿债能力和经济活力的财务指标和比率。展现出数据收集获得投资回报的能力对于为可持续的政府会计改革赢得政治和财力支持而言是至关重要的。

表34.4 资产和负债

资产（A）和负债（L）	财务状况*
阶段I 资产：流动财务资源（CFR） 负债：流动负债（CL）	流动性可以通过（流动财务资源 – 流动负债）或流动财务资源/流动负债来计量。流动财务资源通常被定义为在一年内可兑换现金，而流动负债通常被定义为在一年内需要现金，但在紧急情况（例如金融危机）下可能期间更短
阶段II 资产：流动和长期财务资源（FR） 负债：流动和长期金融负债（FL）	偿债能力可以通过（FR – FL）或（FR/ FL）来计量，其中FR代表所有财务资源，FL代表金融负债，无论时间长短
阶段III 资产：所有财务资源和某些非财务资源 负债：所有负债	可以通过（资产 – 负债）或资产/负债来计量可行性，因为在正常情况下，资本资产是持有供使用而非兑换成现金的

注：概念、指标或比率仅用于说明目的。关于更全面和不同的处理方法，参阅（1）The Canadian Institute of Chartered Accountants, 1997, *Indicators of Government Financial Condition*（Toronto: CICA）；（2）Dean Michael Mead, 2001, *An Analyst's Guide to Government Financial Statements*（Norwalk, CT: GASB）。

以表34.1所示方式对交易和事项进行复式簿记财务分析的能力是在权责发生制财务会计系统中累积和汇总数据的前提条件。尽管专业会计师在进行此类分析方面接受过培训，但对于政府部门而言这可能是一项挑战，因为在许多国家，政府部门中受过（足够）培训的会计师供应不足。如果具有计算机化会计系统，那么就应编制或者向系统或软件设计者索取一本会计手册（见第36章）。此类手册应该说明政府采用的会计准则和政策如何分析政府交易和事项。应该通过各种情景下如何记账的案例具体说明准则的应用。只有在真人做出确认和计量决策之后，才能对计算机进行编程；即开发或购买软件包是为了按照既定会计政策和程序以电子方式处理大量数据。为了实施权责发生制的财务会计准则

[①] 陈（1998）提出了"权责发生制三程度"的概念来澄清（而非反对）从改良的收付实现制向改良的权责发生制的过渡，以达到所谓的权责发生制。美国在权责发生制会计方面的经验（见专栏34.1）表明了权责发生制是多么虚幻；在是否确认以及如何计量某些资产和负债方面，辩论已经持续了40年。值得注意的是，在国际层面，国际公共部门会计准则委员会认为需要重新审视至少自20世纪70年代以来由美国的政府会计准则委员会处理的许多概念问题。

和政策，一个关键步骤是培训一批能够做出会计确认和计量决策的高素质分析师。①

英语系发达国家的集体经验是，政府会计准则制定和政策制定活动已演变成一个涉及公共和私营部门参与者的耗时、高度复杂的参与式过程。虽然收益可能很多，包括更高度的财政责任和透明度；但是，人们不应忽视更多更好的会计带来的成本。现在参与全球财政管理的机构包括开发和金融机构，例如国际货币基金组织、世界银行、联合国开发规划署、区域开发银行、捐赠组织和专业组织。本文作者建议他们考虑应在全球、区域和国家层面开展哪些活动来提高其效率和效果。②

附录：《国际公共部门会计准则》及相关材料

（资料收集至2013年止）

收付实现制会计的财务报告

权责发生制《国际公共部门会计准则》

1. 财务报表的列报
2. 现金流量表
3. 会计政策、会计估计变更和差错
4. 汇率变动的影响
5. 借款费用
6. 合并财务报表和受控实体会计
7. 对联营的投资
8. 合营中的权益
9. 来自交换性的交易的收入
10. 恶性通货膨胀经济中的财务报告
11. 建造合同
12. 存货
13. 租赁
14. 报告日之后的事项
15. 金融工具
16. 投资性房地产
17. 不动产、厂场和设备
18. 准备金、或有负债和或有资产
19. 分部报告

---

① 具有不同情景说明性分录的会计手册的一个示例是美国政府标准总分类账；http://www.fms.treas.gov/ussgl/index.html（2012年2月20日访问）。

② 这可能被视为"公共支出与财政问责"（PEFA）规划项下的另一项评估，类似于Allen, Schiavo-Campo and Garrity（2004）所述的评估。值得注意的是，对《国际公共部门会计准则》的兴趣和关注不限于发展中国家。欧盟2012年就《国际公共部门会计准则》对欧盟成员国的适用性评估进行的公共咨询发现，受访者之间缺乏共识。

20. 关联方披露
21. 目的为非产出现金的资产的减值
22. 广义政府部门的信息披露
23. 来自非交换性的交易的收入（税收和资金转移）
24. 财务报表中预算信息的列报
25. 雇员福利
26. 目的为产出现金的资产的减值
27. 农业
28. 金融工具：列报
29. 金融工具：确认和计量
30. 金融工具：披露
31. 无形资产
32. 服务特许权协议：授予方

正在进行中的项目

- 公共部门实体的财政长期可持续性报告（征求意见稿第46号）
- 财务报表讨论与分析
- 实体合并
- 社会福利
- 促进国际公共部门会计准则与公共部门统计报告一致性的指南
- 首次采用国际公共部门会计准则
- 文化遗产资产

国际公共部门会计准则委员会的概念框架项目预备于2013年完成，重点是公共部门实体的通用目的财务报告的列报。该项目编制了以下文件（括号中是截至2013年3月末各份文件的状态）：

- 可能对财务报告产生影响的公共部门关键特征（征求意见稿）
- 第1阶段.作用、权限和范围；目标和使用者；质量特征；报告实体（征求意见稿）
- 第2阶段.财务报表的要素和其确认（征求意见稿）
- 第3阶段.财务报表中的资产和负债计量（征求意见稿）
- 第4阶段.通用目的财务报告的列报（咨询文件）

参考文献

Africa Capacity Building Foundation. 2012. *Guidance on Government Financial Reporting for ESAAG Member Countries*. Harare, Zimbabwe: African Capacity Building Foundation.

Allen, R., S. Schiavo-Campo and T. Columkill Garrity. 2004. *Assessing and Reforming Public Financial Management*:

A New Approach. Washington, DC: World Bank.

Andrews, M. No date. "Building New Professions That Are Already Mature Elsewhere: Accounting in Africa," Unpublished Working Paper. Cambridge, MA: Harvard Kennedy School.

Boothe, P. 2007. "Accrual Accounting in the Public Sector, Lessons for Developing Countries," in A. Shah (ed.), *Budgeting and Budgetary Institutions*, pp. 179–201. Washington, DC: World Bank.

Chan, J. L. 1998. "The Bases of Accounting for Budgeting and Financial Reporting," in R.T. Meyers (ed.), *Handbook of Government Budgeting*, pp. 357–380. San Francisco: Jossey-Bass.

Chan, J. L. 2002. "Government Budgeting and Accounting Reform in the United States," *Models of Public Budgeting and Accounting Reforms*, OECD Journal on Budgeting, 2, Supplement 1, 187–223.

Chan, J. L. 2003. "Government Accounting: An Assessment of Theory, Purpose and Standards," *Public Money and Management* (January), 13–20.

Chan, J. L. 2006. "IPSAS and Government Accounting Reform in Developing Countries," in E. Lande and J.-C. Scheid (eds) *Accounting Reform in the Public Sector: Mimicry, Fad or Necessity*, pp. 31–42. France: Expert Comptable Media.

Chan, J. L. 2008. "The Structure of Government Accounting Standards," *Rivista Italiana di Regioneria e di Economia Aziendale* (November–December), pp. 732–42.

Chan, J. L. 2008. "International Public Sector Accounting Standards: Conceptual and Institutional Issues," in Mariano D'Amore (ed.) *The Harmonization of Government Accounting and the Role of IPSAS*, pp. 19–33. Milan, Italy: McGraw-Hill.

Chan, J. L. 2009. "A Comparison of Government Accounting and Business Accounting," *Rivista Italiana di Regioneria e di Economia Aziendale* (May/June), pp. 284–92.

Chan, J. L., and Y. Xu. 2012. "How Much Red Ink? Comparing Economic and Accounting Approaches to Measuring Government Deficit and Debt," *World Economics*, 13(1) (January–March): 63–72.

Heald, D. 2003. "The Global Revolution in Government Accounting: Introduction to Theme Articles," *Public Money and Management* (January), 11–12.

Hepworth, N. 2003. "Preconditions for Successful Implementation of Accrual Accounting in Central Government," *Public Money and Management* (January): 37–44.

International Federation of Accountants (IFAC) Public Sector Committee, 2000, Governmental Financial Reporting: Accounting Issues and Practices (May).

IMF. 2011. "Shifting Gears: Tackling Challenges on the Road to Fiscal Adjustments," *Fiscal Monitor* (April).

International Public Sector Accounting Standards Board. 2003 (revised in 2006, 2007). *Financial Reporting Under the Cash Basis of Accounting.* New York: International Federation of Accountants.

International Public Sector Accounting Standards Board. 2011a. *Handbook of International Public Sector Accounting Pronouncements*, 2010 Edition, 2 volumes. New York: IFAC.

International Public Sector Accounting Standards Board. 2011b. Transition to the Accrual Basis of Accounting, *Study No. 14.* New York: IFAC.

International Public Sector Accounting Standards Board. 2011c. Conceptual Framework for General Purpose Financial Reporting by Public Sector Entities: Measurement of Assets and Liabilities in Financial Statements. New York: IFAC.

Irwin, T. 2012a. "The Algebra of Accounting Stratagems: An Analysis of Devices that Reduce the Deficit or Debt with Improving Public Finances," Unpublished Paper (February 16).

Irwin, T. 2012b. "Shining a Light on the Mysteries of State: The Origins of Fiscal Transparency," Unpublished paper (February 21).

Jacobs, D. et al. 2009. *Budget Classification*, Technical Notes and Manual *No. 09/06.* Washington, DC: IMF.

Khan, A., and S. Mayes. 2009. *Transition to Accrual Accounting*, Technical Notes and Manual *No. 09/02.* Washington,

DC: International Monetary Fund.

Lienert, I. 2003. *A Comparison Between Two Public Expenditure Management Systems in Africa*, IMF Working Papers 03/2. Washington, DC: International Monetary Fund.

Lueder, K., and R. Jones. 2003. "The Diffusion of Accrual and Budgeting in European Countries – A Cross-country Analysis," in K. Lueder and R. Jones (eds) *Reforming Governmental Accounting and Budgeting in Europe*, pp. 13-58. Frankfurt, Germany: Fachverlag Moderne Wirtschaft.

Pozzoli, S. 2008. "International Public Sector Accounting Standards between 'Convergence' and Conceptual Framework," in M. D'Amore (ed.) *The Harmonization of Government Accounting and the Role of IPSAS*, pp. 3-18. Milan, Italy: McGraw-Hill.

Robb, A., and S. Newberry. 2007. "Globalization: Governmental Accounting and International Financial Reporting Standards," *Socio-Economic Review*, (October), pp. 1–30.

Scheid, J.-C., and E. Lande. 2003. "France," in K. Lueder and R. Jones (eds) *Reforming Governmental Accounting and Budgeting in Europe*, pp. 153–272. Frankfurt, Germany: Fachverlag Moderne Wirtschaft.

Sturgess, B. 2010. "Greek Economic Statistics: A Decade of Deceit," *World Economics* (April–June), pp. 67–99.

Sutcliffe, P. 2003. "The Standards Program of the IFAC Public Sector Committee," *Public Money and Management* (January): 29–36.

[U.S.] FASAB. 2012. The FASAB Handbook of Accounting Standards and Other Pronouncements, As Amended. Washington, DC: Federal Accounting Standards Advisory Board.

[U.S.] GASB. 2006. "Why Governmental Accounting and Financial Reporting Is – and Should Be – Different," Governmental Accounting Standards Board.

[U.S.] GASB. 2010. Codification of Governmental Accounting and Financial Reporting Standards. Norwalk, CT: Governmental Accounting Standards Board.

Vareille, L., and P. Adhemar. 2003. "The Modernization of Government Accounting in France: The Current Situation, The Issues, The Outlook," Occasional Paper. New York: IFAC.

Wynne, A. 2008. "Accrual Accounting For the Public Sector – A Fad That Has Had Its Day?" *International Journal of Governmental Financial Management*, VIII (2): 117–32.

Wynne, A. et al. 2011. *Annual Financial Reporting by Governments – What Is Africa's Best Practice?* Harare: African Capacity Building Foundation.

35
政府财务报告准则和实践

陈立齐和许云霄

政府财务报告公布在政府会计系统中收集和积累的数据,这在第34章讨论过了。本章主要涉及根据政府事后财务会计系统的数据编制的财务报告,特别是年终财务报表。本章还将讨论预算执行监测报告以及关于国家和国际宏观财政比较的统计报告,并比较这三个报告系统。本章对一般读者和负责以下事项的从业者均有所裨益:(1)确定财务报告结构和内容;(2)批准用于编制财务报表的会计政策;(3)向立法者和公众解释财务报告;(4)与审计师交涉以解决争议;(5)确保在政府的决策流程中正确使用财务信息。

在讨论了一些基本原则和概念之后,本章提供许多财务报告示例。这些示例按照整体政府的基本财务报表、年终财务报告的披露、与预算相关的报告、政府组成部分的报告以及从财政统计中汇编的报告进行分组。本章最后提出一系列改进财务报告准则和实践的建议。

政府财务报告概述

本概述介绍政府财务报告的一系列基本原则,然后讨论在会计准则中强调财务报告这一趋势、通用目的财务报表的概念以及财务报告的目标。

基本原则

世界各国政府的财政透明度各不相同,这反映了世界各国政府的政治文化。英美式的政府财务报告实践已成为据以衡量各国实践的基准,而西方民主国家普遍遵守以下基本原则:

1. 可信度。政府财务报告应该值得信赖;应根据具有高度独立性的机构制定的准则列报客观可靠的信息。
2. 如实列报。即使完全披露不可能也没必要,政府也应该准确且充分地披露其财务状况和绩效。
3. 附加价值。相对于政府已披露的预算和其他财政信息而言,政府财务报告应该增加信息价值。受限于其事后报道的性质以及编制过程中涉及的不可避免的时滞,年终财务报告的特殊价值在于提供财政发展的长期和全局视角。
4. 一致性和统一性。除非情况发生变化,否则应长期使用相同的计量规则,并应尽可能使用相同的报告格式，以提高财务报告的可理解性和可比性。此外，财务、预算和统计报告规则应尽可能统一或以其他方式协调。

5. 年度财务报表。在年终，政府应根据其账目发布三份基本财务报表：关于资产、负债和净资产的财务状况报表；关于收入和费用以及收益和损失的财务绩效报表；根据经营、投资和筹资活动进行分类的现金流量报表。这些通用目的财务报表（GPFS）向所有权益相关者提供了关于政府活动的基本信息。①

6. 财务披露。由于会计确认标准和计量技术的限制（在第34章中进行讨论），通用目的的财务报表应辅以额外的财务数据，以实现问责制和透明度的目标。

7. 报告实体。通用目的财务报表应涵盖整个政府，包括主要政府（控制实体）和主要政府在财务上对之负责的其他受控实体。②应澄清这些实体之间的财政关系，特别是在汇总财务报表字面上无法看到相互关系时。应该编制并提供关于政府各组成部分（例如各部委、机关和基金）的补充报告，以促进管理和监督。

8. 充分的报告能力。政府的财务信息系统应能够生成用于评估预算执行以及中期和年终财务报告的数据，以及法律法规要求的统计数据和其他报告。

9. 预算报告。对于任何财政年度，政府均应按照适当的时间表和汇总水平列报以下信息：初始和修订的预算以及其他财政规划；预算执行结果，包括收入征收额和支出；通过不同方法计量的财务结果的数据。

10. 统计报告。政府财务数据和报告应作为由国家和国际统计局汇编的政府财政统计的基础，以促进对经济影响和政府财政稳健性的国际可比评价。

从会计到报告的演变

上述原则体现在本章讨论的报告准则和实践之中。如第34章所述，（在原则5和原则7中确定的）报告实体的通用目的财务报表是经过系统处理过程的产物：

- 识别交易和事项，交易和事项的后果将根据其对实体经济资源和财务责任的影响进行分析；
- 确认一些经济资源作为资产和一些财务责任作为负债，以及其后续变动，即收入和费用，收益和损失；
- 计量上述存量和流量；
- 在财务报表中报告已确认项目的计量结果，以及在财务披露中报告未确认的项目。

在过去40年中，会计准则和政策已从提供识别、确认和计量各方面的指导转变为规定财务报表和报告的形式和内容。③在私营部门，国际会计准则已经成为《国际财务报告准则》（IFRS）。同样，《国

---

① 账目（accounts）是个别财务记录。然而，账目也可以是对来自上述记录的数据进行汇总的财务报表，例如整体政府账户（英国常见用法）。

② 在民主政体中，直选的职位和机构拥有更大的权力。与选民最终权力的接近程度是对控制关系进行排序的基本标准。

③ 预算报告的标准化通常是省或国家层面政体或预算局所关注的。财政统计报告的标准化是国家和国际层面问题。由于篇幅限制，本章不会详细说明关于这些类型报告的准则。

际公共部门会计准则》（IPSAS）实际上是会计和财务报告准则，并且美国联邦会计准则咨询委员会（FASAB）和美国政府会计准则委员会（GASB）制定的准则也出现了相似模式；见专栏35.1。

专栏35.1 财务报告准则的内容

一般原则（详情略）

- 财务报告
- 定义财务报告实体
- 综合年度财务报告
- 其他的财务报告必须注意事项
- 财务报表附注
- 预算（执行）报告
- 现金流量表
- 分部信息
- 报告实体及其组成部分的列报和披露
- 补充和特殊目的报告
- （为预测趋势的）统计资料
- 期中财务报告

具体资产负债表和营业报表项目（超过30个主题；详情略）。独立报告——专门的单位和活动（详情略）。

资料来源：改编自 *Codification of Governmental and Financial Reporting Standards*（GASB，2011）。

通用目的财务报表

在英文文献中，除非另有说明，否则"财务报告准则"一般是指在编制通用目的财务报表（GPFS）时应遵守的规则。在私营部门，与作为提供给管理层的内部报告的"特殊目的财务报告"以及税务和监管机构要求的外部报告相比，这些财务报表是拟提供给投资者和债权人的。在美国，政府借用了通用目的财务报表这个概念。目的是为了划清单独的外部财务报告准则的制定领域，而避免侵犯法定当局相关的自主特权。州政府和地方政府在20世纪70年代启用这个概念，联邦政府在20世纪90年代也如此。该政府会计治理模式已经利用国际公共部门会计准则委员会提升到国际层面（详见第34章）。

通用目的财务报表的概念对许多国家的政府而言是新的概念，而在许多国家，财务报告的主要目标是列报预算执行的结果。在财政年度期间和年终，以单独或与预计收入和拨款相比较的形式分别报告实际收入和支出。这些比较在年内用于改善绩效或重新设定财政目标。在财政年度结束时，这些比较也可以用来解释为什么实际赤字不同于年度预测的赤字（相比之下，由于企业的预算是不公开的内部信息，因此"实际与预算"的对比不是企业外部财务报告模型的一部分）。因此，财务报告并不普遍被理解为针对公众的唯一年终报告。例如为了建立会计和财务报告框架，中国已经走上了自己的道路（见专栏35.2）。

专栏35.2　中国政府财务报告实践的发展（于2013年）

按照西方标准，中国政府财务报告不尽如人意。政府单位尚未发布合并财务报表。政府还没有一般公认会计原则（GAAP）。中国的会计准则委员会是财政部的一部分，而关于政府和非营利组织的分委员会处于低调状态。最高审计机关向总理报告。实际上，没有名符其实的政府会计；官方称之为预算会计。然而，考虑到就在30年前政府财政数据还被视为国家机密，中国已经取得了巨大进步。

中国财政部长及其省级和地方财政官员每年向人民代表大会提交预算年度的预算草案和过去一年的决算信息。现在政府需要在批准后的15天内公布涵盖中央政府和地方政府部门的国家预算。向全国人民代表大会提交详细预算进行审议的部门数量从1999财政年度的4个增加到2010财政年度的98个。2011年，所有这些部门都在线公布了经批准的预算。许多部门还公布了其预算执行报告。在省和地方层面也采取了类似的举措，尽管存在不均衡情况。为了回应公众关于官员腐败问题的强烈抗议（特别是来自直言不讳的"网民"，即互联网上的公民），国家审计署公布对滥用公共资金情况的审计结果，每年都会发生"审计风暴"。根据2007年《政府信息公开条例》开展的政府财政公开运动的最新进展是在线报告三种最容易被滥用的政府支出（称为三公，"三种公共支出"）：因公出国支出、公务用车支出以及公务接待支出。

中国在编制西式财务报告方面还有很长的路要走。在为整体政府资产负债表生成资产和负债的期初余额方面，存在许多理论和实践障碍。在不断变化的市场经济中，政府的产权和财政责任尚不清楚。例如，在地方政府是否以及在多大程度上对其财政中介发行的债务负有责任方面存在争议，并且很少发布关于这些债务的信息。

资料来源：作者和许云霄（2011），"中国在预算透明度和财务报告方面的进展"，未发表的工作文稿（北京大学经济学院财政学系）。

财务报告的目标

鉴于预算报告的主要目的是监测预算执行情况，并且统计报告的主要目的是进行国际可比财政分析，因此对于评估做出报告的政府在履行其对各种权益相关者负有的义务方面的能力而言，年终财务报告是所需信息的主要来源。这些权益相关者的知情权和知情需要是他们对政府财务信息的合理要求的基础。这些权益相关者的信息需求已成为政府和会计财务报告目标的基础，并且德瑞宾、陈和弗格森（Drebin Chan and Ferguson，1981，第107页）认为，这些目标是提供：

1. 对于做出经济、政治和社会决策并验证问责制和管理职责而言有用的财务信息；
2. 对于评价管理层和整个组织的绩效而言有用的信息。

美国（州和地方）政府会计准则委员会赞同这个观点，并在1984年成立后不久便制定了一个以此为主题的概念公告（见专栏35.3），指导其准则制定活动。

专栏35.3　美国（州和地方）政府会计准则委员会确认的政府财务报告目标

财务报告应有助于履行政府公开问责义务，并且应让使用者能够评估该问责制。

a. 财务报告应提供信息，以确定当年收入是否足以支付当年服务。
b. 财务报告应表明资源是否是根据该实体的依法通过的预算所取得和使用的；财务报告还应表明对与财政相关的其他法律或合同要求的遵守情况。
c. 财务报告应提供信息，以帮助使用者评估政府实体的服务努力、成本和成就。

财务报告应协助使用者评价政府实体本年度的经营成果。

a. 财务报告应提供关于财务资源的来源和使用情况的信息。
b. 财务报告应提供关于政府实体如何为其活动提供资金并满足其现金需求的信息。
c. 财务报告应提供必要信息，以确定该实体的财务状况是否因本年度经营而改善或恶化。

财务报告应协助使用者评估政府实体能够提供的服务水平及其履行到期财务责任的能力。

a. 财务报告应提供关于政府实体财务位置（即资产和负债存量）和状况的信息。
b. 财务报告应提供关于政府实体的使用期超出本年度的实物资源和其他非财务资源的信息，包括可用于评估这些资源的服务潜力的信息。
c. 财务报告应披露关于资源的法律或合同限制，以及资源有可能损失的风险。

资料来源：GASB Concepts Statement No. 1 "Objectives of Financial Reporting"（删节，原文用斜体标出）；第77段、第78段和第79段；上述引文中省略了段落编号）。该公告于1987年发布，并于2005年修订。

专栏35.3中所列目标提供了一个基础，可以用来评估本章其余部分中例示的财务报表的有用性。[①]

基本财务报表

三份基本财务报表是年度财务报告的核心：第一份报表报告实体在财政年度开始和结束时的资产和负债存量（所谓财务状况或位置）；第二份报表以年内收入和费用、收益和损失的详情解释财务位置的改善或恶化程度；第三份报表报告实体在年初和年末的现金存量以及在年内导致现金额增加或减少

---

① 应在特定政府的整体财务报告背景下看待这些例子，本章无法重复该整体财务报告。

的活动。①

财务状况报表

财务状况（位置）报表也称资产负债表（见表35.1），它提醒人们：政府继承了过去的资产和负债。按兑换成现金的易难程度顺序排列，资产最好分类为现金、流动金融资产、非流动金融资产和资本资产。负债多是金融性质的，并且通常按期限分类为流动负债和非流动负债。②总资产减去总负债等于净资产或净值。

表中所示的分类根据在财政管理中的紧急程度和优先级来组合财务数据。所示的分类还确定了逐步过渡到权责发生制会计的各个阶段：首要任务是收集关于现金的数据，随后是关于流动金融资源和流动负债的数据，然后是所有金融资源和所有负债，最后是资本资产（陈，2003）。

财务绩效报表

财务绩效报表（见表35.2）按来源报告收入，并按职能、组织单位或对象（例如工资、利息）报告费用。财务绩效报表的"底线"显示了报告期内政府财务状况是否有所改善或恶化。财务绩效主要由净经营成果来定义：收入减去费用=盈余或赤字。根据权责发生制，收入包括因已提供的服务而应收的账款，以及到期缴税款的应收税款。费用包括递延到未来支付的服务成本，以及使用资本资产的成本。权责发生制与代际或跨期财政公平的概念一致，而代际或跨期财政公平认为服务成本（即费用）应由服务受益者提供资金（见专栏35.3）。

表35.1　　　　　　　　　　　　　　财务报表说明

公共部门实体——2014年12月31日的财务状况报表（以千货币单位表示）		
资产	2014	2013
流动资产		
现金和现金等价物	X	X
应收款项	X	X
存货	X	X
预付款项	X	X
其他流动资产	X	X
	X	X
非流动资产		
应收款项	X	X
对联营的投资	X	X
其他金融资产	X	X
基础设施、厂场和设备	X	X

---

① 与政府财政统计（GFS）不同，政府财务报表没有单独的"经济流量"报表来反映资产和负债的市场价值变动。对于会计师而言，这些变动是未实现持有损益，而对于在财务报表中是否确认未实现持有损益问题存在着激烈争论。如果确认，那么未实现持有损益和已实现损益将与（经营）净收入合并以得出综合收益，这是期内总净资产的变动。

② 负债可以按照各种方式分类，以用于不同的分析目的。例如美国州和地方政府会计准则委员会强调"经营债务"（例如员工养老金福利和其他离职后福利），这是本期服务的递延成本，而不是由证券证明的债券债务。负债可以是直接的（政府自己的债务）或者间接的（例如为其他借款人提供担保）；确定的或者是或有的。从法律角度来看，债权人的索取优先权是一个重要的考虑因素。

续表

公共部门实体——2014年12月31日的财务状况报表（以千货币单位表示）

资产	2014	2013
土地和建筑物	X	X
无形资产	X	X
其他非金融资产	X	X
	X	X
资产合计	X	X
负债		
流动负债		
应付款项	X	X
短期借款	X	X
一年内到期的长期借款	X	X
短期准备金	X	X
雇员福利	X	X
退休金	X	X
	X	X
非流动负债		
应付款项	X	X
长期借款	X	X
长期准备金	X	X
雇员福利	X	X
退休金	X	X
	X	X
负债合计	X	X
净资产	X	X

资料来源：改编自IPSAS no. 1，"Presentation of Financial Statements"（第75页，《国际公共部门会计准则》2010年版）。原始报表包括在其他实体中的所有者权益，作为增加到净资产中的权益。

表35.2   公共部门实体的绩效报表说明

截至2014年12月31日年度的财务绩效和净资产变动报表（以千货币单位表示）

	2014	2013
收入		
税款	X	X
收费、罚金、罚款和许可费	X	X
来自交换性的交易的收入	X	X
来自其他政府实体的转移	X	X
其他收入	X	X
收入合计	X	X

续表

截至2014年12月31日年度的财务绩效和净资产变动报表（以千货币单位表示）	2014	2013
按职能分类的费用		
一般公共服务	(X)	(X)
国防	(X)	(X)
公共秩序和安全	(X)	(X)
教育	(X)	(X)
医疗保健	(X)	(X)
社会保护	(X)	(X)
住房和社会福利设施	(X)	(X)
娱乐、文化和宗教	(X)	(X)
经济事务	(X)	(X)
环境保护	(X)	(X)
其他费用	(X)	(X)
财务费用	(X)	(X)
费用合计	(X)	(X)
期间盈余/（赤字）	X	X
净收益/（损失）*	X	X
2011年12月31日的净资产**	X	X
2012年12月31日的净资产	X	X

注：* 这些变动对应于在国际货币基金组织《政府财政统计手册》（GFSM）单独报表中描述的因其他经济流量而产生的净值变动。

** 增加了净资产/权益的期初和期末余额，以显示财务状况与财务绩效之间的关系。该报表的标题经过修改，以反映净资产/权益信息的增加情况。可以编制单独的净资产/权益变动报表，但没有进行说明。

资料来源：改编自IPSAS no. 1, "Presentation of Financial Statements"（第76页、第78页、第79页，《国际公共部门会计准则》2010年版）。

现金流量报表

现金流量报表（见表35.3）补充了权责发生制的绩效报表和资产负债表，以确保不忽视流动性。例如，如果政府提供服务但不及时向客户征收税费，而按时向雇员和供应商付款，那么这种经营方式将导致权责发生制的盈余和收付实现制的赤字。现金流量报表根据三类活动（经营、筹资和投资）解释了报告期初和报告期末之间现金状况的变动。经营活动的现金收入和支出产生现金经营盈余或赤字。另外两类活动，即筹资和投资，提供了对政府借款和资本性支出的认识。例如在一个期间内发行2000万美元的债券并在资本设备上支出相同的金额，将导致在资产负债表上增加2000万美元的资本资产和应付债券；但这两笔交易对按照收付实现制或权责发生制计量的经营盈余或赤字没有影响。现金流量表将这些交易显示为筹资活动的净现金流入2000万美元和投资活动的净现金流出2000万美元（在《国际公共部门会计准则》中，收付实现制准则中的说明性收入及支出预算和报表包括总收入中的债务资金和总支出中的债务偿还。关于作者的更改建议，请参阅建议一节）。

总之，政府财务报告准则要求列报基于权责发生制的财务状况报表、财务绩效报表，以及现金流量报表。应用会计确认标准造成这些基本财务报表排除了许多有用的信息。此类信息在补充报表和披露中进行报告。

表35.3 现金流量表说明

公共部门实体——截至2014年12月31日年度的现金流量表（以千货币单位表示）

	2014	2013
经营活动产生的现金流量		
收入		
税款	X	X
销售商品和服务	X	X
资助补贴	X	X
利息收入	X	X
其他收入	X	X
支出		
雇员成本		
退休金	(X)	(X)
供应商	(X)	(X)
利息支出	(X)	(X)
其他支出	(X)	(X)
经营活动产生的现金流量净额	X	X
投资活动产生的现金流量		
购建厂场和设备	(X)	(X)
处置厂场和设备收到的现金	X	X
处置投资收到的现金	X	X
购买外币证券	(X)	(X)
投资活动产生的现金流量净额	(X)	(X)
筹资活动产生的现金流量		
取得借款收到的现金	X	X
偿还借款	(X)	(X)
向政府支付的分配/股息	(X)	(X)
筹资活动产生的现金流量净额	X	XX
现金及现金等价物的净增加额/（减少额）	X	X
期初现金及现金等价物	X	X
期末现金及现金等价物	X	X

资料来源：改编自IPSAS no. 2, "Cash Flow Statements"（第100页，《国际公共部门会计准则》2010年版）。

补充报表和披露

上述三份基本财务报表至少有三个缺点：（1）与显示了熟悉的收付实现制赤字或盈余底线的预算

执行报告中的信息相比,这些基本财务报表看起来不同并且不及时;(2)公布的负债数额省略了一些非常重大的财务责任;(3)信息容量庞大,并且可能难以理解。因此,这些基本财务报表补充了额外信息,以解释收付实现制赤字和权责发生制赤字之间的差异,反映未被确认为负债的长期财务责任,并提供叙述式和图形式列报以增强公众理解。

收付实现制赤字和权责发生制赤字的调节

当政府以收付实现制为基础报告其预算执行结果,并以权责发生制为基础报告其财务绩效时,公众可能会感到困惑。由于许多国家(包括美国)的政府预算无需遵守财务会计规则,因此有必要通过分析预算执行数据和财务绩效数据之间差异的来源以对这两组数据进行调节。美国政府的年度财务报告包括详细的技术调节,因此还发布了一份更简单的文件,以帮助公众理解原本的分析(见表35.4)。

表35.4　　调节收付实现制和权责发生制赤字数

美国政府2006和2007财政年度权责发生制和收付实现制赤字之间的对照

	10亿美元	
	2006	2007
权责发生制赤字(附注)	−449.5	−275.5
权责发生制赤字的组成部分,不属于收付实现制赤字		
军人雇员福利负债变动	74.9	60.3
退伍军人补偿负债变动	31.2	−26.1
文官雇员福利负债变动	81.3	55.9
环境负债变动	45.4	36.8
折旧费用	82.9	45.3
保险负债变动	−2.0	−1.9
应收账款和税款增加额	−2.7	−19.0
其他	25.5	46.0
合计	318.0	197.3
收付实现制赤字的组成部分,不属于权责发生制赤字		
资本化固定资产支出	−103.7	−58.8
其他	−11.7	−10.7
合计	−114.8	−69.5
所有其他调节差异的净额	−1.5	−15.1
收付实现制赤字(附注)	−247.7	−162.8

注:

1 该调节表每年公布于美国政府官方年度财务报告。该简化版本是最新的可用版本。

2 该示例没有展示调节的一些重要方面,例如政府进行的实物转移以及因对外部方的债权而导致的资产增加。

3 权责发生制赤字在美国政府问责办公室的简明报表和原始财务报表中称为"净经营成本"。实际收付实现制赤字在原始财务报表中被错误地称为"统一预算赤字"。1967年《总统预算概念委员会报告》(Report of the President's Commission on Budget Concepts)提出了"统一预算"的概念,以便有单一的预算能够最好地描述整个联邦政府对经济的影响。

资料来源:改编自Government Accountability Office(2008),"Understanding Similarities and Differences between Accrual and Cash Deficits, Updated for Fiscal Year 2007."

基本上，美国联邦政府的财政政策将许多经营费用推迟到未来支付，所以在大多数年份，美国联邦政府的年度权责发生制赤字一直大于收付实现制赤字（最大金额是文官和军队雇员获得的非现金福利）。例如，在2008财政年度，权责发生制赤字是10009亿美元，收付实现制赤字是4550亿美元，前者是后者的两倍多。正如陈和许（2012）指出的，这种情形最近的唯一例外发生在最近的金融危机期间，当时美国政府借入和使用了大量现金来救助告危的银行和企业，以至于美国政府2009财政年度的收付实现制赤字为14170亿美元，大于已经前所未有的12530亿美元权责发生制赤字。①

报告社会福利承诺和财政可持续性

与对债券持有人和雇员的债务相比，关于提供社会安全网的公共政策承诺在政府会计和财务报告方面引起了棘手的确认和计量问题。这些政策规定通常包含在关于提供公共养老金、福利金和服务的法律中，并且通常以符合法定资格为基础而提供福利。这些承诺是否属于在会计意义上的政府负债是一个尚无定论的问题。在美国政府中，这些项目由单独的信托基金（即特种收入基金）进行核算，而这些基金发布自己的年度报告。将这些项目列入整个政府层面财务报表需要将其确认为负债，而这是会计政策制定者拒绝采取的一个步骤。此外，巨大无准备资金的福利承诺威胁到这些项目的长期可持续性以及公共财政整体。对合资格人口群体的福利进行精算计量，即预测75年的未来支出和收入估计数，并贴现到报告期间，与计量过去交易和事项后果的传统会计方法有很大不同。

这些财政"定时炸弹"太重要了，不能降级为补充财务披露，但归入在经审计的财务报表中报告又太有争议。美国政府的折衷解决方案是编制一份《社会保险报表》（见表35.5），而该报表合并了基金报告中的数据。为了符合这些项目的模糊地位，这份报表被置于主要财务报表之后，但在数百页其他财务披露之前。表35.4中的报表内容符合美国联邦会计准则咨询委员会公告第36号"美国政府的综合长期预测"的规定，但该公告要求以国内生产总值百分比的形式表示现值（FASAB，2009）。

管理层讨论与分析（MD&A）

上述三份基本财务报表可能过于复杂并且数字太多，不便于理解。在一些国家，要求政府官员在财务报告中包括一个管理层讨论与分析（MD&A）来解释这三份基本财务报表以及政府的整体财务状况。例如，美国政府会计准则委员会要求将管理层讨论与分析置于财务报表之前，以：

- 简要描述财务报表并提供简明财务信息；
- 分析政府的整体财务状况和绩效以及个别基金的整体财务状况和绩效；
- 解释预算与实际结果以及资本与债务活动之间的重大差异；
- 披露可能影响政府财政的事故（GASB 2009, p.183）。

总之，随着政府财务报表变得更加复杂，读者需要帮助来理解政府财务报表。这种帮助的形式是管理层讨论与分析（MD&A），以及解释权责发生制赤字如何与收付实现制赤字进行调合。此外，这

---

① 现金预算将支出视为借给他人或用于购买企业所有者权益的金额。这些现金支出将导致应收贷款和金融投资，对政府的经营成果没有影响。

种不将福利待遇（以及其他长期）承诺确认为负债的做法，部分地通过单独的报表进行补偿，而该单独的报表提供了关于这些项目不可持续性的预警。

表35.5　　　　　　　　　　　　　　社会保险报表说明

长期（75年）精算预测的现值（10亿美元）	
	2010年*
联邦养老、遗属和伤残保险（社会保障）	
来自所有当前和未来参与者的现金收入**	40118
用于所有当前和未来参与者预定未来福利的现金支出	48065
未来支出超过未来收入的现值	（7947）
医疗保险（老年人）	
联邦医院保险	（2683）
联邦补充医疗保险（B部分）	（12901）
联邦补充医疗保险（D部分）	（7229）
未来支出超过未来收入的现值	（22813）
铁路退休	（103）
黑肺病	6
未来支出超过未来收入的现值合计	（30857）

* 2010年进行了预测并计算了现值。该报表还有关于2009年、2008年、2007年和2006年预测的其他栏。

** 该报表显示了关于已达到资格年龄（65岁及以上）的参与者、未达到资格年龄的参与者和未来参与者的收入和支出的单独预测。其他社会保险计划也有类似的详细信息。

资料来源：美国政府2010财政年度社会保险报表（摘录和注释）。

与预算相关的报告

基本财务报表中有三种对忽视预算进行补救的办法：（1）在年内和年终报告预算执行情况；（2）根据预算计量规则进行预算与实际执行比较；（3）解释预算编制和会计中使用的不同方法的影响。

事后预算报告

预算系统通常具有报告要求。正如利恩特和法因博伊姆（Lienert and Fainboim 2010）指出的，除年度报告外，还需要年中、季度甚至月度报告来及时提供关于预算执行的反馈。这些报告中的报告实体通常是预算单位，可以是预算账户、基金、部门或整个政府（关于简化说明，见表35.6和表35.7）。

由于传统的政府预算主要涉及支出和相关收入，因此事后预算报告也有类似的导向。将这种预算报告与基于账目的财务报告进行比较可能是有益的（见专栏35.4）。

预算与实际比较

表35.6　　预算单位的简化收入分类账

	预测金额	征收金额	未征收金额
初始预测[1]	100万美元		100万美元
实际征收，第1个月[2]		10万美元	90万美元
修订预测[3]	5万美元		85万美元

注：
1. 市议会批准在一个财政年度征收100万美元的税款。
2. 在第一个月征收10万美元之后。
3. 后来市议会授权修订收入预算，下调5万美元。

表35.7　　预算单位的简化支出分类账

	拨款	使用拨款	可用余额
初始金额[1]	10万美元		10万美元
现金支出[2]		2万美元	8万美元
保留数[3]		4万美元	4万美元
成本增加[4]		0.3万美元	3.7万美元
追加拨款[5]	1万美元		4.7万美元

注：
1. 市议会为某个规划批准了10万美元。
2. 为设备和供应品支付了2万美元。
3. 签署了一份具有估计成本的服务合同。
4. 在提供服务后，政府收到并批准支付4.3万美元的实际费用账单。
5. 市议会为该规划批准了额外的1万美元。

专栏35.4　比较预算报告和财务报告

预算报告	财务报告
• 受政府预算法律和规则的规范	• 受一般公认会计原则的规范，在全国范围内被接受并包含新出现的国际共识
• 财政年度的中期报告	• 在财政年度结束后发生
• 由高层行政部门和立法机关进行审查和批准	• 通常由政府或私营部门审计师进行审计
• 在大多数国家，关注收入和支出	• 涵盖公共财政的所有方面，包括资产和负债
• 很少包括基于账目的财务报表	• 经常包括预算和实际结果之间的比较

年终预算与实际比较通常使用预算计量规则。此类比较主要用于评价和问责目的。表35.8中的说明性的预算比较具有一些值得注意的特征。第一，该说明性预算比较仅显示了收入和支出的流量指标。由于预算是以收付实现制为基础的，所以为了可比性，实际金额也是以收付实现制为基础的。第二，包括最初预算和最终预算，以便有可能看到为应对意外情况而进行的年内预算调整。最终预算是

据以比较实际绩效的基准。第三，没有关于应收款项或应付款项的期初和期末余额的任何信息。最后一点强调了在报告预算时常用的收付实现制与建议用于财务会计和报告的权责发生制之间的差异。

表35.8　预算比较

截至20XX年12月31日年度的某政府预算（收付实现制）与实际金额的比较报表

（以货币单位表示）	预算金额		收付实现制实际金额	最终预算与实际金额之间的差异
	最初	最终		
收入				
税收	X	X	X	X
援助协议	X	X	X	X
国际机构	X	X	X	X
其他拨款和援助	X	X	X	X
资金：借款	X	X	X	X
资金：处置厂场和设备	X	X	X	X
商业交易活动	X	X	X	X
其他收入	X	X	X	X
收入合计	X	X	X	X
支出				
医疗保健	(X)	(X)	(X)	(X)
教育	(X)	(X)	(X)	(X)
公共秩序/安全	(X)	(X)	(X)	(X)
社会保护	(X)	(X)	(X)	(X)
国防	(X)	(X)	(X)	(X)
住房和社会福利设施	(X)	(X)	(X)	(X)
娱乐、文化和宗教	(X)	(X)	(X)	(X)
经济事务	(X)	(X)	(X)	(X)
其他	(X)	(X)	(X)	(X)
支出合计	(X)	(X)	(X)	(X)
净收入/（支出）	X	X	X	X

资料来源：IPSAS Statement no. 24, "Presentation of Budget Information in Financial Statements"（第757页，2010年版）。

预算和会计基础的影响

当预算编制和会计使用不同的计量方法时，务必确定报告数字的差异和影响。正如表35.9中的芝加哥市示例所示，该市普通基金的平衡预算使用法律明文允许的计量方法。但是，在根据会计规则进行判断时，出现了2.32亿美元的赤字（约占总支出的7%）。大部分差异是由于夸大收入造成的，包括将1.64亿美元的债务资金作为收入计算。因此，这种调节也可被视为会计对预算编制方法的批评。

当预算包括对财政年度末政府财务状况的预测时，可以对预算和政府实际财务状况进行比较。新西兰政府使用这种方法，其中预算实际上是预测的财务报表。表35.10显示了两份文件的示意列报。

总之，本节中的示例表明，财务报告提供关于预算执行的反馈，并且会计概念被用于批评预算编制实践。

表35.9	调节会计和预算基础
2008财政年度芝加哥市普通基金（百万美元）	
	金额（美元）
收入，依照一般公认会计原则计量	2875
加：	
债务资金	164
基金转入	94
利用上年度盈余	1
收入，依照预算法规计量	3135
支出，依照一般公认会计原则计量	3107
加：	
资金转出	25
2008年保留数	28
减：	
支付之前年度保留数	（17）
坏账准备	（8）
支出，依照预算法规计量	3135

资料来源：芝加哥市综合年度财务报告，2008，第56页。

组成部分报告

在过去30年中，为整个政府编制权责发生制的财务报表是一个相对较新的现象，而关于预算执行的报告和关于政府组成部分的报告仍然是常态（见表35.6和表35.7）。政府的组成部分包括政府商业性企业等法律上独立的实体，以及部门和预算外资金。后者是有会计记录的个体，但各国对其编制和公布财务报表的做法有所不同。

部门财务报表

公布部门通用目的财务报表是一个罕见做法，非国际规则之要求。英国的部门资源账目（DRA）和美国联邦政府部门的合并财务报表（CFS）都是值得注意的示例。英国权责发生制的部门资源账目用于申请国会拨款（术语是"资助"）。另一方面，美国联邦部门的合并财务报表旨在加强行政问责，并作为政府层面的合并财务报表的关键资料基础。美国政府的这两个层面的合并财务报表在一些方面有所不同：

- 部门的合并财务报表分开进行报告部门间交易的影响和与非联邦实体之间交易的影响。
- 各部门将从国会取得的拨款视为资产，但区分从预算拨款而来的筹资与从实际交易而来的筹资。政府层面的合并财务报表没有关于预算资源的报表。

表35.10　预算涵盖存量和流量时的预算比较

新西兰政府财务报告的示意列报

2011年6月30日预测		财务报表	实际	
2010年预算	2011年预算		2011年6月30日	2010年6月30日
		财务绩效报表		
XXX	XXX	收入	XXX	XXX
XXX	XXX	费用	XXX	XXX
XX	XX	经营结余	XX	XX
X	X	重估	X	X
XX	X	综合收益	X	X
		现金流量报表		
XXX	XXX	经营活动产生的现金流量	XXX	XXX
XXX	XXX	投资活动产生的现金流量	XXX	XXX
XXX	XXX	筹资活动产生的现金流量	XXX	XXX
		净值报表		
XX	XX	净值	XX	XX
		财务状况报表		
XXX	XXX	资产	XXX	XXX
XXX	XXX	负债	XXX	XXX
XX	XX	净值	XX	XX

资料来源：2011年新西兰政府经审计的财务报表。

- 代表政府管理专项活动的部门（例如财政部负责征收税收）编制一份（代理）保管活动报表。
- 除了部门合并财务报表之外，年度问责和绩效报告中附有许多非财务绩效指标。

基金财务报表

当政府通过一系列基金，即用于特定目的的资源池，对其财务运作进行预算和控制时，编制关于这些基金运作的财务报表是为了管理和监督。在美国的州和地方政府，这被视为综合年度财务报告（CAFR）中不可或缺的一部分，这些报表配合整个政府层面的财务报表。由于即使较小的政府也有很多基金，基金分为几种基金类型（例如基建项目基金），然后基金类型分成更少的基金组别（政府性基金和企业基金）。这使得有可能获得汇总程度越来越高的财务报表，形成"报告金字塔"。在这种结构中，各基金被合并，在报告过程中识别了基金间交易，但未消除。与政府层面报告相比，在基金报告中：

- 具有立法通过的预算的基金必须有预算比较表（见表35.8）；
- 在政府层面，举债会产生负债；然而，举债得到的资金在基金层面的报表被计为非收入的筹资，从而增加基金的余额；

- 基金之间的转入和转出分别被视为其他筹资来源和用途，从而也影响到基金的余额。

总之，政府组成部分的财务报告可以为财政管理和监督目的服务。但是，此种报告可能是公众的次要关注。

统计报告

除编制财务报告外，政府的会计系统还提供数据用于汇编政府财政统计（GFS）和国民账户体系（SNA）。表35.11列出了使用政府财政统计编制的四份财务报表，以及核心余额（以粗体显示）和其他关键变量。国际货币基金组织《政府财政统计手册》（*GFS Manual*）2001年版要求权责发生制会计和汇总财务报表。2008年国民账户体系的更新内容改善了政府会计与政府财政统计标准实现协调的前景。[①]

但是，在技术层面需要许多类型的调节，因为会计师和统计师有不同的目标，可能需要对相同的一般概念做出不同的解释（见专栏35.5）。

专栏35.5 财务报告和统计报告

相似点
- 共同目标：以有用、有效和准确的方式描述经济现实
- 以货币单位和权责发生制进行计量
- 对影响财务状况的经济活动进行计量
- 对存量和流量进行计量

差异点

	财务报告	统计报告
主要目的	辅助决策和执行问责制	分析和评估宏观财政政策
规则和执行	政府或专业机构制度的全国规则和国际咨询性规则；仅涵盖权威范围内的实体；没有国际强制执行机制	同盟官方机构的专家提供国民账户体系和政府财政统计的统计指导；涵盖整个经济体；通过条约和政府组成的国际机构成员义务来执行
视角，报告实体	微观视角；基本会计个体是一个账户；报告个体的范围取决于目的和控制；范围从账户到整个公共部门；常见报告个体是主要政府（控制单位）及其受控个体	宏观视角；基本会计个体是机构单位；报告个体的范围取决于主要职能、行为和目标；部门是基本报告个体：广义政府、非金融公司、金融公司、非营利机构和家庭。根据分析目的，部门可以合并或细分
主要财务报表	财务信息列报于资产负债表、财务绩效报表、现金流量表以及可能有财务状况变动报表	统计信息列报于资产负债表、现金来源和用途报表、政府运营表以及其他经济流量报表

[①] 由国际公共部门会计准则委员会，以及负责国民账户体系和政府财政统计的组织委任的一个工作组在2006年发布了报告。国际公共部门会计准则委员会发布了关于广义政府部门披露事宜的《国际公共部门会计准则》第22号，并且目前有一个与政府财政统计进行协调的项目。截至2012年2月，该工作组正在研究更新2006年报告以反映随后的发展情况，并且正在编制《2001年政府财政统计手册》的附录，以解释财务报告与统计报告之间的相似点和差异点。

续表

	财务报告	统计报告
计价基础	历史成本和经济价值的组合；经济价值是有争议的	原则上所有变量都按其经济价值进行计量，这是经济统计学家的共同偏好
估计	越来越普遍的实践但勉强接受	理所当然的惯例
质量标准*	相关性、可靠性、可比性和可理解性	保障公正、方法健全性、准确性和可靠性、适用性、可及性和可比性

* 虽然在决定将信息项目列入财务报表时考虑重要性或阈值水平，但为了国际可比性，统计报告要求所有项目均以标准化结构列报，无论其重要性如何。

资料来源：作者的综述；Laliberté（2004），GFSM（2001），与赛基·德·科勒克（Sage de Clerck）（国际货币基金组织）的通信。

表35.11　《2001年政府财政统计手册》要求的财务报表

序号	财务报表和余额
政府运营表	
1	收入
2	费用
	经营净结余（1－2）
31	非金融资产收购净额
	净贷款/借款（1－2－31＝32－33）
32	金融资产收购净额
33	承担的负债净额
经济流量报表	
4，5	其他经济流量导致的净值变动（41＋42－43＋51＋52－53）
41，51	非金融资产变动
42，52	金融资产变动
43，53	负债变动
资产负债表	
6	净值（61＋62－63）
61	非金融资产
62	金融资产
63	负债
现金来源和用途报表	
1	经营活动产生的现金收入
2	经营活动产生的现金支出
	经营活动产生的净现金流入（1－2）
31	非金融资产投资产生的现金流出
	现金盈余/赤字（1－2－31）
32x	现金以外的金融资产收购净额
33	发生的负债净额
	筹资活动产生的净现金流入（－32x＋33）
	现金存量净变动（1－2－31－32x＋33＝3212＋3222），其中3212指本币和存款，而3222指外币和存款

资料来源：IMF Governance Finance Statistics Yearbook 2010, Annex I；《2001年政府财政统计手册》框架要点。这四份财务报表在年鉴中分别列报。

为了提高整体政府财务报表在财政分析中的有用性，包括澳大利亚政府在内的一些政府使用广义政府部门层面的披露进行了补充（见表35.12）。

表35.12　　广义政府部门和整体政府

截至2012年12月31日年度的广义政府部门财务绩效报表（以千货币单位表示）

	广义政府部门	公共金融公司和公共非金融公司	抵消	整体政府合计
收入				
税款	X		(X)	X
收费、罚金、罚款	X	X	(X)	X
来自其他部门的收入	X	X	(X)	
来自其他政府的转移	X	X		X
其他经营收入	X	X	(X)	X
收入合计	X	X	(X)	X
费用				
一般公共服务	X			X
国防	X			X
公共秩序和安全	X	X		X
经济事务	X			X
环境保护	X	X	(X)	X
住房和社会福利设施	X	X	(X)	X
医疗保健	X	X		X
娱乐、文化和宗教	X			X
教育	X	X	(X)	X
社会保护	X	X	(X)	X
费用合计	X	X	(X)	X
盈余/（赤字）	X	X	(X)	X

注：GGS=广义政府部门，PFC=公共金融公司；PNFC=公共非金融公司；W-of-G=整体政府。
资料来源：改编自IPSAS no. 22, "Disclosure of Financial Information about the General Government Sector"（第673页，IPSAS，2010）。原本图示有2011年的一栏。

英国政府可能已尽最大努力来使财务报告与统计报告保持一致。根据2010年合并财务报表（称为整体政府账目，WGA；见表35.13）附带的解释，整体政府账目"是英国公共部门的合并财务报表。整体政府账目合并了公共部门大约1500个组织经审计的账目，包括中央政府部门、地方当局、受下放权力的政府、卫生服务部门和公共公司。"该首次经审计的整体政府账目在财政年度结束后19个月发布，并且基于欧盟采用的《国际财务报告准则》（IFRS）。英国政府为了公共部门背景之目的而对《国际财务报告准则》进行了调整或解释，使准则互补，以提高政府会计系统的效率和效果。

表35.13	整个公共部门的财务报表
	在未经审计的合并报表基础上编制的英国整体政府账目摘要（10亿英镑）

收入和支出报表摘要	
截至2010年3月31日年度	
收入	
税收收入	（488.4）
其他收入	（97.1）
经营收入合计	（585.5）
支出	
社会福利支付	195.6
人员费用	180.4
其他支出	292.7
经营支出合计	668.7
净筹资成本和资产损益	80.9
年度净赤字	164.1
截至2010年3月31日财务状况报表摘要	
资产	
不动产、厂场和设备	708.0
公共部门银行股权投资	65.3
其他资产	432.0
资产合计	1205.3
负债	
公务员养老金负债净额	（1133.3）
金边证券	（803.8）
准备金	（105.0）
其他负债	（379.4）
负债合计	（2421.5）
负债净额	（1216.2）
由未来收入供资	
一般储备	1421.4
重估储备	（205.2）
由未来收入供资的负债	1216.2

注：2010年完整的经审计的整体政府账目于2011年11月29日开始提供。

资料来源：英国政府2010年未经审计的整体政府账目摘要，于2011年7月13日提供。

结论和政策建议

本章讨论了政府的预算报告、财务报告和统计报告。预算报告系统编制中期和年度预算执行和比较报告。财务报告系统编制年终通用目的财务报表和其他披露。统计报告系统编制利用政府财政统计进行汇编的报告。因此，从更广泛的意义上讲，财务报告涉及会计师、预算专家和财务分析师，以及经济统计学家。这三个专业团体贡献了其独特的理论视角，并且具有各自的制度机制来提供技术指导。这些互补且可能互相竞争的团体和机构之间的相互作用突出了从任何单一角度列报政府财政的局限性和问题。

预算报告系统受特定政府法律法规的规范，而这些法律法规是依法强制执行的。[①]财务报告系统受强制性或咨询性准则的规范，而这些准则在英美国家被确认为一般公认会计原则/惯例（GAAP）。通过政府审计师或持证民间审计师进行的财务审计强制执行合规工作。统计报告系统受建议的国际指引（即国际货币基金组织《2001年政府财政统计手册》）和区域指引（例如欧盟国家的欧洲统计局）的规范，而这些指引通过监测和自愿合规来执行。

过去30年来，年终财务报表（以及以年终财务报表为核心的财务报告）的形式和内容日益成为财务会计准则规定的主题，以至于这些准则实际上是会计和财务报告准则。这种转变的一个优点是，明确识别并且通常相当详细地说明了漫长复杂的会计流程的产出品。强调产出品的做法的一个缺点是，英美语系传统之外的许多国家的政府缺乏财务会计基础（软件）设施（即复式簿记和为操作这种系统而培训的会计职业）来制定用于实施一般性和概念性准则的蓝图。

本章讨论的整体政府财务报表是可追溯到英美发达国家的精密财务会计和报告系统的最新产物。几十年来，这些国家在研究和开发活动中投入了大量资源。这些国家最初碰到困难，并且在某些情况下还持续存在困难，例如法国和英国的审计师都出具了保留意见，而美国联邦审计师拒绝就某些部门（包括国防部）的财务报表发表审计意见。尽管如此，这些国家在改善财务报告的丰富性和质量方面取得了相当大的进展。

我们以关于改善政府财务报告现状的一些考虑因素结束本章。

更改关于收付实现制财务报告的《国际公共部门会计准则》。与超过30项权责发生制的《国际公共部门会计准则》形成鲜明对照的是单独的一项准则，称为《收付实现制的财务报告》（Financial Reporting under the Cash Basis），该项准则旨在供尚未做好权责发生制会计准备的发展中国家政府使用。该项准则要求编制现金收入和支出合并报表（见表35.14中间栏）。作者建议使用另一种格式来列报现金流量信息，以对借入的现金与其他现金来源进行区分（见表35.14的右侧栏）。作者认为借款与收入、还债与支出，都有本质的不同，应列在现金净变动行以下。这种处理方式特别重要，因为债务资金有时不恰当地用来平衡现金预算，见表35.9中的示例和收付实现制《国际公共部门会计准则》附录1A中的示例。我们还建议以现金流量表的格式（见表35.3）列报现金信息，并修改该项准则，作为以权责发生制为基础编制政府账目和财务报告的准备步骤。[②]

[①] "jurisdiction"（通常是司法管辖区）在此是指适用相同规则的区域；可以是一个政府、一组政府、一个国家或一组国家。

[②] 我们建议将其重新命名为"收付实现制会计"实施指南，因为特殊的收付实现制国际公共部门会计准则的存在是与整体权责发生制国际公共部门会计准则相矛盾的。由于目标是生成可靠的现金信息，因此合并报告要求也与预算报告和外部援助核算规定一起取消。

表35.14	现金信息的另一种列报格式	
	收付实现制《国际公共部门会计准则》的格式	建议格式
现金流入		
借款以外的收入	X	X
来自借款的资金	X	
收入合计	X	X
现金流出		
还债以外的支出	(X)	(X)
偿还借款	(X)	
支出合计	(X)	(X)
现金增加额/（减少额）	X	
债务资金和还款以外的现金增加额/（减少额）		X
来自借款的资金		X
偿还借款		(X)
现金增加额/（减少额）		X

资料来源：左侧栏和中间栏是收付实现制《国际公共部门会计准则》附录1A中说明性报表的简化形式（IPSAS Board，2010）。右侧栏代表作者的建议。

过渡到权责发生制的会计和财务报告。由于确定资产和负债的初始余额需要大量资源和时间，作者建议在过渡到权责发生制会计之初，政府编制以下财务报表，以便记录所确认的期间交易和事项的影响：

1. 中期和年度预算执行报告和预算比较表；
2. 现金流量和现金余额报表；
3. 收入和费用以及收益和损失报表。

在稳健的现金会计和可靠的现金报告的基础上，作者建议政府采取下一步措施，通过采用或制定第34章讨论的准则来构建完整的会计科目表，以按照以下构建完整资产负债表的顺序来确认和计量资产和负债：

1. 计算流动财务资源和流动负债；
2. 然后添上长期财务资源和长期负债；
3. 然后添上或有负债；
4. 然后添上经营性固定资产；
5. 最后添上非经营性固定资产。

财务报表的有用性。财务报表的有用性可以通过构建用于评估公共财政健全性的财务指标和比率来验证。国际公共部门会计准则委员会（2011）和美国政府会计准则委员会目前正在研究和审议：财政可持续性，经济状况，财务预测，社会福利，长期承诺，财务担保，雇员养老金，以及其他离职后福利。所有这些主题都与评估公共财政健全性有关。问题在于财务报表对于处理这些关注而言是否足够稳健，或者是否需要新的财务报表或补充报告。这部分地取决于公共财政健全性如何进行概念化和计量。虽然陈和许（2012）指出了会计和经济视角和方法的重大差异，但欧文（Irwin，2012）认为"政府应披露金融体系隐性担保产生的风险，并且应通过由国际货币基金组织公布详细指引来鼓励政府如此行事。"

合并。通过采用财务报告模型的商业版本（例如IFRS），IPSAS基本上接受合并格式，作为沟通政府财务信息的主要方式，如本章前面部分的基本财务报表所示。以经济实质超越法律形式这一观点为基础，合并创建了一个由法律独立实体组成的经济集体和财务报告主体。在合并过程中，抵消了该报告主体各组成部分之间交易的影响，实际上视为与外部各方无关。例如，除非搜索附注和披露，否则人们无法从美国政府的合并财务报表中了解到社会保障基金一直向普通基金借出年度现金盈余以换取特殊国债。由于这种做法，政府的合并赤字数字小于普通基金的赤字。由于这种交易和许多其他政府内部交易具有政治、经济和财务后果，作者建议对这些交易进行识别和报告。

财务报告的可及性和友好性。政府非常需要使潜在读者易于获取财务信息，并增加吸引力；例如通过利用互联网，这种媒介提供了以具有吸引力的方式创造性地构建和列报财务信息的许多机会。除了在互联网上发布财务报告的PDF文件之外，政府还可以采取更多措施，利用数字通信媒体的力量来降低了解政府财务事务的成本（见专栏35.6）。

专栏35.6　数字时代的政府财务报告

在1957年出版的《民主的经济理论》（*An Economic Theory of Democracy*）中，经济学家安东尼·唐斯（Anthony Downs）将选民了解公共事务的成本分为可转让成本和不可转让成本。可转让成本包括：（1）采集成本——收集、选择和传递信息的成本；（2）分析成本——对数据进行事实分析的成本；（3）评价成本——将数据或事实分析与特定个人目标相关联的成本。最近，美国联邦会计准则咨询委员会的财务报告模型工作组（FASAB，2010，第14页）提出了以下建议来降低成本，使公众不再有借口对公共财政保持理性忽略（rational ignoronce）：

脱离纸质报告，并且采用基于网络的电子报告方法。基于网络的电子报告方法应该是一个整合的、高度互动的列报，让使用者能够获取按照美国联邦会计准则咨询委员会准则以及管理和预算局（OMB）、财政部和联邦法律的其他报告要求编制的财务信息。应采用一种基于网络的电子报告方法来提供联邦财务信息的中心来源，并将这种方法设计为允许使用者"向下追踪"到适当级别的详细资料。

在此方面，网站数据应该是机器可读的，以便使用者可以进行搜索并以不同格式下载数据。此外，应使用多媒体方法传达信息，以便公民能够了解信息的重要性以及信息如何影响公民。集中式站点将有助于那些不熟悉美国政府组织结构的使用者，并且有助于向公众提供信息。通过专注于高度互动的财务信息，该网站将提供不同使用者所寻求的各种信息。

三个报告系统的紧密合作。会计师倾向于将财务报告主要视为编制年终财务报表和报告。鉴于政府预算和政府财政统计的合理和互补作用，这种观点并没有错，但是过于狭隘。尽管这些报告系统中的每一个报告系统都有自己的理论基础、视角和目标，但这些报告系统有许多共同之处，因此通过加强国际、区域和各国预算局、会计部门和统计局的协调与合作，可以获得很多好处。国际公共部门会计准则委员会和一些国家在很大程度上已经成功地将政府会计准则与企业《国际财务报告准则》进行了协调。①将《国际公共部门会计准则》与《政府财政统计手册》进行协调是更为重要和紧迫的。就预算报告而言，似乎目前只能进行调节，因为在大多数国家，权责发生制不是一种常见的预算编制实践。然而，国际货币基金组织的一份文件（IMF，2012）最近赞同关于预算编制、会计和财政统计的共同报告准则，并建议了一种财政预测准则。

从采用准则到实施政策。在很大程度上，由于国际公共部门会计准则委员会得到联盟的支持，原则上权责发生制会计已经得到了相当大的认可。如前一章所述，权责发生制会计兼容于并支持以私营和公共部门中信用为基础的经济体系。虽然仍然存在许多怀疑论者，更多的政府被说服相信权责发生制的会计和财务报告的价值。总会有一天（也许时机已到）坚定采用权责发生制会计和报告准则将需要在实施过程中对财力和人才进行大量投资。因此，我们再次敦促国际和区域合作以及机构和专业合作，以提高这项投资的效率和回报。

参考文献

Chan, J. L., 2003. "Government Accounting: An Assessment of Theory, Purposes and Standards," *Public Money and Management* (January): 13–20.

Chan, J. L., and Y. X. Xu. 2012. "How Much Red Ink? Comparing the Economic and Accounting Approaches to Measuring Government Debt and Deficit," *World Economics* (January–March): 65–74.

Drebin, A. R., J. L. Chan and L.C. Ferguson. 1981. *Objectives of Accounting and Financial Reporting for Governmental Units: A Research Study*, Vol. I, Chicago: National Council on Governmental Accounting.

IMF Fiscal Affairs Department, 2012, "Fiscal Transparency, Accounting, and Risk," Washington, DC: IMF Fiscal Affairs Department.

International Public Sector Accounting Standards Board. 2010. *Handbook of International Public Sector Accounting Pronouncements*, 2010 edition. New York: IFAC.

International Public Sector Accounting Standards Board. 2011. "The Long-term Fiscal Sustainability of Public Finances," Exposure draft of proposed standard. New York: IFAC.

Irwin, T. 2012. "Reports on Fiscal Risk Should Discuss 'Implicit Guarantees' of the Financial System," Unpublished paper (February 16).

Laliberté, L. 2004. *Strengthening the Links Between Macroeconomic Statistical Guidelines and Accounting Standards*. Washington, DC: IMF Statistics Department.

Lienert, I., and I. Fainboim. 2010. *Reforming Budget System Laws*, TNM/10/01. Washington, DC: International Monetary Fund.

New Zealand Controller and Auditor-General. 2009. "The Auditor General's Views on Setting Financial Reporting Standards for the Public Sector," Discussion Paper (Wellington, NZ).

---

① 作为《国际公共部门会计准则》的早期主要倡导者，英国、澳大利亚和新西兰出乎意料地选择了《国际财务报告准则》作为其政府会计准则的基础。请见英国财政部2011年11月29日关于发布2010年整体政府账目的声明；Newberry（2007）；Robb and Newberry（2007）；以及New Zealand Controller and Auditor-General（2008）。

Newberry, S. 2007. "Where to Next With Government Financial Reporting," *National Accountants*, April/May: 18-20.

Robb, A., and S. Newberry, 2007, "Globalization: Governmental Accounting and International Financial Reporting Standards," *Socio-Economic Review*, (October): 1-30.

Task Force on Harmonization of Public Sector Accounting. 2006. "Final Report of the Task Force on Harmonization of Public Sector Accounting."

[U.S.] FASAB. 2009. Statement No. 36 "Compre hensive Long-term Projections for the U.S. Government," Washington, DC: Federal Accounting Standards Advisory Board.

[U.S.] FASAB. 2010. Report of the Task Force on Financial Reporting Model. Washington, DC: Federal Accounting Standards Advisory Board.

[U.S.] GASB. 1987. *Concepts Statement* 1 "Objectives of Financial Reporting," Norwalk, CT: Governmental Accounting Standards Board.

[U.S.] GASB. 2009. *Codification of Governmental Accounting and Financial Reporting Standards*. Norwalk, CT: Governmental Accounting Standards Board.

36
政府财政管理信息系统*

威廉·多罗斯基和乔安娜·沃特金斯

你在会计软件中寻找的属性类似于你在选择配偶时可能寻求的属性。你想要一个和你一起成长（能够扩大规模）的忠实（准确）配偶。你想要一个在疾病（财务损失）和健康（盈利增长）时都可以珍惜的人。你希望候选人能够与你亲密（保密），但仍然愿意认识到错误（用于找到并修复错误的审计职能）。最重要的是，你希望这种关系能够持久——无须进行昂贵且大伤元气的升级。①

在过去的25年里，各国在公共财政管理（PFM）流程自动化方面投入了大量资源。仅世界银行就借出超过22亿美元用于公共部门财政管理信息系统（FMIS）项目的投资。②虽然这种投资的速度可能每年都有所不同，但随着技术进步和业务需求变化，大量资金的投入将继续用于财政管理信息系统和相关信息通信技术（IT）项目。与这种投资类似，关于财政管理信息系统改革的文献急剧增加，记录了过程中的许多惨痛教训。③ 本章主要借鉴公共部门的经验，将财政管理信息系统项目置于更广泛的公共财政管理改革背景下，并在设计和实施财政管理信息系统方面为从业者提供战略指导。尽管以上内容涉及所有国家，本章主要侧重于低收入及中低收入国家进行的FMIS改革，这些国家通常视FMIS改革为一项更广泛的公共部门改革战略。本章介绍的方法能够客观地看待公共财政管理系统的自动化，剥离了经常用于"推销"此类改革的夸张手法，并分拆了用于支持财政管理信息系统实施的复杂流程。

概念和定义

运作良好的会计和财政管理系统是政府有效和高效地分配和使用资源的能力基础。在没有自动化

---

* 作者要感谢杰姆·德纳（Jem Dener）、理查德·艾伦（Richard Allen）、大卫·努米（David Nummy）、巴里·波特（Barry Potter）和其他同事对撰写本章的贡献。

① Roberta Ann Jones, "Spotlight on Midlevel ERP Software," Journal of Accountancy, May 2002.

② 如果包括借款人共同融资和其他捐赠人资金，那么金额将增加到近35亿美元。这些数字基于官方项目文件中国库/财政管理信息系统相关组成部分活动的实际和估计预算（截至2010年8月项目已经完成55项和正在进行32项）。资料来源：世界银行（2011）。

③ 相关书籍和文章包括世界银行2011年对过去25年财政管理信息系统发展情况的全面调查；Asselin（1995）；Chene（2009）；Diamond and Khemani（2005）；Dorotinsky and Cho（2003）；Khan and Pessoa（2010）以及世界银行（2002）。Hashim and Allan（2001）、Hashim and Moon（2004）讨论了国库参考模型的发展情况，包括关于国库参考模型自动化的问题。

的情况下，各国依靠手动系统来处理、记录、管理和报告政府的财政事项。在训练有素且纪律严明的工作人员支持的情况下，手动流程和系统可以很好地运作。在自动化出现以前的20世纪60年代，德国各州能够在纪律严明的官僚机构和明确程序的支持下，每天生成及时准确的会计记录和现金余额。[①]自动化有望改善公共财政的记录、报告和管理（以及对财政管理信息系统的广泛关注）；但是，仅凭自动化并不能保证更全面、透明、负责和合法的公共财政。自动化是达到目的的手段，本身并不是目的。虽然通常被认为只是一种在提高政府会计、财务报告和内部控制程序的可靠性和安全性的技术解决方案，但财政管理信息系统也通过促进在许多其他领域推行公共财政管理改革（例如规划预算编制或者中期支出框架）来发挥重要作用。许多财政管理信息系统项目都遵循该逻辑。

财政管理信息系统可以广义地定义为"一系列自动化解决方案，通过优先排序协助支出、执行以及收入管理和报告，使政府能够规划、执行和监测预算"（世界银行，2011）。财政管理信息系统较狭隘的定义是一系列系统和程序通过记录所有交易、实施控制和跟踪财务事项，使政府的预算编制和国库职能的财务运作自动化。初始自动化通常涉及总分类帐（会计记录和数据的最终存储库）和会计科目表（政府用于对费用进行分类的账户列表）。[②]

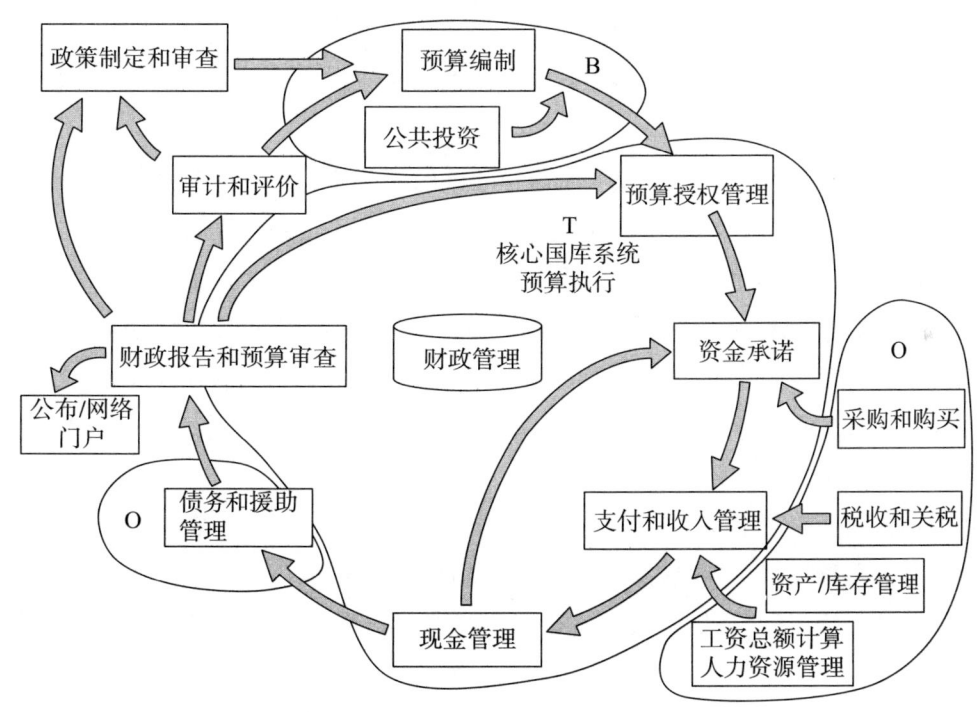

图36.1 建设财政管理信息系统的模块化方法

资料来源：世界银行（2011）。

图36.1给出了一个典型化的公共财政管理周期及其组成部分。一般而言，国库（T）系统包括预算执行、预算授权/下达和支付/收入管理、资金承诺、现金预测和管理、会计和报告、应付账款和应收账款以及总分类账。预算（B）系统包括预算规划/编制、中期支出框架、绩效预算系统和公共投资管理。有时与自动化财政管理信息系统解决方案相关联的非核心模块（O）是人员管理或工资总额、收入管

---

① Maxvon Heckel and C.L.Hirschfeld（1898）。

② 从业者使用"综合财政管理信息系统"一词作为某些核心流程自动化简称的现象并不少见，即使从业者显然无意建设真正的综合系统。

理（税收和关税）、公共采购、库存和财产管理以及绩效管理信息。①

应该指出，术语"综合财政管理信息系统"（IFMIS）经常与术语"财政管理信息系统"互换使用，即使仅指核心预算执行和预算编制流程的自动化。然而，真正的综合财政管理信息系统解决方案在实践中很少见，并且牵涉一些超出核心财政管理流程自动化范围的其他应用程序。只有当财政管理信息系统和其他公共财政管理信息系统（例如采购、资产管理、收入管理和工资总额）共享相同的中央数据库来记录和报告所有财政事项时，才能将这些系统称为综合财政管理信息系统。此处的重点是财政管理信息系统，但其他章有部分内容涉及更广泛的系统。②

出于概念目的，我们对财政管理信息系统的三个发展阶段进行了区分，以说明公共财政管理系统自动化的模块化特性：

第1阶段。仅对现有预算、会计和财政事项进行基本自动化。

塔吉克斯坦政府目前正在着手升级其信息系统，并且规划采用土耳其SGB.NET系统用于预算编制和会计，而不对现有系统进行任何改革。与此同时，塔吉克斯坦政府正在制定符合《国际公共部门会计准则》和《2001年政府财政统计手册》的新的会计科目表，并扩展其国库单一账户（TSA）以捕捉更多的政府活动。③

第2阶段。与主要在财政部内部的公共财政管理改革相伴的自动化（例如加强国库职能和运作，以及国库和预算规划部门之间的沟通）。

阿尔巴尼亚财政部国库系统（AMoFTS）是与财政部内部会计、组织重组和宏观经济预测领域公共财政管理改革相伴的自动化示例。④另一个示例是阿塞拜疆的国库信息管理系统（TIMS）。

第3阶段。与政府财政管理和行政流程的更全面改革相伴的自动化。

21世纪前10年法国国家财务信息系统（SIFE）和相关财政管理应用（称为Chorus）的开发恰逢2001年有机预算法（LOLF）在整个政府层面实施和公共政策的总体修订（RGPP）。⑤与广泛的公共行政改革相伴的自动化的其他示例包括印度尼西亚的综合国库和预算管理信息系统（SPAN）以及越南的国库和预算管理信息系统（TABMIS）。

虽然此处确定的三个阶段不是一个严格的概念框架，但代表了一个连续体。一个国家可能从一个仅包含基本会计、报告和控制功能的财政管理信息系统开始，并随着时间的推移添加额外的模块，以对其公共财政的其他方面进行自动化。图36.2显示了1997年以来危地马拉综合财政管理系统（SIAF）的进展情况。⑥

该多阶段框架有助于分拆通常被称为"财政管理信息系统"的项目或改革，将流程的自动化与通常伴随自动化的其他改变分开。许多专家都习惯于声称财政管理信息系统每年为政府节省数百万美元，这些专家实际上是指在自动化会计、改进内部控制、国库单一账户和减少短期借款方面的收益，而非指因更广泛的自动化应用而产生的节约。

---

① 财政管理信息系统与其他财政系统（例如工资总额和采购）之间的联系是一个重要问题，但超出了本章的范围。
② 见第14章、第15章、第16章、第17章、第21章和22章。
③ 世界银行（2012）。
④ 世界银行（2011）。
⑤ Marzin（2011）。
⑥ 关于综合财政管理系统Ⅰ、Ⅱ和Ⅲ的更详细讨论，请见世界银行（2011）。

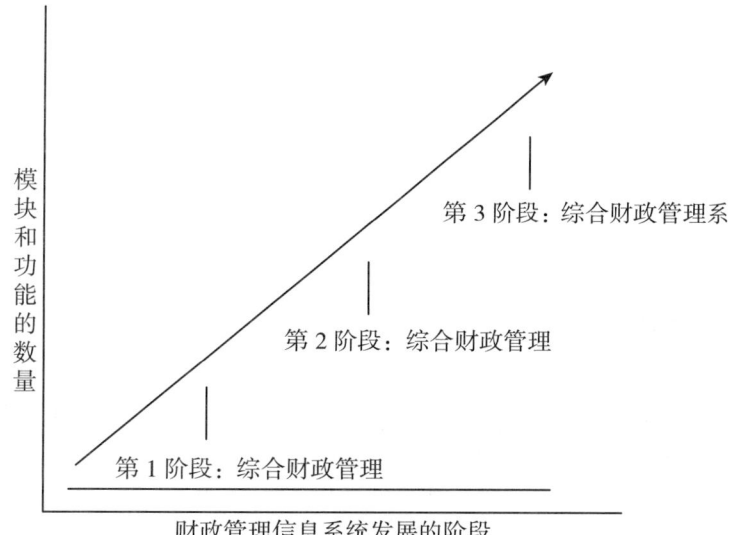

图36.2　危地马拉的财政管理信息系统发展情况

表36.1是对财政管理信息系统三个设计阶段与公共财政管理相关改革领域之间关系的典型化介绍。其更准确地说明了通常与引入财政管理信息系统相伴的许多公共财政管理改革并非公共财政管理系统自动化的绝对必要条件。即便如此，除非实施其中一些改革，否则将无法实现自动化的全部收益：事实上，诸如明确界定预算分类和会计科目表以及国库运作程序的政府法规（见第8章）等基本要素是建立财政管理信息系统的必要先决条件。

在许多项目中，财政管理信息系统基本设计要素与更"先进的"程序之间的紧张关系是显而易见的，其中由于将基本自动化与其他公共财政管理改革捆绑在一起，自动化过程变得不必要地复杂和滞后。根据最近的一项研究，财政管理信息系统项目平均需要超过7年才能完成，并且许多国家实施了不止一个项目（世界银行，2011）。缺乏信息技术基础设施、缺乏概念设计、合理调整系统规模以及采购流程运行缓慢等相关的问题导致了实施周期很长。

本章的其余部分讨论了以下问题：自动化的预期收益是什么？应该在什么时候推行自动化？哪些政治和变革管理考虑伴随着这些改革？入门技术要求有哪些？一旦开始，需要注意哪些常见的实施挑战和陷阱，以及各国应如何监测财政管理信息系统项目的成功情况？

表36.1　与财政管理信息系统设计相关的公共财政管理改革的关键领域

领域	第1阶段：仅进行自动化	第2阶段：自动化，伴随着财政部职权范围内的补充改革	第3阶段：自动化，伴随着整个政府层面的改革	公共财政管理"黄金标准"
预算分类/会计科目表（COA）	自动化分类，使用自动化桥接表与会计科目表相关联：行政、经济、职能分类、资金来源（筹资）	预算分类和会计科目表的调整或整合	规划分类	供国库/预算办公室使用的单一编码/分类，涵盖行政、经济、职能和规划分类
会计	正式采用的文件化的会计准则，在整个政府层面使用	采用《国际公共部门会计准则》(IPSAS)	符合国际货币基金组织政府财政统计（经济分类），权责发生制《国际公共部门会计准则》	符合国际货币基金组织政府财政统计（经济分类），部分的权责发生制《国际公共部门会计准则》

续表

领域	第1阶段：仅进行自动化	第2阶段：自动化，伴随着财政部职权范围内的补充改革	第3阶段：自动化，伴随着整个政府层面的改革	公共财政管理"黄金标准"
国库	文件化的支付程序以及现金管理职能	简化程序，承诺控制系统	同第2阶段	国库单一账户（TSA），涵盖政府所有收入和支出；关闭其他政府账户
公共财政管理的改革全面性	所有收入来源和支出	所有收入和支出都包含在预算之中	所有收入和支出都包含在国库单一账户之中	取消关于收入和支出的所有专款专用
信息技术人员配备	信息技术人员（公务员和合同工）支持和维护系统	灵活使用人员；有竞争力的薪金，以招聘和保留高技能的信息技术工作人员；也许在财务部内为信息技术工作人员设立信息技术"机构"	IT职能扩展到整个政府层面，使各部都能够设立具有合格工作人员的信息技术办公室	充分的信息技术支持，配备灾难恢复中心，以确保国库的持续运作
公共财政管理/信息技术素养	使用系统（数据输入、分析、建议）的选定人员（国库、预算）了解与其相关的公共财政管理/信息技术概念	主要预算/国库工作人员了解公共财政管理概念和应用；能够从财政管理信息系统中提取和分析相关数据	整个政府层面的财政管理工作人员对公共财政管理概念和应用有充分的基础知识，并能够从财政管理信息系统中提取相关数据	要求一般公务员了解公共财政管理的原则
管理者在公共财政数据方面的"素养"	财政部内的管理者了解公共财政管理概念和信息技术系统，并且可以管理和分析数据以支持决策	同第1阶段	整个政府范围内的管理者了解公共财政管理概念和信息技术系统，并且可以管理和分析数据以支持决策	同第3阶段

资料来源：作者和世界银行（2011）。

自动化的好处

着手开发财政管理信息系统的决定通常是一个国家公共财政管理系统现代化、与邻国保持同步或者进行政治中立和得到广泛支持的改革的一部分。一般而言，各国首先对其预算、会计和财政事项进行自动化（第1阶段），以提高财务信息的准确性和缩短事项处理时间，并通过加快支付来降低采购成本。自动化能够更好、更快、更频繁地监测财务数据并向部长、管理者、立法机关和公众进行报告。自动化还可以促进应用控制、准则、规则、分类和报告的一致性，从而提高公共财政管理系统的完整性，并且自动化应该减少使用者在规避规则或遵循"特殊"程序方面的自由裁量权。此外，通过计算机化，日常文书和会计职能中的纸张浪费和占用的政府工作人员数量在理论上应该减少，但在实践中不太常见。

如果伴随着整个政府层面的主要政策和行政变革，例如增加对有关各部的授权，那么自动化可以实现更广泛的绩效改善。例如自动化和在线访问为政府机构提供关于其财政的实时信息，使得能够将支出授权授予下级管理者，而下级管理者相应地可以使用财务信息来更积极地管理其授权项下的支出规划，并且提高效率。

如上所述，在第2阶段的财政管理信息系统中，自动化伴随着财政部内部的具体公共财政改革，因此，第2阶段的财政管理信息系统产生的收益可能超出仅通过自动化提供的收益。严格来说，流程自动化不需要这些改革，但这些改革通常作为财政管理信息系统改革的一部分提出。常见的伴随性公共财政改革的示例是：在预算内包括"预算外"自治实体、收入或资金；发展国库单一账户；引入新的会计科目表和预算分类；业务流程重新设计改革，以简化控制点和交易处理。如果在为自动化做准备的过程中加强业务流程和法规，例如引入国库单一账户或将预算外资金纳入预算，那么公共财政的全面性和完整性可以随着效率增益（例如消除多次重新输入数据，以及减少对文书和会计人员的需求）而得到改善。

在第3阶段财政管理信息系统的情况下，自动化参与整个政府层面的政策或行政变革，例如向有关各部更多地授予财政决策授权，部长理事会集体审查和批准预算文件的流程的变革，以及向规划预算编制或中期预算框架过渡。正是通过此类改革，财政管理信息系统可以促进超出第1和第2阶段所取得结果的更高层次的结果，并且使得运作效率和服务提供得到改善。

启动财政管理信息系统项目

公共财政管理界目前的一项争论是，财政管理信息系统是否应该被视为基本或基础改革，还是只有在某些先前条件确立后才应引入的先进改革。这相当于中世纪关于针尖上能站几个天使的神学辩论。实际上，几乎在任何环境中都可以引入一定程度的自动化。所采用解决方案的全面性和复杂性程度应符合实际条件、待解决问题的性质和规模以及所安装系统的可负担性和可持续性。但是，在实施财政管理信息系统或升级现有自动化系统之前基础系统的运行情况方面，不存在硬性规定。在低能力环境中，一些现有流程的自动化（第1阶段）可能会产生显著的收益、建立能力并为几年内由财政管理信息系统主导的更大改革铺平道路。对于第2阶段或第3阶段财政管理信息系统而言，需要对现有系统和能力进行更彻底的诊断评估，以评估政府在关键领域（例如对信息技术系统的熟悉程度）的能力水平，以及健全的会计、报告和预算编制程序的现状。

引入第1阶段财政管理信息系统的先决条件至少包括可靠的电力供应、一些基本的信息技术能力和可靠的电信基础设施。换言之，一些国家使用简单的基于Excel的电子表格和台式计算机来为预算编制实现数据收集和分析的基本自动化，使用汽车电池运行计算机，使用信使在办公室之间传输数据。虽然简陋，但这种简单的程序提供了一个开端，并且比购买独立发电机和燃料以及使用卫星传输财务数据更具可持续性和可负担性。一般而言，当提到财政管理信息系统"解决方案"时，这是指客户端—服务器或基于网络的应用程序包，具有专用服务器，为大量使用者提供服务。然而，在低能力环境中，最初使用现成软件来引入有限的计算机化可能是正确的方法。高度复杂的信息技术解决方案远远超出了国家当前甚至遥远的未来需求，除了浪费和低效之外，还可能导致结果的非持续性。

在做出自动化决策并确定先决条件之前，必须对电信、电力供应、信息技术专业知识和工作人员操作计算机系统的技能方面的现有条件进行明确和公正的评估。同样，应明确说明自动化拟处理的具体问题，连同需要改善的绩效领域（确定指标和基线）、任何伴随的改革、为实施财政管理信息系统所需措施的顺序以及所需的配套性财政和人力资源。至关重要的是，确保财政管理信息系统对于正在开发新系统的国家的需求和能力而言"规模合理",并且允许有足够的时间来进行实施和适当排序。将引入财政管理信息系统视为政治共识建立和变革管理工作,很可能比将引入财政管理信息系统视为自动化和业务流程重新设计方面的技术工作更加成功。

在世界银行最近的一项研究(世界银行,2011)记录的一些项目中,关键决策者并不总是系统地处理此类因素。在此类情况下,财政管理信息系统项目按时按预算完成并提供预期结果的可能性大幅降低。

从表36.1中提取的专栏36.1列出了在引入第1阶段自动化之前需要到位的先决条件。

专栏36.1　自动化之前需要的基本改革

- 现有会计科目表自动化,使用自动化桥接表与预算分类相关联。
- 会计准则和程序文件化。
- 国库和预算编制程序文件化。
- 培养将参与财政管理信息系统开发的财务人员和信息技术专家对公共财政管理基本流程和程序的意识。
- 信息技术素养——在使用自动化系统输入信息、生成报告和分析数据方面,对财政管理信息系统的潜在使用者进行培训。
- "管理层"素养——在自动化财政管理系统的好处和使用、如何请求信息以及如何使用生成的报告和数据作为对决策和改善问责的投入方面,对财政部、有关各部和使用财政管理信息系统的其他机构之内的管理者进行培训。

资料来源:作者和世界银行(2011)。

背景考虑因素

在设计和实施财政管理信息系统的过程中,不应忽视政治和制度因素以及人力资源管理问题。专栏36.1中提到的信息技术素养和公共财政培训项目是为处理这些"软"问题所需措施的两个具体示例。另一个重要因素是,需要对部长和高级官员进行培训,了解他们应该通过财政管理信息系统获得的财务信息类型,以及他们如何充分利用这些数据。在实践中,开发和使用信息技术应用程序并生成财务报告的技术人员与财政部和有关各部预算、财政部门的关键决策者之间往往缺乏联系。高级官员和政策制定者必须了解新系统能够生成何种数据及报告格式,以及如何使用这些信息来为其决策提供参考。这是一个简单甚至是显而易见的问题,但在当前许多财政管理信息系统开发项目中都是一个明显缺失的要素。

由于引入财政管理信息系统是一项复杂的改革,需要与公共行政部门的行为方进行合作,因此能够有效地谈判这些界限、保持改革重点和势头以及克服困难障碍的公共部门领导对于项目的成功而言是至关重要的(Diamond and Khemani,2006)。财政部长或其他高级政府官员需要对财政管理信息系统的改革目标有所了解，并且必须积极确保其下属管理者在适当利用所生成信息方面接受适当培训。

对财政管理信息系统设计至关重要的是公共部门如何运作的模型以及授予有关各部的支出授权的范围。通过现代技术成为可能的实时控制和监测以及通信连通性，实现公共财政流程自动化实现了人类历史上前所未有的集中控制程度。如今，中央国库能够按日或按小时监测国家最偏远地区的支出决策和财政事项。而在50年前，这是不可能的：因为这种事项的处理或者：（1）迫使偏远地区当地服务提供变得缓慢、反应迟钝，因为每个事项都缓慢地交给中央机关批准，并缓慢地沿着链条退回到前线单位；（2）需要将决策权授予地方官员，并进行定期报告和审计、审查以便能够更快地回应当地需求，但往往导致错误增加和丧失控制。同样，现代信息技术系统允许向有关各部和前线官员提供前所未有的一定程度的实时支持，提供近乎即时的报告以及更高效的财政管理和业务运作。

在一些国家，财政部启动财政管理信息系统开发工作，主要作为一项内部改革，尽管对其他各部有巨大的影响。事实上，财政部通常将自动化作为改善财务信息及时性和质量的一种手段，从而增加对财政事项和财政结果的控制。有关各部是财政管理信息系统的潜在支持者，但需要确信改革将以更加实时的财务信息和集中式系统产生的更低行政开支的形式为其带来真实收益。然而，在许多国家，很少将改革的影响传达给其他利益相关者并在支持新系统方面建立共识。同样，财政管理信息系统项目指导委员会完全由信息技术专家和/或财政部工作人员组成，而没有政府其他部分代表的并不罕见。

这种沟通失败的常见结果是，系统不能满足整个政府层面使用者的需求，或者面临使用者抑制或拒绝采用该系统或故意逐渐削弱系统的应用基础。在一些国家，在不完整的财政管理信息系统项目实施工作方面已经花费的多年时间，浪费了数千万美元，而硬件却坐在政府各部的办公室或走廊里，落满灰尘并且已被忽视。在其他情况下，这些系统得到了使用，但各部保留自己的并行会计系统用于实际管理和日常运作，并根据需要将选定的结果输入财政管理信息系统。在一些国家，即使有关各部参与财政管理信息系统的设计和实施，并且整体改革的意图是支持各部在管理自己预算方面拥有更大的自主权，但更加透明地记录各部的交易和活动并且控制系统自动化这一事实也可能是各部抵制实施的原因。

在财政部内，当官员意识到通过更好地跟踪活动、更透明地记录财政事项以及将正式规则编码到软件中（包括交叉制衡机制）将减少自己的自由裁量权时，对自动化的最初支持可能会转向反对。随意更改数字或传输内部不一致的数字的能力可能是某些预算办公室或国库的标准操作实践。当引入自动化和内部数据一致性检查时，这种自由裁量权如果没有被消除，也将受到严格限制。财政管理信息系统的引入迫使财政部更加透明地运作，并且提前投入更多努力来尽早获得正确的数字、识别和管理风险、解释偏差或变动以及与有关各部就执行支出规划展开持续讨论。这些操作变化对于财政部而言可能是痛苦的，并且受到曾经支持财政管理信息系统的办公室的抵制。

在讨论理想的公共行政模式以及就利益相关者授权的程序达成共识方面提前投入更多的努力，可以通过更顺利地实施财政管理信息系统和实现其发展目标来获得回报。在预设计阶段进行涉及财政管理信息系统所有相关领域（包括其制度和政治经济维度）的全面诊断评估，也将帮助参与项目设计和实施的团队在以后规避潜在的障碍。

技术考虑因素

财政管理信息系统改革需要大量的前期时间投入，以便为选择解决方案和开始实施奠定必要的基础。只有在政府内部就财政管理信息系统的适当模型达成普遍共识并且已经实现了支持自动化的基本（或基础）条件之后，才应开始详细的项目准备工作。在准备期间低估或排除关键步骤可能在实施期间导致严重的项目延迟和问题。世界银行（2011）提出了一种有用的方法来指导团队进行财政管理信息系统项目准备工作，简要总结如下：

(1) 识别政府的公共财政管理改革需求。
- 将财政管理信息系统项目纳入更广泛的公共财政管理改革战略。
- 评估当前的实践和能力。
- 识别相应的公共财政改革的优先事项和顺序。
- 制定概念设计。这包括对国家公共财政实体的职能审查、关于改善制度能力的建议、在参考相关业务流程和信息流以及所需的任何流程、职能或组织变更的情况下对所设想的功能模块进行的定义（Diamond and Khemani，2006；Khan and Pessoa，2010）。
- 制作系统要求声明。这应该基于概念设计和所需的功能，并在系统设计之前由政府正式批准。

(2) 开发独特的解决方案。
- 评估现有的信息技术能力。
- 制定信息技术现代化、电子政府战略。
- 制定系统设计。这应该定义财政管理信息系统功能要求、技术架构（例如网络基础设施，应用软件，中央服务器和数据存储器，现场硬件）和实现方法，所有这些都应该与概念设计保持一致。在制定系统设计时应考虑许多国际标准，包括瑞理统一过程（RUP）标准（软件工程标准化过程）和ISO、IEC12207生存期过程（关于软件生存期过程的国际标准）。[1]
- 编制切合实际的成本时间估计和采购支付规划。[2]
- 在与信息技术开发者签订合同之前，确定应完成哪些相应的公共财政改革。

(3) 加强管理项目活动的制度能力。
- 与全部有关利益相关者一起创建项目管理小组（PMG）。
- 在政府内部建立项目实施单位，为项目管理小组提供行政、实施监测和采购支持。
- 编制关于顾问选择的职权范围草案，以及关于信息技术解决方案的国际竞争性招标文件。
- 设计一份变更管理规划。

在准备过程中制定的关键设计文件通常包括公共财政管理改革战略（如果尚未可用）、概念设计和系统设计。项目文件将包括实施规划、成本估计、采购规划和变更管理规划。世界银行（2011）估

---

[1] 另见Khan and Pessoa（2010）。
[2] 关于编制切合实际的成本/时间估计和采购/支付规划的指南，请见世界银行（2011）。

计，财政管理信息系统项目准备持续时间平均约为16个月；准备期间较短导致40%的项目失败。许多因素将影响实施的成功情况，并且在财政管理信息系统准备期间时应予以考虑。专栏36.2描述了将促进项目实施的"更软的"系统。

专栏36.2　财政管理信息系统项目设计中的关键成功因素

- 明确地处理所有关键利益相关者的期望和激励，并就需要适应顺利实施情况的模型达成共识。
- 评估公共财政管理系统表现不佳的领域；评价这些问题可以通过自动化进行处理的程度，或者需要更加彻底地审查系统和业务流程的程度。
- 如果认为自动化是解决公共财政管理绩效问题所必需的，那么尽可能使初始自动化保持简单和目标明确，不需要太多的补充或并行改革，以免偏离主要目的。第2阶段或第3阶段财政管理信息系统的实施可以通过额外的改革来加以补充，但是最初实施太多改革将压垮低能力环境。避免将自动化的最低条件设定得过高。
- 注意管理和高级长官使用者在自动化信息系统使用方面的基础培训需求。许多高级官员在数据贫乏的手动系统环境中长大，并且不会意识到在新的财政管理信息系统中将成为可用的数据、其应该要求提供的内容以及如何使用丰富的信息。
- 在将财政管理信息系统项目管理团队成员分配到项目团队职位之前，请注意这些成员所面临的激励措施及其作用；最大程度地减少可能发生的利益冲突。
- 确保向将操作和使用新系统的财政部和有关各部关键工作人员提供充分的培训，以使这些工作人员能够有效地参与规范阶段。确保关键官员有足够的时间参与该早期阶段。
- 确定一名高级官员作为财政管理信息系统改革的维护者；该名高级官员必须了解改革的内部和外部潜在风险和障碍，并能够进行干预以消除出现的任何问题或瓶颈。聘请一名拥有其他国家财政管理信息系统项目经验的国际项目顾问来为项目的实施提供建议可能是有用的，但不应授权顾问接管项目的领导权。
- 将财政管理信息系统改革视为变革管理流程；尽早识别潜在的阻力区域、提出潜在解决方案并采取必要措施通过改变态度和行为来减少或消除对立，以便改善绩效。

在财政管理信息系统的准备阶段，项目团队将遇到一些关键的设计选择。

第一，自动化系统的范围是什么：自动化系统是否仅涵盖中央机构，例如财政部、国库和有关各部的预算、财政部门，或者涵盖中央和区域、地区级支出单位？

第二，有多少人将使用该系统，包括总数和同时使用人数？[①]

第三，团队将必须在适当的信息技术解决方案和架构方面做出一些决策。随着技术的进步，可用的选项随着时间的推移而演变。在2000年之前，大多数国家在客户端——服务器模型的基础上开发了信息技术解决方案；在2000年之后，转向了基于网络的系统（通过全国范围的网络），尽管在低能力

---

① 使用者数量取决于所引入系统的范围和复杂程度、政府部门的规模以及系统是集中的还是分权的。在大型分权系统中，数量可能从几百个使用者到几千个不等。

环境中仍然可以使用客户端--服务器模型。应用软件（ASW）让使用者能够执行特定任务。财政管理信息系统有两种主要解决方案：商用现货（COTS）和本地开发软件（LDSW），或者两者的混合。商用现货是一种现成的应用软件，可供最终用户购买，而本地开发软件则由内部开发。直到21世纪初，财政管理信息系统功能主要通过本地开发软件解决方案来实施，主要是因为商业软件包的技术限制（最初是为私营部门需求而设计）以及许多区域缺乏足够的信息技术基础设施。自从2000年后推出基于网络的应用程序以来，开始转向商用现货软件包。然而，没有任何单一软件包可以提供为满足国家特定需求所需的全部财政管理信息系统功能。因此，2005年之后设计的大多数新的财政管理信息系统解决方案将定制的商用现货软件包与特定的本地开发软件模块（包括开源软件）集成在一起，以涵盖更广泛的公共财政管理职能。

在选择本地开发软件、商用现货或混合解决方案之前，首先要在准备阶段全面了解国家背景和需求。一些考虑因素将推动选择过程，包括但不限于关于引入财政管理信息系统的目标，政府和私营部门内部在本地开发解决方案方面现有的信息技术能力、实施的时间框架（例如在紧急的冲突后情况下，快速实施按比例缩减的商用现货软件包可能是最高效的解决方案），以及基础业务流程的稳定程度。在该最后一点上，如果基础业务流程和职能不断变化（即使在信息技术系统开发之后仍在进行改革）并且选择了商用现货软件包，那么详细的定制可能实际成为本地开发，并导致成本和时间估计的重大超支。最近，正在开发财政管理信息系统的开源解决方案可能会显著改变该情况，并促使生成成本显著更低的解决方案。

第四，有一些额外的考虑因素，如果在设计阶段得到处理，那么就将改善财政管理信息系统信息技术功能。其中一些方面需要伴随财政管理信息系统的任何阶段，而其他方面是补充性的，并且如果被包括在内，那么就将提高财政管理信息系统的能力。为了获得财政管理信息系统的全部好处，应考虑四个重要功能：对所有财政事项使用数字、电子签名；以电子方式管理记录；确保系统中包含的信息的足够安全性，以及对系统访问的足够安全性；为使用者开发模型/硬件和软件的技术支持和维护。补充应用包括对所有政府支付都使用电子支付系统（EPS）；每月网络发布预算执行结果；在公共财政管理应用程序中使用自由/开源软件（FLOSS）；以及重点关注信息系统的互用性和可重用性（例如在用于政府工资总额管理或收入管理的应用程序中）。此类应用程序的整合有助于改善财政管理信息系统的可靠性、成本效益、安全性和问责。

在准备阶段，在供应驱动或市场驱动的信息技术解决方案选择方面的风险很高，并且必须通过非常重视对最终用户需求具有适应性和回应性的产品的设计来进行平衡。在引入财政管理信息系统期间，各国面临着许多共同的挑战，并且可以在项目设计中适当注意这些潜在障碍，如在智利发生的情况那样（见专栏36.3）。这些包括系统规范、职权范围不明确、采购延误和低估培训要求等问题。

专栏36.3　智利第二代财政管理信息系统的教训

智利财务信息系统最新版（SIGFE2.0）的实施突出了三项运作需求：

- 加强开发概念模型和测试系统功能的内部能力。内部预算办公室项目团队是用于开发、实施和维护SIGFE2.0的最重要资产之一。
- 建立使用者委员会，以验证系统的初步设计并测试系统功能。

- 在开发阶段优先考虑核心职能，以尽快开发系统的"测试版本"，包括一套修订的报告。

资料来源：SIGFE项目管理者吉拉尔多·尤娜（GerardoUna）向世界银行介绍，2011年9月12日。

监测财政管理信息系统项目的成功情况

在开展财政管理信息系统项目之前，制定一套与自动化目标——在某些情况下，与并行改革——密切相关的基准指标对于监测进展和评价项目影响而言是必要的。已经提议了各种指标来衡量这些因素。这些指标包括报告的频率、可及性、全面性、效率和准确性（例如报告期结束与财务报告编制之间经过的天数/周数）。其他相关指标是响应支出单位关于财务报告的请求所需的天数，经批准的预算与实际支出之间的偏差，以及财政事项的错误率（例如支付延迟，贷记或借记到错误的账户，或者提交给错误的人或银行账户）。

如果由于自动化而设想了组织变革，那么在实施财政管理信息系统之前和之后跟踪会计部门人员的数量和概况就成为一个重要的考虑因素。项目实施的总体指标——在成本、范围和时间的项目管理三角形之外——包括内部用户满意度调查（例如韩国）和关于公共财政绩效的公共支出与财政问责指标（例如对账的规律性和及时性）。[①]使用此类指标可以大幅改善在财政管理信息系统项目对更广泛的公共财政管理结果的影响方面的理解。迄今为止，关于财政管理信息系统直接和间接影响的证据是有限的。这种局限性部分是因为财政管理信息系统项目的范围和性质在各国之间差别很大。一些项目狭隘地关注国库运作自动化。其他项目扩展到公共财政的许多其他领域，例如工资总额和采购运作以及预算编制。遗憾的是，许多财政管理信息系统项目的实施没有适当注意上文讨论的制度和人力资源管理问题。此外，这些项目通常无法事前明确指出自动化拟解决的问题以及应该监测绩效的哪些方面来事后衡量改善情况。但是，如上所述，指定用于监测财政管理信息系统自动化的指标和基线应该是相对简单的。例如这些指标可能包括处理支付通知或合并和编制财务报告所需的时间、报告的频率、数据输入或支付处理的错误率、每天的交易量、编制报告所需的工作人员数量以及此类报告的单位成本等。

如果财政管理信息系统项目在第2阶段或第3阶段实施，从而包括更广泛的公共财政管理改革，那么自动化本身的影响可能难以通过为这些并行改革制定的绩效指标来理清。此外，在涉及多边和双边捐赠人以及正在进行的许多无关公共财政改革的情况下，很难将因果关系归因于财政管理信息系统项目。一般而言，公共部门财政管理信息系统文献更多地包括描述性案例研究，而非大型、面向数据的跨国影响分析，很少进行定量的深入评价。[②]在借鉴私营部门财政管理信息系统经验的情况下，证据基础就会更大。需要额外的研究来评价财政管理信息系统对公共财政管理系统及其结果的直接和间接影响。

---

① 请见公共支出与财政问责项目秘书处（2011）。
② 示例包括坦桑尼亚、加纳、乌干达、马拉维、肯尼亚（Diamond and Khemani, 2006）；还有斯洛伐克共和国、科索沃、坦桑尼亚、埃塞俄比亚（Chene, 2009）。

结 论

任何参与FMIS的人（在这个过程中的任何时候）都应该回答以下这个问题：自动化拟解决的具体问题是什么？虽然看似简单明了，但理清问题可能是一个漫长的迭代过程。要做得好，就需要处理一系列问题：第一，问题的症状是什么？第二，导致问题的因素是什么？第三，哪些原因是主要的，哪些原因是次要的（换言之，那些对症状影响最大的因素）？

表36.2给出了问题说明的示例，以及与解决方案的逻辑联系。这种方法与安德鲁斯（Andrews，2013）提出的公共部门改革的问题驱动（而非解决方案驱动）、迭代和适应性战略是一致的：另见本书序章。

表36.2　　　　　　　　　　　　　　　　　问题说明

症状	可能的问题	可能的原因	解决方案
- 直线管理者无法妥善管理、在需要时获取投入或者保持在预算范围内 - 财政部无法及时介入，保证不会超支或支出不足 - 显著滥用资金（舞弊、浪费、滥用） - 通常超支或支出不足 - 通常现金短缺，拖欠	- 财务报告很少，迟延（报告期结束后数周），不准确，不完整	1. 手动事项处理、记录、报告系统 2. 混合手动和部分或选择性自动化流程 3. 缺乏综合信息系统，许多遗留系统无法合并数据，和/或 4. 繁琐、复杂的正式程序	1. 如果信息技术基础设施薄弱，人力资源信息技术技能低，人力资源公共财政管理技能有限（文书），那么考虑选定流程的自动化（1级），并结合信息技术和公共财政管理培训 2. （a）如果上述情况仍然存在，那么考虑将自动化扩展到其他流程，在信息技术和公共财政管理方面开展进一步培训，并考虑加薪以保留经过培训的员工；（b）如果信息技术基础设施充足，并且信息技术和公共财政管理技能充足，那么考虑投资于集成了核心流程（模块）的财政管理信息系统软件包，并结合新系统培训、额外的公共财政管理概念、更多的分析培训和数据解释 3. （a）考虑投资于使遗留系统能够进行通信并实现综合报告的接口，或者（b）投资于财政管理信息系统软件包解决方案，其组成部分集成了用于取代现有系统的设计（或考虑投资于定制的本地开发系统，并按设计集成各种流程） 4. 现有程序的自动化将在处理时间、准确性、更快的汇编和报告方面提供一些改善。但是，为了更加有效而重新设计现有流程，即使没有自动化，也可以改善及时性。如果为了更加高效而重新设计流程，然后对新程序进行自动化，那么将会出现最大程度的改善（或者，如果采用现成系统而不进行定制，那么现有流程将替换为已嵌入软件的流程）

随着这些问题的答案被揭晓，后续的一系列问题将决定解决问题的能力存于何处。这些问题包括：信息技术基础设施的现状是怎样的？工作人员之中存在何种程度的信息技术技能？此外，以前公共财政管理改革工作的历史情况如何？高级管理层对改革现有流程有多大程度的承诺？这些"软系统"问题将决定引入各种解决方案的范围，以及这种解决方案的设计。

实施财政管理信息系统的解决方案很困难，并且引入解决方案牵涉分配大量资源和大量能力的建设工作。一般而言，"财政管理信息系统实施是一门艺术，而非一门科学"的标题是复杂系统的象征，复杂系统随着公共财政管理需求的变化和技术的进步而不断发展。随着时间的推移，政府、私营部门和金融家从经验中吸取了教训，因此财政管理信息系统的实施也得到了改善。如今很少看到财政管理信息系统项目仅专注于信息技术应用而忽视上述其他至关重要的"软"方面：制度和政治经济因素的重要性，集中和分权的方法，人力资源管理问题，以及变革管理流程。我们期望新一代财政管理信息系统项目能够更系统地处理这些问题。

财政管理信息系统项目不断涌现，在某些情况下是由国家需求驱动的（例如在20世纪90年代独立国家联合体引入国库运作）或者是由技术驱动的（例如从客户端-服务器转向基于网络的解决方案）。实行集中控制的国家认识到需要授予其更多的支出授权，以鼓励提高公共支出的效率和有效性。技术继续不断发展，并且开放系统架构已经影响财政管理信息系统领域和替代选项的成本。

总而言之，可能会在没有改善甚至恶化整体公共财政管理绩效的自动化财政管理系统上花费数百万美元。但是，自动化也有望大幅改善和促进许多公共财政系统的转型。各国应定期审查其财政管理信息系统的功能和效率，并在必要时认真考虑修改现有系统或更换新系统，同时牢记本章所提出的许多观点。

参考文献

Andrews, M. 2013. *The Limits of Institutional Reform in Development: Changing Rules for Realistic Solutions.* Cambridge, UK: Cambridge University Press.

Asselin, L. 1995. "Integrated Financial Management in Latin America, as of 1995," Public Sector Modernization Division Technical Department Latin America and the Caribbean Region, LATPS Occasional Paper Series.

Chene, M. 2009. "The Implementation of Integrated Financial Information Management Systems," U4 Helpdesk, Transparency International.

Department for International Development (U.K.), "Good Practice in Developing Sustainable Information Systems," May 1997.

Department for International Development (U.K.) 2009. "Review of PFM Reform Literature," January.

Diamond, J., and P. Khemani. 2005. "Introducing Financial Management Information Systems in Developing Countries," *IMF Working Paper*, No. xx.

Dorotinsky, W., and J. Cho. 2003. "World Bank's Experience with Financial Management Information (FMIS) Projects," mimeo.

Hashim, A., and A. Moon. 2004. "Treasury Diagnostic Toolkit," World Bank Working Paper.

Hashim, A., and W. Allan. 2001. Treasury Reference Model.

Khan, A., and M. Pessoa. 2010. "Conceptual Design: A Critical Element of a Successful Government Financial Management Information System Project," *IMF Technical Notes and Manuals*, 2010/07.

Khan, A., and S. Mayes. 2009. "Transition to Accrual Accounting," *IMF Technical Notes and Manuals*, 2009/02.

Leinert, I. 2009. "Modernizing Cash Management," IMF Technical Notes and Manuals, 2009/03.

Pattanayak, S., and I. Fainboim. 2010. "Treasury Single Account: Concept, Design and Implementation Issues," IMF Working Paper, WP/10/143.

PEFA Secretariat. 2011 (revised). *Public Financial Management: Performance Measurement Framework.*

Peterson, S. 2006. "Automating Public Financial Management in Developing Countries." Harvard Kennedy School Faculty Research Working Paper RWP 06-043.

Peterson, S. 2010. "Reforming Public Financial Management in Africa" Harvard Kennedy School Faculty Research Working Paper Series RWP 10–048.

Radev, D., and P. Khemani. 2009. "Commitment Controls," *IMF Technical Notes and Manuals*, 2009/04.

World Bank. January 2002. Africa Region Working Paper Series No. 25, "Design and Implementation of Financial Management Systems: An African Perspective."

The World Bank FMIS Database (1984—2010) – updated in August 2010. (Currently available to World Bank users only. An external version is expected to be available in 2011).

World Bank. 2011. *Financial Management Information Systems: 25 Years of World Bank Experience on What Works and What Doesn't.*

37
外部审计

大卫·尚德

本章首先剖析外部审计及负责向各国政府提供审计服务的最高审计机关（SAI）的地位，并讨论在外部审计方面可能存在的偏差。然后，本章指出外部审计范围和审计制度模式在各国之间的差异。接着讨论会计职业中外部审计的起源以及公认的审计声明和标准的性质和来源。最后，本章评述良好外部审计的公认组成部分——即独立性，适当的审计范围和内容，以及充分的最高审计机关能力、影响和问责制。

外部审计的作用和性质

最高审计机关是负责对政府收入和支出进行独立审计的国家机构。[1]在大多数国家，最高审计机关与立法机关存在密切关系，但仍然独立于立法机关。一般而言，最高审计机关的作用是在公共财政的合法和适当管理方面向公众和立法机关提供客观报告。最高审计机关国际组织（INTOSAI）是代表大多数最高审计机关的公认国际机构，将公共财政管理描述为民选官员所持有的信托（因此，民选官员就这种信托的运作向公众负责），并将外部审计描述为一个旨在揭示与财政管理合法性、经济性、效率和有效性的公认标准之间偏差的监管制度（最高审计机关国际组织1977年）。[2]但是，外部审计工作的范围将根据外部审计师的法定授权而有所不同。此类工作可能涵盖以下情况：

- 分析和报告公共资金的筹集和支出是否遵守了所有相关法律法规，通常称为合规审计。
- 审查和报告政府公布的财务报表是否公允地反映了财务成果和状况，称为财务审计。与私营部门审计一样，此类报告旨在为政府所公布的财务报表提供可信度。作为该工作的一部分，审计师审查内部控制系统的运作情况。财务报表是政府的合并财务报表，提供关于政府部门财务运作的信息以及（在编制的情况下）关于各部和机构财务运作的信息。在反映国际货币基金组织政府财政统计（GFS）对公共部门的定义情况下，政府部门可能涵盖任何或所有层级的政府：预

---

[1] 应该指出，大多数最高审计机关所属的国际组织，即最高审计机关国际组织（INTOSAI），使用"最高"一词，因为其成员仅包括国家政府层面的审计机构，而不包括在地方层面运作的审计机构。但是，在本章中，"最高审计机关"一词也适用于地方层面任何具有单独授权的审计机构。例如，在一些联邦州（例如在美国、澳大利亚、俄罗斯和巴西），区域/省层面单独的审计机构根据其自己的法律授权进行运作。

[2] 最高审计机关国际组织，利马宣言，I一般规定，第1节。

算部门，国家和地方政府，或者广义公共部门。①
- 审查和报告公共资金支出是否适当考虑了经济性、效率和有效性，这项工作的范围取决于外部审计师的授权。这种绩效审计作用——有时称为"物有所值"审计——相对于合规审计和财务审计而言是一种较新的发展成果，并且绩效审计的范围可能在各国之间差异很大。

在一般意义上，外部审计师可以合理地被描述为公共利益的监护人，防止或减少报告政府滥用公共资金的情况。运作良好的外部审计机构在其独立性和专业技能以及其报告的质量和相关性的基础上具有很强的公信力。

最高审计机关的作用可以在宪法或其他立法中进行规定——在后一种情况下，可以在公共财政法或者单独的外部审计法中进行规定。近年来，立法趋势是制定单独的审计立法。②

外部审计师对公共财政管理系统的运作具有独特的概述，在某些情况下从预算编制和批准开始，一直持续到预算执行和报告。外部审计师通过适当评价和报告公共财政管理系统运作情况以及评论政府关于修改会计和财务报告系统的建议，具有作为促进公共财政管理改革的催化剂的重要潜在作用。然而，最高审计机关的报告安排和有效性也各不相同，这反映了不同的行政传统和不同的法律框架。

国际发展伙伴（世界银行、区域开发银行、国际货币基金组织和双边援助机构）在鼓励发展中国家和中等收入国家开展外部审计作为其公共财政管理系统整体改善的一部分，并且提供建设能力援助方面的工作，反映了公共财政管理系统的外部审计组成部分的重要性。在许多此类国家，缺乏适当的法律框架、政府财务报告透明度不足并且会计和审计能力薄弱，很可能导致最高审计机关薄弱，从而对公共资金管理的问责有限。

这种援助的一个辅助目标是，国际金融机构（IFI）和其他发展伙伴能够利用最高审计机关来审计其在该国的项目，而不是具有可能会影响最高审计机关能力发展的并行和重复的审计安排。同样，最高审计机关国际组织有一个全面的同行评审和技术援助规划，用于改善中等收入国家和发展中国家的最高审计机关的运作。

外部审计的声明和标准有各种来源——两个国际专业组织（INTOSAI和国际会计师联合会，IFAC）、IFI和捐助界以及非政府组织部门。此类标准通常是一致的，但有一些方法上的差异。例如最高审计机关国际组织制定的专业标准是基于原则的，而国际会计师联合会制定的专业标准往往更多地基于规则。

外部审计的其他特点

发现舞弊和腐败。与私营部门财务审计一样，根据审计标准，财务审计和合规审计并未将发现舞弊作为其主要目标——即使在已识别财务不正当行为的情况下，最高审计机关可能具有检察作用。

---

① 政府财政统计将公共部门分为广义政府（中央、州和地方）和公共公司（金融和非金融）。

② 例如1997年，澳大利亚通过了新的公共财政管理立法，其中有一项关于外部审计的单独法律（《审计长法案》）；外部审计以前是一部"综合"公共财政管理法律的一部分。在2003—2004年，印度尼西亚制定了关于国家审计、国家国库、国家财政（有机预算法）和国家发展规划的单独法律。

但是，健全的最高审计机关在加强国家公共财政管理系统的法律和制度安排方面的工作可能会发现从而阻止舞弊行为。在此意义上，可能存在期望差距：审计师有时将自己描述为"监督者"而非"侦探犬"。在许多国家，单独的公共部门机构（例如财政监察机构）具有发现和防止舞弊和腐败的特定任务。

制度基础审计。可以这样理解，现代财务审计和合规审计不会（事实上也不能）检查每笔交易。而是使用基于制度的方法并据以审查控制制度，同时基于因制度缺口或缺陷而产生的感知风险水平，选择特定交易或交易类型进行审查。

辅助作用。在一些国家，最高审计机关可能有额外的作用。例如，德国和俄罗斯的最高审计机关协助立法机关审查行政部门建议的预算，并且在2011年成立预算责任办公室之前，英国国家审计署审查并评论了政府在编制年度预算过程中使用的经济假设和其他假设。俄罗斯最高审计机关审查预算编制中使用的宏观经济假设，还负责审查法律草案的预算后果——这在大多数其他国家是由财政部行使的一项职能。菲律宾最高审计机关制定公共部门会计准则，维护政府会计系统，并且编制未经审计的年度财务报表。智利最高审计机关审查所有立法草案的合法性，并且还制定会计准则和编制未经审计的年度财务报表。埃及最高审计机关帮助财政部编制关于国家预算执行情况的年度报告。此类额外职能可能会使最高审计机关的角色政治化，并将最高审计机关卷入潜在的利益冲突。

向行政部门报告。要认识到，行政部门和立法机关可能在最高审计机关的工作方面具有重大利益，可以建设性地使用最高审计机关的工作来改善公共财政管理系统。因此，有些国家规定最高审计机关同时向立法机关和行政部门（国家元首、总理）报告。[①]事实上，在立法传统薄弱和具有独裁政府行政机构的国家，这可能会因为最高审计机关工作针对决策的主要来源而增强最高审计机关工作的影响力，尽管这也可能被认为降低了最高审计机关在行政部门决策过程中的独立性。

事前审计。具有事前审计作用（即在执行之前批准财政事项）以及事后审计作用（事后审查该财政事项）的最高审计机关的可取性是一个有争议的问题。最高审计机关国际组织称事前审计是健全的公共财政管理所不可或缺的并且一些最高审计机关具有这种作用，但同时指出这种作用可以由其他机构执行。最高审计机关国际组织还指出，事前审计作用可能会给最高审计机关带来过多的工作负担，并且模糊财政管理职责，而财政管理必须依靠政府行政部门而非最高审计机关（INTOSAI，1977）。[②]智利最高审计机关是发达国家最高审计机关具有重要事前审计作用的一个重要示例，尽管这种事前审计作用现在正像其他一些国家的情况一样在减少。

外包。在一些国家，由于缺少合格审计师或出于在提供审计服务可竞争性方面的政策考虑，最高审计机关可能将其部分工作外包给私营部门审计师，而私营部门审计师可以代表最高审计机关签署审计报告。对地方政府以及诸如政府机构和国有企业等政府业务的审计往往是外包的。然而，最高审计机关仍然对审计负责，并且必须有适当的质量控制机制来管理这项工作。在1990年的新西兰，审计署分为两部分——审计长办公室（执行最高审计机关的职能，并负责开展所有审计以及制定标准和政策等工作），以及新西兰审计局（一个政府所有商业审计组织，由审计长分派大部分政府审计工作，但在某种程度上与私营部门审计师竞争这项工作）。

行政部门内强有力财政职能的重要性。最后一点是，良好的外部审计不能取代负责管理公共财政

---

① 例如埃及和摩洛哥说明了此类安排。
② 最高审计机关国际组织，利马宣言，第I部分，第2节。

法律法规并运作中央预算和会计系统的强有力且有能力的财政部（或其同等组织），以及政府各部和机构内强有力的财政管理单位。在公共会计和内部控制薄弱的情况下，政府应该在建设外部审计机构能力之前优先加强这些系统。

与内部审计的关系

在负责内部审计的机构和负责外部审计的机构之间建立有效的工作关系是非常重要的。内部审计可以执行与外部审计相同的审计形式（合规审计、财务审计和绩效审计），并使用相同的标准和方法，作为行政部门最高管理层的"耳目"向行政部门最高管理层报告。因此，内部审计是整体内部控制系统的关键组成部分。审计标准强调，外部审计应该能够获取和使用内部审计报告且作为其工作的一部分。在实践中，许多国家的内部审计侧重于合规审计，而非财务审计或绩效审计。

关于内部审计的制度安排在各国之间可能有显著差异（见第17章）。在一些国家，各部和政府机构都有自己的内部审计单位，而这些内部审计单位向各部和政府机构的最高管理层报告。在一些国家，这些内部审计单位的负责人可能会被授予监察长头衔。在其他情况下，可能会有中央内部审计局，设置在财政部之内，服务于财政部的控制需求，可能为也可能不为各行政单位的最高管理层提供服务。此类内部审计单位可能设置在总理办公室或总统办公室之内。在一些国家，中央单位具有根深蒂固的事前审计传统。在其他国家，财政部内的中央单位以及各部和机构内的审计单位等这类机构可能共存。[①]

如第7章所述，公共财政管理国家诊断（例如公共支出与财政问责评估）将内部控制（包括内部审计）确定为许多低收入国家和中等收入国家公共财政管理系统的薄弱环节。内部审计往往缺乏现代审计方法的能力，并且侧重于详细的合规问题，而非使用现代的制度基础审计方法。事实上，一些国家有单独的监察机构，负责检查和报告对所规定的规则和程序的遵守情况，即这些监察机构非常注重合规。这些监察机构往往被认为对公共财政管理系统几乎没有什么价值，因为这些监察机构没有处理系统性问题，而是专注于个别交易。这些监察机构在中央规划经济体或以前的中央规划经济体中普遍存在，并且通常向行政部门而非立法机关报告。[②]

一些国家的另一个问题是最高审计机关和内部审计机构之间缺乏协调，这可能导致工作重复，甚至可能导致竞争而非合作，从而引发稀缺审计资源的错误配置。为实现协同作用，外部审计机构和内部审计机构应协商制定工作规划，并尽可能共享审计报告以及关于审计方法、工作人员指南和手册、培训规划的信息。

---

① 例如，巴西具有一个三部分审计模式。审计法院是外部审计师；在总统办公室内设置的联邦内部控制秘书处（SFC）是行政部门的内部审计机构；内部审计单位设置在自治机构和政府商业企业等实体之内。智利说明了一个类似的三级模式，在该模式中，中央内部审计单位向总统报告。印度尼西亚也有自己的最高审计机关（向总统报告的一个中央内部审计组织，BPKP），并在各部和机构中设置内部审计办公室（监察长）。

② 越南和老挝是拥有庞大监察机构系统的国家的两个示例。越南的监察机构是根据2004年《监察法》设立的，存在于中央、省和地方政府层面，有关于整个政府的单独监察机构（向总理报告），有关于规划投资和财政等中央各部的单独监察机构（包括关于税务和海关的单独监察机构），并有关于各部的监察机构。世界银行的研究，例如《2008年越南国家财政问责评估》，确定了大量重复的监察工作及其低附加值。

外部审计的两种制度模式

不同国家有不同的外部审计模式。一些最高审计机关具有法院的法律地位，通常在法语系统中称为审计法院（cour des comptes）。该系统起源于法国的拿破仑法典，并且存在于欧洲南部（法国、西班牙、希腊和葡萄牙）的大部分地区以及法语国家和拉丁美洲。这些最高审计机关对公务人员执行或编制的财政行动和账目的合法性和正确性做出判断，如果满意，那么这些最高审计机关正式"无罪开释"有关官员的行动和账目。在法院报告的基础上，立法机关以通过对预算执行报表进行认可的法律方式，正式批准财政行动和账目。作为法院，这些最高审计机关在发现违反财政法律法规情况时，也可能发挥检察作用。如上所述，在其他国家，单独的司法机关将具有这种作用。

这种法语模式也有事先审计或事前审计的悠久传统，尽管如上所述，这种作用正在逐渐缩小，并且现在该模式已普遍转向对事后审计的关注。此外，作为法院因而作为司法机关的一部分，与审计长模式不同，最高审计机关可能与立法机关之间没有特殊的汇报关系，并且也可能向行政部门报告。[①]由于将有几名法院成员（通常有总统），最高审计机关作为一个合议机构进行运作。法院的专业人员通常也将具有裁判官或同等职位的法律地位。

另一个主要模式是英国审计长制度，可以追溯到19世纪60年代的英国首相格拉德斯通政府时期，通常被称为威斯敏斯特体系。这种模式也存在于北欧国家以及威斯敏斯特式宪法制度。审计长具有法律独立性，但往往通过立法机关的公共账目委员会（或同等机构）与立法机关保持密切关系，而公共账目委员会负责跟进审计长的报告。审计一般以事后方式进行，并且通常没有检察作用。一般而言，一个人担任审计长职位，但结构可能会有所不同。有些国家（例如德国、荷兰和俄罗斯）使用"审计院"一词，这反映了最高审计机关是由主席和若干成员组成合议机构的这一事实。相似地，在日本、韩国和印度尼西亚，最高审计机关由理事会管理，理事会主席或总裁是最高审计机关的负责人。作为另一种变体，瑞典存在由三名审计长组成的理事会。

最高审计机关的设计还有其他变体。例如美国政府问责办公室（GAO）是国会的调查机构，是美国政府的两个平等分支机构之一（另一个是行政部门），其工作在主要受国会要求的指导，尽管其也可以自由决定自己的工作安排。

作为一种职业的财务审计

外部财务审计是会计职业的一部分，即，会计和审计标准及方法的培训，作为整体会计培训的一部分，是面向所有执业会计展开的。会计职业在国内和国际上都制定了会计和审计标准，尽管在过去，这些标准主要侧重于私营部门组织的会计和审计。但是，最高审计机关通常遵循会计职业制定的审计标准和方法。此外，最高审计机关国际组织还发布了标准用于澄清或修改国际专业标准，以反映公共部门组织的不同运作环境。

如第34章所述，只是在过去25年中，国际会计职业才将注意力转向公共部门会计准则问题。自

---

① 例如根据法国宪法，审计法院正式独立于行政部门和立法机关，并向共和国总统和立法机关报告。

1990年以来，国际会计师联合会（IFAC）通过其国际公共部门会计准则委员会（IPSASB）发布了单独的《国际公共部门会计准则》。这些准则在许多情况下是对私营部门会计准则的修改，并且反映了公共部门的不同运作环境。这些准则还规定要使用收付实现制来做报表，至少作为过渡步骤，而不是使用私营部门和越来越多的国家和地方政府使用的权责发生制准则。许多国家还制定了自己的国家公共部门会计准则，这些准则可能反映了与这些国家公共部门财务报表的形式和内容相关的具体宪法或法律规定，例如，统一基金或预算部门作为一种报告实体存在。

在制定政府财政报告准则过程中，也有其他参与者。其中包括国际货币基金组织，国际货币基金组织2001年出版的《政府财政统计手册》（GFSM）在定义个别报告实体方面和在财务信息分类方面尤为重要（见第8章和第35章）。[1]在欧盟，中央统计机构（欧洲统计局）通过其标准欧洲账户体系（ESA 95）规定了总体财政报告的形式。正在开展工作，以协调IPSAS、GFS和ESA 95的报告要求，并使国家公共部门会计准则与这些国际标准协调一致（见第34章）。

特别是在"审计法院"审计模式的情况下，与行政法和宪法相关的专业法律资格以及会计资格对于审计工作而言十分重要。这再次反映了与公共财政管理相关的单独的宪法或法律要求。与绩效审计相关的专业能力和方法显著不同于财务审计和合规审计的专业能力和方法，如下一节所述。

绩效审计

绩效审计是最高审计机关活动中相对较新的领域，并且这项工作的类型和范围有很大差异。可以观察到两种主要类型的绩效审计工作，并且这两种主要类型不相互排斥。[2]

- 对公共资金用于特定组织、计划或活动的经济性、效率和/或有效性的实质性审查；
- 对公布的与年度预算或国家发展计划有关的绩效指标进行审计。

每种工作的范畴有所不同。实质性审查可能仅限于更"平凡"的经济和效率领域，或者可能延及规划有效性评价，具体取决于最高审计机关的授权。例如在英国和澳大利亚，最高审计机关广泛的绩效审计作用，并已延及有效性，但被立法禁止对政府"政策"进行评论，这被视为侵入政治问题。澳大利亚绩效审计1980年的最初立法授权将其范围限于"运作效率"问题。另一方面，美国政府问责办公室作为立法部门的外部审计师（根据宪法，美国政府问责办公室是一个独立但平等的政府部门）具有广泛不受限制的授权，并且可以审查政策问题。美国政府问责办公室的工作侧重于绩效审计，而非财务审计和合规审计。同样，对绩效指标的审计可能涵盖其绩效指标的可靠性和准确性，或者也可能延及对有关指标的相关性或适当性进行评论。[3]

---

[1] 国际货币基金组织，《政府财政统计手册》（GFSM），2001年。

[2] David Shand "Performance Auditing and Performance Budgeting," in ch. 6, *Performance Budgeting: Linking Funding and Results*, Marc Robinson（ed.）. Palgrave Macmillan and International Monetary Fund, 2007, pp. 88-109.

[3] 新西兰和瑞典的最高审计机关是具有此类授权的最高审计机关的示例。新西兰最高审计机关具有正式的鉴证作用，涵盖了预算文件和会计报告中要求报告的所有绩效指标，而瑞典最高审计机关仅涉及指标不充分的情况。

绩效审计并不基于会计职业（与财务审计的情况一样），也不基于法律职业（与财务审计和合规审计某些方面的情况一样）。绩效审计通常涉及多学科方法，具体取决于所审查的绩效问题，但可能包括经济、社会科学和工程技能，以及会计能力。财务审计和合规审计适用会计职业发布的专业标准，而绩效审计更加"宽容"，并且最高审计机关仅适用最高审计机关国际组织的声明。虽然没有明确可识别的评价"职业"，但国家专业"评价"组织已在一些国家成立，并已开始制定评价方法和职业行为规范。尽管如此，绩效审计更为主观，并且与财务审计和合规审计产生的结论和建议相比，绩效审计的结论可能不容置疑程度较低并更容易引起争论。这些附加说明是由最高审计机关国际组织在其关于绩效审计的声明中提出的。

因此，绩效审计师与一系列其他组织共享该评价领域，包括内部规划和评价单位、中央预算办公室以及一些国家的立法委员会。然而，最高审计机关可能是唯一拥有公开报告其审计结果的法律权力的机构。因此，重要的是避免重复这种评价工作，并实现协同作用。例如在智利，中央预算办公室负责管理严格的独立规划评价规划，而智利最高审计机关侧重于合规问题，并且（如前所述）实施事前控制。

在最高审计机关应在哪个阶段以及在何种程度上转向绩效审计方面，观点各不相同。特别是在发展中国家，政府支出规划和项目绩效信息的开发可能是有限的。在这种情况下，在作为最高审计机关优先事项来发展绩效审计职能方面的价值较小，并且重点应放到合规审计和财务审计的能力建设中去。

审计报告的形式

最高审计机关的一个关键特征是其公开报告的法律权力。这种权力存在于除少数国家（主要是拥有独裁形式政府的国家或以前拥有独裁形式政府的国家）之外的所有国家。[①]存在的几种可能的报告形式如下：

- 最高审计机关编制的主要报告通常是关于预算执行情况的年度审计报告，或者是关于政府汇总财务报表以及各部和机构编制的任何财务报表的年度审计报告。在完善的财政审计系统中，这将包括关于财务报表信息列报公允性的正式审计意见，而财务报表应根据规定的会计和审计标准进行编制。但是，大量的最高审计机关没有按照国际审计标准发布正式的审计意见，尽管这些最高审计机关通常会对财务报表中的任何违规或缺陷发表意见，并可能发布"合格声明"。[②]这种报告通常还会对内部控制和预算执行其他方面的任何弱点和所需改进发表意见。
- 如前所述，正式审计意见的作用是增加所公布财务报表的可信度。但是，这种意见的价值和影响还取决于财务报表中所含必要信息的充分性。例如这些财务报表仅仅是关于预算执行的报表，还是也包含关于政府整体财务状况的相关信息（包括政府的资产和负债）？如后所述，财务审计的影响取决于财务报表全面性、及时性和基于可接受的会计准则。如果任何这些特征缺席，那么正式审计意见增加的价值都将更少。在多年没有编制任何财务报表的一些发展中国

---

① 目前非公开报道的示例包括阿尔及利亚和埃及。

② 在一些法语国家，在出具该审计报告之后，立法机关通过决算法（loidereglement），追溯授权审计报告所涵盖的财政事项。

家，没有任何审计对象；或者，这些报表可能编制得太晚，以至于这些报表和审计报告不再具有任何相关性或价值。[1]

- 关于审计结果和建议的报告也可能是一份"独立"报告，与财务报表和审计意见分开公布，但通常同时公布。
- 管理建议书是提供给每个被审计组织的内部报告，列明了个别审计的详细结果，并且通常还包括改进建议。此类管理建议书通常不会公开，但关键结果和建议通常会在上述公布的合并报告之中。
- 此外，大多数最高审计机关有权在年内任何时候报告其审计工作产生的重要关键问题。此类特别报告通常会涉及最高审计机关认为需要更加及时和全面报告的重大问题。
- 绩效审计报告可能是综合报告的一部分，包括关于合规审计和财务账目的信息，但在许多国家，绩效审计报告是单独发布的。
- 此外，许多最高审计机关都公布年度报告，概述其年内的活动和成就，重点是管理问题和内部运作。

外部审计的声明和标准

外部审计的声明和标准有各种来源——两个国际专业组织（INTOSAI和IFAC）、IFIS和捐助界以及非政府组织。此类标准通常是相互一致的，但在一些方法上存在差异。如上所述，最高审计机关国际组织制定的专业标准是基于原则的，而国际会计师联合会制定的专业标准往往更多地基于规则。专栏37.1提供了详细信息。

专栏37.1 外部审计的声明和标准

最高审计机关国际组织

几乎所有最高审计机关都是最高审计机关国际组织的成员，目前有大约190个成员国。作为专业机构，最高审计机关国际组织发布宣言、标准、指引和最佳实践声明，以管理和加强最高审计机关的运作，尽管最高审计机关国际组织没有任何正式的执法权力。两项最重要的宣言是1977年《利马宣言——审计规则指南》和2007年《墨西哥宣言——最高审计机关独立性》。《利马宣言》涉及几个问题：最高审计机关的独立性；最高审计机关与立法机关和政府的关系；最高审计机关的授权和审计权力；审计方法、审计人员和国际经验交流，以及最高审计机关报告。《墨西哥宣言》规定了最高审计机关独立性的八项原则或支柱，下文将对此进行讨论。2010年最高审计机关国际组织大会通过了《最高审计机关国际准则》（ISSAI）。最高审计机关国际组织还发布了《良治指南》。

这些最高审计机关国际组织意见在国际上拥有广泛的权威和认可，不仅与最高审计机关有关，而且与负责公共财政管理的国家当局和发展伙伴有关。但是，这些最高审计机关国际组织意见可能并不总是反映在为特定国家最高审计机关制定的法律和运作框架之中。作为专业机构，最高审计机关国际组织还研究新兴问题（例如最高审计机关在规划评价、反洗钱活动和制定旨在衡量"国家福祉"的"国

---

[1] 一些撒哈拉以南非洲国家提供了示例。

家指标"方面的作用)并提出良好实践建议。

最高审计机关的公共支出与财政问责评估

公共支出与财政问责公共财政管理绩效评估工具(www.pefa.org)现在被公认为评估国家公共财政管理系统质量的国际标准(见第7章)。这28项一般指标包括外部审计方面的两项指标和财务报表编制时间表方面的一项相关指标。第一个指标(PI-26)涵盖了外部审计报告的范围、性质和后续行动,并指出了在一个运作良好的外部审计系统中应注意以下几方面内容:

- 中央政府的所有实体每年进行一次审计,涵盖收入、支出和资产、负债。开展全面的财务审计和绩效审计的某些方面,并且通常遵守审计标准,重点关注重大和系统性问题。
- 审计报告在期间结束后四个月内提交立法机关;就财务报表而言,在审计署收到财务报表后四个月内提交立法机关。
- 有明确的证据表明根据审计报告有效且及时地采取了后续行动。

第二个公共支出与财政问责指标(PI-27)考核外部审计报告的立法审查。该指标项下健全的立法审查制度包括:

- 对审计报告的审查通常应由立法机关在收到报告后三个月内完成。
- 关于主要审计结果的深入听证应有一直取得保留或不利审计意见的所有或大多数被审计实体的负责官员参加。
- 立法机关应就行政部门要实施的行动提出建议,并应有证据表明这些建议通常已得到实施。

国际货币基金组织财政透明度守则

国际货币基金组织的手册[1]指出,独立于行政部门的最高审计机关应在政府账目财务诚信方面及时向立法机关和公众提供报告。该手册指出,最高审计机关的基本职能是支持和促进公共问责。它指出,最高审计机关直接向立法机关报告是重要的,而且应当假定报告一旦提交立法机关就可以公开提供。该手册还强调了针对不利审计结果采取补救行动的重要性,并且行政部门不应能够通过拒绝给予最高审计机关充足的资金、控制最高审计机关的人员配备或推迟审议最高审计机关报告来使最高审计机关无效。该手册认为,外部审计实践的标准应符合国际标准,例如最高审计机关国际组织发布的标准。

国际会计师联合会(IFAC)[2]

国际会计师联合会是一个国际专业机构,汇集了129个发达国家和发展中国家的会计和审计组织,[3]实现与国际惯例协调一致同时改进会计和审计实践。国际会计师联合会没有强制遵守其标准的正式权力,许多国家都有自己的国家标准——这些标准可能与国际标准不完全一致。但是,成员组织必

---

[1] IMF, Fiscal Affairs Department, *Manual on Fiscal Transparency*, 2001。
[2] 关于国际会计师联合会标准制定安排的更详细讨论,请见www.ifac.org。
[3] 截至2013年1月的数字。

须尽其"最大努力"来实现对国际标准的遵守。发布关于良好实践的国际标准和指南是国际会计师联合会工作的一个关键组成部分，其中涉及两个主要的附属机构。

第一，国际审计与鉴证准则理事会（IAASB）发布了大约36项《国际审计准则》（ISA）和一项《国际质量控制准则》（ISQC）。虽然这些专业审计标准被认为通常适用于政府审计，但单独的最高审计机关国际组织标准提供了一些澄清和修改，以反映政府环境。这些审计标准涵盖了诸如审计规划、质量控制、评估重要性和风险、评估证据、分析工作和审计抽样等问题。许多国家都有自己国家与国际标准不同的审计标准，目前正在努力使国家审计准则与国际审计准则趋同。

第二，国际公共部门会计准则委员会（IPASB）已发布50多项专业标准和公告，以管理各国政府及其组成机构的财务报告，这对于最高审计机关在审计政府财务报表方面的作用具有重要意义。与审计标准的情况一样，许多国家在政府报告方面都有自己的国家标准，因此国家标准与国际标准的协调是一个发展中的问题。

开放预算倡议（OBI）

非政府组织国际预算促进会（www.internationalbudget.org）对财政透明度进行的两年一次的调查非常重视预算流程和预算信息的透明度。问卷的123个问题之中有12个问题与外部审计相关。其中包括关于以下内容的问题：年度审计报告的及时性和用户友好性；关于年度财务报表的鉴证报告（审计意见）的及时性（开放预算倡议评分认为在财政年度结束后两年是足够的，这与公共支出与财政问责标准和经合组织标准不一致，并且似乎过长）；最高审计机关资金和管理的独立性；关于最高审计机关负责人免职的限制；对审计内容的范围的任何限制；最高审计机关人员配备的充分性；与立法机关的相互作用；以及，关于最高审计机关建议的后续行动的程度和公众参与制定审计日程的程度。

第二，国际公共部门会计准则委员会（IPASB）已发布50多项专业标准和公告，以管理各国政府及其组成机构的财务报告，这对于最高审计机关在审计政府财务报表方面的作用具有重要意义。与审计标准的情况一样，许多国家在政府报告方面都有自己的国家标准，因此国家标准与国际标准的协调是一个发展中的问题。

良好外部审计的组成部分

从上述各种公告和标准中，可以看出一些共同的主题，合理地概括为健全外部审计的关键组成部分：

- 最高审计机关的独立性；
- 最高审计机关授权的范围和内容；
- 最高审计机关的能力和工作质量；
- 最高审计机关工作的影响；关于确保最高审计机关适当问责的安排。

下文将依次讨论这些主题。应该指出，最高审计机关满足这些要求的程度在各国之间差异很大，并且主要取决于各国的发展水平。

独立性

国际审计标准强调，独立性基于"个体审计师的客观心态"以及正式的制度安排。同样值得注意的是，虽然独立于行政部门是很重要的，但在某种程度上独立于立法机关也是可取的。下文讨论的独立性问题也与独立于行政部门的其他组织的委任、资金和管理有关，例如司法机关、选举委员会以及立法机关本身。

最高审计机关的独立性引起了以下问题：

- 委任审计长或者审计法院或审计院成员。在许多国家，审计长由立法机关委任，以保障最高审计机关独立于行政部门。然而，在一些国家，无论是单一政党、独裁政府还是民主政府，行政部门都可以有效地控制立法机关，尽管在民主国家，人们普遍认为，被委任之人应该得到各方的支持。在一些国家，审计长由行政部门委任，尽管趋势是在这种委任中包括更多的立法参与。在某些情况下，这种委任由行政部门推荐，但需要立法批准。在其他情况下，立法机关可以管理整个委任过程。[1]在委任审计法院成员方面也有类似的问题，尽管此类委任的程序可能与其他司法机构的委任程序相同。[2]
- 审计长或者审计法院或审计院成员的免职保护。一般而言，关于审计署的法律安排规定审计长或者审计法院或审计院成员在固定期限内享有任期保障，并规定仅在特殊情况下才免职，例如在被委任人违反某些法律的情况下。可能会有关于在固定期限结束时重新委任的规定，尽管此类规定可能被视为因害怕不再重新委任而损害了负责人对抗行政部门的意愿。例如美国的总审计长被委任固定14年不可连任的任期，与其他国家更为常见的5—7年相比，这个任期较长。
- 用于摆脱行政部门的某种程度的预算自由，可能是最高审计机关有权设定自己的预算或者取得预算支出或收入的指定部分，或者立法机关有权设定最高审计机关预算——作为一项特殊安排，或者作为修改行政部门建议预算的一般权力的一部分。如果情况并非如此，那么行政部门可能被认为通过未能提供足够资金来限制最高审计机关的工作。无论情况如何，人们普遍认为需要有特殊的资金安排来确保最高审计机关的独立性得到承认，并且在许多国家，规定最高审计机关资金的预算谈判必须牵涉立法机关或旨在提供一定程度的受保护资金的其他安排。在一些国家，对最高审计机关的预算分配可能是立法机关总体预算的一部分。另一种可能性是，最高审计机关全部或部分由最高审计机关收取的审计费用提供资金，因此具有完全的财务独立性。然而，这种安排可能会引起批评：最高审计机关正在滥用其垄断权力并获得安全的资金缓冲，而这种资金缓冲没有激励最高审计机关提高效率，特别是考虑到被审计组织通常无法选择审计师。
- 最高审计机关自由选择个别工作人员，而不是由行政部门通过其中央人事机构确定的选拔程

---

[1] 俄罗斯审计院的负责人由立法机关根据总统的提名进行委任。澳大利亚和新西兰是立法机关全面管理委任程序的两个示例。
[2] 因此，在法国，作为司法机关成员的审计法院成员由行政部门委任。

序。这无需阻止最高审计机关的工作人员成为公务员制度的一部分，同时规定工作人员可以在最高审计机关与行政部门的各部和机构之间流动。事实上，在一些国家[①]，最高审计机关工作人员在公共服务或私营部门拥有更广泛的管理经验是可取的。但是，在审计法院模式下，由于法院的工作人员可能具有裁判官的法律地位或司法机关的其他职位，因此这种可能性较小。即使在审计长模式下，由于审计工作被认为具有"特殊性"，因此最高审计机关工作人员与其他组织之间的流动往往是有限的。在一些国家，最高审计机关可能正式成为一个自治机构，与其他政府机构相比，具有显著的财政和管理自主权；最高审计机关通常能够支付比公共部门其余部分高得多的薪金。

- 为进行审计而接触所有必要政府文件和官员的充分法律权限。在大多数国家，法律规定所有官员都有义务回应最高审计机关在获取文件和其他信息方面的请求。
- 自由选择审计问题和主题进行审查。在一些国家，最高审计机关编制的年度审计规划可能会与立法机关进行讨论，并且在少数情况下可能需要立法机关的批准，这可能会损害最高审计机关的独立性（例如越南）。如果最高审计机关负责人是立法机关的官员，那么最高审计机关可能需要满足立法机关的要求，并开展立法机关认为必要的其他审计工作（例如美国政府问责办公室）。认为需要回应立法机关（甚至可能是行政部门）关于审查特定组织或问题的要求也可能会限制最高审计机关的独立性。为了保持独立性，最高审计机关通常会寻求与立法机关的密切合作关系，而不会显得受制于立法机关。
- 自由向立法机关和公众报告。在某些情况下，法律要求最高审计机关编制关于其审计结果的年度报告，通常结合关于政府年度财务报表的审计报告进行编制。在任何情况下，理想的情况都是，最高审计机关可以随时就任何问题自由向立法机关从而向公众报告，具体取决于问题的重要性（见专栏37.2）。

专栏37.2　墨西哥宣言——最高审计机关独立性：八项原则

1. 存在适当和有效的宪法、法定、法律框架，并且事实上适用该框架的规定。
2. 在履行职责过程中，最高审计机关负责人和（合议机构）成员凭借任期保障和法律豁免权而具有独立性。
3. 在履行最高审计机关职能过程中，有足够广泛的授权和充分的自由裁量权。
4. 不受限制地获取信息。
5. 报告最高审计机关工作的权利和义务。
6. 自由决定审计报告的内容和时间，并且自由公开传播审计报告。
7. 存在关于最高审计机关建议的有效后续机制。
8. 财政和管理/行政自主权，以及充足人力、物力和财政资源的可用性。

资料来源：最高审计机关国际组织。

[①] 澳大利亚和新西兰就是示例。

最高审计机关工作的范围和内容

人们普遍认为，最高审计机关应审计其运作所在政府层面（国家或地方）的所有政府实体。这有助于实现向立法机关报告的一致性，并在最高审计机关和立法机关之间建立牢固的关系。在一些国家，国有企业由最高审计机关进行审计，而在其他国家则由私营部门审计师进行审计。如上所述，在许多国家，最高审计机关将审计工作分包给私营部门审计师是常见的做法，尽管最高审计机关仍然对所进行审计的内容、及时性和质量负责。

在审计范围和内容方面有争论的一个问题是，审计在多大程度上可以接触"敏感"支出领域——以及关于这些领域的审计报告在多大程度上可以公开提供。此类领域包括军事或安全支出以及国家元首支出。如果此类支出未列入预算或显示为预算信息的"一行"，则可能会限制外部审计师公开发表意见的能力，即使审计师可以获取信息。在少数情况下，最高审计机关获取个别纳税人记录的能力受到限制，因此对税收收入进行全面审计的能力也受到限制。①

如上所述，有些最高审计机关可能侧重于合规审计，而很少强调财务审计。实际上，如上所述，在许多审计法院国家，没有以公认的政府财务报表审计标准为基础的任何正式审计报告或意见，这种情况并不少见。但是，根据国际审计标准，财务审计是良好外部审计的必要组成部分。

最高审计机关应该（或需要）参与绩效审计的程度将取决于国情，并且在实践中变化更大。绩效审计是政府现代绩效管理系统的一个潜在组成部分，可以与对组织、规划和活动进行的良好、透明的内部评价共同存在。绩效审计补充了此类评价方法，而非排除此类评价方法。

最高审计机关的能力和工作质量

如上所述，最高审计机关所需的能力取决于其工作的范围和内容。运作良好的会计和报告系统是合规和财务方面制度基础审计的先决条件，这需要除最高审计机关之外的其他机构拥有适当的信息通信技术（信息技术）系统和人力资源能力。对于最高审计机关而言，这要求：

- 最高审计机关使用适当的审计标准和方法，并且这些审计标准和方法在一定程度上反映审计职业和最高审计机关国际组织制定的国际审计标准；
- 最高审计机关的人力资源和信息技术系统的数量和质量是适当的。这可能是低收入国家面临的一个特殊问题，在低收入国家，合格会计师很少，而且优先事项是解决运作良好的会计和报告系统的先决条件。换言之，鉴于合格会计资源的稀缺性，在"上游"会计系统开发和运作与"下游"审计之间取得可接受的人力资源分配平衡是非常重要的。

国际金融机构、捐助界其他成员和最高审计机关国际组织在提高中等收入国家和发展中国家最高审计机关能力方面的工作，反映在国际捐助界和最高审计机关国际组织关于通过制定协调的援助规划加强最高审计机关的2009年谅解备忘录之中。最近对最高审计机关国际组织与国际金融机构和发展伙伴之间在最高审计机关能力发展方面的合作进行的回顾表明，受援国最高审计机关高度重视其他最高审计机关提供的同行援助，需要可预测且长期的支持，以及需要基于受援国最高审计机关制定的合理

---

① 印度尼西亚就是一个示例。

战略规划提供支持。[①]

最高审计机关的能力在发达国家（例如经合组织成员国）和中低收入国家之间差异很大。在其中每个组别中，最高审计机关之间也可能存在很大的差异。除遵守公认的审计标准之外，最高审计机关目前使用各种质量控制机制。其中包括由其他最高审计机关对最高审计机关的工作进行同行审查，以及在最终确定之前向被审计组织提供审计报告草案来征求意见这一目前常见做法。

最高审计机关在改善公共财政管理方面的影响

如上所述，外部审计师通过适当分析和报告公共财政管理系统运作情况，具有作为促进公共财政管理改革的催化剂的潜在重要作用。对于确保最高审计机关的工作在改善公共财政管理系统运作方面产生影响而言，第一个问题是审计报告的质量和相关性（详见上文），并且包括向立法机关提交的公开可用报告以及致送被审计组织的用于更详细地讨论审计结果的管理建议书。

一般而言，如果最高审计机关正在根据合理的专业分析识别重大的系统性问题，那么最高审计机关的审计报告将具有更大的影响力。这有时被俗称为报告"路况而非交通事故"。现代审计标准要求审计主题和分析应基于对风险的明确评估、基于制度并具有建设性。最后一项要求意味着审计报告应侧重于促进改善公共财政管理，而非找到"有罪方"。审计报告应以非技术术语清楚地撰写，并应明确地说明在形成结论过程中使用的标准。作为质量保证的一部分，目前公认的实践是，被审计组织有机会对审计报告草案发表意见，并且在许多情况下，被审计组织的意见或回应可以包含在报告的公布版本之中。

审计报告的及时性是在确保审计报告产生有益影响方面的另一个重要因素。例如，如上所述，在一些国家，汇总财务报表和审计报告可能在年终之后相当长的时间内才可用，[②]在这种情况下，汇总财务报表和审计报告的价值有限。在某些情况下，这可能是由于执行部门延误提交预算执行报告或财务报表用于审计。财政年度结束是经合组织《预算透明度指引》中规定的公认国际标准，而公共支出与财政问责框架规定了四个月的期限。财务审计的影响还取决于所规定的年度财务报表形式和内容的充分性——这不是由最高审计机关决定的。

如果跟进审计报告来实现明确的回应和实施，那么审计报告的影响力会增强。对审计报告进行回应的主要职责属于被审计组织，即行政部门之内。在行政部门回应审计报告的结果和建议方面，许多国家都有正式的安排。例如，就英国和其他一些基于威斯敏斯特式系统而言，有正式的"财政备忘录"制度，根据该制度，公共账目委员会要求行政部门提供正式回应，并且审查和报告这些回应。在立法跟进不太发达的国家，最高审计机关本身可以管理自己的后续行动流程并进行相应报告。

最高审计机关越来越多地使用媒体和民间团体来加强其报告的后续行动和影响。简报和新闻发布会可以确保对审计报告进行充分的媒体报道，但如果媒体或公众对所提出问题的兴趣有限，或媒体更有兴趣找到"有罪方"而非深究重要但属于技术上的系统性问题，那么这可能无法提供太多吸引力。在一些国家，尽管媒体对问题进行了广泛报道，但行政部门仍然认为可以忽视审计报告而不会产生任何影响。[③]

---

① 请见《最高审计机关国际组织发展倡议》部分项下的报告www.intosai.org。
② 例如越南《会计法》规定在财政年度结束后18个月内提供经审计的财务报表。
③ 乌干达似乎说明了该情况。

最高审计机关的整体绩效和问责

与所有公共部门组织一样,最高审计机关应该对自己的绩效负责。最高审计机关国际组织强调,最高审计机关需要证明其工作的价值和效益。但是对最高审计机关在多大程度上改善公共财政管理系统的进行数量上和质量上的评估可能都很困难。行政部门可以(正确地)声称外部审计师发现的问题是已知的并且正在得到处理,而与审计报告无关。一些最高审计机关试图确定因实施其建议而已经出现的或将出现的财务节约,但财务节约的归因问题可能又是有争议的。一些最高审计机关量化了潜在的或已实现的节约,以表明最高审计机关在履行绩效审计职能方面是有效的。

一些国家具有对其最高审计机关进行独立审查的安排。例如在澳大利亚,立法机关任命一名审计机关的独立审计师,其使组织服从于审计机关适用于其审计机构的审计形式并且向立法机关提供公开报告。此外,最高审计机关国际组织已经制定了同行评审安排,根据该安排,最高审计机关工作的质量由其他最高审计机关进行审查。[①]这种审查应该作为最高审计机关问责的一部分来公开提供。

最后,如上所述,公共财政管理诊断工具(例如公共支出与财政问责评估,国际货币基金组织财政透明度守则,以及开放预算倡议)包括对外部审计质量进行的有用的循证评估。大多数(尽管并非全部)此类报告在有关组织的网站上发布,并且提供有用的信息来帮助民间团体和更广泛的公众让最高审计机关对其工作的范围和质量负责。

结 论

本章已经说明,不存在单一的外部审计模式,尽管关于什么是良好的外部审计有公认的标准。许多国家已经实施改革来改善其外部审计的组织和绩效,并得到了最高审计机关国际组织的支持,而在中等收入国家和发展中国家的情况下,还得到了国际金融机构和捐助界其他成员的支持。这些努力得到了公共支出与财政问责评估框架和国际货币基金组织财政透明度《关于遵守标准和守则的报告》等诊断工具的支持。最高审计机关国际组织还在开发一种可用于评估最高审计机关绩效的向下追踪诊断工具。

一般而言,可以说大多数最高审计机关在其工作方面都具有足够的独立性和充分的法律授权。主要的弱点和差异在于能力领域,而在能力领域,工业化国家、中等收入国家和低收入国家的最高审计机关差异很大。相应地,低能力通常反映在较低的影响力上。在处于各个发展水平的特定国家,可能缺乏最高审计机关问责制。在许多发展中国家的影响力较小,可能反映出公共财政管理系统其他方面的问题,例如缺乏用于审计的有意义或及时的财务报表,以及会计系统较差。

在外部审计的合法性方面似乎没有什么问题。或许情况恰恰相反。外部审计的作用可能被误解,或者在某些国家被夸大。"更多审计"可能被视为处理公共财政管理问题的灵丹妙药,特别是在应对官员腐败被视为主要问题时,而这样做的代价就是没有同时发展强有力的中央预算当局和强有力的支出各部的财政单位来实施和运作公共财政管理系统。需要行政部门中有效的中央财政机构,这与需要强有力的外部审计一样。

---

① 这方面的一个示例是荷兰审计法院最近对印度尼西亚最高审计机关进行的同行评审。

参考文献

Dye, K., and R. Stapenhurst. 1998. *Pillars of Integrity: Importance of Supreme Audit Institutions in Curbing Corruption*. Washington, DC: World Bank.

INTOSAI. 1977. *Lima Declaration of Guidelines on Auditing Precepts*.

INTOSAI. 2007. *Mexico Declaration on SAI Independence*.

Memorandum of Understanding between the international donor community and INTOSAI on strengthening SAIs, 2009.

Shand, D. 2007. "Performance Auditing and Performance Budgeting," in M. Robinson (ed.) *Performance Budgeting: Linking Performance and Results*. New York: IMF and Palgrave Macmillan.

World Bank. 2001. *Features and Functions of Supreme Audit Institutions*, PREM Note 59.

38
独立财政机构的作用

理查德·海明

本章描述和讨论关于独立财政机构的理由和经验。[①]本章主要关注财政委员会,而财政委员会通常是常设行政或立法机构,职责主要涉及对财政政策、规划和绩效的公正审查。虽然财政委员会的确切任务,即财政委员会具有或不具有这些职责或其他职责中的哪一项因国而异,但任何财政委员会均无权设定财政目标或调整税收。然而,这是倡导设立财政当局作为独立中央银行的对应财政机构的人所设想的作用。财政委员会也不应与国家审计署、议会预算和账目委员会或者定期就财政事务举行会议的各种其他公共审查委员会相混淆。这些实体和类似实体在预算和更广泛的财政政策事项方面发挥相当明确和非常具体的作用,并且预计将与财政委员会共同存在。本章简要讨论财政当局,只是顺便提及这些其他实体。大多数讨论涉及财政委员会及其所提供的独立审查的性质。

为什么独立审查是一个好主意

如第1章所述,宏观财政管理的特点通常是缺乏财政纪律。这有三个密切相关的后果:赤字和债务上升(或赤字偏差)、顺周期性(特别是在经济繁荣时期)和支出效率低下。这些后果相应地对宏观经济稳定和增长产生不利影响。这解释了恢复和维持健全的公共财政的重要性。为了理解独立审查在此方面可以发挥的作用,重要的是理解为什么允许财政状况恶化到主权违约、救助以及大规模、破坏性和通常外部强加的财政调整的某种组合通常不可避免地发生的地步。

虽然有许多政治经济学解释来说明财政政策不佳,特别是赤字偏差(包括时间不一致、公共池塘问题、寻租和政治商业周期)。但是,金融市场和/或选举制度应该能够惩罚财政管理不善。然而,虽然这可能是事情在原则上应该如何运作的问题,但在实践中,金融市场并不是特别具有前瞻性,因为随着财政状况的恶化,金融市场会逐渐加大对政府的压力。因此,回应往往被推迟,直到国家的公共财政状况非常糟糕,在这种情况下,反应非常激烈(市场准入受限,并且借款利率大幅增加),并且不分青红皂白,以至于不断恶化的市场情绪对借款人都造成了影响。此外,由于财政政策是一个复杂的主题,信息不对称允许政治家向选民隐瞒正在做的事情,这使得选民很难在投票箱中惩罚不良政策。

为了应对这种情况,寻求保持市场准入和降低借贷利率的各国政府试图通过建立良好的透明度做

---

① 近年来出现了关于此类机构作用的一些评述。其中包括Calmfors(2010); Calmfors and Wren-Lewis(2011); Debrun, Hauner and Kumar(2009); Hagemann(2011); Hemming(2013),以及Kopits(2011)。

法和采用财政规则，向金融市场和选民保证它们对财政纪律的承诺。然而，这些创新在很大程度上未能遏制滥用财政政策自由裁量权，也未能持续改善财政状况。造成这种情况的一个主要原因是，在缺乏有效的市场约束和选举激励措施的情况下，对不遵守财政规则的走形式的制裁缺乏影响力。这是因为政府不愿对自己或其他政府施加惩罚（例如在违反欧元区财政规则方面），并且财政表现不佳不会立即产生财政或政治成本，那么声誉损害就微乎其微。此外，各国政府都不遗余力地利用财政规则适用方式中的不透明漏洞来绕过财政规则，并且在如此行事方面往往很有创意。

全球金融和经济危机突显了在各国努力应对沉重债务负担时，采取可行方法来促进财政纪律的重要性。虽然有理由相信，危机为金融市场提供了一个有益的教训，并且金融市场未来会比过去更好地适应政府财政的发展，但人们仍然普遍承认，如果没有更好的财政机构，那么就无法实现对许多发达国家和一些新兴市场国家恢复健全的公共财政而言至关重要的财政调整规划。人们普遍认为，更好的规则将增加大规模财政调整的成功机会。如果这种观点是正确的，如果政府要对因未达到财政规则中体现的财政目标或者仅以利用政府提供的任何灵活性做出反复无常行为的方式实现此类目标而未能履行承诺负责，那么无论制定什么规则，都必须伴随着更高的透明度标准。

向独立审查开放财政政策是保持政府廉洁和良好财政透明度的一种手段，也是一种良好的财政透明度实践。[①]财政透明度的理由部分取决于以下理念：政府应宣布其财政政策意图、公布结果并解释与规划之间的偏差，以便政府在不良财政结果方面向立法机关和公众负责。此外，如果立法机关和公众知道财政政策、规划和绩效受到独立审查，那么也会更加相信政府在判断财政政策、规划和绩效的质量方面的能力。

财政当局

财政当局理念背后的理由是，赋予财政当局有限的独立性来设定财政政策目标或控制财政工具，应该使财政政策决策非政治化，从而改善财政结果。为此目的，冯·哈根和哈登（vonHagen and Harden，1994）为欧盟国家提议了一种将决定预算年度最大债务变化情况的财政当局，作为加强货币联盟筹备过程中财政纪律的一种手段，而艾肯格林、豪斯曼和冯·哈根（Eichengreen，Hausmann and von Hagen，1999）为拉丁美洲提议了一种财政当局模式，这种财政当局还可以在预算年度内调整财政政策，以应对不断变化的经济状况。与后者相关的是，巴尔（Ball，1997）和格伦（Gruen，1997）提议赋予财政当局对税率进行小幅全面调整的一些职责。意图是扩大自由裁量的财政政策的范围，并提高财政政策有效性，因为减少财政决策的政治性将减少执行时滞并提高财政政策有效性。稍微不同的是，布林德（Blinder，1997）认为，一个能够比政府的行政和立法部门更好地关注改革的长期影响的独立机构应该接管复杂税制改革的设计工作。[②]

事实证明，财政当局未能在实践中获得任何支持。这部分是因为与独立中央银行的类比是有缺陷的。第一，在大多数情况下，货币政策具有单一目标，即控制通货膨胀，而财政政策除了宏观经济稳

---

① 正如国际货币基金组织《财政透明度良好做法守则》所反映的那样。

② 虽然巴尔（Ball）、格伦（Gruen）和布林德（Blinder）的理念是分别在所感知到的新西兰、澳大利亚和美国财政政策需求的背景下形成的，但这些理念得到了更广泛的支持。

定功能外，还在提高效率和促进分配公平等一般领域具有多重目标。第二，货币政策通常使用一种基本工具（短期利率）来追求单一目标，而短期利率可以轻松快速地调整；相比之下，财政政策使用各种税收和支出工具，而这些工具之间具有复杂的相互关系，并且执行时滞通常较长。第三，税收、支出和借款决策可能具有复杂且常常引起争议的分配效应，这些决策的政治影响意味着财政政策决策只应由那些以民主方式对决策后果负责的人做出。

财政委员会

根据可彼茨（Kopits，2011）的观点，财政委员会的主要职能是分析和评估预算和其他财政立法的宏观财政后果。从表面上看，这是一个相当狭隘的任务，因为财政委员会的工作完全由政府的立法议程来决定。根据这项标准，很少有国家具备财政委员会。然而，为了正确分析和评估（例如）建议的预算，有许多事情需要加以考虑——与宏观经济目标的一致性、遵守财政规则、对债务可持续性的影响、所基于的经济和财政预测以及政府规划的成本核算。这意味着，即使是任务范围狭隘的财政委员会也会在相当广泛的问题方面具有合法利益。事实上，这些是所有通常被称为财政委员会的机构都关注的问题，但没有限制这些机构关注财政立法。当然，这些机构的大部分工作都与预算有关，但超出了本章范围，并且涉及到诸如长期财政前景、或有负债管理甚至气候变化等问题。

海明和乔伊斯（Hemming and Joyce，2013）将财政委员会的两个主要职能描述为就财政政策和规划提供咨询以及审计财政规划和绩效。咨询和审计之间的区别在于，作为顾问，财政委员会审查和评论政府的宏观财政目标是否适当，以及政府的政策和规划是否是实现政府目标的最佳方式，而作为审计师，财政委员会核实政府的政策和规划是否将实现既定目标，以及政府的政策和规划是否按预期执行并具有预期效果。

更具体而言，咨询职能可能涉及评估政府的财政政策目标是否适当，特别关注财政政策目标对中期债务可持续性的影响；确定政府的长期义务（例如与人口老龄化相关的养老金和医疗费用）应如何影响财政政策决策；判断短期稳定需求是否有理由偏离中期财政规划；对自动和酌情稳定的优点进行比较；对财政规则的设计发表意见。虽然在履行咨询职能方面有灵活性，但财政委员会的审计职能得到了更加精确的定义：核实财政报告的完整性；审查预测和规划成本核算（或评分）；检查政策、规划和目标的一致性；分析和解释规划与绩效之间的偏差，在此过程中识别政策设计和实施中的缺陷。

这些审计职能与国家审计署的审计职能不同，后者侧重于财务和绩效审计。虽然两者都关注财政报告符合国际通行的政府会计和统计标准情况，但财政委员会更加强调需要及时和全面的报告来帮助决策。绩效审计更侧重于个别政府规划，因此通常不属于财政委员会的任务。将财政委员会描述为审计师可能会令人困惑，然而这是财政委员会正在做的事情，但使用的技能不同于国家审计署通常使用的技能。在一些国家，国家审计署审查财政预测，尽管有时没有专业知识来适当地如此行事。如果具有适当的合格工作人员，那么国家审计署就可以承担财政委员会的审计职能，但咨询职能将与国家审计署的其他任何工作都完全不同。所有这些都表明，无论财政委员会的任务是什么，财政委员会的职责和活动都应与国家审计署的职责和活动相协调，以避免重叠和利用协同作用。

可以向财政委员会分配咨询或审计职能，但两个职能之间有很强的联系。良好的政策和规划必须以相关信息为基础；审计可以提供此类信息，因此应以咨询需求为指导。因此，一些财政委员会既有咨询职能又有审计职能也是不足为奇的。即便如此，有些财政委员会确实只有咨询职能或审计职能，但不是两者都有。事实上，通常将财政委员会称为监督机构，在这种情况下，通常推定财政委员会应该是审计师。咨询职能使财政委员会从对政府行动的积极评估转向对政府应该如何行动的形成规范性观点。但是，咨询和审计之间的区别是模糊的；例如对政策选择的影响进行比较是一种积极的审计活动，但这种比较通常具有规范性影响，因为即使没有明确提倡，首选选项也会出现。①

在一些国家，财政委员会还直接参与政府的预测和规划成本核算。作为审计职能的一部分，财政委员会将定期审查经济和财政预测以及成本估计，并且财政委员会可能编制自己的预测和估计用于比较目的。然而，为政府提供这些预测和估计通常是为了应对过去经常使用过度乐观的收入预测和成本估计（前者太高而后者太低）来证明在出现收入不足和成本超支并且财政平衡因此恶化时无法缩减的支出承诺的合理性。虽然政府未必有义务接受财政委员会的预测和估计，但在某些情况下政府必然会如此行事。表38.1概述了财政委员会在世界各地发挥的作用，而专栏38.1提供了关于选定国家的财政委员会工作的更多细节。②一些国家拥有完善的具有广泛任务的财政委员会。在此方面，美国国会预算办公室（CBO）是值得注意的（美国国会预算办公室几乎什么都做）；美国国会预算办公室的任务与其规模相匹配（美国国会预算办公室大约有250名工作人员），并且美国国会预算办公室在高质量工作和公正方面的声誉是无可挑剔的。③当人们谈论财政委员会时，一些已经存在很长时间的委员会倾向于与美国国会预算办公室分到同一组别，特别是比利时高级财政委员会、丹麦经济委员会和荷兰中央规划局（CPB）。虽然荷兰中央规划局规模也很大，但任务不仅限于财政政策，因此将荷兰中央规划局视为财政委员会是不正确的。更准确地说，荷兰中央规划局的职能包括财政委员会的职能。除荷兰外，还有其他国家多年来一直设有执行财政委员会职能的实体。奥地利、德国和日本就是很好的示例。与比利时和丹麦的财政委员会一样，这些规模都很小；事实上，财政委员会成员较少并且工作人员规模适中是常态。

表38.1　　　　　　　　　　　　　　　　财政委员会的职能

咨询和审计	咨询
澳大利亚——议会预算办公室	加拿大——议会预算办公室
奥地利——政府债务委员会	日本——财政系统委员会
比利时——高级财政委员会	韩国——国会预算办公室
丹麦——经济委员会	审计
德国——联邦财政部咨询委员会	匈牙利——匈牙利共和国财政委员会（解散）
爱尔兰——爱尔兰财政咨询委员会	墨西哥——公共财政研究中心
葡萄牙——公共财政委员会	荷兰——中央规划局

---

① 这使得在财政委员会是否履行咨询职能方面难以做出判断，并导致某些国家对财政委员会的作用做出了不同的解释。

② 欧盟委员会报告关于欧盟成员国独立财政机构的信息——请见http://ec.europa.eu/economy_finance/db_indicators/fiscal_governance/independent_institutions/index_en.htm。

③ Joyce（2011）提供了对美国国会预算办公室工作的详细描述和评估。关于财政委员会的一些描述将美国国会预算办公室排除在具有咨询职能的财政委员会组别之外，因为美国国会预算办公室不提出政策建议。但是，美国国会预算办公室确实选择了政策替代方案来分析和考虑各自的优点。这应被视为一种咨询活动。

续表

咨询和审计	咨询
罗马尼亚——罗马尼亚财政委员会	英国——预算责任办公室
斯洛文尼亚——斯洛文尼亚共和国财政委员会	成本核算
斯洛伐克共和国——预算责任委员会	澳大利亚——议会预算办公室
瑞典——财政政策委员会	加拿大——议会预算办公室
美国——国会预算办公室	韩国——国会预算办公室
预测	墨西哥——公共财政研究中心
加拿大——议会预算办公室	英国——预算责任办公室
智利——专家小组（趋势国内生产总值咨询委员会，以及参考铜价咨询委员会）	美国——国会预算办公室
德国——联合经济预测项目组	
匈牙利——匈牙利共和国财政委员会（解散）	
韩国——国会预算办公室	
墨西哥——公共财政研究中心	
荷兰——中央规划局	
英国——预算责任办公室	
美国——国会预算办公室	

专栏38.1 财政委员会对外宣称的工作内容

比利时——高级财政委员会

（http：//docufin.fgov.be/intersalgen/hrfcsf/onzedienst/onzedienst.htm）

高级财政委员会成员分析和研究基本预算、财务和财政问题，并提出调整和改革建议。高级财政委员会成员可以主动采取行动，或者按照联邦财政部长或预算部长的要求行事。

加拿大——议会预算办公室

（http：//www.parl.gc.ca/PBO–DPB/AboutUs）

议会预算办公室的任务是在国家的财政状况、政府的估计和加拿大经济的趋势方面向议会提供独立分析，并按照委员会或议会议员的要求，对关于议会管辖事项的任何建议的财务成本进行估计。

韩国——国会预算办公室

（http：//korea.nabo.go.kr/eng/01_about/work.page）

分析预算议案和账户结算，议案成本估计，经济展望，经济和财政政策分析，税收制度分析，税收收入估计，国家规划评价，以及中长期财政需求分析。

瑞典——财政政策委员会

（http：//www.finanspolitiskaradet.se/english/swedishfiscalpolicycouncil/ abouttheswedishfpc）

财政政策委员会评估政府财政政策目标的实现程度。这些目标包括长期可持续性、预算盈余目标、中央政府支出上限以及符合经济周期性情况的财政政策。财政政策委员会还评价经济发展是否符合健康的长期增长和可持续的高就业率。额外任务是检查政府预算草案的明确性，并审查预算草案的经济预测和用于生成这些经济预测的经济模型。最后，财政政策委员会应该努力促进关于经济政策的公共辩论。

英国——预算责任办公室

（http://budgetresponsibility.independent.gov.uk/）

预算责任办公室对经济和公共财政进行预测，判断政府财政目标的进展情况，评估公共财政的长期可持续性，并审查财政部预算措施的成本核算。

美国——国会预算办公室

（http://www.cbo.gov/about/our-work）

国会预算办公室在以下方面发挥作用：经济预测和基线预算预测，长期预算预测，总统预算分析，成本估计，联邦任务分析，年度拨款计分，找到减少预算赤字的选项，月度预算审查，应对未经授权的拨款和失效的授权，报告问题资产救助规划情况，以及分析具体的政策和规划问题。

21世纪初，财政委员会的数量激增，韩国、瑞典、加拿大、罗马尼亚、匈牙利、英国、爱尔兰、葡萄牙以及最近澳大利亚和斯洛伐克共和国都成立了新的财政委员会。[①]但是，匈牙利共和国财政委员会仅在2009年和2010年部分期间内正常运作。[②]其中有些新的财政委员会的任务明显正在不断发展。在英国，预算责任办公室（OBR）没有任何咨询职责，部分原因是咨询任务可能使预算责任办公室难以保持公正性。预算责任办公室还主要侧重于为政府提供预测，尽管预算责任办公室具有审计任务。也许预算责任办公室正在寻求建立自己作为独立预测者的声誉，然后再宣称其作为监督者的影响力。这类似于智利的情况，在智利，两个独立小组预测国内生产总值和铜价，作为预算编制的关键投入。现在规划将这些小组纳入正式的财政委员会。在对发展财政委员会的作用采取缓慢而稳定的方法方面可能有些话要说，特别是考虑到匈牙利、瑞典和加拿大等国家的经验，这些国家采用了更快和（在匈牙利的情况下当然还是）更为激烈的方法（见下文）。

最后，应该指出，欧盟委员会认为，设立国家财政委员会对于所有欧元区成员国而言应该都是强制性的，而且财政委员会应监测对欧元区财政规则和旨在纠正过度赤字的调整规划的遵守情况，并支持各国的宏观经济预测（如有必要，可做出独立预测供政府采用）。[③]在理想情况下，欧盟委员会将允许各国在安排如何履行这些职能方面有一定的灵活性，特别是在现有机构（包括国家审计署）能够并且在许多情况下已经履行部分或全部这些职能，并且能力制约因素限制了新机构可以承担的财政职能的情况下。然而，早期的迹象是，欧盟委员会赞成任务至少涵盖上述任务的单一财政委员会。这似乎是一种过于严格的方法。

---

① 韩国和墨西哥的财政委员会进行了一些审计，但被明确禁止审查财政绩效，而这是一项关键的审计职能。

② 匈牙利财政委员会仍然只停留在纸面上，但其任务有限且预算有限，并且其公正性现在令人怀疑。可彼茨（Kopits 2011）讨论了匈牙利财政委员会的盛衰情况。

③ 该立场的法律依据是2012年《稳定、协调和治理公约》（TSCG）（理事会指令2011/85/EU以及欧洲议会尚未批准的两项法规（"双包"）。

独立性和有效性

独立的财政委员会可以公开提出其分析和结论，而不受行政部门或立法机关的干涉，也不必担心行政部门或立法机关的报复。这也是政府在设计和实施财政政策时认真对待其投入的有效性或影响力的关键。独立性的主要要求是政府的政治支持，并且政府致力于财政纪律事业，并将透明度视为实现该目标的必要条件。换言之，无论如何，独立性必须得到最高层的允许。如果独立性得到了最高层的允许，那么继任政府很难在不引起对其动机严重质疑的情况下废除独立性。[1] 显然，2010年当选的新政府解散了匈牙利共和国财政委员会，因为新政府不关注外部其财政政策的观点，特别是在其财政政策受到如此严厉的批评时。[2]

在立法中规定独立性是证明对财政委员会的政治支持的最直接方式。这应描述财政委员会的作用和职责，并明确财政委员会与行政部门和立法机关之间的关系。同样的信息也应反映在预算法律和关于预算流程的正式说明之中。预算在财政政策中的中心地位解释了为什么财政委员会的作用不能由政府以外的现有组织来承担，例如政策或研究机构。财政纪律需要预算纪律，并且只有在政府内部运作的财政委员会才能对预算决策具有必要的影响。

财政委员会在政府结构中的确切位置有时被讨论得好像对独立性至关重要一样，但情况不太可能如此。在立法机构和行政机构之间的选择可以被视为一个问题，即赤字偏向的主要原因在哪里，因此哪个政府部门需要监督另一个部门。但是，如果财政委员会是真正独立的，那么财政委员会的投入应有效地满足立法机关或行政部门的需要。在总统制中设立立法办公室并在议会制中设立行政办公室有时被视为常态，但有足够的例外情况表明这并不是一个明确的指南。最重要的是，设立财政委员会是为了完成一项最能满足国家特定需求的工作，而不是模仿外人正在采用和倡导的最新时尚。

无论财政委员会所处位置如何，财政委员会的独立性还取决于授予其领导层的任期保障及其融资的持久性。财政委员会的领导人、主席和成员，首先必须来自为他们提供专业知识和地位的背景，并且目前或过去都不应该具有可能会使人怀疑他们独立性的政治和官方联系。显然，领导职位必须支付足够的工资来吸引完全合格的人才。但是，这些职位也必须是安全的，以便在财政委员会的工作成果不受政府欢迎时，财政委员会的领导层不会感到受到威胁。实现这一点的一种方法是为主席和成员提供在政府任期中间结束的长期合同（以便新政府在上台后更难以更换主席和成员）。

与从管理外汇储备、发行货币和贷款业务中取得自己收入的独立中央银行不同，财政委员会必须依靠预算资金。有人担心依赖预算资金可能会损害财政委员会的独立性，但没有其他选择，并且无论如何政府为许多独立实体提供了资金，包括一些公开批评政府的实体。虽然对财政委员会运作的多年预算拨款可以给人一种财政委员会在财政上独立的印象，但这并不能保证财政委员会的运作独立性或财政委员会的存续。预算分配总是可以削减的。除了匈牙利财政委员会的资金几乎取消之外，不受欢迎的干预措施导致加拿大议会预算办公室的资金缩减，瑞典财政政策委员会的资金受到威胁。[3]

---

[1] 这同样适用于其他独立机构，例如国家审计署或国家统计局。

[2] 在这种情况下，匈牙利的经验实际上加强了财政委员会的理由，同时也强调需要认真考虑财政委员会如何在特定国家背景下最有效。

[3] 卡姆佛斯和雷恩-刘易斯（Calmfors and Wren-Lewis，2011）描述了导致瑞典政府制造此类威胁的事件。

虽然财政委员会可能被授予独立性，但如果要使独立性有效，财政委员会必须赢得至关重要的尊重。财政委员会将因其工作质量而受到尊重，并且在此方面，备受尊重的领导人和充足的资源显然是很重要的。明确的任务也很重要，技术合格的工作人员也是如此。如上所述，财政委员会的任务范围可以是狭隘的，也可以是广泛的，而且至少部分取决于财政委员会的预算。无论财政委员会的任务是什么，财政委员会的职责都必须在设立财政委员会的立法中明确规定，并作为财政委员会使命宣言的一部分。对于财政委员会的合法性和可信度而言，精确地定义财政委员会的权限是非常重要的。

财政委员会的人员配备相当精干——财政委员会需要具有财政政策专业知识的宏观经济学家、预测人员和预算专家。财政部或其他经济部门在大多数国家都是这种专业知识的良好来源，并且只要为财政委员会工作的前政府雇员不试图利用他们过去的职位（例如获取保密信息）并且在寻求或实际上回归政府就业时不受歧视，那么雇用前政府雇员就不会出现任何问题。[①]但是，就业条款和条件应足够优渥，以吸引那些在需要类似技能的私营部门就业岗位中工作的人，并且财政委员会工作人员职位应该公开竞争上岗。

为了有效性，财政委员会还必须公开提供其意见，这最需要的是将财政委员会报告、支持性数据和其他信息以及背景研究公之于众。但是，这还需要打开与学者和媒体的沟通渠道，学者可以提供关于财政委员会工作的技术质量的观点，而媒体可以宣传财政委员会的产出。就政府本身而言，政府应该被要求向财政委员会提供其工作所需的信息，并回应财政委员会的报告，表明政府在哪里遵循了财政委员会的建议，在哪里使用了财政委员会的预测，在哪里赞同财政委员会的分析，以及哪里情况并非如此。就最后一点而言，政府应该解释为什么忽视财政委员会提到的全部或部分内容。此类要求可以支持财政委员会的独立性，有助于使政府对财政委员会的投入的使用方式负责，并激励财政委员会提供高质量的工作。这是工作中透明度的体现。

最后，随着财政委员会在全球范围内扩张，出现的问题是否应该集中精力制定关于财政委员会治理、作用和运作的指南，就像几年前为主权财富基金发起的类似倡议一样。事实上，经合组织已着手制定一套原则，以协助具有财政委员会的国家和那些正在考虑设立财政委员会的国家建立有效、长期存在的机构。经合组织目前的原则草案的通用性很强，并且这似乎是恰当的。[②]鉴于目前设有财政委员会的国家相对较少，任何类似于财政委员会国际标准的事情似乎都为时过早，并且人们怀疑，对于在任务、规模和运作方面可以合理地在各国之间存在显著差异的机构，是否有必要制定国际标准。[③]目前，重点应更多地放在分享知识和经验上，因此，也许真正需要的是用于促进财政委员会之间持续对话的某种常设论坛。

财政政策框架

仅仅成立财政委员会无助于扭转一种疲软的财政状况或保障一种强势的财政状况。特别是，寻求

[①] 有一个问题是，在政府能力有限的国家，以这种方式为财政委员会配备人员是否有意义。这在下文进行讨论。

[②] 值得注意的是，经合组织的原则草案涵盖了本章讨论的许多内容——本地所有权，独立性和非党派，任务，资源，与立法机关的关系，信息获取，透明度，沟通，以及评价。关于更多详细信息，请见经合组织（2012）。

[③] 就主权财富基金而言，其全球运作特别是运作缺乏透明度方面的关注，证明所采用的（自愿）基于标准的方法是合理的（见第29章）。

加强财政状况的政府可能需要做更多的工作来改善其财政机构。这可能包括采用良好的财政透明度实践、制定财政规则和改革预算流程。设立财政委员会应被视为旨在加强财政框架的一揽子补充措施的一部分。

在这种背景下出现的一个问题是财政委员会与财政规则之间的联系。作为其任务的一部分，许多财政委员会检查财政规划和绩效符合财政规则的情况。财政规则可以使财政委员会的工作更加容易，因为财政规则提供了据以评估财政绩效的明确基准。这意味着，财政委员会还可以使运作良好的规则更加有效地遏制不当使用自由裁量权，从而改善财政结果。但是，在政府想要规避规则时，财政委员会不会阻止政府。最终，只有金融市场和选举制度才能约束政府。即便如此，财政委员会可能有助于使金融市场和选举制度更加有效地作为对财政政策的制约因素。

如果市场约束因为没有足够的前瞻性而不能很好地发挥作用，并且产生这种情况的部分原因是持续及时监测财政发展的成本在许多国家都过高，那么财政委员会可以通过定期评估财政政策、规划和绩效，有助于使市场约束更加有效。关于财政政策的知情看法的可用性也将允许选民在该主题方面进行自我教育，使选民能够更好地利用投票箱来惩罚不良的财政结果和奖励良好的财政结果。同样，这是工作透明度。

财政委员会的影响

财政委员会对财政纪律的贡献方面的经验证据很少。德布兰和库马尔（Debrun and Kumar, 2008）发现了关于某种联系的一些证据，特别是在存在财政规则的情况下，但德布兰和库马尔（Debrun and Kumar, 2008）使用了非常广泛的财政委员会定义和正式"影响力"指标，这引起的问题与解决的问题一样多。更彻底的调查研究需要基于广泛接受的财政委员会定义，关于财政委员会总体的最新信息，以及更适合财政委员会职能的影响力指标。

有人对个别财政委员会进行了一些研究。例如克纳（Coene, 2010）认为，比利时高级财政委员会对进入欧元区的筹备工作产生了重大影响（当财政趋同标准必须得到满足时），但此后影响要小得多。乔伊斯（Joyce, 2011）认为，美国国会预算办公室在改善美国预算编制方式方面做出了重大贡献；特别是通过对支出建议进行成本核算，预算流程中的博弈减少了并且透明度也得到了改善。然而，在控制赤字支出方面，美国国会预算办公室几乎没有影响力。

从其他案例来看，那些多年来一直设有财政委员会的国家包括一些在防止高财政赤字和大量债务积累（例如日本）或政府财政大幅偏离轨道（例如21世纪初的德国）方面也存在困难的国家，但财政委员会在最近财政管理记录良好的国家更加常见。此外，解散财政委员会、削减财政委员会预算或以任何方式威胁财政委员会的存在或能力，可被视为财政委员会对政治舒适太有影响力这一事实的结果。

最终结果是，很难说财政委员会是否会对财政结果产生重大影响。此外，我们可能永远无法确定，因为总是很难从数据中了解财政委员会是否导致了财政改善，或者对财政纪律的承诺是否导致在尽管不知道财政委员会影响的情况下成立了财政委员会。这种情况也适用于财政规则。即便如此，人们似乎普遍认为，对财政结果不佳的原因的了解足以表明财政委员会可以提高财政政策、规划和绩效的质量。出于这个原因，财政委员会（和财政规则）可能仍然是对高赤字和债务所带来宏观经济和财政政策挑战的主流回应的一部分。

结论意见和指南

财政委员会是财政管理改革的最新趋势,正如本章所强调的,财政委员会的主要吸引力是财政委员会在促进财政纪律和改善宏观财政结果方面可以做出的贡献。有一个问题是,财政委员会的好处是否不止于此,并且在这方面还有一个问题是,财政委员会与公共财政管理的相关性如何。由于公共财政管理关注总体财政控制,因此财政委员会显然是服务于公共财政管理目标的。但也有一种更具体的联系,特别是在各国有中期支出框架(MTEF)的情况下。如第10章所述,整体资源总括是制定中期支出框架的起点,并且在确保用于确定资源总括的收入预测和借款能力评估是切合实际的方面,财政委员会可以发挥重要作用。如果它是其任务一部分,财政委员会还能够在据以确定支出分配和上限的成本估计方面提供保证。最后,财政委员会就相对于规划的财政绩效进行的分析可以通过指出规划和结果之间偏差的原因,并指出是否存在系统误差进而需要调整规划制定方式,或者是否存在冲击需要更灵活的规划(例如支出重新分配的范围或关于应急储备的需求)。

当然,公共财政管理特别是中期支出框架也关注支出效率,因此令人关注的是,财政委员会是否可以影响支出效率,尽管财政委员会并未将支出效率作为其任务的一部分。①答案是财政委员会可以,但只有在以下范围内可以:财政稳定性为做出合理的支出决策提供了适当的背景,特别是在支出决策具有中期预算影响,并且排除了可能落到生产性而不是非生产性支出上的财政调整的必要性的情况下。这并不意味着支出监督机构没有任何作用。存在此类需求,并且国家审计机构和专门的政府委员会都有这种职能。

最后一点涉及发展中国家。发达国家和新兴市场国家都有财政委员会,但宏观财政管理在许多发展中国家也是一个问题。一些发展中国家正在建立财政委员会(例如印度尼西亚、约旦、尼日利亚),但这不是应该轻率开展的工作。许多发展中国家都可以受益于独立投入,特别是通过预测等技术任务,但建立财政委员会可能不是正确的回应。还有其他方法可以获得关于政府预测的独立观点或者让外人编制预测(例如通过设立预测小组,如智利的情况)。财政委员会可能需要太多的稀缺人力资源来承担并非最优先的任务。只有那些需要财政委员会所能够提供的咨询和审计投入并且具有用于在不耗尽政府能力的情况下为财政委员会配备人员的资源的国家才应该考虑财政委员会。这大概意味着市场准入和资源丰富的国家。

参考文献

Ball, L. 1997. "A Proposal for the Next Macroeconomic Reform," *Victoria Economic Commentaries*, 14(1): 1–7.

Blinder, A. 1997. "Is Government Too Political?" *Foreign Affairs*, 76(6): 115–26.

Calmfors, L. 2010. The Role of Independent Fiscal Policy Institutions, Report to the Prime Minister's Office of Finland.

Calmfors, L., and S. Wren-Lewis. 2011. What Should Fiscal Councils Do? unpublished.

---

① 那些对政策成本进行估计的财政委员会关注财政纪律,即,成本被低估的可能性——而非支出效率。

Coene, L. 2010. "Lessons from Belgium," Conference on Independent Fiscal Councils, Budapest, Hungary, March 18-19.

Debrun, X., and M. Kumar. 2008. Fiscal Rules, Fiscal Councils and All That: Commitment Devices, Signaling Tools, or Smokescreens? *Proceedings of the 9th Banca d'Italia Workshop on Public Finance*, Rome: Banca d'Italia.

Debrun, X., D. Hauner and M. Kumar. 2009. "Independent Fiscal Agencies," *Journal of Economic Surveys*, 23(1): 44-81.

Eichengreen, B., R. Hausmann and J. von Hagen. 1999. "Reforming Budgetary Institutions in Latin America: The Case for a National Fiscal Council," *Open Economy Review*, 10(4): 415-42.

Gruen, N. 1997. "Making Fiscal Policy Flexibly Independent of Government," *Agenda*, 4(3): 297-307.

Hagemann, R. 2011. "How Can Fiscal Councils Strengthen Fiscal Performance?," *OECD Journal: Economics Studies*, OECD Publishing.

Hemming, R., and P. Joyce. 2013. "The Role of Fiscal Councils in Promoting Fiscal Discipline and Sound Government Finances," in M. Cangiano, T. Curristine and M. Lazare (eds) *Public Financial Management and Its Emerging Architecture*. International Monetary Fund.

Joyce, P. 2011. *The Congressional Budget Office: Honest Numbers, Power and Policy Making*. Georgetown University Press.

Kopits, G., 2011. "Independent Fiscal Institutions: Developing Good Practices," *OECD Journal on Budgeting*, 11(3): 35-52.

OECD. 2012. Draft Principles for Independent Fiscal Institutions, Background Document for the 4th Annual Meeting of OECD Parliamentary Budget Officials and Independent Fiscal Institutions. Paris, February 23-24.

von Hagen, J., and I. Harden. 1994. "National Budget Processes and Fiscal Performance," *European Economy: Reports and Studies*, 3: 331-418.